U0905197

2009
中国区域经济统计年鉴

国家统计局国民经济综合统计司 编

Compiled by
Department of Comprehensive Statistics of
National Bureau of Statistics

CHINA STATISTICAL YEARBOOK FOR REGIONAL ECONOMY 2009

(京)新登字 041 号

图书在版编目（CIP）数据

中国区域经济统计年鉴. 2009：汉英对照 / 国家统计局国民经济综合统计司编. —北京：中国统计出版社，2010.2
ISBN 978-7-5037-5910-9

Ⅰ. ①中… Ⅱ. ①国… Ⅲ. ①地区经济－统计资料－中国－2009－年鉴－汉、英 Ⅳ. ①F127-66

中国版本图书馆 CIP 数据核字（2010）第 022931 号

中国区域经济统计年鉴—2009

作　　者/国家统计局国民经济综合统计司
责任编辑/郭　栋
装帧设计/艺编广告
出版发行/中国统计出版社
通信地址/北京市西城区月坛南街 57 号
邮政编码/100826
办公地址/北京市丰台区西三环南路甲 6 号
电　　话/邮购（010）63376907　书店
印　　刷/河北天普润印刷厂
经　　销/新华书店
开　　本/880×1230 毫米　1/16
字　　数/1136 千字
印　　张/35.75
版　　别/2010 年 2 月第 1 版
版　　次/2010 年 2 月第 1 次印刷
书　　号/ISBN 978-7-5037-5910-9/F・2894
定　　价/298.00 元

《中国区域经济统计年鉴—2009》

编辑委员会和编辑人员名单

China Statistical Yearbook for Regional Economy-2009

Editorial Board and Staff

Editorial Board

Editorial Staff

编者说明

一、《中国区域经济统计年鉴—2009》是一部全面、系统反映中国区域经济与社会发展状况的大型统计资料书。本书资料来源于各级政府统计年报或相关的抽样调查资料，系统收集了2008年全国及其9个经济区域、31个省级行政单位、330多个地级行政单位和2000多个县级行政单位的主要社会经济统计指标。主要内容涵盖自然状况、人口与就业、国民核算、固定资产投资、财政、物价、人民生活、农业、工业、建筑业、运输邮电业、国内贸易、对外经济贸易、旅游、金融保险、教育、科技、文化、卫生、社会福利、环境保护和市政建设等社会经济发展的各个方面。本书未包括香港、澳门特别行政区和台湾省资料。

二、本书资料表使用符号说明："#"表示其中主要项；"空格"表示数据不详、无数据或数据不足最小计量单位。

三、本书有关加工数据因小数取舍产生的误差均未做人为调整。

编者

2010年1月

Preface

Ⅰ. *China Statistical Yearbook for Regional Economy-2009* is a massive statistical publication, which comprehensively describes China's regional economy and social development status. Figures in this yearbook are from statistical yearly reports at all governmental levels or related sampling surveys. This yearbook has collected major social and economic indicators of China in 2008. There are indicators at national and provincial level (including 31 provinces, autonomous regions and municipalities), indicators of 9 economic zones, indicators of prefecture (over 330 prefectures including city at prefecture level) and indicators of county (over 2000 counties including city at county level). It contains the following aspects: national conditions, population and employment, national accounts, investment in fixed assets, government finance, price indices, people's livelihood, agriculture, industry, construction, transportation, postal and telecommunications, domestic trade, foreign trade, tourism, banking and insurance, education, science, culture, public health, social welfare, environment protection and city planning. Statistical data in this yearbook exclude those of Hong Kong SAR, Macao SAR and Taiwan Province.

Ⅱ. Notions used in this yearbook: "#" indicates the major items of the total; "(blank)" indicates that data are not available or the figure is not large enough to be measured with the smallest unit in the table.

Ⅲ. Data in this yearbook are not adjusted manually for the errors occurring from summing or rounding off.

Editors

January 2010

目 录

Contents

第一章 经济区域统计资料

Chapter 1. Statistics of Economic Zone

第二章 省、自治区、直辖市统计资料

Chapter 2. Statistics of Province

第三章 地级统计资料
Chapter 3. Statistics of Prefecture

第四章 县级统计资料
Chapter 4. Statistics of County

Chapter 1

第一章

经济区域统计资料

Statistics of Economic Zone

1-1 东部10省(市)国民经济和社会发展主要指标（2008年）

Main Indicators of National Economic and Social Development of 10 Eastern Provinces (2008)

指　　标	Item	东部10省(市)合计 Total of 10 Eastern Provinces	东部10省(市)占全国比重(%) Percentage of 10 Eastern Provinces to National Total (%)
自然资源	**Natural Resources**		
土地面积　(万平方公里)	Area of Land　(10 000 sq.km)	91.6	9.5
人口	**Population**		
总人口(年末)　(万人)	Population at Year-end　(10 000 persons)	47964.8	36.7
劳动就业	**Employment**		
职工人数　(万人)	Number of Staff and Workers　(10 000 persons)	5195.9	45.1
年末城镇登记失业率　(%)	Registered Unemployment Rate in Urban Areas　(%)	3.3	
国民经济核算	**National Accounting**		
国内(地区)生产总值(亿元)	Gross Domestic Product　(100 million yuan)	177579.6	54.3
第一产业	Primary Industry	12145.5	36.0
第二产业	Secondary Industry	91726.7	55.0
#工业	Industry	83346.6	55.9
第三产业	Tertiary Industry	73707.4	58.2
人均国内(地区)生产总值　(元)	Per Capita Gross Domestic Product　(yuan)	37213	
固定资产投资	**Investment in Fixed Assets**		
全社会固定资产投资总额　(亿元)	Total Investment in Fixed Assets　(100 million yuan)	77735.5	46.0
#房地产开发	Real Estate Development	16726.6	53.6
财政	**Government Finance**		
地方财政收入　(亿元)	Local Government Revenue　(100 million yuan)	16729.7	58.4
地方财政支出　(亿元)	Local Government Expenditure　(100 million yuan)	20737.6	42.1
对外贸易	**Foreign Trade**		
货物进出口总额（亿美元）	Total Value of Imports and Exports (100 million USD)	22487.0	87.7
出口额	Exports	12425.2	86.8
进口额	Imports	10061.9	88.8
物价	**Price Indices**		
居民消费价格总指数　(上年=100)	Consumer Price Index　(previous year=100)	105.5	
农业	**Agriculture**		
主要农产品产量　(万吨)	Output of Major Farm Products　(10 000 tons)		
粮食	Grain	13586.6	25.7
棉花	Cotton	222.0	29.6
油料	Oil-bearing Crops	806.7	27.3

1-1 续表 continued

指　　标	Item	东部10省(市)合　　计 Total of 10 Eastern Provinces	东部10省(市)占全国比重(%) Percentage of 10 Eastern Provinces to National Total (%)
工业	**Industry**		
主要工业产品产量	Output of Major Industrial Products		
原煤 (亿吨)	Coal (100 million tons)	2.7	9.7
原油 (万吨)	Crude Oil (10 000 tons)	7021.3	37.0
发电量 (亿千瓦小时)	Electricity (100 million kwh)	14614.3	42.2
粗钢 (万吨)	Crude Steel (10 000 tons)	27630.2	55.2
水泥 (万吨)	Cement (10 000 tons)	62520.2	45.0
交通运输业	**Transportation**		
铁路营业里程 (公里)	Length of Railways in Operation (km)	17880	22.4
公路里程 (公里)	Length of Highways (km)	948995	25.4
#高速公路	Expressways	22815.0	37.8
旅客周转量 (亿人公里)	Total Passenger-kilometer (100 million person-km)	7804.2	38.4
货物周转量 (亿吨公里)	Total Freight Ton-kilometer (100 million ton-km)	52223.6	52.6
邮电通信业	**Postal and Telecommunication Services**		
邮电业务总量 (亿元)	Total Business Volume (100 million yuan)	12620.9	53.4
国内商业	**Domestic Trade**		
社会消费品零售总额 (亿元)	Total Retail Sales of Consumer Goods (100 million yuan)	60539.7	54.0
教育	**Education**		
普通高等学校	Institutions of Higher Education		
学校数 (个)	Number of Institutions (unit)	902	39.9
招生数 (万人)	New Student Enrollment (10 000 persons)	244.6	40.3
在校学生数 (万人)	Student Enrollment (10 000 persons)	831.9	41.2
毕业生数 (万人)	Number of Graduates (10 000 persons)	207.9	40.6
卫生	**Health Care**		
卫生机构数 (个)	Number of Hospitals (unit)	93872	33.7
#医院、卫生院	Hospitals and Health Centers	16613	27.9
卫生技术人员 (万人)	Medical Technical Personnel (10 000 persons)	202.2	40.2
#执业(助理)医师	Certified (Assistant) Doctors	82.7	39.7
医疗机构床位数(万张)	Number of Hospital Beds (10 000 beds)	152.2	37.7
#医院、卫生院	Hospitals and Health Centers	140.2	37.4
人民生活	**People's Living Conditions**		
城镇居民可支配收入 (元)	Per Capita Disposable Income of Urban Households (yuan)	19203	
农村居民人均纯收入 (元)	Per Capita Net Income of Rural Households (yuan)	6598	

注：本表中涉及分地区数据相加不等于全国总计的指标，在计算比重时，分母为31个省(区、市)相加的合计数。

a) As the sum of some indicators by region is different to the national total, while calculating the percentage, the denominator is the sum of 31 provinces.

1-2 中部6省国民经济和社会发展主要指标（2008年）

Main Indicators of National Economic and Social Development of 6 Middle Provinces (2008)

指标	Item	中部6省合计 Total of 6 Middle Provinces	中部6省占全国比重(%) Percentage of 6 Middle Provinces to National Total (%)
自然资源	**Natural Resources**		
土地面积 (万平方公里)	Area of Land (10 000 sq.km)	102.8	10.7
人口	**Population**		
总人口(年末) (万人)	Population at Year-end (10 000 persons)	35465.6	27.1
劳动就业	**Employment**		
职工人数 (万人)	Number of Staff and Workers (10 000 persons)	2519.6	21.9
年末城镇登记失业率 (%)	Registered Unemployment Rate in Urban Areas (%)	3.8	
国民经济核算	**National Accounting**		
国内(地区)生产总值(亿元)	Gross Domestic Product (100 million yuan)	63188.0	19.3
第一产业	Primary Industry	9227.1	27.3
第二产业	Secondary Industry	32192.6	19.3
#工业	Industry	28330.7	19.0
第三产业	Tertiary Industry	21768.3	17.2
人均国内(地区)生产总值 (元)	Per Capita Gross Domestic Product (yuan)	17860	
固定资产投资	**Investment in Fixed Assets**		
全社会固定资产投资总额 (亿元)	Total Investment in Fixed Assets (100 million yuan)	36695.2	21.7
#房地产开发	Real Estate Development	5292.4	17.0
财政	**Government Finance**		
地方财政收入 (亿元)	Local Government Revenue (100 million yuan)	4403.7	15.4
地方财政支出 (亿元)	Local Government Expenditure (100 million yuan)	9869.3	20.0
对外贸易	**Foreign Trade**		
货物进出口总额 (亿美元)	Total Value of Imports and Exports(100 million USD)	989.3	3.9
出口额	Exports	591.8	4.1
进口额	Imports	397.4	3.5
物价	**Price Indices**		
居民消费价格总指数 (上年=100)	Consumer Price Index (previous year=100)	106.5	
农业	**Agriculture**		
主要农产品产量 (万吨)	Output of Major Farm Products (10 000 tons)		
粮食	Grain	16407.1	31.0
棉花	Cotton	199.3	26.6
油料	Oil-bearing Crops	1263.2	42.8

1-2 续表 continued

指 标	Item	中部6省合计 Total of 6 Middle Provinces	中部6省占全国比重(%) Percentage of 6 Middle Provinces to National Total (%)
工业	**Industry**		
主要工业产品产量	Output of Major Industrial Products		
原煤 (亿吨)	Coal (100 million tons)	10.9	39.0
原油 (万吨)	Crude Oil (10 000 tons)	559.7	2.9
发电量 (亿千瓦小时)	Electricity (100 million kwh)	7989.4	23.0
粗钢 (万吨)	Crude Steel (10 000 tons)	10834.8	21.6
水泥 (万吨)	Cement (10 000 tons)	35702.0	25.7
交通运输业	**Transportation**		
铁路营业里程 (公里)	Length of Railways in Operation (km)	18493	23.2
公路里程 (公里)	Length of Highways (km)	1020994	27.4
#高速公路	Expressways	16316.0	27.1
旅客周转量 (亿人公里)	Total Passenger-kilometer (100 million person-km)	5974.5	29.4
货物周转量 (亿吨公里)	Total Freight Ton-kilometer (100 million ton-km)	20732.2	20.9
邮电通信业	**Postal and Telecommunication Services**		
邮电业务总量 (亿元)	Total Business Volume (100 million yuan)	4227.2	17.9
国内商业	**Domestic Trade**		
社会消费品零售总额 (亿元)	Total Retail Sales of Consumer Goods (100 million yuan)	22152.8	19.7
教育	**Education**		
普通高等学校	Institutions of Higher Education		
学校数 (个)	Number of Institutions (unit)	582	25.7
招生数 (万人)	New Student Enrollment (10 000 persons)	167.6	27.6
在校学生数 (万人)	Student Enrollment (10 000 persons)	548.7	27.1
毕业生数 (万人)	Number of Graduates (10 000 persons)	149.6	29.2
卫生	**Health Care**		
卫生机构数 (个)	Number of Hospitals (unit)	61940	22.3
#医院、卫生院	Hospitals and Health Centers	15365	25.8
卫生技术人员 (万人)	Medical Technical Personnel (10 000 persons)	126.3	25.1
#执业(助理)医师	Certified (Assistant) Doctors	50.9	24.4
医疗机构床位数(万张)	Number of Hospital Beds (10 000 beds)	101.6	25.2
#医院、卫生院	Hospitals and Health Centers	94.4	25.2
人民生活	**People's Living Conditions**		
城镇居民可支配收入 (元)	Per Capita Disposable Income of Urban Households (yuan)	13226	
农村居民人均纯收入 (元)	Per Capita Net Income of Rural Households (yuan)	4453	

注：本表中涉及分地区数据相加不等于全国总计的指标，在计算比重时，分母为31个省(区、市)相加的合计数。

a) As the sum of some indicators by region is different to the national total, while calculating the percentage, the denominator is the sum of 31 provinces.

1-3 西部12省(区、市)国民经济和社会发展主要指标(2008年)

Main Indicators of National Economic and Social Development of 12 Western Provinces (2008)

指标	Item	西部12省(区、市)合计 Total of 12 Eastern Provinces	西部12省(区、市)占全国比重(%) Percentage of 12 Eastern Provinces to National Total (%)
自然资源	**Natural Resources**		
土地面积 (万平方公里)	Area of Land (10 000 sq.km)	686.7	71.5
人口	**Population**		
总人口(年末) (万人)	Population at Year-end (10 000 persons)	36522.4	27.9
劳动就业	**Employment**		
职工人数 (万人)	Number of Staff and Workers (10 000 persons)	2634.9	22.9
年末城镇登记失业率 (%)	Registered Unemployment Rate in Urban Areas (%)	4.0	
国民经济核算	**National Accounting**		
国内(地区)生产总值(亿元)	Gross Domestic Product (100 million yuan)	58256.6	17.8
第一产业	Primary Industry	9065.1	26.9
第二产业	Secondary Industry	28018.6	16.8
#工业	Industry	23953.7	16.1
第三产业	Tertiary Industry	21172.9	16.7
人均国内(地区)生产总值 (元)	Per Capita Gross Domestic Product (yuan)	16000	
固定资产投资	**Investment in Fixed Assets**		
全社会固定资产投资总额 (亿元)	Total Investment in Fixed Assets (100 million yuan)	35948.8	21.3
#房地产开发	Real Estate Development	6042.5	19.4
财政	**Government Finance**		
地方财政收入 (亿元)	Local Government Revenue (100 million yuan)	5159.2	18.0
地方财政支出 (亿元)	Local Government Expenditure (100 million yuan)	13765.7	28.0
对外贸易	**Foreign Trade**		
货物进出口总额 (亿美元)	Total Value of Imports and Exports(100 million USD)	1067.3	4.2
出口额	Exports	653.5	4.6
进口额	Imports	413.8	3.7
物价	**Price Indices**		
居民消费价格总指数 (上年=100)	Consumer Price Index (previous year=100)	107.0	
农业	**Agriculture**		
主要农产品产量 (万吨)	Output of Major Farm Products (10 000 tons)		
粮食	Grain	13951.9	26.4
棉花	Cotton	327.1	43.7
油料	Oil-bearing Crops	754.1	25.5

1-3 续表 continued

指　　标	Item	西部12省(区、市)合　　计 Total of 12 Eastern Provinces	西部12省(区、市)占全国比重(%) Percentage of 12 Eastern Provinces to National Total (%)
工业	**Industry**		
主要工业产品产量	Output of Major Industrial Products		
原煤 (亿吨)	Coal (100 million tons)	12.3	44.0
原油 (万吨)	Crude Oil (10 000 tons)	5500.1	28.9
发电量 (亿千瓦小时)	Electricity (100 million kwh)	9702.5	28.0
粗钢 (万吨)	Crude Steel (10 000 tons)	6397.8	12.8
水泥 (万吨)	Cement (10 000 tons)	31991.6	23.0
交通运输业	**Transportation**		
铁路营业里程 (公里)	Length of Railways in Operation (km)	29535	37.1
公路里程 (公里)	Length of Highways (km)	1421085	38.1
#高速公路	Expressways	16456.0	27.3
旅客周转量 (亿人公里)	Total Passenger-kilometer (100 million person-km)	4892.7	24.1
货物周转量 (亿吨公里)	Total Freight Ton-kilometer (100 million ton-km)	16403.0	16.5
邮电通信业	**Postal and Telecommunication Services**		
邮电业务总量 (亿元)	Total Business Volume (100 million yuan)	4897.3	20.7
国内商业	**Domestic Trade**		
社会消费品零售总额 (亿元)	Total Retail Sales of Consumer Goods (100 million yuan)	19239.0	17.2
教育	**Education**		
普通高等学校	Institutions of Higher Education		
学校数 (个)	Number of Institutions (unit)	542	24.0
招生数 (万人)	New Student Enrollment (10 000 persons)	137.0	22.5
在校学生数 (万人)	Student Enrollment (10 000 persons)	440.2	21.8
毕业生数 (万人)	Number of Graduates (10 000 persons)	105.4	20.6
卫生	**Health Care**		
卫生机构数 (个)	Number of Hospitals (unit)	90311	32.4
#医院、卫生院	Hospitals and Health Centers	22459	37.7
卫生技术人员 (万人)	Medical Technical Personnel (10 000 persons)	123.8	24.6
#执业(助理)医师	Certified (Assistant) Doctors	53.1	25.5
医疗机构床位数(万张)	Number of Hospital Beds (10 000 beds)	108.1	26.8
#医院、卫生院	Hospitals and Health Centers	101.6	27.1
人民生活	**People's Living Conditions**		
城镇居民可支配收入 (元)	Per Capita Disposable Income of Urban Households (yuan)	12971	
农村居民人均纯收入 (元)	Per Capita Net Income of Rural Households (yuan)	3518	

注：本表中涉及分地区数据相加不等于全国总计的指标，在计算比重时，分母为31个省(区、市)相加的合计数。

a) As the sum of some indicators by region is different to the national total, while calculating the percentage, the denominator is the sum of 31 provinces.

1-4 东北3省国民经济和社会发展主要指标（2008年）

Main Indicators of National Economic and Social Development of 3 Northeastern Provinces (2008)

指 标	Item	东北3省合计 Total of 3 Northeastern Provinces	东北3省占全国比重(%) Percentage of 3 Northeastern Provinces to National Total (%)
自然资源	**Natural Resources**		
土地面积 (万平方公里)	Area of Land (10 000 sq.km)	78.8	8.2
人口	**Population**		
总人口(年末) (万人)	Population at Year-end (10 000 persons)	10874.1	8.3
劳动就业	**Employment**		
职工人数 (万人)	Number of Staff and Workers (10 000 persons)	1165.0	10.1
年末城镇登记失业率 (%)	Registered Unemployment Rate in Urban Areas (%)	4.0	
国民经济核算	**National Accounting**		
国内(地区)生产总值(亿元)	Gross Domestic Product (100 million yuan)	28195.6	8.6
第一产业	Primary Industry	3307.8	9.8
第二产业	Secondary Industry	14942.6	9.0
#工业	Industry	13350.3	9.0
第三产业	Tertiary Industry	9945.2	7.9
人均国内(地区)生产总值 (元)	Per Capita Gross Domestic Product (yuan)	25955	
固定资产投资	**Investment in Fixed Assets**		
全社会固定资产投资总额 (亿元)	Total Investment in Fixed Assets (100 million yuan)	18714.0	11.1
#房地产开发	Real Estate Development	3141.7	10.1
财政	**Government Finance**		
地方财政收入 (亿元)	Local Government Revenue (100 million yuan)	2357.2	8.2
地方财政支出 (亿元)	Local Government Expenditure (100 million yuan)	4875.9	9.9
对外贸易	**Foreign Trade**		
货物进出口总额 (亿美元)	Total Value of Imports and Exports(100 million USD)	1089.0	4.2
出口额	Exports	636.5	4.4
进口额	Imports	452.5	4.0
物价	**Price Indices**		
居民消费价格总指数 (上年=100)	Consumer Price Index (previous year=100)	105.1	
农业	**Agriculture**		
主要农产品产量 (万吨)	Output of Major Farm Products (10 000 tons)		
粮食	Grain	8925.3	16.9
棉花	Cotton	0.8	0.1
油料	Oil-bearing Crops	128.8	4.4

1-4 续表 continued

指　标	Item	东北3省合　计 Total of 3 Northeastern Provinces	东北3省占全国比重(%) Percentage of 3 Northeastern Provinces to National Total (%)
工业	**Industry**		
主要工业产品产量	Output of Major Industrial Products		
原煤 (亿吨)	Coal (100 million tons)	2.0	7.2
原油 (万吨)	Crude Oil (10 000 tons)	5920.1	31.2
发电量 (亿千瓦小时)	Electricity (100 million kwh)	2362.6	6.8
粗钢 (万吨)	Crude Steel (10 000 tons)	5186.0	10.4
水泥 (万吨)	Cement (10 000 tons)	8624.4	6.2
交通运输业	**Transportation**		
铁路营业里程 (公里)	Length of Railways in Operation (km)	13778	17.3
公路里程 (公里)	Length of Highways (km)	339088	9.1
#高速公路	Expressways	4716.0	7.8
旅客周转量 (亿人公里)	Total Passenger-kilometer (100 million person-km)	1642.6	8.1
货物周转量 (亿吨公里)	Total Freight Ton-kilometer (100 million ton-km)	9882.6	10.0
邮电通信业	**Postal and Telecommunication Services**		
邮电业务总量 (亿元)	Total Business Volume (100 million yuan)	1893.0	8.0
国内商业	**Domestic Trade**		
社会消费品零售总额 (亿元)	Total Retail Sales of Consumer Goods (100 million yuan)	10240.4	9.1
教育	**Education**		
普通高等学校	Institutions of Higher Education		
学校数 (个)	Number of Institutions (unit)	237	10.5
招生数 (万人)	New Student Enrollment (10 000 persons)	58.5	9.6
在校学生数 (万人)	Student Enrollment (10 000 persons)	200.3	9.9
毕业生数 (万人)	Number of Graduates (10 000 persons)	49.0	9.6
卫生	**Health Care**		
卫生机构数 (个)	Number of Hospitals (unit)	32214	11.6
#医院、卫生院	Hospitals and Health Centers	5135	8.6
卫生技术人员 (万人)	Medical Technical Personnel (10 000 persons)	50.8	10.1
#执业(助理)医师	Certified (Assistant) Doctors	21.5	10.3
医疗机构床位数(万张)	Number of Hospital Beds (10 000 beds)	41.8	10.4
#医院、卫生院	Hospitals and Health Centers	38.6	10.3
人民生活	**People's Living Conditions**		
城镇居民可支配收入 (元)	Per Capita Disposable Income of Urban Households (yuan)	13120	
农村居民人均纯收入 (元)	Per Capita Net Income of Rural Households (yuan)	5101	

注：本表中涉及分地区数据相加不等于全国总计的指标，在计算比重时，分母为31个省(区、市)相加的合计数。

a) As the sum of some indicators by region is different to the national total, while calculating the percentage, the denominator is the sum of 31 provinces.

1-5 民族自治地方国民经济和社会发展主要指标（2008年）

Principal Aggregate Indicators on National Economic and Social Development of Minority Nationality Autonomous Areas (2008)

指　　标		Item		合　　计 Total	比上年增长(%) Growth Rate as Last Year (%)
人口与就业		**Population and Employment**			
人口	**（万人）**	**Population**	**(10 000 persons)**		
总人口(年末)		Population at Year-end		18075	0.7
#少数民族人口		Ethnic Minority Population		8616	1.4
就业		**Employment**			
就业人员数	（万人）	Employment	(10 000 persons)	1232	0.4
宏观经济		**Macro Economy**			
地区生产总值	**（亿元）**	**GRP**	**(100 million yuan)**	**27950**	**13.8**
第一产业		Primary Industry		4999	6.5
第二产业		Secondary Industry		13215	17.1
第三产业		Tertiary Industry		9736	12.9
人均地区生产总值	**（元）**	**Per Capita Gross Regional Product**	**(yuan)**	**15922**	
固定资产	**（亿元）**	**Investment in Fixed Assets**	**(100 million yuan)**		
全社会固定资产投资总额		Total Investment in Fixed Assets		17095	26.5
#国有单位		State-owned Units		6376	22.6
财政	**（亿元）**	**Public Finance**	**(100 million yuan)**		
地方财政收入		Local Governments Revenue		2101	26.5
地方财政支出		Local Governments Expenditures		6614	34.8
产　业		**Industry**			
农业		**Agriculture**			
耕地面积	（万公顷）	Cultivated Areas	(10 000 hectares)	2301	0.8
灌溉面积	（万公顷）	Irrigated Areas	(10 000 hectares)	1109	1.0
农林牧渔总产值	（亿元）	Gross Output Value of Agriculture, Forestry, Animal Husbandry and Fishery	(100 million yuan)	8278	7.4
主要农产品产量		Output of Major Farm Products			
粮食	（万吨）	Grain Output	(10 000 tons)	7927	8.2
棉花	（万吨）	Cotton Output	(10 000 tons)	303	0.4
油料	（万吨）	Oil-bearing Crops Output	(10 000 tons)	399	39.4
大牲畜年底头数	（万头）	Large Domestic Animals at Year-end	(10 000 heads)	5603	-2.5
羊年底头数	（万只）	Goats and Sheep at Year-end	(10 000 heads)	14377	-6.0
猪年底头数	（万头）	Hogs at Year-end	(10 000 heads)	7697	-2.2
工业		**Industry**			
工业总产值	（亿元）	Gross Industrial Output Value	(100 million yuan)	25922	
主要工业产品产量		Output of Major Industrial Products			
布	（亿米）	Cloth	(100 million m)	3.1	-30.0
机制纸及纸板	（万吨）	Machine-made Paper and Paperboards	(10 000 tons)	334	17.7
成品糖	（万吨）	Refined Sugar	(10 000 tons)	1178	17.2
原煤	（亿吨）	Coal	(100 million tons)	6.6	29.8
原油	（万吨）	Crude Oil	(10 000 tons)	3058	0.8
发电量	（亿千瓦小时）	Electricity	(100 million kwh)	5535	12.9
粗钢	（万吨）	Crude Steel	(10 000 tons)	2980	12.0
生铁	（万吨）	Pig Iron	(10 000 tons)	3019	3.8
水泥	（万吨）	Cement	(10 000 tons)	14326	2.2
木材	（万立方米）	Timber	(10 000 cu.m)	375	185.2

注：工业总产值为全部国有及年主营业务收入在500万元以上的非国有工业企业的工业总产值。

a) The statistical coverage of gross industrial output value covers all state-owned industrial enterprises and the non-state-enterprises with annual sales income over 5 million yuan.

1-5 续表 continued

指标	Item	合计 Total	比上年增长(%) Growth Rate as Last Year (%)
建筑业	**Construction**		
建筑业企业从业人员（万人）	Number of Employed Persons (10 000 persons)	162	0.0
建筑业总产值 (亿元)	Gross Output Value (100 million yuan)	3278	31.1
施工房屋面积 (万平方米)	Floor Space of Buildings Under Construction(10 000 sq.m)	24790	9.1
竣工房屋面积 (万平方米)	Floor Space of Buildings Completed (10 000 sq.m)	11948	6.4
邮电运输	**Transportation , Post and Telecommunication**		
铁路营业里程 (万公里)	Railways in Operation (10 000 km)	2.07	13.9
公路通车里程 (万公里)	Highways (10 000 km)	87	4.6
邮电业务总量 (亿元)	Business Volume of Postal and Telecommunication Services (100 million yuan)	1813	26.3
邮路及农村投递线路总长度 (万公里)	Total Length of Postal Routes and Rural Delivery Routes (10 000 km)	117	5.5
国内商业	**Domestic Trade**		
社会消费品零售总额（亿元）	Retail Sales of Consumer Goods (100 million yuan)	8240	22.8
对外经济贸易	**Foreign Trade**		
货物进出口总额 (亿美元)	Total Exports and Imports (USD 100 million)	531	39.4
出口额	Exports	368	49.6
进口额	Imports	163	20.7
国际旅游	**International Tourism**		
国际旅游人数 (万人次)	Number of Overseas Tourists (10 000 persons)	901	17.8
国际旅游外汇收入（亿美元）	Foreign Exchange Earnings from International Tourism (USD 100 million)	18	-16.4
金融	**Finance**		
金融机构人民币各项存款余额(亿元)	Deposits of National Banking System (100 million yuan)	30153	24.6
金融机构人民币各项贷款余额(亿元)	Loans of National Banking System (100 million yuan)	19318	23.1
教育、文化、卫生	**Education, Culture and Health Care**		
教育	**Education**		
在校学生数 (万人)	Students Enrollment (10 000 persons)		
普通高等学校	Institutions of Higher Education	136.7	10.7
普通中学	Secondary Schools	1062	-2.0
普通小学	Primary Schools	1612	-2.0
专任教师数 (万人)	Full-time Teachers (10 000 persons)		
普通高等学校	Institutions of Higher Education	8.5	10.5
普通中学	Secondary Schools	64.6	1.5
普通小学	Primary Schools	90.0	0.9
文化	**Culture**		
出版数量	Publications		
图书 (万册)	Number of Books Published (10 000 copies)	45670	0.1
杂志 (万册)	Number of Magazines Issued (10 000 copies)	6976	-9.8
报纸 (万份)	Number of Newspapers Issued (10 000 copies)	180349	1.8
卫生	**Health Care**		
卫生机构数 (万个)	Number of Health Institutions (10 000 units)	1.19	-2.3
卫生机构床位数 (万张)	Number of Hospitals and Sanatorium Beds (10 000 units)	45.1	4.7

1-6 珠江三角洲经济区主要经济指标

Main Economic Indicators of The Pearl River Delta Economic Zone

指 标	Item	2007	2008	2008年比上年增长(%) Growth Rate in 2008 over 2007 (%)
土地面积 (平方公里)	Land Area (sq.km.)	54744	54744	
年末常住人口 (万人)	Permanent Population at the Year-end (10000 persons)	4725.0	4771.8	1.0
#城镇人口 (万人)	Urban Population (10000 persons)	3761.3	3819.6	1.6
年末从业人员 (万人)	Employed Persons at the Year-end (10000 persons)	3102.3	3204.3	3.3
地区生产总值 (亿元)	Gross Domestic Product (100 million yuan)	25606.9	29745.6	
第一产业	Primary Industry	625.4	711.5	
第二产业	Secondary Industry	13046.8	14964.6	
第三产业	Tertiary Industry	11934.7	14069.5	
人均生产总值 (元)	Per Capita GDP (yuan)	54721	62644	
地区生产总值指数 (%)	Index of Gross Domestic Product (%)	116.1	112.6	
第一产业	Primary Industry	100.5	102.6	
第二产业	Secondary Industry	116.5	111.9	
第三产业	Tertiary Industry	116.5	113.8	
人均生产总值指数 (%)	Index of Per Capita Gross Domestic Product (%)	113.9	111.0	
规模以上工业增加值 (亿元)	Value-added of Industry above Designated Size (100 million yuan)	12019.76	14953.7	24.4
全社会固定资产投资总额 (亿元)	Total Investment in Fixed Assets (100 million yuan)	6909.7	7829.0	13.3
社会消费品零售总额(亿元)	Total Retail Sales of Consumer Goods (100 million yuan)	7811.8	9366.5	19.9
出口总额 (亿美元)	Total Exports (USD 100 million)	3540.9	3872.1	9.4
进口总额 (亿美元)	Total Imports (USD 100 million)	2560.3	2697.6	5.4
实际外商直接投资(亿美元)	Foreign Direct Investment Actually Utilized (USD 100 million)	151.9	169.2	11.4
地方财政一般预算收入(亿元)	Local Government Budgetary Revenue (100 million yuan)	1882.0	2248.2	19.5
中外资金融机构本外币储蓄存款 (亿元)	Savings Deposits in Renminbi and Foreign Currencies inAll Financial Institutions(100 million yuan)	18485.1	22711.3	22.9

注：1.本表资料来源于2009年版《广东统计年鉴》。

2.珠江三角洲经济区包括13个市、县(区)：广州、深圳、珠海、佛山、江门、东莞、中山、惠州市区、惠东县、博罗县、肇庆市区、高要市、四会市。

3.本表地区生产总值按当年价格计算，指数按不变价格计算。

a) Data in this table are from Guangdong Statistical Yearbook-2009.

b) The Pearl River Delta Economic Zone covers the areas of 13 cities and countries (districts), including Guangzhou, Shenzhen Zhuhai, Foshan, Jiangmen, Dongguan, Zhongshan, urban districts of Huizhou, Huidong County, Boluo County, urban districts of Zhaoqing, Gaoyao County-level City and Sihui county-level city.

c) The figures in value terms on GDP are calculated at current prices, whereas indices are calculated at comparable prices.

1-7 长江三角洲经济区主要经济指标

Main Economic Indicators of Yangtze River Delta Economic Zone

指　　标	Item	2007	2008	2008年比上年增长(%) Growth Rate in 2008 over 2007 (%)
土地面积 (平方公里)	Area of Land (sq.km)	110115	110115	
年初耕地总资源 (千公顷)	Total Cultivated Land at the Year-beginning (1000 ha.)		3309	
(2006年农业普查数据)	(data of National Agricultural Census in 2006)			
年末户籍总人口 (万人)	Total Year-end Population with Residence Registration(10 000 persons)	8368.3	8411.0	0.5
年末常住总人口 (万人)	Total Year-end Permanent Population (10 000 persons)	9748.9	9893.3	1.5
年底就业人员 (万人)	Number of Employed Persons At the Year-end (10 000 persons)	5672.2	6001.1	5.8
地区生产总值 (亿元)	Gross Domestic Product (100 million yuan)	46860.7	53955.8	
第一产业	Primary Industry	1573.4	1756.2	
第二产业	Secondary Industry	25384.4	28868.3	
#工业	Industry	23218.0	26276.3	
第三产业	Tertiary Industry	19903.2	23330.7	
人均地区生产总值 (元)	Per Capita Gross Domestic Product (yuan)	48586	54939	
邮政业务总量	Business Volume of Post	130.1	148.7	14.3
固定电话年末用户 (万户)	Number of Fixed Telephone Subscribers at Year-end(10 000 subscribers)	4829.2	4678.7	-3.1
移动电话年末用户 (万户)	Number of Mobile Phone Subscribers at Year-end (10 000 subscribers)	8041.8	8777.9	9.2
全社会固定资产投资总额(亿元)	Total Investment in Fixed Assets (100 million yuan)	21337.5	24247.5	13.6
#城镇	Urban Area	15608.8	17883.6	14.6
社会消费品零售总额 (亿元)	Total Amount of Rtail Sales of Consumer Goods (100 million yuan)	14427.9	17396.9	20.6
进出口总额 (亿美元)	Total Imports and Exports (100 million USD)	7775.6	8866.0	14.0
出口额	Exports	4506.8	5306.5	17.7
进口额	Imports	3268.8	3559.5	8.9
实际外商直接投资 (亿美元)	Actually Used Amount of Foreign Direct Investment (100 million USD)	371.4	418.9	12.8
地方财政一般预算收入 (亿元)	Local Government Budgetary Revenue (100 million yuan)	4964.8	5796.6	33.0
地方财政一般预算支出 (亿元)	Local Government Budgetary Expenditure (100 million yuan)	5075.9	6171.4	21.6
居民储蓄存款 (亿元)	Urban and Rural Household Savings Deposits (100 million yuan)	28083.2	36348.3	29.4

注：长江三角洲是指包括上海市、江苏省的南京、苏州、无锡、常州、镇江、南通、扬州和泰州，以及浙江省的杭州、宁波、嘉兴、湖州、绍兴、舟山和台州市16个地级以上城市。

a) The Yangtze River Delta Economic Zone covers the areas of 16 cities above prefecture level of Shanghai, Jiangsu and Zhejiang Provinces. The 16 cities include Shanghai, Nanjing, Suzhou, Wuxi, Changzhou, Zhenjiang, Nantong, Yangzhou, Taizhou, Hangzhou, Ningbo, Jiaxing, Huzhou, Shaoxing, Zhoushan and Taizhou.

1-8 海峡西岸经济区主要经济指标

Main Economic Indicators of the Economic Zone on the West Coast of Taiwan Straits

指标	Item	2007		2008	
		绝对数 Value	增长(%) Growth Rate(%)	绝对数 Value	增长(%) Growth Rate(%)
地区生产总值 (亿元)	Gross Regional Product (100 million yuan)	16136	15.2	18887	12.6
工业增加值 (亿元)	Value-added of Industry (100 million yuan)	5767	22.0	6891	17.8
全社会固定资产投资额(亿元)	Total Investment in Fixed Assets (100 million yuan)	7275	31.0	8802	21.0
社会消费品零售总额 (亿元)	Total Retail Sales of Consumer Goods (100 million yuan)	6039	17.8	7290	20.7
货物进出口总额 (亿美元)	Total Value of Imports and Exports (100 million USD)	1025	19.4	1177	14.7
进口总额	Total Imports	323	18.2	361	11.7
出口总额	Total Exports	708	20.9	812	14.7
实际利用外资 (亿美元)	Actually Utilization of Foreign Investment(100 million USD)	64.5	27.4	80.4	24.6
地方财政一般预算收入(亿元)	Local Government Budgetary Revenue (100 million yuan)	1046	28.2	1250	19.4

注：海峡西岸经济区是指台湾海峡西岸以福建为主体及周边地区，包括福建福州、厦门、泉州、漳州、龙岩、莆田、三明、南平、宁德以及福建周边的浙江温州、丽水、衢州，江西上饶、鹰潭、抚州、赣州，广东梅州、潮州、汕头、揭阳等20个城市。

a) The economic zone on the west coast of Taiwan Straits refers to Fujian province and its adjacent region, which includes 20 cities, Fuzhou, Xiamen, Quanzhou, Zhangzhou, Longyan, Putian, Sanming, Nanping, Ningde in Fujian province, and Wenzhou, Lishui, Quzhou in Zhejiang province, and Shangrao, Yingtan, Fuzhou, Ganzhou in Jiangxi province, and Meizhou, Chaozhou, Shantou, Jieyang in Guangdong province.

1-9 北部湾经济区主要经济指标

Main Economic Indicators of Beibu Gulf Economic Zone

指标	Item	2007		2008	
		北部湾经济区(4市) Beibu Gulf Economic Zone(4 cities)	北部湾经济区(6市) Beibu Gulf Economic Zone (6 cities)	北部湾经济区(4市) Beibu Gulf Economic Zone(4 cities)	北部湾经济区(6市) Beibu Gulf Economic Zone (6 cities)
土地面积(平方公里)	Area of Land(sq.km)	42473	72662	42473	72662
年末总人口	Population at Year-end	1279	2141	1299	2180
地区生产总值(亿元)	Gross Regional Product(100 million yuan)	1779	2517	2220	3090
第一产业	Primary Industry	341	551	419	650
第二产业	Secondary Industry	661	927	847	1173
#工业	Industry	542	775	699	983
第三产业	Tertiary Industry	776	1039	953	1267
全社会固定资产投资额(亿元)	Total Investment in Fixed Assets (100 million yuan)	965	1311	1289	1708
地方财政一般预算收入(亿元)	Local Government Budgetary Revenue	110	143	137	180
地方财政一般预算支出(亿元)	Local Government Budgetary Expenditure	204	297	272	397
粮食产量(万吨)	Grain Output(10 000 tons)	372	631	358	576
肉类产量(万吨)	Output of Meat(10 000 tons)	101	184	96	171
社会消费品零售总额(元)	Total Retail Sales of Consumer Goods(yuan)	706	921	871	1135
城乡居民储蓄存款(亿元)	Savings Deposits (100 million yuan)	1079	1507	1341	1851

注：北部湾经济区城市(4市)：南宁、北海、钦州、防城港。
北部湾经济区城市(6市)：南宁、北海、钦州、防城港、玉林、崇左。

a) City of Beibu Gulf Economic Zone(4 cities): Nanning, Beihai, Qinzhou, Fangchenggang.
City of Beibu Gulf Economic Zone(6 cities): Nanning, Beihai, Qinzhou, Fangchenggang, Yulin, Chongzuo.

1-8 [illegible]

Main Economic Indicators of the Economic Zone on the West Coast of Taiwan Straits

指标	Item	Unit	Value	Share	Value	Growth
[illegible]	Gross Regional Product	100 million yuan	[illegible]	[illegible]	[illegible]	[illegible]
[illegible]	Value-added of Industry	100 million yuan	[illegible]	[illegible]	[illegible]	[illegible]
[illegible]	Total Investment in Fixed Assets	100 million yuan	[illegible]	[illegible]	[illegible]	[illegible]
[illegible]	Total Retail Sales of Consumer Goods	100 million yuan	[illegible]	[illegible]	[illegible]	[illegible]
[illegible]	Total Value of Exports and Imports	100 million USD	[illegible]	[illegible]	[illegible]	[illegible]
[illegible]	Total Imports		[illegible]	[illegible]	[illegible]	[illegible]
[illegible]	Total Exports		[illegible]	[illegible]	[illegible]	[illegible]
[illegible]	Actual Utilization of Foreign Investment	100 million USD	[illegible]	[illegible]	[illegible]	[illegible]
[illegible]	Local Government General Revenue	100 million yuan	[illegible]	[illegible]	[illegible]	[illegible]

[illegible]

a) The economic zone on the west coast of Taiwan Straits refers to [illegible] province and its adjacent region [illegible]

1-9 [illegible]

Main Economic Indicators of Beibu Gulf Economic Zone

指标	Item	Nanning	[illegible]	Beihai	[illegible]	[illegible]
[illegible]	Area (sq.km)	[illegible]	[illegible]	[illegible]	[illegible]	[illegible]
[illegible]	Population at Year-end	[illegible]	[illegible]	[illegible]	[illegible]	[illegible]
[illegible]	Gross Regional Product (100 million yuan)	[illegible]	[illegible]	[illegible]	[illegible]	[illegible]
[illegible]	Primary Industry	[illegible]	[illegible]	[illegible]	[illegible]	[illegible]
[illegible]	Secondary Industry	[illegible]	[illegible]	[illegible]	[illegible]	[illegible]
[illegible]	Industry	[illegible]	[illegible]	[illegible]	[illegible]	[illegible]
[illegible]	Tertiary Industry	[illegible]	[illegible]	[illegible]	[illegible]	[illegible]
[illegible]	Total Investment in Fixed Assets (100 million yuan)	[illegible]	[illegible]	[illegible]	[illegible]	[illegible]
[illegible]	Local Government Budgetary Revenue	[illegible]	[illegible]	[illegible]	[illegible]	[illegible]
[illegible]	Local Government Budgetary Expenditure	[illegible]	[illegible]	[illegible]	[illegible]	[illegible]
[illegible]	Grain Output (10 000 tons)	[illegible]	[illegible]	[illegible]	[illegible]	[illegible]
[illegible]	Output of Meat (10 000 tons)	[illegible]	[illegible]	[illegible]	[illegible]	[illegible]
[illegible]	[illegible]	[illegible]	[illegible]	[illegible]	[illegible]	[illegible]
[illegible]	Savings Deposits (100 million yuan)	[illegible]	[illegible]	[illegible]	[illegible]	[illegible]

[illegible]

a) City of Beibu Gulf Economic Zone [illegible]

Chapter 2

第二章

省、自治区、直辖市统计资料

Statistics of Province

2-1 全国行政区划（2008年底）

Divisions of Administrative Areas in China (End of 2008)

单位：个 (unit)

省级区划名称 Provinces, Autonomous Regions and Municipalities	地级区划数 Number of Regions at Prefecture Level	#地级市 Cities at Prefecture Level	县级区划数 Number of Regions at County Level	#市辖区 Districts under the Jurisdiction of Cities	#县级市 Cities at County Level	#县 Counties	#自治县 Autonomous Counties	乡镇级区划数 Number of Regions at Townships Level	#街道办事处 Street Communities	#镇 Towns	#乡 Towns
全　　　国 National Total	**333**	**283**	**2859**	**856**	**368**	**1463**	**117**	**40828**	**6524**	**19234**	**15067**
北　京　市 Beijing			18	16		2		317	135	142	40
天　津　市 Tianjin			18	15		3		243	107	116	20
河　北　省 Hebei	11	11	172	36	22	108	6	2228	266	969	992
山　西　省 Shanxi	11	11	119	23	11	85		1397	201	563	633
内蒙古自治区 Inner Mongolia	12	9	101	21	11	17		858	218	458	182
辽　宁　省 Liaoning	14	14	100	56	17	19	8	1498	557	572	369
吉　林　省 Jilin	9	8	60	20	20	17	3	894	273	423	198
黑龙江省 Heilongjiang	13	12	128	64	18	45	1	1272	374	467	431
上　海　市 Shanghai			19	18		1		213	101	109	3
江　苏　省 Jiangsu	13	13	106	54	27	25		1342	303	930	109
浙　江　省 Zhejiang	11	11	90	32	22	35	1	1511	318	747	446
安　徽　省 Anhui	17	17	105	44	5	56		1523	254	908	361
福　建　省 Fujian	9	9	85	26	14	45		1101	173	590	338
江　西　省 Jiangxi	11	11	99	19	10	70		1530	133	770	627
山　东　省 Shandong	17	17	140	49	31	60		1868	487	1111	270
河　南　省 Henan	17	17	159	50	21	88		2358	469	856	1033
湖　北　省 Hubei	13	12	102	38	24	37	2	1228	285	733	210
湖　南　省 Hunan	14	13	122	34	16	65	7	2404	240	1101	1063
广　东　省 Guangdong	21	21	121	54	23	41	3	1584	434	1139	11
广西壮族自治区 Guangxi	14	14	109	34	7	56	12	1231	105	702	424
海　南　省 Hainan	2	2	20	4	6	4	6	222	18	183	21
重　庆　市 Chongqing			40	19		17	4	1007	136	580	291
四　川　省 Sichuan	21	18	181	43	14	120	4	4657	248	1821	2588
贵　州　省 Guizhou	9	4	88	10	9	56	11	1553	104	691	758
云　南　省 Yunnan	16	8	129	12	9	79	29	1373	68	580	725
西藏自治区 Tibet	7	1	73	1	1	71		692	10	140	542
陕　西　省 Shaanxi	10	10	107	24	3	80		1745	166	907	672
甘　肃　省 Gansu	14	12	86	17	4	58	7	1347	122	462	763
青　海　省 Qinghai	8	1	43	4	2	30	7	398	32	137	229
宁夏回族自治区 Ningxia	5	5	21	8	2	11		232	41	98	93
新疆维吾尔自治区 Xinjiang	14	2	98	11	19	62	6	1002	146	229	625
香港特别行政区 Hong Kong Special Administrative Region											
澳门特别行政区 Macao Special Administrative Region											
台　湾　省 Taiwan											

2-2 主要能源、黑色金属矿产基础储量（2008年）

Ensured Reserves of Major Energy and Ferrous Metals (2008)

地 区	Region	石 油 (万吨) Petroleum (10 000 tons)	天然气 (亿立方米) Natural Gas (100 million cu.m)	煤 炭 (亿吨) Coal (100 million tons)	铁 矿 (矿石,亿吨) Iron (Ore, 100 million tons)	锰 矿 (矿石,万吨) Manganese (Ore, 10 000 tons)	铬 矿 (矿石,万吨) Chromite (Ore, 10 000 tons)	钒 矿 (万吨) Vanadium (10 000 tons)	原生钛铁矿 (万吨) Titanium (10 000 tons)
全 国	**National Total**	**289043.00**	**34049.62**	**3261.44**	**226.40**	**23439.50**	**577.08**	**1276.57**	**23294.50**
北 京	Beijing			6.69	3.08			0.24	7.05
天 津	Tianjin	3607.00	314.20	2.97			6.90		
河 北	Hebei	24707.00	303.90	60.59	43.65	4.80		18.06	478.30
山 西	Shanxi			1061.51	5.92	12.90			
内蒙古	Inner Mongolia	7751.00	5635.41	789.07	14.59	544.68	169.44		
辽 宁	Liaoning	15734.00	197.41	44.64	69.87	1370.18			
吉 林	Jilin	17778.00	690.33	12.48	1.82	0.40			
黑龙江	Heilongjiang	57474.00	1366.30	72.44	0.47				
上 海	Shanghai								
江 苏	Jiangsu	2522.00	22.47	14.73	1.84			5.65	
浙 江	Zhejiang			0.49	0.13				
安 徽	Anhui	161.00	0.04	85.91	10.13	9.50		19.38	
福 建	Fujian			4.42	3.60	78.25			
江 西	Jiangxi			7.67	1.81			2.16	
山 东	Shandong	33496.00	349.43	84.11	10.27				
河 南	Henan	5183.00	98.83	115.87	1.79	0.41			
湖 北	Hubei	1210.00	4.19	3.30	3.82	891.48		49.84	
湖 南	Hunan			19.57	1.52	6186.05		226.08	
广 东	Guangdong	8.00	0.31	1.89	1.44	217.66			
广 西	Guangxi	187.00	3.41	8.24	1.10	8010.14		171.49	
海 南	Hainan	17.00	4.40	0.90	0.29				
重 庆	Chongqing	56.00	1558.82	20.66	0.01	1844.95			
四 川	Sichuan	338.00	6061.60	49.76	28.96	29.55		692.18	22761.45
贵 州	Guizhou		4.53	150.06	0.51	2496.74			
云 南	Yunnan	12.00	2.63	78.65	4.39	886.83	0.10	0.07	
西 藏	Tibet			0.12	0.27		217.90		
陕 西	Shaanxi	23047.00	5709.24	278.46	4.05	302.56	1.10	1.25	
甘 肃	Gansu	9114.00	106.13	60.48	7.46	119.42	126.30	90.01	
青 海	Qinghai	3959.00	1418.49	20.20	0.06		0.84		
宁 夏	Ningxia	211.00	2.18	58.15	0.01				
新 疆	Xinjiang	43643.00	7543.69	147.41	3.54	433.00	54.50	0.16	47.70
海 域	Ocean	38837.00	2651.68						

2-3 主要有色金属、非金属矿产基础储量（2008年）

Ensured Reserves of Major Non-ferrous Metal and Non-metal Mineral (2008)

地 区	Region	铜 矿 (铜,万吨) Copper (Metal, 10 000 tons)	铅 矿 (铅,万吨) Lead (Metal, 10 000 tons)	锌 矿 (锌,万吨) Zinc (Metal, 10 000 tons)	铝土矿 (矿石,万吨) Bauxite (Ore, 10 000 tons)	菱镁矿 (矿石,万吨) Magnesite Ore (Ore, 10 000 tons)	硫铁矿 (矿石,万吨) Pyrite Ore (Ore, 10 000 tons)	磷 矿 (矿石,亿吨) Phosphorus Ore (Ore, 100 million tons)	高岭土 (矿石,万吨) Kaolin Ore (Ore, 10 000 tons)
全 国	**National Total**	**2891.04**	**1359.58**	**4281.69**	**73513.99**	**191951.88**	**177189.63**	**35.64**	**64186.40**
北 京	Beijing			2.59	2.30				
天 津	Tianjin								58.30
河 北	Hebei	15.33	16.90	165.93	393.80	886.06	1802.96	2.29	160.20
山 西	Shanxi	273.01	1.46	1.26	11549.73		1996.80	0.95	433.30
内蒙古	Inner Mongolia	255.15	290.67	791.39			11721.12	0.07	
辽 宁	Liaoning	13.67	13.24	40.67		163603.14	2875.44	0.81	525.00
吉 林	Jilin	24.03	10.34	47.67		1.10	1339.55		51.58
黑龙江	Heilongjiang	119.61	5.38	21.65			48.20		
上 海	Shanghai								
江 苏	Jiangsu	8.38	17.26	29.84			456.70	0.24	1215.76
浙 江	Zhejiang	12.71	41.20	72.66			936.59		667.60
安 徽	Anhui	209.38	5.55	25.05			30712.47	0.37	222.35
福 建	Fujian	86.36	21.07	42.48	65.01		1023.00	0.04	5681.80
江 西	Jiangxi	729.00	34.47	45.80			13886.84	0.75	3296.75
山 东	Shandong	30.54	7.03	2.43	407.28	27230.87	392.00	0.67	528.35
河 南	Henan	8.00	28.30	33.65	20344.57	2.12	7506.29	0.07	16.74
湖 北	Hubei	129.76	1.05	3.25	244.20		4509.27	7.37	420.53
湖 南	Hunan	39.81	113.06	191.16	176.10		6369.28	2.80	2113.13
广 东	Guangdong	58.61	115.56	210.83			30597.14		28103.33
广 西	Guangxi	9.45	19.13	157.78	13508.50		4642.06		18278.58
海 南	Hainan	2.62	1.15	0.61				0.04	1872.60
重 庆	Chongqing		3.94	14.78	3639.10		1907.10		
四 川	Sichuan	83.17	71.97	220.40		178.69	40485.94	3.25	56.10
贵 州	Guizhou	0.33	5.98	14.74	20485.80		5706.40	7.17	10.40
云 南	Yunnan	244.09	276.33	1406.69	1971.30		7581.70	7.93	392.90
西 藏	Tibet	220.49	18.47	1.25					
陕 西	Shaanxi	15.97	13.51	63.35	726.30		577.62	0.21	81.10
甘 肃	Gansu	176.93	101.87	452.17			1.00		
青 海	Qinghai	50.54	92.56	133.12		49.90	96.80	0.60	
宁 夏	Ningxia							0.01	
新 疆	Xinjiang	74.10	32.13	88.49			17.36		
海 域	Ocean								

2-4 水资源情况（2008年）

Water Resources (2008)

地区	Region	水资源总量（亿立方米）Total Amount of Water Resources (100 million cu.m)	地表水资源量 Surface Water Resources	地下水资源量 Ground Water Resources	地表水与地下水资源重复量 Duplicated Measurement Between Surface Water and Groundwater	人均水资源量（立方米/人）Per Capita Water Resources (cu.m/person)
全　国	**National Total**	**27434.3**	**26377.0**	**8122.0**	**7064.7**	**2071.1**
北　京	Beijing	34.2	12.8	24.9	3.5	205.5
天　津	Tianjin	18.3	13.6	5.9	1.2	159.8
河　北	Hebei	161.0	62.4	136.3	37.7	231.1
山　西	Shanxi	87.4	51.3	78.9	42.8	256.9
内蒙古	Inner Mongolia	412.1	274.8	235.1	97.9	1710.3
辽　宁	Liaoning	266.0	226.8	105.4	66.2	617.7
吉　林	Jilin	332.0	276.6	99.6	44.2	1215.2
黑龙江	Heilongjiang	462.0	341.9	247.8	127.7	1208.0
上　海	Shanghai	37.0	30.0	10.2	3.3	197.5
江　苏	Jiangsu	378.0	280.9	111.3	14.2	494.1
浙　江	Zhejiang	855.2	839.9	198.1	182.8	1680.2
安　徽	Anhui	699.3	651.9	178.1	130.7	1141.4
福　建	Fujian	1036.9	1035.7	303.9	302.7	2886.3
江　西	Jiangxi	1356.2	1335.7	370.3	349.8	3093.5
山　东	Shandong	328.7	229.0	180.6	80.8	350.0
河　南	Henan	371.3	259.1	188.3	76.1	395.2
湖　北	Hubei	1033.9	1003.7	282.0	251.8	1812.3
湖　南	Hunan	1600.0	1593.1	386.2	379.4	2512.8
广　东	Guangdong	2206.8	2197.3	506.9	497.3	2323.8
广　西	Guangxi	2282.5	2282.5	504.8	504.8	4763.1
海　南	Hainan	419.1	414.1	97.9	92.9	4933.5
重　庆	Chongqing	576.9	576.9	88.4	88.4	2040.3
四　川	Sichuan	2489.9	2488.3	598.2	596.6	3061.7
贵　州	Guizhou	1140.7	1140.7	265.0	265.0	3019.7
云　南	Yunnan	2314.5	2314.5	801.6	801.6	5111.0
西　藏	Tibet	4560.2	4560.2	1054.3	1054.3	159726.8
陕　西	Shaanxi	304.0	285.0	107.6	88.6	809.6
甘　肃	Gansu	187.5	179.3	114.3	106.2	715.0
青　海	Qinghai	658.1	640.0	298.5	280.4	11900.5
宁　夏	Ningxia	9.2	6.6	23.2	20.6	149.8
新　疆	Xinjiang	815.6	772.5	518.5	475.3	3859.9

2-5 森林资源情况

Forest Resources

地 区	Region	林业用地面积 (万公顷) Area of Afforested Land (10 000 hectares)	森林面积 (万公顷) Forest Area (10 000 hectares)	#人工林 Man-made Forest	森林覆盖率 (%) Forest Coverage Rate (%)	活立木总蓄积量 (万立方米) Total Standing Forest Stock (10 000 cu.m)	森林蓄积量 (万立方米) Stock Volume of Forest (10 000 cu.m)
全 国	**National Total**	**28492.56**	**17490.92**	**5364.99**	**18.21**	**1361810.00**	**1245584.58**
北 京	Beijing	97.29	37.88	27.08	21.26	1176.36	840.70
天 津	Tianjin	13.44	9.35	8.99	8.14	234.18	140.35
河 北	Hebei	624.55	328.83	179.48	17.69	8657.98	6509.92
山 西	Shanxi	690.94	208.19	99.19	13.29	7309.34	6199.93
内蒙古	Inner Mongolia	4403.61	2050.67	241.29	17.70	128806.70	110153.15
辽 宁	Liaoning	634.39	480.53	267.60	32.97	18546.33	17476.57
吉 林	Jilin	805.57	720.12	148.22	38.13	85359.17	81645.51
黑龙江	Heilongjiang	2026.50	1797.50	172.63	39.54	150153.09	137502.31
上 海	Shanghai	2.25	1.89	1.89	3.17	233.63	33.24
江 苏	Jiangsu	99.88	77.41	74.17	7.54	4073.18	2285.27
浙 江	Zhejiang	654.79	553.92	255.63	54.41	13846.75	11535.85
安 徽	Anhui	412.32	331.99	185.51	24.03	12667.41	10371.90
福 建	Fujian	908.07	764.94	356.98	62.96	49671.38	44357.36
江 西	Jiangxi	1044.69	931.39	275.25	55.86	37435.19	32505.20
山 东	Shandong	284.64	204.64	194.40	13.44	5819.42	3201.65
河 南	Henan	456.41	270.30	161.11	16.19	13370.51	8404.64
湖 北	Hubei	766.00	497.55	145.90	26.77	17518.13	15406.64
湖 南	Hunan	1171.42	860.79	390.39	40.63	30211.67	26534.46
广 东	Guangdong	1048.14	827.00	440.83	46.49	29703.35	28365.63
广 西	Guangxi	1366.22	983.83	449.62	41.41	40287.06	36477.26
海 南	Hainan	194.47	166.66	109.10	48.87	7863.61	7195.16
重 庆	Chongqing	366.84	183.18	62.87	22.25	10580.49	8441.08
四 川	Sichuan	2266.02	1464.34	343.29	30.27	158216.65	149543.36
贵 州	Guizhou	761.83	420.47	183.50	23.83	21022.16	17795.72
云 南	Yunnan	2424.76	1560.03	251.45	40.77	154759.40	139929.16
西 藏	Tibet	1657.89	1389.61	2.76	11.31	229448.04	226606.41
陕 西	Shaanxi	1071.78	670.39	169.21	32.55	33422.35	30775.77
甘 肃	Gansu	745.55	299.63	67.32	6.66	19542.61	17504.33
青 海	Qinghai	556.28	317.20	4.36	4.40	4101.39	3592.62
宁 夏	Ningxia	115.34	40.36	9.81	6.08	478.39	392.85
新 疆	Xinjiang	608.46	484.07	45.90	2.94	31419.68	28039.68

注：1.本表为第六次全国森林资源清查（1999-2003)资料。

2.全国总计数包括台湾省和香港、澳门特别行政区数据。

a) Data in the table are the figures of the Sixth National Forestry Survey (1999-2003).

b) Data of national total include forest resources in Taiwan province and Hong Kong SAR and Macao SAR.

2-6 湿地面积

Area of Wetlands

地区	Region	湿地面积(千公顷) Area of Wetlands (1 000 hectares)	天然湿地 Natural Wetlands	近岸及海岸 Coasts and Seashores	河流 Rivers	湖泊 Lakes	沼泽 Marshland	人工湿地 Man-made Wetlands	湿地面积占国土面积比重(%) Proportion of Wetlands in Total Area of Territory (%)
全国	**National**	**38485.5**	**36200.6**	**5941.7**	**8207.0**	**8351.6**	**13700.3**	**2285.0**	**4.01**
北京	Beijing	34.4	5.0		5.0			29.4	1.93
天津	Tianjin	171.8	133.7	58.1	55.1	12.3	8.2	38.1	14.95
河北	Hebei	1081.9	1042.3	278.8	319.3	307.2	136.9	39.6	5.82
山西	Shanxi	499.9	462.2		454.1	8.1		37.7	3.19
内蒙古	Inner Mongolia	4245.0	4200.8		607.5	495.2	3098.1	44.3	3.66
辽宁	Liaoning	1219.6	1106.8	738.1	252.2	6.3	110.2	112.9	8.37
吉林	Jilin	1203.4	1016.4	5.8	581.4	74.5	354.7	187.0	6.37
黑龙江	Heilongjiang	4314.8	4182.8		460.7	401.9	3320.3	132.0	9.49
上海	Shanghai	319.7	319.4	305.4	7.2	6.8		0.3	53.68
江苏	Jiangsu	1674.7	1651.1	843.5	203.3	604.2		23.6	16.32
浙江	Zhejiang	802.2	695.9	574.3	118.5	3.0	0.1	106.3	7.88
安徽	Anhui	653.9	590.0		239.5	350.5		63.9	4.73
福建	Fujian	443.0	421.2	370.6	31.1	19.5		21.8	3.65
江西	Jiangxi	998.8	872.9		314.9	443.2	114.8	125.9	5.99
山东	Shandong	1784.1	1681.4	1210.9	301.1	165.5	3.9	102.7	11.72
河南	Henan	624.1	482.2		472.7	2.6	6.9	141.9	3.74
湖北	Hubei	927.3	730.5		377.4	294.7	58.4	196.9	4.99
湖南	Hunan	1226.9	1047.5		683.1	359.3	5.1	179.5	5.79
广东	Guangdong	1398.1	1252.0	1017.8	231.7	1.5	1.0	146.0	7.86
广西	Guangxi	656.1	567.5	348.4	219.1			88.6	2.76
海南	Hainan	311.5	256.6	190.0	38.3	17.3	11.0	54.9	9.13
重庆	Chongqing	43.2	31.9		31.6	0.3		11.3	0.52
四川	Sichuan	961.7	919.5		563.9	13.4	342.3	42.1	1.98
贵州	Guizhou	79.4	65.9		58.0	2.3	5.7	13.5	0.45
云南	Yunnan	235.3	220.3		119.8	96.5	4.0	15.0	0.61
西藏	Tibet	5232.0	5231.5		231.1	2538.6	2461.7	0.5	4.26
陕西	Shaanxi	292.9	277.2		252.1	7.3	17.8	15.7	1.42
甘肃	Gansu	1258.1	1131.4		565.6	44.3	521.5	126.7	2.80
青海	Qinghai	4126.0	4087.7		107.5	1232.0	2748.1	38.3	5.72
宁夏	Ningxia	255.6	252.4		104.1	148.3		3.2	3.85
新疆	Xinjiang	1410.2	1264.6		200.2	694.9	369.5	145.5	0.86

注：本表为中国首次湿地调查（1995—2003)资料，不包括台湾省、香港和澳门特别行政区；湿地面积不包括水稻田湿地。

a) Data in the table are the figures of China First Wetlands Survey (1995-2003), excluding the wetlands of Taiwan province, Hong Kong SAR and Macao SAR. Area of wetlands excludes the wetland of paddyfield.

2-7 国内生产总值和地区生产总值（2008年）

Gross Domestic Product and Gross Regional Product (2008)

本表绝对数按当年价格计算。

Level figures in this table are calculated at current prices.

地区	Region	国内和地区生产总值(亿元) Gross Domestic or Regional Product (100 million yuan)	第一产业 Primary Industry	第二产业 Secondary Industry	第三产业 Tertiary Industry	构成(%) Composition (%) 第一产业 Primary Industry	第二产业 Secondary Industry	第三产业 Tertiary Industry	人均地区生产总值(元/人) Per Capita Gross Domestic or Regional Product (yuan/person)
全国	**National**	**300670.0**	**34000.0**	**146183.4**	**120486.6**	**11.3**	**48.6**	**40.1**	**22698**
北京	Beijing	10488.03	112.81	2693.15	7682.07	1.1	25.7	73.2	63029
天津	Tianjin	6354.38	122.58	3821.07	2410.73	1.9	60.1	37.9	55473
河北	Hebei	16188.61	2034.60	8777.42	5376.59	12.6	54.2	33.2	23239
山西	Shanxi	6938.73	302.48	4265.77	2370.48	4.4	61.5	34.2	20398
内蒙古	Inner Mongolia	7761.80	906.98	4271.03	2583.79	11.7	55.0	33.3	32214
辽宁	Liaoning	13461.57	1302.00	7512.11	4647.46	9.7	55.8	34.5	31259
吉林	Jilin	6424.06	916.70	3064.63	2442.73	14.3	47.7	38.0	23514
黑龙江	Heilongjiang	8310.00	1089.10	4365.90	2855.00	13.1	52.5	34.4	21727
上海	Shanghai	13698.15	111.80	6235.92	7350.43	0.8	45.5	53.7	73124
江苏	Jiangsu	30312.61	2100.00	16663.81	11548.80	6.9	55.0	38.1	39622
浙江	Zhejiang	21486.92	1095.43	11580.33	8811.17	5.1	53.9	41.0	42214
安徽	Anhui	8874.17	1418.08	4137.35	3318.74	16.0	46.6	37.4	14485
福建	Fujian	10823.11	1157.75	5415.77	4249.59	10.7	50.0	39.3	30123
江西	Jiangxi	6480.33	1060.38	3414.88	2005.07	16.4	52.7	30.9	14781
山东	Shandong	31072.06	3002.65	17702.17	10367.23	9.7	57.0	33.4	33083
河南	Henan	18407.78	2658.80	10477.92	5271.06	14.4	56.9	28.6	19593
湖北	Hubei	11330.38	1780.00	4963.61	4586.77	15.7	43.8	40.5	19860
湖南	Hunan	11156.64	2007.40	4933.08	4216.16	18.0	44.2	37.8	17521
广东	Guangdong	35696.46	1970.23	18402.64	15323.59	5.5	51.6	42.9	37589
广西	Guangxi	7171.58	1453.90	3037.74	2679.94	20.3	42.4	37.4	14966
海南	Hainan	1459.23	437.61	434.40	587.22	30.0	29.8	40.2	17175
重庆	Chongqing	5096.66	575.40	2433.27	2087.99	11.3	47.7	41.0	18025
四川	Sichuan	12506.25	2366.15	5790.10	4350.00	18.9	46.3	34.8	15378
贵州	Guizhou	3333.40	547.85	1408.71	1376.84	16.4	42.3	41.3	8824
云南	Yunnan	5700.10	1020.94	2451.09	2228.07	17.9	43.0	39.1	12587
西藏	Tibet	395.91	60.51	115.76	219.64	15.3	29.2	55.5	13861
陕西	Shaanxi	6851.32	753.72	3842.08	2255.52	11.0	56.1	32.9	18246
甘肃	Gansu	3176.11	463.00	1471.43	1241.68	14.6	46.3	39.1	12110
青海	Qinghai	961.53	105.58	529.40	326.55	11.0	55.1	34.0	17389
宁夏	Ningxia	1098.51	120.00	581.24	397.27	10.9	52.9	36.2	17892
新疆	Xinjiang	4203.41	691.10	2086.74	1425.57	16.4	49.6	33.9	19893

2-8 地区生产总值收入法构成项目（2007年）

Income Approach Components of Gross Regional Product (2007)

本表按当年价格计算。

Data in this table are calculated at current prices.

单位：亿元 (100 million yuan)

地 区	Region	地区生产总值 Gross Regional Product	劳动者报酬 Compensation of Employees	生产税净额 Net Taxes on Production	固定资产折旧 Depreciation of Fixed Assets	营业盈余 Operating Surplus
北 京	Beijing	9353.32	4071.70	1386.62	1375.46	2519.54
天 津	Tianjin	5050.40	1588.56	893.84	754.32	1813.68
河 北	Hebei	13709.50	5257.09	1999.13	1817.05	4636.23
山 西	Shanxi	5733.35	1899.32	900.26	816.82	2116.95
内蒙古	Inner Mongolia	6091.12	2093.35	772.85	969.23	2255.69
辽 宁	Liaoning	11023.49	4464.48	1858.99	1688.23	3011.79
吉 林	Jilin	5284.69	2170.28	735.12	907.38	1471.91
黑龙江	Heilongjiang	7065.00	2568.21	890.31	960.90	2645.58
上 海	Shanghai	12188.85	4261.73	2072.56	1951.84	3902.72
江 苏	Jiangsu	25741.15	9611.80	4153.13	3582.72	8393.51
浙 江	Zhejiang	18780.44	7433.99	2833.04	2593.49	5919.92
安 徽	Anhui	7364.18	3241.14	1051.01	997.51	2074.52
福 建	Fujian	9249.13	3919.32	1279.15	1097.12	2953.54
江 西	Jiangxi	5500.25	2450.46	732.19	618.80	1698.80
山 东	Shandong	25965.91	9082.09	4181.75	3771.38	8930.69
河 南	Henan	15012.46	6167.59	2026.05	1579.84	5238.98
湖 北	Hubei	9230.68	3812.09	1466.41	1386.03	2566.15
湖 南	Hunan	9200.00	4273.00	1230.58	1188.08	2508.34
广 东	Guangdong	31084.40	12053.44	4399.45	4558.87	10072.64
广 西	Guangxi	5955.65	2758.18	665.29	643.96	1888.21
海 南	Hainan	1223.28	512.81	166.28	235.81	308.38
重 庆	Chongqing	4122.51	1971.50	542.38	432.76	1175.87
四 川	Sichuan	10505.30	4804.13	1251.79	1788.94	2660.44
贵 州	Guizhou	2741.90	1234.36	434.75	380.85	691.94
云 南	Yunnan	4741.31	2118.18	972.68	645.28	1005.17
西 藏	Tibet	342.19	175.45	24.31	74.32	68.11
陕 西	Shaanxi	5465.79	2031.84	823.33	912.20	1698.42
甘 肃	Gansu	2702.40	1181.35	413.49	467.18	640.38
青 海	Qinghai	783.61	356.39	99.84	149.43	177.93
宁 夏	Ningxia	889.20	401.64	114.32	178.36	194.89
新 疆	Xinjiang	3523.16	1566.80	456.62	494.69	1005.05

2-9 支出法地区生产总值（2008年）

Gross Regional Product by Expenditure Approach (2008)

本表按当年价格计算。

Data in value terms in this table are calculated at current prices.

地区	Region	支出法地区生产总值(亿元) Gross Regional Product by Expenditure Approach (100 million yuan)	最终消费支出 Final Consumption Expenditures	资本形成总额 Gross Capital Formation	货物和服务净流出 Net Outflow of Goods and Services	资本形成率(投资率)(%) Capital Formation Rate (%)	最终消费率(消费率)(%) Final Consumption Rate (%)
北京	Beijing	10488.03	6033.93	4301.55	152.55	41.0	57.5
天津	Tianjin	7380.45	2516.77	4150.23	713.45	56.2	34.1
河北	Hebei	16188.61	6769.00	8368.99	1050.62	51.7	41.8
山西	Shanxi	6993.09	3002.67	4002.04	-11.62	57.2	42.9
内蒙古	Inner Mongolia	8500.64	3196.80	5781.16	-477.32	68.0	37.6
辽宁	Liaoning	16032.03	5529.37	10419.06	83.60	65.0	34.5
吉林	Jilin	6783.35	3049.19	5415.27	-1681.11	79.8	45.0
黑龙江	Heilongjiang	8303.00	4260.96	3849.13	192.91	46.4	51.3
上海	Shanghai	13858.22	7004.32	6100.52	753.38	44.0	50.5
江苏	Jiangsu	31750.16	12751.90	15697.51	3300.75	49.4	40.2
浙江	Zhejiang	22367.54	9614.22	10153.23	2600.09	45.4	43.0
安徽	Anhui	9175.18	4831.68	4382.96	-39.46	47.8	52.7
福建	Fujian	11431.86	5053.95	5975.76	402.15	52.3	44.2
江西	Jiangxi	6498.85	3279.89	3288.30	-69.34	50.6	50.5
山东	Shandong	31072.06	13477.13	14974.02	2620.91	48.2	43.4
河南	Henan	18473.14	7759.33	10885.30	-171.49	58.9	42.0
湖北	Hubei	11728.64	5892.03	5716.36	120.25	48.7	50.2
湖南	Hunan	11528.84	6180.04	5564.44	-215.64	48.3	53.6
广东	Guangdong	35696.46	17637.61	12969.83	5089.02	36.3	49.4
广西	Guangxi	7406.48	3856.73	3890.41	-340.66	52.5	52.1
海南	Hainan	1550.26	782.77	757.62	9.87	48.9	50.5
重庆	Chongqing	6652.75	3598.84	3975.83	-921.92	59.8	54.1
四川	Sichuan	12815.12	6540.17	6811.05	-536.10	53.1	51.0
贵州	Guizhou	3333.40	2260.76	1750.70	-678.06	52.5	67.8
云南	Yunnan	4741.31	2908.08	2666.73	-833.50	56.2	61.3
西藏	Tibet	395.98	264.35	313.81	-182.18	79.2	66.8
陕西	Shaanxi	7362.71	3022.60	4736.22	-396.11	64.3	41.1
甘肃	Gansu	3176.11	1949.83	1958.54	-732.26	61.7	61.4
青海	Qinghai	961.52	593.51	643.19	-275.18	66.9	61.7
宁夏	Ningxia	1156.69	635.66	919.02	-397.99	79.5	55.0
新疆	Xinjiang	4160.02	2246.09	2229.74	-315.81	53.6	54.0

2-10 资本形成总额及构成（2008年）

Gross Capital Formation and Its Composition (2008)

本表按当年价格计算。
Data in value terms in this table are calculated at current prices.

地区	Region	资本形成总额（亿元） Gross Capital Formation (100 million yuan)	固定资本形成总额 Gross Fixed Capital Formation	存货增加 Change in Inventories	构成（资本形成总额=100） Composition (Total=100) 固定资本形成总额 Gross Fixed Capital Formation	存货增加 Change in Inventories
北京	Beijing	4301.55	3754.49	547.06	87.3	12.7
天津	Tianjin	4150.23	3746.99	403.24	90.3	9.7
河北	Hebei	8368.99	8397.68	-28.69	100.3	-0.3
山西	Shanxi	4002.04	3587.61	414.43	89.6	10.4
内蒙古	Inner Mongolia	5781.16	5596.45	184.71	96.8	3.2
辽宁	Liaoning	10419.06	9981.43	437.63	95.8	4.2
吉林	Jilin	5415.27	5608.30	-193.03	103.6	-3.6
黑龙江	Heilongjiang	3849.13	3655.29	193.84	95.0	5.0
上海	Shanghai	6100.52	5419.43	681.09	88.8	11.2
江苏	Jiangsu	15697.51	14418.47	1279.04	91.9	8.1
浙江	Zhejiang	10153.23	9369.14	784.09	92.3	7.7
安徽	Anhui	4382.96	4290.19	92.77	97.9	2.1
福建	Fujian	5975.76	5601.36	374.40	93.7	6.3
江西	Jiangxi	3288.30	3203.51	84.79	97.4	2.6
山东	Shandong	14974.02	14141.48	832.54	94.4	5.6
河南	Henan	10885.30	10435.38	449.92	95.9	4.1
湖北	Hubei	5716.36	5368.99	347.37	93.9	6.1
湖南	Hunan	5564.44	5480.69	83.75	98.5	1.5
广东	Guangdong	12969.83	11405.38	1564.45	87.9	12.1
广西	Guangxi	3890.41	3559.92	330.49	91.5	8.5
海南	Hainan	757.62	741.07	16.55	97.8	2.2
重庆	Chongqing	3975.83	3615.03	360.80	90.9	9.1
四川	Sichuan	6811.05	6579.56	231.49	96.6	3.4
贵州	Guizhou	1750.70	1689.06	61.64	96.5	3.5
云南	Yunnan	2666.73	2616.77	49.96	98.1	1.9
西藏	Tibet	313.81	312.86	0.95	99.7	0.3
陕西	Shaanxi	4736.22	4569.16	167.06	96.5	3.5
甘肃	Gansu	1958.54	1733.54	225.00	88.5	11.5
青海	Qinghai	643.19	583.20	59.99	90.7	9.3
宁夏	Ningxia	919.02	858.64	60.38	93.4	6.6
新疆	Xinjiang	2229.74	2227.63	2.11	99.9	0.1

2-11 最终消费支出及构成（2008年）

Final Consumption Expenditure and Its Composition (2008)

本表按当年价格计算。

Data in value terms in this table are calculated at current prices.

地 区	Region	最终消费支出（亿元）Final Consumption Expenditures (100 million yuan)	居民消费支出 Household Consumption	农村居民 Rural Household	城镇居民 Urban Household	政府消费支出 Government Consumption	最终消费支出=100 Final Consumption Expenditures=100 居民消费支出 Household Consumption	政府消费支出 Government Consumption	居民消费支出=100 Household Consumption Expenditures=100 农村居民 Rural Household	城镇居民 Urban Household
北 京	Beijing	6033.93	3385.60	255.59	3130.01	2648.33	56.1	43.9	7.5	92.5
天 津	Tianjin	2516.77	1603.68	169.92	1433.76	913.09	63.7	36.3	10.6	89.4
河 北	Hebei	6769.00	4576.73	1466.47	3110.26	2192.27	67.6	32.4	32.0	68.0
山 西	Shanxi	3002.67	2104.67	617.24	1487.43	898.00	70.1	29.9	29.3	70.7
内蒙古	Inner Mongolia	3196.80	1953.64	433.62	1520.02	1243.16	61.1	38.9	22.2	77.8
辽 宁	Liaoning	5529.37	4144.89	751.34	3393.55	1384.48	75.0	25.0	18.1	81.9
吉 林	Jilin	3049.19	2075.65	493.10	1582.55	973.54	68.1	31.9	23.8	76.2
黑龙江	Heilongjiang	4260.96	2692.15	655.76	2036.39	1568.81	63.2	36.8	24.4	75.6
上 海	Shanghai	1869.59	1693.96		3423.38	1819.80	90.6	97.3		202.1
江 苏	Jiangsu	12751.90	8425.61	2285.87	6139.74	4326.29	66.1	33.9	27.1	72.9
浙 江	Zhejiang	9614.22	7071.58	1662.06	5409.52	2542.64	73.6	26.4	23.5	76.5
安 徽	Anhui	4831.68	3906.57	1277.89	2628.68	925.11	80.9	19.1	32.7	67.3
福 建	Fujian	5053.95	3722.10	1026.10	2696.00	1331.85	73.6	26.4	27.6	72.4
江 西	Jiangxi	3279.89	2522.19	806.58	1715.61	757.70	76.9	23.1	32.0	68.0
山 东	Shandong	13477.13	8991.11	2410.79	6580.32	4486.02	66.7	33.3	26.8	73.2
河 南	Henan	7759.33	5521.46	1953.80	3567.66	2237.87	71.2	28.8	35.4	64.6
湖 北	Hubei	5892.03	4225.38	1217.95	3007.43	1666.65	71.7	28.3	28.8	71.2
湖 南	Hunan	6180.04	4549.86	1466.70	3083.16	1630.18	73.6	26.4	32.2	67.8
广 东	Guangdong	17637.61	13665.86	1806.14	11859.72	3971.75	77.5	22.5	13.2	86.8
广 西	Guangxi	3856.73	2924.38	923.81	2000.57	932.35	75.8	24.2	31.6	68.4
海 南	Hainan	782.77	556.46	167.91	388.55	226.31	71.1	28.9	30.2	69.8
重 庆	Chongqing	3598.84	2780.82	581.91	2198.91	818.02	77.3	22.7	20.9	79.1
四 川	Sichuan	6540.17	4937.87	1711.33	3226.54	1602.30	75.5	24.5	34.7	65.3
贵 州	Guizhou	2260.76	1672.03	577.25	1094.78	588.73	74.0	26.0	34.5	65.5
云 南	Yunnan	2908.08	2048.36	789.86	1258.50	859.72	70.4	29.6	38.6	61.4
西 藏	Tibet	264.35	100.54	45.72	54.82	163.81	38.0	62.0	45.5	54.5
陕 西	Shaanxi	3022.60	2361.89	659.06	1702.83	660.71	78.1	21.9	27.9	72.1
甘 肃	Gansu	1949.83	1276.99	443.21	833.78	672.84	65.5	34.5	34.7	65.3
青 海	Qinghai	593.51	322.40	102.75	219.65	271.11	54.3	45.7	31.9	68.1
宁 夏	Ningxia	635.66	441.66	107.06	334.60	194.00	69.5	30.5	24.2	75.8
新 疆	Xinjiang	2246.09	1171.05	340.69	830.36	1075.04	52.1	47.9	29.1	70.9

2-12 居民消费水平（2008年）

Household Consumption Expenditure (2008)

本表绝对数按当年价格计算，指数按可比价格计算。

Absolute figures in this table are calculated at current prices, while indices are calculated at constant prices.

地区	Region	绝对数(元) Value (yuan)			城乡消费水平对比（农村居民=1）Urban/Rural Consumption Ratio (Urban Household=1)	指数（上年=100）Index (Preceding year=100)		
		全国居民 All Households	农村居民 Rural Household	城镇居民 Urban Household		全国居民 All Households	农村居民 Rural Household	城镇居民 Urban Household
全国	**National**	**8183**	**3756**	**13526**	**3.6**	**109.0**	**107.3**	**108.0**
北京	Beijing	20346	10043	22207	2.2	107.7	109.5	107.4
天津	Tianjin	14000	6389	16301	2.6	111.3	112.8	109.7
河北	Hebei	6570	3553	10955	3.1	109.8	108.4	104.7
山西	Shanxi	6187	3274	9810	3.0	104.5	106.1	102.1
内蒙古	Inner Mongolia	8108	3668	12386	3.4	108.7	104.5	107.5
辽宁	Liaoning	9625	4321	13216	3.1	119.2	115.3	119.4
吉林	Jilin	7591	3854	10878	2.8	108.2	108.6	107.8
黑龙江	Heilongjiang	7039	3781	9743	2.6	111.9	116.3	109.3
上海	Shanghai	27343	12202	29250	2.4	108.2	103.4	108.4
江苏	Jiangsu	11013	6461	14930	2.3	109.8	109.3	108.7
浙江	Zhejiang	13893	7665	18515	2.4	106.1	102.5	104.0
安徽	Anhui	6377	3454	10835	3.1	113.8	112.0	111.3
福建	Fujian	10361	5633	15223	2.7	112.9	111.2	112.2
江西	Jiangxi	5753	4533	6586	1.5	117.5	170.6	62.3
山东	Shandong	9573	4859	14851	3.1	113.2	111.0	112.9
河南	Henan	5877	3208	10797	3.4	105.7	101.3	104.3
湖北	Hubei	7406	3864	11780	3.0	107.3	108.8	105.5
湖南	Hunan	7145	3926	11716	3.0	108.1	106.5	105.8
广东	Guangdong	14390	5176	19743	3.8	108.0	108.2	107.8
广西	Guangxi	6103	3070	11221	3.7	112.8	100.2	115.3
海南	Hainan	6550	3593	10163	2.8	110.9	106.3	107.2
重庆	Chongqing	9835	4049	15817	3.9	142.4	135.9	140.5
四川	Sichuan	6072	3362	10608	3.2	107.2	106.1	102.9
贵州	Guizhou	4426	2142	10106	4.7	103.5	101.9	101.9
云南	Yunnan	4553	2547	9010	3.5	104.9	110.9	98.9
西藏	Tibet	3504	2149	8324	3.9	105.5	106.1	102.6
陕西	Shaanxi	6290	2993	10965	3.7	114.1	110.3	112.7
甘肃	Gansu	4869	2480	9975	4.0	105.2	111.4	100.9
青海	Qinghai	5830	3121	9816	3.1	106.6	112.6	102.7
宁夏	Ningxia	7193	3142	12245	3.9	116.2	105.0	118.0
新疆	Xinjiang	5542	2661	9975	3.7	105.0	103.5	103.9

注：1.城乡消费水平对比没有剔除城乡价格不可比的因素。

2.居民消费水平指按常住人口平均计算的居民消费支出。

a) The effect of price differentials between urban and rural areas has not been removed in the calculation of the urban/rural consumption ratio.

b) Household consumption level refers to per capita household consumption on the basis of usual residents.

2-13 人口数和出生率、死亡率、自然增长率（2008年）

Total Population and Birth Rate, Death Rate and Natural Growth Rate (2008)

地 区	Region	总人口(年末) (万人) Total Population (year-end) (10 000 persons)	出生率 (‰) Birth Rate (‰)	死亡率 (‰) Death Rate (‰)	自然增长率 (‰) Natural Growth Rate (‰)
全 国	**National Total**	**132802**	**12.14**	**7.06**	**5.08**
北 京	Beijing	1695	8.17	4.75	3.42
天 津	Tianjin	1176	8.13	5.94	2.19
河 北	Hebei	6989	13.04	6.49	6.55
山 西	Shanxi	3411	11.32	6.01	5.31
内蒙古	Inner Mongolia	2414	9.81	5.54	4.27
辽 宁	Liaoning	4315	6.32	5.22	1.10
吉 林	Jilin	2734	6.65	5.04	1.61
黑龙江	Heilongjiang	3825	7.91	5.68	2.23
上 海	Shanghai	1888	8.89	6.17	2.72
江 苏	Jiangsu	7677	9.34	7.04	2.30
浙 江	Zhejiang	5120	10.20	5.62	4.58
安 徽	Anhui	6135	13.05	6.60	6.45
福 建	Fujian	3604	12.20	5.90	6.30
江 西	Jiangxi	4400	13.92	6.01	7.91
山 东	Shandong	9417	11.25	6.16	5.09
河 南	Henan	9429	11.42	6.45	4.97
湖 北	Hubei	5711	9.21	6.50	2.71
湖 南	Hunan	6380	12.68	7.28	5.40
广 东	Guangdong	9544	11.80	4.55	7.25
广 西	Guangxi	4816	14.40	5.70	8.70
海 南	Hainan	854	14.71	5.72	8.99
重 庆	Chongqing	2839	10.10	6.30	3.80
四 川	Sichuan	8138	9.54	7.15	2.39
贵 州	Guizhou	3793	13.49	6.77	6.72
云 南	Yunnan	4543	12.63	6.31	6.32
西 藏	Tibet	287	15.50	5.20	10.30
陕 西	Shaanxi	3762	10.29	6.21	4.08
甘 肃	Gansu	2628	13.22	6.68	6.54
青 海	Qinghai	554	14.49	6.14	8.35
宁 夏	Ningxia	618	14.31	4.62	9.69
新 疆	Xinjiang	2131	16.05	4.88	11.17

注：1.本表数据根据2008年人口变动情况抽样调查数据推算。

2.全国总人口包括现役军人数，分地区数字中未包括。

a) Data in the table are estimates from the 2006 National Sample Survey on Population Changes.

b) The military personnel were included in the national total population, but were not included in the population by region.

2-14 人口城乡构成（2008年）

Population by Urban and Rural Residence (2008)

单位：万人 (10 000 persons)

地 区	Region	总人口（年末）Total Population (year-end)	城镇人口 Urban Population		乡村人口 Rural Population	
			人口数 Population	比重（%）Proportion	人口数 Population	比重（%）Proportion
全 国	**National Total**	**132802**	**60667**	**45.68**	**72135**	**54.32**
北 京	Beijing	1695	1439	84.90	256	15.10
天 津	Tianjin	1176	908	77.23	268	22.77
河 北	Hebei	6989	2928	41.90	4061	58.10
山 西	Shanxi	3411	1539	45.11	1872	54.89
内蒙古	Inner Mongolia	2414	1248	51.71	1166	48.29
辽 宁	Liaoning	4315	2591	60.05	1724	39.95
吉 林	Jilin	2734	1455	53.21	1279	46.79
黑龙江	Heilongjiang	3825	2119	55.40	1706	44.60
上 海	Shanghai	1888	1673	88.60	215	11.40
江 苏	Jiangsu	7677	4169	54.30	3509	45.70
浙 江	Zhejiang	5120	2949	57.60	2171	42.40
安 徽	Anhui	6135	2485	40.50	3650	59.50
福 建	Fujian	3604	1798	49.90	1806	50.10
江 西	Jiangxi	4400	1820	41.36	2580	58.64
山 东	Shandong	9417	4483	47.60	4935	52.40
河 南	Henan	9429	3397	36.03	6032	63.97
湖 北	Hubei	5711	2581	45.20	3130	54.80
湖 南	Hunan	6380	2689	42.15	3691	57.85
广 东	Guangdong	9544	6048	63.37	3496	36.63
广 西	Guangxi	4816	1838	38.16	2978	61.84
海 南	Hainan	854	410	48.00	444	52.00
重 庆	Chongqing	2839	1419	49.99	1420	50.01
四 川	Sichuan	8138	3044	37.40	5094	62.60
贵 州	Guizhou	3793	1104	29.11	2689	70.89
云 南	Yunnan	4543	1499	33.00	3044	67.00
西 藏	Tibet	287	65	22.61	222	77.39
陕 西	Shaanxi	3762	1584	42.10	2178	57.90
甘 肃	Gansu	2628	845	32.15	1783	67.85
青 海	Qinghai	554	227	40.86	327	59.14
宁 夏	Ningxia	618	278	44.98	340	55.02
新 疆	Xinjiang	2131	845	39.64	1286	60.36

注：本表数据根据2008年人口变动情况抽样调查数据推算。

a) Data in the table are estimates from the 2008 National Sample Survey on Population Changes.

2-15 按三次产业分就业人员数（2008年底）

Number of Employed Persons at Year-end by Three Strata of Industry (2008)

地区	Region	就业人员(万人) Total Employed Persons (10 000 persons)	第一产业 Primary Industry	第二产业 Secondary Industry	第三产业 Tertiary Industry	构成（合计=100） Composition in Percentage 第一产业 Primary Industry	第二产业 Secondary Industry	第三产业 Tertiary Industry
全 国	**National Total**	**77480.0**	**30654.0**	**21109.0**	**25717.0**	**39.6**	**27.2**	**33.2**
北 京	Beijing	1173.8	66.0	256.5	851.3	5.6	21.8	72.5
天 津	Tianjin	503.1	78.1	203.9	221.2	15.5	40.5	44.0
河 北	Hebei	3651.7	1488.4	1195.5	967.8	40.8	32.7	26.5
山 西	Shanxi	1583.5	642.8	417.4	523.3	40.6	26.4	33.0
内蒙古	Inner Mongolia	1103.3	556.7	186.2	360.4	50.5	16.9	32.7
辽 宁	Liaoning	2098.2	698.2	534.7	865.3	33.3	25.5	41.2
吉 林	Jilin	1143.5	511.0	227.8	404.8	44.7	19.9	35.4
黑龙江	Heilongjiang	1670.2	775.6	343.0	551.6	46.4	20.5	33.0
上 海	Shanghai	896.0	49.4	352.1	494.5	5.5	39.3	55.2
江 苏	Jiangsu	4384.1	917.1	1945.4	1521.6	20.9	44.4	34.7
浙 江	Zhejiang	3691.9	671.6	1715.5	1304.8	18.2	46.5	35.3
安 徽	Anhui	3594.6	1605.3	971.7	1017.5	44.7	27.0	28.3
福 建	Fujian	2079.8	647.8	739.7	692.2	31.1	35.6	33.3
江 西	Jiangxi	2223.3	903.9	609.6	709.8	40.7	27.4	31.9
山 东	Shandong	5352.5	2001.2	1691.5	1659.8	37.4	31.6	31.0
河 南	Henan	5835.5	2847.3	1563.9	1424.2	48.8	26.8	24.4
湖 北	Hubei	2875.6	1016.7	706.7	1152.1	35.4	24.6	40.1
湖 南	Hunan	3811.0	1889.9	762.2	1158.8	49.6	20.0	30.4
广 东	Guangdong	5478.0	1552.6	1831.5	2094.0	28.3	33.4	38.2
广 西	Guangxi	2807.2	1549.4	561.9	695.8	55.2	20.0	24.8
海 南	Hainan	412.1	221.5	46.6	144.0	53.8	11.3	34.9
重 庆	Chongqing	1837.1	681.2	488.6	667.3	37.1	26.6	36.3
四 川	Sichuan	4874.5	2192.7	1068.3	1613.5	45.0	21.9	33.1
贵 州	Guizhou	2301.6	1206.0	261.2	834.4	52.4	11.3	36.3
云 南	Yunnan	2679.5	1678.6	328.2	672.7	62.6	12.2	25.1
西 藏	Tibet	160.4	89.3	16.8	54.4	55.7	10.4	33.9
陕 西	Shaanxi	1946.6	910.4	403.5	632.6	46.8	20.7	32.5
甘 肃	Gansu	1388.7	734.4	198.6	455.7	52.9	14.3	32.8
青 海	Qinghai	276.8	123.3	59.0	94.5	44.5	21.3	34.2
宁 夏	Ningxia	303.9	136.4	76.2	91.4	44.9	25.1	30.1
新 疆	Xinjiang	813.7	419.9	111.5	282.3	51.6	13.7	34.7

2-16 按城乡分就业人员数（2008年底）

Number of Employed Persons in Urban and Rural Areas(End of 2008)

单位：万人 (10 000 persons)

地 区	Region	合 计 Total	城 镇 小 计 Subtotal	#国有单位 State-owned Units	#集体单位 Collective-owned Units	#股份合作单位 Cooperative Units	#联营单位 Joint Ownership Units	#有限责任公司 Limited Liability Corporations	#股份有限公司 Share Holding Corporations Ltd.
全 国	**National Total**	**77480**	**30210**	**6447**	**662**	**164**	**43**	**2194**	**840**
北 京	Beijing	1173.8	847.1	187.7	14.9	12.8	2.2	194.8	46.3
天 津	Tianjin	503.1	309.4	87.5	7.9	0.9	1.8	26.9	11.8
河 北	Hebei	3651.7	750.6	334.8	28.3	7.8	1.3	61.3	36.2
山 西	Shanxi	1583.5	508.5	255.9	27.9	3.6	0.5	61.5	16.1
内蒙古	Inner Mongolia	1103.3	413.4	163.5	10.1	1.4	0.3	45.5	18.3
辽 宁	Liaoning	2098.2	929.0	303.8	33.5	4.7	1.4	80.4	27.8
吉 林	Jilin	1143.5	426.7	168.4	14.9	2.0	0.3	38.1	23.1
黑龙江	Heilongjiang	1670.2	701.7	318.4	30.6	22.0	0.7	50.1	42.9
上 海	Shanghai	896.0	682.2	140.7	11.5	3.8	0.9	48.0	36.8
江 苏	Jiangsu	4384.1	1679.1	278.0	34.0	6.5	1.2	95.6	56.5
浙 江	Zhejiang	3691.9	1383.6	201.2	26.6	14.6	1.9	236.9	71.1
安 徽	Anhui	3594.6	576.2	199.8	24.4	4.8	1.0	67.5	26.5
福 建	Fujian	2079.8	710.1	152.2	17.6	7.2	3.3	60.9	23.7
江 西	Jiangxi	2223.3	510.6	196.7	15.3	3.2	0.5	36.4	12.0
山 东	Shandong	5352.5	1393.9	427.9	56.0	15.2	3.5	183.1	71.1
河 南	Henan	5835.5	962.7	390.9	68.3	9.5	2.6	160.0	48.9
湖 北	Hubei	2875.6	790.1	287.2	25.1	4.6	2.1	81.8	37.2
湖 南	Hunan	3811.0	758.1	265.9	31.6	6.1	1.3	87.6	39.0
广 东	Guangdong	5478.0	2146.8	385.1	60.6	10.4	9.0	126.6	47.9
广 西	Guangxi	2807.2	493.5	198.1	17.3	1.6	0.7	41.1	13.2
海 南	Hainan	412.1	137.1	54.9	3.1	0.5	1.0	7.5	4.7
重 庆	Chongqing	1837.1	455.9	119.8	10.7	3.6	1.9	77.2	17.5
四 川	Sichuan	4874.5	956.1	324.6	38.2	8.4	1.4	112.7	44.7
贵 州	Guizhou	2301.6	294.4	149.2	7.9	1.8	0.6	36.4	11.6
云 南	Yunnan	2679.5	525.6	185.8	11.2	2.3	0.3	41.9	15.6
西 藏	Tibet	160.4	45.1	19.0	0.5		0.1	0.3	0.2
陕 西	Shaanxi	1946.6	495.5	248.1	19.8	2.0	0.8	52.1	14.2
甘 肃	Gansu	1388.7	277.6	145.4	6.9	1.1	0.2	25.0	1.9
青 海	Qinghai	276.8	82.9	34.3	2.2	0.7	0.1	6.0	3.0
宁 夏	Ningxia	303.9	84.7	36.0	0.9	0.6	0.1	14.1	3.8
新 疆	Xinjiang	813.7	376.5	186.2	3.8	0.6	0.4	36.4	16.4

2-16 续表 continued

单位：万人 (10 000 persons)

地区	Region	Urban Areas				乡村 Rural Areas			
		#私营企业 Private Enterprises	#港澳台商投资单位 Units with Funds from Hong Kong, Macao and Taiwan	#外商投资单位 Foreign Funded Units	#个体 Self-employed individuals	小计 Subtotal	#乡镇企业 Township and Village Enterprises	#私营企业 Private Enterprises	#个体 Self-employed Individuals
全国	**National Total**	**5124**	**679**	**943**	**3609**	**47270**	**15451**	**2780**	**2167**
北京	Beijing	217.2	33.4	72.7	65.1	321.3	140.0	118.3	41.0
天津	Tianjin	88.5	12.7	43.8	27.6	186.4	121.0	7.6	5.5
河北	Hebei	147.5	9.2	15.9	108.3	2894.8	1180.0	134.0	168.1
山西	Shanxi	60.6	6.1	3.4	72.8	1074.9	406.7	64.9	61.0
内蒙古	Inner Mongolia	80.4	1.4	2.8	89.6	688.4	293.1	18.0	20.1
辽宁	Liaoning	206.1	10.3	44.3	216.6	1164.7	689.8	82.9	98.3
吉林	Jilin	76.7	2.5	7.4	93.3	711.5	253.9	23.1	22.9
黑龙江	Heilongjiang	108.5	3.0	5.3	120.3	966.3	189.6	33.0	50.9
上海	Shanghai	282.6	36.0	96.8	25.0	211.1	275.4	230.3	12.4
江苏	Jiangsu	778.2	60.1	128.0	240.9	2657.3	1884.4	509.1	103.7
浙江	Zhejiang	406.4	83.3	101.7	239.9	2304.3	1312.6	351.1	156.7
安徽	Anhui	92.2	6.6	8.9	144.5	3014.2	580.6	107.5	100.1
福建	Fujian	182.7	105.3	76.5	80.7	1357.8	828.2	49.6	47.5
江西	Jiangxi	116.0	8.7	8.8	113.1	1705.0	417.0	93.6	77.6
山东	Shandong	304.7	26.5	108.8	197.0	3949.3	1573.7	195.9	213.0
河南	Henan	106.3	10.1	10.4	155.6	4859.1	1088.9	101.6	147.1
湖北	Hubei	142.0	7.4	18.2	184.6	2078.8	778.3	60.3	96.8
湖南	Hunan	171.4	9.7	9.7	135.7	3049.2	1033.3	65.5	66.4
广东	Guangdong	679.2	222.1	141.5	464.3	3326.6	1465.9	123.2	193.6
广西	Guangxi	92.4	6.0	7.2	115.9	2306.1	505.3	42.1	90.7
海南	Hainan	36.5	1.9	2.8	24.2	274.6	36.2	4.1	4.4
重庆	Chongqing	130.4	2.4	7.3	85.1	1379.9	258.9	33.2	23.3
四川	Sichuan	224.7	4.6	8.8	188.1	3910.8	847.9	116.6	138.0
贵州	Guizhou	40.3	1.0	1.7	43.9	2006.4	307.9	24.7	36.2
云南	Yunnan	142.6	2.4	2.8	120.6	2112.7	410.6	36.2	57.1
西藏	Tibet	10.4			14.7	115.1	3.5	0.9	3.5
陕西	Shaanxi	62.4	2.0	3.8	90.4	1449.4	457.0	90.3	73.2
甘肃	Gansu	44.2	2.4	0.4	50.1	1101.9	224.0	16.6	25.4
青海	Qinghai	16.8	0.1	0.5	19.3	193.7	25.5	14.0	4.6
宁夏	Ningxia	7.5	0.1	1.1	20.6	218.7	62.4	22.2	7.2
新疆	Xinjiang	68.5	1.3	1.3	61.5	435.4	104.0	10.0	20.8

2-17 按行业分城镇单位就业人员数（2008年底）

Number of Employed Persons in Urban Units by Sector (End of 2008)

单位：万人 (10 000 persons)

地区	Region	合计 Total	农、林、牧、渔业 Agriculture, Forestry, Animal Husbandry and Fishing	采矿业 Mining	制造业 Manufacturing	电力、燃气及水的生产和供应业 Production and Distribution of Electricity, Gas and Water	建筑业 Construction	交通运输、仓储和邮政业 Transport, Storage and Post
全国	**National Total**	**12192.5**	**410.1**	**540.4**	**3434.3**	**306.5**	**1072.6**	**627.3**
北京	Beijing	570.3	2.6	4.5	96.3	6.6	32.8	47.7
天津	Tianjin	200.6	0.7	7.0	72.7	3.6	10.8	12.5
河北	Hebei	501.0	7.5	28.1	116.4	19.5	34.6	25.7
山西	Shanxi	375.2	3.5	71.7	70.3	10.6	19.8	22.1
内蒙古	Inner Mongolia	244.8	27.7	17.3	39.3	9.7	13.4	15.9
辽宁	Liaoning	510.8	31.3	33.6	147.0	17.0	28.4	33.8
吉林	Jilin	262.0	16.6	17.6	57.0	8.1	13.7	15.7
黑龙江	Heilongjiang	475.1	94.4	44.0	84.4	14.6	30.1	26.0
上海	Shanghai	377.2	1.2	0.1	143.0	5.5	11.1	34.0
江苏	Jiangsu	707.6	12.2	13.6	307.4	12.7	38.4	32.0
浙江	Zhejiang	741.2	1.6	1.6	319.2	12.2	121.7	22.1
安徽	Anhui	343.7	7.5	29.3	67.3	9.8	34.2	14.8
福建	Fujian	458.7	6.7	4.8	223.8	9.5	45.0	15.9
江西	Jiangxi	289.2	13.7	10.1	70.2	8.7	25.2	16.3
山东	Shandong	901.4	5.2	62.1	340.1	19.9	65.7	30.7
河南	Henan	714.4	7.9	50.3	153.6	20.4	80.6	29.4
湖北	Hubei	470.3	17.7	10.1	112.5	12.4	61.7	32.2
湖南	Hunan	454.7	9.1	13.2	91.1	11.5	66.9	22.4
广东	Guangdong	1007.9	9.9	3.4	416.5	18.5	59.6	49.3
广西	Guangxi	292.8	12.1	5.4	58.4	8.5	23.6	17.5
海南	Hainan	76.8	16.7	0.9	7.3	1.8	4.9	4.2
重庆	Chongqing	241.7	1.8	9.2	56.0	6.5	41.1	13.8
四川	Sichuan	550.9	7.1	23.2	123.9	15.4	93.8	23.2
贵州	Guizhou	211.0	2.7	10.8	37.6	7.0	21.7	9.0
云南	Yunnan	303.5	14.3	11.5	56.6	8.0	36.0	13.7
西藏	Tibet	20.3	0.5	0.1	0.8	0.8	0.8	0.8
陕西	Shaanxi	344.4	6.4	23.7	85.1	10.1	20.6	19.6
甘肃	Gansu	192.5	5.9	8.6	36.9	6.5	16.3	10.2
青海	Qinghai	47.0	2.3	1.8	8.0	1.4	3.5	3.2
宁夏	Ningxia	57.1	3.1	5.0	10.7	3.9	2.4	2.8
新疆	Xinjiang	248.2	60.0	17.7	25.0	6.0	13.8	10.8

注：城镇单位就业人员数不含私营企业和个体。

a) Employed persons in urban units don't include those in private enterprise and self-employed individuals.

2-17 续表 1 continued

单位：万人 (10 000 persons)

地 区	Region	信息传输、计算机服务和软件业 Information Transmission, Computer Service and Software	批发和零售业 Wholesale and Retail Trade	住宿和餐饮业 Hotels and Catering Services	金融业 Financial Intermediation	房地产业 Real Estate	租赁和商务服务业 Leasing and Business Services
全 国	**National Total**	**159.5**	**514.4**	**193.2**	**417.6**	**172.7**	**274.7**
北 京	Beijing	33.4	43.6	26.0	22.7	28.8	62.8
天 津	Tianjin	2.5	13.5	3.7	6.2	3.1	7.3
河 北	Hebei	5.6	23.2	4.8	22.2	3.2	4.8
山 西	Shanxi	4.6	17.9	4.1	13.9	1.5	6.3
内蒙古	Inner Mongolia	3.7	6.8	2.5	9.0	1.5	3.0
辽 宁	Liaoning	6.1	15.5	6.5	20.6	6.5	12.0
吉 林	Jilin	3.6	8.4	2.9	9.3	3.4	3.6
黑龙江	Heilongjiang	5.5	19.3	3.2	12.2	4.4	4.2
上 海	Shanghai	5.6	24.1	9.8	20.7	10.7	18.3
江 苏	Jiangsu	7.3	27.3	9.9	25.0	6.0	11.0
浙 江	Zhejiang	8.9	24.7	14.3	25.5	9.3	20.4
安 徽	Anhui	3.5	13.8	3.1	13.1	3.3	5.2
福 建	Fujian	3.9	12.3	5.6	11.0	7.2	11.0
江 西	Jiangxi	2.9	8.9	1.9	8.9	2.1	4.5
山 东	Shandong	5.8	36.6	11.5	29.3	8.4	11.3
河 南	Henan	4.0	41.0	9.1	21.5	6.9	12.4
湖 北	Hubei	4.1	19.2	6.3	14.1	4.7	4.8
湖 南	Hunan	5.2	15.0	7.9	16.4	7.7	5.7
广 东	Guangdong	16.2	40.8	24.1	35.5	24.1	26.9
广 西	Guangxi	3.3	11.8	4.5	8.8	3.6	7.0
海 南	Hainan	0.6	2.8	3.8	1.9	2.2	2.0
重 庆	Chongqing	2.7	11.1	3.7	9.1	4.6	4.2
四 川	Sichuan	5.2	18.2	5.0	17.9	5.1	6.3
贵 州	Guizhou	2.5	9.8	2.3	5.7	3.2	3.2
云 南	Yunnan	3.8	13.9	5.8	8.4	3.3	5.0
西 藏	Tibet	0.4	0.6	0.4	0.8	0.1	0.1
陕 西	Shaanxi	3.7	18.2	4.8	10.6	3.0	3.0
甘 肃	Gansu	1.5	6.0	2.0	6.7	1.4	1.9
青 海	Qinghai	0.8	1.6	0.4	1.6	0.6	0.5
宁 夏	Ningxia	0.6	1.7	0.6	2.6	0.7	0.8
新 疆	Xinjiang	1.9	6.6	2.8	6.4	2.0	5.2

2-17 续表 2 continued

单位：万人 (10 000 persons)

地 区	Region	科学研究、技术服务和地质勘查业 Scientific Research, Technical Services, and Geological Prospecting	水利、环境和公共设施管理业 Management of Water Conservancy, Environment and Public Facilities	居民服务和其他服务业 Services to Households and Other Services	教育 Education	卫生、社会保障和社会福利业 Health, Social Securities and Social Welfare	文化、体育和娱乐业 Culture, Sports and Entertainment	公共管理和社会组织 Public Management and Social Organization
全 国	**National Total**	**257.0**	**197.3**	**56.5**	**1534.0**	**563.6**	**126.0**	**1335.0**
北 京	Beijing	40.1	8.1	6.6	39.9	18.7	14.9	34.0
天 津	Tianjin	6.4	3.6	6.3	16.8	8.3	1.8	13.8
河 北	Hebei	8.2	8.9	2.2	82.7	24.6	4.7	74.5
山 西	Shanxi	5.9	5.6	0.8	49.1	15.0	4.8	47.9
内蒙古	Inner Mongolia	4.2	6.5	2.4	34.4	11.3	3.3	32.9
辽 宁	Liaoning	10.2	11.4	2.0	50.3	24.3	5.0	49.3
吉 林	Jilin	6.3	7.5	1.3	37.7	14.6	3.7	31.0
黑龙江	Heilongjiang	11.2	8.5	5.8	44.3	18.3	3.8	40.8
上 海	Shanghai	18.1	5.7	4.0	27.1	16.0	4.4	17.7
江 苏	Jiangsu	9.4	11.2	1.1	84.3	33.0	5.4	60.8
浙 江	Zhejiang	9.6	7.4	1.3	55.9	28.1	5.2	52.4
安 徽	Anhui	5.6	6.3	0.5	58.7	19.6	3.5	44.7
福 建	Fujian	4.5	4.2	1.5	44.3	14.2	3.8	29.5
江 西	Jiangxi	4.9	5.1	0.5	45.1	15.2	3.3	41.7
山 东	Shandong	8.9	11.3	3.5	105.8	38.8	6.0	100.5
河 南	Henan	11.9	11.6	1.7	109.8	36.2	7.2	98.8
湖 北	Hubei	10.1	8.4	1.5	64.5	26.7	4.9	54.4
湖 南	Hunan	6.8	8.0	1.1	68.3	26.5	4.4	67.4
广 东	Guangdong	15.1	13.3	5.4	105.7	44.0	8.9	90.6
广 西	Guangxi	6.0	6.4	0.7	55.8	19.3	3.1	37.0
海 南	Hainan	1.5	2.0	0.1	10.2	3.5	1.2	9.0
重 庆	Chongqing	5.3	3.1	0.7	33.4	10.3	2.4	22.7
四 川	Sichuan	12.5	8.3	1.2	81.6	29.2	4.3	69.6
贵 州	Guizhou	3.8	2.9	0.7	40.6	10.3	1.9	35.2
云 南	Yunnan	6.1	4.7	0.6	50.6	14.2	3.2	43.9
西 藏	Tibet	0.6	0.2		3.7	1.4	0.6	7.8
陕 西	Shaanxi	11.5	6.0	1.8	51.8	15.7	4.2	44.7
甘 肃	Gansu	4.9	3.6	0.4	33.7	8.9	2.4	34.6
青 海	Qinghai	1.7	0.9	0.6	6.8	2.7	0.7	7.9
宁 夏	Ningxia	1.2	1.9		7.7	2.8	0.8	7.6
新 疆	Xinjiang	4.6	4.6	0.4	33.3	12.2	2.4	32.4

2-18 职工工资总额和指数（2008年）

Total Wages Bill of Staff and Workers and Related Indices (2008)

地区	Region	工资总额（亿元） Total Wages Bill (100 million yuan)				指数（上年=100） Indices (preceding year=100)			
		合计 Total	国有单位 State-owned Units	城镇集体单位 Urban Collective-owned Units	其他单位 Units of Other Types of Ownership	合计 Total	国有单位 State-owned Units	城镇集体单位 Urban Collective-owned Units	其他单位 Units of Other Types of Ownership
全国	**National Total**	**33713.8**	**18957.0**	**1148.1**	**13608.8**	**119.4**	**116.4**	**107.8**	**125.0**
北京	Beijing	2847.5	1008.6	32.8	1806.1	129.8	116.9	105.3	138.9
天津	Tianjin	737.2	359.7	18.3	359.2	122.3	124.9	106.3	120.8
河北	Hebei	1174.5	832.2	42.2	300.0	120.7	118.9	103.6	129.0
山西	Shanxi	944.1	659.5	45.5	239.1	120.3	119.8	115.1	122.7
内蒙古	Inner Mongolia	638.5	440.3	19.0	179.2	119.0	120.3	119.7	115.9
辽宁	Liaoning	1352.2	861.5	51.4	439.4	122.6	120.1	117.0	128.7
吉林	Jilin	601.4	406.7	18.6	176.1	113.8	112.6	104.1	117.7
黑龙江	Heilongjiang	972.7	635.9	39.2	297.6	110.0	115.2	109.4	100.4
上海	Shanghai	1745.5	731.8	29.8	983.9	121.5	112.3	98.2	130.3
江苏	Jiangsu	2132.5	1035.6	72.3	1024.6	118.0	115.5	117.2	120.7
浙江	Zhejiang	2359.0	990.1	72.3	1296.6	122.6	112.8	108.3	132.4
安徽	Anhui	844.5	495.1	39.7	309.7	119.1	116.3	109.6	125.4
福建	Fujian	1148.2	475.2	36.1	637.0	121.1	119.3	111.9	123.1
江西	Jiangxi	573.3	420.5	19.2	133.6	114.8	113.5	94.4	122.9
山东	Shandong	2294.5	1285.8	101.6	907.1	115.1	114.9	111.8	115.9
河南	Henan	1702.2	1008.1	111.8	582.4	118.9	118.6	89.4	127.6
湖北	Hubei	1000.0	666.4	34.2	299.5	114.8	110.4	105.4	127.2
湖南	Hunan	1041.9	677.2	52.1	312.6	119.6	116.9	114.7	127.1
广东	Guangdong	3294.2	1520.9	110.3	1663.0	115.4	113.2	106.0	118.2
广西	Guangxi	693.8	507.9	25.3	160.6	118.2	116.8	115.0	123.0
海南	Hainan	166.1	116.5	4.5	45.1	115.4	112.0	108.1	126.1
重庆	Chongqing	613.8	339.1	17.8	256.9	122.8	120.5	110.5	126.9
四川	Sichuan	1318.4	889.7	67.9	360.8	120.8	118.1	116.6	128.9
贵州	Guizhou	509.5	377.5	15.2	116.8	116.0	117.7	112.9	111.1
云南	Yunnan	683.7	473.3	18.9	191.5	120.7	118.8	115.7	126.3
西藏	Tibet	84.8	82.9	0.7	1.2	105.3	105.6	116.0	87.5
陕西	Shaanxi	856.2	637.5	25.6	193.1	122.6	123.3	116.4	121.1
甘肃	Gansu	454.6	357.7	11.3	85.6	117.1	116.3	108.1	122.2
青海	Qinghai	136.9	114.4	3.1	19.4	122.2	122.5	115.4	121.3
宁夏	Ningxia	172.2	106.6	2.9	62.7	114.8	114.5	111.2	115.4
新疆	Xinjiang	619.9	442.9	8.4	168.6	116.3	112.1	102.4	129.9

2-19 职工平均工资及指数（2007年）

Average Wage of Staff and Workers and Related Indices (2007)

地 区	Region	平均货币工资（元） Average Money Wage(yuan)				平均实际工资指数 （上年=100） Average Real Wage Indices (preceding year=100)			
		合计 Total	国有单位 State-owned Units	城镇集体单位 Urban Collective -owned Units	其他单位 Units of Other Types of Ownership	合计 Total	国有单位 State-owned Units	城镇集体单位 Urban Collective -owned Units	其他单位 Units of Other Types of Ownership
全 国	**National Total**	**29229**	**31005**	**18338**	**28387**	**111.0**	**110.3**	**111.4**	**111.7**
北 京	Beijing	56328	59366	24467	56053	115.3	111.8	114.3	117.3
天 津	Tianjin	41748	46306	27190	38968	113.4	116.7	110.0	110.2
河 北	Hebei	24756	25730	15293	24320	118.2	117.0	116.8	120.4
山 西	Shanxi	25828	26557	16947	26464	112.1	111.2	112.0	114.1
内蒙古	Inner Mongolia	26114	27316	18809	24476	113.2	113.6	124.5	110.8
辽 宁	Liaoning	27729	29456	15365	27163	114.5	114.0	120.2	114.0
吉 林	Jilin	23486	24754	12761	22813	109.0	108.6	109.1	109.1
黑龙江	Heilongjiang	23046	23230	13198	25083	113.3	112.7	116.6	114.3
上 海	Shanghai	56565	62279	33811	53981	108.4	106.0	103.3	111.1
江 苏	Jiangsu	31667	39325	22929	27067	109.9	111.8	115.6	108.8
浙 江	Zhejiang	34146	53476	29137	26963	104.8	104.5	109.2	108.5
安 徽	Anhui	26363	26475	18340	27731	112.1	111.3	112.8	112.4
福 建	Fujian	25702	33097	22108	22205	110.4	113.2	112.3	109.3
江 西	Jiangxi	21000	22608	13934	18247	107.8	108.8	104.6	105.4
山 东	Shandong	26404	31169	18656	22564	110.4	109.0	113.9	111.2
河 南	Henan	24816	26536	17118	24189	111.3	111.6	101.4	111.7
湖 北	Hubei	22739	24756	14840	20293	108.7	106.8	108.8	114.3
湖 南	Hunan	24870	27076	18294	22273	109.2	109.7	107.6	109.4
广 东	Guangdong	33110	40775	18461	29580	106.6	106.1	107.2	106.9
广 西	Guangxi	25660	27634	16994	22399	108.9	109.9	110.6	106.4
海 南	Hainan	21864	21330	15300	24510	106.5	106.1	119.5	103.2
重 庆	Chongqing	26985	29761	17444	24864	110.6	111.1	109.0	110.4
四 川	Sichuan	25038	28596	18464	20196	112.2	112.1	116.2	113.5
贵 州	Guizhou	24602	25874	20914	21659	111.2	109.3	115.7	114.6
云 南	Yunnan	24030	26765	18194	19683	111.2	111.0	122.8	111.8
西 藏	Tibet	47280	48975	13023	24778	97.1	97.0	104.6	89.0
陕 西	Shaanxi	25942	26516	13523	27320	114.7	115.3	112.8	112.5
甘 肃	Gansu	24017	25284	16179	20966	105.9	104.9	115.5	108.2
青 海	Qinghai	30983	35454	15342	19587	108.7	109.6	106.5	105.1
宁 夏	Ningxia	30719	31111	31155	30054	108.6	108.1	113.8	109.4
新 疆	Xinjiang	24687	24016	22060	26815	107.3	104.7	115.6	113.9

2-20 职业介绍工作情况(2008年)

Situations of Job Services (2008)

单位：万人 (10 000 persons)

地 区	Region	本年末职业介绍机构个数(个) Number of Job Services (unit)	本年末职业介绍机构人数 Staff and Workers in Job Services	本年登记招聘人数 Total Registered Job Vacancies This Year	本年登记求职人数 Total Registered Job-seekers This Year	#女 性 Female	#下岗职工 Laid-off Staff and Workers	#失业人员 Unemployed Persons
全 国	**National Total**	**37208**	**12.7**	**5507.0**	**5532.0**	**2360.2**	**329.0**	**2036.7**
北 京	Beijing	633	0.4	117.2	40.8	16.3		21.0
天 津	Tianjin	170	0.1	50.3	70.5	40.8	1.1	51.5
河 北	Hebei	2274	0.7	159.2	155.8	61.6	10.8	28.9
山 西	Shanxi	285	0.2	53.4	53.1	21.3	11.3	16.9
内蒙古	Inner Mongolia	1137	0.3	70.0	74.2	30.8	5.1	27.5
辽 宁	Liaoning	1890	0.5	144.8	133.3	66.9	24.4	68.4
吉 林	Jilin	1735	0.5	73.1	91.8	40.2	19.8	41.9
黑龙江	Heilongjiang	1163	0.3	126.6	133.5	54.5	33.3	61.0
上 海	Shanghai	490	0.4	154.1	522.7	247.0	31.1	259.3
江 苏	Jiangsu	3823	1.5	445.6	496.3	233.6	4.1	168.9
浙 江	Zhejiang	2465	0.5	739.4	587.7	159.5	5.3	73.7
安 徽	Anhui	2198	0.6	157.0	138.0	55.4	8.2	31.0
福 建	Fujian	1055	0.3	331.5	251.1	114.2	11.6	36.2
江 西	Jiangxi	1901	0.5	172.6	184.6	92.1	29.6	59.9
山 东	Shandong	2047	0.7	333.3	271.3	123.9	4.6	93.3
河 南	Henan	1585	1.2	113.3	136.8	61.3	37.3	25.2
湖 北	Hubei	973	0.3	160.4	154.3	72.3	21.1	56.9
湖 南	Hunan	871	0.3	84.6	132.3	65.5	8.7	106.2
广 东	Guangdong	1892	0.9	1232.0	1023.6	441.4	9.0	607.4
广 西	Guangxi	398	0.2	133.6	145.9	65.3	7.0	20.8
海 南	Hainan	232	0.1	22.6	29.7	13.6	1.7	2.8
重 庆	Chongqing	443	0.2	67.3	63.0	26.4	4.3	24.1
四 川	Sichuan	1554	0.4	166.3	155.6	63.4	9.7	61.9
贵 州	Guizhou	397	0.2	32.9	31.1	13.1	4.7	10.6
云 南	Yunnan	1764	0.4	60.9	67.1	26.4	4.8	28.0
西 藏	Tibet	22	0.0	2.8	3.2	1.1		1.4
陕 西	Shaanxi	2154	0.6	130.6	154.3	55.9	11.6	17.3
甘 肃	Gansu	847	0.3	38.3	50.4	22.5	4.0	9.9
青 海	Qinghai	315	0.1	48.3	49.0	13.7	0.8	4.8
宁 夏	Ningxia	279	0.1	38.6	46.6	17.1	1.5	6.7
新 疆	Xinjiang	216	0.1	46.4	84.6	43.2	2.7	13.3

2-20 续表 continued

单位：万人 (10 000 persons)

地 区	Region	#获得职业资格人员 Persons with Qualification Certificates	本年职业指导人数 Person-times of Vocational Guidance	本年介绍成功人数 Placed Job-seekers	#女 性 Female	#下岗职工 Laid-off Staff and Workers	#失业人员 Unemployed Persons	#获得职业资格人员 Persons with Qualification Certificates
全 国	**National Total**	**1183.0**	**3019.9**	**2764.3**	**1162.7**	**184.3**	**932.6**	**640.5**
北 京	Beijing	10.7	33.3	25.3	10.1		12.4	9.9
天 津	Tianjin	44.0	58.9	14.5	7.9	0.2	9.0	11.2
河 北	Hebei	20.3	97.4	85.8	35.1	6.0	17.6	11.5
山 西	Shanxi	6.6	127.7	37.8	11.3	7.4	12.1	4.0
内蒙古	Inner Mongolia	2.5	42.4	55.7	23.2	4.0	19.4	1.2
辽 宁	Liaoning	16.8	76.6	82.0	39.5	13.5	45.6	9.9
吉 林	Jilin	15.4	64.9	55.6	24.3	12.7	25.5	11.3
黑龙江	Heilongjiang	4.8	73.9	78.6	31.4	21.4	35.6	3.5
上 海	Shanghai	72.3	24.7	44.1	21.4	3.0	20.7	6.1
江 苏	Jiangsu	83.1	222.0	227.6	112.9	1.7	87.5	50.9
浙 江	Zhejiang	80.5	183.4	232.6	87.2	2.5	43.6	48.3
安 徽	Anhui	21.2	82.1	73.2	30.0	5.0	16.0	14.0
福 建	Fujian	13.2	114.5	158.6	81.6	7.6	22.5	11.0
江 西	Jiangxi	22.1	88.4	102.9	48.9	13.7	26.6	17.5
山 东	Shandong	58.8	206.6	166.9	75.6	3.2	58.2	37.4
河 南	Henan	19.7	68.5	78.8	31.5	22.4	18.2	13.3
湖 北	Hubei	41.0	111.1	99.6	46.2	15.0	31.2	26.8
湖 南	Hunan	58.3	92.8	49.3	28.1	7.6	33.4	29.4
广 东	Guangdong	450.6	655.6	561.6	210.8	3.2	293.3	251.4
广 西	Guangxi	51.4	52.6	73.8	31.8	3.8	14.1	12.3
海 南	Hainan	4.2	8.9	10.3	4.5	1.2	1.4	2.3
重 庆	Chongqing	8.3	64.1	34.6	14.4	2.3	12.5	5.1
四 川	Sichuan	25.6	101.7	83.7	25.5	10.6	26.7	17.2
贵 州	Guizhou	1.7	22.7	13.5	5.4	2.0	4.3	0.9
云 南	Yunnan	16.6	63.3	39.0	17.1	3.4	12.3	12.7
西 藏	Tibet	0.1	3.9	1.9	0.6		0.9	0.1
陕 西	Shaanxi	17.6	88.0	77.5	38.2	5.3	10.0	9.0
甘 肃	Gansu	4.1	43.1	34.6	17.2	2.5	5.4	3.3
青 海	Qinghai	2.0	42.1	45.6	12.2	0.6	3.6	1.7
宁 夏	Ningxia	2.1	43.9	40.9	15.1	0.4	3.4	1.4
新 疆	Xinjiang	7.4	60.7	78.4	23.7	2.1	9.7	6.1

2-21 城镇登记失业人员及失业率

Registered Urban Unemployment Persons and Unemployment Rate

地 区	Region	失业人员（万人） Unemployment (10 000 persons)				失业率 (%) Unemployment Rate (%)			
		1990	2005	2007	2008	1990	2005	2007	2008
全 国	**National Total**	**383**	**839**	**830**	**886**	**2.5**	**4.2**	**4.0**	**4.2**
北 京	Beijing	1.7	10.6	10.6	10.3	0.4	2.1	1.8	1.8
天 津	Tianjin	8.1	11.7	15.0	13.0	2.7	3.7	3.6	3.6
河 北	Hebei	7.7	27.8	29.3	32.2	1.1	3.9	3.8	4.0
山 西	Shanxi	5.5	14.3	16.1	17.5	1.2	3.0	3.2	3.3
内蒙古	Inner Mongolia	15.2	17.7	18.5	19.9	3.8	4.3	4.0	4.1
辽 宁	Liaoning	23.7	60.4	44.5	41.7	2.2	5.6	4.3	3.9
吉 林	Jilin	10.5	27.6	23.9	24.3	1.9	4.2	3.9	4.0
黑龙江	Heilongjiang	20.4	31.3	31.5	32.1	2.2	4.4	4.3	4.2
上 海	Shanghai	7.7	27.5	26.7	26.6	1.5		4.2	4.2
江 苏	Jiangsu	22.5	41.6	39.3	41.1	2.4	3.6	3.2	3.3
浙 江	Zhejiang	11.2	29.0	28.6	30.7	2.2	3.7	3.3	3.5
安 徽	Anhui	15.2	27.8	27.2	29.3	2.8	4.4	4.1	3.9
福 建	Fujian	9.0	14.9	14.9	15.0	2.6	4.0	3.9	3.9
江 西	Jiangxi	10.3	22.8	24.3	26.0	2.4	3.5	3.4	3.4
山 东	Shandong	26.2	42.9	43.5	60.7	3.2	3.3	3.2	3.7
河 南	Henan	25.1	33.0	33.1	36.5	3.3	3.5	3.4	3.4
湖 北	Hubei	12.7	52.6	54.1	55.1	1.7	4.3	4.2	4.2
湖 南	Hunan	15.9	41.9	44.4	47.0	2.7	4.3	4.3	4.2
广 东	Guangdong	19.2	34.5	36.2	38.1	2.2	2.6	2.5	2.6
广 西	Guangxi	13.9	18.5	18.5	18.8	3.9	4.2	3.8	3.8
海 南	Hainan	3.5	5.1	5.4	5.6	3.0	3.6	3.5	3.7
重 庆	Chongqing		16.9	14.1	13.0		4.1	4.0	4.0
四 川	Sichuan	38.0	34.3	34.5	37.9	3.7	4.6	4.2	4.6
贵 州	Guizhou	10.7	12.1	12.1	12.5	4.1	4.2	4.0	4.0
云 南	Yunnan	7.8	13.0	14.0	14.8	2.5	4.2	4.2	4.2
西 藏	Tibet								
陕 西	Shaanxi	11.2	21.5	21.0	20.8	2.8	4.2	4.0	3.9
甘 肃	Gansu	12.5	9.3	9.5	9.4	4.9	3.3	3.3	3.2
青 海	Qinghai	4.2	3.6	3.7	3.9	5.6	3.9	3.8	3.8
宁 夏	Ningxia	4.0	4.4	4.4	4.8	5.4	4.5	4.3	4.4
新 疆	Xinjiang	9.6	11.1	11.7	11.8	3.0	3.9	3.9	3.7

2-22 按城乡分全社会固定资产投资（2008年）

Total Investment in Fixed Assets in the Whole Country by Rural and Urban Area (2008)

单位：亿元 (100 million yuan)

地 区	Region	全社会投资 Total Investment	城 镇 Urban Area	#房地产开发 Real Estate Development	农 村 Rural Area	农 户 Agricultural Households	非农户 Non-Agricultural Households
全 国	**National Total**	**172828.4**	**148738.3**	**31203.2**	**24090.1**	**5951.8**	**18138.3**
北 京	Beijing	3814.7	3520.9	1908.7	293.8	22.1	271.6
天 津	Tianjin	3389.8	3175.1	653.7	214.7	33.2	181.5
河 北	Hebei	8866.6	7463.8	1084.4	1402.8	395.6	1007.1
山 西	Shanxi	3531.2	3194.6	326.8	336.6	144.3	192.3
内蒙古	Inner Mongolia	5475.4	5327.0	744.3	148.4	80.4	68.0
辽 宁	Liaoning	10019.1	8881.9	2060.8	1137.1	201.7	935.5
吉 林	Jilin	5038.9	4592.7	641.0	446.2	133.3	312.9
黑龙江	Heilongjiang	3656.0	3354.8	439.9	301.1	283.4	17.8
上 海	Shanghai	4823.1	4404.9	1435.7	418.2	3.2	415.0
江 苏	Jiangsu	15300.6	11609.7	3304.6	3690.8	303.2	3387.7
浙 江	Zhejiang	9323.0	6551.1	2023.1	2771.9	396.3	2375.6
安 徽	Anhui	6747.0	5948.6	1362.7	798.3	318.3	480.1
福 建	Fujian	5207.7	4601.5	1129.1	606.2	153.4	452.8
江 西	Jiangxi	4745.4	4325.4	547.7	420.1	192.2	227.9
山 东	Shandong	15435.9	12529.0	2038.5	2907.0	523.7	2383.3
河 南	Henan	10490.6	8721.2	1206.7	1769.5	669.6	1099.8
湖 北	Hubei	5647.0	5148.8	892.7	498.3	222.5	275.7
湖 南	Hunan	5534.0	4880.0	955.9	654.1	232.0	422.1
广 东	Guangdong	10868.7	8640.9	2949.3	2227.8	290.9	1936.9
广 西	Guangxi	3756.4	3325.9	627.3	430.5	236.5	193.9
海 南	Hainan	705.4	668.0	199.4	37.4	25.5	11.9
重 庆	Chongqing	3979.6	3715.9	991.0	263.7	82.4	181.3
四 川	Sichuan	7127.8	6362.1	1451.7	765.7	325.2	440.6
贵 州	Guizhou	1864.5	1609.3	311.3	255.1	100.0	155.1
云 南	Yunnan	3435.9	3106.3	557.7	329.6	171.5	158.1
西 藏	Tibet	309.9	271.3	13.7	38.7		38.7
陕 西	Shaanxi	4614.4	4286.4	762.2	328.0	183.3	144.7
甘 肃	Gansu	1712.8	1510.8	185.8	202.0	79.4	122.6
青 海	Qinghai	583.2	514.0	51.2	69.2	17.3	51.8
宁 夏	Ningxia	828.9	735.7	117.6	93.1	38.2	55.0
新 疆	Xinjiang	2260.0	2025.6	228.6	234.3	93.1	141.3
不分地区	Not Classified by Region	3734.9	3734.9				

2-23 按登记注册类型分全社会固定资产投资(2008年)

Total Investment in Fixed Assets in the Whole Country by Status of Registration (2008)

单位：亿元 (100 million yuan)

地区 Region	总计 Total	内资 Domestic	国有 State-owned	集体 Collective-owned	股份合作 Cooperative	联营 Joint
全国总计 National Total	**172828.4**	**157421.4**	**48704.9**	**6297.3**	**1031.2**	**645.9**
北京 Beijing	3814.7	3381.0	1019.2	66.7	8.9	13.3
天津 Tianjin	3389.8	3026.9	1132.4	101.3	15.2	8.1
河北 Hebei	8866.6	8389.7	1698.0	633.8	70.7	35.6
山西 Shanxi	3531.2	3424.2	1382.8	236.9	21.2	24.3
内蒙古 Inner Mongolia	5475.4	5304.7	2010.5	64.3	42.6	20.6
辽宁 Liaoning	10019.1	8916.8	2224.0	352.1	87.4	15.9
吉林 Jilin	5038.9	4799.7	1273.3	52.0	27.3	6.6
黑龙江 Heilongjiang	3656.0	3555.0	1528.3	28.0	9.6	1.9
上海 Shanghai	4823.1	4035.3	2081.0	87.9	8.2	99.9
江苏 Jiangsu	15300.6	12430.4	2326.5	494.6	56.9	34.7
浙江 Zhejiang	9323.0	8148.7	2010.4	194.4	31.8	28.9
安徽 Anhui	6747.0	6363.6	1766.9	134.0	36.5	15.4
福建 Fujian	5207.7	4369.8	1691.1	177.5	11.1	31.2
江西 Jiangxi	4745.4	4352.5	1232.3	45.0	35.6	6.1
山东 Shandong	15435.9	14345.2	2280.7	1602.2	105.9	20.6
河南 Henan	10490.6	10151.7	2061.7	572.8	120.4	40.8
湖北 Hubei	5647.0	5308.4	1997.6	200.6	45.3	25.8
湖南 Hunan	5534.0	5334.3	1704.6	130.7	85.6	32.8
广东 Guangdong	10868.7	8369.0	2358.4	522.6	43.9	44.0
广西 Guangxi	3756.4	3485.8	1091.1	73.1	29.1	25.0
海南 Hainan	705.4	583.8	185.9	0.7	6.9	0.5
重庆 Chongqing	3979.6	3677.0	1189.2	28.7	17.4	21.4
四川 Sichuan	7127.8	6706.4	2409.5	44.5	40.4	14.1
贵州 Guizhou	1864.5	1814.4	815.2	8.8	10.8	32.8
云南 Yunnan	3435.9	3344.1	1457.7	101.9	13.7	6.7
西藏 Tibet	309.9	307.7	199.3	1.3	0.4	0.4
陕西 Shaanxi	4614.4	4457.5	2011.5	285.0	37.4	29.3
甘肃 Gansu	1712.8	1684.3	861.0	42.1	5.3	7.1
青海 Qinghai	583.2	571.8	255.5	5.5	1.3	1.0
宁夏 Ningxia	828.9	818.6	291.4	3.4	1.6	0.2
新疆 Xinjiang	2260.0	2228.4	903.1	4.8	2.7	1.2
不分地区 Not Classified by Region	3734.9	3734.9	3254.8			

2-23 续表 continued

单位：亿元 (100 million yuan)

地区 Region	有限责任公司 Limited Liability	股份有限公司 Share-holding	私营 Private	个体 Self-employed Individual	其他 Others	港、澳、台商投资 Funds from Hong Kong, Macao and Taiwan	外商投资 Foreign Investment
全国总计 National Total	**42044.3**	**12052.3**	**35575.6**	**7190.8**	**3879.1**	**6956.2**	**8450.8**
北京 Beijing	1728.0	288.6	214.0	23.0	19.4	160.3	273.4
天津 Tianjin	1025.6	375.0	312.9	33.2	23.3	75.5	287.4
河北 Hebei	2255.5	642.6	2332.0	416.2	305.4	151.3	325.5
山西 Shanxi	959.7	222.6	380.4	158.3	37.9	70.6	36.4
内蒙古 Inner Mongolia	1701.6	588.0	722.9	100.6	53.6	64.7	106.0
辽宁 Liaoning	2374.1	585.4	2849.9	290.8	137.3	451.7	650.6
吉林 Jilin	1782.4	374.9	993.7	177.1	112.5	75.1	164.2
黑龙江 Heilongjiang	750.8	486.1	381.4	348.6	20.4	37.0	63.9
上海 Shanghai	935.1	136.9	666.5	4.0	15.7	219.2	568.7
江苏 Jiangsu	2985.4	554.0	5418.5	338.8	221.0	1076.7	1793.5
浙江 Zhejiang	2790.1	364.5	2130.9	432.7	165.1	582.4	591.9
安徽 Anhui	1787.2	516.6	1575.9	350.6	180.4	196.6	186.8
福建 Fujian	884.7	178.0	1115.8	179.1	101.5	492.0	345.8
江西 Jiangxi	1136.2	426.9	1160.7	234.4	75.3	166.6	226.3
山东 Shandong	3927.1	984.9	4073.3	588.6	762.0	352.0	738.7
河南 Henan	2160.5	862.3	3008.4	775.9	548.8	174.7	164.3
湖北 Hubei	1209.8	457.8	968.5	259.8	143.4	160.0	178.6
湖南 Hunan	1242.5	484.1	1048.9	305.9	299.3	102.0	97.8
广东 Guangdong	2371.4	561.4	1777.8	551.5	138.0	1562.9	936.7
广西 Guangxi	744.3	360.8	748.3	298.0	116.1	138.6	132.1
海南 Hainan	212.7	85.7	58.3	28.0	5.1	54.8	66.8
重庆 Chongqing	1250.3	155.4	854.5	111.9	48.1	170.8	131.8
四川 Sichuan	2177.5	602.4	975.9	371.7	70.4	206.8	214.6
贵州 Guizhou	428.5	106.2	287.1	108.7	16.4	18.8	31.3
云南 Yunnan	802.3	271.4	441.7	200.7	48.0	68.0	23.8
西藏 Tibet	21.0	12.1	20.5	32.1	20.7	2.1	0.1
陕西 Shaanxi	1095.9	276.6	406.2	204.5	111.1	96.4	60.5
甘肃 Gansu	354.9	81.5	191.0	97.2	44.2	15.8	12.7
青海 Qinghai	170.6	70.3	40.9	18.0	8.7	1.9	9.6
宁夏 Ningxia	307.4	11.3	159.4	40.1	3.7	1.6	8.7
新疆 Xinjiang	434.1	485.5	259.8	110.7	26.6	9.2	22.3
不分地区 Not Classified by Region	37.2	443.0					

2-24 全社会固定资产投资资金来源（2008年）

Sources of Funds of Total Investment in Fixed Assets in the Whole Country (2008)

单位：亿元 (100 million yuan)

地区	Region	本年资金来源小计 Subtotal of Sources of Funds This Year	国家预算内资金 State Budget	国内贷款 Domestic Loans	利用外资 Foreign Investment	自筹资金 Self-raising Funds	其他资金 Others
全国	**National Total**	**182915.3**	**7954.8**	**26443.7**	**5311.9**	**118510.4**	**24694.4**
北京	Beijing	5173.7	92.3	1385.8	80.0	2025.7	1590.0
天津	Tianjin	3794.6	58.7	949.7	165.6	2171.7	448.8
河北	Hebei	9222.1	186.3	944.5	103.9	7130.0	857.3
山西	Shanxi	3562.4	195.2	542.1	35.7	2430.6	358.7
内蒙古	Inner Mongolia	5334.5	222.8	383.8	46.7	4411.2	270.0
辽宁	Liaoning	10179.8	449.0	1173.5	380.3	7326.9	850.0
吉林	Jilin	5007.2	145.3	284.3	76.3	4199.7	301.6
黑龙江	Heilongjiang	3680.2	219.9	232.8	36.1	2728.8	462.7
上海	Shanghai	5627.3	83.8	1470.1	257.3	2784.4	1031.8
江苏	Jiangsu	16737.1	153.9	1908.9	1404.1	10774.5	2495.7
浙江	Zhejiang	10430.4	335.5	1825.3	302.4	6193.0	1774.2
安徽	Anhui	6865.9	327.3	766.3	97.3	4932.1	742.9
福建	Fujian	5684.5	361.3	1046.9	206.2	3123.6	946.5
江西	Jiangxi	4975.9	340.3	425.5	157.1	3457.4	595.6
山东	Shandong	15968.7	313.9	1653.9	516.1	11788.1	1696.8
河南	Henan	10900.2	223.3	850.7	95.3	8567.3	1163.6
湖北	Hubei	5850.8	481.3	826.9	50.8	3920.7	571.1
湖南	Hunan	5837.8	381.4	651.6	91.2	3961.1	752.4
广东	Guangdong	11996.9	213.0	1861.3	780.4	6975.5	2166.7
广西	Guangxi	3816.1	209.4	491.3	80.6	2329.4	705.4
海南	Hainan	817.7	70.4	203.7	24.5	355.2	164.0
重庆	Chongqing	4197.1	188.0	905.9	70.9	2137.9	894.4
四川	Sichuan	7318.3	216.7	1203.9	100.3	4672.7	1124.8
贵州	Guizhou	1988.1	138.1	479.2	14.3	1092.8	263.7
云南	Yunnan	3596.3	328.2	749.6	23.0	1924.5	571.1
西藏	Tibet	396.2	232.6	5.9		97.1	60.5
陕西	Shaanxi	4617.4	425.1	599.2	29.8	3044.6	518.8
甘肃	Gansu	1672.9	193.5	288.6	13.3	910.0	267.6
青海	Qinghai	563.6	82.0	93.3	8.7	299.2	80.5
宁夏	Ningxia	793.4	56.6	220.4	3.0	416.0	97.5
新疆	Xinjiang	2272.6	338.8	302.0	9.0	1319.7	303.0
不分地区	Not Classified by Region	4035.5	691.2	1716.9	51.5	1009.1	566.7

2-25 全社会住宅投资（2008年）

Total Investment in Residential Buildings in the Whole Country (2008)

单位：亿元 (100 million yuan)

地区	Region	合计 Total	城镇 Urban Area	#房地产 Real Estate Development	农村 Rural Area	#农户 Farm Households
全国	**National Total**	**30881.2**	**26516.0**	**22440.9**	**4365.2**	**3711.5**
北京	Beijing	1028.2	991.6	940.6	36.7	17.1
天津	Tianjin	510.2	475.6	459.3	34.6	16.9
河北	Hebei	1359.7	1097.2	858.6	262.5	230.6
山西	Shanxi	564.3	442.6	227.8	121.7	91.7
内蒙古	Inner Mongolia	744.5	710.2	579.2	34.3	31.5
辽宁	Liaoning	1765.2	1635.9	1579.2	129.3	121.2
吉林	Jilin	633.4	592.7	530.1	40.7	37.8
黑龙江	Heilongjiang	565.4	486.1	306.6	79.3	76.8
上海	Shanghai	903.3	896.9	875.5	6.5	2.9
江苏	Jiangsu	2756.2	2569.8	2459.4	186.4	133.6
浙江	Zhejiang	1883.6	1524.4	1426.6	359.3	314.6
安徽	Anhui	1429.9	1168.9	1011.6	261.0	222.9
福建	Fujian	903.5	789.1	735.9	114.4	101.1
江西	Jiangxi	670.2	519.4	446.4	150.8	136.4
山东	Shandong	2540.9	2181.0	1600.3	359.8	294.2
河南	Henan	1925.0	1351.0	970.9	573.9	512.2
湖北	Hubei	932.0	742.5	660.5	189.5	172.5
湖南	Hunan	957.5	800.4	703.1	157.1	145.0
广东	Guangdong	2630.5	2339.9	2131.6	290.6	251.4
广西	Guangxi	666.3	499.0	412.8	167.3	162.9
海南	Hainan	207.2	193.5	172.4	13.8	13.1
重庆	Chongqing	753.8	699.0	619.5	54.8	39.0
四川	Sichuan	1492.5	1257.5	1036.0	234.9	170.0
贵州	Guizhou	311.7	236.8	195.5	74.9	69.8
云南	Yunnan	638.0	520.9	424.0	117.0	101.6
西藏	Tibet	63.6	42.8	12.0	20.8	
陕西	Shaanxi	1035.8	902.8	603.8	133.0	123.8
甘肃	Gansu	435.1	361.3	137.5	73.7	56.6
青海	Qinghai	65.3	55.5	42.9	9.8	7.9
宁夏	Ningxia	127.3	106.4	87.9	20.9	13.2
新疆	Xinjiang	349.6	293.7	193.7	55.9	43.4
不分地区	Not Classified by Region	31.5	31.5			

2-26 按主要行业分的全社会固定资产投资（2008年）

Total Investment in Fixed Assets in the Whole Country by Sector (2008)

单位：亿元 (100 million yuan)

地区	Region	合计 Total	农、林、牧、渔业 Agriculture, Forestry, Animal Husbandry and Fishing	采矿业 Mining	制造业 Manufacturing	电力、燃气及水的生产和供应业 Production and Supply of Electricity, Gas and Water	建筑业 Construction	交通运输、仓储和邮政业 Transport, Storage and Post
全国	**National Total**	**172828.4**	**5064.5**	**7705.8**	**56702.4**	**10997.2**	**1555.9**	**17024.4**
北京	Beijing	3814.7	28.1	30.7	205.7	144.4	5.2	615.2
天津	Tianjin	3389.8	37.3	268.4	983.2	206.9	48.3	324.0
河北	Hebei	8866.6	386.7	356.8	3823.0	525.2	30.3	624.0
山西	Shanxi	3531.2	95.4	531.4	838.0	481.7	17.8	309.9
内蒙古	Inner Mongolia	5475.4	288.2	913.9	1169.0	746.1	34.1	472.6
辽宁	Liaoning	10019.1	325.1	401.3	3916.9	446.2	68.7	804.2
吉林	Jilin	5038.9	203.7	324.2	2003.6	382.5	23.7	288.9
黑龙江	Heilongjiang	3656.0	308.9	471.9	722.8	266.0	53.3	408.0
上海	Shanghai	4823.1	8.4	31.6	1147.3	246.0	2.8	783.3
江苏	Jiangsu	15300.6	111.8	58.5	7699.7	499.8	84.4	730.4
浙江	Zhejiang	9323.0	73.2	11.8	3718.2	508.9	28.1	765.0
安徽	Anhui	6747.0	182.6	304.2	2115.3	373.4	167.2	346.1
福建	Fujian	5207.7	102.6	89.3	1509.6	411.7	24.4	614.5
江西	Jiangxi	4745.4	134.8	107.5	2287.7	169.4	16.4	255.1
山东	Shandong	15435.9	506.0	432.8	6655.4	410.7	356.0	797.1
河南	Henan	10490.6	537.6	625.5	4247.8	519.4	29.7	501.7
湖北	Hubei	5647.0	206.5	102.3	1826.4	392.4	31.1	538.6
湖南	Hunan	5534.0	152.8	193.1	1605.3	410.6	59.6	513.4
广东	Guangdong	10868.7	131.9	107.0	3058.3	682.0	55.5	1108.8
广西	Guangxi	3756.4	163.8	121.9	1127.1	246.7	45.9	432.4
海南	Hainan	705.4	21.7	3.9	70.9	39.0	5.7	127.8
重庆	Chongqing	3979.6	113.5	88.4	1036.4	202.3	63.2	449.2
四川	Sichuan	7127.8	268.4	205.3	2018.6	614.5	40.9	628.5
贵州	Guizhou	1864.5	50.9	182.3	322.0	283.3	7.2	258.2
云南	Yunnan	3435.9	166.2	186.6	469.4	626.0	24.6	375.0
西藏	Tibet	309.9	16.0	7.7	13.7	31.2	12.5	73.8
陕西	Shaanxi	4614.4	131.8	336.3	968.9	332.9	41.4	448.3
甘肃	Gansu	1712.8	84.2	84.1	317.3	265.7	139.1	115.7
青海	Qinghai	583.2	31.5	62.4	145.7	80.4	8.7	104.2
宁夏	Ningxia	828.9	43.8	86.0	260.3	90.8	2.5	69.1
新疆	Xinjiang	2260.0	151.1	498.5	418.9	196.9	27.9	247.2
不分地区	Not Classified by Region	3734.9		480.1		163.8		2894.2

2-26 续表 1 continued

单位：亿元 (100 million yuan)

地　区	Region	信息传输、计算机服务和软件业 Information Transmission, Computer Services and Software	批发和零售业 Wholesale and Retail Trades	住宿和餐饮业 Hotels and Catering Services	金融业 Financial Intermediation	房地产业 Real Estate	租赁和商务服务业 Leasing and Business Services	科学研究、技术服务和地质勘查业 Scientific Research, Technical Services, and Geological Prospecting
全　国	**National Total**	**2162.6**	**3741.8**	**1959.2**	**260.6**	**40441.8**	**1355.9**	**782.0**
北　京	Beijing	103.0	17.6	55.1	5.2	2010.5	48.7	31.3
天　津	Tianjin	55.4	54.2	23.0	0.6	680.4	55.4	34.3
河　北	Hebei	96.0	307.1	72.3	12.7	1767.7	42.8	51.2
山　西	Shanxi	68.5	53.4	26.3	0.7	655.0	3.8	4.7
内蒙古	Inner Mongolia	36.2	109.3	53.8	16.6	838.7	12.1	31.0
辽　宁	Liaoning	116.4	243.2	119.8	47.2	2306.9	128.7	63.3
吉　林	Jilin	45.7	170.3	59.0	10.6	821.3	52.4	33.3
黑龙江	Heilongjiang	157.9	91.9	30.1	1.1	605.1	10.2	32.0
上　海	Shanghai	113.7	44.6	37.3	18.3	1584.3	74.3	20.0
江　苏	Jiangsu	64.9	387.2	182.9	3.9	3800.6	164.3	63.9
浙　江	Zhejiang	135.3	160.2	85.1	19.5	2545.0	93.9	25.3
安　徽	Anhui	58.5	135.4	86.0	10.9	1929.5	49.1	19.7
福　建	Fujian	129.1	63.2	68.5	15.4	1319.5	59.5	12.0
江　西	Jiangxi	32.5	89.7	116.0	7.6	760.6	38.5	14.6
山　东	Shandong	54.4	562.6	203.1	11.9	3153.1	79.1	69.1
河　南	Henan	55.6	280.2	114.1	8.1	2424.3	22.5	23.8
湖　北	Hubei	63.0	189.4	88.5	6.6	1152.7	61.7	41.9
湖　南	Hunan	87.0	154.2	74.5	6.2	1356.3	65.7	23.1
广　东	Guangdong	240.8	175.6	144.4	20.6	3631.7	92.6	51.9
广　西	Guangxi	38.8	59.2	42.6	5.0	833.0	34.2	15.0
海　南	Hainan	16.1	2.3	35.3	3.0	223.0	2.5	0.7
重　庆	Chongqing	57.5	20.8	19.7	2.4	1197.3	40.9	8.0
四　川	Sichuan	95.0	66.5	68.8	3.5	1791.0	32.2	19.1
贵　州	Guizhou	47.3	18.4	14.1	4.3	430.7	13.0	4.8
云　南	Yunnan	61.4	75.3	33.6	5.6	767.4	9.4	9.1
西　藏	Tibet	10.0	6.5	7.4	0.4	61.2	0.0	0.5
陕　西	Shaanxi	43.8	132.1	69.3	6.2	923.1	51.4	53.9
甘　肃	Gansu	15.0	38.7	12.8	1.2	308.9	8.7	9.0
青　海	Qinghai	3.0	7.7	3.1	0.3	61.8	1.3	2.3
宁　夏	Ningxia	7.8	6.1	2.1	0.1	152.4	2.4	2.2
新　疆	Xinjiang	52.9	19.1	10.3	4.8	348.8	4.7	9.0
不分地区	Not Classified by Region							1.9

2-26 续表 2 continued

单位：亿元 (100 million yuan)

地区	Region	水利、环境和公共设施管理业 Management of Water Conservancy, Environment and Public Facilities	居民服务和其他服务业 Services to Households and Other Services	教育 Education	卫生、社会保障和社会福利业 Health, Social Securities and Social Welfare	文化、体育和娱乐业 Culture, Sports and Entertainment	公共管理和社会组织 Public Management and Social Organizations	国际组织 International Organizations
全　国	**National Total**	**13534.3**	**522.0**	**2523.8**	**1155.6**	**1589.9**	**3748.5**	**0.3**
北　京	Beijing	262.5	3.9	52.0	40.4	100.1	55.1	
天　津	Tianjin	467.7	10.7	34.8	12.4	16.9	76.0	
河　北	Hebei	478.9	16.6	94.1	61.0	53.0	67.4	
山　西	Shanxi	307.1	2.3	56.9	19.2	22.8	36.1	
内蒙古	Inner Mongolia	422.8	16.1	69.0	35.4	58.0	152.5	
辽　宁	Liaoning	684.5	39.9	110.7	54.2	64.3	77.3	
吉　林	Jilin	414.5	15.6	66.6	41.3	40.2	41.8	
黑龙江	Heilongjiang	228.6	10.9	58.5	56.3	28.3	114.2	
上　海	Shanghai	593.4	3.2	49.5	16.9	31.7	16.4	
江　苏	Jiangsu	912.0	78.7	178.9	74.5	94.1	110.2	
浙　江	Zhejiang	842.7	5.2	108.6	59.2	47.2	90.5	
安　徽	Anhui	628.5	15.4	109.5	49.4	52.6	113.5	
福　建	Fujian	434.0	6.1	79.5	36.0	52.6	180.1	
江　西	Jiangxi	397.7	15.2	109.5	25.5	47.6	119.4	
山　东	Shandong	869.5	69.3	231.9	96.1	274.3	603.5	
河　南	Henan	596.1	52.3	162.5	84.7	90.7	114.0	
湖　北	Hubei	505.8	19.9	87.0	43.2	56.5	233.6	
湖　南	Hunan	489.2	20.1	81.9	43.9	45.9	151.0	
广　东	Guangdong	834.0	9.3	195.6	74.7	140.8	112.8	0.3
广　西	Guangxi	353.9	14.9	61.4	29.1	26.2	105.3	
海　南	Hainan	71.3	0.6	15.3	7.1	32.1	27.1	
重　庆	Chongqing	481.5	4.0	79.9	23.8	36.3	54.5	
四　川	Sichuan	946.4	48.9	124.8	48.4	41.5	65.4	
贵　州	Guizhou	130.4	5.1	30.3	11.9	14.7	35.6	
云　南	Yunnan	335.7	4.6	71.4	27.2	34.6	152.8	
西　藏	Tibet	16.7	0.2	7.7	1.4	3.3	39.7	
陕　西	Shaanxi	450.4	17.9	108.7	40.1	44.5	413.5	
甘　肃	Gansu	80.7	7.1	33.3	14.2	11.2	165.7	
青　海	Qinghai	29.4	1.6	7.8	2.7	7.3	22.0	
宁　夏	Ningxia	55.0	0.3	14.2	8.0	8.6	17.2	
新　疆	Xinjiang	145.7	6.2	31.7	17.2	12.1	57.0	
不分地区	Not Classified by Region	67.7					127.2	

2-27 全社会施工、竣工房屋面积和价值（2008年）

Value and Floor Space of Buildings under Construction and Completed in the Whole Country (2008)

地区	Region	施工房屋建筑面积（万平方米）Floor Space of Buildings under Construction (10 000 sq.m)	#住宅 Residential Buildings	#商品住宅 Commercial Buildings	竣工房屋建筑面积（万平方米）Floor Space of Buildings Completed (10 000 sq.m)	#住宅 Residential Buildings	#商品住宅 Commercial Buildings	竣工房屋价值（亿元）Value of Buildings Completed (100 million yuan)	#住宅 Residential Buildings	#商品住宅 Commercial Buildings
全 国	**National Total**	**632261.0**	**364354.4**	**222891.8**	**260307.0**	**159404.6**	**54334.1**	**28074.0**	**15334.1**	**9295.3**
北 京	Beijing	14145.2	6656.3	5538.2	3840.6	1871.1	1399.3	1027.3	407.2	332.2
天 津	Tianjin	9634.0	4823.3	4306.3	2868.1	1773.6	1492.5	574.5	374.1	336.9
河 北	Hebei	25403.2	14228.8	7755.7	11354.6	6212.9	1501.4	1294.0	639.4	278.7
山 西	Shanxi	10629.2	7640.2	3274.6	4921.9	3693.2	781.2	525.8	364.6	111.5
内蒙古	Inner Mongolia	12873.6	7916.8	5784.4	4945.9	2889.8	1670.4	709.6	341.0	232.3
辽 宁	Liaoning	29521.3	15741.3	11735.6	12913.1	6879.9	3264.7	1570.4	697.7	523.5
吉 林	Jilin	11168.9	5617.1	4175.7	5304.3	2512.6	1350.5	730.3	271.9	182.5
黑龙江	Heilongjiang	8980.1	5751.5	2906.7	5023.8	3276.0	1160.1	570.2	331.2	130.1
上 海	Shanghai	14481.8	7277.8	7089.7	3924.5	1937.5	1801.5	883.7	439.6	418.0
江 苏	Jiangsu	56722.2	26089.3	22469.4	23476.3	9454.4	6753.6	3104.5	1456.6	1238.2
浙 江	Zhejiang	50976.9	20850.8	13688.4	18233.6	8490.2	3260.8	2228.8	1063.6	684.8
安 徽	Anhui	26751.6	16076.4	9394.2	10618.7	6869.2	2126.7	1005.5	615.6	330.5
福 建	Fujian	26004.2	14884.1	8647.7	7697.0	5166.7	1422.8	573.4	305.4	218.6
江 西	Jiangxi	18429.6	10583.6	5396.7	8364.1	5414.0	1346.4	628.5	364.5	165.1
山 东	Shandong	48796.0	26796.7	16524.0	19373.7	11004.4	3908.4	2205.3	1170.8	650.4
河 南	Henan	48286.7	29899.7	11666.2	26425.8	17022.4	2597.0	1926.9	1050.5	330.8
湖 北	Hubei	17597.1	11173.8	6659.5	8534.0	5859.6	1795.8	900.1	577.5	349.2
湖 南	Hunan	22182.9	16244.5	8740.1	10087.2	8274.3	2040.2	641.9	460.7	262.1
广 东	Guangdong	45275.1	25159.7	18354.6	17514.1	9446.9	4032.6	2516.2	1415.2	1012.6
广 西	Guangxi	15729.6	10765.4	5571.2	6443.8	5151.0	1049.9	458.5	329.2	122.4
海 南	Hainan	2579.3	1810.8	1293.6	674.5	520.5	268.3	108.1	84.0	63.9
重 庆	Chongqing	17624.7	12090.7	9166.2	5456.1	3990.3	1951.3	613.1	426.0	319.2
四 川	Sichuan	35217.7	22524.5	12998.0	11829.1	7530.6	2904.8	1006.4	647.2	373.5
贵 州	Guizhou	9375.0	6779.3	4210.0	3199.3	2488.9	588.6	223.3	155.8	66.9
云 南	Yunnan	15325.2	10635.1	4469.9	7557.8	6104.9	883.6	464.8	307.2	137.9
西 藏	Tibet	837.0	589.6	129.1	435.8	328.8	47.4	51.2	34.4	11.1
陕 西	Shaanxi	15246.6	10234.7	4980.2	5447.8	3999.6	808.7	619.2	410.8	140.7
甘 肃	Gansu	8740.1	6397.0	1902.1	6050.3	5576.6	480.5	286.9	199.8	61.3
青 海	Qinghai	1687.5	1031.9	620.0	664.4	446.6	205.2	69.2	46.3	32.3
宁 夏	Ningxia	2704.6	1774.4	1195.7	1241.2	860.9	496.4	148.7	90.1	60.3
新 疆	Xinjiang	8317.1	5938.8	2247.8	5184.0	4125.7	943.4	400.8	256.4	117.6
不分地区	Not Classified by Region	1017.2	370.5		701.6	231.5		6.6		

2-28 房地产开发企业(单位)建设房屋建筑面积和造价（2008年）

Floor Space and Cost of Buildings Developed by Enterprises for Real Estate Development (2008)

地 区	Region	施工房屋面积(万平方米) Floor Space of Buildings under Construction (10 000 sq.m)	竣工房屋面积(万平方米) Floor Space of Buildings Completed (10 000 sq.m)	房屋建筑面积竣工率(%) Rate of Floor Space of Buildings Completed (%)	竣工房屋价值(万元) Value of Buildings Completed (10 000 yuan)	竣工房屋造价(元/平方米) Cost of Buildings Completed (yuan/sq.m)
全 国	**National Total**	**283266.2**	**66544.8**	**23.5**	**119475659**	**1795**
北 京	Beijing	10014.3	2558.0	25.5	6712851	2624
天 津	Tianjin	5704.3	1799.4	31.5	4038747	2244
河 北	Hebei	8958.1	1663.6	18.6	3166034	1903
山 西	Shanxi	3895.9	920.5	23.6	1331125	1446
内蒙古	Inner Mongolia	7099.1	1981.4	27.9	2879768	1453
辽 宁	Liaoning	14904.6	3826.1	25.7	6399392	1673
吉 林	Jilin	4965.1	1549.1	31.2	2150726	1388
黑龙江	Heilongjiang	3611.1	1404.7	38.9	1679129	1195
上 海	Shanghai	10784.2	2570.7	23.8	6446624	2508
江 苏	Jiangsu	28963.3	8265.5	28.5	15518372	1877
浙 江	Zhejiang	19273.3	4458.3	23.1	9507644	2133
安 徽	Anhui	11729.4	2541.1	21.7	4108986	1617
福 建	Fujian	11459.7	1906.2	16.6	2931748	1538
江 西	Jiangxi	6344.7	1586.7	25.0	2037908	1284
山 东	Shandong	20098.7	4535.1	22.6	7875894	1737
河 南	Henan	13906.2	3026.0	21.8	4039489	1335
湖 北	Hubei	7800.5	2057.9	26.4	4150132	2017
湖 南	Hunan	10715.5	2393.8	22.3	3209378	1341
广 东	Guangdong	23683.0	5063.9	21.4	13102928	2588
广 西	Guangxi	6877.0	1253.5	18.2	1535744	1225
海 南	Hainan	1500.1	308.8	20.6	728264	2358
重 庆	Chongqing	11639.3	2367.9	20.3	4023212	1699
四 川	Sichuan	15589.3	3348.6	21.5	4387289	1310
贵 州	Guizhou	5228.9	720.7	13.8	862700	1197
云 南	Yunnan	5367.6	1051.7	19.6	1695532	1612
西 藏	Tibet	144.6	54.6	37.8	120136	2200
陕 西	Shaanxi	5780.1	875.7	15.2	1589990	1816
甘 肃	Gansu	2310.3	546.5	23.7	712092	1303
青 海	Qinghai	698.2	225.3	32.3	359510	1596
宁 夏	Ningxia	1580.7	634.2	40.1	806249	1271
新 疆	Xinjiang	2639.1	1049.3	39.8	1368066	1304

2-29 按用途分商品房屋销售面积（2008年）

Floor Space of Commercialized Buildings Sold by Use (2008)

单位：万平方米 (10 000 sq.m)

地区	Region	商品房销售面积 Floor Space of Commercialized Buildings Sold	住宅 Residential Buildings	#别墅、高档公寓 Villas, High-grade Apartments	#经济适用房屋 Economically Affordable Housing	办公楼 Office Buildings	商业营业用房 Houses for Business Use	其他 Other
全国	**National Total**	**65969.83**	**59280.35**	**2865.25**	**3627.25**	**1157.05**	**4206.06**	**1326.37**
北京	Beijing	1335.37	1031.43	164.53	108.32	139.37	112.41	52.16
天津	Tianjin	1252.04	1135.35	46.62	168.26	29.30	74.89	12.50
河北	Hebei	2231.84	2128.86	34.27	168.29	2.69	78.79	21.50
山西	Shanxi	994.71	893.10	18.57	57.92	13.45	76.26	11.89
内蒙古	Inner Mongolia	2396.37	2093.34	96.07	262.25	39.65	223.20	40.19
辽宁	Liaoning	4091.16	3731.19	130.72	137.49	35.87	268.02	56.08
吉林	Jilin	1583.87	1435.73	67.32	72.20	15.67	105.52	26.94
黑龙江	Heilongjiang	1486.57	1286.62	25.82	74.80	8.95	159.35	31.64
上海	Shanghai	2339.29	2007.48	265.54		146.94	117.40	67.47
江苏	Jiangsu	6091.86	5282.89	307.05	314.25	105.34	596.57	107.07
浙江	Zhejiang	2992.20	2480.74	159.35	153.24	129.55	239.71	142.20
安徽	Anhui	2785.83	2542.60	34.45	55.20	31.02	192.14	20.07
福建	Fujian	1625.67	1250.00	62.18	83.81	66.52	94.32	214.83
江西	Jiangxi	1727.60	1604.86	28.44	157.15	4.97	95.25	22.52
山东	Shandong	5507.64	5039.40	93.02	201.65	56.63	308.36	103.25
河南	Henan	3191.98	2943.36	65.55	204.55	43.13	186.76	18.72
湖北	Hubei	1941.62	1821.31	58.54	225.38	11.58	78.87	29.85
湖南	Hunan	2655.51	2413.70	109.57	97.35	22.08	187.46	32.26
广东	Guangdong	4852.28	4360.45	423.43	9.89	92.87	250.15	148.81
广西	Guangxi	1768.04	1637.99	47.40	47.50	10.36	88.68	31.01
海南	Hainan	372.44	358.72	108.23	8.23	1.34	11.63	0.76
重庆	Chongqing	2872.19	2669.93	117.38	332.79	34.87	126.53	40.86
四川	Sichuan	3501.27	3247.32	96.87	39.92	32.44	177.78	43.73
贵州	Guizhou	908.20	848.11	13.10	135.04	10.26	46.62	3.21
云南	Yunnan	1643.08	1478.25	186.29	104.81	22.07	116.97	25.78
西藏	Tibet	66.49	62.08	16.28	7.55	0.04	4.35	0.03
陕西	Shaanxi	1513.01	1426.06	38.85	150.13	30.51	50.91	5.53
甘肃	Gansu	624.66	588.63	0.65	93.26	3.63	28.54	3.86
青海	Qinghai	147.89	141.23	7.87	1.17	0.94	5.54	0.18
宁夏	Ningxia	514.81	453.26	8.09	20.85	6.62	51.87	3.05
新疆	Xinjiang	954.35	886.35	33.21	134.01	8.36	51.22	8.42

2-30 按用途分商品房屋平均销售价格（2008年）

Average Selling Price of Commercial Buildings by Use (2008)

单位：元/平方米 (yuan/sq.m)

地区	Region	商品房平均销售价格 Average Selling Price of Commercialized Buildings	住宅 Residential Buildings	#别墅、高档公寓 Villas, High-grade Apartments	#经济适用房屋 Economically Affordable Housing	办公楼 Office Buildings	商业营业用房 Houses for Business Use	其他 Others
全国	**National Total**	**3800**	**3576**	**7801**	**1929**	**8378**	**5886**	**3219**
北京	Beijing	12418	11648	19541	3813	16554	17148	6416
天津	Tianjin	6015	5598	11107	3571	9783	10338	9195
河北	Hebei	2779	2743	6375	2208	3692	3915	2102
山西	Shanxi	2355	2253	5741	1466	6115	2867	2545
内蒙古	Inner Mongolia	2483	2265	4104	1690	4822	4080	2660
辽宁	Liaoning	3758	3575	7265	2095	4783	6149	3888
吉林	Jilin	2507	2399	6175	1932	3256	3687	3213
黑龙江	Heilongjiang	2832	2642	5414	1785	2804	4330	3019
上海	Shanghai	8195	8115	12792		11783	6610	5529
江苏	Jiangsu	4049	3802	7729	1922	5906	6172	2567
浙江	Zhejiang	6262	6144	9424	3092	9716	7446	3180
安徽	Anhui	2949	2808	4058	1731	4596	4627	2139
福建	Fujian	4384	4498	7334	2313	5386	8303	1686
江西	Jiangxi	2136	2022	3141	1098	2840	4039	2057
山东	Shandong	2970	2851	7256	1826	5601	4601	2440
河南	Henan	2339	2138	3618	1372	4367	5065	1933
湖北	Hubei	3001	2898	6191	1900	5122	4863	3513
湖南	Hunan	2302	2113	4007	1388	4212	4564	1969
广东	Guangdong	5953	5723	6817	2380	10554	8630	5296
广西	Guangxi	2826	2634	4601	1880	4959	6077	2926
海南	Hainan	5443	5441	9058	1686	5831	5461	5157
重庆	Chongqing	2785	2640	6322	1751	4667	5432	2489
四川	Sichuan	3157	3067	7934	1266	5688	4528	2397
贵州	Guizhou	2339	2122	4738	1926	3672	5967	2935
云南	Yunnan	2680	2441	3230	1441	4860	5203	3086
西藏	Tibet	3202	3103	3547	2133	10000	4554	1200
陕西	Shaanxi	2952	2821	5589	1691	5571	5056	3149
甘肃	Gansu	1958	1851	2082	1264	2899	4008	2134
青海	Qinghai	2460	2384	2768	1214	3271	4246	2625
宁夏	Ningxia	2435	2215	5345	1447	3726	4243	1570
新疆	Xinjiang	2240	2100	3684	1333	5184	4156	2434

2-31 地方财政收入（2008年）

Government Revenue (2008)

单位：万元 (10 000 yuan)

地 区	Region	一般预算收入 General Bugetary Revenue	税收收入 Tax Revenue	国内增值税 Domestic Value-added Tax	营业税 Business Revenue	企业所得税 Corporate Income Tax	个人所得税 Individual Income Tax	资源税 Resource Tax	固定资产投资方向调节税 Fixed Assets Investment Orientation Regulation Tax
地方合计	**Region Total**	**286497896**	**232551081**	**44991750**	**73942867**	**40020788**	**14880808**	**3017612**	**12757**
北 京	Beijing	18373238	17755757	1583363	6517767	4975151	1713327	3624	253
天 津	Tianjin	6756186	5462605	1096841	1798513	1037025	321681	7554	
河 北	Hebei	9475858	7488871	1968639	2170775	1122229	424823	236604	1918
山 西	Shanxi	7480047	5664935	1970700	1297269	872894	256661	317432	15
内蒙古	Inner Mongolia	6506764	4644481	1033422	1347653	587981	240201	220576	1873
辽 宁	Liaoning	13560812	10170987	1727640	3039950	1424442	517291	282451	4493
吉 林	Jilin	4227961	3110741	635782	939623	425347	174925	41539	
黑龙江	Heilongjiang	5782773	4202079	1294133	999035	460529	222267	140502	477
上 海	Shanghai	23587464	22234284	3348882	7633822	5479937	2048939		
江 苏	Jiangsu	27314074	22787081	4830367	6639020	3989161	1292320	54988	-148
浙 江	Zhejiang	19333890	17920894	3489164	5743030	3022812	1157086	67501	
安 徽	Anhui	7246197	5279349	967533	1777021	745125	214336	98453	
福 建	Fujian	8334032	7044526	1241126	2268933	1172533	449835	54626	6
江 西	Jiangxi	4886476	3579635	642916	1181937	472410	159861	88994	4
山 东	Shandong	19570541	15335324	3337763	3960900	2291404	611251	288063	30
河 南	Henan	10089009	7422734	1538949	2095474	1167469	323024	241049	3759
湖 北	Hubei	7108492	5372066	1067371	1698940	884883	280616	53551	
湖 南	Hunan	7227122	4863111	953639	1742678	499485	284306	33669	
广 东	Guangdong	33103235	28647894	5528510	9553497	5359244	2363771	68592	
广 西	Guangxi	5184245	3464935	658507	1219700	372168	194782	41411	-5
海 南	Hainan	1448584	1205390	135712	523234	152898	55738	12776	
重 庆	Chongqing	5775738	3602925	579372	1450454	349548	178254	49603	
四 川	Sichuan	10416603	7320739	1167370	2686028	927277	415702	87185	
贵 州	Guizhou	3478416	2607992	551444	803335	355393	184078	53306	75
云 南	Yunnan	6140518	4823882	994086	1366251	660298	232132	83064	
西 藏	Tibet	248823	151865	27465	79514	18684	7051	5755	
陕 西	Shaanxi	5914750	4556043	1098853	1477115	589640	227518	169459	
甘 肃	Gansu	2649650	1628049	379120	531536	205554	81306	55469	2
青 海	Qinghai	715692	558966	145676	184903	71292	25850	39363	
宁 夏	Ningxia	950090	777432	183793	300884	62184	40239	11560	
新 疆	Xinjiang	3610616	2865509	813612	914076	265791	181637	108893	5

注：固定资产投资方向调节税已于2000年停征，表中数据为清理以前年度欠缴的税款或查补的税款。

a) Fixed assets investment orientation regulation tax was cancelled since 2000, data in this table are tax of default of payment or mending of previous year.

2-31 续表 1 continued

单位：万元 (10 000 yuan)

地 区	Region	城市维护建设税 City Maintenance and Construction Tax	房产税 House Property Tax	印花税 Stamp Tax	城镇土地使用税 Urban Land Use Tax	土地增值税 Land Appreciation Tax	车船税 Tax on Vehicles and Boat Operation	耕地占用税 Farm Land Occupation Tax
地方合计	**Region Total**	**13363005**	**6803359**	**3616114**	**8168960**	**5374329**	**1442129**	**3144075**
北 京	Beijing	639470	638422	237773	154399	346672	102317	13541
天 津	Tianjin	260574	192058	119725	104238	66079	37250	17953
河 北	Hebei	487107	162274	124222	276470	109204	62589	64937
山 西	Shanxi	430142	106176	70708	201186	18110	22139	22306
内蒙古	Inner Mongolia	296385	125710	69385	340544	106024	31645	101264
辽 宁	Liaoning	587061	353834	163812	660309	247767	111117	243289
吉 林	Jilin	220521	106841	39486	188411	39533	30301	69296
黑龙江	Heilongjiang	422162	124555	41018	205046	35736	32157	18610
上 海	Shanghai	687706	522231	520280	340948	494250	42046	15300
江 苏	Jiangsu	1255457	690709	335983	882963	634608	131166	259320
浙 江	Zhejiang	1104714	601248	279484	578304	402641	97132	205723
安 徽	Anhui	380843	113747	63287	220315	123115	34164	132130
福 建	Fujian	334975	246332	108788	290413	301650	41571	100443
江 西	Jiangxi	199612	68003	43780	122809	123275	16458	117996
山 东	Shandong	1041367	472576	203026	1035689	365577	126429	631975
河 南	Henan	490647	168869	102579	372048	163710	37829	253825
湖 北	Hubei	415662	161791	86373	150005	139787	28665	70319
湖 南	Hunan	401648	135598	64399	74004	50353	28498	180217
广 东	Guangdong	1062345	923000	486033	827352	811164	213687	114415
广 西	Guangxi	217927	102785	43831	85333	157758	19452	131219
海 南	Hainan	55240	37347	16443	62358	62087	6166	14369
重 庆	Chongqing	238666	93288	54863	131558	106983	12049	84872
四 川	Sichuan	469709	188575	105701	327052	240498	59674	108489
贵 州	Guizhou	220707	62907	23660	98948	37314	14716	24489
云 南	Yunnan	507010	113707	58294	135931	56689	34690	72705
西 藏	Tibet	7171		1993		2547	1262	423
陕 西	Shaanxi	392333	108895	69047	169578	54948	29456	57418
甘 肃	Gansu	155398	66292	30059	38640	29294	10282	11078
青 海	Qinghai	38685	11897	6865	17376	1334	2488	2928
宁 夏	Ningxia	58054	17261	11541	44657	9441	5059	534
新 疆	Xinjiang	283707	86431	33676	32076	36181	19675	2692

2-31 续表 2 continued

单位：万元 (10 000 yuan)

地 区	Region	契 税 Deed Tax	烟叶税 Tobacco Leaf Tax	其他税收收入 Other Tax Revenue	非税收入 Non-Tax Revenue	专项收入 Special Program Receipts	行政事业性收费收入 Charge of Administrative and Institutional Units	罚没收入 Penalty Receipts	国有资本经营收入 Operation Income of State-owned Assets	国有资源(资产)有偿使用收入 Income from Use of State-owned Resources (Assets)	其他收入 Other Non-tax Receipts
地方合计	**Region Total**	**13075394**	**674456**	**22678**	**53946815**	**13534486**	**17619784**	**8666760**	**6900940**	**4186430**	**3038415**
北 京	Beijing	829678			617481	408569	258364	212460	-339853	64898	13043
天 津	Tianjin	403114			1293581	149369	785734	69379	-20700	222495	87304
河 北	Hebei	276090	853	137	1986987	548216	523642	513106	211383	130805	59835
山 西	Shanxi	77482	591	1124	1815112	969561	405993	320611	4906	75678	38363
内蒙古	Inner Mongolia	139800	2018		1862283	721142	406135	200524	415549	83279	35654
辽 宁	Liaoning	781487	5326	20718	3389825	506693	1171712	359058	929345	390307	32710
吉 林	Jilin	192380	6756		1117220	227328	393431	233477	129152	116274	17558
黑龙江	Heilongjiang	187692	18010	150	1580694	822315	250943	192030	261528	37399	16479
上 海	Shanghai	1099943			1353180	429598	552392	240907	-9580	117100	22763
江 苏	Jiangsu	1791167			4526993	917887	1332481	751672	1281671	207278	36004
浙 江	Zhejiang	1170966	811	278	1412996	726397	331009	710137	-468413	104552	9314
安 徽	Anhui	405443	3837		1966848	476458	844921	243117	93387	255632	53333
福 建	Fujian	395728	37567		1289506	271093	422683	289606	116377	146195	43552
江 西	Jiangxi	328956	12624		1306841	269731	481582	267190	124056	81104	83178
山 东	Shandong	952121	17124	29	4235217	812681	1631981	592922	646156	330440	221037
河 南	Henan	416812	46691		2666275	647329	898973	504037	373969	141797	100170
湖 北	Hubei	306731	27372		1736426	298060	682805	300037	222142	101580	131802
湖 南	Hunan	367169	47448		2364011	395819	900050	397804	79989	309386	280963
广 东	Guangdong	1325161	11122	1	4455341	860284	1491041	809400	563829	396638	334149
广 西	Guangxi	212325	7574	168	1719310	220854	615911	251511	404895	133138	93001
海 南	Hainan	71022			243194	72327	64017	33123	46945	23561	3221
重 庆	Chongqing	256038	17377		2172813	208691	962035	118709	673198	165514	44666
四 川	Sichuan	494527	42952		3095864	469061	1112865	284593	372477	255487	601381
贵 州	Guizhou	78515	99068	37	870424	406489	197555	126744	43360	54199	42077
云 南	Yunnan	252455	256541	29	1316636	503778	273649	250605	122343	67053	99208
西 藏	Tibet				96958	15800	15698	9152	2038	20759	33511
陕 西	Shaanxi	100494	11289		1358707	359535	192782	170526	500901	65901	69062
甘 肃	Gansu	32744	1268	7	1021601	317268	146344	59318	57816	27164	413691
青 海	Qinghai	10309			156726	82850	37229	16736	2475	9825	7611
宁 夏	Ningxia	32104	121		172658	65871	47337	30419	8084	14038	6909
新 疆	Xinjiang	86941	116		745107	353432	188490	107850	51515	36954	6866

2-32 财政支出（2008年）

Government Expenditure (2008)

单位：万元 (10 000 yuan)

地区	Region	一般预算支出 General Bugetary Expenditure	一般公共服务 Expenditure for General Public Services	外交 Expenditure for Foreign Affairs	国防 Expenditure for National Defense	公共安全 Expenditure for Public Security	教育 Expenditure for Education	科学技术 Expenditure for Science and Technology	文化体育与传媒 Expenditure for Culture, Sport and Media
地方合计	**Region Total**	**492484949**	**74513722**	**15660**	**798074**	**34111312**	**85185771**	**10518648**	**9551314**
北京	Beijing	19592857	1962664		22100	1604616	3162957	1121886	611138
天津	Tianjin	8677245	959055		5631	658481	1416985	286530	180120
河北	Hebei	18816696	3176185		25845	1367819	3769819	216674	290023
山西	Shanxi	13150175	2234833		23019	907536	2349868	176381	271892
内蒙古	Inner Mongolia	14545732	2433914	354	15909	764478	2064017	153634	316243
辽宁	Liaoning	21534348	3076503		53771	1475833	3063600	490226	299409
吉林	Jilin	11801223	1742481		13860	719504	1880346	134116	282109
黑龙江	Heilongjiang	15423004	2404474	975	27653	924983	2566199	200885	239638
上海	Shanghai	25939161	1987807		9267	1495741	3260628	1202743	495223
江苏	Jiangsu	32474927	5168601		53224	2528845	5926032	915173	667446
浙江	Zhejiang	22085756	3724556	13	50048	1996246	4539902	867928	637593
安徽	Anhui	16471253	2341531		20027	868949	2862557	237788	327465
福建	Fujian	11377159	1891974		31468	915985	2332923	256281	224251
江西	Jiangxi	12100730	1806669		21587	752927	2068578	111406	187795
山东	Shandong	27046613	4682351		40459	1732612	5509929	571333	552178
河南	Henan	22816093	4065896		19280	1391862	4440264	304389	414616
湖北	Hubei	16502763	2658031		10653	1256486	2841940	230584	252487
湖南	Hunan	17652249	3010646	590	40501	1127951	3112601	265893	253462
广东	Guangdong	37785681	6290231	149	77696	3932064	7033269	1325155	667154
广西	Guangxi	12971100	2245366		31057	956563	2512210	162149	292467
海南	Hainan	3579708	533225	4615	8474	242533	556331	44981	68176
重庆	Chongqing	10160112	1390183		44804	614354	1534951	151279	165439
四川	Sichuan	29488269	3637823		48842	1531436	3692812	258150	345730
贵州	Guizhou	10537922	1842076		15824	680706	2297665	129878	178360
云南	Yunnan	14702388	2171232	3436	33738	1065126	2419508	176695	279819
西藏	Tibet	3806589	640632	330	4755	301530	470800	29033	92134
陕西	Shaanxi	14285208	2261364		13243	763920	2649055	171448	318074
甘肃	Gansu	9684336	1271358	910	9642	452703	1829256	94743	194465
青海	Qinghai	3635950	694155		5178	203753	488084	39664	98912
宁夏	Ningxia	3246064	423470		3319	192769	540553	43265	70925
新疆	Xinjiang	10593638	1784436	4288	17200	683001	1992132	148358	276571

2–32 续表 continued

单位：万元 (10 000 yuan)

地 区	Region	社会保障和就业 Expenditure for Social Safety Net and Employment Effort	医疗卫生 Expenditure for Medical and Health Care	环境保护 Expenditure for Environment Protection	城乡社区事务 Expenditure for Urban and Rural Community Affairs	农林水事务 Expenditure for Agriculture, Forestry and Water Conservancy	交通运输 Expenditure for Transportation	工业商业金融等事务 Expenditure for Industry, Commerce and Banking	地震灾后重建支出 Expenditure for Post-earthquake Recovery and Reconstruction	其他支出 Other Expenditure
地方合计	**Region Total**	**64600065**	**27102580**	**13851511**	**41918141**	**42356334**	**14407954**	**40924711**	**7358667**	**25270485**
北 京	Beijing	2093285	1450513	354688	1998383	1217736	803461	1160451	112461	1916518
天 津	Tianjin	1057164	419156	109789	1850121	385397	141560	761033	72885	373338
河 北	Hebei	2713726	1202379	763556	1324967	1518977	289207	1485575	6835	665109
山 西	Shanxi	2183811	714959	642863	1011763	1096934	336037	901507	10000	288772
内蒙古	Inner Mongolia	1915179	598205	796815	1704399	1607177	493087	1253567		428754
辽 宁	Liaoning	4699675	839012	481798	2172211	1492933	372513	2212826		804038
吉 林	Jilin	1998556	595176	456067	853743	1073357	292976	1598726	3939	156267
黑龙江	Heilongjiang	2286253	716984	485105	985375	1481514	523281	2224108	5155	350422
上 海	Shanghai	3349669	1222840	250758	4686252	789711	170818	3598601	180000	3239103
江 苏	Jiangsu	2315241	1486116	951795	3617904	2761599	1172120	2886538	118443	1905850
浙 江	Zhejiang	1415223	1428690	465183	1939499	1774175	594234	1720324	126185	805957
安 徽	Anhui	2282005	1038442	547367	1478746	1367525	518196	1862857	20381	697417
福 建	Fujian	1092914	742741	140264	750936	804268	456079	880165	49229	807681
江 西	Jiangxi	1793603	769195	318377	707820	1470156	376031	1218517	20000	478069
山 东	Shandong	2850525	1404184	586002	2894598	2353000	300454	2543623	33665	991700
河 南	Henan	3302343	1454726	758510	1353822	2095859	431727	2005786		777013
湖 北	Hubei	2813003	950838	409194	852202	1767006	383069	1254733	23352	799185
湖 南	Hunan	3103120	875987	417066	1200158	1763754	569575	1360830		550115
广 东	Guangdong	3628345	2011467	470878	2832940	1926025	1058404	1957778	73924	4500202
广 西	Guangxi	1289769	787683	279740	723033	1393970	584781	1066574		645738
海 南	Hainan	494349	186377	68058	225139	554118	114304	242897	5017	231114
重 庆	Chongqing	1722665	516362	529297	1246138	767242	479259	717407	9759	270973
四 川	Sichuan	4489554	1435606	791451	1364752	2426093	1053586	1952922	5601003	858509
贵 州	Guizhou	1074568	674375	404391	465094	1217107	493768	588991		475119
云 南	Yunnan	2247201	1045872	584582	675136	1777748	608413	911948	7326	694608
西 藏	Tibet	279000	163548	57068	259956	628701	351034	184207		343861
陕 西	Shaanxi	2455574	783906	587158	867798	1462918	542268	917143	207117	284222
甘 肃	Gansu	1536984	583150	468469	447835	1073358	347976	463132	671941	238414
青 海	Qinghai	655673	246615	195484	204838	424407	110455	181974	50	86708
宁 夏	Ningxia	370490	171073	175067	333778	451996	100795	220537		148027
新 疆	Xinjiang	1090598	586403	304671	888805	1431573	338486	589434		457682

注：地方财政决算中的环境保护支出包括可再生能源支出和能源节约利用支出。

a) Expenditure for environment protection in final account of local governments includes reproducible energy expenditure and expenditure for saving and utilization of energy.

2-33 居民消费价格指数和商品零售价格指数（2008年）

Consumer Price Indices and Retail Price Indices (2008)

(上年=100) (preceding year=100)

地区	Region	居民消费价格指数 Consumer Price Index			商品零售价格指数 Retail Price Index		
		全省(区、市) Province	城市 Urban Areas	农村 Rural Areas	全省(区、市) Province	城市 Urban Areas	农村 Rural Areas
全国	**National Total**	**105.9**	**105.6**	**106.5**	**105.9**	**105.5**	**106.7**
北京	Beijing	105.1	105.1		104.4	104.4	
天津	Tianjin	105.4	105.4		105.1	105.1	
河北	Hebei	106.2	105.2	108.1	106.7	105.4	107.9
山西	Shanxi	107.2	107.0	107.7	107.2	107.3	107.2
内蒙古	Inner Mongolia	105.7	105.4	106.3	104.7	104.1	106.1
辽宁	Liaoning	104.6	104.4	105.5	105.3	105.2	105.9
吉林	Jilin	105.1	105.1	105.3	106.2	106.1	106.4
黑龙江	Heilongjiang	105.6	105.0	107.2	105.8	105.1	108.2
上海	Shanghai	105.8	105.8		105.3	105.3	
江苏	Jiangsu	105.4	105.2	105.6	104.9	104.9	105.1
浙江	Zhejiang	105.0	104.8	105.3	106.3	106.3	106.1
安徽	Anhui	106.2	106.0	106.4	106.3	106.0	106.7
福建	Fujian	104.6	104.5	104.6	105.7	105.5	106.1
江西	Jiangxi	106.0	105.9	106.3	106.1	106.0	106.4
山东	Shandong	105.3	104.7	106.2	104.9	104.5	105.8
河南	Henan	107.0	106.5	107.9	107.5	107.4	107.5
湖北	Hubei	106.3	105.5	107.4	106.3	105.4	107.6
湖南	Hunan	106.0	105.8	107.4	105.6	104.5	108.7
广东	Guangdong	105.6	105.5	105.8	106.0	106.0	106.2
广西	Guangxi	107.8	107.6	108.5	107.6	107.6	108.3
海南	Hainan	106.9	106.1	108.8	106.7	105.7	108.3
重庆	Chongqing	105.6	105.6		105.0	105.0	
四川	Sichuan	105.1	104.7	105.5	105.3	105.1	105.4
贵州	Guizhou	107.6	107.0	108.8	107.2	106.3	108.4
云南	Yunnan	105.7	105.4	106.0	106.1	105.3	107.0
西藏	Tibet	105.7	105.7	105.7	103.9	104.1	103.5
陕西	Shaanxi	106.4	106.2	106.7	106.9	106.8	107.1
甘肃	Gansu	108.2	108.0	108.7	107.9	107.7	108.4
青海	Qinghai	110.1	108.9	112.3	110.6	110.2	111.3
宁夏	Ningxia	108.5	107.9	109.9	108.5	107.1	112.5
新疆	Xinjiang	108.1	107.3	109.5	108.5	108.3	108.8

2-34 居民消费价格分类指数(2008年)

Consumer Price Indices by Category (2008)

(上年=100) (preceding year=100)

地 区	Region	总指数 General Index	食 品 Food	烟酒及用品 Tobacco, Liquor and Articles	衣 着 Clothing	家庭设备用品及服务 Household Facilities and Articles	医疗保健和个人用品 Health Care & Personal Articles	交通和通信 Transportation and Communication	娱乐教育文化用品及服务 Recreation, Education & Culture	居 住 Residence
全 国	**National**	**105.9**	**114.3**	**102.9**	**98.5**	**102.8**	**102.9**	**99.1**	**99.3**	**105.5**
北 京	Beijing	105.1	116.1	106.0	99.1	104.4	102.0	97.6	98.0	103.0
天 津	Tianjin	105.4	112.1	108.0	99.9	106.8	102.3	97.8	97.6	105.3
河 北	Hebei	106.2	114.4	104.2	98.2	102.4	103.4	100.4	99.3	107.6
山 西	Shanxi	107.2	117.9	102.6	98.8	103.2	101.9	99.5	100.4	108.4
内蒙古	Inner Mongolia	105.7	114.7	102.2	100.3	100.8	101.9	99.4	99.8	106.3
辽 宁	Liaoning	104.6	112.3	103.1	93.1	103.6	103.1	97.7	99.1	104.1
吉 林	Jilin	105.1	112.3	103.4	101.5	102.6	101.8	97.7	99.7	104.2
黑龙江	Heilongjiang	105.6	112.0	103.8	99.3	103.1	104.3	100.6	100.0	104.5
上 海	Shanghai	105.8	115.3	101.7	101.6	108.3	103.1	97.5	98.2	102.5
江 苏	Jiangsu	105.4	113.0	102.9	100.5	104.1	102.5	98.6	99.0	104.2
浙 江	Zhejiang	105.0	113.9	102.1	97.9	103.4	105.8	95.6	99.0	105.0
安 徽	Anhui	106.2	114.3	103.3	98.9	102.2	102.2	99.7	100.1	104.5
福 建	Fujian	104.6	113.3	102.9	94.8	103.2	102.8	98.6	92.9	105.5
江 西	Jiangxi	106.0	113.9	102.0	95.7	102.8	103.1	99.9	100.5	105.9
山 东	Shandong	105.3	113.0	104.3	97.9	102.0	102.2	99.9	100.3	107.3
河 南	Henan	107.0	116.3	103.0	101.2	103.1	103.6	100.1	100.9	106.3
湖 北	Hubei	106.3	115.1	103.4	97.9	100.8	103.5	100.5	99.1	106.9
湖 南	Hunan	106.0	114.9	101.6	97.3	99.8	101.5	99.2	100.9	107.6
广 东	Guangdong	105.6	113.2	101.4	98.4	102.0	102.9	99.7	99.4	104.8
广 西	Guangxi	107.8	120.0	103.2	99.2	103.1	103.2	99.2	98.5	106.1
海 南	Hainan	106.9	113.7	101.3	98.3	101.9	101.6	101.3	100.4	106.6
重 庆	Chongqing	105.6	115.7	102.8	94.2	102.5	101.9	99.3	100.3	101.8
四 川	Sichuan	105.1	112.0	102.0	97.3	102.7	102.4	99.8	99.9	104.6
贵 州	Guizhou	107.6	117.3	104.0	97.8	103.5	100.7	100.7	101.6	107.5
云 南	Yunnan	105.7	115.4	102.4	92.5	100.3	104.9	99.2	98.5	104.8
西 藏	Tibet	105.7	112.1	102.3	103.1	102.3	102.7	101.3	99.0	106.6
陕 西	Shaanxi	106.4	115.3	102.2	100.0	102.3	102.7	98.9	98.9	106.8
甘 肃	Gansu	108.2	116.2	104.4	100.6	103.1	103.5	99.6	100.5	111.3
青 海	Qinghai	110.1	119.0	105.6	104.4	102.9	106.1	99.8	101.0	115.8
宁 夏	Ningxia	108.5	118.0	102.3	103.4	104.2	102.6	100.5	99.2	109.9
新 疆	Xinjiang	108.1	119.1	103.1	99.4	102.5	103.5	100.2	100.0	106.4

2-35 农业生产资料价格分类指数(2008年)

Price Indices of Agricultural Means Production by Category (2008)

(上年=100) (preceding year=100)

地 区	Region	总指数 General Index	农用手工工具 Farm Handtools	饲 料 Forage	产品畜 Production Livestock	半机械化农具 Semi-mechanized Farm Tools	机械化农具 Mechanized Farm Machinery
全 国	**National**	**120.3**	**112.5**	**115.8**	**131.5**	**107.9**	**109.0**
北 京	Beijing						
天 津	Tianjin						
河 北	Hebei	118.6	112.2	120.7	135.6	106.2	107.2
山 西	Shanxi	118.7	108.9	109.6	130.9	103.3	105.1
内蒙古	Inner Mongolia	114.9	104.1	118.8	127.6	102.5	102.3
辽 宁	Liaoning	128.1	112.0	120.9	157.9	107.2	106.5
吉 林	Jilin	127.3	101.2	111.0	154.0	105.2	107.3
黑龙江	Heilongjiang	122.7	119.5	125.0	130.5	123.2	117.7
上 海	Shanghai						
江 苏	Jiangsu	117.3	106.0	110.8	125.3	104.0	104.3
浙 江	Zhejiang	118.9	110.4	113.4	114.3	111.3	114.2
安 徽	Anhui	123.9	120.1	122.8	126.5	126.2	121.9
福 建	Fujian	123.6	111.2	116.0	124.9	102.3	107.7
江 西	Jiangxi	119.9	109.8	121.6	117.0	111.9	107.9
山 东	Shandong	119.3	114.6	115.3	126.4	108.1	108.1
河 南	Henan	120.9	118.1	113.2	126.4	105.6	107.3
湖 北	Hubei	127.2	120.2	120.2	147.9	107.3	107.7
湖 南	Hunan	126.5	104.3	120.6	136.4	111.3	113.7
广 东	Guangdong	114.5	110.6	112.6	105.2	105.6	106.5
广 西	Guangxi	124.0	122.5	112.4	108.0	100.1	117.9
海 南	Hainan	114.8	111.2	111.6	103.8	113.3	117.3
重 庆	Chongqing						
四 川	Sichuan	116.6	109.8	111.8	133.3	103.9	105.7
贵 州	Guizhou	113.4	107.3	108.5	114.9	116.1	110.6
云 南	Yunnan	116.6	111.3	114.0	131.6	102.6	102.7
西 藏	Tibet	103.2	101.2	108.7	104.9	99.3	100.3
陕 西	Shaanxi	122.0	115.3	117.7	144.8	110.0	110.9
甘 肃	Gansu	114.7	106.2	106.7	150.6	101.1	99.0
青 海	Qinghai	124.2	107.9	112.8	167.8	112.6	122.2
宁 夏	Ningxia	126.2	116.4	129.0	148.3	106.0	116.6
新 疆	Xinjiang	112.3	102.9	116.7	150.9	100.7	101.6

2-35 续表 continued

(上年=100) (preceding year=100)

地 区	Region	化学肥料 Chemical Fertilizer	农药及农药械 Pesticide and Its Appliances	农用机油 Oil for Farm Machinery	其他农业生产资料 Other Means of Agricultural Production	农业生产服务 Services for Agricultural Production
全 国	**National**	**131.7**	**108.0**	**113.1**	**108.1**	**110.3**
北 京	Beijing					
天 津	Tianjin					
河 北	Hebei	121.2	104.3	116.9	110.9	115.7
山 西	Shanxi	131.7	105.3	114.7	111.3	122.7
内蒙古	Inner Mongolia	129.1	111.0	111.4	104.4	102.6
辽 宁	Liaoning	134.3	108.7	114.8	115.1	121.1
吉 林	Jilin	145.8	106.4	111.9	115.9	103.4
黑龙江	Heilongjiang	130.5	102.3	111.3	112.0	102.2
上 海	Shanghai					
江 苏	Jiangsu	131.1	106.6	110.5	104.3	106.4
浙 江	Zhejiang	138.4	105.9	111.8	102.5	107.0
安 徽	Anhui	136.4	108.2	109.4	113.0	108.3
福 建	Fujian	140.9	117.3	114.8	107.6	114.7
江 西	Jiangxi	137.4	108.7	116.7	104.9	113.0
山 东	Shandong	131.1	108.8	112.1	107.5	112.8
河 南	Henan	138.5	108.4	115.4	105.1	106.0
湖 北	Hubei	141.1	104.8	112.2	112.9	113.0
湖 南	Hunan	131.7	117.0	118.9	101.9	126.2
广 东	Guangdong	125.9	102.7	110.9	103.5	111.7
广 西	Guangxi	143.0	106.4	117.1	118.7	110.5
海 南	Hainan	130.4	106.0	114.9	106.9	101.9
重 庆	Chongqing					
四 川	Sichuan	120.5	105.5	112.6	104.4	114.5
贵 州	Guizhou	121.3	100.3	106.5	103.7	104.7
云 南	Yunnan	125.2	106.1	113.7	103.5	105.8
西 藏	Tibet	101.1	100.0	108.5	101.7	100.0
陕 西	Shaanxi	130.6	111.6	109.4	108.9	106.5
甘 肃	Gansu	120.9	101.9	116.6	104.4	104.5
青 海	Qinghai	128.1	112.5	116.0	117.3	116.2
宁 夏	Ningxia	133.7	108.6	117.8	109.3	116.3
新 疆	Xinjiang	111.5	103.9	112.9	108.0	107.0

2-36 固定资产投资价格指数

Price Indices for Investment in Fixed Assets

(上年=100) (preceding year=100)

地区 Region	2007				2008			
	固定资产投资 Investment in Fixed Assets	建筑安装工程 Construction and Installation	设备工器具购置 Purchase of Equipment and Instruments	其他费用 Others	固定资产投资 Investment in Fixed Assets	建筑安装工程 Construction and Installation	设备工器具购置 Purchase of Equipment and Instruments	其他费用 Others
全　国 National Total	**103.9**	**105.1**	**100.2**	**104.2**	**108.9**	**112.9**	**100.6**	**105.4**
北　京 Beijing	102.8	104.1	98.9	102.1	107.8	111.8	98.0	104.8
天　津 Tianjin	102.6	103.5	99.1	103.6	109.2	114.0	99.6	104.2
河　北 Hebei	103.8	105.4	100.7	102.4	109.6	113.9	101.6	105.8
山　西 Shanxi	104.1	106.0	100.6	102.4	113.3	120.0	102.6	101.5
内蒙古 Inner Mongolia	103.8	104.6	100.3	105.2	108.1	110.6	101.0	106.2
辽　宁 Liaoning	104.3	106.1	100.2	104.2	109.1	113.3	101.0	105.2
吉　林 Jilin	103.9	105.2	99.9	105.9	107.3	110.7	100.4	105.1
黑龙江 Heilongjiang	104.5	105.5	99.9	109.1	109.0	111.9	100.6	110.9
上　海 Shanghai	103.5	104.6	99.4	104.1	107.9	112.1	99.5	105.4
江　苏 Jiangsu	104.9	107.8	99.7	104.5	110.0	115.9	100.6	106.6
浙　江 Zhejiang	104.4	105.6	100.5	105.2	109.3	113.7	101.2	106.6
安　徽 Anhui	105.4	107.4	100.4	103.7	109.4	113.7	101.2	103.8
福　建 Fujian	105.9	107.1	99.6	109.2	105.9	108.5	100.0	104.9
江　西 Jiangxi	105.4	106.9	100.5	106.2	110.4	114.0	100.7	109.3
山　东 Shandong	104.0	105.5	100.8	104.6	107.7	110.7	102.5	104.4
河　南 Henan	104.6	106.3	101.4	101.9	109.0	112.1	102.5	103.3
湖　北 Hubei	104.1	104.9	101.5	104.2	109.4	112.2	102.7	108.2
湖　南 Hunan	105.8	107.6	101.4	103.4	109.9	112.3	104.7	105.1
广　东 Guangdong	102.4	103.8	99.5	100.5	108.6	112.2	100.1	105.7
广　西 Guangxi	102.3	103.0	101.0	101.1	107.9	110.7	101.7	103.7
海　南 Hainan	106.1	109.9	100.2	102.2	113.3	118.7	100.6	107.2
重　庆 Chongqing	105.5	106.0	100.2	107.8	110.2	113.7	100.6	106.6
四　川 Sichuan	104.7	106.4	101.0	103.4	112.5	118.8	101.8	104.4
贵　州 Guizhou	103.5	105.4	100.2	100.9	108.9	114.3	100.6	101.1
云　南 Yunnan	104.2	104.5	100.5	107.0	107.4	110.1	101.0	102.2
西　藏 Tibet								
陕　西 Shaanxi	104.0	105.6	100.6	100.6	109.5	113.3	101.1	101.8
甘　肃 Gansu	102.8	103.9	101.8	102.3	106.7	111.8	103.5	103.0
青　海 Qinghai	104.2	104.6	102.9	102.6	110.5	113.3	101.5	104.1
宁　夏 Ningxia	103.2	104.1	100.4	101.0	109.0	110.6	101.9	106.4
新　疆 Xinjiang	104.4	105.5	101.6	102.8	111.2	114.0	105.0	105.1

2-37 城镇居民平均每人全年家庭收入来源（2008年）

Per Capita Annual Income of Urban Households by Sources (2008)

单位：元 (yuan)

地 区	Region	可支配收 入 Disposable Income	总收入 Total Income	工薪收入 Income from Wages and Salaries	经营净收入 Net Business Income	财产性收入 Income from Properties	转移性收入 Income from Transfers
全 国	**National Average**	**15780.76**	**17067.78**	**11298.96**	**1453.57**	**387.02**	**3928.23**
北 京	Beijing	24724.89	27677.94	18738.96	778.36	452.75	7707.87
天 津	Tianjin	19422.53	21174.04	12849.73	863.52	256.87	7203.93
河 北	Hebei	13441.09	14141.41	8891.50	1078.67	224.86	3946.39
山 西	Shanxi	13119.05	13858.98	9019.35	983.21	202.31	3654.11
内蒙古	Inner Mongolia	14432.55	15195.44	10284.43	1555.31	324.64	3031.05
辽 宁	Liaoning	14392.69	15836.25	9494.59	1483.30	248.04	4610.32
吉 林	Jilin	12829.45	13606.03	8677.27	1154.14	97.74	3676.88
黑龙江	Heilongjiang	11581.28	12264.06	7393.39	1241.37	122.83	3506.48
上 海	Shanghai	26674.90	29759.13	21791.11	1399.14	369.12	6199.77
江 苏	Jiangsu	18679.52	20175.57	12319.86	1999.61	307.31	5548.78
浙 江	Zhejiang	22726.66	24980.78	15538.83	3161.87	1324.94	4955.14
安 徽	Anhui	12990.35	14159.46	9302.38	959.43	293.92	3603.72
福 建	Fujian	17961.45	19686.15	12668.82	2185.13	952.91	3879.29
江 西	Jiangxi	12866.44	13463.58	9105.96	1106.31	265.35	2985.96
山 东	Shandong	16305.41	17548.97	12940.62	1194.40	346.90	3067.05
河 南	Henan	13231.11	13907.80	9043.52	1161.96	156.46	3545.86
湖 北	Hubei	13152.86	14174.27	9474.81	1114.68	244.13	3340.65
湖 南	Hunan	13821.16	14577.27	9070.97	1575.08	316.48	3614.74
广 东	Guangdong	19732.86	21678.51	15188.39	2405.92	701.25	3382.95
广 西	Guangxi	14146.04	15393.18	10321.20	1314.40	441.15	3316.44
海 南	Hainan	12607.84	13598.60	8999.75	1311.38	396.89	2890.59
重 庆	Chongqing	14367.55	15217.73	10957.62	788.26	205.94	3265.92
四 川	Sichuan	12633.38	13685.10	9117.00	1040.14	262.90	3265.06
贵 州	Guizhou	11758.76	12185.62	7811.16	770.86	110.90	3492.70
云 南	Yunnan	13250.22	14118.03	8596.88	1165.96	849.45	3505.74
西 藏	Tibet	12481.51	13647.53	12314.69	303.34	138.08	891.42
陕 西	Shaanxi	12857.89	13847.12	9794.82	544.00	151.46	3356.85
甘 肃	Gansu	10969.41	11669.33	8354.63	638.76	65.33	2610.61
青 海	Qinghai	11640.43	12867.33	8595.48	763.07	50.17	3458.63
宁 夏	Ningxia	12931.53	14118.64	8793.54	1856.94	182.67	3285.49
新 疆	Xinjiang	11432.10	12478.61	9422.22	938.15	141.75	1976.49

2-38 城镇居民家庭平均每人全年消费性支出（2008年）

Per Capita Annual Consumption Expenditure of Urban Households (2008)

单位：元 (yuan)

地区	Region	消费性支出 Consumption Expenditure	食品 Food	衣着 Clothing	居住 Residence	家庭设备用品及服务 Household Appliances and Services	医疗保健 Health Care and Medical Services	交通和通信 Transport and Communications	教育文化娱乐服务 Education, Culture and Recreation Services	杂项商品和服务 Miscellaneous Goods and Services
全国	**National Average**	**11242.85**	**4259.81**	**1165.91**	**1145.41**	**691.83**	**786.20**	**1417.12**	**1358.26**	**418.31**
北京	Beijing	16460.26	5561.54	1571.74	1286.32	1096.57	1563.10	2293.23	2383.52	704.24
天津	Tianjin	13422.47	5005.09	1153.66	1528.28	817.18	1220.92	1567.87	1608.97	520.49
河北	Hebei	9086.73	3155.40	1137.22	1097.41	574.84	808.88	1062.31	946.38	304.28
山西	Shanxi	8806.55	2974.76	1137.71	1250.87	471.65	769.79	931.33	1041.91	228.53
内蒙古	Inner Mongolia	10828.62	3553.48	1616.56	1028.19	672.64	869.71	1191.70	1383.53	512.81
辽宁	Liaoning	11231.48	4378.14	1187.41	1270.95	507.40	913.13	1295.70	1145.46	533.29
吉林	Jilin	9729.05	3307.14	1259.62	1285.28	510.49	914.47	954.96	1071.80	425.30
黑龙江	Heilongjiang	8622.97	3128.10	1217.04	941.25	494.49	864.89	749.05	906.19	321.95
上海	Shanghai	19397.89	7108.62	1520.61	1646.19	1182.24	755.29	3373.19	2874.54	937.21
江苏	Jiangsu	11977.55	4544.64	1166.91	1042.10	813.45	794.63	1357.96	1799.75	458.10
浙江	Zhejiang	15158.30	5522.56	1546.46	1333.69	713.31	933.11	2392.63	2195.58	520.95
安徽	Anhui	9524.04	3905.05	1010.61	988.12	579.59	633.93	920.77	1160.14	325.82
福建	Fujian	12501.12	5078.85	1105.31	1300.10	722.17	540.63	1777.06	1453.18	523.83
江西	Jiangxi	8717.37	3633.05	969.58	851.15	623.17	483.96	872.57	945.99	337.91
山东	Shandong	11006.61	3699.42	1394.11	1247.04	806.35	799.79	1410.45	1277.43	372.01
河南	Henan	8837.46	3079.82	1141.76	963.59	633.32	790.87	915.12	988.95	324.03
湖北	Hubei	9477.51	3996.27	1099.16	914.26	604.40	675.32	890.12	1037.24	260.74
湖南	Hunan	9945.52	3970.42	1090.72	960.82	674.84	790.95	971.05	1110.11	376.62
广东	Guangdong	15527.97	5866.91	975.06	1748.16	947.54	836.39	2623.08	1936.38	594.45
广西	Guangxi	9627.40	4082.99	772.28	891.33	603.84	529.36	1376.03	1081.54	290.04
海南	Hainan	9408.48	4226.90	491.84	1106.39	565.51	536.40	1303.50	930.87	247.08
重庆	Chongqing	11146.80	4418.34	1294.30	1096.82	842.09	878.25	1044.36	1267.03	305.60
四川	Sichuan	9679.14	4255.48	1042.45	819.28	590.51	564.93	1121.45	947.01	338.03
贵州	Guizhou	8349.21	3597.94	851.50	836.54	525.70	471.39	871.15	934.73	260.27
云南	Yunnan	9076.61	4272.29	1026.50	739.20	331.94	606.86	1216.46	732.95	150.42
西藏	Tibet	8323.54	4262.77	1011.82	634.94	310.22	317.08	966.74	419.59	400.38
陕西	Shaanxi	9772.07	3586.13	1047.61	1007.68	618.16	862.70	967.52	1281.58	400.68
甘肃	Gansu	8308.62	3183.79	1022.62	846.26	546.23	654.82	817.17	936.33	301.40
青海	Qinghai	8192.56	3315.94	945.14	802.73	538.54	610.02	787.63	880.86	311.72
宁夏	Ningxia	9558.29	3352.83	1178.88	1069.15	596.81	816.87	1096.32	1043.72	403.71
新疆	Xinjiang	8669.36	3235.77	1245.02	781.90	535.31	643.48	1003.89	812.36	411.63

2-39 城镇居民家庭平均每百户耐用消费品拥有量（2008年底）
Ownership of Major Durable Consumer Goods Per 100 Urban Households at Year-end (2008)

地 区	Region	摩托车（辆） Motorcycle (unit)	助力车（辆） Hand Car (unit)	家用汽车（辆） Automobile (unit)	洗衣机（台） Washing Machine (set)	电冰箱（台） Refrigerator (set)	彩色电视机（台） Color TV Set (set)	家用电脑（台） Computer (set)
全 国	**National Average**	**21.39**	**23.12**	**8.83**	**94.65**	**93.63**	**132.89**	**59.26**
北 京	Beijing	3.36	7.36	22.70	98.63	102.77	134.00	85.93
天 津	Tianjin	2.16	24.29	7.60	98.95	108.53	129.91	70.83
河 北	Hebei	29.23	36.60	9.07	97.05	96.26	117.77	55.27
山 西	Shanxi	22.09	23.01	8.40	98.87	85.56	110.53	47.21
内蒙古	Inner Mongolia	28.82	16.69	8.04	93.04	91.07	109.40	37.28
辽 宁	Liaoning	5.98	7.11	4.66	92.53	94.77	119.34	51.20
吉 林	Jilin	9.72	4.35	3.89	91.45	86.70	117.65	45.55
黑龙江	Heilongjiang	7.42	2.11	2.36	88.86	81.97	106.87	37.91
上 海	Shanghai	1.79	30.05	11.34	97.81	103.78	180.40	108.95
江 苏	Jiangsu	20.95	61.18	10.39	100.39	96.67	162.88	68.17
浙 江	Zhejiang	25.85	39.82	19.65	91.23	97.87	176.18	79.45
安 徽	Anhui	21.84	22.55	2.33	94.75	94.21	137.39	50.73
福 建	Fujian	49.32	25.54	8.08	98.32	101.75	169.48	80.92
江 西	Jiangxi	20.07	24.94	3.10	91.85	94.01	143.01	50.66
山 东	Shandong	34.75	46.57	12.91	93.01	99.11	119.54	63.97
河 南	Henan	17.94	38.91	4.15	94.75	87.02	120.31	46.64
湖 北	Hubei	17.63	9.47	3.54	96.01	97.35	126.31	51.89
湖 南	Hunan	16.58	12.16	4.10	93.57	92.05	124.34	43.12
广 东	Guangdong	47.21	11.49	19.60	94.85	94.39	143.07	83.23
广 西	Guangxi	47.68	33.02	8.49	94.83	95.14	132.80	67.62
海 南	Hainan	43.73	25.55	9.57	67.47	76.29	117.99	47.52
重 庆	Chongqing	8.67	1.98	4.41	96.40	99.96	141.56	58.21
四 川	Sichuan	7.19	11.04	6.08	94.61	90.86	129.38	49.14
贵 州	Guizhou	5.13	0.76	3.29	96.73	92.54	118.85	43.37
云 南	Yunnan	29.42	13.16	11.11	90.19	78.77	119.38	40.19
西 藏	Tibet	9.42	2.76	10.47	80.75	74.85	121.78	29.95
陕 西	Shaanxi	13.03	13.02	4.50	95.44	88.08	123.67	55.85
甘 肃	Gansu	6.12	6.05	2.15	94.94	82.48	107.39	35.18
青 海	Qinghai	3.19	0.23	2.78	94.97	84.99	103.02	35.31
宁 夏	Ningxia	18.05	13.06	2.57	90.85	82.50	104.14	38.56
新 疆	Xinjiang	14.95	6.14	4.62	91.63	87.53	104.49	41.32

2-39 续表 1 continued

地 区	Region	组合音响（套）Hi-Fi Stereo Component System (set)	摄像机（架）Video Camera (set)	照相机（架）Camera (set)	钢 琴（架）Piano (set)	其他中高档乐器（件）Other Medium and High Grade Musical Instrument (unit)	微波炉（台）Microwave Oven (unit)	空调器（台）Air Conditioner (unit)
全 国	**National Average**	**27.43**	**7.12**	**39.11**	**2.29**	**4.33**	**54.57**	**100.28**
北 京	Beijing	27.35	18.84	81.63	3.64	5.63	85.60	152.48
天 津	Tianjin	29.11	10.94	57.97	1.48	1.73	84.86	124.91
河 北	Hebei	22.07	5.31	36.79	2.03	5.12	47.17	82.41
山 西	Shanxi	17.79	4.60	26.24	2.04	2.18	30.50	33.33
内蒙古	Inner Mongolia	18.37	4.36	31.50	1.90	4.96	33.88	7.72
辽 宁	Liaoning	25.87	10.63	44.26	3.09	4.68	56.00	26.85
吉 林	Jilin	11.53	6.34	27.03	1.02	4.13	42.24	6.16
黑龙江	Heilongjiang	11.95	5.45	21.99	1.28	2.28	30.75	7.55
上 海	Shanghai	48.56	15.42	85.97	5.77	6.47	96.02	190.95
江 苏	Jiangsu	26.91	6.91	43.95	2.47	4.34	86.21	155.20
浙 江	Zhejiang	33.40	8.55	45.80	2.70	4.59	66.35	170.73
安 徽	Anhui	21.31	3.20	26.47	0.97	3.82	50.37	108.00
福 建	Fujian	30.69	7.68	40.36	3.32	4.02	75.77	164.34
江 西	Jiangxi	28.13	4.11	31.45	1.03	5.81	53.06	96.46
山 东	Shandong	22.95	9.04	50.04	3.38	6.80	47.89	89.73
河 南	Henan	16.28	5.41	28.13	1.72	3.74	34.63	102.96
湖 北	Hubei	28.04	4.98	29.42	1.49	4.56	50.77	106.00
湖 南	Hunan	23.65	2.41	22.31	1.94	2.01	36.83	96.95
广 东	Guangdong	51.05	11.01	54.44	3.36	4.34	64.04	187.52
广 西	Guangxi	39.64	5.02	39.31	1.80	6.24	62.91	100.62
海 南	Hainan	26.61	4.88	20.78	2.05	1.20	29.85	65.26
重 庆	Chongqing	32.67	7.54	33.14	1.85	2.62	66.12	155.12
四 川	Sichuan	25.96	4.69	27.46	1.87	3.21	47.67	86.52
贵 州	Guizhou	35.41	4.99	25.25	1.84	3.89	43.77	16.25
云 南	Yunnan	37.41	4.42	33.05	1.91	3.28	45.99	1.26
西 藏	Tibet	37.26	5.07	33.00	1.12	0.63	22.43	5.84
陕 西	Shaanxi	24.92	6.54	41.69	1.33	6.54	49.67	99.90
甘 肃	Gansu	18.48	2.39	21.90	1.14	2.18	31.34	6.03
青 海	Qinghai	11.59	2.79	22.71	1.12	3.98	40.64	1.81
宁 夏	Ningxia	19.19	4.17	19.01	0.76	4.76	38.08	8.43
新 疆	Xinjiang	14.61	4.50	25.31	1.95	4.82	32.40	11.18

2-39 续表 2 continued

地 区	Region	淋浴热水器 (台) Water Heater for Shower (unit)	消毒碗柜 (台) Disinfection Cupboard (unit)	洗碗机 (台) Dishwasher (unit)	健身器材 (套) Health Equipment (set)	固定电话 (部) Telephone (unit)	移动电话 (部) Mobile Telephone (unit)
全 国	**National Average**	**80.65**	**18.01**	**0.77**	**3.95**	**82.01**	**172.02**
北 京	Beijing	95.39	6.96	0.95	5.97	99.86	191.35
天 津	Tianjin	90.23	1.79	0.12	2.53	84.61	175.77
河 北	Hebei	74.65	3.11	0.68	4.01	75.91	160.95
山 西	Shanxi	51.48	1.84	0.19	1.63	85.58	136.39
内蒙古	Inner Mongolia	46.16	2.52	0.24	2.59	62.49	161.98
辽 宁	Liaoning	66.55	7.18	0.96	4.13	85.05	155.18
吉 林	Jilin	44.72	6.55	0.42	2.86	68.87	184.97
黑龙江	Heilongjiang	31.98	3.55	0.77	1.55	72.98	149.29
上 海	Shanghai	95.32	14.53	0.20	7.46	99.30	218.61
江 苏	Jiangsu	92.51	8.31	0.76	5.00	113.16	166.43
浙 江	Zhejiang	96.68	23.67	1.00	5.40	90.07	188.95
安 徽	Anhui	81.94	6.25	0.86	2.49	86.27	152.30
福 建	Fujian	106.99	44.08	0.93	5.46	93.23	204.00
江 西	Jiangxi	90.56	13.38	0.57	3.27	73.29	166.17
山 东	Shandong	85.02	6.77	0.84	6.33	76.08	181.42
河 南	Henan	59.05	6.85	0.27	2.74	68.38	156.15
湖 北	Hubei	80.06	10.44	0.80	3.23	70.62	154.78
湖 南	Hunan	79.40	22.05	0.18	3.22	75.81	154.49
广 东	Guangdong	109.69	80.52	2.01	4.80	92.35	210.35
广 西	Guangxi	100.21	65.53	1.19	4.57	76.67	196.81
海 南	Hainan	82.90	56.16	1.28	2.16	91.11	165.36
重 庆	Chongqing	99.70	17.84	0.76	4.15	87.71	176.74
四 川	Sichuan	85.56	12.76	0.79	3.13	77.24	161.18
贵 州	Guizhou	69.36	30.42	1.15	2.86	70.87	163.27
云 南	Yunnan	84.95	13.43	0.43	3.13	60.13	177.16
西 藏	Tibet	18.37	4.13	0.36	1.08	76.90	148.03
陕 西	Shaanxi	76.40	8.39	0.14	3.52	67.66	183.29
甘 肃	Gansu	57.38	1.62	0.16	1.62	59.30	146.04
青 海	Qinghai	41.90	2.18	0.51	1.44	80.46	142.92
宁 夏	Ningxia	67.33	2.07	0.37	2.67	64.01	163.47
新 疆	Xinjiang	69.98	4.01	0.28	2.88	82.19	144.40

2-40 按来源分农村居民家庭人均纯收入（2008年）

Per Capita Annual Net Income of Rural Households by Sources (2008)

单位：元 (yuan)

地 区	Region	纯 收 入 Net Income	工资性收入 Income from Wages and Salaries	家庭经营纯收入 Income from Household Operations	财产性收入 Income from Properties	转移性收入 Income from Transfers
全 国	**National Average**	**4760.62**	**1853.73**	**2435.56**	**148.08**	**323.24**
北 京	Beijing	10661.92	6389.31	2058.57	1142.80	1071.25
天 津	Tianjin	7910.78	4064.95	3097.14	463.39	285.30
河 北	Hebei	4795.46	1979.52	2416.22	118.63	281.09
山 西	Shanxi	4097.24	1713.55	1986.38	153.05	244.26
内蒙古	Inner Mongolia	4656.18	806.48	3218.01	114.90	516.79
辽 宁	Liaoning	5576.48	2035.53	2931.26	201.29	408.40
吉 林	Jilin	4932.74	810.17	3344.72	183.20	594.66
黑龙江	Heilongjiang	4855.59	916.76	3163.70	243.57	531.57
上 海	Shanghai	11440.26	8108.32	711.26	849.83	1770.85
江 苏	Jiangsu	7356.47	3895.50	2812.00	253.47	395.50
浙 江	Zhejiang	9257.93	4587.44	3762.93	437.52	470.04
安 徽	Anhui	4202.49	1737.84	2114.24	119.04	231.37
福 建	Fujian	6196.07	2421.46	3146.09	179.03	449.49
江 西	Jiangxi	4697.19	1842.36	2552.59	66.55	235.69
山 东	Shandong	5641.43	2263.46	2962.96	163.93	251.07
河 南	Henan	4454.24	1499.93	2699.30	53.00	202.02
湖 北	Hubei	4656.38	1742.33	2690.83	40.82	182.40
湖 南	Hunan	4512.46	1990.52	2196.61	57.06	268.26
广 东	Guangdong	6399.79	3684.47	2001.50	339.47	374.35
广 西	Guangxi	3690.34	1283.39	2190.62	41.76	174.58
海 南	Hainan	4389.97	808.63	3235.09	53.58	292.68
重 庆	Chongqing	4126.21	1764.64	2016.64	50.90	294.03
四 川	Sichuan	4121.21	1620.40	2061.70	71.37	367.74
贵 州	Guizhou	2796.93	1002.68	1512.47	63.92	217.86
云 南	Yunnan	3102.60	617.47	2156.80	109.83	218.50
西 藏	Tibet	3175.82	759.72	1845.04	185.46	385.60
陕 西	Shaanxi	3136.46	1243.57	1475.01	86.01	331.87
甘 肃	Gansu	2723.79	867.98	1543.24	19.49	293.08
青 海	Qinghai	3061.24	983.16	1602.74	148.55	326.80
宁 夏	Ningxia	3681.42	1260.04	2032.01	65.73	323.64
新 疆	Xinjiang	3502.90	422.82	2779.71	121.15	179.23

2-41 农村居民家庭平均每人生活消费支出（2008年）

Per Capita Consumption Expenditure of Rural Households (2008)

单位：元 (yuan)

地区	Region	生活消费支出合计 Consumption Expenditure	食品 Food	衣着 Clothing	居住 Residence	家庭设备及服务 Household Appliances and Services	交通和通讯 Transport, and Communi-cations	文教、娱乐用品及服务 Education, Cultural and Recreation and Services	医疗保健 Health Care and Medical Services	其他商品及服务 Other Goods and Services
全国	**National Average**	**3660.68**	**1598.75**	**211.80**	**678.80**	**173.98**	**360.18**	**314.53**	**245.97**	**76.67**
北京	Beijing	7284.65	2470.72	577.81	1162.96	402.56	950.53	883.35	709.44	127.29
天津	Tianjin	3825.43	1568.95	292.52	699.21	153.61	402.87	324.47	301.06	82.75
河北	Hebei	3125.55	1192.93	203.74	696.14	151.94	346.73	250.07	219.32	64.68
山西	Shanxi	3097.54	1206.69	276.23	486.75	138.26	328.74	380.70	210.32	69.85
内蒙古	Inner Mongolia	3618.11	1483.61	239.96	569.60	128.80	406.74	399.35	320.62	69.43
辽宁	Liaoning	3814.03	1549.00	298.82	601.71	158.91	426.47	387.97	283.37	107.78
吉林	Jilin	3443.24	1362.44	254.05	530.69	124.80	355.58	341.70	380.71	93.27
黑龙江	Heilongjiang	3844.73	1267.68	308.49	871.51	130.00	395.02	437.57	351.05	83.41
上海	Shanghai	9119.67	3731.27	467.33	1806.08	503.96	879.57	855.30	697.11	179.06
江苏	Jiangsu	5328.37	2202.58	276.39	860.35	250.11	614.23	713.23	290.93	120.56
浙江	Zhejiang	7534.09	2779.10	454.79	1659.88	364.05	851.06	747.00	532.06	146.14
安徽	Anhui	3284.11	1454.18	180.04	650.51	165.53	280.63	294.84	199.44	58.94
福建	Fujian	4661.94	2162.30	263.59	777.51	222.86	534.68	390.15	197.85	113.01
江西	Jiangxi	3309.21	1633.12	157.75	559.39	155.00	301.68	236.01	205.68	60.58
山东	Shandong	4077.05	1551.77	250.29	804.75	240.91	452.55	417.27	280.49	79.00
河南	Henan	3044.21	1165.81	209.75	712.61	169.61	290.79	214.38	215.00	66.27
湖北	Hubei	3652.57	1711.34	187.07	651.50	234.92	290.44	267.13	210.36	99.80
湖南	Hunan	3804.97	1947.52	169.06	629.75	171.11	286.01	278.67	244.17	78.67
广东	Guangdong	4872.46	2388.91	177.67	964.53	189.01	483.66	272.87	259.00	136.82
广西	Guangxi	2985.03	1594.67	91.19	535.45	124.01	261.85	172.73	154.32	50.81
海南	Hainan	2883.10	1537.55	89.89	391.04	104.07	261.57	288.49	123.82	86.67
重庆	Chongqing	2884.92	1537.59	160.34	328.97	167.74	238.43	211.83	197.15	42.87
四川	Sichuan	3127.94	1627.58	174.59	469.73	163.99	256.08	173.26	209.22	53.49
贵州	Guizhou	2165.70	1119.64	112.46	427.40	94.36	159.61	122.10	96.38	33.75
云南	Yunnan	2990.61	1483.16	119.63	626.12	118.97	248.25	168.55	181.97	43.97
西藏	Tibet	2199.59	1153.37	248.68	324.07	140.06	147.21	62.26	53.84	70.09
陕西	Shaanxi	2979.37	1115.66	175.50	598.59	155.07	270.63	351.99	251.23	60.70
甘肃	Gansu	2400.95	1132.53	134.66	387.83	95.58	234.69	219.91	164.72	31.05
青海	Qinghai	2896.62	1220.02	200.26	568.79	110.35	316.75	148.86	270.06	61.54
宁夏	Ningxia	3094.86	1288.47	217.17	582.47	123.91	299.29	192.57	318.77	72.20
新疆	Xinjiang	2691.79	1146.69	218.61	492.77	97.58	276.31	168.99	244.59	46.24

2-42 农村居民家庭平均每人生活消费现金支出（2008年）

Per Capita Cash Consumption Expenditure of Rural Households (2008)

单位：元 (yuan)

地 区	Region	生活消费支出合计 Consumption Expenditure	食 品 Food	衣 着 Clothing	居 住 Residence	家庭设备及服务 Household Appliances and Services	交通和通讯 Transport, and Communi-cations	文教、娱乐用品及服务 Education, Cultural and Recreation and Services	医疗保健 Health Care and Medical Services	其他商品及服务 Other Goods and Services
全 国	**National Average**	**3159.40**	**1135.17**	**211.05**	**642.25**	**173.57**	**360.18**	**314.53**	**245.97**	**76.67**
北 京	Beijing	7228.44	2420.86	577.81	1156.60	402.56	950.53	883.35	709.44	127.29
天 津	Tianjin	3746.06	1489.65	292.52	699.21	153.54	402.87	324.47	301.06	82.75
河 北	Hebei	2838.46	934.64	203.53	667.65	151.85	346.73	250.07	219.32	64.68
山 西	Shanxi	2840.58	956.50	276.12	480.18	138.16	328.74	380.70	210.32	69.85
内蒙古	Inner Mongolia	3057.30	957.29	239.64	535.52	128.72	406.74	399.35	320.62	69.43
辽 宁	Liaoning	3396.79	1168.51	298.82	565.00	158.87	426.47	387.97	283.37	107.78
吉 林	Jilin	3101.65	1091.96	254.05	460.30	124.08	355.58	341.70	380.71	93.27
黑龙江	Heilongjiang	3492.99	1097.87	308.49	689.58	130.00	395.02	437.57	351.05	83.41
上 海	Shanghai	8962.24	3574.65	467.33	1805.27	503.96	879.57	855.30	697.11	179.06
江 苏	Jiangsu	4855.25	1751.88	276.37	837.95	250.11	614.23	713.23	290.93	120.56
浙 江	Zhejiang	7294.69	2557.98	453.18	1643.26	364.01	851.06	747.00	532.06	146.14
安 徽	Anhui	2859.14	1043.95	179.79	636.21	165.33	280.63	294.84	199.44	58.94
福 建	Fujian	4089.18	1767.79	263.59	599.35	222.86	534.68	390.15	197.85	112.91
江 西	Jiangxi	2708.96	1048.89	157.73	543.41	154.97	301.68	236.01	205.68	60.58
山 东	Shandong	3760.73	1240.21	248.38	802.06	240.76	452.55	417.27	280.49	79.00
河 南	Henan	2677.52	844.31	209.65	667.66	169.48	290.79	214.38	215.00	66.27
湖 北	Hubei	2857.78	962.25	183.60	610.94	233.26	290.44	267.13	210.36	99.80
湖 南	Hunan	3088.85	1244.70	169.03	616.93	170.66	286.01	278.67	244.17	78.67
广 东	Guangdong	4298.47	1908.76	177.63	870.89	188.83	483.66	272.87	259.00	136.82
广 西	Guangxi	2300.01	968.94	91.18	476.16	124.01	261.85	172.73	154.32	50.81
海 南	Hainan	2323.39	1004.35	89.89	364.53	104.07	261.57	288.49	123.82	86.67
重 庆	Chongqing	2145.18	841.31	160.32	285.59	167.70	238.43	211.83	197.15	42.87
四 川	Sichuan	2418.69	946.30	174.57	442.93	162.84	256.08	173.26	209.22	53.48
贵 州	Guizhou	1585.40	550.09	112.46	416.67	94.33	159.61	122.10	96.38	33.75
云 南	Yunnan	2209.17	734.74	119.63	593.17	118.88	248.25	168.55	181.97	43.97
西 藏	Tibet	1629.26	615.48	226.61	315.38	138.39	147.21	62.26	53.84	70.08
陕 西	Shaanxi	2712.09	854.09	175.49	592.89	155.07	270.63	351.99	251.23	60.70
甘 肃	Gansu	1816.27	555.10	134.57	380.77	95.47	234.69	219.91	164.72	31.05
青 海	Qinghai	2208.06	571.22	197.19	536.89	105.54	316.75	148.86	270.06	61.54
宁 夏	Ningxia	2559.67	768.44	217.17	567.30	123.91	299.29	192.57	318.77	72.20
新 疆	Xinjiang	2224.26	708.74	215.06	470.23	94.10	276.31	168.99	244.59	46.24

2-43 农村居民家庭平均每百户主要耐用消费品拥有量（2008年底）

Ownership of Durable Consumer Goods Per 100 Rural Households at Year-end (2008)

地 区	Region	洗衣机 (台) Washing Machine (unit)	电冰箱 (台) Refrigerator (unit)	空调机 (台) Air Conditioner (unit)	抽油烟机 (台) Exhaust Fan (unit)	自行车 (辆) Bicycle (unit)	摩托车 (辆) Motorcycle (unit)
全 国	**National Average**	**49.11**	**30.19**	**9.82**	**8.51**	**97.58**	**52.45**
北 京	Beijing	99.07	103.60	77.20	53.60	185.07	33.20
天 津	Tianjin	98.50	84.17	49.50	23.00	187.83	51.17
河 北	Hebei	82.43	37.83	6.98	5.67	184.83	62.79
山 西	Shanxi	77.14	23.05	3.43	4.67	113.24	57.05
内蒙古	Inner Mongolia	52.33	29.32	0.63	2.23	60.63	63.35
辽 宁	Liaoning	72.28	44.44	0.79	8.36	102.54	56.46
吉 林	Jilin	72.44	29.06	0.69	2.19	68.56	59.81
黑龙江	Heilongjiang	75.58	35.18	0.58	6.25	73.97	45.49
上 海	Shanghai	93.33	100.50	128.67	70.83	174.17	54.83
江 苏	Jiangsu	85.47	48.47	35.29	19.74	159.56	62.97
浙 江	Zhejiang	60.81	83.37	67.00	49.48	126.48	57.00
安 徽	Anhui	45.23	40.71	13.77	4.32	107.23	49.55
福 建	Fujian	57.47	57.03	23.52	16.48	55.38	87.53
江 西	Jiangxi	9.84	22.04	4.12	2.86	82.57	50.65
山 东	Shandong	64.93	46.67	7.64	10.21	172.76	69.64
河 南	Henan	73.40	27.07	11.36	1.50	136.12	48.76
湖 北	Hubei	37.12	30.52	9.91	6.10	72.45	55.52
湖 南	Hunan	34.19	25.89	6.14	2.24	49.27	38.14
广 东	Guangdong	37.07	34.88	27.77	21.56	106.60	97.81
广 西	Guangxi	9.98	16.00	1.60	1.30	87.53	66.86
海 南	Hainan	6.67	8.61	0.83	0.83	39.03	85.97
重 庆	Chongqing	36.22	32.67	6.67	0.94	13.83	19.50
四 川	Sichuan	56.03	29.20	4.18	1.53	42.18	33.90
贵 州	Guizhou	41.79	14.91	0.98	1.38	7.68	22.99
云 南	Yunnan	33.71	9.75	0.17	1.67	27.67	33.29
西 藏	Tibet	8.13	11.67			36.25	33.54
陕 西	Shaanxi	63.92	15.27	2.93	1.49	113.96	46.13
甘 肃	Gansu	52.11	10.94	0.22	1.28	99.56	51.33
青 海	Qinghai	63.17	32.00	0.33	1.33	37.50	71.50
宁 夏	Ningxia	63.17	18.67	0.33	2.17	123.67	78.33
新 疆	Xinjiang	38.00	30.32	0.32	1.61	80.45	50.77

2-43 续表 continued

地 区	Region	电话机 (部) Telephone (unit)	移动电话 (部) Mobile Telephone (unit)	黑白电视机 (台) Black and White TV Set (unit)	彩色电视机 (台) Color TV Set (unit)	照相机 (台) Camera (unit)	家用计算机 (台) Computer (set)
全 国	**National Average**	**67.01**	**96.13**	**9.88**	**99.22**	**4.43**	**5.36**
北 京	Beijing	115.60	194.93	0.67	134.53	32.00	45.60
天 津	Tianjin	88.67	118.67	0.83	122.83	10.67	11.00
河 北	Hebei	72.31	71.69	7.29	114.29	3.79	4.07
山 西	Shanxi	77.19	78.81	9.00	104.10	4.48	3.52
内蒙古	Inner Mongolia	41.21	96.26	7.72	94.81	2.43	0.97
辽 宁	Liaoning	91.14	91.06	2.65	109.79	7.09	4.02
吉 林	Jilin	67.69	125.69	3.25	106.25	2.75	2.44
黑龙江	Heilongjiang	63.88	112.50	2.86	106.16	2.37	4.51
上 海	Shanghai	98.83	156.17	13.33	185.50	21.00	46.83
江 苏	Jiangsu	93.21	131.41	14.41	129.09	10.12	6.65
浙 江	Zhejiang	93.30	164.33	8.89	154.78	10.56	25.67
安 徽	Anhui	80.35	101.26	13.68	102.81	3.29	3.26
福 建	Fujian	84.67	165.99	3.41	119.01	5.33	13.90
江 西	Jiangxi	59.88	106.98	17.10	95.76	1.71	1.90
山 东	Shandong	76.95	121.24	8.02	106.62	8.07	5.00
河 南	Henan	43.90	114.14	9.10	100.05	2.17	2.69
湖 北	Hubei	59.33	117.88	10.76	102.24	2.06	3.00
湖 南	Hunan	61.84	88.51	19.03	89.59	1.59	1.78
广 东	Guangdong	85.16	162.81	2.30	114.18	7.97	14.26
广 西	Guangxi	62.12	101.34	15.93	95.28	2.60	1.39
海 南	Hainan	50.14	94.44	1.53	90.00	0.28	1.53
重 庆	Chongqing	60.11	98.28	10.67	94.33	1.89	1.11
四 川	Sichuan	62.70	103.48	14.80	96.73	2.63	2.15
贵 州	Guizhou	43.48	65.13	4.11	83.48	0.63	1.07
云 南	Yunnan	29.88	91.17	6.83	88.96	1.96	0.83
西 藏	Tibet	32.29	24.17	1.67	60.21	1.67	
陕 西	Shaanxi	62.88	122.34	12.79	100.23	1.85	2.48
甘 肃	Gansu	67.11	70.78	9.83	99.89	2.50	1.94
青 海	Qinghai	67.00	98.50	7.50	94.00	1.67	1.00
宁 夏	Ningxia	68.17	121.00	13.83	115.17	2.67	0.83
新 疆	Xinjiang	40.19	54.00	21.68	77.03	2.71	1.10

2-44 城市建设情况（2008年）

Statistics on City Construction (2008)

地 区	Region	城区面积 (平方公里) Urban Area (sq.km)	建成区面积 (平方公里) Area of Built Districts (sq.km)	城市建设用地面积 (平方公里) Area of Land Used for Urban Construction (sq.km)	征用土地面积 (平方公里) Land Put in Requisition for State Construction Projects (sq.km)	城市人口密度 (人/平方公里) Population Density of Urban Area (persons/sq.km)
全 国	**National Total**	**178110.3**	**36295.3**	**39140.5**	**1344.6**	**2080**
北 京	Beijing	12187.0	1310.9	1310.9		1181
天 津	Tianjin	2236.1	640.9	640.9	70.3	2858
河 北	Hebei	6230.6	1528.3	1432.9	27.9	2375
山 西	Shanxi	3250.0	784.1	751.8	16.3	2918
内蒙古	Inner Mongolia	11801.5	885.4	861.9	43.7	649
辽 宁	Liaoning	10775.3	1955.5	2041.1	226.7	1916
吉 林	Jilin	7233.7	1135.4	1065.4	67.6	1368
黑龙江	Heilongjiang	2990.3	1524.2	1623.4	37.1	4486
上 海	Shanghai	6340.5		2429.1		2978
江 苏	Jiangsu	12250.8	2904.3	2991.7	107.1	1905
浙 江	Zhejiang	10011.1	1939.1	2025.1	102.1	1757
安 徽	Anhui	5630.3	1310.9	1376.1	84.5	2043
福 建	Fujian	4406.9	877.4	822.2	11.4	2055
江 西	Jiangxi	1602.9	819.1	848.3	17.9	4680
山 东	Shandong	18690.4	3261.0	3191.5	93.9	1413
河 南	Henan	3331.9	1857.2	1760.3	32.0	5967
湖 北	Hubei	9010.5	1564.6	1618.3	21.2	1823
湖 南	Hunan	3370.1	1195.3	1224.6	30.9	3380
广 东	Guangdong	18485.8	4132.6	3943.1	37.8	2370
广 西	Guangxi	5719.3	840.6	1006.1	40.5	1461
海 南	Hainan	826.0	204.8	354.0	0.1	2731
重 庆	Chongqing	5590.6	708.4	694.1	56.0	1574
四 川	Sichuan	5480.8	1391.7	1382.2	64.5	2677
贵 州	Guizhou	1655.9	407.4	474.4	2.2	3172
云 南	Yunnan	1819.5	623.8	726.1	95.5	3386
西 藏	Tibet	295.0	79.0	79.0		1557
陕 西	Shaanxi	1379.2	659.7	739.6	27.5	5488
甘 肃	Gansu	1392.0	581.3	534.9	13.6	3802
青 海	Qinghai	512.3	110.7	109.0	0.1	2051
宁 夏	Ningxia	2421.1	310.9	299.5	9.6	883
新 疆	Xinjiang	1183.2	751.0	783.4	6.7	4987

2-45 城市供水情况（2008年）

Basic Statistics on Tap Water Supply in Cities (2008)

地 区	Region	年末供水综合生产能力（万立方米/日） Production Capacity of Tap Water Supply (year-end) (10 000 cu.m/day)	年末供水管道长度（公里） Length of Water Supply Pipelines (year-end) (km)	全年供水总量（万立方米） Total Annual Volume of Water Supply (10 000 cu.m)	#生活用水 For Residential Use	#生产用水 For Productive Use	用水人口（万人） Number of Residents with Access to Tap Water (10 000 persons)	人均日生活用水量（升） Per Capita Daily Consumption of Tap Water for Residential Use (liter)
全 国	**National Total**	**26604.1**	**480084**	**5000762**	**2282030**	**1776630**	**35086.7**	**178.2**
北 京	Beijing	1591.4	23828	142509	98341	26228	1439.1	187.2
天 津	Tianjin	365.4	8248	68516	30146	28715	639.0	129.3
河 北	Hebei	833.9	13012	147614	67527	60154	1479.2	125.1
山 西	Shanxi	444.0	6569	81407	39029	32140	884.4	120.9
内蒙古	Inner Mongolia	669.3	7884	49901	19651	19484	628.6	85.7
辽 宁	Liaoning	1383.5	26850	294792	91889	121806	2000.6	125.8
吉 林	Jilin	723.0	8393	102031	40989	35092	877.3	128.0
黑龙江	Heilongjiang	794.2	10711	169454	58624	84049	1130.1	142.1
上 海	Shanghai	1407.6	29148	349481	139199	113960	1888.5	202.0
江 苏	Jiangsu	2356.9	55737	431891	174444	183208	2331.5	205.0
浙 江	Zhejiang	1369.6	34517	267864	124350	97946	1754.1	194.2
安 徽	Anhui	1728.7	11062	195543	69731	101119	1094.1	174.6
福 建	Fujian	672.7	10551	129343	70777	41914	882.9	219.6
江 西	Jiangxi	435.2	7964	96263	53305	21938	723.9	201.8
山 东	Shandong	1435.4	32970	267172	122479	113687	2624.3	127.9
河 南	Henan	1013.9	15028	168294	71954	63964	1701.2	115.9
湖 北	Hubei	1326.5	20323	258907	133985	68851	1607.6	228.3
湖 南	Hunan	1025.3	12300	193448	92209	57439	1077.2	234.5
广 东	Guangdong	3176.8	73871	810973	378729	268731	4117.0	252.0
广 西	Guangxi	594.9	11134	139867	67991	55383	776.2	240.0
海 南	Hainan	182.2	2750	29741	17456	2471	189.2	252.7
重 庆	Chongqing	418.2	8288	73473	42977	21110	820.1	143.6
四 川	Sichuan	755.1	17597	160545	93084	39903	1292.7	197.3
贵 州	Guizhou	250.3	4902	48172	25650	11568	465.8	150.9
云 南	Yunnan	298.9	7712	57971	31254	9761	586.6	146.0
西 藏	Tibet	19.3	647	7419	3681	1570	39.8	253.6
陕 西	Shaanxi	375.2	5079	79480	44233	23631	731.6	165.7
甘 肃	Gansu	398.4	3990	65033	26487	31236	465.0	156.1
青 海	Qinghai	78.6	1294	17068	7000	7016	105.1	182.5
宁 夏	Ningxia	139.4	2027	26110	10889	11950	186.4	160.0
新 疆	Xinjiang	340.2	5696	70481	33971	20608	547.7	169.9

2-46 城市燃气情况（2008年）

Basic Statistics on Supply of Gas in Cities (2008)

地　区	Region	人工煤气生产能力（万立方米/日）Production Capacity of Gaswork Gas (10 000 cu.m/day)	管道长度（公里）Length of Gas Pipelines (km)			全年供气总量 Volume of Gas Supply			用气人口（万人）Population with Access to Gas (10 000 persons)		
			人工煤气 Coal Gas	液化石油气 Liquefied Petroleum Gas	天然气 Natural Gas	人工煤气（万立方米）Coal Gas (10 000 cu.m)	液化石油气（吨）Liquefied Petroleum Gas (ton)	天然气（万立方米）Natural Gas (10 000 cu.m)	人工煤气 Coal Gas	液化石油气 Liquefied Petroleum Gas	天然气 Natural Gas
全　国	**National Total**	**11026.7**	**45172**	**28590**	**184084**	**3558287**	**13291072**	**3680393**	**3369.6**	**17632.1**	**12167.1**
北　京	Beijing			245	10550		324549	601381		371.0	1068.1
天　津	Tianjin				9827		87404	138630		50.5	588.5
河　北	Hebei	110.1	2664	95	5400	85954	254206	59887	200.9	667.3	568.8
山　西	Shanxi	424.5	4816	190	1991	88168	53822	89590	309.3	188.1	286.2
内蒙古	Inner Mongolia	179.0	461	54	1505	3602	72279	38134	65.7	337.4	165.9
辽　宁	Liaoning	293.9	5033	589	6364	61958	396282	57736	503.3	693.7	710.5
吉　林	Jilin	92.4	2358	97	2607	17348	208064	30249	161.9	488.9	188.8
黑龙江	Heilongjiang	76.4	1780	20	3746	42367	198672	27608	238.4	538.3	289.0
上　海	Shanghai	967.4	7086	468	12877	199141	489201	298601	446.4	701.4	740.6
江　苏	Jiangsu	4293.0	2569	1969	19178	1554953	931734	299726	123.2	1328.2	841.7
浙　江	Zhejiang	5.5	829	3082	8761	2186	937042	65640	39.1	1327.5	352.7
安　徽	Anhui	7.0	213	339	6392	2268	680514	68481	17.1	554.7	435.9
福　建	Fujian	8.0	231	2440	1287	2474	385945	2274	13.7	832.9	34.2
江　西	Jiangxi	126.1	2118	394	1855	39968	185460	4103	133.5	453.5	89.5
山　东	Shandong	329.0	3555	1280	15327	48322	758261	257433	209.9	1404.4	986.7
河　南	Henan	174.6	1671	32	9759	112111	250556	101008	174.0	570.0	586.5
湖　北	Hubei	58.0	641	591	8408	12281	356448	94429	50.4	945.5	497.0
湖　南	Hunan	297.2	481	167	4827	103516	279320	77079	35.3	688.2	236.2
广　东	Guangdong	216.1	2020	15968	6559	26068	4478851	82976	139.2	3394.3	582.0
广　西	Guangxi	16.6	595	29	2477	4965	306091	4693	45.7	598.1	58.6
海　南	Hainan			18	1025		67883	14947		108.8	55.5
重　庆	Chongqing				10853		69252	187936		103.5	696.2
四　川	Sichuan	511.0	479	74	18064	158993	184229	594963	37.6	133.1	1019.2
贵　州	Guizhou	191.8	2694	97	85	26613	58121	1378	156.2	191.3	8.8
云　南	Yunnan	77.2	1986	224	149	21737	130602	743	227.1	235.5	6.3
西　藏	Tibet						813348			34.4	
陕　西	Shaanxi			53	5751		113582	123518		259.3	418.6
甘　肃	Gansu	15.9	580		648	9429	97642	53394	23.3	165.9	156.5
青　海	Qinghai				764		8743	118383		19.6	80.0
宁　夏	Ningxia		180		1843	924	15868	98881	12.6	80.4	68.7
新　疆	Xinjiang	2556.0	132	74	5207	932940	97102	86592	6.0	166.8	350.1

2-47 城市集中供热情况（2008年）

Basic Statistics on Heating in Cities (2008)

地区	Region	供应能力 Heating Capacity 蒸汽（吨/小时）Steam (ton/hour)	热水（兆瓦）Hot Water (Mega Watts)	供热总量 Quantity of Heat Supplied 蒸汽（万吉焦）Steam (10 000 gigajoules)	热水（万吉焦）Hot Water (10 000 gigajoules)	管道长度 Length of Heating Pipelines 蒸汽（公里）Steam (km)	热水（公里）Hot Water (km)	供热面积（万平方米）Area of Centralized Heating (10 000 sq.m)
全国	**National Total**	**94454**	**305695**	**69082**	**187467**	**16045**	**104551**	**348947.5**
北京	Beijing	200	31772	321	30375		11948	42501.0
天津	Tianjin	3469	16011	1846	8436	530	11093	19245.4
河北	Hebei	10594	17787	7847	11421	1283	6973	26735.9
山西	Shanxi	2190	12677	1617	5595	501	3303	22186.4
内蒙古	Inner Mongolia	998	19210	174	13831	29	4786	18447.9
辽宁	Liaoning	11612	46395	6253	31218	2228	17057	60989.8
吉林	Jilin	3288	23238	1175	14887	453	6748	23568.5
黑龙江	Heilongjiang	4248	27499	1941	30092	398	10691	31481.9
上海	Shanghai							
江苏	Jiangsu	6823	45033	6524	73	1272	12	10448.1
浙江	Zhejiang	4801	233	5288		788	70	3731.0
安徽	Anhui	3346	165	2045	39	340	12	1993.5
福建	Fujian							
江西	Jiangxi							
山东	Shandong	28106	21088	21112	12376	5944	19855	41472.3
河南	Henan	4982	3664	2939	2146	1068	2110	8625.1
湖北	Hubei	1404	78	736	16	123	10	857.0
湖南	Hunan							
广东	Guangdong							
广西	Guangxi							
海南	Hainan							
重庆	Chongqing							
四川	Sichuan	60		86		42		14.0
贵州	Guizhou							
云南	Yunnan							
西藏	Tibet							
陕西	Shaanxi	2196	11971	1625	1155	464	371	6546.9
甘肃	Gansu	4504	8969	6146	5632	425	2833	8882.8
青海	Qinghai		193		314		77	135.1
宁夏	Ningxia	425	5160	438	5291	28	1712	5241.7
新疆	Xinjiang	1208	14552	969	14570	129	4890	15843.2

2-48 城市市政设施（2008年）

Basic Statistics on Municipal Infrastructure in Cities (2008)

地 区	Region	年末实有道路长度（公里）Length of Paved Roads (year-end) (km)	年末实有道路面积（万平方米）Area of Paved Roads (year-end) (10 000 sq.m)	城市桥梁（座）Number of City Bridges (unit)	城市排水管道长度（公里）Length of City Sewage Pipes (km)	城市污水日处理能力（万立方米）Daily Disposal Capacity of City Sewage (10 000 cu.m)	城市道路照明灯（千盏）Number of Street Lights (unit)
全 国	**National Total**	**259740**	**452433**	**49840**	**315220**	**11172.5**	**15104**
北 京	Beijing	6186	8941	1738	8881	370.4	293
天 津	Tianjin	6012	9196	428	13452	212.5	162
河 北	Hebei	9941	21436	1372	12553	424.1	525
山 西	Shanxi	5446	9045	434	4536	175.9	336
内蒙古	Inner Mongolia	5175	9776	291	6269	119.2	479
辽 宁	Liaoning	12111	20546	1406	12192	499.1	1271
吉 林	Jilin	6592	10279	568	6220	161.9	349
黑龙江	Heilongjiang	9728	12453	730	6629	275.7	516
上 海	Shanghai	4347	8744	1879	8301	606.3	372
江 苏	Jiangsu	28761	47330	12325	38062	1432.2	1660
浙 江	Zhejiang	14135	26736	7373	23525	595.7	910
安 徽	Anhui	9271	16276	1012	9836	438.8	413
福 建	Fujian	6011	10919	1147	7962	403.9	382
江 西	Jiangxi	4752	8296	523	5894	162.3	371
山 东	Shandong	28700	51755	4071	36295	779.8	1128
河 南	Henan	8704	19689	982	13248	423.5	597
湖 北	Hubei	13699	21395	1590	14072	514.6	425
湖 南	Hunan	7412	13684	535	7937	396.3	385
广 东	Guangdong	31577	51049	5991	32197	1173.8	1488
广 西	Guangxi	5633	9885	559	5119	714.4	420
海 南	Hainan	1362	2718	140	2224	43.5	118
重 庆	Chongqing	4589	8353	878	5815	182.0	240
四 川	Sichuan	8479	15821	1472	12499	324.6	612
贵 州	Guizhou	2165	3268	351	3119	60.5	182
云 南	Yunnan	4465	7448	570	4113	123.8	243
西 藏	Tibet	318	618	29	323		23
陕 西	Shaanxi	4349	9588	545	4530	157.1	478
甘 肃	Gansu	3102	5490	333	2870	152.0	154
青 海	Qinghai	650	1173	63	868	17.8	65
宁 夏	Ningxia	1380	3167	147	1973	70.0	173
新 疆	Xinjiang	4687	7359	358	3706	160.8	336

2-49 城市公共交通情况（2008年）

Basic Statistics on Public Transportation in Cities (2008)

地 区	Region	年末公共交通运营数（辆）Number of Public Vehicles under Operation at Year-end (unit)	公共汽、电车 Bus and Trolley Bus	轨道交通 Subways, Light Rail, Streetcar	运营线路网长度（公里）Network Length (1 000 m)	公共汽、电车 Bus and Trolley Bus	轨道交通 Subways, Light Rail, Streetcar	公共交通客运总量（万人次）Number of Passengers Carried of Bus, Trolley Bus (10 000 person-times)	公共汽、电车 Bus and Trolley Bus	轨道交通 Subways, Light Rail, Streetcar	出租汽车（辆）Number of Taxi (unit)
全 国	**National Total**	**371822**	**367292**	**4530**	**147349**	**146514**	**835**	**7029996**	**6692606**	**337390**	**968811**
北 京	Beijing	23221	21507	1714	200		200	592523	470863	121660	66646
天 津	Tianjin	8142	7886	256	79		79	117009	112137	4872	31939
河 北	Hebei	14331	14331		6260	6260		156368	156368		47822
山 西	Shanxi	6231	6231		3828	3828		89438	89438		28475
内蒙古	Inner Mongolia	5343	5343		2791	2791		62004	62004		36517
辽 宁	Liaoning	19580	19490	90	6439	6352	87	378123	371659	6464	80376
吉 林	Jilin	9846	9713	133	4228	4196	32	422710	420035	2675	55365
黑龙江	Heilongjiang	12746	12746		5148	5148		193391	193391		56464
上 海	Shanghai	18004	16573	1431	7007	6754	253	379137	266339	112798	48059
江 苏	Jiangsu	25489	25369	120	14679	14657	22	362976	352597	10379	44708
浙 江	Zhejiang	21836	21836		8947	8947		292044	292044		33208
安 徽	Anhui	10240	10240		4022	4022		164226	164226		35382
福 建	Fujian	9084	9084		3607	3607		196154	196154		15905
江 西	Jiangxi	6605	6605		2701	2701		115598	115598		10562
山 东	Shandong	30286	30286		18845	18845		339599	339599		56325
河 南	Henan	15661	15661		5647	5647		192288	192288		46610
湖 北	Hubei	17914	17866	48	6507	6497	10	258460	257354	1106	27618
湖 南	Hunan	11567	11567		5095	5095		195527	195527		22731
广 东	Guangdong	38226	37548	678	17677	17542	135	922699	849251	73448	55825
广 西	Guangxi	6274	6274		3058	3058		115894	115894		13993
海 南	Hainan	1549	1549		580	580		222928	222928		3843
重 庆	Chongqing	8727	8667	60	3050	3033	17	159194	155206	3988	12454
四 川	Sichuan	14184	14184		5090	5090		425191	425191		28116
贵 州	Guizhou	4690	4690		1135	1135		98506	98506		8457
云 南	Yunnan	6717	6717		2588	2588		106495	106495		15903
西 藏	Tibet	784	784		262	262		6861	6861		1341
陕 西	Shaanxi	8666	8666		2028	2028		185848	185848		20003
甘 肃	Gansu	4048	4048		2171	2171		74647	74647		20615
青 海	Qinghai	1899	1899		522	522		60037	60037		6599
宁 夏	Ningxia	1889	1889		847	847		20567	20567		12336
新 疆	Xinjiang	8043	8043		2311	2311		123554	123554		24614

注：另有上海磁悬浮15辆，运营线路长度29公里。

a) There are 15 magnetically levitated trains in Shanghai otherwise,and its Network Length is 29 km.

2-50 城市绿地和园林(2008年)

Basic Statistics on Parks and Green Areas in Cities (2008)

地 区	Region	城市绿地面积(公顷) Area of Urban Green Areas (hectare)	#公园绿地 Park Green Areas	公园(个) Number of Parks (unit)	公园面积(公顷) Area of Parks (hectare)	建成区绿化覆盖率(%) Green Covered Area as % of Completed Area (%)
全 国	**National Total**	**1747493**	**359468**	**8557**	**218260**	**37.4**
北 京	Beijing	46993	12316	265	6477	37.2
天 津	Tianjin					
河 北	Hebei	56896	14037	302	8137	38.7
山 西	Shanxi	25266	7243	168	5264	35.2
内蒙古	Inner Mongolia	26021	8506	105	6954	30.6
辽 宁	Liaoning	78841	19351	283	9959	38.1
吉 林	Jilin	32142	9107	97	3858	31.5
黑龙江	Heilongjiang	58810	12689	216	7402	31.4
上 海	Shanghai	34256	14777	147	1686	
江 苏	Jiangsu	195460	30612	628	13026	42.6
浙 江	Zhejiang	69621	16882	842	12291	37.7
安 徽	Anhui	59163	10683	210	7252	36.0
福 建	Fujian	38487	9435	313	6882	38.9
江 西	Jiangxi	32448	7949	190	4456	41.8
山 东	Shandong	135328	37500	546	18534	39.8
河 南	Henan	59969	16301	240	8406	35.4
湖 北	Hubei	52170	15441	241	7227	37.6
湖 南	Hunan	41815	9065	160	5545	35.8
广 东	Guangdong	377041	50206	2171	44150	40.3
广 西	Guangxi	55469	7195	126	5138	32.7
海 南	Hainan	48754	2030	45	1538	42.1
重 庆	Chongqing	28473	8463	123	3360	35.9
四 川	Sichuan	58003	12821	277	6766	35.3
贵 州	Guizhou	27484	3236	52	2863	29.8
云 南	Yunnan	18391	4696	415	10438	32.0
西 藏	Tibet	1993	259	22	417	25.1
陕 西	Shaanxi	22230	6590	104	2474	38.7
甘 肃	Gansu	14054	4166	81	2357	25.9
青 海	Qinghai	3130	896	19	464	28.2
宁 夏	Ningxia	14546	2350	45	1852	37.8
新 疆	Xinjiang	34239	4666	124	3087	31.9

注：公园绿地面积包括综合公园、社区公园、专类公园、带状公园和街旁绿地。

a) Area of park green areas includes comprehensive park, community park, topic park, belt-shaped park and green area nearby street.

2-51 城市市容环境卫生情况（2008年）

Basic Statistics on Urban Sanitation in Cities (2008)

地区	Region	清扫保洁面积（万平方米）Area under Cleaning Program (10 000 sq.m)	生活垃圾清运量（万吨）Volume of Garbage Disposal (10 000 tons)	粪便清运量（万吨）Volume of Excrement and Urine Disposal (10 000 tons)	市容环卫专用车辆设备总数（台）Number of Special Vehicles for Environmental Sanitation (unit)	公共厕所（座）Number of Public Lavatories (unit)	#三类以上 Third Grade and Above
全国	**National Total**	**468545**	**15437.7**	**2330.7**	**76400**	**115306**	**70047**
北京	Beijing	12850	656.6	206.8	6930	5589	5589
天津	Tianjin	6414	173.8	25.5	1706	1426	725
河北	Hebei	17563	662.8	182.9	2947	5115	2797
山西	Shanxi	8533	354.1	95.1	2123	3846	1034
内蒙古	Inner Mongolia	9192	358.1	104.3	1321	4383	1131
辽宁	Liaoning	25620	796.7	176.3	4134	7868	1041
吉林	Jilin	11595	563.6	132.8	2313	5216	1243
黑龙江	Heilongjiang	11568	898.6	184.1	3268	10447	1912
上海	Shanghai	14145	676.0	220.0	5451	3669	3278
江苏	Jiangsu	35418	934.5	159.9	5939	9050	7650
浙江	Zhejiang	24466	806.8	85.1	3829	6757	5427
安徽	Anhui	13927	426.9	57.2	1321	2987	2291
福建	Fujian	9233	399.0	14.8	1889	1864	945
江西	Jiangxi	8043	249.2	65.3	900	1880	1295
山东	Shandong	40477	991.4	131.7	5007	5636	4067
河南	Henan	18651	757.0	58.9	2698	6576	4780
湖北	Hubei	15022	680.8	47.2	2735	4152	3121
湖南	Hunan	10565	542.8	37.3	1674	2810	1865
广东	Guangdong	110703	1868.4	127.1	8079	8469	7740
广西	Guangxi	10648	248.5	22.6	1508	1443	1351
海南	Hainan	3254	84.8	9.6	349	307	83
重庆	Chongqing	5423	225.2	71.5	1182	1846	1304
四川	Sichuan	10921	551.0	26.6	2610	3868	2128
贵州	Guizhou	2702	190.5	7.2	635	1156	931
云南	Yunnan	5896	283.7	23.3	1436	1315	1106
西藏	Tibet	639	23.0	0.8	84	214	145
陕西	Shaanxi	8216	319.7	24.3	1368	2340	1876
甘肃	Gansu	5254	262.4	22.3	877	1130	823
青海	Qinghai	1673	63.6		281	513	181
宁夏	Ningxia	3458	95.7	2.9	492	882	419
新疆	Xinjiang	6476	292.6	7.4	1314	2552	1769

2-52 城市设施水平（2008年）

Level of Public Facilities in Cities (2008)

地区	Region	城市用水普及率 (%) Coverage Rate of Urban Population with Access to Tap Water (%)	城市燃气普及率 (%) Coverage Rate of Urban Population with Access to Gas (%)	每万人拥有公共交通车辆(标台) Number of Public Transportation Vehicles Per 10 000 Population (unit)	人均城市道路面积(平方米) Per Capita Area of Paved Roads (sq.m)	人均公园绿地面积(平方米) Per Capita Public Green Areas (sq.m)	每万人拥有公共厕所(座) Number of Public Lavatories Per 10 000 Population (unit)
全国	**National Average**	**94.73**	**89.55**	**11.13**	**12.21**	**9.71**	**3.11**
北京	Beijing	100.00	100.00	24.67	6.21	8.56	3.88
天津	Tianjin	100.00	100.00	14.33	14.39		2.23
河北	Hebei	99.97	97.11	9.79	14.49	9.49	3.46
山西	Shanxi	93.27	82.64	6.85	9.54	7.64	4.06
内蒙古	Inner Mongolia	82.03	74.25	7.50	12.76	11.10	5.72
辽宁	Liaoning	96.89	92.38	10.58	9.95	9.37	3.81
吉林	Jilin	88.63	84.82	9.27	10.39	9.20	5.27
黑龙江	Heilongjiang	84.24	79.45	9.71	9.28	9.46	7.79
上海	Shanghai	100.00	100.00	12.51	4.63	7.82	1.94
江苏	Jiangsu	99.88	98.23	12.41	20.28	13.11	3.88
浙江	Zhejiang	99.70	97.72	13.24	15.20	9.60	3.84
安徽	Anhui	95.11	87.60	9.18	14.15	9.29	2.60
福建	Fujian	97.47	97.23	10.42	12.05	10.42	2.06
江西	Jiangxi	96.49	90.18	10.23	11.06	10.60	2.51
山东	Shandong	99.39	98.50	12.19	19.60	14.20	2.13
河南	Henan	85.56	66.91	7.98	9.90	8.20	3.31
湖北	Hubei	97.88	90.90	11.89	13.03	9.40	2.53
湖南	Hunan	94.57	84.26	10.89	12.01	7.96	2.47
广东	Guangdong	93.97	93.94	9.79	11.65	11.46	1.93
广西	Guangxi	92.87	84.04	8.43	11.83	8.61	1.73
海南	Hainan	83.87	72.81	7.40	12.05	9.00	1.36
重庆	Chongqing	93.20	90.87	9.56	9.49	9.62	2.10
四川	Sichuan	88.09	81.09	11.06	10.78	8.74	2.64
贵州	Guizhou	88.69	67.82	8.28	6.22	6.16	2.20
云南	Yunnan	95.22	76.10	11.01	12.09	7.62	2.13
西藏	Tibet	86.59	74.80	12.76	13.46	5.64	4.66
陕西	Shaanxi	96.65	89.55	12.13	12.67	8.71	3.09
甘肃	Gansu	87.85	65.32	8.11	10.37	7.87	2.13
青海	Qinghai	100.00	94.78	17.66	11.16	8.53	4.88
宁夏	Ningxia	87.25	75.68	9.36	14.82	11.00	4.13
新疆	Xinjiang	92.82	88.61	13.23	12.47	7.91	4.32

注：人均和普及率指标为按城区人口与暂住人口之和计算，以公安部门的户籍统计和暂住人口统计为准。

a) Per capita data and coverage rate are calculated on the basis of the sum of districts area population and temporarily residing population, which are provided by the Ministry of Public Security.

2-53 耕地面积（2008年底）

Area of Cultivated Land at Year-end (2008)

地区	Region	耕地面积(总资源) (千公顷) Cultivated Land (Total Area) (1 000 hectares)	比重 (%) Composition toTotal (%)
地方合计	**Region Total**	**121715.9**	**100.00**
北京	Beijing	231.7	0.19
天津	Tianjin	441.1	0.36
河北	Hebei	6317.3	5.19
山西	Shanxi	4055.8	3.33
内蒙古	Inner Mongolia	7147.2	5.87
辽宁	Liaoning	4085.3	3.36
吉林	Jilin	5534.6	4.55
黑龙江	Heilongjiang	11830.1	9.72
上海	Shanghai	244.0	0.20
江苏	Jiangsu	4763.8	3.91
浙江	Zhejiang	1920.9	1.58
安徽	Anhui	5730.2	4.71
福建	Fujian	1330.1	1.09
江西	Jiangxi	2827.1	2.32
山东	Shandong	7515.3	6.17
河南	Henan	7926.4	6.51
湖北	Hubei	4664.1	3.83
湖南	Hunan	3789.4	3.11
广东	Guangdong	2830.7	2.33
广西	Guangxi	4217.5	3.47
海南	Hainan	727.5	0.60
重庆	Chongqing	2235.9	1.84
四川	Sichuan	5947.4	4.89
贵州	Guizhou	4485.3	3.69
云南	Yunnan	6072.1	4.99
西藏	Tibet	361.6	0.30
陕西	Shaanxi	4050.3	3.33
甘肃	Gansu	4658.8	3.83
青海	Qinghai	542.7	0.45
宁夏	Ningxia	1107.1	0.91
新疆	Xinjiang	4124.6	3.39

注：本表数据来源于国土资源部。2008年度土地变更调查截止时点为2008年12月31日。

a) Data come from the Ministry of Land and Resources. Deadline of Land Change Survey of 2008 were December 31, 2008.

2-54 农、林、牧、渔业总产值及指数(2008年)

Gross Output Value of Farming, Forestry, Animal Husbandry and Fishery and Related Indices (2008)

本表绝对数按当年价格计算，指数按可比价格计算。

Data in value terms in this table are calculated at current prices, while the indices are calculated at comparable prices.

地 区	Region	绝对数(亿元) Gross Output Value(100 million yuan)					指 数 (上年=100) Indices of Gross Output(preceding year=100)				
		农林牧渔业总产值 Total	#农 业 Farming	#林 业 Forestry	#牧 业 Animal Husbandry	#渔 业 Fishery	农林牧渔业总产值 Total	#农 业 Farming	#林 业 Forestry	#牧 业 Animal Husbandry	#渔 业 Fishery
全 国	**National Total**	**58002.2**	**28044.2**	**2152.9**	**20583.6**	**5203.4**	**105.7**	**104.8**	**108.1**	**106.8**	**106.0**
北 京	Beijing	303.9	128.1	20.5	140.5	9.8	100.8	103.5	113.8	98.7	89.8
天 津	Tianjin	268.1	127.7	2.2	86.0	43.8	103.3	103.1	106.2	103.5	103.4
河 北	Hebei	3505.2	1760.7	55.9	1410.8	102.8	105.1	103.7	108.6	106.5	106.9
山 西	Shanxi	595.9	366.2	20.2	185.4	4.2	109.6	107.3	116.1	112.5	102.8
内蒙古	Inner Mongolia	1525.7	716.6	72.7	699.6	11.8	107.6	108.6	106.1	106.6	104.1
辽 宁	Liaoning	2476.9	896.9	69.4	1052.4	374.5	106.5	103.9	105.5	108.0	109.5
吉 林	Jilin	1614.8	749.2	55.0	770.2	22.5	110.0	115.2	96.6	105.8	111.3
黑龙江	Heilongjiang	2123.4	1142.3	89.6	813.1	36.0	109.5	107.5	108.0	113.0	115.2
上 海	Shanghai	280.4	137.5	9.1	68.4	57.1	100.1	103.0	81.3	104.4	90.7
江 苏	Jiangsu	3590.6	1746.8	64.9	916.5	665.7	104.5	103.2	104.7	107.1	105.4
浙 江	Zhejiang	1780.0	813.1	106.9	418.9	407.8	104.6	105.0	108.8	102.9	103.8
安 徽	Anhui	2446.5	1197.9	114.5	806.9	232.3	106.3	105.5	107.2	107.1	106.3
福 建	Fujian	1965.0	763.0	149.8	425.7	549.3	105.2	104.6	108.1	104.6	106.5
江 西	Jiangxi	1680.5	694.3	150.8	556.0	211.6	104.8	103.9	107.9	105.1	105.4
山 东	Shandong	5613.0	2895.7	102.2	1704.9	686.3	105.1	103.6	113.9	105.9	105.9
河 南	Henan	4669.5	2561.1	122.9	1761.2	59.0	105.8	105.1	107.9	107.0	108.5
湖 北	Hubei	2940.5	1395.8	49.7	1008.7	373.0	106.2	102.8	105.0	110.0	112.0
湖 南	Hunan	3324.5	1446.9	155.4	1463.4	169.6	105.3	102.1	104.3	109.0	105.0
广 东	Guangdong	3298.0	1481.7	79.4	967.9	652.6	104.0	101.6	103.2	107.0	104.7
广 西	Guangxi	2389.8	1106.7	124.3	871.7	207.0	105.4	103.6	121.4	105.9	102.4
海 南	Hainan	665.0	274.0	91.6	140.4	139.8	107.8	106.5	107.9	112.0	106.2
重 庆	Chongqing	871.4	465.5	29.3	344.1	21.1	107.1	107.7	104.5	106.7	104.0
四 川	Sichuan	3903.4	1607.5	87.2	2036.3	103.7	103.1	102.6	103.0	103.7	106.0
贵 州	Guizhou	843.8	464.8	35.6	291.7	10.5	106.8	106.1	115.5	107.1	101.5
云 南	Yunnan	1594.5	780.9	183.6	570.0	28.1	107.9	107.0	111.8	108.0	105.1
西 藏	Tibet	88.5	43.7	2.8	39.0	0.3	106.6	107.5	97.7	106.3	140.2
陕 西	Shaanxi	1277.9	775.9	41.5	385.3	6.1	107.9	107.8	109.0	108.5	108.7
甘 肃	Gansu	808.1	529.6	22.4	168.3	1.0	107.4	108.9	109.5	102.9	101.2
青 海	Qinghai	153.4	58.7	2.0	89.2	0.1	104.5	107.6	104.4	102.4	130.3
宁 夏	Ningxia	227.2	131.1	7.5	73.1	6.0	108.8	109.2	120.5	106.0	109.7
新 疆	Xinjiang	1176.7	784.2	23.2	318.2	9.9	106.7	106.1	107.3	109.4	107.7

2–55 主要农业机械拥有量(2008年底)

Major Agricultural Machinery (End of 2008)

地区	Region	农业机械总动力(万千瓦) Total Power of Agricultural Machinery (10 000 kw)	农用大中型拖拉机 Large and Medium Agricultural Tractors		小型拖拉机 Mini-Tractors	
			数量(台) Number (unit)	动力(万千瓦) Capacity (10 000 kw)	数量(台) Number (unit)	动力(万千瓦) Capacity (10 000 kw)
全国	**National Total**	**82190.4**	**2995214**	**8186.5**	**17224101**	**16647.7**
北京	Beijing	267.0	6927	31.0	13517	15.0
天津	Tianjin	596.6	11500	47.1	32300	34.3
河北	Hebei	9525.4	136200	541.9	1500500	1619.8
山西	Shanxi	2509.9	51703	177.9	267598	251.9
内蒙古	Inner Mongolia	2779.4	451900	891.9	510800	621.7
辽宁	Liaoning	2042.7	117600	290.3	236900	253.0
吉林	Jilin	1800.0	201300	415.8	566800	554.2
黑龙江	Heilongjiang	3018.4	482000	1145.9	713000	771.4
上海	Shanghai	95.3	4811	19.4	6457	5.9
江苏	Jiangsu	3630.9	71700	257.3	1204400	1085.8
浙江	Zhejiang	2343.5	5842	19.7	166200	145.4
安徽	Anhui	4807.5	90200	311.7	2305300	1842.4
福建	Fujian	1112.5	1636	5.8	96193	93.5
江西	Jiangxi	2946.4	13100	30.6	286300	377.2
山东	Shandong	10350.0	365500	1156.6	2003000	1647.6
河南	Henan	9429.3	202608	693.2	3636700	3775.0
湖北	Hubei	2797.0	104200	302.8	852300	598.2
湖南	Hunan	4021.1	67501	199.0	174768	176.2
广东	Guangdong	2093.9	13600	58.0	355100	294.5
广西	Guangxi	2373.6	17100	72.2	297000	254.9
海南	Hainan	373.1	17600	44.8	49600	49.6
重庆	Chongqing	903.2	2600	9.0	6900	9.0
四川	Sichuan	2687.5	55500	122.8	114310	143.1
贵州	Guizhou	1537.5	23577	55.5	48162	56.8
云南	Yunnan	2013.9	175100	378.9	295700	311.7
西藏	Tibet	349.6	12100	38.4	90500	147.7
陕西	Shaanxi	1709.9	54836	180.0	176139	191.2
甘肃	Gansu	1686.3	38300	100.3	423200	468.8
青海	Qinghai	355.7	4373	11.8	245657	207.2
宁夏	Ningxia	657.9	17900	46.1	172900	185.7
新疆	Xinjiang	1375.6	176400	530.8	375900	458.9

2-55 续表 Continued

地 区	Region	大中型拖拉机配套农具（部）Number of Large and Medium-sized Tractor Towing Farm Machinery(unit)	小型拖拉机配套农具（部）Number of Small Tractor Towing Farm Machinery (unit)	农用排灌柴油机 Diesel Engines	
				数 量（台）Number (unit)	动 力（万千瓦）Capacity (10 000 kw)
全 国	**National Total**	**4353649**	**27945401**	**8983851**	**6561.7**
北 京	Beijing	13623	10639	2178	1.5
天 津	Tianjin	17300	38500	39300	32.3
河 北	Hebei	260500	1989600	1179000	1073.3
山 西	Shanxi	105166	348113	19441	25.3
内蒙古	Inner Mongolia	639400	806400	189000	193.4
辽 宁	Liaoning	155100	323000	194100	159.0
吉 林	Jilin	389600	1630000	287600	209.6
黑龙江	Heilongjiang	593000	1132000	207000	195.3
上 海	Shanghai	11354	6038	11	0.01
江 苏	Jiangsu	110100	1634300	177700	171.3
浙 江	Zhejiang	8300	180400	87400	42.1
安 徽	Anhui	152700	5241000	371800	269.7
福 建	Fujian	1921	91707	90673	57.7
江 西	Jiangxi	19300	203200	650900	397.5
山 东	Shandong	659200	2924300	1791400	1462.0
河 南	Henan	431570	6395200	509640	501.8
湖 北	Hubei	154900	1697000	208600	189.3
湖 南	Hunan	17357	73398	1169100	550.7
广 东	Guangdong	21300	372700	352400	202.1
广 西	Guangxi	25000	423600	421600	215.4
海 南	Hainan	10700	44000	155900	67.6
重 庆	Chongqing	1100	2100	95000	51.3
四 川	Sichuan	20160	103280	411200	252.3
贵 州	Guizhou	11996	16386	174194	101.2
云 南	Yunnan	19100	223000	122300	62.4
西 藏	Tibet	4900	25300	2900	3.3
陕 西	Shaanxi	101702	257940	41244	36.4
甘 肃	Gansu	64500	803800	18100	17.0
青 海	Qinghai	3600	199200	670	1.1
宁 夏	Ningxia	33700	198600	4100	4.6
新 疆	Xinjiang	295500	550700	9400	15.1

2-56 有效灌溉面积、农用化肥施用量、农村水电站及用电量（2008年）

Irrigated Area, Consumption of Chemical Fertilizers and Rural Hydropower Stations and Electricity Consumption in Rural Areas (2008)

地 区	Region	有效灌溉面积(千公顷) Irrigated Area (1 000 hectares)	化肥施用量(万吨) Consumption of Chemical Fertilizer (10 000 tons)	氮肥 Nitrogenous Fertilizer	磷肥 Phosphate Fertilizer	钾肥 Potash Fertilizer	复合肥 Compound Fertilizer	乡村办水电站 Hydropower Station in Rural Areas: 个数 Number	装机容量(万千瓦) Generating Capacity (10 000 kw)	农村用电量(亿千瓦时) Electricity Consumed in Rural Areas (100 million kwh)
全 国	**National Total**	**58471.7**	**5239.0**	**2302.9**	**780.1**	**545.2**	**1608.6**	**44433**	**5127.4**	**5713.2**
北 京	Beijing	241.7	13.6	7.0	1.0	0.7	5.0	72	4.3	42.7
天 津	Tianjin	348.1	25.9	12.1	3.9	2.3	7.7	1	0.5	45.8
河 北	Hebei	4559.2	312.4	153.5	47.9	25.5	85.5	229	36.5	418.9
山 西	Shanxi	1254.6	103.4	40.3	18.7	7.8	36.6	169	16.2	79.0
内蒙古	Inner Mongolia	2871.3	154.1	73.0	25.0	12.8	43.3	36	5.3	36.5
辽 宁	Liaoning	1492.9	128.8	65.6	11.7	11.4	40.1	164	29.5	281.3
吉 林	Jilin	1654.1	163.8	63.9	6.7	11.9	81.3	186	37.5	34.7
黑龙江	Heilongjiang	3122.5	180.7	66.6	40.3	24.7	49.1	69	23.5	44.3
上 海	Shanghai	234.5	14.3	8.9	1.1	0.5	3.9			178.1
江 苏	Jiangsu	3817.1	340.8	180.7	48.1	20.1	91.9	132	6.9	1234.1
浙 江	Zhejiang	1435.9	93.0	53.6	12.0	7.5	19.9	3194	342.4	675.4
安 徽	Anhui	3453.7	307.4	111.8	36.7	31.6	127.2	772	71.7	89.9
福 建	Fujian	955.5	118.7	47.3	16.6	24.1	30.6	6576	669.6	209.7
江 西	Jiangxi	1841.2	133.0	44.1	21.5	20.8	46.5	3420	239.2	58.5
山 东	Shandong	4857.5	476.3	170.3	54.9	47.5	203.6	88	7.3	400.0
河 南	Henan	4989.2	601.7	239.5	111.4	56.5	194.3	600	34.2	227.4
湖 北	Hubei	2330.2	327.7	149.4	66.5	27.7	84.1	1737	252.5	98.1
湖 南	Hunan	2709.0	223.4	106.5	26.0	38.1	52.7	4101	468.8	81.5
广 东	Guangdong	1863.4	226.6	98.1	20.8	45.0	62.6	9336	614.6	951.2
广 西	Guangxi	1521.4	222.6	67.9	27.5	50.5	76.7	2269	331.2	44.1
海 南	Hainan	246.1	45.6	13.9	3.0	6.9	21.9	331	28.5	5.1
重 庆	Chongqing	658.9	88.1	50.0	17.3	4.7	15.5	1118	125.4	55.1
四 川	Sichuan	2506.7	242.8	128.6	48.9	15.8	48.0	4174	619.7	128.2
贵 州	Guizhou	917.4	83.1	46.3	10.8	7.0	19.0	1256	181.4	31.4
云 南	Yunnan	1536.9	167.7	91.9	26.0	15.2	34.5	1672	623.2	50.4
西 藏	Tibet	220.7	4.6	1.7	0.9	0.1	1.8	435	10.3	0.6
陕 西	Shaanxi	1301.4	165.9	81.3	16.0	13.1	55.5	981	72.8	104.2
甘 肃	Gansu	1254.7	81.4	37.7	15.9	5.3	22.5	674	127.7	38.6
青 海	Qinghai	251.7	8.1	3.3	0.8	0.3	3.8	185	49.5	3.7
宁 夏	Ningxia	451.9	34.8	16.7	4.2	1.8	12.1	1	0.3	10.9
新 疆	Xinjiang	3572.5	148.9	71.4	38.0	8.0	31.5	452	86.6	53.9
水利部属	Under The Ministry of Water Resources							3	10.5	

注：2008年起乡村办水电站统计口径变更为农村水电，1978-2007年历史数据为乡村办水电站口径。农村水电是指装机容量5万千瓦及以下水电站和配套电网。

a) Since 2008, hydropower station in rural areas has changed to rural hydropower, and data from 1978 to 2007 refer to hydropwer station in rural areas. Rural Hydropower refers to rural hydropower stations with generating stations under 50 000 kW and their power grids.

2-57 水利设施和除涝面积（2008年）

Water Conservancy Facilities and Area with Flood Prevention Measures (2008)

地 区	Region	水库数 (座) Number of Reservoirs (unit)	水库总库容量 (亿立方米) Capacity of Reservoirs (100 million cu.m)	除涝面积 (千公顷) Area with Flood Prevention Measures (1 000 hectares)	水土流失治理面积 (千公顷) Area of Soil Erosion under Control (1 000 hectares)
全 国	**National Total**	**86353**	**6924.0**	**21424.5**	**101587.0**
北 京	Beijing	82	93.9	149.8	454.4
天 津	Tianjin	29	25.9	392.4	44.8
河 北	Hebei	1069	161.4	1647.3	6194.0
山 西	Shanxi	733	56.8	89.2	4969.3
内蒙古	Inner Mongolia	492	162.8	277.0	10247.8
辽 宁	Liaoning	952	357.5	995.0	6108.0
吉 林	Jilin	1631	319.5	981.4	3497.6
黑龙江	Heilongjiang	697	158.4	3305.7	4470.9
上 海	Shanghai			53.7	
江 苏	Jiangsu	906	189.4	2800.2	1007.1
浙 江	Zhejiang	4202	394.8	496.2	2334.6
安 徽	Anhui	4797	281.0	2247.2	2059.2
福 建	Fujian	2971	178.0	124.3	1386.0
江 西	Jiangxi	9800	292.8	368.9	4135.5
山 东	Shandong	6244	225.5	2609.2	4489.5
河 南	Henan	2344	400.8	1908.2	4348.0
湖 北	Hubei	5794	1000.9	1205.4	4269.2
湖 南	Hunan	11815	397.7	441.3	2758.8
广 东	Guangdong	7059	424.5	509.7	1342.1
广 西	Guangxi	4371	385.1	207.9	1774.0
海 南	Hainan	995	95.3	12.3	31.1
重 庆	Chongqing	2825	56.6		2143.3
四 川	Sichuan	6728	208.5	91.3	5878.2
贵 州	Guizhou	2032	248.2	50.5	2862.8
云 南	Yunnan	5477	128.3	244.4	4932.0
西 藏	Tibet	64	12.9	22.3	15.6
陕 西	Shaanxi	1001	75.7	130.6	9102.9
甘 肃	Gansu	288	88.6	12.5	7683.8
青 海	Qinghai	157	341.9		798.6
宁 夏	Ningxia	223	25.5	10.5	1880.8
新 疆	Xinjiang	575	135.8	40.2	367.0

2-58 农村居民家庭平均每百户拥有主要生产性固定资产数量(2008年底)

Number of Major Productive Fixed Assets Per 100 Rural Households (End of 2008)

本表为农村住户抽样调查资料。
Data in this table are obtained from the sample surveys on rural households.

地 区	Region	汽 车 (辆) Motor Vehicles (set)	大中型拖拉机 (台) Large and Medium Tractors (set)	小型和手扶拖拉机 (台) Mini and Walking Tractors (set)	机动脱粒机 (台) Motorized Threshing Machines (set)	胶轮大车 (辆) Carts with Rubber Tyres (set)	农用水泵 (台) Pumps (unit)	役 畜 (头) Draught Animals (unit)	产品畜 (头) Commodity Animals (unit)
全 国	**National Total**	**2.03**	**3.12**	**18.99**	**10.26**	**8.73**	**24.10**	**26.00**	**67.75**
北 京	Beijing	5.20	1.33	5.20		0.40	2.67	1.07	43.20
天 津	Tianjin	7.00	1.67	18.50	1.33	4.00	20.83	6.33	39.50
河 北	Hebei	3.62	2.89	32.82	2.35	6.67	26.75	10.07	65.48
山 西	Shanxi	4.00	2.10	18.29	1.57	5.38	6.14	18.17	57.95
内蒙古	Inner Mongolia	1.60	4.56	48.35	3.50	29.22	34.90	77.28	248.50
辽 宁	Liaoning	1.90	2.96	10.58	2.86	15.48	37.17	27.96	63.17
吉 林	Jilin	3.31	8.25	42.69	7.34	16.38	28.69	40.13	85.06
黑龙江	Heilongjiang	0.89	17.68	47.05	3.39	3.17	24.82	13.48	82.32
上 海	Shanghai	0.17	0.33	0.50	2.67		6.83		3.83
江 苏	Jiangsu	2.13	1.03	17.02	10.85	14.00	20.05	1.76	23.59
浙 江	Zhejiang	2.19	1.30	2.81	15.08	2.64	22.72	1.63	110.11
安 徽	Anhui	1.45	3.68	39.91	16.16	4.90	53.66	5.19	20.32
福 建	Fujian	3.13	0.88	4.40	10.76	2.20	11.65	7.83	77.75
江 西	Jiangxi	1.39	0.29	4.08	25.59	8.69	21.94	31.44	9.76
山 东	Shandong	3.07	3.65	24.35	2.74	13.39	43.86	7.50	39.64
河 南	Henan	1.73	9.00	36.19	6.66	9.29	36.61	9.27	39.83
湖 北	Hubei	1.21	1.64	12.13	1.76	9.79	24.82	24.32	20.28
湖 南	Hunan	0.86	0.32	2.16	21.63	3.53	27.65	17.32	18.05
广 东	Guangdong	1.38	0.84	6.58	18.37	3.93	20.97	26.44	23.05
广 西	Guangxi	1.02	1.65	17.57	20.65	3.59	19.32	49.03	33.77
海 南	Hainan	0.63	0.14	0.83	14.83	1.39	22.13	51.90	62.22
重 庆	Chongqing	0.56	0.17	0.11	23.78		14.56	15.04	32.56
四 川	Sichuan	1.23	0.65	2.30	26.78	1.41	31.08	21.61	51.68
贵 州	Guizhou	1.76	0.18	0.94	6.03	0.94	6.34	65.06	28.97
云 南	Yunnan	2.33	1.54	8.40	7.25	4.79	9.21	60.89	60.25
西 藏	Tibet	7.29	3.54	41.88	7.08	11.67		235.21	899.79
陕 西	Shaanxi	1.71	4.82	11.62	4.28	18.38	14.21	16.51	28.33
甘 肃	Gansu	0.72	4.28	30.56	4.56	16.22	8.78	68.83	48.39
青 海	Qinghai	3.17	4.50	58.92	5.77	4.17	0.50	51.33	136.17
宁 夏	Ningxia	4.33	3.17	52.17	4.29	3.33	14.83	40.17	43.67
新 疆	Xinjiang	2.26	5.03	28.06	2.32	49.03	3.55	62.71	511.74

2-59 农作物总播种面积（2008年）

Total Sown Areas of Farm Crops (2008)

单位：千公顷 (1 000 hectares)

地区	Region	农作物总播种面积 Total Sown Area	粮食作物播种面积 Sown Area of Grain Crops	谷物 Cereal	#稻谷 Rice	#小麦 Wheat	#玉米 Corn	豆类 Soybeans
全国	**National Total**	**156266**	**106793**	**86248**	**29241**	**23617**	**29864**	**12118**
北京	Beijing	322.0	226.3	212.7	0.4	63.9	146.2	10.6
天津	Tianjin	446.3	293.5	282.9	15.0	107.7	159.8	9.9
河北	Hebei	8713.2	6158.1	5648.9	81.5	2416.1	2841.1	249.6
山西	Shanxi	3726.5	3111.3	2556.6	1.1	697.4	1378.6	347.7
内蒙古	Inner Mongolia	6860.8	5254.5	3517.8	97.9	452.2	2340.0	1037.3
辽宁	Liaoning	3716.2	3035.9	2739.2	658.7	10.3	1884.9	203.9
吉林	Jilin	4998.2	4391.2	3679.5	658.7	5.7	2922.5	618.7
黑龙江	Heilongjiang	12088.4	10988.9	6419.7	2390.7	238.8	3593.9	4324.4
上海	Shanghai	388.4	174.5	165.5	108.6	44.2	3.6	8.0
江苏	Jiangsu	7510.3	5267.1	4857.7	2232.6	2073.1	398.5	343.2
浙江	Zhejiang	2482.4	1271.6	1050.1	937.5	54.3	25.9	129.9
安徽	Anhui	8976.6	6561.1	5323.9	2218.9	2346.7	705.1	1068.5
福建	Fujian	2220.7	1210.3	906.9	861.2	4.4	37.0	73.4
江西	Jiangxi	5330.9	3578.1	3286.9	3255.5	10.2	15.6	160.3
山东	Shandong	10764.0	6955.6	6554.8	130.7	3525.2	2874.2	175.0
河南	Henan	14147.4	9600.0	8741.1	604.7	5260.0	2820.0	551.0
湖北	Hubei	7298.3	3906.7	3483.8	1978.9	1000.6	470.4	206.8
湖南	Hunan	7555.0	4588.8	4211.4	3932.0	13.6	241.3	155.6
广东	Guangdong	4404.3	2499.9	2099.9	1946.9	0.8	143.4	80.6
广西	Guangxi	5695.6	2973.1	2623.2	2119.2	3.7	489.7	144.8
海南	Hainan	810.6	421.3	327.6	310.0		17.4	7.7
重庆	Chongqing	3215.1	2215.4	1336.2	673.5	189.0	455.6	197.1
四川	Sichuan	9438.9	6430.9	4824.5	2035.9	1286.5	1323.8	479.5
贵州	Guizhou	4619.4	2919.6	1766.9	691.1	262.4	734.6	310.2
云南	Yunnan	6056.2	4095.9	2943.9	1017.5	425.0	1325.8	565.1
西藏	Tibet	235.8	170.6	163.0	1.0	37.3	4.0	7.1
陕西	Shaanxi	4165.8	3126.0	2592.8	124.6	1140.0	1157.6	228.9
甘肃	Gansu	3868.6	2683.0	1797.7	5.5	903.5	557.2	227.9
青海	Qinghai	513.6	272.0	147.3		104.4	2.1	39.1
宁夏	Ningxia	1209.7	826.2	533.1	80.3	204.3	208.5	59.8
新疆	Xinjiang	4486.7	1585.2	1452.5	70.8	735.8	585.5	96.4

2-59 续表 1 Continued

单位：千公顷 (1 000 hectares)

地区	Region	薯类 Tubers	油料 Oil-bearing Crops	#花生 Peanuts	#油菜籽 Rapeseeds	棉花 Cotton	麻类 Fiber Crops	#黄红麻 Jute and Ambary Hemp	糖料 Sugar Crops
全国	**National Total**	**8427**	**12825**	**4246**	**6594**	**5754**	**221**	**26**	**1990**
北京	Beijing	3.1	7.2	6.9		1.2			
天津	Tianjin	0.8	1.8	0.8		69.2			
河北	Hebei	259.6	516.9	409.9	23.7	690.0	0.4	0.3	15.7
山西	Shanxi	207.0	179.2	10.4	6.1	89.1	0.1		6.4
内蒙古	Inner Mongolia	699.3	705.1	19.0	220.7	2.0	3.1		48.7
辽宁	Liaoning	92.8	167.5	148.3	0.6	1.4			2.0
吉林	Jilin	93.0	212.3	126.9		2.4	0.7		7.1
黑龙江	Heilongjiang	244.9	218.7	40.7	0.4		41.3		90.4
上海	Shanghai	1.0	15.5	1.0	14.3	1.5			0.2
江苏	Jiangsu	66.2	567.4	101.6	454.5	300.5	1.1		1.6
浙江	Zhejiang	91.7	190.8	18.7	167.5	20.3	0.2	0.2	13.9
安徽	Anhui	168.7	936.7	194.5	670.4	390.1	11.1	5.5	6.8
福建	Fujian	230.0	107.4	96.0	9.8	0.5	0.1	0.1	10.7
江西	Jiangxi	131.0	658.8	142.0	486.3	66.6	8.2	0.4	14.0
山东	Shandong	225.8	812.5	800.5	9.5	888.3	0.2	0.2	0.1
河南	Henan	307.9	1518.3	956.7	376.6	606.0	11.4	11.4	3.5
湖北	Hubei	216.1	1365.6	176.0	1089.6	543.0	23.5	0.5	6.6
湖南	Hunan	221.8	929.3	93.4	827.6	183.0	42.1	0.3	14.4
广东	Guangdong	319.4	323.9	314.1	7.6		0.5	0.5	149.7
广西	Guangxi	205.0	163.3	145.2	10.7	2.3	5.5	5.1	1090.1
海南	Hainan	86.0	40.2	37.6			0.2	0.2	78.6
重庆	Chongqing	682.0	215.5	44.6	150.2	0.2	11.5	0.3	3.0
四川	Sichuan	1126.9	1155.1	256.2	886.2	18.5	38.9	1.5	23.2
贵州	Guizhou	842.5	455.1	33.5	412.8	1.4	0.8		17.7
云南	Yunnan	586.9	188.0	34.5	149.9	0.4	4.8		309.8
西藏	Tibet	0.5	24.7	0.1	24.7				
陕西	Shaanxi	304.3	277.2	32.6	178.3	85.1	0.5		0.2
甘肃	Gansu	657.4	331.7	0.8	162.1	72.7	2.3		4.6
青海	Qinghai	85.6	172.7		169.8				
宁夏	Ningxia	233.3	80.5	0.2	0.1				
新疆	Xinjiang	36.3	286.7	3.2	83.7	1718.6	13.0		71.1

2-59 续表 2 Continued

单位：千公顷 (1 000 hectares)

地 区	Region	#甘 蔗 Sugarcane	#甜 菜 Beetroots	烟 叶 Tobacco	#烤 烟 Flue-cured Tobacco	蔬 菜 Vegetables	茶园面积 Area of Tea Plantations at Year-end	果园面积 Area of Orchards at Year-end
全 国	**National Total**	**1743**	**246**	**1326**	**1230**	**17876**	**1719**	**10734**
北 京	Beijing					68.2		72.2
天 津	Tianjin					72.2		33.8
河 北	Hebei		15.7	3.0	2.5	1101.4		1061.5
山 西	Shanxi		6.4	3.2	3.2	241.0		277.2
内蒙古	Inner Mongolia		48.7	4.9	3.7	260.3		52.5
辽 宁	Liaoning		2.0	11.5	10.7	388.7		323.6
吉 林	Jilin		7.1	22.0	11.8	209.5		63.4
黑龙江	Heilongjiang		90.4	33.3	32.7	287.7		41.0
上 海	Shanghai	0.2				133.6		26.0
江 苏	Jiangsu	1.6		0.3		1093.4	30.1	178.7
浙 江	Zhejiang	13.9		1.3		618.5	174.1	317.1
安 徽	Anhui	6.8		9.7	9.2	718.6	128.9	108.7
福 建	Fujian	10.7		67.3	66.9	644.0	188.9	535.8
江 西	Jiangxi	14.0		20.5	19.8	512.9	44.2	361.4
山 东	Shandong		0.1	40.9	40.6	1725.1	15.7	599.2
河 南	Henan	3.5		111.9	111.6	1713.7	55.1	438.2
湖 北	Hubei	6.6		61.3	46.8	1016.0	184.4	347.5
湖 南	Hunan	14.4		88.7	85.3	1003.0	86.0	469.2
广 东	Guangdong	149.7		23.5	21.2	1112.6	36.8	1052.4
广 西	Guangxi	1090.1		17.4	14.5	959.0	46.8	888.2
海 南	Hainan	78.6				188.6	1.1	171.2
重 庆	Chongqing	3.0		47.8	39.5	481.6	28.5	216.7
四 川	Sichuan	23.0	0.2	110.3	91.0	1102.1	177.7	509.5
贵 州	Guizhou	17.6		207.7	194.8	558.3	105.2	133.3
云 南	Yunnan	309.7	0.1	400.6	387.2	583.4	335.7	289.0
西 藏	Tibet					20.8		1.5
陕 西	Shaanxi	0.2		34.0	33.4	385.6	69.1	950.7
甘 肃	Gansu		4.6	4.0	3.1	367.8	11.3	411.9
青 海	Qinghai			0.2		34.2		4.1
宁 夏	Ningxia			0.6	0.6	80.2		82.9
新 疆	Xinjiang		71.1	0.2	0.2	194.2		716.0

2-60 主要农产品单位面积产量（2008年）

Output of Major Farm Products Per Hectare (2008)

单位：公斤/公顷 (kg/hectare)

地 区	Region	谷 物 Cereals	棉 花 Cotton	花 生 Peanuts	油菜籽 Rapeseeds	芝 麻 Sesame	黄红麻 Jute and Ambary Hemp	甘 蔗 Sugar-cane	甜 菜 Beet-roots	烤 烟 Flue-cured Tobacco
全 国	**National Total**	**5548**	**1302**	**3365**	**1835**	**1243**	**3217**	**71210**	**40754**	**2133**
北 京	Beijing	5714	1826	3080		750				
天 津	Tianjin	5209	2145	3486		936				
河 北	Hebei	4883	1498	3417	1469	1118	2128		37843	1448
山 西	Shanxi	3709	1114	2122	1448	805			36624	2541
内蒙古	Inner Mongolia	5060	1855	2090	916	3127			34922	2805
辽 宁	Liaoning	6425	1736	3039	1980	1281			37664	2779
吉 林	Jilin	7352	1942	2758		1694			34193	2352
黑龙江	Heilongjiang	5454	1194	1505	2610	2641			28761	2388
上 海	Shanghai	6874		2809	2303	1713		66500		
江 苏	Jiangsu	6273	1950	3502	2482	1682	3000	55048		2000
浙 江	Zhejiang	6724		2787	2110	1570	4771	61301		
安 徽	Anhui	5347	1950	4004	2092	1085	3354	42976		2625
福 建	Fujian	5794	1290	2494	1286	1134	2971	66236		2071
江 西	Jiangxi	5696	1708	2592	1062	886	4011	45862		2361
山 东	Shandong	6163	1925	4211	2819	1417	2820		8229	2419
河 南	Henan	5865	2040	4020	2578	1250	3847	59426		2394
湖 北	Hubei	6031	1087	3267	1972	1365	4482	39986		1865
湖 南	Hunan	6329	839	2434	1328	1393	2468	53683		2187
广 东	Guangdong	5100		2563	1006	1147	2023	80097		2071
广 西	Guangxi	5022		2436	966	1094	2000	75367		1661
海 南	Hainan	4608		2220		1336	5472	66016		
重 庆	Chongqing	6280	1048	1717	1768	916	985	37532		1749
四 川	Sichuan	5421	1325	2303	2137	1220	2146	50490	10806	2000
贵 州	Guizhou	5133	1343	1923	1463	812	2857	40706	6268	1936
云 南	Yunnan	4201	2010	1460	1643	833	1667	61309	10328	2168
西 藏	Tibet	5636		2306	2439					
陕 西	Shaanxi	3776	1425	2519	1870	1191	3000	16337	11529	2137
甘 肃	Gansu	3544	2486	2904	1762				43767	2655
青 海	Qinghai	3717			2050					
宁 夏	Ningxia	5306	2808	2013	1600	849			17800	3833
新 疆	Xinjiang	6184	2388	4072	1276	708			61691	

2-61 主要农产品产量（2008年）

Output of Major Farm Products (2008)

单位：万吨 (10 000 tons)

地区	Region	粮食 Grain	谷物 Cereal	#稻谷 Rice	#小麦 Wheat	#玉米 Corn	豆类 Beans	薯类 Tubers	棉花 Cotton
全国	**National Total**	**52870.9**	**47847.4**	**19189.6**	**11246.4**	**16591.4**	**2043.3**	**2980.2**	**749.2**
北京	Beijing	125.5	121.5	0.3	32.7	88.0	2.1	1.9	0.1
天津	Tianjin	148.9	147.3	10.5	52.5	84.3	1.3	0.3	8.3
河北	Hebei	2905.8	2758.5	55.6	1221.9	1442.2	45.9	101.4	73.7
山西	Shanxi	1028.0	948.3	0.1	253.0	682.8	34.8	44.9	10.7
内蒙古	Inner Mongolia	2131.3	1780.0	70.5	154.0	1410.7	155.7	195.7	0.3
辽宁	Liaoning	1860.3	1760.0	505.6	4.9	1189.0	52.9	47.5	0.2
吉林	Jilin	2840.0	2705.0	579.0	1.8	2083.0	106.6	28.4	0.5
黑龙江	Heilongjiang	4225.0	3501.5	1518.0	89.5	1822.0	667.0	56.5	
上海	Shanghai	115.7	113.8	89.3	18.2	2.1	1.6	0.3	0.3
江苏	Jiangsu	3175.5	3047.2	1771.9	998.2	203.0	86.6	41.7	32.6
浙江	Zhejiang	775.6	706.0	660.4	21.2	11.1	30.6	39.0	2.8
安徽	Anhui	3023.3	2846.7	1383.5	1167.9	286.6	130.0	46.6	36.3
福建	Fujian	652.3	525.4	508.8	1.5	13.6	17.3	109.7	
江西	Jiangxi	1958.1	1872.3	1862.1	1.9	6.6	26.7	59.1	11.2
山东	Shandong	4260.5	4039.6	110.4	2034.2	1887.4	41.9	179.0	104.1
河南	Henan	5365.5	5126.3	443.1	3051.0	1615.0	96.2	143.0	65.1
湖北	Hubei	2227.2	2101.2	1533.7	329.2	226.4	45.0	81.0	51.3
湖南	Hunan	2805.0	2665.3	2528.0	3.2	128.0	35.2	104.5	24.7
广东	Guangdong	1243.4	1070.9	1003.3	0.2	63.5	18.0	154.6	
广西	Guangxi	1394.7	1317.3	1107.6	0.5	207.2	23.0	54.4	0.2
海南	Hainan	183.5	151.0	143.8		7.0	1.8	30.7	
重庆	Chongqing	1153.2	839.1	529.4	58.2	246.0	37.8	276.3	
四川	Sichuan	3140.0	2615.6	1497.6	426.8	637.0	116.3	408.1	1.6
贵州	Guizhou	1158.0	907.0	461.1	42.8	391.2	36.2	214.8	0.1
云南	Yunnan	1518.6	1236.7	621.0	83.1	529.6	112.1	169.8	
西藏	Tibet	95.0	91.9	0.5	25.8	2.2	2.7	0.5	
陕西	Shaanxi	1111.0	979.0	83.1	391.5	483.6	50.0	82.0	10.1
甘肃	Gansu	888.5	637.1	3.8	268.1	265.4	36.8	214.6	12.3
青海	Qinghai	101.8	54.7		42.0	1.8	10.9	36.2	
宁夏	Ningxia	329.2	282.9	66.4	64.1	149.9	4.1	42.3	
新疆	Xinjiang	930.5	898.2	41.0	406.5	425.3	16.7	15.6	302.6

2-61 续表 1 continued

单位：万吨 (10 000 tons)

地 区	Region	油 料 Oil-bearing Crops	#花 生 Peanuts	#油菜籽 Rapeseeds	#芝 麻 Sesame	麻 类 Fiber Crops	#黄红麻 Jute and Ambary Hemp	甘 蔗 Sugarcane	甜 菜 Beetroots
全 国	**National Total**	**2952.8**	**1428.6**	**1210.2**	**58.6**	**62.5**	**8.4**	**12415.2**	**1004.4**
北 京	Beijing	2.2	2.1						
天 津	Tianjin	0.5	0.3						
河 北	Hebei	152.6	140.1	3.5	1.1	0.1	0.1		59.4
山 西	Shanxi	19.1	2.2	0.9	0.4				23.4
内蒙古	Inner Mongolia	117.5	4.0	20.2	1.5	2.2			170.0
辽 宁	Liaoning	48.5	45.1	0.1	0.3				7.5
吉 林	Jilin	51.8	35.0		1.4	0.2			24.3
黑龙江	Heilongjiang	28.5	6.1	0.1	0.4	16.5			260.0
上 海	Shanghai	3.6	0.3	3.3				1.0	
江 苏	Jiangsu	150.3	35.6	112.8	1.9	0.3		8.8	
浙 江	Zhejiang	41.3	5.2	35.3	0.7	0.1	0.1	85.5	
安 徽	Anhui	228.0	77.9	140.3	7.3	3.2	1.9	29.2	0.3
福 建	Fujian	25.4	24.0	1.3	0.1			70.9	
江 西	Jiangxi	91.2	36.8	51.6	2.6	1.3	0.1	64.2	
山 东	Shandong	340.6	337.1	2.7	0.2				0.1
河 南	Henan	505.3	384.6	97.1	22.2	4.4	4.4	20.7	
湖 北	Hubei	285.7	57.5	214.9	12.7	4.8	0.2	26.5	
湖 南	Hunan	133.8	22.7	109.9	0.9	10.6	0.1	77.0	
广 东	Guangdong	81.5	80.5	0.8	0.2	0.1	0.1	1198.8	
广 西	Guangxi	37.5	35.4	1.0	0.5	1.1	1.0	8215.6	
海 南	Hainan	8.7	8.3		0.4	0.1	0.1	518.8	
重 庆	Chongqing	35.7	7.7	26.5	0.7	1.7		11.2	
四 川	Sichuan	249.9	59.0	189.4	0.5	6.8	0.3	116.3	0.2
贵 州	Guizhou	68.4	6.4	60.4		0.1		71.8	
云 南	Yunnan	30.4	5.0	24.6		2.3		1898.7	0.1
西 藏	Tibet	6.0		6.0					
陕 西	Shaanxi	49.5	8.2	33.4	1.7	0.1		0.3	
甘 肃	Gansu	53.5	0.2	28.6		0.5			20.1
青 海	Qinghai	35.2		34.8					
宁 夏	Ningxia	13.6							0.1
新 疆	Xinjiang	56.8	1.3	10.7	0.8	6.1			438.9

2-61 续表 2 continued

单位：万吨 (10 000 tons)

地区	Region	烟叶 Tobacco	#烤烟 Flue-cured Tobacco	蚕茧 Silkworm Cocoons	#桑蚕茧 Mulberry Silkworm Cocoons	茶叶 Tea	水果 Fruits	#苹果 Apples	#柑桔 Citrus	#梨 Pears	#葡萄 Grapes	#香蕉 Bananas
全国	**National Total**	**283.8**	**262.3**	**90.9**	**83.1**	**125.8**	**19220.2**	**2984.7**	**2331.3**	**1353.8**	**715.1**	**783.5**
北京	Beijing						118.8	12.1		15.2	4.5	
天津	Tianjin						62.3	6.3		3.0	10.0	
河北	Hebei	0.6	0.4	0.2	0.1		1532.9	261.6		354.0	98.8	
山西	Shanxi	0.8	0.8	0.6	0.6		410.6	222.9		37.9	11.7	
内蒙古	Inner Mongolia	1.4	1.0	1.0			238.2	7.0		8.7	4.1	
辽宁	Liaoning	3.2	3.0	5.4			591.7	170.9		93.8	61.4	
吉林	Jilin	6.5	2.8	0.4			273.9	13.5		14.7	13.2	
黑龙江	Heilongjiang	7.8	7.8	0.4			367.5	13.8		4.7	4.5	
上海	Shanghai						111.1		26.5	3.1	6.3	
江苏	Jiangsu	0.1		9.9	9.9	1.5	682.9	57.5	5.1	63.9	24.3	
浙江	Zhejiang	0.4		8.2	8.2	16.2	747.9		238.4	37.6	33.2	
安徽	Anhui	2.5	2.4	3.8	3.8	7.6	691.9	30.5	2.2	62.9	18.2	
福建	Fujian	13.9	13.8			24.7	632.5		256.5	16.9	9.6	88.2
江西	Jiangxi	4.8	4.7	0.8	0.8	2.3	444.5		248.5	11.4	1.6	
山东	Shandong	9.9	9.8	6.2	6.1	1.0	2612.6	763.2		119.0	90.5	
河南	Henan	26.7	26.7	2.8	2.2	3.2	2129.6	374.4	4.0	87.7	43.7	
湖北	Hubei	11.8	8.7	1.2	1.2	13.0	686.2	0.9	255.5	47.3	9.8	
湖南	Hunan	19.3	18.7			9.2	663.1		297.6	12.6	7.3	
广东	Guangdong	4.9	4.4	8.4	8.4	4.8	1081.3		280.5	4.6		348.1
广西	Guangxi	2.9	2.4	22.3	22.3	3.3	855.8		265.5	18.2	17.1	97.0
海南	Hainan					0.1	325.2		3.9			151.6
重庆	Chongqing	8.6	6.9	2.4	2.4	2.5	193.3	0.6	113.7	23.6	2.5	0.2
四川	Sichuan	22.8	18.2	10.6	10.6	13.9	635.1	38.9	257.6	82.1	20.2	2.7
贵州	Guizhou	39.8	37.7	0.1	0.1	3.5	114.3	1.2	19.1	16.3	3.6	0.8
云南	Yunnan	86.3	83.9	2.9	2.9	17.2	313.4	26.8	32.7	28.7	12.8	94.8
西藏	Tibet						1.1	0.4		0.1		
陕西	Shaanxi	7.2	7.1	3.3	3.3	1.6	1247.0	745.5	23.7	85.4	21.7	
甘肃	Gansu	1.0	0.8			0.1	411.6	164.1	0.3	28.5	10.0	
青海	Qinghai	0.1					3.3	0.6		0.5		
宁夏	Ningxia	0.2	0.2				185.8	28.3		2.3	9.7	
新疆	Xinjiang	0.1					855.0	43.5		69.3	164.9	

注：水果产量包括瓜果类产量。

a) Data of output of fruits include yield of melon and fruit.

2-62 主要林产品产量（2008年）

Output of Major Forest Products (2008)

单位：吨 (ton)

地区	Region	木材 (万立方米) Timber (10 000 cu.m)	橡胶 (吨) Rubber (ton)	松脂 (吨) Pine Resin (ton)	生漆 (吨) Lacquer (ton)	油桐籽 (吨) Tung-oil Seeds (ton)	油茶籽 (吨) Tea-oil Seeds (ton)	核桃 (吨) Walnuts (ton)
全国	**National Total**	**8108.3**	**547861**	**849205**	**15526**	**370966**	**989859**	**828635**
北京	Beijing	7.1						13230
天津	Tianjin	4.7						546
河北	Hebei	55.1			6			61590
山西	Shanxi	7.3						61414
内蒙古	Inner Mongolia	342.4						
辽宁	Liaoning	181.0						42122
吉林	Jilin	421.2						6569
黑龙江	Heilongjiang	549.2						148
上海	Shanghai							
江苏	Jiangsu	112.6						
浙江	Zhejiang	302.4		1415	2	62	49634	18189
安徽	Anhui	405.9		10560	260	1945	34069	13101
福建	Fujian	757.5		69083	213	21292	76528	11
江西	Jiangxi	610.2		48214	562	7848	191377	511
山东	Shandong	180.7						39704
河南	Henan	58.7		2758	1414	66640	17893	41067
湖北	Hubei	221.1		13038	6723	13175	36244	4170
湖南	Hunan	875.4		14192	425	38282	401252	3945
广东	Guangdong	509.5	12905	125391		5670	30365	
广西	Guangxi	1114.8	347	422468	50	68996	127157	701
海南	Hainan	101.0	277429	9950				
重庆	Chongqing	20.6		2244	800	23432	3489	8908
四川	Sichuan	284.9		4968	841	28277	3358	91170
贵州	Guizhou	213.3		7741	1904	62866	12443	14549
云南	Yunnan	427.5	257180	115849	402	18076	5871	198630
西藏	Tibet	15.0						
陕西	Shaanxi	31.3		1334	1893	13884	179	84590
甘肃	Gansu	8.8			31	521		42554
青海	Qinghai	0.9						195
宁夏	Ningxia	0.6						24
新疆	Xinjiang	35.8						80997
大兴安岭	Daxinganling	251.5						

2-63 牲畜饲养情况（2008年）
Number of Livestock (2008)

单位：万头、万只 (10 000 heads)

地 区	Region	大牲畜年底头数 Large Animals (year-end)	牛 Cattle and Buffaloes	马 Horses	驴 Donkeys	骡 Mules	骆驼 Camels
全 国	**National Total**	**12250.7**	**10576.0**	**682.1**	**673.1**	**295.5**	**24.0**
北 京	Beijing	24.5	23.0	0.2	1.0	0.3	
天 津	Tianjin	27.2	26.0	0.1	0.8	0.3	
河 北	Hebei	569.7	449.0	22.7	70.7	27.4	
山 西	Shanxi	139.4	93.8	2.3	22.9	20.5	
内蒙古	Inner Mongolia	895.1	688.0	70.0	90.4	37.9	8.8
辽 宁	Liaoning	492.8	325.1	27.7	116.2	23.7	
吉 林	Jilin	539.2	460.9	47.8	18.0	12.5	
黑龙江	Heilongjiang	558.9	518.9	28.2	8.1	3.7	
上 海	Shanghai	6.1	6.1				
江 苏	Jiangsu	41.7	34.3	0.7	5.4	1.4	
浙 江	Zhejiang	20.7	20.7				
安 徽	Anhui	145.2	144.5	0.2	0.3	0.1	
福 建	Fujian	70.8	70.8				
江 西	Jiangxi	239.4	239.4				
山 东	Shandong	547.2	522.5	5.8	15.1	3.8	
河 南	Henan	1097.5	1051.0	15.6	23.4	7.5	
湖 北	Hubei	319.1	317.5	1.0	0.5	0.2	
湖 南	Hunan	420.8	415.9	4.4	0.4	0.2	
广 东	Guangdong	231.1	230.9	0.2			
广 西	Guangxi	463.5	421.8	36.6	0.1	5.0	
海 南	Hainan	86.7	86.7				
重 庆	Chongqing	107.4	103.6	2.1	0.2	1.5	
四 川	Sichuan	1102.5	987.0	94.9	10.2	10.4	
贵 州	Guizhou	611.5	523.4	84.6	0.1	3.4	
云 南	Yunnan	883.6	706.4	75.3	34.2	67.6	
西 藏	Tibet	696.1	644.5	41.0	8.8	1.8	
陕 西	Shaanxi	194.6	166.0	1.0	20.0	7.6	
甘 肃	Gansu	583.8	423.6	13.7	101.0	44.0	1.5
青 海	Qinghai	484.2	445.4	21.8	6.4	9.8	0.9
宁 夏	Ningxia	107.0	93.4	0.3	9.8	3.5	
新 疆	Xinjiang	543.4	336.0	83.9	109.3	1.5	12.9

2-63 续表 Continued

单位：万头、万只 (10 000 heads)

地 区	Region	肉猪出栏头数 Slaughtered Fattened Hogs	猪年底头数 Hogs (year-end)	羊年底只数 Sheep and Goats (year-end)	山 羊 Goats	绵 羊 Sheep
全 国	**National Total**	**61016.6**	**46291.3**	**28084.9**	**15229.2**	**12855.7**
北 京	Beijing	292.7	179.8	73.2	20.9	52.3
天 津	Tianjin	301.1	180.3	37.3	4.4	32.9
河 北	Hebei	3230.8	2015.2	1617.0	750.9	866.1
山 西	Shanxi	584.7	452.2	744.0	416.3	327.7
内蒙古	Inner Mongolia	833.1	644.4	5125.3	1896.3	3228.9
辽 宁	Liaoning	2493.0	1584.0	678.7	388.3	290.4
吉 林	Jilin	1271.8	976.5	406.6	130.1	276.5
黑龙江	Heilongjiang	1344.0	1286.0	849.2	351.6	497.6
上 海	Shanghai	258.2	162.5	23.9	22.6	1.3
江 苏	Jiangsu	2604.3	1716.2	410.7	402.5	8.2
浙 江	Zhejiang	1889.0	1161.9	111.4	61.2	50.1
安 徽	Anhui	2527.4	1432.4	560.3	557.5	2.8
福 建	Fujian	1840.1	1324.1	96.6	96.6	
江 西	Jiangxi	2536.9	1508.7	61.1	61.1	
山 东	Shandong	3916.7	2725.8	2142.9	1861.8	281.1
河 南	Henan	4847.9	4462.0	2038.0	1866.0	172.0
湖 北	Hubei	3498.3	2462.4	376.2	375.8	0.4
湖 南	Hunan	5153.1	3915.3	503.1	503.1	0.1
广 东	Guangdong	3467.8	2380.4	36.3	36.3	
广 西	Guangxi	2935.0	2307.0	176.4	176.4	
海 南	Hainan	445.2	416.3	70.8	70.8	
重 庆	Chongqing	1898.7	1566.5	129.5	129.5	
四 川	Sichuan	6431.4	5325.8	1720.8	1514.3	206.5
贵 州	Guizhou	1561.1	1587.5	231.2	220.5	10.7
云 南	Yunnan	2701.7	2669.0	843.3	755.6	87.7
西 藏	Tibet	14.6	30.6	1677.9	645.5	1032.4
陕 西	Shaanxi	1034.8	880.7	681.6	576.8	104.8
甘 肃	Gansu	596.1	564.8	1675.0	340.4	1334.6
青 海	Qinghai	123.6	107.2	1499.4	267.5	1231.9
宁 夏	Ningxia	118.0	89.0	461.7	119.8	341.9
新 疆	Xinjiang	265.5	177.0	3025.7	608.8	2416.9

2-64 畜产品产量（2008年）

Output of Livestock Products (2008)

地区	Region	肉类产量（万吨） Output of Meat (10000 tons)	#猪牛羊肉 Output of Pork, Beef and Mutton	猪肉 Pork	牛肉 Beef	羊肉 Mutton	奶类（万吨） Milk (10 000 tons)	#牛奶 Cow Milk
全国	**National Total**	**7278.7**	**5614.0**	**4620.5**	**613.2**	**380.3**	**3781.5**	**3555.8**
北京	Beijing	45.1	25.9	22.3	2.1	1.5	66.5	66.4
天津	Tianjin	37.1	28.6	23.5	3.7	1.4	70.1	69.8
河北	Hebei	421.1	329.1	245.8	56.8	26.5	515.3	504.5
山西	Shanxi	63.3	54.7	45.4	4.2	5.1	70.0	68.2
内蒙古	Inner Mongolia	218.0	192.6	64.7	43.1	84.8	921.2	912.2
辽宁	Liaoning	373.3	255.0	210.0	37.7	7.3	107.3	101.2
吉林	Jilin	216.8	148.1	104.6	40.0	3.5	39.7	39.7
黑龙江	Heilongjiang	169.5	139.7	96.6	32.6	10.5	512.8	508.4
上海	Shanghai	26.5	17.9	17.3		0.5	23.3	23.3
江苏	Jiangsu	323.6	204.9	194.9	3.0	7.0	61.1	61.1
浙江	Zhejiang	170.1	129.7	126.9	1.0	1.8	22.5	22.5
安徽	Anhui	343.9	247.9	217.4	17.1	13.4	18.1	18.1
福建	Fujian	169.4	140.4	136.6	2.1	1.6	14.9	14.5
江西	Jiangxi	260.3	209.8	198.1	10.6	1.2	11.2	11.2
山东	Shandong	660.3	425.2	321.3	70.7	33.2	254.9	230.5
河南	Henan	584.8	477.7	367.1	84.1	26.5	298.6	279.1
湖北	Hubei	340.0	283.8	260.4	16.1	7.3	33.2	15.5
湖南	Hunan	446.4	395.4	370.2	14.6	10.6	15.2	7.7
广东	Guangdong	412.0	260.5	254.0	5.8	0.8	13.3	13.0
广西	Guangxi	350.8	233.7	218.4	12.5	2.9	7.5	7.5
海南	Hainan	61.1	40.1	36.9	2.2	1.0	0.5	0.2
重庆	Chongqing	177.4	147.6	140.7	5.2	1.8	7.8	7.8
四川	Sichuan	591.5	488.9	436.2	28.7	24.0	66.6	66.1
贵州	Guizhou	161.5	147.9	134.6	10.2	3.0	4.3	4.3
云南	Yunnan	288.3	257.2	219.6	26.1	11.5	97.3	44.7
西藏	Tibet	23.8	23.7	1.2	14.2	8.3	52.4	23.0
陕西	Shaanxi	99.4	88.4	73.5	7.6	7.4	182.3	149.0
甘肃	Gansu	79.1	73.0	42.9	14.8	15.4	34.7	34.7
青海	Qinghai	25.5	24.7	8.7	7.3	8.7	27.2	25.3
宁夏	Ningxia	23.6	21.2	8.5	6.8	5.9	89.2	89.2
新疆	Xinjiang	115.3	100.7	22.3	32.4	46.0	142.3	137.4

2-64 续表 Continued

地 区	Region	绵羊毛 (吨) Sheep Wool (ton)	#细羊毛 Fine Wool	#半细羊毛 Semi-Fine Wool	山羊毛 (吨) Goat Wool (ton)	羊 绒 (吨) Cashmere (ton)	禽 蛋 (万吨) Poultry Eggs (10 000 tons)	蜂 蜜 (万吨) Honey (10 000 tons)
全 国	**National Total**	**367687**	**123838**	**104838**	**44406**	**17184**	**2702.2**	**40.0**
北 京	Beijing	634	19	80	87	38	15.2	0.3
天 津	Tianjin	593	43	550	1		19.7	
河 北	Hebei	34147	7009	13887	3503	701	411.0	1.0
山 西	Shanxi	5668	453	569	1742	777	61.6	0.3
内蒙古	Inner Mongolia	96385	51838	12843	9790	7642	45.5	0.5
辽 宁	Liaoning	11468	2701	7028	2401	1372	254.2	0.2
吉 林	Jilin	20737	16589	4147	1069	126	87.1	1.2
黑龙江	Heilongjiang	23443	6111	17332	1344	687	93.7	1.2
上 海	Shanghai	35		35	126		6.2	
江 苏	Jiangsu	752	353	399	7		172.1	0.9
浙 江	Zhejiang	1881		1881	411		41.4	8.5
安 徽	Anhui	189	125	64	158		112.1	1.5
福 建	Fujian						33.0	0.8
江 西	Jiangxi						40.0	1.0
山 东	Shandong	10931	2049	5026	4463	848	365.0	0.9
河 南	Henan	10825	1086	6781	6221	897	371.7	10.2
湖 北	Hubei	1		1	10	157	124.1	0.7
湖 南	Hunan	8			8		87.5	1.0
广 东	Guangdong				3		32.4	1.3
广 西	Guangxi						17.9	0.8
海 南	Hainan						3.1	0.1
重 庆	Chongqing	4	4				41.3	1.0
四 川	Sichuan	6627	784	3513	555	18	143.0	4.2
贵 州	Guizhou	426	100	326	13	3	10.8	0.3
云 南	Yunnan	1489	191	962	86	3	19.4	0.6
西 藏	Tibet	8659	449	1831	1375	933	0.3	
陕 西	Shaanxi	3700	1006	831	1692	883	48.2	0.5
甘 肃	Gansu	24733	7767	5054	1711	342	11.9	0.1
青 海	Qinghai	14560	585	3789	809	347	1.4	0.1
宁 夏	Ningxia	5768	346	1086	521	254	6.4	0.1
新 疆	Xinjiang	84026	24229	16823	6300	1157	24.9	0.5

2-65 水产品产量（2008年）

Output of Aquatic Products (2008)

单位：万吨 (10 000 tons)

地 区	Region	水产品总产量 Total Aquatic Products	海水产品 Seawater Aquatic Products	天然生产 Naturally Grown	人工养殖 Artificially Cultured	鱼 类 Fish	虾蟹类 Shrimps, Prawns and Crabs	贝 类 Shellfish	藻 类 Algae	其 他 Others
全 国	**National Total**	**4895.6**	**2598.3**	**1258.0**	**1340.3**	**864.3**	**288.8**	**1072.5**	**142.3**	**122.1**
北 京	Beijing	6.1	0.7	0.7						
天 津	Tianjin	32.3	3.9	2.4	1.4	1.1	1.5	0.5		0.3
河 北	Hebei	96.6	54.9	25.3	29.6	16.5	8.0	27.9		2.5
山 西	Shanxi	3.1								
内蒙古	Inner Mongolia	9.8								
辽 宁	Liaoning	377.7	316.1	114.0	202.1	57.6	23.3	169.6	24.7	29.8
吉 林	Jilin	15.5								
黑龙江	Heilongjiang	35.6								
上 海	Shanghai	32.3	17.7	17.7		0.9	1.0			0.1
江 苏	Jiangsu	425.0	125.3	57.8	67.4	39.0	16.4	60.3	2.6	5.7
浙 江	Zhejiang	418.8	337.6	254.5	83.1	167.0	67.2	67.8	3.5	11.9
安 徽	Anhui	172.3								
福 建	Fujian	542.0	476.1	198.3	277.8	154.0	34.1	210.0	51.3	11.8
江 西	Jiangxi	190.4								
山 东	Shandong	730.3	609.5	248.1	361.4	169.4	46.6	300.1	51.1	32.5
河 南	Henan	50.6								
湖 北	Hubei	313.4								
湖 南	Hunan	178.6								
广 东	Guangdong	680.4	376.8	153.8	223.0	131.7	50.7	166.6	6.0	13.4
广 西	Guangxi	250.0	144.1	66.5	77.6	42.8	26.4	66.1		7.9
海 南	Hainan	139.4	110.9	93.9	17.0	84.5	13.4	3.6	3.2	6.2
重 庆	Chongqing	19.1								
四 川	Sichuan	95.2								
贵 州	Guizhou	7.8								
云 南	Yunnan	25.5								
西 藏	Tibet	0.1								
陕 西	Shaanxi	5.2								
甘 肃	Gansu	1.2								
青 海	Qinghai	0.1								
宁 夏	Ningxia	7.5								
新 疆	Xinjiang	9.1								
中国水产总公司	China Aquatic Company	24.8	24.8	24.8						

2-65 续表 Continued

单位：万吨 (10 000 tons)

地区	Region	淡水产品 Freshwater Aquatic Products	天然生产 Naturally Grown	人工养殖 Artificially Cultured	鱼类 Fish	虾蟹类 Shrimps, Prawns and Crabs	贝类 Shellfish	其他 Others
全国	**National Total**	**2297.3**	**224.8**	**2072.5**	**1998.5**	**210.1**	**50.1**	**38.7**
北京	Beijing	5.4	0.4	5.0	5.3			
天津	Tianjin	28.4	0.9	27.5	23.7	4.5	0.1	0.1
河北	Hebei	41.7	8.1	33.6	38.6	2.5	0.3	0.4
山西	Shanxi	3.1	0.1	3.0	3.1			
内蒙古	Inner Mongolia	9.8	2.8	7.0	9.6	0.1		0.1
辽宁	Liaoning	61.5	3.7	57.8	57.2	3.7		0.6
吉林	Jilin	15.5	2.0	13.5	15.4	0.1		
黑龙江	Heilongjiang	35.6	4.2	31.4	35.1	0.5		
上海	Shanghai	14.6	0.4	14.2	8.5	6.1		0.1
江苏	Jiangsu	299.8	32.2	267.6	218.1	69.1	9.2	3.3
浙江	Zhejiang	81.2	8.1	73.1	53.1	13.1	3.6	11.4
安徽	Anhui	172.3	31.0	141.3	135.5	24.7	8.8	3.4
福建	Fujian	65.9	7.6	58.3	55.8	4.1	4.7	1.4
江西	Jiangxi	190.4	24.1	166.3	169.4	10.2	6.9	3.9
山东	Shandong	120.8	13.0	107.9	112.6	7.3	0.6	0.3
河南	Henan	50.6	3.0	47.6	48.4	1.7	0.2	0.3
湖北	Hubei	313.4	30.3	283.1	276.5	31.3	3.2	2.4
湖南	Hunan	178.6	16.0	162.6	170.0	3.1	3.3	2.2
广东	Guangdong	303.6	12.5	291.1	266.0	25.2	6.7	5.7
广西	Guangxi	105.9	10.6	95.4	101.8	1.2	1.7	1.2
海南	Hainan	28.5	2.0	26.5	27.3	0.2	0.2	0.9
重庆	Chongqing	19.1	1.0	18.1	18.9	0.1	0.1	
四川	Sichuan	95.2	5.8	89.4	93.2	0.6	0.5	0.9
贵州	Guizhou	7.8	1.1	6.7	7.6	0.1		
云南	Yunnan	25.5	2.4	23.1	25.0	0.4		
西藏	Tibet	0.1						
陕西	Shaanxi	5.2	0.4	4.8	5.2			
甘肃	Gansu	1.2	0.1	1.1	1.2			
青海	Qinghai	0.1		0.1	0.1			
宁夏	Ningxia	7.5		7.5	7.5	0.1		
新疆	Xinjiang	9.1	1.1	8.0	9.0	0.1		
中国水产总公司	China Aquatic Company							

2-66 受灾面积和成灾面积(2008年)

Areas Covered and Affected by Natural Disaster (2008)

单位：千公顷 (1 000 hectares)

地区	Region	受灾面积 Areas Covered	成灾面积 Areas Affected	成灾面积占受灾面积比重(%) Percentage of Disaster Areas Affected to Areas Covered (%)	水灾 Flood		旱灾 Drought	
					受灾面积 Areas Covered	成灾面积 Areas Affected	受灾面积 Areas Covered	成灾面积 Areas Affected
全国	**National Total**	**39990**	**22283**	**55.7**	**6477**	**3656**	**12137**	**6798**
北京	Beijing	31	25	81.4			8	5
天津	Tianjin	80	54	67.8			24	7
河北	Hebei	1152	834	72.4	55	29	629	480
山西	Shanxi	2164	1007	46.6	57	23	1917	907
内蒙古	Inner Mongolia	2497	1318	52.8	434	159	1658	938
辽宁	Liaoning	539	299	55.5	173	36	321	236
吉林	Jilin	580	244	42.1	52	29	466	165
黑龙江	Heilongjiang	2367	1345	56.8	159	53	1597	930
上海	Shanghai	21	8	38.1				
江苏	Jiangsu	497	275	55.2	101	95		
浙江	Zhejiang	1075	519	48.2	233	134	23	9
安徽	Anhui	1277	621	48.6	302	202		
福建	Fujian	231	82	35.6	58	24	4	2
江西	Jiangxi	2376	1142	48.1	812	255	128	46
山东	Shandong	672	234	34.8	121	82	256	88
河南	Henan	967	653	67.5	74	52	584	376
湖北	Hubei	4033	2659	65.9	1180	931	20	14
湖南	Hunan	4474	2843	63.5	666	279	486	160
广东	Guangdong	1600	794	49.6	415	234	71	40
广西	Guangxi	2306	1129	49.0	642	556	224	127
海南	Hainan	366	172	47.1	93	79	81	21
重庆	Chongqing	662	399	60.3	86	47	156	93
四川	Sichuan	1412	637	45.1	206	105	107	35
贵州	Guizhou	1760	1050	59.6	186	122	30	18
云南	Yunnan	1460	882	60.4	121	55	475	359
西藏	Tibet	54	36	67.5	5	4		
陕西	Shaanxi	1047	502	48.0	134	15	478	341
甘肃	Gansu	1334	841	63.0	71	36	784	573
青海	Qinghai	122	73	59.9	10	1	66	45
宁夏	Ningxia	667	283	42.4	5	4	494	223
新疆	Xinjiang	2172	1326	61.1	28	16	1050	561

2-67 规模以上工业企业工业增加值

Value-added of Enterprise above Designated Size

单位：亿元 (100 million yuan)

地区	Region	2001	2002	2003	2004	2005	2006	2007
全国	**National Total**	**28329.4**	**32994.8**	**41990.2**	**54805.1**	**72187.0**	**91075.7**	**117048.4**
北京	Beijing	751.2	840.4	1012.5	1259.5	1677.4	1840.2	2159.4
天津	Tianjin	728.1	843.4	1074.8	1395.6	1836.3	2443.8	2952.7
河北	Hebei	1244.1	1413.5	1801.8	2459.2	3167.9	3880.2	4822.8
山西	Shanxi	499.8	633.0	908.7	1242.8	1756.7	2148.4	2811.6
内蒙古	Inner Mongolia	307.6	375.8	516.7	776.8	1240.4	1778.2	2534.1
辽宁	Liaoning	1255.7	1377.7	1715.9	2255.7	3108.4	4141.2	5393.8
吉林	Jilin	589.1	669.3	814.8	994.3	1169.4	1514.4	2079.8
黑龙江	Heilongjiang	1207.9	1262.0	1363.1	1619.6	2154.6	2564.3	2854.7
上海	Shanghai	1988.4	2131.9	2832.9	3427.0	4121.7	4833.9	5494.1
江苏	Jiangsu	2943.5	3546.7	4670.6	6447.5	8119.0	10309.2	12926.9
浙江	Zhejiang	1874.4	2403.9	3097.6	4173.4	4831.0	5993.0	7571.3
安徽	Anhui	577.2	690.6	881.5	1082.2	1483.8	1885.6	2562.7
福建	Fujian	875.4	1177.6	1448.5	1845.8	2291.3	2847.8	3598.7
江西	Jiangxi	308.2	362.7	446.8	617.8	882.3	1288.1	1822.2
山东	Shandong	2900.7	3500.5	4701.1	6498.3	9375.3	11493.9	14777.8
河南	Henan	1249.8	1387.9	1740.1	2332.7	3379.3	4603.8	7364.7
湖北	Hubei	1072.8	1170.5	1364.8	1664.7	2007.2	2392.2	3262.4
湖南	Hunan	605.5	706.6	888.6	1198.1	1629.8	2089.1	2853.8
广东	Guangdong	3738.3	4361.1	5718.1	7086.4	9416.4	11780.9	14104.2
广西	Guangxi	342.7	370.4	446.5	595.6	794.6	1074.8	1519.3
海南	Hainan	65.3	82.3	96.3	102.7	152.5	190.3	279.6
重庆	Chongqing	308.2	360.1	447.6	579.7	659.4	935.6	1385.8
四川	Sichuan	790.4	977.5	1165.7	1546.5	2160.2	2786.6	4019.3
贵州	Guizhou	236.6	271.1	346.5	438.4	585.9	747.4	890.5
云南	Yunnan	582.1	659.1	746.0	881.2	998.8	1271.5	1566.1
西藏	Tibet	9.5	10.5	12.4	14.4	15.3	18.9	23.5
陕西	Shaanxi	459.7	533.7	674.4	870.7	1321.7	1831.0	2383.0
甘肃	Gansu	296.5	340.6	388.1	505.1	559.6	707.6	921.9
青海	Qinghai	71.8	80.2	95.2	132.4	189.1	259.6	342.7
宁夏	Ningxia	82.9	80.6	109.4	147.0	213.7	264.5	372.5
新疆	Xinjiang	365.2	373.7	463.4	616.9	888.1	1159.8	1396.7

注：1.本表按当年价格计算。

2.规模以上工业企业2007年起为年主营业务收入在500万元以上的企业，以前为全部国有及销售收入在500万元以上的非国有工业企业（下表同）。

a) In this table, value is calculated at current prices.

b) Industrial enterprises above designated size refer to those with annual revenue from principal business over 5 million yuan since 2007, while refer to all state-owned enterprises and non-state-owned enterprises with sales value over 5 million yuan before 2007.The same applies to the table following

2-68 规模以上工业企业主要指标（2008年）

Main Indicators of Industrial Enterprises above Designated Size (2008)

单位：亿元 (100 million yuan)

地 区	Region	企业单位数（个）Number of Enterprises (unit)	工业总产值 Gross Industrial Output Value	资产总计 Total Assets	流动资产合计 Total Working Capitals
全 国	**National Total**	**426113**	**507448.25**	**431305.55**	**195681.75**
北 京	Beijing	7205	10413.09	16802.42	6481.20
天 津	Tianjin	7950	12503.25	10351.21	5179.23
河 北	Hebei	12447	23030.73	17261.75	7228.64
山 西	Shanxi	4415	10023.87	13452.67	5486.99
内蒙古	Inner Mongolia	3993	8740.18	10089.30	3327.49
辽 宁	Liaoning	21876	24769.09	22040.91	9757.30
吉 林	Jilin	5257	8406.85	7525.18	2877.80
黑龙江	Heilongjiang	4392	7624.54	7826.92	3282.31
上 海	Shanghai	18792	25120.92	22750.35	11682.84
江 苏	Jiangsu	65495	67798.68	48321.94	25266.93
浙 江	Zhejiang	58816	40832.10	35550.76	19668.12
安 徽	Anhui	11392	11162.16	10122.18	4031.98
福 建	Fujian	17212	15212.81	11694.91	5700.78
江 西	Jiangxi	7367	8499.58	6420.95	2477.93
山 东	Shandong	42629	62958.53	39224.51	17199.42
河 南	Henan	18700	26028.41	17316.86	6910.07
湖 北	Hubei	12067	13454.94	15431.43	5515.44
湖 南	Hunan	12391	11553.31	8856.19	3396.94
广 东	Guangdong	52574	65424.61	45750.15	24753.29
广 西	Guangxi	5427	6071.98	5981.12	2349.86
海 南	Hainan	548	1103.07	1207.77	471.43
重 庆	Chongqing	6119	5755.90	5551.03	2480.78
四 川	Sichuan	13725	14761.86	15589.47	6458.42
贵 州	Guizhou	2676	3111.13	4566.10	1642.82
云 南	Yunnan	3320	5144.58	7185.11	2907.12
西 藏	Tibet	88	48.19	223.87	59.54
陕 西	Shaanxi	4025	7480.79	9905.91	4087.89
甘 肃	Gansu	1940	3667.52	4497.49	1769.89
青 海	Qinghai	515	1103.10	2092.67	618.57
宁 夏	Ningxia	901	1366.46	2061.86	755.40
新 疆	Xinjiang	1859	4276.05	5652.57	1855.34

2-68 续表 1 continued

单位：亿元 (100 million yuan)

地 区	Region	流动资产年平均余额 Annual Average Balance of Working Capitals	固定资产原价 Original Value of Fixed Assets	固定资产净值年平均余额 Annual Average Balance of Net Value of Fixed Assets	负债合计 Total Liabilities	流动负债合计 Total Working Liabilities	所有者权益合计 Total Owners' Equities
全 国	**National Total**	**187534.47**	**245352.80**	**151665.15**	**248899.38**	**190115.98**	**182353.38**
北 京	Beijing	5928.22	6574.59	3926.11	8085.01	5554.29	8717.41
天 津	Tianjin	5065.78	5357.97	3161.22	6290.53	5251.56	4060.68
河 北	Hebei	6915.54	10324.13	6534.16	10525.99	8084.03	6730.11
山 西	Shanxi	4947.42	7668.65	5209.04	9023.63	6420.17	4429.04
内蒙古	Inner Mongolia	3053.07	6514.17	4496.47	6306.51	3595.73	3782.79
辽 宁	Liaoning	9649.77	13719.77	7943.58	12878.51	9772.18	9162.40
吉 林	Jilin	2699.38	5092.02	3086.67	4090.51	2881.94	3421.41
黑龙江	Heilongjiang	3185.67	6591.84	3244.82	4363.89	3455.51	3455.59
上 海	Shanghai	11623.67	13123.73	7142.16	12078.65	10069.84	10671.52
江 苏	Jiangsu	24370.19	26672.88	16463.95	28447.89	24462.68	19874.05
浙 江	Zhejiang	19092.60	15478.27	10438.59	22014.49	18996.57	13524.09
安 徽	Anhui	3910.67	6180.77	4004.41	6337.25	4321.57	3784.93
福 建	Fujian	5539.85	5994.98	3952.27	6282.32	4843.81	5412.59
江 西	Jiangxi	2419.40	4957.62	3044.82	3506.62	2477.22	2905.93
山 东	Shandong	16579.10	23700.95	14925.40	21576.63	16657.49	17647.01
河 南	Henan	6616.93	10325.21	6943.99	9777.98	7242.92	7536.85
湖 北	Hubei	5223.28	9916.98	6006.07	8059.50	5755.28	7371.94
湖 南	Hunan	3258.74	5194.97	3490.69	5145.44	3305.84	3710.75
广 东	Guangdong	23719.59	24529.17	14527.73	26278.20	21787.00	19471.95
广 西	Guangxi	2250.94	3651.87	2491.81	3832.24	2629.55	2148.87
海 南	Hainan	473.48	731.24	523.87	694.33	489.85	513.43
重 庆	Chongqing	2362.88	3025.44	1992.76	3332.96	2470.52	2218.07
四 川	Sichuan	5949.63	8042.60	5015.59	9241.79	6228.80	6347.68
贵 州	Guizhou	1485.62	2624.32	1645.22	3001.74	1775.62	1564.36
云 南	Yunnan	2778.93	3676.02	2315.63	4168.36	2755.31	3016.76
西 藏	Tibet	58.88	150.45	99.82	52.83	34.85	171.04
陕 西	Shaanxi	3706.22	5999.40	3743.14	5445.13	3807.72	4460.78
甘 肃	Gansu	1695.01	2935.45	1745.52	2499.16	1653.17	1998.33
青 海	Qinghai	536.84	1315.94	878.85	1289.08	698.77	803.59
宁 夏	Ningxia	685.45	1170.32	768.20	1337.08	855.92	721.98
新 疆	Xinjiang	1751.73	4111.08	1902.57	2935.13	1780.27	2717.44

2-68 续表 2 continued

单位: 亿元 (100 million yuan)

地 区	Region	主营业务收入 Revenue from Principal Business	主营业务成本 Cost of Principal Business	主营业务税金及附加 Taxes and Other Charges on Principal Business	利润总额 Total Profits	本年应交增值税 Value Added Tax Payable	全部从业人员年平均人数(万人) Annual Average Employed Persons (10 000 persons)
全 国	**National Total**	**500020.07**	**423295.75**	**6277.28**	**30562.37**	**17690.72**	**8837.63**
北 京	Beijing	11275.82	9866.68	84.29	557.00	298.57	123.38
天 津	Tianjin	12914.20	11218.80	100.90	752.79	290.11	133.12
河 北	Hebei	22474.08	19490.50	173.43	1369.84	751.96	316.85
山 西	Shanxi	10130.61	8069.28	123.65	634.25	670.35	214.93
内蒙古	Inner Mongolia	8470.30	6617.43	123.64	771.44	442.00	104.57
辽 宁	Liaoning	24372.24	21329.86	264.81	781.58	664.76	366.23
吉 林	Jilin	8119.17	6727.46	163.78	396.23	227.33	126.99
黑龙江	Heilongjiang	8212.36	5732.17	136.91	1581.69	503.49	155.99
上 海	Shanghai	26058.02	22833.10	257.80	967.24	607.94	304.01
江 苏	Jiangsu	66481.84	57465.89	426.41	3972.93	2175.35	1104.06
浙 江	Zhejiang	39630.60	34893.58	286.99	1634.20	1080.41	814.55
安 徽	Anhui	10980.44	9184.24	173.43	606.73	451.94	210.80
福 建	Fujian	14816.17	12727.46	151.51	896.11	409.36	380.06
江 西	Jiangxi	8526.41	7301.09	121.81	507.96	357.06	178.56
山 东	Shandong	62034.19	52900.34	739.19	3923.56	1942.87	912.70
河 南	Henan	25389.80	21309.71	358.05	2287.78	958.30	417.36
湖 北	Hubei	13081.90	10732.57	301.75	909.03	550.69	235.90
湖 南	Hunan	11285.44	8987.03	388.88	663.56	588.82	225.55
广 东	Guangdong	63371.65	54036.01	669.56	3272.60	2194.53	1493.38
广 西	Guangxi	5668.99	4858.75	78.93	231.14	224.50	114.60
海 南	Hainan	1077.81	894.66	23.70	80.74	35.74	12.61
重 庆	Chongqing	5667.61	4711.41	81.10	308.68	211.93	132.13
四 川	Sichuan	14286.43	11748.93	215.29	844.56	642.49	297.54
贵 州	Guizhou	2922.35	2271.65	108.71	181.83	162.99	73.53
云 南	Yunnan	4961.12	3739.17	389.51	310.14	305.87	84.34
西 藏	Tibet	45.20	33.33	0.68	4.50	4.48	1.79
陕 西	Shaanxi	7194.60	5351.48	141.67	1008.99	427.65	131.83
甘 肃	Gansu	3752.44	3179.20	64.09	109.46	140.09	69.13
青 海	Qinghai	1044.94	769.72	14.01	177.17	60.90	17.42
宁 夏	Ningxia	1334.19	1130.73	11.33	39.13	56.51	25.89
新 疆	Xinjiang	4439.14	3183.48	101.45	779.52	251.72	57.84

2-69 规模以上工业企业主要经济效益指标(2008年)

Main Indicators on Economic Benefit of Industrial Enterprises above Designated Size (2008)

地　区	Region	总资产贡献率(%) Ratio of Total Assets to Industrial Output Value (%)	资产负债率(%) Assets-Liability Ratio (%)	流动资产周转次数(次/年) Number of Times of Turnover of Working Capitals (times/year)	工业成本费用利润率(%) Ratio of Profits to Industrial Cost (%)	产品销售率(%) Proportion of Products Sold (%)
全　国	**National Total**	**13.96**	**57.71**	**2.67**	**6.61**	**97.50**
北　京	Beijing	6.22	48.12	1.90	5.09	98.95
天　津	Tianjin	12.05	60.77	2.55	6.25	98.40
河　北	Hebei	14.79	60.98	3.25	6.57	97.30
山　西	Shanxi	12.31	67.08	2.05	6.79	97.67
内蒙古	Inner Mongolia	14.77	62.51	2.77	10.54	95.99
辽　宁	Liaoning	8.81	58.43	2.53	3.39	97.32
吉　林	Jilin	11.58	54.36	3.01	5.30	97.78
黑龙江	Heilongjiang	29.18	55.75	2.58	24.81	98.30
上　海	Shanghai	8.80	53.09	2.24	3.84	98.72
江　苏	Jiangsu	15.03	58.87	2.73	6.42	98.14
浙　江	Zhejiang	10.30	61.92	2.08	4.29	97.27
安　徽	Anhui	13.71	62.61	2.81	5.98	97.44
福　建	Fujian	13.88	53.72	2.67	6.44	97.54
江　西	Jiangxi	16.75	54.61	3.52	6.48	98.56
山　东	Shandong	18.48	55.01	3.74	6.87	96.46
河　南	Henan	22.32	56.47	3.84	9.97	98.34
湖　北	Hubei	12.64	52.23	2.50	7.65	97.71
湖　南	Hunan	20.19	58.10	3.46	6.65	98.69
广　东	Guangdong	14.32	57.44	2.67	5.54	97.13
广　西	Guangxi	10.89	64.07	2.52	4.29	94.85
海　南	Hainan	13.43	57.49	2.28	8.21	98.78
重　庆	Chongqing	12.25	60.04	2.40	5.84	97.95
四　川	Sichuan	12.19	59.28	2.40	6.42	97.70
贵　州	Guizhou	11.54	65.74	1.97	6.92	95.44
云　南	Yunnan	15.36	58.01	1.79	7.30	95.18
西　藏	Tibet	4.46	23.60	0.77	11.12	91.86
陕　西	Shaanxi	16.93	54.97	1.94	16.70	96.98
甘　肃	Gansu	8.21	55.57	2.21	3.12	97.51
青　海	Qinghai	13.44	61.60	1.95	20.36	95.12
宁　夏	Ningxia	7.11	64.85	1.95	3.05	95.62
新　疆	Xinjiang	20.87	51.93	2.53	22.32	97.75

2-70 国有及国有控股工业企业主要指标（2008年）

Main Indicators of State-owned and State-holding Industrial Enterprises (2008)

单位：亿元 (100 million yuan)

地 区	Region	企业单位数（个）Number of Enterprises (unit)	工业总产值 Gross Industrial Output Value	资产总计 Total Assets	流动资产合计 Total Working Capitals
全 国	**National Total**	**21313**	**143950.02**	**188811.37**	**65493.98**
北 京	Beijing	1116	4967.91	12218.51	3447.17
天 津	Tianjin	884	4772.99	5422.18	2065.60
河 北	Hebei	810	6659.72	8235.07	2797.17
山 西	Shanxi	650	5199.80	8364.84	3021.41
内蒙古	Inner Mongolia	481	3540.47	6129.29	1629.56
辽 宁	Liaoning	1046	9699.81	11899.99	4986.31
吉 林	Jilin	416	4063.85	4484.24	1556.54
黑龙江	Heilongjiang	543	5145.11	5466.69	2092.91
上 海	Shanghai	1189	8967.33	10936.37	4463.42
江 苏	Jiangsu	921	7698.86	8297.84	2942.50
浙 江	Zhejiang	736	5308.87	5557.97	1691.66
安 徽	Anhui	632	4834.94	5998.81	1856.13
福 建	Fujian	540	2111.42	3125.81	877.10
江 西	Jiangxi	577	2611.10	2859.97	1213.54
山 东	Shandong	1358	13163.09	12969.11	4903.64
河 南	Henan	970	6987.91	8300.01	2854.23
湖 北	Hubei	887	5974.90	9774.35	2724.15
湖 南	Hunan	854	3899.19	4714.61	1602.27
广 东	Guangdong	1487	11144.50	11897.96	4135.90
广 西	Guangxi	627	2276.73	3096.47	905.45
海 南	Hainan	109	274.86	434.83	119.63
重 庆	Chongqing	520	2412.60	3067.72	1216.82
四 川	Sichuan	1006	4712.85	8515.93	3098.43
贵 州	Guizhou	530	1878.69	3476.32	1121.17
云 南	Yunnan	539	2963.51	4767.92	1787.85
西 藏	Tibet	36	21.38	177.43	34.81
陕 西	Shaanxi	685	5001.13	7681.95	2983.74
甘 肃	Gansu	426	2890.07	3484.97	1313.11
青 海	Qinghai	146	748.27	1618.28	392.15
宁 夏	Ningxia	106	665.09	1350.33	391.26
新 疆	Xinjiang	486	3353.09	4485.58	1268.35

2-70 续表 1 continued

单位：亿元 (100 million yuan)

地 区	Region	流动资产年平均余额 Annual Average Balance of Working Capitals	固定资产原价 Original Value of Fixed Assets	固定资产净值年平均余额 Annual Average Balance of Net Value of Fixed Assets	负债合计 Total Liabilities	流动负债合计 Total Working Liabilities	所有者权益合计 Total Owners' Equities
全 国	**National Total**	**63021.98**	**129146.64**	**75926.53**	**111374.72**	**72749.16**	**77388.89**
北 京	Beijing	3014.36	4933.42	2942.60	5474.49	3161.95	6744.01
天 津	Tianjin	1969.65	3266.53	1848.86	3424.54	2630.13	1997.65
河 北	Hebei	2630.33	5826.52	3394.27	5302.47	3693.99	2926.95
山 西	Shanxi	2676.18	5406.75	3492.85	5648.59	3649.08	2716.25
内蒙古	Inner Mongolia	1499.69	4814.59	3238.81	4061.47	1914.25	2067.83
辽 宁	Liaoning	4932.45	8422.56	4492.59	7519.30	5483.89	4380.68
吉 林	Jilin	1483.03	3365.13	1900.66	2507.68	1738.29	1963.31
黑龙江	Heilongjiang	2087.25	5393.54	2463.14	2954.88	2303.48	2504.37
上 海	Shanghai	4578.32	7545.95	3935.50	5388.01	4174.36	5548.36
江 苏	Jiangsu	2929.84	6606.26	3871.02	5156.25	3729.81	3141.59
浙 江	Zhejiang	1740.42	4492.03	2792.39	3482.15	2044.31	2063.84
安 徽	Anhui	1858.31	4256.40	2681.52	3982.87	2289.97	2015.95
福 建	Fujian	846.02	2002.52	1249.54	1883.81	1018.79	1242.00
江 西	Jiangxi	1185.87	2124.32	1227.38	1803.72	1264.43	1049.61
山 东	Shandong	4755.03	9680.34	5517.41	7578.69	5266.78	5390.42
河 南	Henan	2705.60	5659.81	3345.10	5411.65	3892.63	2888.36
湖 北	Hubei	2621.24	6810.55	4297.95	5034.82	3327.27	4739.53
湖 南	Hunan	1546.57	3104.17	1971.41	3047.94	1741.58	1666.67
广 东	Guangdong	4194.60	8327.10	5051.32	6616.85	4210.90	5281.11
广 西	Guangxi	873.33	2345.37	1597.87	2114.02	1277.66	982.44
海 南	Hainan	130.60	321.77	203.48	191.01	113.90	243.83
重 庆	Chongqing	1209.02	1921.75	1238.80	1876.82	1309.83	1190.90
四 川	Sichuan	2870.56	4606.00	2858.80	5401.06	3214.03	3114.87
贵 州	Guizhou	1016.04	2188.12	1336.78	2353.68	1281.62	1122.64
云 南	Yunnan	1733.09	2458.08	1485.01	2619.69	1653.49	2148.23
西 藏	Tibet	36.11	131.84	85.44	37.35	22.31	140.08
陕 西	Shaanxi	2714.44	5050.65	3112.60	4345.11	2884.54	3336.85
甘 肃	Gansu	1265.31	2420.41	1402.61	1961.58	1237.74	1523.39
青 海	Qinghai	352.52	1143.46	746.27	1019.19	509.12	599.09
宁 夏	Ningxia	350.14	857.61	548.84	885.26	476.82	462.27
新 疆	Xinjiang	1216.04	3663.10	1595.74	2289.77	1232.20	2195.82

2-70 续表 2 continued

单位：亿元 (100 million yuan)

地 区	Region	主营业务收入 Revenue from Principal Business	主营业务成本 Cost of Principal Business	主营业务税金及附加 Taxes and Other Charges on Principal Business	利润总额 Total Profits	本年应交增值税 Value-added Tax Payable	全部从业人员年平均人数(万人) Annual Average Employed Persons (10 000 persons)
全 国	**National Total**	**147507.90**	**122504.18**	**3882.05**	**9063.59**	**6769.35**	**1794.10**
北 京	Beijing	5500.31	4988.71	73.79	255.54	158.80	46.58
天 津	Tianjin	5175.97	4390.03	71.46	434.01	158.63	39.21
河 北	Hebei	6849.31	6026.68	87.23	276.82	295.00	92.89
山 西	Shanxi	5380.17	4228.85	66.00	320.84	336.50	114.56
内蒙古	Inner Mongolia	3375.23	2706.58	46.35	231.42	221.91	40.77
辽 宁	Liaoning	9847.98	8986.81	143.23	-60.40	298.86	116.03
吉 林	Jilin	4052.06	3415.75	119.86	170.83	134.60	52.66
黑龙江	Heilongjiang	5732.45	3697.51	113.85	1420.06	389.32	88.84
上 海	Shanghai	9757.75	8648.57	241.23	335.25	288.22	50.02
江 苏	Jiangsu	7798.44	6761.51	209.89	245.76	329.69	70.62
浙 江	Zhejiang	5357.21	4893.36	153.12	89.33	206.01	32.46
安 徽	Anhui	5056.60	4233.54	118.27	203.65	236.69	73.75
福 建	Fujian	2096.24	1805.81	80.51	83.30	94.59	24.11
江 西	Jiangxi	2725.41	2391.53	57.18	58.35	107.58	43.29
山 东	Shandong	13566.25	11148.23	426.48	929.75	589.04	155.47
河 南	Henan	7124.95	6149.19	187.09	292.17	292.10	119.13
湖 北	Hubei	6002.87	4902.84	202.28	466.96	272.57	72.50
湖 南	Hunan	3842.74	2991.69	246.76	185.42	248.31	59.32
广 东	Guangdong	11045.88	9026.61	262.98	782.48	631.27	77.84
广 西	Guangxi	2187.95	1868.78	55.10	63.99	104.06	34.41
海 南	Hainan	276.98	217.86	10.38	34.65	13.75	3.75
重 庆	Chongqing	2415.55	1991.18	58.69	108.97	108.57	41.30
四 川	Sichuan	4765.38	3874.58	110.67	198.13	218.32	87.08
贵 州	Guizhou	1803.40	1396.11	89.52	94.79	105.39	39.66
云 南	Yunnan	2918.64	2054.54	372.05	160.21	202.68	33.21
西 藏	Tibet	21.27	18.44	0.48	-0.05	2.41	1.11
陕 西	Shaanxi	4919.56	3613.92	109.73	788.03	315.93	78.13
甘 肃	Gansu	3019.91	2593.12	54.13	49.56	111.71	42.60
青 海	Qinghai	718.21	519.43	10.44	131.70	46.71	10.60
宁 夏	Ningxia	652.34	529.69	7.57	14.80	34.44	12.93
新 疆	Xinjiang	3520.90	2432.71	95.72	697.26	215.71	39.26

2-71 国有及国有控股工业企业主要经济效益指标（2008年）

Main Indicators on Economic Benefit of State-owned and State-holding Industrial Enterprises (2008)

地　区	Region	总资产贡献率 (%) Ratio of Total Assets to Industrial Output Value (%)	资产负债率 (%) Assets-Liability Ratio (%)	流动资产周转次数 (次/年) Number of Times of Turnover of Working Capitals (times/year)	工业成本费用利润率 (%) Ratio of Profits to Industrial Cost (%)	产品销售率 (%) Proportion of Products Sold (%)
全　国	**National Total**	**11.77**	**58.99**	**2.34**	**6.71**	**97.95**
北　京	Beijing	4.64	44.80	1.82	4.72	99.10
天　津	Tianjin	13.32	63.16	2.63	9.31	98.60
河　北	Hebei	9.58	64.39	2.60	4.22	98.69
山　西	Shanxi	10.29	67.53	2.01	6.44	98.48
内蒙古	Inner Mongolia	9.81	66.26	2.25	7.67	94.92
辽　宁	Liaoning	4.33	63.19	2.00	-0.62	98.41
吉　林	Jilin	10.42	55.92	2.73	4.52	99.11
黑龙江	Heilongjiang	35.89	54.05	2.75	34.46	98.91
上　海	Shanghai	8.67	49.27	2.13	3.58	99.50
江　苏	Jiangsu	10.91	62.14	2.66	3.33	99.62
浙　江	Zhejiang	10.10	62.65	3.08	1.71	99.25
安　徽	Anhui	10.94	66.39	2.72	4.32	99.30
福　建	Fujian	9.92	60.27	2.48	4.20	99.01
江　西	Jiangxi	9.41	63.07	2.30	2.23	99.33
山　东	Shandong	16.65	58.44	2.85	7.45	90.90
河　南	Henan	10.86	65.20	2.63	4.33	99.11
湖　北	Hubei	10.88	51.51	2.29	8.62	98.83
湖　南	Hunan	16.38	64.65	2.48	5.52	98.80
广　东	Guangdong	15.49	55.61	2.63	8.02	98.79
广　西	Guangxi	9.53	68.27	2.51	3.05	96.65
海　南	Hainan	14.69	43.93	2.12	14.55	100.09
重　庆	Chongqing	10.47	61.18	2.00	4.77	98.58
四　川	Sichuan	7.30	63.42	1.66	4.46	98.19
贵　州	Guizhou	10.09	67.71	1.77	5.87	96.50
云　南	Yunnan	16.68	54.94	1.68	6.80	97.35
西　藏	Tibet	1.73	21.05	0.59	-0.24	93.50
陕　西	Shaanxi	16.79	56.56	1.81	19.40	98.48
甘　肃	Gansu	7.42	56.29	2.39	1.74	98.86
青　海	Qinghai	13.30	62.98	2.04	22.41	95.24
宁　夏	Ningxia	6.09	65.56	1.86	2.39	97.26
新　疆	Xinjiang	23.28	51.05	2.90	26.32	98.64

2-72 私营工业企业主要指标(2008年)

Main Indicators of Private Industrial Enterprises(2008)

单位：亿元 (100 million yuan)

地 区	Region	企业单位数(个) Number of Enterprises (unit)	工业总产值 Gross Industrial Output Value	资产总计 Total Assets	流动资产合计 Total Working Capitals
全 国	**National Total**	**245850**	**136340.33**	**75879.59**	**40572.42**
北 京	Beijing	2354	649.91	703.07	481.29
天 津	Tianjin	3532	1859.19	1027.91	669.66
河 北	Hebei	7555	8044.14	3538.45	1695.95
山 西	Shanxi	1593	1651.07	1523.71	765.04
内蒙古	Inner Mongolia	1857	1900.47	1089.96	521.25
辽 宁	Liaoning	13637	7596.22	4173.15	1834.21
吉 林	Jilin	2928	1813.63	1051.55	439.32
黑龙江	Heilongjiang	2132	921.36	772.83	393.74
上 海	Shanghai	8975	2995.47	2329.66	1525.61
江 苏	Jiangsu	43827	21713.26	12075.51	7252.30
浙 江	Zhejiang	40320	16817.25	13398.10	8236.95
安 徽	Anhui	7509	2885.42	1692.53	892.77
福 建	Fujian	8332	3827.97	2162.87	1180.31
江 西	Jiangxi	4073	2971.58	1602.83	566.10
山 东	Shandong	26993	20730.81	7863.20	3467.59
河 南	Henan	11623	9829.87	3592.01	1605.21
湖 北	Hubei	6432	2652.34	1503.18	719.96
湖 南	Hunan	8066	4232.44	1719.71	709.63
广 东	Guangdong	21658	10705.08	5356.38	3266.97
广 西	Guangxi	2938	1507.22	865.19	467.10
海 南	Hainan	113	76.12	80.04	43.50
重 庆	Chongqing	4804	2400.06	1473.87	785.30
四 川	Sichuan	7960	4928.91	2707.68	1247.65
贵 州	Guizhou	1267	536.98	421.02	215.63
云 南	Yunnan	1740	1176.26	1105.67	574.26
西 藏	Tibet	22	7.77	13.53	7.28
陕 西	Shaanxi	1387	767.94	727.42	317.95
甘 肃	Gansu	730	273.48	311.23	147.46
青 海	Qinghai	157	104.90	166.88	87.36
宁 夏	Ningxia	568	358.58	338.74	193.56
新 疆	Xinjiang	768	404.64	491.70	261.51

2-72 续表 1 continued

单位：亿元 (100 million yuan)

地区	Region	流动资产年平均余额 Annual Average Balance of Working Capitals	固定资产原价合计 Original Value of Fixed Assets	固定资产净值年平均余额 Annual Average Balance of Net Value of Fixed Assets	负债合计 Total Liabilities	流动负债合计 Total Working Liabilities	所有者权益合计 Total Owners' Equities
全国	**National Total**	**38125.24**	**34437.22**	**23944.58**	**42825.30**	**37262.29**	**33051.48**
北京	Beijing	436.71	179.68	120.16	434.66	409.75	268.41
天津	Tianjin	636.61	328.41	237.78	680.82	633.46	347.10
河北	Hebei	1620.73	1899.11	1378.41	2002.72	1739.18	1535.73
山西	Shanxi	700.41	662.82	496.83	974.79	844.78	548.92
内蒙古	Inner Mongolia	469.97	451.86	347.24	644.43	518.19	445.53
辽宁	Liaoning	1775.44	2233.12	1549.63	2065.96	1626.72	2107.19
吉林	Jilin	417.75	640.27	474.51	524.50	375.91	527.05
黑龙江	Heilongjiang	351.11	384.01	256.29	440.77	347.76	332.07
上海	Shanghai	1416.73	753.49	521.28	1445.01	1349.33	884.65
江苏	Jiangsu	6771.83	5093.85	3337.19	7444.67	6953.74	4630.84
浙江	Zhejiang	7868.35	4561.59	3212.27	8759.29	8173.81	4638.62
安徽	Anhui	826.95	756.77	548.73	944.37	839.00	748.16
福建	Fujian	1106.17	934.31	713.20	1090.79	944.92	1072.08
江西	Jiangxi	566.82	1313.20	860.00	754.27	537.03	846.80
山东	Shandong	3324.46	4228.95	3028.42	3643.05	2912.95	4219.28
河南	Henan	1525.58	1875.77	1528.22	1334.75	1025.71	2257.26
湖北	Hubei	671.70	862.09	538.38	799.14	629.28	704.04
湖南	Hunan	675.11	898.78	678.13	797.33	595.05	922.38
广东	Guangdong	3015.34	2579.26	1528.09	3247.64	2891.33	2108.74
广西	Guangxi	433.39	334.10	242.83	518.78	435.64	346.41
海南	Hainan	39.23	28.82	20.52	42.39	32.72	37.65
重庆	Chongqing	694.40	620.47	427.42	851.37	696.06	622.50
四川	Sichuan	1162.71	1418.06	903.36	1430.49	1144.02	1277.19
贵州	Guizhou	188.01	180.89	132.24	225.22	184.84	195.80
云南	Yunnan	535.58	485.59	332.12	677.46	529.20	428.21
西藏	Tibet	6.82	4.10	3.24	3.58	2.97	9.96
陕西	Shaanxi	273.12	241.58	182.52	293.25	243.41	434.18
甘肃	Gansu	134.85	142.64	95.60	163.79	134.29	147.44
青海	Qinghai	69.90	61.18	46.58	97.12	72.83	69.76
宁夏	Ningxia	173.16	123.13	88.53	219.10	195.22	119.64
新疆	Xinjiang	236.31	159.34	114.88	273.78	243.19	217.92

2-72 续表 2 continued

单位：亿元 (100 million yuan)

地 区	Region	主营业务收入 Revenue from Principal Business	主营业务成本 Cost of Principal Business	主营业务税金及附加 Taxes and Other Charges on Principal Business	利润总额 Total Profits	本年应交增值税 Value-added Tax Payable	全部从业人员年平均人数(万人) Annual Average Employed Persons (10 000 Persons)
全 国	**National Total**	**131525.40**	**112220.27**	**1123.38**	**8302.06**	**4378.36**	**2871.89**
北 京	Beijing	664.43	552.89	2.88	23.97	17.63	17.77
天 津	Tianjin	1871.19	1737.32	3.70	45.35	25.53	28.74
河 北	Hebei	7708.52	6659.56	53.94	556.43	215.50	110.62
山 西	Shanxi	1654.23	1364.62	22.41	83.56	120.48	31.15
内蒙古	Inner Mongolia	1858.26	1492.60	26.70	139.79	71.56	25.84
辽 宁	Liaoning	7311.86	6206.73	71.69	463.47	188.64	126.40
吉 林	Jilin	1713.32	1380.30	17.77	93.95	37.13	33.83
黑龙江	Heilongjiang	932.88	783.93	8.90	58.46	41.64	26.31
上 海	Shanghai	2940.98	2572.48	7.60	118.59	74.74	75.46
江 苏	Jiangsu	21099.89	18377.16	114.65	1220.29	752.33	455.51
浙 江	Zhejiang	16132.24	14219.92	80.31	663.40	428.38	419.43
安 徽	Anhui	2718.48	2299.87	26.21	169.22	87.07	70.92
福 建	Fujian	3701.23	3166.39	34.91	217.40	97.59	115.42
江 西	Jiangxi	2933.59	2479.64	34.47	227.89	133.80	68.67
山 东	Shandong	20045.72	17159.60	169.85	1338.67	605.78	331.87
河 南	Henan	9433.29	7682.55	112.87	1183.95	372.76	151.85
湖 北	Hubei	2508.40	2073.86	45.16	155.24	93.72	68.83
湖 南	Hunan	4118.82	3289.98	86.75	256.95	182.23	99.69
广 东	Guangdong	10329.11	8833.76	75.63	523.49	350.63	303.16
广 西	Guangxi	1360.30	1194.48	8.90	48.31	41.74	35.12
海 南	Hainan	73.79	48.90	0.93	16.24	4.88	2.06
重 庆	Chongqing	2330.45	1970.64	17.76	136.46	74.76	71.38
四 川	Sichuan	4716.85	3951.01	59.89	283.20	206.85	111.39
贵 州	Guizhou	499.19	377.97	12.51	39.31	29.45	18.20
云 南	Yunnan	1104.83	927.70	9.41	84.46	55.70	28.78
西 藏	Tibet	7.38	4.55	0.07	1.62	0.49	0.24
陕 西	Shaanxi	693.03	509.56	10.54	88.93	32.22	16.64
甘 肃	Gansu	247.73	197.36	2.76	19.56	8.55	10.29
青 海	Qinghai	91.13	74.76	0.77	9.75	3.14	2.05
宁 夏	Ningxia	346.68	310.86	1.49	7.54	9.85	6.09
新 疆	Xinjiang	377.59	319.32	1.92	26.62	13.58	8.15

2-73 私营工业企业主要经济效益指标（2008年）

Main Indicators on Economic Benefit of Private Industrial Enterprises (2008)

地 区	Region	总资产贡献率 (%) Ratio of Total Assets to Industrial Output Value (%)	资产负债率 (%) Assets-Liability Ratio (%)	流动资产周转次数（次/年） Number of Times of Annual of Turnover Working Capitals (times/year)	成本费用利润率 (%) Ratio of Profits to Industrial Cost (%)	产品销售率 (%) Proportion of Products Sold (%)
全国总计	**National Total**	**19.67**	**56.44**	**3.45**	**6.87**	**97.24**
北 京	Beijing	6.91	61.82	1.52	3.71	97.53
天 津	Tianjin	8.59	66.23	2.94	2.50	99.23
河 北	Hebei	24.89	56.60	4.76	7.92	97.22
山 西	Shanxi	16.58	63.97	2.36	5.49	96.69
内蒙古	Inner Mongolia	23.15	59.12	3.95	8.74	97.22
辽 宁	Liaoning	18.34	49.51	4.12	6.97	96.48
吉 林	Jilin	15.59	49.88	4.10	6.13	96.43
黑龙江	Heilongjiang	14.94	57.03	2.66	6.92	96.88
上 海	Shanghai	9.46	62.03	2.08	4.17	97.45
江 苏	Jiangsu	18.96	61.65	3.12	6.21	97.62
浙 江	Zhejiang	10.71	65.38	2.05	4.29	97.03
安 徽	Anhui	18.08	55.80	3.29	6.78	96.27
福 建	Fujian	17.72	50.43	3.35	6.32	97.15
江 西	Jiangxi	25.97	47.06	5.18	8.66	98.07
山 东	Shandong	28.41	46.33	6.03	7.37	98.00
河 南	Henan	47.88	37.16	6.18	14.46	98.15
湖 北	Hubei	21.12	53.16	3.73	6.82	96.61
湖 南	Hunan	32.15	46.36	6.10	7.09	98.74
广 东	Guangdong	18.58	60.63	3.43	5.47	96.42
广 西	Guangxi	12.80	59.96	3.14	3.76	93.08
海 南	Hainan	28.08	52.96	1.88	28.90	94.28
重 庆	Chongqing	16.86	57.76	3.36	6.37	97.61
四 川	Sichuan	21.86	52.83	4.06	6.58	97.31
贵 州	Guizhou	20.40	53.49	2.66	8.95	94.29
云 南	Yunnan	14.85	61.27	2.06	8.27	92.30
西 藏	Tibet	15.59	26.44	1.08	28.60	95.81
陕 西	Shaanxi	19.05	40.31	2.54	15.43	93.28
甘 肃	Gansu	11.35	52.63	1.84	8.85	92.72
青 海	Qinghai	8.66	58.20	1.30	11.94	90.89
宁 夏	Ningxia	7.40	64.68	2.00	2.22	92.74
新 疆	Xinjiang	9.42	55.68	1.60	7.53	92.38

2-74 外商投资和港澳台商投资工业企业主要指标(2008年)

Main Indicators of Industrial Enterprises with Hong Kong, Macao, Taiwan and Foreign Funds (2008)

单位：亿元 (100 million yuan)

地区	Region	企业单位数(个) Number of Enterprises (unit)	工业总产值 Gross Industrial Output Value	资产总计 Total Assets	流动资产合计 Total Working Capitals
全国	**National Total**	**77847**	**149794.17**	**112145.01**	**60340.18**
北京	Beijing	1522	4353.92	3248.22	1970.18
天津	Tianjin	2384	5657.56	3566.69	2161.76
河北	Hebei	1142	4074.32	3000.53	1446.51
山西	Shanxi	177	626.42	816.72	325.27
内蒙古	Inner Mongolia	208	883.21	1034.66	372.66
辽宁	Liaoning	3199	5139.41	4266.98	2201.46
吉林	Jilin	396	2190.21	1250.35	649.98
黑龙江	Heilongjiang	293	691.39	852.44	428.41
上海	Shanghai	6737	14992.19	11036.08	6255.16
江苏	Jiangsu	14162	28102.35	21168.76	11197.57
浙江	Zhejiang	9353	11075.29	9880.75	5766.84
安徽	Anhui	835	1475.86	1161.05	573.06
福建	Fujian	5831	7935.32	5805.83	3204.89
江西	Jiangxi	787	1279.16	1172.30	490.16
山东	Shandong	6071	11861.90	7401.01	3565.95
河南	Henan	592	1829.56	1530.21	666.67
湖北	Hubei	866	3048.18	2873.53	1300.62
湖南	Hunan	627	1010.83	1165.68	358.01
广东	Guangdong	20258	37795.72	25094.46	14646.61
广西	Guangxi	573	1327.03	1094.44	544.68
海南	Hainan	105	581.60	498.95	203.23
重庆	Chongqing	286	1110.74	1018.14	456.86
四川	Sichuan	664	1254.36	1367.03	712.09
贵州	Guizhou	106	115.77	152.31	79.00
云南	Yunnan	232	317.48	401.55	184.44
西藏	Tibet	2	4.06	6.77	3.20
陕西	Shaanxi	231	624.36	604.61	302.49
甘肃	Gansu	55	94.06	165.80	58.77
青海	Qinghai	24	154.62	288.24	109.08
宁夏	Ningxia	45	99.16	107.31	50.04
新疆	Xinjiang	84	88.14	113.60	54.54

2-74 续表 1 continued

单位：亿元 (100 million yuan)

地区	Region	流动资产年平均余额 Annual Average Balance of Working Capitals	固定资产原价合计 Original Value of Fixed Assets	固定资产净值年平均余额 Annual Average Balance of Net Value of Fixed Assets	负债合计 Total Liabilities	流动负债合计 Total Working Liabilities	所有者权益合计 Total Owners' Equities
全国	**National Total**	**58983.31**	**60440.68**	**36870.89**	**62831.00**	**52872.51**	**49307.20**
北京	Beijing	1936.19	1590.12	931.13	1769.24	1575.26	1478.97
天津	Tianjin	2209.22	1771.67	1074.41	1878.25	1697.47	1688.44
河北	Hebei	1414.15	1694.26	1082.45	1736.41	1336.88	1264.12
山西	Shanxi	316.60	552.84	362.51	503.41	362.72	313.31
内蒙古	Inner Mongolia	346.85	552.23	418.19	629.85	410.73	404.81
辽宁	Liaoning	2282.81	2391.29	1426.66	2381.01	2000.42	1885.98
吉林	Jilin	553.57	780.19	417.92	705.30	543.07	545.05
黑龙江	Heilongjiang	395.90	512.61	312.67	492.64	439.74	359.80
上海	Shanghai	6320.86	6218.68	3358.97	6150.55	5265.53	4885.36
江苏	Jiangsu	10942.25	11963.38	7523.52	11891.32	10186.58	9277.45
浙江	Zhejiang	5621.16	4183.63	2928.46	5754.25	5153.83	4126.49
安徽	Anhui	572.90	655.25	427.49	686.83	570.58	474.23
福建	Fujian	3193.66	2705.87	1694.00	3085.49	2556.09	2720.35
江西	Jiangxi	439.84	816.85	561.55	540.91	400.03	624.76
山东	Shandong	3455.20	4208.89	2584.77	3936.41	3190.50	3464.60
河南	Henan	663.17	886.26	600.74	908.73	685.12	621.49
湖北	Hubei	1215.94	1699.50	751.79	1465.44	1157.44	1408.08
湖南	Hunan	339.90	810.37	551.57	727.88	404.35	437.81
广东	Guangdong	14131.29	13262.27	7791.62	14220.15	12392.13	10874.31
广西	Guangxi	521.72	560.45	375.69	645.24	495.39	449.20
海南	Hainan	204.75	301.04	251.03	353.60	248.45	145.35
重庆	Chongqing	471.55	643.22	413.56	619.71	452.84	398.42
四川	Sichuan	623.49	589.70	348.52	730.44	594.62	636.59
贵州	Guizhou	71.57	49.28	33.40	93.04	81.89	59.27
云南	Yunnan	170.52	272.49	167.46	212.79	158.53	188.76
西藏	Tibet	3.10	4.37	3.40	1.16	1.16	5.61
陕西	Shaanxi	293.48	375.29	223.60	345.04	269.39	259.57
甘肃	Gansu	51.05	132.91	82.85	87.27	55.93	78.52
青海	Qinghai	111.74	137.37	86.22	149.17	80.15	139.07
宁夏	Ningxia	54.61	57.63	42.76	64.57	48.70	42.74
新疆	Xinjiang	54.29	60.81	41.98	64.92	57.01	48.68

2-74 续表 2 continued

单位：亿元 (100 million yuan)

地区	Region	主营业务收入 Revenue from Principal Business	主营业务成本 Cost of Principal Business	主营业务税金及附加 Taxes and Other Charges on Principal Business	利润总额 Total Profits	本年应交增值税 Value-added Tax Payable	全部从业人员年平均人数(万人) Annual Average Employed Persons (10 000 Persons)
全国	**National Total**	**146613.62**	**125931.62**	**884.89**	**8242.63**	**3916.89**	**2579.42**
北京	Beijing	4602.75	3907.25	22.33	240.45	112.26	38.98
天津	Tianjin	5661.43	4874.84	49.15	291.90	108.42	53.60
河北	Hebei	3925.83	3364.65	10.61	286.57	134.54	40.95
山西	Shanxi	605.65	483.34	5.71	52.36	35.76	13.15
内蒙古	Inner Mongolia	828.58	636.08	9.91	79.37	39.29	7.95
辽宁	Liaoning	5048.66	4360.00	39.59	179.43	101.79	70.20
吉林	Jilin	1901.80	1550.45	57.66	145.18	26.58	13.05
黑龙江	Heilongjiang	717.35	537.23	6.23	58.15	37.00	13.91
上海	Shanghai	15580.65	13644.51	59.23	471.98	281.08	166.52
江苏	Jiangsu	27462.21	23827.19	42.63	1763.57	725.58	439.52
浙江	Zhejiang	10751.93	9302.18	21.48	535.53	259.10	223.21
安徽	Anhui	1339.06	1103.81	9.65	104.00	59.34	22.38
福建	Fujian	7711.37	6699.78	30.97	468.68	177.57	201.34
江西	Jiangxi	1285.63	1061.59	10.75	115.24	37.75	34.65
山东	Shandong	11326.88	9850.70	44.57	617.50	269.29	175.31
河南	Henan	1909.23	1636.23	10.51	136.67	66.51	22.88
湖北	Hubei	2930.96	2381.25	44.01	206.19	119.64	31.90
湖南	Hunan	975.24	781.97	20.25	59.57	56.34	17.93
广东	Guangdong	36442.98	31358.96	316.88	2028.34	1041.71	914.82
广西	Guangxi	1259.54	1062.21	10.38	73.35	40.44	19.71
海南	Hainan	557.74	480.30	11.32	25.51	11.95	3.38
重庆	Chongqing	1127.58	904.45	20.92	74.22	52.64	11.74
四川	Sichuan	1195.84	947.80	15.31	126.39	52.39	19.64
贵州	Guizhou	106.20	80.82	1.66	9.80	4.75	2.93
云南	Yunnan	308.43	245.92	2.67	23.34	14.52	5.15
西藏	Tibet	3.74	2.23		0.80	0.34	0.06
陕西	Shaanxi	559.25	438.66	5.03	41.76	32.24	8.33
甘肃	Gansu	86.99	72.47	3.25	4.70	4.68	1.45
青海	Qinghai	202.38	172.16	1.05	12.02	7.02	1.74
宁夏	Ningxia	96.76	81.54	0.41	3.06	2.82	1.43
新疆	Xinjiang	101.02	81.04	0.76	7.04	3.53	1.63

2-75 外商投资和港澳台商投资工业企业主要经济效益指标（2008年）

Main Indicators on Economic Benefit of Industrial Enterprises with Hong Kong, Macao, Taiwan and Foreign Funds (2008)

地 区	Region	总资产贡献率 (%) Ratio of Total Assets to Industrial Output Value (%)	资产负债率 (%) Assets-Liability Ratio (%)	流动资产周转次数（次/年） Number of Times of Annual of Turnover Working Capitals (times/year)	成本费用利润率 (%) Ratio of Profits to Industrial Cost (%)	产品销售率 (%) Proportion of Products Sold (%)
全 国	**National Total**	**12.68**	**56.03**	**2.49**	**5.99**	**97.58**
北 京	Beijing	12.23	54.47	2.38	5.49	98.81
天 津	Tianjin	13.26	52.66	2.56	5.48	98.40
河 北	Hebei	15.73	57.87	2.78	7.95	95.72
山 西	Shanxi	13.34	61.64	1.91	9.50	96.89
内蒙古	Inner Mongolia	13.62	60.88	2.39	10.85	95.70
辽 宁	Liaoning	8.52	55.80	2.21	3.78	97.36
吉 林	Jilin	19.32	56.41	3.44	8.56	97.19
黑龙江	Heilongjiang	13.10	57.79	1.81	9.01	96.64
上 海	Shanghai	8.04	55.73	2.46	3.10	98.77
江 苏	Jiangsu	13.11	56.17	2.51	6.88	98.14
浙 江	Zhejiang	9.84	58.24	1.91	5.21	96.80
安 徽	Anhui	16.35	59.16	2.34	8.44	95.83
福 建	Fujian	12.77	53.14	2.41	6.40	97.59
江 西	Jiangxi	15.14	46.14	2.92	9.95	98.66
山 东	Shandong	13.92	53.19	3.28	5.83	97.56
河 南	Henan	15.40	59.39	2.88	7.72	97.85
湖 北	Hubei	13.72	51.00	2.41	7.78	97.95
湖 南	Hunan	13.47	62.44	2.87	6.78	99.15
广 东	Guangdong	14.19	56.67	2.58	5.96	96.91
广 西	Guangxi	12.73	58.96	2.41	6.16	96.51
海 南	Hainan	12.70	70.87	2.72	4.89	99.32
重 庆	Chongqing	15.83	60.87	2.39	7.15	98.83
四 川	Sichuan	15.12	53.43	1.92	11.71	99.94
贵 州	Guizhou	11.39	61.09	1.48	10.23	90.98
云 南	Yunnan	11.48	52.99	1.81	8.22	97.59
西 藏	Tibet	17.30	17.11	1.21	27.41	89.69
陕 西	Shaanxi	14.39	57.07	1.91	8.15	94.59
甘 肃	Gansu	8.63	52.64	1.70	5.69	94.97
青 海	Qinghai	9.24	51.75	1.81	6.33	97.00
宁 夏	Ningxia	8.19	60.17	1.77	3.26	96.66
新 疆	Xinjiang	11.15	57.15	1.86	7.46	100.74

2-76 大中型工业企业主要指标（2008年）

Main Indicators of Large and Medium-sized Industrial Enterprises (2008)

单位：亿元 (100 million yuan)

地 区	Region	企业单位数（个）Number of Enterprises (unit)	工业总产值 Gross Industrial Output Value	资产总计 Total Assets	流动资产合计 Total Working Capitals
全 国	**National Total**	**40392**	**319113.97**	**305328.84**	**132898.77**
北 京	Beijing	650	7898.94	13819.62	4537.62
天 津	Tianjin	683	9006.47	7495.68	3482.89
河 北	Hebei	1457	15536.50	13397.20	5424.58
山 西	Shanxi	1063	8207.54	11464.80	4616.44
内蒙古	Inner Mongolia	521	5025.80	6610.79	2380.81
辽 宁	Liaoning	1341	14428.63	15556.27	6821.62
吉 林	Jilin	513	5657.78	5750.76	2150.07
黑龙江	Heilongjiang	561	6120.63	6344.98	2554.19
上 海	Shanghai	1683	17392.21	15677.56	7449.85
江 苏	Jiangsu	4787	40206.45	31216.05	15536.72
浙 江	Zhejiang	4513	22516.36	19736.68	10444.35
安 徽	Anhui	871	7287.21	7487.98	2793.17
福 建	Fujian	1824	9040.06	7378.09	3500.41
江 西	Jiangxi	605	4068.57	3719.44	1615.54
山 东	Shandong	3667	35144.75	28198.67	12294.10
河 南	Henan	2158	15568.85	13004.36	5011.99
湖 北	Hubei	1051	9200.65	12411.98	4128.38
湖 南	Hunan	904	5907.52	6016.42	2294.88
广 东	Guangdong	6537	43876.28	31448.25	16802.58
广 西	Guangxi	606	3555.75	3766.82	1589.18
海 南	Hainan	99	827.15	907.95	338.95
重 庆	Chongqing	633	3883.07	4027.33	1834.30
四 川	Sichuan	1423	8432.09	10881.79	4556.76
贵 州	Guizhou	356	2219.23	3674.22	1269.65
云 南	Yunnan	551	3878.42	5390.38	2199.15
西 藏	Tibet	10	18.38	135.40	31.45
陕 西	Shaanxi	560	5746.90	8219.94	3308.60
甘 肃	Gansu	283	3077.16	3653.27	1463.41
青 海	Qinghai	78	857.65	1721.68	478.65
宁 夏	Ningxia	131	989.70	1618.42	556.18
新 疆	Xinjiang	273	3537.28	4596.06	1432.29

2-76 续表 1 continued

单位：亿元 (100 million yuan)

地区	Region	流动资产年平均余额 Annual Average Balance of Working Capitals	固定资产原价 Original Value of Fixed Assets	固定资产净值年平均余额 Annual Average Balance of Net Value of Fixed Assets	负债合计 Total Liabilities	流动负债合计 Total Working Liabilities	所有者权益合计 Total Owners' Equities
全国	**National Total**	**128115.66**	**180024.59**	**106996.38**	**177416.34**	**133353.58**	**127861.45**
北京	Beijing	4091.84	5609.44	3348.43	6341.54	3977.33	7478.08
天津	Tianjin	3466.94	4147.32	2348.89	4587.51	3745.53	2908.17
河北	Hebei	5218.57	8266.08	5039.77	8339.40	6358.26	5052.15
山西	Shanxi	4135.11	6701.23	4430.72	7707.09	5450.98	3757.71
内蒙古	Inner Mongolia	2151.58	3830.20	2557.66	3867.08	2338.78	2743.71
辽宁	Liaoning	6789.76	10300.08	5611.21	9582.61	7224.23	5973.66
吉林	Jilin	2024.66	3954.64	2285.11	3217.48	2222.38	2520.02
黑龙江	Heilongjiang	2513.27	5795.23	2705.97	3455.47	2787.85	2882.07
上海	Shanghai	7526.15	10105.02	5251.38	8135.61	6716.91	7541.95
江苏	Jiangsu	15174.84	18621.73	11126.98	18531.83	15603.15	12684.21
浙江	Zhejiang	10251.40	9046.99	5900.71	12200.42	10170.87	7524.28
安徽	Anhui	2766.74	4797.82	3012.73	4764.16	3105.46	2723.82
福建	Fujian	3461.71	3775.26	2385.24	4065.91	3122.27	3312.18
江西	Jiangxi	1570.23	2648.92	1518.92	2199.83	1603.19	1511.71
山东	Shandong	11860.58	17802.79	10823.29	16274.22	12361.36	11924.45
河南	Henan	4804.37	7986.64	5060.26	7894.22	5843.09	5108.11
湖北	Hubei	3942.19	8103.81	4856.14	6411.72	4569.63	6000.26
湖南	Hunan	2221.81	3635.46	2291.59	3722.22	2335.86	2294.20
广东	Guangdong	16287.97	16482.76	9780.38	17967.78	14988.33	13480.48
广西	Guangxi	1539.82	2245.23	1408.76	2385.14	1774.89	1381.68
海南	Hainan	351.34	546.75	401.48	545.37	381.04	362.58
重庆	Chongqing	1782.88	2161.27	1354.92	2405.66	1775.23	1621.67
四川	Sichuan	4192.56	5376.74	3208.69	6566.77	4462.80	4315.03
贵州	Guizhou	1148.78	2165.08	1310.40	2418.02	1408.93	1256.20
云南	Yunnan	2131.67	2676.10	1612.49	2985.20	2031.23	2405.18
西藏	Tibet	32.53	95.95	62.03	28.45	18.12	106.95
陕西	Shaanxi	3007.73	5159.56	3133.38	4439.66	3121.63	3780.28
甘肃	Gansu	1396.49	2386.00	1365.17	1961.45	1330.93	1691.81
青海	Qinghai	418.62	1130.90	728.53	1096.72	564.98	624.96
宁夏	Ningxia	502.86	941.04	589.08	1024.66	637.78	590.96
新疆	Xinjiang	1350.64	3528.54	1486.06	2293.13	1320.54	2302.93

2-76 续表 2 continued

单位：亿元 (100 million yuan)

地区	Region	主营业务收入 Revenue from Principal Business	主营业务成本 Cost of Principal Business	主营业务税金及附加 Taxes and Other Charges on Principal Business	利润总额 Total Profits	本年应交增值税 Value-added Tax Payable	全部从业人员年平均人数(万人) Annual Average Employed Persons (10 000 persons)
全　国	**National Total**	**318812.46**	**268933.22**	**4800.55**	**19929.23**	**11527.41**	**4759.75**
北　京	Beijing	8584.80	7627.55	76.43	429.60	218.92	69.97
天　津	Tianjin	9325.59	8016.11	86.43	638.73	216.00	75.47
河　北	Hebei	15289.62	13338.18	131.25	862.33	566.82	195.46
山　西	Shanxi	8364.31	6636.96	98.96	556.00	553.13	172.01
内蒙古	Inner Mongolia	5263.63	4067.23	74.72	537.40	277.93	62.22
辽　宁	Liaoning	14330.51	12747.97	175.41	247.93	417.87	193.38
吉　林	Jilin	5512.31	4623.43	135.72	249.43	166.44	75.57
黑龙江	Heilongjiang	6707.64	4473.23	122.74	1490.24	440.75	111.97
上　海	Shanghai	18262.51	16148.88	243.42	620.34	397.78	153.37
江　苏	Jiangsu	39581.83	34126.79	295.79	2435.97	1197.56	534.50
浙　江	Zhejiang	22024.16	19327.33	208.25	1007.09	592.33	352.63
安　徽	Anhui	7283.47	6006.29	137.90	409.06	335.00	118.36
福　建	Fujian	8851.53	7601.09	102.99	574.21	238.72	183.97
江　西	Jiangxi	4172.26	3583.49	70.68	187.19	160.26	76.90
山　东	Shandong	35948.85	30483.81	533.15	2252.31	1177.36	478.09
河　南	Henan	15300.18	13045.33	243.55	1115.95	573.07	244.99
湖　北	Hubei	9034.40	7418.72	232.48	649.52	390.26	128.81
湖　南	Hunan	5782.83	4579.06	275.34	337.35	342.69	94.92
广　东	Guangdong	42657.95	36262.34	498.04	2235.70	1424.71	826.94
广　西	Guangxi	3408.74	2919.21	61.61	142.69	141.49	59.42
海　南	Hainan	805.39	685.05	21.37	44.54	21.25	7.57
重　庆	Chongqing	3837.75	3187.50	66.84	206.05	149.24	70.02
四　川	Sichuan	8262.77	6761.45	146.08	483.25	372.16	159.86
贵　州	Guizhou	2123.08	1625.16	94.31	146.13	121.03	45.42
云　南	Yunnan	3738.66	2737.19	378.16	230.80	243.45	50.53
西　藏	Tibet	18.89	15.63	0.31	1.08	2.30	0.77
陕　西	Shaanxi	5620.85	4158.13	114.05	857.11	350.77	94.04
甘　肃	Gansu	3217.91	2750.16	56.47	73.59	118.39	47.73
青　海	Qinghai	830.47	605.81	11.18	148.47	51.47	12.83
宁　夏	Ningxia	956.63	796.28	9.71	28.12	44.37	19.29
新　疆	Xinjiang	3712.95	2577.87	97.20	731.03	223.87	42.72

2-77 大中型工业企业主要经济效益指标（2008年）

Main Indicators on Economic Benefit of Large and Medium-sized Industrial Enterprises (2008)

地 区	Region	总资产贡献率 (%) Ratio of Total Assets to Industrial Output Value (%)	资产负债率 (%) Assets-Liability Ratio (%)	流动资产周转次数（次/年） Number of Times of Annual of Turnover Working Capitals (times/year)	成本费用利润率 (%) Ratio of Profits to Industrial Cost (%)	产品销售率 (%) Proportion of Products Sold (%)
全 国	**National Total**	**13.19**	**58.11**	**2.49**	**6.76**	**97.62**
北 京	Beijing	5.88	45.89	2.10	5.15	99.13
天 津	Tianjin	13.54	61.20	2.69	7.44	98.68
河 北	Hebei	13.13	62.25	2.93	6.04	97.40
山 西	Shanxi	12.24	67.22	2.02	7.20	97.61
内蒙古	Inner Mongolia	15.04	58.50	2.45	11.79	96.95
辽 宁	Liaoning	6.55	61.60	2.11	1.79	97.67
吉 林	Jilin	10.72	55.95	2.72	4.85	98.32
黑龙江	Heilongjiang	33.15	54.46	2.67	29.80	98.50
上 海	Shanghai	8.77	51.89	2.43	3.51	98.71
江 苏	Jiangsu	14.04	59.37	2.61	6.62	98.46
浙 江	Zhejiang	11.03	61.82	2.15	4.78	97.54
安 徽	Anhui	13.37	63.62	2.63	6.10	97.94
福 建	Fujian	13.79	55.11	2.56	6.92	97.99
江 西	Jiangxi	12.79	59.14	2.66	4.79	98.71
山 东	Shandong	15.81	57.71	3.03	6.77	95.30
河 南	Henan	16.42	60.70	3.18	7.91	98.42
湖 北	Hubei	11.43	51.66	2.29	7.89	98.17
湖 南	Hunan	17.63	61.87	2.60	6.61	98.67
广 东	Guangdong	14.15	57.13	2.62	5.63	97.24
广 西	Guangxi	11.03	63.32	2.21	4.39	95.82
海 南	Hainan	11.71	60.07	2.29	5.96	99.36
重 庆	Chongqing	11.89	59.73	2.15	5.71	98.00
四 川	Sichuan	10.32	60.35	1.97	6.31	97.91
贵 州	Guizhou	11.52	65.81	1.85	7.76	95.93
云 南	Yunnan	17.09	55.38	1.75	7.44	95.78
西 藏	Tibet	2.89	21.01	0.58	6.13	91.26
陕 西	Shaanxi	17.03	54.01	1.87	18.32	97.79
甘 肃	Gansu	7.94	53.69	2.30	2.43	98.59
青 海	Qinghai	13.70	63.70	1.98	21.80	95.16
宁 夏	Ningxia	6.97	63.31	1.90	3.09	95.73
新 疆	Xinjiang	23.60	49.89	2.75	26.01	98.10

2-78 主要工业产品产量（2008年）

Output of Major Industrial Products (2008)

地区	Region	原煤（亿吨）Coal (100 million tons)	原油（万吨）Crude Oil (10 000 tons)	天然气（亿立方米）Natural Gas (100 million cu.m)	原盐（万吨）Salt (10 000 tons)	发电量（亿千瓦小时）Electricity (100 million kwh)	#水电 Hydropower	成品糖（万吨）Refined Sugar (10 000 tons)
全国	**National Total**	**27.88**	**19001.24**	**789.32**	**5952.78**	**34668.82**	**5851.87**	**1449.48**
北京	Beijing	0.06				243.05	0.31	
天津	Tianjin		1993.86	14.01	234.25	391.19	0.14	
河北	Hebei	0.79	643.10	8.74	362.58	1599.48	5.78	4.65
山西	Shanxi	6.56				1797.24	23.96	3.44
内蒙古	Inner Mongolia	4.73			236.81	2136.00	10.42	22.37
辽宁	Liaoning	0.64	1199.33	8.71	184.19	1138.98	41.79	1.99
吉林	Jilin	0.39	700.33	8.64		500.86	52.64	
黑龙江	Heilongjiang	0.99	4020.47	27.20		722.73	11.25	28.34
上海	Shanghai		14.60	4.29		774.91		
江苏	Jiangsu	0.24	184.01	0.58	627.20	2777.05	2.29	
浙江	Zhejiang				3.78	2100.23	143.71	
安徽	Anhui	1.19			137.73	1093.40	14.90	
福建	Fujian	0.22			31.67	1085.38	331.60	7.60
江西	Jiangxi	0.31		0.03	186.84	505.55	99.56	
山东	Shandong	1.39	2799.18	8.35	1858.93	2753.67	1.95	
河南	Henan	2.09	475.81	14.40	247.56	1960.60	87.77	
湖北	Hubei	0.12	83.92	2.85	476.20	1751.94	1210.49	
湖南	Hunan	0.61		2.64	150.78	880.64	356.46	1.98
广东	Guangdong		1374.52	59.97	29.74	2771.76	333.72	128.06
广西	Guangxi	0.05	2.86	0.01	4.02	859.74	518.26	931.12
海南	Hainan		12.05	2.32	11.26	117.61	10.62	47.46
重庆	Chongqing	0.41		9.69	122.39	420.87	136.72	
四川	Sichuan	0.97	23.13	192.71	559.66	1255.61	859.03	5.76
贵州	Guizhou	1.18				1192.08	380.86	1.20
云南	Yunnan	0.87		0.06	91.10	1036.44	621.96	210.11
西藏	Tibet					15.99	14.41	
陕西	Shaanxi	2.43	2463.60	143.79	41.31	823.87	57.93	
甘肃	Gansu	0.40	74.99	0.50	4.32	690.22	217.55	1.63
青海	Qinghai	0.13	220.35	43.80	235.72	318.73	217.00	
宁夏	Ningxia	0.43				466.15	16.22	
新疆	Xinjiang	0.68	2715.13	236.03	114.74	486.84	72.56	53.77

2-78 续表 1 continued

地 区	Region	啤 酒 (万千升) Beer (10 000 kiloliter)	卷 烟 (亿支) Cigarettes (100 million pieces)	化学纤维 (万吨) Chemical Fiber (10 000 tons)	纱 (万吨) Yarn (10 000 tons)	布 (亿米) Cloth (100 million m)	机制纸及纸板 (万吨) Machine-made Paper and Paperboards (10 000 tons)	硫 酸 (万吨) Sulfuric Acid (10 000 tons)
全 国	**National Total**	**4103.09**	**22198.78**	**2415.00**	**2123.33**	**710.00**	**8390.94**	**5132.7**
北 京	Beijing	153.45	182.28	0.77	0.93	0.11	12.26	2.47
天 津	Tianjin	21.75	200.50	10.82	5.93	2.50	32.98	19.7
河 北	Hebei	132.45	710.00	23.58	95.67	35.81	378.74	78.13
山 西	Shanxi	12.04	145.00	3.02	5.10	0.83	26.68	54.62
内蒙古	Inner Mongolia	98.28	222.50	0.06	1.68	0.55	35.53	148.27
辽 宁	Liaoning	235.12	260.35	16.99	16.75	4.65	56.85	90.45
吉 林	Jilin	115.88	329.00	25.33	5.34	0.40	90.52	21.54
黑龙江	Heilongjiang	173.11	426.00	12.13	2.17	0.47	52.73	10.73
上 海	Shanghai	72.69	849.99	43.00	6.35	0.54	80.46	26.06
江 苏	Jiangsu	239.65	894.45	790.67	368.43	74.55	984.33	366.73
浙 江	Zhejiang	283.17	760.99	1054.05	157.73	121.44	1282.80	107.44
安 徽	Anhui	139.04	1161.75	10.65	42.27	4.92	185.09	329.06
福 建	Fujian	196.97	750.49	151.09	123.09	26.82	296.50	47.09
江 西	Jiangxi	94.05	504.00	16.87	42.85	4.70	113.73	185.15
山 东	Shandong	473.92	1272.61	78.47	612.12	131.76	1526.92	431.23
河 南	Henan	381.89	1586.08	46.47	305.20	23.00	989.02	177.03
湖 北	Hubei	212.22	1245.66	11.92	126.11	36.37	132.22	527
湖 南	Hunan	75.64	1648.02	3.34	51.64	4.38	280.46	204.36
广 东	Guangdong	300.15	1222.24	41.60	37.34	29.94	1153.97	182.96
广 西	Guangxi	114.16	653.75		9.82	0.29	149.70	186.98
海 南	Hainan	15.37	77.16	4.67			17.72	0.11
重 庆	Chongqing	67.85	451.00	5.24	9.03	5.34	81.53	172.92
四 川	Sichuan	236.10	831.48	37.05	36.60	8.90	211.19	225.98
贵 州	Guizhou	23.28	1133.70		1.69	0.34	2.41	337.06
云 南	Yunnan	30.88	3397.77	3.55	1.04	0.03	36.68	811.9
西 藏	Tibet	9.04						
陕 西	Shaanxi	84.04	772.51		20.43	7.88	73.50	97.51
甘 肃	Gansu	51.90	389.50	0.70	0.69		14.09	203.21
青 海	Qinghai	9.42			0.32			14.71
宁 夏	Ningxia	11.04		0.04	0.16		69.02	31.77
新 疆	Xinjiang	38.54	120.00	12.52	36.85	1.20	23.31	17.95

2-78 续表 2 continued

地 区	Region	烧碱（万吨） Caustic Soda (10 000 tons)	纯碱（万吨） Soda Ash (10 000 tons)	农用氮、磷、钾化肥（万吨） Chemical Fertilizer (10 000 tons)	化学农药原药（万吨） Chemical Pesticide (10 000 tons)	乙烯（万吨） Ethylene (10 000 tons)	初级形态的塑料（万吨） Primary Plastic (10 000 tons)	水泥（万吨） Cement (10000 tons)	平板玻璃（万重量箱） Plate Glass (10 000 weight cases)
全 国	**National Total**	**1852.14**	**1881.33**	**6012.69**	**190.24**	**998.26**	**3129.59**	**140000.00**	**55184.63**
北 京	Beijing	7.48		0.80		85.41	123.52	876.51	90.69
天 津	Tianjin	139.11	90.64	16.39	1.11	17.02	162.31	534.89	648.13
河 北	Hebei	67.92	221.00	211.28	3.18		63.78	8953.00	8676.13
山 西	Shanxi	50.08	15.87	412.83			45.73	2074.98	1324.02
内蒙古	Inner Mongolia	94.58	71.76	88.78	2.85		44.13	3424.06	1458.32
辽 宁	Liaoning	55.08	24.66	88.98	4.03	46.22	117.27	4074.40	2275.19
吉 林	Jilin	11.99	7.18	17.90	3.05	79.43	86.20	2581.83	736.78
黑龙江	Heilongjiang	10.49		55.50	0.47	58.15	126.66	1968.21	596.29
上 海	Shanghai	70.09		2.96	2.10	182.03	283.28	765.46	769.57
江 苏	Jiangsu	249.06	299.95	255.83	53.89	134.78	440.39	12683.21	5666.59
浙 江	Zhejiang	107.22	15.15	47.39	24.73	0.14	279.43	10207.80	4333.44
安 徽	Anhui	22.80	36.95	238.39	20.23		36.40	5915.18	576.39
福 建	Fujian	29.14	18.86	59.12	1.15		30.41	4508.60	1575.31
江 西	Jiangxi	34.03		54.17	2.12		12.51	5271.59	558.68
山 东	Shandong	365.20	296.21	848.96	23.88	80.04	274.07	13887.26	5619.23
河 南	Henan	118.03	226.51	520.41	6.97	17.48	108.24	10227.04	3208.94
湖 北	Hubei	47.57	90.27	584.98	8.77		50.42	6169.31	2601.62
湖 南	Hunan	43.59	39.02	290.94	17.65		34.63	6043.88	1411.29
广 东	Guangdong	25.39	34.62	50.38	0.75	201.55	350.89	9484.35	6392.21
广 西	Guangxi	25.70	3.84	84.27	2.18		10.01	5110.80	533.09
海 南	Hainan			65.14			21.42	619.16	601.35
重 庆	Chongqing	10.91	72.79	154.35	0.58		0.31	3135.31	208.46
四 川	Sichuan	89.56	118.12	367.52	7.33		81.89	6066.90	3034.65
贵 州	Guizhou	12.52		262.21	0.15		4.77	2048.94	
云 南	Yunnan	15.80	16.76	335.06	0.06		13.98	3863.80	333.35
西 藏	Tibet							166.56	
陕 西	Shaanxi	28.05	28.00	136.52	0.61		33.88	3608.62	1250.45
甘 肃	Gansu	8.49	20.00	71.34	0.13	70.15	117.08	1560.32	576.18
青 海	Qinghai	1.39	115.50	243.94	0.03		2.76	457.75	102.98
宁 夏	Ningxia	48.51	1.80	109.15	2.24		45.10	884.76	14.58
新 疆	Xinjiang	62.36	15.87	158.43		25.86	128.12	1663.82	10.72

2-78 续表 3 continued

地区	Region	生铁 (万吨) Pig Iron (10 000 tons)	粗钢 (万吨) Crude Steel (10 000 tons)	钢材 (万吨) Rolled Steel (10 000 tons)	金属切削机床 (万台) Metal-cutting Machine Tools (10 000 units)	大中型拖拉机 (万台) Large and Medium-sized Tractors (10 000 units)	汽车 (万辆) Motor Vehicles (10 000 units)	#轿车 Cars
全国	**National Total**	**47067.41**	**50091.5**	**58488.10**	**61.7**	**21.71**	**934.55**	**503.74**
北京	Beijing	448.79	466.81	644.64	0.9		76.61	28.32
天津	Tianjin	1520.14	1654.04	3006.75	0.1	1.28	54.12	53.81
河北	Hebei	11355.66	11589.42	11571.79	0.2		32.15	1.05
山西	Shanxi	2781.71	2345.03	1976.45	0.2		0.08	
内蒙古	Inner Mongolia	1256.55	1211.03	1047.34			2.97	
辽宁	Liaoning	4101.46	4068.59	4285.27	14.6		34.08	11.58
吉林	Jilin	580.71	642.31	718.32	0.2	0.03	86.13	59.93
黑龙江	Heilongjiang	364.56	475.14	426.26	0.8		19.00	4.31
上海	Shanghai	1735.87	1992.09	2074.95	1.0	1.21	80.65	78.76
江苏	Jiangsu	3857.81	4863.97	7364.13	8.5	5.26	29.25	11.63
浙江	Zhejiang	270.15	901.51	1748.75	9.1	1.99	17.39	14.17
安徽	Anhui	1637.23	1770.18	1906.59	1.6		57.14	29.29
福建	Fujian	518.53	633.13	1106.95	0.3		5.96	3.04
江西	Jiangxi	1036.30	1240.94	1277.21	0.2	0.34	21.14	6.69
山东	Shandong	4657.08	4458.74	5027.44	14.4	5.73	42.83	16.58
河南	Henan	1715.98	2187.85	2570.78	0.7	5.23	8.16	
湖北	Hubei	1893.36	1991.47	2150.84	0.4	0.23	75.62	25.58
湖南	Hunan	1211.80	1299.37	1293.01	0.3		7.57	3.77
广东	Guangdong	704.42	1066.73	2040.34	1.7		88.18	81.57
广西	Guangxi	689.91	785.76	941.45	0.3	0.04	70.16	4.23
海南	Hainan	15.09	3.71	9.25			8.51	8.28
重庆	Chongqing	329.58	352.45	447.92	0.7		76.85	40.72
四川	Sichuan	1425.23	1370.24	1577.19	0.5	0.31	7.67	0.11
贵州	Guizhou	331.01	345.64	337.52	0.1			
云南	Yunnan	1155.23	901.31	834.57	2.6		4.31	0.09
西藏	Tibet							
陕西	Shaanxi	298.02	304.95	500.98	1.5		26.82	19.30
甘肃	Gansu	550.79	475.72	577.30	0.4		0.94	0.94
青海	Qinghai	92.28	115.07	113.59	0.1			
宁夏	Ningxia	32.77		33.18	0.4			
新疆	Xinjiang	499.39	535.6	566.54		0.05	0.25	

2-78 续表 4 continued

地 区	Region	家用洗衣机(万台) Household Washing Machines (10 000 units)	家用电冰箱(万台) Household Refrigerators (10 000 units)	房间空气调节器(万台) Air Conditioners (10 000 units)	移动通信手持机(万台) Mobile Telephones (10 000 units)	微型电子计算机(万台) Micro-Computers (10 000 units)	集成电路(亿块) Integrated Circuit (100 million units)	彩色电视机(万台) Color Television Sets (10 000 units)
全 国	**National Total**	**4231.16**	**4756.90**	**8230.93**	**55964**	**13666.56**	**417.14**	**9033.08**
北 京	Beijing	0.80	79.04		20708	691.51	17.99	
天 津	Tianjin	38.43	59.38	499.84	9005	4.07	5.58	69.85
河 北	Hebei	18.12					0.01	
山 西	Shanxi					0.26		
内蒙古	Inner Mongolia				18			866.75
辽 宁	Liaoning		139.33	213.54	167	0.13	0.55	500.19
吉 林	Jilin				31	0.01		24.62
黑龙江	Heilongjiang					2.92		0.75
上 海	Shanghai	234.63	123.21	387.12	78	5767.97	83.05	185.78
江 苏	Jiangsu	649.89	602.91	702.19	1765	5269.63	145.15	826.24
浙 江	Zhejiang	1475.44	588.44	342.63	2170	105.65	17.01	356.40
安 徽	Anhui	695.01	1130.47	658.41		0.05		229.65
福 建	Fujian				705	646.70	0.74	584.53
江 西	Jiangxi	0.01	76.03	130.63	139			44.62
山 东	Shandong	432.19	596.22	357.96	4843	42.96	1.84	239.44
河 南	Henan	6.15	290.85	13.41		1.42		101.32
湖 北	Hubei	46.73	29.03	493.74	368		0.01	
湖 南	Hunan	55.73	37.02	4.41	1			7.84
广 东	Guangdong	317.22	803.39	3918.26	14174	1133.28	114.31	4085.77
广 西	Guangxi				14			15.09
海 南	Hainan							
重 庆	Chongqing	79.16		433.00	418		0.01	10.62
四 川	Sichuan	171.84	35.32	75.79	1303		0.03	799.37
贵 州	Guizhou		143.81		59		0.15	79.25
云 南	Yunnan							
西 藏	Tibet							
陕 西	Shaanxi		22.35					
甘 肃	Gansu	9.81	0.10				30.71	
青 海	Qinghai							
宁 夏	Ningxia							
新 疆	Xinjiang							5.00

2-79 总承包建筑业企业主要经济指标（2008年）

Main Economic Indicators on Construction Enterprises of General Contractors (2008)

地区	Region	企业单位数 (个) Number of Enterprises (unit)	从业人员 (人) Number of Employed Persons (person)	建筑业总产值 (万元) Gross Output Value of Construction (10 000 yuan)	利税总额 (万元) Total Pre-Tax Profits (10 000 yuan)	按总产值计算的劳动生产率 (元/人) Overall Labor Productivity by Gross Output Value (yuan/person)
全国	**National Total**	**38212**	**29236710**	**542268100**	**37837326**	**161333**
北京	Beijing	838	315760	24952310	1431656	236503
天津	Tianjin	318	276347	11508904	668816	289018
河北	Hebei	1484	1037070	18322704	1254775	146813
山西	Shanxi	803	515800	11886208	560892	181412
内蒙古	Inner Mongolia	606	398212	7487440	865784	113273
辽宁	Liaoning	1560	866608	20495071	1359794	158302
吉林	Jilin	659	319341	8499433	661606	142308
黑龙江	Heilongjiang	1183	412563	9392045	1415544	128103
上海	Shanghai	1407	660459	27206028	1851467	304307
江苏	Jiangsu	3682	4215822	74703356	5132026	174910
浙江	Zhejiang	2503	3976334	74891946	4089961	188247
安徽	Anhui	1262	1220841	16232273	1101884	130098
福建	Fujian	1024	1083558	15962269	997191	129808
江西	Jiangxi	936	598155	9245791	747721	148950
山东	Shandong	3907	2345882	33620038	2567629	127129
河南	Henan	1919	1739919	25194889	1666910	141944
湖北	Hubei	1555	1146299	23094868	1646356	201068
湖南	Hunan	1378	1283369	19659342	1834679	143258
广东	Guangdong	2332	1389457	24977365	2129932	177765
广西	Guangxi	754	431877	7018560	399469	160972
海南	Hainan	112	75834	1006605	88092	130702
重庆	Chongqing	1450	945571	13176553	1344992	123225
四川	Sichuan	2300	1706524	22579962	1380726	117164
贵州	Guizhou	463	287608	3775085	200383	138834
云南	Yunnan	1213	589358	8127758	526216	137364
西藏	Tibet	160	41020	586578	67784	99272
陕西	Shaanxi	778	668372	15653322	1066911	172411
甘肃	Gansu	592	392378	4298462	311929	100721
青海	Qinghai	253	68019	1304180	91251	149104
宁夏	Ningxia	290	53161	1665092	81986	108911
新疆	Xinjiang	491	175192	5743663	292965	153273

2-80 专业承包建筑业企业主要经济指标（2008年）

Main Economic Indicators on Construction Enterprises of Professional Contractors (2008)

地 区	Region	企业单位数 (个) Number of Enterprises (unit)	从业人员 (人) Number of Employed Persons (person)	建筑业总产值 (万元) Gross Output Value of Construction (10 000 yuan)	利税总额 (万元) Total Pre-Tax Profits (10 000 yuan)	按总产值计算的劳动生产率 (元/人) Overall Labor Productivity by Gross Output Value (yuan/person)
全 国	**National Total**	**32883**	**3912793**	**78099961**	**6830896**	**165155**
北 京	Beijing	2371	148161	5709389	276359	173197
天 津	Tianjin	1011	86929	3028951	271623	309178
河 北	Hebei	746	118445	2125423	184375	165160
山 西	Shanxi	971	104459	1668206	107135	134126
内蒙古	Inner Mongolia	147	28069	313055	27161	96506
辽 宁	Liaoning	2243	221556	4556621	429319	133874
吉 林	Jilin	433	64440	1447079	122377	130335
黑龙江	Heilongjiang	788	66551	975479	105092	119741
上 海	Shanghai	1640	144208	5251688	424038	247981
江 苏	Jiangsu	4730	577825	11311764	1108676	173642
浙 江	Zhejiang	2136	307084	6668656	554281	200097
安 徽	Anhui	1051	158465	2314143	223716	142725
福 建	Fujian	979	173698	2565126	226819	134154
江 西	Jiangxi	399	60584	1083631	103994	178687
山 东	Shandong	2442	310699	4599306	475589	133496
河 南	Henan	1908	239766	3045646	256333	128962
湖 北	Hubei	1417	189112	2955948	235823	147905
湖 南	Hunan	547	95422	1495089	193084	134530
广 东	Guangdong	1979	287099	7725391	762444	253301
广 西	Guangxi	368	33509	513543	34318	154542
海 南	Hainan	37	5798	105232	8708	170416
重 庆	Chongqing	932	106884	1786642	178781	119140
四 川	Sichuan	1587	201764	3349518	233480	129327
贵 州	Guizhou	145	13559	161636	9595	121851
云 南	Yunnan	728	56729	941295	60397	149721
西 藏	Tibet	11	1689	142509	3392	303146
陕 西	Shaanxi	186	42310	858484	107839	174326
甘 肃	Gansu	268	27874	514282	50680	139089
青 海	Qinghai	158	10292	125790	4709	111092
宁 夏	Ningxia	193	12701	250356	15617	131732
新 疆	Xinjiang	332	17112	510084	35143	170045

2-81 按登记注册类型分建筑业总产值（2008年）

Total Output Value of Construction by Registration Status (2008)

单位：万元 (10 000 yuan)

地区	Region	合计 Total	内资企业 Domestic Funded	#国有 State-owned	#集体 Collective-owned	港澳台商投资企业 Funded from Hong Kong, Macao and Taiwan	#港澳台商独资企业 Solely Owned	外商投资企业 Foreign Funded	#外商独资企业 Solely Owned
全　国	**National Total**	**620368061**	**613286041**	**122316574**	**32164336**	**3210668**	**783148**	**3871352**	**1251474**
北　京	Beijing	30661699	29455781	6534241	1055471	638552	269880	567366	47753
天　津	Tianjin	14537854	14430183	4889174	544887	31636	4381	76035	614
河　北	Hebei	20448127	20410744	4486906	488748	25245		12138	
山　西	Shanxi	13554415	13480440	3913360	322591	39149		34826	
内蒙古	Inner Mongolia	7800495	7798399	1023674	98064			2096	
辽　宁	Liaoning	25051692	24574885	5554723	1578933	98349	145	378458	84010
吉　林	Jilin	9946512	9916372	1278900	241199	11506		18633	
黑龙江	Heilongjiang	10367525	10302852	4391294	635025	54088		10586	10359
上　海	Shanghai	32457716	30775353	5436296	666570	770987	274617	911376	439817
江　苏	Jiangsu	86015120	85212516	4708819	5189850	280762	73708	521842	217442
浙　江	Zhejiang	81560602	81041562	2161292	1168450	217990	1654	301050	
安　徽	Anhui	18546416	18494907	5758180	767214	22006	15614	29503	6908
福　建	Fujian	18527395	18189766	2820123	828749	285816	34227	51813	17424
江　西	Jiangxi	10329422	10307344	3292346	1985810	20416	326	1662	1000
山　东	Shandong	38219345	37861766	6597221	3759852	84079	5034	273500	18728
河　南	Henan	28240535	28209022	5054943	1449152	17583	9157	13930	148
湖　北	Hubei	26050816	26020951	7081624	706891	29661	4771	204	
湖　南	Hunan	21154431	21082625	7369056	1311509	50656	28776	21150	7609
广　东	Guangdong	32702756	31649506	8116920	2979694	494056	52786	559194	383467
广　西	Guangxi	7532102	7467556	3517335	855817	7813	5952	56734	
海　南	Hainan	1111837	1111718	617097	211328			119	
重　庆	Chongqing	14963195	14949386	2418323	476889	7184	186	6625	2289
四　川	Sichuan	25929480	25906184	7730824	1801843	6453	1641	16844	9552
贵　州	Guizhou	3936721	3934626	2959013	163006	2095			
云　南	Yunnan	9069053	9055837	2275422	712866	11945		1271	
西　藏	Tibet	729087	729087	131037	84808				
陕　西	Shaanxi	16511806	16506943	7786264	1221796	1091		3773	3773
甘　肃	Gansu	4812744	4811730	980589	628430	970		44	
青　海	Qinghai	1429970	1429384	856579	79537	4	4	582	582
宁　夏	Ningxia	1915448	1915161	695596	46313	287	287		
新　疆	Xinjiang	6253747	6253456	1879404	103047	291			

2-82 按登记注册类型分建筑业企业总收入（2008年）

Total Income of Construction by Registration Status (2008)

单位：万元 (10 000 yuan)

地 区	Region	合 计 Total	内资企业 Domestic Funded	#国 有 State-owned	#集 体 Collective-owned	港澳台商投资企业 Funded from Hong Kong, Macao and Taiwan	#港澳台商独资企业 Solely Owned	外商投资企业 Foreign Funded	#外商独资企业 Solely Owned
全 国	**National Total**	**607364429**	**599251046**	**132115705**	**29101066**	**3630831**	**882073**	**4482552**	**1672130**
北 京	Beijing	38515885	37022518	8041354	1258750	660268	265356	833099	143247
天 津	Tianjin	16244448	16060526	5157342	527248	76727	25578	107194	614
河 北	Hebei	19793138	19751863	4229674	463232	29016		12260	
山 西	Shanxi	14319481	14257266	3973168	323292	27345		34870	
内蒙古	Inner Mongolia	7687712	7686827	1037184	100566			885	
辽 宁	Liaoning	24595737	24180167	5455528	1645464	100199	688	315370	72933
吉 林	Jilin	9087511	9060167	1178920	201600	8865		18479	
黑龙江	Heilongjiang	10913499	10869242	4625867	624946	33671		10586	10359
上 海	Shanghai	37567535	35445677	6886362	780481	972082	334216	1149775	602138
江 苏	Jiangsu	73600940	72683669	5348823	3736658	365295	99670	551976	255175
浙 江	Zhejiang	69943525	69459396	2253057	1028306	212011	1124	272118	
安 徽	Anhui	18268209	18217806	6278297	699335	24658	15282	25745	6464
福 建	Fujian	17883573	17552133	3279883	713859	275451	30285	55989	23592
江 西	Jiangxi	9606609	9571055	3163643	1700800	33892	390	1662	1000
山 东	Shandong	35714474	35372640	6779217	3244908	82420	5244	259414	26421
河 南	Henan	26705912	26673365	5182108	1345995	17513	9157	15034	101
湖 北	Hubei	26459682	26429945	7545505	727941	29535	5811	202	
湖 南	Hunan	19948426	19875476	7246743	1223853	51152	28776	21799	8198
广 东	Guangdong	38682243	37403914	11008760	2947872	571218	52116	707111	508874
广 西	Guangxi	7115324	7049247	3406194	763303	14195	6505	51882	
海 南	Hainan	1140572	1140453	694764	177286			119	
重 庆	Chongqing	14873298	14850242	2626286	442709	7310	77	15745	2365
四 川	Sichuan	24088910	24067861	7870330	1459479	6161	1508	14887	5594
贵 州	Guizhou	3928628	3926651	2959280	157539	1977			
云 南	Yunnan	8613661	8585800	2441379	629212	26590		1271	
西 藏	Tibet	613574	613574	128672	86023				
陕 西	Shaanxi	16838426	16832861	8677416	1166098	1091		4474	4474
甘 肃	Gansu	4733959	4732297	1018092	686758	1637		25	
青 海	Qinghai	1549593	1549008	1029889	95316	4	4	582	582
宁 夏	Ningxia	1987899	1987611	702263	42703	287	287		
新 疆	Xinjiang	6342049	6341788	1889708	99538	262			

2-83 按登记注册类型分建筑业企业税金总额（2008年）

Taxes of Construction Enterprises by Registration Status (2008)

单位：万元 (10 000 yuan)

地区	Region	合计 Total	内资企业 Domestic Funded	#国有 State-owned	#集体 Collective-owned	港澳台商投资企业 Funded from Hong Kong, Macao and Taiwan	#港澳台商独资企业 Solely Owned	外商投资企业 Foreign Funded	#外商独资企业 Solely Owned
全国	**National Total**	**22649833**	**22437600**	**4734586**	**1243836**	**96158**	**22183**	**116076**	**43712**
北京	Beijing	1144115	1106461	249759	41753	16889	6202	20766	2531
天津	Tianjin	465035	462004	152232	19938	1916	146	1116	4
河北	Hebei	720245	719359	145506	18701	750		136	
山西	Shanxi	436292	434790	134322	12554	771		731	
内蒙古	Inner Mongolia	357601	357572	52706	6847			29	
辽宁	Liaoning	905610	891865	193513	56498	2713	21	11033	3025
吉林	Jilin	371519	370659	48792	11012	290		571	
黑龙江	Heilongjiang	1062976	1061210	387619	39856	1224		541	533
上海	Shanghai	1101703	1056384	176355	22960	20521	7227	24799	11138
江苏	Jiangsu	2664067	2640869	156381	139929	9421	2708	13778	6465
浙江	Zhejiang	2499055	2489843	86200	36975	4412	39	4799	
安徽	Anhui	692236	690821	212194	28441	760	537	655	87
福建	Fujian	704431	692428	132313	26775	9736	1248	2267	1003
江西	Jiangxi	460720	458846	132631	98131	1829	14	45	22
山东	Shandong	1237915	1227604	212181	125762	2522	205	7790	690
河南	Henan	987380	986399	168518	57509	593	283	388	5
湖北	Hubei	948150	947075	246297	36319	1068	204	7	
湖南	Hunan	906592	903901	288084	64789	2119	1200	573	248
广东	Guangdong	1435485	1395639	356890	134679	17333	1903	22513	17484
广西	Guangxi	281253	278175	133860	36420	425	147	2653	
海南	Hainan	40041	40039	23520	6787			2	
重庆	Chongqing	631833	631546	105442	18360	131	3	156	70
四川	Sichuan	897909	897145	261441	63792	243	87	521	243
贵州	Guizhou	145454	145454	101913	8374				
云南	Yunnan	307507	307060	75721	25721	403		44	
西藏	Tibet	25303	25303	5664	4419				
陕西	Shaanxi	682183	682011	334906	59250	24		148	148
甘肃	Gansu	204891	204843	38257	33567	48		1	
青海	Qinghai	59630	59612	40198	3180	1	1	18	18
宁夏	Ningxia	65668	65659	22412	1593	9	9		
新疆	Xinjiang	207035	207026	58760	2949	9			

2-84 按登记注册类型分建筑业企业利润总额（2008年）

Total Profits of Construction Enterprises by Registration Status (2008)

单位：万元 (10 000 yuan)

地区	Region	合计 Total	内资企业 Domestic Funded	#国有 State-owned	#集体 Collective-owned	港澳台商投资企业 Funded from Hong Kong, Macao and Taiwan	#港澳台商独资企业 Solely Owned	外商投资企业 Foreign Funded	#外商独资企业 Solely Owned
全国	**National Total**	**22018389**	**21664731**	**3353961**	**1405773**	**132644**	**29593**	**221014**	**112460**
北京	Beijing	563900	532627	187652	37030	10796	5740	20477	1652
天津	Tianjin	475404	471495	101640	18453	-2449	-2598	6358	2
河北	Hebei	718905	716586	60139	19405	1730		590	
山西	Shanxi	231736	231355	26209	4944	110		271	
内蒙古	Inner Mongolia	535344	535339	36607	4868			5	
辽宁	Liaoning	883503	843107	90629	44813	3335	137	37060	7315
吉林	Jilin	412464	411980	18110	16927	426		57	
黑龙江	Heilongjiang	457660	457126	179775	47062	306		229	207
上海	Shanghai	1173802	1096545	174217	9531	43039	16806	34218	22641
江苏	Jiangsu	3576635	3527181	250866	245178	18273	2733	31180	20769
浙江	Zhejiang	2145188	2126904	56769	33059	13518	-52	4765	
安徽	Anhui	633363	628748	208679	19123	2540	166	2075	974
福建	Fujian	519579	503608	52793	12307	13978	2508	1993	254
江西	Jiangxi	390995	390539	66577	71213	440	22	16	13
山东	Shandong	1805303	1786439	268832	232383	3654	554	15210	799
河南	Henan	935863	931952	128850	64752	282	282	3629	-13
湖北	Hubei	934029	933361	236250	30918	691	174	-22	
湖南	Hunan	1121171	1111986	350205	74814	5305	3309	3880	3159
广东	Guangdong	1456891	1383182	276414	157517	15796	-941	57913	54753
广西	Guangxi	152533	150537	28067	31675	676	678	1321	
海南	Hainan	56759	56739	24736	7510			20	
重庆	Chongqing	891940	891920	83700	21058	124	-14	-104	-209
四川	Sichuan	716297	716609	161469	58827	-181	97	-131	116
贵州	Guizhou	64525	64390	27682	3202	135			
云南	Yunnan	279106	278761	49332	24594	315		30	
西藏	Tibet	45873	45873	2463	15236				
陕西	Shaanxi	492568	492575	149808	51902	-22		14	14
甘肃	Gansu	157718	157933	724	38128	-163		-52	
青海	Qinghai	36330	36322	23550	6280	-5	-5	13	13
宁夏	Ningxia	31935	31938	3361	897	-3	-3		
新疆	Xinjiang	121073	121074	27856	2168	-1			

2-85 建筑业劳动生产率（2008年）

Labor Productivity of Construction Enterprises (2008)

单位：元/人 (yuan/person)

地 区	Region	按建筑业总产值计算的劳动生产率 Overall Labor Productivity in Terms of Total Output Value	#国 有 State-owned	#集 体 Collective-owned
全 国	**National Average**	**161805**	**202553**	**110990**
北 京	Beijing	221432	211825	182141
天 津	Tianjin	292999	373217	168373
河 北	Hebei	148528	281085	78828
山 西	Shanxi	173868	183735	74558
内蒙古	Inner Mongolia	112488	164968	119256
辽 宁	Liaoning	153217	180531	91713
吉 林	Jilin	140431	166013	118142
黑龙江	Heilongjiang	127267	154616	105308
上 海	Shanghai	293520	409434	204338
江 苏	Jiangsu	174742	199650	159768
浙 江	Zhejiang	189163	244867	149376
安 徽	Anhui	131550	183335	90763
福 建	Fujian	130393	112576	115602
江 西	Jiangxi	151597	180632	126682
山 东	Shandong	127863	225353	94233
河 南	Henan	140420	220838	100387
湖 北	Hubei	193189	288576	86112
湖 南	Hunan	142604	181126	101171
广 东	Guangdong	191237	236989	106852
广 西	Guangxi	160517	203344	116848
海 南	Hainan	133650	132915	151035
重 庆	Chongqing	122722	147292	97505
四 川	Sichuan	118604	171594	94247
贵 州	Guizhou	138044	166999	65784
云 南	Yunnan	138551	198013	104161
西 藏	Tibet	114297	149688	109628
陕 西	Shaanxi	172509	207801	91904
甘 肃	Gansu	103780	150469	79826
青 海	Qinghai	144747	229634	95231
宁 夏	Ningxia	111435	114753	107905
新 疆	Xinjiang	154516	182569	168902

2-86 建筑业房屋建筑面积（2008年）

Floor Space of Buildings of Construction Enterprises (2008)

单位：万平方米 (10 000 sq.m)

地区	Region	房屋建筑面积 Floor Space of Buildings		#国有 State-owned		#集体 Collective-owned	
		施工面积 Floor Space under Construction	竣工面积 Floor Space Completed	施工面积 Floor Space under Construction	竣工面积 Floor Space Completed	施工面积 Floor Space under Construction	竣工面积 Floor Space Completed
全国	**National Total**	**530518.6**	**223591.6**	**65633.7**	**19853.2**	**39247.8**	**19224.8**
北京	Beijing	19537.1	4802.9	5091.9	1147.7	814.7	216.5
天津	Tianjin	5947.6	1643.7	1932.0	275.3	282.3	131.8
河北	Hebei	15909.4	7009.9	1782.9	588.8	540.6	311.7
山西	Shanxi	5716.7	2320.7	2361.2	762.0	290.3	138.9
内蒙古	Inner Mongolia	5277.4	3238.7	267.4	105.1	56.0	44.5
辽宁	Liaoning	14616.8	6707.5	1473.5	524.5	1088.5	622.8
吉林	Jilin	5435.7	3378.1	333.6	187.9	119.7	114.7
黑龙江	Heilongjiang	5480.6	2414.5	1040.8	339.2	740.7	289.9
上海	Shanghai	18055.0	5723.9	1868.3	513.1	534.0	288.7
江苏	Jiangsu	90434.4	40735.8	1545.4	800.7	6473.3	3276.7
浙江	Zhejiang	92568.1	37339.0	585.1	200.9	1618.3	722.4
安徽	Anhui	16782.9	7874.2	3261.3	1026.0	720.6	391.5
福建	Fujian	20028.3	7637.8	2436.2	693.1	1227.9	434.5
江西	Jiangxi	10668.9	5238.6	2100.3	796.1	3323.1	1502.1
山东	Shandong	34106.0	15540.9	1982.9	677.3	4315.7	2354.7
河南	Henan	21966.4	10394.3	1115.5	427.1	1892.3	1068.6
湖北	Hubei	18272.9	9152.5	2776.7	722.3	885.2	566.1
湖南	Hunan	21463.0	9077.5	5774.7	1585.3	1937.2	1081.8
广东	Guangdong	30295.7	10913.8	8158.5	2481.6	5074.5	2031.8
广西	Guangxi	8511.3	3142.2	3422.8	965.5	1606.1	748.4
海南	Hainan	962.8	340.7	584.1	168.3	187.7	88.7
重庆	Chongqing	15618.9	6485.3	1541.2	516.4	593.8	307.2
四川	Sichuan	23862.2	9853.9	5925.2	1878.8	2132.6	1059.6
贵州	Guizhou	4223.6	1211.0	2874.4	597.3	312.4	160.1
云南	Yunnan	6671.9	3336.7	887.5	389.8	574.9	355.7
西藏	Tibet	255.9	128.3	38.7	7.8	32.5	14.7
陕西	Shaanxi	7741.1	3020.1	2611.0	743.7	1215.2	548.6
甘肃	Gansu	3791.5	1842.8	513.7	202.3	520.3	266.6
青海	Qinghai	404.5	189.2	65.6	33.3	20.4	13.4
宁夏	Ningxia	1677.3	741.2	541.4	179.9	66.2	36.7
新疆	Xinjiang	4234.7	2156.0	739.7	316.2	50.9	35.2

2-87 运输线路长度（2008年底）

Length of Transport Routes at Year-end (2008)

单位：公里 (km)

地区	Region	铁路营业里程 Length of Railways in Operation	内河航道里程 Length of Navigable Inland Waterways	公路里程 Total Length of Highways	等级公路 Expressway and Class I to IV Highways	#高速 Expressway	#一级 First Class	#二级 Second Class	等外公路 Highways Below Class IV
全国	**National Total**	**79687.3**	**122763**	**3730164**	**2778521**	**60302**	**54216**	**285226**	**951642**
北京	Beijing	1166.5		20340	20135	777	797	2669	205
天津	Tianjin	764.3	88	12060	12060	835	611	2392	
河北	Hebei	4853.5		149503	137459	3233	3288	15241	12044
山西	Shanxi	3323.8	467	124773	114215	1965	1407	13402	10558
内蒙古	Inner Mongolia	6840.3	2403	147288	109646	1879	2888	11582	37643
辽宁	Liaoning	4194.7	413	101144	80421	2747	2292	15214	20723
吉林	Jilin	3828.6	1456	87099	74531	925	1899	8714	12568
黑龙江	Heilongjiang	5755.2	5131	150845	104102	1044	1534	7743	46744
上海	Shanghai	316.1	2226	11497	11497	637	364	2775	
江苏	Jiangsu	1657.0	23596	140930	129326	3725	7423	20590	11603
浙江	Zhejiang	1319.3	9695	103652	97349	3073	3795	8596	6304
安徽	Anhui	2871.0	5576	148827	134669	2506	385	10077	14158
福建	Fujian	1618.4	3245	88607	66461	1767	509	6988	22146
江西	Jiangxi	2650.5	5638	133815	77343	2284	1199	8561	56472
山东	Shandong	3633.3	1012	220688	217101	4285	7048	23799	3587
河南	Henan	4041.9	1267	240645	170223	4841	547	23352	70423
湖北	Hubei	2711.0	8181	188366	153665	2719	1566	16043	34701
湖南	Hunan	2894.8	11495	184568	118717	2001	660	6089	65852
广东	Guangdong	2164.8	11844	183155	154878	3823	9052	18272	28277
广西	Guangxi	2731.4	5413	99273	73052	2181	819	8115	26222
海南	Hainan	387.3	343	18563	11264	660	210	1315	7300
重庆	Chongqing	1290.5	4218	108632	58978	1165	420	6573	49654
四川	Sichuan	3006.1	10720	224482	140764	2156	2022	10924	83718
贵州	Guizhou	1962.2	3425	125365	64044	924	139	2706	61321
云南	Yunnan	2308.8	2539	203753	124526	2512	633	4859	79227
西藏	Tibet	526.0		51314	22728			952	28586
陕西	Shaanxi	3186.4	1066	131038	107618	2466	719	6347	23420
甘肃	Gansu	2435.4	860	105638	58381	1316	147	5076	47257
青海	Qinghai	1676.4	329	56642	32649	215	206	4984	23994
宁夏	Ningxia	811.4	117	21008	19403	1002	225	2255	1605
新疆	Xinjiang	2760.5		146652	81319	640	1410	9021	65333

2-88 客 运 量 (2008年)

Passenger Traffic (2008)

单位：万人 (10 000 persons)

地区	Region	合计 Total	铁路 Railways	国家铁路 National Railways	地方铁路 Local Railways	合资铁路 Joint-venture Railways	公路 Highways	水运 Waterways
全国	**National Total**	**2867892**	**146193**	**144452**	**474**	**1267**	**2682114**	**20334**
北京	Beijing	124764	7646	7644	2		117118	
天津	Tianjin	22817	1944	1944			20850	23
河北	Hebei	73058	6816	6816			66242	
山西	Shanxi	36178	4740	4738		2	31397	41
内蒙古	Inner Mongolia	20068	3861	3786		74	16207	
辽宁	Liaoning	90112	12004	11974	30		77510	598
吉林	Jilin	56029	5320	5320			50511	198
黑龙江	Heilongjiang	41567	10012	9867	145		31379	176
上海	Shanghai	8507	5343	5343			2934	230
江苏	Jiangsu	183383	8846	8846			174000	537
浙江	Zhejiang	216879	7000	6328		672	206110	3769
安徽	Anhui	129242	4662	4662			124427	153
福建	Fujian	71780	2066	2066			68409	1305
江西	Jiangxi	65895	5214	5214			60573	108
山东	Shandong	213586	5669	5451	218		205917	2000
河南	Henan	130080	7476	7400	76		122414	190
湖北	Hubei	87838	4918	4827		91	82532	388
湖南	Hunan	131067	6284	6284			124274	509
广东	Guangdong	475200	10613	10243		371	462997	1590
广西	Guangxi	63608	2623	2568		55	60645	340
海南	Hainan	37953	65	65			36578	1310
重庆	Chongqing	106732	2474	2474			102680	1578
四川	Sichuan	204733	5939	5939			196055	2739
贵州	Guizhou	40725	3199	3199			36019	1507
云南	Yunnan	33906	2110	2106	4		31157	639
西藏	Tibet	6856	70	70			6786	
陕西	Shaanxi	76028	5218	5215		3	70566	244
甘肃	Gansu	45966	1911	1911			43962	93
青海	Qinghai	9424	407	407			8996	21
宁夏	Ningxia	11868	457	457			11363	48
新疆	Xinjiang	32793	1287	1287			31506	
不分地区	Not Classified by Region	19251						

注：不分地区合计数为民航完成数。

a) The total passenger traffic not classified by region refers to that completed by civil aviation.

2-89 旅客周转量（2008年）

Passenger-kilometers (2008)

单位：亿人公里 (100 million passenger-km)

地区	Region	合计 Total	铁路 Railways	国家铁路 National Railways	地方铁路 Local Railways	合资铁路 Joint-venture Railways	公路 Highways	水运 Waterways
全国	**National Total**	**23196.7**	**7778.6**	**7739.1**	**5.9**	**33.6**	**12476.1**	**59.2**
北京	Beijing	331.2	90.2	90.2			241.0	
天津	Tianjin	233.9	113.1	113.1			120.6	0.2
河北	Hebei	991.8	639.2	639.2			352.6	
山西	Shanxi	376.9	134.3	134.3			242.5	
内蒙古	Inner Mongolia	331.3	151.6	150.8		0.8	179.7	
辽宁	Liaoning	796.8	466.0	465.9	0.1		323.0	7.8
吉林	Jilin	404.6	191.2	191.2			212.9	0.4
黑龙江	Heilongjiang	441.2	227.3	224.7	2.6		213.6	0.3
上海	Shanghai	147.9	53.2	53.2			94.1	0.6
江苏	Jiangsu	1271.5	319.2	319.2			951.5	0.7
浙江	Zhejiang	1118.7	289.8	265.2		24.6	821.6	7.4
安徽	Anhui	1187.2	395.1	395.1			791.7	0.3
福建	Fujian	448.0	108.3	108.3			338.1	1.7
江西	Jiangxi	790.9	529.9	529.9			260.7	0.3
山东	Shandong	1430.7	379.0	376.4	2.6		1045.7	6.0
河南	Henan	1498.1	689.3	688.8	0.5		808.3	0.5
湖北	Hubei	903.9	379.0	374.4		4.6	522.6	2.3
湖南	Hunan	1217.5	651.0	651.0			565.6	0.8
广东	Guangdong	1705.6	421.9	419.9		2.0	1276.1	7.5
广西	Guangxi	731.9	166.7	165.1		1.6	563.5	1.6
海南	Hainan	124.9	1.6	1.6			120.9	2.4
重庆	Chongqing	385.9	95.5	95.5			280.4	10.0
四川	Sichuan	987.8	227.9	227.9			757.3	2.6
贵州	Guizhou	394.2	163.0	163.0			227.8	3.4
云南	Yunnan	346.7	72.2	72.2			273.0	1.5
西藏	Tibet	30.4	6.2	6.2			24.1	
陕西	Shaanxi	649.6	350.6	350.6			298.7	0.3
甘肃	Gansu	468.5	271.5	271.5			196.7	0.2
青海	Qinghai	76.1	33.6	33.6			42.5	
宁夏	Ningxia	86.6	29.0	29.0			57.5	
新疆	Xinjiang	403.7	131.9	131.9			271.8	
不分地区	Not Classified by Region	2882.8						

注：不分地区合计数为民航完成数。

a) The total passenger-kilometers not classified by region refers to that completed by civil aviation.

2-90 货运量（2008年）

Freight Traffic (2008)

单位：万吨　　　　(10 000 tons)

地区	Region	合计 Total	铁路 Railways	国家铁路 National Railways	地方铁路 Local Railways	合资铁路 Joint-venture Railways	公路 Highways	水运 Waterways
全国	**National Total**	**2587413**	**330354**	**275243**	**27128**	**27983**	**1916759**	**294510**
北京	Beijing	20525	1836	1733	104		18689	
天津	Tianjin	34114	12210	3903	8306		18160	3744
河北	Hebei	106922	14750	13361	1376	12	91342	830
山西	Shanxi	126864	60152	58122	542	1488	66710	2
内蒙古	Inner Mongolia	99298	38357	27294	2691	8372	60941	
辽宁	Liaoning	121346	19141	17400	1742		92938	9267
吉林	Jilin	31105	7422	7118	305		23558	125
黑龙江	Heilongjiang	53976	17795	16993	801		35424	757
上海	Shanghai	84400	1012	1012			40328	43060
江苏	Jiangsu	139711	5575	5118	457		95625	38511
浙江	Zhejiang	139111	3830	3331	74	426	91625	43656
安徽	Anhui	180169	12014	10505	1509		140381	27774
福建	Fujian	57202	3642	3642			38367	15193
江西	Jiangxi	80932	6046	5383	663		70270	4616
山东	Shandong	244587	17970	15404	2566		216604	10013
河南	Henan	138441	16279	13831	2448		118198	3964
湖北	Hubei	71900	6460	5886	487	86	52759	12681
湖南	Hunan	116145	5892	5601	291		98759	11494
广东	Guangdong	142468	7105	6263	477	365	101429	33934
广西	Guangxi	83123	8041	5456	398	2187	64884	10198
海南	Hainan	15305	570	570			9489	5246
重庆	Chongqing	63763	2203	2086	117		54589	6971
四川	Sichuan	114719	7915	7454	461		103068	3736
贵州	Guizhou	32692	6683	6683			25272	737
云南	Yunnan	44682	5224	4983	241		39119	339
西藏	Tibet	737	26	26			711	
陕西	Shaanxi	83493	22615	7576		15039	60713	165
甘肃	Gansu	23741	5512	5512			18201	28
青海	Qinghai	9115	2310	2310			6805	
宁夏	Ningxia	26162	4400	3329	1071		21762	
新疆	Xinjiang	46087	6048	6048			40039	
不分地区	Not Classified by Region	54577	1319	1311		7		7469

注：不分地区合计数中包括铁路行包运量、民航、管道及中国远洋运输集团总公司海外公司完成数。

a) The freight traffic not classified by region refers to railway baggage freight, civil aviation, pipelines and that completed by companies abroad under the China Ocean Shipping (Group) Company.

2-91 货物周转量（2008年）

Freight Ton-kilometers (2008)

单位：亿吨公里 (100 million ton-km)

地区	Region	合计 Total	铁路 Railways	国家铁路 National Railways	地方铁路 Local Railways	合资铁路 Joint-venture Railways	公路 Highways	水运 Waterways
全国	**National Total**	**110300.8**	**25106.3**	**23648.9**	**150.9**	**1306.5**	**32868.2**	**50262.7**
北京	Beijing	758.9	674.8	674.6	0.2		84.1	
天津	Tianjin	2703.4	480.9	445.8	35.0		178.3	2044.3
河北	Hebei	5925.5	3205.2	2675.7	7.3	522.3	2548.0	172.2
山西	Shanxi	2562.2	1460.0	1212.8	1.8	245.4	1102.2	
内蒙古	Inner Mongolia	3658.7	2021.3	1686.1	18.9	316.4	1637.4	
辽宁	Liaoning	7033.9	1346.7	1343.4	3.2		1354.2	4333.0
吉林	Jilin	1157.8	593.0	591.2	1.8		563.6	1.2
黑龙江	Heilongjiang	1690.9	1029.3	1020.0	9.3		653.2	8.5
上海	Shanghai	16029.8	28.8	28.8			253.0	15748.1
江苏	Jiangsu	4300.9	352.6	352.0	0.6		885.1	3063.3
浙江	Zhejiang	4974.9	339.8	317.8	0.1	21.9	1114.5	3520.5
安徽	Anhui	5843.2	1011.7	1003.7	8.0		3773.3	1058.2
福建	Fujian	2396.2	204.2	204.2			483.6	1708.4
江西	Jiangxi	2285.5	672.3	670.3	2.0		1494.2	119.0
山东	Shandong	10107.8	1346.8	1331.5	15.3		5117.9	3643.1
河南	Henan	5165.1	1956.1	1928.5	27.7		2995.2	213.8
湖北	Hubei	2526.4	926.6	918.5	2.2	5.9	789.4	810.5
湖南	Hunan	2349.8	981.7	980.9	0.7		1085.1	283.1
广东	Guangdong	4428.4	349.2	345.1	2.5	1.6	1225.3	2853.9
广西	Guangxi	2079.0	781.6	726.2	2.1	53.4	800.0	497.4
海南	Hainan	597.7	6.3	6.3			66.4	525.0
重庆	Chongqing	1490.3	171.6	171.2	0.4		453.2	865.6
四川	Sichuan	1578.7	680.7	678.3	2.5		827.8	70.1
贵州	Guizhou	805.3	564.3	564.3			230.4	10.7
云南	Yunnan	821.3	347.5	345.9	1.5		468.6	5.2
西藏	Tibet	35.5	6.7	6.7			28.8	
陕西	Shaanxi	2027.0	1121.7	982.3		139.4	904.5	0.8
甘肃	Gansu	1594.9	1120.1	1120.1			474.8	
青海	Qinghai	335.7	149.1	149.1			186.6	
宁夏	Ningxia	703.6	225.7	217.9	7.9		477.9	
新疆	Xinjiang	1273.0	661.1	661.1			611.9	
不分地区	Not Classified by Region	11059.4	288.8	288.6		0.2		8706.9

注：不分地区合计数中包括铁路行包运量、民航、管道及中国远洋运输集团总公司海外公司完成数。

a) The freight ton-kilometers not classified by region refers to railway baggage freight, civil aviation, pipelines and that completed by companies abroad under the China Ocean Shipping (Group) Company.

2-92 民用汽车拥有量（2008年）

Possession of Civil Vehicles (2008)

地 区	Region	民用汽车总计（万辆）Total (10 000 units)	载客汽车（万辆）Passenger Vehicles (10 000 units)	大 型 Large	中 型 Medium	小 型 Small	微 型 Minicar	载货汽车（万辆）Trucks (10 000 units)
全 国	**National Total**	**5099.61**	**3838.92**	**100.39**	**143.19**	**3271.14**	**324.19**	**1126.07**
北 京	Beijing	313.68	291.02	4.43	10.78	255.26	20.54	18.13
天 津	Tianjin	108.47	91.71	1.79	2.61	77.20	10.11	14.68
河 北	Hebei	316.77	219.99	3.76	3.63	178.75	33.86	79.92
山 西	Shanxi	174.22	127.23	2.17	3.00	104.65	17.41	42.65
内蒙古	Inner Mongolia	121.07	81.19	2.05	2.01	69.52	7.62	33.80
辽 宁	Liaoning	194.98	144.88	4.74	9.14	124.94	6.06	44.00
吉 林	Jilin	98.98	74.47	2.39	2.19	62.44	7.46	22.29
黑龙江	Heilongjiang	126.21	91.09	3.80	3.65	75.16	8.48	30.77
上 海	Shanghai	132.12	110.73	3.85	6.83	96.63	3.42	21.39
江 苏	Jiangsu	349.51	291.75	6.21	10.90	256.63	18.01	49.82
浙 江	Zhejiang	352.84	280.41	4.62	7.66	253.60	14.52	66.90
安 徽	Anhui	134.89	83.27	3.46	4.92	67.96	6.93	44.37
福 建	Fujian	130.76	94.73	2.08	3.82	84.27	4.56	32.85
江 西	Jiangxi	82.97	53.18	1.87	2.58	44.75	3.98	27.23
山 东	Shandong	426.31	329.04	6.54	9.19	275.46	37.85	83.03
河 南	Henan	249.04	180.31	5.46	7.81	145.23	21.81	59.25
湖 北	Hubei	136.86	94.41	3.93	5.07	82.46	2.97	38.54
湖 南	Hunan	134.04	94.87	3.52	4.55	82.05	4.76	35.35
广 东	Guangdong	573.46	440.60	11.84	20.53	400.00	8.24	122.97
广 西	Guangxi	94.89	67.71	2.76	2.09	54.06	8.80	24.48
海 南	Hainan	25.81	19.07	0.89	0.76	17.07	0.36	6.32
重 庆	Chongqing	73.64	46.66	2.14	1.72	40.03	2.78	25.47
四 川	Sichuan	219.05	166.61	5.05	3.45	122.87	35.24	49.78
贵 州	Guizhou	71.92	48.95	1.59	2.20	37.98	7.19	22.26
云 南	Yunnan	153.57	105.17	1.82	3.30	84.72	15.33	47.16
西 藏	Tibet	12.86	8.18	0.19	0.43	6.81	0.75	4.62
陕 西	Shaanxi	111.66	85.84	2.16	3.36	71.40	8.92	22.08
甘 肃	Gansu	50.57	32.89	1.64	1.41	27.66	2.18	16.36
青 海	Qinghai	20.25	13.54	0.53	0.60	11.71	0.69	6.15
宁 夏	Ningxia	24.35	14.81	0.64	0.59	12.82	0.76	8.11
新 疆	Xinjiang	83.86	54.59	2.48	2.43	47.06	2.62	25.35

2-92 续表 continued

地 区	Region	载货汽车（万辆） Trucks (10 000 units) 重型 Heavy	中型 Medium	轻型 Light	微型 Mini	其他汽车（万辆） Others (10 000 units)	机动车驾驶员（万人） Number of Motor Drivers (10 000 persons)	#汽车驾驶员 Automobile Drivers
全 国	**National Total**	**200.84**	**249.73**	**644.96**	**30.54**	**134.62**	**17336.56**	**12276.80**
北 京	Beijing	2.55	3.74	11.83	0.00	4.53	502.65	494.06
天 津	Tianjin	1.78	1.92	10.67	0.31	2.08	220.19	207.07
河 北	Hebei	22.62	11.41	43.86	2.04	16.86	946.54	822.84
山 西	Shanxi	12.22	9.00	19.64	1.79	4.33	387.64	338.44
内蒙古	Inner Mongolia	13.66	5.86	13.58	0.70	6.08	380.27	277.85
辽 宁	Liaoning	9.99	5.57	27.63	0.82	6.11	630.19	508.05
吉 林	Jilin	5.01	4.32	12.40	0.56	2.21	405.83	313.53
黑龙江	Heilongjiang	7.09	7.63	14.71	1.34	4.35	395.88	349.16
上 海	Shanghai	3.30	9.65	7.83	0.61		373.06	319.29
江 苏	Jiangsu	8.33	17.33	23.49	0.68	7.94	1340.04	790.21
浙 江	Zhejiang	3.57	9.87	49.58	3.88	5.52	920.46	631.37
安 徽	Anhui	8.33	13.59	21.50	0.94	7.25	555.10	364.64
福 建	Fujian	2.76	4.88	23.81	1.40	3.18	571.65	248.55
江 西	Jiangxi	9.32	5.72	11.66	0.53	2.56	560.15	313.48
山 东	Shandong	11.77	13.32	55.48	2.47	14.24	1578.88	1127.40
河 南	Henan	15.54	13.56	28.33	1.82	9.47	1139.87	731.31
湖 北	Hubei	4.81	12.32	20.46	0.95	3.91	671.08	494.34
湖 南	Hunan	5.59	11.37	18.05	0.34	3.83	563.87	350.76
广 东	Guangdong	8.71	15.79	95.64	2.83	9.89	1799.83	1084.51
广 西	Guangxi	4.91	6.08	12.41	1.09	2.71	350.81	326.15
海 南	Hainan	0.90	0.98	4.28	0.17	0.42	101.31	75.42
重 庆	Chongqing	4.83	8.12	12.30	0.21	1.51	232.69	174.94
四 川	Sichuan	5.14	17.22	26.40	1.02	2.66	857.01	604.87
贵 州	Guizhou	3.53	5.34	12.53	0.86	0.71	258.41	197.54
云 南	Yunnan	5.74	15.16	25.54	0.73	1.24	578.16	342.79
西 藏	Tibet	1.49	1.38	1.47	0.28	0.06	17.05	15.76
陕 西	Shaanxi	4.34	7.33	9.79	0.61	3.75	435.66	339.40
甘 肃	Gansu	3.34	4.01	8.79	0.22	1.31	148.91	126.21
青 海	Qinghai	1.35	1.30	3.28	0.22	0.56	72.03	52.60
宁 夏	Ningxia	1.85	1.49	4.58	0.18	1.43	75.96	56.02
新 疆	Xinjiang	6.49	4.47	13.44	0.96	3.92	265.39	198.24

注：小轿车包括在载客汽车中。

a) Cars are included in passenger vehicles.

2-93 私人汽车拥有量（2007年）

Possession of Private Vehicles (2007)

单位：万辆 (10 000 units)

地 区	Region	汽车总计 Total	载客汽车 Passenger Vehicles	大 型 Large	中 型 Medium	小 型 Small	微 型 Minicar
全 国	**National Total**	**3501.39**	**2880.50**	**8.57**	**57.97**	**2533.28**	**280.68**
北 京	Beijing	244.27	235.61	0.25	6.48	209.15	19.74
天 津	Tianjin	79.89	70.88	0.11	1.15	60.28	9.35
河 北	Hebei	239.55	188.03	0.61	1.67	154.14	31.61
山 西	Shanxi	118.35	95.45	0.21	0.98	79.88	14.37
内蒙古	Inner Mongolia	87.81	63.72	0.31	0.89	55.81	6.71
辽 宁	Liaoning	111.63	97.55	0.37	3.33	88.89	4.95
吉 林	Jilin	65.10	53.78	0.38	0.85	45.98	6.57
黑龙江	Heilongjiang	77.88	61.69	0.68	1.59	52.76	6.66
上 海	Shanghai	72.04	71.99	0.02	2.38	66.59	3.00
江 苏	Jiangsu	240.28	219.74	0.16	4.29	199.81	15.48
浙 江	Zhejiang	258.55	217.83	0.08	2.52	202.03	13.20
安 徽	Anhui	73.46	55.75	0.46	2.28	47.31	5.69
福 建	Fujian	91.74	71.79	0.05	1.13	66.51	4.10
江 西	Jiangxi	40.01	30.65	0.12	0.46	27.27	2.80
山 东	Shandong	315.72	260.38	0.79	3.55	222.83	33.21
河 南	Henan	162.58	132.29	0.67	2.93	110.59	18.09
湖 北	Hubei	83.30	62.98	0.31	1.91	58.25	2.51
湖 南	Hunan	93.63	67.03	0.76	2.07	59.95	4.25
广 东	Guangdong	435.14	360.16	0.82	11.55	339.92	7.88
广 西	Guangxi	58.53	46.63	0.12	0.49	39.30	6.72
海 南	Hainan	16.20	11.83	0.10	0.24	11.20	0.29
重 庆	Chongqing	40.30	31.43	0.14	0.30	28.66	2.33
四 川	Sichuan	157.44	126.99	0.15	0.89	95.20	30.74
贵 州	Guizhou	49.57	34.13	0.19	0.57	27.75	5.62
云 南	Yunnan	111.01	76.33	0.07	0.67	62.74	12.86
西 藏	Tibet	8.49	5.29	0.12	0.28	4.58	0.31
陕 西	Shaanxi	74.27	61.82	0.18	1.08	53.14	7.43
甘 肃	Gansu	24.38	16.02	0.16	0.38	14.31	1.18
青 海	Qinghai	10.79	7.50	0.03	0.17	6.78	0.51
宁 夏	Ningxia	15.31	9.92	0.05	0.17	9.08	0.61
新 疆	Xinjiang	44.17	35.31	0.10	0.71	32.58	1.91

2-93 续表 continued

单位：万辆 (10 000 units)

地区	Region	载货汽车 Trucks	重型 Heavy	中型 Medium	轻型 Light	微型 Mini	其他汽车 Others
全国	**National Total**	**596.39**	**73.28**	**115.68**	**384.12**	**23.31**	**24.50**
北京	Beijing	8.03	1.17	1.31	5.54		0.64
天津	Tianjin	8.69	0.59	0.84	6.99	0.27	0.32
河北	Hebei	46.36	10.06	6.01	28.69	1.60	5.16
山西	Shanxi	22.07	3.96	4.44	12.23	1.44	0.83
内蒙古	Inner Mongolia	22.53	7.80	3.99	10.14	0.60	1.55
辽宁	Liaoning	13.66	1.51	1.48	10.13	0.55	0.43
吉林	Jilin	10.93	2.04	2.14	6.35	0.40	0.39
黑龙江	Heilongjiang	15.54	2.76	3.74	8.07	0.96	0.65
上海	Shanghai	0.05		0.01	0.03		
江苏	Jiangsu	19.07	2.84	5.81	9.94	0.48	1.46
浙江	Zhejiang	40.26	1.24	4.13	31.89	3.01	0.46
安徽	Anhui	17.16	1.52	4.40	10.55	0.70	0.55
福建	Fujian	19.66	0.77	2.25	15.46	1.18	0.28
江西	Jiangxi	9.17	1.68	1.37	5.75	0.37	0.19
山东	Shandong	51.72	6.05	7.17	36.51	1.99	3.62
河南	Henan	28.97	4.37	5.73	17.49	1.37	1.32
湖北	Hubei	19.71	1.44	6.01	11.53	0.74	0.61
湖南	Hunan	24.86	3.04	7.87	13.68	0.27	1.73
广东	Guangdong	73.51	4.17	9.06	57.89	2.38	1.48
广西	Guangxi	11.65	1.61	2.66	6.53	0.84	0.25
海南	Hainan	4.29	0.59	0.76	2.81	0.14	0.09
重庆	Chongqing	8.68	1.08	1.50	5.94	0.16	0.19
四川	Sichuan	29.99	1.57	9.08	18.48	0.85	0.47
贵州	Guizhou	15.29	2.27	3.39	8.96	0.68	0.15
云南	Yunnan	34.42	2.99	10.90	19.92	0.62	0.26
西藏	Tibet	3.20	1.03	0.98	0.94	0.24	0.00
陕西	Shaanxi	11.93	1.27	3.93	6.25	0.48	0.53
甘肃	Gansu	8.15	1.46	2.08	4.48	0.13	0.21
青海	Qinghai	3.22	0.52	0.70	1.88	0.12	0.06
宁夏	Ningxia	5.04	0.92	0.89	3.08	0.15	0.36
新疆	Xinjiang	8.58	0.96	1.04	6.00	0.58	0.28

2-94 公路营运汽车拥有量（2008年）

Possession of Vehicles for Highway Business Transportation (2008)

地区	Region	汽车总计（万辆）Total (10 000 units)	载客汽车 Passenger Vehicles 辆数（万辆）Number (10 000 units)	客位（万客位）Number of Seats (10 000 seats)	载货汽车 Trucks 辆数（万辆）Number (10 000 units)	#普通载货汽车 Ordinary Trucks	吨位（万吨）Capacity (10 000 tons)	#普通载货汽车 Ordinary Trucks
全 国	**National Total**	**930.61**	**169.64**	**2560.36**	**760.97**	**720.18**	**3686.20**	**3139.76**
北 京	Beijing	15.09	2.94	48.64	12.15	11.09	50.18	38.38
天 津	Tianjin	8.04	0.79	27.65	7.25	6.70	22.53	16.82
河 北	Hebei	59.96	8.44	85.97	51.52	49.02	363.46	334.67
山 西	Shanxi	34.35	2.12	41.63	32.23	31.59	217.95	210.89
内蒙古	Inner Mongolia	28.43	5.69	53.40	22.73	21.98	185.22	175.39
辽 宁	Liaoning	49.45	10.48	100.13	38.97	36.19	210.87	173.92
吉 林	Jilin	22.68	5.21	50.72	17.47	16.73	85.47	77.27
黑龙江	Heilongjiang	27.22	10.20	97.88	17.03	16.40	86.07	80.79
上 海	Shanghai	23.96	8.30	192.31	15.67	13.17	111.84	60.03
江 苏	Jiangsu	44.15	8.83	173.49	35.32	32.45	201.26	165.69
浙 江	Zhejiang	52.31	7.65	124.74	44.65	42.17	147.47	101.87
安 徽	Anhui	39.65	8.20	98.51	31.45	30.15	166.20	151.52
福 建	Fujian	19.60	3.45	54.61	16.15	14.27	89.19	50.37
江 西	Jiangxi	18.66	2.60	43.80	16.06	15.55	68.20	63.28
山 东	Shandong	67.49	11.05	154.93	56.44	52.88	339.95	283.64
河 南	Henan	55.57	7.69	130.07	47.87	45.66	263.80	230.85
湖 北	Hubei	30.81	6.93	91.99	23.88	23.02	87.38	78.77
湖 南	Hunan	34.31	4.28	89.75	30.03	29.00	103.16	92.36
广 东	Guangdong	86.15	12.78	273.12	73.37	68.26	250.06	183.80
广 西	Guangxi	22.22	4.42	76.23	17.80	17.20	72.61	66.13
海 南	Hainan	3.77	1.12	20.09	2.65	2.58	8.58	7.73
重 庆	Chongqing	20.67	3.43	49.80	17.24	16.15	54.13	47.96
四 川	Sichuan	43.57	8.11	126.56	35.46	34.41	94.31	85.74
贵 州	Guizhou	14.46	2.55	46.59	11.91	11.69	34.65	33.00
云 南	Yunnan	32.03	5.21	76.19	26.82	26.17	86.32	81.02
西 藏	Tibet	2.06	0.70	10.31	1.36	1.29	8.45	7.69
陕 西	Shaanxi	20.17	4.26	69.06	15.91	14.71	73.93	61.04
甘 肃	Gansu	14.52	4.15	47.45	10.38	9.98	43.92	39.81
青 海	Qinghai	5.80	1.86	21.02	3.95	3.84	16.84	15.69
宁 夏	Ningxia	9.80	1.62	20.59	8.18	7.80	47.01	41.30
新 疆	Xinjiang	23.65	4.59	63.13	19.06	18.07	95.20	82.36

2-95 邮电业务量(2008年)

Business Volume of Postal and Telecommunication Services (2008)

地 区	Region	邮电业务总量(亿元) Business Volume of Postal and Telecommunication Services (100 million yuan)	邮政业务总量 Business Volume of Postal Services	电信业务总量 Business Volume of Telecommunication Services	函件(亿件) Number of Letters (100 million pcs)	包裹(万件) Package (10 000 pcs)	快递(万件) Pieces of Express Mail Services (10 000 pcs)	报刊期发数(万份) Issue of Newspapers and Magazines (10 000 copies)
全 国	**National Total**	**23649.52**	**1401.80**	**22247.72**	**73.63**	**7936.7**	**151329.3**	**15658.3**
北 京	Beijing	839.67	87.82	751.86	6.78	761.0	13487.9	661.1
天 津	Tianjin	356.96	23.76	333.19	0.96	120.9	2540.2	229.5
河 北	Hebei	1057.91	42.96	1014.96	2.67	415.5	3795.5	497.7
山 西	Shanxi	562.48	32.01	530.47	1.08	135.9	1261.6	894.3
内蒙古	Inner Mongolia	466.51	12.30	454.21	0.42	113.5	1061.5	303.0
辽 宁	Liaoning	826.70	40.69	786.01	0.83	243.6	3238.9	686.5
吉 林	Jilin	460.83	18.03	442.81	0.69	117.4	1342.6	174.8
黑龙江	Heilongjiang	605.50	32.92	572.58	0.78	232.9	2066.7	398.2
上 海	Shanghai	971.26	173.62	797.64	12.08	868.2	29259.1	955.4
江 苏	Jiangsu	1581.86	128.03	1453.83	8.82	533.9	11926.6	1378.3
浙 江	Zhejiang	1574.21	86.81	1487.40	7.49	529.4	9859.9	1046.9
安 徽	Anhui	562.68	32.42	530.26	2.35	187.8	1945.9	396.7
福 建	Fujian	890.23	48.58	841.64	2.65	206.8	5577.4	517.3
江 西	Jiangxi	493.78	27.52	466.26	1.65	147.0	1773.7	341.3
山 东	Shandong	1499.52	74.30	1425.22	4.74	396.3	6166.9	842.9
河 南	Henan	1124.63	49.34	1075.29	2.21	315.4	3442.0	846.1
湖 北	Hubei	714.28	38.70	675.58	1.36	234.2	3406.7	910.1
湖 南	Hunan	769.39	35.34	734.05	0.82	195.7	2225.3	647.5
广 东	Guangdong	3688.66	248.27	3440.39	8.21	852.7	32524.3	882.4
广 西	Guangxi	588.30	18.97	569.34	0.75	130.1	1537.0	349.6
海 南	Hainan	160.60	6.48	154.12	0.14	41.5	384.2	76.7
重 庆	Chongqing	426.99	19.46	407.53	0.56	111.1	1608.4	228.0
四 川	Sichuan	934.30	45.12	889.18	1.48	229.4	4071.6	868.9
贵 州	Guizhou	371.96	10.82	361.14	0.65	73.8	917.4	225.4
云 南	Yunnan	577.88	13.06	564.82	0.74	159.7	1757.0	279.7
西 藏	Tibet	40.86	1.50	39.37	0.03	29.7	166.3	26.3
陕 西	Shaanxi	641.65	27.63	614.02	1.12	207.9	1974.6	301.5
甘 肃	Gansu	287.60	7.91	279.69	0.38	95.8	627.8	302.6
青 海	Qinghai	84.13	2.30	81.83	0.06	30.5	165.8	47.1
宁 夏	Ningxia	97.24	3.47	93.77	0.18	28.9	281.5	46.4
新 疆	Xinjiang	379.87	11.68	368.19	0.29	190.5	935.3	296.3
不分地区	Not Classified by Region	11.07		11.07				

注：邮电业务总量按2000年不变价格计算。

a) The business volumes of post and telecommunications were calculated at 2000's constant prices.

2-95 续表 1 continued

地 区	Region	汇 票 (万笔) Postal Order (10 000 times)	集邮业务 (万枚) Stamps for Collection (10 000 pieces)	固定电话长途通话时长 (亿分钟) Length of Long-distance Calls of Fixed Telephone (100 million minutes)	移动电话长途通话时长 (亿分钟) Length of Long-distance Calls of Mobile Telephone (100 million minutes)	IP电话通话时长 (亿分钟) Length of IP Calls (100 million minutes)	移动短信业务量 (亿条) Short Message Services (100 million messages)	互联网上网人数 (万人) Number of Internet Users (10 000 persons)	移动电话年末用户 (万户) Number of Mobile Telephone Subscribers at Year-end (10 000 subscribers)
全 国	**National Total**	**26404.2**	**131873**	**970.7**	**1912.3**	**1399.3**	**6996.9**	**29800**	**64124.5**
北 京	Beijing	918.9	25714	29.9	62.0	68.2	337.7	980	1616.3
天 津	Tianjin	283.3	5707	9.8	28.9	22.0	105.4	485	865.0
河 北	Hebei	523.4	3331	38.3	75.4	24.2	362.2	1334	3214.1
山 西	Shanxi	696.9	2854	20.4	61.2	9.1	177.9	819	1698.5
内蒙古	Inner Mongolia	455.7	1666	12.9	27.7	9.2	131.0	385	1344.4
辽 宁	Liaoning	728.6	4639	34.7	55.1	48.7	219.5	1138	2421.5
吉 林	Jilin	446.8	1837	10.5	16.5	9.0	134.9	520	1362.9
黑龙江	Heilongjiang	487.3	3818	22.4	43.2	20.2	167.4	620	1646.3
上 海	Shanghai	998.4	3445	29.7	36.0	130.5	306.7	1110	1880.9
江 苏	Jiangsu	1731.9	12538	105.1	161.1	37.4	634.4	2084	3957.0
浙 江	Zhejiang	2086.7	6826	85.9	221.3	39.7	570.3	2108	3976.7
安 徽	Anhui	358.9	2009	13.6	36.0	45.3	242.6	723	1715.1
福 建	Fujian	1008.0	4509	33.6	113.5	31.6	204.9	1379	2368.1
江 西	Jiangxi	427.0	3803	16.4	49.0	10.7	150.9	610	1277.3
山 东	Shandong	1247.7	4990	41.8	96.5	72.9	480.3	1983	4627.9
河 南	Henan	1184.0	7085	43.1	85.1	13.4	280.6	1283	3501.0
湖 北	Hubei	590.4	4715	38.4	38.5	46.0	204.5	1050	2528.7
湖 南	Hunan	992.2	2982	31.3	40.6	45.8	200.9	999	2240.3
广 东	Guangdong	6852.9	8390	175.5	357.2	402.4	830.0	4554	8395.7
广 西	Guangxi	280.5	1220	28.5	54.5	13.7	151.8	734	1623.9
海 南	Hainan	210.4	369	6.3	8.4	6.7	41.4	216	397.8
重 庆	Chongqing	352.9	1039	10.6	13.8	29.6	97.7	598	1281.7
四 川	Sichuan	868.6	4664	33.5	45.0	89.5	316.4	1103	2852.3
贵 州	Guizhou	412.8	945	10.1	28.2	19.9	66.6	433	1179.0
云 南	Yunnan	415.2	2245	17.8	42.9	33.5	174.7	548	1635.9
西 藏	Tibet	116.9	438	4.9	6.4	2.6	10.3	47	87.0
陕 西	Shaanxi	569.0	3374	26.1	34.5	50.8	171.4	790	1912.2
甘 肃	Gansu	271.0	1842	13.5	29.1	8.2	86.1	327	895.3
青 海	Qinghai	143.4	723	4.3	8.3	4.0	20.2	130	247.2
宁 夏	Ningxia	109.4	1820	3.5	10.8	4.1	31.9	102	323.3
新 疆	Xinjiang	640.8	2335	18.2	25.7	47.6	86.4	625	1051.3
不分地区	Not Classified by Region					2.7			

2-95 续表 2 continued

地 区	Region	固定电话年末用户(万户) Number of Subscribers of Local Telephone at Year-end (10 000 subscribers)	城市电话用户 Number of Urban Telephone Subscribers	#住宅电话 Household Telephone Subscribers	农村电话用户 Rural Telephone Subscribers	#住宅电话 Household Telephone Subscribers	公用电话(万户) Public Telephone (10 000 subscribers)
全 国	**National Total**	**34035.9**	**23155.9**	**15588.3**	**10880.0**	**9612.2**	**2771.5**
北 京	Beijing	884.9	681.5	408.8	203.4	165.5	69.0
天 津	Tianjin	396.6	392.6	296.4	4.0	1.3	27.0
河 北	Hebei	1457.5	925.4	672.9	532.1	491.1	93.0
山 西	Shanxi	803.0	522.4	402.2	280.5	251.4	72.3
内蒙古	Inner Mongolia	462.5	388.3	276.1	74.1	67.0	35.0
辽 宁	Liaoning	1604.3	1142.1	875.7	462.2	438.4	103.3
吉 林	Jilin	621.7	445.4	326.3	176.3	166.0	51.3
黑龙江	Heilongjiang	1028.0	790.5	617.7	237.4	220.3	78.7
上 海	Shanghai	1015.4	1003.1	660.0	12.3		46.1
江 苏	Jiangsu	2968.3	1974.5	1298.3	993.8	860.0	189.5
浙 江	Zhejiang	2297.6	1482.4	867.0	815.2	637.9	227.5
安 徽	Anhui	1379.9	677.5	455.4	702.4	663.7	78.8
福 建	Fujian	1431.0	1065.0	698.6	366.0	305.7	103.4
江 西	Jiangxi	846.9	495.9	329.9	351.0	318.9	69.4
山 东	Shandong	2421.1	1362.3	979.2	1058.8	968.3	193.9
河 南	Henan	1562.4	1045.0	840.5	517.4	485.8	153.1
湖 北	Hubei	1171.8	771.2	507.2	400.6	368.3	111.2
湖 南	Hunan	1257.3	812.8	516.7	444.5	397.3	108.5
广 东	Guangdong	3573.3	2764.5	1645.6	808.9	598.9	377.6
广 西	Guangxi	848.4	515.7	343.7	332.7	306.6	64.7
海 南	Hainan	224.7	159.5	98.6	65.1	54.7	21.9
重 庆	Chongqing	678.9	426.0	309.6	253.0	236.4	45.2
四 川	Sichuan	1660.4	1052.3	720.7	608.1	555.0	120.1
贵 州	Guizhou	499.6	282.0	183.5	217.6	204.4	42.0
云 南	Yunnan	616.3	376.3	212.1	240.0	200.7	75.0
西 藏	Tibet	70.7	68.0	44.1	2.7	1.0	6.3
陕 西	Shaanxi	881.2	564.7	365.6	316.5	291.6	73.4
甘 肃	Gansu	519.0	334.7	213.9	184.4	166.9	56.8
青 海	Qinghai	119.4	92.5	62.4	27.0	24.5	7.3
宁 夏	Ningxia	121.5	79.5	48.7	42.0	38.3	10.6
新 疆	Xinjiang	612.2	462.2	310.6	150.0	126.3	59.7
不分地区	Not Classified by Region						

2-96 邮政局所数及邮递线路(2008年底)

Postal Offices and Postal Delivery Routes (End of 2008)

地 区	Region	邮政局所(处) Number of Postal Offices (unit)	信筒信箱(个) Number of Post Boxes (unit)	邮路总长度(公里) Length of Postal Routes (km)	#汽车邮路 Highway Routes	#铁路邮路 Railway Routes	农村投递线路(公里) Rural Delivery Routes (km)
全 国	**National Total**	**69146**	**224023**	**3693464**	**1385102**	**236860**	**3656936**
北 京	Beijing	1510	3757	317086	61917	27810	17290
天 津	Tianjin	632	1428	37758	12974	5754	17744
河 北	Hebei	2066	5999	54947	49305	3671	182072
山 西	Shanxi	1640	3171	73455	27849	7041	110244
内蒙古	Inner Mongolia	1691	2565	67906	43747	5836	108556
辽 宁	Liaoning	1804	6833	153174	52073	4021	102839
吉 林	Jilin	1242	4031	49175	26005	7158	94445
黑龙江	Heilongjiang	2200	6768	102225	37862	10318	120552
上 海	Shanghai	4875	3726	261798	47697	14637	32457
江 苏	Jiangsu	3560	9285	136959	89852	4619	257051
浙 江	Zhejiang	2693	12367	212595	64948	2880	157968
安 徽	Anhui	2235	6112	88337	47466	1929	141632
福 建	Fujian	1657	14674	151233	39996	13416	88314
江 西	Jiangxi	1884	4357	71416	49776	7113	101106
山 东	Shandong	3344	12547	176120	70562	9860	266450
河 南	Henan	2772	5034	105886	63996	7545	195657
湖 北	Hubei	2351	15538	79223	37432	8064	190582
湖 南	Hunan	5053	51198	93338	52660	3033	207237
广 东	Guangdong	6380	13552	450015	118272	10799	216619
广 西	Guangxi	1654	7301	81800	46564	4907	110604
海 南	Hainan	460	829	61917	11185		19589
重 庆	Chongqing	2427	3721	88116	31385	2121	71675
四 川	Sichuan	5649	7681	178502	66339	9092	174594
贵 州	Guizhou	2131	2263	63198	27176	6876	61115
云 南	Yunnan	1890	3266	175670	71103	13403	160898
西 藏	Tibet	199	351	17654	14159	2188	117746
陕 西	Shaanxi	1806	5062	104215	32763	8997	122691
甘 肃	Gansu	1387	6413	76895	33201	5240	109679
青 海	Qinghai	251	457	24508	11965	3480	12741
宁 夏	Ningxia	326	1073	12691	4683	2315	11582
新 疆	Xinjiang	1377	2664	125652	40190	22737	75209

2-97 电信主要通信能力（2008年底）

Main Communication Capacity of Telecommunications (End of 2008)

地　区	Region	长途电话交换机容量（路端）Capacity of Long-distance Telephone Exchanges (circuit)	局用交换机容量（万门）Capacity of Local Office Telephone Exchanges (10 000 line)	移动电话交换机容量（万户）Capacity of Mobile Telephone Exchanges (10 000 subscribers)	长途光缆线路长度（公里）Length of Long Distance Optical Cable Lines (km)	互联网宽带接入端口（万个）Broad Band Subscribers Port of Internet (10 000 ports)
全　国	**National Total**	**16907188**	**50863.2**	**114531.4**	**797979**	**10890.4**
北　京	Beijing	544710	1542.3	3106.0	3607	455.3
天　津	Tianjin	153418	592.8	1560.0	3045	163.1
河　北	Hebei	644900	2121.4	5851.0	27410	466.8
山　西	Shanxi	228184	1072.7	2363.9	26111	283.0
内蒙古	Inner Mongolia	344765	719.1	2673.0	39278	135.9
辽　宁	Liaoning	501319	2085.6	3600.5	25489	426.6
吉　林	Jilin	264978	893.6	2253.7	20461	216.6
黑龙江	Heilongjiang	410872	1397.5	3223.7	40483	293.8
上　海	Shanghai	656887	1402.2	3370.0	4333	611.3
江　苏	Jiangsu	1232387	5507.1	6382.4	31256	954.5
浙　江	Zhejiang	869294	3200.1	7900.6	23942	822.0
安　徽	Anhui	732336	1613.8	3341.6	22874	248.3
福　建	Fujian	674042	1956.4	4629.1	20314	411.7
江　西	Jiangxi	552348	1229.5	2741.0	20819	219.1
山　东	Shandong	487913	3384.6	9391.5	29387	743.5
河　南	Henan	1048510	2340.6	6300.3	35719	497.3
湖　北	Hubei	661855	1794.8	4296.0	27651	327.4
湖　南	Hunan	632645	1790.5	3635.0	34123	322.8
广　东	Guangdong	2830552	5405.3	12833.9	45508	1442.3
广　西	Guangxi	605934	1385.6	2556.4	36440	270.7
海　南	Hainan	66244	308.6	620.0	1839	55.4
重　庆	Chongqing	229086	1155.3	2448.3	8779	230.9
四　川	Sichuan	659681	2453.4	6712.5	58611	391.0
贵　州	Guizhou	284401	867.5	1909.4	29799	125.8
云　南	Yunnan	252676	1019.5	3172.1	34988	205.5
西　藏	Tibet	58804	125.8	126.5	17718	11.5
陕　西	Shaanxi	331883	1385.5	3146.4	28459	238.4
甘　肃	Gansu	230757	809.6	1539.0	27772	108.4
青　海	Qinghai	123242	164.4	408.0	24865	25.6
宁　夏	Ningxia	68050	224.6	593.6	9246	31.5
新　疆	Xinjiang	478883	911.9	1846.0	37655	154.6
不分地区	Not Classified by Region	45632				

注：电话交换机容量中不包括用户交换机容量。

a) The capacity of exchanges in this table excludes the capacity of exchanges owned by users.

2-98 社会消费品零售总额(2008年)

Total Retail Sale of Consumer Goods (2008)

单位：亿元 (100 million yuan)

地区	Region	社会消费品零售总额 Total Retail Sales of Consumer Goods	按销售单位所在地分 By Location 市 City	县 County	县以下 Under County Level	按行业分 By Sector 批发零售贸易业 Wholesale and Retail Trade	餐饮业 Catering Services	其他行业 Others
全国	**National**	**108487.7**	**73734.9**	**12212.8**	**22540.0**	**91198.5**	**15403.9**	**1885.3**
北京	Beijing	4589.0	4000.3	38.1	550.7	4044.4	504.9	39.7
天津	Tianjin	2000.3	1882.1	67.1	51.1	1690.4	305.5	4.5
河北	Hebei	4880.4	2335.7	997.5	1547.2	4175.4	628.2	76.8
山西	Shanxi	2356.5	1536.1	435.3	385.1	1989.8	300.2	66.6
内蒙古	Inner Mongolia	2363.3	1626.9	464.7	271.7	1849.1	462.2	52.0
辽宁	Liaoning	4917.5	4106.1	244.0	567.5	4033.7	819.0	64.9
吉林	Jilin	2484.3	1939.4	196.7	348.2	2127.9	354.7	1.7
黑龙江	Heilongjiang	2838.6	2201.5	325.2	311.9	2445.7	351.4	41.5
上海	Shanghai	4537.1	4004.5	30.2	502.5	3853.1	669.5	14.5
江苏	Jiangsu	9661.4	7117.3	627.3	1916.7	8360.2	1212.3	88.9
浙江	Zhejiang	7441.7	4960.4	727.0	1754.3	6521.5	869.4	50.8
安徽	Anhui	2965.5	1635.0	601.2	729.4	2497.6	433.3	34.6
福建	Fujian	3828.0	2581.1	393.5	853.5	3275.9	487.2	64.9
江西	Jiangxi	2082.8	1114.8	445.7	522.2	1835.9	227.1	19.7
山东	Shandong	10381.2	6728.7	1184.8	2467.7	8730.6	1370.6	280.0
河南	Henan	5662.5	3140.1	1120.6	1401.9	4601.2	966.2	95.2
湖北	Hubei	4965.8	3486.5	477.6	1001.8	4075.3	661.9	228.6
湖南	Hunan	4119.7	2442.9	670.6	1006.2	3473.7	594.0	52.0
广东	Guangdong	12772.2	9010.5	582.8	3178.9	10816.5	1882.5	73.3
广西	Guangxi	2338.4	1383.6	410.5	544.3	2021.8	279.9	36.7
海南	Hainan	448.4	325.2	32.2	91.0	353.8	80.8	13.9
重庆	Chongqing	2064.1	1266.1	269.7	528.3	1724.2	295.1	44.8
四川	Sichuan	4800.8	2402.0	863.3	1535.4	3731.5	925.1	144.2
贵州	Guizhou	1014.9	585.5	206.2	223.1	838.2	160.4	16.3
云南	Yunnan	1718.5	959.7	391.0	367.8	1314.1	298.2	106.2
西藏	Tibet	129.1	64.3	51.0	13.8	104.6	19.5	5.0
陕西	Shaanxi	2256.1	1504.2	384.9	367.0	1960.6	256.0	39.4
甘肃	Gansu	990.1	638.9	158.6	192.7	804.6	163.8	21.7
青海	Qinghai	252.8	179.9	48.1	24.8	207.6	41.0	4.3
宁夏	Ningxia	285.2	212.7	41.5	31.0	234.0	48.4	2.7
新疆	Xinjiang	1025.7	729.6	148.5	147.6	828.9	154.1	42.7

注：各地区相加不等于全国总计，原因是全国数据进行了修正。

a) The sum of provincial figures do not add up to the national total, as the national total was adjusted. Similarly in following tables.

2-99 限额以上连锁零售企业基本情况（2008年）

Basic Conditions of Chain Retail Enterprises above Designated Size (2008)

地 区	Region	门店总数（个）Number of Stores (unit)	营业面积（万平方米）Operating Area (10 000 sq.m)	从业人数（万人）Engaged Persons (10 000 persons)	商品销售额（亿元）Total Sales of Commodities (100 million yuan)	#零售额 Retail Value
全 国	**National Total**	**168502**	**10197.8**	**197.08**	**20466.5**	**14369.7**
北 京	Beijing	6059	495.5	13.17	1360.1	1119.9
天 津	Tianjin	1905	151.2	2.81	335.6	316.0
河 北	Hebei	5205	380.4	5.71	637.2	367.1
山 西	Shanxi	1665	64.7	2.60	161.0	112.9
内蒙古	Inner Mongolia	1689	33.0	1.33	307.9	295.7
辽 宁	Liaoning	4877	240.8	4.12	541.8	267.0
吉 林	Jilin	862	74.2	1.26	97.7	96.5
黑龙江	Heilongjiang	1003	40.3	1.88	137.0	124.2
上 海	Shanghai	16913	729.8	24.93	2381.6	1734.9
江 苏	Jiangsu	15208	1304.3	30.92	3358.3	2163.1
浙 江	Zhejiang	20074	905.5	12.62	1460.3	1036.8
安 徽	Anhui	7397	315.5	6.93	732.2	508.3
福 建	Fujian	2273	232.0	4.20	501.4	418.6
江 西	Jiangxi	1922	176.2	2.93	402.7	230.9
山 东	Shandong	8757	1064.0	10.77	1430.2	768.0
河 南	Henan	6658	288.9	5.81	451.5	313.4
湖 北	Hubei	6691	406.4	9.30	729.8	587.5
湖 南	Hunan	3657	350.2	6.78	558.6	520.5
广 东	Guangdong	23438	1710.9	25.42	3052.0	2262.2
广 西	Guangxi	2825	194.3	2.14	394.7	220.4
海 南	Hainan	190	5.3	0.08	2.5	2.4
重 庆	Chongqing	7442	308.5	6.24	351.3	236.9
四 川	Sichuan	5738	161.1	4.95	279.6	193.1
贵 州	Guizhou	514	13.0	0.47	19.4	9.2
云 南	Yunnan	10423	206.2	3.81	221.6	147.2
西 藏	Tibet	10	1.3	0.04	0.2	0.2
陕 西	Shaanxi	444	74.1	2.22	124.3	61.8
甘 肃	Gansu	466	26.7	0.43	67.8	63.0
青 海	Qinghai	566	13.4	0.31	9.1	8.8
宁 夏	Ningxia	1262	40.2	0.82	57.1	25.5
新 疆	Xinjiang	2369	190.0	2.10	302.0	157.6

注：门店总数全国总计中含港澳台地区和国外门店数。

a) Total number of stores includes that from Hong Kong, Macao and Taiwan province and foreign countries.

2-99 续表 continued

地 区	Region	商品购进总额 (亿元) Total Purchases Value (100 million yuan)	统一配送商品购进额 (亿元) Centralized Purchase and Delivery (100 million yuan)	自有配送中心配送商品购进额 Self Centralized Purchase and Delivery	非自有配送中心配送商品购进额 Non-self Centralized Purchase and Delivery
全 国	**National Total**	**17193.1**	**13782.1**	**8654.9**	**3118.8**
北 京	Beijing	1206.4	516.4	279.5	56.1
天 津	Tianjin	320.2	261.6	70.2	119.5
河 北	Hebei	465.3	254.4	149.2	6.2
山 西	Shanxi	127.2	44.1	19.9	1.5
内蒙古	Inner Mongolia	305.5	305.1	273.4	0.6
辽 宁	Liaoning	413.8	324.9	160.3	10.5
吉 林	Jilin	49.7	34.3	28.8	0.1
黑龙江	Heilongjiang	126.9	124.4	35.0	0.9
上 海	Shanghai	1547.2	1199.7	745.7	153.5
江 苏	Jiangsu	3210.3	2818.1	1896.8	571.8
浙 江	Zhejiang	1345.0	1250.6	1115.3	106.8
安 徽	Anhui	675.1	496.6	397.9	5.4
福 建	Fujian	313.1	240.1	129.6	11.0
江 西	Jiangxi	169.7	158.6	104.7	10.2
山 东	Shandong	1335.6	943.5	870.2	49.7
河 南	Henan	322.3	254.9	170.4	4.7
湖 北	Hubei	646.3	508.5	359.8	100.2
湖 南	Hunan	494.0	476.7	432.6	35.3
广 东	Guangdong	2717.5	2403.0	606.8	1735.9
广 西	Guangxi	189.5	166.2	123.7	14.9
海 南	Hainan	2.8	2.3	1.7	0.4
重 庆	Chongqing	317.2	303.7	260.6	26.7
四 川	Sichuan	234.1	214.1	115.2	60.0
贵 州	Guizhou	16.7	13.5	5.5	
云 南	Yunnan	131.9	114.3	84.7	4.4
西 藏	Tibet	0.3	0.2		
陕 西	Shaanxi	107.6	35.3	26.6	0.9
甘 肃	Gansu	64.9	47.4	13.1	0.6
青 海	Qinghai	6.0	3.7	2.7	0.5
宁 夏	Ningxia	46.7	36.2	35.8	
新 疆	Xinjiang	284.2	229.7	139.5	30.4

2-100 限额以上连锁餐饮企业基本情况（2008年）

Basic Conditions of Chain Catering Services Enterprises above Designated Size(2008)

地 区	Region	门店总数（个）Number of Stores (unit)	营业面积（万平方米）Operating Area (10 000 sq.m)	从业人数（万人）Engaged Persons (10 000 persons)	餐位数（万个）Number of Dining-seats (10 000 units)	营业额（亿元）Business Revenue (100 million yuan)
全 国	**National**	**12561**	**651.86**	**66.07**	**253.07**	**806.91**
北 京	Beijing	1740	98.03	8.56	27.35	121.07
天 津	Tianjin	305	7.96	1.37	3.21	24.22
河 北	Hebei	36	6.67	0.22	0.83	1.50
山 西	Shanxi	66	5.79	0.53	1.27	6.78
内蒙古	Inner Mongolia	1239	66.02	9.17	11.51	116.62
辽 宁	Liaoning	338	16.29	2.37	4.94	29.45
吉 林	Jilin	2	0.02			0.03
黑龙江	Heilongjiang	53	4.77	0.22	1.31	2.79
上 海	Shanghai	1167	31.59	5.33	12.29	68.42
江 苏	Jiangsu	881	31.30	3.84	11.42	51.90
浙 江	Zhejiang	865	66.10	4.07	16.77	57.79
安 徽	Anhui	111	10.98	0.40	2.62	4.87
福 建	Fujian	315	10.65	1.23	3.41	25.55
江 西	Jiangxi	65	3.74	0.38	1.67	4.40
山 东	Shandong	266	17.69	1.17	12.60	19.19
河 南	Henan	138	6.20	0.28	2.05	1.19
湖 北	Hubei	263	29.29	2.48	8.21	29.20
湖 南	Hunan	137	9.64	0.89	2.32	10.57
广 东	Guangdong	1820	69.42	9.00	34.64	109.19
广 西	Guangxi	52	2.30	0.32	0.80	3.96
海 南	Hainan	7	0.15	0.02	0.05	0.33
重 庆	Chongqing	1862	122.43	10.16	78.49	79.17
四 川	Sichuan	226	6.89	1.08	3.09	14.23
贵 州	Guizhou	14	2.81	0.12	0.41	1.67
云 南	Yunnan	167	7.68	0.50	3.53	6.57
西 藏	Tibet	3	0.05		0.01	0.03
陕 西	Shaanxi	331	14.87	2.09	7.33	13.46
甘 肃	Gansu	6	0.62	0.04	0.19	0.64
青 海	Qinghai	11	0.28	0.04	0.07	0.17
宁 夏	Ningxia	7	0.49	0.03	0.25	0.16
新 疆	Xinjiang	68	1.15	0.15	0.42	1.80

注：门店总数全国总计中含港澳台地区和国外门店数。

a) Number of stores includes that of Hong Kong, Macao and Taiwan province and foreign countries.

2-100 续表 continued

地 区	Region	#餐费及商品销售收入 From Meals and Commodities	商品购进总额（亿元） Total Purchases Value (100 million yuan)	统一配送商品购进额（亿元） Centralized Purchase and Delivery (100 million yuan)	自有配送中心配送商品购进额 Self Centralized Purchase and Delivery	非自有配送中心配送商品购进额 Non-self Centralized Purchase and Delivery
全 国	**National**	**796.16**	**271.59**	**192.52**	**118.67**	**35.28**
北 京	Beijing	121.04	52.31	33.14	14.57	5.44
天 津	Tianjin	24.12	0.47	0.20	0.16	0.04
河 北	Hebei	1.50	0.48	0.06	0.06	
山 西	Shanxi	6.78	2.16	1.75	1.75	
内蒙古	Inner Mongolia	116.62	40.00	26.39	18.29	8.10
辽 宁	Liaoning	29.45	10.06	10.03	1.43	
吉 林	Jilin	0.03	0.02			
黑龙江	Heilongjiang	2.79	1.19	1.06	0.14	
上 海	Shanghai	62.60	13.84	13.83	6.80	5.19
江 苏	Jiangsu	51.90	22.29	20.52	10.54	7.16
浙 江	Zhejiang	57.79	27.06	26.97	23.02	1.83
安 徽	Anhui	4.36	0.68	0.52	0.37	0.15
福 建	Fujian	25.55	2.28	2.28	1.22	0.96
江 西	Jiangxi	4.39	1.61	1.44	0.16	1.25
山 东	Shandong	18.52	5.71	1.05	1.03	0.02
河 南	Henan	1.16	0.45	0.45	0.24	0.00
湖 北	Hubei	29.02				
湖 南	Hunan	10.51	0.95	0.89	0.89	
广 东	Guangdong	107.36	39.17	31.40	25.25	0.18
广 西	Guangxi	3.96	1.52	1.50	0.00	1.50
海 南	Hainan	0.33				
重 庆	Chongqing	79.16	42.85	14.58	9.79	2.38
四 川	Sichuan	14.23	2.55	1.52	0.60	0.91
贵 州	Guizhou	1.64	0.04			
云 南	Yunnan	6.57	2.28	2.10	1.65	0.15
西 藏	Tibet	0.03				
陕 西	Shaanxi	11.99	0.69	0.13	0.13	
甘 肃	Gansu	0.64	0.28	0.14	0.04	
青 海	Qinghai	0.17	0.12	0.02		
宁 夏	Ningxia	0.16				
新 疆	Xinjiang	1.80	0.55	0.55	0.54	0.01

2-101 亿元以上商品交易市场基本情况(2008年)

Basic Statistics on Commodity Exchange Markets of Turnover above 100 Million Yuan (2008)

地区	Region	市场数量(个) Number of Markets (unit)	摊位数(个) Number of Booths (unit)	营业面积(万平方米) Operating Area (10 000 sq.m)	成交额(亿元) Turnover (100 million yuan)	批发 Wholesale Value	零售 Retail Value
全国	**National**	**4567**	**2839070**	**21225.2**	**52458.0**	**43120.0**	**9337.9**
北京	Beijing	120	97214	617.9	1779.9	1092.6	687.3
天津	Tianjin	90	51912	372.3	1447.6	1321.6	126.0
河北	Hebei	259	262332	2343.0	3168.6	2905.4	263.2
山西	Shanxi	44	26155	242.3	340.0	323.8	16.2
内蒙古	Inner Mongolia	66	35908	531.9	534.2	443.7	90.5
辽宁	Liaoning	223	182119	914.3	2448.2	1911.1	537.1
吉林	Jilin	70	59683	301.6	486.6	244.9	241.7
黑龙江	Heilongjiang	91	58494	301.3	618.5	497.4	121.1
上海	Shanghai	156	64600	505.7	4358.1	3966.0	392.1
江苏	Jiangsu	534	289887	2636.7	8820.1	7404.3	1415.8
浙江	Zhejiang	639	366332	2170.8	8953.3	7294.8	1658.6
安徽	Anhui	122	76789	632.3	1203.5	992.8	210.7
福建	Fujian	152	54085	314.3	1069.8	733.9	335.9
江西	Jiangxi	88	56972	320.7	903.1	787.8	115.4
山东	Shandong	520	316795	2864.3	4688.3	3960.2	728.0
河南	Henan	140	92811	730.1	1124.1	976.9	147.2
湖北	Hubei	137	66404	465.2	969.3	705.6	263.7
湖南	Hunan	263	153709	803.9	1452.9	852.3	600.6
广东	Guangdong	334	165375	1732.2	3498.5	2884.1	614.4
广西	Guangxi	88	59366	352.6	753.6	598.2	155.3
海南	Hainan	8	4306	5.5	16.7	2.9	13.8
重庆	Chongqing	101	67992	477.7	1302.6	1084.2	218.4
四川	Sichuan	90	85206	363.4	774.4	615.9	158.5
贵州	Guizhou	28	17209	82.6	277.2	247.4	29.8
云南	Yunnan	51	27244	239.4	370.9	334.9	36.0
西藏	Tibet	1	700	0.8	5.8	5.8	
陕西	Shaanxi	27	17728	80.9	245.3	168.0	77.3
甘肃	Gansu	38	24294	162.7	236.2	208.8	27.4
青海	Qinghai	9	4447	31.8	28.8	27.1	1.7
宁夏	Ningxia	26	15438	333.3	152.0	133.7	18.3
新疆	Xinjiang	52	37564	293.7	429.9	394.0	36.0

2-102 货物进出口总额(2008年)

Import and Export Value of Commodities (2008)

单位：万美元 (USD 10 000)

地 区	Region	按经营单位所在地分 By Location			按境内目的地、货源地分 By Places of Destination or Origin		
		进出口 Total	出 口 Exports	进 口 Imports	进出口 Total	出 口 Exports	进 口 Imports
全 国	**National Total**	**256325523**	**143069307**	**113256216**	**256325523**	**143069307**	**113256216**
北 京	Beijing	27169290	5749961	21419329	9504137	3471870	6032267
天 津	Tianjin	8040084	4210299	3829785	8690306	4150023	4540282
河 北	Hebei	3842053	2400412	1441641	5088479	2913418	2175061
山 西	Shanxi	1439506	925312	514194	2019298	1437757	581540
内蒙古	Inner Mongolia	891848	359185	532663	1043351	459830	583522
辽 宁	Liaoning	7243385	4206950	3036435	8216385	4215597	4000789
吉 林	Jilin	1333213	477163	856050	1362256	491921	870334
黑龙江	Heilongjiang	2313059	1680624	632435	2041976	929081	1112896
上 海	Shanghai	32205531	16914514	15291017	31388271	16047013	15341258
江 苏	Jiangsu	39227193	23802941	15424252	43046700	24520798	18525902
浙 江	Zhejiang	21113373	15429623	5683750	24440735	16804833	7635902
安 徽	Anhui	2018385	1136411	881974	1955057	1075285	879773
福 建	Fujian	8482107	5699184	2782923	8671960	5594072	3077889
江 西	Jiangxi	1361793	772666	589128	1500715	778762	721953
山 东	Shandong	15840751	9319479	6521273	18764359	9667344	9097015
河 南	Henan	1747934	1071890	676044	1988860	1241969	746891
湖 北	Hubei	2070567	1170891	899676	2135966	1143924	992042
湖 南	Hunan	1254719	841288	413431	1359924	881961	477963
广 东	Guangdong	68496880	40566447	27930433	71777681	41125055	30652626
广 西	Guangxi	1323617	734744	588872	1486427	683999	802428
海 南	Hainan	452852	158720	294132	959046	166602	792445
重 庆	Chongqing	952139	572205	379935	904836	534025	370811
四 川	Sichuan	2211365	1313249	898116	1992717	1066557	926160
贵 州	Guizhou	336621	190078	146543	480665	274144	206522
云 南	Yunnan	959692	498441	461250	932894	448392	484502
西 藏	Tibet	76583	70757	5826	34968	32819	2148
陕 西	Shaanxi	832883	538082	294801	1045586	678154	367432
甘 肃	Gansu	609543	160135	449408	656253	175008	481245
青 海	Qinghai	68882	41910	26972	80031	39428	40603
宁 夏	Ningxia	187940	125837	62104	258137	171671	86467
新 疆	Xinjiang	2221736	1929910	291826	2497547	1847996	649552

2-103 外商投资企业货物进出口总额

Value of Imports and Exports of Foreign-funded Enterprises

单位：万美元 (USD 10 000)

地区	Region	2000			2007			2008		
		进出口 Total	出口 Exports	进口 Imports	进出口 Total	出口 Exports	进口 Imports	进出口 Total	出口 Exports	进口 Imports
全国	**National Total**	**23671390**	**11944121**	**11727269**	**125516381**	**69537077**	**55979304**	**140992119**	**79049270**	**61942848**
北京	Beijing	776847	287108	489739	4952240	2170256	2781983	5680020	2305587	3374433
天津	Tianjin	1369289	637925	731364	5412377	2822784	2589592	5722366	2889470	2832896
河北	Hebei	158147	101240	56907	1048506	655308	393198	1671332	975029	696303
山西	Shanxi	41876	15209	26667	147990	89867	58123	221303	127618	93685
内蒙古	Inner Mongolia	18157	13799	4358	79136	47102	32034	149335	90470	58865
辽宁	Liaoning	1229698	624464	605234	3131050	1765978	1365072	3709289	2026502	1682786
吉林	Jilin	112274	39197	73077	493652	103342	390310	571685	134324	437361
黑龙江	Heilongjiang	47353	26679	20674	114721	69591	45130	139005	80686	58319
上海	Shanghai	3341054	1426102	1914952	19313539	9774791	9538748	21768521	11355935	10412585
江苏	Jiangsu	3018082	1445340	1572742	28005209	15554352	12450857	30349018	17495269	12853749
浙江	Zhejiang	938993	534851	404142	7107326	4721495	2385831	8350689	5422144	2928545
安徽	Anhui	94779	39993	54786	548379	260257	288122	701238	319369	381869
福建	Fujian	1405740	759713	646027	4624326	2899214	1725112	5212205	3250376	1961829
江西	Jiangxi	31814	16298	15516	496838	182943	313895	886991	377632	509359
山东	Shandong	1392569	792766	599803	6655705	4027221	2628484	8438159	5059486	3378673
河南	Henan	57695	30889	26806	257840	143129	114710	320204	171126	149078
湖北	Hubei	104686	42956	61730	556076	276851	279225	735954	378604	357351
湖南	Hunan	47717	18250	29467	166803	95076	71727	193352	105041	88310
广东	Guangdong	9203696	4951011	4252685	40821906	23222207	17599699	43848739	25567121	18281618
广西	Guangxi	55339	34112	21227	288997	109258	179739	454363	161968	292395
海南	Hainan	45993	30464	15529	145792	51734	94058	240462	65245	175216
重庆	Chongqing	32389	9666	22723	302297	72378	229919	364846	95901	268945
四川	Sichuan	61524	24517	37007	496322	216031	280292	821698	354933	466765
贵州	Guizhou	5690	4012	1678	24415	16503	7912	37301	23804	13497
云南	Yunnan	19658	8113	11545	55764	39314	16450	63625	42694	20931
西藏	Tibet	634	389	245	138	72	66	601	64	537
陕西	Shaanxi	35433	11611	23822	161132	87275	73857	208113	110053	98060
甘肃	Gansu	5657	3832	1825	26707	23213	3494	19994	16711	3283
青海	Qinghai	925	202	723	12273	1638	10635	25805	4591	21214
宁夏	Ningxia	6125	4294	1831	40806	16296	24510	54698	18473	36225
新疆	Xinjiang	11557	9119	2438	28119	21600	6519	31207	23040	8167

2-104 外商投资企业年底注册登记情况

Registration Status of Foreign Funded Enterprises at Year-end

地 区	Region	企业数（户） Number of Enterprises (unit)		投资总额（亿美元） Total Investment (100 million USD)		注册资本（亿美元） Registered Capital (100 million USD)		#外 方 Foreign Investor	
		2007	2008	2007	2008	2007	2008	2007	2008
全 国	**National Total**	**286232**	**434937**	**21088**	**23241**	**11554**	**13006**	**9211**	**10389**
地区合计	**Region Total**	**286004**	**434701**	**20627**	**22617**	**11202**	**12575**	**8908**	**10045**
北 京	Beijing	13237	22485	876	983	480	563	379	456
天 津	Tianjin	11429	14536	829	938	464	533	391	454
河 北	Hebei	3696	10536	291	338	161	188	105	129
山 西	Shanxi	779	2168	178	180	88	92	54	52
内蒙古	Inner Mongolia	1071	2326	171	222	86	113	58	76
辽 宁	Liaoning	14739	22321	1088	1248	681	801	539	642
吉 林	Jilin	1963	4158	313	175	165	98	103	68
黑龙江	Heilongjiang	2464	5901	145	162	89	99	64	74
上 海	Shanghai	34218	51532	2570	2940	1450	1692	1170	1377
江 苏	Jiangsu	38998	49928	3820	4159	2016	2203	1734	1901
浙 江	Zhejiang	22059	28533	1457	1583	826	917	617	686
安 徽	Anhui	2637	5523	238	255	140	147	102	108
福 建	Fujian	18655	23809	1027	1121	562	626	481	540
江 西	Jiangxi	4542	6640	290	335	184	209	154	173
山 东	Shandong	20084	32052	963	1012	536	571	387	425
河 南	Henan	2983	11166	257	293	137	161	94	117
湖 北	Hubei	3964	7560	313	340	181	201	122	145
湖 南	Hunan	2964	5085	243	266	136	154	100	117
广 东	Guangdong	66789	90114	3507	3726	2041	2251	1702	1806
广 西	Guangxi	2468	4297	219	258	124	139	93	109
海 南	Hainan	3194	4921	941	967	142	160	102	113
重 庆	Chongqing	1519	4333	198	238	105	133	76	101
四 川	Sichuan	4247	9398	269	421	163	258	116	196
贵 州	Guizhou	603	2201	28	32	17	19	12	14
云 南	Yunnan	2055	4084	118	141	67	83	45	55
西 藏	Tibet	129	132	5	5	3	3	2	2
陕 西	Shaanxi	3175	4312	165	137	95	81	69	56
甘 肃	Gansu	398	2142	31	38	17	18	11	12
青 海	Qinghai	151	469	24	33	14	20	7	10
宁 夏	Ningxia	285	637	22	24	12	13	8	9
新 疆	Xinjiang	509	1402	31	46	20	29	13	21
部门合计	**Department Total**	**228**	**236**	**461**	**624**	**352**	**430**	**304**	**344**

2-105 接待入境旅游人数和国际旅游外汇收入

Number of Oversea Visitor Arrivals and Foreign Exchange Earnings

地 区	Region	2007			2008		
		接待入境旅游人数（万人次）Number of Oversea Visitor Arrivals (10 000 person-times)	#外国人 Foreigners	国际旅游外汇收入（百万美元）Foreign Exchange Earnings (USD million)	接待入境旅游人数（万人次）Number of Oversea Visitor Arrivals (10 000 person-times)	#外国人 Foreigners	国际旅游外汇收入（百万美元）Foreign Exchange Earnings (USD million)
全 国	**Natiional Total**	**13187.33**	**2610.97**	**41919**	**13002.74**	**2432.53**	**40843**
北 京	Beijing	435.48	382.61	4580	379.04	335.72	4459
天 津	Tianjin	103.23	95.24	779	122.04	113.00	1001
河 北	Hebei	81.76	73.84	309	75.02	67.02	274
山 西	Shanxi	73.79	44.82	222	93.93	57.94	301
内蒙古	Inner Mongolia	149.45	147.43	545	154.93	153.23	577
辽 宁	Liaoning	200.09	170.66	1228	241.87	207.27	1526
吉 林	Jilin	54.36	44.18	179	61.73	52.46	211
黑龙江	Heilongjiang	141.42	134.38	643	200.61	193.34	870
上 海	Shanghai	520.10	442.61	4673	526.47	441.62	4972
江 苏	Jiangsu	512.55	369.20	3469	544.30	396.11	3880
浙 江	Zhejiang	511.18	343.64	2708	539.67	366.13	3024
安 徽	Anhui	106.43	74.35	344	132.09	90.82	454
福 建	Fujian	268.75	100.80	2169	293.19	98.64	2394
江 西	Jiangxi	66.47	23.94	196	80.21	30.83	252
山 东	Shandong	249.64	202.03	1352	253.67	206.43	1391
河 南	Henan	88.09	55.56	318	104.36	67.91	374
湖 北	Hubei	131.82	107.72	413	118.75	92.66	443
湖 南	Hunan	120.57	87.52	642	111.02	71.10	617
广 东	Guangdong	2460.87	628.51	8706	2567.97	608.82	9175
广 西	Guangxi	205.52	124.51	577	201.02	120.01	602
海 南	Hainan	75.31	59.31	302	70.65	53.08	314
重 庆	Chongqing	76.17	62.24	382	87.19	74.28	450
四 川	Sichuan	170.87	107.41	512	69.95	47.77	154
贵 州	Guizhou	43.00	15.48	129	39.54	18.22	117
云 南	Yunnan	221.90	144.74	860	250.22	169.18	1008
西 藏	Tibet	36.54	33.87	135	6.80	6.29	31
陕 西	Shaanxi	123.13	98.15	612	125.73	93.67	660
甘 肃	Gansu	33.12	23.39	70	8.32	5.98	16
青 海	Qinghai	5.00	3.62	16	2.99	2.06	10
宁 夏	Ningxia	0.94	0.84	3	1.16	0.93	3
新 疆	Xinjiang	43.84	40.27	162	36.32	32.77	136

2-106 普通高校基本情况（2008年）

Basic Statistics on Regular Institutions of Higher Education (2008)

单位：人 (person)

地 区	Region	学校数（所）Schools (unit)	招生数 Entrants	在校学生数 Enrollment	毕(结)业生数 Graduates	教职工数 Teachers and Staff	#专任教师 Full-time Teachers
全 国	**National Total**	**2263**	**6076612**	**20210249**	**5119498**	**2051029**	**1237451**
北 京	Beijing	85	156092	585624	152179	129237	55909
天 津	Tianjin	55	111048	386437	101728	43294	26121
河 北	Hebei	105	310592	1000033	271335	88603	55125
山 西	Shanxi	69	147305	526756	141214	55417	34885
内蒙古	Inner Mongolia	39	97846	316700	73554	33233	20946
辽 宁	Liaoning	104	239475	820374	202312	89848	53495
吉 林	Jilin	55	147628	504084	117946	59035	32539
黑龙江	Heilongjiang	78	197909	678139	169988	74348	41613
上 海	Shanghai	66	143328	502899	122069	73068	36854
江 苏	Jiangsu	146	410705	1572632	380924	154001	96267
浙 江	Zhejiang	98	245330	832224	203203	75986	47795
安 徽	Anhui	104	253183	808276	191120	65540	43624
福 建	Fujian	81	179137	562595	130379	53521	33637
江 西	Jiangxi	82	232140	764182	264549	71226	47510
山 东	Shandong	125	465593	1534009	411143	134072	87432
河 南	Henan	94	396818	1250204	302492	95932	64889
湖 北	Hubei	118	354335	1184915	351854	120816	70617
湖 南	Hunan	115	292060	952330	244706	93303	57651
广 东	Guangdong	125	384481	1216390	282469	110034	69223
广 西	Guangxi	68	157920	484189	110662	46174	27545
海 南	Hainan	16	39735	126355	23391	10615	6653
重 庆	Chongqing	47	136747	450008	99747	45596	28398
四 川	Sichuan	90	301786	991072	247707	95432	59174
贵 州	Guizhou	45	85712	267526	66050	27211	18037
云 南	Yunnan	59	110319	347732	79311	36255	23276
西 藏	Tibet	6	8520	29409	5840	2990	1877
陕 西	Shaanxi	88	264951	839658	217294	94196	53740
甘 肃	Gansu	39	105091	331895	75051	30708	18581
青 海	Qinghai	9	13767	42177	9753	6242	3368
宁 夏	Ningxia	15	21746	70454	15238	8365	4915
新 疆	Xinjiang	37	65313	230971	54290	26731	15755

2-107 中等职业学校(机构)基本情况 (2008年)

Basic Statistics in Secondary Vocational School (Institutions) (2008)

单位: 人 (person)

地 区	Region	招生数 New Enrollment	在校学生数 Total Enrollment	毕业生数 Graduates	教职工数 Teachers and Staff	#专任教师 Full-time Teachers
全 国	**National Total**	**6502739**	**16882421**	**4710924**	**973431**	**674169**
北 京	Beijing	45375	174586	57901	16129	8852
天 津	Tianjin	42130	146486	50633	12022	8064
河 北	Hebei	406513	1055814	312073	70274	48204
山 西	Shanxi	192899	505659	148896	32534	22541
内蒙古	Inner Mongolia	106285	269339	74932	21225	14617
辽 宁	Liaoning	163030	458954	129789	34817	22872
吉 林	Jilin	102946	261272	69512	28261	18745
黑龙江	Heilongjiang	142063	336106	75263	26163	17644
上 海	Shanghai	57694	187916	58095	14835	8265
江 苏	Jiangsu	386757	1135266	305559	59985	44752
浙 江	Zhejiang	227898	631650	222799	38797	31050
安 徽	Anhui	333608	879794	269384	34577	24568
福 建	Fujian	189416	498310	136510	23961	18229
江 西	Jiangxi	223115	590283	200345	30497	20974
山 东	Shandong	418472	1220469	396785	84290	58490
河 南	Henan	576959	1489797	402395	79075	55922
湖 北	Hubei	390641	1037294	264826	44847	30689
湖 南	Hunan	280488	763491	269438	45475	30040
广 东	Guangdong	398121	1000771	245300	53571	38193
广 西	Guangxi	248976	585715	131577	33635	21061
海 南	Hainan	42460	96672	20270	5073	3231
重 庆	Chongqing	152370	426955	94009	19845	13979
四 川	Sichuan	490369	1080937	265395	50731	35347
贵 州	Guizhou	161156	356725	75594	14693	10237
云 南	Yunnan	167146	413914	103236	26171	18543
西 藏	Tibet	5219	21003	2436	745	541
陕 西	Shaanxi	256669	590865	174525	30624	20107
甘 肃	Gansu	129851	309365	75489	19534	13885
青 海	Qinghai	30968	67917	13798	3100	2379
宁 夏	Ningxia	41166	78095	21329	3204	2215
新 疆	Xinjiang	91979	211001	42831	14741	9933

2-108 普通高中基本情况（2008年）

Basic Statistics on Regular Senior Secondary Schools (2008)

单位：人 (person)

地区	Region	学校数（所）Schools (unit)	招生数 New Enrollment	在校学生数 Total Enrollment	毕业生数 Graduates	教职工数 Teachers and Staff	#专任教师 Full-time Teachers
全国	**National Total**	**15206**	**8370063**	**24762842**	**8360593**	**5815712**	**1475533**
北京	Beijing	325	68397	219163	78468	72693	19849
天津	Tianjin	221	58920	195004	75230	53596	15316
河北	Hebei	713	448491	1351197	482330	323940	80668
山西	Shanxi	559	270394	782937	258789	202627	49262
内蒙古	Inner Mongolia	324	181627	541084	187557	123351	30645
辽宁	Liaoning	435	244280	724152	256952	178899	42553
吉林	Jilin	278	159882	488871	168436	122270	27478
黑龙江	Heilongjiang	445	209254	611287	203680	172718	39386
上海	Shanghai	283	58652	192583	95088	68886	17201
江苏	Jiangsu	737	482937	1498712	499083	340480	98918
浙江	Zhejiang	594	281878	848152	295892	203645	60005
安徽	Anhui	782	435803	1337132	437481	252154	63245
福建	Fujian	610	242469	748828	242178	172244	52531
江西	Jiangxi	540	278606	821984	286828	180406	49024
山东	Shandong	682	523354	1683530	648601	445545	112250
河南	Henan	908	684186	2072588	749826	432748	102686
湖北	Hubei	655	439116	1321990	449676	271629	70212
湖南	Hunan	742	392351	1195442	429998	288168	72607
广东	Guangdong	1018	668073	1817646	534880	412718	110689
广西	Guangxi	493	262833	757048	234161	190766	40813
海南	Hainan	110	53067	154774	45461	39327	8838
重庆	Chongqing	268	215513	557405	156906	119637	28985
四川	Sichuan	775	503016	1411178	456714	314058	79006
贵州	Guizhou	456	212253	562138	161279	148292	30284
云南	Yunnan	460	212007	594703	173903	169569	38278
西藏	Tibet	23	15486	44093	14383	11528	2592
陕西	Shaanxi	615	322017	946919	330531	198259	52223
甘肃	Gansu	480	210511	618253	194146	127143	35524
青海	Qinghai	138	38824	108140	33651	23429	7515
宁夏	Ningxia	93	47952	137208	43245	27895	8215
新疆	Xinjiang	444	147914	418701	135240	127092	28735

注：教职工数为普通高中和普通初中之和。

a) Number of teachers and staff is the sum of that of regular senior secondary schools and regular junior secondary schools.

2-109 普通初中基本情况（2008年）

Basic Statistics on Regular Junior Secondary Schools (2008)

单位：人 (person)

地 区	Region	学校数（所）Schools (unit)	招生数 New Enrollment	在校学生数 Total Enrollment	毕业生数 Graduates	专任教师 Full-time Teachers
全 国	**National Total**	**57701**	**18561663**	**55741542**	**18628943**	**3468957**
北 京	Beijing	349	107494	325117	104702	30031
天 津	Tianjin	365	84245	303492	98490	26305
河 北	Hebei	3172	800757	2741801	1052699	193632
山 西	Shanxi	2427	544299	1772798	610377	119673
内蒙古	Inner Mongolia	967	268407	862276	304293	64166
辽 宁	Liaoning	1707	458511	1437573	464040	101369
吉 林	Jilin	1232	290893	905738	315945	66724
黑龙江	Heilongjiang	1910	389559	1393338	447270	103631
上 海	Shanghai	491	107686	425141	105832	33120
江 苏	Jiangsu	2209	865825	2782784	1024349	187646
浙 江	Zhejiang	1783	622105	1849851	538120	117588
安 徽	Anhui	3181	1049896	3098582	1083637	156442
福 建	Fujian	1353	495894	1512936	495367	98740
江 西	Jiangxi	2082	668121	1744883	600680	113254
山 东	Shandong	3211	1082028	3337815	1080149	255408
河 南	Henan	4810	1651319	4841994	1830655	276205
湖 北	Hubei	2356	775634	2612455	960997	163666
湖 南	Hunan	3387	719148	2143743	774204	173650
广 东	Guangdong	3334	1803636	4978825	1429971	247359
广 西	Guangxi	2075	762825	2119362	695820	117468
海 南	Hainan	460	159751	463780	155861	24108
重 庆	Chongqing	1057	473329	1350451	389032	74126
四 川	Sichuan	4162	1251676	3615083	1118303	194553
贵 州	Guizhou	2170	748412	2055674	624484	105076
云 南	Yunnan	1812	703090	2000076	605241	110324
西 藏	Tibet	96	49468	139920	41539	8160
陕 西	Shaanxi	1968	615304	1941810	687886	116903
甘 肃	Gansu	1623	486386	1420194	451348	79439
青 海	Qinghai	353	67714	207231	72923	13679
宁 夏	Ningxia	284	108586	291970	92871	16518
新 疆	Xinjiang	1315	349665	1064849	371858	79994

2-110 职业初中基本情况（2008年）

Basic Statistics on Vocational Junior Secondary Schools (2008)

单位：人 (person)

地 区	Region	学校数（所） Schools (unit)	招生数 New Enrollment	在校学生数 Total Enrollment	毕业生数 Graduates	教职工数 Teachers and Staff	#专任教师 Full-time Teachers
全 国	**National Total**	**213**	**34291**	**108168**	**50601**	**7615**	**6577**
北 京	Beijing						
天 津	Tianjin						
河 北	Hebei	2	57	218	277	34	30
山 西	Shanxi	48	5966	20891	8662	1626	1371
内蒙古	Inner Mongolia	23	4083	13076	6960	1165	957
辽 宁	Liaoning						
吉 林	Jilin	25	5439	17341	7435	1498	1245
黑龙江	Heilongjiang	5	434	1121	520	118	105
上 海	Shanghai		72	158	105	16	16
江 苏	Jiangsu						
浙 江	Zhejiang						
安 徽	Anhui	7	1754	4380	2213	386	356
福 建	Fujian						
江 西	Jiangxi	1	158	769	202	43	43
山 东	Shandong						
河 南	Henan				281		
湖 北	Hubei	18	1823	7678	4654	615	556
湖 南	Hunan	1	197	384	54	42	40
广 东	Guangdong						
广 西	Guangxi	2	21	61	31	11	11
海 南	Hainan						
重 庆	Chongqing						
四 川	Sichuan	12	3925	10598	2123	439	379
贵 州	Guizhou	46	4927	14757	10344	996	911
云 南	Yunnan	11	3707	11741	5384	476	424
西 藏	Tibet						
陕 西	Shaanxi						
甘 肃	Gansu	11	20	45	20	9	7
青 海	Qinghai						
宁 夏	Ningxia	1	1708	4950	1336	141	126
新 疆	Xinjiang						

2-111 普通小学基本情况（2008年）

Basic Statistics on Regular Primary Schools (2008)

单位：人 (person)

地 区	Region	学校数(所) Schools (unit)	招生数 New Enrollment	在校学生数 Total Enrollment	毕业生数 Graduates	教职工数 Teachers and Staff	#专任教师 Full-time Teachers
全 国	**National Total**	**300854**	**16957150**	**103315122**	**18649512**	**6132903**	**5621938**
北 京	Beijing	1202	110440	659500	112268	60944	48696
天 津	Tianjin	993	89027	520997	88171	45850	38474
河 北	Hebei	16205	914423	4756611	802024	340315	316702
山 西	Shanxi	17167	474811	3213426	552111	210066	193378
内蒙古	Inner Mongolia	3605	250153	1552708	272053	138962	115170
辽 宁	Liaoning	6987	393197	2367350	459368	173159	151039
吉 林	Jilin	6450	259418	1500703	292573	153377	129118
黑龙江	Heilongjiang	8142	336919	1982828	390554	179467	157436
上 海	Shanghai	672	123949	590561	104362	51010	40964
江 苏	Jiangsu	5233	642287	4080728	859130	282805	254717
浙 江	Zhejiang	4417	557757	3322785	624785	182810	167847
安 徽	Anhui	16116	849750	5203540	1039349	261835	251020
福 建	Fujian	8566	399088	2471464	504960	169868	160347
江 西	Jiangxi	12890	746762	4239268	654800	205668	198005
山 东	Shandong	13503	1046117	6329748	1074800	420552	387957
河 南	Henan	30214	1869150	10365983	1689027	512237	485288
湖 北	Hubei	9302	626247	3607744	715128	216119	201356
湖 南	Hunan	13929	847528	4584411	702820	265680	250229
广 东	Guangdong	19271	1315880	9564740	1867640	476680	416608
广 西	Guangxi	14590	765621	4448079	767242	243695	218042
海 南	Hainan	2741	109846	906369	171102	57975	52578
重 庆	Chongqing	7575	347639	2243916	467435	130550	119161
四 川	Sichuan	13993	1004385	6488221	1253417	333343	307687
贵 州	Guizhou	13107	722009	4697910	763062	208798	200024
云 南	Yunnan	16573	729101	4510366	732309	239302	226795
西 藏	Tibet	885	50937	311832	52721	18715	18087
陕 西	Shaanxi	14185	431794	2864809	617895	196323	180898
甘 肃	Gansu	13424	411003	2689631	485899	145597	141371
青 海	Qinghai	2556	93110	538193	69450	28115	27318
宁 夏	Ningxia	2202	110155	688697	113757	33457	32829
新 疆	Xinjiang	4159	328647	2012004	349300	149629	132797

2-112 特殊教育基本情况（2008年）

Basic Statistics on Special Education (2008)

单位：人 (person)

地区	Region	学校数（所）Schools (unit)	招生数 New Enrollment	在校学生数 Total Enrollment	毕业生数 Graduates	教职工数 Teachers and Staff	#专任教师 Full-time Teachers
全国	**National Total**	**1640**	**62409**	**417440**	**52035**	**45990**	**36306**
北京	Beijing	24	959	7926	1576	1166	850
天津	Tianjin	21	217	2393	347	604	452
河北	Hebei	137	1855	12294	1070	2932	2280
山西	Shanxi	43	1049	7890	668	1337	1105
内蒙古	Inner Mongolia	27	709	4072	563	937	757
辽宁	Liaoning	75	746	8972	770	2646	2064
吉林	Jilin	46	626	5621	560	1766	1319
黑龙江	Heilongjiang	71	1126	8332	879	2295	1843
上海	Shanghai	29	1253	9074	1924	1612	1115
江苏	Jiangsu	113	4785	30135	5173	3730	2890
浙江	Zhejiang	64	1864	12924	1603	1680	1413
安徽	Anhui	62	2278	16324	1644	1276	1034
福建	Fujian	64	5137	34630	6167	1679	1465
江西	Jiangxi	63	3125	20326	1913	796	674
山东	Shandong	144	2471	19659	2085	5567	4238
河南	Henan	120	3097	20743	1693	3346	2789
湖北	Hubei	76	2183	13374	1530	1694	1427
湖南	Hunan	50	2443	13990	1551	1338	1015
广东	Guangdong	67	3588	25125	3484	2262	1717
广西	Guangxi	56	2360	15507	1493	1024	761
海南	Hainan	4	380	2533	246	147	107
重庆	Chongqing	41	2006	12172	1919	802	670
四川	Sichuan	93	6333	41739	5312	1777	1478
贵州	Guizhou	49	2265	15186	1116	819	695
云南	Yunnan	25	4525	24576	2519	747	583
西藏	Tibet	1	18	217	8	36	31
陕西	Shaanxi	34	1653	8827	1447	768	598
甘肃	Gansu	15	2051	13443	1664	458	341
青海	Qinghai	10	286	2442	178	148	121
宁夏	Ningxia	6	181	1420	74	181	161
新疆	Xinjiang	10	840	5574	859	420	313

2-113 各级普通学校生师比（2008年）

Student-Teacher Ratio by Level of Regular Schools (2008)

单位：% (%)

地区	Region	小学 Primary School	初中 Junior Secondary School	普通高中 Regular Senior Secondary School	职业高中 Vocational Senior Secondary School	普通中专 Regular Specialized Secondary School	普通高校 Regular Institution of Higher Education	本科院校 Undergraduate Courses	专科院校 Specialized Courses
全国	**National Total**	**18.38**	**16.07**	**16.78**	**23.47**	**31.27**	**17.23**	**17.21**	**17.27**
北京	Beijing	13.54	10.83	11.04	13.11	32.89	16.04	16.41	13.47
天津	Tianjin	13.54	11.54	12.73	15.42	20.39	16.53	16.51	16.57
河北	Hebei	15.02	14.16	16.75	22.92	29.56	17.91	17.99	17.75
山西	Shanxi	16.62	14.82	15.89	21.65	32.30	16.41	16.09	17.01
内蒙古	Inner Mongolia	13.48	13.44	17.66	16.92	26.79	16.93	16.88	17.00
辽宁	Liaoning	15.67	14.18	17.02	19.08	19.87	17.10	17.35	16.05
吉林	Jilin	11.62	13.58	17.79	19.06	19.33	17.27	17.53	15.79
黑龙江	Heilongjiang	12.59	13.44	15.52	16.08	28.40	17.33	17.71	16.33
上海	Shanghai	14.42	12.83	11.20	17.85	23.81	16.88	16.78	17.45
江苏	Jiangsu	16.02	14.83	15.15	18.28	36.41	16.09	16.27	15.83
浙江	Zhejiang	19.80	15.73	14.13	21.48	26.10	17.86	17.50	18.64
安徽	Anhui	20.73	19.79	21.14	38.94	36.56	18.51	18.43	18.64
福建	Fujian	15.41	15.32	14.25		25.04	17.08	17.28	16.66
江西	Jiangxi	21.41	15.41	16.77	25.32	42.51	16.34	16.96	15.45
山东	Shandong	16.32	13.07	15.00	20.71	26.20	16.48	16.28	16.87
河南	Henan	21.36	17.53	20.18	24.98	42.21	18.05	18.01	18.13
湖北	Hubei	17.92	15.95	18.83	31.72	36.70	17.30	17.15	17.72
湖南	Hunan	18.32	12.34	16.46	24.07	48.77	17.68	17.59	17.82
广东	Guangdong	22.96	20.13	16.42	19.61	29.77	18.68	18.39	19.25
广西	Guangxi	20.40	18.04	18.55		26.97	17.26	16.96	17.68
海南	Hainan	17.24	19.24	17.51	19.62	49.36	19.33	19.56	18.92
重庆	Chongqing	18.83	18.22	19.23	28.18	54.09	17.43	17.73	16.58
四川	Sichuan	21.09	18.60	17.86	30.15	33.44	18.21	18.01	18.70
贵州	Guizhou	23.49	19.53	18.56	32.85	43.33	17.26	16.42	18.84
云南	Yunnan	19.89	18.17	15.54	23.19	28.95	16.63	16.83	16.20
西藏	Tibet	17.24	17.15	17.01		41.88	15.92	16.59	14.05
陕西	Shaanxi	15.84	16.61	18.13	27.96	42.44	17.01	16.80	17.74
甘肃	Gansu	19.03	17.88	17.40	24.32	22.33	18.22	18.11	18.48
青海	Qinghai	19.70	15.15	14.39	56.05	27.14	14.77	13.76	17.93
宁夏	Ningxia	20.98	17.84	16.70	33.45	43.06	17.38	16.18	20.13
新疆	Xinjiang	15.15	13.31	14.57	16.09	28.01	16.40	16.41	16.37

注：普通高校生师比中专任教师数包括聘请校外教师。

a) Of the student-teacher ratio of regular institution of higher education, full-time teachers include those from other schools.

2-114 每十万人口各级学校平均在校生数（2008年）

Number of Students Per 100 000 Inhabitants by Level (2008)

单位：人 (person)

地 区	Region	幼儿园 Kindergartens	小 学 Primary Education	初中阶段 Junior Secondary	高中阶段 Senior Secondary	高等学校 Higher Education
全 国	**National Total**	**1873**	**7819**	**4227**	**3463**	**2042**
北 京	Beijing	1388	4039	1991	2788	6750
天 津	Tianjin	1730	4673	2722	3452	4534
河 北	Hebei	2004	6851	3949	3724	1811
山 西	Shanxi	1775	9471	5286	4250	1979
内蒙古	Inner Mongolia	1276	6456	3640	3488	1650
辽 宁	Liaoning	1724	5508	3345	3021	2621
吉 林	Jilin	1169	5497	3381	2937	2659
黑龙江	Heilongjiang	1144	5185	3647	2746	2352
上 海	Shanghai	1769	3178	2289	2201	4371
江 苏	Jiangsu	2330	5352	3650	3903	2679
浙 江	Zhejiang	3149	6567	3656	3165	2324
安 徽	Anhui	1431	8505	5072	3789	1658
福 建	Fujian	2772	6902	4225	3734	1937
江 西	Jiangxi	2117	9705	3996	3620	2062
山 东	Shandong	1870	6757	3563	3538	2071
河 南	Henan	1758	11075	5173	4079	1648
湖 北	Hubei	1303	6330	4598	4575	2724
湖 南	Hunan	1667	7214	3374	3349	1966
广 东	Guangdong	2459	10122	5269	3550	1821
广 西	Guangxi	2247	9329	4445	3039	1352
海 南	Hainan	1610	10726	5489	3241	1800
重 庆	Chongqing	2039	7968	4796	3917	2192
四 川	Sichuan	1966	7984	4461	3246	1637
贵 州	Guizhou	1962	12488	5504	2543	969
云 南	Yunnan	1984	9992	4457	2408	1174
西 藏	Tibet	516	10980	4927	2292	1279
陕 西	Shaanxi	1470	7644	5181	4797	2880
甘 肃	Gansu	1291	10278	5427	3767	1687
青 海	Qinghai	1708	9750	3754	3522	1033
宁 夏	Ningxia	1857	11290	4868	3822	1610
新 疆	Xinjiang	1887	9604	5083	3229	1414

注：1.高等学校包括普通高等学校和成人高等学校。
2.高中阶段合计数据包括普通高中、成人高中、普通中专、职业高中、技工学校和成人中专，分省数据不含技工学校。
3.初中阶段包括普通初中和职业初中。

a) Institutions of higher education include that of regular institutions of higher education and adult institutions of higher education.

b) Total of senior schools include that of regular senior schools, adult senior schools, regular secondary technical schools, vocational secondary schools, technical worker school, adult technical secondary schools, data classified by region exclude that of technical worker schools.

c) Junior secondary schools include regular junior schools and junior vocational schools.

2-115 教育经费情况（2007年）

Basic Statistics on Educational Funds (2007)

单位：万元 (10 000 yuan)

地 区	Region	合 计 Total	国家财政性教育经费 Government Appropriation for Education	#预算内教育经费 Budgetary	社会团体和公民个人办学经费 Funds from Social Organizations and Citizens for Running Schools	社会捐赠经费 Donations and Fund-raising for Running Schools	事业收入 Income from Teaching Research and Other Auxiliary Activity	#学费和杂费 Tuition and Miscellaneous Fees	其他教育经费 Other Educational Funds
全 国	**National Total**	**121480663**	**82802142**	**76549082**	**809337**	**930584**	**31772357**	**21309082**	**5166242**
北 京	Beijing	4077284	3175975	2935078	8623	35123	689123	449661	168441
天 津	Tianjin	1657108	1148940	1050730	635	3112	448370	264956	56051
河 北	Hebei	4403700	3103586	2841172	31470	13471	1110183	857400	144991
山 西	Shanxi	2649876	1948361	1744404	45399	12391	611628	458880	32097
内蒙古	Inner Mongolia	2019987	1629515	1488405	11670	4825	349364	270176	24613
辽 宁	Liaoning	4122455	3000631	2756211	13004	1659	972359	787899	134803
吉 林	Jilin	2133095	1567665	1490651	7350	15867	502890	375790	39323
黑龙江	Heilongjiang	2736590	2055103	1862016	9713	2138	647487	534429	22148
上 海	Shanghai	4318320	3261409	2894908	3366	7882	809273	608812	236390
江 苏	Jiangsu	8513327	5259263	4653318	28881	158561	2438439	1493058	628184
浙 江	Zhejiang	7058575	4401972	3748654	16557	150086	1911896	1292083	578064
安 徽	Anhui	3451326	2441218	2287926	26856	19953	870219	628532	93080
福 建	Fujian	3322233	2217201	2054017	84037	26495	908022	640198	86478
江 西	Jiangxi	2850048	1857367	1776743	23337	16783	869447	695897	83115
山 东	Shandong	6802414	4755635	4188713	16569	30038	1757555	1326515	242616
河 南	Henan	5493997	4075505	3864069	27612	6879	1241162	944466	142839
湖 北	Hubei	3689008	2297161	2122204	40928	13865	1164047	838330	173008
湖 南	Hunan	4196365	2628646	2474606	29305	17645	1350044	981992	170725
广 东	Guangdong	10734751	6614097	6221849	179245	99518	3481229	2171005	360662
广 西	Guangxi	2758915	2058340	1918820	22550	11370	595607	427644	71048
海 南	Hainan	757981	549796	485361	5515	15327	168763	117976	18580
重 庆	Chongqing	2309734	1471782	1397009	7688	50021	540819	352725	239425
四 川	Sichuan	5009787	3478766	3265608	86289	18881	1332195	778055	93655
贵 州	Guizhou	2070113	1670164	1564471	8763	6991	330465	243661	53730
云 南	Yunnan	2757505	2191078	2088192	18037	24169	461382	329005	62839
西 藏	Tibet	420562	406063	403688	67	108	14232	12128	92
陕 西	Shaanxi	2855270	1826039	1712961	48857	5164	892350	741797	82860
甘 肃	Gansu	1672565	1347784	1277373	2256	5706	293362	220916	23456
青 海	Qinghai	458238	405548	391399	1267	2738	42098	28100	6586
宁 夏	Ningxia	636974	533091	510833	2145	2405	69671	45576	29664
新 疆	Xinjiang	1916673	1543932	1452886	1345	7085	293908	194594	70403

2-116 国内三种专利申请受理数和授权数（2008年）

Patents Application Accepted and Granted (2008)

单位：件 (piece)

地 区	Region	申请受理数 合计 Number of Patents Application Accepted	发明 Inventions	实用新型 Utility Models	外观设计 Designs	授权数合计 Number of Patents Application Granted	发明 Inventions	实用新型 Utility Models	外观设计 Designs
全 国	**National Total**	**717144**	**194579**	**223945**	**298620**	**352406**	**46590**	**175169**	**130647**
北 京	Beijing	43508	28394	11157	3957	17747	6478	8776	2493
天 津	Tianjin	18230	6281	6061	5888	6790	1610	4016	1164
河 北	Hebei	9128	2380	5001	1747	5496	549	3937	1010
山 西	Shanxi	5386	2053	2283	1050	2279	420	1559	300
内蒙古	Inner Mongolia	2221	695	980	546	1328	140	866	322
辽 宁	Liaoning	20893	6493	10348	4052	10665	1516	8256	893
吉 林	Jilin	5536	1895	2302	1339	2984	574	2005	405
黑龙江	Heilongjiang	7974	3047	3877	1050	4574	740	3335	499
上 海	Shanghai	52835	17831	14325	20679	24468	4258	11973	8237
江 苏	Jiangsu	128002	22601	23379	82022	44438	3508	16029	24901
浙 江	Zhejiang	89931	12063	25134	52734	52953	3269	20000	29684
安 徽	Anhui	10409	2729	3988	3692	4346	489	2512	1345
福 建	Fujian	13181	2701	5141	5339	7937	530	3921	3486
江 西	Jiangxi	3746	1016	1726	1004	2295	218	1520	557
山 东	Shandong	60247	13714	25562	20971	26688	1845	18785	6058
河 南	Henan	19090	4954	8167	5969	9133	668	5317	3148
湖 北	Hubei	21147	4616	8793	7738	8374	1152	5732	1490
湖 南	Hunan	14016	5335	4872	3809	6133	1196	3446	1491
广 东	Guangdong	103883	28099	28883	46901	62031	7604	25072	29355
广 西	Guangxi	3884	1086	1863	935	2228	204	1441	583
海 南	Hainan	873	331	366	176	341	47	198	96
重 庆	Chongqing	8324	1997	3237	3090	4820	532	2765	1523
四 川	Sichuan	24335	4098	6914	13323	13369	1086	5295	6988
贵 州	Guizhou	2943	873	1403	667	1728	270	1183	275
云 南	Yunnan	4089	1474	1389	1226	2021	383	1038	600
西 藏	Tibet	350	39	48	263	93	16	37	40
陕 西	Shaanxi	11898	3775	3961	4162	4392	962	2774	656
甘 肃	Gansu	2178	952	970	256	1047	211	675	161
青 海	Qinghai	431	148	120	163	228	23	100	105
宁 夏	Ningxia	1087	160	329	598	606	48	266	292
新 疆	Xinjiang	2412	482	1408	522	1493	82	1100	311
香 港	Hong Kong	2486	607	614	1265	1892	246	738	908
澳 门	Macao	22	10	8	4	23	2	20	1
台 湾	Taiwan	22469	11650	9336	1483	17466	5714	10482	1270

2-117 国有企事业单位专业技术人员数（2008年底）

Number of Scientific and Technical Personnel in State-owned Enterprises and Institutions (End of 2008)

单位：人 (person)

地 区	Region	合 计 Total	工程技术人员 Engineering	农业技术人员 Agriculture	科学研究人员 Scientific Research	卫生技术人员 Health Care	教学人员 Teaching
全 国	**National Total**	**23098880**	**5176798**	**715774**	**368655**	**3888273**	**12949380**
北 京	Beijing	348675	97441	4544	5226	82149	159315
天 津	Tianjin	249716	66362	2988	2846	55907	121613
河 北	Hebei	1026897	123140	25899	3470	156500	717888
山 西	Shanxi	717848	142075	20468	3995	116135	435175
内蒙古	Inner Mongolia	492673	67777	32659	2431	86965	302841
辽 宁	Liaoning	719044	110800	25974	7331	158603	416336
吉 林	Jilin	561051	85664	27690	5468	114354	327875
黑龙江	Heilongjiang	691278	116306	35047	7234	142102	390589
上 海	Shanghai	360340	106152	3488	6321	95927	148452
江 苏	Jiangsu	1050990	113250	30395	7638	215539	684168
浙 江	Zhejiang	719551	101020	18236	6359	166157	427779
安 徽	Anhui	740121	85912	20421	3302	112994	517492
福 建	Fujian	542928	67969	13023	5836	85944	370156
江 西	Jiangxi	627532	68416	20032	3261	119150	416673
山 东	Shandong	1491836	213488	45765	10955	272343	949285
河 南	Henan	1265222	112698	28570	5524	189729	928701
湖 北	Hubei	804196	79200	17546	6596	194191	506663
湖 南	Hunan	897021	106070	31134	5569	173635	580613
广 东	Guangdong	1265386	144941	16701	5745	260940	837059
广 西	Guangxi	756850	135978	23016	2926	123633	471297
海 南	Hainan	130622	8492	3941	470	27993	89726
重 庆	Chongqing	385292	44733	15374	2284	63735	259166
四 川	Sichuan	1014272	117470	49667	7704	179424	660007
贵 州	Guizhou	533160	63975	25957	682	73842	368704
云 南	Yunnan	681574	88070	39566	3652	108245	442041
西 藏	Tibet	46153	2648	2130	443	7867	33065
陕 西	Shaanxi	640119	95782	27254	2653	105970	408460
甘 肃	Gansu	449293	58775	25046	1813	62111	301548
青 海	Qinghai	103258	15566	8833	666	19713	58480
宁 夏	Ningxia	112598	14977	9819	825	19171	67806
新 疆	Xinjiang	413844	48769	31781	2260	71097	259937

注：1.本表中专业技术人员包括社会科学领域专业技术人员及小学教师，但不包括行政机关专业技术人员。

2.分地区数据中不含中央属国有企事业单位人数。

a) The data include the personnel in the social field and the primary teachers, but exclude the personnel in the administration.

b) The regional data exclude the personnel in the state-owned enterprises and institution under the central government.

2-118 技术市场成交额

Transaction Value in Technical Market

单位：万元 (10 000 yuan)

地 区	Region	2001	2002	2003	2004	2005	2006	2007	2008
全 国	**National Total**	**7827489**	**8841713**	**10846728**	**13343630**	**15513694**	**18181813**	**22265261**	**26652288**
北 京	Beijing	1910065	2211738	2653574	4249975	4895922	6973256	8825603	10272173
天 津	Tianjin	306009	363262	420008	450276	507093	588624	723356	866122
河 北	Hebei	46784	60406	67969	72718	103827	156099	164329	165906
山 西	Shanxi	14693	39014	32251	59960	47980	59213	82677	128425
内蒙古	Inner Mongolia	62359	58197	108452	104085	109939	107127	109835	94423
辽 宁	Liaoning	408698	508326	620200	752817	865167	806494	929290	997290
吉 林	Jilin	88543	82921	87292.3	107900	122261	153666	174845	196066
黑龙江	Heilongjiang	111035	120110	121165	125715	142585	156934	350209	412565
上 海	Shanghai	1061603	1202170	1427790	1716963	2317328	3095095	3548877	3861695
江 苏	Jiangsu	529165	594873	765163	897855	1008296	688297	784173	940246
浙 江	Zhejiang	316652	389438	530353	581465	386954	399618	453474	589189
安 徽	Anhui	64145	75423	87960	90675	142553	184921	264515	324865
福 建	Fujian	136941	128988	166779	141395	171959	113187	145579	179690
江 西	Jiangxi	62724	62891	83323	93661	111227	93135	99533	77641
山 东	Shandong	321938	347650	525682	750850	983614	232005	450275	660126
河 南	Henan	212589	178506	192690	203207	263737	237288	261907	254425
湖 北	Hubei	338597	348603	412538	461700	501823	444427	522146	628971
湖 南	Hunan	293887	323422	369306	408280	417394	455281	460816	477024
广 东	Guangdong	539722	684532	805730	572651	1124740	1070257	1328448	2016319
广 西	Guangxi	37753	44406	41808	90955	94059	9423	9970	26996
海 南	Hainan	83990	9134	11978	1885	10007	8535	7327	35602
重 庆	Chongqing	289484	409433	555083	596186	357059	553479	395658	621884
四 川	Sichuan	126311	77524	128686	165640	190823	259323	303878	435313
贵 州	Guizhou	599	13484	17892	13533	10488	5361	6560	20356
云 南	Yunnan	255279	179496	228718	215555	159175	82747	97496	50547
西 藏	Tibet								
陕 西	Shaanxi	84615	151554	168022	139129	188977	179485	301710	438300
甘 肃	Gansu	27393	54644	77581	119608	172736	214534	262107	297560
青 海	Qinghai	4657	12373	8291	12793	11812	24665	53017	77033
宁 夏	Ningxia	8872	8496	10047	12827	14131	5349	6641	8898
新 疆	Xinjiang	82387	100699	120395	133371	80029	76084	71724	73963
港澳台	HongKong, Macao and Taiwan						15557	24308	49309
国 外	Abroad						732342	1044979	1373366

2-119 文化事业机构数(2008年)

Number of Institutions in Cultural Industry (2008)

单位：个 (unit)

地区	Region	艺术表演团体 Art Performance Troupes	艺术表演场馆 Art Performance Places	博物馆 Museums	公共图书馆 Public Libraries	群众艺术馆(省级、地市级文化馆) Art Centers at Provincial & Prefecture Level	县市级文化馆 Cultural Centers at County & City Level	乡镇(街道)文化站 Township (sub-district) Cultural Stations	中等艺术学校 Secondary Art School
全国	**National Total**	**5114**	**1944**	**1893**	**2820**	**389**	**2829**	**37938**	**117**
北京	Beijing	18	54	37	24	1	19	310	1
天津	Tianjin	15	29	18	32	1	18	219	2
河北	Hebei	228	106	64	163	13	164	2057	4
山西	Shanxi	164	69	85	122	12	119	1364	13
内蒙古	Inner Mongolia	117	32	36	113	13	102	870	4
辽宁	Liaoning	256	45	54	128	25	101	1374	6
吉林	Jilin	62	59	26	64	13	63	717	
黑龙江	Heilongjiang	84	47	56	101	17	130	994	7
上海	Shanghai	42	67	28	29	1	28	216	1
江苏	Jiangsu	119	90	165	106	13	104	1294	8
浙江	Zhejiang	65	48	89	94	12	87	1494	5
安徽	Anhui	1204	103	38	85	21	99	1373	4
福建	Fujian	338	71	89	85	10	82	1090	1
江西	Jiangxi	83	57	96	105	13	100	1721	3
山东	Shandong	119	88	91	147	18	138	1826	5
河南	Henan	200	155	95	142	19	183	2162	15
湖北	Hubei	150	63	111	104	20	93	1243	6
湖南	Hunan	98	74	74	120	15	125	2454	5
广东	Guangdong	561	251	152	132	22	121	1600	7
广西	Guangxi	140	22	60	100	15	98	1138	3
海南	Hainan	21	8	16	20	3	18	209	1
重庆	Chongqing	177	54	21	43	1	40	994	2
四川	Sichuan	274	95	85	154	22	181	3873	1
贵州	Guizhou	24	11	23	92	8	87	1375	
云南	Yunnan	127	31	36	150	17	131	1376	
西藏	Tibet	29	22	1	4	7	45	205	
陕西	Shaanxi	111	105	91	111	12	108	1668	7
甘肃	Gansu	82	31	81	92	15	86	1151	1
青海	Qinghai	23	16	18	43	9	45	200	1
宁夏	Ningxia	47	16	5	21	6	20	225	1
新疆	Xinjiang	119	20	47	93	15	94	1146	3

注：艺术表演团体、艺术表演场馆、博物馆、公共图书馆指标分地区数据不含中央单位数。

a) Data of regions do not include Central Government units in the indicators of art performance troupes, art performance places, museums, public libraries.

2-120 录像制品出版情况（2008年）

Statistics on Publication of Video Products (2008)

单位：种、万盒、万张 (kind, 10000 cassettes, 10000 discs)

地 区	Region	录像制品 Total of Video Products					激光数码视盘(VCD)			
		合计 Total		其中:新版 New Publication		发行数量 Number Publicated	合计 Total		其中:新版 New Publication	
		种数 Number	数量 Volume	种数 Number	数量 Volume		种数 Number	数量 Volume	种数 Number	数量 Volume
全 国	**National**	**11772**	**17868.75**	**8480**	**12457.44**	**16074.09**	**6365**	**9764.29**	**3921**	**6587**
中 央	Central Level	5618	8172.46	3489	4748.83	10518.79	3267	5072	1480	2414.76
地 方	Local Government	6154	9696.29	4991	7708.61	5555.3	3098	4692.29	2441	4172.24
北 京	Beijing	229	484.63	224	483.99	282.43	91	136.89	86	136.25
天 津	Tianjin	54	14	54	14	10.85	13	3.8	13	3.8
河 北	Hebei	81	77.66	81	77.66	72.05	54	54.8	54	54.8
山 西	Shanxi	43	6.96	24	2.93	53.43	25	4.66	9	1.13
内蒙古	Inner Mongolia	18	7.57	18	7.57	1.72	4	0.4	4	0.4
辽 宁	Liaoning	471	628.18	469	625.58	419.94	214	354.42	214	354.42
吉 林	Jilin	84	78.77	84	78.77	132.45	66	72.54	66	72.54
黑龙江	Heilongjiang	15	5.23	14	5.03	9.83	4	1	3	0.8
上 海	Shanghai	583	276.02	366	221.43	389.82	272	111.58	105	73.69
江 苏	Jiangsu	379	300.63	302	257.87	238.59	225	166.19	158	126.93
浙 江	Zhejiang	198	111.31	152	96.4	78.96	68	67.34	32	53.64
安 徽	Anhui	214	85.82	209	84.32	34.9	180	49.53	180	49.53
福 建	Fujian	546	2091.91	134	434.31	1114.81	101	504.28	43	209.08
江 西	Jiangxi	361	142.5	213	104.06	123.01	304	99.6	160	62.17
山 东	Shandong	325	335.24	322	326.59	261.74	158	155.43	158	155.43
河 南	Henan	175	66.72	128	62.84	116.02	100	24.63	53	20.75
湖 北	Hubei	134	239.06	127	228.63	238.99	105	194.43	102	191.98
湖 南	Hunan	235	501.48	215	486.33	311	82	144.15	75	141.3
广 东	Guangdong	791	3131.09	723	3065.8	819.43	349	1897.03	308	1853.59
广 西	Guangxi	205	354.12	159	344.96	334.8	152	254.68	106	245.52
海 南	Hainan	33	27.65	33	27.65	4.8	24	20.25	24	20.25
重 庆	Chongqing	71	77.64	58	56.56	112.37	44	54.34	32	33.56
四 川	Sichuan	343	156.83	341	154.71	86.94	163	83.37	162	83.25
贵 州	Guizhou	71	120.9	53	95.9	34.78	6	2.2	6	2.2
云 南	Yunnan	228	124.07	228	124.07	72.76	124	47.27	124	47.27
西 藏	Tibet	6	4.5	6	4.5	6.1	4	3.5	4	3.5
陕 西	Shaanxi	140	100.21	134	91.38	84.02	97	63.35	92	54.65
甘 肃	Gansu	25	12.4	25	12.4	21.3	9	4.1	9	4.1
青 海	Qinghai	9	3.6	9	3.6	14.3	6	2.6	6	2.6
宁 夏	Ningxia	12	3.4	12	3.4	1.6	3	0.9	3	0.9
新 疆	Xinjiang	75	126.19	74	125.37	71.56	51	113.03	50	112.21

2-120 续表 continued

单位：种、万盒、万张 (kind, 10000 cassettes, 10000 discs)

地区 Region	高密度激光视盘 DVD-V				录像带及其他 VT and Others			
	合计 Total		其中:新版 New Publication		合计 Total		其中:新版 New Publication	
	种数 Number	数量 Volume	种数 Number	数量 Volume	种数 Number	数量 Volume	种数 Number	数量 Volume
全国 National	**5367**	**8044.8**	**4522**	**5810.78**	**40**	**59.66**	**37**	**59.66**
中央 Central Level	2331	3097.3	1992	2330.91	20	3.16	17	3.16
地方 Local Government	3036	4947.5	2530	3479.87	20	56.5	20	56.5
北京 Beijing	136	346.54	136	346.54	2	1.2	2	1.2
天津 Tianjin	41	10.2	41	10.2				
河北 Hebei	27	22.86	27	22.86				
山西 Shanxi	17	2.2	14	1.7	1	0.1	1	0.1
内蒙古 Inner Mongolia	14	7.17	14	7.17				
辽宁 Liaoning	257	273.76	255	271.16				
吉林 Jilin	18	6.23	18	6.23				
黑龙江 Heilongjiang	11	4.23	11	4.23				
上海 Shanghai	311	164.44	261	147.74				
江苏 Jiangsu	154	134.44	144	130.94				
浙江 Zhejiang	130	43.97	120	42.76				
安徽 Anhui	34	36.29	29	34.79				
福建 Fujian	445	1587.63	91	225.23				
江西 Jiangxi	57	42.9	53	41.89				
山东 Shandong	167	179.81	164	171.16				
河南 Henan	75	42.09	75	42.09				
湖北 Hubei	29	44.63	25	36.65				
湖南 Hunan	143	343.93	130	331.63	10	13.4	10	13.4
广东 Guangdong	436	1193.06	409	1171.21	6	41	6	41
广西 Guangxi	53	99.44	53	99.44				
海南 Hainan	9	7.4	9	7.4				
重庆 Chongqing	27	23.3	26	23				
四川 Sichuan	179	72.66	178	70.66	1	0.8	1	0.8
贵州 Guizhou	65	118.7	47	93.7				
云南 Yunnan	104	76.8	104	76.8				
西藏 Tibet	2	1	2	1				
陕西 Shaanxi	43	36.86	42	36.73				
甘肃 Gansu	16	8.3	16	8.3				
青海 Qinghai	3	1	3	1				
宁夏 Ningxia	9	2.5	9	2.5				
新疆 Xinjiang	24	13.16	24	13.16				

2-121 录音制品出版情况（2008年）

Publication of Audio Products（2008）

单位：种、万盒、万张 (kind, 10000 cassettes, 10000 discs)

地区	Region	录音制品合计 Total of Audio Products					录音带 AT			
		合计 Total		其中:新版 New Publication		发行数量 Volume Issued	合计 Total		其中:新版 New Publication	
		种数 Number	数量 Volume	种数 Number	数量 Volume		种数 Number	数量 Volume	种数 Number	数量 Volume
全国	**National**	**11721**	**25399.25**	**7733**	**11168.91**	**24911.85**	**4581**	**19645.06**	**1906**	**6856.15**
中央	Central Level	4792	18600.22	2846	7186.95	16315.57	1927	15678.64	553	5257.36
地方	Local Government	6929	6799.03	4887	3981.96	8596.28	2654	3966.42	1353	1598.79
北京	Beijing	279	152.74	262	146.94	382.41	187	89.71	187	89.71
天津	Tianjin	105	165.55	102	157.95	247.71	36	126.35	36	126.35
河北	Hebei	90	455.37	90	455.37	497.29	55	401.14	55	401.14
山西	Shanxi	37	14.07	37	14.07	24.37	26	11.22	26	11.22
内蒙古	Inner Mongolia	35	68.54	35	68.54	5.4				
辽宁	Liaoning	770	483.22	686	433.5	493.12	92	76.3	69	67.54
吉林	Jilin	116	72.91	115	72.71	92.35	20	25.2	20	25.2
黑龙江	Heilongjiang	16	8.72	16	8.72	32.5	12	7.2	12	7.2
上海	Shanghai	2157	1960.61	915	707.63	1720.65	1023	1316.03	190	192.45
江苏	Jiangsu	331	790.16	188	110.88	776.26	117	610.22	34	19.19
浙江	Zhejiang	178	229.02	76	27.16	915.94	111	205.14	18	12.47
安徽	Anhui	73	32.57	71	32.17	14.25	59	24.02	58	23.92
福建	Fujian	78	77.21	46	31.32	110.44	51	57.41	28	22.52
江西	Jiangxi	64	79.78	53	59.87	91.14	31	68.42	20	48.51
山东	Shandong	286	210.34	247	118.5	924.97	69	115.64	31	24.4
河南	Henan	77	5.64	8	1.9	12.32	69	3.74		
湖北	Hubei	194	156.91	157	138.32	217.58	46	44.31	40	41.11
湖南	Hunan	170	296.86	127	97.68	517.92	60	197.99	53	45
广东	Guangdong	1158	887.98	1037	789.81	833.24	311	278.18	269	261.98
广西	Guangxi	120	34.31	111	32.79	41.71	83	11.53	74	10.01
海南	Hainan	16	40.4	16	40.4	10.2	14	36.2	14	36.2
重庆	Chongqing	96	135.45	87	129.67	301.7	30	101.3	23	96.02
四川	Sichuan	72	26.4	65	22.37	13.24	13	8.65	9	5.32
贵州	Guizhou	45	158.85	45	158.85	44.8	3	0.9	3	0.9
云南	Yunnan	118	33.39	118	33.39	23.33	41	4.16	41	4.16
西藏	Tibet	18	5.6	18	5.6	5.3	17	5.1	17	5.1
陕西	Shaanxi	192	185.13	121	54.55	197.85	72	125.06	20	5.87
甘肃	Gansu	15	16.9	15	16.9	17.4	4	15	4	15
青海	Qinghai					3				
宁夏	Ningxia	17	3.3	17	3.3	2				
新疆	Xinjiang	6	11.1	6	11.1	25.89	2	0.3	2	0.3

2-121 续表 continued

单位：种、万盒、万张 (kind, 10000 cassettes, 10000 discs)

地 区	Region	激光唱盘 CD				高密度激光唱盘及其他 DVD-A and Others			
		合计 Total		其中:新版 New Publication		合计 Total		其中:新版 New Publication	
		种数 Number	数量 Volume	种数 Number	数量 Volume	种数 Number	数量 Volume	种数 Number	数量 Volume
全 国	**National**	**5578**	**4404.91**	**4718**	**3632.57**	**1562**	**1349.28**	**1109**	**680.19**
中 央	Central Level	1970	2013.37	1684	1565.35	895	908.21	609	364.24
地 方	Local Government	3608	2391.54	3034	2067.22	667	441.07	500	315.95
北 京	Beijing	90	62.83	73	57.03	2	0.2	2	0.2
天 津	Tianjin	69	39.2	66	31.6				
河 北	Hebei	35	54.23	35	54.23				
山 西	Shanxi	11	2.85	11	2.85				
内蒙古	Inner Mongolia	35	68.54	35	68.54				
辽 宁	Liaoning	480	264.02	478	263.03	198	142.9	139	102.93
吉 林	Jilin	96	47.71	95	47.51				
黑龙江	Heilongjiang	1	0.1	1	0.1	3	1.42	3	1.42
上 海	Shanghai	878	473.85	531	393.09	256	170.73	194	122.09
江 苏	Jiangsu	187	167.83	133	82.18	27	12.11	21	9.51
浙 江	Zhejiang	62	20.32	57	13.18	5	3.56	1	1.51
安 徽	Anhui	9	6.81	9	6.81	5	1.74	4	1.44
福 建	Fujian	27	19.8	18	8.8				
江 西	Jiangxi	32	11.26	32	11.26	1	0.1	1	0.1
山 东	Shandong	216	94.5	215	93.9	1	0.2	1	0.2
河 南	Henan	7	1.8	7	1.8	1	0.1	1	0.1
湖 北	Hubei	108	95.9	93	86.9	40	16.7	24	10.31
湖 南	Hunan	92	75.74	63	45.22	18	23.13	11	7.46
广 东	Guangdong	820	589.94	741	507.98	27	19.86	27	19.85
广 西	Guangxi	37	22.78	37	22.78				
海 南	Hainan	2	4.2	2	4.2				
重 庆	Chongqing	60	31.35	59	31.15	6	2.8	5	2.5
四 川	Sichuan	58	16.9	55	16.2	1	0.85	1	0.85
贵 州	Guizhou	42	157.95	42	157.95				
云 南	Yunnan	77	29.23	77	29.23				
西 藏	Tibet	1	0.5	1	0.5				
陕 西	Shaanxi	44	15.4	36	13.2	76	44.67	65	35.48
甘 肃	Gansu	11	1.9	11	1.9				
青 海	Qinghai								
宁 夏	Ningxia	17	3.3	17	3.3				
新 疆	Xinjiang	4	10.8	4	10.8				

2-122 卫生机构数、医疗机构床位数（2008年）

Number of Health Care Institutions and Beds (2008)

地区	Region	卫生机构数（个） Health Care Institutions (unit)	#医院 Hospitals	#卫生院 Health Centers	#门诊部、诊所 Clinics	#妇幼保健院(所站) Women and Children Care Agencies	#疾病预防控制中心(防疫站) Center for Disease Control and Prevention (Epidemic Prevention Stations)	医疗机构床位数（张） Beds of Medical Organizations	#医院、卫生院 Hospitals and Health Centers
全国	**National Total**	**278337**	**19712**	**39860**	**180752**	**3011**	**3534**	**4036483**	**3748245**
北京	Beijing	6497	529	123	4355	19	31	86153	81894
天津	Tianjin	2784	247	181	1435	23	24	46054	41142
河北	Hebei	15632	1111	1958	10989	185	190	213965	197791
山西	Shanxi	9431	1025	1569	5854	132	131	127263	118947
内蒙古	Inner Mongolia	7162	471	1329	4168	115	137	81068	73205
辽宁	Liaoning	14627	854	1062	11277	111	133	182972	166501
吉林	Jilin	9659	568	802	5664	70	68	99329	93496
黑龙江	Heilongjiang	7928	911	938	5065	136	192	135600	125977
上海	Shanghai	2822	299		1906	24	22	97352	77174
江苏	Jiangsu	13357	1094	1429	8290	104	168	236541	222108
浙江	Zhejiang	15290	635	1871	6989	87	101	160873	149590
安徽	Anhui	7837	720	1845	3854	119	127	159724	150593
福建	Fujian	4478	332	871	2705	85	87	88579	82302
江西	Jiangxi	8229	491	1545	5023	111	137	105106	93890
山东	Shandong	14973	1253	1755	10314	149	177	319905	297345
河南	Henan	11683	1174	2089	7239	167	181	268004	252197
湖北	Hubei	10305	593	1203	6871	99	110	167673	153920
湖南	Hunan	14455	767	2344	10268	135	145	187732	174749
广东	Guangdong	15819	1028	1399	10948	126	136	250497	231583
广西	Guangxi	10427	450	1258	7985	103	100	118365	109730
海南	Hainan	2220	187	311	1544	25	27	21889	20672
重庆	Chongqing	6265	355	1041	4579	40	43	81950	77918
四川	Sichuan	20738	1144	4818	13441	201	208	243746	229984
贵州	Guizhou	5848	475	1459	3263	90	105	83103	78129
云南	Yunnan	9249	692	1396	6396	148	152	127560	119011
西藏	Tibet	1326	99	665	412	57	81	8720	8344
陕西	Shaanxi	8812	816	1733	5596	117	123	125189	118327
甘肃	Gansu	10534	377	1333	8140	100	104	76581	72315
青海	Qinghai	1582	126	406	744	22	56	17352	16408
宁夏	Ningxia	1629	148	239	1056	22	25	20891	19750
新疆	Xinjiang	6739	741	888	4382	89	213	96747	93253

2-123 卫生机构人员数(2008年)

Number of Employed Personnel in Health Care Institutions (2008)

单位：人 (person)

地 区	Region	人员合计 Total	#卫生技术人员 Medical Technical Personnel	#执业(助理)医师 Licensed (Assistant) Doctors	#注册护士 Registered Nurses
全 国	**National Total**	**6169050**	**5030038**	**2082258**	**1653297**
北 京	Beijing	194307	150411	59053	55411
天 津	Tianjin	85886	65161	25890	21979
河 北	Hebei	303232	247451	109968	69038
山 西	Shanxi	191152	159591	72259	48765
内蒙古	Inner Mongolia	131175	109727	49542	31459
辽 宁	Liaoning	274890	217904	90714	80470
吉 林	Jilin	162303	127905	57523	41066
黑龙江	Heilongjiang	203528	161939	66771	51353
上 海	Shanghai	162160	127471	51047	48758
江 苏	Jiangsu	360845	291125	119461	100736
浙 江	Zhejiang	288340	242908	101893	78284
安 徽	Anhui	227438	187770	73826	60856
福 建	Fujian	124213	103341	43013	37760
江 西	Jiangxi	168472	139764	55187	48241
山 东	Shandong	438009	375817	159809	122866
河 南	Henan	396078	309923	119316	96571
湖 北	Hubei	284832	233823	92037	80614
湖 南	Hunan	281421	232084	96305	72551
广 东	Guangdong	479817	384134	144467	135922
广 西	Guangxi	190152	155620	60825	55992
海 南	Hainan	42682	33875	12850	13212
重 庆	Chongqing	109014	88744	39415	26799
四 川	Sichuan	324525	267591	121851	77892
贵 州	Guizhou	106038	89313	38830	28642
云 南	Yunnan	151859	126237	57276	42011
西 藏	Tibet	11680	9435	4376	1920
陕 西	Shaanxi	183510	148328	58264	46918
甘 肃	Gansu	104179	87633	36176	24950
青 海	Qinghai	25568	21745	9414	7280
宁 夏	Ningxia	31571	26415	11444	8897
新 疆	Xinjiang	130174	106853	43456	36084

2-124 城镇社区服务设施基本情况(2008年)

Community Services Facilities in Urban Areas (2008)

单位：个 (unit)

地 区	Region	城镇社区服务设施数 Number of Urban Community Services Facilities	综合性社区服务中心数 Comprehensive Centers	街道级社区服务中心数 Street Centers	居委会社区服务站数 Neighborhood Stations	其他社区服务设施数 Others	城镇便民、利民服务网点 Number of Convenience Networks in Urban Areas
全 国	**National Total**	**172849**	**9873**	**10798**	**30021**	**122157**	**748684**
北 京	Beijing	2737	170	148	1855	564	6750
天 津	Tianjin	1911	109	101	1214	487	14931
河 北	Hebei	5757	181	296	868	4412	41365
山 西	Shanxi	2140	227	227	731	955	28827
内蒙古	Inner Mongolia	3818	425	960	705	1728	24714
辽 宁	Liaoning	6066	318	577	2254	2917	78011
吉 林	Jilin	2287	205	176	216	1690	2576
黑龙江	Heilongjiang	2541	625	225	681	1010	20879
上 海	Shanghai	19720	132	132	753	18703	5224
江 苏	Jiangsu	23819	732	648	3255	19184	125582
浙 江	Zhejiang	25908	445	348	1554	23561	75124
安 徽	Anhui	3986	311	257	782	2636	16727
福 建	Fujian	3182	492	471	593	1626	13843
江 西	Jiangxi	2581	470	245	374	1492	5731
山 东	Shandong	11062	575	838	3007	6642	59781
河 南	Henan	4143	351	625	627	2540	33843
湖 北	Hubei	7752	369	924	1780	4679	8550
湖 南	Hunan	14330	851	1310	1500	10669	46045
广 东	Guangdong	7094	767	423	2053	3851	38706
广 西	Guangxi	1233	114	118	301	700	4217
海 南	Hainan	105	1	2	92	10	294
重 庆	Chongqing	1884	152	152	934	646	7025
四 川	Sichuan	5559	582	627	1748	2602	14938
贵 州	Guizhou	5263	161	234	81	4787	22340
云 南	Yunnan	374	30	70	257	17	2440
西 藏	Tibet	98	28	2	12	56	
陕 西	Shaanxi	3033	256	66	207	2504	3600
甘 肃	Gansu	1800	183	354	485	778	7950
青 海	Qinghai	144	112	6	26		1060
宁 夏	Ningxia	596	96	53	434	13	30756
新 疆	Xinjiang	1926	403	183	642	698	6855

注：1.综合性社区服务中心是指具有一定规模的大型服务中心，一般隶属于区、县级政府管理。

2.其他社区服务中心是指除养老、便民等民政业务外的服务中心，如：卫生、文化、社保服务中心、站等。

a) Comprehensive centers refer to large service centers with certain scale, generally under jurisdiction of district and county governments.

b) Other centers refer to service centers except those about civil affairs of old-age insurance, convenience services, for example, health care, culture, social insurance service center and station, etc.

2-125 城镇基本养老保险情况(2008年)

Statistics on Urban Basic Pension Insurance (2008)

地 区	Region	年末参加城镇基本养老保险人数(万人) Urban Basic Pension Insurance Contributors at Year-end (10 000 persons)	职 工 Number of Staff and Workers	离退休人员 Number of Retirees	基金收支情况(亿元) Revenue and Expenses(100 million yuan) 基金收入 Revenue	基金支出 Expenses	累计结余 Balance at Year-end
全 国	**National Total**	**21891.1**	**16587.5**	**5303.6**	**9740.2**	**7389.6**	**9931.0**
北 京	Beijing	757.2	577.0	180.1	441.4	355.6	329.4
天 津	Tianjin	376.5	247.2	129.3	239.0	195.3	176.0
河 北	Hebei	862.5	639.8	222.7	403.7	336.7	337.1
山 西	Shanxi	539.4	411.4	128.0	288.2	189.1	390.8
内蒙古	Inner Mongolia	389.5	286.5	102.9	189.4	145.4	156.2
辽 宁	Liaoning	1406.2	976.4	429.9	661.6	526.7	568.9
吉 林	Jilin	525.3	369.9	155.4	225.4	175.3	265.6
黑龙江	Heilongjiang	857.8	581.8	276.0	377.0	307.8	363.4
上 海	Shanghai	967.7	609.9	357.8	675.1	639.2	368.8
江 苏	Jiangsu	1751.6	1373.1	378.6	776.7	549.8	756.7
浙 江	Zhejiang	1386.9	1192.1	194.8	496.8	319.3	829.3
安 徽	Anhui	578.4	420.3	158.1	263.5	196.2	213.4
福 建	Fujian	557.2	454.6	102.6	172.5	143.8	154.3
江 西	Jiangxi	550.3	421.9	128.5	161.6	130.4	132.2
山 东	Shandong	1565.9	1260.8	305.0	686.9	529.9	680.4
河 南	Henan	972.0	732.9	239.1	353.9	296.9	346.0
湖 北	Hubei	932.3	680.4	252.0	379.4	294.9	260.9
湖 南	Hunan	829.1	593.7	235.3	339.5	263.6	282.1
广 东	Guangdong	2444.3	2171.2	273.0	787.1	448.6	1621.0
广 西	Guangxi	368.1	273.1	95.0	180.9	111.1	188.1
海 南	Hainan	156.2	114.2	42.0	63.8	50.4	43.6
重 庆	Chongqing	406.1	275.4	130.7	204.8	157.4	132.0
四 川	Sichuan	1017.9	711.1	306.7	515.1	372.4	503.0
贵 州	Guizhou	215.9	156.6	59.3	100.1	75.0	105.8
云 南	Yunnan	293.7	204.4	89.3	143.6	112.8	138.4
西 藏	Tibet	8.5	5.5	3.1	7.4	6.8	1.1
陕 西	Shaanxi	433.4	309.0	124.4	203.4	170.8	130.1
甘 肃	Gansu	221.0	157.0	64.0	114.8	90.5	107.9
青 海	Qinghai	68.3	49.7	18.6	39.8	31.4	33.0
宁 夏	Ningxia	82.6	63.7	18.8	47.5	33.4	59.9
新 疆	Xinjiang	346.3	248.7	97.6	197.7	131.4	249.5
不分地区	Not Classified by Region	23.1	18.2	4.9	2.5	1.6	5.7

注：不分地区合计中，包括中国人民银行、中国农业发展银行数。

a) Data in the category of "Not Classified by Region" include data from the People's Bank of China and Agricultural Development Bank of China.

2-126 失业保险情况（2008年）

Statistics of Unemployment Insurance (2008)

地 区	Region	年末参加失业保险人数(万人) Unemployment Insurance Contributors at Year-end (10 000 persons)	年末领取失业保险金人数(万人) Beneficiaries of Unemployment Insurance Fund (10 000 persons)	基金收支情况(亿元) Revenue and Expenses (100 million yuan)		
				基金收入 Revenue	基金支出 Expenses	累计结余 Balance at Year-end
全 国	**National Total**	**12399.8**	**261.2**	**585.1**	**253.5**	**1310.1**
北 京	Beijing	614.3	2.6	34.7	13.5	71.6
天 津	Tianjin	232.5	3.2	16.9	5.0	38.2
河 北	Hebei	481.7	9.8	21.9	8.2	49.9
山 西	Shanxi	312.2	7.3	12.7	4.7	32.3
内蒙古	Inner Mongolia	225.5	3.1	7.6	3.2	17.4
辽 宁	Liaoning	622.7	15.7	30.7	13.9	25.2
吉 林	Jilin	233.7	16.5	9.6	5.7	23.4
黑龙江	Heilongjiang	467.6	10.3	16.1	5.4	50.6
上 海	Shanghai	511.8	14.0	53.9	44.3	69.3
江 苏	Jiangsu	1052.2	21.5	59.3	27.5	119.0
浙 江	Zhejiang	731.1	6.3	36.2	9.9	101.6
安 徽	Anhui	373.1	12.8	14.4	7.2	18.5
福 建	Fujian	338.7	4.6	14.0	4.0	39.2
江 西	Jiangxi	266.3	3.4	6.4	2.0	18.3
山 东	Shandong	864.1	24.9	45.3	14.4	112.1
河 南	Henan	683.4	18.4	18.1	12.8	33.4
湖 北	Hubei	422.9	7.4	15.4	8.4	33.7
湖 南	Hunan	390.1	8.3	11.5	6.6	24.0
广 东	Guangdong	1471.9	13.7	55.3	13.5	173.3
广 西	Guangxi	234.6	8.0	11.7	4.3	33.7
海 南	Hainan	84.7	3.3	3.8	1.7	10.5
重 庆	Chongqing	210.1	4.4	8.7	2.5	17.6
四 川	Sichuan	436.9	12.2	22.2	11.0	35.9
贵 州	Guizhou	141.4	1.3	7.0	2.1	29.8
云 南	Yunnan	191.9	3.7	11.6	2.5	32.1
西 藏	Tibet	7.8		0.7	0.5	3.4
陕 西	Shaanxi	329.3	9.1	13.9	6.0	30.0
甘 肃	Gansu	162.6	5.6	6.5	3.4	13.1
青 海	Qinghai	35.4	2.3	2.4	1.2	6.6
宁 夏	Ningxia	44.4	1.4	2.6	0.9	5.8
新 疆	Xinjiang	224.8	6.1	14.0	7.2	40.5

2-127 城镇职工基本医疗保险情况（2008年）

Statistics of Basic Medical Care Insurance (2008)

地 区	Region	年末参加城镇职工基本医疗保险人数(万人) Basic Medical Care Insurance Contributors at Year-end (10 000 persons)			基金收支情况(亿元) Revenue and Expenses (100 million yuan)		
		合 计 Total	职 工 Staff and Workers	退休人员 Retirees	基金收入 Revenue	基金支出 Expenses	累计结余 Balance at Year-end
全 国	**National Total**	**19995.6**	**14987.7**	**5007.9**	**2885.5**	**2019.7**	**3303.6**
北 京	Beijing	871.0	688.5	182.4	191.2	133.1	191.1
天 津	Tianjin	399.1	257.3	141.8	66.5	56.1	36.2
河 北	Hebei	738.5	539.1	199.5	98.1	71.2	104.2
山 西	Shanxi	441.8	333.0	108.8	62.0	42.5	75.1
内蒙古	Inner Mongolia	373.7	265.1	108.6	49.3	33.1	52.0
辽 宁	Liaoning	1209.3	822.8	386.5	150.6	108.5	158.1
吉 林	Jilin	450.9	319.1	131.8	46.0	27.8	57.3
黑龙江	Heilongjiang	788.3	572.3	216.0	93.2	61.3	105.4
上 海	Shanghai	1171.7	850.8	320.9	236.5	212.0	136.4
江 苏	Jiangsu	1604.3	1213.9	390.3	263.9	178.4	310.1
浙 江	Zhejiang	1053.9	855.6	198.3	188.9	121.6	261.2
安 徽	Anhui	528.8	380.6	148.1	67.8	45.3	75.3
福 建	Fujian	435.7	334.3	101.4	86.7	51.0	133.2
江 西	Jiangxi	503.2	353.8	149.4	38.8	22.0	43.6
山 东	Shandong	1266.2	1010.1	256.2	175.7	128.8	175.6
河 南	Henan	840.9	620.1	220.8	85.0	57.8	105.1
湖 北	Hubei	714.9	504.0	210.9	80.6	61.3	97.6
湖 南	Hunan	682.0	475.5	206.5	85.3	62.1	97.0
广 东	Guangdong	2370.7	2130.4	240.3	287.8	177.2	492.6
广 西	Guangxi	361.4	257.6	103.8	49.5	29.8	75.8
海 南	Hainan	121.8	87.8	34.0	12.9	9.6	9.6
重 庆	Chongqing	326.2	211.0	115.1	53.8	32.0	61.0
四 川	Sichuan	893.5	596.8	296.7	125.4	82.6	169.0
贵 州	Guizhou	257.4	184.4	73.0	30.4	19.8	32.4
云 南	Yunnan	356.8	253.2	103.6	69.8	51.8	70.7
西 藏	Tibet	20.1	14.8	5.3	5.5	3.7	5.8
陕 西	Shaanxi	432.7	299.9	132.8	58.2	43.1	49.9
甘 肃	Gansu	248.9	180.1	68.8	33.0	22.6	27.4
青 海	Qinghai	72.1	47.6	24.5	17.8	13.2	20.8
宁 夏	Ningxia	83.2	60.5	22.7	11.9	8.5	14.9
新 疆	Xinjiang	376.6	267.6	109.0	63.4	51.9	59.1

2-128 婚姻登记和离婚情况（2008年）

Number of Marriages and Divorces (2008)

地 区	Region	结婚登记对数（万对） Total Number of Registered Marriages (10 000 couples)	内地居民登记结婚 Registered Marriages in the Mainland	初婚（万人） First Marriages (10 000 persons)	再婚（万人） Re-marriages (10 000 persons)	涉外及港澳台居民登记结婚 Registered Marriages with Foreigner and the Citizen of Hong Kong, Macao, Taiwan	离婚（万对） Divorces (10 000 couples)	粗离婚率（‰） Crude Divorce Rate (‰)
全 国	**National Total**	**1098.3**	**1093.2**	**1972.5**	**224.1**	**5.1**	**226.9**	**1.71**
北 京	Beijing	14.8	14.6	24.6	4.9	0.1	3.8	
天 津	Tianjin	8.9	8.9	15.2	2.7		2.4	
河 北	Hebei	66.3	66.3	120.4	12.3		11.2	
山 西	Shanxi	28.7	28.7	52.8	4.7		3.3	
内蒙古	Inner Mongolia	18.8	18.8	32.5	5.1		5.0	
辽 宁	Liaoning	32.4	32.1	52.0	12.8	0.3	12.2	
吉 林	Jilin	21.9	21.7	38.8	5.0	0.1	8.4	
黑龙江	Heilongjiang	28.3	28.0	48.7	7.9	0.3	11.7	
上 海	Shanghai	14.2	13.9	22.0	6.3	0.3	4.6	
江 苏	Jiangsu	62.5	62.3	110.6	14.3	0.2	13.6	
浙 江	Zhejiang	41.4	41.1	75.0	7.8	0.3	9.7	
安 徽	Anhui	55.8	55.8	102.9	8.7	0.1	8.2	
福 建	Fujian	36.5	35.7	65.0	8.0	0.8	5.0	
江 西	Jiangxi	39.1	39.0	72.0	6.3	0.1	5.6	
山 东	Shandong	79.3	79.1	142.6	15.9	0.1	13.9	
河 南	Henan	71.9	71.7	137.6	6.1	0.1	11.8	
湖 北	Hubei	54.2	54.0	102.5	5.9	0.2	10.4	
湖 南	Hunan	57.6	57.3	104.9	10.3	0.3	12.1	
广 东	Guangdong	79.6	78.8	149.5	9.8	0.8	10.6	
广 西	Guangxi	50.3	50.0	94.7	5.9	0.3	5.9	
海 南	Hainan	10.4	10.3	19.3	1.5	0.1	0.7	
重 庆	Chongqing	26.2	26.1	41.6	10.9	0.1	9.2	
四 川	Sichuan	62.8	62.6	105.9	19.6	0.2	18.6	
贵 州	Guizhou	26.3	26.3	48.6	4.0		5.1	
云 南	Yunnan	32.3	32.2	59.0	5.6	0.1	5.6	
西 藏	Tibet	0.8	0.8	1.5	0.1		0.1	
陕 西	Shaanxi	31.9	31.8	58.0	5.7		5.4	
甘 肃	Gansu	11.8	11.8	22.3	1.3		2.4	
青 海	Qinghai	3.4	3.4	6.1	0.7		0.8	
宁 夏	Ningxia	4.6	4.6	8.2	1.0		1.1	
新 疆	Xinjiang	25.4	25.3	37.6	13.2		8.7	

注：粗离婚率计算方法：离婚对数除以当期人口平均数。此方法为国际惯用方法。

a) Method for computing the Crude Divorce Rate: number of divorced couples is divided by the average population in the current period. This method is commonly used internationally.

2-129 电力消费量

Electricity Consumption

单位：亿千瓦小时 (100 million kwh)

地 区	Region	1995	2000	2004	2005	2006	2007	2008
北 京	Beijing	261.74	384.43	513.18	570.54	611.57	667.01	689.72
天 津	Tianjin	178.99	234.05	340.04	384.84	433.65	494.91	515.88
河 北	Hebei	602.68	809.34	1291.40	1501.92	1734.83	2013.67	2095.02
山 西	Shanxi	399.16	501.99	833.01	946.33	1097.68	1348.81	1314.33
内蒙古	Inner Mongolia	186.83	254.21	530.43	667.72	884.91	1160.21	1220.57
辽 宁	Liaoning	622.81	748.89	1019.78	1110.56	1228.27	1359.51	1412.00
吉 林	Jilin	267.60	291.37	371.79	378.23	412.46	462.64	496.49
黑龙江	Heilongjiang	409.38	442.28	525.47	555.85	597.05	628.94	669.90
上 海	Shanghai	403.27	559.45	821.44	921.97	990.15	1072.38	1138.22
江 苏	Jiangsu	684.80	971.34	1820.09	2193.45	2569.75	2952.02	3118.32
浙 江	Zhejiang	439.59	738.05	1383.69	1642.31	1909.23	2189.37	2322.87
安 徽	Anhui	288.97	338.93	515.69	582.16	662.18	769.10	858.88
福 建	Fujian	261.28	401.51	664.36	756.59	866.84	1000.33	1073.55
江 西	Jiangxi	181.21	208.15	335.54	391.98	446.20	511.09	545.88
山 东	Shandong	741.07	1000.71	1639.92	1911.61	2272.07	2596.05	2726.97
河 南	Henan	571.48	718.52	1191.03	1352.74	1523.50	1808.00	1970.77
湖 北	Hubei	414.99	503.02	700.21	788.91	876.76	989.23	1058.53
湖 南	Hunan	374.76	406.12	616.80	674.43	768.77	890.58	904.95
广 东	Guangdong	787.66	1334.58	2387.14	2673.56	3004.03	3394.05	3504.82
广 西	Guangxi	220.77	314.44	456.86	510.15	579.46	681.14	753.39
海 南	Hainan	32.00	38.37	67.01	81.61	97.68	113.25	121.72
重 庆	Chongqing		307.61	302.58	347.68	405.20	449.22	484.41
四 川	Sichuan	582.85	521.23	857.02	942.59	1059.44	1177.51	1210.13
贵 州	Guizhou	203.70	287.78	458.69	486.97	581.98	669.10	679.18
云 南	Yunnan	223.71	273.58	454.51	557.25	645.61	745.52	829.44
西 藏	Tibet							
陕 西	Shaanxi	239.68	292.76	477.03	516.43	580.73	653.69	708.03
甘 肃	Gansu	241.06	295.33	451.74	489.48	536.33	614.74	677.76
青 海	Qinghai	69.02	109.10	189.76	206.56	244.41	285.44	313.23
宁 夏	Ningxia	92.38	136.17	270.01	302.88	377.85	439.78	439.62
新 疆	Xinjiang	119.67	182.98	266.41	310.14	356.20	413.32	479.37

注：2000年及以后为电力企业联合会数。

a) Data since 2000 are provided by the Association of Power Generation Enterprises.

2-130 能源消耗指标(2008年)

Indicators of Energy Consumption (2008)

地 区	Region	单位地区生产总值能耗(等价值) Energy Consumption per Unit of GRP (equivalent value)		单位工业增加值能耗(规模以上，当量值) Energy Consumption per Unit of Industrial Value-added (above Designated Size, equivalent weight)		单位地区生产总值电耗(等价值) Electricity Consumption per Unit of GRP (equivalent value)	
		指标值(吨标准煤/万元) Index (ton of SCE/ 10 000 yuan)	上升或下降(±%) Change (±%)	指标值(吨标准煤/万元) Index (ton of SCE/ 10 000 yuan)	上升或下降(±%) Change (±%)	指标值(千瓦小时/万元) Index (kw.h/ 10 000 yuan)	上升或下降(±%) Change (±%)
北 京	Beijing	0.662	-7.36	1.037	-12.68	719.61	-5.10
天 津	Tianjin	0.947	-6.85	1.053	-13.85	910.42	-10.49
河 北	Hebei	1.727	-6.29	3.315	-14.33	1492.81	-5.50
山 西	Shanxi	2.554	-7.39	4.885	-9.33	2288.87	-10.03
内蒙古	Inner Mongolia	2.159	-6.34	4.190	-14.12	1887.32	-10.20
辽 宁	Liaoning	1.617	-5.11	2.426	-8.42	1223.81	-8.17
吉 林	Jilin	1.444	-5.02	1.979	-6.96	885.93	-7.45
黑龙江	Heilongjiang	1.290	-4.75	1.895	-6.63	865.90	-4.69
上 海	Shanghai	0.801	-3.78	0.958	-5.05	884.13	-3.28
江 苏	Jiangsu	0.803	-5.85	1.265	-10.35	1149.44	-5.89
浙 江	Zhejiang	0.782	-5.49	1.182	-9.19	1202.08	-3.60
安 徽	Anhui	1.075	-4.52	2.338	-9.92	1106.81	-0.86
福 建	Fujian	0.843	-3.70	1.180	-10.05	1098.56	-4.98
江 西	Jiangxi	0.928	-5.53	1.941	-14.12	942.16	-5.13
山 东	Shandong	1.100	-6.47	1.698	-10.24	1001.08	-6.30
河 南	Henan	1.219	-5.10	3.079	-10.83	1266.23	-2.77
湖 北	Hubei	1.314	-6.29	2.679	-12.72	1103.90	-5.63
湖 南	Hunan	1.225	-6.72	1.983	-11.84	975.49	-9.92
广 东	Guangdong	0.715	-4.32	0.869	-11.32	1085.49	-6.17
广 西	Guangxi	1.106	-3.97	2.335	-10.35	1254.15	-1.92
海 南	Hainan	0.875	-2.55	2.609	-1.91	979.24	-2.12
重 庆	Chongqing	1.267	-4.97	2.106	-10.41	1090.19	-5.04
四 川	Sichuan	1.381	-3.55	2.477	-5.46	1156.37	-6.15
贵 州	Guizhou	2.875	-6.11	4.323	-11.59	2452.21	-7.89
云 南	Yunnan	1.562	-4.79	2.847	-9.78	1654.94	-2.92
西 藏	Tibet						
陕 西	Shaanxi	1.281	-5.92	2.009	-11.48	1256.02	-6.28
甘 肃	Gansu	2.013	-4.53	4.050	-5.66	2539.00	0.09
青 海	Qinghai	2.935	-4.18	3.243	-6.53	4061.64	-2.67
宁 夏	Ningxia	3.686	-6.79	7.130	-12.23	5084.09	-10.91
新 疆	Xinjiang	1.963	-3.15	2.999	-4.26	1331.24	4.49

注：地区生产总值和工业增加值按2005年价格计算。

a) Gross regional product and industrial value-added are at 2005 constant prices.

2-131 废水排放及处理情况（2008年）

Discharge and Treatment of Industrial Waste Water (2008)

地 区	Region	废水治理设施数(套) Number of Facilities for Treatment of Waste Water (set)	工业废水排放总量(万吨) Total Volume of Waste Water Discharge (10 000 tons)	#直接排入海的 Volume of Waste Water Directly Discharged into Sea	工业废水排放达标量(万吨) Industrial Waste Water Meeting Discharge Standards (10 000 tons)
全 国	**National Total**	**78725**	**2416511**	**158702**	**2233986**
北 京	Beijing	514	8367		8221
天 津	Tianjin	875	20433	460	20413
河 北	Hebei	5822	121172	982	115699
山 西	Shanxi	2797	41150		35229
内蒙古	Inner Mongolia	836	29167		24092
辽 宁	Liaoning	1822	83073	24600	73544
吉 林	Jilin	629	38353		33443
黑龙江	Heilongjiang	990	38910		33768
上 海	Shanghai	1790	41871	9727	41364
江 苏	Jiangsu	6469	259999	368	253940
浙 江	Zhejiang	7630	200488	12952	182094
安 徽	Anhui	1795	67007		64438
福 建	Fujian	4196	139997	67540	137825
江 西	Jiangxi	1767	68681		63863
山 东	Shandong	4590	176977	7850	174953
河 南	Henan	3211	133144		126308
湖 北	Hubei	2050	93687		87753
湖 南	Hunan	3149	92340		85057
广 东	Guangdong	9968	213314	6788	191413
广 西	Guangxi	2552	205745	24394	176290
海 南	Hainan	293	5991	3040	5674
重 庆	Chongqing	1550	67027		62648
四 川	Sichuan	4757	108700		103191
贵 州	Guizhou	1798	11695		8386
云 南	Yunnan	2032	32996		30574
西 藏	Tibet	13	924		274
陕 西	Shaanxi	2780	48477		47132
甘 肃	Gansu	747	16405		9670
青 海	Qinghai	148	7098		3767
宁 夏	Ningxia	380	20448		17884
新 疆	Xinjiang	775	22875		15078

2-131 续表 continued

地 区	Region	工业废水中化学需氧量排放量(万吨) COD Discharge from Industrial Waste Water (10 000 tons)	工业废水中氨氮排放量(万吨) Ammonia Nitrogen Discharge from Industrial Waste Water (10 000 tons)	生活污水排放量(万吨) Consumption Waste Water Discharge (10 000 tons)	生活污水中化学需氧量排放量(万吨) COD Discharge from Consumption Waste Water (10 000 tons)	生活污水中氨氮排放量(万吨) Ammonia Nitrogen Discharge from Consumption Waste Water (10 000 tons)
全 国	**National Total**	**457.58**	**29.69**	**3300290**	**863.12**	**97.28**
北 京	Beijing	0.49	0.04	104892	9.63	1.14
天 津	Tianjin	2.78	0.34	40796	10.53	1.09
河 北	Hebei	24.87	1.74	113525	35.61	3.85
山 西	Shanxi	14.36	1.13	65761	21.53	3.06
内蒙古	Inner Mongolia	13.01	0.32	41254	15.00	3.06
辽 宁	Liaoning	23.56	0.96	128948	34.84	5.47
吉 林	Jilin	15.21	0.34	69428	22.22	2.69
黑龙江	Heilongjiang	13.18	0.93	72086	34.45	4.05
上 海	Shanghai	2.77	0.24	181880	23.91	3.11
江 苏	Jiangsu	25.47	1.40	249702	59.67	5.61
浙 江	Zhejiang	24.27	2.03	149889	29.59	2.65
安 徽	Anhui	12.69	1.47	101663	30.60	3.31
福 建	Fujian	8.44	0.69	96272	29.38	2.31
江 西	Jiangxi	10.02	0.63	70228	34.50	2.81
山 东	Shandong	25.73	1.59	181934	42.13	5.44
河 南	Henan	30.30	2.88	176049	34.78	4.75
湖 北	Hubei	14.99	1.68	165187	43.58	5.30
湖 南	Hunan	23.72	2.51	157991	64.74	5.96
广 东	Guangdong	21.11	1.03	464038	75.26	11.21
广 西	Guangxi	56.03	2.13	139610	45.24	3.45
海 南	Hainan	1.08	0.05	30197	8.98	0.80
重 庆	Chongqing	10.12	0.83	78086	14.05	1.50
四 川	Sichuan	24.77	1.67	153643	50.13	4.52
贵 州	Guizhou	1.37	0.11	44171	20.81	1.66
云 南	Yunnan	9.19	0.36	50869	18.86	1.68
西 藏	Tibet	0.08		2496	1.46	0.15
陕 西	Shaanxi	13.25	0.64	56406	19.96	2.53
甘 肃	Gansu	4.78	0.88	31065	12.27	1.34
青 海	Qinghai	3.73	0.16	12899	3.73	0.53
宁 夏	Ningxia	10.17	0.42	17500	3.01	0.35
新 疆	Xinjiang	16.03	0.48	51825	12.68	1.91

2-132 主要城市空气质量指标（2008年）

Ambient Air Quality in Major Cities (2008)

单位：毫克/立方米

(milligram/cu.m)

城　市	City	可吸入颗粒物 (PM_{10}) Particulate Matters	二氧化硫 (SO_2) Sulphur Dioxide	二氧化氮 (NO_2) Nitrogen Dioxide	空气质量达到及好于二级的天数（天） Days of Air Quality Equal to or Above Grade II (days)	空气质量达到二级以上天数占全年比重(%) Proportion of Days of Air Quality Equal to or above Grade II in the Whole Year (%)
北　京	Beijing	0.123	0.036	0.049	274	0.75
天　津	Tianjin	0.088	0.061	0.041	322	0.88
石家庄	Shijiazhuang	0.116	0.046	0.031	301	0.82
太　原	Taiyuan	0.094	0.073	0.021	303	0.83
呼和浩特	Hohhot	0.070	0.049	0.045	340	0.93
沈　阳	Shenyang	0.118	0.059	0.037	323	0.88
长　春	Changchun	0.096	0.030	0.038	342	0.94
哈尔滨	Harbin	0.102	0.043	0.055	308	0.84
上　海	Shanghai	0.084	0.051	0.056	328	0.90
南　京	Nanjing	0.098	0.054	0.053	322	0.88
杭　州	Hangzhou	0.110	0.052	0.053	301	0.82
合　肥	Hefei	0.134	0.022	0.025	257	0.70
福　州	Fuzhou	0.071	0.023	0.046	354	0.97
南　昌	Nanchang	0.083	0.050	0.036	344	0.94
济　南	Jinan	0.126	0.052	0.022	295	0.81
郑　州	Zhengzhou	0.094	0.060	0.047	325	0.89
武　汉	Wuhan	0.113	0.051	0.054	294	0.81
长　沙	Changsha	0.097	0.053	0.043	329	0.90
广　州	Guangzhou	0.071	0.046	0.056	345	0.95
南　宁	Nanning	0.056	0.040	0.044	352	0.96
海　口	Haikou	0.043	0.009	0.017	366	1.00
重　庆	Chongqing	0.106	0.063	0.043	297	0.81
成　都	Chengdu	0.111	0.049	0.052	319	0.87
贵　阳	Guiyang	0.082	0.064	0.023	347	0.95
昆　明	Kunming	0.067	0.051	0.039	366	1.00
拉　萨	Lhasa	0.051	0.005	0.024	353	0.97
西　安	Xi'an	0.113	0.050	0.044	301	0.82
兰　州	Lanzhou	0.132	0.070	0.054	268	0.73
西　宁	Xining	0.118	0.029	0.030	296	0.81
银　川	Yinchuan	0.084	0.049	0.021	330	0.90
乌鲁木齐	Urumqi	0.145	0.105	0.065	261	0.72

2-133 废气排放及处理情况（2008年）

Emission and Treatment of Industrial Waste Gas (2008)

地区	Region	废气治理设施数(套) Number of Facilities for Treatment of Waste Gas (set)	工业废气排放总量(亿标立方米) Total Volume of Industrial Waste Gas Emission (100 million cu.m)	燃料燃烧 from Process of Fuel Burning	生产工艺 from Process of Production	工业二氧化硫排放量(万吨) Volume of Sulphur Dioxide Emission by Industry (10 000 tons)	生活二氧化硫排放量(万吨) Volume of Sulphur Dioxide Emission by Consumption (10 000 tons)
全国	**National Total**	**174164**	**403866**	**229535**	**174331**	**1991.4**	**329.9**
北京	Beijing	2547	4316	2737	2579	5.8	6.5
天津	Tianjin	3052	6005	21478	2737	21.0	3.0
河北	Hebei	12998	37558	9643	21478	115.9	18.6
山西	Shanxi	9216	23180	6471	9643	105.8	25.0
内蒙古	Inner Mongolia	4406	20190	10385	6471	125.9	17.3
辽宁	Liaoning	10247	40219	2002	10385	100.1	13.0
吉林	Jilin	2983	6155	1531	2002	31.3	6.4
黑龙江	Heilongjiang	4396	7796	6397	1531	44.1	6.5
上海	Shanghai	3839	10436	9072	6397	29.8	14.8
江苏	Jiangsu	11365	25245	6143	9072	107.4	5.7
浙江	Zhejiang	13600	17633	8881	6143	71.6	2.5
安徽	Anhui	4669	15749	3833	8881	50.3	5.3
福建	Fujian	6833	9150	3248	3833	40.9	2.0
江西	Jiangxi	3786	7456	15344	3248	51.1	7.2
山东	Shandong	11453	33505	8912	15344	146.6	22.6
河南	Henan	8225	20264	7367	8912	128.1	17.1
湖北	Hubei	4921	11558	5064	7367	56.2	10.7
湖南	Hunan	4884	9249	7308	5064	67.5	16.5
广东	Guangdong	13876	20510	5721	7308	109.7	3.9
广西	Guangxi	5687	11643	241	5721	87.0	5.4
海南	Hainan	401	1345	3588	241	2.1	0.1
重庆	Chongqing	2978	7351	6367	3588	62.7	15.5
四川	Sichuan	6811	12997	2943	6367	96.9	17.9
贵州	Guizhou	2708	6842	4370	2943	74.1	49.4
云南	Yunnan	5267	8316		4370	42.0	8.2
西藏	Tibet	39	13	3797		0.1	0.1
陕西	Shaanxi	4036	9706	2488	3797	80.7	8.3
甘肃	Gansu	2734	5685	2549	2488	41.2	8.9
青海	Qinghai	771	3237	1949	2549	12.6	0.9
宁夏	Ningxia	1259	4403	1924	1949	31.9	2.9
新疆	Xinjiang	4177	6154	2579	1924	51.0	7.5

2-133 续表 continued

地区	Region	生活烟尘排放量(万吨) Volume of Consumption Soot Emission (10 000 tons)	工业烟尘去除量(万吨) Volume of Industrial Soot Removed (10 000 tons)	工业粉尘排放量(万吨) Volume of Industrial Dust Emission (10 000 tons)	工业粉尘去除量(万吨) Volume of Industrial Dust Removed (10 000 tons)	建成烟尘控制区数(个) Number of Soot Control Zones Established (unit)	建成烟尘控制区面积(平方公里) Area of Soot Control Zones (sq.km)
全国	**National Total**	**2286.4**	**670.7**	**230.9**	**30542.8**	**584.9**	**8471.2**
北京	Beijing	11.2	2.0	2.8	199.9	1.5	108.4
天津	Tianjin	22.1	5.8	1.2	307.9	0.7	119.3
河北	Hebei	92.8	39.6	17.2	2158.3	50.7	741.8
山西	Shanxi	108.7	54.5	20.6	2102.5	45.2	306.7
内蒙古	Inner Mongolia	141.1	42.8	15.0	2358.2	21.0	236.2
辽宁	Liaoning	89.1	47.0	22.3	1520.4	26.7	675.3
吉林	Jilin	8.9	25.6	11.8	885.5	6.9	293.5
黑龙江	Heilongjiang	4.1	37.1	9.8	1133.3	12.0	107.0
上海	Shanghai	24.0	4.1	6.6	524.4	0.8	103.4
江苏	Jiangsu	177.2	30.7	2.8	2117.3	20.5	295.3
浙江	Zhejiang	128.6	16.5	1.0	1297.2	17.1	475.7
安徽	Anhui	133.4	24.2	4.9	1097.2	32.2	321.0
福建	Fujian	29.7	7.5	4.2	485.8	17.1	226.9
江西	Jiangxi	130.6	15.8	2.6	1058.9	29.9	497.5
山东	Shandong	222.2	32.7	11.7	2683.2	26.1	614.0
河南	Henan	134.6	53.2	8.1	2382.3	28.7	585.0
湖北	Hubei	71.8	19.1	3.8	781.3	21.7	362.1
湖南	Hunan	70.4	30.7	7.1	816.1	55.5	295.9
广东	Guangdong	108.8	28.2	4.4	1108.6	20.1	609.3
广西	Guangxi	56.8	29.1	1.3	503.9	35.8	248.6
海南	Hainan	4.0	0.8	0.1	68.6	0.9	9.6
重庆	Chongqing	65.3	10.1	8.3	279.8	15.3	41.7
四川	Sichuan	61.7	21.9	10.7	1006.9	14.0	239.3
贵州	Guizhou	80.2	14.6	18.1	1015.1	12.9	143.9
云南	Yunnan	114.4	15.2	5.3	817.6	12.2	373.7
西藏	Tibet		0.1		0.1	0.1	
陕西	Shaanxi	36.4	16.3	11.2	440.6	20.9	190.7
甘肃	Gansu	139.1	8.8	4.9	327.5	8.6	84.0
青海	Qinghai	1.1	5.4	2.2	139.1	7.6	66.8
宁夏	Ningxia	13.3	10.1	1.5	495.7	3.6	37.7
新疆	Xinjiang	4.6	21.3	9.3	429.8	18.4	61.1

2-134 工业固体废物产生及处理利用情况（2008年）

Production, Treatment and Utilization of Industrial Solid Wastes (2008)

地 区	Region	工业固体废物产生量（万吨）Volume of Industrial Solid Wastes Produced (10 000 tons)	#危险废物 Hazardous Wastes	工业固体废物综合利用量（万吨）Volume of Industrial Solid Wastes Utilized (10 000 tons)	工业固体废物贮存量（万吨）Volume of Industrial Solid Wastes in Stocks (10 000 tons)	工业固体废物处置量（万吨）Volume of Industrial Solid Wastes Treated (10 000 tons)	工业固体废物排放量（吨）Volume of Industrial Solid Wastes Discharged (ton)	"三废"综合利用产品产值（万元）Output Value of Products Made from Utilization of Waste Gas, Water & Solid Wastes (10 000 yuan)
全 国	**National Total**	**190127**	**1357**	**123482**	**21883**	**48291**	**7817522**	**16213662**
北 京	Beijing	1157	12	835	39	748	876	117525
天 津	Tianjin	1479	15	1471		27		113838
河 北	Hebei	19769	12	12757	1537	5853	608352	1339373
山 西	Shanxi	16213	4	9214	983	5918	2323858	411687
内蒙古	Inner Mongolia	10622	31	5242	2001	4138	395544	218529
辽 宁	Liaoning	15841	91	7582	2334	6373	11630	423803
吉 林	Jilin	3415	49	2053	1356	30		298591
黑龙江	Heilongjiang	4472	58	3299	825	425	7098	474109
上 海	Shanghai	2347	49	2242	15	90		169560
江 苏	Jiangsu	7724	115	7625	140	131	5	2139398
浙 江	Zhejiang	3785	48	3498	223	181	16657	2409843
安 徽	Anhui	7569	8	6326	451	862	15	576974
福 建	Fujian	5371	10	3930	89	1373	26495	253523
江 西	Jiangxi	8190	7	3251	802	4153	123088	390935
山 东	Shandong	12988	228	12173	454	526	803	1650124
河 南	Henan	9557	15	7124	254	2479	26397	716717
湖 北	Hubei	5014	91	3853	292	1023	58239	648622
湖 南	Hunan	4520	55	3633	611	334	290168	596282
广 东	Guangdong	4833	92	4184	161	549	119897	601479
广 西	Guangxi	5417	28	3381	420	1853	96154	457779
海 南	Hainan	220		204	15	6	60	41309
重 庆	Chongqing	2311	8	1851	271	73	1488357	238383
四 川	Sichuan	9237	41	5696	1348	2228	134045	515723
贵 州	Guizhou	5844	69	2339	1446	2126	555853	197467
云 南	Yunnan	7986	53	3827	1688	2463	394239	652348
西 藏	Tibet	6			2		42789	426
陕 西	Shaanxi	6121	9	2466	1019	2626	263058	125382
甘 肃	Gansu	3199	22	1124	988	1223	116261	211219
青 海	Qinghai	1337	76	416	922	4	17504	46890
宁 夏	Ningxia	1143		717	174	267	49908	58510
新 疆	Xinjiang	2438	60	1169	1024	208	650174	117314

2-135 主要城市道路交通噪声监测情况（2008年）

Monitoring of Urban Road Traffic Noise in Major Cities (2008)

城　市	City	等效声级 dB(A) Average Noise Value dB(A)	城　市	City	等效声级 dB(A) Average Noise Value dB(A)	城　市	City	等效声级 dB(A) Average Noise Value dB(A)
北　京	Beijing	69.4	温　州	Wenzhou	73.4	深　圳	Shenzhen	69.2
天　津	Tianjin	67.8	湖　州	Huzhou	68.5	珠　海	Zhuhai	67.9
石家庄	Shijiazhuang	65.3	绍　兴	Shaoxing	68.4	汕　头	Shantou	67.7
唐　山	Tangshan	67.1	合　肥	Hefei	72.1	湛　江	Zhanjiang	67.8
秦皇岛	Qinhuangdao	67.8	芜　湖	Wuhu	68.4	南　宁	Nanning	69.3
邯　郸	Handan	67.5	马鞍山	Maanshan	67.1	柳　州	Liuzhou	67.4
保　定	Baoding	67.7	福　州	Fuzhou	69.2	桂　林	Guilin	68.0
太　原	Taiyuan	67.8	厦　门	Xiamen	68.4	北　海	Beihai	65.5
大　同	Datong	70.6	泉　州	Quanzhou	68.5	海　口	Haikou	67.5
阳　泉	Yangquan	66.8	南　昌	Nanchang	69.8	重　庆	Chongqing	67.7
长　治	Changzhi	67.2	九　江	Jiujiang	67.9	成　都	Chengdu	68.9
临　汾	Linfen	66.5	济　南	Jinan	69.8	自　贡	Zigong	69.7
呼和浩特	Hohhot	69.5	青　岛	Qingdao	68.2	攀枝花	Panzhihua	66.0
包　头	Baotou	66.3	淄　博	Zibo	67.1	泸　州	Luzhou	69.7
赤　峰	Chifeng	67.3	枣　庄	Zaozhuang	67.3	德　阳	Deyang	65.4
沈　阳	Shenyang	69.6	烟　台	Yantai	68.4	绵　阳	Mianyang	66.9
大　连	Dalian	67.3	潍　坊	Weifang	62.1	南　充	Nanchong	69.3
鞍　山	Anshan	67.8	济　宁	Jinin	67.4	宜　宾	Yibin	68.2
抚　顺	Fushun	68.7	泰　安	Taian	67.7	贵　阳	Guiyang	67.8
本　溪	Benxi	65.2	日　照	Rizhao	65.3	遵　义	Zunyi	67.9
锦　州	Jinzhou	67.9	郑　州	Zhengzhou	67.7	昆　明	Kunming	69.6
长　春	Changchun	68.1	开　封	Kaifeng	67.7	曲　靖	Qujing	66.7
吉　林	Jilin	69.0	洛　阳	Luoyang	68.6	玉　溪	Yuxi	66.7
哈尔滨	Harbin	68.0	平顶山	Pingdingshan	64.8	拉　萨	Lhasa	69.0
齐齐哈尔	Qiqihar	66.0	安　阳	Anyang	64.0	西　安	Xi'an	68.1
牡丹江	Mudanjiang	67.6	焦　作	Jiaozuo	67.0	铜　川	Tongchuan	68.3
上　海	Shanghai	71.4	三门峡	Sanmenxia	67.4	宝　鸡	Baoji	68.2
南　京	Nanjing	69.0	武　汉	Wuhan	69.1	咸　阳	Xianyang	64.3
无　锡	Wuxi	67.6	宜　昌	Yichang	68.8	渭　南	Weinan	63.3
徐　州	Xuzhou	66.8	荆　州	Jingzhou	67.8	延　安	Yan'an	65.6
常　州	Changzhou	66.5	长　沙	Changsha	69.9	兰　州	Lanzhou	68.6
苏　州	Suzhou	67.6	株　洲	Zhuzhou	63.8	金　昌	Jinchang	67.3
南　通	Nantong	67.4	湘　潭	Xiangtan	68.3	西　宁	Xining	69.9
连云港	Lianyungang	67.3	岳　阳	Yueyang	69.0	银　川	Yinchuan	67.2
扬　州	Yangzhou	66.9	常　德	Changde	67.9	石嘴山	Shizuishan	66.3
镇　江	Zhenjiang	66.5	张家界	Zhangjiajie	71.2	乌鲁木齐	Urumqi	71.2
杭　州	Hangzhou	70.6	广　州	Guangzhou	69.2	克拉玛依	Karamay	66.1
宁　波	Ningbo	68.5	韶　关	Shaoguan	67.0			

2-136 造林面积(2008年)

Area of Afforestation (2008)

单位：公顷 (hectare)

地 区	Region	造林总面积 Total Area of Afforestation	按造林方式分 By Approach			按林种用途分 By Function of Forest				
			人工造林 Manual Planting	飞机播种 Airplane Planting	无林地和疏林地本年新封 Area without Forest or of Sparse Forest	用材林 Timber Forests	经济林 By-product Forests	防护林 Protection Forests	薪炭林 Fuel Forests	特种用途林 Forests for Special Purpose
全 国	**National Total**	**5354387**	**3684913**	**154065**	**1515409**	**782109**	**850774**	**3697812**	**4020**	**19672**
北 京	Beijing	15548	8962		6586	35	1302	12388		1823
天 津	Tianjin	11216	10549	667		3107	239	7870		
河 北	Hebei	345782	192866	40663	112253	23221	8380	312580	87	1514
山 西	Shanxi	280378	191426	15333	73619	11764	21765	246849		
内蒙古	Inner Mongolia	718562	377307	57399	283856	29036	9944	677296	2279	7
辽 宁	Liaoning	81532	54868		26664	6153	3641	71738		
吉 林	Jilin	26114	25495		619	324	50	25740		
黑龙江	Heilongjiang	120609	79835		40774	25667	1204	91960	120	1658
上 海	Shanghai	1915	1915				1584	331		
江 苏	Jiangsu	88655	88655			11841	8973	67710		131
浙 江	Zhejiang	8524	6892		1632	489	1141	6854		40
安 徽	Anhui	34115	28166		5949	400	4157	29558		
福 建	Fujian	33059	32809		250	26469	1027	5391	112	60
江 西	Jiangxi	267032	234601		32431	147427	32908	84847	305	1545
山 东	Shandong	185575	184928		647	69516	25947	89726	20	366
河 南	Henan	338139	320804		17335	91684	38745	207710		
湖 北	Hubei	154470	111464		43006	40785	24363	88381	140	801
湖 南	Hunan	80004	64014		15990	13602	3389	62879		134
广 东	Guangdong	9387	8374		1013	5548	471	3299	69	
广 西	Guangxi	129054	120834		8220	112784	2244	14024		2
海 南	Hainan	17292	17292			6376	5217	5564		135
重 庆	Chongqing	106576	5334		101242	12266	1833	92477		
四 川	Sichuan	574605	247604		327001	68371	40254	464994	233	753
贵 州	Guizhou	177878	60623		117255	9778	10158	156134	247	1561
云 南	Yunnan	566135	507733		58402	41575	408078	115482	67	933
西 藏	Tibet	31334	30287		1047	4370	1077	25887		
陕 西	Shaanxi	275245	146290	40003	88952	6900	13536	254809		
甘 肃	Gansu	167972	83806		84166	533	2760	156470		8209
青 海	Qinghai	53597	31959		21638			53597		
宁 夏	Ningxia	103423	89749		13674		31313	72110		
新 疆	Xinjiang	270660	239472		31188	12088	145074	113157	341	
大兴安岭	Daxinganling									

注：造林总面积中包括军事管理区100000公顷人工营造的防护林。

a) The areas of afforestation include 100,000 hectares manually planted protection forests in the military precinct.

2-137 自然保护基本情况（2008年）

Basic Situation of Natural Protection (2008)

地 区	Region	自然保护区个数（个）Number of Nature Reserves (unit)	#国家级 Nation Level	自然保护区面积（万公顷）Area of Nature Reserves (10 000 hectares)	#国家级 Nation Level	自然保护区占辖区面积比重（%）Percentage of Nature Reserves in the Region (%)
全 国	**National Total**	**2538**	**303**	**14894.3**	**9120.3**	**15.1**
北 京	Beijing	20	2	13.4	2.6	8.0
天 津	Tianjin	8	3	15.4	10.1	13.6
河 北	Hebei	34	11	56.7	21.7	3.0
山 西	Shanxi	46	5	114.0	8.3	7.3
内蒙古	Inner Mongolia	196	23	1383.2	384.4	11.7
辽 宁	Liaoning	95	12	264.6	93.6	10.4
吉 林	Jilin	34	11	224.0	78.4	12.4
黑龙江	Heilongjiang	190	20	617.5	205.8	13.6
上 海	Shanghai	4	2	9.4	6.6	14.8
江 苏	Jiangsu	30	3	56.5	33.6	5.5
浙 江	Zhejiang	31	9	25.7	9.8	2.5
安 徽	Anhui	102	6	52.8	15.6	4.1
福 建	Fujian	92	12	50.6	20.6	3.1
江 西	Jiangxi	174	8	110.1	14.4	6.6
山 东	Shandong	75	7	109.7	25.7	6.6
河 南	Henan	35	11	75.2	42.6	4.5
湖 北	Hubei	63	9	99.3	21.8	5.3
湖 南	Hunan	95	14	112.1	45.2	5.3
广 东	Guangdong	371	11	355.2	22.6	4.8
广 西	Guangxi	76	15	142.9	28.6	5.9
海 南	Hainan	68	9	281.3	10.2	5.3
重 庆	Chongqing	51	3	90.1	19.6	11.0
四 川	Sichuan	164	22	873.9	210.5	17.9
贵 州	Guizhou	129	8	95.3	24.4	5.4
云 南	Yunnan	152	16	284.1	142.7	7.2
西 藏	Tibet	45	9	4140.3	3715.3	34.5
陕 西	Shaanxi	50	9	104.6	32.0	5.1
甘 肃	Gansu	57	13	754.1	443.8	16.5
青 海	Qinghai	11	5	2182.2	2025.2	30.3
宁 夏	Ningxia	13	6	50.7	43.9	9.8
新 疆	Xinjiang	27	9	2149.4	1360.6	13.4

2-138 环境污染与破坏事故情况(2008年)

Environment Pollution and Destruction Accidents (2008)

地 区	Region	环境污染与破坏事故次数(次) Number of Pollution and Destruction Accidents (time)	水污染 Water Pollution	大气污染 Air Pollution	固体废物污染 Solid Wastes Pollution	噪声与振动危害 Noise and Vibration Pollution	其他 Others	污染直接经济损失(万元) Direct Economic Losses (10 000 yuan)	污染事故赔、罚款总额(万元) Reparations and Fines on Pollution Accidents (10 000 yuan)
全 国	**National Total**	**474**	**198**	**141**	**45**		**90**	**18186**	**927**
北 京	Beijing	37	2	9	25		1		
天 津	Tianjin								
河 北	Hebei	10	8				2	6112	30
山 西	Shanxi	5	1	1			3		
内蒙古	Inner Mongolia	5	1	4				15	20
辽 宁	Liaoning	2	1		1			7150	
吉 林	Jilin	10					10	150	140
黑龙江	Heilongjiang	6	1	4			1	120	
上 海	Shanghai	86	6	46	12		22		52
江 苏	Jiangsu	11	6	5					
浙 江	Zhejiang	64	33	9			22	74	14
安 徽	Anhui	16	9	7				1441	130
福 建	Fujian	1		1					
江 西	Jiangxi	19	12	7				588	55
山 东	Shandong	10	5	1	2		2		
河 南	Henan	12	6	2	1		3		
湖 北	Hubei	33	24	3	1		5		
湖 南	Hunan	6	4		1		1	410	38
广 东	Guangdong	4					4		
广 西	Guangxi	39	30	9				324	97
海 南	Hainan								
重 庆	Chongqing	21	14	6			1		
四 川	Sichuan	2					2		
贵 州	Guizhou	10	4	1			5	15	17
云 南	Yunnan	4	3				1	1707	
西 藏	Tibet								255
陕 西	Shaanxi	15	13		2			15	72
甘 肃	Gansu	37	11	24			2	62	8
青 海	Qinghai	2	2					4	
宁 夏	Ningxia	1	1						
新 疆	Xinjiang	6	1	2			3		

Chapter 3

第三章

地级统计资料

Statistics of Prefecture

3-1 土地面积和人口情况(2008年)

Land Area and Population (2008)

地区	Region	土地面积 (平方公里) Land Area (sq.km)	年底总人口 (万人) Total Population (year-end) (10 000 persons)	男 Male	女 Female	出生人口 (万人) Birth Population (10 000 person)	死亡人口 (万人) Death Population (10 000 person)	年底总户数 (万户) Total Households (year-end) (10 000 households)
北京市	**Beijing**	**16411**	**1229.9**	**620.0**	**609.9**	**10.58**	**5.13**	**481.2**
东城区	Dongcheng District	25	61.9	30.5	31.4	0.45	0.25	21.9
西城区	Xicheng District	32	78.3	39.1	39.2	0.60	0.28	26.3
崇文区	Chongwen District	17	33.5	16.7	16.8	0.23	0.15	12.5
宣武区	Xuanwu District	19	53.7	26.9	26.8	0.37	0.23	20.0
朝阳区	Chaoyang District	455	181.8	91.8	90.0	1.58	0.68	70.2
丰台区	Fengtai District	306	103.6	52.7	50.9	0.88	0.43	42.7
石景山区	Shijingshan District	84	35.7	18.5	17.2	0.28	0.15	13.4
海淀区	Haidian District	431	209.9	106.9	103.0	1.76	0.54	64.5
门头沟区	Mentougou District	1451	24.1	12.4	11.7	0.18	0.12	11.0
房山区	Fangshan District	1990	76.5	38.5	38.0	0.74	0.43	34.1
通州区	Tongzhou District	906	64.9	32.3	32.6	0.63	0.41	31.2
顺义区	Shunyi District	1020	57.4	28.5	28.9	0.51	0.32	25.7
昌平区	Changping District	1344	51.2	25.9	25.3	0.56	0.24	21.8
大兴区	Daxing District	1036	58.7	29.4	29.3	0.62	0.28	23.4
怀柔区	Huairou District	2123	27.7	14.0	13.7	0.26	0.11	13.1
平谷区	Pinggu District	950	39.7	20.0	19.7	0.33	0.21	16.5
密云县	Miyun County	2229	43.1	21.7	21.4	0.35	0.20	20.0
延庆县	Yanqing County	1994	28.0	14.2	13.8	0.24	0.10	13.1
北京经济技术开发区	Beijing Economic-technological Development Zones							
远洋捕捞	Deep-sea Fishing							
其他	Others							
天津市	**Tianjin**	**11760**	**1176.0**	**607.8**	**568.2**	**8.95**	**4.38**	**337.5**
和平区	Heping District	10	32.9	16.0	16.9	0.25	0.18	13.1
河东区	Hedong District	40	82.1	41.5	40.6	0.41	0.36	26.3
河西区	Hexi District	38	85.6	43.3	42.3	0.49	0.30	27.0
南开区	Nankai District	39	98.2	49.7	48.5	0.54	0.34	28.9
河北区	Hebei District	30	70.8	35.8	35.0	0.34	0.30	23.5
红桥区	Hongqiao District	21	58.3	29.5	28.8	0.29	0.25	20.7
塘沽区	Tanggu District	782	95.5	50.8	44.7	0.47	0.23	18.6
汉沽区	Hangu District	409	20.4	10.7	9.7	0.17	0.11	6.6
大港区	Dagang District	1041	57.5	30.4	27.2	0.41	0.12	13.9
东丽区	Dongli District	479	70.7	36.4	34.3	0.34	0.12	13.3
西青区	Xiqing District	566	53.4	28.3	25.1	0.31	0.16	12.6
津南区	Jinnan District	388	52.4	27.1	25.3	0.49	0.12	14.7
北辰区	Beichen District	473	52.2	26.6	25.6	0.32	0.17	13.6
武清区	Wuqing District	1575	89.0	46.0	43.0	0.88	0.53	26.6
宝坻区	Baodi District	1509	74.4	39.3	35.1	0.70	0.42	21.2
宁河县	Ninghe County	1296	38.8	20.6	18.2	0.45	0.14	12.1
静海县	Jinghai County	1476	60.2	31.9	28.3	0.93	0.24	18.4
蓟县	Ji County	1590	83.7	44.1	39.6	1.16	0.27	25.4
天津经济技术开发区	Tianjin Economic-technological Development Area							
天津港保税区	Tianjin Port Free Trade Zone							
天津滨海高新区	Tianjin Hi-Tech Industrial Park							
其他	Others					0.02	0.01	1.0

地 区	Region	土地面积（平方公里）Land Area (sq.km)	年底总人口（万人）Total Population (year-end) (10 000 persons)	男 Male	女 Female	出生人口（万人）Birth Population (10 000 person)	死亡人口（万人）Death Population (10 000 person)	年底总户数（万户）Total Households (year-end) (10 000 households)
河北省	**Hebei**	**187693**	**6988.8**	**3562.0**	**3427.0**	**111.73**	**37.16**	**2095.4**
石家庄市	Shijiazhuang City	15848	966.5	486.9	479.6	14.08	6.01	266.9
唐山市	Tangshan City	13472	729.4	370.3	359.2	7.54	4.59	224.9
秦皇岛市	Qinhuangdao City	7523	285.9	145.9	139.9	3.42	1.69	96.3
邯郸市	Handan City	12062	928.1	473.5	454.6	18.27	3.62	243.8
邢台市	Xingtai City	12486	706.4	360.0	346.3	11.82	3.33	200.8
保定市	Baoding City	20584	1141.7	579.2	562.5	24.60	5.38	323.6
张家口市	Zhangjiakou City	36873	459.7	238.9	220.8	4.63	2.38	165.3
承德市	Chengde City	39548	369.4	191.5	177.8	4.84	2.97	120.7
沧州市	Cangzhou City	14053	710.1	362.8	347.3	10.22	3.20	210.6
廊坊市	Langfang City	6429	408.3	206.8	201.4	5.72	1.86	115.3
衡水市	Hengshui City	8815	432.5	219.1	213.4	6.59	2.12	127.2
其他	Others							
山西省	**Shanxi**	**156270**	**3410.6**	**1750.2**	**1660.4**	**38.51**	**20.44**	**1118.3**
太原市	Taiyuan City	6988	347.1	177.6	169.5	3.95	1.70	99.9
大同市	Datong City	14127	317.9	162.3	155.5	3.81	1.93	113.3
阳泉市	Yangquan City	4570	132.0	68.3	63.7	1.49	0.72	46.8
长治市	Changzhi City	13896	328.3	168.7	159.6	3.54	2.18	100.1
晋城市	Jincheng City	9490	223.2	112.4	110.9	1.97	1.64	71.4
朔州市	Shuozhou City	10623	153.6	79.3	74.3	2.07	0.45	56.5
晋中市	Jinzhong City	16404	312.4	161.0	151.4	4.85	1.52	109.6
运城市	Yuncheng City	13964	507.6	257.9	249.6	6.35	3.45	144.5
忻州市	Xinzhou City	25000	309.0	160.7	148.3	3.18	1.06	111.6
临汾市	Linfen City	20275	419.8	215.0	204.8	5.00	1.60	143.5
吕梁市	Luliang City	21095	359.8	187.0	172.8	4.92	1.02	121.0
其他	Others							
内蒙古自治区	**Inner Mongolia**	**1183000**	**2413.7**	**1240.2**	**1173.6**	**23.63**	**13.34**	
呼和浩特市	Hohhot City	17200	267.2	138.1	129.1	2.66	1.33	
包头市	Baotou City	27700	253.2	129.8	123.4	2.27	1.20	
呼伦贝尔市	Hulunbuir City	1700	269.9	138.1	131.8	2.55	1.52	
兴安盟	Xingan League	85400	160.1	82.1	78.1	1.67	0.88	
通辽市	Tongliao City	59500	309.1	157.4	151.7	3.37	1.63	
赤峰市	Chifeng City	86800	435.1	223.3	211.8	4.53	2.40	
锡林郭勒盟	Xilingol League	253000	102.7	52.7	50.0	1.04	0.53	
乌兰察布市	Ulanqab City	64400	213.2	110.7	102.5	1.69	1.60	
鄂尔多斯市	Erdos City	54700	159.1	83.0	76.2	1.62	0.84	
巴彦淖尔市	Bayannur City	59800	173.8	88.8	84.9	1.59	1.06	
乌海市	Wuhai City	202600	48.3	24.8	23.5	0.46	0.24	
阿拉善盟	Alxa League	270200	22.1	11.5	10.6	0.20	0.11	
其他	Others							
辽宁省	**Liaoning**	**148000**	**4246.1**	**2146.9**	**2099.3**	**33.47**	**27.61**	**1452.7**
沈阳市	Shenyang City	12980	713.5	356.4	357.1	5.48	6.07	244.1
大连市	Dalian City	12574	583.4	293.5	289.9	3.98	3.27	203.4
鞍山市	Anshan City	9252	351.4	178.1	173.3	3.15	2.22	115.6
抚顺市	Fushun City	11272	223.2	112.4	110.8	1.27	1.48	81.8
本溪市	Benxi City	8434	155.7	78.4	77.3	0.92	1.00	55.9
丹东市	Dandong City	15025	242.7	122.4	120.3	1.50	1.62	80.9
锦州市	Jinzhou City	9739	310.2	156.5	153.6	2.44	2.04	102.4
营口市	Yingkou City	4972	233.8	119.1	114.7	2.35	1.63	84.1

3-1 续表 2 continued

地 区	Region	土地面积 (平方公里) Land Area (sq.km)	年底总人口 (万人) Total Population (year-end) (10 000 persons)	男 Male	女 Female	出生人口 (万人) Birth Population (10 000 person)	死亡人口 (万人) Death Population (10 000 person)	年底总户数 (万户) Total Households (year-end) (10 000 households)
阜新市	Fuxin City	10355	192.5	96.5	96.0	1.18	1.56	64.9
辽阳市	Liaoyang City	4761	183.4	93.3	90.1	1.35	1.16	66.9
盘锦市	Panjin City	4018	129.2	65.2	63.9	0.99	0.61	45.6
铁岭市	Tieling City	12935	305.9	155.9	150.0	2.43	1.47	103.3
朝阳市	Chaoyang City	19760	340.9	175.4	165.6	3.52	1.88	109.1
葫芦岛市	Huludao City	10425	280.4	143.8	136.6	2.91	1.59	94.7
其他	Others							
吉林省	**Jilin**	**189072**	**2710.6**	**1372.8**	**1337.7**	**25.80**	**11.15**	**904.2**
长春市	Changchun City	20571	752.5	380.0	372.6	7.87	2.29	239.4
吉林市	Jilin City	27120	433.6	219.8	213.8	3.79	2.16	145.8
四平市	Siping City	14080	337.6	171.2	166.4	3.25	1.06	111.9
辽源市	Liaoyuan City	5139	123.3	62.9	60.4	0.91	0.66	41.9
通化市	Tonghua City	15195	227.2	115.4	111.8	1.98	1.32	75.3
白山市	Baishan City	17485	129.7	66.2	63.5	0.89	0.54	53.1
松原市	Songyuan City	21090	285.1	145.1	140.0	3.76	0.80	87.1
白城市	Baicheng City	25692	202.9	102.8	100.1	1.72	0.97	74.2
延边朝鲜族自治州	Yanbian Korean A.P	42700	218.7	109.4	109.3	1.63	1.35	75.5
其他	Others							
黑龙江省	**Heilongjiang**	**454817**	**3825.0**	**1933.2**	**1891.8**	**35.42**	**20.19**	**1325.7**
哈尔滨市	Harbin City	53068	990.1	500.4	489.7	9.55	4.48	329.6
齐齐哈尔市	Qiqihar City	42469	569.2	289.2	280.0	5.43	3.50	191.7
鸡西市	Jixi City	22488	190.8	96.8	94.0	1.33	1.09	72.6
鹤岗市	Hegang City	14680	109.4	55.2	54.2	0.68	0.63	47.0
双鸭山市	Shuangyashan City	22036	150.5	76.2	74.3	1.12	1.29	57.8
大庆市	Daqing City	21219	277.2	139.7	137.5	2.72	0.82	96.0
伊春市	Yichun City	32760	127.6	64.2	63.4	0.72	0.78	49.4
佳木斯市	Jiamusi City	32704	251.6	127.9	123.8	2.45	1.18	87.2
七台河市	Qitaihe City	6222	90.2	46.7	43.5	0.87	0.45	31.5
牡丹江市	Mudanjiang City	40583	269.9	136.1	133.8	1.87	1.12	96.0
黑河市	Heihe City	66802	173.9	88.6	85.3	1.38	0.99	62.7
绥化市	Suihua City	34964	577.2	294.2	282.9	6.98	3.55	184.2
大兴安岭地区	Daxing'anling Prefecture	64822	52.9	26.8	26.1	0.33	0.31	20.0
农垦总局	Agriculture Reclamation Bureau							
其他	Others							
上海市	**Shanghai**	**6341**	**1391.0**	**695.6**	**695.5**	**9.67**	**10.70**	**506.6**
黄浦区	Huangpu District	12	60.7	30.1	30.7	0.41	0.55	18.9
卢湾区	Luwan District	8	31.0	15.3	15.7	0.20	0.29	10.5
徐汇区	Xuhui District	55	90.0	44.8	45.2	0.59	0.66	32.1
长宁区	Changning District	38	61.4	30.8	30.6	0.37	0.44	21.3
静安区	Jingan District	8	31.0	15.1	15.9	0.19	0.28	10.4
普陀区	Putuo District	55	86.8	43.5	43.3	0.59	0.73	32.2
闸北区	Zhabei District	29	69.6	35.0	34.6	0.45	0.59	25.2
虹口区	Hongkou District	23	79.4	39.2	40.1	0.51	0.68	27.8
杨浦区	Yangpu District	61	108.2	55.1	53.0	0.61	0.84	37.8
闵行区	Minhang District	371	91.5	46.6	45.0	0.93	0.64	35.2
宝山区	Baoshan District	271	84.7	43.6	41.1	0.61	0.62	32.7
嘉定区	Jiading District	464	54.4	27.1	27.3	0.39	0.43	18.8

3-1 续表 3 continued

地　区	Region	土地面积 (平方公里) Land Area (sq.km)	年底总人口 (万人) Total Population (year-end) (10 000 persons)	男 Male	女 Female	出生人口 (万人) Birth Population (10 000 person)	死亡人口 (万人) Death Population (10 000 person)	年底总户数 (万户) Total Households (year-end) (10 000 households)
浦东新区	Pudong New District	533	194.3	97.5	96.8	1.60	1.42	72.3
金山区	Jinshan District	586	51.9	25.8	26.1	0.30	0.36	17.6
松江区	Songjiang District	606	55.1	27.2	27.9	0.39	0.36	18.2
青浦区	Qingpu District	670	45.8	22.6	23.2	0.30	0.33	15.6
南汇区	Nanhui District	678	74.3	36.8	37.5	0.54	0.48	29.8
奉贤区	Fengxian District	687	51.7	25.5	26.2	0.30	0.35	20.9
崇明县	Chongming County	1185	69.3	34.2	35.2	0.39	0.65	29.3
其他	Others							
江苏省	**Jiangsu**	**102600**	**7676.5**	**3840.3**	**3836.2**	**71.44**	**53.86**	**2476.3**
南京市	Nanjing City	6582	624.5	317.4	307.1	5.03	3.48	200.9
无锡市	Wuxi City	4788	464.2	232.1	232.1	3.27	3.27	153.8
徐州市	Xuzhou City	11258	946.9	488.3	458.6	9.34	10.68	277.8
常州市	Changzhou City	4385	358.7	180.0	178.7	2.53	2.47	123.4
苏州市	Suzhou City	8488	629.8	311.0	318.7	4.78	4.17	209.6
南通市	Nantong City	8001	763.7	378.6	385.2	4.58	5.81	280.7
连云港市	Lianyungang City	7500	488.3	253.5	234.7	5.69	3.17	138.7
淮安市	Huaian City	10072	536.9	274.9	262.0	6.81	3.30	161.2
盐城市	Yancheng City	16972	811.7	418.3	393.5	8.77	4.97	278.3
扬州市	Yangzhou City	6634	459.8	231.0	228.8	3.48	2.94	155.3
镇江市	Zhenjiang City	3847	268.8	134.7	134.1	2.00	2.23	100.1
泰州市	Taizhou City	5797	500.9	255.0	245.9	3.90	2.90	171.5
宿迁市	Suqian City	8555	534.6	275.7	258.9	7.30	4.13	148.6
浙江省	**Zhejiang**	**101800**	**4687.9**	**2389.0**	**2298.9**	**45.85**	**29.63**	**1595.7**
杭州市	Hangzhou City	16596	677.6	342.5	335.2	6.13	4.26	213.7
宁波市	Ningbo City	9816	568.1	284.8	283.3	4.62	3.38	221.5
温州市	Wenzhou City	11784	772.0	402.1	369.9	10.28	3.77	228.0
嘉兴市	Jiaxing City	3915	338.1	167.8	170.3	2.19	2.34	102.4
湖州市	Huzhou City	5818	258.5	129.7	128.8	1.91	1.86	84.6
绍兴市	Shaoxing City	8256	437.1	220.1	217.0	3.13	3.04	162.2
金华市	Jinhua City	10941	461.4	236.6	224.8	4.66	3.19	181.1
衢州市	Quzhou City	8841	248.9	128.9	120.0	2.47	1.61	84.0
舟山市	Zhoushan City	1440	96.8	48.4	48.4	0.67	0.76	36.7
台州市	Taizhou City	9411	574.1	295.4	278.7	6.53	3.45	193.7
丽水市	Lishui City	17298	255.4	132.7	122.7	3.26	1.96	87.7
安徽省	**Anhui**	**139427**	**6740.8**	**3502.6**	**3238.2**	**80.10**	**40.50**	**1999.5**
合肥市	Hefei City	7047	486.7	254.8	231.9	4.92	3.45	149.0
芜湖市	Wuhu City	3317	230.8	119.2	111.6	1.30	0.20	77.8
蚌埠市	Bengbu City	5952	358.3	185.6	172.7	3.40	2.10	101.0
淮南市	Huainan City	2585	240.9	125.9	115.0	2.70	1.27	73.8
马鞍山市	Maanshan City	1686	128.1	66.0	62.1	0.80	0.66	39.5
淮北市	Huaibei City	2741	215.8	110.5	105.3	2.40	1.50	63.6
铜陵市	Tongling City	1113	73.9	37.9	36.0	0.40	0.10	24.4
安庆市	Anqing City	15398	613.9	317.3	296.6	6.42	3.12	175.5
黄山市	Huangshan City	9807	148.3	76.0	72.3	1.19	0.74	49.6
滁州市	Chuzhou City	13523	447.4	231.6	215.7	5.30	2.30	137.7
阜阳市	Fuyang City	9775	987.8	513.2	474.6	15.80	8.20	273.8
宿州市	Suzhou City	9786	626.1	321.4	304.6	9.10	5.30	169.7

3-1 续表 4 continued

地区	Region	土地面积 (平方公里) Land Area (sq.km)	年底总人口 (万人) Total Population (year-end) (10 000 persons)	男 Male	女 Female	出生人口 (万人) Birth Population (10 000 person)	死亡人口 (万人) Death Population (10 000 person)	年底总户数 (万户) Total Households (year-end) (10 000 households)
巢湖市	Chaohu City	9394	456.8	238.2	218.6	4.33	1.70	142.5
六安市	Liuan City	17958	701.6	370.5	331.2	9.91	2.70	218.4
亳州市	Bozhou City	8374	588.8	308.9	279.8	8.20	5.60	161.4
池州市	Chizhou City	8272	158.9	81.5	77.5	1.43	0.40	52.4
宣城市	Xuancheng City	12323	276.8	144.0	132.7	2.50	1.16	89.4
其他	Others							
福建省	**Fujian**		**3477.1**	**1789.7**	**1687.5**	**42.42**	**20.52**	**985.3**
福州市	Fuzhou City		636.0	328.5	307.5	7.25	3.56	194.5
厦门市	Xiamen City		173.7	87.5	86.2	2.12	0.69	54.2
莆田市	Putian City		316.6	159.8	156.8	3.99	2.03	80.0
三明市	Sanming City		270.1	140.8	129.4	3.21	1.70	76.9
泉州市	Quanzhou City		677.7	345.7	332.1	8.20	3.86	182.3
漳州市	Zhangzhou City		468.5	240.6	227.9	5.53	2.76	128.0
南平市	Nanping City		308.1	160.1	148.1	3.76	1.88	90.1
龙岩市	Longyan City		291.3	149.6	141.8	3.50	1.86	82.6
宁德市	Ningde City		335.0	177.2	157.9	4.29	2.18	96.7
江西省	**Jiangxi**	**166933**	**4400.1**	**2258.4**	**2141.7**	**61.03**	**26.35**	**1279.4**
南昌市	Nanchang City	7194	461.5	234.8	226.8	6.40	2.79	128.8
景德镇市	Jingdezhen City	5261	156.5	80.5	76.0	2.11	0.88	45.5
萍乡市	Pingxiang City	3830	185.2	94.6	90.6	2.43	1.08	50.7
九江市	Jiujiang City	19078	475.6	242.6	233.0	6.48	2.85	146.1
新余市	Xinyu City	3161	113.3	59.1	54.2	1.51	0.68	36.3
鹰潭市	Yingtan City	3560	110.7	57.9	52.9	1.52	0.66	33.8
赣州市	Ganzhou City	39363	836.7	426.5	410.2	11.68	5.01	240.1
吉安市	Jian City	25283	479.5	248.0	231.5	6.70	2.88	147.8
宜春市	Yichun City	18668	544.5	282.9	261.6	7.45	3.20	156.8
抚州市	Fuzhou City	18799	387.7	201.6	186.1	5.33	2.31	111.9
上饶市	Shangrao City	22736	649.0	330.1	318.9	8.88	3.86	181.7
山东省	**Shandong**	**157126**	**9417.2**	**4760.7**	**4632.0**	**94.94**	**63.79**	**2912.9**
济南市	Jinan City	7999	604.0	302.0	302.0	5.96	3.99	184.6
青岛市	Qingdao City	11175	761.6	382.5	379.1	6.89	5.57	243.2
淄博市	Zibo City	5965	420.6	210.8	209.8	3.69	2.71	140.1
枣庄市	Zaozhuang City	4563	383.2	199.2	184.1	4.15	2.40	118.3
东营市	Dongying City	7923	184.0	93.0	90.9	1.65	1.12	58.4
烟台市	Yantai City	13746	651.7	326.9	324.8	4.95	5.58	237.0
潍坊市	Weifang City	16005	862.5	435.5	426.9	8.04	5.82	264.9
济宁市	Jining City	11194	822.8	420.8	402.0	9.55	5.90	238.0
泰安市	Taian City	7762	554.7	280.7	274.0	5.60	3.79	174.3
威海市	Weihai City	5698	252.2	126.8	125.4	1.73	1.93	91.6
日照市	Rizhao City	5348	284.5	144.2	140.3	2.84	1.92	95.5
莱芜市	Laiwu City	2246	126.0	64.0	62.0	1.02	0.88	43.9
临沂市	Linyi City	17202	1034.5	528.9	505.6	10.76	5.67	319.5
德州市	Dezhou City	10356	564.2	284.9	279.3	7.07	5.02	163.3
聊城市	Liaocheng City	8715	584.9	296.5	288.4	6.38	3.73	176.8
滨州市	Binzhou City	9033	375.7	189.4	186.3	3.77	2.88	111.5
菏泽市	Heze City	12194	925.7	474.5	451.2	10.88	4.90	252.0

3-1 续表 5 continued

地 区	Region	土地面积 (平方公里) Land Area (sq.km)	年底总人口 (万人) Total Population (year-end) (10 000 persons)	男 Male	女 Female	出生人口 (万人) Birth Population (10 000 person)	死亡人口 (万人) Death Population (10 000 person)	年底总户数 (万户) Total Households (year-end) (10 000 households)
河南省	**Henan**	**167000**	**9918.0**	**5125.0**	**4793.0**			**2911.0**
郑州市	Zhengzhou City	7446	663.2	337.0	326.0			191.0
开封市	Kaifeng City	6444	484.1	249.0	235.0			139.0
洛阳市	Luoyang City	15200	654.4	336.0	318.0			194.0
平顶山市	Pingdingshan City	7882	501.1	262.0	239.0			146.0
安阳市	Anyang City	7413	542.0	277.0	265.0			160.0
鹤壁市	Hebi City	2182	145.8	75.0	71.0			46.0
新乡市	Xinxiang City	8169	560.7	286.0	275.0			161.0
焦作市	Jiaozuo City	4071	346.6	177.0	170.0			96.0
濮阳市	Puyang City	4266	363.4	186.0	177.0			96.0
许昌市	Xuchang City	4996	456.4	236.0	220.0			132.0
漯河市	Luohe City	2617	256.9	132.0	125.0			75.0
三门峡市	Sanmenxia City	10496	223.4	115.0	108.0			70.0
南阳市	Nanyang City	26600	1091.4	572.0	519.0			348.0
商丘市	Shangqiu City	10704	828.4	426.0	402.0			251.0
信阳市	Xinyang City	19541	802.8	421.0	382.0			252.0
周口市	Zhoukou City	11959	1086.1	562.0	524.0			313.0
驻马店市	Zhumadian City	15083	848.8	441.0	408.0			222.0
其他	Others	1931	68.1	35.0	33.0			19.0
湖北省	**Hubei**	**185900**	**6110.8**	**3167.5**	**2943.3**	**55.98**	**39.51**	**1928.0**
武汉市	Wuhan City	8494	833.2	429.1	404.2	6.81	4.77	265.0
黄石市	Huangshi City	4583	257.3	135.3	122.0	1.92	1.18	74.9
十堰市	Shiyan City	23680	351.0	185.8	165.2	4.55	2.04	114.4
宜昌市	Yichang City	21084	400.8	205.9	195.0	3.08	3.17	145.7
襄樊市	Xiangfan City	19724	584.4	299.8	284.6	6.15	4.00	200.9
鄂州市	Ezhou City	1594	107.2	55.9	51.4	0.91	0.53	35.2
荆门市	Jingmen City	12404	300.1	153.3	146.9	2.49	1.27	97.8
孝感市	Xiaogan City	8910	525.1	273.2	251.9	4.72	2.07	159.0
荆州市	Jingzhou City	14067	653.1	333.9	319.2	3.60	5.48	201.7
黄冈市	Huanggang City	17446	735.1	386.1	349.4	7.40	2.28	236.7
咸宁市	Xianning City	9861	288.2	150.9	137.4	3.22	1.01	85.5
随州市	Suizhou City	9636	256.1	131.2	124.9	2.01	0.68	73.7
恩施土家族苗族自治州	Enshi Tujia & Miao A.P	24061	395.3	206.4	189.0	4.23	2.08	123.6
仙桃市	Xiantao City	2538	148.8	79.5	69.3	1.30	0.51	40.1
天门市	Tianmen City	2622	162.1	85.2	76.9	1.47	0.93	36.9
潜江市	Qianjiang City	2004	100.7	51.1	49.5	0.90	0.59	32.8
神农架林区	Shennongjia Forest District	3253	8.0	4.3	3.7	0.07	0.04	2.9
湖南省	**Hunan**	**211829**	**6845.20**	**3549.30**	**3295.90**	**86.55**	**49.69**	**2113.9**
长沙市	Changsha City	11823	645.14	329.21	315.93	7.72	4.55	196.4
株洲市	Zhuzhou City	11275	381.15	195.22	185.93	5.43	2.59	113.6
湘潭市	Xiangtan City	5015	293.99	153.32	140.67	3.22	2.00	91.5
衡阳市	Hengyang City	15360	731.14	384.60	346.54	9.47	4.99	206.6
邵阳市	Shaoyang City	20884	754.09	396.20	357.89	8.98	5.11	211.5
岳阳市	Yueyang City	14616	545.39	284.64	260.75	6.52	3.71	180.6
常德市	Changde City	18190	611.51	312.88	298.63	6.44	4.15	221.7
张家界市	Zhangjiajie City	9524	163.95	84.42	79.53	2.31	1.11	55.3
益阳市	Yiyang City	12144	467.66	239.68	227.98	5.13	3.16	142.7
郴州市	Chenzhou City	19606	471.00	246.26	224.74	5.95	3.18	146.3

3-1 续表 6 continued

地 区	Region	土地面积 (平方公里) Land Area (sq.km)	年底总人口 (万人) Total Population (year-end) (10 000 persons)	男 Male	女 Female	出生人口 (万人) Birth Population (10 000 person)	死亡人口 (万人) Death Population (10 000 person)	年底总户数 (万户) Total Households (year-end) (10 000 households)
永州市	Yongzhou City	22255	583.22	308.02	275.20	7.31	3.95	171.5
怀化市	Huaihua City	27532	504.63	259.33	245.30	7.42	3.41	157.8
娄底市	Loudi City	8117	418.40	213.63	204.77	5.76	2.84	138.5
湘西土家族苗族自治州	West Hunan Tujia & Miao A.P	15487	273.93	141.89	132.04	3.95	1.85	80.1
广东省	**Guangdong**	**179813**	**9544.0**	**4886.5**	**4657.5**	**110.51**	**39.22**	**2218.6**
广州市	Guangzhou City	7434	784.2	399.0	385.2	7.91	4.44	242.6
韶关市	Shaoguan City	18385	323.1	167.5	155.6	3.32	1.45	96.0
深圳市	Shenzhen City	1953	232.5	123.6	108.9	3.60	0.30	68.4
珠海市	Zhuhai City	1688	99.5	50.7	48.8	0.99	0.29	27.7
汕头市	Shantou City	2064	506.6	254.3	252.3	7.84	2.44	112.3
佛山市	Foshan City	3848	364.3	181.8	182.5	3.56	1.87	108.8
江门市	Jiangmen City	9541	389.9	197.1	192.9	3.84	2.91	121.4
湛江市	Zhanjiang City	12471	753.9	399.2	354.7	11.11	2.53	194.6
茂名市	Maoming City	11458	725.7	384.6	341.1	11.30	2.07	188.2
肇庆市	Zhaoqing City	14856	410.3	211.6	198.7	4.59	2.05	114.5
惠州市	Huizhou City	11158	318.8	162.5	156.3	3.81	1.20	87.1
梅州市	Meizhou City	15908	505.3	259.0	245.8	5.27	2.84	130.9
汕尾市	Shanwei City	5271	336.0	174.7	161.3	5.22	1.12	74.2
河源市	Heyuan City	15826	346.6	179.0	167.6	8.60	2.00	89.0
阳江市	Yangjiang City	7813	273.3	145.3	128.0	4.01	1.36	76.9
清远市	Qingyuan City	19153	405.8	210.0	195.8	5.69	2.35	111.5
东莞市	Dongguan City	2465	174.9	88.9	86.0	1.71	0.85	50.6
中山市	ZhongShan City	1800	146.4	73.2	73.3	1.47	0.88	41.0
潮州市	Chaozhou City	3100	256.1	130.3	125.9	3.80	1.58	62.1
揭阳市	Jieyang City	5240	641.2	327.5	313.7	9.29	3.20	144.1
云浮市	Yunfu City	7779	272.7	143.0	129.6	3.59	1.47	76.7
广西壮族自治区	**Guangxi**	**236661**	**5049.0**	**2659.0**	**2390.0**	**72.00**	**29.00**	**1459.0**
南宁市	Nanning City	22112	691.7	361.5	330.2	9.88	5.47	201.2
柳州市	Liuzhou City	18617	364.9	189.5	175.4	4.76	2.24	106.1
桂林市	Guilin City	27809	508.3	265.0	243.3	5.38	2.25	156.8
梧州市	Wuzhou City	12588	313.2	166.4	146.8	4.29	1.26	92.1
北海市	Beihai City	3337	157.7	83.1	74.7	2.53	0.58	42.8
防城港市	Fangchenggang City	6181	84.8	46.2	38.6	1.99	0.66	24.3
钦州市	Qinzhou City	10843	364.5	199.6	164.9	8.32	1.19	93.3
贵港市	Guigang City	10606	501.9	266.0	235.9	10.96	1.70	147.8
玉林市	Yulin City	12838	641.7	342.9	298.9	6.48	2.78	179.6
百色市	Baise City	36201	392.4	202.9	189.4	6.96	2.76	101.2
贺州市	Hezhou City	11855	221.7	116.6	105.1	3.37	0.99	58.4
河池市	Hechi City	33508	404.6	209.4	195.2	5.76	2.58	116.2
来宾市	Laibin City	13411	252.7	132.5	120.3	4.21	0.93	72.4
崇左市	Chongzuo City	17351	240.0	125.3	114.7	3.11	1.10	66.6
海南省	**Hainan**	**35354**	**864.7**	**451.8**	**412.9**	**12.50**	**4.86**	**233.5**
海口市	Haikou City	2305	155.8	80.0	75.8	1.97	0.64	47.4
三亚市	Sanya City	1915	54.6	27.9	26.7	0.69	0.21	13.4
其他	Others	31134	654.3	343.9	310.4	9.83	4.01	172.7

3-1 续表 7 continued

地　区	Region	土地面积 (平方公里) Land Area (sq.km)	年底总人口 (万人) Total Population (year-end) (10 000 persons)	男 Male	女 Female	出生人口 (万人) Birth Population (10 000 person)	死亡人口 (万人) Death Population (10 000 person)	年底总户数 (万户) Total Households (year-end) (10 000 households)
重庆市	**Chongqing**	**82403**	**3257.1**	**1690.6**	**1566.5**	**42.26**	**24.56**	**1080.2**
万州区	Wanzhou District	3457	172.5	88.6	84.0	1.76	1.79	58.7
涪陵区	Fuling District	2941	113.8	58.4	55.5	1.80	1.26	39.5
渝中区	Yuzhong District	23	59.6	29.6	29.9	0.33	0.42	23.3
大渡口区	Dadukou District	103	22.9	11.4	11.5	0.18	0.13	9.5
江北区	Jiangbei District	214	52.7	26.6	26.1	0.41	0.26	21.0
沙坪坝区	Shapingba District	396	76.1	38.5	37.7	0.64	0.41	25.7
九龙坡区	Jiulongpo District	432	79.9	40.5	39.4	0.67	0.38	30.4
南岸区	Nanan District	261	57.6	29.1	28.5	0.48	0.25	20.3
北碚区	Beibei District	755	64.0	32.3	31.7	0.53	0.85	23.5
万盛区	Wansheng District	566	26.8	13.5	13.4	0.24	0.18	9.0
双桥区	Shuangqiao District	43	5.0	2.6	2.5	0.07	0.02	1.9
渝北区	Yubei District	1456	95.5	48.6	46.9	1.06	0.63	36.5
巴南区	Banan District	1825	87.2	45.1	42.2	0.87	0.94	32.7
黔江区	Qianjiang District	2402	52.2	27.6	24.6	0.86	0.20	17.1
长寿区	Changshou District	1424	89.9	46.1	43.8	0.99	0.57	32.7
江津区	Jiangjin District	3200	148.7	77.5	71.2	1.77	0.98	55.4
合川区	Hechuan District	2356	153.9	80.2	73.7	1.86	1.41	51.5
永川区	Yongchuan District	1576	110.2	57.0	53.2	1.64	1.07	35.7
南川区	Nanchuan District	2602	66.1	33.9	32.2	1.64	1.07	21.6
四川省	**Sichuan**	**485000**	**8907.8**	**4607.7**	**4300.1**	**105.39**	**55.75**	**2859.6**
成都市	Chengdu City	12400	1125.0	566.7	558.3	10.10	5.29	405.2
自贡市	Zigong City	4300	325.6	167.2	158.4	4.32	1.78	102.3
攀枝花市	Panzhihua City	7400	111.2	57.4	53.8	1.16	0.44	33.8
泸州市	Luzhou City	12200	493.4	256.4	236.9	7.60	4.41	141.8
德阳市	Deyang City	5900	387.4	199.3	188.0	3.31	3.42	134.2
绵阳市	Mianyang City	20200	540.7	279.6	261.1	5.41	4.04	183.4
广元市	Guangyuan City	16300	310.4	160.1	150.3	3.32	1.44	100.8
遂宁市	Suining City	5300	384.9	198.9	186.1	4.31	1.79	122.3
内江市	Neijiang City	5300	425.1	219.5	205.6	5.63	3.67	145.2
乐山市	Leshan City	12800	353.5	181.6	171.9	3.35	2.70	116.2
南充市	Nanchong City	12400	749.5	392.3	357.2	7.40	3.55	243.6
眉山市	Meishan City	7100	346.6	177.7	168.8	3.02	1.56	111.9
宜宾市	Yibin City	13200	530.8	277.6	253.2	5.45	3.86	160.4
广安市	Guangan City	6300	466.4	244.9	221.5	5.29	2.35	144.5
达州市	Dazhou City	16200	676.3	357.2	319.1	11.98	4.09	219.5
雅安市	Yaan City	14000	154.5	79.3	75.3	1.59	0.75	50.7
巴中市	Bazhong City	12300	381.0	198.6	182.3	4.40	1.54	116.2
资阳市	Ziyang City	7900	497.2	259.5	237.6	6.45	3.87	149.7
阿坝藏族羌族自治州	Aba Zang & Qiang A.P	83400	88.2	45.2	43.0	1.46	0.42	25.4
甘孜藏族自治州	Ganzi Zang A.P	150000	99.1	50.2	48.9	1.40	0.63	25.2
凉山彝族自治州	Liangshan Yi A.P	60100	461.0	238.3	222.7	8.42	4.14	127.2
贵州省	**Guizhou**	**176222**	**3793.0**	**1971.1**	**1821.9**	**50.93**	**25.56**	**1053.6**
贵阳市	Guiyang City	8034	363.9	186.2	177.8	4.03	1.87	104.3
六盘水市	Liupanshui City	9965	306.2	160.8	145.5	3.76	1.79	85.9
遵义市	Zunyi City	30762	744.0	385.9	358.1	7.90	4.73	205.0
安顺市	Anshun City	9267	270.3	139.5	130.8	3.19	1.73	74.0
铜仁地区	Tongren Prefecture	18003	409.0	214.5	194.5	4.85	2.04	110.9
黔西南布依族苗族自治州	Southwest Guizhou Buyi & Miao A.P	16804	326.1	168.3	157.8	4.76	2.39	84.3

3-1 续表 8 continued

地 区	Region	土地面积 (平方公里) Land Area (sq.km)	年底总人口 (万人) Total Population (year-end) (10 000 persons)	男 Male	女 Female	出生人口 (万人) Birth Population (10 000 person)	死亡人口 (万人) Death Population (10 000 person)	年底总户数 (万户) Total Households (year-end) (10 000 households)
毕节地区	Bijie Prefecture	26853	780.4	408.1	372.3	12.57	4.79	196.8
黔东南苗族侗族自治州	Southeast Guizhou Miao & Dong A.P	30337	441.8	233.7	208.1	4.55	2.33	113.9
黔南布依族苗族自治州	South Guizhou Buyi & Miao A.P	26197	395.0	204.4	190.6	4.83	2.91	109.6
云南省	**Yunnan**	**393564**	**4543.0**	**2350.1**	**2192.9**	**57.20**	**28.60**	**1252.9**
昆明市	Kunming City	21582	528.5	269.4	259.1	6.41	2.71	174.8
曲靖市	Qujing City	29855	608.1	319.0	289.1	9.47	5.83	175.1
玉溪市	Yuxi City	15285	213.0	107.2	105.8	2.23	1.14	68.4
保山市	Baoshan City	19637	248.2	126.9	121.3	2.97	1.69	64.2
昭通市	Zhaotong City	23021	549.5	288.9	260.6	10.71	7.45	150.6
丽江市	Lijiang City	21219	119.4	60.5	58.9	1.35	1.20	34.8
普洱市	Puer City	45385	247.6	128.9	118.6	3.79	2.78	68.7
临沧市	Lincang City	24469	238.2	117.8	120.4	2.94	1.73	57.1
楚雄彝族自治州	Chuxiong Yi A.P	29258	260.4	133.5	126.8	2.92	2.68	75.1
红河哈尼族彝族自治州	Honghe Hani & Yi A.P	32931	424.2	218.5	205.7	0.64	0.49	118.4
文山壮族苗族自治州	Wenshan Zhuang & Miao A.P	32239	343.0	178.5	164.5	4.32	1.94	78.2
西双版纳傣族自治州	Xishuangbanna Dai A.P	19125	92.0	46.3	45.7	1.02	0.41	25.5
大理白族自治州	Dali Bai A.P	29459	347.5	176.3	171.2	3.43	1.98	98.2
德宏傣族景颇族自治州	Dehong Dai & Jingpo A.P	11526	110.0	55.5	54.5	2.01	1.80	28.5
怒江傈僳族自治州	Nujiang Lisu A.P	14703	50.9	26.1	24.9	6.88	3.52	14.7
迪庆藏族自治州	Diqing Zang A.P	23870	37.7	19.2	18.6	0.46	0.23	9.1
西藏自治区	**Tibet A.R.**	**1202369**	**279.2**	**140.4**	**138.8**	**3.85**	**1.24**	**64.0**
拉萨市	Lhasa City	29539	47.7	23.7	24.1	1.21	0.40	11.3
昌都地区	Qamdu Prefecture	108872	60.9	31.1	29.9	0.30	0.14	11.5
山南地区	Lhokha Prefecture	79288	33.7	16.7	17.1	0.52	0.19	9.2
日喀则地区	Xigaze Prefecture	182066	69.1	34.7	34.3	0.81	0.27	15.4
那曲地区	Narqu Prefecture	391817	42.6	21.4	21.2	0.66	0.17	9.1
阿里地区	Ngri Prefecture	296823	8.6	4.5	4.0	0.07	0.02	2.2
林芝地区	Nyingchi Prefecture	113965	16.7	8.4	8.3	0.28	0.06	5.3
其他	Others							
陕西省	**Shaanxi**	**205795**	**3762.0**	**1934.0**	**1828.0**	**38.60**	**23.30**	**1140.4**
西安市	Xi'an City	10108	772.3	395.5	376.8	8.61	4.46	216.5
铜川市	Tongchuan City	3890	85.1	44.5	40.5	0.78	0.59	26.7
宝鸡市	Baoji City	18143	377.9	195.2	182.7	4.00	1.86	109.1
咸阳市	Xianyang City	10196	510.4	264.1	246.4	5.58	4.00	145.4
渭南市	Weinan City	13046	551.9	279.5	272.4	6.35	2.67	165.4
延安市	Yan'an City	37030	223.3	115.9	107.5	2.25	0.83	73.8
汉中市	Hanzhong City	27101	380.1	199.3	180.9	3.38	2.57	121.7
榆林市	Yulin City	43070	353.1	184.2	168.9	5.00	1.77	112.5
安康市	Ankang City	23529	301.9	162.5	139.4	3.06	1.83	94.7
商洛市	Shangluo City	19586	242.5	128.5	113.9	2.29	1.98	70.7
其他	Others	94	15.4	8.2	7.2	0.22	0.04	4.0
甘肃省	**Gansu**	**454774**	**2677.6**	**1383.9**	**1293.7**	**35.74**	**14.51**	**737.4**
兰州市	Lanzhou City	13103	322.3	165.1	157.2	3.36	1.35	96.3
嘉峪关市	Jiayuguan City	1351	18.6	9.8	8.8	0.15	0.06	5.8
金昌市	Jinchang City	7569	45.0	23.4	21.6	0.54	0.21	14.9

3-1 续表 9 continued

地 区	Region	土地面积 (平方公里) Land Area (sq.km)	年底总人口 (万人) Total Population (year-end) (10 000 persons)	男 Male	女 Female	出生人口 (万人) Birth Population (10 000 person)	死亡人口 (万人) Death Population (10 000 person)	年底总户数 (万户) Total Households (year-end) (10 000 households)
白银市	Baiyin City	20164	178.1	92.3	85.8	2.32	0.68	49.7
天水市	Tianshui City	14312	359.6	185.2	174.4	4.10	1.28	93.0
武威市	Wuwei City	32517	189.6	98.0	91.5	1.84	1.29	51.6
张掖市	Zhangye City	39437	129.6	66.7	62.9	1.47	0.74	40.2
平凉市	Pingliang City	11197	227.3	117.2	110.1	3.25	1.20	63.5
酒泉市	Jiuquan City	193974	98.1	50.1	48.0	0.94	0.63	31.5
庆阳市	Qingyang City	27220	258.2	133.9	124.3	3.52	1.36	69.7
定西市	Dingxi City	19646	297.8	154.7	143.1	3.58	1.90	78.0
陇南市	Longnan City	27857	279.2	146.2	133.0	3.60	1.80	74.0
临夏回族自治州	Linxia Hui A.P	8117	203.1	104.9	98.2	5.91	1.38	50.1
甘南藏族自治州	Gannan Zang A.P	38312	71.3	36.4	34.9	1.14	0.63	18.9
青海省	**Qinghai**	**696828**	**531.8**	**271.4**	**260.4**	**9.27**	**2.79**	**150.9**
西宁市	Xining City	7690	192.4	97.6	94.8	2.48	1.14	54.9
海东地区	Haidong Prefecture	13496	157.5	81.1	76.4	2.78	0.94	41.6
海北藏族自治州	Haibei Zang A.P	33568	27.8	14.2	13.6	0.32	0.13	8.0
黄南藏族自治州	Huangnan Zang AP	18348	24.0	12.1	12.0	0.46	0.08	6.7
海南藏族自治州	Hainan Zang A.P	45785	42.7	21.6	21.1	0.75	0.14	12.2
果洛藏族自治州	Golog Zang A.P	74033	16.0	8.3	7.7	0.28	0.04	4.6
玉树藏族自治州	Yushu Zang A.P	203000	33.2	16.8	16.4	1.87	0.21	9.1
海西蒙古族藏族自治州	Haixi Mongolian & Zang A.P	300909	38.1	19.7	18.4	0.34	0.11	13.7
宁夏回族自治区	**Ningxia**	**66400**	**617.7**	**315.4**	**302.3**	**8.79**	**2.84**	**182.8**
银川市	Yinchuan City	9555	165.4	83.1	82.3	1.60	0.60	52.7
石嘴山市	Shizuishan City	5310	74.0	38.0	36.0	0.77	0.26	24.4
吴忠市	Wuzhong City	20193	135.7	69.5	66.2	2.86	0.31	40.1
固原市	Guyuan City	10540	148.4	76.7	71.7	2.87	0.74	39.9
中卫市	Zhongwei City	17442	114.2	58.4	55.8	1.63	0.53	32.8
新疆维吾尔自治区	**Xinjiang**	**1637829**	**2130.8**	**1083.9**	**1046.9**	**33.22**	**9.08**	**626.7**
乌鲁木齐市	Urumqi City	14216	236.1	122.8	113.3	1.96	0.67	75.6
克拉玛依市	Karamay City	7735	27.3	14.0	13.3	0.23	0.10	10.0
吐鲁番地区	Turpan Prefecture	69621	60.7	30.8	29.9	1.14	0.67	17.7
哈密地区	Hami Prefecture	138918	56.3	28.8	27.4	0.60	0.31	18.8
昌吉回族自治州	Changji Hui A.P	73661	137.7	70.6	67.1	1.46	0.49	45.4
博尔塔拉蒙古自治州	Bortala Mongolian A.P	24896	47.7	24.5	23.3	0.51	0.14	16.6
巴音郭楞蒙古自治州	Bayingolin Mongolian A.P	472472	125.4	65.2	60.3	1.68	0.44	41.6
阿克苏地区	Aksu Prefecture	128098	225.4	115.6	109.8	3.59	0.89	58.2
克孜勒苏柯尔克孜自治州	Kizilsu Kirgiz A.P	70916	51.5	26.2	25.3	1.35	0.18	12.5
喀什地区	Kashi Prefecture	111794	377.5	191.1	186.4	8.66	1.49	90.9
和田地区	Hotan Prefecture	248945	191.0	97.5	93.5	3.52	1.16	51.4
伊犁哈萨克自治州	Ili Kazak A.P	56624	274.8	139.8	135.0	5.40	1.33	84.5
塔城地区	Tacheng Prefecture	94891	100.9	51.4	49.5	1.36	0.37	32.7
阿勒泰地区	Altay Prefecture	117989	65.2	33.1	32.1	1.08	0.38	19.5
石河子市	Shihezi City	457	63.2	32.2	31.0	0.35	0.31	22.9
阿拉尔市	Alar City	3927	17.3	9.2	8.1	0.14	0.05	6.5
图木舒克市	Tumxuk City	1927	15.2	7.6	7.6	0.13	0.04	4.2
五家渠市	Wujiaqu City	742	9.0	4.6	4.4	0.05	0.04	3.5
生产建设兵团	Corps							

3-2 地区生产总值(2008年)

Gross Regional Products(2008)

地区	Region	地区生产总值(亿元) Gross Regional Product (100 million yuan)	第一产业 Primary Industry	第二产业 Secondary Industry	#工业 Industry	第三产业 Tertiary Industry	人均地区生产总值(元) Per Capita GRP (yuan)
北京市	**Beijing**	**10488.03**	**112.81**	**2693.15**	**2198.49**	**7682.07**	**63029**
东城区	Dongcheng District	751.62		39.71	11.03	711.91	
西城区	Xicheng District	1371.72		145.41	119.83	1226.31	
崇文区	Chongwen District	147.57		26.67	14.24	120.90	
宣武区	Xuanwu District	302.97		27.42	13.42	275.56	
朝阳区	Chaoyang District	1906.21	1.41	259.72	192.73	1645.08	
丰台区	Fengtai District	510.30	0.95	135.29	90.31	374.06	
石景山区	Shijingshan District	213.45		118.98	97.91	94.47	
海淀区	Haidian District	2109.72	1.35	390.34	273.21	1718.04	
门头沟区	Mentougou District	67.83	1.05	37.63	34.58	29.16	
房山区	Fangshan District	223.10	13.32	114.63	85.93	95.15	
通州区	Tongzhou District	212.88	13.72	105.88	77.68	93.28	
顺义区	Shunyi District	399.72	20.13	216.92	196.62	162.67	
昌平区	Changping District	315.57	4.78	172.85	144.98	137.94	
大兴区	Daxing District	216.46	16.94	97.19	80.14	102.33	
怀柔区	Huairou District	130.23	6.33	76.04	63.93	47.86	
平谷区	Pinggu District	80.04	10.53	35.40	24.02	34.11	
密云县	Miyun County	106.93	14.69	44.99	37.49	47.25	
延庆县	Yanqing County	55.98	7.64	12.48	8.89	35.86	
北京经济技术开发区	Beijing Economic-technological Development Zones	545.96		337.08	333.01	208.88	
远洋捕捞	Deep-sea Fishing						
其他	Others						
天津市	**Tianjin**	**6354.38**	**122.58**	**3821.07**	**3533.86**	**2410.73**	**55473**
和平区	Heping District						
河东区	Hedong District						
河西区	Hexi District						
南开区	Nankai District						
河北区	Hebei District						
红桥区	Hongqiao District						
塘沽区	Tanggu District						
汉沽区	Hangu District						
大港区	Dagang District						
东丽区	Dongli District						
西青区	Xiqing District						
津南区	Jinnan District						
北辰区	Beichen District						
武清区	Wuqing District						
宝坻区	Baodi District						
宁河县	Ninghe County						
静海县	Jinghai County						
蓟县	Ji County						
天津经济技术开发区	Tianjin Economic-technological Development Area						
天津港保税区	Tianjin Port Free Trade Zone						
天津滨海高新区	Tianjin Hi-Tech Industrial Park						
其他	Others						

3-2 续表 1 continued

地 区	Region	地区生产总值 (亿元) Gross Regional Product (100 million yuan)	第一产业 Primary Industry	第二产业 Secondary Industry	#工 业 Industry	第三产业 Tertiary Industry	人均地区生产总值 (元) Per Capita GRP (yuan)
河北省	**Hebei**	**16188.61**	**2034.60**	**8777.42**	**7967.62**	**5376.59**	**23239**
石家庄市	Shijiazhuang City	2838.37	309.69	1424.56	1288.56	1104.13	28923
唐山市	Tangshan City	3561.19	340.01	2113.29	1955.49	1107.89	48054
秦皇岛市	Qinhuangdao City	808.95	91.12	327.96	292.36	389.87	27481
邯郸市	Handan City	1990.36	230.27	1096.90	998.40	663.20	22651
邢台市	Xingtai City	989.00	150.76	564.37	528.07	273.87	14315
保定市	Baoding City	1580.89	247.01	763.59	642.59	570.29	14518
张家口市	Zhangjiakou City	720.37	118.89	316.73	279.73	284.75	17134
承德市	Chengde City	714.94	107.24	430.20	388.90	177.50	21048
沧州市	Cangzhou City	1716.16	201.41	866.94	796.74	647.81	24680
廊坊市	Langfang City	1051.49	129.36	595.58	522.38	326.55	25757
衡水市	Hengshui City	633.81	110.35	310.02	288.72	213.44	14843
其他	Others						
山西省	**Shanxi**	**7055.76**	**505.53**	**4179.71**	**3833.75**	**2370.52**	**20742**
太原市	Taiyuan City	1468.09	22.98	739.05	619.36	706.06	42378
大同市	Datong City	569.63	30.44	301.42	272.42	237.77	17974
阳泉市	Yangquan City	310.65	5.08	183.93	165.43	121.64	23593
长治市	Changzhi City	682.13	32.47	432.92	404.32	216.74	20821
晋城市	Jincheng City	527.55	22.49	335.02	309.48	170.03	23680
朔州市	Shuozhou City	420.40	27.76	260.00	242.58	132.65	27458
晋中市	Jinzhong City	567.81	42.69	329.09	297.09	196.03	18219
运城市	Yuncheng City	691.45	88.37	361.93	328.58	241.15	13663
忻州市	Xinzhou City	315.77	34.07	163.02	148.22	118.68	10247
临汾市	Linfen City	754.63	38.56	493.02	462.82	223.05	18031
吕梁市	Luliang City	629.64	26.55	445.85	415.18	157.24	17553
其他	Others						
内蒙古自治区	**Inner Mongolia**	**7761.80**	**906.98**	**4271.03**	**3798.60**	**2583.79**	**32214**
呼和浩特市	Hohhot City	1316.37	75.16	501.89	413.94	739.32	49606
包头市	Baotou City	1760.00	52.08	1003.93	903.91	703.99	70004
呼伦贝尔市	Hulunbuir City	632.66	144.01	230.45	194.64	258.20	23413
兴安盟	Xingan League	178.93	67.01	50.26	39.45	61.66	11166
通辽市	Tongliao City	785.60	144.90	411.29	373.39	229.41	25402
赤峰市	Chifeng City	752.39	143.55	375.21	332.08	233.63	17242
锡林郭勒盟	Xilingol League	394.15	47.09	250.52	212.63	96.54	38379
乌兰察布市	Ulanqab City	434.68	82.27	211.51	186.26	140.90	20358
鄂尔多斯市	Erdos City	1603.00	57.65	931.43	830.78	613.92	102128
巴彦淖尔市	Bayannur City	439.06	92.66	229.61	195.14	116.79	25237
乌海市	Wuhai City	240.10	2.76	158.88	145.69	78.46	50036
阿拉善盟	Alxa League	181.79	6.44	136.68	125.90	38.67	83047
其他	Others						
辽宁省	**Liaoning**	**13461.57**	**1302.00**	**7512.11**	**6735.74**	**4647.46**	**31258**
沈阳市	Shenyang City	3860.47	183.68	1934.12	1757.39	1742.68	54248
大连市	Dalian City	3858.25	289.15	1993.90	1771.85	1575.20	63198
鞍山市	Anshan City	1607.86	73.10	878.74	810.31	656.03	45808
抚顺市	Fushun City	662.44	44.26	376.00	338.19	242.18	29645
本溪市	Benxi City	610.86	34.52	387.33	358.03	189.01	39158
丹东市	Dandong City	563.86	77.29	265.54	230.15	221.03	23233
锦州市	Jinzhou City	690.44	123.97	302.98	270.29	263.50	22287
营口市	Yingkou City	703.57	61.64	404.36	377.57	237.57	30178

3-2 续表 2 continued

地 区	Region	地区生产总值 (亿元) Gross Regional Product (100 million yuan)	第一产业 Primary Industry	第二产业 Secondary Industry	#工 业 Industry	第三产业 Tertiary Industry	人均地区生产总值(元) Per Capita GRP (yuan)
阜新市	Fuxin City	233.91	52.20	93.51	81.78	88.20	12132
辽阳市	Liaoyang City	566.61	35.04	359.75	330.33	171.82	30896
盘锦市	Panjin City	675.00	68.90	489.11	457.82	117.00	51214
铁岭市	Tieling City	536.33	115.72	275.41	256.40	145.20	17544
朝阳市	Chaoyang City	446.61	101.29	215.52	196.41	129.80	13114
葫芦岛市	Huludao City	457.82	65.50	214.58	195.22	177.74	16351
其他	Others						
吉林省	**Jilin**	**6424.06**	**916.70**	**3064.63**	**2686.98**	**2442.73**	**23514**
长春市	Changchun City	2561.89	217.82	1311.83	1066.68	1032.24	34193
吉林市	Jilin City	1300.09	166.42	635.66	540.59	498.01	30016
四平市	Siping City	596.55	193.85	207.51	187.41	195.19	17739
辽源市	Liaoyuan City	271.19	33.46	145.60	113.51	92.13	21989
通化市	Tonghua City	447.33	51.74	234.84	202.35	160.75	19703
白山市	Baishan City	300.35	35.44	168.57	150.32	96.34	23159
松原市	Songyuan City	806.72	142.71	455.50	421.64	208.51	28486
白城市	Baicheng City	290.72	64.06	113.96	96.95	112.70	14327
延边朝鲜族自治州	Yanbian Korean A.P	379.78	43.87	173.14	142.60	162.77	17391
其他	Others						
黑龙江省	**Heilongjiang**	**8310.00**	**1089.10**	**4365.90**	**3927.60**	**2855.00**	**21727**
哈尔滨市	Harbin City	2868.20	390.20	1077.60	809.80	1400.40	29012
齐齐哈尔市	Qiqihar City	665.88	153.00	231.52	213.38	281.36	12272
鸡西市	Jixi City	315.88	84.01	102.05	96.13	129.81	16541
鹤岗市	Hegang City	184.70	44.50	80.50	76.10	59.70	16887
双鸭山市	Shuangyashan City	260.05	81.87	111.70	96.40	66.47	17285
大庆市	Daqing City	2220.36	69.21	1889.05	1839.03	262.10	80655
伊春市	Yichun City	179.01	47.16	65.71	53.47	66.15	14029
佳木斯市	Jiamusi City	398.50	126.11	82.91	65.66	189.48	15871
七台河市	Qitaihe City	187.16	17.36	110.01	106.79	59.80	20826
牡丹江市	Mudanjiang City	501.12	83.82	176.50	162.50	240.80	17983
黑河市	Heihe City	205.62	91.20	33.13	24.95	81.29	11800
绥化市	Suihua City	534.00	179.00	133.00	105.00	223.00	9266
大兴安岭地区	Daxing'anling Prefecture	69.70	28.64	12.26	10.02	28.80	13162
农垦总局	Agriculture Reclamation Bureau						
其他	Others						
上海市	**Shanghai**	**13698.15**	**111.80**	**6235.92**	**5784.99**	**7350.43**	**73124**
黄浦区	Huangpu District						
卢湾区	Luwan District						
徐汇区	Xuhui District						
长宁区	Changning District						
静安区	Jingan District						
普陀区	Putuo District						
闸北区	Zhabei District						
虹口区	Hongkou District						
杨浦区	Yangpu District						
闵行区	Minhang District						
宝山区	Baoshan District						
嘉定区	Jiading District						

3-2 续表 3 continued

地　区	Region	地区生产总值 (亿元) Gross Regional Product (100 million yuan)	第一产业 Primary Industry	第二产业 Secondary Industry	#工　业 Industry	第三产业 Tertiary Industry	人均地区生产总值 (元) Per Capita GRP (yuan)
浦东新区	Pudong New District						
金山区	Jinshan District						
松江区	Songjiang District						
青浦区	Qingpu District						
南汇区	Nanhui District						
奉贤区	Fengxian District						
崇明县	Chongming County						
其他	Others						
江苏省	**Jiangsu**	**30312.61**	**2100.00**	**16663.81**	**15068.98**	**11548.80**	**39622**
南京市	Nanjing City	3775.00	93.00	1795.00	1555.00	1887.00	50327
无锡市	Wuxi City	4419.50	63.00	2546.57	2398.90	1809.93	73053
徐州市	Xuzhou City	2007.36	210.02	1061.78	910.04	735.56	23069
常州市	Changzhou City	2202.23	68.32	1297.51	1191.03	836.40	50283
苏州市	Suzhou City	6701.29	108.86	4155.54	3924.11	2436.89	74676
南通市	Nantong City	2510.13	199.18	1430.93	1201.12	880.02	35040
连云港市	Lianyungang City	750.10	122.78	355.06	281.29	272.26	16808
淮安市	Huaian City	915.83	142.01	453.25	381.75	320.57	18921
盐城市	Yancheng City	1603.26	275.26	778.40	670.45	549.60	21233
扬州市	Yangzhou City	1573.29	117.47	897.71	795.88	558.11	35232
镇江市	Zhenjiang City	1408.14	51.08	843.40	774.67	513.66	46473
泰州市	Taizhou City	1394.20	109.00	808.60	704.70	476.60	30256
宿迁市	Suqian City	655.06	133.62	305.34	241.11	216.10	13709
浙江省	**Zhejiang**	**21486.92**	**1095.43**	**11580.33**	**10359.77**	**8811.16**	**42214**
杭州市	Hangzhou City	4781.16	178.64	2389.38	2140.20	2213.14	60414
宁波市	Ningbo City	3964.05	167.36	2196.68	1990.51	1600.01	56771
温州市	Wenzhou City	2424.29	76.68	1286.76	1170.35	1060.85	30496
嘉兴市	Jiaxing City	1815.30	105.52	1085.29	979.95	624.49	43129
湖州市	Huzhou City	1034.89	82.63	593.56	534.98	358.70	36829
绍兴市	Shaoxing City	2222.95	116.65	1329.12	1200.00	777.18	48236
金华市	Jinhua City	1681.85	89.61	903.07	801.48	689.17	32813
衢州市	Quzhou City	580.05	61.71	317.85	265.62	200.49	26076
舟山市	Zhoushan City	490.25	49.18	226.44	164.19	214.63	46936
台州市	Taizhou City	1965.27	133.54	1037.47	935.90	794.26	34244
丽水市	Lishui City	505.68	55.26	245.85	207.71	204.57	22053
安徽省	**Anhui**	**8874.17**	**1418.08**	**4137.35**	**3487.53**	**3318.74**	**14485**
合肥市	Hefei City	1664.84	105.20	834.92	654.92	724.72	34482
芜湖市	Wuhu City	749.65	39.44	454.36	410.86	255.85	33024
蚌埠市	Bengbu City	486.39	100.09	192.69	164.29	193.60	13632
淮南市	Huainan City	453.62	39.41	277.17	247.17	137.04	18884
马鞍山市	Maanshan City	636.30	24.53	432.46	403.56	179.30	49824
淮北市	Huaibei City	349.10	34.70	209.09	191.79	105.30	17029
铜陵市	Tongling City	325.31	8.43	218.32	200.50	98.56	44870
安庆市	Anqing City	704.72	134.21	299.07	249.97	271.44	12596
黄山市	Huangshan City	249.90	34.25	98.60	73.25	117.06	16867
滁州市	Chuzhou City	520.11	123.33	222.94	196.44	173.84	12623
阜阳市	Fuyang City	541.27	165.57	180.71	150.21	194.99	6475
宿州市	Suzhou City	511.10	153.40	169.16	151.76	188.54	8982

3-2 续表 4 continued

地 区	Region	地区生产总值 (亿元) Gross Regional Product (100 million yuan)	第一产业 Primary Industry	第二产业 Secondary Industry	#工业 Industry	第三产业 Tertiary Industry	人均地区生产总值 (元) Per Capita GRP (yuan)
巢湖市	Chaohu City	479.33	100.77	210.30	174.10	168.26	11600
六安市	Liuan City	533.95	129.29	205.91	167.01	198.75	8768
亳州市	Bozhou City	404.22	119.05	122.57	95.97	162.60	7887
池州市	Chizhou City	192.40	39.20	78.55	58.05	74.65	14147
宣城市	Xuancheng City	411.61	74.63	176.85	145.85	160.13	15954
其他	Others						
福建省	**Fujian**	**10823.11**	**1157.75**	**5415.77**	**4755.45**	**4249.59**	**30123**
福州市	Fuzhou City	2284.16	234.90	1083.92	924.79	965.34	33615
厦门市	Xiamen City	1560.02	21.50	818.04	705.36	720.48	62651
莆田市	Putian City	609.96	75.10	344.85	300.08	190.01	21515
三明市	Sanming City	666.92	138.60	318.95	269.61	209.37	25407
泉州市	Quanzhou City	2705.29	120.30	1605.64	1484.42	979.35	34840
漳州市	Zhangzhou City	1002.02	213.60	445.96	391.00	342.46	21057
南平市	Nanping City	559.14	133.20	220.36	179.90	205.59	19348
龙岩市	Longyan City	672.85	113.80	348.76	310.87	210.29	24334
宁德市	Ningde City	542.67	107.70	219.21	181.04	215.76	17851
江西省	**Jiangxi**	**6480.33**	**1060.38**	**3414.88**	**2766.93**	**2005.07**	**14781**
南昌市	Nanchang City	1660.08	101.48	919.71	676.61	638.90	36105
景德镇市	Jingdezhen City	321.98	30.45	188.18	161.18	103.35	20646
萍乡市	Pingxiang City	387.64	32.96	242.91	224.89	111.77	21002
九江市	Jiujiang City	700.60	83.86	384.95	302.05	231.79	14785
新余市	Xinyu City	402.32	31.00	258.76	228.76	112.56	35629
鹰潭市	Yingtan City	256.62	28.11	163.11	156.48	65.40	23222
赣州市	Ganzhou City	834.85	173.04	359.26	305.15	302.56	10017
吉安市	Jian City	505.00	119.83	233.52	190.52	151.66	10571
宜春市	Yichun City	615.00	133.59	319.80	276.00	161.61	11336
抚州市	Fuzhou City	434.05	96.35	208.24	166.24	129.46	11233
上饶市	Shangrao City	628.34	120.02	297.94	244.94	210.38	9718
山东省	**Shandong**	**31072.06**	**3002.65**	**17702.17**	**16102.19**	**10367.23**	**33083**
济南市	Jinan City	3017.42	175.01	1330.68	1140.14	1511.73	45724
青岛市	Qingdao City	4436.18	223.40	2255.45	2062.00	1957.33	52678
淄博市	Zibo City	2316.78	82.18	1500.45	1393.15	734.15	51547
枣庄市	Zaozhuang City	1092.83	96.09	686.16	630.99	310.58	29978
东营市	Dongying City	2052.62	70.08	1570.93	1500.00	411.60	102741
烟台市	Yantai City	3434.19	275.55	2090.97	1920.00	1067.66	49012
潍坊市	Weifang City	2491.81	281.69	1455.05	1339.38	755.07	28106
济宁市	Jining City	2122.16	256.81	1183.49	1100.88	681.86	26721
泰安市	Taian City	1513.30	161.08	839.29	752.16	512.93	27794
威海市	Weihai City	1780.35	132.28	1088.56	1011.97	559.51	63519
日照市	Rizhao City	773.14	82.74	419.74	370.36	270.67	28300
莱芜市	Laiwu City	455.79	27.98	308.99	291.52	118.82	35846
临沂市	Linyi City	1958.21	235.93	1001.70	880.01	720.58	19949
德州市	Dezhou City	1400.91	169.73	783.41	711.04	447.77	25606
聊城市	Liaocheng City	1252.67	187.03	738.98	692.05	326.66	22556
滨州市	Binzhou City	1236.83	122.69	753.67	693.00	360.47	33610
菏泽市	Heze City	821.79	195.51	415.15	355.54	211.13	10050

3-2 续表 5 continued

地 区	Region	地区生产总值 (亿元) Gross Regional Product (100 million yuan)	第一产业 Primary Industry	第二产业 Secondary Industry	#工 业 Industry	第三产业 Tertiary Industry	人均地区生产总值 (元) Per Capita GRP (yuan)
河南省	**Henan**	**18407.78**	**2658.80**	**10477.92**	**9546.08**	**5271.06**	**19593**
郑州市	Zhengzhou City	3003.99	94.70	1659.49	1484.68	1249.80	40616
开封市	Kaifeng City	689.37	153.66	312.45	288.13	223.26	14713
洛阳市	Luoyang City	1919.64	167.57	1172.60	1045.37	579.47	30084
平顶山市	Pingdingshan City	1067.70	101.40	696.33	663.55	269.97	21998
安阳市	Anyang City	1036.05	143.00	647.39	590.85	245.66	19924
鹤壁市	Hebi City	342.35	42.54	225.30	214.72	74.51	24070
新乡市	Xinxiang City	949.49	130.77	521.20	455.45	297.52	17217
焦作市	Jiaozuo City	1031.59	83.66	689.65	649.19	258.28	30356
濮阳市	Puyang City	657.28	90.85	437.17	400.15	129.26	18803
许昌市	Xuchang City	1062.05	133.93	696.99	660.20	231.13	24706
漯河市	Luohe City	550.26	79.28	376.11	361.20	94.87	22237
三门峡市	Sanmenxia City	654.21	54.77	437.94	416.31	161.50	29515
南阳市	Nanyang City	1636.43	344.48	856.01	768.21	435.94	16367
商丘市	Shangqiu City	931.39	254.62	416.05	360.47	260.72	12092
信阳市	Xinyang City	866.79	222.29	358.44	297.44	286.06	13015
周口市	Zhoukou City	984.13	298.22	420.92	375.56	264.99	9905
驻马店市	Zhumadian City	812.98	226.39	343.50	313.74	243.09	10610
其他	Others	288.35	14.80	212.36	202.82	61.19	42476
湖北省	**Hubei**	**11330.38**	**1780.00**	**4963.61**	**4330.20**	**4586.77**	**19860**
武汉市	Wuhan City	3960.08	144.70	1827.65	1515.65	1987.73	44290
黄石市	Huangshi City	556.57	41.45	297.50	276.54	217.62	22980
十堰市	Shiyan City	487.64	57.77	224.95	210.05	204.92	15074
宜昌市	Yichang City	1026.56	136.99	551.36	505.56	338.21	25445
襄樊市	Xiangfan City	1002.46	175.60	450.92	412.92	375.94	18458
鄂州市	Ezhou City	269.79	41.52	148.09	136.94	80.18	26142
荆门市	Jingmen City	520.40	129.10	206.90	191.89	184.40	18309
孝感市	Xiaogan City	593.06	131.71	243.95	212.05	217.40	12698
荆州市	Jingzhou City	623.98	187.91	211.12	190.13	224.95	9663
黄冈市	Huanggang City	600.75	192.58	204.23	163.78	203.94	9001
咸宁市	Xianning City	359.19	81.89	153.67	139.72	123.63	14299
随州市	Suizhou City	310.20	70.54	137.15	122.65	102.51	14074
恩施土家族苗族自治州	Enshi Tujia & Miao A.P	249.18	89.42	64.50	54.06	95.26	7159
仙桃市	Xiantao City	233.50	44.77	108.51	99.51	80.22	18800
天门市	Tianmen City	187.25	44.87	74.06	66.56	68.32	13708
潜江市	Qianjiang City	211.82	35.71	112.71	102.41	63.40	22630
神农架林区	Shennongjia Forest District	7.97	1.20	3.17	2.22	3.60	10624
湖南省	**Hunan**	**11156.64**	**2007.40**	**4933.08**	**4280.16**	**4216.16**	**17521**
长沙市	Changsha City	3000.98	172.38	1567.41	1311.27	1261.19	45765
株洲市	Zhuzhou City	909.57	109.64	497.29	439.65	302.64	24560
湘潭市	Xiangtan City	654.76	92.89	331.45	298.11	230.42	23672
衡阳市	Hengyang City	1000.09	235.75	412.36	381.02	351.98	14858
邵阳市	Shaoyang City	561.57	150.61	182.22	158.12	228.74	8332
岳阳市	Yueyang City	1105.74	190.22	571.80	527.88	343.72	21410
常德市	Changde City	1049.70	239.25	468.16	419.53	342.29	19201
张家界市	Zhangjiajie City	183.98	31.44	42.87	32.42	109.67	12337
益阳市	Yiyang City	511.28	145.00	170.68	149.78	195.60	12223
郴州市	Chenzhou City	734.06	120.47	358.14	332.07	255.45	16668

3-2 续表 6 continued

地 区	Region	地区生产总值 (亿元) Gross Regional Product (100 million yuan)	第一产业 Primary Industry	第二产业 Secondary Industry	#工 业 Industry	第三产业 Tertiary Industry	人均地区生产总值 (元) Per Capita GRP (yuan)
永州市	Yongzhou City	592.69	161.72	181.46	150.69	249.51	11554
怀化市	Huaihua City	503.69	108.38	185.42	167.26	209.89	10950
娄底市	Loudi City	528.40	96.25	266.23	246.13	165.92	13509
湘西土家族苗族自治州	West Hunan Tujia & Miao A.P	226.66	41.57	93.64	80.20	91.45	9081
广东省	**Guangdong**	**35696.46**	**1970.23**	**18402.64**	**17254.04**	**15323.56**	**37589**
广州市	Guangzhou City	8215.82	167.72	3198.96	2956.57	4849.13	81233
韶关市	Shaoguan City	545.87	77.76	262.56	235.55	205.55	18503
深圳市	Shenzhen City	7806.54	6.66	3815.78	3618.32	3984.10	89814
珠海市	Zhuhai City	992.06	29.08	542.49	509.38	420.49	67591
汕头市	Shantou City	974.78	52.84	529.64	491.60	392.30	19384
佛山市	Foshan City	4333.30	95.18	2842.81	2743.06	1395.32	72975
江门市	Jiangmen City	1280.59	103.38	737.49	708.82	439.72	30973
湛江市	Zhanjiang City	1048.66	236.84	490.89	450.73	320.93	15297
茂名市	Maoming City	1217.84	229.50	506.48	455.90	481.86	20013
肇庆市	Zhaoqing City	715.85	162.14	262.81	233.76	290.90	18951
惠州市	Huizhou City	1290.36	90.66	759.45	715.01	440.25	33077
梅州市	Meizhou City	477.88	104.75	202.99	167.18	170.14	11604
汕尾市	Shanwei City	350.23	62.88	162.34	141.75	125.01	12130
河源市	Heyuan City	394.13	52.76	216.57	198.39	124.80	13860
阳江市	Yangjiang City	483.84	115.51	196.16	174.55	172.18	20479
清远市	Qingyuan City	746.62	99.56	429.37	397.22	217.69	20204
东莞市	Dongguan City	3702.53	12.30	1954.17	1871.79	1736.06	53285
中山市	ZhongShan City	1408.52	44.33	850.63	811.89	513.56	56106
潮州市	Chaozhou City	442.76	33.88	251.36	239.16	157.53	17317
揭阳市	Jieyang City	725.03	93.31	406.06	378.94	225.66	12679
云浮市	Yunfu City	319.86	87.48	141.57	128.72	90.80	13439
广西壮族自治区	**Guangxi**	**7171.58**	**1453.90**	**3037.74**	**2627.39**	**2679.94**	**14966**
南宁市	Nanning City	1316.21	203.19	456.12	350.45	656.90	19142
柳州市	Liuzhou City	909.85	86.75	548.96	511.23	274.14	24680
桂林市	Guilin City	883.02	171.51	399.45	350.71	312.06	17435
梧州市	Wuzhou City	400.12	66.45	215.50	190.96	118.17	13115
北海市	Beihai City	313.88	71.74	134.86	120.78	107.28	20093
防城港市	Fangchenggang City	212.18	36.09	105.83	94.39	70.26	25375
钦州市	Qinzhou City	377.42	107.87	150.52	133.04	119.04	11740
贵港市	Guigang City	398.53	96.44	161.53	141.69	140.55	9386
玉林市	Yulin City	605.92	150.53	231.29	202.68	224.10	10770
百色市	Baise City	416.24	88.07	217.61	189.29	110.56	11517
贺州市	Hezhou City	252.84	54.91	132.78	114.48	65.15	12103
河池市	Hechi City	367.31	80.26	166.45	142.63	120.60	9667
来宾市	Laibin City	271.58	76.16	116.03	102.41	79.40	11903
崇左市	Chongzuo City	264.80	80.78	94.32	81.75	89.70	12226
海南省	**Hainan**	**1459.23**	**437.61**	**434.40**	**321.18**	**587.22**	**17175**
海口市	Haikou City	456.97	36.53	118.07	83.94	302.37	29601
三亚市	Sanya City	153.60	32.44	52.68	27.95	68.48	28418
其他	Others	848.66	368.64	263.65	209.29	216.37	

3-2 续表 7 continued

地 区	Region	地区生产总值 (亿元) Gross Regional Product (100 million yuan)	第一产业 Primary Industry	第二产业 Secondary Industry	#工 业 Industry	第三产业 Tertiary Industry	人均地区生产总值 (元) Per Capita GRP (yuan)
重庆市	**Chongqing**	**5096.66**	**575.40**	**2433.27**	**2036.40**	**2087.99**	**18025**
万州区	Wanzhou District	256.06	28.20	126.70	97.05	101.16	16778
涪陵区	Fuling District	253.48	24.93	148.47	132.79	80.07	24851
渝中区	Yuzhong District	326.21		28.33	15.72	297.88	45865
大渡口区	Dadukou District	142.43	1.59	118.30	110.87	22.54	52577
江北区	Jiangbei District	219.13	2.62	102.33	90.42	114.18	32216
沙坪坝区	Shapingba District	271.18	4.27	142.72	130.41	124.18	30250
九龙坡区	Jiulongpo District	431.30	6.26	216.16	195.00	208.88	43680
南岸区	Nanan District	225.80	3.31	151.56	136.43	70.93	32368
北碚区	Beibei District	155.86	8.00	102.50	94.71	45.36	21966
万盛区	Wansheng District	32.36	4.05	15.76	13.64	12.56	12850
双桥区	Shuangqiao District	30.00	0.28	26.38	25.37	3.34	63561
渝北区	Yubei District	301.80	16.46	189.41	165.44	95.94	31986
巴南区	Banan District	175.56	23.10	101.74	86.89	50.72	19877
黔江区	Qianjiang District	60.48	8.78	29.28	25.61	22.42	13873
长寿区	Changshou District	143.82	18.74	82.28	69.88	42.80	18967
江津区	Jiangjin District	219.24	38.10	111.80	97.58	69.34	17263
合川区	Hechuan District	203.47	31.97	91.99	67.04	79.51	15928
永川区	Yongchuan District	192.07	24.52	88.81	75.59	78.74	20718
南川区	Nanchuan District	100.49	18.71	52.18	41.40	29.60	18406
四川省	**Sichuan**	**12506.25**	**2366.15**	**5790.10**	**4922.84**	**4350.00**	**15378**
成都市	Chengdu City	3900.99	270.15	1816.66	1479.41	1814.18	30855
自贡市	Zigong City	486.85	82.11	247.93	229.77	156.81	17348
攀枝花市	Panzhihua City	427.61	19.33	313.53	296.31	94.75	37277
泸州市	Luzhou City	508.42	105.81	247.21	225.41	155.40	11831
德阳市	Deyang City	695.04	129.41	383.47	352.65	182.16	19084
绵阳市	Mianyang City	743.16	158.09	331.59	289.57	253.48	15012
广元市	Guangyuan City	233.56	69.90	80.38	60.98	83.28	8557
遂宁市	Suining City	372.67	102.76	171.95	143.90	97.96	10467
内江市	Neijiang City	488.28	97.84	262.03	239.82	128.41	12309
乐山市	Leshan City	562.39	93.47	329.89	308.81	139.03	16737
南充市	Nanchong City	601.95	171.19	256.17	216.58	174.59	9687
眉山市	Meishan City	412.71	97.71	212.38	184.52	102.62	13691
宜宾市	Yibin City	645.86	124.44	356.66	322.45	164.76	14489
广安市	Guangan City	404.90	100.59	163.90	122.70	140.41	10862
达州市	Dazhou City	603.99	185.01	245.72	205.21	173.26	10580
雅安市	Yaan City	213.22	46.08	107.02	89.50	60.12	14051
巴中市	Bazhong City	213.95	89.23	51.19	28.22	73.53	6806
资阳市	Ziyang City	467.63	132.76	214.85	196.60	120.02	11068
阿坝藏族羌族自治州	Aba Zang & Qiang A.P	75.63	20.20	22.89	13.04	32.54	8459
甘孜藏族自治州	Ganzi Zang A.P	94.01	23.66	34.64	22.14	35.71	9640
凉山彝族自治州	Liangshan Yi A.P	561.07	157.63	246.12	198.56	157.32	12896
贵州省	**Guizhou**	**3333.40**	**547.85**	**1408.71**	**1242.56**	**1376.84**	**8824**
贵阳市	Guiyang City	811.05	47.21	380.95	300.15	382.89	20638
六盘水市	Liupanshui City	384.27	23.71	242.30	226.00	118.26	12944
遵义市	Zunyi City	655.73	117.44	313.13	280.68	225.16	9597
安顺市	Anshun City	168.99	36.58	65.23	52.87	67.19	6617
铜仁地区	Tongren Prefecture	216.42	79.91	61.24	43.76	75.27	5842
黔西南布依族苗族自治州	Southwest Guizhou Buyi & Miao A.P	200.31	45.55	86.78	79.73	67.98	6314

3-2 续表 8 continued

地区	Region	地区生产总值 (亿元) Gross Regional Product (100 million yuan)	第一产业 Primary Industry	第二产业 Secondary Industry	#工业 Industry	第三产业 Tertiary Industry	人均地区生产总值(元) Per Capita GRP (yuan)
毕节地区	Bijie Prefecture	402.98	106.07	167.22	144.70	129.70	5761
黔东南苗族侗族自治州	Southeast Guizhou Miao & Dong A.P	228.00	63.67	71.53	54.17	92.80	5691
黔南布依族苗族自治州	South Guizhou Buyi & Miao A.P	265.59	66.64	118.69	84.84	80.26	7109
云南省	**Yunnan**	**5700.10**	**1020.94**	**2451.09**	**2056.95**	**2228.07**	**12587**
昆明市	Kunming City	1605.39	104.90	740.26	595.26	760.23	25826
曲靖市	Qujing City	787.57	151.50	423.72	384.55	212.35	13684
玉溪市	Yuxi City	596.10	64.55	370.29	352.41	161.26	26260
保山市	Baoshan City	194.05	61.72	55.37	41.09	76.95	7898
昭通市	Zhaotong City	272.28	66.78	116.82	87.97	88.68	5162
丽江市	Lijiang City	101.15	20.87	35.21	20.10	45.06	8301
普洱市	Puer City	179.86	57.35	57.52	37.95	64.98	6975
临沧市	Lincang City	156.87	56.97	51.40	36.89	48.50	6605
楚雄彝族自治州	Chuxiong Yi A.P	306.02	74.28	127.78	107.82	103.96	11389
红河哈尼族彝族自治州	Honghe Hani & Yi A.P	514.70	96.36	273.99	239.12	144.35	11718
文山壮族苗族自治州	Wenshan Zhuang & Miao A.P	244.51	64.20	86.47	64.40	93.84	7151
西双版纳傣族自治州	Xishuangbanna Dai A.P	122.78	36.82	36.40	25.35	49.56	11504
大理白族自治州	Dali Bai A.P	371.70	97.00	136.54	112.26	138.16	10661
德宏傣族景颇族自治州	Dehong Dai & Jingpo A.P	99.67	29.52	28.06	21.32	42.08	8438
怒江傈僳族自治州	Nujiang Lisu A.P	43.67	5.90	20.40	16.80	17.50	8221
迪庆藏族自治州	Diqing Zang A.P	55.68	6.51	22.82	15.07	26.35	14817
西藏自治区	**Tibet A.R.**	**395.91**	**60.51**	**115.76**	**29.68**	**219.64**	**13861**
拉萨市	Lhasa City	142.05	8.12	40.98	15.87	92.95	
昌都地区	Qamdu Prefecture	51.37	13.33	17.19	2.83	20.85	
山南地区	Lhokha Prefecture	39.89	3.26	16.87	5.91	19.77	
日喀则地区	Xigaze Prefecture	67.27	18.51	16.46	2.65	32.30	
那曲地区	Narqu Prefecture	42.19	8.73	10.21	0.99	23.25	
阿里地区	Ngri Prefecture	15.13	3.28	3.57	1.12	8.28	
林芝地区	Nyingchi Prefecture	38.99	5.28	13.28	3.10	20.43	
其他	Others						
陕西省	**Shaanxi**	**6851.32**	**753.72**	**3842.08**	**3293.95**	**2255.52**	**18246**
西安市	Xi'an City	2190.04	103.45	987.70	742.65	1098.89	26259
铜川市	Tongchuan City	128.65	9.68	77.00	68.43	41.97	15362
宝鸡市	Baoji City	714.07	78.30	430.62	351.53	205.15	18992
咸阳市	Xianyang City	764.56	148.97	376.57	321.51	239.02	15286
渭南市	Weinan City	517.31	96.26	243.46	212.50	177.59	9535
延安市	Yan'an City	713.27	52.15	575.61	560.96	85.51	33332
汉中市	Hanzhong City	352.61	87.64	136.02	100.32	128.95	10049
榆林市	Yulin City	1008.26	66.11	793.03	777.51	149.12	30243
安康市	Ankang City	233.67	63.79	76.02	51.54	93.86	8802
商洛市	Shangluo City	174.04	44.58	67.88	33.21	61.58	7291
其他	Others	32.13	2.78	16.37	12.21	12.98	19999
甘肃省	**Gansu**	**3176.11**	**462.27**	**1471.43**	**1221.66**	**1242.41**	**12110**
兰州市	Lanzhou City	846.28	28.10	398.25	318.93	419.93	25628
嘉峪关市	Jiayuguan City	144.10	1.69	118.28	115.28	24.14	69414
金昌市	Jinchang City	194.43	9.63	157.52	147.78	27.27	41231

3-2 续表 9 continued

地 区	Region	地区生产总值 (亿元) Gross Regional Product (100 million yuan)	第一产业 Primary Industry	第二产业 Secondary Industry	#工 业 Industry	第三产业 Tertiary Industry	人均地区生产总值 (元) Per Capita GRP (yuan)
白银市	Baiyin City	244.28	30.30	137.77	120.73	76.22	13954
天水市	Tianshui City	226.57	42.29	83.41	61.21	100.86	6626
武威市	Wuwei City	210.11	49.06	77.34	57.10	83.71	11021
张掖市	Zhangye City	169.86	49.23	65.03	50.58	55.60	13285
平凉市	Pingliang City	175.06	39.00	76.04	65.60	60.01	7982
酒泉市	Jiuquan City	248.02	43.16	121.65	100.15	83.21	24479
庆阳市	Qingyang City	248.50	38.66	150.47	140.86	59.37	9872
定西市	Dingxi City	105.64	38.17	24.19	16.68	43.28	3602
陇南市	Longnan City	121.60	35.59	32.12	25.85	53.90	4396
临夏回族自治州	Linxia Hui A.P	78.59	18.68	23.67	17.71	36.24	3971
甘南藏族自治州	Gannan Zang A.P	43.37	12.84	10.85	10.01	19.68	6376
青海省	**Qinghai**	**961.52**	**105.57**	**529.40**	**442.85**	**326.55**	**17389**
西宁市	Xining City	422.19	19.21	227.39	193.75	175.59	19494
海东地区	Haidong Prefecture	122.36	24.41	45.56	34.06	52.39	7750
海北藏族自治州	Haibei Zang A.P	38.19	8.89	16.79	10.29	12.51	13762
黄南藏族自治州	Huangnan Zang AP	33.95	10.56	13.60	11.19	9.79	14937
海南藏族自治州	Hainan Zang A.P	51.60	15.26	21.67	11.32	14.67	11923
果洛藏族自治州	Golog Zang A.P	12.66	3.78	3.50	2.08	5.38	7200
玉树藏族自治州	Yushu Zang A.P	24.51	16.43	3.31	0.40	4.77	7391
海西蒙古族藏族自治州	Haixi Mongolian & Zang A.P	273.11	7.03	217.68	201.18	48.40	62583
宁夏回族自治区	**Ningxia**	**1098.51**	**120.11**	**581.24**	**490.14**	**397.16**	**17892**
银川市	Yinchuan City	514.11	30.23	250.71	211.46	233.17	31436
石嘴山市	Shizuishan City	236.44	13.67	171.21	162.33	51.56	31951
吴忠市	Wuzhong City	172.99	28.06	95.19	81.95	49.74	12982
固原市	Guyuan City	75.79	21.19	15.89	9.52	38.71	5156
中卫市	Zhongwei City	119.10	25.29	49.43	38.38	44.38	10498
新疆维吾尔自治区	**Xinjiang**	**4203.41**	**691.10**	**2086.74**	**1790.70**	**1425.57**	**19893**
乌鲁木齐市	Urumqi City	1020.35	17.90	425.53	355.34	576.92	37343
克拉玛依市	Karamay City	661.21	2.99	601.51	586.67	56.70	100216
吐鲁番地区	Turpan Prefecture	201.23	18.69	138.21	124.11	44.33	33332
哈密地区	Hami Prefecture	126.90	17.67	58.66	48.80	50.57	22887
昌吉回族自治州	Changji Hui A.P	388.15	116.78	154.51	121.53	116.86	25411
博尔塔拉蒙古自治州	Bortala Mongolian A.P	88.22	25.64	13.67	8.25	48.91	18573
巴音郭楞蒙古自治州	Bayingolin Mongolian A.P	585.76	72.30	415.84	373.67	97.61	45669
阿克苏地区	Aksu Prefecture	273.12	93.86	72.02	47.25	107.25	11413
克孜勒苏柯尔克孜自治州	Kizilsu Kirgiz A.P	64.39	32.15	16.52	11.73	15.72	5350
喀什地区	Kashi Prefecture	249.07	103.58	42.92	25.46	102.57	6376
和田地区	Hotan Prefecture	74.52	28.96	12.09	4.23	33.48	3928
伊犁哈萨克自治州	Ili Kazak A.P	291.23	67.77	106.30	86.54	117.16	11464
塔城地区	Tacheng Prefecture	261.21	87.80	91.92	70.74	81.49	19587
阿勒泰地区	Altay Prefecture	117.65	24.84	56.54	44.64	36.26	20379
石河子市	Shihezi City	90.97	6.04	42.99	35.49	41.94	42728
阿拉尔市	Alar City						
图木舒克市	Tumxuk City						
五家渠市	Wujiaqu City						
生产建设兵团	Corps						

3-3 地区生产总值指数(2008年)

Indices of Gross Regional Product(2008)

地区	Region	地区生产总值指数(上年=100) Indices of Gross Regional Product (last year=100)	第一产业 Primary Industry	第二产业 Secondary Industry	#工业 Industry	第三产业 Tertiary Industry	人均地区生产总值指数(上年=100) Indices of Per Capita GRP (last year=100)
北京市	**Beijing**	**109.0**	**101.1**	**102.4**	**102.2**	**111.7**	**105.2**
东城区	Dongcheng District						
西城区	Xicheng District						
崇文区	Chongwen District						
宣武区	Xuanwu District						
朝阳区	Chaoyang District						
丰台区	Fengtai District						
石景山区	Shijingshan District						
海淀区	Haidian District						
门头沟区	Mentougou District						
房山区	Fangshan District						
通州区	Tongzhou District						
顺义区	Shunyi District						
昌平区	Changping District						
大兴区	Daxing District						
怀柔区	Huairou District						
平谷区	Pinggu District						
密云县	Miyun County						
延庆县	Yanqing County						
北京经济技术开发区	Beijing Economic-technological Development Zones						
远洋捕捞	Deep-sea Fishing						
其他	Others						
天津市	**Tianjin**	**116.5**	**103.1**	**118.2**	**118.9**	**114.7**	**113.2**
和平区	Heping District						
河东区	Hedong District						
河西区	Hexi District						
南开区	Nankai District						
河北区	Hebei District						
红桥区	Hongqiao District						
塘沽区	Tanggu District						
汉沽区	Hangu District						
大港区	Dagang District						
东丽区	Dongli District						
西青区	Xiqing District						
津南区	Jinnan District						
北辰区	Beichen District						
武清区	Wuqing District						
宝坻区	Baodi District						
宁河县	Ninghe County						
静海县	Jinghai County						
蓟县	Ji County						
天津经济技术开发区	Tianjin Economic-technological Development Area						
天津港保税区	Tianjin Port Free Trade Zone						
天津滨海高新区	Tianjin Hi-Tech Industrial Park						
其他	Others						

3-3 续表 1 continued

地 区	Region	地区生产总值指数(上年=100) Indices of Gross Regional Product (last year=100)	第一产业 Primary Industry	第二产业 Secondary Industry	#工 业 Industry	第三产业 Tertiary Industry	人均地区生产总值指 数(上年=100) Indices of Per Capita GRP (last year=100)
河北省	**Hebei**	**110.1**	**104.9**	**110.5**	**111.2**	**111.1**	**109.3**
石家庄市	Shijiazhuang City	111.0	104.0	110.8	111.4	112.9	110.1
唐山市	Tangshan City	113.1	107.0	112.9	112.5	115.3	112.0
秦皇岛市	Qinhuangdao City	112.0	109.1	110.5	111.9	113.7	111.0
邯郸市	Handan City	111.1	105.1	110.4	111.9	114.0	110.4
邢台市	Xingtai City	110.1	104.0	108.8	109.1	116.2	109.0
保定市	Baoding City	111.7	106.5	110.9	112.6	115.0	111.0
张家口市	Zhangjiakou City	111.9	120.3	109.0	108.0	112.3	111.5
承德市	Chengde City	113.0	112.4	113.0	113.4	113.2	112.0
沧州市	Cangzhou City	113.0	111.4	110.3	110.7	117.5	112.0
廊坊市	Langfang City	111.8	104.2	110.4	111.9	117.2	110.0
衡水市	Hengshui City	109.1	104.9	109.6	110.3	110.0	108.0
其他	Others						
山西省	**Shanxi**	**108.1**	**102.5**	**107.4**	**108.3**	**110.6**	**107.6**
太原市	Taiyuan City	108.1	101.7	103.1	102.6	113.2	107.6
大同市	Datong City	106.8	138.6	101.7	101.3	109.8	106.2
阳泉市	Yangquan City	109.5	120.0	109.3	109.2	109.3	109.0
长治市	Changzhi City	110.2	104.0	110.1	110.6	111.5	109.7
晋城市	Jincheng City	110.1	103.0	108.7	109.3	113.7	109.6
朔州市	Shuozhou City	111.5	102.7	112.8	113.3	111.2	110.9
晋中市	Jinzhong City	109.3	100.5	110.3	111.1	109.8	108.8
运城市	Yuncheng City	108.0	120.6	103.9	103.9	110.9	106.4
忻州市	Xinzhou City	107.6	105.6	108.8	109.1	106.8	107.0
临汾市	Linfen City	104.2	100.6	100.9	100.2	112.5	103.6
吕梁市	Luliang City	110.9	102.8	110.2	111.0	114.1	110.2
其他	Others						
内蒙古自治区	**Inner Mongolia**	**117.2**	**107.5**	**120.5**	**123.1**	**115.5**	**116.7**
呼和浩特市	Hohhot City	113.6	107.8	112.2	111.7	115.1	112.2
包头市	Baotou City	119.6	107.5	122.4	123.5	117.0	117.8
呼伦贝尔市	Hulunbuir City	115.0	108.9	119.6	121.0	114.8	115.0
兴安盟	Xingan League	113.7	108.9	122.0	119.7	111.7	113.6
通辽市	Tongliao City	118.9	108.1	126.1	129.2	117.6	118.9
赤峰市	Chifeng City	118.3	108.8	125.3	126.2	115.6	118.8
锡林郭勒盟	Xilingol League	120.8	108.8	126.3	128.6	116.2	119.6
乌兰察布市	Ulanqab City	113.6	109.0	114.2	118.6	114.9	113.2
鄂尔多斯市	Erdos City	122.9	108.3	121.9	127.2	125.8	119.9
巴彦淖尔市	Bayannur City	117.8	108.6	124.2	128.6	115.3	117.8
乌海市	Wuhai City	114.1	107.5	111.0	110.3	119.9	112.6
阿拉善盟	Alxa League	125.3	108.5	126.1	131.0	125.8	126.4
其他	Others						
辽宁省	**Liaoning**	**113.1**	**106.3**	**115.5**	**116.8**	**111.2**	**112.5**
沈阳市	Shenyang City	116.3	108.0	118.4	119.7	115.0	115.5
大连市	Dalian City	116.5	108.1	119.6	121.9	114.4	115.7
鞍山市	Anshan City	116.6	108.3	115.2	115.8	119.8	116.3
抚顺市	Fushun City	116.0	107.6	118.6	120.0	113.6	116.2
本溪市	Benxi City	115.0	107.0	115.1	115.1	116.3	115.1
丹东市	Dandong City	116.1	108.0	120.7	123.4	113.7	116.1
锦州市	Jinzhou City	115.0	107.8	115.1	114.7	118.1	114.8
营口市	Yingkou City	120.3	107.0	123.9	124.8	117.8	119.6

地 区	Region	地区生产总值指数(上年=100) Indices of Gross Regional Product (last year=100)	第一产业 Primary Industry	第二产业 Secondary Industry	#工 业 Industry	第三产业 Tertiary Industry	人均地区生产总值指数(上年=100) Indices of Per Capita GRP (last year=100)
阜新市	Fuxin City	113.3	112.5	113.4	115.7	113.6	113.4
辽阳市	Liaoyang City	116.0	109.0	114.0	115.3	121.7	116.2
盘锦市	Panjin City	111.0	107.6	110.9	110.8	113.2	109.9
铁岭市	Tieling City	120.0	106.8	127.2	128.4	118.1	119.7
朝阳市	Chaoyang City	120.0	108.8	123.0	123.9	123.3	119.8
葫芦岛市	Huludao City	114.0	107.0	111.6	112.1	119.4	110.7
其他	Others						
吉林省	**Jilin**	**116.0**	**109.5**	**117.2**	**118.0**	**116.7**	**115.7**
长春市	Changchun City	116.5	112.0	116.5	115.3	117.3	115.4
吉林市	Jilin City	120.7	115.2	116.8	116.9	127.0	120.7
四平市	Siping City	119.4	114.4	125.3	125.6	118.9	118.2
辽源市	Liaoyuan City	121.2	104.6	126.1	128.0	120.8	122.0
通化市	Tonghua City	122.1	110.4	124.4	122.5	122.9	122.3
白山市	Baishan City	119.9	106.2	118.6	118.7	127.7	120.2
松原市	Songyuan City	120.9	117.8	118.2	119.1	128.3	119.4
白城市	Baicheng City	120.2	106.1	123.9	124.8	124.3	120.0
延边朝鲜族自治州	Yanbian Korean A.P	118.0	107.2	120.8	118.4	118.2	117.8
其他	Others						
黑龙江省	**Heilongjiang**	**111.8**	**108.2**	**112.1**	**112.6**	**112.4**	**111.7**
哈尔滨市	Harbin City	113.2	106.9	114.5	114.5	113.9	112.6
齐齐哈尔市	Qiqihar City	114.8	122.5	116.9	118.2	109.8	114.2
鸡西市	Jixi City	112.3	107.0	114.5	115.5	114.4	112.3
鹤岗市	Hegang City	112.3	112.8	115.0	115.8	108.6	112.2
双鸭山市	Shuangyashan City	115.2	116.9	118.3	121.8	109.0	115.0
大庆市	Daqing City	112.3	109.0	111.8	111.8	116.9	110.7
伊春市	Yichun City	112.4	113.3	111.3	112.2	113.1	112.5
佳木斯市	Jiamusi City	115.9	118.8	115.3	116.2	114.5	115.1
七台河市	Qitaihe City	126.1	110.0	139.9	141.0	112.4	125.6
牡丹江市	Mudanjiang City	114.0	119.9	115.9	115.6	111.0	112.9
黑河市	Heihe City	115.2	120.4	116.3	123.8	110.5	115.0
绥化市	Suihua City	114.9	113.9	115.8	117.5	115.2	113.4
大兴安岭地区	Daxing'anling Prefecture	112.1	114.4	117.9	117.8	108.1	112.5
农垦总局	Agriculture Reclamation Bureau						
其他	Others						
上海市	**Shanghai**	**109.7**	**100.7**	**108.2**	**108.4**	**111.3**	**107.6**
黄浦区	Huangpu District						
卢湾区	Luwan District						
徐汇区	Xuhui District						
长宁区	Changning District						
静安区	Jingan District						
普陀区	Putuo District						
闸北区	Zhabei District						
虹口区	Hongkou District						
杨浦区	Yangpu District						
闵行区	Minhang District						
宝山区	Baoshan District						
嘉定区	Jiading District						

3-3 续表 3 continued

地 区	Region	地区生产总值指数(上年=100) Indices of Gross Regional Product (last year=100)	第一产业 Primary Industry	第二产业 Secondary Industry	#工 业 Industry	第三产业 Tertiary Industry	人均地区生产总值指 数(上年=100) Indices of Per Capita GRP (last year=100)
浦东新区	Pudong New District						
金山区	Jinshan District						
松江区	Songjiang District						
青浦区	Qingpu District						
南汇区	Nanhui District						
奉贤区	Fengxian District						
崇明县	Chongming County						
其他	Others						
江苏省	**Jiangsu**	**112.3**	**104.0**	**112.9**	**113.5**	**112.7**	**111.5**
南京市	Nanjing City	112.1	101.3	109.6	109.9	115.3	109.1
无锡市	Wuxi City	112.4	103.8	111.7	112.1	113.8	109.9
徐州市	Xuzhou City	113.5	105.2	114.0	115.0	115.5	114.0
常州市	Changzhou City	112.4	103.8	112.1	112.6	113.7	110.4
苏州市	Suzhou City	112.5	102.4	111.6	112.1	115.0	106.1
南通市	Nantong City	113.3	104.1	113.7	115.1	115.0	114.1
连云港市	Lianyungang City	113.1	105.8	114.5	116.3	114.9	113.8
淮安市	Huaian City	113.4	105.0	115.0	117.3	115.6	114.6
盐城市	Yancheng City	113.2	104.3	115.8	117.6	114.4	114.4
扬州市	Yangzhou City	113.4	105.0	113.8	114.8	114.5	113.2
镇江市	Zhenjiang City	112.8	105.1	112.3	113.2	114.5	112.0
泰州市	Taizhou City	113.5	104.5	114.0	116.0	115.3	113.5
宿迁市	Suqian City	113.3	106.0	116.4	116.8	114.2	114.9
浙江省	**Zhejiang**	**110.1**	**103.9**	**109.4**	**110.1**	**111.8**	**108.6**
杭州市	Hangzhou City	111.0	103.6	109.0	109.0	113.8	109.4
宁波市	Ningbo City	110.1	104.1	110.0	110.4	111.0	109.4
温州市	Wenzhou City	108.5	103.6	106.2	107.0	111.7	107.2
嘉兴市	Jiaxing City	110.7	102.3	110.5	111.0	112.5	108.7
湖州市	Huzhou City	110.6	104.1	110.7	111.4	111.8	109.4
绍兴市	Shaoxing City	109.0	103.0	108.9	109.9	110.1	107.4
金华市	Jinhua City	110.6	105.2	110.0	110.5	112.1	108.8
衢州市	Quzhou City	113.0	108.0	115.2	117.0	111.6	112.5
舟山市	Zhoushan City	114.5	101.1	119.5	122.4	112.8	131.1
台州市	Taizhou City	109.6	102.4	108.3	109.1	112.4	109.2
丽水市	Lishui City	111.8	104.7	115.5	119.8	109.5	111.2
安徽省	**Anhui**	**112.7**	**106.2**	**116.4**	**118.3**	**111.0**	**112.5**
合肥市	Hefei City	117.2	107.3	121.6	122.7	113.3	115.1
芜湖市	Wuhu City	115.8	105.1	118.6	119.7	113.1	114.5
蚌埠市	Bengbu City	111.0	108.0	112.9	114.1	110.4	110.1
淮南市	Huainan City	115.4	107.4	121.1	125.5	108.4	114.7
马鞍山市	Maanshan City	115.5	105.7	119.3	120.3	108.1	114.8
淮北市	Huaibei City	114.4	107.2	117.9	119.4	110.4	114.4
铜陵市	Tongling City	113.2	105.5	114.3	115.3	111.7	111.6
安庆市	Anqing City	112.2	106.1	115.2	117.5	111.7	112.4
黄山市	Huangshan City	112.0	106.2	117.5	123.2	109.4	111.7
滁州市	Chuzhou City	111.3	106.5	115.1	116.6	109.7	119.0
阜阳市	Fuyang City	112.0	108.7	116.2	119.2	110.7	112.3
宿州市	Suzhou City	114.1	105.2	126.2	128.9	112.4	114.5

3-3 续表 4 continued

地区	Region	地区生产总值指数(上年=100) Indices of Gross Regional Product (last year=100)	第一产业 Primary Industry	第二产业 Secondary Industry	#工业 Industry	第三产业 Tertiary Industry	人均地区生产总值指数(上年=100) Indices of Per Capita GRP (last year=100)
巢湖市	Chaohu City	113.2	106.7	119.1	122.5	110.0	113.2
六安市	Liuan City	113.8	107.9	119.3	123.3	111.7	121.4
亳州市	Bozhou City	111.8	108.2	116.3	120.5	111.1	111.3
池州市	Chizhou City	116.0	107.8	125.1	132.7	111.5	116.1
宣城市	Xuancheng City	113.0	107.2	118.9	123.4	110.1	113.0
其他	Others						
福建省	**Fujian**	**113.0**	**104.8**	**115.2**	**115.2**	**112.1**	**112.2**
福州市	Fuzhou City	113.0	104.8	115.8	115.8	111.7	112.0
厦门市	Xiamen City	111.1	104.4	112.0	111.9	110.1	108.4
莆田市	Putian City	115.0	104.7	118.9	119.1	111.9	114.6
三明市	Sanming City	114.2	105.8	122.5	123.5	109.0	114.4
泉州市	Quanzhou City	114.1	101.0	114.7	114.8	114.8	113.4
漳州市	Zhangzhou City	113.6	105.1	117.7	117.9	113.3	113.0
南平市	Nanping City	114.1	106.6	118.0	118.1	114.6	113.8
龙岩市	Longyan City	114.5	104.1	116.9	116.8	115.9	114.0
宁德市	Ningde City	114.6	106.5	120.3	121.1	112.7	114.7
江西省	**Jiangxi**	**112.6**	**104.8**	**116.6**	**119.8**	**110.1**	**111.8**
南昌市	Nanchang City	115.0	105.6	118.7	125.5	111.3	114.1
景德镇市	Jingdezhen City	115.3	106.2	120.5	123.3	109.2	114.6
萍乡市	Pingxiang City	115.1	107.5	117.8	118.3	112.3	114.4
九江市	Jiujiang City	112.5	103.2	115.5	117.2	111.6	111.7
新余市	Xinyu City	117.1	105.8	120.3	122.2	114.6	116.4
鹰潭市	Yingtan City	114.2	107.8	115.2	115.3	114.8	113.0
赣州市	Ganzhou City	113.2	104.6	119.4	122.5	111.7	112.3
吉安市	Jian City	115.2	108.2	124.5	131.5	108.4	114.4
宜春市	Yichun City	113.8	106.7	119.4	122.4	110.1	112.6
抚州市	Fuzhou City	114.2	109.3	124.1	119.4	103.1	113.6
上饶市	Shangrao City	113.5	105.6	119.2	121.1	110.1	112.7
山东省	**Shandong**	**112.1**	**105.1**	**112.1**	**112.6**	**114.0**	**111.4**
济南市	Jinan City	113.0	105.0	110.1	110.7	116.8	111.8
青岛市	Qingdao City	113.2	101.4	111.1	112.1	117.1	112.1
淄博市	Zibo City	113.0	107.2	112.6	112.7	114.6	112.4
枣庄市	Zaozhuang City	113.1	101.7	113.0	113.4	116.8	112.7
东营市	Dongying City	113.7	105.0	113.2	113.5	117.2	112.7
烟台市	Yantai City	113.6	102.0	113.6	114.2	116.5	113.1
潍坊市	Weifang City	113.2	105.7	112.6	112.8	116.8	112.4
济宁市	Jining City	113.1	103.7	114.8	115.3	113.5	112.4
泰安市	Taian City	113.4	102.6	112.5	114.1	118.4	112.9
威海市	Weihai City	112.1	104.1	111.0	110.0	116.5	111.8
日照市	Rizhao City	115.1	105.7	117.5	117.8	115.1	114.5
莱芜市	Laiwu City	112.3	103.1	111.7	111.9	115.6	111.8
临沂市	Linyi City	113.2	103.7	113.8	114.3	115.3	112.9
德州市	Dezhou City	113.0	101.3	111.9	113.0	119.9	112.2
聊城市	Liaocheng City	113.0	104.3	114.1	114.7	115.5	112.3
滨州市	Binzhou City	113.1	102.9	112.3	112.4	118.8	112.6
菏泽市	Heze City	115.6	103.1	120.0	120.8	120.3	115.1

3-3 续表 5 continued

地 区	Region	地区生产总值指数(上年=100) Indices of Gross Regional Product (last year=100)	第一产业 Primary Industry	第二产业 Secondary Industry	#工 业 Industry	第三产业 Tertiary Industry	人均地区生产总值指数(上年=100) Indices of Per Capita GRP (last year=100)
河南省	**Henan**	**112.1**	**105.5**	**114.9**	**115.6**	**110.2**	**111.9**
郑州市	Zhengzhou City	112.2	105.6	114.8	115.6	109.2	110.7
开封市	Kaifeng City	113.1	105.6	114.3	115.0	117.5	113.1
洛阳市	Luoyang City	114.4	105.8	115.7	116.6	113.9	113.9
平顶山市	Pingdingshan City	113.6	105.6	115.1	115.6	113.0	113.2
安阳市	Anyang City	113.1	105.7	114.9	115.7	112.5	113.2
鹤壁市	Hebi City	113.5	104.0	117.1	117.5	108.2	114.1
新乡市	Xinxiang City	113.9	105.3	117.3	118.9	111.7	114.2
焦作市	Jiaozuo City	112.6	105.2	115.2	115.8	108.1	112.4
濮阳市	Puyang City	113.0	105.6	115.3	116.4	109.8	113.6
许昌市	Xuchang City	112.6	104.2	114.9	115.3	110.5	112.2
漯河市	Luohe City	113.4	106.6	116.9	117.4	105.1	113.8
三门峡市	Sanmenxia City	115.1	106.7	116.7	117.1	113.7	116.0
南阳市	Nanyang City	112.1	105.7	113.6	114.3	114.5	111.7
商丘市	Shangqiu City	111.4	105.7	114.6	115.8	112.2	110.6
信阳市	Xinyang City	112.2	106.1	114.7	116.3	114.1	111.7
周口市	Zhoukou City	112.3	105.7	114.3	115.2	116.2	112.1
驻马店市	Zhumadian City	111.8	106.2	113.7	114.2	114.4	112.4
其他	Others	114.8	106.1	116.9	117.5	110.8	114.0
湖北省	**Hubei**	**113.4**	**106.0**	**116.6**	**117.7**	**112.4**	**114.9**
武汉市	Wuhan City	115.1	103.0	117.7	118.2	113.5	112.3
黄石市	Huangshi City	111.6	103.3	111.4	110.0	113.5	119.1
十堰市	Shiyan City	110.7	106.3	106.8	107.5	116.3	110.0
宜昌市	Yichang City	114.6	105.0	119.0	120.3	111.3	114.6
襄樊市	Xiangfan City	114.5	105.5	117.3	118.3	115.8	114.5
鄂州市	Ezhou City	115.8	106.4	121.5	122.4	110.6	129.1
荆门市	Jingmen City	114.0	106.4	120.5	120.7	111.8	113.9
孝感市	Xiaogan City	114.7	105.0	119.6	122.1	115.4	114.4
荆州市	Jingzhou City	112.6	108.4	116.8	120.7	112.0	119.4
黄冈市	Huanggang City	115.0	107.1	120.0	126.2	116.8	126.9
咸宁市	Xianning City	116.1	102.1	120.1	122.5	120.1	115.8
随州市	Suizhou City	114.0	105.7	114.5	116.6	119.7	112.7
恩施土家族苗族自治州	Enshi Tujia & Miao A.P	111.5	104.5	122.0	127.4	112.2	111.6
仙桃市	Xiantao City	115.4	105.0	118.4	120.0	117.9	126.8
天门市	Tianmen City	114.6	102.1	123.1	122.2	113.8	124.5
潜江市	Qianjiang City	115.3	104.5	119.2	120.1	114.3	115.6
神农架林区	Shennongjia Forest District	108.0	101.1	111.0	117.7	108.0	106.6
湖南省	**Hunan**	**112.8**	**105.3**	**114.9**	**116.0**	**113.3**	**112.5**
长沙市	Changsha City	115.1	106.8	116.8	119.2	114.3	114.0
株洲市	Zhuzhou City	113.4	106.1	115.1	116.7	113.0	112.8
湘潭市	Xiangtan City	113.8	105.2	116.2	118.4	113.7	113.1
衡阳市	Hengyang City	112.0	105.3	114.5	115.8	112.6	111.7
邵阳市	Shaoyang City	111.1	106.2	114.3	115.9	111.6	110.9
岳阳市	Yueyang City	114.0	105.5	117.4	118.4	113.2	113.5
常德市	Changde City	113.2	106.1	117.3	119.7	112.8	112.5
张家界市	Zhangjiajie City	113.2	105.8	108.4	113.3	116.8	112.6
益阳市	Yiyang City	113.3	108.2	118.7	120.6	112.2	112.9
郴州市	Chenzhou City	107.0	106.3	104.1	104.1	111.0	106.4

3-3 续表 6 continued

地 区	Region	地区生产总值指数(上年=100) Indices of Gross Regional Product (last year=100)	第一产业 Primary Industry	第二产业 Secondary Industry	#工 业 Industry	第三产业 Tertiary Industry	人均地区生产总值指数(上年=100) Indices of Per Capita GRP (last year=100)
永州市	Yongzhou City	113.3	106.4	115.9	118.5	115.0	113.1
怀化市	Huaihua City	113.0	105.6	117.4	119.5	113.1	111.8
娄底市	Loudi City	111.0	105.7	112.8	113.6	110.5	110.3
湘西土家族苗族自治州	West Hunan Tujia & Miao A.P	108.2	105.0	107.8	108.4	109.9	107.8
广东省	**Guangdong**	**110.1**	**103.7**	**111.4**	**112.3**	**109.1**	**108.7**
广州市	Guangzhou City	112.3	101.8	110.9	111.7	113.6	109.9
韶关市	Shaoguan City	110.6	105.6	110.0	110.3	113.1	110.3
深圳市	Shenzhen City	112.1	86.6	111.9	112.4	112.5	110.2
珠海市	Zhuhai City	109.0	101.4	108.4	108.9	110.2	107.8
汕头市	Shantou City	110.5	102.0	113.9	115.3	107.4	109.6
佛山市	Foshan City	115.2	101.5	117.4	118.1	111.8	114.3
江门市	Jiangmen City	110.8	101.1	114.6	115.5	107.0	110.4
湛江市	Zhanjiang City	110.0	105.4	110.5	110.0	112.5	108.4
茂名市	Maoming City	109.8	103.6	107.1	108.4	115.0	108.1
肇庆市	Zhaoqing City	114.2	105.1	124.1	126.8	111.4	112.7
惠州市	Huizhou City	111.5	104.3	111.5	112.0	112.8	109.1
梅州市	Meizhou City	110.2	106.1	108.2	109.5	114.7	110.1
汕尾市	Shanwei City	115.8	105.9	118.1	119.2	117.5	113.9
河源市	Heyuan City	110.6	105.4	112.8	115.5	109.1	108.9
阳江市	Yangjiang City	111.5	103.0	115.0	116.3	113.4	110.7
清远市	Qingyuan City	118.4	106.5	125.9	127.6	110.8	116.5
东莞市	Dongguan City	114.0	96.8	106.9	107.1	123.8	112.4
中山市	ZhongShan City	110.5	103.9	109.5	110.1	112.7	110.1
潮州市	Chaozhou City	112.0	102.8	111.7	112.4	114.3	111.2
揭阳市	Jieyang City	116.0	104.8	120.9	122.2	112.0	114.9
云浮市	Yunfu City	110.2	107.1	110.4	110.9	112.6	109.1
广西壮族自治区	**Guangxi**	**112.8**	**105.1**	**117.4**	**118.6**	**111.7**	**111.7**
南宁市	Nanning City	100.0	114.5	105.3	114.8	116.9	112.8
柳州市	Liuzhou City	114.0	105.1	118.6	119.2	109.0	113.1
桂林市	Guilin City	112.9	106.0	117.7	119.0	111.0	111.9
梧州市	Wuzhou City	114.9	104.1	123.6	124.9	107.0	114.0
北海市	Beihai City	116.9	103.7	126.6	127.1	113.8	115.4
防城港市	Fangchenggang City	120.1	104.8	123.7	123.7	124.8	118.4
钦州市	Qinzhou City	115.6	103.4	120.1	119.1	122.8	114.4
贵港市	Guigang City	111.4	105.2	114.7	115.3	111.9	110.3
玉林市	Yulin City	112.9	105.8	115.2	115.2	115.2	111.8
百色市	Baise City	113.4	103.2	120.2	123.7	109.7	112.4
贺州市	Hezhou City	106.4	103.9	106.1	106.0	108.8	105.4
河池市	Hechi City	113.0	103.8	117.3	121.2	114.3	119.9
来宾市	Laibin City	112.8	105.0	115.8	113.0	112.8	111.8
崇左市	Chongzuo City	111.8	105.7	119.0	120.2	110.2	110.5
海南省	**Hainan**	**109.8**	**107.7**	**107.0**	**105.8**	**113.3**	**108.7**
海口市	Haikou City	110.3	108.5	101.2	98.6	114.5	108.5
三亚市	Sanya City	116.8	111.5	109.1	116.6	123.6	114.5
其他	Others						

3-3 续表 7 continued

地　区	Region	地区生产总值指数(上年=100) Indices of Gross Regional Product (last year=100)	第一产业 Primary Industry	第二产业 Secondary Industry	#工业 Industry	第三产业 Tertiary Industry	人均地区生产总值指数(上年=100) Indices of Per Capita GRP (last year=100)
重庆市	**Chongqing**	**114.3**	**106.8**	**118.0**	**119.8**	**112.4**	**113.7**
万州区	Wanzhou District	126.3	107.7	138.8	152.2	117.3	125.6
涪陵区	Fuling District	124.6	107.5	131.3	133.2	118.2	123.9
渝中区	Yuzhong District	111.5		102.5	105.4	112.5	110.9
大渡口区	Dadukou District	117.0	83.8	116.8	117.8	120.8	116.5
江北区	Jiangbei District	117.1	102.9	117.2	119.3	117.3	114.9
沙坪坝区	Shapingba District	112.1	102.5	112.0	113.8	112.7	110.6
九龙坡区	Jiulongpo District	110.3	100.0	108.3	110.0	112.7	108.6
南岸区	Nanan District	117.3	102.9	119.0	123.6	115.0	115.7
北碚区	Beibei District	117.1	105.1	121.7	123.5	111.2	114.4
万盛区	Wansheng District	114.2	105.5	119.0	120.4	111.7	113.4
双桥区	Shuangqiao District	115.6	102.1	113.9	109.6	122.5	114.6
渝北区	Yubei District	109.8	106.7	106.9	108.2	114.0	106.3
巴南区	Banan District	117.4	106.2	120.6	124.8	115.9	114.9
黔江区	Qianjiang District	117.3	107.4	121.7	124.1	115.3	117.7
长寿区	Changshou District	115.1	107.1	118.4	121.4	112.2	114.2
江津区	Jiangjin District	117.5	107.4	126.8	129.9	109.9	117.0
合川区	Hechuan District	117.0	107.2	120.7	123.8	116.9	116.5
永川区	Yongchuan District	117.8	107.2	126.8	128.9	112.1	117.2
南川区	Nanchuan District	117.0	107.1	122.0	118.8	114.4	116.4
四川省	**Sichuan**	**109.5**	**103.0**	**112.9**	**115.1**	**108.3**	**109.7**
成都市	Chengdu City	112.1	104.4	115.6	119.9	109.9	111.2
自贡市	Zigong City	114.6	104.8	119.6	120.5	112.2	113.6
攀枝花市	Panzhihua City	114.5	103.5	116.5	117.3	110.4	114.0
泸州市	Luzhou City	115.0	104.5	121.7	123.2	112.6	114.1
德阳市	Deyang City	101.0	96.6	101.3	100.2	103.0	101.1
绵阳市	Mianyang City	104.5	100.2	103.3	102.9	108.4	104.2
广元市	Guangyuan City	103.3	101.0	98.8	102.4	109.4	103.3
遂宁市	Suining City	114.5	104.5	122.4	125.6	111.6	114.5
内江市	Neijiang City	115.0	105.0	120.4	122.4	112.5	115.2
乐山市	Leshan City	114.1	103.1	117.8	119.2	112.8	114.2
南充市	Nanchong City	114.3	103.3	123.2	126.5	112.3	113.6
眉山市	Meishan City	114.2	104.4	119.3	121.9	112.6	114.8
宜宾市	Yibin City	114.6	104.2	119.4	120.6	112.0	114.5
广安市	Guangan City	114.2	104.5	121.0	122.1	112.7	114.6
达州市	Dazhou City	114.1	103.2	123.7	128.5	111.3	113.8
雅安市	Yaan City	111.5	102.6	116.2	118.5	109.5	110.8
巴中市	Bazhong City	112.3	104.5	125.3	122.8	112.5	111.7
资阳市	Ziyang City	114.2	103.2	122.2	124.0	111.9	114.6
阿坝藏族羌族自治州	Aba Zang & Qiang A.P	64.3	85.2	44.1	37.3	78.0	64.5
甘孜藏族自治州	Ganzi Zang A.P	110.4	100.8	113.8	118.4	111.3	107.7
凉山彝族自治州	Liangshan Yi A.P	115.2	105.4	123.7	126.9	112.3	114.8
贵州省	**Guizhou**	**110.2**	**106.5**	**108.9**	**109.7**	**112.9**	**109.7**
贵阳市	Guiyang City	113.1	107.2	112.1	108.4	115.0	112.6
六盘水市	Liupanshui City	114.9	106.0	118.3	120.6	110.6	114.3
遵义市	Zunyi City	111.6	107.3	111.8	111.6	113.2	111.3
安顺市	Anshun City	108.1	106.5	106.7	106.1	110.1	107.6
铜仁地区	Tongren Prefecture	111.5	107.3	110.1	106.1	116.9	110.6
黔西南布依族苗族自治州	Southwest Guizhou Buyi & Miao A.P	112.5	106.0	117.6	118.9	111.1	111.8

3-3 续表 8 continued

地　区	Region	地区生产总值指数(上年=100) Indices of Gross Regional Product (last year=100)	第一产业 Primary Industry	第二产业 Secondary Industry	#工业 Industry	第三产业 Tertiary Industry	人均地区生产总值指数(上年=100) Indices of Per Capita GRP (last year=100)
毕节地区	Bijie Prefecture	111.2	109.5	107.6	106.5	116.7	110.6
黔东南苗族侗族自治州	Southeast Guizhou Miao & Dong A.P	112.0	106.6	115.2	111.4	112.8	111.5
黔南布依族苗族自治州	South Guizhou Buyi & Miao A.P	110.5	107.0	111.0	104.8	113.0	110.1
云南省	**Yunnan**	**111.0**	**107.6**	**111.4**	**112.5**	**112.1**	**110.2**
昆明市	Kunming City	112.0	106.2	113.0	112.3	112.0	111.3
曲靖市	Qujing City	112.4	108.0	112.5	112.4	115.0	111.6
玉溪市	Yuxi City	113.0	106.2	115.4	115.7	110.3	112.3
保山市	Baoshan City	113.1	108.4	117.0	115.6	114.0	
昭通市	Zhaotong City	111.1	107.8	111.3	111.5	110.8	109.2
丽江市	Lijiang City	113.1	106.5	116.7	118.2	113.5	112.7
普洱市	Puer City	112.0	108.0	121.9	126.2	107.2	111.8
临沧市	Lincang City	112.9	108.3	118.4	124.7	112.6	112.7
楚雄彝族自治州	Chuxiong Yi A.P	111.5	105.6	113.4	113.6	113.4	111.1
红河哈尼族彝族自治州	Honghe Hani & Yi A.P	110.0	108.4	109.2	109.7	112.3	109.1
文山壮族苗族自治州	Wenshan Zhuang & Miao A.P	112.6	107.2	115.3	115.2	114.1	112.4
西双版纳傣族自治州	Xishuangbanna Dai A.P	110.1	103.4	110.2	120.8	115.6	109.5
大理白族自治州	Dali Bai A.P	112.0	108.5	113.4	114.3	113.0	111.4
德宏傣族景颇族自治州	Dehong Dai & Jingpo A.P	111.5	108.0	111.3	109.0	114.2	110.6
怒江傈僳族自治州	Nujiang Lisu A.P	103.8	101.5	95.5	102.2	110.8	86.9
迪庆藏族自治州	Diqing Zang A.P	118.5	106.2	118.3	118.4	121.9	117.7
西藏自治区	**Tibet A.R.**	**110.1**	**106.0**	**107.9**	**108.7**	**112.4**	**109.0**
拉萨市	Lhasa City	110.1	105.6	113.1	112.9	109.3	
昌都地区	Qamdu Prefecture	109.4	106.3	111.4	121.3	110.0	
山南地区	Lhokha Prefecture	110.3	105.0	112.4	107.5	109.7	
日喀则地区	Xigaze Prefecture	110.1	106.2	110.6	103.3	112.2	
那曲地区	Narqu Prefecture	110.4	106.7	109.9	74.6	112.0	
阿里地区	Ngri Prefecture	109.2	106.0	104.3	121.8	112.8	
林芝地区	Nyingchi Prefecture	111.0	105.1	106.0	101.4	116.4	
其他	Others						
陕西省	**Shaanxi**	**115.6**	**107.6**	**118.8**	**119.4**	**113.0**	**115.2**
西安市	Xi'an City	115.6	107.6	117.0	116.7	115.1	114.5
铜川市	Tongchuan City	117.1	107.8	119.8	121.1	114.7	116.6
宝鸡市	Baoji City	115.5	107.4	118.4	119.5	112.4	115.5
咸阳市	Xianyang City	116.0	107.5	119.1	120.8	116.4	115.6
渭南市	Weinan City	115.2	107.6	116.5	116.5	116.9	115.4
延安市	Yan'an City	115.7	107.1	117.0	117.3	112.7	115.1
汉中市	Hanzhong City	112.5	107.9	114.4	114.6	112.9	112.2
榆林市	Yulin City	123.0	108.3	125.5	125.6	118.9	122.4
安康市	Ankang City	115.1	107.7	119.7	119.5	116.0	115.0
商洛市	Shangluo City	115.2	107.2	119.8	118.7	115.6	114.9
其他	Others	115.3	107.0	115.0	114.0	116.8	113.7
甘肃省	**Gansu**	**110.1**	**107.1**	**108.4**	**109.5**	**113.2**	**109.7**
兰州市	Lanzhou City	111.5	105.7	111.4	113.2	112.0	110.8
嘉峪关市	Jiayuguan City	108.9	108.5	108.1	107.8	112.8	107.0
金昌市	Jinchang City	106.2	100.7	105.8	105.4	109.9	105.3

3-3 续表 9 continued

地　区	Region	地区生产总值指数(上年=100) Indices of Gross Regional Product (last year=100)	第一产业 Primary Industry	第二产业 Secondary Industry	#工　业 Industry	第三产业 Tertiary Industry	人均地区生产总值指　数(上年=100) Indices of Per Capita GRP (last year=100)
白银市	Baiyin City	112.3	107.0	115.4	116.6	109.3	112.2
天水市	Tianshui City	111.0	114.4	110.0	111.7	110.6	110.3
武威市	Wuwei City	111.0	105.5	114.7	116.9	111.1	111.5
张掖市	Zhangye City	111.3	105.5	115.8	120.5	111.8	111.3
平凉市	Pingliang City	112.2	107.6	115.9	117.8	111.0	111.5
酒泉市	Jiuquan City	112.6	106.5	117.0	117.8	110.2	110.0
庆阳市	Qingyang City	114.3	113.5	115.9	116.4	110.8	114.0
定西市	Dingxi City	109.3	108.6	108.2	107.8	110.7	93.0
陇南市	Longnan City	108.0	106.5	96.1	94.9	119.0	108.1
临夏回族自治州	Linxia Hui A.P	113.6	107.1	113.5	112.4	117.0	114.2
甘南藏族自治州	Gannan Zang A.P	111.0	106.5	112.6	113.5	112.9	110.8
青海省	**Qinghai**	**112.7**	**103.9**	**116.5**	**119.5**	**110.0**	**112.1**
西宁市	Xining City	114.7	105.0	119.2	122.9	110.6	113.3
海东地区	Haidong Prefecture	112.6	106.3	112.1	122.1	115.5	112.1
海北藏族自治州	Haibei Zang A.P	115.6	104.1	128.2	148.6	110.2	114.6
黄南藏族自治州	Huangnan Zang AP	111.1	102.6	119.9	123.7	107.0	109.8
海南藏族自治州	Hainan Zang A.P	113.8	105.7	119.5	122.0	113.2	111.7
果洛藏族自治州	Golog Zang A.P	113.1	94.0	155.3	233.8	109.2	112.1
玉树藏族自治州	Yushu Zang A.P	105.3	99.9	115.0	88.9	116.0	98.7
海西蒙古族藏族自治州	Haixi Mongolian & Zang A.P	120.0	106.0	122.0	123.0	114.4	117.9
宁夏回族自治区	**Ningxia**	**112.2**	**107.2**	**114.3**	**114.1**	**111.0**	**110.9**
银川市	Yinchuan City	113.3	107.3	115.1	116.3	112.2	
石嘴山市	Shizuishan City	114.4	106.9	115.6	116.0	113.2	113.9
吴忠市	Wuzhong City	112.6	107.0	113.8	112.7	113.4	119.8
固原市	Guyuan City	111.9	107.0	109.4	108.6	115.5	127.2
中卫市	Zhongwei City	114.1	108.1	119.8	120.2	111.5	112.7
新疆维吾尔自治区	**Xinjiang**	**111.0**	**106.4**	**113.9**	**115.1**	**109.7**	**108.9**
乌鲁木齐市	Urumqi City	115.0	107.9	117.3	118.0	113.8	107.8
克拉玛依市	Karamay City	109.8	104.9	110.3	110.3	105.9	102.2
吐鲁番地区	Turpan Prefecture	104.0	103.5	101.7	100.4	110.7	102.5
哈密地区	Hami Prefecture	119.7	111.6	136.5	137.5	109.2	117.4
昌吉回族自治州	Changji Hui A.P	115.3	108.8	120.1	123.3	116.1	113.1
博尔塔拉蒙古自治州	Bortala Mongolian A.P	112.9	112.2	120.1	132.9	111.6	111.4
巴音郭楞蒙古自治州	Bayingolin Mongolian A.P	108.0	106.2	106.8	107.7	113.2	105.4
阿克苏地区	Aksu Prefecture	113.0	111.2	104.4	103.8	120.9	110.3
克孜勒苏柯尔克孜自治州	Kizilsu Kirgiz A.P	110.5	103.8	116.1	132.9	111.8	107.5
喀什地区	Kashi Prefecture	115.7	110.8	123.1	123.5	118.3	114.2
和田地区	Hotan Prefecture	110.5	103.9	101.5	102.2	120.8	109.0
伊犁哈萨克自治州	Ili Kazak A.P	114.5	106.8	119.0	123.4	115.0	111.8
塔城地区	Tacheng Prefecture	118.6	108.5	131.7	143.1	117.9	117.4
阿勒泰地区	Altay Prefecture	107.6	100.8	111.6	110.9	108.5	106.2
石河子市	Shihezi City	116.6	111.9	113.3	115.7	120.7	112.3
阿拉尔市	Alar City						
图木舒克市	Tumxuk City						
五家渠市	Wujiaqu City						
生产建设兵团	Corps						

3-4 就业人员和失业人员(2008年)

Employment and Unemployment(2008)

地 区	Region	就业人员 (万人) Employed Population (10 000 persons)	第一产业 Primary Industry	第二产业 Secondary Industry	第三产业 Tertiary Industry	城镇就业人员 (万人) Urban Employed Persons (10 000 persons)	城镇登记失业人员数 (万人) Urban Registered Unemployed (10 000 persons)
北京市	**Beijing**	**980.9**	**63.0**	**207.4**	**710.5**	**570.3**	**10.33**
东城区	Dongcheng District					43.6	0.34
西城区	Xicheng District					57.2	0.50
崇文区	Chongwen District					9.6	0.25
宣武区	Xuanwu District					21.4	0.52
朝阳区	Chaoyang District					102.6	1.91
丰台区	Fengtai District					56.8	1.38
石景山区	Shijingshan District					15.1	0.59
海淀区	Haidian District					118.4	1.19
门头沟区	Mentougou District					5.9	0.45
房山区	Fangshan District					13.5	0.72
通州区	Tongzhou District					17.5	0.45
顺义区	Shunyi District					31.1	0.30
昌平区	Changping District					19.3	0.53
大兴区	Daxing District					30.4	0.43
怀柔区	Huairou District					7.2	0.22
平谷区	Pinggu District					7.3	0.22
密云县	Miyun County					8.3	0.24
延庆县	Yanqing County					5.1	0.09
北京经济技术开发区	Beijing Economic-technological Development Zones						0.00
远洋捕捞	Deep-sea Fishing						
其他	Others						
天津市	**Tianjin**	**647.3**	**76.3**	**271.9**	**299.1**	**477.7**	**12.99**
和平区	Heping District						
河东区	Hedong District						
河西区	Hexi District						
南开区	Nankai District						
河北区	Hebei District						
红桥区	Hongqiao District						
塘沽区	Tanggu District						
汉沽区	Hangu District						
大港区	Dagang District						
东丽区	Dongli District						
西青区	Xiqing District						
津南区	Jinnan District						
北辰区	Beichen District						
武清区	Wuqing District						
宝坻区	Baodi District						
宁河县	Ninghe County						
静海县	Jinghai County						
蓟县	Ji County						
天津经济技术开发区	Tianjin Economic-technological Development Area						
天津港保税区	Tianjin Port Free Trade Zone						
天津滨海高新区	Tianjin Hi-Tech Industrial Park						
其他	Others						

3-4 续表 1 continued

地　区	Region	就业人员（万人）Employed Population (10 000 persons)	第一产业 Primary Industry	第二产业 Secondary Industry	第三产业 Tertiary Industry	城镇就业人员（万人）Urban Employed Persons (10 000 persons)	城镇登记失业人员数（万人）Urban Registered Unemployed (10 000 persons)
河北省	**Hebei**	**3725.7**	**1481.4**	**1170.1**	**1074.2**	**964.8**	**32.24**
石家庄市	Shijiazhuang City	496.4	150.4	179.1	166.8	138.2	3.54
唐山市	Tangshan City	412.0	128.0	158.4	125.6	132.2	5.63
秦皇岛市	Qinhuangdao City	160.6	71.4	38.0	51.1	52.8	2.00
邯郸市	Handan City	460.4	181.0	135.2	144.2	107.0	4.34
邢台市	Xingtai City	353.0	145.8	111.2	96.0	83.2	2.19
保定市	Baoding City	600.9	294.5	181.9	124.6	114.3	3.97
张家口市	Zhangjiakou City	252.0	129.3	51.1	71.6	69.9	3.14
承德市	Chengde City	206.7	96.1	54.2	56.4	53.7	2.38
沧州市	Cangzhou City	383.8	120.5	154.0	109.3	81.1	2.20
廊坊市	Langfang City	221.8	80.6	78.2	62.9	62.7	1.19
衡水市	Hengshui City	215.7	86.0	81.7	48.1	62.5	1.86
其他	Others						
山西省	**Shanxi**	**1614.1**	**642.6**	**425.6**	**545.9**	**539.2**	**17.40**
太原市	Taiyuan City	170.5	25.2	55.7	89.6	119.8	4.03
大同市	Datong City	133.1	43.8	34.8	54.5	64.7	4.50
阳泉市	Yangquan City	61.2	15.2	25.8	20.2	35.8	0.87
长治市	Changzhi City	153.3	65.6	41.2	46.5	49.7	1.30
晋城市	Jincheng City	123.6	45.3	36.9	41.4	40.3	0.63
朔州市	Shuozhou City	78.8	31.4	17.9	29.5	14.3	0.54
晋中市	Jinzhong City	156.4	63.1	47.2	46.1	134.3	1.06
运城市	Yuncheng City	263.1	139.4	58.5	65.2	48.1	1.36
忻州市	Xinzhou City	127.6	58.6	27.7	41.3	22.2	0.90
临汾市	Linfen City	191.3	85.5	43.5	62.3	45.2	1.14
吕梁市	Luliang City	138.6	68.0	27.5	43.1	27.8	0.50
其他	Others						
内蒙古自治区	**Inner Mongolia**	**1103.3**	**556.7**	**186.2**	**360.4**	**414.9**	**19.92**
呼和浩特市	Hohhot City	155.9	43.9	46.5	65.5	62.4	2.56
包头市	Baotou City	133.2	22.4	40.2	70.6	66.6	3.57
呼伦贝尔市	Hulunbuir City	98.1	51.0	13.5	33.6	42.7	2.75
兴安盟	Xingan League	72.0	50.0	5.6	16.4	17.9	1.07
通辽市	Tongliao City	158.8	90.3	26.9	41.6	31.8	1.57
赤峰市	Chifeng City	230.6	126.7	44.6	59.3	51.4	2.35
锡林郭勒盟	Xilingol League	47.9	24.4	5.2	18.3	19.5	0.89
乌兰察布市	Ulanqab City	107.6	64.8	11.6	31.2	25.0	1.61
鄂尔多斯市	Erdos City	91.3	30.1	24.3	36.8	28.3	1.22
巴彦淖尔市	Bayannur City	88.9	49.5	12.5	26.9	24.5	1.24
乌海市	Wuhai City	24.5	2.0	9.3	13.2	16.5	0.81
阿拉善盟	Alxa League	11.1	3.9	2.0	5.3	7.8	0.28
其他	Others					20.8	
辽宁省	**Liaoning**	**2198.2**	**700.7**	**605.0**	**892.5**	**1033.5**	**39.00**
沈阳市	Shenyang City	309.1	80.6	86.6	141.8	175.4	7.60
大连市	Dalian City	371.0	70.4	117.8	182.8	228.9	5.30
鞍山市	Anshan City	159.6	48.9	57.3	53.3	67.5	3.20
抚顺市	Fushun City	117.3	32.3	40.6	44.3	67.5	3.80
本溪市	Benxi City	76.2	14.8	31.4	30.0	48.5	3.10
丹东市	Dandong City	118.1	46.1	28.3	43.8	40.8	2.40
锦州市	Jinzhou City	156.6	69.2	30.6	56.7	56.7	1.70
营口市	Yingkou City	126.0	34.8	31.2	60.1	54.2	1.70

3-4 续表 2 continued

地 区	Region	就业人员 (万人) Employed Population (10 000 persons)	第一产业 Primary Industry	第二产业 Secondary Industry	第三产业 Tertiary Industry	城镇就业人员 (万人) Urban Employed Persons (10 000 persons)	城镇登记失业人员数 (万人) Urban Registered Unemployed (10 000 persons)
阜新市	Fuxin City	115.9	39.1	27.5	49.3	51.1	2.10
辽阳市	Liaoyang City	86.0	29.9	26.7	29.4	33.7	1.70
盘锦市	Panjin City	104.7	45.2	26.3	33.1	68.1	1.30
铁岭市	Tieling City	131.0	53.2	28.7	49.1	43.7	1.60
朝阳市	Chaoyang City	174.3	78.7	40.1	55.5	37.6	1.40
葫芦岛市	Huludao City	133.1	57.3	30.5	45.3	40.6	2.30
其他	Others						
吉林省	**Jilin**	**1281.4**	**564.0**	**251.7**	**465.7**	**569.2**	**24.30**
长春市	Changchun City	337.6	125.7	86.2	125.7	140.0	8.70
吉林市	Jilin City	163.4	73.4	34.3	55.7	56.7	2.20
四平市	Siping City	137.8	70.3	20.9	46.6	39.4	4.30
辽源市	Liaoyuan City	53.6	20.3	13.4	19.9	20.4	1.30
通化市	Tonghua City	95.2	44.5	19.3	31.4	32.5	1.20
白山市	Baishan City	45.7	16.5	10.6	18.6	24.9	1.30
松原市	Songyuan City	127.5	77.5	20.7	29.3	33.1	1.50
白城市	Baicheng City	87.1	49.9	8.4	28.8	29.3	1.20
延边朝鲜族自治州	Yanbian Korean A.P	91.1	35.1	14.3	41.7	50.7	2.50
其他	Others	142.4	50.8	23.6	68.0	142.2	
黑龙江省	**Heilongjiang**	**1852.4**	**803.8**	**385.1**	**663.5**	**886.1**	**32.10**
哈尔滨市	Harbin City	467.9	152.4	120.8	194.7	227.2	7.30
齐齐哈尔市	Qiqihar City	263.6	141.2	44.7	77.8	77.8	3.82
鸡西市	Jixi City	78.0	27.6	21.0	29.3	45.1	1.50
鹤岗市	Hegang City	50.2	12.4	16.7	21.2	38.7	1.26
双鸭山市	Shuangyashan City	58.1	22.3	12.9	23.0	29.8	
大庆市	Daqing City	159.5	51.5	44.9	63.1	87.3	2.47
伊春市	Yichun City	57.4	23.0	12.6	21.7	48.3	2.04
佳木斯市	Jiamusi City	110.3	55.9	14.6	39.9	42.7	2.07
七台河市	Qitaihe City	39.5	3.4	14.1	22.0	25.1	0.60
牡丹江市	Mudanjiang City	119.4	51.9	21.8	45.7	55.6	1.77
黑河市	Heihe City	62.1	31.3	75.2	23.2	27.8	0.71
绥化市	Suihua City	227.2	155.2	40.1	63.9	56.0	1.50
大兴安岭地区	Daxing'anling Prefecture	21.4	10.5	2.9	8.0	18.6	0.47
农垦总局	Agriculture Reclamation Bureau	89.5	65.5	8.5	15.6	89.5	
其他	Others	16.4	0.1	1.9	14.4	16.4	
上海市	**Shanghai**	**1053.2**	**49.4**	**424.2**	**579.7**	**377.2**	**26.56**
黄浦区	Huangpu District					23.1	1.31
卢湾区	Luwan District					11.8	0.69
徐汇区	Xuhui District					43.6	2.01
长宁区	Changning District					14.7	1.44
静安区	Jingan District					14.2	0.68
普陀区	Putuo District					15.0	1.84
闸北区	Zhabei District					15.8	1.90
虹口区	Hongkou District					14.2	1.56
杨浦区	Yangpu District					15.9	2.69
闵行区	Minhang District					30.1	1.37
宝山区	Baoshan District					19.7	2.90
嘉定区	Jiading District					20.1	0.64

3-4 续表 3 continued

地　区	Region	就业人员 (万人) Employed Population (10 000 persons)	第一产业 Primary Industry	第二产业 Secondary Industry	第三产业 Tertiary Industry	城镇就业人员 (万人) Urban Employed Persons (10 000 persons)	城镇登记失业人员数 (万人) Urban Registered Unemployed (10 000 persons)
浦东新区	Pudong New District					62.0	3.91
金山区	Jinshan District					6.9	0.57
松江区	Songjiang District					26.8	0.63
青浦区	Qingpu District					15.2	0.53
南汇区	Nanhui District					11.4	0.66
奉贤区	Fengxian District					9.2	0.52
崇明县	Chongming County					3.7	0.69
其他	Others					3.9	
江苏省	**Jiangsu**	**4648.9**	**1222.7**	**1655.0**	**1771.2**	**2427.6**	**41.09**
南京市	Nanjing City	380.4	45.8	153.2	181.3	236.4	6.46
无锡市	Wuxi City	350.0	25.7	199.5	124.9	193.6	5.05
徐州市	Xuzhou City	486.0	163.2	169.0	153.9	119.9	3.37
常州市	Changzhou City	290.8	29.7	163.1	98.0	155.8	3.28
苏州市	Suzhou City	517.6	32.1	303.9	181.6	289.6	4.79
南通市	Nantong City	454.9	90.5	201.0	163.5	111.4	3.72
连云港市	Lianyungang City	276.1	92.8	82.6	100.7	61.1	1.77
淮安市	Huaian City	313.0	97.1	94.5	121.4	91.5	2.26
盐城市	Yancheng City	336.1	123.8	101.0	111.3	114.6	2.57
扬州市	Yangzhou City	273.4	42.7	136.5	94.2	95.5	2.69
镇江市	Zhenjiang City	165.4	31.9	84.4	49.1	66.8	1.67
泰州市	Taizhou City	281.1	66.8	117.4	96.9	82.4	2.15
宿迁市	Suqian City	309.9	103.1	112.2	94.6	59.1	1.30
浙江省	**Zhejiang**	**3486.5**	**670.2**	**1660.0**	**1156.3**	**1476.5**	**31.08**
杭州市	Hangzhou City	569.2	80.3	263.5	225.4	304.1	5.45
宁波市	Ningbo City	439.9	64.5	232.6	142.8	230.0	5.80
温州市	Wenzhou City	536.8	80.8	261.4	194.5	261.7	3.09
嘉兴市	Jiaxing City	294.4	36.9	177.4	80.2	116.0	2.70
湖州市	Huzhou City	199.0	35.4	87.0	76.7	67.3	1.23
绍兴市	Shaoxing City	315.4	52.7	170.1	92.6	130.7	3.10
金华市	Jinhua City	326.8	76.3	145.8	104.7	130.9	2.57
衢州市	Quzhou City	131.0	56.6	37.8	36.6	32.8	0.98
舟山市	Zhoushan City	63.2	11.1	26.5	25.6	22.9	0.77
台州市	Taizhou City	375.6	83.8	157.3	134.5	103.5	2.63
丽水市	Lishui City	146.9	61.4	34.8	50.8	31.6	0.70
安徽省	**Anhui**	**3916.0**	**1592.8**	**968.7**	**1354.5**	**901.9**	**29.31**
合肥市	Hefei City	301.4	73.1	113.0	115.3	137.6	5.17
芜湖市	Wuhu City	132.2	31.9	43.1	57.2	53.2	2.13
蚌埠市	Bengbu City	191.0	96.2	37.8	57.0	30.6	2.37
淮南市	Huainan City	126.3	31.4	52.8	42.1	47.8	2.06
马鞍山市	Maanshan City	64.6	16.4	24.6	23.6	26.2	0.88
淮北市	Huaibei City	107.9	42.9	33.0	32.0	44.4	1.73
铜陵市	Tongling City	44.5	9.9	16.2	18.5	25.2	1.02
安庆市	Anqing City	416.7	202.9	95.4	118.4	85.3	3.17
黄山市	Huangshan City	90.6	44.8	19.8	26.0	16.2	0.60
滁州市	Chuzhou City	245.2	126.6	64.0	54.6	43.7	1.36
阜阳市	Fuyang City	572.5	275.3	167.9	129.3	50.2	1.19
宿州市	Suzhou City	341.8	186.6	69.3	85.9	44.1	1.38

3-4 续表 4 continued

地 区	Region	就业人员 (万人) Employed Population (10 000 persons)	第一产业 Primary Industry	第二产业 Secondary Industry	第三产业 Tertiary Industry	城镇就业人员 (万人) Urban Employed Persons (10 000 persons)	城镇登记失业人员数 (万人) Urban Registered Unemployed (10 000 persons)
巢湖市	Chaohu City	291.3	131.7	87.6	72.1	41.8	1.97
六安市	Liuan City	392.0	223.9	74.3	93.8	60.7	1.75
亳州市	Bozhou City	323.0	165.4	51.9	105.8	44.9	0.61
池州市	Chizhou City	104.8	42.2	26.6	36.0	21.6	0.77
宣城市	Xuancheng City	185.6	78.1	51.5	56.1	31.0	1.16
其他	Others					0.7	
福建省	**Fujian**	**2079.8**	**647.8**	**739.7**	**692.2**	**722.0**	**14.95**
福州市	Fuzhou City	365.9				153.3	3.60
厦门市	Xiamen City	165.6				144.8	2.93
莆田市	Putian City	166.5				36.8	0.80
三明市	Sanming City	137.1				39.0	1.30
泉州市	Quanzhou City	494.5				184.1	1.50
漳州市	Zhangzhou City	258.8				52.3	1.10
南平市	Nanping City	160.8				38.4	1.40
龙岩市	Longyan City	166.0				40.0	1.20
宁德市	Ningde City	160.3				28.8	1.12
江西省	**Jiangxi**	**2404.5**	**900.1**	**675.0**	**829.4**	**734.0**	**25.99**
南昌市	Nanchang City	277.6	74.7	67.3	135.6	153.4	4.94
景德镇市	Jingdezhen City	92.4	28.2	31.2	33.0	39.0	1.30
萍乡市	Pingxiang City	102.9	32.8	43.0	27.1	37.0	0.90
九江市	Jiujiang City	307.3	123.6	75.9	107.7	85.5	2.61
新余市	Xinyu City	68.3	21.9	23.8	22.7	28.7	1.07
鹰潭市	Yingtan City	67.0	26.8	16.2	24.0	25.2	0.92
赣州市	Ganzhou City	449.7	194.3	129.6	125.8	86.9	3.18
吉安市	Jian City	251.8	124.3	59.6	67.9	67.2	1.94
宜春市	Yichun City	286.5	119.9	76.4	90.3	76.0	3.20
抚州市	Fuzhou City	202.9	91.5	41.3	70.1	57.9	2.35
上饶市	Shangrao City	367.5	131.4	134.4	101.8	77.2	7.09
山东省	**Shandong**	**6187.6**	**2313.5**	**1955.5**	**1918.6**	**2680.1**	**44.70**
济南市	Jinan City	357.3	76.9	120.8	159.7	166.9	5.30
青岛市	Qingdao City	488.2	102.3	217.4	168.5	217.5	6.20
淄博市	Zibo City	243.9	63.4	106.8	73.7	87.7	2.80
枣庄市	Zaozhuang City	217.8	79.2	69.4	69.2	55.3	2.00
东营市	Dongying City	106.5	31.5	39.9	35.1	47.8	1.00
烟台市	Yantai City	397.4	144.8	134.4	118.2	141.6	4.60
潍坊市	Weifang City	479.9	184.2	159.0	136.8	120.7	3.80
济宁市	Jining City	467.0	190.9	126.8	149.2	87.6	3.80
泰安市	Taian City	300.2	90.8	105.7	103.7	64.1	2.50
威海市	Weihai City	151.6	36.4	62.7	52.6	63.0	0.80
日照市	Rizhao City	164.4	79.7	41.3	43.4	31.5	1.40
莱芜市	Laiwu City	74.5	26.0	26.4	22.2	22.5	0.70
临沂市	Linyi City	598.6	272.5	177.1	149.0	82.4	2.30
德州市	Dezhou City	289.1	151.6	63.3	74.2	49.8	2.00
聊城市	Liaocheng City	330.4	174.1	65.8	90.4	45.5	2.50
滨州市	Binzhou City	220.8	91.2	74.4	55.3	44.9	1.40
菏泽市	Heze City	446.7	205.7	97.8	143.2	56.4	1.90

3-4 续表 5 continued

地　区	Region	就业人员（万人）Employed Population (10 000 persons)	第一产业 Primary Industry	第二产业 Secondary Industry	第三产业 Tertiary Industry	城镇就业人员（万人）Urban Employed Persons (10 000 persons)	城镇登记失业人员数（万人）Urban Registered Unemployed (10 000 persons)
河南省	**Henan**	**5835.5**	**2847.3**	**1563.9**	**1424.2**	**976.3**	**36.51**
郑州市	Zhengzhou City	415.0	87.3	151.0	176.7	180.7	4.94
开封市	Kaifeng City	291.4	165.0	67.4	59.0	48.6	2.52
洛阳市	Luoyang City	389.1	146.5	119.5	123.1	82.3	3.09
平顶山市	Pingdingshan City	304.2	157.9	79.2	67.2	63.5	2.12
安阳市	Anyang City	338.3	153.4	110.9	74.0	56.7	2.12
鹤壁市	Hebi City	83.8	31.8	29.0	23.1	19.8	0.57
新乡市	Xinxiang City	297.5	134.7	94.2	68.6	57.0	2.10
焦作市	Jiaozuo City	204.5	83.1	65.9	55.5	61.6	2.17
濮阳市	Puyang City	238.7	146.2	52.2	40.3	54.7	0.97
许昌市	Xuchang City	277.7	114.4	89.0	74.3	53.0	0.94
漯河市	Luohe City	155.1	71.2	49.0	35.0	29.0	0.49
三门峡市	Sanmenxia City	124.3	64.9	27.0	32.4	29.9	0.90
南阳市	Nanyang City	649.1	341.1	157.5	150.5	102.9	4.54
商丘市	Shangqiu City	502.4	280.3	115.1	107.1	65.1	2.37
信阳市	Xinyang City	471.9	232.2	97.1	142.7	69.3	1.44
周口市	Zhoukou City	661.1	356.2	150.6	154.3	78.3	3.16
驻马店市	Zhumadian City	548.6	285.3	130.6	132.7	66.7	1.55
其他	Others	39.3	12.5	12.0	14.8	13.9	0.51
湖北省	**Hubei**	**3607.0**	**1707.9**	**730.4**	**1168.7**	**1337.0**	**43.49**
武汉市	Wuhan City	456.0	79.6	156.0	220.4	217.2	11.19
黄石市	Huangshi City	139.8	29.4	55.8	54.6	79.8	3.67
十堰市	Shiyan City	202.5	88.1	37.0	77.4	62.6	2.41
宜昌市	Yichang City	217.1	81.9	53.9	81.3	93.9	3.00
襄樊市	Xiangfan City	301.6	99.9	88.2	113.5	48.2	4.10
鄂州市	Ezhou City	62.1	21.2	19.5	21.4	25.8	1.19
荆门市	Jingmen City	140.2	58.9	34.0	47.3	45.5	1.72
孝感市	Xiaogan City	282.6	91.6	93.7	97.3	67.4	3.50
荆州市	Jingzhou City	299.7	138.0	54.2	107.5	70.6	4.94
黄冈市	Huanggang City	243.0	128.0	93.0	123.0	60.7	2.88
咸宁市	Xianning City	140.8	42.5	35.6	62.7	25.2	2.15
随州市	Suizhou City	128.0	58.8	26.6	42.6	36.7	0.58
恩施土家族苗族自治州	Enshi Tujia & Miao A.P	222.6	96.3	33.6	92.7	39.8	4.04
仙桃市	Xiantao City	84.7	16.4	33.6	34.7	68.2	0.70
天门市	Tianmen City	66.3	19.8	15.1	31.4	24.1	0.60
潜江市	Qianjiang City	62.1	14.3	18.5	29.3	32.5	0.58
神农架林区	Shennongjia Forest District	4.5	2.7	0.4	1.4	1.7	0.10
湖南省	**Hunan**	**3910.1**	**1720.4**	**875.8**	**1313.8**	**1148.2**	**47.01**
长沙市	Changsha City	396.5	123.5	119.0	154.1	149.3	4.40
株洲市	Zhuzhou City	220.5	85.3	64.4	70.8	58.0	2.96
湘潭市	Xiangtan City	174.6	78.1	47.5	49.0	47.5	3.21
衡阳市	Hengyang City	422.8	195.6	81.1	146.1	112.3	4.93
邵阳市	Shaoyang City	462.3	242.2	73.5	146.7	87.8	4.35
岳阳市	Yueyang City	293.6	128.3	64.5	100.8	81.2	3.76
常德市	Changde City	312.8	165.4	52.9	94.5	57.1	3.17
张家界市	Zhangjiajie City	89.6	55.3	9.9	24.5	13.4	1.27
益阳市	Yiyang City	245.8	127.3	31.3	87.3	37.3	2.92
郴州市	Chenzhou City	288.0	113.6	77.0	97.4	59.7	3.32

3-4 续表 6 continued

地 区	Region	就业人员 (万人) Employed Population (10 000 persons)	第一产业 Primary Industry	第二产业 Secondary Industry	第三产业 Tertiary Industry	城镇就业人员 (万人) Urban Employed Persons (10 000 persons)	城镇登记失业人员数 (万人) Urban Registered Unemployed (10 000 persons)
永州市	Yongzhou City	326.0	170.7	55.6	99.7	48.2	3.75
怀化市	Huaihua City	292.3	165.6	38.2	88.5	74.6	3.31
娄底市	Loudi City	238.9	119.2	47.7	72.0	51.9	3.32
湘西土家族苗族自治州	West Hunan Tujia & Miao A.P	168.2	91.8	26.0	50.0	36.7	2.34
广东省	**Guangdong**	**5553.7**	**1599.3**	**2163.4**	**1791.0**	**2028.5**	**38.07**
广州市	Guangzhou City	714.5	79.9	287.3	347.3	366.2	7.64
韶关市	Shaoguan City	140.1	64.2	28.5	47.5	38.1	1.84
深圳市	Shenzhen City	670.4	0.8	362.4	307.3	431.9	2.82
珠海市	Zhuhai City	101.5	7.4	43.6	50.6	84.4	1.32
汕头市	Shantou City	238.8	70.5	104.9	63.4	83.8	1.78
佛山市	Foshan City	361.6	28.0	196.9	136.7	164.6	1.93
江门市	Jiangmen City	233.8	80.5	93.1	60.2	79.3	2.16
湛江市	Zhanjiang City	312.6	205.5	39.5	67.6	66.4	2.22
茂名市	Maoming City	332.9	184.5	81.1	67.4	54.6	2.50
肇庆市	Zhaoqing City	238.4	115.8	60.0	62.6	90.4	1.07
惠州市	Huizhou City	241.1	68.2	105.0	67.9	158.7	1.70
梅州市	Meizhou City	217.5	105.2	45.3	67.0	32.7	1.43
汕尾市	Shanwei City	119.9	64.6	28.1	27.3	50.7	1.06
河源市	Heyuan City	129.8	77.8	25.8	26.2	35.5	1.34
阳江市	Yangjiang City	156.2	73.5	46.1	36.6	41.6	1.54
清远市	Qingyuan City	173.0	105.9	31.3	35.7	50.5	1.18
东莞市	Dongguan City	439.2	8.8	282.9	147.5	89.5	0.76
中山市	ZhongShan City	203.8	14.1	137.7	51.9	104.4	0.93
潮州市	Chaozhou City	136.9	48.8	58.9	29.2	21.7	0.88
揭阳市	Jieyang City	255.5	112.0	79.0	64.5	95.6	1.10
云浮市	Yunfu City	134.4	83.5	26.0	24.9	40.7	0.83
广西壮族自治区	**Guangxi**	**2799.0**	**1528.0**	**424.0**	**847.0**	**968.0**	**18.80**
南宁市	Nanning City	369.4				84.4	2.99
柳州市	Liuzhou City	200.1	99.1	41.8	59.2	64.4	3.40
桂林市	Guilin City					31.0	2.30
梧州市	Wuzhou City	154.5	80.3	31.4	42.8	15.3	1.20
北海市	Beihai City	75.6				10.3	0.79
防城港市	Fangchenggang City	50.7	26.9	6.1	17.7	13.3	0.35
钦州市	Qinzhou City	223.1	114.9	58.3	49.9	24.5	0.83
贵港市	Guigang City	249.0	124.2	56.5	68.2	28.7	0.80
玉林市	Yulin City	337.4	175.8	91.9	69.8	37.9	1.46
百色市	Baise City	218.3	145.0	32.6	40.6	35.4	2.01
贺州市	Hezhou City	118.2	77.6	19.4	21.3	22.7	0.99
河池市	Hechi City	181.0	130.1	27.8	23.1	30.1	1.20
来宾市	Laibin City	151.0	91.5	22.7	36.8	27.8	0.58
崇左市	Chongzuo City	151.6	88.9	31.4	31.3	13.3	0.50
海南省	**Hainan**	**408.7**	**221.2**	**45.9**	**141.6**	**134.1**	**5.60**
海口市	Haikou City	96.2	23.5	18.7	54.0	62.5	1.91
三亚市	Sanya City	26.7	11.9	1.4	13.4	11.7	0.20
其他	Others	285.8	185.9	25.7	74.2	59.9	3.49

3-4 续表 7 continued

地　区	Region	就业人员（万人）Employed Population (10 000 persons)	第一产业 Primary Industry	第二产业 Secondary Industry	第三产业 Tertiary Industry	城镇就业人员（万人）Urban Employed Persons (10 000 persons)	城镇登记失业人员数（万人）Urban Registered Unemployed (10 000 persons)
重庆市	**Chongqing**	**1646.4**	**747.3**	**338.8**	**560.4**	**688.7**	**13.02**
万州区	Wanzhou District	86.7	37.0	21.1	28.6	35.7	0.63
涪陵区	Fuling District	64.9	23.9	17.5	23.5	23.9	0.65
渝中区	Yuzhong District	50.2		5.1	45.1	50.2	0.76
大渡口区	Dadukou District	16.6	1.1	9.6	5.8	13.6	0.27
江北区	Jiangbei District	31.9	2.4	14.8	14.7	31.3	0.55
沙坪坝区	Shapingba District	47.6	3.7	24.5	19.4	47.6	0.89
九龙坡区	Jiulongpo District	61.0	5.2	28.6	27.3	47.3	0.75
南岸区	Nanan District	31.3	3.1	11.7	16.6	25.5	0.34
北碚区	Beibei District	34.4	7.6	15.1	11.7	24.5	0.17
万盛区	Wansheng District	15.5	4.2	6.9	4.4	6.8	0.28
双桥区	Shuangqiao District	3.3	0.4	1.9	1.0	2.0	0.05
渝北区	Yubei District	57.8	17.2	17.2	23.3	33.5	0.37
巴南区	Banan District	50.2	15.0	20.2	15.0	33.2	0.35
黔江区	Qianjiang District	25.3	17.5	2.5	5.2	6.6	0.22
长寿区	Changshou District	47.8	17.2	18.8	11.8	11.6	0.34
江津区	Jiangjin District	78.6	27.7	25.5	25.4	19.0	0.46
合川区	Hechuan District	75.7	31.4	16.3	27.9	17.4	0.37
永川区	Yongchuan District	44.4	14.4	13.1	16.9	24.3	0.25
南川区	Nanchuan District	36.1	18.1	10.6	7.4	6.0	0.21
四川省	**Sichuan**	**4740.0**	**2186.2**	**1108.3**	**1445.5**	**1124.3**	**37.86**
成都市	Chengdu City	729.0	173.3	244.3	311.3	340.0	6.95
自贡市	Zigong City	180.6	74.6	57.3	48.7	46.0	1.75
攀枝花市	Panzhihua City	64.1	21.7	19.5	22.9	35.2	1.71
泸州市	Luzhou City	241.2	124.2	64.7	52.3	54.8	1.86
德阳市	Deyang City	210.0	95.6	53.8	60.6	37.7	1.45
绵阳市	Mianyang City	283.7	124.9	83.2	75.6	58.8	3.18
广元市	Guangyuan City	155.9	86.3	34.7	34.9	28.9	1.54
遂宁市	Suining City	153.1	69.4	47.6	36.1	35.1	1.44
内江市	Neijiang City	212.9	78.7	67.3	66.9	52.1	1.57
乐山市	Leshan City	183.6	92.9	49.6	41.1	47.9	2.04
南充市	Nanchong City	280.3	154.3	61.2	64.8	52.0	2.60
眉山市	Meishan City	186.4	101.2	37.5	47.7	33.6	1.08
宜宾市	Yibin City	317.3	160.0	76.9	80.4	77.2	2.02
广安市	Guangan City	201.2	125.0	34.1	42.0	36.4	1.55
达州市	Dazhou City	288.0	166.8	49.6	71.6	49.6	2.16
雅安市	Yaan City	91.4	44.9	20.3	26.1	22.3	0.62
巴中市	Bazhong City	184.4	115.8	25.6	43.0	24.7	1.08
资阳市	Ziyang City	200.5	108.0	48.1	44.4	24.0	1.22
阿坝藏族羌族自治州	Aba Zang & Qiang A.P	49.8	31.9	3.5	14.4	11.9	0.41
甘孜藏族自治州	Ganzi Zang A.P	62.5	44.6	2.5	15.4	10.6	0.32
凉山彝族自治州	Liangshan Yi A.P	263.0	192.0	21.0	50.1	32.0	1.31
贵州省	**Guizhou**	**2292.1**	**1630.0**	**217.1**	**445.0**	**472.0**	**12.56**
贵阳市	Guiyang City	226.6	70.1	61.4	95.1	109.0	3.03
六盘水市	Liupanshui City	156.7	85.5	22.8	48.4	25.1	1.80
遵义市	Zunyi City	427.5	212.8	64.1	150.6	42.9	2.24
安顺市	Anshun City	147.8	89.7	14.3	43.8	10.8	0.87
铜仁地区	Tongren Prefecture	239.9	125.7	10.4	103.8	22.2	1.67
黔西南布依族苗族自治州	Southwest Guizhou Buyi & Miao A.P	194.2	120.1	17.3	56.8	21.8	0.80

3-4 续表 8 continued

地　区	Region	就业人员 (万人) Employed Population (10 000 persons)	第一产业 Primary Industry	第二产业 Secondary Industry	第三产业 Tertiary Industry	城镇就业人员 (万人) Urban Employed Persons (10 000 persons)	城镇登记失业人员数 (万人) Urban Registered Unemployed (10 000 persons)
毕节地区	Bijie Prefecture	432.8	246.6	40.3	145.9	27.1	1.07
黔东南苗族侗族自治州	Southeast Guizhou Miao & Dong A.P	260.4	200.0	17.6	42.9	36.5	1.10
黔南布依族苗族自治州	South Guizhou Buyi & Miao A.P	229.2	127.7	20.6	80.9	23.4	1.27
云南省	**Yunnan**	**2638.4**	**1678.4**	**298.6**	**661.4**	**525.6**	**14.77**
昆明市	Kunming City	395.3	137.4	94.6	163.3	197.2	12.30
曲靖市	Qujing City	363.2	205.2	63.2	94.8	45.5	3.51
玉溪市	Yuxi City	147.2	82.5	25.1	39.6	29.1	4.96
保山市	Baoshan City	146.7	104.9	16.8	25.0	16.8	0.76
昭通市	Zhaotong City	284.6	196.6	23.6	64.3	24.9	1.49
丽江市	Lijiang City	69.2	47.5	6.5	15.2	10.7	0.35
普洱市	Puer City	153.6	109.6	12.5	31.5	22.4	1.07
临沧市	Lincang City	136.6	94.0	12.0	30.6	15.6	0.74
楚雄彝族自治州	Chuxiong Yi A.P	162.5	111.4	18.9	32.2	21.7	0.90
红河哈尼族彝族自治州	Honghe Hani & Yi A.P	252.2	176.2	28.2	47.8	42.7	1.56
文山壮族苗族自治州	Wenshan Zhuang & Miao A.P	197.0	147.7	20.8	28.5	20.9	0.82
西双版纳傣族自治州	Xishuangbanna Dai A.P	55.8	40.9	2.9	12.0	14.0	0.38
大理白族自治州	Dali Bai A.P	210.5	132.2	31.9	46.4	30.4	2.30
德宏傣族景颇族自治州	Dehong Dai & Jingpo A.P	67.0	46.8	5.1	15.1	13.8	0.40
怒江傈僳族自治州	Nujiang Lisu A.P	29.7	22.6	2.0	5.1	4.7	0.20
迪庆藏族自治州	Diqing Zang A.P	23.4	14.9	1.6	6.9	4.1	0.59
西藏自治区	**Tibet A.R.**	**163.5**	**89.4**	**17.1**	**57.0**	**20.3**	
拉萨市	Lhasa City					9.0	
昌都地区	Qamdu Prefecture					2.5	
山南地区	Lhokha Prefecture					1.9	
日喀则地区	Xigaze Prefecture					2.9	
那曲地区	Narqu Prefecture					1.7	
阿里地区	Ngri Prefecture					0.7	
林芝地区	Nyingchi Prefecture					1.6	
其他	Others						
陕西省	**Shaanxi**	**2069.0**	**909.3**	**419.7**	**740.0**	**619.6**	**20.83**
西安市	Xi'an City	448.1	127.9	130.2	190.0	214.8	9.40
铜川市	Tongchuan City	39.8	19.3	9.1	11.4	11.3	0.77
宝鸡市	Baoji City	195.2				49.4	4.16
咸阳市	Xianyang City	248.6	143.4	50.4	54.8	48.1	2.11
渭南市	Weinan City	303.2				56.4	1.79
延安市	Yan'an City	105.9	54.1	15.8	36.0	35.9	0.93
汉中市	Hanzhong City	208.6	80.3	29.0	99.4	53.0	1.52
榆林市	Yulin City	179.6	95.2	26.4	58.1	32.9	1.09
安康市	Ankang City	149.7	137.6	2.1	10.1	12.4	0.82
商洛市	Shangluo City	113.1	58.7	14.3	40.1	17.8	0.53
其他	Others	7.7	4.9	1.3	1.5	3.4	0.10
甘肃省	**Gansu**	**1446.3**	**901.8**	**218.6**	**325.9**	**397.7**	**9.43**
兰州市	Lanzhou City	157.2	41.8	42.4	73.0	86.6	1.89
嘉峪关市	Jiayuguan City	4.5		3.2	1.3	4.5	0.28
金昌市	Jinchang City	27.6	10.3	7.2	10.1	13.8	0.48

3-4 续表 9 continued

地 区	Region	就业人员（万人）Employed Population (10 000 persons)	第一产业 Primary Industry	第二产业 Secondary Industry	第三产业 Tertiary Industry	城镇就业人员（万人）Urban Employed Persons (10 000 persons)	城镇登记失业人员数（万人）Urban Registered Unemployed (10 000 persons)
白银市	Baiyin City	89.1	52.8	17.1	19.2	14.6	0.69
天水市	Tianshui City	179.3	104.6	25.9	48.8	31.3	0.74
武威市	Wuwei City	106.3	60.3	14.0	31.9	22.1	0.56
张掖市	Zhangye City	93.8	10.9	24.1	58.9	18.3	2.64
平凉市	Pingliang City	142.0	101.3	10.3	30.5	16.6	0.88
酒泉市	Jiuquan City	51.5	23.0	8.6	19.9	22.7	0.51
庆阳市	Qingyang City	138.2	78.7	13.5	46.1	20.6	0.94
定西市	Dingxi City	153.5	89.9	20.4	43.1	16.1	0.57
陇南市	Longnan City	145.8	108.8	11.7	25.3	11.1	0.61
临夏回族自治州	Linxia Hui A.P	109.5	60.6	11.3	37.5	16.3	0.47
甘南藏族自治州	Gannan Zang A.P	39.7	28.8	2.7	8.2	7.5	0.27
青海省	**Qinghai**	**317.2**	**141.3**	**67.6**	**108.3**	**113.8**	**3.90**
西宁市	Xining City					25.1	
海东地区	Haidong Prefecture					5.7	
海北藏族自治州	Haibei Zang A.P					2.5	
黄南藏族自治州	Huangnan Zang AP					1.7	
海南藏族自治州	Hainan Zang A.P					2.7	
果洛藏族自治州	Golog Zang A.P					1.2	
玉树藏族自治州	Yushu Zang A.P					1.5	
海西蒙古族藏族自治州	Haixi Mongolian & Zang A.P					6.7	
宁夏回族自治区	**Ningxia**	**303.9**	**136.4**	**76.2**	**91.4**	**85.2**	**4.80**
银川市	Yinchuan City	90.5	23.8	24.7	42.0	50.0	2.04
石嘴山市	Shizuishan City	31.7	10.6	10.1	11.0	14.9	2.70
吴忠市	Wuzhong City	67.0	32.3	14.5	20.2	14.2	0.70
固原市	Guyuan City	73.1	41.1	15.1	16.8	9.8	0.50
中卫市	Zhongwei City	58.3	28.9	17.5	11.9	7.0	0.21
新疆维吾尔自治区	**Xinjiang**	**847.6**	**421.3**	**120.1**	**306.2**	**381.4**	**11.77**
乌鲁木齐市	Urumqi City	117.7	10.2	23.3	84.3	103.0	2.06
克拉玛依市	Karamay City	23.5	1.1	12.9	9.5	23.3	0.26
吐鲁番地区	Turpan Prefecture	35.7	20.2	6.0	9.4	10.4	0.34
哈密地区	Hami Prefecture	21.3	9.7	3.3	8.4	10.7	0.43
昌吉回族自治州	Changji Hui A.P	69.5	37.8	9.3	22.3	29.4	0.55
博尔塔拉蒙古自治州	Bortala Mongolian A.P	21.6	10.8	2.6	8.2	12.0	0.30
巴音郭楞蒙古自治州	Bayingolin Mongolian A.P	51.0	23.3	7.5	20.2	28.5	0.80
阿克苏地区	Aksu Prefecture	92.9	58.4	9.3	25.3	29.6	0.70
克孜勒苏柯尔克孜自治州	Kizilsu Kirgiz A.P	19.4	11.4	1.8	6.2	4.9	0.10
喀什地区	Kashi Prefecture	119.5	77.8	9.3	32.5	27.6	0.98
和田地区	Hotan Prefecture	70.7	47.3	7.4	16.0	13.1	0.54
伊犁哈萨克自治州	Ili Kazak A.P	106.9	59.8	13.9	33.1	36.1	1.05
塔城地区	Tacheng Prefecture	56.2	37.1	5.3	13.8	26.0	0.34
阿勒泰地区	Altay Prefecture	26.8	14.0	3.2	9.5	13.9	0.30
石河子市	Shihezi City	14.8	2.3	4.8	7.7	12.8	0.35
阿拉尔市	Alar City						
图木舒克市	Tumxuk City						
五家渠市	Wujiaqu City						
生产建设兵团	Corps						

3-5 城镇就业人员(2008年)

Urban Employed Persons(2008)

地区	Region	国有单位(万人) State-owned Units (10 000 persons)	城镇集体单位(万人) Collective-owned Units (10 000 persons)	港澳台商投资单位(万人) Units with Funds from Hong Kong, Macao and Taiwan (10 000 persons)	外商投资单位(万人) Foreign Funded Units (10 000 persons)	私营企业(万人) Private Enterprises (10 000 persons)	个体(万人) Self-employed Individuals (10 000 persons)
北京市	**Beijing**	**187.7**	**14.95**	**33.44**	**72.73**		
东城区	Dongcheng District	19.2	0.55	3.88	5.50		
西城区	Xicheng District	23.0	1.03	2.80	2.76		
崇文区	Chongwen District	3.7	0.27	0.94	0.49		
宣武区	Xuanwu District	7.3	0.67	0.37	0.45		
朝阳区	Chaoyang District	26.8	1.88	8.54	19.65		
丰台区	Fengtai District	18.5	1.25	1.24	3.02		
石景山区	Shijingshan District	4.5	0.32	0.36	1.76		
海淀区	Haidian District	46.9	2.52	4.47	14.19		
门头沟区	Mentougou District	1.9	0.52	0.08	0.10		
房山区	Fangshan District	4.6	0.77	0.16	0.41		
通州区	Tongzhou District	3.8	0.68	0.85	2.67		
顺义区	Shunyi District	5.0	1.75	5.10	6.65		
昌平区	Changping District	5.5	1.06	0.75	1.84		
大兴区	Daxing District	5.6	0.67	2.56	9.76		
怀柔区	Huairou District	2.4	0.29	0.31	1.21		
平谷区	Pinggu District	2.3	0.16	0.29	1.22		
密云县	Miyun County	3.1	0.39	0.58	0.93		
延庆县	Yanqing County	3.4	0.19	0.15	0.12		
北京经济技术开发区	Beijing Economic-technological Development Zones						
远洋捕捞	Deep-sea Fishing						
其他	Others						
天津市	**Tianjin**	**96.1**	**7.90**	**12.73**	**43.79**	**84.60**	**67.30**
和平区	Heping District	20.9	1.00	0.58	1.89		
河东区	Hedong District	6.2	1.31	0.17	0.49		
河西区	Hexi District	9.6	0.52	0.22	1.80		
南开区	Nankai District	9.1	0.36	0.32	2.39		
河北区	Hebei District	7.3	0.58	0.31	0.31		
红桥区	Hongqiao District	3.0	0.22	0.03	0.09		
塘沽区	Tanggu District	10.4	0.56	3.69	11.22		
汉沽区	Hangu District	2.2	0.38	0.08	0.25		
大港区	Dagang District	5.0	0.36	0.04	0.71		
东丽区	Dongli District	4.1	0.28	1.01	4.16		
西青区	Xiqing District	2.7	0.25	1.34	10.24		
津南区	Jinnan District	1.3	0.33	0.28	3.14		
北辰区	Beichen District	2.4	0.24	0.65	3.27		
武清区	Wuqing District	2.8	0.27	3.10	3.00		
宝坻区	Baodi District	2.3	0.19	0.57	0.57		
宁河县	Ninghe County	1.6	0.16	0.03	0.12		
静海县	Jinghai County	1.9	0.27	0.26	0.12		
蓟县	Ji County	3.2	0.62	0.03	0.02		
天津经济技术开发区	Tianjin Economic-technological Development Area						
天津港保税区	Tianjin Port Free Trade Zone						
天津滨海高新区	Tianjin Hi-Tech Industrial Park						
其他	Others						

3-5 续表 1 continued

地 区	Region	国有单位（万人）State-owned Units (10 000 persons)	城镇集体单位（万人）Collective-owned Units (10 000 persons)	港澳台商投资单位（万人）Units with Funds from Hong Kong, Macao and Taiwan (10 000 persons)	外商投资单位（万人）Foreign Funded Units (10 000 persons)	私营企业（万人）Private Enterprises (10 000 persons)	个体（万人）Self-employed Individuals (10 000 persons)
河北省	**Hebei**	**334.8**	**28.31**	**9.16**	**15.94**	**134.14**	**200.66**
石家庄市	Shijiazhuang City	61.1	6.31	2.44	1.75	12.43	23.47
唐山市	Tangshan City	39.2	3.35	2.75	3.44	12.36	23.22
秦皇岛市	Qinhuangdao City	18.4	1.04	0.45	3.23	6.05	9.37
邯郸市	Handan City	41.7	2.81	0.39	0.45	13.04	38.06
邢台市	Xingtai City	23.5	1.99	0.05	0.19	16.77	13.94
保定市	Baoding City	45.0	5.00	1.00	2.00	18.86	13.05
张家口市	Zhangjiakou City	24.9	2.16	0.07	0.33	7.57	19.27
承德市	Chengde City	16.0	0.90	0.41	0.26	4.39	6.76
沧州市	Cangzhou City	33.5	2.29	0.52	0.72	16.18	14.15
廊坊市	Langfang City	17.3	0.81	0.82	3.27	14.84	16.66
衡水市	Hengshui City	15.4	2.00	0.34	0.31	11.66	23.47
其他	Others						
山西省	**Shanxi**	**255.9**	**27.92**	**6.10**	**3.38**	**60.58**	**72.84**
太原市	Taiyuan City	39.0	5.25	4.59	0.39	20.37	20.27
大同市	Datong City	34.9	3.56	0.04	0.16	7.40	13.80
阳泉市	Yangquan City	17.9	2.89		0.03	5.40	4.90
长治市	Changzhi City	21.5	1.94	0.07	0.55	7.79	4.41
晋城市	Jincheng City	12.1	2.68	0.02	0.34	3.42	8.81
朔州市	Shuozhou City	11.6	1.16		0.43		
晋中市	Jinzhong City	18.7	2.38	0.98	1.07	9.50	6.40
运城市	Yuncheng City	21.1	2.11	0.03	0.22	7.46	17.10
忻州市	Xinzhou City	18.7	1.38	0.13			
临汾市	Linfen City	23.9	1.80	0.23	0.06	1.71	7.96
吕梁市	Luliang City	21.2	2.70		0.10	1.70	2.10
其他	Others	15.3					
内蒙古自治区	**Inner Mongolia**	**163.5**	**10.10**	**1.40**	**2.80**	**80.40**	**89.60**
呼和浩特市	Hohhot City	20.6	1.02	0.27	0.40	20.53	11.59
包头市	Baotou City	12.5	2.50	0.38	0.54	17.61	15.98
呼伦贝尔市	Hulunbuir City	20.3	0.44	0.12	0.11	4.22	11.21
兴安盟	Xingan League	8.9	0.42	0.06	0.04	1.88	4.86
通辽市	Tongliao City	18.2	1.00	0.05	0.42	1.85	6.88
赤峰市	Chifeng City	20.0	1.31	0.07	0.01	9.45	11.29
锡林郭勒盟	Xilingol League	7.7	0.39	0.01	0.03	3.58	5.28
乌兰察布市	Ulanqab City	11.3	0.49	0.05	0.06	5.50	5.26
鄂尔多斯市	Erdos City	10.0	0.34	0.16	0.73	5.45	7.68
巴彦淖尔市	Bayannur City	10.3	0.51	0.13	0.20	3.91	5.75
乌海市	Wuhai City	2.7	0.13	0.03	0.11	3.65	2.54
阿拉善盟	Alxa League	2.5	0.05		0.02	2.37	1.30
其他	Others	18.6	1.50	0.10	0.15	0.44	
辽宁省	**Liaoning**	**338.1**	**83.90**	**10.80**	**44.72**	**206.12**	**216.62**
沈阳市	Shenyang City	57.0	12.13	2.76	8.10	34.15	32.21
大连市	Dalian City	30.8	2.75	3.78	29.47	105.41	25.38
鞍山市	Anshan City	31.8	14.08	0.56	0.40	5.19	9.95
抚顺市	Fushun City	17.0	11.52	0.41	1.16	7.38	16.99
本溪市	Benxi City	22.3	7.64	0.21	0.16	3.50	9.53
丹东市	Dandong City	13.2	3.36	0.15	1.34	4.49	13.06
锦州市	Jinzhou City	21.5	4.99	0.55	0.68	5.94	17.86
营口市	Yingkou City	10.6	1.64	0.51	1.75	5.17	29.68

3-5 续表 2 continued

地　区	Region	国有单位（万人）State-owned Units (10 000 persons)	城镇集体单位（万人）Collective-owned Units (10 000 persons)	港澳台商投资单位（万人）Units with Funds from Hong Kong, Macao and Taiwan (10 000 persons)	外商投资单位（万人）Foreign Funded Units (10 000 persons)	私营企业（万人）Private Enterprises (10 000 persons)	个体（万人）Self-employed Individuals (10 000 persons)
阜新市	Fuxin City	14.1	8.87	0.05	0.19	7.84	18.18
辽阳市	Liaoyang City	9.8	3.59	0.59	0.56	3.52	8.88
盘锦市	Panjin City	47.1	0.82	0.06	0.27	4.85	10.62
铁岭市	Tieling City	14.9	6.19	0.45	0.17	5.64	9.52
朝阳市	Chaoyang City	13.7	1.89	0.32	0.17	7.74	6.56
葫芦岛市	Huludao City	15.0	4.43	0.39	0.29	5.31	8.19
其他	Others						
吉林省	**Jilin**	**168.4**	**14.90**	**2.50**	**7.40**	**75.80**	**231.70**
长春市	Changchun City	48.6	5.10	1.50	5.20	27.60	24.60
吉林市	Jilin City	21.8	1.90	0.30	0.40	10.50	12.80
四平市	Siping City	13.6	0.80	0.20	0.20	7.70	11.80
辽源市	Liaoyuan City	7.9	0.40			5.90	5.30
通化市	Tonghua City	12.7	1.00	0.10	0.10	5.70	6.80
白山市	Baishan City	10.7	0.40	0.20	0.20	3.40	6.90
松原市	Songyuan City	13.1	0.60		0.30	3.10	6.60
白城市	Baicheng City	15.3	0.90		0.10	2.90	8.70
延边朝鲜族自治州	Yanbian Korean A.P	16.0	0.70	0.20	0.90	9.00	17.80
其他	Others	8.7	3.10				130.40
黑龙江省	**Heilongjiang**	**318.3**	**30.60**			**108.50**	**302.60**
哈尔滨市	Harbin City	74.2	20.20	1.80	2.30	38.30	55.18
齐齐哈尔市	Qiqihar City	21.5	2.44	0.06	0.42	6.02	39.83
鸡西市	Jixi City	8.6	0.62	0.11	0.21	2.83	22.79
鹤岗市	Hegang City	5.5	1.26		0.50	4.67	19.12
双鸭山市	Shuangyashan City	7.3	0.54			2.05	14.18
大庆市	Daqing City	35.0	0.92	0.19	0.28	15.78	17.38
伊春市	Yichun City	14.5	1.06			5.14	24.99
佳木斯市	Jiamusi City	13.1	0.93	0.08	0.43	5.60	19.59
七台河市	Qitaihe City	3.9	0.59			3.96	7.89
牡丹江市	Mudanjiang City	15.4	0.83			15.73	16.02
黑河市	Heihe City	9.6	0.22		0.02	3.31	13.43
绥化市	Suihua City	18.3	0.86	0.06	0.10	2.55	29.46
大兴安岭地区	Daxing'anling Prefecture	8.1	0.10		0.04	1.72	8.32
农垦总局	Agriculture Reclamation Bureau	67.0	0.02			0.78	14.34
其他	Others	16.4					
上海市	**Shanghai**	**140.7**	**11.46**	**36.00**	**96.79**	**276.63**	**23.05**
黄浦区	Huangpu District	10.7	0.62	0.53	1.50		
卢湾区	Luwan District	5.6	0.39	1.12	0.84		
徐汇区	Xuhui District	22.6	0.26	2.95	5.48		
长宁区	Changning District	6.3	0.40	1.52	1.27		
静安区	Jingan District	6.2	0.39	0.49	1.31		
普陀区	Putuo District	6.7	0.69	0.27	2.41		
闸北区	Zhabei District	10.6	0.66	0.29	0.80		
虹口区	Hongkou District	6.9	0.53	0.23	0.46		
杨浦区	Yangpu District	9.8	0.74	0.20	1.20		
闵行区	Minhang District	5.5	1.08	4.22	15.41		
宝山区	Baoshan District	9.4	0.38	1.29	3.01		
嘉定区	Jiading District	3.2	0.49	3.39	11.05		

3-5 续表 3 continued

地　区	Region	国有单位（万人） State-owned Units (10 000 persons)	城镇集体单位（万人） Collective-owned Units (10 000 persons)	港澳台商投资单位（万人） Units with Funds from Hong Kong, Macao and Taiwan (10 000 persons)	外商投资单位（万人） Foreign Funded Units (10 000 persons)	私营企业（万人） Private Enterprises (10 000 persons)	个体（万人） Self-employed Individuals (10 000 persons)
浦东新区	Pudong New District	17.6	0.90	3.42	21.71		
金山区	Jinshan District	2.4	0.32	1.98	1.32		
松江区	Songjiang District	3.1	0.80	8.54	13.15		
青浦区	Qingpu District	2.5	0.93	3.00	8.01		
南汇区	Nanhui District	3.3	0.64	0.77	5.22		
奉贤区	Fengxian District	2.6	0.91	1.79	2.58		
崇明县	Chongming County	2.6	0.33		0.05		
其他	Others	3.2	0.00	0.01			
江苏省	**Jiangsu**	**278.0**	**34.01**	**60.14**	**128.04**	**778.19**	**240.94**
南京市	Nanjing City	46.1	4.72	7.38	13.49	96.82	35.45
无锡市	Wuxi City	16.7	1.80	6.71	20.59	103.46	22.29
徐州市	Xuzhou City	41.5	3.64	1.77	0.86	36.65	22.13
常州市	Changzhou City	13.7	1.46	3.14	4.37	97.06	21.73
苏州市	Suzhou City	21.6	2.85	17.68	55.26	132.76	35.70
南通市	Nantong City	19.8	2.87	6.95	12.86	37.67	13.12
连云港市	Lianyungang City	15.9	2.41	1.56	3.06	20.93	7.65
淮安市	Huaian City	17.5	2.43	3.63	2.13	37.40	15.89
盐城市	Yancheng City	24.6	1.90	3.21	3.67	43.80	20.48
扬州市	Yangzhou City	17.4	3.07	2.46	3.27	44.97	13.33
镇江市	Zhenjiang City	14.6	2.19	3.88	4.79	21.56	9.02
泰州市	Taizhou City	14.8	4.18	1.67	3.68	32.17	15.30
宿迁市	Suqian City	12.5	0.50	0.11		32.04	7.27
浙江省	**Zhejiang**	**201.2**	**26.56**	**83.34**	**101.66**	**443.93**	**241.41**
杭州市	Hangzhou City	49.5	5.59	23.34	27.80	84.83	36.83
宁波市	Ningbo City	27.6	3.52	21.96	21.64	89.86	25.46
温州市	Wenzhou City	26.5	5.23	2.67	8.20	95.73	62.75
嘉兴市	Jiaxing City	14.6	2.09	14.35	24.44	22.08	19.34
湖州市	Huzhou City	9.1	1.26	3.92	3.59	14.02	20.53
绍兴市	Shaoxing City	13.8	2.04	12.74	9.36	30.25	14.37
金华市	Jinhua City	17.0	2.28	1.63	3.49	53.35	37.09
衢州市	Quzhou City	9.0	0.52	0.48	0.66	9.92	7.16
舟山市	Zhoushan City	5.9	0.59	0.35	0.65	6.28	3.58
台州市	Taizhou City	18.1	2.72	1.57	1.33	26.28	19.04
丽水市	Lishui City	9.4	0.72	0.34	0.50	8.22	7.57
安徽省	**Anhui**	**199.8**	**24.40**	**6.61**	**8.86**	**92.17**	**144.50**
合肥市	Hefei City	27.8	1.20	2.35	3.48	31.08	19.30
芜湖市	Wuhu City	9.7	0.43	1.53	1.05	8.01	5.67
蚌埠市	Bengbu City	10.4	0.91	0.12	0.41	1.53	9.55
淮南市	Huainan City	10.3	3.37	0.15	0.39	2.87	7.12
马鞍山市	Maanshan City	4.3	0.81	0.42	0.87	4.92	5.52
淮北市	Huaibei City	6.9	2.63	0.08	0.07	5.64	10.12
铜陵市	Tongling City	6.6	0.20	0.13	0.17	0.12	1.91
安庆市	Anqing City	18.0	1.84	0.07	0.17	5.26	14.96
黄山市	Huangshan City	5.6	0.33	0.22	0.14	2.35	4.21
滁州市	Chuzhou City	11.8	1.19	0.93	0.68	7.27	10.42
阜阳市	Fuyang City	19.8	2.53	0.10	0.17	3.48	16.96
宿州市	Suzhou City	18.3	2.83	0.13	0.20	2.46	4.21

3-5 续表 4 continued

地 区	Region	国有单位（万人） State-owned Units (10 000 persons)	城镇集体单位（万人） Collective-owned Units (10 000 persons)	港澳台商投资单位（万人） Units with Funds from Hong Kong, Macao and Taiwan (10 000 persons)	外商投资单位（万人） Foreign Funded Units (10 000 persons)	私营企业（万人） Private Enterprises (10 000 persons)	个体（万人） Self-employed Individuals (10 000 persons)
巢湖市	Chaohu City	10.1	1.62	0.14	0.32	1.15	6.19
六安市	Liuan City	15.2	2.39		0.06	4.35	9.52
亳州市	Bozhou City	11.6	1.20	0.01	0.03	3.22	7.42
池州市	Chizhou City	4.7	0.39	0.05	0.18	2.18	3.05
宣城市	Xuancheng City	8.1	0.55	0.17	0.47	6.22	8.37
其他	Others	0.6				0.06	
福建省	**Fujian**	**144.2**	**16.70**	**105.35**	**76.53**	**182.66**	**80.67**
福州市	Fuzhou City	32.1	3.35	17.70	17.83	39.01	18.43
厦门市	Xiamen City	17.9	2.96	20.94	19.63	52.74	14.20
莆田市	Putian City	8.6	1.10	6.37	4.04	6.10	3.56
三明市	Sanming City	12.5	0.86	0.83	0.34	11.82	5.93
泉州市	Quanzhou City	21.1	3.85	44.83	26.67	38.82	17.12
漳州市	Zhangzhou City	14.8	1.64	10.92	4.67	8.63	5.11
南平市	Nanping City	11.7	0.84	1.11	1.25	8.97	6.22
龙岩市	Longyan City	11.1	1.39	2.12	1.42	8.72	5.05
宁德市	Ningde City	10.4	0.71	0.52	0.68	7.86	5.06
江西省	**Jiangxi**	**196.7**	**15.30**	**8.67**	**8.82**	**116.00**	**113.08**
南昌市	Nanchang City	36.8	5.24	0.93	1.66	11.13	16.92
景德镇市	Jingdezhen City	10.6	0.95	0.08	0.45	4.87	8.38
萍乡市	Pingxiang City	9.4	0.31	0.16	0.04	7.06	5.92
九江市	Jiujiang City	20.2	2.15	0.76	0.56	29.30	9.18
新余市	Xinyu City	4.7	0.22	0.14	1.32	4.00	3.80
鹰潭市	Yingtan City	7.9	0.13	0.06	0.07	3.19	4.54
赣州市	Ganzhou City	25.1	1.26	5.68	1.90	14.76	24.67
吉安市	Jian City	16.5	1.13	0.29	0.13	8.77	8.15
宜春市	Yichun City	19.0	0.67	0.25	1.39	8.80	8.67
抚州市	Fuzhou City	15.6	1.60	0.23	0.22	4.85	7.01
上饶市	Shangrao City	23.4	1.62	0.09	1.08	16.42	15.84
山东省	**Shandong**	**427.9**	**56.00**	**26.50**	**108.80**	**304.70**	**197.00**
济南市	Jinan City	47.2	6.00	2.00	5.00	44.30	23.00
青岛市	Qingdao City	39.8	4.80	6.70	46.90	68.10	23.20
淄博市	Zibo City	25.7	4.50	1.20	4.90	18.20	10.50
枣庄市	Zaozhuang City	24.6	3.60	0.40	0.80	4.70	16.10
东营市	Dongying City	22.7	1.90	0.30	0.80	6.30	4.60
烟台市	Yantai City	31.4	4.30	5.50	23.20	42.80	16.10
潍坊市	Weifang City	29.9	3.00	2.60	5.90	31.90	20.20
济宁市	Jining City	41.3	4.50	0.60	2.00	12.10	13.50
泰安市	Taian City	18.2	7.90	0.80	1.20	6.60	6.00
威海市	Weihai City	12.9	3.30	1.60	7.10	17.40	7.50
日照市	Rizhao City	9.6	0.70	0.60	1.40	9.00	3.30
莱芜市	Laiwu City	5.0	1.60	0.10	0.20	5.60	3.00
临沂市	Linyi City	31.1	3.00	1.60	4.80	5.90	22.10
德州市	Dezhou City	20.2	2.00	0.80	1.90	7.70	5.70
聊城市	Liaocheng City	19.8	1.30	0.70	0.70	4.90	5.60
滨州市	Binzhou City	11.4	1.30	0.70	0.80	5.10	3.70
菏泽市	Heze City	25.3	2.20	0.30	1.10	9.00	13.10

3-5 续表 5 continued

地　区	Region	国　有 单　位 (万人) State-owned Units (10 000 persons)	城镇集体 单　位 (万人) Collective-owned Units (10 000 persons)	港澳台商 投资单位 (万人) Units with Funds from Hong Kong, Macao and Taiwan (10 000 persons)	外商投资 单　位 (万人) Foreign Funded Units (10 000 persons)	私营企业 (万人) Private Enterprises (10 000 persons)	个　体 (万人) Self-employed Individuals (10 000 persons)
河南省	**Henan**	**391.0**	**68.30**	**10.12**	**10.43**	**106.31**	**155.60**
郑州市	Zhengzhou City	48.8	5.45	1.96	2.99	39.67	40.80
开封市	Kaifeng City	15.2	3.78	0.28	0.11	9.88	12.28
洛阳市	Luoyang City	29.4	4.28	0.23	1.03	15.42	14.87
平顶山市	Pingdingshan City	19.2	4.61	0.50	0.64	4.91	11.25
安阳市	Anyang City	18.4	3.21	0.61	0.40	5.59	8.68
鹤壁市	Hebi City	5.8	1.28	0.25	0.08	1.86	1.84
新乡市	Xinxiang City	22.9	4.50	0.43	1.91	6.41	8.33
焦作市	Jiaozuo City	15.0	3.17	0.51	0.22	16.02	13.34
濮阳市	Puyang City	15.8	0.99	0.42	0.19	8.89	14.74
许昌市	Xuchang City	14.2	3.94	0.68	0.16	8.28	16.84
漯河市	Luohe City	10.2	2.45	2.71	0.21	2.46	5.34
三门峡市	Sanmenxia City	12.6	0.73	0.21	0.51	2.48	4.33
南阳市	Nanyang City	39.4	6.89	0.80	0.87	8.31	25.25
商丘市	Shangqiu City	23.5	6.09	0.07	0.04	7.74	19.30
信阳市	Xinyang City	28.5	5.92	0.03	0.09	5.52	21.81
周口市	Zhoukou City	31.9	6.17	0.05	0.32	10.42	24.37
驻马店市	Zhumadian City	23.8	3.00	0.19	0.56	8.08	21.37
其他	Others	3.0	0.13	0.18	0.10	2.07	5.08
湖北省	**Hubei**	**287.2**	**25.10**	**8.00**	**16.00**	**250.00**	**265.00**
武汉市	Wuhan City	84.6	8.00	3.00	9.29	37.74	74.60
黄石市	Huangshi City	13.9	1.71	0.19	0.93	16.49	13.20
十堰市	Shiyan City	14.4	0.70		4.95	12.42	13.14
宜昌市	Yichang City	19.5	1.60	0.89	0.71	14.50	16.30
襄樊市	Xiangfan City	25.0	0.88	0.22	0.37	10.78	10.90
鄂州市	Ezhou City	4.9	0.71	0.11	0.39	8.01	3.42
荆门市	Jingmen City	12.3	0.90	0.60	0.20	8.70	12.90
孝感市	Xiaogan City	19.0	3.20	1.10	0.35	14.40	11.80
荆州市	Jingzhou City	21.7	1.04	0.53	0.28	18.23	23.68
黄冈市	Huanggang City	23.0	3.00	0.60	0.20	9.10	23.60
咸宁市	Xianning City	11.5	1.13	0.41	0.35	0.41	4.80
随州市	Suizhou City	6.2	0.97	0.35	0.43	8.87	11.88
恩施土家族苗族自治州	Enshi Tujia & Miao A.P	10.3	0.17			15.91	13.49
仙桃市	Xiantao City	3.9	0.39	0.16	0.10	53.65	10.03
天门市	Tianmen City	2.6	1.19	0.23	0.07	11.48	8.50
潜江市	Qianjiang City	10.1	0.55		0.07	14.90	6.90
神农架林区	Shennongjia Forest District	0.9	0.02			0.36	0.34
湖南省	**Hunan**	**291.7**	**37.73**	**9.90**	**9.79**	**218.99**	**435.58**
长沙市	Changsha City	41.5	5.58	2.16	4.08	30.01	27.22
株洲市	Zhuzhou City	16.9	1.86	1.04	1.87	12.98	10.67
湘潭市	Xiangtan City	11.9	3.00	0.30	0.46	8.56	8.50
衡阳市	Hengyang City	28.9	5.65	1.22	0.66	31.06	29.94
邵阳市	Shaoyang City	24.6	2.74	0.19	0.17	8.37	43.73
岳阳市	Yueyang City	26.4	3.89	0.29	0.61	9.51	27.69
常德市	Changde City	19.2	0.85	0.98	0.51	7.17	15.54
张家界市	Zhangjiajie City	6.0	0.94	0.25	0.05	2.52	2.70
益阳市	Yiyang City	16.5	3.09	0.52	0.25	4.47	6.58
郴州市	Chenzhou City	19.9	1.48	1.11	0.23	9.59	20.43

3-5 续表 6 continued

地　区	Region	国　有 单　位 (万人) State-owned Units (10 000 persons)	城镇集体 单　位 (万人) Collective-owned Units (10 000 persons)	港澳台商 投资单位 (万人) Units with Funds from Hong Kong, Macao and Taiwan (10 000 persons)	外商投资 单　位 (万人) Foreign Funded Units (10 000 persons)	私营企业 (万人) Private Enterprises (10 000 persons)	个　体 (万人) Self-employed Individuals (10 000 persons)
永州市	Yongzhou City	20.8	1.91	1.31	0.56	8.02	11.60
怀化市	Huaihua City	19.8	2.12	0.16	0.09	20.44	26.80
娄底市	Loudi City	16.9	3.66	0.34	0.11	6.03	19.09
湘西土家族苗族自治州	West Hunan Tujia & Miao A.P	11.4	0.97	0.03	0.01	5.03	17.98
广东省	**Guangdong**	**385.1**	**60.64**	**222.08**	**141.52**	**650.11**	**569.06**
广州市	Guangzhou City	83.1	10.96	40.97	36.83	128.20	66.20
韶关市	Shaoguan City	14.1	1.93	4.69	0.49	3.63	13.22
深圳市	Shenzhen City	41.8	1.37	50.90	41.52	196.17	100.18
珠海市	Zhuhai City	9.3	3.62	17.14	14.84	17.62	21.92
汕头市	Shantou City	17.0	6.21	2.60	3.03	30.97	23.93
佛山市	Foshan City	18.9	3.06	13.87	5.60	96.60	26.50
江门市	Jiangmen City	13.4	3.10	11.24	4.00	21.49	26.02
湛江市	Zhanjiang City	27.4	3.09	3.96	0.77	9.90	21.30
茂名市	Maoming City	20.7	3.91	0.70	0.43	4.70	24.24
肇庆市	Zhaoqing City	13.9	1.21	5.66	2.72	17.79	49.17
惠州市	Huizhou City	16.3	2.66	33.49	17.01	28.88	60.31
梅州市	Meizhou City	16.1	1.49	2.11	0.46	3.83	8.69
汕尾市	Shanwei City	9.2	1.70	2.67	0.06	7.53	29.54
河源市	Heyuan City	10.6	1.66	6.32	1.40	5.30	10.20
阳江市	Yangjiang City	10.3	3.84	1.31	0.54	16.12	9.46
清远市	Qingyuan City	12.0	0.91	8.04	2.57	9.40	17.60
东莞市	Dongguan City	11.8	3.92	2.90	1.28	20.17	49.52
中山市	ZhongShan City	7.6	1.46	5.98	5.95	33.08	50.34
潮州市	Chaozhou City	7.3	1.43	1.33	0.61	6.70	4.34
揭阳市	Jieyang City	14.4	2.62	1.53	0.56	36.00	40.50
云浮市	Yunfu City	8.3	0.50	4.68	0.86	8.33	18.08
广西壮族自治区	**Guangxi**	**198.0**	**17.00**	**6.00**	**7.00**	**92.00**	**116.00**
南宁市	Nanning City	38.0	1.99	0.85	1.21	28.34	18.62
柳州市	Liuzhou City	20.5	1.70	0.20	1.30	15.40	14.70
桂林市	Guilin City	22.1	1.70	0.70	0.70	13.04	15.50
梧州市	Wuzhou City	9.8	1.00	0.60	0.50	6.20	8.70
北海市	Beihai City	7.2	0.79	0.36	0.79		
防城港市	Fangchenggang City	5.8	0.87	0.06	0.26	1.51	3.98
钦州市	Qinzhou City	9.5	0.88	0.30	0.32	3.81	8.17
贵港市	Guigang City	13.8	1.20	0.80	0.10	3.30	9.50
玉林市	Yulin City	17.1	3.50	0.62	1.36	3.68	9.28
百色市	Baise City	14.4	0.82	0.30		6.31	13.56
贺州市	Hezhou City	6.5	0.34	0.17	0.02	4.70	10.92
河池市	Hechi City	14.2	1.30	0.08	0.13	5.23	9.18
来宾市	Laibin City	8.1	0.42	0.41	0.33	8.96	9.62
崇左市	Chongzuo City	9.4	0.42	0.60	0.16	1.93	5.39
海南省	**Hainan**	**54.9**	**3.13**	**1.94**	**2.80**	**32.42**	**24.86**
海口市	Haikou City	14.9	1.04	1.02	1.92	24.32	9.07
三亚市	Sanya City	3.1	0.20	0.55	0.40	2.51	3.54
其他	Others	36.9	1.89	0.37	0.49	5.58	12.25

3-5 续表 7 continued

地　区	Region	国有单位（万人）State-owned Units (10 000 persons)	城镇集体单位（万人）Collective-owned Units (10 000 persons)	港澳台商投资单位（万人）Units with Funds from Hong Kong, Macao and Taiwan (10 000 persons)	外商投资单位（万人）Foreign Funded Units (10 000 persons)	私营企业（万人）Private Enterprises (10 000 persons)	个体（万人）Self-employed Individuals (10 000 persons)
重庆市	**Chongqing**	**115.2**	**108.29**	**3.60**	**7.39**	**105.80**	**248.28**
万州区	Wanzhou District	5.6	0.42	0.13	0.12	6.27	15.52
涪陵区	Fuling District	4.7	3.00	0.02	0.08	4.60	5.10
渝中区	Yuzhong District	12.3	0.54	0.43	0.30	11.15	11.01
大渡口区	Dadukou District	4.0	1.36	0.01	0.51	2.31	1.69
江北区	Jiangbei District	6.4	0.46	0.33	0.58	8.86	10.97
沙坪坝区	Shapingba District	5.5	7.46			11.27	11.63
九龙坡区	Jiulongpo District	6.8	1.08	0.24	1.21	8.41	4.80
南岸区	Nanan District	3.9	0.20	0.53	1.64	7.86	5.26
北碚区	Beibei District	3.8	5.12	0.02	0.08	5.36	3.89
万盛区	Wansheng District	3.0	0.20			0.70	1.40
双桥区	Shuangqiao District	0.2	0.19		0.02	0.38	0.46
渝北区	Yubei District	4.8	0.13	0.14	1.32	8.77	13.83
巴南区	Banan District	4.2	5.79			2.53	14.34
黔江区	Qianjiang District	1.9	0.07			0.86	3.24
长寿区	Changshou District	3.4	2.14		0.01	0.13	2.58
江津区	Jiangjin District	4.2	3.67	1.78	1.36	1.88	6.07
合川区	Hechuan District	2.9	2.59		0.12	3.70	3.42
永川区	Yongchuan District	3.8	4.79			3.31	5.77
南川区	Nanchuan District	1.5	0.32			0.54	1.18
四川省	**Sichuan**	**324.6**	**38.20**	**4.56**	**8.85**	**239.00**	**334.32**
成都市	Chengdu City	81.2	8.30	2.78	6.13	96.49	92.45
自贡市	Zigong City	9.5	1.80	0.04	0.31	9.28	15.56
攀枝花市	Panzhihua City	13.6	2.20	0.01		5.54	12.35
泸州市	Luzhou City	12.9	5.30	0.06	0.19	10.90	17.63
德阳市	Deyang City	12.2	1.00	0.44	0.31	10.69	4.35
绵阳市	Mianyang City	19.4	2.10	0.21	0.87	10.88	13.33
广元市	Guangyuan City	11.0	0.90	0.01		4.20	9.88
遂宁市	Suining City	7.6	2.50	0.02	0.19	4.18	11.35
内江市	Neijiang City	13.4	1.80	0.17	0.09	5.83	21.12
乐山市	Leshan City	12.9	1.20	0.08	0.32	7.89	10.07
南充市	Nanchong City	17.8	2.00	0.08	0.07	13.14	12.83
眉山市	Meishan City	8.2	0.80	0.01	0.04	4.49	17.50
宜宾市	Yibin City	15.1	0.90	0.38	0.11	17.60	27.51
广安市	Guangan City	9.2	0.60	0.14		8.62	16.61
达州市	Dazhou City	15.9	2.30			11.63	13.26
雅安市	Yaan City	6.6	0.50	0.09	0.01	4.26	8.71
巴中市	Bazhong City	9.0	1.70			2.30	9.10
资阳市	Ziyang City	8.9	1.50	0.03		5.22	4.12
阿坝藏族羌族自治州	Aba Zang & Qiang A.P	5.5	0.20		0.04	1.58	3.43
甘孜藏族自治州	Ganzi Zang A.P	5.7	0.10		0.02	0.13	4.32
凉山彝族自治州	Liangshan Yi A.P	15.4	0.60		0.13	4.17	8.84
贵州省	**Guizhou**	**145.9**	**30.13**	**0.93**	**1.73**	**29.61**	**104.85**
贵阳市	Guiyang City	40.2	3.20	0.53	1.00	13.99	14.47
六盘水市	Liupanshui City	7.4	0.17		0.04	2.88	4.30
遵义市	Zunyi City	21.7	1.09	0.09	0.22		
安顺市	Anshun City	8.4	0.50				
铜仁地区	Tongren Prefecture	11.4	0.50			3.30	6.10
黔西南布依族苗族自治州	Southwest Guizhou Buyi & Miao A.P	8.8	0.52	0.08	0.06		9.14

3-5 续表 8 continued

地 区	Region	国有单位（万人）State-owned Units (10 000 persons)	城镇集体单位（万人）Collective-owned Units (10 000 persons)	港澳台商投资单位（万人）Units with Funds from Hong Kong, Macao and Taiwan (10 000 persons)	外商投资单位（万人）Foreign Funded Units (10 000 persons)	私营企业（万人）Private Enterprises (10 000 persons)	个体（万人）Self-employed Individuals (10 000 persons)
毕节地区	Bijie Prefecture	15.9	0.62	0.03	0.06		8.54
黔东南苗族侗族自治州	Southeast Guizhou Miao & Dong A.P	12.4	0.55	0.09	0.07	0.03	8.40
黔南布依族苗族自治州	South Guizhou Buyi & Miao A.P	12.5	0.69	0.09	0.16	0.00	8.05
云南省	**Yunnan**	**177.8**	**10.44**	**2.40**	**2.80**	**101.50**	**120.60**
昆明市	Kunming City	45.2	4.32				104.39
曲靖市	Qujing City	18.3	1.14				15.17
玉溪市	Yuxi City	9.1	0.51				11.33
保山市	Baoshan City	6.8	0.37				4.46
昭通市	Zhaotong City	13.0	0.57				8.18
丽江市	Lijiang City	4.4	0.21				3.13
普洱市	Puer City	8.1	0.26				8.80
临沧市	Lincang City	7.1	0.15				5.86
楚雄彝族自治州	Chuxiong Yi A.P	10.0	0.39				6.54
红河哈尼族彝族自治州	Honghe Hani & Yi A.P	17.0	0.92				16.12
文山壮族苗族自治州	Wenshan Zhuang & Miao A.P	9.6	0.30				7.19
西双版纳傣族自治州	Xishuangbanna Dai A.P	8.1	0.38				4.14
大理白族自治州	Dali Bai A.P	10.5	0.55				8.35
德宏傣族景颇族自治州	Dehong Dai & Jingpo A.P	6.0	0.27				4.95
怒江傈僳族自治州	Nujiang Lisu A.P	2.4	0.06				1.32
迪庆藏族自治州	Diqing Zang A.P	1.9	0.05				1.42
西藏自治区	**Tibet A.R.**	**19.0**	**0.50**			**9.95**	**18.19**
拉萨市	Lhasa City	8.3	0.25				
昌都地区	Qamdu Prefecture	2.5	0.02				
山南地区	Lhokha Prefecture	1.8	0.09				
日喀则地区	Xigaze Prefecture	2.8	0.11				
那曲地区	Narqu Prefecture	1.7	0.01				
阿里地区	Ngri Prefecture	0.7					
林芝地区	Nyingchi Prefecture	1.3	0.02				
其他	Others						
陕西省	**Shaanxi**	**248.1**	**19.80**			**136.60**	**138.60**
西安市	Xi'an City	83.4	8.73	0.99	2.55	45.31	38.69
铜川市	Tongchuan City	7.8	0.40		0.10	1.05	0.90
宝鸡市	Baoji City	19.9	2.40		0.24	8.95	10.12
咸阳市	Xianyang City	26.8	1.97	0.93	0.47	3.31	7.42
渭南市	Weinan City	27.7	1.53	0.01	0.36	4.86	16.83
延安市	Yan'an City	20.5	1.05		0.02	5.45	8.16
汉中市	Hanzhong City	16.4	1.22	0.07		0.67	28.95
榆林市	Yulin City	17.6	0.96		0.03	0.98	10.43
安康市	Ankang City	10.3	0.70		0.08		
商洛市	Shangluo City	9.0	0.78			1.92	4.01
其他	Others	1.3	0.04		0.03	0.43	0.18
甘肃省	**Gansu**	**145.4**	**6.94**	**2.38**	**0.42**	**77.93**	**127.26**
兰州市	Lanzhou City	34.2	1.76	0.21	0.31	18.57	14.87
嘉峪关市	Jiayuguan City	4.1	0.12			0.28	
金昌市	Jinchang City	8.3	0.35			2.17	1.93

3-5 续表 9 continued

地 区	Region	国有单位(万人) State-owned Units (10 000 persons)	城镇集体单位(万人) Collective-owned Units (10 000 persons)	港澳台商投资单位(万人) Units with Funds from Hong Kong, Macao and Taiwan (10 000 persons)	外商投资单位(万人) Foreign Funded Units (10 000 persons)	私营企业(万人) Private Enterprises (10 000 persons)	个体(万人) Self-employed Individuals (10 000 persons)
白银市	Baiyin City	9.7	0.51		0.06	1.85	2.44
天水市	Tianshui City	13.4	1.04	0.22		4.20	9.10
武威市	Wuwei City	7.5	0.41	0.02		5.56	6.14
张掖市	Zhangye City	7.1	0.18	1.14		5.09	4.78
平凉市	Pingliang City	11.3	0.54			1.60	2.50
酒泉市	Jiuquan City	6.4	0.17	0.25	0.05	3.80	4.85
庆阳市	Qingyang City	8.6	0.52	0.42		3.62	7.49
定西市	Dingxi City	8.6	0.24			1.85	4.04
陇南市	Longnan City	9.5	0.57			1.01	
临夏回族自治州	Linxia Hui A.P	7.8	0.37	0.01		3.05	5.10
甘南藏族自治州	Gannan Zang A.P	3.8	0.06			1.59	1.74
青海省	**Qinghai**	**34.3**	**2.20**	**0.20**	**0.50**	**16.80**	**19.30**
西宁市	Xining City	15.4	1.70	0.09	0.30		
海东地区	Haidong Prefecture	4.9	0.20	0.02			
海北藏族自治州	Haibei Zang A.P	2.1	0.06				
黄南藏族自治州	Huangnan Zang AP	1.6	0.07				
海南藏族自治州	Hainan Zang A.P	2.1	0.03				
果洛藏族自治州	Golog Zang A.P	1.1	0.01				
玉树藏族自治州	Yushu Zang A.P	1.4	0.02				
海西蒙古族藏族自治州	Haixi Mongolian & Zang A.P	5.7	0.10	0.04	0.20		
宁夏回族自治区	**Ningxia**	**36.0**	**0.90**	**0.10**	**1.10**	**7.50**	**20.60**
银川市	Yinchuan City	14.8	0.28	0.07	0.95	12.62	8.43
石嘴山市	Shizuishan City	4.7	0.10			4.40	2.70
吴忠市	Wuzhong City	5.8	0.20		0.10	3.00	5.10
固原市	Guyuan City	5.4	0.10			1.80	2.10
中卫市	Zhongwei City	3.6	0.13			0.48	1.72
新疆维吾尔自治区	**Xinjiang**	**186.2**	**3.80**	**1.32**	**1.35**	**71.67**	**61.53**
乌鲁木齐市	Urumqi City	31.9	0.96	1.00	0.92	36.73	16.78
克拉玛依市	Karamay City	9.4	0.26	0.02	0.01	2.05	3.75
吐鲁番地区	Turpan Prefecture	3.9	0.08	0.03	0.06	1.57	1.86
哈密地区	Hami Prefecture	5.7	0.08	0.03	0.05	1.13	1.98
昌吉回族自治州	Changji Hui A.P	15.2	0.24	0.01		5.71	4.11
博尔塔拉蒙古自治州	Bortala Mongolian A.P	7.9	0.10	0.09		1.68	1.57
巴音郭楞蒙古自治州	Bayingolin Mongolian A.P	13.7	0.26	0.03	0.05	4.69	5.56
阿克苏地区	Aksu Prefecture	17.4	0.33	0.01		3.40	4.62
克孜勒苏柯尔克孜自治州	Kizilsu Kirgiz A.P	3.6	0.06			0.45	0.72
喀什地区	Kashi Prefecture	15.7	0.77	0.02		3.36	4.98
和田地区	Hotan Prefecture	7.5	0.08			1.76	2.82
伊犁哈萨克自治州	Ili Kazak A.P	20.1	0.31	0.03	0.07	3.89	6.19
塔城地区	Tacheng Prefecture	19.9	0.17	0.02		1.81	2.46
阿勒泰地区	Altay Prefecture	9.5	0.08			1.47	1.59
石河子市	Shihezi City	4.9	0.02	0.03	0.19	1.97	2.54
阿拉尔市	Alar City						
图木舒克市	Tumxuk City						
五家渠市	Wujiaqu City						
生产建设兵团	Corps						

3-6 职工人数和职工工资(2008年)

Number and Wages of Staff and Workers(2008)

地区	Region	职工人数 (万人) Staff and Workers (10 000 persons)	职工工资总额 (亿元) Total Wages of Staff and Workers (100 million yuan)	职工平均工资 (元) Average Wages of Staff and Workers (yuan)	国有单位 State-owned Units	城镇集体单位 Urban Collective-Owned Units	其他单位 Other Units
北京市	**Beijing**	**508.3**	**2847.49**	**56328**	**59366**	**24467**	**56053**
东城区	Dongcheng District	37.0	264.28	72078	64873	26081	79068
西城区	Xicheng District	48.6	427.33	88416	76234	40997	98920
崇文区	Chongwen District	8.6	40.60	47519	60997	27060	38729
宣武区	Xuanwu District	18.8	111.75	58950	67557	32342	55435
朝阳区	Chaoyang District	86.0	540.33	63478	65096	27169	63776
丰台区	Fengtai District	50.0	187.64	38318	40243	20973	37890
石景山区	Shijingshan District	14.2	65.18	45919	53564	22417	43130
海淀区	Haidian District	105.5	665.73	63781	66038	27865	63561
门头沟区	Mentougou District	5.6	20.66	36810	44595	18427	35090
房山区	Fangshan District	13.1	47.75	36985	46552	20908	33177
通州区	Tongzhou District	16.7	52.56	31065	45380	18262	27477
顺义区	Shunyi District	30.3	136.95	45666	42928	20674	48124
昌平区	Changping District	18.0	67.61	37235	46141	21255	34848
大兴区	Daxing District	29.3	134.19	44953	44799	18041	45711
怀柔区	Huairou District	6.9	25.84	37401	43443	27800	34593
平谷区	Pinggu District	7.0	20.46	29045	43629	20343	22568
密云县	Miyun County	7.8	23.50	29517	44976	20386	21861
延庆县	Yanqing County	5.0	15.13	30217	33781	16123	24210
北京经济技术开发区	Beijing Economic-technological Development Zones						
远洋捕捞	Deep-sea Fishing						
其他	Others						
天津市	**Tianjin**	**178.1**	**737.23**	**41748**	**46676**	**27190**	**37929**
和平区	Heping District	20.8	88.99	43222	43130	16413	46936
河东区	Hedong District	9.3	39.19	41167	45823	29814	35206
河西区	Hexi District	14.5	67.07	45970	48743	26157	42816
南开区	Nankai District	12.6	53.25	42487	45121	18358	39366
河北区	Hebei District	8.8	39.32	44229	48993	24969	29355
红桥区	Hongqiao District	3.7	13.28	35349	41912	18132	20611
塘沽区	Tanggu District	31.4	156.28	50378	60390	31710	46041
汉沽区	Hangu District	3.2	11.13	34623	38277	23597	29046
大港区	Dagang District	8.3	41.24	49845	51286	38708	49314
东丽区	Dongli District	12.3	47.82	39414	46966	48547	35468
西青区	Xiqing District	18.1	63.28	36509	45129	38587	35031
津南区	Jinnan District	5.4	16.13	30050	44789	21450	25758
北辰区	Beichen District	8.0	27.58	34626	45199	36775	30137
武清区	Wuqing District	9.2	28.20	31186	41307	19382	27057
宝坻区	Baodi District	3.7	12.31	35447	42188	37907	21724
宁河县	Ninghe County	2.1	6.74	32051	35773	25750	19382
静海县	Jinghai County	2.8	10.64	37216	41955	26327	29769
蓟县	Ji County	3.9	14.79	37651	38036	24121	47199
天津经济技术开发区	Tianjin Economic-technological Development Area						
天津港保税区	Tianjin Port Free Trade Zone						
天津滨海高新区	Tianjin Hi-Tech Industrial Park						
其他	Others						

3-6 续表 1 continued

地区	Region	职工人数（万人）Staff and Workers (10 000 persons)	职工工资总额（亿元）Total Wages of Staff and Workers (100 million yuan)	职工平均工资（元）Average Wages of Staff and Workers (yuan)	国有单位 State-owned Units	城镇集体单位 Urban Collective-Owned Units	其他单位 Other Units
河北省	**Hebei**	**470.7**	**1174.50**	**24756**	**25730**	**15293**	**24320**
石家庄市	Shijiazhuang City	81.9	194.43	23465	25732	13045	19062
唐山市	Tangshan City	71.9	211.67	29168	27671	18642	32041
秦皇岛市	Qinhuangdao City	26.7	80.17	29144	30479	19930	27368
邯郸市	Handan City	53.1	124.66	23659	25905	11264	18000
邢台市	Xingtai City	31.5	71.31	22544	21865	11641	27976
保定市	Baoding City	61.2	132.77	21925	23671	14759	19109
张家口市	Zhangjiakou City	31.4	75.28	23600	24543	16902	22296
承德市	Chengde City	23.5	60.50	24209	26569	19133	20270
沧州市	Cangzhou City	41.8	106.52	25271	28061	16721	18672
廊坊市	Langfang City	26.2	74.54	28631	28388	19756	29996
衡水市	Hengshui City	20.5	40.70	19799	19971	19756	19993
其他	Others	1.1	1.96				
山西省	**Shanxi**	**365.7**	**944.08**	**25828**	**26557**	**16947**	**26464**
太原市	Taiyuan City	71.8	207.55	28816	28169	14001	32420
大同市	Datong City	42.5	102.53	24104	26259	11795	17803
阳泉市	Yangquan City	21.9	66.33	31607	33661	21700	25816
长治市	Changzhi City	34.0	90.53	26523	30541	16160	20783
晋城市	Jincheng City	25.3	76.72	30999	25133	18660	40722
朔州市	Shuozhou City	13.8	37.24	27042	27645	25002	24283
晋中市	Jinzhong City	31.1	71.10	22300	25577	13613	18855
运城市	Yuncheng City	29.7	59.09	19769	20289	14463	19634
忻州市	Xinzhou City	21.5	41.33	19167	19817	12894	17167
临汾市	Linfen City	32.8	73.33	22307	21932	24516	22925
吕梁市	Luliang City	26.6	62.31	23461	24192	21189	21067
其他	Others	14.7	56.02				
内蒙古自治区	**Inner Mongolia**	**240.9**	**638.49**	**26114**	**27316**	**18809**	**24476**
呼和浩特市	Hohhot City	29.7	93.73	30872	35589	17872	21326
包头市	Baotou City	32.3	104.45	31780	35805	20249	30653
呼伦贝尔市	Hulunbuir City	27.1	65.35	23819	25307	20167	19606
兴安盟	Xingan League	10.9	20.77	18953	19450	13628	17788
通辽市	Tongliao City	22.9	45.39	19740	18799	19029	24240
赤峰市	Chifeng City	30.4	67.62	22107	23065	18949	20512
锡林郭勒盟	Xilingol League	10.5	27.28	25534	27703	23689	19855
乌兰察布市	Ulanqab City	13.7	34.46	25131	25748	20586	23145
鄂尔多斯市	Erdos City	15.0	54.03	36255	38373	32301	32196
巴彦淖尔市	Bayannur City	14.6	31.71	20227	21011	21430	18512
乌海市	Wuhai City	10.2	28.81	26607	30117	11850	25706
阿拉善盟	Alxa League	4.1	12.23	30331	33500	41472	25139
其他	Others	19.6	52.66				
辽宁省	**Liaoning**	**485.7**	**1352.21**	**27729**	**29456**	**15365**	**27163**
沈阳市	Shenyang City	89.5	298.17	33285	39530	16645	27637
大连市	Dalian City	85.2	291.83	34306	43485	28086	30019
鞍山市	Anshan City	36.9	107.57	29120	32455	13935	26775
抚顺市	Fushun City	26.2	74.33	28098	28400	14869	29847
本溪市	Benxi City	23.4	59.51	25077	28326	11942	15651
丹东市	Dandong City	18.3	39.44	21524	25395	13573	15120
锦州市	Jinzhou City	25.1	51.62	20438	19995	13055	24755
营口市	Yingkou City	17.2	40.18	22459	24965	14310	20245

3-6 续表 2 continued

地 区	Region	职工人数（万人）Staff and Workers (10 000 persons)	职 工 工资总额（亿元）Total Wages of Staff and Workers (100 million yuan)	职 工 平均工资（元）Average Wages of Staff and Workers (yuan)	国有单位 State-owned Units	城 镇 集体单位 Urban Collective-Owned Units	其他单位 Other Units
阜新市	Fuxin City	16.2	34.58	21558	24157	10781	13214
辽阳市	Liaoyang City	17.2	44.19	25186	21532	20632	31286
盘锦市	Panjin City	47.7	108.32	22903	23096	13305	22329
铁岭市	Tieling City	22.3	47.57	21187	17949	9709	31383
朝阳市	Chaoyang City	21.3	50.26	23090	24260	21250	21390
葫芦岛市	Huludao City	21.8	47.10	21225	21327	11483	26082
其他	Others						
吉林省	**Jilin**	**255.8**	**601.41**	**23486**	**24754**	**12761**	**22813**
长春市	Changchun City	85.6	230.11	26969	30535	13143	23854
吉林市	Jilin City	32.9	88.70	27116	27596	20541	27318
四平市	Siping City	19.7	35.73	18229	19734	12874	15115
辽源市	Liaoyuan City	9.0	16.93	18785	20113	10269	10525
通化市	Tonghua City	19.5	36.94	18627	20499	12558	15999
白山市	Baishan City	14.0	28.62	20454	22002	14993	16391
松原市	Songyuan City	23.0	62.44	27095	21657	17939	34858
白城市	Baicheng City	17.3	27.82	16127	16966	12694	9787
延边朝鲜族自治州	Yanbian Korean A.P	23.1	45.48	19342	21674	15472	14711
其他	Others	11.8	28.64				
黑龙江省	**Heilongjiang**	**423.5**	**972.70**	**23046**	**23230**	**13198**	**25083**
哈尔滨市	Harbin City	130.2	323.67	25237	27149	13266	27801
齐齐哈尔市	Qiqihar City	31.1	69.80	22192	24858	11092	18307
鸡西市	Jixi City	19.2	38.56	20124	22670	13649	18384
鹤岗市	Hegang City	14.7	33.99	22796	25962	16619	21664
双鸭山市	Shuangyashan City	12.8	28.10	22130	21072	16348	23985
大庆市	Daqing City	51.2	180.01	34153	30751	17161	41493
伊春市	Yichun City	17.6	20.39	12115	11858	7943	15304
佳木斯市	Jiamusi City	16.9	33.97	19380	20671	11571	16887
七台河市	Qitaihe City	13.0	28.43	21748	22688	15911	21738
牡丹江市	Mudanjiang City	22.7	46.02	20699	22001	16034	18461
黑河市	Heihe City	10.9	21.35	19841	20924	14079	13427
绥化市	Suihua City	23.0	37.06	15987	17509	10200	11512
大兴安岭地区	Daxing'anling Prefecture	8.4	14.68	17857	17887	11474	18647
农垦总局	Agriculture Reclamation Bureau	35.9	45.88	13069	12735	9058	16022
其他	Others	16.0	50.76	31827	31827		
上海市	**Shanghai**	**305.4**	**1745.54**	**56565**	**62279**	**33811**	**53981**
黄浦区	Huangpu District	18.6	191.20	104047	80919	46936	129841
卢湾区	Luwan District	8.4	52.43	62088	71004	43032	54713
徐汇区	Xuhui District	32.7	190.98	59869	64663	35097	53517
长宁区	Changning District	11.6	74.68	64127	58139	37962	69802
静安区	Jingan District	10.7	72.75	68550	67643	49824	70082
普陀区	Putuo District	9.3	54.81	58598	60861	39910	57352
闸北区	Zhabei District	12.7	63.64	50136	50906	29358	51713
虹口区	Hongkou District	10.9	62.60	57747	60592	45771	55474
杨浦区	Yangpu District	12.4	71.29	57018	60810	29188	52060
闵行区	Minhang District	23.3	103.08	43053	48800	17066	42839
宝山区	Baoshan District	16.8	110.90	65415	65519	33804	66932
嘉定区	Jiading District	16.8	67.57	39085	63682	31729	34787

3-6 续表 3 continued

地区	Region	职工人数（万人）Staff and Workers (10 000 persons)	职工工资总额（亿元）Total Wages of Staff and Workers (100 million yuan)	职工平均工资（元）Average Wages of Staff and Workers (yuan)	国有单位 State-owned Units	城镇集体单位 Urban Collective-Owned Units	其他单位 Other Units
浦东新区	Pudong New District	51.7	372.02	69424	67774	43090	70521
金山区	Jinshan District	6.4	27.52	42177	54969	34094	36321
松江区	Songjiang District	24.3	81.37	33427	59796	37413	29743
青浦区	Qingpu District	13.7	46.75	33197	62116	25433	27764
南汇区	Nanhui District	10.2	39.18	37443	47994	31483	33043
奉贤区	Fengxian District	8.1	30.14	37070	55090	31947	29607
崇明县	Chongming County	3.1	16.15	52382	58492	41093	33618
其他	Others	3.7	16.48	43138	36215		72825
江苏省	**Jiangsu**	**668.3**	**2132.45**	**31667**	**39325**	**22929**	**27067**
南京市	Nanjing City	99.0	394.95	39876	49389	25105	33033
无锡市	Wuxi City	57.3	224.14	38843	53457	30975	33601
徐州市	Xuzhou City	58.3	154.95	26824	29000	16253	23534
常州市	Changzhou City	35.9	125.34	34834	48916	35814	26165
苏州市	Suzhou City	118.1	448.51	36090	60755	35695	31049
南通市	Nantong City	57.6	175.62	30856	44670	24438	22695
连云港市	Lianyungang City	29.9	78.62	26596	29621	19024	24186
淮安市	Huaian City	36.5	87.90	23993	28962	15394	20327
盐城市	Yancheng City	47.6	106.56	22380	27819	20927	17050
扬州市	Yangzhou City	35.9	97.92	27323	34563	20167	21111
镇江市	Zhenjiang City	34.6	106.74	30958	40061	23696	24995
泰州市	Taizhou City	31.7	81.70	25737	36284	18203	17853
宿迁市	Suqian City	19.3	38.48	19988	22708	18452	15250
浙江省	**Zhejiang**	**689.4**	**2359.05**	**34146**	**53476**	**29137**	**26963**
杭州市	Hangzhou City	159.9	641.64	40193	56802	30698	33823
宁波市	Ningbo City	109.3	399.13	35835	60128	30064	28619
温州市	Wenzhou City	100.1	296.81	29594	51594	23795	22299
嘉兴市	Jiaxing City	72.0	214.97	29219	52682	27221	23961
湖州市	Huzhou City	30.8	96.70	31455	53233	29995	23135
绍兴市	Shaoxing City	78.3	238.10	30636	57399	31468	25333
金华市	Jinhua City	39.3	125.60	31594	45970	29205	20881
衢州市	Quzhou City	13.8	48.83	35930	43312	39395	23176
舟山市	Zhoushan City	12.0	45.51	38714	46047	34066	31917
台州市	Taizhou City	54.9	183.17	34126	53921	29883	24928
丽水市	Lishui City	14.8	53.08	36233	42550	37146	25285
安徽省	**Anhui**	**322.6**	**844.47**	**26363**	**26475**	**18340**	**27731**
合肥市	Hefei City	47.3	143.92	30603	34140	22268	26329
芜湖市	Wuhu City	22.5	62.87	28057	34800	23989	23584
蚌埠市	Bengbu City	16.9	37.92	22487	27047	14854	16282
淮南市	Huainan City	25.9	96.85	37543	25298	27690	47908
马鞍山市	Maanshan City	14.0	50.39	36000	34683	18851	37762
淮北市	Huaibei City	19.5	58.54	30445	23933	11152	38627
铜陵市	Tongling City	10.8	29.94	27590	33550	20760	19913
安庆市	Anqing City	21.9	48.42	22107	23936	15872	16774
黄山市	Huangshan City	8.6	20.89	24481	27026	24332	20074
滁州市	Chuzhou City	17.4	37.13	21488	23073	19884	18379
阜阳市	Fuyang City	26.3	53.20	20352	20639	15143	21773
宿州市	Suzhou City	21.6	48.46	22408	24210	14295	15494

3-6 续表 4 continued

地　区	Region	职工人数 (万人) Staff and Workers (10 000 persons)	职　工 工资总额 (亿元) Total Wages of Staff and Workers (100 million yuan)	职　工 平均工资 (元) Average Wages of Staff and Workers (yuan)	国有单位 State-owned Units	城　镇 集体单位 Urban Collective-Owned Units	其他单位 Other Units
巢湖市	Chaohu City	16.3	38.75	24248	26160	21110	21349
六安市	Liuan City	20.4	41.66	20839	22366	17217	16875
亳州市	Bozhou City	14.9	29.80	20154	22154	14543	14601
池州市	Chizhou City	6.7	15.38	23399	24861	20462	20623
宣城市	Xuancheng City	10.8	28.75	26787	28395	22278	23246
其他	Others	0.6	1.61	26454	26454		
福建省	**Fujian**	**441.6**	**1148.23**	**25702**	**33097**	**22108**	**22205**
福州市	Fuzhou City	92.5	257.35	27521	35373	20181	23679
厦门市	Xiamen City	75.5	258.10	32343	49493	26812	27487
莆田市	Putian City	26.2	58.99	21853	28351	18713	18621
三明市	Sanming City	20.5	50.01	24181	24642	20409	23844
泉州市	Quanzhou City	125.5	276.33	22225	34445	24314	19586
漳州市	Zhangzhou City	35.3	79.33	22270	25375	18819	20195
南平市	Nanping City	22.0	49.58	22377	26054	17748	18276
龙岩市	Longyan City	25.0	59.36	24053	27373	22997	21189
宁德市	Ningde City	15.0	34.98	23314	24088	19699	21889
江西省	**Jiangxi**	**275.2**	**573.25**	**21000**	**22608**	**13934**	**18247**
南昌市	Nanchang City	55.1	140.70	25696	27562	14746	25091
景德镇市	Jingdezhen City	15.8	29.18	18649	21044	10434	15700
萍乡市	Pingxiang City	13.0	26.55	20440	20333	12813	21275
九江市	Jiujiang City	29.6	52.32	17797	19415	12850	15318
新余市	Xinyu City	9.4	23.93	26306	23727	15282	29450
鹰潭市	Yingtan City	9.0	19.06	21393	22518	10622	15406
赣州市	Ganzhou City	39.8	72.49	18421	20602	17560	14651
吉安市	Jian City	18.2	34.68	19031	19674	14151	14965
宜春市	Yichun City	26.2	50.03	19380	20783	16746	15986
抚州市	Fuzhou City	20.4	31.46	15356	16562	11541	12104
上饶市	Shangrao City	32.1	56.27	17782	19256	13259	14482
山东省	**Shandong**	**872.7**	**2294.49**	**26404**	**31169**	**18656**	**22564**
济南市	Jinan City	95.1	308.06	32336	37440	21197	28516
青岛市	Qingdao City	121.6	371.95	30235	42352	25645	24799
淄博市	Zibo City	58.1	155.04	26690	35891	17702	20053
枣庄市	Zaozhuang City	33.1	80.93	24682	28451	17211	15224
东营市	Dongying City	36.4	121.09	33672	39687	27139	23386
烟台市	Yantai City	80.1	227.50	28718	34068	20396	25777
潍坊市	Weifang City	67.0	159.29	23722	28879	17567	20008
济宁市	Jining City	58.6	162.22	27983	32093	13570	20991
泰安市	Taian City	50.8	111.55	21843	24632	16277	21607
威海市	Weihai City	37.9	91.06	24123	31848	18755	20458
日照市	Rizhao City	17.8	44.77	25028	27879	14374	22523
莱芜市	Laiwu City	13.8	40.17	28774	30097	26899	28284
临沂市	Linyi City	51.5	123.33	24100	25879	18621	22156
德州市	Dezhou City	35.3	65.41	18588	20731	16279	15864
聊城市	Liaocheng City	32.8	62.69	18715	20890	14746	15770
滨州市	Binzhou City	35.5	66.95	20711	26867	12843	17841
菏泽市	Heze City	33.2	55.49	16740	17247	13196	15917

地 区	Region	职工人数 (万人) Staff and Workers (10 000 persons)	职 工 工资总额 (亿元) Total Wages of Staff and Workers (100 million yuan)	职 工 平均工资 (元) Average Wages of Staff and Workers (yuan)	国有单位 State-owned Units	城 镇 集体单位 Urban Collective-Owned Units	其他单位 Other Units
河南省	**Henan**	**691.9**	**1702.22**	**24816**	**26536**	**17118**	**24189**
郑州市	Zhengzhou City	97.1	253.89	26476	30663	20529	22551
开封市	Kaifeng City	25.7	44.75	17737	19101	15668	15936
洛阳市	Luoyang City	49.9	115.16	22883	24973	19519	20315
平顶山市	Pingdingshan City	46.4	114.79	25003	20930	17548	29848
安阳市	Anyang City	38.9	80.56	21496	22020	17710	21641
鹤壁市	Hebi City	16.0	29.71	18427	18283	13589	19167
新乡市	Xinxiang City	41.5	70.07	17271	19842	13475	14510
焦作市	Jiaozuo City	30.9	66.49	21600	21939	19918	21628
濮阳市	Puyang City	29.2	66.00	22709	23447	12037	22612
许昌市	Xuchang City	27.4	50.97	18581	20544	17167	16309
漯河市	Luohe City	20.8	33.14	16429	17698	11509	16286
三门峡市	Sanmenxia City	22.5	52.44	23788	22901	20604	25124
南阳市	Nanyang City	67.8	120.63	17847	20268	14348	14698
商丘市	Shangqiu City	37.0	69.46	18770	17481	18063	22887
信阳市	Xinyang City	41.4	75.86	18409	19807	15688	15193
周口市	Zhoukou City	42.9	71.60	16723	17690	13952	14202
驻马店市	Zhumadian City	36.1	60.83	16968	19067	12821	13351
其他	Others	6.2	12.32	19778	22464	13944	17548
湖北省	**Hubei**	**665.2**	**1291.85**	**19597**	**24756**	**14840**	**20293**
武汉市	Wuhan City	157.4	440.60	28431	34151	17754	23270
黄石市	Huangshi City	24.3	47.48	19509	21934	12827	17710
十堰市	Shiyan City	37.6	71.97	19130	19855	14684	18920
宜昌市	Yichang City	48.6	84.05	17310	24009	13932	14566
襄樊市	Xiangfan City	34.0	60.79	17908	19360	13607	14092
鄂州市	Ezhou City	15.1	24.05	22946	26890	14145	14165
荆门市	Jingmen City	17.4	34.30	19716	21387	14596	16682
孝感市	Xiaogan City	50.1	48.96	17653	19236	13647	18679
荆州市	Jingzhou City	34.1	55.36	17503	18409	15256	14254
黄冈市	Huanggang City	33.7	50.73	15351	17012	15563	12509
咸宁市	Xianning City	25.2	38.75	15367	18471	11860	13169
随州市	Suizhou City	10.3	17.38	16867	18160	12785	15573
恩施土家族苗族自治州	Enshi Tujia & Miao A.P	20.8	36.29	17434	21639	20715	18730
仙桃市	Xiantao City	4.4	7.78	17733	17983	15121	17864
天门市	Tianmen City	5.2	8.03	15401	17906	11617	13950
潜江市	Qianjiang City	10.6	22.55	21185	21186	10803	13681
神农架林区	Shennongjia Forest District	0.9	1.43	13549	15729	12756	10865
湖南省	**Hunan**	**421.4**	**1057.07**	**23082**	**24939**	**15529**	**21379**
长沙市	Changsha City	81.7	262.29	30425	36597	20453	25856
株洲市	Zhuzhou City	29.7	80.15	24483	25708	15413	24222
湘潭市	Xiangtan City	27.4	61.00	20879	24049	17660	18937
衡阳市	Hengyang City	40.8	95.69	21194	23115	14269	19806
邵阳市	Shaoyang City	28.4	57.97	18154	19345	13667	15888
岳阳市	Yueyang City	36.0	74.95	19136	20065	13644	19088
常德市	Changde City	30.2	70.54	22394	25197	17409	18500
张家界市	Zhangjiajie City	7.0	17.09	21761	23353	12484	19106
益阳市	Yiyang City	21.7	47.77	19122	21177	10862	17762
郴州市	Chenzhou City	25.5	62.23	22255	24105	11381	19625

3-6 续表 6 continued

地　区	Region	职工人数（万人） Staff and Workers (10 000 persons)	职　工 工资总额（亿元） Total Wages of Staff and Workers (100 million yuan)	职　工 平均工资（元） Average Wages of Staff and Workers (yuan)	国有单位 State-owned Units	城　镇 集体单位 Urban Collective-Owned Units	其他单位 Other Units
永州市	Yongzhou City	25.4	59.46	21626	23009	17440	17736
怀化市	Huaihua City	23.4	52.87	20401	21668	13279	18276
娄底市	Loudi City	23.3	52.22	20953	21665	18157	20505
湘西土家族苗族自治州	West Hunan Tujia & Miao A.P	11.8	28.66	22197	22584	14903	23990
广东省	**Guangdong**	**986.3**	**3294.17**	**33110**	**40775**	**18461**	**29580**
广州市	Guangzhou City	217.3	996.85	45702	62746	24255	37147
韶关市	Shaoguan City	27.9	73.51	25962	28910	15342	24167
深圳市	Shenzhen City	198.4	867.41	43454	65431	25291	37933
珠海市	Zhuhai City	55.0	169.53	29703	58359	23748	24556
汕头市	Shantou City	30.8	71.04	23085	27698	11180	22660
佛山市	Foshan City	54.2	166.37	31047	43949	30280	23647
江门市	Jiangmen City	41.0	86.83	21675	27579	16872	19128
湛江市	Zhanjiang City	38.6	82.81	21809	22779	14023	21539
茂名市	Maoming City	29.6	64.99	22037	22482	14616	25533
肇庆市	Zhaoqing City	26.0	61.77	23386	29613	15698	17148
惠州市	Huizhou City	72.6	172.33	22727	33438	17814	19979
梅州市	Meizhou City	22.1	48.50	21821	23495	14453	18521
汕尾市	Shanwei City	13.4	26.99	20385	20146	15423	23090
河源市	Heyuan City	22.9	51.01	22058	27164	17024	18009
阳江市	Yangjiang City	16.8	32.47	19476	23590	12268	14552
清远市	Qingyuan City	24.9	65.69	25772	33878	21247	18824
东莞市	Dongguan City	20.7	80.99	39516	51441	20833	28838
中山市	ZhongShan City	23.7	78.17	31696	51167	28887	23100
潮州市	Chaozhou City	11.5	25.07	19915	23000	10166	16402
揭阳市	Jieyang City	20.5	35.25	17256	18891	11146	15182
云浮市	Yunfu City	16.6	33.10	19439	25297	16112	13792
广西壮族自治区	**Guangxi**	**272.2**	**693.82**	**25660**	**27634**	**16994**	**22399**
南宁市	Nanning City	61.7	179.87	29377	34417	17937	22752
柳州市	Liuzhou City	34.2	97.98	30558	33127	19609	27675
桂林市	Guilin City	29.7	73.77	24841	26591	19658	20641
梧州市	Wuzhou City	14.3	31.50	22330	24287	15480	19630
北海市	Beihai City	9.3	19.99	21659	22837	20460	18279
防城港市	Fangchenggang City	7.6	18.63	24614	25771	19262	22600
钦州市	Qinzhou City	10.7	23.85	22241	23727	17138	17788
贵港市	Guigang City	13.4	27.37	20531	21057	12684	19806
玉林市	Yulin City	22.8	48.72	21312	21429	14278	23751
百色市	Baise City	16.5	43.05	26033	27168	18492	21152
贺州市	Hezhou City	7.4	40.84	22248	23819	14876	16026
河池市	Hechi City	15.5	364.25	23411	24648	15128	18997
来宾市	Laibin City	10.4	26.31	25412	26966	18820	21483
崇左市	Chongzuo City	11.9	24.19	20577	21900	16254	17154
海南省	**Hainan**	**75.3**	**166.14**	**21864**	**21330**	**15300**	**24510**
海口市	Haikou City	28.9	78.95	27361	28992	19917	26087
三亚市	Sanya City	5.4	14.09	26132	29987	18017	21588
其他	Others	40.9	73.09				

地 区	Region	职工人数 (万人) Staff and Workers (10 000 persons)	职工工资总额 (亿元) Total Wages of Staff and Workers (100 million yuan)	职工平均工资 (元) Average Wages of Staff and Workers (yuan)	国有单位 State-owned Units	城镇集体单位 Urban Collective-Owned Units	其他单位 Other Units
重庆市	**Chongqing**	**229.6**	**613.78**	**26985**	**29761**	**17444**	**24864**
万州区	Wanzhou District	11.6	25.76	22672	28270	15548	17990
涪陵区	Fuling District	10.4	24.18	23452	28089	18035	20060
渝中区	Yuzhong District	25.6	92.19	35192	34156	19304	35942
大渡口区	Dadukou District	6.2	19.85	31394	37100	20524	23155
江北区	Jiangbei District	10.9	35.04	32190	34053	15251	31252
沙坪坝区	Shapingba District	11.7	35.03	31943	37247	17874	21529
九龙坡区	Jiulongpo District	21.4	63.31	29471	36978	19982	26582
南岸区	Nanan District	10.6	32.35	30696	39090	15847	26481
北碚区	Beibei District	5.8	16.70	28770	32412	15311	24357
万盛区	Wansheng District	1.3	5.84	20453	22900	11670	13708
双桥区	Shuangqiao District	1.0	2.74	27546	29434	16647	28035
渝北区	Yubei District	10.3	30.61	30245	32156	16934	28907
巴南区	Banan District	10.7	26.85	25270	29819	25226	22318
黔江区	Qianjiang District	2.5	28.60	26831	28927	18436	19851
长寿区	Changshou District	7.2	18.56	26305	31906	16835	23229
江津区	Jiangjin District	10.7	23.25	32190	24449	14826	21159
合川区	Hechuan District	6.4	13.57	21503	25877	17621	18253
永川区	Yongchuan District	6.0	13.87	23208	26350	15415	18147
南川区	Nanchuan District	2.3	5.10	21707	23355	15274	17640
四川省	**Sichuan**	**528.9**	**1318.42**	**25038**	**28596**	**18464**	**20196**
成都市	Chengdu City	145.7	437.13	30364	37017	20487	22863
自贡市	Zigong City	20.3	46.12	22731	25263	13669	22104
攀枝花市	Panzhihua City	16.9	48.20	28430	28942	25277	28542
泸州市	Luzhou City	25.2	53.72	21509	23554	15526	22174
德阳市	Deyang City	21.0	62.56	30073	33001	22173	27348
绵阳市	Mianyang City	33.8	76.06	22794	26045	23809	17650
广元市	Guangyuan City	14.4	32.47	22762	23758	20487	19775
遂宁市	Suining City	17.5	32.81	18968	23603	17659	15103
内江市	Neijiang City	24.2	47.76	19867	23922	16853	14971
乐山市	Leshan City	29.1	53.38	18472	22609	15490	15445
南充市	Nanchong City	25.3	45.35	17953	19536	14042	14777
眉山市	Meishan City	11.2	21.88	19647	19943	22167	17985
宜宾市	Yibin City	30.6	68.74	22573	25721	18271	19935
广安市	Guangan City	10.9	25.05	23195	23465	25935	20297
达州市	Dazhou City	23.7	48.71	20504	22085	14225	18846
雅安市	Yaan City	8.9	18.49	20198	21210	16565	17806
巴中市	Bazhong City	13.0	22.21	17211	18640	14026	14255
资阳市	Ziyang City	13.9	29.25	21229	23232	18637	17667
阿坝藏族羌族自治州	Aba Zang & Qiang A.P	6.9	19.87	27644	30585	16663	18752
甘孜藏族自治州	Ganzi Zang A.P	5.9	17.57	29567	29921	15258	27744
凉山彝族自治州	Liangshan Yi A.P	18.1	53.80	29663	30776	27051	24616
贵州省	**Guizhou**	**199.8**	**509.54**	**24602**	**25874**	**20914**	**21659**
贵阳市	Guiyang City	64.5	170.43	26388	29150	17462	22771
六盘水市	Liupanshui City	16.7	43.31	25784	25791	20905	25868
遵义市	Zunyi City	26.5	68.25	25937	27287	27827	20789
安顺市	Anshun City	10.7	24.83	23193	24443	19237	18810
铜仁地区	Tongren Prefecture	11.8	26.94	22765	22824	25223	20199
黔西南布依族苗族自治州	Southwest Guizhou Buyi & Miao A.P	11.6	26.79	23334	24767	17541	19496

3-6 续表 8 continued

地　区	Region	职工人数 (万人) Staff and Workers (10 000 persons)	职　工 工资总额 (亿元) Total Wages of Staff and Workers (100 million yuan)	职　工 平均工资 (元) Average Wages of Staff and Workers (yuan)	国有单位 State-owned Units	城　镇 集体单位 Urban Collective-Owned Units	其他单位 Other Units
毕节地区	Bijie Prefecture	18.6	43.57	23849	24466	15182	21844
黔东南苗族侗族自治州	Southeast Guizhou Miao & Dong A.P	15.0	37.01	25221	26109	35666	16933
黔南布依族苗族自治州	South Guizhou Buyi & Miao A.P	13.7	32.92	24328	25514	21732	17857
云南省	**Yunnan**	**286.7**	**6836.90**	**24030**	**26765**	**18194**	**19683**
昆明市	Kunming City	87.7	225.70	26169	29508	14628	23470
曲靖市	Qujing City	29.1	75.08	25982	29922	22807	18901
玉溪市	Yuxi City	17.0	42.62	25286	31503	15405	17888
保山市	Baoshan City	12.0	24.00	19372	23142	17678	14777
昭通市	Zhaotong City	16.5	3.84	23592	25287	21999	17522
丽江市	Lijiang City	7.0	16.83	24296	27455	19111	18852
普洱市	Puer City	11.0	25.27	23056	22706	26138	12632
临沧市	Lincang City	10.2	20.83	20694	23202	23430	15885
楚雄彝族自治州	Chuxiong Yi A.P	15.2	32.91	23268	25931	26012	16017
红河哈尼族彝族自治州	Honghe Hani & Yi A.P	25.4	57.41	22023	25121	18081	15602
文山壮族苗族自治州	Wenshan Zhuang & Miao A.P	13.1	29.21	22617	23839	21646	18885
西双版纳傣族自治州	Xishuangbanna Dai A.P	9.8	18.21	18751	19100	17926	16887
大理白族自治州	Dali Bai A.P	22.1	46.00	22973	29074	21228	15937
德宏傣族景颇族自治州	Dehong Dai & Jingpo A.P	8.6	17.36	19956	20014	18879	19942
怒江傈僳族自治州	Nujiang Lisu A.P	3.0	7.90	23697	23129	14184	26065
迪庆藏族自治州	Diqing Zang A.P	2.4	7.33	31688	30963	22900	29319
西藏自治区	**Tibet A.R.**	**18.1**	**84.84**	**47280**	**48974**	**13023**	**24777**
拉萨市	Lhasa City	2.2	8.95	41798	45503	12241	19408
昌都地区	Qamdu Prefecture	2.2	10.05	46280	47092	20027	
山南地区	Lhokha Prefecture	1.8	8.08	44542	47292	9729	20680
日喀则地区	Xigaze Prefecture	2.6	11.33	44661	46297	10357	27022
那曲地区	Narqu Prefecture	1.6	7.81	49806	50074	13315	
阿里地区	Ngri Prefecture	0.6	3.17	53608	53667		
林芝地区	Nyingchi Prefecture	1.2	5.91	48078	49094	34990	20872
其他	Others	5.9	29.53	49906	51793	12058	26083
陕西省	**Shaanxi**	**332.1**	**856.18**	**25942**	**26516**	**13523**	**27320**
西安市	Xi'an City	126.9	373.24	29749	30246	10834	33344
铜川市	Tongchuan City	8.8	20.92	23988	25675	8935	17438
宝鸡市	Baoji City	28.4	63.98	22442	23644	14250	22020
咸阳市	Xianyang City	36.6	74.47	20383	20986	13998	19969
渭南市	Weinan City	33.5	70.40	21092	21257	14771	21875
延安市	Yan'an City	21.6	63.18	29530	29926	16525	35274
汉中市	Hanzhong City	21.5	48.00	22333	24159	17954	17700
榆林市	Yulin City	20.5	62.89	30786	29724	21713	39886
安康市	Ankang City	11.6	26.47	22864	24128	20590	13603
商洛市	Shangluo City	11.3	21.01	18675	20351	16055	12295
其他	Others	2.8	31.62	28595			
甘肃省	**Gansu**	**188.2**	**454.58**	**24017**	**25284**	**16179**	**20966**
兰州市	Lanzhou City	50.9	131.23	26118	28506	17547	22914
嘉峪关市	Jiayuguan City	4.3	15.68	36614	37024	38330	22256
金昌市	Jinchang City	7.2	25.63	35460	37465	38082	19348

3-6 续表 9 continued

地　区	Region	职工人数（万人）Staff and Workers (10 000 persons)	职　工 工资总额（亿元）Total Wages of Staff and Workers (100 million yuan)	职　工 平均工资（元）Average Wages of Staff and Workers (yuan)	国有单位 State-owned Units	城　镇 集体单位 Urban Collective-Owned Units	其他单位 Other Units
白银市	Baiyin City	14.4	38.20	25968	25173	12646	30984
天水市	Tianshui City	17.2	29.74	17207	19055	10614	12773
武威市	Wuwei City	9.5	16.46	17364	18448	13593	11528
张掖市	Zhangye City	8.9	16.53	18713	20105	19484	13596
平凉市	Pingliang City	12.0	30.83	25895	26426	15268	20868
酒泉市	Jiuquan City	9.7	27.07	26309	27932	20551	25863
庆阳市	Qingyang City	9.2	20.52	22194	22749	12546	18680
定西市	Dingxi City	10.0	20.85	20960	22776	12205	11357
陇南市	Longnan City	11.1	22.06	19989	21357	10979	11935
临夏回族自治州	Linxia Hui A.P	8.6	20.34	23717	24882	14438	16726
甘南藏族自治州	Gannan Zang A.P	5.4	10.88	21590	22156	19750	14752
青海省	**Qinghai**	**44.6**	**136.90**	**30983**	**35454**	**15342**	**19857**
西宁市	Xining City	24.0	64.70	27126	30640	13934	19783
海东地区	Haidong Prefecture	5.3	17.47	33614	35968	19217	19087
海北藏族自治州	Haibei Zang A.P	2.4	6.86	28614	30628	15253	18924
黄南藏族自治州	Huangnan Zang AP	1.7	5.01	30460	31223	19729	23681
海南藏族自治州	Hainan Zang A.P	2.7	7.58	28890	34175	29220	11026
果洛藏族自治州	Golog Zang A.P	1.2	3.79	32184	32398	42653	28777
玉树藏族自治州	Yushu Zang A.P	1.4	4.54	33582	34740	7850	7682
海西蒙古族藏族自治州	Haixi Mongolian & Zang A.P	5.9	26.95	45368	48217	27819	24703
宁夏回族自治区	**Ningxia**	**54.7**	**172.21**	**30719**	**31111**	**31155**	**30054**
银川市	Yinchuan City	27.8	95.96	33247	33131	32311	33383
石嘴山市	Shizuishan City	7.5	21.37	27486	30439	28525	23266
吴忠市	Wuzhong City	7.7	21.99	28452	29618	25096	25610
固原市	Guyuan City	5.4	14.75	26490	27177	34699	9374
中卫市	Zhongwei City	4.6	12.13	25574	27298	35748	19234
新疆维吾尔自治区	**Xinjiang**	**239.2**	**619.90**	**24687**	**24016**	**22060**	**26815**
乌鲁木齐市	Urumqi City	47.5	167.68	33599	35813	23996	30414
克拉玛依市	Karamay City	14.3	48.42	33113	33911	24035	32562
吐鲁番地区	Turpan Prefecture	6.9	22.09	31719	24521	21600	40859
哈密地区	Hami Prefecture	7.4	19.29	26162	23868	16065	33570
昌吉回族自治州	Changji Hui A.P	17.3	46.77	24419	25066	23995	22440
博尔塔拉蒙古自治州	Bortala Mongolian A.P	8.5	15.37	17787	17634	18810	19252
巴音郭楞蒙古自治州	Bayingolin Mongolian A.P	17.7	45.64	24396	21351	25823	32448
阿克苏地区	Aksu Prefecture	16.7	35.81	20964	20837	20991	21459
克孜勒苏柯尔克孜自治州	Kizilsu Kirgiz A.P	3.5	9.21	26576	27170	14666	14638
喀什地区	Kashi Prefecture	17.1	38.79	21685	23302	15943	15861
和田地区	Hotan Prefecture	8.5	20.22	23485	24137	19155	19265
伊犁哈萨克自治州	Ili Kazak A.P	25.7	51.17	19595	19197	23478	20718
塔城地区	Tacheng Prefecture	21.5	40.03	17310	17373	23413	16229
阿勒泰地区	Altay Prefecture	10.6	20.68	18779	18227	35519	21657
石河子市	Shihezi City	8.3	23.39	22500	24145	44269	20427
阿拉尔市	Alar City	4.4	9.11	19918	19989		18164
图木舒克市	Tumxuk City	1.5	2.77	17400	17405		17341
五家渠市	Wujiaqu City	1.8	3.47	18457	18335		19049
生产建设兵团	Corps						

3-7 全社会固定资产投资(2008年)

Total Investment in Fixed Assets in the Whole Country(2008)

地 区	Region	全社会固定资产投资(亿元) Total Investment in Fixed Assets (100 million yuan)	城 镇(亿元) Urban Area (100 million yuan)	#房地产开发 Real Estate Development	农 村(亿元) Rural Area (100 million yuan)
北京市	**Beijing**	**3848.50**	**3554.80**	**1908.70**	**293.70**
东城区	Dongcheng District	198.70	198.70	99.70	
西城区	Xicheng District	253.50	253.45	58.50	0.05
崇文区	Chongwen District	63.70	63.70	51.10	
宣武区	Xuanwu District	75.10	75.10	54.70	
朝阳区	Chaoyang District	1096.30	1084.50	671.20	11.80
丰台区	Fengtai District	306.30	303.10	120.30	3.10
石景山区	Shijingshan District	84.40	84.40	53.80	
海淀区	Haidian District	385.40	382.50	204.40	2.90
门头沟区	Mentougou District	71.00	59.90	21.00	11.00
房山区	Fangshan District	159.60	84.90	45.10	74.70
通州区	Tongzhou District	157.10	137.40	83.00	19.70
顺义区	Shunyi District	255.00	226.70	145.00	28.20
昌平区	Changping District	221.54	202.27	137.50	19.27
大兴区	Daxing District	169.00	138.10	99.10	30.90
怀柔区	Huairou District	71.60	36.30	15.20	35.30
平谷区	Pinggu District	52.00	37.40	8.00	14.60
密云县	Miyun County	80.70	46.20	17.40	34.50
延庆县	Yanqing County	32.80	25.10	4.50	7.70
北京经济技术开发区	Beijing Economic-technological Development Zones	115.00	115.00	19.20	
远洋捕捞	Deep-sea Fishing				
其他	Others				
天津市	**Tianjin**	**3404.10**	**3189.45**	**653.72**	**214.65**
和平区	Heping District	60.41	60.41	43.15	
河东区	Hedong District	85.35	85.35	50.12	
河西区	Hexi District	82.32	82.32	52.17	
南开区	Nankai District	85.51	85.51	73.02	
河北区	Hebei District	68.71	68.71	26.48	
红桥区	Hongqiao District	35.07	35.07	31.50	
塘沽区	Tanggu District	615.55	615.55	57.75	
汉沽区	Hangu District	100.61	98.41	16.32	2.20
大港区	Dagang District	219.98	207.21	9.80	12.77
东丽区	Dongli District	168.32	139.28	31.44	29.04
西青区	Xiqing District	185.62	165.00	31.69	20.62
津南区	Jinnan District	144.87	144.68	40.95	0.19
北辰区	Beichen District	146.71	130.05	38.98	16.66
武清区	Wuqing District	150.27	96.84	19.16	53.43
宝坻区	Baodi District	90.26	66.90	17.35	23.36
宁河县	Ninghe County	122.47	95.68	9.23	26.79
静海县	Jinghai County	84.49	67.33	7.54	17.16
蓟县	Ji County	88.10	81.01	25.33	7.09
天津经济技术开发区	Tianjin Economic-technological Development Area	191.23	191.23	22.94	
天津港保税区	Tianjin Port Free Trade Zone	151.54	151.54	15.99	
天津滨海高新区	Tianjin Hi-Tech Industrial Park	80.11	80.11	10.50	
其他	Others	446.60	441.27	22.31	5.33

3-7 续表 1 continued

地　　区	Region	全社会固定资产投资（亿元）Total Investment in Fixed Assets (100 million yuan)	城　镇（亿元）Urban Area (100 million yuan)	#房地产开发 Real Estate Development	农　村（亿元）Rural Area (100 million yuan)
河北省	**Hebei**	**8866.56**	**7463.77**	**1084.44**	**1402.79**
石家庄市	Shijiazhuang City	1724.23	1577.85	280.40	146.38
唐山市	Tangshan City	1362.19	1109.70	120.38	252.49
秦皇岛市	Qinhuangdao City	303.58	236.51	82.52	67.06
邯郸市	Handan City	1048.78	911.34	76.73	137.44
邢台市	Xingtai City	603.46	431.94	27.15	171.52
保定市	Baoding City	800.02	708.34	97.72	91.68
张家口市	Zhangjiakou City	412.50	363.74	61.82	48.76
承德市	Chengde City	390.37	345.61	47.64	44.76
沧州市	Cangzhou City	792.43	557.46	52.63	234.98
廊坊市	Langfang City	926.70	843.58	219.78	83.13
衡水市	Hengshui City	239.97	145.29	17.67	94.68
其他	Others				
山西省	**Shanxi**	**3635.14**	**3298.55**	**327.98**	**336.59**
太原市	Taiyuan City	693.33	666.27	121.17	27.06
大同市	Datong City	276.53	264.86	27.04	11.67
阳泉市	Yangquan City	156.40	147.75	28.11	8.64
长治市	Changzhi City	273.44	255.25	17.80	18.19
晋城市	Jincheng City	256.30	228.02	14.80	28.29
朔州市	Shuozhou City	221.94	208.52	11.66	13.42
晋中市	Jinzhong City	331.22	314.27	23.93	16.95
运城市	Yuncheng City	343.96	318.60	35.43	25.36
忻州市	Xinzhou City	140.55	138.28	12.13	2.26
临汾市	Linfen City	265.30	254.11	22.94	11.19
吕梁市	Luliang City	325.51	296.30	12.97	29.21
其他	Others				
内蒙古自治区	**Inner Mongolia**	**5604.67**	**4712.01**	**744.30**	**148.37**
呼和浩特市	Hohhot City	667.70	455.81	177.07	27.20
包头市	Baotou City	1138.00	937.22	139.60	153.26
呼伦贝尔市	Hulunbuir City	386.44	306.93	54.36	10.30
兴安盟	Xingan League	126.63	101.57	20.80	4.26
通辽市	Tongliao City	468.77	400.11	38.79	29.87
赤峰市	Chifeng City	517.17	433.73	45.48	27.39
锡林郭勒盟	Xilingol League	431.60	410.58	20.88	1.52
乌兰察布市	Ulanqab City	202.73	170.21	25.51	15.11
鄂尔多斯市	Erdos City	1088.39	928.43	149.89	9.15
巴彦淖尔市	Bayannur City	357.77	296.74	32.23	61.03
乌海市	Wuhai City	85.91	85.91	29.47	
阿拉善盟	Alxa League	106.83	95.74	10.24	1.19
其他	Others				
辽宁省	**Liaoning**	**10019.07**	**8881.95**	**2060.80**	**1137.12**
沈阳市	Shenyang City	3008.65	2842.37	1010.91	166.29
大连市	Dalian City	2513.38	2134.50	495.82	378.88
鞍山市	Anshan City	700.31	598.56	107.28	101.75
抚顺市	Fushun City	380.74	340.40	40.00	40.34
本溪市	Benxi City	224.07	210.38	38.45	13.69
丹东市	Dandong City	352.01	296.76	58.58	55.24
锦州市	Jinzhou City	251.39	215.38	38.16	36.00
营口市	Yingkou City	543.07	452.35	55.54	90.72

3-7 续表 2 continued

地 区	Region	全社会固定资产投资（亿元）Total Investment in Fixed Assets (100 million yuan)	城 镇（亿元）Urban Area (100 million yuan)	#房地产开发 Real Estate Development	农 村（亿元）Rural Area (100 million yuan)
阜新市	Fuxin City	140.66	114.71	14.35	25.95
辽阳市	Liaoyang City	234.82	206.71	30.85	28.11
盘锦市	Panjin City	367.02	328.74	40.75	38.28
铁岭市	Tieling City	506.63	438.83	56.04	67.80
朝阳市	Chaoyang City	353.00	301.41	43.12	52.01
葫芦岛市	Huludao City	218.83	159.13	30.95	59.70
其他	Others	224.49	241.72		
吉林省	**Jilin**	**5608.20**	**4592.51**	**640.84**	**1015.69**
长春市	Changchun City	1818.80	1667.38	352.89	151.42
吉林市	Jilin City	1200.10	933.53	87.03	266.57
四平市	Siping City	319.20	247.40	22.57	71.80
辽源市	Liaoyuan City	301.10	240.17	33.40	60.93
通化市	Tonghua City	429.40	377.81	57.07	51.59
白山市	Baishan City	300.20	203.97	20.92	96.23
松原市	Songyuan City	555.80	395.10	27.89	160.70
白城市	Baicheng City	262.00	175.01	7.85	86.99
延边朝鲜族自治州	Yanbian Korean A.P	421.60	352.14	31.22	69.46
其他	Others				
黑龙江省	**Heilongjiang**	**3656.00**	**3354.80**	**439.86**	**301.20**
哈尔滨市	Harbin City	1341.28	1199.40	215.76	45.80
齐齐哈尔市	Qiqihar City	214.70	209.10	34.06	1.50
鸡西市	Jixi City	75.54	75.16	8.87	0.38
鹤岗市	Hegang City		72.29	8.69	
双鸭山市	Shuangyashan City		120.34	6.11	
大庆市	Daqing City	603.30	601.90	78.30	1.40
伊春市	Yichun City		69.27	4.55	
佳木斯市	Jiamusi City	114.51	113.10	17.13	1.41
七台河市	Qitaihe City	90.31	90.00	7.57	0.31
牡丹江市	Mudanjiang City	221.40	213.85	34.91	7.55
黑河市	Heihe City	61.89	54.40	3.12	7.48
绥化市	Suihua City		138.70	16.64	
大兴安岭地区	Daxing'anling Prefecture	22.85	22.61	0.26	0.24
农垦总局	Agriculture Reclamation Bureau				
其他	Others		372.80		
上海市	**Shanghai**	**4829.45**	**4411.33**	**1366.87**	**418.12**
黄浦区	Huangpu District	102.15	102.15	24.24	
卢湾区	Luwan District	46.85	46.85	28.16	
徐汇区	Xuhui District	94.37	94.37	44.16	
长宁区	Changning District	92.15	92.15	37.28	
静安区	Jingan District	74.66	74.66	55.27	
普陀区	Putuo District	87.93	87.93	74.18	
闸北区	Zhabei District	74.07	73.49	63.70	0.58
虹口区	Hongkou District	100.48	100.48	46.17	
杨浦区	Yangpu District	124.30	124.30	87.00	
闵行区	Minhang District	257.33	234.86	118.14	22.47
宝山区	Baoshan District	387.47	343.38	84.97	44.09
嘉定区	Jiading District	193.39	162.86	83.89	30.53

3-7 续表 3 continued

地 区	Region	全社会固定资产投资(亿元) Total Investment in Fixed Assets (100 million yuan)	城 镇(亿元) Urban Area (100 million yuan)	#房地产开发 Real Estate Develop-ment	农 村(亿元) Rural Area (100 million yuan)
浦东新区	Pudong New District	874.92	873.24	282.20	1.67
金山区	Jinshan District	120.20	64.35	13.09	55.85
松江区	Songjiang District	202.82	162.60	100.09	40.22
青浦区	Qingpu District	165.60	123.92	71.67	41.68
南汇区	Nanhui District	342.13	244.67	118.28	97.46
奉贤区	Fengxian District	131.22	88.34	29.48	42.88
崇明县	Chongming County	110.39	72.90	4.91	37.49
其他	Others	1247.02	1243.82		3.20
江苏省	**Jiangsu**	**15060.45**	**11369.62**	**3064.46**	**3690.83**
南京市	Nanjing City	2154.17	1736.48	508.17	417.69
无锡市	Wuxi City	1877.02	1370.38	449.72	506.63
徐州市	Xuzhou City	1250.67	1015.04	130.81	235.63
常州市	Changzhou City	1448.17	951.41	308.92	496.76
苏州市	Suzhou City	2611.16	1937.79	718.08	673.37
南通市	Nantong City	1505.41	840.00	172.68	665.41
连云港市	Lianyungang City	777.68	568.17	95.12	209.51
淮安市	Huaian City	824.96	518.20	138.40	306.76
盐城市	Yancheng City	1120.17	650.01	109.02	470.16
扬州市	Yangzhou City	949.98	547.51	137.66	402.47
镇江市	Zhenjiang City	718.50	456.22	97.03	262.28
泰州市	Taizhou City	900.52	437.66	111.78	462.86
宿迁市	Suqian City	605.00	341.99	87.07	263.01
浙江省	**Zhejiang**	**9323.00**	**6551.10**	**2023.12**	**2771.90**
杭州市	Hangzhou City	1980.50	1581.18	615.41	399.32
宁波市	Ningbo City	1728.24	1321.82	307.75	406.42
温州市	Wenzhou City	758.44	575.12	219.39	183.33
嘉兴市	Jiaxing City	1006.69	552.35	181.23	454.34
湖州市	Huzhou City	525.24	263.24	103.29	262.00
绍兴市	Shaoxing City	915.75	589.04	202.06	326.70
金华市	Jinhua City	586.87	528.77	140.96	58.11
衢州市	Quzhou City	361.19	282.54	45.62	78.65
舟山市	Zhoushan City	339.43	267.56	38.95	71.86
台州市	Taizhou City	759.58	399.60	126.25	359.98
丽水市	Lishui City	248.85	211.77	39.99	37.08
安徽省	**Anhui**	**6799.95**	**6001.61**	**1362.67**	**798.35**
合肥市	Hefei City	1838.64	1760.97	567.16	66.02
芜湖市	Wuhu City	614.95	594.95	150.23	20.01
蚌埠市	Bengbu City	253.16	217.19	40.55	35.96
淮南市	Huainan City	225.72	208.21	36.98	17.51
马鞍山市	Maanshan City	404.51	375.27	65.18	29.24
淮北市	Huaibei City	204.69	196.74	22.36	7.95
铜陵市	Tongling City	175.03	170.67	32.25	4.36
安庆市	Anqing City	439.22	396.50	63.63	42.72
黄山市	Huangshan City	266.67	242.86	70.01	23.81
滁州市	Chuzhou City	360.96	315.57	46.38	30.65
阜阳市	Fuyang City	188.92	168.27	42.26	20.65
宿州市	Suzhou City	210.76	173.28	31.20	37.31

3-7 续表 4 continued

地 区	Region	全社会固定资产投资（亿元）Total Investment in Fixed Assets (100 million yuan)	城 镇（亿元）Urban Area (100 million yuan)	#房地产开发 Real Estate Development	农 村（亿元）Rural Area (100 million yuan)
巢湖市	Chaohu City	346.79	306.39	49.17	40.40
六安市	Liuan City	275.26	231.35	39.09	43.90
亳州市	Bozhou City	181.11	103.13	13.26	12.45
池州市	Chizhou City	179.39	142.87	31.37	36.52
宣城市	Xuancheng City	416.88	386.19	61.59	30.69
其他	Others				
福建省	**Fujian**	**5301.69**	**4695.51**	**1129.09**	**606.18**
福州市	Fuzhou City	1252.71	1167.47	313.61	85.24
厦门市	Xiamen City	931.38	913.36	327.02	18.03
莆田市	Putian City	301.83	243.69	63.08	58.14
三明市	Sanming City	512.74	380.08	66.59	132.65
泉州市	Quanzhou City	860.66	780.94	134.87	79.72
漳州市	Zhangzhou City	441.40	390.10	112.04	51.30
南平市	Nanping City	396.29	310.37	39.16	85.92
龙岩市	Longyan City	322.61	255.48	40.14	67.13
宁德市	Ningde City	237.22	206.79	32.60	30.43
江西省	**Jiangxi**	**4745.43**	**4325.38**	**547.66**	**420.06**
南昌市	Nanchang City	1098.85	1052.61	163.30	46.24
景德镇市	Jingdezhen City		222.29	23.12	
萍乡市	Pingxiang City	353.33	317.20	18.93	36.13
九江市	Jiujiang City	484.52	441.69	36.32	42.83
新余市	Xinyu City	359.32	336.03	23.27	23.29
鹰潭市	Yingtan City		128.52	10.00	
赣州市	Ganzhou City	406.00	347.47	62.26	58.53
吉安市	Jian City	410.85	370.51	29.94	40.34
宜春市	Yichun City	365.36	312.44	39.85	52.92
抚州市	Fuzhou City	336.27	311.47	56.80	24.80
上饶市	Shangrao City	516.91	421.48	83.87	95.43
山东省	**Shandong**	**15435.93**	**12528.96**	**2038.53**	**2906.97**
济南市	Jinan City	1401.29	1274.47	274.12	126.81
青岛市	Qingdao City	2026.44	1595.20	380.57	431.24
淄博市	Zibo City	807.96	664.02	121.62	143.95
枣庄市	Zaozhuang City	462.88	324.19	39.39	138.69
东营市	Dongying City	877.02	757.61	71.21	119.41
烟台市	Yantai City	1961.71	1631.26	272.01	330.45
潍坊市	Weifang City	1517.33	1191.87	204.89	325.47
济宁市	Jining City	795.80	618.48	72.66	177.32
泰安市	Taian City	802.98	619.86	43.88	183.12
威海市	Weihai City	926.16	772.41	150.24	153.75
日照市	Rizhao City	521.89	414.59	57.54	107.29
莱芜市	Laiwu City	207.46	191.68	13.27	15.78
临沂市	Linyi City	898.32	704.32	127.74	194.00
德州市	Dezhou City	732.36	668.08	68.84	64.28
聊城市	Liaocheng City	525.56	355.68	33.82	169.87
滨州市	Binzhou City	590.16	470.06	62.14	120.10
菏泽市	Heze City	380.63	275.16	44.60	105.46

3-7 续表 5 continued

地　区	Region	全社会固定资产投资（亿元）Total Investment in Fixed Assets (100 million yuan)	城　镇（亿元）Urban Area (100 million yuan)	#房地产开　发 Real Estate Development	农　村（亿元）Rural Area (100 million yuan)
河南省	**Henan**	**10490.64**	**8721.19**	**1206.71**	**1769.45**
郑州市	Zhengzhou City	1770.64	1521.05	434.96	249.59
开封市	Kaifeng City	303.85	232.41	22.38	71.44
洛阳市	Luoyang City	1100.61	974.31	110.37	126.30
平顶山市	Pingdingshan City	421.22	349.57	19.83	71.65
安阳市	Anyang City	565.94	473.44	53.69	92.50
鹤壁市	Hebi City	206.58	181.70	11.71	24.88
新乡市	Xinxiang City	772.77	691.55	76.31	81.22
焦作市	Jiaozuo City	636.14	546.98	55.56	89.16
濮阳市	Puyang City	334.59	273.27	25.67	61.32
许昌市	Xuchang City	521.72	425.30	46.71	96.42
漯河市	Luohe City	246.55	213.62	17.72	32.93
三门峡市	Sanmenxia City	403.15	344.58	17.60	58.57
南阳市	Nanyang City	895.83	708.55	42.52	187.28
商丘市	Shangqiu City	533.82	428.60	57.86	105.22
信阳市	Xinyang City	662.50	536.26	89.56	126.24
周口市	Zhoukou City	534.62	379.02	65.19	155.60
驻马店市	Zhumadian City	423.40	309.13	47.36	114.27
其他	Others	134.90	109.32	11.70	25.58
湖北省	**Hubei**	**5798.56**	**5332.67**	**892.67**	**465.89**
武汉市	Wuhan City	2252.05	2202.45	570.36	49.60
黄石市	Huangshi City	232.67	216.18	21.53	16.49
十堰市	Shiyan City	185.44	171.52	28.99	12.03
宜昌市	Yichang City	523.46	455.59	56.68	67.87
襄樊市	Xiangfan City	373.77	338.59	46.21	35.18
鄂州市	Ezhou City	150.01	145.80	10.79	4.20
荆门市	Jingmen City	210.08	181.90	16.84	17.02
孝感市	Xiaogan City	271.00	228.00	28.60	42.50
荆州市	Jingzhou City	291.46	255.24	26.59	36.22
黄冈市	Huanggang City	370.85	315.81	27.38	30.86
咸宁市	Xianning City	201.15	164.83	25.35	36.32
随州市	Suizhou City	147.09	113.65	15.96	33.43
恩施土家族苗族自治州	Enshi Tujia & Miao A.P	139.37	124.25	16.48	15.11
仙桃市	Xiantao City	85.24	73.75	3.92	11.49
天门市	Tianmen City	88.07	77.55	4.27	10.52
潜江市	Qianjiang City	88.32	79.06	2.76	9.26
神农架林区	Shennongjia Forest District	7.50	7.25		0.25
湖南省	**Hunan**	**5649.69**	**4995.61**	**896.41**	**654.08**
长沙市	Changsha City	1888.47	1729.61	469.47	158.86
株洲市	Zhuzhou City	406.21	363.53	81.39	42.68
湘潭市	Xiangtan City	330.17	284.85	34.39	45.31
衡阳市	Hengyang City	333.60	267.22	31.32	66.37
邵阳市	Shaoyang City	371.91	323.15	24.23	48.76
岳阳市	Yueyang City	440.50	351.61	34.91	88.89
常德市	Changde City	304.23	250.44	40.92	53.79
张家界市	Zhangjiajie City	73.98	62.71	9.04	11.27
益阳市	Yiyang City	263.99	200.58	46.62	63.41
郴州市	Chenzhou City	312.95	250.52	30.17	62.43

3-7 续表 6 continued

地 区	Region	全社会固定资产投资(亿元) Total Investment in Fixed Assets (100 million yuan)	城 镇 (亿元) Urban Area (100 million yuan)	#房地产开 发 Real Estate Development	农 村 (亿元) Rural Area (100 million yuan)
永州市	Yongzhou City	406.76	264.15	33.86	142.62
怀化市	Huaihua City	205.41	182.00	21.14	23.41
娄底市	Loudi City	214.74	172.59	23.27	42.14
湘西土家族苗族自治州	West Hunan Tujia & Miao A.P	130.83	118.75	15.69	12.08
广东省	**Guangdong**	**11165.06**	**8789.19**	**2932.34**	**2375.87**
广州市	Guangzhou City	2101.45	2015.92	762.43	85.53
韶关市	Shaoguan City	283.79	248.41	55.27	35.38
深圳市	Shenzhen City	1464.32	1464.32	440.49	
珠海市	Zhuhai City	351.32	349.16	147.65	2.16
汕头市	Shantou City	261.36	201.50	32.90	59.86
佛山市	Foshan City	1230.64	622.59	403.68	608.05
江门市	Jiangmen City	378.22	264.40	104.64	113.82
湛江市	Zhanjiang City	295.32	203.92	36.68	91.40
茂名市	Maoming City	145.74	79.15	19.00	66.59
肇庆市	Zhaoqing City	326.31	187.65	54.32	138.66
惠州市	Huizhou City	588.74	506.39	186.83	82.35
梅州市	Meizhou City	140.54	113.08	15.74	27.46
汕尾市	Shanwei City	206.27	157.80	8.69	48.47
河源市	Heyuan City	174.79	106.56	18.36	68.23
阳江市	Yangjiang City	171.70	122.71	21.25	48.99
清远市	Qingyuan City	703.47	443.15	115.69	260.32
东莞市	Dongguan City	943.07	585.23	270.15	357.84
中山市	ZhongShan City	444.95	343.72	191.61	101.23
潮州市	Chaozhou City	128.31	84.06	14.93	44.25
揭阳市	Jieyang City	265.79	176.71	20.77	89.08
云浮市	Yunfu City	166.01	95.68	11.27	70.33
广西壮族自治区	**Guangxi**	**3778.10**	**3347.63**	**621.64**	**430.47**
南宁市	Nanning City	693.44	650.02	199.30	8.24
柳州市	Liuzhou City	430.30	388.21	92.01	26.99
桂林市	Guilin City	485.96	391.59	83.26	79.20
梧州市	Wuzhou City	198.31	185.17	20.69	13.14
北海市	Beihai City	200.31	189.48	39.24	7.29
防城港市	Fangchenggang City	146.05	130.21	29.22	11.36
钦州市	Qinzhou City	248.91	203.49	33.13	45.43
贵港市	Guigang City	220.07	158.75	27.23	61.32
玉林市	Yulin City	290.69	242.58	35.99	47.68
百色市	Baise City	325.45	289.03	19.82	22.67
贺州市	Hezhou City	159.18	133.33	5.46	23.04
河池市	Hechi City	211.03	163.83	8.52	37.43
来宾市	Laibin City	125.77	97.24	10.40	24.21
崇左市	Chongzuo City	128.49	99.16	17.36	22.52
海南省	**Hainan**	**709.01**	**667.63**	**199.45**	**41.38**
海口市	Haikou City	221.43	218.45	74.95	2.98
三亚市	Sanya City	154.21	149.98	78.81	4.23
其他	Others	333.37	299.20	45.69	34.18

3-7 续表 7 continued

地 区	Region	全社会固定资产投资(亿元) Total Investment in Fixed Assets (100 million yuan)	城 镇 (亿元) Urban Area (100 million yuan)	#房地产开 发 Real Estate Development	农 村 (亿元) Rural Area (100 million yuan)
重庆市	**Chongqing**	**4045.25**	**3781.56**	**991.00**	**263.69**
万州区	Wanzhou District	198.08	192.83	20.79	5.25
涪陵区	Fuling District	131.28	121.18	18.60	10.10
渝中区	Yuzhong District	111.54	111.54	45.97	
大渡口区	Dadukou District	89.27	87.98	22.10	1.29
江北区	Jiangbei District	264.41	261.33	145.19	3.08
沙坪坝区	Shapingba District	188.34	181.31	64.12	7.03
九龙坡区	Jiulongpo District	201.95	193.36	86.12	8.59
南岸区	Nanan District	267.70	266.42	143.27	1.28
北碚区	Beibei District	143.03	132.10	28.77	10.93
万盛区	Wansheng District	24.56	23.08	5.69	1.48
双桥区	Shuangqiao District	18.77	18.42	5.38	0.35
渝北区	Yubei District	355.81	348.32	155.66	7.49
巴南区	Banan District	205.30	180.29	64.83	25.01
黔江区	Qianjiang District	55.91	47.86	4.96	8.05
长寿区	Changshou District	148.66	146.35	19.69	2.30
江津区	Jiangjin District	145.20	128.79	21.98	16.41
合川区	Hechuan District	152.90	135.58	12.86	17.32
永川区	Yongchuan District	165.59	152.51	22.42	13.08
南川区	Nanchuan District	66.86	64.09	5.43	2.77
四川省	**Sichuan**	**7602.40**		**1451.70**	
成都市	Chengdu City	3004.08		923.51	
自贡市	Zigong City	159.10		22.67	
攀枝花市	Panzhihua City	188.35		25.20	
泸州市	Luzhou City	223.66		40.48	
德阳市	Deyang City	218.88		25.52	
绵阳市	Mianyang City	327.19		57.97	
广元市	Guangyuan City	170.13		8.68	
遂宁市	Suining City	257.73		55.32	
内江市	Neijiang City	172.95		26.70	
乐山市	Leshan City	256.58		36.10	
南充市	Nanchong City	297.87		34.99	
眉山市	Meishan City	246.99		26.07	
宜宾市	Yibin City	288.48		35.27	
广安市	Guangan City	203.01		23.64	
达州市	Dazhou City	418.74		42.22	
雅安市	Yaan City	203.53		4.35	
巴中市	Bazhong City	112.76		19.52	
资阳市	Ziyang City	190.22		33.13	
阿坝藏族羌族自治州	Aba Zang & Qiang A.P	82.04		0.23	
甘孜藏族自治州	Ganzi Zang A.P	122.90		2.66	
凉山彝族自治州	Liangshan Yi A.P	321.05		7.46	
贵州省	**Guizhou**	**1864.45**	**1609.34**	**311.26**	**255.11**
贵阳市	Guiyang City	601.57	544.63	170.11	56.95
六盘水市	Liupanshui City	197.70	155.69	18.08	42.01
遵义市	Zunyi City	315.96	278.23	40.85	37.73
安顺市	Anshun City	54.50	37.72	8.16	16.78
铜仁地区	Tongren Prefecture	134.12	114.66	17.80	19.46
黔西南布依族苗族自治州	Southwest Guizhou Buyi & Miao A.P	101.61	99.64	8.10	1.98

3-7 续表 8 continued

地　区	Region	全社会固定资产投资（亿元） Total Investment in Fixed Assets (100 million yuan)	城　镇（亿元） Urban Area (100 million yuan)	#房地产开　发 Real Estate Development	农　村（亿元） Rural Area (100 million yuan)
毕节地区	Bijie Prefecture	170.68	120.58	12.95	50.10
黔东南苗族侗族自治州	Southeast Guizhou Miao & Dong A.P	150.23	135.28	15.09	14.96
黔南布依族苗族自治州	South Guizhou Buyi & Miao A.P	98.75	79.76	17.01	18.99
云南省	**Yunnan**	**3526.60**	**2548.64**	**103.90**	**280.09**
昆明市	Kunming City	1053.16	1012.30	259.29	40.86
曲靖市	Qujing City	424.89	346.23	68.04	78.65
玉溪市	Yuxi City	182.04	140.15	32.02	41.89
保山市	Baoshan City	128.03	115.13	13.94	12.90
昭通市	Zhaotong City	190.18	170.12	9.59	20.06
丽江市	Lijiang City	115.32	107.90	14.60	7.42
普洱市	Puer City	131.99	75.16	13.36	22.16
临沧市	Lincang City	84.90	64.70	10.49	20.20
楚雄彝族自治州	Chuxiong Yi A.P	149.03	119.17	20.39	23.93
红河哈尼族彝族自治州	Honghe Hani & Yi A.P	309.70	281.01	35.04	28.69
文山壮族苗族自治州	Wenshan Zhuang & Miao A.P	165.76	137.68	31.38	28.08
西双版纳傣族自治州	Xishuangbanna Dai A.P	66.76	55.96	16.03	10.80
大理白族自治州	Dali Bai A.P	163.39	142.76	20.43	20.63
德宏傣族景颇族自治州	Dehong Dai & Jingpo A.P	76.76	70.68	10.74	6.08
怒江傈僳族自治州	Nujiang Lisu A.P	30.50	23.90	1.50	3.78
迪庆藏族自治州	Diqing Zang A.P	68.65	59.43	2.38	3.95
西藏自治区	**Tibet A.R.**	**309.93**	**271.45**	**13.79**	**38.48**
拉萨市	Lhasa City	107.81	106.79	12.37	1.02
昌都地区	Qamdu Prefecture	39.81	34.36		5.45
山南地区	Lhokha Prefecture	33.12	23.70	0.02	9.43
日喀则地区	Xigaze Prefecture	49.75	39.02	0.33	10.72
那曲地区	Narqu Prefecture	28.65	24.53		4.12
阿里地区	Ngri Prefecture	14.45	14.26		0.20
林芝地区	Nyingchi Prefecture	36.34	28.80	1.07	7.54
其他	Others				
陕西省	**Shaanxi**	**4851.41**	**4523.41**	**762.23**	**328.00**
西安市	Xi'an City	1906.19	1732.73	545.71	173.46
铜川市	Tongchuan City	63.40	62.10	5.92	1.31
宝鸡市	Baoji City	451.03	402.30	59.50	48.73
咸阳市	Xianyang City	569.75	498.00	49.41	71.76
渭南市	Weinan City	333.59	287.71	22.17	45.88
延安市	Yan'an City	406.35	335.23	14.88	71.12
汉中市	Hanzhong City	163.63	137.76	22.97	25.87
榆林市	Yulin City	600.52	478.61	24.49	121.91
安康市	Ankang City	200.69	125.53	9.78	75.16
商洛市	Shangluo City	164.65	133.39	5.45	31.27
其他	Others	16.05	14.08	1.96	1.97
甘肃省	**Gansu**	**1735.79**	**1495.64**	**170.69**	**202.02**
兰州市	Lanzhou City	427.05	416.53	92.51	10.53
嘉峪关市	Jiayuguan City	53.70	51.50	7.87	2.20
金昌市	Jinchang City	72.90	68.22	1.99	4.68

3-7 续表 9 continued

地　区	Region	全社会固定资产投资（亿元） Total Investment in Fixed Assets (100 million yuan)	城　镇（亿元） Urban Area (100 million yuan)	#房地产开发 Real Estate Development	农　村（亿元） Rural Area (100 million yuan)
白银市	Baiyin City	110.39	104.36	6.28	6.03
天水市	Tianshui City	123.20	108.25	14.26	14.95
武威市	Wuwei City	101.81	84.32	9.25	17.49
张掖市	Zhangye City	77.29	70.49	5.13	6.80
平凉市	Pingliang City	130.20	114.57	8.68	15.63
酒泉市	Jiuquan City	155.25	119.68	9.61	35.58
庆阳市	Qingyang City	165.84	129.99	4.79	35.85
定西市	Dingxi City	81.62	70.67	8.03	10.95
陇南市	Longnan City	100.28	69.04	0.52	31.24
临夏回族自治州	Linxia Hui A.P	52.29	47.10	1.77	5.19
甘南藏族自治州	Gannan Zang A.P	42.56	37.66		4.90
青海省	**Qinghai**	**582.85**	**514.05**	**51.19**	**68.80**
西宁市	Xining City	221.98	203.75	45.39	18.23
海东地区	Haidong Prefecture	54.62	40.25	3.24	8.70
海北藏族自治州	Haibei Zang A.P	25.60	19.02	0.78	5.92
黄南藏族自治州	Huangnan Zang AP	15.28	12.45		2.53
海南藏族自治州	Hainan Zang A.P	24.94	12.31	1.51	12.23
果洛藏族自治州	Golog Zang A.P	7.51	7.50		0.01
玉树藏族自治州	Yushu Zang A.P	14.02	13.93		0.09
海西蒙古族藏族自治州	Haixi Mongolian & Zang A.P	125.53	121.40	0.28	4.13
宁夏回族自治区	**Ningxia**	**858.84**	**765.70**	**117.59**	**93.14**
银川市	Yinchuan City	365.69	338.90	78.62	
石嘴山市	Shizuishan City	161.10	126.60	15.81	10.30
吴忠市	Wuzhong City	131.40	107.60	9.76	12.28
固原市	Guyuan City	53.97	20.78	3.82	15.68
中卫市	Zhongwei City	81.49	55.04	9.59	26.45
新疆维吾尔自治区	**Xinjiang**	**2259.97**	**2025.64**	**228.63**	**234.33**
乌鲁木齐市	Urumqi City	380.18	373.46	99.97	6.72
克拉玛依市	Karamay City	238.94	238.06	8.13	0.88
吐鲁番地区	Turpan Prefecture	81.52	81.36	1.58	0.16
哈密地区	Hami Prefecture	63.07	61.09	8.35	1.98
昌吉回族自治州	Changji Hui A.P	141.99	111.54	17.43	30.45
博尔塔拉蒙古自治州	Bortala Mongolian A.P	30.03	26.66	2.21	3.37
巴音郭楞蒙古自治州	Bayingolin Mongolian A.P	249.30	240.57	28.02	8.73
阿克苏地区	Aksu Prefecture	106.98	96.36	12.93	10.62
克孜勒苏柯尔克孜自治州	Kizilsu Kirgiz A.P	15.72	11.67		4.05
喀什地区	Kashi Prefecture	147.60	125.79	8.67	21.81
和田地区	Hotan Prefecture	57.00	52.75	0.83	4.25
伊犁哈萨克自治州	Ili Kazak A.P	129.81	110.12	22.04	19.69
塔城地区	Tacheng Prefecture	83.90	68.10	7.67	15.80
阿勒泰地区	Altay Prefecture	55.21	54.73	3.58	0.48
石河子市	Shihezi City	60.62	60.47	5.74	0.15
阿拉尔市	Alar City	26.18	17.50	0.32	8.68
图木舒克市	Tumxuk City	7.71	5.50	0.04	2.21
五家渠市	Wujiaqu City	7.30	5.74	1.12	1.56
生产建设兵团	Corps				

3-8 商品房屋销售情况(2008年)

Sales of Commercialized Buildings(2008)

地　区	Region	商品房销售额(亿元) Total Sales of Commercialized Buildings (100 million yuan)	#住　宅 Residential Buildings	商品房销售面积(万平方米) Floor Space Sold of Commercialized Buildings (10 000 sq.m)	#住　宅 Residential Buildings	商品房平均销售价格(元/平方米) Average Selling Price of Commercialized Buildings (yuan/sq.m)	#住　宅 Residential Buildings
北京市	**Beijing**	**1658.30**	**1201.40**	**1335.40**	**1031.40**	**12418**	**11648**
东城区	Dongcheng District	34.70	18.00	14.40	7.90	24097	22785
西城区	Xicheng District	62.00	30.50	31.50	13.20	19683	23106
崇文区	Chongwen District	23.00	13.20	15.10	7.30	15232	18082
宣武区	Xuanwu District	50.00	31.00	29.10	17.20	17182	18023
朝阳区	Chaoyang District	745.20	491.20	481.60	343.40	15473	14304
丰台区	Fengtai District	137.50	105.40	148.60	118.60	9253	8887
石景山区	Shijingshan District	62.80	56.50	63.00	57.90	9968	9758
海淀区	Haidian District	190.10	134.90	135.50	91.00	14030	14824
门头沟区	Mentougou District	2.30	2.00	3.10	2.40	7419	8333
房山区	Fangshan District	27.40	26.90	41.40	40.20	6618	6692
通州区	Tongzhou District	39.50	36.60	54.50	49.80	7248	7349
顺义区	Shunyi District	112.50	111.10	85.80	83.90	13112	13242
昌平区	Changping District	107.80	88.00	138.60	116.20	7778	7573
大兴区	Daxing District	26.60	24.80	33.00	30.80	8061	8052
怀柔区	Huairou District	9.50	9.30	10.50	10.40	9048	8942
平谷区	Pinggu District	4.80	4.70	10.50	10.20	4571	4608
密云县	Miyun County	10.00	9.10	20.70	18.60	4831	4892
延庆县	Yanqing County	4.20	3.80	9.60	8.60	4375	4419
北京经济技术开发区	Beijing Economic-technological Development Zones	8.40	4.40	8.90	3.80	9438	11579
远洋捕捞	Deep-sea Fishing						
其他	Others						
天津市	**Tianjin**	**753.16**	**635.57**	**1252.04**	**1135.35**	**6015**	**5598**
和平区	Heping District	64.99	54.84	58.64	53.17	11083	10314
河东区	Hedong District	29.18	24.62	40.24	36.48	7251	6749
河西区	Hexi District	50.88	42.94	49.83	45.18	10211	9504
南开区	Nankai District	79.74	67.29	84.59	76.69	9427	8774
河北区	Hebei District	24.02	20.27	35.65	32.32	6738	6272
红桥区	Hongqiao District	11.24	9.49	17.98	16.30	6251	5822
塘沽区	Tanggu District	40.62	34.28	65.07	59.00	6243	5810
汉沽区	Hangu District	7.29	6.15	20.52	18.60	3553	3306
大港区	Dagang District	8.57	7.23	21.21	19.23	4041	3760
东丽区	Dongli District	19.87	16.77	34.43	31.22	5771	5372
西青区	Xiqing District	21.41	18.06	31.73	28.77	6748	6277
津南区	Jinnan District	52.17	44.02	112.27	101.79	4647	4325
北辰区	Beichen District	36.22	30.57	66.07	59.90	5482	5104
武清区	Wuqing District	15.27	12.89	46.80	42.43	3263	3038
宝坻区	Baodi District	8.35	7.05	20.16	18.28	4142	3857
宁河县	Ninghe County	1.45	1.22	3.02	2.74	4801	4453
静海县	Jinghai County	15.40	13.00	42.84	38.84	3595	3347
蓟县	Ji County	13.66	11.53	37.87	34.33	3607	3359
天津经济技术开发区	Tianjin Economic-technological Development Area	18.49	15.60	20.74	18.80	8915	8298
天津港保税区	Tianjin Port Free Trade Zone	3.47	2.93	4.17	3.78	8321	7751
天津滨海高新区	Tianjin Hi-Tech Industrial Park	2.15	1.81	5.22	4.73	4119	3827
其他	Others	228.73	193.01	433.19	392.77	5280	4914

3-8 续表 1 continued

地　　区	Region	商品房销售额(亿元) Total Sales of Commercialized Buildings (100 million yuan)	#住　宅 Residential Buildings	商品房销售面积(万平方米) Floor Space Sold of Commercialized Buildings (10 000 sq.m)	#住　宅 Residential Buildings	商品房平均销售价格(元/平方米) Average Selling Price of Commercialized Buildings (yuan/sq.m)	#住　宅 Residential Buildings
河北省	**Hebei**	**620.24**	**583.89**	**2231.84**	**2128.86**	**2779**	**2743**
石家庄市	Shijiazhuang City	88.44	85.84	338.86	326.40	2610	2630
唐山市	Tangshan City	96.35	87.81	313.41	291.90	3074	3008
秦皇岛市	Qinhuangdao City	52.41	47.72	132.61	124.15	3952	3843
邯郸市	Handan City	36.64	35.53	150.65	143.86	2432	2469
邢台市	Xingtai City	22.67	21.67	113.49	110.69	1998	1958
保定市	Baoding City	36.00	33.72	163.26	154.73	2205	2179
张家口市	Zhangjiakou City	43.20	38.11	237.27	222.05	1821	1716
承德市	Chengde City	28.08	25.05	115.61	107.12	2429	2339
沧州市	Cangzhou City	38.48	35.54	179.08	170.59	2149	2083
廊坊市	Langfang City	166.13	161.32	422.57	413.18	3931	3904
衡水市	Hengshui City	11.84	11.59	65.02	64.21	1821	1805
其他	Others						
山西省	**Shanxi**	**234.54**	**201.43**	**995.75**	**894.14**	**2355**	**2253**
太原市	Taiyuan City	73.12	60.40	181.76	160.93	4023	3753
大同市	Datong City	15.72	14.14	69.78	66.43	2253	2129
阳泉市	Yangquan City	19.40	15.16	80.36	71.79	2414	2112
长治市	Changzhi City	14.37	12.58	70.77	65.35	2031	1925
晋城市	Jincheng City	10.86	9.92	38.42	37.11	2826	2674
朔州市	Shuozhou City	8.83	7.67	47.66	43.73	1853	1754
晋中市	Jinzhong City	27.97	25.19	141.76	134.27	1973	1876
运城市	Yuncheng City	30.05	24.45	194.63	153.63	1544	1591
忻州市	Xinzhou City	13.11	12.24	72.25	68.40	1815	1789
临汾市	Linfen City	15.10	14.66	61.97	60.85	2437	2409
吕梁市	Luliang City	6.01	5.02	36.41	31.63	1651	1587
其他	Others						
内蒙古自治区	**Inner Mongolia**	**595.06**	**474.18**	**2396.37**	**2093.34**	**2483**	**2265**
呼和浩特市	Hohhot City	90.63	77.38	331.89	308.14	2732	2512
包头市	Baotou City	135.34	100.86	418.73	337.65	3091	2880
呼伦贝尔市	Hulunbuir City	75.01	43.90	292.77	224.69	2562	1954
兴安盟	Xingan League	10.13	7.23	65.59	51.30	1544	1410
通辽市	Tongliao City	21.97	17.75	122.27	105.65	1797	1679
赤峰市	Chifeng City	44.52	37.97	208.80	188.67	2312	2186
锡林郭勒盟	Xilingol League	14.24	11.67	78.45	66.65	1562	1460
乌兰察布市	Ulanqab City	21.94	19.31	155.11	141.82	1415	1362
鄂尔多斯市	Erdos City	125.62	105.78	413.19	368.52	3029	2861
巴彦淖尔市	Bayannur City	24.34	23.15	139.88	136.88	1725	1676
乌海市	Wuhai City	26.75	25.01	136.69	131.59	1957	1900
阿拉善盟	Alxa League	4.56	4.16	33.01	31.80	1342	1317
其他	Others						
辽宁省	**Liaoning**	**1537.65**	**1333.89**	**4091.16**	**3731.20**	**3758**	**3575**
沈阳市	Shenyang City	604.69	504.07	1465.05	1307.20	4127	3856
大连市	Dalian City	475.05	432.98	822.71	770.80	5774	5617
鞍山市	Anshan City	72.12	63.89	247.51	227.20	2914	2812
抚顺市	Fushun City	28.02	26.08	98.56	93.10	2843	2801
本溪市	Benxi City	34.65	24.87	127.60	110.10	2716	2259
丹东市	Dandong City	50.41	45.83	193.23	183.20	2609	2502
锦州市	Jinzhou City	51.76	47.70	200.50	188.90	2582	2525
营口市	Yingkou City	50.47	46.05	228.02	214.70	2213	2145

3-8 续表 2 continued

地 区	Region	商品房销售额(亿元) Total Sales of Commercialized Buildings (100 million yuan)	#住 宅 Residential Buildings	商品房销售面积(万平方米) Floor Space Sold of Commercialized Buildings (10 000 sq.m)	#住 宅 Residential Buildings	商品房平均销售价格(元/平方米) Average Selling Price of Commercialized Buildings (yuan/sq.m)	#住 宅 Residential Buildings
阜新市	Fuxin City	16.65	11.42	67.54	56.80	2465	2011
辽阳市	Liaoyang City	29.71	27.60	112.65	107.20	2637	2575
盘锦市	Panjin City	29.70	27.61	99.01	94.00	3000	2937
铁岭市	Tieling City	30.58	26.61	148.69	137.60	2057	1934
朝阳市	Chaoyang City	28.43	18.14	137.90	110.50	2062	1642
葫芦岛市	Huludao City	35.41	31.04	142.21	129.90	2490	2390
其他	Others						
吉林省	**Jilin**	**397.11**	**344.44**	**1583.87**	**1435.73**	**2507**	**2399**
长春市	Changchun City	199.26	172.89	571.44	517.45	3487	3341
吉林市	Jilin City	82.84	75.31	370.18	343.61	2238	2192
四平市	Siping City	12.52	11.64	74.81	71.92	1674	1618
辽源市	Liaoyuan City	10.74	10.01	57.34	54.34	1872	1843
通化市	Tonghua City	22.99	18.61	116.35	101.01	1976	1842
白山市	Baishan City	11.07	8.22	63.39	52.51	1746	1565
松原市	Songyuan City	17.02	14.10	98.86	90.14	1722	1564
白城市	Baicheng City	4.63	4.48	25.22	24.61	1835	1819
延边朝鲜族自治州	Yanbian Korean A.P	36.04	29.18	206.28	180.14	1747	1620
其他	Others						
黑龙江省	**Heilongjiang**	**420.97**	**339.91**	**1486.57**	**1286.62**	**2832**	**2642**
哈尔滨市	Harbin City	222.34	177.13	586.13	503.89	3793	3515
齐齐哈尔市	Qiqihar City	32.24	22.79	154.21	125.73	2091	1813
鸡西市	Jixi City	6.85	4.39	30.76	22.62	2227	1939
鹤岗市	Hegang City	6.10	5.08	34.09	30.21	1790	1682
双鸭山市	Shuangyashan City	6.98	6.00	38.99	35.60	1789	1684
大庆市	Daqing City	71.65	65.21	241.20	221.95	2970	2938
伊春市	Yichun City	2.57	2.30	19.12	17.46	1344	1319
佳木斯市	Jiamusi City	17.89	13.12	91.85	75.27	1948	1743
七台河市	Qitaihe City	7.55	6.80	38.80	35.92	1947	1895
牡丹江市	Mudanjiang City	20.50	15.92	97.60	84.59	2100	1882
黑河市	Heihe City	2.80	2.09	16.49	12.96	1700	1614
绥化市	Suihua City	20.67	16.62	120.50	105.20	1716	1579
大兴安岭地区	Daxing'anling Prefecture	0.29	0.22	2.59	2.07	1133	1062
农垦总局	Agriculture Reclamation Bureau						
其他	Others						
上海市	**Shanghai**	**1895.45**	**1608.47**	**2296.12**	**1965.86**		
黄浦区	Huangpu District	25.63	18.50	11.50	7.31		
卢湾区	Luwan District	30.43	30.39	7.18	4.88		
徐汇区	Xuhui District	114.17	92.39	84.69	70.55		
长宁区	Changning District	84.09	73.73	35.36	27.58		
静安区	Jingan District	51.93	40.64	21.92	14.02		
普陀区	Putuo District	72.80	50.45	51.85	33.22		
闸北区	Zhabei District	33.15	18.91	23.30	13.19		
虹口区	Hongkou District	55.32	17.85	30.62	9.72		
杨浦区	Yangpu District	45.38	35.24	37.09	28.32		
闵行区	Minhang District	207.00	206.12	281.08	270.44		
宝山区	Baoshan District	190.48	162.47	254.65	219.80		
嘉定区	Jiading District	136.74	121.96	222.59	195.27		

3-8 续表 3 continued

地区	Region	商品房销售额(亿元) Total Sales of Commercialized Buildings (100 million yuan)	#住宅 Residential Buildings	商品房销售面积(万平方米) Floor Space Sold of Commercialized Buildings (10 000 sq.m)	#住宅 Residential Buildings	商品房平均销售价格(元/平方米) Average Selling Price of Commercialized Buildings (yuan/sq.m)	#住宅 Residential Buildings
浦东新区	Pudong New District	370.65	289.65	354.08	259.93		
金山区	Jinshan District	35.97	34.52	100.43	94.44		
松江区	Songjiang District	183.42	170.92	217.71	191.65		
青浦区	Qingpu District	77.49	77.40	97.21	92.38		
南汇区	Nanhui District	128.96	120.36	361.17	338.43		
奉贤区	Fengxian District	47.55	42.70	97.18	88.35		
崇明县	Chongming County	4.29	4.27	6.51	6.41		
其他	Others						
江苏省	**Jiangsu**	**2223.90**	**1831.35**	**5412.26**	**4730.26**	**4109**	**3872**
南京市	Nanjing City	355.88	313.59	699.34	655.25	5089	4786
无锡市	Wuxi City	288.85	232.88	537.35	456.96	5375	5096
徐州市	Xuzhou City	78.69	67.47	294.27	267.92	2674	2518
常州市	Changzhou City	220.11	174.94	504.49	425.53	4363	4111
苏州市	Suzhou City	573.42	459.38	1007.36	830.26	5692	5533
南通市	Nantong City	136.17	113.37	419.35	376.62	3247	3010
连云港市	Lianyungang City	80.27	61.78	298.00	250.70	2694	2464
淮安市	Huaian City	70.45	60.21	263.94	237.00	2669	2541
盐城市	Yancheng City	77.05	62.59	286.91	249.46	2686	2509
扬州市	Yangzhou City	110.03	90.17	304.38	266.32	3615	3386
镇江市	Zhenjiang City	72.50	64.19	214.06	192.17	3387	3340
泰州市	Taizhou City	111.87	86.64	302.87	261.81	3694	3309
宿迁市	Suqian City	66.41	54.51	354.55	315.32	1873	1729
浙江省	**Zhejiang**	**1873.68**	**1524.11**	**2992.20**	**2480.74**	**6262**	**6144**
杭州市	Hangzhou City	651.75	555.91	775.02	676.99	8409	8212
宁波市	Ningbo City	323.91	244.35	448.38	357.08	7224	6843
温州市	Wenzhou City	152.75	121.00	172.80	140.46	8839	8615
嘉兴市	Jiaxing City	147.20	109.36	333.22	255.26	4417	4284
湖州市	Huzhou City	82.28	64.59	196.34	157.29	4191	4107
绍兴市	Shaoxing City	116.12	92.16	216.87	182.12	5354	5061
金华市	Jinhua City	147.07	127.44	336.78	280.55	4367	4543
衢州市	Quzhou City	39.49	29.76	129.14	102.36	3058	2908
舟山市	Zhoushan City	45.69	41.15	74.10	67.56	6167	6091
台州市	Taizhou City	122.63	104.67	227.91	197.37	5381	5304
丽水市	Lishui City	44.80	33.70	81.64	63.71	5487	5289
安徽省	**Anhui**	**821.49**	**714.03**	**2785.83**	**2542.60**	**2949**	**2808**
合肥市	Hefei City	335.14	297.11	933.13	867.35	3592	3425
芜湖市	Wuhu City	70.57	67.34	177.11	169.74	3984	3967
蚌埠市	Bengbu City	34.90	29.65	126.19	115.12	2766	2576
淮南市	Huainan City	35.39	31.67	125.26	118.38	2825	2675
马鞍山市	Maanshan City	35.47	33.09	110.71	104.20	3204	3176
淮北市	Huaibei City	19.68	17.19	76.66	70.60	2567	2435
铜陵市	Tongling City	12.71	10.75	38.54	34.02	3298	3158
安庆市	Anqing City	39.95	32.91	213.69	189.29	1870	1739
黄山市	Huangshan City	24.10	17.85	104.80	85.07	2299	2098
滁州市	Chuzhou City	31.13	24.68	128.87	115.68	2415	2133
阜阳市	Fuyang City	30.59	25.66	125.98	115.82	2428	2215
宿州市	Suzhou City	18.55	16.43	89.90	82.98	2064	1980

3-8 续表 4 continued

地区	Region	商品房销售额(亿元) Total Sales of Commercialized Buildings (100 million yuan)	#住宅 Residential Buildings	商品房销售面积(万平方米) Floor Space Sold of Commercialized Buildings (10 000 sq.m)	#住宅 Residential Buildings	商品房平均销售价格(元/平方米) Average Selling Price of Commercialized Buildings (yuan/sq.m)	#住宅 Residential Buildings
巢湖市	Chaohu City	36.74	34.19	148.17	142.21	2479	2404
六安市	Liuan City	34.49	26.37	137.97	117.48	2500	2245
亳州市	Bozhou City	8.98	7.72	41.37	38.24	2171	2018
池州市	Chizhou City	18.53	12.26	71.67	55.07	2586	2226
宣城市	Xuancheng City	34.58	29.17	135.81	121.35	2546	2404
其他	Others						
福建省	**Fujian**	**712.61**	**562.26**	**1625.67**	**1250.00**	**4384**	**4498**
福州市	Fuzhou City	204.45	179.06	370.66	341.44	5516	5244
厦门市	Xiamen City	204.70	134.29	389.47	150.21	5256	8940
莆田市	Putian City	30.48	24.27	89.47	76.02	3407	3193
三明市	Sanming City	28.69	23.99	79.49	72.35	3609	3316
泉州市	Quanzhou City	102.99	84.42	257.88	219.92	3994	3839
漳州市	Zhangzhou City	56.13	47.57	176.38	159.68	3182	2979
南平市	Nanping City	32.27	27.89	109.76	100.09	2940	2787
龙岩市	Longyan City	28.26	20.73	84.12	69.21	3359	2995
宁德市	Ningde City	24.64	20.04	68.44	61.09	3601	3281
江西省	**Jiangxi**	**368.96**	**324.44**	**1727.60**	**1604.86**		
南昌市	Nanchang City	116.11	109.71	335.48	326.46		
景德镇市	Jingdezhen City	13.64	8.64	64.48	53.54		
萍乡市	Pingxiang City	10.03	9.03	55.92	52.67		
九江市	Jiujiang City	37.77	34.32	189.53	180.23		
新余市	Xinyu City	20.01	18.00	117.08	111.93		
鹰潭市	Yingtan City	8.13	6.77	43.36	40.84		
赣州市	Ganzhou City	48.28	39.12	233.40	208.81		
吉安市	Jian City	31.25	25.25	205.20	184.04		
宜春市	Yichun City	26.05	22.79	153.45	140.28		
抚州市	Fuzhou City	30.06	28.62	162.53	158.82		
上饶市	Shangrao City	27.64	22.18	167.18	147.25		
山东省	**Shandong**	**1635.71**	**1436.93**	**5507.64**	**5039.40**	**2970**	**2851**
济南市	Jinan City	155.11	137.12	371.16	330.04	4179	4155
青岛市	Qingdao City	392.42	328.57	770.30	686.22	5094	4788
淄博市	Zibo City	100.40	93.07	398.94	374.01	2517	2488
枣庄市	Zaozhuang City	27.94	22.14	112.46	97.31	2484	2275
东营市	Dongying City	66.01	59.29	263.97	247.43	2500	2396
烟台市	Yantai City	204.41	181.58	612.77	560.02	3336	3242
潍坊市	Weifang City	155.30	131.24	647.27	568.09	2399	2310
济宁市	Jining City	52.42	47.91	231.56	219.45	2264	2183
泰安市	Taian City	38.68	36.12	164.42	157.14	2352	2298
威海市	Weihai City	119.14	114.14	398.03	387.12	2993	2948
日照市	Rizhao City	26.74	22.40	95.02	85.98	2815	2606
莱芜市	Laiwu City	11.81	9.88	62.26	53.38	1896	1851
临沂市	Linyi City	80.31	71.35	376.37	352.19	2134	2026
德州市	Dezhou City	39.59	36.05	197.18	183.79	2008	1962
聊城市	Liaocheng City	28.63	26.19	143.25	131.96	1999	1985
滨州市	Binzhou City	45.54	38.55	255.94	222.36	1779	1734
菏泽市	Heze City	91.26	81.35	406.75	382.91	2244	2125

3-8 续表 5 continued

地 区	Region	商品房销售额(亿元) Total Sales of Commercialized Buildings (100 million yuan)	#住 宅 Residential Buildings	商品房销售面积(万平方米) Floor Space Sold of Commercialized Buildings (10 000 sq.m)	#住 宅 Residential Buildings	商品房平均销售价格(元/平方米) Average Selling Price of Commercialized Buildings (yuan/sq.m)	#住 宅 Residential Buildings
河南省	**Henan**	**746.46**	**629.40**	**3191.98**	**2943.36**	**2339**	**2138**
郑州市	Zhengzhou City	289.46	236.91	736.85	658.49	3928	3598
开封市	Kaifeng City	18.43	16.19	89.15	83.61	2068	1936
洛阳市	Luoyang City	69.97	60.82	270.12	246.10	2590	2471
平顶山市	Pingdingshan City	18.51	16.11	99.39	94.66	1863	1702
安阳市	Anyang City	37.57	29.74	190.80	176.04	1969	1689
鹤壁市	Hebi City	7.35	6.18	41.96	37.38	1752	1653
新乡市	Xinxiang City	40.04	32.88	225.22	210.43	1778	1562
焦作市	Jiaozuo City	29.91	24.30	126.44	110.44	2365	2201
濮阳市	Puyang City	15.81	14.98	76.65	74.75	2063	2005
许昌市	Xuchang City	20.99	18.21	108.61	101.50	1933	1794
漯河市	Luohe City	13.90	13.41	85.88	83.84	1618	1599
三门峡市	Sanmenxia City	9.05	8.70	64.38	61.60	1406	1412
南阳市	Nanyang City	41.52	32.59	203.72	187.67	2038	1737
商丘市	Shangqiu City	24.36	22.28	161.93	148.62	1504	1499
信阳市	Xinyang City	43.26	34.01	257.28	228.45	1681	1489
周口市	Zhoukou City	32.45	29.87	226.05	217.93	1436	1371
驻马店市	Zhumadian City	28.13	27.15	198.17	193.37	1420	1404
其他	Others	5.74	5.05	29.37	28.48	1954	1773
湖北省	**Hubei**	**582.61**	**525.00**	**1941.62**	**1821.31**	**1999**	**1878**
武汉市	Wuhan City	350.01	319.79	732.07	683.24	4781	4681
黄石市	Huangshi City	19.36	17.96	89.12	84.35	2172	2129
十堰市	Shiyan City	24.38	22.89	136.92	132.42	2275	2135
宜昌市	Yichang City	42.22	39.16	140.78	135.10	2999	2899
襄樊市	Xiangfan City	28.61	23.43	128.27	116.62	2230	2009
鄂州市	Ezhou City	7.97	7.64	42.34	41.45	1882	1843
荆门市	Jingmen City	10.38	9.19	56.00	51.90	1854	1771
孝感市	Xiaogan City	18.80	18.20	114.00	112.00	1649	1625
荆州市	Jingzhou City	23.55	20.75	129.79	122.28	1814	1697
黄冈市	Huanggang City	17.91	15.97	127.58	119.36	1404	1338
咸宁市	Xianning City	12.35	10.35	88.18	79.59	1401	1300
随州市	Suizhou City	7.94	7.14	54.67	51.58	1452	1384
恩施土家族苗族自治州	Enshi Tujia & Miao A.P	10.22	7.77	54.15	49.98	1888	1555
仙桃市	Xiantao City	2.61	1.65	11.36	8.23	2301	1687
天门市	Tianmen City	2.29	2.20	11.47	11.27	2300	2300
潜江市	Qianjiang City	1.32	1.32	10.50	10.50	1580	1580
神农架林区	Shennongjia Forest District						
湖南省	**Hunan**	**557.57**	**465.49**	**2375.31**	**2159.07**	**2347**	**2156**
长沙市	Changsha City	273.36	245.52	822.59	767.12	3323	3201
株洲市	Zhuzhou City	77.06	58.08	354.36	313.91	2175	1850
湘潭市	Xiangtan City	24.01	18.91	119.75	107.03	2005	1766
衡阳市	Hengyang City	21.36	18.88	122.02	116.21	1750	1625
邵阳市	Shaoyang City	9.78	8.56	67.34	63.45	1453	1349
岳阳市	Yueyang City	29.08	18.49	138.94	115.27	2093	1604
常德市	Changde City	29.47	24.39	153.86	142.56	1915	1711
张家界市	Zhangjiajie City	6.84	5.73	35.76	33.04	1914	1735
益阳市	Yiyang City	23.70	18.19	141.74	127.17	1672	1430
郴州市	Chenzhou City	14.84	11.98	85.17	76.12	1742	1574

3-8 续表 6 continued

地　区	Region	商品房销售额（亿元）Total Sales of Commercialized Buildings (100 million yuan)	#住　宅 Residential Buildings	商品房销售面积（万平方米）Floor Space Sold of Commercialized Buildings (10 000 sq.m)	#住　宅 Residential Buildings	商品房平均销售价格（元/平方米）Average Selling Price of Commercialized Buildings (yuan/sq.m)	#住　宅 Residential Buildings
永州市	Yongzhou City	13.02	10.84	107.75	101.76	1208	1065
怀化市	Huaihua City	13.43	9.60	97.76	82.63	1374	1162
娄底市	Loudi City	15.71	11.24	89.50	76.71	1755	1465
湘西土家族苗族自治州	West Hunan Tujia & Miao A.P	5.91	5.10	38.79	36.10	1523	1414
广东省	**Guangdong**	**2859.18**	**2498.34**	**4824.41**	**4378.37**	**5926**	**5706**
广州市	Guangzhou City	935.07	772.25	1079.68	933.05	8661	8277
韶关市	Shaoguan City	32.49	27.64	138.30	129.90	2349	2128
深圳市	Shenzhen City	591.09	530.41	466.71	413.65	12665	12823
珠海市	Zhuhai City	121.77	110.72	174.27	159.99	6987	6920
汕头市	Shantou City	47.17	36.30	135.05	116.16	3493	3125
佛山市	Foshan City	292.32	258.61	542.88	481.97	5385	5366
江门市	Jiangmen City	71.94	66.70	226.13	211.11	3181	3159
湛江市	Zhanjiang City	18.44	17.67	67.91	65.41	2715	2701
茂名市	Maoming City	29.47	27.70	147.50	142.30	1998	1947
肇庆市	Zhaoqing City	43.96	40.07	149.87	140.32	2933	2856
惠州市	Huizhou City	121.94	106.43	295.90	270.80	4121	3930
梅州市	Meizhou City	13.30	11.12	70.76	64.97	1880	1712
汕尾市	Shanwei City	6.67	6.61	44.90	44.50	1486	1485
河源市	Heyuan City	10.01	9.04	46.71	44.92	2143	2012
阳江市	Yangjiang City	18.54	17.48	75.33	71.75	2461	2436
清远市	Qingyuan City	36.75	30.80	125.44	112.35	2929	2742
东莞市	Dongguan City	283.70	267.31	509.63	493.95	5567	5412
中山市	ZhongShan City	140.78	121.91	320.43	285.29	4393	4273
潮州市	Chaozhou City	17.17	16.10	81.55	79.05	2105	2037
揭阳市	Jieyang City	17.44	15.11	85.63	78.65	2037	1921
云浮市	Yunfu City	9.16	8.36	39.84	38.31	2299	2182
广西壮族自治区	**Guangxi**	**490.59**	**423.87**	**1734.47**	**1609.65**	**2826**	**2634**
南宁市	Nanning City	191.35	164.99	484.91	443.58	3946	3720
柳州市	Liuzhou City	59.54	50.72	200.12	186.17	2973	2725
桂林市	Guilin City	74.25	66.40	265.55	251.80	2796	2637
梧州市	Wuzhou City	12.84	10.62	64.70	54.90	1985	1934
北海市	Beihai City	30.02	27.19	107.15	101.71	2802	2674
防城港市	Fangchenggang City	11.68	11.06	47.58	46.43	2445	2382
钦州市	Qinzhou City	23.03	16.56	90.30	78.02	2550	2122
贵港市	Guigang City	21.44	18.16	102.00	93.70	2102	1939
玉林市	Yulin City	26.54	22.65	137.41	128.44	1932	1764
百色市	Baise City	13.24	12.18	77.38	73.81		
贺州市	Hezhou City	4.10	3.31	23.95	20.20	1708	1019
河池市	Hechi City	5.35	4.30	33.80	31.20	1583	1378
来宾市	Laibin City	8.78	8.40	55.99	54.57	1568	1539
崇左市	Chongzuo City	8.52	7.89	47.10	45.10	1808	1751
海南省	**Hainan**	**202.63**	**195.19**	**372.50**	**358.72**	**5440**	**5441**
海口市	Haikou City	78.38	73.17	170.60	162.74	4591	4496
三亚市	Sanya City	91.09	90.08	91.13	89.61	9996	10052
其他	Others	33.16	31.94	110.77	106.37		

3-8 续表 7 continued

地 区	Region	商品房销售额(亿元) Total Sales of Commercia-lized Buildings (100 million yuan)	#住 宅 Residential Buildings	商品房销售面积(万平方米) Floor Space Sold of Commercia-lized Buildings (10 000 sq.m)	#住 宅 Residential Buildings	商品房平均销售价格(元/平方米) Average Selling Price of Commercia-lized Buildings (yuan/sq.m)	#住 宅 Residential Buildings
重庆市	**Chongqing**	**800.00**	**704.82**	**2872.19**	**2669.93**	**2785**	**2640**
万州区	Wanzhou District	29.90	27.44	155.42	148.17	1924	1852
涪陵区	Fuling District	11.62	9.29	46.67	38.34	2490	2424
渝中区	Yuzhong District	18.04	12.49	36.38	26.48	4958	4716
大渡口区	Dadukou District	10.46	9.87	27.78	26.99	3765	3655
江北区	Jiangbei District	114.38	98.39	292.42	271.35	3911	3626
沙坪坝区	Shapingba District	69.47	64.17	220.40	211.05	3152	3041
九龙坡区	Jiulongpo District	63.23	50.67	175.98	157.94	3593	3208
南岸区	Nanan District	100.90	91.68	266.50	247.79	3786	3700
北碚区	Beibei District	17.91	14.12	63.24	57.44	2833	2458
万盛区	Wansheng District	3.30	3.28	21.28	21.22	1553	1548
双桥区	Shuangqiao District	1.81	1.70	13.62	13.08	1326	1296
渝北区	Yubei District	145.87	132.41	374.26	351.83	3897	3763
巴南区	Banan District	34.26	32.77	136.62	131.90	2508	2485
黔江区	Qianjiang District	3.29	2.91	14.97	14.38	2200	2020
长寿区	Changshou District	13.35	12.92	89.26	87.77	1496	1472
江津区	Jiangjin District	15.92	13.79	75.63	68.61	2105	2009
合川区	Hechuan District	18.88	17.54	94.79	91.47	1992	1917
永川区	Yongchuan District	20.62	18.61	96.37	90.29	2139	2061
南川区	Nanchuan District	5.94	5.16	60.77	28.90	1930	1785
四川省	**Sichuan**	**1105.46**	**996.02**	**3501.27**	**3247.32**	**3157**	**3067**
成都市	Chengdu City	708.82	648.61	1459.50	1357.43	4857	4778
自贡市	Zigong City	21.21	18.76	102.55	95.96	2068	1955
攀枝花市	Panzhihua City	16.57	14.91	76.48	72.44	2167	2058
泸州市	Luzhou City	40.24	32.85	202.18	177.99	1990	1846
德阳市	Deyang City	22.73	19.46	97.30	87.93	2336	2213
绵阳市	Mianyang City	34.38	32.52	148.17	142.87	2320	2276
广元市	Guangyuan City	8.93	6.68	39.28	34.07	2273	1961
遂宁市	Suining City	24.88	21.36	165.68	156.22	1502	1367
内江市	Neijiang City	22.67	20.14	124.08	113.21	1827	1779
乐山市	Leshan City	24.97	23.32	110.59	105.76	2258	2205
南充市	Nanchong City	34.33	31.06	159.96	147.95	2146	2099
眉山市	Meishan City	19.71	18.27	110.29	105.78	1787	1727
宜宾市	Yibin City	34.07	30.06	165.13	154.69	2063	1943
广安市	Guangan City	18.59	15.08	132.33	117.52	1405	1283
达州市	Dazhou City	31.21	25.82	157.84	143.62	1977	1798
雅安市	Yaan City	3.18	2.58	15.06	13.34	2112	1934
巴中市	Bazhong City	10.45	9.19	73.57	69.77	1420	1317
资阳市	Ziyang City	22.01	19.45	140.19	130.83	1570	1487
阿坝藏族羌族自治州	Aba Zang & Qiang A.P	0.41	0.39	3.20	3.05	1281	1279
甘孜藏族自治州	Ganzi Zang A.P	1.46	1.33	6.12	5.87	2386	2266
凉山彝族自治州	Liangshan Yi A.P	4.64	4.20	11.77	11.02	3942	3811
贵州省	**Guizhou**	**212.47**	**179.94**	**908.20**	**848.11**	**2339**	**2122**
贵阳市	Guiyang City	129.73	111.64	411.93	389.54	3149	2866
六盘水市	Liupanshui City	13.44	9.26	59.88	51.80	2245	1788
遵义市	Zunyi City	14.99	8.25	92.22	49.70	1660	41
安顺市	Anshun City	4.56	3.29	22.53	19.89	2024	1655
铜仁地区	Tongren Prefecture	10.90	9.60	85.20	80.30	1279	1195
黔西南布依族苗族自治州	Southwest Guizhou Buyi & Miao A.P	5.36	4.35	27.50	25.08	1948	1733

3-8 续表 8 continued

地 区	Region	商品房销售额(亿元) Total Sales of Commercialized Buildings (100 million yuan)	#住 宅 Residential Buildings	商品房销售面积(万平方米) Floor Space Sold of Commercialized Buildings (10 000 sq.m)	#住 宅 Residential Buildings	商品房平均销售价格(元/平方米) Average Selling Price of Commercialized Buildings (yuan/sq.m)	#住 宅 Residential Buildings
毕节地区	Bijie Prefecture	6.05	4.57	37.14	34.06	1630	1343
黔东南苗族侗族自治州	Southeast Guizhou Miao & Dong A.P	12.24	10.69	82.03	76.43	1555	1404
黔南布依族苗族自治州	South Guizhou Buyi & Miao A.P	11.89	11.05	62.78	60.85	1894	1816
云南省	**Yunnan**	**440.31**	**360.77**	**1643.08**	**1478.25**		**2440**
昆明市	Kunming City	213.92	177.06	558.11	494.14	3833	3583
曲靖市	Qujing City	56.79	41.28	244.14	205.26	2326	2011
玉溪市	Yuxi City	21.25	17.58	97.73	89.23	2166	1963
保山市	Baoshan City	10.62	9.49	48.36	45.69	2195	2078
昭通市	Zhaotong City	7.38	5.64	47.22	42.25	1563	1334
丽江市	Lijiang City	6.86	5.99	28.82	26.65		
普洱市	Puer City	0.88	0.88	4.93	4.93	1782	1782
临沧市	Lincang City	5.00	3.26	23.90	18.97	2093	1716
楚雄彝族自治州	Chuxiong Yi A.P	17.50	14.50	97.50	88.20	1795	1648
红河哈尼族彝族自治州	Honghe Hani & Yi A.P	33.53	28.00	162.04	151.00	2069	1872
文山壮族苗族自治州	Wenshan Zhuang & Miao A.P	15.68	11.45	89.13	80.81	1759	1417
西双版纳傣族自治州	Xishuangbanna Dai A.P	14.40	11.33	78.48	68.50	1835	1654
大理白族自治州	Dali Bai A.P	14.44	10.98	41.87	35.67	3448	3078
德宏傣族景颇族自治州	Dehong Dai & Jingpo A.P	9.09	7.92	55.45	50.30	1640	1574
怒江傈僳族自治州	Nujiang Lisu A.P	2.30	1.90	12.90	11.80	1780	1610
迪庆藏族自治州	Diqing Zang A.P						
西藏自治区	**Tibet A.R.**	**21.31**	**19.28**	**66.68**	**62.26**	**3195**	**3097**
拉萨市	Lhasa City	18.97	17.07	50.60	46.80		
昌都地区	Qamdu Prefecture						
山南地区	Lhokha Prefecture	1.65	1.57	12.00	11.50		
日喀则地区	Xigaze Prefecture	0.10	0.10	0.80	0.80		
那曲地区	Narqu Prefecture						
阿里地区	Ngri Prefecture						
林芝地区	Nyingchi Prefecture	0.59	0.55	3.30	3.10		
其他	Others						
陕西省	**Shaanxi**	**446.71**	**402.24**	**1513.01**	**1426.06**	**2952**	**2821**
西安市	Xi'an City	299.71	272.18	767.23	722.27	3906	3768
铜川市	Tongchuan City	3.50	3.20	30.16	28.54	1162	1122
宝鸡市	Baoji City	23.79	21.61	146.55	138.01	1623	1566
咸阳市	Xianyang City	27.02	26.68	113.82	112.89	2374	2363
渭南市	Weinan City	16.17	14.57	100.29	94.11	1612	1548
延安市	Yan'an City	15.43	9.62	64.52	57.17	2392	1682
汉中市	Hanzhong City	26.02	23.43	106.86	101.52	2435	2308
榆林市	Yulin City	14.64	12.27	61.15	54.87	2394	2237
安康市	Ankang City	14.49	13.35	82.24	77.71	1762	1718
商洛市	Shangluo City	2.99	2.99	21.49	21.49	1394	1394
其他	Others	2.94	2.34	18.71	17.49	1573	1337
甘肃省	**Gansu**	**102.23**	**95.01**	**471.32**	**451.03**	**2169**	**2107**
兰州市	Lanzhou City	55.40	51.72	177.50	170.75	3121	3029
嘉峪关市	Jiayuguan City	8.25	8.16	55.15	54.84	1496	1488
金昌市	Jinchang City	2.36	2.17	26.19	25.68	901	845

3-8 续表 9 continued

地 区	Region	商品房销售额(亿元) Total Sales of Commercialized Buildings (100 million yuan)	#住 宅 Residential Buildings	商品房销售面积(万平方米) Floor Space Sold of Commercialized Buildings (10 000 sq.m)	#住 宅 Residential Buildings	商品房平均销售价格(元/平方米) Average Selling Price of Commercialized Buildings (yuan/sq.m)	#住 宅 Residential Buildings
白银市	Baiyin City	6.93	6.01	46.17	41.18	1500	1460
天水市	Tianshui City	8.39	7.80	39.16	38.03	2142	2051
武威市	Wuwei City	0.67	0.66	6.27	6.23	1069	1059
张掖市	Zhangye City	6.13	5.97	37.42	35.02	1638	1705
平凉市	Pingliang City	2.09	1.47	14.04	13.77	1489	1068
酒泉市	Jiuquan City	5.76	5.18	32.73	31.35	1760	1652
庆阳市	Qingyang City	4.03	3.68	21.04	18.77	1915	1961
定西市	Dingxi City	1.74	1.73	12.39	12.38	1404	1397
陇南市	Longnan City	0.31	0.30	2.00	1.90	1550	1579
临夏回族自治州	Linxia Hui A.P	0.17	0.16	1.26	1.13	1349	1416
甘南藏族自治州	Gannan Zang A.P						
青海省	**Qinghai**	**36.37**	**33.67**	**147.89**	**141.23**	**2460**	**2384**
西宁市	Xining City	31.41	29.20	108.31	103.64	2900	2817
海东地区	Haidong Prefecture	2.53	2.31	21.33	20.37	1187	1135
海北藏族自治州	Haibei Zang A.P	0.60	0.53	5.66	5.28	1067	1000
黄南藏族自治州	Huangnan Zang AP						
海南藏族自治州	Hainan Zang A.P	1.77	1.57	12.17	11.52	1455	1365
果洛藏族自治州	Golog Zang A.P						
玉树藏族自治州	Yushu Zang A.P						
海西蒙古族藏族自治州	Haixi Mongolian & Zang A.P	0.05	0.05	0.42	0.42	1295	1295
宁夏回族自治区	**Ningxia**	**125.38**	**100.42**	**514.81**	**453.26**	**2435**	**2215**
银川市	Yinchuan City	87.02	69.82	307.73	269.39	2842	2605
石嘴山市	Shizuishan City	15.29	11.77	81.66	71.90	1870	1637
吴忠市	Wuzhong City	11.33	9.89	59.83	54.04	1894	1830
固原市	Guyuan City	4.57	4.06	30.20	28.50	1470	1553
中卫市	Zhongwei City	7.17	4.88	35.39	29.44	2027	1657
新疆维吾尔自治区	**Xinjiang**	**213.79**	**186.12**	**954.35**	**886.35**	**2240**	**2100**
乌鲁木齐市	Urumqi City	96.05	80.33	296.10	265.06	3244	3031
克拉玛依市	Karamay City	11.90	10.45	76.16	73.05	1563	1431
吐鲁番地区	Turpan Prefecture	0.77	0.62	4.64	4.26	1659	1455
哈密地区	Hami Prefecture	4.06	3.47	21.61	19.33	1879	1795
昌吉回族自治州	Changji Hui A.P	20.65	18.62	96.49	89.77	2140	2074
博尔塔拉蒙古自治州	Bortala Mongolian A.P	2.07	1.74	12.55	11.13	1649	1563
巴音郭楞蒙古自治州	Bayingolin Mongolian A.P	18.33	17.45	98.35	95.60	1864	1825
阿克苏地区	Aksu Prefecture	13.24	12.16	79.14	74.86	1673	1624
克孜勒苏柯尔克孜自治州	Kizilsu Kirgiz A.P						
喀什地区	Kashi Prefecture	5.79	4.66	38.81	35.72	1492	1305
和田地区	Hotan Prefecture	0.19	0.13	0.91	0.73	2088	1781
伊犁哈萨克自治州	Ili Kazak A.P	22.67	20.67	120.46	115.79	1882	1785
塔城地区	Tacheng Prefecture	5.70	5.21	39.43	37.33	1446	1396
阿勒泰地区	Altay Prefecture	1.96	1.70	13.66	12.63	1435	1346
石河子市	Shihezi City	7.93	6.86	41.35	38.50	1918	1782
阿拉尔市	Alar City	0.60	0.35	4.73	3.45	1268	1014
图木舒克市	Tumxuk City	0.03	0.03	0.33	0.26	909	1154
五家渠市	Wujiaqu City	1.85	1.66	9.65	8.89	1917	1867
生产建设兵团	Corps						

3-9 财政收入(2008年)

Government Revenue(2008)

地区	Region	一般预算收入(亿元) General Bugetary Revenue (100 million yuan)	#各项税收 Taxes	#国内增值税 Domestic Value-added Tax	#营业税 Business Tax	#企业所得税 Company Income Tax	#个人所得税 Personal Income Tax
北京市	**Beijing**	**1837.32**	**1775.58**	**158.34**	**651.78**	**497.52**	
东城区	Dongcheng District	69.16	67.74	2.83	28.49	23.85	
西城区	Xicheng District	153.79	150.71	7.18	48.55	72.52	
崇文区	Chongwen District	17.98	15.68	1.46	6.87	2.70	
宣武区	Xuanwu District	44.00	42.20	3.63	18.04	13.63	
朝阳区	Chaoyang District	166.09	161.71	14.87	69.63	46.47	
丰台区	Fengtai District	34.25	31.44	3.64	13.81	6.64	
石景山区	Shijingshan District	14.98	14.04	3.20	5.48	2.11	
海淀区	Haidian District	134.33	128.66	13.50	62.61	28.19	
门头沟区	Mentougou District	8.88	8.07	1.38	2.91	2.28	
房山区	Fangshan District	15.98	13.80	1.64	6.28	1.68	
通州区	Tongzhou District	20.45	18.19	3.60	6.60	3.25	
顺义区	Shunyi District	40.17	38.13	4.34	16.93	8.69	
昌平区	Changping District	24.16	21.02	3.02	9.05	3.72	
大兴区	Daxing District	19.59	15.64	2.08	7.31	2.89	
怀柔区	Huairou District	14.81	13.70	2.09	4.98	3.38	
平谷区	Pinggu District	8.74	7.97	0.82	3.93	1.36	
密云县	Miyun County	10.21	8.93	1.16	3.72	2.07	
延庆县	Yanqing County	5.53	4.33	0.30	2.61	0.42	
北京经济技术开发区	Beijing Economic-technological Development Zones						
远洋捕捞	Deep-sea Fishing						
其他	Others						
天津市	**Tianjin**	**675.62**	**546.62**	**109.68**	**179.85**	**103.70**	**32.17**
和平区	Heping District	20.02	18.09	1.26	6.80	2.97	0.74
河东区	Hedong District	14.15	13.09	1.17	4.01	1.32	0.42
河西区	Hexi District	24.13	23.06	1.40	9.03	3.10	0.74
南开区	Nankai District	22.00	21.29	1.82	7.41	2.56	0.66
河北区	Hebei District	10.67	8.80	0.84	3.04	0.88	0.28
红桥区	Hongqiao District	6.81	5.49	0.52	1.69	0.44	0.20
塘沽区	Tanggu District	29.04	25.54	2.42	8.44	2.96	0.52
汉沽区	Hangu District	5.14	4.15	0.54	1.39	0.27	0.07
大港区	Dagang District	9.97	9.08	1.42	2.40	0.98	0.36
东丽区	Dongli District	24.26	20.63	4.50	3.52	3.41	0.47
西青区	Xiqing District	25.58	23.36	5.88	5.12	3.66	0.61
津南区	Jinnan District	18.00	16.17	3.30	2.65	3.56	0.33
北辰区	Beichen District	19.23	17.76	5.12	2.92	3.41	0.49
武清区	Wuqing District	16.98	15.13	3.84	2.69	3.37	0.54
宝坻区	Baodi District	7.91	7.02	1.01	1.84	0.92	0.16
宁河县	Ninghe County	4.42	2.75	0.62	0.88	0.31	0.10
静海县	Jinghai County	7.74	6.34	1.93	1.18	0.81	0.15
蓟县	Ji County	7.19	4.67	1.19	1.08	0.88	0.16
天津经济技术开发区	Tianjin Economic-technological Development Area	76.46	74.35	25.03	15.94	17.03	4.83
天津港保税区	Tianjin Port Free Trade Zone	22.47	21.11	4.06	6.67	5.61	1.26
天津滨海高新区	Tianjin Hi-Tech Industrial Park	13.07	12.62	3.07	3.12	3.59	0.78
其他	Others						

3-9 续表 1 continued

地 区	Region	一般预算收入(亿元) General Bugetary Revenue (100 million yuan)	#各项税收 Taxes	#国内增值税 Domestic Value-added Tax	#营业税 Business Tax	#企业所得税 Company Income Tax	#个人所得税 Personal Income Tax
河北省	**Hebei**	**947.59**	**748.89**	**196.86**	**217.08**	**112.22**	**42.48**
石家庄市	Shijiazhuang City	110.04	92.58	15.04	34.49	9.66	6.18
唐山市	Tangshan City	149.27	123.84	32.90	35.77	10.99	7.18
秦皇岛市	Qinhuangdao City	48.68	40.20	5.88	15.09	3.67	2.09
邯郸市	Handan City	77.46	51.05	13.49	13.87	4.60	2.44
邢台市	Xingtai City	36.90	28.40	8.42	7.18	2.97	1.60
保定市	Baoding City	66.60	43.69	8.84	15.31	3.96	2.45
张家口市	Zhangjiakou City	41.61	33.81	7.32	11.58	2.23	1.49
承德市	Chengde City	37.80	34.36	5.84	9.81	5.70	2.28
沧州市	Cangzhou City	56.75	44.99	11.54	13.77	3.66	2.43
廊坊市	Langfang City	57.95	49.98	6.11	20.85	4.86	2.79
衡水市	Hengshui City	15.44	12.87	2.74	3.89	1.25	0.92
其他	Others						
山西省	**Shanxi**	**748.00**	**566.49**	**197.07**	**129.73**	**87.29**	**25.67**
太原市	Taiyuan City	116.92	97.56	25.34	24.09	15.77	4.26
大同市	Datong City	46.67	25.09	12.33	7.67	3.20	1.89
阳泉市	Yangquan City	26.17	21.12	6.42	4.44	2.46	1.05
长治市	Changzhi City	62.63	43.67	13.56	7.58	9.00	2.23
晋城市	Jincheng City	41.86	32.22	9.72	5.60	7.17	1.47
朔州市	Shuozhou City	37.80	25.08	10.15	4.38	3.91	1.07
晋中市	Jinzhong City	46.91	32.53	11.27	7.87	2.82	1.62
运城市	Yuncheng City	32.65	25.50	10.32	4.81	2.47	1.03
忻州市	Xinzhou City	29.45	19.57	6.23	4.38	3.06	0.97
临汾市	Linfen City	54.22	37.80	14.35	6.18	4.76	1.21
吕梁市	Luliang City	55.11	39.56	18.25	5.31	5.16	1.16
其他	Others						
内蒙古自治区	**Inner Mongolia**	**650.68**	**464.45**	**103.34**	**134.77**	**59.28**	**24.02**
呼和浩特市	Hohhot City	82.25	60.27	7.60	21.01	6.54	4.19
包头市	Baotou City	96.48	69.24	14.44	15.93	7.00	2.12
呼伦贝尔市	Hulunbuir City	41.81	25.73	5.43	6.71	1.75	1.44
兴安盟	Xingan League	6.84	4.97	0.75	1.81	0.31	0.23
通辽市	Tongliao City	41.30	25.62	4.92	5.83	1.88	0.77
赤峰市	Chifeng City	36.23	26.56	5.31	7.87	3.36	1.53
锡林郭勒盟	Xilingol League	27.32	18.14	3.79	6.28	1.58	1.07
乌兰察布市	Ulanqab City	15.47	11.67	3.97	3.10	0.46	0.52
鄂尔多斯市	Erdos City	118.20	92.85	22.34	18.20	16.80	4.69
巴彦淖尔市	Bayannur City	23.88	18.77	3.49	4.54	3.37	0.93
乌海市	Wuhai City	17.97	14.96	5.51	2.42	1.45	0.85
阿拉善盟	Alxa League	11.04	8.67	2.66	2.11	0.76	0.39
其他	Others						
辽宁省	**Liaoning**	**1356.08**	**1017.10**	**172.76**	**304.00**	**142.44**	**51.73**
沈阳市	Shenyang City	291.04	203.70	19.00	64.58	20.01	8.43
大连市	Dalian City	339.07	269.91	36.26	97.95	40.79	14.56
鞍山市	Anshan City	100.02	68.76	15.07	11.94	10.81	2.59
抚顺市	Fushun City	45.17	29.77	5.49	6.83	2.62	1.58
本溪市	Benxi City	42.44	31.26	6.12	5.49	2.22	1.33
丹东市	Dandong City	37.57	25.63	3.18	5.88	1.70	0.97
锦州市	Jinzhou City	35.07	26.69	3.70	8.45	1.96	1.28
营口市	Yingkou City	40.01	31.38	4.94	9.76	2.82	0.89

3-9 续表 2 continued

地 区	Region	一般预算收入（亿元）General Bugetary Revenue (100 million yuan)	#各项税收 Taxes	#国内增值税 Domestic Value-added Tax	#营业税 Business Tax	#企业所得税 Company Income Tax	#个人所得税 Personal Income Tax
阜新市	Fuxin City	14.61	11.95	2.22	3.56	0.57	0.46
辽阳市	Liaoyang City	35.41	24.77	3.89	4.86	1.31	0.99
盘锦市	Panjin City	34.91	27.28	7.64	5.83	1.38	1.75
铁岭市	Tieling City	33.09	22.07	2.60	5.13	0.91	0.66
朝阳市	Chaoyang City	31.79	25.50	4.38	6.07	1.79	1.40
葫芦岛市	Huludao City	31.40	22.07	3.67	5.86	1.53	0.88
其他	Others						
吉林省	**Jilin**	**422.79**	**311.07**	**63.58**	**93.96**	**42.59**	**17.49**
长春市	Changchun City	119.03	95.90	13.95	21.87	13.92	5.37
吉林市	Jilin City	53.33	37.94	5.22	6.89	5.14	2.17
四平市	Siping City	17.41	11.71	2.46	3.43	0.84	0.65
辽源市	Liaoyuan City	11.67	5.17	0.86	1.31	0.74	0.24
通化市	Tonghua City	21.43	15.90	3.64	3.57	1.59	1.12
白山市	Baishan City	15.59	10.54	2.06	2.52	1.26	0.69
松原市	Songyuan City	28.74	20.81	7.16	3.44	1.46	0.75
白城市	Baicheng City	10.91	8.03	2.78	1.89	0.38	0.36
延边朝鲜族自治州	Yanbian Korean A.P	31.98	20.35	3.70	6.64	1.71	1.19
其他	Others						
黑龙江省	**Heilongjiang**	**578.36**	**420.18**	**129.41**	**99.90**	**46.04**	**22.23**
哈尔滨市	Harbin City	164.00	129.60	21.29	45.82	17.45	8.17
齐齐哈尔市	Qiqihar City	27.97	18.01	4.15	3.64	3.03	1.08
鸡西市	Jixi City	14.81	11.29	4.50	1.70	0.78	0.63
鹤岗市	Hegang City	9.33	7.82	2.68	1.34	0.89	0.50
双鸭山市	Shuangyashan City	12.44	9.76	3.15	1.66	1.11	0.65
大庆市	Daqing City	82.55	67.77	7.92	6.83	8.51	3.94
伊春市	Yichun City	4.83	3.73	1.20	0.73	0.26	0.26
佳木斯市	Jiamusi City	11.53	9.31	1.98	2.50	1.73	0.61
七台河市	Qitaihe City	13.08	11.26	4.99	1.07	1.92	0.36
牡丹江市	Mudanjiang City	25.13	18.02	5.07	3.21	2.36	1.16
黑河市	Heihe City	7.18	4.81	1.08	1.27	0.67	0.31
绥化市	Suihua City	15.86	12.06	2.80	2.26	2.72	0.45
大兴安岭地区	Daxing'anling Prefecture	2.61	2.09	0.59	0.45	0.14	0.13
农垦总局	Agriculture Reclamation Bureau						
其他	Others						
上海市	**Shanghai**	**2358.75**	**2223.43**	**334.89**	**763.38**	**547.99**	**204.89**
黄浦区	Huangpu District	51.63	50.72	3.41	16.90	12.81	7.05
卢湾区	Luwan District	43.16	42.31	3.31	13.62	11.89	6.69
徐汇区	Xuhui District	73.32	71.68	6.47	23.40	14.55	9.45
长宁区	Changning District	52.62	50.65	2.96	18.59	7.81	5.88
静安区	Jingan District	51.44	50.78	3.12	15.75	15.61	7.31
普陀区	Putuo District	40.90	38.39	3.96	12.62	7.41	3.01
闸北区	Zhabei District	33.73	32.77	3.50	11.64	5.34	2.83
虹口区	Hongkou District	38.92	37.06	2.57	14.02	6.47	2.55
杨浦区	Yangpu District	40.78	39.76	3.95	13.91	7.43	2.85
闵行区	Minhang District	96.53	93.91	18.73	26.95	20.16	8.28
宝山区	Baoshan District	57.47	54.69	7.29	17.61	10.17	2.88
嘉定区	Jiading District	58.10	55.79	13.78	17.61	11.11	4.40

3-9 续表 3 continued

地 区	Region	一般预算收入(亿元) General Bugetary Revenue (100 million yuan)	#各项税收 Taxes	#国内增值税 Domestic Value-added Tax	#营业税 Business Tax	#企业所得税 Company Income Tax	#个人所得税 Personal Income Tax
浦东新区	Pudong New District	302.61	299.68	44.93	92.38	73.59	40.70
金山区	Jinshan District	23.03	21.91	5.38	7.70	3.77	1.28
松江区	Songjiang District	57.36	55.92	12.03	17.97	11.89	3.46
青浦区	Qingpu District	44.04	40.65	10.94	12.67	8.26	3.23
南汇区	Nanhui District	45.61	41.38	7.69	15.09	6.67	2.58
奉贤区	Fengxian District	28.55	26.86	6.48	8.14	4.56	1.99
崇明县	Chongming County	21.97	21.20	1.92	12.59	2.73	1.48
其他	Others						
江苏省	**Jiangsu**	**2731.41**	**2278.71**	**483.04**	**663.90**	**398.92**	**129.23**
南京市	Nanjing City	386.56	330.57	55.74	101.79	59.54	20.50
无锡市	Wuxi City	365.43	308.45	81.81	68.22	55.08	18.86
徐州市	Xuzhou City	125.85	100.20	23.72	26.82	11.53	4.25
常州市	Changzhou City	185.19	160.72	35.80	40.07	24.13	8.66
苏州市	Suzhou City	668.91	587.08	152.93	143.39	98.17	33.53
南通市	Nantong City	159.59	135.43	33.44	36.63	19.62	7.54
连云港市	Lianyungang City	66.21	53.38	9.18	19.19	6.58	2.31
淮安市	Huaian City	71.36	52.34	11.82	15.41	4.72	2.14
盐城市	Yancheng City	90.30	69.78	14.30	20.87	5.95	3.02
扬州市	Yangzhou City	104.83	76.07	19.79	21.74	8.60	3.55
镇江市	Zhenjiang City	85.66	70.17	17.88	17.06	9.62	3.33
泰州市	Taizhou City	101.08	81.75	23.69	18.20	11.69	4.01
宿迁市	Suqian City	46.52	35.81	4.46	13.47	3.76	1.38
浙江省	**Zhejiang**	**1933.39**	**1792.09**	**348.92**	**574.30**	**302.28**	**115.71**
杭州市	Hangzhou City	455.35	443.77	76.36	143.74	81.45	27.24
宁波市	Ningbo City	390.39	368.35	78.36	114.08	59.63	25.61
温州市	Wenzhou City	180.15	162.49	34.81	46.69	25.22	10.81
嘉兴市	Jiaxing City	126.87	121.61	30.56	34.37	14.86	6.97
湖州市	Huzhou City	71.61	67.35	13.51	18.56	9.64	4.18
绍兴市	Shaoxing City	143.60	135.58	29.83	35.84	19.77	7.30
金华市	Jinhua City	119.70	108.72	21.60	31.96	14.46	7.95
衢州市	Quzhou City	34.39	30.20	5.28	9.74	2.94	1.60
舟山市	Zhoushan City	43.15	40.13	4.31	17.85	4.71	2.23
台州市	Taizhou City	126.05	114.41	26.44	30.04	18.04	8.29
丽水市	Lishui City	36.15	30.46	5.50	9.72	4.04	2.77
安徽省	**Anhui**	**724.62**	**527.93**	**96.75**	**177.70**	**74.73**	**21.43**
合肥市	Hefei City	160.94	134.00	16.66	57.40	16.37	3.48
芜湖市	Wuhu City	54.39	47.10	9.24	15.88	4.79	1.04
蚌埠市	Bengbu City	27.50	21.53	4.13	7.74	1.00	0.53
淮南市	Huainan City	29.92	25.75	7.51	8.21	1.50	0.84
马鞍山市	Maanshan City	43.33	38.04	13.33	9.00	3.22	1.03
淮北市	Huaibei City	18.52	17.26	5.55	4.46	1.25	0.48
铜陵市	Tongling City	23.79	19.90	6.66	5.07	1.48	0.36
安庆市	Anqing City	38.46	25.15	4.74	9.53	1.32	0.81
黄山市	Huangshan City	16.75	12.91	1.52	6.17	0.87	0.40
滁州市	Chuzhou City	28.64	22.06	4.66	7.59	1.36	0.60
阜阳市	Fuyang City	22.64	19.47	4.70	7.54	1.06	0.61
宿州市	Suzhou City	15.31	10.75	2.81	3.78	0.42	0.38

3-9 续表 4 continued

地 区	Region	一般预算收入(亿元) General Bugetary Revenue (100 million yuan)	#各项税收 Taxes	#国内增值税 Domestic Value-added Tax	#营业税 Business Tax	#企业所得税 Company Income Tax	#个人所得税 Personal Income Tax
巢湖市	Chaohu City	25.61	19.67	4.43	6.94	0.94	0.73
六安市	Liuan City	26.03	17.70	2.90	7.87	0.80	0.64
亳州市	Bozhou City	12.69	8.85	1.98	3.30	0.47	0.31
池州市	Chizhou City	17.80	11.52	1.63	4.54	0.68	0.35
宣城市	Xuancheng City	27.63	20.70	4.32	6.92	1.45	0.60
其他	Others						
福建省	**Fujian**	**833.40**	**704.45**	**124.11**	**226.89**	**117.25**	**44.98**
福州市	Fuzhou City	168.86	146.79	22.67	48.44	20.60	11.39
厦门市	Xiamen City	220.23	193.02	34.98	67.19	28.46	11.20
莆田市	Putian City	29.56	24.12	4.80	7.85	3.06	1.34
三明市	Sanming City	32.96	28.80	7.71	7.34	2.48	1.95
泉州市	Quanzhou City	137.17	118.88	26.93	29.89	18.35	8.83
漳州市	Zhangzhou City	60.49	46.72	9.38	12.86	5.94	2.59
南平市	Nanping City	28.05	23.42	4.46	7.51	2.59	1.47
龙岩市	Longyan City	46.28	39.95	9.72	8.33	5.72	2.46
宁德市	Ningde City	24.22	20.08	3.46	7.50	2.10	1.42
江西省	**Jiangxi**	**488.65**	**357.96**	**64.29**	**118.19**	**47.43**	**15.99**
南昌市	Nanchang City	102.15	81.01	8.82	35.87	10.08	4.20
景德镇市	Jingdezhen City	18.51	13.43	2.16	4.10	1.03	0.40
萍乡市	Pingxiang City	23.43	18.43	3.59	6.54	1.23	0.49
九江市	Jiujiang City	38.42	28.51	4.81	10.42	3.56	1.06
新余市	Xinyu City	26.10	19.61	3.51	6.03	3.24	0.60
鹰潭市	Yingtan City	16.34	13.40	5.65	3.33	0.94	0.44
赣州市	Ganzhou City	55.47	40.69	8.57	14.57	4.64	2.04
吉安市	Jian City	32.44	21.61	4.44	8.00	1.81	1.50
宜春市	Yichun City	36.47	30.50	6.35	9.41	2.96	1.04
抚州市	Fuzhou City	26.00	18.79	2.39	8.16	1.78	0.78
上饶市	Shangrao City	36.65	28.69	6.86	9.47	2.46	1.13
山东省	**Shandong**	**1957.05**	**1533.53**	**333.78**	**396.09**	**229.97**	**61.13**
济南市	Jinan City	186.02	145.92	26.00	49.80	24.98	6.46
青岛市	Qingdao City	342.47	277.57	45.68	84.99	41.92	12.74
淄博市	Zibo City	114.69	81.12	20.63	16.82	10.83	2.45
枣庄市	Zaozhuang City	52.73	40.54	8.78	6.68	5.42	0.85
东营市	Dongying City	70.95	55.40	9.43	14.22	6.50	1.72
烟台市	Yantai City	166.83	130.89	25.85	30.34	17.92	3.38
潍坊市	Weifang City	131.96	112.28	25.19	22.84	12.38	2.39
济宁市	Jining City	119.45	93.05	24.95	15.10	19.45	2.97
泰安市	Taian City	76.40	58.62	11.09	9.16	5.14	1.62
威海市	Weihai City	93.67	71.37	10.44	15.15	6.71	1.54
日照市	Rizhao City	36.33	32.70	10.17	9.23	4.79	0.66
莱芜市	Laiwu City	30.25	27.52	11.07	5.00	2.90	0.62
临沂市	Linyi City	80.23	58.83	12.91	15.40	7.03	1.72
德州市	Dezhou City	47.10	36.43	8.10	8.61	5.21	1.18
聊城市	Liaocheng City	48.93	35.80	10.81	9.50	4.01	1.15
滨州市	Binzhou City	70.37	54.16	17.21	9.76	4.64	0.81
菏泽市	Heze City	50.48	38.87	6.58	9.79	3.77	0.73

地　区	Region	一般预算收入（亿元）General Bugetary Revenue (100 million yuan)	#各项税收 Taxes	#国内增值税 Domestic Value-added Tax	#营业税 Business Tax	#企业所得税 Company Income Tax	#个人所得税 Personal Income Tax
河南省	**Henan**	**1008.90**	**742.27**	**153.89**	**209.55**	**116.76**	**32.30**
郑州市	Zhengzhou City	260.39	208.58	27.53	72.30	36.27	10.39
开封市	Kaifeng City	26.13	17.98	3.32	5.95	1.16	0.97
洛阳市	Luoyang City	116.57	87.42	17.01	20.33	17.83	4.24
平顶山市	Pingdingshan City	62.52	48.90	13.65	11.78	4.49	1.60
安阳市	Anyang City	50.06	37.03	12.49	8.72	3.52	1.51
鹤壁市	Hebi City	15.87	11.13	2.81	2.72	0.68	0.47
新乡市	Xinxiang City	48.77	34.38	7.80	9.71	3.99	1.31
焦作市	Jiaozuo City	49.18	35.99	9.34	8.54	4.53	1.13
濮阳市	Puyang City	25.30	19.55	6.18	4.83	1.01	1.09
许昌市	Xuchang City	41.61	32.64	6.51	8.36	4.79	1.14
漯河市	Luohe City	19.20	15.42	3.90	3.93	2.33	0.79
三门峡市	Sanmenxia City	36.70	29.61	8.65	5.71	3.22	1.20
南阳市	Nanyang City	51.29	38.50	9.40	11.97	2.81	1.72
商丘市	Shangqiu City	31.59	24.02	5.82	7.59	2.22	1.02
信阳市	Xinyang City	24.99	17.58	2.41	7.59	0.70	1.01
周口市	Zhoukou City	25.49	17.86	2.60	7.04	0.75	0.92
驻马店市	Zhumadian City	25.61	18.90	3.16	6.85	1.41	1.32
其他	Others	18.08	14.49	5.27	2.35	2.19	0.48
湖北省	**Hubei**	**710.85**	**537.21**	**106.74**	**169.89**	**88.54**	**28.06**
武汉市	Wuhan City	277.32	220.40	32.78	66.16	36.54	9.01
黄石市	Huangshi City	24.09	17.55	5.68	3.78	1.76	0.43
十堰市	Shiyan City	19.89	16.08	3.32	4.66	1.18	0.83
宜昌市	Yichang City	44.27	35.03	6.15	10.21	3.70	1.35
襄樊市	Xiangfan City	30.06	21.93	4.90	5.60	2.06	0.75
鄂州市	Ezhou City	10.70	8.56	2.40	2.17	0.49	0.17
荆门市	Jingmen City	14.70	9.76	1.94	3.02	0.79	0.40
孝感市	Xiaogan City	21.15	13.03	2.46	3.82	1.02	0.36
荆州市	Jingzhou City	18.71	12.80	3.12	4.37	1.10	0.42
黄冈市	Huanggang City	26.21	12.16	2.50	3.80	0.90	0.40
咸宁市	Xianning City	14.33	8.11	1.72	2.37	0.55	0.24
随州市	Suizhou City	6.68	4.33	1.02	1.40	0.16	0.15
恩施土家族苗族自治州	Enshi Tujia & Miao A.P	15.40	11.97	1.94	3.31	0.63	0.30
仙桃市	Xiantao City	4.21	2.87	0.87	0.86	0.22	0.11
天门市	Tianmen City	2.80	1.58	0.25	0.66	0.14	0.04
潜江市	Qianjiang City	4.71	3.43	1.37	0.70	0.13	0.14
神农架林区	Shennongjia Forest District	0.73	0.41	0.12	0.13	0.04	0.02
湖南省	**Hunan**	**722.71**	**486.31**	**95.36**	**174.27**	**50.02**	**28.43**
长沙市	Changsha City	205.57	150.77	16.20	63.03	14.20	8.39
株洲市	Zhuzhou City	46.74	29.15	8.12	9.37	2.45	1.48
湘潭市	Xiangtan City	30.88	18.00	3.79	5.36	1.46	0.95
衡阳市	Hengyang City	37.94	25.47	4.98	9.43	1.31	1.41
邵阳市	Shaoyang City	22.12	12.45	2.77	4.19	0.58	0.87
岳阳市	Yueyang City	42.93	24.00	6.69	8.01	1.16	1.02
常德市	Changde City	44.31	29.59	3.72	8.80	1.28	1.02
张家界市	Zhangjiajie City	9.52	5.99	0.70	2.69	0.42	0.24
益阳市	Yiyang City	18.50	11.54	2.59	4.19	0.87	0.60
郴州市	Chenzhou City	38.44	25.72	6.89	7.12	1.30	1.21

3-9 续表 6 continued

地　区	Region	一般预算收入（亿元）General Bugetary Revenue (100 million yuan)	#各项税收 Taxes	#国内增值税 Domestic Value-added Tax	#营业税 Business Tax	#企业所得税 Company Income Tax	#个人所得税 Personal Income Tax
永州市	Yongzhou City	22.10	13.22	2.19	4.49	0.64	0.80
怀化市	Huaihua City	22.37	14.79	2.78	5.57	0.63	0.66
娄底市	Loudi City	22.33	16.06	4.84	4.48	0.58	0.67
湘西土家族苗族自治州	West Hunan Tujia & Miao A.P	13.24	9.07	2.68	2.87	0.30	0.59
广东省	**Guangdong**	**3310.32**	**2864.79**	**552.85**	**955.35**	**535.92**	**236.38**
广州市	Guangzhou City	621.84	525.15	128.72	127.98	75.64	35.34
韶关市	Shaoguan City	36.38	27.71	8.81	5.73	1.82	0.86
深圳市	Shenzhen City	800.36	763.02	129.14	291.19	150.78	91.10
珠海市	Zhuhai City	92.32	77.20	13.66	18.31	12.84	4.87
汕头市	Shantou City	51.22	37.71	11.23	7.27	5.11	1.55
佛山市	Foshan City	227.99	162.89	55.41	39.45	23.49	10.01
江门市	Jiangmen City	74.68	62.75	21.26	11.89	6.56	2.27
湛江市	Zhanjiang City	45.71	31.31	8.87	8.10	2.24	1.64
茂名市	Maoming City	36.37	22.02	7.04	4.18	1.06	0.73
肇庆市	Zhaoqing City	43.56	29.17	6.60	8.03	2.39	1.10
惠州市	Huizhou City	78.07	64.55	16.03	17.55	5.94	3.26
梅州市	Meizhou City	27.11	20.74	6.45	3.44	2.16	0.92
汕尾市	Shanwei City	15.75	9.57	2.27	1.86	0.68	0.28
河源市	Heyuan City	17.61	14.37	3.37	4.39	1.48	0.54
阳江市	Yangjiang City	16.36	12.74	3.44	3.20	1.33	0.59
清远市	Qingyuan City	37.38	29.00	6.48	8.22	2.28	0.98
东莞市	Dongguan City	209.22	168.23	55.25	42.24	18.45	8.79
中山市	ZhongShan City	100.12	89.81	28.04	21.95	8.95	4.11
潮州市	Chaozhou City	16.02	14.76	5.97	1.98	1.46	0.69
揭阳市	Jieyang City	22.37	17.11	6.45	2.46	2.27	0.63
云浮市	Yunfu City	16.63	9.90	2.80	2.26	0.66	0.81
广西壮族自治区	**Guangxi**	**518.42**	**346.49**	**65.85**	**121.97**	**37.23**	**19.48**
南宁市	Nanning City	92.88	69.60	7.64	19.90	9.29	3.45
柳州市	Liuzhou City	52.44	38.66	9.36	7.41	4.98	1.58
桂林市	Guilin City	45.19	28.56	4.33	7.15	3.35	1.51
梧州市	Wuzhou City	18.13	10.33	1.84	2.97	0.83	0.44
北海市	Beihai City	14.34	11.09	1.34	3.19	0.88	0.26
防城港市	Fangchenggang City	11.70	7.34	1.39	2.04	0.56	0.23
钦州市	Qinzhou City	18.28	10.25	1.65	3.02	0.65	0.28
贵港市	Guigang City	15.62	14.60	1.87	2.37	0.69	0.33
玉林市	Yulin City	25.57	15.55	2.75	3.73	1.32	0.87
百色市	Baise City	29.46	15.94	3.90	5.52	3.41	2.26
贺州市	Hezhou City	8.50	3.17	0.88	0.81	0.24	0.12
河池市	Hechi City	17.91	11.26	3.21	2.51	1.11	0.73
来宾市	Laibin City	14.64	6.11	2.25	1.70	1.11	0.29
崇左市	Chongzuo City	16.77	8.25	2.19	1.77	1.04	0.31
海南省	**Hainan**	**144.86**	**120.54**	**13.57**	**52.32**	**15.29**	**5.57**
海口市	Haikou City	31.03	26.34	2.47	8.35	3.17	1.25
三亚市	Sanya City	21.09	18.25	0.40	8.94	1.83	0.37
其他	Others	92.73	75.95	10.70	35.03	10.29	3.96

3-9 续表 7 continued

地　区	Region	一般预算收入(亿元) General Bugetary Revenue (100 million yuan)	#各项税收 Taxes	#国内增值税 Domestic Value-added Tax	#营业税 Business Tax	#企业所得税 Company Income Tax	#个人所得税 Personal Income Tax
重庆市	**Chongqing**	**577.57**	**324.46**	**57.94**	**145.05**	**34.96**	**17.83**
万州区	Wanzhou District	8.99	3.91	1.25	1.67	0.65	0.34
涪陵区	Fuling District	12.42	5.48	2.16	2.25	0.78	0.29
渝中区	Yuzhong District	21.26	12.55	1.27	7.70	2.12	1.47
大渡口区	Dadukou District	7.77	2.84	1.34	1.10	0.26	0.13
江北区	Jiangbei District	29.20	8.18	1.26	4.90	1.49	0.53
沙坪坝区	Shapingba District	24.29	5.68	1.22	3.44	0.68	0.34
九龙坡区	Jiulongpo District	13.05	5.25	0.59	2.66	0.69	0.31
南岸区	Nanan District	14.57	4.26	0.79	0.87	0.33	0.27
北碚区	Beibei District	7.77	2.24	0.64	1.18	0.24	0.17
万盛区	Wansheng District	2.38	1.27	0.73	0.34	0.15	0.05
双桥区	Shuangqiao District	1.65	0.71	0.43	0.21	0.07	0.02
渝北区	Yubei District	21.37	7.43	0.80	5.40	0.73	0.51
巴南区	Banan District	11.91	2.42	0.78	1.38	0.12	0.14
黔江区	Qianjiang District	5.02	2.03	0.99	0.76	0.15	0.14
长寿区	Changshou District	9.02	4.39	1.74	1.61	0.81	0.24
江津区	Jiangjin District	11.51	4.51	2.00	1.57	0.65	0.30
合川区	Hechuan District	9.01	2.32	0.89	1.02	0.22	0.19
永川区	Yongchuan District	10.01	3.80	1.45	1.56	0.54	0.25
南川区	Nanchuan District	4.96	1.74	0.71	0.67	0.29	0.07
四川省	**Sichuan**	**1041.66**	**732.07**	**116.74**	**268.60**	**92.74**	**41.57**
成都市	Chengdu City	354.69	236.18	26.97	76.09	34.44	11.39
自贡市	Zigong City	16.55	10.70	1.91	2.80	1.15	0.69
攀枝花市	Panzhihua City	31.61	24.85	7.15	4.78	1.98	0.96
泸州市	Luzhou City	24.61	18.57	3.71	4.64	2.74	1.04
德阳市	Deyang City	25.34	18.00	4.15	4.03	1.82	1.14
绵阳市	Mianyang City	25.36	16.22	3.09	5.11	1.15	1.21
广元市	Guangyuan City	6.17	4.32	0.86	1.68	0.25	0.32
遂宁市	Suining City	10.17	6.76	0.83	2.30	0.66	0.38
内江市	Neijiang City	13.81	9.44	2.23	2.49	0.87	0.65
乐山市	Leshan City	29.05	21.61	5.11	4.62	3.96	0.93
南充市	Nanchong City	18.68	11.75	1.17	3.94	1.33	0.70
眉山市	Meishan City	14.61	10.42	1.82	2.57	1.33	0.55
宜宾市	Yibin City	33.82	23.62	5.00	4.52	5.76	0.71
广安市	Guangan City	13.38	6.95	1.46	1.86	0.81	0.41
达州市	Dazhou City	20.10	13.71	3.02	4.26	1.13	1.01
雅安市	Yaan City	8.12	6.39	1.92	1.85	0.66	0.38
巴中市	Bazhong City	4.47	3.14	0.39	1.35	0.27	0.26
资阳市	Ziyang City	16.21	6.24	0.86	2.01	0.69	0.41
阿坝藏族羌族自治州	Aba Zang & Qiang A.P	4.19	3.32	0.82	1.42	0.37	0.25
甘孜藏族自治州	Ganzi Zang A.P	10.64	6.74	1.10	3.15	0.98	0.53
凉山彝族自治州	Liangshan Yi A.P	37.52	24.39	5.28	7.29	2.95	1.26
贵州省	**Guizhou**	**349.56**	**260.80**	**55.14**	**80.33**	**35.70**	**18.41**
贵阳市	Guiyang City	89.05	76.12	9.31	27.27	11.12	5.83
六盘水市	Liupanshui City	29.71	22.02	5.57	4.76	1.46	2.51
遵义市	Zunyi City	39.18	31.23	5.91	9.59	1.72	2.49
安顺市	Anshun City	16.13	9.98	1.42	4.44	0.49	0.50
铜仁地区	Tongren Prefecture	10.98	7.94	1.30	3.17	0.29	0.29
黔西南布依族苗族自治州	Southwest Guizhou Buyi & Miao A.P	16.43	12.73	2.48	3.97	1.02	1.28

3-9 续表 8 continued

地　区	Region	一般预算收入（亿元）General Bugetary Revenue (100 million yuan)	#各项税收 Taxes	#国内增值税 Domestic Value-added Tax	#营业税 Business Tax	#企业所得税 Company Income Tax	#个人所得税 Personal Income Tax
毕节地区	Bijie Prefecture	35.12	19.54	3.72	5.17	0.77	5.94
黔东南苗族侗族自治州	Southeast Guizhou Miao & Dong A.P	13.74	10.30	1.39	4.50	0.37	0.82
黔南布依族苗族自治州	South Guizhou Buyi & Miao A.P	15.41	11.90	1.99	3.69	1.00	1.19
云南省	**Yunnan**	**614.05**	**482.39**	**99.41**	**136.62**	**66.03**	**23.21**
昆明市	Kunming City	174.99	153.64	32.95	50.21	9.97	3.57
曲靖市	Qujing City	56.01	49.01	14.67	11.43	2.55	1.03
玉溪市	Yuxi City	50.16	42.68	14.79	6.55	3.43	0.58
保山市	Baoshan City	12.46	10.32	1.96	3.61	0.42	0.31
昭通市	Zhaotong City	17.13	14.26	4.08	3.96	0.93	0.38
丽江市	Lijiang City	9.52	5.15	1.29	3.48	0.23	0.15
普洱市	Puer City	13.70	9.92	2.07	4.00	0.38	0.29
临沧市	Lincang City	8.49	13.27	6.67	2.47	1.22	0.83
楚雄彝族自治州	Chuxiong Yi A.P	22.70	18.63	4.65	4.95	1.10	0.35
红河哈尼族彝族自治州	Honghe Hani & Yi A.P	45.14	36.07	10.87	8.84	1.54	0.60
文山壮族苗族自治州	Wenshan Zhuang & Miao A.P	15.44	13.44	2.52	5.49	0.47	0.27
西双版纳傣族自治州	Xishuangbanna Dai A.P	7.20	5.83	1.00	2.85	0.35	0.13
大理白族自治州	Dali Bai A.P	27.57	19.76	4.18	5.76	1.06	0.45
德宏傣族景颇族自治州	Dehong Dai & Jingpo A.P	8.87	6.04	1.37	2.82	0.15	0.15
怒江傈僳族自治州	Nujiang Lisu A.P	5.10	2.75	0.81	0.83	0.22	0.06
迪庆藏族自治州	Diqing Zang A.P	3.20	2.28	0.51	1.13	0.09	0.05
西藏自治区	**Tibet A.R.**	**24.88**	**15.19**	**2.75**	**7.95**	**1.87**	**0.71**
拉萨市	Lhasa City	8.03	7.54	1.46	3.91	0.62	0.50
昌都地区	Qamdu Prefecture	2.31	1.04	0.16	0.66	0.12	0.05
山南地区	Lhokha Prefecture	2.49	1.58	0.49	0.68	0.18	0.06
日喀则地区	Xigaze Prefecture	2.45	1.22	0.25	0.70	0.10	0.04
那曲地区	Narqu Prefecture	1.38	0.78	0.11	0.51	0.06	0.01
阿里地区	Ngri Prefecture	0.73	0.51	0.06	0.33	0.04	0.02
林芝地区	Nyingchi Prefecture	2.40	1.08	0.21	0.54	0.07	0.03
其他	Others						
陕西省	**Shaanxi**	**591.48**	**455.60**	**109.89**	**147.71**	**59.02**	**22.75**
西安市	Xi'an City	145.61	121.75	15.90	47.38	12.60	5.70
铜川市	Tongchuan City	7.50	4.57	1.39	1.07	0.12	0.13
宝鸡市	Baoji City	23.91	20.14	5.04	3.77	1.32	0.50
咸阳市	Xianyang City	24.07	17.32	4.07	5.75	0.88	0.53
渭南市	Weinan City	21.36	18.44	6.32	3.26	2.78	0.57
延安市	Yan'an City	80.05	38.71	15.82	6.27	3.92	0.74
汉中市	Hanzhong City	12.33	9.59	2.15	2.95	0.45	0.39
榆林市	Yulin City	70.01	56.99	20.23	10.55	6.83	2.20
安康市	Ankang City	7.49	6.02	0.99	2.47	0.27	0.22
商洛市	Shangluo City	6.82	5.31	0.77	1.94	0.23	0.33
其他	Others	1.70	1.25	0.20	0.31	0.09	0.03
甘肃省	**Gansu**	**264.97**	**162.80**	**37.91**	**53.15**	**20.62**	**8.13**
兰州市	Lanzhou City	50.86	43.13	3.56	17.34	3.31	1.38
嘉峪关市	Jiayuguan City	6.72	6.00	1.22	1.70	0.54	0.23
金昌市	Jinchang City	9.00	7.35	1.13	1.55	0.23	0.18

3-9 续表 9 continued

地　区	Region	一般预算收　入（亿元）General Bugetary Revenue (100 million yuan)	#各项税收 Taxes	#国　内增值税 Domestic Value-added Tax	#营业税 Business Tax	#企业所得税 Company Income Tax	#个人所得税 Personal Income Tax
白银市	Baiyin City	8.51	6.65	1.00	1.83	0.58	0.19
天水市	Tianshui City	9.29	6.72	1.44	2.42	0.34	0.16
武威市	Wuwei City	4.14	3.22	0.57	1.32	0.14	0.11
张掖市	Zhangye City	5.57	4.23	0.93	1.52	0.19	0.14
平凉市	Pingliang City	8.24	6.73	1.93	1.64	0.38	0.13
酒泉市	Jiuquan City	8.55	5.31	0.48	1.90	0.24	0.14
庆阳市	Qingyang City	17.46	9.04	4.01	1.93	0.12	0.23
定西市	Dingxi City	4.03	2.80	0.49	1.35	0.12	0.10
陇南市	Longnan City	7.67	4.65	1.17	1.09	0.70	0.17
临夏回族自治州	Linxia Hui A.P	3.48	2.10	0.55	0.89	0.07	0.07
甘南藏族自治州	Gannan Zang A.P	2.74	1.24	0.21	0.63	0.15	0.05
青海省	**Qinghai**	**71.57**	**55.90**	**14.57**	**18.49**	**7.13**	**2.59**
西宁市	Xining City	23.45	20.33	3.17	8.89	1.27	1.20
海东地区	Haidong Prefecture	3.59	2.71	0.31	1.33	0.06	0.13
海北藏族自治州	Haibei Zang A.P	2.10	0.85	0.15	0.38	0.02	0.06
黄南藏族自治州	Huangnan Zang AP	0.91	0.69	0.27	0.22	0.02	0.03
海南藏族自治州	Hainan Zang A.P	2.12	1.43	0.24	0.78	0.03	0.07
果洛藏族自治州	Golog Zang A.P	0.41	0.34	0.03	0.18	0.00	0.01
玉树藏族自治州	Yushu Zang A.P	0.55	0.31	0.02	0.22	0.01	0.03
海西蒙古族藏族自治州	Haixi Mongolian & Zang A.P	18.49	15.67	3.21	2.38	3.70	0.77
宁夏回族自治区	**Ningxia**	**95.01**	**77.74**	**18.38**	**30.09**	**6.24**	**4.02**
银川市	Yinchuan City	35.81	31.61	3.85	15.50	2.02	1.12
石嘴山市	Shizuishan City	15.30	12.72	4.50	3.40	0.39	0.40
吴忠市	Wuzhong City	9.68	7.69	2.12	2.89	0.36	0.31
固原市	Guyuan City	2.62	1.80	0.17	1.10	0.07	0.06
中卫市	Zhongwei City	5.21	3.91	1.15	1.72	0.17	0.12
新疆维吾尔自治区	**Xinjiang**	**361.06**	**286.55**	**81.36**	**91.41**	**26.58**	**18.16**
乌鲁木齐市	Urumqi City	100.98	92.88	15.25	35.98	12.67	6.64
克拉玛依市	Karamay City	39.15	35.31	13.70	8.05	2.44	2.44
吐鲁番地区	Turpan Prefecture	11.91	10.07	4.57	2.24	0.82	0.59
哈密地区	Hami Prefecture	8.09	6.96	2.22	2.39	0.43	0.52
昌吉回族自治州	Changji Hui A.P	19.06	16.58	4.87	6.05	1.10	1.17
博尔塔拉蒙古自治州	Bortala Mongolian A.P	5.69	4.74	1.88	1.63	0.38	0.27
巴音郭楞蒙古自治州	Bayingolin Mongolian A.P	25.63	21.80	6.98	7.15	0.91	1.45
阿克苏地区	Aksu Prefecture	34.80	30.10	16.02	5.32	1.09	0.84
克孜勒苏柯尔克孜自治州	Kizilsu Kirgiz A.P	1.84	1.42	0.25	0.72	0.04	0.15
喀什地区	Kashi Prefecture	10.79	7.65	1.20	3.66	0.52	0.89
和田地区	Hotan Prefecture	3.82	2.70	0.37	1.43	0.09	0.31
伊犁哈萨克自治州	Ili Kazak A.P	19.45	16.57	3.98	6.50	1.66	1.10
塔城地区	Tacheng Prefecture	14.92	12.43	6.22	2.69	0.48	0.55
阿勒泰地区	Altay Prefecture	9.23	7.00	1.96	2.53	0.58	0.58
石河子市	Shihezi City	8.59	7.70	1.68	2.93	0.67	0.50
阿拉尔市	Alar City	0.71	0.66	0.11	0.37	0.04	0.06
图木舒克市	Tumxuk City	0.20	0.17	0.02	0.12	0.01	0.02
五家渠市	Wujiaqu City	0.93	0.89	0.09	0.49	0.04	0.09
生产建设兵团	Corps						

3-10 财政支出(2008年)

Government Expenditure(2008)

地 区	Region	一般预算支出 (亿元) General Bugetary Expenditure (100 million yuan)	#教育 Expenditure for Education	#社会保障和就业 Expenditure for Social Safety Net and Employment Effort	#医疗卫生 Expenditure for Medical and Health Care	#农林水利事务 Expenditure for Agriculture, Forestry and Water Conservancy
北京市	**Beijing**	**1959.29**	**316.30**	**209.33**	**145.05**	**121.77**
东城区	Dongcheng District	53.37	12.08	9.65	5.84	0.02
西城区	Xicheng District	94.96	10.18	11.61	9.33	0.02
崇文区	Chongwen District	36.55	7.21	6.00	2.84	0.02
宣武区	Xuanwu District	43.47	7.63	7.51	2.91	0.06
朝阳区	Chaoyang District	126.07	27.56	20.69	10.30	9.11
丰台区	Fengtai District	60.84	12.11	10.70	5.75	3.58
石景山区	Shijingshan District	25.65	4.05	5.78	1.87	0.89
海淀区	Haidian District	156.96	27.15	28.55	10.01	5.38
门头沟区	Mentougou District	27.01	4.67	3.64	2.05	4.71
房山区	Fangshan District	51.23	9.64	6.99	5.75	7.69
通州区	Tongzhou District	46.25	6.95	6.35	3.35	7.06
顺义区	Shunyi District	63.94	8.91	6.30	4.59	9.91
昌平区	Changping District	46.13	8.38	6.81	3.74	6.86
大兴区	Daxing District	41.41	8.12	5.11	3.70	8.64
怀柔区	Huairou District	40.86	6.10	3.35	3.46	5.95
平谷区	Pinggu District	31.22	5.21	4.00	2.30	5.32
密云县	Miyun County	35.71	6.08	3.88	2.82	6.99
延庆县	Yanqing County	29.50	5.10	2.92	2.51	5.43
北京经济技术开发区	Beijing Economic-technological Development Zones					
远洋捕捞	Deep-sea Fishing					
其他	Others					
天津市	**Tianjin**	**867.72**	**141.70**	**105.72**	**41.92**	**38.54**
和平区	Heping District	20.05	5.59	1.29	1.54	
河东区	Hedong District	15.75	4.83	2.16	1.02	
河西区	Hexi District	18.84	5.51	1.40	1.56	
南开区	Nankai District	21.61	5.41	1.70	1.64	
河北区	Hebei District	15.52	5.76	1.88	1.66	
红桥区	Hongqiao District	12.72	4.51	1.35	1.18	
塘沽区	Tanggu District	34.03	9.80	1.53	2.38	0.54
汉沽区	Hangu District	8.66	2.21	0.64	0.92	0.44
大港区	Dagang District	14.37	5.39	0.52	0.83	0.73
东丽区	Dongli District	24.45	4.39	1.92	2.16	0.62
西青区	Xiqing District	27.79	4.14	0.91	1.65	1.47
津南区	Jinnan District	21.70	4.21	0.83	1.28	1.25
北辰区	Beichen District	20.06	4.53	0.75	1.37	0.86
武清区	Wuqing District	26.06	7.16	1.68	1.65	3.19
宝坻区	Baodi District	16.57	5.32	1.19	1.11	1.57
宁河县	Ninghe County	8.85	2.56	0.58	0.68	0.82
静海县	Jinghai County	15.58	4.58	1.10	1.22	1.53
蓟县	Ji County	14.00	5.06	1.26	1.41	1.65
天津经济技术开发区	Tianjin Economic-technological Development Area	77.46	2.68	0.41	0.62	
天津港保税区	Tianjin Port Free Trade Zone	22.94	0.31	0.04		
天津滨海高新区	Tianjin Hi-Tech Industrial Park	10.92	0.31	0.06	0.01	
其他	Others					

3-10 续表 1 continued

地　区	Region	一般预算支出 (亿元) General Bugetary Expenditure (100 million yuan)	#教　育 Expenditure for Education	#社会保障和就业 Expenditure for Social Safety Net and Employment Effort	#医疗卫生 Expenditure for Medical and Health Care	#农林水利事务 Expenditure for Agriculture, Forestry and Water Conservancy
河北省	**Hebei**	**1881.67**	**376.98**	**271.37**	**120.24**	**151.90**
石家庄市	Shijiazhuang City	193.79	49.15	18.17	14.77	16.39
唐山市	Tangshan City	257.04	46.57	35.19	17.71	23.40
秦皇岛市	Qinhuangdao City	94.19	15.98	10.22	6.58	7.72
邯郸市	Handan City	154.99	39.13	17.35	12.03	13.65
邢台市	Xingtai City	109.72	26.33	13.57	7.99	12.21
保定市	Baoding City	166.28	39.50	26.76	13.29	15.07
张家口市	Zhangjiakou City	111.09	20.80	17.62	7.65	10.68
承德市	Chengde City	106.83	25.67	9.70	6.70	13.88
沧州市	Cangzhou City	124.99	37.64	9.98	11.15	12.18
廊坊市	Langfang City	106.55	25.25	11.23	6.15	8.17
衡水市	Hengshui City	66.78	15.74	8.60	5.25	7.17
其他	Others					
山西省	**Shanxi**	**1315.02**	**234.99**	**218.38**	**71.50**	**109.69**
太原市	Taiyuan City	152.86	25.98	30.49	7.31	6.97
大同市	Datong City	99.29	21.80	19.76	5.45	7.36
阳泉市	Yangquan City	40.42	8.54	6.64	2.79	2.16
长治市	Changzhi City	97.15	19.97	11.44	6.60	9.94
晋城市	Jincheng City	63.29	13.30	8.90	4.14	6.74
朔州市	Shuozhou City	60.53	12.71	6.12	3.22	7.26
晋中市	Jinzhong City	85.68	16.56	16.66	5.57	8.17
运城市	Yuncheng City	93.08	22.33	15.41	6.69	9.86
忻州市	Xinzhou City	84.96	16.22	16.13	5.97	9.01
临汾市	Linfen City	109.42	21.32	19.17	7.57	10.55
吕梁市	Luliang City	101.39	24.81	9.62	6.81	9.78
其他	Others					
内蒙古自治区	**Inner Mongolia**	**1454.57**	**206.40**	**191.52**	**59.82**	**160.72**
呼和浩特市	Hohhot City	133.06	18.19	14.01	5.25	19.62
包头市	Baotou City	153.17	18.42	26.54	5.57	9.79
呼伦贝尔市	Hulunbuir City	136.02	21.13	21.48	7.98	14.97
兴安盟	Xingan League	61.35	11.80	9.11	2.33	10.19
通辽市	Tongliao City	120.90	20.79	14.19	5.78	15.30
赤峰市	Chifeng City	152.53	32.19	16.84	7.15	19.00
锡林郭勒盟	Xilingol League	77.64	8.81	9.13	3.17	9.85
乌兰察布市	Ulanqab City	90.22	10.87	15.34	17.75	4.16
鄂尔多斯市	Erdos City	168.44	19.93	19.68	6.28	19.22
巴彦淖尔市	Bayannur City	80.46	10.56	11.81	3.39	15.36
乌海市	Wuhai City	31.47	4.58	4.38	1.34	1.81
阿拉善盟	Alxa League	29.65	3.38	1.80	1.31	4.16
其他	Others					
辽宁省	**Liaoning**	**2153.43**	**306.36**	**469.97**	**83.90**	**149.29**
沈阳市	Shenyang City	406.74	59.89	86.80	19.82	20.72
大连市	Dalian City	410.00	52.94	71.90	15.41	21.61
鞍山市	Anshan City	156.49	19.09	39.96	5.23	7.16
抚顺市	Fushun City	88.11	9.47	29.93	2.98	5.53
本溪市	Benxi City	75.90	13.15	17.73	2.87	5.18
丹东市	Dandong City	79.51	15.29	19.62	3.36	7.61
锦州市	Jinzhou City	81.21	10.92	22.92	3.94	7.48
营口市	Yingkou City	77.28	9.96	20.19	3.81	4.87

3-10 续表 2 continued

地区	Region	一般预算支出 (亿元) General Bugetary Expenditure (100 million yuan)	#教育 Expenditure for Education	#社会保障和就业 Expenditure for Social Safety Net and Employment Effort	#医疗卫生 Expenditure for Medical and Health Care	#农林水利事务 Expenditure for Agriculture, Forestry and Water Conservancy
阜新市	Fuxin City	51.70	6.98	16.35	1.84	5.22
辽阳市	Liaoyang City	59.19	8.29	14.80	3.01	4.35
盘锦市	Panjin City	58.29	7.92	10.29	2.86	6.13
铁岭市	Tieling City	77.39	12.22	11.17	3.36	8.47
朝阳市	Chaoyang City	92.92	15.22	21.30	4.93	11.49
葫芦岛市	Huludao City	70.48	10.87	15.93	3.55	6.47
其他	Others					
吉林省	**Jilin**	**1180.12**	**188.03**	**199.86**	**59.52**	**107.34**
长春市	Changchun City	240.33	40.91	41.40	14.95	16.75
吉林市	Jilin City	135.87	27.45	30.27	8.85	11.61
四平市	Siping City	71.48	14.52	18.55	4.66	8.32
辽源市	Liaoyuan City	40.97	7.18	7.58	2.21	3.57
通化市	Tonghua City	69.88	12.01	15.79	3.69	8.11
白山市	Baishan City	58.35	8.93	13.64	2.94	5.35
松原市	Songyuan City	74.56	14.24	9.68	4.15	11.51
白城市	Baicheng City	60.49	11.66	12.06	4.08	10.74
延边朝鲜族自治州	Yanbian Korean A.P	98.29	15.58	16.00	5.27	12.39
其他	Others					
黑龙江省	**Heilongjiang**	**1542.30**	**256.51**	**228.63**	**71.70**	**148.27**
哈尔滨市	Harbin City	301.27	55.38	30.97	18.49	28.61
齐齐哈尔市	Qiqihar City	115.66	27.68	16.39	7.15	14.19
鸡西市	Jixi City	58.35	10.20	13.37	2.81	5.67
鹤岗市	Hegang City	30.25	6.93	3.60	1.58	2.77
双鸭山市	Shuangyashan City	41.80	9.34	6.02	2.81	4.52
大庆市	Daqing City	127.75	26.52	10.87	6.54	8.37
伊春市	Yichun City	37.40	4.97	6.09	1.45	8.31
佳木斯市	Jiamusi City	70.68	13.87	13.08	5.41	10.90
七台河市	Qitaihe City	31.29	5.58	2.75	1.59	2.83
牡丹江市	Mudanjiang City	75.26	14.06	8.92	4.02	6.80
黑河市	Heihe City	47.93	10.09	5.76	2.66	7.36
绥化市	Suihua City	102.00	26.89	11.02	6.18	15.08
大兴安岭地区	Daxing'anling Prefecture	15.49	1.73	1.78	0.87	2.86
农垦总局	Agriculture Reclamation Bureau					
其他	Others					
上海市	**Shanghai**	**2593.92**	**326.06**	**334.97**	**122.28**	**78.97**
黄浦区	Huangpu District	68.94	11.92	5.94	2.09	
卢湾区	Luwan District	49.18	8.32	3.25	2.27	
徐汇区	Xuhui District	82.00	11.34	6.35	2.96	
长宁区	Changning District	62.17	7.95	5.58	3.74	0.16
静安区	Jingan District	61.61	9.08	3.76	1.99	
普陀区	Putuo District	63.58	9.35	5.50	3.33	0.00
闸北区	Zhabei District	51.24	7.38	4.76	2.44	0.04
虹口区	Hongkou District	55.64	9.08	4.29	2.26	
杨浦区	Yangpu District	63.35	9.66	7.33	3.01	0.01
闵行区	Minhang District	120.87	16.92	18.80	5.34	3.36
宝山区	Baoshan District	91.33	14.18	9.02	4.72	3.84
嘉定区	Jiading District	88.38	9.10	7.98	4.52	2.84

3-10 续表 3 continued

地 区	Region	一般预算支出 (亿元) General Bugetary Expenditure (100 million yuan)	#教 育 Expenditure for Education	#社会保障和就业 Expenditure for Social Safety Net and Employment Effort	#医疗卫生 Expenditure for Medical and Health Care	#农林水利事务 Expenditure for Agriculture, Forestry and Water Conservancy
浦东新区	Pudong New District	370.21	30.91	25.43	12.18	19.20
金山区	Jinshan District	50.01	6.94	5.91	3.37	4.43
松江区	Songjiang District	85.91	9.36	16.56	5.84	5.62
青浦区	Qingpu District	72.63	7.74	7.88	3.03	4.27
南汇区	Nanhui District	73.94	9.39	10.54	4.50	5.68
奉贤区	Fengxian District	53.66	8.21	5.24	2.76	3.77
崇明县	Chongming County	60.55	7.28	8.46	5.24	3.87
其他	Others					
江苏省	**Jiangsu**	**3247.49**	**592.60**	**231.52**	**148.61**	**276.16**
南京市	Nanjing City	404.67	58.07	31.09	20.44	23.27
无锡市	Wuxi City	338.98	52.66	25.58	11.21	17.57
徐州市	Xuzhou City	199.05	44.16	25.24	12.51	22.18
常州市	Changzhou City	186.68	28.02	15.68	9.64	14.35
苏州市	Suzhou City	622.37	86.23	46.65	24.25	39.67
南通市	Nantong City	196.22	41.27	15.23	11.42	17.43
连云港市	Lianyungang City	106.43	19.79	7.25	5.86	10.69
淮安市	Huaian City	114.29	23.12	12.19	6.16	13.88
盐城市	Yancheng City	153.65	33.53	11.88	10.77	20.65
扬州市	Yangzhou City	126.46	23.94	9.32	6.03	13.25
镇江市	Zhenjiang City	96.57	18.11	5.48	4.15	7.35
泰州市	Taizhou City	125.44	24.39	9.58	6.96	14.45
宿迁市	Suqian City	98.62	22.77	9.94	6.10	15.08
浙江省	**Zhejiang**	**2208.58**	**453.99**	**141.52**	**142.87**	**177.42**
杭州市	Hangzhou City	419.67	74.25	40.31	25.95	20.91
宁波市	Ningbo City	439.41	67.14	33.48	29.07	30.26
温州市	Wenzhou City	209.67	57.74	12.38	13.52	17.99
嘉兴市	Jiaxing City	135.92	32.60	7.40	6.98	10.35
湖州市	Huzhou City	86.42	18.10	4.73	4.92	7.43
绍兴市	Shaoxing City	144.09	32.20	9.03	9.12	12.76
金华市	Jinhua City	137.58	35.76	8.10	8.93	13.43
衢州市	Quzhou City	67.93	15.55	4.66	4.21	8.80
舟山市	Zhoushan City	76.78	9.71	4.12	4.49	8.79
台州市	Taizhou City	153.81	39.06	7.76	7.28	13.02
丽水市	Lishui City	85.77	19.22	5.15	5.77	10.41
安徽省	**Anhui**	**1647.13**	**286.26**	**228.20**	**103.84**	**136.75**
合肥市	Hefei City	207.18	24.81	20.84	7.55	8.77
芜湖市	Wuhu City	84.31	11.04	13.82	4.12	4.45
蚌埠市	Bengbu City	73.60	12.18	13.51	4.66	3.97
淮南市	Huainan City	54.31	9.65	11.25	3.63	3.14
马鞍山市	Maanshan City	56.18	6.72	8.89	3.07	2.05
淮北市	Huaibei City	40.97	8.73	6.79	2.81	2.96
铜陵市	Tongling City	35.76	4.88	5.64	2.05	1.64
安庆市	Anqing City	111.97	26.83	17.44	9.25	10.61
黄山市	Huangshan City	46.23	5.86	8.02	2.94	4.61
滁州市	Chuzhou City	83.69	15.95	14.70	6.86	9.10
阜阳市	Fuyang City	102.80	24.83	20.07	9.86	9.66
宿州市	Suzhou City	71.74	26.09	6.77	6.35	7.68

3-10 续表 4 continued

地　区	Region	一般预算支出 (亿元) General Bugetary Expenditure (100 million yuan)	#教　育 Expenditure for Education	#社会保障和就业 Expenditure for Social Safety Net and Employment Effort	#医疗卫生 Expenditure for Medical and Health Care	#农林水利事务 Expenditure for Agriculture, Forestry and Water Conservancy
巢湖市	Chaohu City	73.94	18.06	11.56	6.24	7.82
六安市	Liuan City	101.13	25.50	12.71	8.46	12.15
亳州市	Bozhou City	60.93	15.99	10.11	6.68	5.78
池州市	Chizhou City	42.83	7.21	5.31	3.60	4.39
宣城市	Xuancheng City	68.45	11.33	10.11	4.87	7.51
其他	Others					
福建省	**Fujian**	**1137.72**	**233.29**	**109.29**	**74.27**	**80.43**
福州市	Fuzhou City	178.20	39.39	21.78	13.53	8.42
厦门市	Xiamen City	238.09	33.93	18.22	10.77	7.06
莆田市	Putian City	45.53	15.90	3.46	4.05	3.84
三明市	Sanming City	53.02	13.52	4.52	5.20	6.69
泉州市	Quanzhou City	161.35	42.31	11.03	9.15	12.72
漳州市	Zhangzhou City	92.26	16.79	10.29	7.22	6.08
南平市	Nanping City	55.72	12.93	8.26	5.83	6.70
龙岩市	Longyan City	68.22	16.48	7.50	4.79	7.04
宁德市	Ningde City	54.80	12.88	7.84	5.29	5.20
江西省	**Jiangxi**	**1210.07**	**206.86**	**179.36**	**76.92**	**147.02**
南昌市	Nanchang City	147.67	22.78	24.20	9.19	13.56
景德镇市	Jingdezhen City	40.03	6.58	6.75	2.37	4.26
萍乡市	Pingxiang City	50.85	6.52	8.33	3.19	5.23
九江市	Jiujiang City	104.42	18.73	16.85	8.68	15.54
新余市	Xinyu City	44.61	5.73	5.73	2.26	4.26
鹰潭市	Yingtan City	32.00	4.49	5.03	2.16	3.09
赣州市	Ganzhou City	157.13	28.02	29.20	12.00	23.66
吉安市	Jian City	100.22	19.37	12.57	7.71	18.46
宜春市	Yichun City	104.59	19.04	20.01	8.30	16.08
抚州市	Fuzhou City	80.75	13.89	11.55	6.00	13.85
上饶市	Shangrao City	118.64	24.90	15.12	11.13	19.51
山东省	**Shandong**	**2704.66**	**550.99**	**285.05**	**140.42**	**235.30**
济南市	Jinan City	221.32	32.86	31.34	13.73	14.55
青岛市	Qingdao City	369.41	67.06	27.59	12.30	23.22
淄博市	Zibo City	141.45	32.61	17.24	7.51	9.13
枣庄市	Zaozhuang City	80.03	16.94	9.35	4.93	6.58
东营市	Dongying City	89.72	19.98	5.33	4.28	9.46
烟台市	Yantai City	209.25	37.17	27.36	10.40	12.11
潍坊市	Weifang City	182.35	51.09	12.52	8.67	18.04
济宁市	Jining City	174.62	43.87	13.42	10.34	16.43
泰安市	Taian City	111.61	21.41	13.87	6.98	12.40
威海市	Weihai City	122.22	20.85	16.79	4.75	9.90
日照市	Rizhao City	57.17	12.82	5.40	3.26	5.04
莱芜市	Laiwu City	39.38	9.79	4.52	2.21	3.59
临沂市	Linyi City	152.40	37.52	17.87	11.80	17.03
德州市	Dezhou City	95.74	20.25	11.04	7.03	12.95
聊城市	Liaocheng City	91.20	20.29	8.87	7.16	10.22
滨州市	Binzhou City	101.08	21.45	11.76	5.28	9.68
菏泽市	Heze City	115.52	26.83	18.51	9.83	15.30

3-10 续表 5 continued

地　区	Region	一般预算支出 (亿元) General Bugetary Expenditure (100 million yuan)	#教　育 Expenditure for Education	#社会保障和就业 Expenditure for Social Safety Net and Employment Effort	#医疗卫生 Expenditure for Medical and Health Care	#农林水利事务 Expenditure for Agriculture, Forestry and Water Conservancy
河南省	**Henan**	**2281.61**	**444.03**	**330.23**	**145.47**	**209.59**
郑州市	Zhengzhou City	289.50	51.76	31.42	17.32	21.04
开封市	Kaifeng City	74.47	14.38	13.00	5.27	7.04
洛阳市	Luoyang City	170.41	32.39	14.26	9.04	16.05
平顶山市	Pingdingshan City	102.65	18.85	13.22	7.68	8.80
安阳市	Anyang City	95.18	23.22	8.42	7.78	9.39
鹤壁市	Hebi City	32.42	6.11	4.60	2.14	2.84
新乡市	Xinxiang City	99.23	21.41	9.74	7.29	10.43
焦作市	Jiaozuo City	81.25	14.73	8.39	5.22	7.03
濮阳市	Puyang City	63.87	16.05	10.20	4.86	7.10
许昌市	Xuchang City	76.60	16.06	8.08	4.99	6.32
漯河市	Luohe City	44.88	8.63	6.28	3.45	3.93
三门峡市	Sanmenxia City	65.38	12.57	5.95	3.91	7.54
南阳市	Nanyang City	163.25	34.40	21.78	12.35	18.36
商丘市	Shangqiu City	117.94	35.86	17.61	9.33	10.69
信阳市	Xinyang City	119.94	30.34	13.37	8.71	16.87
周口市	Zhoukou City	128.83	34.74	15.74	12.01	11.56
驻马店市	Zhumadian City	108.65	25.19	16.03	9.91	12.11
其他	Others	24.34	4.02	2.11	1.03	3.17
湖北省	**Hubei**	**1650.28**	**284.19**	**281.30**	**95.08**	**176.70**
武汉市	Wuhan City	377.88	56.09	45.90	24.58	20.29
黄石市	Huangshi City	53.10	11.21	5.36	3.19	4.10
十堰市	Shiyan City	71.41	14.54	12.12	5.22	7.79
宜昌市	Yichang City	105.86	19.74	9.12	6.48	12.38
襄樊市	Xiangfan City	96.60	21.20	13.80	5.50	10.60
鄂州市	Ezhou City	23.96	4.78	1.97	1.38	2.20
荆门市	Jingmen City	48.91	8.92	6.78	3.25	7.34
孝感市	Xiaogan City	54.09	15.63	4.39	3.35	4.18
荆州市	Jingzhou City	66.09	18.40	3.66	4.18	9.12
黄冈市	Huanggang City	102.28	24.72	14.81	7.15	13.19
咸宁市	Xianning City	54.99	9.34	6.02	3.19	7.30
随州市	Suizhou City	31.73	8.04	5.23	2.31	4.04
恩施土家族苗族自治州	Enshi Tujia & Miao A.P	73.54	18.08	5.99	5.71	10.64
仙桃市	Xiantao City	17.09	4.12	1.40	1.08	3.33
天门市	Tianmen City	15.14	3.54	2.09	1.51	2.04
潜江市	Qianjiang City	20.33	3.65	2.01	1.03	2.72
神农架林区	Shennongjia Forest District	4.26	0.42	0.40	0.18	0.69
湖南省	**Hunan**	**1765.22**	**176.38**	**311.26**	**310.31**	**87.60**
长沙市	Changsha City	260.56	17.05	38.87	32.96	10.93
株洲市	Zhuzhou City	94.21	7.91	15.84	18.59	4.86
湘潭市	Xiangtan City	68.09	5.27	10.22	17.05	3.10
衡阳市	Hengyang City	119.25	11.43	24.07	25.33	7.36
邵阳市	Shaoyang City	105.93	11.97	21.30	22.07	6.88
岳阳市	Yueyang City	112.75	15.41	21.56	19.14	6.69
常德市	Changde City	112.98	13.10	23.23	26.97	7.41
张家界市	Zhangjiajie City	34.82	4.07	6.34	6.42	1.99
益阳市	Yiyang City	77.50	9.08	16.26	16.38	5.30
郴州市	Chenzhou City	98.44	11.83	20.82	19.64	5.62

3-10 续表 6 continued

地　区	Region	一般预算支出 (亿元) General Bugetary Expenditure (100 million yuan)	#教　育 Expenditure for Education	#社会保障和就业 Expenditure for Social Safety Net and Employment Effort	#医疗卫生 Expenditure for Medical and Health Care	#农林水利事务 Expenditure for Agriculture, Forestry and Water Conservancy
永州市	Yongzhou City	95.40	12.04	22.16	19.84	6.20
怀化市	Huaihua City	95.47	10.73	17.52	21.71	5.45
娄底市	Loudi City	66.03	6.41	13.42	12.57	4.17
湘西土家族苗族自治州	West Hunan Tujia & Miao A.P	62.38	10.08	11.49	11.16	4.56
广东省	**Guangdong**	**3778.57**	**703.32**	**362.83**	**201.15**	**192.60**
广州市	Guangzhou City	713.35	95.95	88.27	40.62	19.51
韶关市	Shaoguan City	71.33	14.45	10.95	5.46	5.77
深圳市	Shenzhen City	889.86	103.09	37.90	32.61	13.59
珠海市	Zhuhai City	105.68	20.27	10.33	4.62	4.19
汕头市	Shantou City	87.43	21.13	6.00	6.99	4.89
佛山市	Foshan City	244.51	54.19	19.67	10.19	11.69
江门市	Jiangmen City	92.60	20.87	10.89	5.53	8.42
湛江市	Zhanjiang City	111.01	27.09	15.81	9.92	8.57
茂名市	Maoming City	83.97	23.21	12.49	7.56	7.70
肇庆市	Zhaoqing City	78.99	17.02	9.68	5.91	7.51
惠州市	Huizhou City	106.30	19.77	10.23	7.14	10.80
梅州市	Meizhou City	81.37	18.72	13.16	7.67	9.46
汕尾市	Shanwei City	40.12	10.32	4.93	3.13	3.58
河源市	Heyuan City	63.20	14.93	9.65	5.53	7.12
阳江市	Yangjiang City	45.93	8.97	6.07	3.57	4.85
清远市	Qingyuan City	76.19	17.76	9.61	6.41	6.60
东莞市	Dongguan City	218.26	36.54	17.22	4.19	4.48
中山市	ZhongShan City	101.22	25.44	8.43	3.04	13.50
潮州市	Chaozhou City	37.43	8.87	4.82	3.75	2.99
揭阳市	Jieyang City	62.34	19.64	6.49	6.64	5.26
云浮市	Yunfu City	41.35	9.29	5.67	3.30	3.33
广西壮族自治区	**Guangxi**	**1297.11**	**251.22**	**128.98**	**78.77**	**139.40**
南宁市	Nanning City	166.08	26.09	19.68	10.56	13.14
柳州市	Liuzhou City	96.36	17.68	14.30	5.97	6.98
桂林市	Guilin City	116.38	24.01	13.61	8.35	13.35
梧州市	Wuzhou City	50.91	13.45	6.35	3.82	4.67
北海市	Beihai City	31.26	6.32	2.91	1.97	2.91
防城港市	Fangchenggang City	26.22	4.03	3.45	1.40	2.94
钦州市	Qinzhou City	48.80	13.60	5.09	3.31	5.58
贵港市	Guigang City	47.44	16.60	3.62	3.68	4.47
玉林市	Yulin City	71.59	22.03	7.79	5.58	6.77
百色市	Baise City	87.63	18.68	9.99	5.56	11.44
贺州市	Hezhou City	35.47	4.54	9.75	3.33	2.56
河池市	Hechi City	80.68	19.91	8.45	5.84	10.49
来宾市	Laibin City	46.52	10.44	5.56	3.18	5.76
崇左市	Chongzuo City	52.56	9.47	7.65	2.96	5.49
海南省	**Hainan**	**357.97**	**55.63**	**49.43**	**18.64**	**55.41**
海口市	Haikou City	46.79	9.94	6.13	3.39	2.74
三亚市	Sanya City	28.67	4.39	2.16	1.69	3.51
其他	Others	282.51	41.30	41.14	13.56	49.16

3-10 续表 7 continued

地　区	Region	一般预算支出 (亿元) General Bugetary Expenditure (100 million yuan)	#教　育 Expenditure for Education	#社会保障和就业 Expenditure for Social Safety Net and Employment Effort	#医疗卫生 Expenditure for Medical and Health Care	#农林水利事务 Expenditure for Agriculture, Forestry and Water Conservancy
重庆市	**Chongqing**	**1016.01**	**153.50**	**172.27**	**51.64**	**76.72**
万州区	Wanzhou District	31.76	5.65	7.12	2.65	2.95
涪陵区	Fuling District	24.81	4.56	3.86	1.73	1.94
渝中区	Yuzhong District	27.98	3.57	4.42	1.30	0.05
大渡口区	Dadukou District	11.09	1.29	1.51	0.39	0.40
江北区	Jiangbei District	36.98	4.64	3.13	1.32	0.79
沙坪坝区	Shapingba District	33.60	4.25	4.00	1.56	0.92
九龙坡区	Jiulongpo District	21.59	2.93	3.01	1.38	0.77
南岸区	Nanan District	25.13	4.23	3.34	1.39	0.78
北碚区	Beibei District	15.20	2.81	2.22	0.89	1.06
万盛区	Wansheng District	7.09	1.07	1.59	0.40	0.66
双桥区	Shuangqiao District	2.34	0.39	0.27	0.11	0.17
渝北区	Yubei District	33.29	3.86	3.21	1.82	1.98
巴南区	Banan District	24.11	4.21	3.65	1.17	1.67
黔江区	Qianjiang District	16.54	2.56	1.82	0.98	2.37
长寿区	Changshou District	16.62	2.92	3.49	1.55	1.82
江津区	Jiangjin District	24.68	4.59	4.32	1.85	2.05
合川区	Hechuan District	19.18	4.18	3.38	2.31	1.38
永川区	Yongchuan District	22.28	5.54	2.98	1.74	2.82
南川区	Nanchuan District	12.78	2.35	1.70	1.07	1.55
四川省	**Sichuan**	**2948.83**	**369.28**	**448.96**	**143.56**	**242.61**
成都市	Chengdu City	506.43	59.98	57.22	25.43	23.96
自贡市	Zigong City	57.47	8.64	15.41	4.19	5.23
攀枝花市	Panzhihua City	59.54	7.32	14.74	2.92	4.65
泸州市	Luzhou City	73.50	14.37	13.83	5.66	8.83
德阳市	Deyang City	202.45	11.39	36.39	6.91	9.77
绵阳市	Mianyang City	314.43	16.23	56.92	8.53	17.54
广元市	Guangyuan City	167.23	14.64	26.46	5.06	9.26
遂宁市	Suining City	71.72	10.60	15.09	3.67	7.89
内江市	Neijiang City	61.11	10.39	13.79	5.09	7.42
乐山市	Leshan City	83.69	10.98	14.20	5.20	9.45
南充市	Nanchong City	135.03	27.55	19.94	8.76	13.74
眉山市	Meishan City	78.34	10.77	8.87	4.19	7.90
宜宾市	Yibin City	94.51	17.58	16.32	6.16	9.35
广安市	Guangan City	59.25	12.41	8.88	4.81	7.93
达州市	Dazhou City	104.51	21.22	20.07	7.35	12.78
雅安市	Yaan City	62.70	5.95	9.13	3.05	4.32
巴中市	Bazhong City	68.64	14.46	11.14	4.07	6.83
资阳市	Ziyang City	75.23	12.85	11.76	5.15	11.76
阿坝藏族羌族自治州	Aba Zang & Qiang A.P	101.43	9.79	12.00	4.26	6.53
甘孜藏族自治州	Ganzi Zang A.P	71.30	7.83	11.59	4.72	8.37
凉山彝族自治州	Liangshan Yi A.P	117.57	21.46	20.05	9.18	15.54
贵州省	**Guizhou**	**1055.39**	**229.77**	**107.46**	**67.44**	**121.71**
贵阳市	Guiyang City	142.28	25.97	3.39	7.88	10.11
六盘水市	Liupanshui City	63.11	13.76	1.74	4.44	8.11
遵义市	Zunyi City	131.35	34.91	4.44	10.10	19.92
安顺市	Anshun City	52.52	12.21	0.99	4.22	6.40
铜仁地区	Tongren Prefecture	80.57	19.30	3.03	5.84	11.96
黔西南布依族苗族自治州	Southwest Guizhou Buyi & Miao A.P	59.39	16.68	1.34	4.83	8.99

3-10 续表 8 continued

地 区	Region	一般预算支出 (亿元) General Bugetary Expenditure (100 million yuan)	#教 育 Expenditure for Education	#社会保障和就业 Expenditure for Social Safety Net and Employment Effort	#医疗卫生 Expenditure for Medical and Health Care	#农林水利事务 Expenditure for Agriculture, Forestry and Water Conservancy
毕节地区	Bijie Prefecture	110.39	30.39	1.74	8.39	14.73
黔东南苗族侗族自治州	Southeast Guizhou Miao & Dong A.P	89.44	23.39	2.50	6.81	13.70
黔南布依族苗族自治州	South Guizhou Buyi & Miao A.P	77.47	21.12	1.55	5.47	11.20
云南省	**Yunnan**	**1470.24**	**241.95**	**224.72**	**104.59**	**177.78**
昆明市	Kunming City	233.49	29.47	32.48	11.79	16.62
曲靖市	Qujing City	116.93	15.43	28.12	0.05	9.54
玉溪市	Yuxi City	72.53	12.44	10.95	5.77	9.84
保山市	Baoshan City	46.93	9.34	7.66	4.06	7.27
昭通市	Zhaotong City	88.30	19.62	16.00	7.84	10.78
丽江市	Lijiang City	36.70	5.87	5.66	2.38	5.34
普洱市	Puer City	59.30	11.11	10.30	5.40	8.28
临沧市	Lincang City	49.16	7.50	9.22	7.37	3.82
楚雄彝族自治州	Chuxiong Yi A.P	70.04	9.92	11.72	12.07	5.97
红河哈尼族彝族自治州	Honghe Hani & Yi A.P	107.34	13.14	19.58	18.16	8.45
文山壮族苗族自治州	Wenshan Zhuang & Miao A.P	66.69	16.31	10.41	5.62	8.86
西双版纳傣族自治州	Xishuangbanna Dai A.P	25.68	4.69	3.65	2.17	3.46
大理白族自治州	Dali Bai A.P	75.02	10.72	14.29	9.57	6.98
德宏傣族景颇族自治州	Dehong Dai & Jingpo A.P	36.59	5.66	8.19	2.47	4.63
怒江傈僳族自治州	Nujiang Lisu A.P	21.06	3.79	3.28	1.71	2.39
迪庆藏族自治州	Diqing Zang A.P	23.55	3.63	3.87	1.76	2.91
西藏自治区	**Tibet A.R.**	**380.66**	**47.08**	**27.90**	**16.35**	**62.87**
拉萨市	Lhasa City	33.02	6.71	2.54	1.40	2.04
昌都地区	Qamdu Prefecture	22.47	5.70	2.01	2.09	1.67
山南地区	Lhokha Prefecture	19.45	3.65	1.23	2.00	1.65
日喀则地区	Xigaze Prefecture	27.59	7.45	1.91	2.41	2.05
那曲地区	Narqu Prefecture	18.31	4.00	2.20	1.63	1.08
阿里地区	Ngri Prefecture	9.42	0.98	0.69	0.82	0.52
林芝地区	Nyingchi Prefecture	13.73	2.35	0.80	0.92	2.10
其他	Others					
陕西省	**Shaanxi**	**1428.52**	**264.91**	**245.56**	**78.39**	**146.29**
西安市	Xi'an City	226.99	32.90	48.61	13.39	11.12
铜川市	Tongchuan City	25.42	5.84	2.85	2.10	2.22
宝鸡市	Baoji City	75.27	18.31	11.02	5.38	6.74
咸阳市	Xianyang City	85.01	22.15	8.92	7.15	8.30
渭南市	Weinan City	82.97	22.84	11.40	6.50	9.01
延安市	Yan'an City	130.52	24.51	6.98	7.74	18.26
汉中市	Hanzhong City	77.72	16.93	6.24	5.88	6.84
榆林市	Yulin City	123.18	31.98	7.48	6.89	14.52
安康市	Ankang City	58.18	15.02	2.92	4.73	5.32
商洛市	Shangluo City	47.59	14.76	2.29	4.20	4.70
其他	Others	5.04	0.70	0.26	0.31	0.60
甘肃省	**Gansu**	**968.43**	**182.93**	**153.70**	**58.32**	**107.34**
兰州市	Lanzhou City	99.66	23.04	12.40	7.67	6.56
嘉峪关市	Jiayuguan City	9.24	1.25	1.21	0.52	0.53
金昌市	Jinchang City	17.57	3.03	2.26	1.00	1.47

3-10 续表 9 continued

地　区	Region	一般预算支出 (亿元) General Bugetary Expenditure (100 million yuan)	#教　育 Expenditure for Education	#社会保障和就业 Expenditure for Social Safety Net and Employment Effort	#医疗卫生 Expenditure for Medical and Health Care	#农林水利事务 Expenditure for Agriculture, Forestry and Water Conservancy
白银市	Baiyin City	42.83	11.24	7.10	2.98	4.74
天水市	Tianshui City	75.87	16.13	14.66	5.66	8.20
武威市	Wuwei City	45.26	10.46	6.20	3.34	10.20
张掖市	Zhangye City	35.96	8.01	6.15	2.51	5.08
平凉市	Pingliang City	55.31	14.47	9.14	3.99	6.67
酒泉市	Jiuquan City	36.07	7.41	4.90	2.36	4.36
庆阳市	Qingyang City	68.71	15.87	10.06	4.63	9.57
定西市	Dingxi City	53.17	14.33	7.90	4.49	7.80
陇南市	Longnan City	122.07	17.30	20.94	5.13	8.57
临夏回族自治州	Linxia Hui A.P	51.03	10.69	6.30	3.57	7.61
甘南藏族自治州	Gannan Zang A.P	43.93	6.24	6.97	2.28	4.53
青海省	**Qinghai**	**363.60**	**48.81**	**65.57**	**24.66**	**42.44**
西宁市	Xining City	67.25	11.46	0.14	4.87	7.47
海东地区	Haidong Prefecture	40.48	9.18	0.17	3.17	7.28
海北藏族自治州	Haibei Zang A.P	13.67	2.21	0.04	1.56	1.71
黄南藏族自治州	Huangnan Zang AP	13.36	2.27	0.04	1.21	1.54
海南藏族自治州	Hainan Zang A.P	20.95	4.50	0.04	1.98	2.83
果洛藏族自治州	Golog Zang A.P	12.04	1.88	0.02	0.91	1.15
玉树藏族自治州	Yushu Zang A.P	16.82	3.04	0.02	1.09	2.66
海西蒙古族藏族自治州	Haixi Mongolian & Zang A.P	37.09	4.63	0.30	1.95	4.19
宁夏回族自治区	**Ningxia**	**324.61**	**54.06**	**37.05**	**17.11**	**45.20**
银川市	Yinchuan City	63.04	10.60	6.18	3.22	4.33
石嘴山市	Shizuishan City	31.77	6.08	1.88	1.81	3.22
吴忠市	Wuzhong City	41.56	8.87	3.53	2.50	7.10
固原市	Guyuan City	41.65	10.58	3.40	3.32	9.65
中卫市	Zhongwei City	29.57	6.93	1.89	1.80	5.56
新疆维吾尔自治区	**Xinjiang**	**1059.36**	**199.21**	**109.06**	**58.64**	**143.16**
乌鲁木齐市	Urumqi City	99.35	18.08	6.94	4.97	4.15
克拉玛依市	Karamay City	46.55	10.98	2.32	3.51	1.28
吐鲁番地区	Turpan Prefecture	22.97	5.77	1.27	1.77	3.37
哈密地区	Hami Prefecture	23.49	4.99	1.60	1.29	3.86
昌吉回族自治州	Changji Hui A.P	49.99	11.65	4.10	3.66	8.77
博尔塔拉蒙古自治州	Bortala Mongolian A.P	20.18	4.44	1.08	1.24	3.92
巴音郭楞蒙古自治州	Bayingolin Mongolian A.P	55.30	13.42	6.05	3.88	7.04
阿克苏地区	Aksu Prefecture	74.66	18.53	7.02	5.30	10.08
克孜勒苏柯尔克孜自治州	Kizilsu Kirgiz A.P	24.87	5.51	5.69	1.50	2.92
喀什地区	Kashi Prefecture	95.14	30.50	7.81	7.62	10.42
和田地区	Hotan Prefecture	51.21	12.13	10.13	4.83	6.05
伊犁哈萨克自治州	Ili Kazak A.P	74.68	16.70	11.91	6.22	8.28
塔城地区	Tacheng Prefecture	42.98	9.92	2.45	3.07	7.09
阿勒泰地区	Altay Prefecture	36.73	6.92	5.13	2.04	6.07
石河子市	Shihezi City	10.96	1.65	0.34	0.62	0.15
阿拉尔市	Alar City	1.16	0.13		0.09	0.01
图木舒克市	Tumxuk City	0.72	0.11	0.06	0.12	0.02
五家渠市	Wujiaqu City	1.30	0.32	0.03	0.08	0.03
生产建设兵团	Corps					

3-11 城乡居民家庭收入和支出(2008年)

Income and Expenditure of Urban and Rural Residents(2008)

地区	Region	农村居民人均纯收入(元) Rural Household Per Capita Net Income (yuan)	农村居民人均生活费支出(元) Rural Household Per Capita Expenditures (yuan)	#食品支出 Food	城镇居民人均可支配收入(元) Urban Household Disposable Income (yuan)	城镇居民人均生活消费性支出(元) Urban Household Living Expenditures for Consumption (yuan)	#食品支出 Food	农村人均住房面积(平方米) Per Capita Net Floor Space of Rural Residents (sq.m)
北京市	**Beijing**	**10747**	**7656**	**2629**	**24725**	**16460**	**5562**	**39.4**
东城区	Dongcheng District				26151	18821	6626	
西城区	Xicheng District				28059	20528	5839	
崇文区	Chongwen District				25826	19142	6594	
宣武区	Xuanwu District				25289	17608	5875	
朝阳区	Chaoyang District	15090	11260	3707	25535	18410	6584	59.9
丰台区	Fengtai District	11584	9385	3448	23006	16095	5464	38.5
石景山区	Shijingshan District				23805	15370	5403	
海淀区	Haidian District	14319	11400	3742	28418	16801	5471	45.9
门头沟区	Mentougou District	10282	7444	2771	21613	14881	4964	27.0
房山区	Fangshan District	10073	6889	2153	20329	12664	4202	37.1
通州区	Tongzhou District	10213	6766	2486	20708	12741	4557	45.1
顺义区	Shunyi District	10402	6906	2561	21470	12701	4286	40.8
昌平区	Changping District	10121	8667	3027	20834	14108	4826	44.3
大兴区	Daxing District	10103	6541	2426	20707	12872	4426	35.2
怀柔区	Huairou District	9871	6960	2272	20143	12457	3909	29.3
平谷区	Pinggu District	9790	6329	1803	20148	12360	4371	36.9
密云县	Miyun County	9529	7008	2306	20135	12766	3832	34.2
延庆县	Yanqing County	9385	5536	1970	20120	11296	3762	30.1
北京经济技术开发区	Beijing Economic-technological Development Zones							
远洋捕捞	Deep-sea Fishing							
其他	Others							
天津市	**Tianjin**	**9670**	**4593**	**1833**	**19423**	**13422**	**5005**	**27.3**
和平区	Heping District							
河东区	Hedong District							
河西区	Hexi District							
南开区	Nankai District							
河北区	Hebei District							
红桥区	Hongqiao District							
塘沽区	Tanggu District	10651	5585	2491				25.4
汉沽区	Hangu District	10116	6928	2457				31.3
大港区	Dagang District	10124	5800	2019				35.9
东丽区	Dongli District	11595	6952	2700				33.1
西青区	Xiqing District	11746	5516	1971				30.2
津南区	Jinnan District	10534	6836	2429				26.2
北辰区	Beichen District	11710	6300	2573				35.3
武清区	Wuqing District	9529	3479	1704				27.4
宝坻区	Baodi District	9023	4226	1589				23.5
宁河县	Ninghe County	9361	3315	1532				24.4
静海县	Jinghai County	9023	4123	1604				28.0
蓟县	Ji County	9025	3599	1373				26.2
天津经济技术开发区	Tianjin Economic-technological Development Area							
天津港保税区	Tianjin Port Free Trade Zone							
天津滨海高新区	Tianjin Hi-Tech Industrial Park							
其他	Others							

3-11 续表 1 continued

地区	Region	农村居民人均纯收入(元) Rural Household Per Capita Net Income (yuan)	农村居民人均生活费支出(元) Rural Household Per Capita Expenditures (yuan)	#食品支出 Food	城镇居民人均可支配收入(元) Urban Household Disposable Income (yuan)	城镇居民人均生活消费性支出(元) Urban Household Living Expenditures for Consumption (yuan)	#食品支出 Food	农村人均住房面积(平方米) Per Capita Net Floor Space of Rural Residents (sq.m)
河北省	**Hebei**	**4795**	**3126**	**1193**	**13441**	**9087**	**3155**	**30.7**
石家庄市	Shijiazhuang City	5469	3051	1136	15062	9953	3517	38.5
唐山市	Tangshan City	6625	4658	1774	16382	12026	4272	31.9
秦皇岛市	Qinhuangdao City	5068	3096	1201	14081	9856	3418	29.9
邯郸市	Handan City	4848	2382	894	14457	8357	3149	32.3
邢台市	Xingtai City	4176	2126	836	12129	8779	3465	31.1
保定市	Baoding City	4331	2574	1010	12312	8779	3121	30.0
张家口市	Zhangjiakou City	3286	2618	1154	12054	8348	3213	21.0
承德市	Chengde City	3656	3284	1343	12062	8953	3307	22.5
沧州市	Cangzhou City	4506	2755	1055	13175	8128	2910	26.7
廊坊市	Langfang City	6155	3305	1258	16116	10728	3682	30.5
衡水市	Hengshui City	3638	2207	967	11948	7305	2533	28.0
其他	Others							
山西省	**Shanxi**	**4097**	**3098**	**1207**	**13119**	**8807**	**2975**	**26.5**
太原市	Taiyuan City	6355	3608	1281	15230	10799	3742	31.4
大同市	Datong City	3354	2006	993	13758	9038	2993	19.2
阳泉市	Yangquan City	5427	3933	1409	13306	8533	2991	29.8
长治市	Changzhi City	4941	2640	1092	14286	9544	3589	34.5
晋城市	Jincheng City	4856	3383	1288	14146	9223	2724	34.0
朔州市	Shuozhou City	4732	2918	1241	13997	10999	3592	20.1
晋中市	Jinzhong City	4777	2890	1029	14036	9685	2648	26.1
运城市	Yuncheng City	3800	2881	1066	12748	9480	2321	29.4
忻州市	Xinzhou City	2830	2601	1213	11718	8702	2860	23.1
临汾市	Linfen City	4394	2864	1082	11203	8919	2724	29.0
吕梁市	Luliang City	3200	2917	809	12773	8270	2409	21.6
其他	Others							
内蒙古自治区	**Inner Mongolia**	**4656**	**3618**	**1484**	**14433**	**10829**	**3553**	**21.5**
呼和浩特市	Hohhot City	7051	3756	1500	20267	13145	4129	24.9
包头市	Baotou City	7076	4966	1849	20861	16254	5335	28.6
呼伦贝尔市	Hulunbuir City	5061	3798	1308	12099	8599	2327	20.9
兴安盟	Xingan League	3029	2421	1010	9385	7116	2125	21.6
通辽市	Tongliao City	5009	3608	1393	11721	7845	2463	21.7
赤峰市	Chifeng City	4240	3087	1341	11538	8221	2683	22.4
锡林郭勒盟	Xilingol League	4870	3153	1034	12504	9347	3678	18.3
乌兰察布市	Ulanqab City	4061	2788	1296	11750	8856	3098	18.6
鄂尔多斯市	Erdos City	7052	5769	1897	19435	15541	4195	29.4
巴彦淖尔市	Bayannur City	6603	4548	1919	11977	8249	2663	25.3
乌海市	Wuhai City	7475	4204	1992	15999	12920	3586	29.9
阿拉善盟	Alxa League	6069	5391	1794	14961	12754	4299	29.8
其他	Others							
辽宁省	**Liaoning**	**5576**	**3814**	**1549**	**14393**	**11231**	**4378**	**26.4**
沈阳市	Shenyang City	8029	4495	1745	17013	14668	5599	26.2
大连市	Dalian City	9818	5770	2680	17500	14101	5351	30.4
鞍山市	Anshan City	7291	4400	1641	15074	11136	3929	27.9
抚顺市	Fushun City	5560	3895	1591	12434	8748	3624	23.6
本溪市	Benxi City	6164	4409	1667	13311	10167	4284	26.5
丹东市	Dandong City	6630	4190	2073	11641	9210	3875	25.5
锦州市	Jinzhou City	6089	3207	1201	13963	9904	4097	28.4
营口市	Yingkou City	6944	4185	1582	14352	10448	4283	28.2

3-11 续表 2 continued

地 区	Region	农村居民人均纯收入(元) Rural Household Per Capita Net Income (yuan)	农村居民人均生活费支出(元) Rural Household Per Capita Expenditures (yuan)	#食品支出 Food	城镇居民人均可支配收入(元) Urban Household Disposable Income (yuan)	城镇居民人均生活消费性支出(元) Urban Household Living Expenditures for Consumption (yuan)	#食品支出 Food	农村人均住房面积(平方米) Per Capita Net Floor Space of Rural Residents (sq.m)
阜新市	Fuxin City	5030	4086	1471	10114	7510	3098	25.6
辽阳市	Liaoyang City	6453	3293	1503	13262	9234	3790	26.8
盘锦市	Panjin City	7701	4472	1993	17046	12631	4014	33.1
铁岭市	Tieling City	6050	3923	1591	10907	8404	3420	26.1
朝阳市	Chaoyang City	4900	4072	1644	10517	8111	3373	26.6
葫芦岛市	Huludao City	5152	3375	1341	13942	9012	3919	26.6
其他	Others							
吉林省	**Jilin**	**4933**			**12829**	**9729**		
长春市	Changchun City	5292			15003	12720		
吉林市	Jilin City	5281			14000	10449		
四平市	Siping City	5045			13604	9798		
辽源市	Liaoyuan City	5011			13645	8528		
通化市	Tonghua City	5127			13945	9497		
白山市	Baishan City	4990			13523	9446		
松原市	Songyuan City	4839			13954	10123		
白城市	Baicheng City	3519			13520	9266		
延边朝鲜族自治州	Yanbian Korean A.P	4392			14965	11562		
其他	Others							
黑龙江省	**Heilongjiang**	**4856**	**3845**	**1268**	**11581**	**8623**	**3128**	**21.70**
哈尔滨市	Harbin City	5961	3416	1408	14589	10791	3718	23.50
齐齐哈尔市	Qiqihar City	4032	4363	1342	11028	8658	3360	27.60
鸡西市	Jixi City	5278	3641	1496	10720	7801	2703	21.53
鹤岗市	Hegang City	3319			10002	7423	2893	
双鸭山市	Shuangyashan City	4858			11744	8801	2628	
大庆市	Daqing City	5549	3244	1363	16816	10596	3527	25.00
伊春市	Yichun City	5371			8724	6698	2614	19.70
佳木斯市	Jiamusi City	4864	2092	1029	10158	8749	3265	21.30
七台河市	Qitaihe City	4990			12611	6376	2462	
牡丹江市	Mudanjiang City	6555	3818	1268	10742	8456	3230	22.90
黑河市	Heihe City	4845			8177	5699	2140	
绥化市	Suihua City	3765			7109	6018	2576	19.78
大兴安岭地区	Daxing'anling Prefecture	4612			8427	6873	2468	
农垦总局	Agriculture Reclamation Bureau							
其他	Others							
上海市	**Shanghai**	**11385**	**9115**	**3732**	**26675**	**19398**	**7109**	**62.3**
黄浦区	Huangpu District							
卢湾区	Luwan District							
徐汇区	Xuhui District							
长宁区	Changning District							
静安区	Jingan District							
普陀区	Putuo District							
闸北区	Zhabei District							
虹口区	Hongkou District							
杨浦区	Yangpu District							
闵行区	Minhang District							
宝山区	Baoshan District							
嘉定区	Jiading District							

3-11 续表 3 continued

地 区	Region	农村居民人均纯收入(元) Rural Household Per Capita Net Income (yuan)	农村居民人均生活费支出(元) Rural Household Per Capita Expenditures (yuan)	#食品支出 Food	城镇居民人均可支配收入(元) Urban Household Disposable Income (yuan)	城镇居民人均生活消费性支出(元) Urban Household Living Expenditures for Consumption (yuan)	#食品支出 Food	农村人均住房面积(平方米) Per Capita Net Floor Space of Rural Residents (sq.m)
浦东新区	Pudong New District							
金山区	Jinshan District							
松江区	Songjiang District							
青浦区	Qingpu District							
南汇区	Nanhui District							
奉贤区	Fengxian District							
崇明县	Chongming County							
其他	Others							
江苏省	**Jiangsu**	**7357**	**5328**	**2203**	**18680**	**11978**	**4545**	**44.1**
南京市	Nanjing City	8951	7033	2673	22337	14442	5280	47.1
无锡市	Wuxi City	11280	7943	2828	23263	14362	5412	57.7
徐州市	Xuzhou City	6240	4319	1692	13205	8437	3195	35.1
常州市	Changzhou City	10171	8128	3068	21234	14287	4979	58.7
苏州市	Suzhou City	11785	8443	2988	24680	16051	5715	67.0
南通市	Nantong City	7811	5653	2172	17540	10861	4157	52.5
连云港市	Lianyungang City	5454	3746	1580	12268	8204	3203	31.8
淮安市	Huaian City	5657	3787	1613	12517	8394	3337	32.7
盐城市	Yancheng City	6867	4274	1768	13203	8754	3575	36.9
扬州市	Yangzhou City	7450	5509	2176	15465	10262	4125	41.5
镇江市	Zhenjiang City	8703	6580	2585	19001	11536	4564	47.9
泰州市	Taizhou City	7338	5075	1925	16165	10122	4000	45.7
宿迁市	Suqian City	5406	3573	1632	9885	6679	2668	28.8
浙江省	**Zhejiang**	**9258**	**7072**	**2690**	**22727**	**15158**	**5523**	**58.5**
杭州市	Hangzhou City	10692	8446	3031	23534	16229	6213	69.7
宁波市	Ningbo City	11450	9174	3751	25196	15817	5951	55.9
温州市	Wenzhou City	9469	6778	3223	22851	16564	6355	42.1
嘉兴市	Jiaxing City	11538	7811	2892	22481	14346	5182	67.5
湖州市	Huzhou City	10751	7046	2469	21604	13404	4923	52.1
绍兴市	Shaoxing City	10950	7877	3159	24646	15534	5505	65.4
金华市	Jinhua City	8264	6154	2128	21408	13713	2128	59.8
衢州市	Quzhou City	6843	4072	1555	18069	11611	4801	53.2
舟山市	Zhoushan City	11367	8427	3360	22257	14288	5317	47.2
台州市	Taizhou City	9180	7090	2577	22738	15182	5980	55.0
丽水市	Lishui City	5050	4330	1717	17710	12396	4587	44.7
安徽省	**Anhui**	**4202**	**3284**	**1454**	**12990**	**9524**	**3905**	**29.9**
合肥市	Hefei City	5368	2979	1204	15591	11752	4657	32.9
芜湖市	Wuhu City	6136	3628	1292	14939	10182	3989	35.4
蚌埠市	Bengbu City	4299	2486	977	12705	9096	3731	27.5
淮南市	Huainan City	4440	2627	1202	13003	9358	3961	30.7
马鞍山市	Maanshan City	7238	4693	1632	18330	11396	4534	34.9
淮北市	Huaibei City	4096	3080	1296	12851	8821	3910	40.8
铜陵市	Tongling City	5573	3676	1258	15173	9605	4016	37.1
安庆市	Anqing City	4133	2201	752	12419	9256	4062	36.0
黄山市	Huangshan City	5160	2814	1022	12801	9637	4018	36.2
滁州市	Chuzhou City	4543	2469	820	12255	8882	3501	28.6
阜阳市	Fuyang City	3187	1881	725	11727	9266	3763	25.4
宿州市	Suzhou City	3671	2100	848	11899	8255	3606	29.0

3-11 续表 4 continued

地区	Region	农村居民人均纯收入(元) Rural Household Per Capita Net Income (yuan)	农村居民人均生活费支出(元) Rural Household Per Capita Expenditures (yuan)	#食品支出 Food	城镇居民人均可支配收入(元) Urban Household Disposable Income (yuan)	城镇居民人均生活消费性支出(元) Urban Household Living Expenditures for Consumption (yuan)	#食品支出 Food	农村人均住房面积(平方米) Per Capita Net Floor Space of Rural Residents (sq.m)
巢湖市	Chaohu City	4785	2462	1038	13044	7723	3770	28.5
六安市	Liuan City	3647	1989	765	11807	8958	3512	31.4
亳州市	Bozhou City	3585	2225	853	12759	9287	3415	27.0
池州市	Chizhou City	4758	2950	1048	12848	8630	3824	39.1
宣城市	Xuancheng City	5103	2848	1009	11810	8555	3831	32.1
其他	Others							
福建省	**Fujian**	**6196**	**4662**	**2162**	**17961**	**12501**	**5079**	**46.1**
福州市	Fuzhou City	7142	5080	2378	19009	13541	5769	46.9
厦门市	Xiamen City	8475	6427	2663	23948	17117	6148	54.1
莆田市	Putian City	6436	4770	2259	16495	11199	4676	66.3
三明市	Sanming City	5853	4142	1930	16013	11009	4587	44.1
泉州市	Quanzhou City	7973	5721	2431	20420	13199	5419	50.6
漳州市	Zhangzhou City	6506	4798	2271	16023	11506	4955	35.2
南平市	Nanping City	5712	4072	1925	15098	9315	4141	44.8
龙岩市	Longyan City	5775	4486	2161	15689	11928	4649	47.1
宁德市	Ningde City	5404	3766	1842	13936	9425	3943	33.3
江西省	**Jiangxi**	**4697**	**3309**	**1633**	**12866**	**8717**	**3633**	**37.6**
南昌市	Nanchang City	5774	3456	1639	15112	11551	4131	41.7
景德镇市	Jingdezhen City	5253	3663	1732	13583	10333	3916	48.9
萍乡市	Pingxiang City	5872	4168	1709	13597	9756	3721	47.5
九江市	Jiujiang City	4417	3571	1549	12889	8276	3752	38.2
新余市	Xinyu City	5907	3968	1802	14138	9092	3788	49.5
鹰潭市	Yingtan City	5100	3516	1597	12808	8016	3642	52.2
赣州市	Ganzhou City	3570	2771	1388	11834	8842	4030	31.8
吉安市	Jian City	4638	3007	1440	12870	8576	3502	35.6
宜春市	Yichun City	4683	3241	1574	11944	8395	3301	39.1
抚州市	Fuzhou City	4718	2909	1511	12293	6419	3444	31.8
上饶市	Shangrao City	4353	2441	1300	12676	7490	3383	36.3
山东省	**Shandong**	**5641**	**4077**	**1552**	**16305**	**11007**	**3699**	**33.0**
济南市	Jinan City	7180	4385	1628	20802	13905	4466	38.7
青岛市	Qingdao City	8509	5303	2000	20464	14999	5606	30.7
淄博市	Zibo City	7364	4757	1692	17629	11447	3677	33.8
枣庄市	Zaozhuang City	5723	3491	1371	14320	8842	3355	32.2
东营市	Dongying City	6661	4160	1581	19487	12416	3596	33.5
烟台市	Yantai City	7935	4206	1673	19350	13152	4750	28.1
潍坊市	Weifang City	7072	4828	1516	15691	11575	3591	35.7
济宁市	Jining City	5965	3735	1375	16246	10086	3823	33.0
泰安市	Taian City	6046	3573	1412	16095	11732	3895	36.9
威海市	Weihai City	8495	4701	1685	18537	13521	3796	36.2
日照市	Rizhao City	6038	3583	1451	14409	10119	3161	38.1
莱芜市	Laiwu City	6646	3773	1516	17224	10789	3784	37.8
临沂市	Linyi City	5382	3312	1340	17136	10926	3546	30.1
德州市	Dezhou City	5659	2731	1114	14545	9536	3195	31.7
聊城市	Liaocheng City	5108	2942	1147	14559	9459	3100	35.8
滨州市	Binzhou City	5661	3749	1177	15960	10815	3391	35.9
菏泽市	Heze City	4584	3085	1265	11581	7698	2982	28.8

3-11 续表 5 continued

地　区	Region	农村居民人均纯收入(元) Rural Household Per Capita Net Income (yuan)	农村居民人均生活费支出(元) Rural Household Per Capita Expenditures (yuan)	#食品支出 Food	城镇居民人均可支配收入(元) Urban Household Disposable Income (yuan)	城镇居民人均生活消费性支出(元) Urban Household Living Expenditures for Consumption (yuan)	#食品支出 Food	农村人均住房面积(平方米) Per Capita Net Floor Space of Rural Residents (sq.m)
河南省	**Henan**	**4454**	**3044**	**1166**	**13231**	**8837**	**3080**	**31.7**
郑州市	Zhengzhou City	7548	4575	1436	15732	9700	3371	46.4
开封市	Kaifeng City	4355	2611	907	11342	8623	3075	27.8
洛阳市	Luoyang City	4597	3578	1296	14672	9957	3506	36.5
平顶山市	Pingdingshan City	4420	2622	1079	13531	9555	3285	29.1
安阳市	Anyang City	5190	3113	1035	13637	8734	2817	33.7
鹤壁市	Hebi City	5495	2966	1184	12491	7683	2521	33.8
新乡市	Xinxiang City	5038	3565	1207	13000	9323	3147	37.2
焦作市	Jiaozuo City	6130	3706	1181	13199	9179	3010	40.5
濮阳市	Puyang City	4065	2335	932	12731	8700	3053	24.8
许昌市	Xuchang City	5840	3301	1098	12448	8827	2772	32.6
漯河市	Luohe City	5230	2860	1004	12364	8777	2961	31.1
三门峡市	Sanmenxia City	4680	3319	1255	12392	8933	2892	32.3
南阳市	Nanyang City	4570	3256	1291	12395	8362	2864	29.8
商丘市	Shangqiu City	3750	2438	961	11752	6969	2590	29.8
信阳市	Xinyang City	4272	3101	1571	11022	7752	3243	31.2
周口市	Zhoukou City	3605	2718	1073	10406	7838	2945	25.4
驻马店市	Zhumadian City	3900	2807	1251	11305	7964	2773	27.3
其他	Others	6176	3401	1298	13809	8131	2184	46.4
湖北省	**Hubei**	**4656**	**3653**	**1711**	**13153**	**9478**	**3996**	**39.0**
武汉市	Wuhan City	6349	4755	2063	16712	11433	4880	45.8
黄石市	Huangshi City	4374	3705	1611	12734	9347	3744	40.5
十堰市	Shiyan City	2841	2642	1215	13693	10460	3844	29.5
宜昌市	Yichang City	4686	3822	1773	12839	9869	3801	44.6
襄樊市	Xiangfan City	4880	3513	1751	12292	9459	3660	35.7
鄂州市	Ezhou City	5096	3323	1676	12244	9188	3612	37.0
荆门市	Jingmen City	5332	4534	2024	12690	9908	3742	36.2
孝感市	Xiaogan City	4636	3598	1762	12271	8679	3684	32.3
荆州市	Jingzhou City	4889	3656	1807	12195	8364	3794	35.1
黄冈市	Huanggang City	3744	3513	1513	9952	7576	2626	41.5
咸宁市	Xianning City	4411	3460	1721	11529	8889	3716	40.4
随州市	Suizhou City	4967	4035	1990	11592	8611	3518	36.1
恩施土家族苗族自治州	Enshi Tujia & Miao A.P	2519	2472	1338	9446	7094	2921	39.4
仙桃市	Xiantao City	5247	3547	1457	10761	6985	2899	33.6
天门市	Tianmen City	4760	3768	1608	10448	7870	3474	37.7
潜江市	Qianjiang City	4929	3208	1432	11426	7589	3633	37.2
神农架林区	Shennongjia Forest District	3330	3138	1638	9164	6998	2948	35.9
湖南省	**Hunan**	**4512**	**3805**	**1948**	**13821**	**9946**	**3970**	**41.0**
长沙市	Changsha City	8003	6212	2575	17891	12646	4633	58.6
株洲市	Zhuzhou City	5837	4489	2105	15911	11079	3727	56.0
湘潭市	Xiangtan City	6083	4284	2115	14377	10112	3831	47.7
衡阳市	Hengyang City	5617	4047	2142	12420	8944	3776	44.6
邵阳市	Shaoyang City	3232	2947	1613	9778	7029	3192	33.7
岳阳市	Yueyang City	4810	4027	1791	13945	10046	3556	39.9
常德市	Changde City	4447	4194	2058	12604	8907	3323	46.1
张家界市	Zhangjiajie City	2944	2825	1502	10561	7946	3108	35.3
益阳市	Yiyang City	4527	3941	2002	12448	9382	3802	41.6
郴州市	Chenzhou City	4102	3222	1634	12487	8717	3607	36.9

3-11 续表 6 continued

地区	Region	农村居民人均纯收入(元) Rural Household Per Capita Net Income (yuan)	农村居民人均生活费支出(元) Rural Household Per Capita Expenditures (yuan)	#食品支出 Food	城镇居民人均可支配收入(元) Urban Household Disposable Income (yuan)	城镇居民人均生活消费性支出(元) Urban Household Living Expenditures for Consumption (yuan)	#食品支出 Food	农村人均住房面积(平方米) Per Capita Net Floor Space of Rural Residents (sq.m)
永州市	Yongzhou City	3911	3323	1627	11992	7773	3177	34.5
怀化市	Huaihua City	2677	2650	1582	10460	8021	3248	32.4
娄底市	Loudi City	3001	2862	1526	12324	7738	3320	40.1
湘西土家族苗族自治州	West Hunan Tujia & Miao A.P	2575	2232	1388	9903	7149	2629	23.6
广东省	**Guangdong**	**6400**	**4873**	**2389**	**19733**	**15528**	**5867**	**27.9**
广州市	Guangzhou City	9828	6516	3246	25317	20836	7021	38.7
韶关市	Shaoguan City	4848	3634	1817	15039	10666	4513	29.6
深圳市	Shenzhen City				26729	19779	7119	
珠海市	Zhuhai City	8024			20949	16517	6372	
汕头市	Shantou City	4885	4421	2521	12542	10765	5452	18.8
佛山市	Foshan City	9656			22494	17553	6304	50.3
江门市	Jiangmen City	6807			17196	13085	5103	
湛江市	Zhanjiang City	5330	3742	1910	12362	9583	4446	27.8
茂名市	Maoming City	5405	4064	1876	12006	8530	3927	37.5
肇庆市	Zhaoqing City	5872	4953	2365	13642	10068	4547	22.4
惠州市	Huizhou City	6626	4863	2407	19481	16581	5654	28.2
梅州市	Meizhou City	5038	4320	1987	12109	9666	4349	28.1
汕尾市	Shanwei City	4790	3893	2111	11064	8242	3672	23.9
河源市	Heyuan City	4729	4437	2127	11343	7980	3248	29.1
阳江市	Yangjiang City	5152			11933	8978	3811	
清远市	Qingyuan City	4887	3877	1903	13006	8782	4142	27.5
东莞市	Dongguan City	12644	12328	4440	30275	23208	7778	55.0
中山市	ZhongShan City	11957	8734	3660	21560	16868	6687	38.0
潮州市	Chaozhou City	4977	4829	2324	11320	9799	4789	23.1
揭阳市	Jieyang City	4926			11757	9803	4451	19.5
云浮市	Yunfu City	5491			12339	9081	3988	33.4
广西壮族自治区	**Guangxi**	**3690**	**2985**	**1595**	**14146**	**9627**	**4083**	**31.8**
南宁市	Nanning City	4001	3115	1822	14446	10669	4430	33.2
柳州市	Liuzhou City	3956	3329	1740	14474	9852	4188	27.7
桂林市	Guilin City	4465	3395	1778	14636	9470	4303	35.7
梧州市	Wuzhou City	3854	2093	841	13873	9161	4899	27.0
北海市	Beihai City	4309	2496	1148	13989	9004	4326	36.0
防城港市	Fangchenggang City	4474	2257	1065	14364	8342	4054	28.6
钦州市	Qinzhou City	4444	2800	1532	14106	8036	3999	25.4
贵港市	Guigang City	4049	2948	1470	12666	8378	3659	31.9
玉林市	Yulin City	4123	2873	1330	14156	8094	3600	27.3
百色市	Baise City	2820	2548	1392	13169	8320	3569	27.1
贺州市	Hezhou City	3458	2455	1464	12772	7763	3642	30.4
河池市	Hechi City	2994	2586	1321	12042	8304	3608	30.6
来宾市	Laibin City	3767	2847	1364	14037	9743	3823	34.2
崇左市	Chongzuo City	3754	3164	1375	12732	7823	3643	32.6
海南省	**Hainan**	**4390**	**2883**	**1538**	**12608**	**9408**	**4227**	**22.8**
海口市	Haikou City	5215	3874	2016	14150	11138	4623	29.9
三亚市	Sanya City	5189	2514	1254	13471	10267	4603	25.6
其他	Others							

3-11 续表 7 continued

地 区	Region	农村居民人均纯收入(元) Rural Household Per Capita Net Income (yuan)	农村居民人均生活费支出(元) Rural Household Per Capita Expenditures (yuan)	#食品支出 Food	城镇居民人均可支配收入(元) Urban Household Disposable Income (yuan)	城镇居民人均生活消费性支出(元) Urban Household Living Expenditures for Consumption (yuan)	#食品支出 Food	农村人均住房面积(平方米) Per Capita Net Floor Space of Rural Residents (sq.m)
重庆市	**Chongqing**	**4126**	**2885**	**1538**	**15709**	**11147**	**4418**	**35.0**
万州区	Wanzhou District	3998	3133	1522	13366	9813	4123	37.6
涪陵区	Fuling District	4168	2721	1449	13587	9800	3691	36.1
渝中区	Yuzhong District				16518	14048	4935	
大渡口区	Dadukou District	6907	3914	1973	15700	11612	5074	47.0
江北区	Jiangbei District	6734	4570	2192	15772	12312	4375	32.1
沙坪坝区	Shapingba District	6734	5311	2472	15875	13034	5394	47.1
九龙坡区	Jiulongpo District	6727	5098	2516	15730	10589	4502	40.1
南岸区	Nanan District	7197	5357	2438	15730	10884	4299	48.2
北碚区	Beibei District	5530	4646	2191	15700	11628	4360	41.3
万盛区	Wansheng District	4630	3595	1658	10260	7018	3753	45.8
双桥区	Shuangqiao District	5380	3565	1747	15705	8503	3061	33.9
渝北区	Yubei District	5217	4168	2281	15708	9837	3826	42.3
巴南区	Banan District	5208	3683	1856	15696	12533	4463	39.2
黔江区	Qianjiang District	3332	2972	1580	11132	8478	2866	34.3
长寿区	Changshou District	4901	3199	998	13415	11468	4769	39.4
江津区	Jiangjin District	5411	3622	1939	13428	8292	3325	38.5
合川区	Hechuan District	5267	3845	2179	13379	8657	3753	38.3
永川区	Yongchuan District	5380	3816	1837	13607	9964	3901	36.9
南川区	Nanchuan District	4562	3086	1535	12886	5528	2521	37.6
四川省	**Sichuan**	**4121**	**3128**	**1628**	**12633**	**9679**	**4255**	**34.9**
成都市	Chengdu City	6481	4565	2206	15580	11986	4974	42.8
自贡市	Zigong City	4627	3353	2057	11414	8682	4233	34.7
攀枝花市	Panzhihua City	5063	4437	2238	13343	10137	4645	32.2
泸州市	Luzhou City	4332	3387	1854	12065	8839	3943	37.6
德阳市	Deyang City	5185	4607	2078	12640	9904	4322	35.2
绵阳市	Mianyang City	4752	3924	1615	12200	9959	4216	38.5
广元市	Guangyuan City	3164	2690	1299	9551	7153	3450	34.1
遂宁市	Suining City	4287	2792	1556	10605	8582	4295	34.7
内江市	Neijiang City	4403	3357	1805	11301	8253	3951	33.8
乐山市	Leshan City	4583	4294	1852	12020	8637	4185	44.0
南充市	Nanchong City	3863	2816	1530	9776	7623	4008	34.6
眉山市	Meishan City	4754	3354	1671	11431	8292	4039	36.8
宜宾市	Yibin City	4513	3161	1673	11862	9889	4223	38.9
广安市	Guangan City	4290	2675	1622	12053	7800	3969	38.2
达州市	Dazhou City	4097	2992	1711	9748	7726	3439	37.7
雅安市	Yaan City	4156	3984	1977	11604	7796	3489	36.4
巴中市	Bazhong City	3018	2740	1498	9570	7298	3347	32.0
资阳市	Ziyang City	4441	2834	1747	12619	9511	4310	39.4
阿坝藏族羌族自治州	Aba Zang & Qiang A.P	2555	2326	1280	11829	7575	3771	29.1
甘孜藏族自治州	Ganzi Zang A.P	1926	1676	1153	11471	8882	4051	24.0
凉山彝族自治州	Liangshan Yi A.P	3653	2606	1617	11715	8042	3841	25.6
贵州省	**Guizhou**	**2797**	**2166**	**1120**	**11759**	**8349**	**3598**	**25.3**
贵阳市	Guiyang City	4818	3601	1435	13817	10507	4383	40.4
六盘水市	Liupanshui City	2736	2209	1208	12142	7450	3710	25.4
遵义市	Zunyi City	3300	2536	1236	12525	8403	3477	30.7
安顺市	Anshun City	2838	1821	1094	12249	8814	3955	25.2
铜仁地区	Tongren Prefecture	2457	1983	994	8623	6492	2823	27.5
黔西南布依族苗族自治州	Southwest Guizhou Buyi & Miao A.P	2445	2040	1052	13501	9008	3339	23.2

地区	Region	农村居民人均纯收入(元) Rural Household Per Capita Net Income (yuan)	农村居民人均生活费支出(元) Rural Household Per Capita Expenditures (yuan)	#食品支出 Food	城镇居民人均可支配收入(元) Urban Household Disposable Income (yuan)	城镇居民人均生活消费性支出(元) Urban Household Living Expenditures for Consumption (yuan)	#食品支出 Food	农村人均住房面积(平方米) Per Capita Net Floor Space of Rural Residents (sq.m)
毕节地区	Bijie Prefecture	2756	1819	989	11094	6796	3034	21.5
黔东南苗族侗族自治州	Southeast Guizhou Miao & Dong A.P	2452	1866	991	11616	8005	3633	22.0
黔南布依族苗族自治州	South Guizhou Buyi & Miao A.P	2826	2210	1020	11979	9093	3810	27.5
云南省	**Yunnan**	**3103**	**2991**	**1483**	**13250**	**9077**	**4272**	**27.4**
昆明市	Kunming City	4610	4530	1774	14482	9954	4599	43.9
曲靖市	Qujing City	3166	2488	1113	12239	8791	3864	26.4
玉溪市	Yuxi City	4761	4223	1743	13264	8552	3763	41.8
保山市	Baoshan City	2717	2333	1189	12506	8408	3690	27.0
昭通市	Zhaotong City	2116	1947	1065	10005	7347	3341	22.0
丽江市	Lijiang City	2374	1614	862	13299	7617	3709	
普洱市	Puer City	2536	2327	1440	11344	7939	4322	21.1
临沧市	Lincang City	2363	1597	971	10274	7705	4038	17.0
楚雄彝族自治州	Chuxiong Yi A.P	3110	2840	1543	13031	8596	4239	33.9
红河哈尼族彝族自治州	Honghe Hani & Yi A.P	3023	2657	1349	11215	8030	4301	26.1
文山壮族苗族自治州	Wenshan Zhuang & Miao A.P	2027	1658	1003	11948	7930	3612	24.1
西双版纳傣族自治州	Xishuangbanna Dai A.P	3213	3271	1566	11021	8250	4297	27.4
大理白族自治州	Dali Bai A.P	3078	2640	1225	12865	9964	3912	29.7
德宏傣族景颇族自治州	Dehong Dai & Jingpo A.P	2439	2208	1264	11450	8787	3642	23.7
怒江傈僳族自治州	Nujiang Lisu A.P	1448	1331	803	8042	7412		
迪庆藏族自治州	Diqing Zang A.P	2595	1787	950	13368	8048	4483	25.3
西藏自治区	**Tibet A.R.**	**3176**	**2149**	**1091**	**12482**	**8324**	**4263**	**22.8**
拉萨市	Lhasa City	3732	2007	941	13941	10445	4874	
昌都地区	Qamdu Prefecture	2830	2436	1361	10737	6525	3172	
山南地区	Lhokha Prefecture	3305	2055	896	12042	6898	3196	
日喀则地区	Xigaze Prefecture	2881	2041	966	12006	7742	4010	
那曲地区	Narqu Prefecture	3219	2231	1184	12542	9136	5369	
阿里地区	Ngri Prefecture	2695	1915	1176	14571	8201	4304	
林芝地区	Nyingchi Prefecture	4095	2208	1080	11160	6387	3522	
其他	Others							
陕西省	**Shaanxi**	**3136**	**2979**	**1116**	**12858**	**9772**	**3586**	**29.0**
西安市	Xi'an City	5212	3938	1455	15207	12016	4374	55.0
铜川市	Tongchuan City	3291	3133	1232	11008	8036	3140	27.0
宝鸡市	Baoji City	3500	3038	979	13225	9542	3536	29.7
咸阳市	Xianyang City	3511	2469	935	13208	10274	3592	36.0
渭南市	Weinan City	2976	2504	895	11001	7817	2746	31.0
延安市	Yan'an City	3551	2947	1141	12232	8383	2889	21.0
汉中市	Hanzhong City	2884	2640	1049	10155	7416	3159	32.0
榆林市	Yulin City	3402	3134	1206	12197	7119	2195	23.1
安康市	Ankang City	2770	2785	1342	10150	7672	3311	32.8
商洛市	Shangluo City	2401	2106	913	10688	7047	2442	33.2
其他	Others	4993	2079	269	15866	10288	3574	48.0
甘肃省	**Gansu**	**2724**	**2401**	**1133**	**10969**	**8309**	**3184**	**19.9**
兰州市	Lanzhou City	3503	2843	1285	11677	9034	3430	22.9
嘉峪关市	Jiayuguan City	6452	4428	1782	14511	10689	4008	34.8
金昌市	Jinchang City	5014	3630	1426	15408	13036	4583	33.7

3-11 续表 9 continued

地　　区	Region	农村居民人均纯收入(元) Rural Household Per Capita Net Income (yuan)	农村居民人均生活费支出(元) Rural Household Per Capita Expenditures (yuan)	#食品支出 Food	城镇居民人均可支配收入(元) Urban Household Disposable Income (yuan)	城镇居民人均生活消费性支出(元) Urban Household Living Expenditures for Consumption (yuan)	#食品支出 Food	农村人均住房面积(平方米) Per Capita Net Floor Space of Rural Residents (sq.m)
白银市	Baiyin City	2676	2622	1216	12158	9671	3717	21.9
天水市	Tianshui City	2148	2047	960	9050	6972	2688	17.0
武威市	Wuwei City	3591	1622	594	9490	7579	3134	22.5
张掖市	Zhangye City	4515	3616	1462	9315	8989	2733	32.2
平凉市	Pingliang City	2414	2300	1001	9701	6367	2547	19.1
酒泉市	Jiuquan City	5763	4732	1681	12437	9782	3486	39.3
庆阳市	Qingyang City	2385	2015	933	9939	7821	2896	22.5
定西市	Dingxi City	2136	2084	1073	9072	7026	2985	17.5
陇南市	Longnan City	1998	2193	1045	8661	6902	2704	19.1
临夏回族自治州	Linxia Hui A.P	1847	1879	906	6579	4896	2338	18.4
甘南藏族自治州	Gannan Zang A.P	2049	1837	1057	7995	6903	2391	20.5
青海省	**Qinghai**	**3061**	**2975**	**1298**	**11648**	**8203**	**3316**	**19.8**
西宁市	Xining City	3944	3911	1774	11929	8278	3412	
海东地区	Haidong Prefecture	3219	2689	1227	10655	7684	3081	
海北藏族自治州	Haibei Zang A.P	3386	2875	1495	12538	8967	3569	
黄南藏族自治州	Huangnan Zang AP	2369	2166	1092	11761	6825	2730	
海南藏族自治州	Hainan Zang A.P	3216	2899	1343	10432	7749	3085	
果洛藏族自治州	Golog Zang A.P	2291	1969	1264	11094	8970	3696	
玉树藏族自治州	Yushu Zang A.P	2177	1755	1400	12015	8077	3400	
海西蒙古族藏族自治州	Haixi Mongolian & Zang A.P	3725	3562	1568	13522	8996	3571	
宁夏回族自治区	**Ningxia**	**3681**	**3095**	**1288**	**12932**	**9558**	**3353**	**23.1**
银川市	Yinchuan City	4917	4119	1542	14180	11062	4053	30.8
石嘴山市	Shizuishan City	4883	4345	1687	13042	9213	3264	29.6
吴忠市	Wuzhong City	4079	3191	1265	11493	8677	3069	27.0
固原市	Guyuan City	2614	2463	1241	10775	7255	2566	16.8
中卫市	Zhongwei City	3571	3060	1104	11731	7815	2739	22.4
新疆维吾尔自治区	**Xinjiang**	**3503**	**2684**	**1140**	**11432**	**8669**	**3235**	**22.8**
乌鲁木齐市	Urumqi City	6116	5000	2219	12328	8752	3428	37.3
克拉玛依市	Karamay City	7198			14027	10658	4602	
吐鲁番地区	Turpan Prefecture	4831	4057	1655	10443	7444	2751	14.6
哈密地区	Hami Prefecture	6596						
昌吉回族自治州	Changji Hui A.P	6243	4817	1780	11472	8552	3074	30.1
博尔塔拉蒙古自治州	Bortala Mongolian A.P	5434						
巴音郭楞蒙古自治州	Bayingolin Mongolian A.P	5741	4441	1735	11509	9391	3248	21.0
阿克苏地区	Aksu Prefecture	4053	2662	956	11496	7162	2803	
克孜勒苏柯尔克孜自治州	Kizilsu Kirgiz A.P	1695			6950			
喀什地区	Kashi Prefecture	2628	1558	763				
和田地区	Hotan Prefecture	2070	1456	810	10788	9768	3773	17.8
伊犁哈萨克自治州	Ili Kazak A.P	4053	2649	1096	9612	7524	2903	22.8
塔城地区	Tacheng Prefecture	4576	3617	1575	10230	8031	3177	23.1
阿勒泰地区	Altay Prefecture	4072	2426	1260				18.3
石河子市	Shihezi City	6563			12026	9363	3415	
阿拉尔市	Alar City							
图木舒克市	Tumxuk City							
五家渠市	Wujiaqu City							
生产建设兵团	Corps							

3-12 农村基本情况(2008年)

Basic Conditions of Rural Area(2008)

地　区	Region	乡村户数(万户) Rural Households (10 000 households)	乡村从业人员(万人) Rural Laborers (10 000 persons)	#农林牧渔业 Farming, Forestry, Animal Husbandry & Fishery	常用耕地面积(千公顷) Cultivated Areas (1 000 hectares)	农林牧渔业总产值(亿元) Gross Output Value of Farming, Forestry, Animal Husbandry & Fishery (100 million yuan)	农林牧渔业总产值指数(上年=100) Indices of Gross Output Value of Farming, Forestry, Animal Husbandry & Fishery (last year=100)
北京市	**Beijing**	**189.8**	**321.3**	**61.8**	**231.7**	**303.90**	**100.8**
东城区	Dongcheng District						
西城区	Xicheng District						
崇文区	Chongwen District						
宣武区	Xuanwu District						
朝阳区	Chaoyang District	30.9	48.9	1.3	4.7	4.36	94.3
丰台区	Fengtai District	13.0	25.2	1.4	3.2	2.91	95.9
石景山区	Shijingshan District				0.2		
海淀区	Haidian District	13.3	30.1	1.6	2.7	4.13	96.6
门头沟区	Mentougou District	4.2	5.0	1.2	1.8	3.13	112.2
房山区	Fangshan District	21.1	27.3	7.3	28.3	39.74	96.8
通州区	Tongzhou District	19.5	32.8	7.2	35.0	37.96	103.2
顺义区	Shunyi District	17.0	31.2	4.8	31.0	54.49	98.0
昌平区	Changping District	15.1	29.3	4.1	11.8	14.69	106.3
大兴区	Daxing District	17.0	34.3	10.1	38.1	47.44	101.4
怀柔区	Huairou District	8.1	10.5	3.9	9.8	16.38	95.8
平谷区	Pinggu District	10.2	17.4	6.2	12.4	25.08	104.2
密云县	Miyun County	12.2	17.7	7.5	22.9	35.29	103.9
延庆县	Yanqing County	8.2	11.5	5.2	29.8	18.29	103.9
北京经济技术开发区	Beijing Economic-technological Development Zones						
远洋捕捞	Deep-sea Fishing						
其他	Others						
天津市	**Tianjin**	**127.1**	**186.4**	**76.3**	**404.4**	**268.11**	**103.3**
和平区	Heping District						
河东区	Hedong District						
河西区	Hexi District						
南开区	Nankai District						
河北区	Hebei District						
红桥区	Hongqiao District						
塘沽区	Tanggu District	3.3	3.9	0.6	3.6	2.89	90.1
汉沽区	Hangu District	2.0	2.9	1.8	3.9	10.18	106.0
大港区	Dagang District	3.5	4.3	1.4	13.1	4.31	106.0
东丽区	Dongli District	9.0	9.7	1.6	10.5	7.19	103.8
西青区	Xiqing District	8.4	11.8	3.0	14.8	14.63	95.5
津南区	Jinnan District	10.3	14.1	2.8	14.0	8.27	100.1
北辰区	Beichen District	9.4	12.1	2.7	18.4	15.48	105.1
武清区	Wuqing District	22.5	37.9	19.0	89.1	49.98	105.5
宝坻区	Baodi District	17.1	27.5	13.7	76.1	37.59	105.8
宁河县	Ninghe County	8.2	11.6	6.6	38.7	35.05	103.4
静海县	Jinghai County	14.3	17.4	7.4	68.3	25.66	106.8
蓟县	Ji County	19.2	33.2	15.7	53.9	37.65	105.4
天津经济技术开发区	Tianjin Economic-technological Development Area						
天津港保税区	Tianjin Port Free Trade Zone						
天津滨海高新区	Tianjin Hi-Tech Industrial Park						
其他	Others					2.51	

3-12 续表 1 continued

地 区	Region	乡村户数 (万户) Rural Households (10 000 households)	乡村从业人员 (万人) Rural Laborers (10 000 persons)	#农林牧渔业 Farming, Forestry, Animal Husbandry & Fishery	常用耕地面积 (千公顷) Cultivated Areas (1 000 hectares)	农林牧渔业总产值(亿元) Gross Output Value of Farming, Forestry, Animal Husbandry & Fishery (100 million yuan)	农林牧渔业总产值指数(上年=100) Indices of Gross Output Value of Farming, Forestry, Animal Husbandry & Fishery (last year=100)
河北省	**Hebei**	**1476.8**	**2894.8**	**1478.2**	**5901.4**	**3505.23**	**105.1**
石家庄市	Shijiazhuang City	174.6	358.2	149.3	554.3	542.97	103.3
唐山市	Tangshan City	158.4	289.6	126.3	545.7	555.30	107.3
秦皇岛市	Qinhuangdao City	62.3	112.3	71.0	165.8	168.37	109.1
邯郸市	Handan City	176.2	353.4	180.5	651.9	421.93	104.8
邢台市	Xingtai City	147.0	286.4	145.5	647.0	265.46	103.8
保定市	Baoding City	233.4	508.6	298.7	762.5	427.27	106.3
张家口市	Zhangjiakou City	114.1	182.1	127.4	682.2	209.67	120.2
承德市	Chengde City	84.2	159.3	95.0	264.1	182.28	113.6
沧州市	Cangzhou City	148.5	302.7	119.2	705.6	365.22	111.7
廊坊市	Langfang City	81.2	159.1	80.0	366.2	245.07	104.4
衡水市	Hengshui City	97.0	183.0	85.3	556.1	210.43	105.7
其他	Others						
山西省	**Shanxi**	**657.5**	**1074.9**	**637.8**		**595.92**	**102.6**
太原市	Taiyuan City	31.1	48.8	24.1		39.96	103.9
大同市	Datong City	51.6	68.3	42.6		54.31	139.1
阳泉市	Yangquan City	24.5	33.0	15.1		8.92	103.3
长治市	Changzhi City	66.1	110.2	65.1		62.99	106.7
晋城市	Jincheng City	50.5	83.3	45.1		40.66	106.3
朔州市	Shuozhou City	30.7	45.3	30.9		54.79	128.6
晋中市	Jinzhong City	73.2	108.3	62.7		73.62	101.9
运城市	Yuncheng City	101.1	215.1	139.4		154.03	118.3
忻州市	Xinzhou City	71.9	93.3	57.8		58.02	117.4
临汾市	Linfen City	78.2	146.7	85.7		71.73	99.5
吕梁市	Luliang City	78.8	122.7	69.4		49.43	107.0
其他	Others						
内蒙古自治区	**Inner Mongolia**	**353.3**	**688.4**	**526.7**	**7148.6**	**1525.74**	**107.6**
呼和浩特市	Hohhot City	30.0	59.6	43.2	568.8	133.15	108.7
包头市	Baotou City	12.3	25.7	17.8	422.1	91.53	114.3
呼伦贝尔市	Hulunbuir City	23.2	39.1	29.3	1143.7	235.44	109.3
兴安盟	Xingan League	28.5	53.6	47.2	796.9	111.47	110.6
通辽市	Tongliao City	60.2	111.8	84.8	1074.4	241.84	108.0
赤峰市	Chifeng City	95.8	179.2	124.2	1008.1	240.87	108.1
锡林郭勒盟	Xilingol League	11.9	26.7	23.2	238.7	84.14	111.2
乌兰察布市	Ulanqab City	41.9	86.3	64.3	889.0	140.53	112.4
鄂尔多斯市	Erdos City	19.7	43.8	38.7	402.9	97.60	109.1
巴彦淖尔市	Bayannur City	26.5	55.7	48.5	581.5	151.20	108.9
乌海市	Wuhai City	1.4	2.8	1.9	7.0	4.64	108.0
阿拉善盟	Alxa League	1.9	4.1	3.7	27.4	10.77	109.9
其他	Others						
辽宁省	**Liaoning**	**703.8**	**1164.7**	**662.3**		**2476.90**	**106.5**
沈阳市	Shenyang City	84.4	133.7	79.6		350.08	109.4
大连市	Dalian City	94.9	142.1	67.2		520.45	109.1
鞍山市	Anshan City	53.7	92.0	47.9		135.01	109.0
抚顺市	Fushun City	26.3	49.8	31.1		84.99	107.8
本溪市	Benxi City	15.2	27.7	14.3		63.97	109.1
丹东市	Dandong City	43.1	77.3	45.7		128.35	108.3
锦州市	Jinzhou City	60.5	99.9	65.6		236.09	104.8
营口市	Yingkou City	43.1	71.9	34.4		105.37	107.5

3-12 续表 2 continued

地 区	Region	乡村户数（万户） Rural Households (10 000 households)	乡村从业人员（万人） Rural Laborers (10 000 persons)	#农林牧渔业 Farming, Forestry, Animal Husbandry & Fishery	常用耕地面积（千公顷） Cultivated Areas (1 000 hectares)	农林牧渔业总产值（亿元） Gross Output Value of Farming, Forestry, Animal Husbandry & Fishery (100 million yuan)	农林牧渔业总产值指数（上年=100） Indices of Gross Output Value of Farming, Forestry, Animal Husbandry & Fishery (last year=100)
阜新市	Fuxin City	34.1	64.9	38.4		110.50	117.6
辽阳市	Liaoyang City	33.4	52.3	29.3		69.40	107.0
盘锦市	Panjin City	20.4	36.6	23.9		116.16	108.9
铁岭市	Tieling City	61.5	87.3	50.8		251.15	110.9
朝阳市	Chaoyang City	75.7	136.6	78.0		199.68	111.6
葫芦岛市	Huludao City	57.7	92.5	56.3		120.35	107.1
其他	Others						
吉林省	**Jilin**	**399.1**	**711.5**	**491.1**	**5051.9**	**1614.80**	**110.1**
长春市	Changchun City	115.0	197.6	122.9	1193.4	405.24	108.1
吉林市	Jilin City	56.1	106.6	71.5	563.3	242.40	110.7
四平市	Siping City	56.9	98.3	68.9	725.4	312.42	103.8
辽源市	Liaoyuan City	19.2	33.2	19.8	157.4	62.59	111.8
通化市	Tonghua City	33.5	62.6	43.8	248.1	97.00	111.0
白山市	Baishan City	11.9	20.8	14.4	45.2	57.27	102.3
松原市	Songyuan City	51.2	94.4	74.9	900.9	241.76	120.7
白城市	Baicheng City	33.2	57.7	46.2	661.9	117.23	119.2
延边朝鲜族自治州	Yanbian Korean A.P	22.2	40.3	28.7	285.7	78.89	106.4
其他	Others						
黑龙江省	**Heilongjiang**	**504.9**	**966.3**	**678.0**	**11838.0**	**2123.40**	**109.5**
哈尔滨市	Harbin City	133.9	240.6	145.7	1826.1	569.85	115.7
齐齐哈尔市	Qiqihar City	93.6	185.8	138.6	2237.3	292.03	120.4
鸡西市	Jixi City	18.7	32.9	24.7	414.1	78.86	108.8
鹤岗市	Hegang City	6.5	11.5	9.2	160.1	26.17	113.3
双鸭山市	Shuangyashan City	14.3	28.3	19.5	404.8	81.07	123.5
大庆市	Daqing City	36.7	72.2	50.2	627.5	143.15	109.4
伊春市	Yichun City	4.8	9.1	6.6	204.9	75.99	111.9
佳木斯市	Jiamusi City	35.2	67.5	52.8	1148.4	160.97	116.1
七台河市	Qitaihe City	9.6	14.4	2.8	152.1	25.91	108.5
牡丹江市	Mudanjiang City	29.9	63.8	45.6	488.4	137.49	118.2
黑河市	Heihe City	21.6	34.2	27.7	851.0	93.48	129.5
绥化市	Suihua City	98.3	203.2	152.6	1657.4	332.39	109.8
大兴安岭地区	Daxing'anling Prefecture	1.7	2.8	2.2	138.9	42.00	113.2
农垦总局	Agriculture Reclamation Bureau					460.71	114.3
其他	Others						
上海市	**Shanghai**	**96.5**	**211.1**	**47.5**	**205.0**	**280.35**	**100.1**
黄浦区	Huangpu District						
卢湾区	Luwan District						
徐汇区	Xuhui District						
长宁区	Changning District						
静安区	Jingan District						
普陀区	Putuo District						
闸北区	Zhabei District						
虹口区	Hongkou District						
杨浦区	Yangpu District						
闵行区	Minhang District	8.3	15.0	0.8	6.2	4.48	101.5
宝山区	Baoshan District	4.8	7.3	0.4	5.3	6.54	86.6
嘉定区	Jiading District	9.0	17.5	1.0	11.6	12.21	106.3

3-12 续表 3 continued

地 区	Region	乡村户数(万户) Rural Households (10 000 households)	乡村从业人员(万人) Rural Laborers (10 000 persons)	#农林牧渔业 Farming, Forestry, Animal Husbandry & Fishery	常用耕地面积(千公顷) Cultivated Areas (1 000 hectares)	农林牧渔业总产值(亿元) Gross Output Value of Farming, Forestry, Animal Husbandry & Fishery (100 million yuan)	农林牧渔业总产值指数(上年=100) Indices of Gross Output Value of Farming, Forestry, Animal Husbandry & Fishery (last year=100)
浦东新区	Pudong New District	9.5	14.4	0.6	11.6	12.18	95.3
金山区	Jinshan District	10.5	22.7	3.7	26.5	29.24	104.0
松江区	Songjiang District	7.4	14.6	0.9	16.6	19.28	95.8
青浦区	Qingpu District	10.0	19.3	1.8	27.1	22.25	95.5
南汇区	Nanhui District	24.6	37.2	11.4	33.1	53.64	101.3
奉贤区	Fengxian District	13.5	20.5	4.5	27.7	36.35	103.5
崇明县	Chongming County	23.5	32.4	13.7	50.5	50.87	102.6
其他	Others				17.9		
江苏省	**Jiangsu**	**1489.6**	**2657.3**	**896.4**	**4718.7**	**3590.64**	**104.5**
南京市	Nanjing City	65.4	122.0	31.8	242.1	194.01	101.7
无锡市	Wuxi City	79.7	140.9	25.0	139.5	124.47	103.8
徐州市	Xuzhou City	185.1	354.4	160.7	591.0	420.65	101.7
常州市	Changzhou City	78.6	127.6	29.0	177.7	124.80	105.0
苏州市	Suzhou City	110.8	205.9	31.3	231.1	199.55	103.6
南通市	Nantong City	214.3	336.5	87.5	468.5	371.46	104.0
连云港市	Lianyungang City	90.2	171.8	89.4	369.1	230.54	107.1
淮安市	Huaian City	99.2	213.1	93.9	487.7	280.97	105.1
盐城市	Yancheng City	188.1	290.9	121.1	781.4	658.25	105.4
扬州市	Yangzhou City	94.4	166.9	41.8	304.0	230.70	105.1
镇江市	Zhenjiang City	57.7	97.5	29.1	171.5	92.09	105.0
泰州市	Taizhou City	119.9	204.6	54.3	316.7	203.23	104.6
宿迁市	Suqian City	106.2	225.3	101.4	438.4	253.38	105.6
浙江省	**Zhejiang**	**1227.5**	**2304.3**	**666.4**		**1780.01**	**104.6**
杭州市	Hangzhou City	131.9	260.2	78.1		273.76	104.3
宁波市	Ningbo City	179.2	305.6	64.1		262.44	104.2
温州市	Wenzhou City	181.7	384.6	100.3		124.46	102.5
嘉兴市	Jiaxing City	72.6	154.0	36.2		180.87	103.1
湖州市	Huzhou City	60.9	118.1	32.1		144.45	103.4
绍兴市	Shaoxing City	134.1	223.4	52.6		178.14	103.8
金华市	Jinhua City	159.3	272.2	89.9		138.70	105.2
衢州市	Quzhou City	60.8	121.4	57.4		96.34	110.6
舟山市	Zhoushan City	23.5	39.4	11.0		97.86	102.3
台州市	Taizhou City	164.4	313.6	83.0		211.96	102.4
丽水市	Lishui City	59.1	112.0	61.6		85.38	105.1
安徽省	**Anhui**	**1370.4**	**3014.9**	**1593.1**	**4145.0**	**2446.51**	**106.3**
合肥市	Hefei City	67.8	163.8	71.2	217.2	180.04	107.5
芜湖市	Wuhu City	43.6	87.4	39.1	90.6	70.53	105.1
蚌埠市	Bengbu City	66.2	160.4	95.6	289.4	163.96	108.0
淮南市	Huainan City	33.3	81.7	32.1	114.7	59.33	107.4
马鞍山市	Maanshan City	19.2	37.8	16.2	49.7	37.02	105.4
淮北市	Huaibei City	32.9	68.9	42.8	135.0	58.07	108.0
铜陵市	Tongling City	9.6	20.3	8.0	24.1	14.24	105.5
安庆市	Anqing City	133.6	289.0	137.6	284.9	228.46	106.6
黄山市	Huangshan City	36.2	74.4	44.5	47.3	58.06	105.7
滁州市	Chuzhou City	89.3	201.5	124.1	395.1	211.22	107.2
阜阳市	Fuyang City	207.5	478.1	238.9	574.8	314.53	108.7
宿州市	Suzhou City	133.5	297.7	185.6	475.6	267.88	105.4

3-12 续表 4 continued

地 区	Region	乡村户数(万户) Rural Households (10 000 households)	乡村从业人员(万人) Rural Laborers (10 000 persons)	#农林牧渔业 Farming, Forestry, Animal Husbandry & Fishery	常用耕地面积(千公顷) Cultivated Areas (1 000 hectares)	农林牧渔业总产值(亿元) Gross Output Value of Farming, Forestry, Animal Husbandry & Fishery (100 million yuan)	农林牧渔业总产值指数(上年=100) Indices of Gross Output Value of Farming, Forestry, Animal Husbandry & Fishery (last year=100)
巢湖市	Chaohu City	101.5	209.4	103.0	290.3	186.86	107.0
六安市	Liuan City	163.1	345.4	176.8	427.3	232.36	108.0
亳州市	Bozhou City	126.8	278.1	158.7	495.8	211.01	108.4
池州市	Chizhou City	37.4	78.1	42.2	81.5	64.33	108.1
宣城市	Xuancheng City	68.7	143.0	76.7	151.8	124.58	107.7
其他	Others						
福建省	**Fujian**	**696.4**	**1357.8**	**636.6**		**1965.02**	**110.3**
福州市	Fuzhou City	128.9	212.6	94.4		402.31	110.1
厦门市	Xiamen City	11.0	20.8	8.5		34.86	111.8
莆田市	Putian City	63.2	129.7	59.2		124.92	110.1
三明市	Sanming City	52.4	98.1	56.8		221.21	110.3
泉州市	Quanzhou City	140.1	310.3	90.2		211.09	111.1
漳州市	Zhangzhou City	101.0	206.5	113.0		376.51	108.4
南平市	Nanping City	63.5	122.4	77.8		218.51	111.3
龙岩市	Longyan City	62.7	125.9	59.5		189.47	113.5
宁德市	Ningde City	73.7	131.5	77.2		187.34	109.2
江西省	**Jiangxi**	**831.9**	**1705.0**	**888.1**	**2827.2**	**1680.50**	**104.8**
南昌市	Nanchang City	64.2	133.7	71.3	259.8	171.14	107.4
景德镇市	Jingdezhen City	25.1	52.6	21.5	84.3	48.03	105.6
萍乡市	Pingxiang City	33.4	71.7	32.5	64.2	52.16	107.8
九江市	Jiujiang City	87.8	179.8	93.9	295.5	134.15	105.9
新余市	Xinyu City	21.1	39.8	20.9	82.0	53.14	109.4
鹰潭市	Yingtan City	20.5	41.2	22.5	88.1	45.52	123.2
赣州市	Ganzhou City	167.8	362.8	195.1	368.4	280.55	104.7
吉安市	Jian City	93.2	189.4	109.9	420.4	201.26	108.2
宜春市	Yichun City	104.0	196.7	105.0	470.0	246.92	108.7
抚州市	Fuzhou City	73.9	146.8	89.6	314.1	180.05	119.6
上饶市	Shangrao City	140.9	290.4	125.9	380.4	198.28	105.4
山东省	**Shandong**	**2091.4**	**3507.5**	**1911.9**	**7510.8**	**5612.96**	**105.1**
济南市	Jinan City	98.3	190.5	76.5	360.7	308.69	105.0
青岛市	Qingdao City	151.7	270.7	100.9	512.8	400.85	102.2
淄博市	Zibo City	85.2	156.2	63.1	207.1	151.23	106.7
枣庄市	Zaozhuang City	77.4	162.5	78.7	240.8	183.38	101.9
东营市	Dongying City	32.4	58.6	30.8	220.0	138.06	105.0
烟台市	Yantai City	169.4	255.8	143.9	446.0	497.81	103.0
潍坊市	Weifang City	200.7	359.3	183.4	783.9	561.64	106.8
济宁市	Jining City	176.4	379.4	190.5	600.6	505.49	104.7
泰安市	Taian City	121.7	236.2	90.4	343.4	283.76	104.6
威海市	Weihai City	62.5	88.6	35.8	191.7	259.72	104.1
日照市	Rizhao City	77.8	132.9	79.5	229.6	141.64	104.4
莱芜市	Laiwu City	30.5	52.0	25.9	68.6	55.39	103.5
临沂市	Linyi City	263.8	516.3	271.6	842.6	433.42	105.3
德州市	Dezhou City	123.9	239.3	151.0	619.0	380.56	104.3
聊城市	Liaocheng City	130.7	284.9	173.9	565.6	342.80	104.3
滨州市	Binzhou City	89.7	175.9	90.9	447.1	240.19	104.8
菏泽市	Heze City	199.3	390.3	205.0	831.3	352.84	103.1

3-12 续表 5 continued

地 区	Region	乡村户数(万户) Rural Households (10 000 households)	乡村从业人员(万人) Rural Laborers (10 000 persons)	#农林牧渔业 Farming, Forestry, Animal Husbandry & Fishery	常用耕地面积(千公顷) Cultivated Areas (1 000 hectares)	农林牧渔业总产值(亿元) Gross Output Value of Farming, Forestry, Animal Husbandry & Fishery (100 million yuan)	农林牧渔业总产值指数(上年=100) Indices of Gross Output Value of Farming, Forestry, Animal Husbandry & Fishery (last year=100)
河南省	**Henan**	**2037.0**	**4859.0**	**2837.0**	**7202.2**	**4669.54**	**105.8**
郑州市	Zhengzhou City	107.1	234.3	104.9	294.4	165.24	105.7
开封市	Kaifeng City	95.8	242.9	164.6	394.0	282.57	105.6
洛阳市	Luoyang City	126.5	306.8	161.9	355.6	277.22	105.8
平顶山市	Pingdingshan City	100.4	240.8	151.3	312.9	179.83	105.6
安阳市	Anyang City	118.5	281.6	153.2	394.6	244.37	105.7
鹤壁市	Hebi City	27.7	64.0	31.6	96.1	77.73	104.2
新乡市	Xinxiang City	107.6	240.5	133.8	403.0	226.38	105.4
焦作市	Jiaozuo City	61.2	142.9	82.3	181.7	146.29	105.1
濮阳市	Puyang City	72.3	184.0	115.5	248.5	163.02	105.6
许昌市	Xuchang City	91.1	224.7	114.9	325.6	231.19	104.4
漯河市	Luohe City	52.9	126.1	70.6	165.7	138.11	106.3
三门峡市	Sanmenxia City	42.6	94.4	64.6	164.4	93.75	106.9
南阳市	Nanyang City	237.9	546.2	339.3	941.8	586.31	105.7
商丘市	Shangqiu City	189.0	437.3	266.1	666.6	450.30	105.7
信阳市	Xinyang City	175.8	402.6	219.4	568.9	380.68	106.1
周口市	Zhoukou City	234.1	582.7	351.0	826.2	519.32	105.8
驻马店市	Zhumadian City	184.8	482.0	300.0	827.5	393.47	106.2
其他	Others	11.5	25.4	12.3	34.8	24.20	106.0
湖北省	**Hubei**	**1038.2**	**2078.8**	**995.8**	**3289.3**	**2940.47**	**128.0**
武汉市	Wuhan City	75.1	137.8	62.3	207.8	244.64	103.5
黄石市	Huangshi City	33.1	71.5	27.1	87.1	66.50	116.8
十堰市	Shiyan City	67.7	130.2	59.4	167.8	96.44	107.8
宜昌市	Yichang City	84.7	156.8	80.1	227.6	226.75	105.0
襄樊市	Xiangfan City	94.3	193.9	98.6	421.7	321.30	103.6
鄂州市	Ezhou City	20.1	40.0	22.6	41.2	72.02	123.6
荆门市	Jingmen City	48.6	97.5	55.9	255.8	226.61	106.3
孝感市	Xiaogan City	98.8	215.5	91.0	260.0	231.00	107.0
荆州市	Jingzhou City	102.9	217.1	122.6	462.2	335.70	110.2
黄冈市	Huanggang City	148.8	288.9	127.0	328.3	302.00	103.2
咸宁市	Xianning City	49.8	97.7	43.7	153.6	134.78	117.7
随州市	Suizhou City	48.3	98.1	39.8	136.5	121.06	108.1
恩施土家族苗族自治州	Enshi Tujia & Miao A.P	91.2	182.7	96.3	255.7	140.71	104.5
仙桃市	Xiantao City	27.5	64.6	16.4	90.1	77.16	105.1
天门市	Tianmen City	29.7	54.5	26.0	107.0	70.58	117.0
潜江市	Qianjiang City	16.4	30.5	14.3	68.4	62.24	122.5
神农架林区	Shennongjia Forest District	1.3	2.8	1.5	6.2	2.09	107.0
湖南省	**Hunan**	**1526.1**	**3049.2**	**1877.9**	**3346.7**	**3324.51**	**105.3**
长沙市	Changsha City	127.3	257.9	123.0	248.1	282.34	106.8
株洲市	Zhuzhou City	76.0	161.4	84.9	178.9	171.75	106.1
湘潭市	Xiangtan City	62.8	127.1	78.0	122.9	161.44	105.2
衡阳市	Hengyang City	160.0	310.5	205.4	329.1	393.51	105.3
邵阳市	Shaoyang City	179.9	374.4	250.8	348.9	246.60	106.2
岳阳市	Yueyang City	121.4	213.4	128.6	284.5	299.97	105.5
常德市	Changde City	142.2	255.7	165.2	408.4	377.30	106.1
张家界市	Zhangjiajie City	40.0	76.2	54.9	92.0	43.77	105.8
益阳市	Yiyang City	106.4	208.5	126.6	242.0	225.68	108.2
郴州市	Chenzhou City	109.3	231.6	114.4	234.4	203.89	106.3

3-12 续表 6 continued

地区	Region	乡村户数 Rural Households (万户) (10 000 households)	乡村从业人员 Rural Laborers (万人) (10 000 persons)	#农林牧渔业 Farming, Forestry, Animal Husbandry & Fishery	常用耕地面积 Cultivated Areas (千公顷) (1 000 hectares)	农林牧渔业总产值(亿元) Gross Output Value of Farming, Forestry, Animal Husbandry & Fishery (100 million yuan)	农林牧渔业总产值指数(上年=100) Indices of Gross Output Value of Farming, Forestry, Animal Husbandry & Fishery (last year=100)
永州市	Yongzhou City	132.7	277.9	169.5	288.6	298.45	106.4
怀化市	Huaihua City	114.4	236.0	165.1	265.7	182.22	105.6
娄底市	Loudi City	95.4	187.1	119.0	149.9	156.95	105.7
湘西土家族苗族自治州	West Hunan Tujia & Miao A.P	58.5	131.5	92.7	153.2	69.27	105.0
广东省	**Guangdong**	**1618.2**	**3326.6**	**1537.8**	**2830.7**	**3298.01**	**104.0**
广州市	Guangzhou City	122.4	287.2	70.9	85.7	291.30	103.4
韶关市	Shaoguan City	58.1	105.6	71.5	223.8	131.17	105.4
深圳市	Shenzhen City				4.1	18.79	84.0
珠海市	Zhuhai City	13.6	34.2	8.2	14.8	51.43	101.6
汕头市	Shantou City	85.0	170.0	69.9	35.3	99.95	102.8
佛山市	Foshan City	84.7	176.1	27.0	42.0	199.47	102.2
江门市	Jiangmen City	81.7	160.3	82.0	207.3	198.59	103.6
湛江市	Zhanjiang City	138.4	300.7	201.5	467.2	376.03	104.4
茂名市	Maoming City	146.5	280.9	181.5	256.2	373.79	103.6
肇庆市	Zhaoqing City	85.4	183.1	98.3	170.9	257.43	105.5
惠州市	Huizhou City	67.6	180.1	66.8	143.7	149.33	103.5
梅州市	Meizhou City	115.3	193.4	105.2	164.7	173.07	105.3
汕尾市	Shanwei City	62.4	128.2	64.3	93.6	104.49	106.0
河源市	Heyuan City	70.5	138.1	74.1	131.3	85.66	104.5
阳江市	Yangjiang City	63.2	121.3	76.3	185.2	192.25	102.9
清远市	Qingyuan City	83.7	170.0	101.7	284.1	154.09	106.0
东莞市	Dongguan City	46.7	84.3	8.2	14.0	25.53	112.1
中山市	ZhongShan City	52.2	161.8	15.2	34.7	75.36	103.7
潮州市	Chaozhou City	55.0	99.0	40.5	31.9	59.17	103.0
揭阳市	Jieyang City	116.2	231.1	110.0	118.1	145.58	104.5
云浮市	Yunfu City	69.8	121.2	64.7	122.3	140.71	105.2
广西壮族自治区	**Guangxi**		**2306.1**	**1534.6**		**2389.79**	**105.4**
南宁市	Nanning City	128.7	291.6	203.6	390.1	338.07	105.8
柳州市	Liuzhou City	57.2	135.8	98.0		142.10	105.4
桂林市	Guilin City	106.6	210.3	152.4		275.29	106.6
梧州市	Wuzhou City	67.4	141.9	85.0		109.80	104.1
北海市	Beihai City	22.0	47.3	26.7		123.95	103.7
防城港市	Fangchenggang City	15.2	37.3	25.6	80.3	59.18	105.2
钦州市	Qinzhou City	77.3	190.5	113.4	215.6	174.62	103.4
贵港市	Guigang City	109.3	221.2	130.1		163.88	105.6
玉林市	Yulin City	119.6	299.5	174.9	278.8	255.05	105.5
百色市	Baise City	72.8	188.1	145.0	388.5	143.34	103.8
贺州市	Hezhou City	44.9	105.3	73.6	94.8	88.09	103.9
河池市	Hechi City	82.4	189.4	130.1	84.6	131.20	103.1
来宾市	Laibin City	50.7	121.2	90.0		122.17	105.4
崇左市	Chongzuo City	48.0	126.7	87.1		131.61	106.1
海南省	**Hainan**	**119.0**	**274.6**	**201.0**	**438.4**	**664.98**	**107.8**
海口市	Haikou City	15.4	33.7	21.6	47.5	52.14	108.8
三亚市	Sanya City	5.8	15.0	11.4	11.2	38.74	110.1
其他	Others	97.7	225.9	168.1	379.7	574.11	

3-12 续表 7 continued

地 区	Region	乡村户数（万户） Rural Households (10 000 households)	乡村从业人员（万人） Rural Laborers (10 000 persons)	#农林牧渔业 Farming, Forestry, Animal Husbandry & Fishery	常用耕地面积（千公顷） Cultivated Areas (1 000 hectares)	农林牧渔业总产值（亿元） Gross Output Value of Farming, Forestry, Animal Husbandry & Fishery (100 million yuan)	农林牧渔业总产值指数（上年=100） Indices of Gross Output Value of Farming, Forestry, Animal Husbandry & Fishery (last year=100)
重庆市	**Chongqing**	**724.1**	**1379.9**	**676.1**	**1376.8**	**871.39**	**107.1**
万州区	Wanzhou District	38.3	74.5	35.5	57.4	42.46	108.2
涪陵区	Fuling District	26.1	53.1	23.9	67.0	37.53	108.5
渝中区	Yuzhong District						
大渡口区	Dadukou District	1.9	2.9	1.1	1.4	2.41	82.2
江北区	Jiangbei District	2.3	4.7	2.3		3.84	102.5
沙坪坝区	Shapingba District	6.4	10.9	3.7	7.7	6.19	101.0
九龙坡区	Jiulongpo District	7.8	12.7	5.2	7.8	9.05	101.7
南岸区	Nanan District	8.4	6.6	2.7	4.6	5.09	104.0
北碚区	Beibei District	11.9	21.0	8.5	14.3	11.90	105.1
万盛区	Wansheng District	4.1	8.7	4.2	6.3	6.24	105.4
双桥区	Shuangqiao District	0.6	1.2	0.6	0.8	0.44	103.5
渝北区	Yubei District	18.3	33.6	18.8	27.6	24.04	108.2
巴南区	Banan District	20.7	34.8	14.9	39.4	34.53	106.1
黔江区	Qianjiang District	13.5	28.3	19.8	28.6	13.99	107.5
长寿区	Changshou District	22.7	41.4	16.1	36.6	28.24	107.3
江津区	Jiangjin District	38.5	74.5	29.7	68.0	56.70	108.1
合川区	Hechuan District	38.4	74.2	37.9	74.2	47.01	107.5
永川区	Yongchuan District	24.1	39.4	15.9	50.1	36.64	107.4
南川区	Nanchuan District	1.2	33.6	14.4	39.1	27.85	107.0
四川省	**Sichuan**	**2008.9**	**3910.8**	**2181.2**	**3471.0**	**3903.40**	**103.3**
成都市	Chengdu City	213.6	402.1	171.9	319.4	464.59	104.4
自贡市	Zigong City	69.6	139.8	71.4	116.3	134.70	104.1
攀枝花市	Panzhihua City	14.2	29.9	21.4	27.6	33.15	104.2
泸州市	Luzhou City	116.1	248.5	136.4	171.1	171.81	105.1
德阳市	Deyang City	103.6	195.1	95.4	173.5	212.71	92.1
绵阳市	Mianyang City	132.7	243.0	115.3	236.4	270.99	100.3
广元市	Guangyuan City	67.1	133.9	86.0	119.8	126.63	101.4
遂宁市	Suining City	79.2	150.9	69.1	141.2	178.38	104.6
内江市	Neijiang City	103.4	187.1	94.7	150.7	165.93	105.3
乐山市	Leshan City	85.3	164.7	92.4	124.5	149.28	103.5
南充市	Nanchong City	178.8	336.7	192.3	264.5	282.84	103.9
眉山市	Meishan City	86.2	160.9	97.3	151.8	159.87	104.0
宜宾市	Yibin City	121.1	262.4	160.0	205.7	212.04	105.1
广安市	Guangan City	106.5	202.3	119.1	150.9	166.29	104.9
达州市	Dazhou City	154.9	268.4	136.0	251.8	305.91	103.7
雅安市	Yaan City	38.6	72.1	44.1	48.0	78.92	103.8
巴中市	Bazhong City	80.8	163.1	104.1	136.5	151.14	104.4
资阳市	Ziyang City	126.9	230.3	107.5	241.4	241.36	103.5
阿坝藏族羌族自治州	Aba Zang & Qiang A.P	16.1	39.9	31.6	51.5	29.45	86.4
甘孜藏族自治州	Ganzi Zang A.P	18.1	47.9	43.9	91.0	30.00	101.4
凉山彝族自治州	Liangshan Yi A.P	96.2	231.9	191.2	297.5	250.89	103.5
贵州省	**Guizhou**	**826.2**	**2006.4**	**1202.1**	**1754.1**	**843.80**	**106.8**
贵阳市	Guiyang City		117.6	69.1	98.2	72.99	107.6
六盘水市	Liupanshui City	65.1	141.8	85.2	107.7	40.68	110.3
遵义市	Zunyi City	159.6	384.6	212.8	391.2	194.24	107.1
安顺市	Anshun City	62.7	137.0	89.3	105.7	54.16	105.8
铜仁地区	Tongren Prefecture		242.5	125.5	174.1	127.63	107.5
黔西南布依族苗族自治州	Southwest Guizhou Buyi & Miao A.P	68.2	172.4	119.1	159.5	72.12	106.4

3-12 续表 8 continued

地　区	Region	乡村户数（万户）Rural Households (10 000 households)	乡村从业人员（万人）Rural Laborers (10 000 persons)	#农林牧渔业 Farming, Forestry, Animal Husbandry & Fishery	常用耕地面积（千公顷）Cultivated Areas (1 000 hectares)	农林牧渔业总产值（亿元）Gross Output Value of Farming, Forestry, Animal Husbandry & Fishery (100 million yuan)	农林牧渔业总产值指数（上年=100）Indices of Gross Output Value of Farming, Forestry, Animal Husbandry & Fishery (last year=100)
毕节地区	Bijie Prefecture	181.0	402.5	232.0	364.7	162.89	109.8
黔东南苗族侗族自治州	Southeast Guizhou Miao & Dong A.P	92.2	259.2	142.0	178.4	97.03	107.3
黔南布依族苗族自治州	South Guizhou Buyi & Miao A.P	82.3	205.8	127.1	174.7	108.08	110.3
云南省	**Yunnan**	**915.0**	**2112.7**	**1659.0**	**4185.5**	**1641.46**	**107.9**
昆明市	Kunming City	84.8	182.2	135.4	171.2	175.74	107.6
曲靖市	Qujing City	138.8	300.1	213.8	280.0	259.88	109.7
玉溪市	Yuxi City	50.4	112.2	81.7	107.7	102.00	106.8
保山市	Baoshan City	54.5	129.1	104.2	161.9	102.34	108.7
昭通市	Zhaotong City	120.1	256.3	196.3	327.7	100.55	108.4
丽江市	Lijiang City	25.5	58.6	47.1	94.2	37.86	107.1
普洱市	Puer City	50.2	121.9	106.4	200.7	87.76	108.5
临沧市	Lincang City	47.7	113.4	94.0	239.6	94.26	83.9
楚雄彝族自治州	Chuxiong Yi A.P	55.9	137.4	111.4	154.7	123.39	122.1
红河哈尼族彝族自治州	Honghe Hani & Yi A.P	84.9	208.9	174.3	264.0	149.52	124.1
文山壮族苗族自治州	Wenshan Zhuang & Miao A.P	70.9	183.0	144.7	22.6	97.28	107.8
西双版纳傣族自治州	Xishuangbanna Dai A.P	14.4	38.2	35.8	95.6	58.87	104.0
大理白族自治州	Dali Bai A.P		176.1	131.4	183.2	157.04	109.4
德宏傣族景颇族自治州	Dehong Dai & Jingpo A.P	20.6	52.8	45.5	127.8	45.59	108.9
怒江傈僳族自治州	Nujiang Lisu A.P	10.6	25.0		45.7	8.76	103.1
迪庆藏族自治州	Diqing Zang A.P	7.0	17.4	14.7	33.0	9.89	111.8
西藏自治区	**Tibet A.R.**	**44.1**	**115.1**	**88.3**	**225.9**	**88.45**	**110.8**
拉萨市	Lhasa City	5.7	14.3	9.6	35.0	12.84	110.2
昌都地区	Qamdu Prefecture	8.7	25.5	21.4	48.4	20.76	111.3
山南地区	Lhokha Prefecture	6.9	14.7	10.5	30.0	6.59	109.8
日喀则地区	Xigaze Prefecture	10.9	33.1	25.2	85.6	24.64	110.0
那曲地区	Narqu Prefecture	7.8	17.6	13.3	5.1	12.21	111.1
阿里地区	Ngri Prefecture	1.7	3.9	3.1	3.0	4.11	110.5
林芝地区	Nyingchi Prefecture	2.5	6.0	5.2	18.8	7.24	109.7
其他	Others						
陕西省	**Shaanxi**	**705.4**	**1449.4**	**902.0**	**2848.4**	**1277.86**	**107.9**
西安市	Xi'an City	101.0	223.9	126.5	260.5	168.27	107.8
铜川市	Tongchuan City	11.0	24.4	15.9	62.0	18.14	108.1
宝鸡市	Baoji City	70.4	145.8	82.1	311.5	133.90	107.6
咸阳市	Xianyang City	95.5	211.3	142.8	357.9	248.29	107.9
渭南市	Weinan City	109.6	246.7	179.2	519.2	167.34	107.9
延安市	Yan'an City	36.7	70.0	53.2	231.2	90.86	107.6
汉中市	Hanzhong City	85.1	149.6	79.6	202.3	150.49	108.0
榆林市	Yulin City	73.9	140.2	86.6	566.1	110.24	108.4
安康市	Ankang City	65.1	137.4	75.3	193.2	108.16	107.9
商洛市	Shangluo City	55.1	95.3	58.3	131.0	76.09	107.3
其他	Others	2.1	4.9	2.6	4.2	4.48	107.5
甘肃省	**Gansu**	**469.4**	**1101.9**	**727.6**	**3468.4**	**808.10**	**107.4**
兰州市	Lanzhou City	33.0	70.7	41.4	209.9	46.60	104.7
嘉峪关市	Jiayuguan City	0.6	1.3	1.0	2.8	2.95	99.5
金昌市	Jinchang City	6.1	13.5	9.3	61.9	17.33	99.0

3-12 续表 9 continued

地区	Region	乡村户数（万户）Rural Households (10 000 households)	乡村从业人员（万人）Rural Laborers (10 000 persons)	#农林牧渔业 Farming, Forestry, Animal Husbandry & Fishery	常用耕地面积（千公顷）Cultivated Areas (1 000 hectares)	农林牧渔业总产值（亿元）Gross Output Value of Farming, Forestry, Animal Husbandry & Fishery (100 million yuan)	农林牧渔业总产值指数（上年=100）Indices of Gross Output Value of Farming, Forestry, Animal Husbandry & Fishery (last year=100)
白银市	Baiyin City	29.5	70.8	50.9	299.9	49.79	105.5
天水市	Tianshui City	64.6	161.3	104.0	382.0	71.38	116.1
武威市	Wuwei City	37.4	82.8	57.4	254.2	79.73	106.2
张掖市	Zhangye City	25.8	59.5	37.3	223.7	86.55	104.1
平凉市	Pingliang City	43.2	101.3	63.2	372.6	63.36	101.5
酒泉市	Jiuquan City	16.8	34.3	23.2	154.4	80.62	109.2
庆阳市	Qingyang City	50.6	118.2	78.4	444.3	73.43	114.2
定西市	Dingxi City	60.1	137.3	89.5	512.9	63.19	108.7
陇南市	Longnan City	55.4	130.2	89.3	288.5	56.91	107.4
临夏回族自治州	Linxia Hui A.P	35.3	90.5	60.4	143.4	29.27	107.2
甘南藏族自治州	Gannan Zang A.P	11.2	30.2	22.5	67.0	17.24	105.8
青海省	**Qinghai**	**82.9**	**193.7**	**120.6**	**542.7**	**153.40**	**104.5**
西宁市	Xining City	24.1	59.0	28.0	145.8	34.50	105.6
海东地区	Haidong Prefecture	29.9	69.6	38.1	201.3	39.20	106.6
海北藏族自治州	Haibei Zang A.P	4.7	11.5	8.5	49.1	12.63	106.1
黄南藏族自治州	Huangnan Zang AP	4.0	9.8	8.2	19.6	12.59	102.0
海南藏族自治州	Hainan Zang A.P	6.9	16.4	12.3	77.3	21.50	106.1
果洛藏族自治州	Golog Zang A.P	3.1	5.8	5.6	1.0	4.46	93.6
玉树藏族自治州	Yushu Zang A.P	6.8	13.9	13.5	13.7	18.27	99.4
海西蒙古族藏族自治州	Haixi Mongolian & Zang A.P	3.4	7.9	6.6	34.9	10.26	106.5
宁夏回族自治区	**Ningxia**	**97.5**	**218.7**	**133.0**	**1128.0**	**227.20**	**108.8**
银川市	Yinchuan City	15.6	34.3	21.9	130.1	55.33	108.7
石嘴山市	Shizuishan City	8.2	16.9	10.2	7.9	24.60	109.2
吴忠市	Wuzhong City	24.3	52.9	31.6	282.8	56.22	109.8
固原市	Guyuan City	26.9	63.4	40.9	326.5	45.30	109.1
中卫市	Zhongwei City	22.5	51.3	28.4	224.2	45.76	109.9
新疆维吾尔自治区	**Xinjiang**	**236.4**	**435.4**	**358.4**	**4124.6**	**1176.69**	**106.7**
乌鲁木齐市	Urumqi City	5.8	13.5	8.7	55.4	20.75	110.7
克拉玛依市	Karamay City	0.1	0.2	0.1	21.9	6.85	104.5
吐鲁番地区	Turpan Prefecture	9.6	23.4	19.8	48.2	30.57	106.9
哈密地区	Hami Prefecture	4.9	10.2	7.7	87.1	20.92	114.7
昌吉回族自治州	Changji Hui A.P	16.5	36.7	31.2	629.3	147.72	109.9
博尔塔拉蒙古自治州	Bortala Mongolian A.P	4.9	8.7	6.4	135.2	29.61	112.9
巴音郭楞蒙古自治州	Bayingolin Mongolian A.P	11.1	19.9	17.2	322.6	100.21	110.0
阿克苏地区	Aksu Prefecture	30.7	58.5	50.7	614.9	121.34	111.2
克孜勒苏柯尔克孜自治州	Kizilsu Kirgiz A.P	8.7	13.9	11.1	52.9	12.82	107.8
喀什地区	Kashi Prefecture	57.0	87.4	73.4	530.5	208.62	117.3
和田地区	Hotan Prefecture	37.5	55.4	46.1	172.6	58.87	106.1
伊犁哈萨克自治州	Ili Kazak A.P	30.0	66.8	51.8	565.7	91.56	107.6
塔城地区	Tacheng Prefecture	12.6	28.0	23.9	623.6	96.27	108.8
阿勒泰地区	Altay Prefecture	6.5	11.9	9.4	181.3	36.29	108.2
石河子市	Shihezi City						113.2
阿拉尔市	Alar City						
图木舒克市	Tumxuk City						
五家渠市	Wujiaqu City						
生产建设兵团	Corps	0.7	1.1	1.0		385.41	

3-13 农业生产基本情况(2008年)

Basic Conditions of Agriculture(2008)

地 区	Region	农用机械总动力(万千瓦) Total Power of Agricultural Machinery (10 000 kw)	化肥使用量(折纯量)(万吨) Consumption of Chemical Fertilizer (10 000 tons)	农村用电量(万千瓦小时) Electricity Consumed in Rural Area (10 000 kwh)	有效灌溉面积(千公顷) Irrigated Area (1 000 hectares)	农作物总播种面积(千公顷) Total Sown Area (1 000 hectares)	#粮食作物 Grain Crops Sown Areas
北京市	**Beijing**	**267.0**	**13.6**	**427377**	**171.8**	**322.0**	**226.3**
东城区	Dongcheng District						
西城区	Xicheng District						
崇文区	Chongwen District						
宣武区	Xuanwu District						
朝阳区	Chaoyang District	2.6	0.1	69656	4.7	2.9	1.0
丰台区	Fengtai District	5.4		54410	1.7	2.2	0.8
石景山区	Shijingshan District						
海淀区	Haidian District	8.3	0.1	27044	1.0	2.7	1.4
门头沟区	Mentougou District	2.0		8801	0.4	3.7	2.3
房山区	Fangshan District	38.5	1.3	39847	19.9	37.1	30.5
通州区	Tongzhou District	24.6	2.9	48498	32.6	56.7	40.7
顺义区	Shunyi District	33.1	2.3	43286	30.6	54.8	38.5
昌平区	Changping District	10.5	0.4	40926	7.1	12.2	9.0
大兴区	Daxing District	42.2	3.2	35466	37.1	66.9	38.8
怀柔区	Huairou District	14.5	0.5	13521	7.6	13.3	11.1
平谷区	Pinggu District	31.0	0.8	27427	10.7	19.6	13.7
密云县	Miyun County	26.8	0.6	11682	6.8	21.4	15.6
延庆县	Yanqing County	27.5	1.4	6812	11.6	28.7	23.1
北京经济技术开发区	Beijing Economic-technological Development Zones						
远洋捕捞	Deep-sea Fishing						
其他	Others						
天津市	**Tianjin**	**596.6**	**25.9**	**457875**	**348.0**	**446.3**	**293.5**
和平区	Heping District						
河东区	Hedong District						
河西区	Hexi District						
南开区	Nankai District						
河北区	Hebei District						
红桥区	Hongqiao District						
塘沽区	Tanggu District	20.5	0.1	4911	3.5	2.8	0.3
汉沽区	Hangu District	18.5	0.4	12266	4.0	2.0	0.7
大港区	Dagang District	28.9	0.3	21069	12.2	15.6	13.5
东丽区	Dongli District	37.0	0.3	26096	10.5	8.5	1.6
西青区	Xiqing District	35.1	0.7	69953	14.9	20.9	6.3
津南区	Jinnan District	45.1	0.1	35135	10.4	11.3	3.0
北辰区	Beichen District	30.3	0.5	48010	14.5	20.2	8.8
武清区	Wuqing District	104.4	5.9	61677	73.9	131.4	94.9
宝坻区	Baodi District	79.5	9.1	45844	65.6	105.8	86.7
宁河县	Ninghe County	52.9	1.3	21500	35.9	41.4	13.7
静海县	Jinghai County	70.4	3.1	77539	55.5	71.9	40.5
蓟县	Ji County	72.7	4.1	33875	42.5	83.6	73.3
天津经济技术开发区	Tianjin Economic-technological Development Area						
天津港保税区	Tianjin Port Free Trade Zone						
天津滨海高新区	Tianjin Hi-Tech Industrial Park						
其他	Others	1.5			4.8	2.8	1.9

3-13 续表 1 continued

地 区	Region	农用机械总动力(万千瓦) Total Power of Agricultural Machinery (10 000 kw)	化肥使用量(折纯量)(万吨) Consumption of Chemical Fertilizer (10 000 tons)	农村用电量(万千瓦小时) Electricity Consumed in Rural Area (10 000 kwh)	有效灌溉面积(千公顷) Irrigated Area (1 000 hectares)	农作物总播种面积(千公顷) Total Sown Area (1 000 hectares)	#粮食作物 Grain Crops Sown Areas
河北省	**Hebei**	**9525.4**	**312.4**	**4189047**	**4560.5**	**8713.2**	**6158.1**
石家庄市	Shijiazhuang City	1923.6	47.8	552557	497.8	1007.7	755.8
唐山市	Tangshan City	984.3	37.4	1184679	495.0	787.2	463.7
秦皇岛市	Qinhuangdao City	288.6	12.8	115781	129.5	211.7	140.5
邯郸市	Handan City	1273.2	45.4	358810	534.5	1076.0	761.8
邢台市	Xingtai City	863.8	33.2	242444	561.6	988.2	689.6
保定市	Baoding City	1098.6	43.1	339637	624.9	1198.8	903.1
张家口市	Zhangjiakou City	271.2	9.9	74961	247.5	664.6	441.1
承德市	Chengde City	241.6	10.0	135322	142.8	317.0	243.3
沧州市	Cangzhou City	1113.9	31.2	573809	567.2	1098.1	832.0
廊坊市	Langfang City	655.6	16.6	350930	280.6	496.2	306.8
衡水市	Hengshui City	811.2	25.0	260117	479.2	833.1	563.9
其他	Others						
山西省	**Shanxi**	**2509.9**	**103.4**	**789864**		**3726.5**	**3111.3**
太原市	Taiyuan City	116.2	2.7	46641		115.7	85.2
大同市	Datong City	144.8	7.5	24916		319.2	268.2
阳泉市	Yangquan City	118.9	1.3	85294		55.8	53.7
长治市	Changzhi City	148.6	11.2	66584		284.2	257.4
晋城市	Jincheng City	202.0	6.8	66351		215.6	204.0
朔州市	Shuozhou City	184.8	7.1	17123		325.9	251.6
晋中市	Jinzhong City	284.5	9.4	98737		335.2	283.0
运城市	Yuncheng City	533.5	25.5	195103		696.1	548.2
忻州市	Xinzhou City	185.1	10.5	48028		462.0	407.1
临汾市	Linfen City	366.0	15.1	58096		550.7	486.3
吕梁市	Luliang City	225.5	6.3	82991		397.6	339.9
其他	Others						
内蒙古自治区	**Inner Mongolia**	**2779.4**	**154.1**	**365014**	**2871.3**	**6861.0**	**5254.0**
呼和浩特市	Hohhot City	185.0	9.2	29555	190.2	441.4	316.4
包头市	Baotou City	136.6	6.7	27482	135.8	304.6	216.0
呼伦贝尔市	Hulunbuir City	334.6	15.0	40014	179.0	1521.3	1279.0
兴安盟	Xingan League	332.4	13.2	15206	259.4	735.9	666.7
通辽市	Tongliao City	502.3	44.0	56103	624.0	1078.3	864.4
赤峰市	Chifeng City	395.1	24.4	100387	427.7	1051.2	829.8
锡林郭勒盟	Xilingol League	107.7	1.1	5135	24.3	226.3	140.7
乌兰察布市	Ulanqab City	172.2	9.3	20567	223.6	582.5	449.7
鄂尔多斯市	Erdos City	244.7	7.7	20614	200.6	372.1	224.3
巴彦淖尔市	Bayannur City	338.4	21.8	37038	594.1	508.5	244.0
乌海市	Wuhai City	7.8	0.7	2933	12.5	7.4	4.6
阿拉善盟	Alxa League	22.6	1.1	9980		31.4	18.9
其他	Others						
辽宁省	**Liaoning**	**2192.9**	**128.8**	**2707894**	**1492.9**	**3946.4**	**3035.9**
沈阳市	Shenyang City	276.3	18.1	438641	233.3	608.6	479.7
大连市	Dalian City	315.2	15.1	386360	107.2	335.2	283.8
鞍山市	Anshan City	120.0	8.9	247452	87.4	248.4	209.1
抚顺市	Fushun City	47.7	3.2	100855	42.5	115.4	97.9
本溪市	Benxi City	50.2	1.3	105801	20.6	61.6	50.9
丹东市	Dandong City	145.8	6.7	117856	70.5	205.0	164.6
锦州市	Jinzhou City	223.6	14.1	175905	181.8	423.5	331.4
营口市	Yingkou City	100.2	6.1	223998	89.9	112.6	97.5

3-13 续表 2 continued

地区	Region	农用机械总动力(万千瓦) Total Power of Agricultural Machinery (10 000 kw)	化肥使用量(折纯量)(万吨) Consumption of Chemical Fertilizer (10 000 tons)	农村用电量(万千瓦小时) Electricity Consumed in Rural Area (10 000 kwh)	有效灌溉面积(千公顷) Irrigated Area (1 000 hectares)	农作物总播种面积(千公顷) Total Sown Area (1 000 hectares)	#粮食作物 Grain Crops Sown Areas
阜新市	Fuxin City	174.1	10.9	64635	74.9	385.8	274.0
辽阳市	Liaoyang City	57.6	5.3	288836	93.9	154.4	136.1
盘锦市	Panjin City	64.9	4.7	61825	109.0	141.0	126.2
铁岭市	Tieling City	190.4	18.8	106551	150.4	515.3	394.9
朝阳市	Chaoyang City	154.0	8.5	270441	165.9	406.4	333.9
葫芦岛市	Huludao City	122.8	7.2	118738	65.8	233.2	171.2
其他	Others	150.3					
吉林省	**Jilin**	**1800.0**	**343.8**	**346761**	**1678.9**	**4998.2**	**4391.2**
长春市	Changchun City	353.3	89.7	89546	235.9	1189.8	1097.2
吉林市	Jilin City	210.7	48.3	48799	180.4	630.1	579.3
四平市	Siping City	194.5	53.3	45135	176.0	728.9	650.2
辽源市	Liaoyuan City	60.4	14.4	12413	27.9	162.0	155.1
通化市	Tonghua City	125.0	25.7	25461	100.3	270.4	238.5
白山市	Baishan City	43.1	3.1	7775	4.4	58.0	45.6
松原市	Songyuan City	380.8	62.1	39830	471.4	851.1	698.1
白城市	Baicheng City	314.4	35.7	22450	402.9	602.7	456.0
延边朝鲜族自治州	Yanbian Korean A.P	117.8	11.6	55351	79.8	299.2	256.8
其他	Others						
黑龙江省	**Heilongjiang**	**3018.4**	**180.7**	**442525**	**2950.0**	**12087.0**	**10988.0**
哈尔滨市	Harbin City	583.8	39.1	128044	288.6	1828.2	1707.5
齐齐哈尔市	Qiqihar City	473.1	20.4	49515	489.2	2078.7	1804.4
鸡西市	Jixi City	144.7	3.9	21064	10.4	414.1	366.7
鹤岗市	Hegang City	49.7	3.0	2752	40.7	156.6	152.5
双鸭山市	Shuangyashan City	101.6	4.9	15401	48.2	402.0	351.5
大庆市	Daqing City	227.7	8.1	28506	348.3	634.1	478.0
伊春市	Yichun City	47.8	1.6	4759	29.9	205.5	184.2
佳木斯市	Jiamusi City	213.0	16.3	36283	190.8	1132.7	1018.8
七台河市	Qitaihe City	41.5	1.2	4857		152.1	135.2
牡丹江市	Mudanjiang City	139.7	6.4	33874	66.6	477.5	392.2
黑河市	Heihe City	180.3	8.0	14489	16.6	851.6	814.6
绥化市	Suihua City	281.2	27.8	66313		1661.5	1524.1
大兴安岭地区	Daxing'anling Prefecture	28.1	0.6	981		128.8	120.6
农垦总局	Agriculture Reclamation Bureau	494.5	39.5	35687		2502.0	2296.4
其他	Others						
上海市	**Shanghai**	**94.5**	**14.3**	**1780542**	**205.0**	**388.4**	**174.5**
黄浦区	Huangpu District						
卢湾区	Luwan District						
徐汇区	Xuhui District						
长宁区	Changning District						
静安区	Jingan District						
普陀区	Putuo District						
闸北区	Zhabei District						
虹口区	Hongkou District						
杨浦区	Yangpu District						
闵行区	Minhang District	1.6	0.1	264608	6.2	6.6	1.7
宝山区	Baoshan District	2.8	0.7	176977	5.3	5.0	2.1
嘉定区	Jiading District	3.0	0.7	253413	11.6	20.5	8.7

3-13 续表 3 continued

地　区	Region	农用机械总动力(万千瓦) Total Power of Agricultural Machinery (10 000 kw)	化　肥使用量(折纯量)(万吨) Consumption of Chemical Fertilizer (10 000 tons)	农　村用电量(万千瓦小时) Electricity Consumed in Rural Area (10 000 kwh)	有效灌溉面　积(千公顷) Irrigated Area (1 000 hectares)	农作物总播种面积(千公顷) Total Sown Area (1 000 hectares)	#粮食作物 Grain Crops Sown Areas
浦东新区	Pudong New District	1.8	0.4	219939	11.6	8.2	1.6
金山区	Jinshan District	11.4	1.3	130959	26.5	53.6	30.8
松江区	Songjiang District	7.6	1.7	173282	16.6	36.9	15.2
青浦区	Qingpu District	7.2	1.7	148294	27.1	38.7	16.3
南汇区	Nanhui District	8.3	0.7	145437	33.1	47.4	13.9
奉贤区	Fengxian District	9.8	2.5	160890	27.7	44.6	14.8
崇明县	Chongming County	24.6	3.6	106743	50.5	99.1	50.3
其他	Others	6.4	0.8		17.9		
江苏省	**Jiangsu**	**3630.9**	**340.8**	**12341407**	**3817.1**	**7510.3**	**5267.1**
南京市	Nanjing City	198.7	9.9	254590	180.4	349.9	167.4
无锡市	Wuxi City	113.2	7.5	2867446	131.4	176.1	121.3
徐州市	Xuzhou City	525.9	68.7	410045	496.5	1010.1	666.8
常州市	Changzhou City	145.4	7.3	1305708	151.8	233.5	160.4
苏州市	Suzhou City	163.7	8.9	4100083	202.4	272.4	162.4
南通市	Nantong City	305.6	26.9	1015019	453.3	852.0	535.9
连云港市	Lianyungang City	301.3	32.7	191353	294.7	570.1	472.7
淮安市	Huaian City	347.8	34.3	91001	307.9	762.1	634.2
盐城市	Yancheng City	480.4	59.4	456907	612.9	1407.4	890.8
扬州市	Yangzhou City	203.0	19.9	316389	268.5	484.8	395.3
镇江市	Zhenjiang City	135.1	9.9	446934	127.1	239.0	175.9
泰州市	Taizhou City	218.4	20.0	738922	291.8	553.0	418.9
宿迁市	Suqian City	492.3	35.4	147010	339.3	689.4	568.0
浙江省	**Zhejiang**	**2331.4**	**93.0**	**6754100**	**1435.9**	**2482.4**	**1271.6**
杭州市	Hangzhou City	315.4	11.9	970700	162.4	403.6	192.4
宁波市	Ningbo City	309.8	11.3	1419400	186.6	330.1	153.8
温州市	Wenzhou City	215.9	8.4	624500	128.6	245.0	157.7
嘉兴市	Jiaxing City	156.9	10.6	758400	197.6	342.8	193.4
湖州市	Huzhou City	158.8	5.6	333700	132.5	236.0	138.4
绍兴市	Shaoxing City	219.4	10.2	1447400	153.7	321.5	177.3
金华市	Jinhua City	233.3	10.8	337700	158.3	261.2	154.4
衢州市	Quzhou City	152.1	8.8	81300	92.6	204.8	122.5
舟山市	Zhoushan City	172.4	0.4	105900	12.5	25.1	11.7
台州市	Taizhou City	465.4	8.8	633200	127.7	283.7	173.9
丽水市	Lishui City	96.3	6.1	41900	83.3	192.1	122.2
安徽省	**Anhui**	**4807.5**	**307.4**	**899079**	**3453.7**	**8967.9**	**6561.1**
合肥市	Hefei City	167.0	18.9	42595	245.4	478.8	276.6
芜湖市	Wuhu City	96.7	6.9	46789	87.0	204.5	118.3
蚌埠市	Bengbu City	439.6	26.7	43588	199.6	624.5	452.7
淮南市	Huainan City	158.1	12.9	55652	103.6	246.1	211.7
马鞍山市	Maanshan City	46.7	2.7	16719	52.1	98.1	64.9
淮北市	Huaibei City	214.8	8.8	12442	127.3	289.2	260.2
铜陵市	Tongling City	37.0	2.0	13622	25.7	43.9	23.9
安庆市	Anqing City	235.3	20.0	104225	255.8	756.5	451.7
黄山市	Huangshan City	58.7	6.6	15287	43.5	128.6	66.2
滁州市	Chuzhou City	491.4	30.6	65365	347.0	854.5	679.6
阜阳市	Fuyang City	529.0	37.7	81245	362.9	1208.3	972.5
宿州市	Suzhou City	642.6	29.0	48386	364.7	973.0	764.2

3-13 续表 4 continued

地 区	Region	农用机械总动力(万千瓦) Total Power of Agricultural Machinery (10 000 kw)	化肥使用量(折纯量)(万吨) Consumption of Chemical Fertilizer (10 000 tons)	农村用电量(万千瓦小时) Electricity Consumed in Rural Area (10 000 kwh)	有效灌溉面积(千公顷) Irrigated Area (1 000 hectares)	农作物总播种面积(千公顷) Total Sown Area (1 000 hectares)	#粮食作物 Grain Crops Sown Areas
巢湖市	Chaohu City	267.1	22.9	136739	305.3	586.6	346.0
六安市	Liuan City	521.9	35.1	72506	380.3	874.1	669.0
亳州市	Bozhou City	622.7	28.9	55304	293.0	1012.1	814.7
池州市	Chizhou City	91.4	5.6	24026	83.4	188.4	111.8
宣城市	Xuancheng City	187.2	12.0	64589	146.1	341.6	218.0
其他	Others				31.2		
福建省	**Fujian**	**1112.5**	**118.7**	**2096791**	**955.5**	**2220.7**	**1210.3**
福州市	Fuzhou City	154.3	8.7	618858	112.9	260.4	122.0
厦门市	Xiamen City	45.9	2.4	17575	17.9	28.4	7.9
莆田市	Putian City	74.4	6.5	98388	50.8	105.3	53.4
三明市	Sanming City	105.2	12.6	95382	134.6	401.7	213.0
泉州市	Quanzhou City	201.4	15.3	839009	113.1	252.3	160.1
漳州市	Zhangzhou City	190.5	37.1	130538	137.6	251.9	112.0
南平市	Nanping City	140.9	15.7	81117	180.7	415.9	243.9
龙岩市	Longyan City	96.0	11.3	132865	106.4	285.5	167.2
宁德市	Ningde City	104.1	9.2	83059	101.5	219.2	131.0
江西省	**Jiangxi**	**2946.4**	**133.0**	**585165**	**1842.2**	**5330.9**	**3578.1**
南昌市	Nanchang City	320.0	14.5	84850	190.5	534.6	360.3
景德镇市	Jingdezhen City	118.8	3.1	18251	53.4	150.0	91.5
萍乡市	Pingxiang City	107.9	4.0	38762	37.8	132.8	78.8
九江市	Jiujiang City	271.0	15.8	57669	177.7	476.9	258.6
新余市	Xinyu City	88.5	2.6	26445	47.5	141.2	98.1
鹰潭市	Yingtan City	52.4	3.3	7902	51.4	146.9	108.9
赣州市	Ganzhou City	402.7	22.1	78852	260.2	759.2	515.3
吉安市	Jian City	395.0	15.9	57625	297.0	898.1	642.9
宜春市	Yichun City	493.5	20.0	82369	278.6	866.1	595.7
抚州市	Fuzhou City	300.1	18.8	36419	210.6	608.0	402.9
上饶市	Shangrao City	396.4	12.8	96021	236.5	730.4	538.1
山东省	**Shandong**	**10350.0**	**476.3**	**4000131**	**4866.7**	**10764.0**	**6955.6**
济南市	Jinan City	466.1	22.4	240281	245.4	606.0	451.9
青岛市	Qingdao City	697.4	31.1	424292	313.9	744.6	514.3
淄博市	Zibo City	317.4	11.3	500678	124.4	291.5	233.6
枣庄市	Zaozhuang City	229.7	20.8	223231	152.0	406.6	272.9
东营市	Dongying City	210.0	11.5	43772	159.8	262.4	107.9
烟台市	Yantai City	802.5	45.4	625421	274.2	564.0	381.6
潍坊市	Weifang City	1082.5	54.2	540218	522.2	1101.7	766.2
济宁市	Jining City	795.1	40.8	152178	436.5	1051.6	594.3
泰安市	Taian City	410.0	20.1	82325	245.2	620.0	425.0
威海市	Weihai City	526.1	11.5	220070	151.2	258.8	162.9
日照市	Rizhao City	288.2	12.8	88569	116.5	263.7	171.8
莱芜市	Laiwu City	94.4	3.5	68635	37.9	92.8	51.1
临沂市	Linyi City	771.9	42.1	265504	369.3	1080.8	708.8
德州市	Dezhou City	1170.7	39.8	90968	438.4	1066.1	805.8
聊城市	Liaocheng City	964.9	38.3	117146	493.4	1025.6	715.5
滨州市	Binzhou City	486.5	23.4	93362	290.1	591.6	410.7
菏泽市	Heze City	1220.1	47.4	223480	496.3	1461.8	888.8

3-13 续表 5 continued

地　区	Region	农用机械总动力(万千瓦) Total Power of Agricultural Machinery (10 000 kw)	化　肥使用量(折纯量)(万吨) Consumption of Chemical Fertilizer (10 000 tons)	农　村用电量(万千瓦小时) Electricity Consumed in Rural Area (10 000 kwh)	有效灌溉面　积(千公顷) Irrigated Area (1 000 hectares)	农作物总播种面积(千公顷) Total Sown Area (1 000 hectares)	#粮食作物 Grain Crops Sown Areas
河南省	**Henan**	**9429.3**	**601.7**	**2373569**	**4989.0**	**14181.7**	**9600.0**
郑州市	Zhengzhou City	446.5	22.4	378885	187.8	509.6	359.8
开封市	Kaifeng City	645.9	26.5	74968	316.8	792.3	446.5
洛阳市	Luoyang City	427.1	21.5	191321	138.2	682.2	513.4
平顶山市	Pingdingshan City	319.4	32.3	64454	194.7	542.5	407.5
安阳市	Anyang City	529.8	38.2	236602	293.3	736.1	531.7
鹤壁市	Hebi City	207.4	6.1	21464	84.4	189.7	162.2
新乡市	Xinxiang City	635.0	45.6	434812	327.1	767.7	596.9
焦作市	Jiaozuo City	359.8	21.4	108026	161.2	346.0	263.7
濮阳市	Puyang City	392.5	25.7	56089	215.9	487.8	370.9
许昌市	Xuchang City	346.5	29.3	84773	234.8	593.0	421.5
漯河市	Luohe City	238.7	13.9	42467	147.3	372.9	259.6
三门峡市	Sanmenxia City	154.4	9.0	28084	52.4	245.4	159.1
南阳市	Nanyang City	1044.4	75.3	161958	456.1	1837.0	1101.6
商丘市	Shangqiu City	1067.6	57.5	147123	605.7	1382.3	910.0
信阳市	Xinyang City	380.8	41.9	95355	444.8	1203.9	805.3
周口市	Zhoukou City	976.5	68.4	115700	590.2	1686.0	1104.7
驻马店市	Zhumadian City	1156.7	64.5	116316	518.2	1600.9	1139.0
其他	Others	100.2	2.1	15172	20.4	57.3	41.4
湖北省	**Hubei**	**2797.0**	**327.7**	**980600**	**2139.4**	**7298.3**	**3906.7**
武汉市	Wuhan City	198.3	16.4	127210	161.2	554.8	234.7
黄石市	Huangshi City	57.4	4.6	88700	37.8	208.5	119.3
十堰市	Shiyan City	111.6	11.7	27229	36.3	413.4	269.6
宜昌市	Yichang City	217.8	33.6	62060	101.6	545.8	292.0
襄樊市	Xiangfan City	447.0	48.3	53682	228.3	866.7	625.4
鄂州市	Ezhou City	45.3	11.7	27598	28.3	116.0	54.0
荆门市	Jingmen City	301.3	26.8	50976	181.2	565.1	322.5
孝感市	Xiaogan City	188.6	21.2	62733	221.6	569.7	327.7
荆州市	Jingzhou City	357.2	36.0	99030	387.9	973.4	486.5
黄冈市	Huanggang City	182.0	43.2	222885	225.0	891.6	485.2
咸宁市	Xianning City	113.0	10.9	32527	84.7	376.4	181.1
随州市	Suizhou City	145.8	15.6	25195	130.0	299.3	215.8
恩施土家族苗族自治州	Enshi Tujia & Miao A.P	138.8	22.4	29815	54.3	681.5	412.9
仙桃市	Xiantao City	125.4	7.7	35901	86.5	211.1	91.8
天门市	Tianmen City	110.5	7.4	16676	107.0	217.9	105.4
潜江市	Qianjiang City	74.6	8.8	16385	55.1	142.9	53.9
神农架林区	Shennongjia Forest District	6.2	3.5	846	0.1	10.4	7.0
湖南省	**Hunan**	**4021.1**	**223.4**	**814646**	**2709.2**	**7939.5**	**4949.4**
长沙市	Changsha City	424.4	17.2	201748	222.2	579.0	354.0
株洲市	Zhuzhou City	207.3	11.8	54937	146.0	344.3	250.3
湘潭市	Xiangtan City	231.3	11.2	39352	116.2	283.3	207.3
衡阳市	Hengyang City	326.0	20.5	42832	255.5	823.9	530.4
邵阳市	Shaoyang City	298.9	19.6	65366	254.6	704.8	488.2
岳阳市	Yueyang City	404.6	20.2	61764	252.4	775.3	477.2
常德市	Changde City	418.2	32.8	82396	394.0	1077.5	598.6
张家界市	Zhangjiajie City	69.6	5.9	8558	49.6	187.3	114.7
益阳市	Yiyang City	348.9	19.5	54048	221.1	606.3	366.1
郴州市	Chenzhou City	299.4	17.1	54535	170.5	545.7	320.4

3-13 续表 6 continued

地 区	Region	农用机械总动力(万千瓦) Total Power of Agricultural Machinery (10 000 kw)	化 肥使用量(折纯量)(万吨) Consumption of Chemical Fertilizer (10 000 tons)	农 村用电量(万千瓦小时) Electricity Consumed in Rural Area (10 000 kwh)	有效灌溉面 积(千公顷) Irrigated Area (1 000 hectares)	农作物总播种面积(千公顷) Total Sown Area (1 000 hectares)	#粮食作物 Grain Crops Sown Areas
永州市	Yongzhou City	409.8	21.7	46470	242.6	833.6	539.1
怀化市	Huaihua City	243.9	9.7	44935	187.6	497.2	278.7
娄底市	Loudi City	219.0	9.4	43906	112.7	333.5	251.6
湘西土家族苗族自治州	West Hunan Tujia & Miao A.P	120.0	6.9	13800	84.2	348.1	172.9
广东省	**Guangdong**	**1988.9**	**226.6**	**9511560**	**1277.5**	**4404.3**	**2479.9**
广州市	Guangzhou City	197.5	8.9	1555248	80.2	256.8	89.6
韶关市	Shaoguan City	108.1	10.4	27313	91.8	301.3	156.7
深圳市	Shenzhen City	1.7	0.7	46	0.8	7.3	
珠海市	Zhuhai City	16.2	1.1	41135	14.7	16.2	6.9
汕头市	Shantou City	40.3	5.3	209553	31.8	116.8	71.0
佛山市	Foshan City	110.6	5.6	1983754	42.7	106.1	20.5
江门市	Jiangmen City	149.1	11.8	517998	100.0	274.9	170.8
湛江市	Zhanjiang City	343.2	42.2	112725	131.1	583.6	286.6
茂名市	Maoming City	154.0	30.5	66284	105.5	394.5	248.0
肇庆市	Zhaoqing City	119.3	16.4	96965	103.0	332.0	201.8
惠州市	Huizhou City	112.9	8.4	263257	66.0	227.6	115.6
梅州市	Meizhou City	116.4	15.1	67981	86.4	328.3	214.4
汕尾市	Shanwei City	74.2	6.5	75264	37.5	149.2	95.1
河源市	Heyuan City	45.7	6.5	32728	66.7	222.1	163.6
阳江市	Yangjiang City	78.4	10.9	35090	62.8	237.7	145.6
清远市	Qingyuan City	82.1	17.8	48355	86.7	335.4	178.9
东莞市	Dongguan City	15.4	0.8	3373402	9.9	23.5	2.7
中山市	ZhongShan City	65.0	3.1	706763	21.3	46.3	14.9
潮州市	Chaozhou City	28.3	4.7	130815	17.9	62.9	43.5
揭阳市	Jieyang City	47.5	12.1	119915	66.7	202.9	136.6
云浮市	Yunfu City	82.9	7.9	46969	54.0	178.7	117.1
广西壮族自治区	**Guangxi**	**2373.6**	**222.6**	**441100**	**1519.7**	**5695.6**	**2973.1**
南宁市	Nanning City	345.2	40.5	66493	233.2	909.4	427.4
柳州市	Liuzhou City	126.8	16.7	31068	95.9	374.2	159.3
桂林市	Guilin City	300.0	21.4	44270	218.3	616.9	360.8
梧州市	Wuzhou City	84.8	6.5	27824	69.8	261.0	150.9
北海市	Beihai City	115.5	6.3	14016	46.6	174.8	78.2
防城港市	Fangchenggang City	57.6	4.3	10373	27.8	112.1	44.0
钦州市	Qinzhou City	111.6	24.0	20839	82.1	359.6	205.6
贵港市	Guigang City	229.1	18.5	33898	153.7	404.0	257.0
玉林市	Yulin City	232.9	15.2	53947	146.0	461.1	314.8
百色市	Baise City	205.2	9.3	37000	108.4	475.1	268.2
贺州市	Hezhou City	73.9	5.0	19149	55.3	192.5	109.8
河池市	Hechi City	233.5	11.4	38420	86.6	441.5	271.2
来宾市	Laibin City	115.3	20.4	24049	100.3	412.3	164.5
崇左市	Chongzuo City	142.4	23.4	18246	76.8	442.2	111.0
海南省	**Hainan**	**338.2**	**115.3**	**51044**	**175.9**	**810.6**	**421.3**
海口市	Haikou City	39.0	3.1	9261	16.8	78.4	40.4
三亚市	Sanya City	19.8	1.5	1967	6.7	29.4	13.8
其他	Others	279.4	110.7	39817	152.4	702.8	367.1

3-13 续表 7 continued

地 区	Region	农用机械总动力(万千瓦) Total Power of Agricultural Machinery (10 000 kw)	化 肥使用量(折纯量)(万吨) Consumption of Chemical Fertilizer (10 000 tons)	农 村用电量(万千瓦小时) Electricity Consumed in Rural Area (10 000 kwh)	有效灌溉面 积(千公顷) Irrigated Area (1 000 hectares)	农作物总播种面积(千公顷) Total Sown Area (1 000 hectares)	#粮食作物 Grain Crops Sown Areas
重庆市	**Chongqing**	**903.2**	**88.1**	**550949**	**658.9**	**3215.1**	**2215.4**
万州区	Wanzhou District	41.2	3.9	12842	4.4	165.0	112.4
涪陵区	Fuling District	42.5	4.2	32150	20.2	160.0	95.4
渝中区	Yuzhong District						
大渡口区	Dadukou District	0.6	0.3	9728	4.6	3.1	0.3
江北区	Jiangbei District	2.5	0.5	1564	0.6	5.8	3.4
沙坪坝区	Shapingba District	9.1	0.8	46225	0.1	12.4	5.3
九龙坡区	Jiulongpo District	30.1	0.4	16784	8.6	14.7	7.0
南岸区	Nanan District	2.2	0.3	7835	0.3	5.7	2.0
北碚区	Beibei District	21.8	0.8	58695	4.5	30.2	17.6
万盛区	Wansheng District	10.6	1.0	5656	2.9	20.2	11.9
双桥区	Shuangqiao District	0.6	0.0	156	0.4	1.5	1.2
渝北区	Yubei District	15.2	1.3	8317	9.7	70.1	43.7
巴南区	Banan District	33.8	1.7	14514	19.1	97.6	64.4
黔江区	Qianjiang District	35.9	2.2	2359	4.8	84.1	55.2
长寿区	Changshou District	28.6	2.3	16019	24.7	82.5	65.7
江津区	Jiangjin District	26.1	3.1	21540	46.0	146.6	101.3
合川区	Hechuan District	35.7	1.9	29662	15.4	154.4	118.2
永川区	Yongchuan District	20.8	5.7	11606	16.5	98.5	69.3
南川区	Nanchuan District	35.2	3.4	16000	0.8	83.9	55.0
四川省	**Sichuan**	**2687.6**	**242.8**	**1281800**	**2506.7**		
成都市	Chengdu City	263.4	19.8	295400	328.0		
自贡市	Zigong City	73.7	8.2	34000	77.3		
攀枝花市	Panzhihua City	50.5	3.2	13500	26.2		
泸州市	Luzhou City	121.0	9.7	42900	109.9		
德阳市	Deyang City	128.3	18.4	166300	152.4		
绵阳市	Mianyang City	179.5	20.4	81300	208.6		
广元市	Guangyuan City	175.3	10.5	22100	84.7		
遂宁市	Suining City	91.2	14.3	27200	121.4		
内江市	Neijiang City	106.7	11.5	72000	111.1		
乐山市	Leshan City	141.3	8.6	64000	98.0		
南充市	Nanchong City	166.6	23.0	54600	208.6		
眉山市	Meishan City	159.4	13.5	58900	171.0		
宜宾市	Yibin City	148.5	11.5	74200	114.6		
广安市	Guangan City	105.3	10.4	37200	92.8		
达州市	Dazhou City	155.6	19.5	64300	156.0		
雅安市	Yaan City	104.8	5.2	36200	43.7		
巴中市	Bazhong City	112.4	12.8	18600	72.3		
资阳市	Ziyang City	134.6	8.5	44700	161.6		
阿坝藏族羌族自治州	Aba Zang & Qiang A.P	55.0	0.9	14000	17.7		
甘孜藏族自治州	Ganzi Zang A.P	62.6	0.3	8100	27.2		
凉山彝族自治州	Liangshan Yi A.P	151.9	12.9	52300	123.7		
贵州省	**Guizhou**	**1537.5**	**83.1**		**987.4**	**4619.4**	**2919.6**
贵阳市	Guiyang City	110.1	6.5	24806	28.7	243.1	117.6
六盘水市	Liupanshui City	137.8	6.2	10883	4.3	226.1	171.1
遵义市	Zunyi City	329.7	16.5	70315	148.5	1113.3	730.9
安顺市	Anshun City	110.7	6.0	13685	61.3	237.8	144.9
铜仁地区	Tongren Prefecture	136.3	6.7	23528	104.9	489.7	338.1
黔西南布依族苗族自治州	Southwest Guizhou Buyi & Miao A.P	147.8	6.9	17528	71.9	353.9	224.0

3-13 续表 8 continued

地区	Region	农用机械总动力(万千瓦) Total Power of Agricultural Machinery (10 000 kw)	化肥使用量(折纯量)(万吨) Consumption of Chemical Fertilizer (10 000 tons)	农村用电量(万千瓦小时) Electricity Consumed in Rural Area (10 000 kwh)	有效灌溉面积(千公顷) Irrigated Area (1 000 hectares)	农作物总播种面积(千公顷) Total Sown Area (1 000 hectares)	#粮食作物 Grain Crops Sown Areas
毕节地区	Bijie Prefecture	206.9	19.3	44738	31.9	990.6	610.5
黔东南苗族侗族自治州	Southeast Guizhou Miao & Dong A.P	183.0	6.5	23208	128.0	503.2	287.3
黔南布依族苗族自治州	South Guizhou Buyi & Miao A.P	175.2	8.6	32139	111.3	461.7	295.4
云南省	**Yunnan**	**2014.0**	**167.7**	**504413**	**1536.9**	**5953.6**	**4095.9**
昆明市	Kunming City	262.1	17.3	75244	132.5	402.8	256.4
曲靖市	Qujing City	22.8	27.8	62142	177.0	906.5	546.5
玉溪市	Yuxi City	179.3	8.2	93338	81.6	234.1	94.9
保山市	Baoshan City	11.1	10.0	14796	106.0	343.3	221.0
昭通市	Zhaotong City	84.5	12.4	35215	108.2	641.6	469.6
丽江市	Lijiang City	48.9	6.8	10131	65.8	156.0	127.5
普洱市	Puer City	12.7	5.5	15580		393.6	288.0
临沧市	Lincang City	93.4	11.4	10653		256.9	253.5
楚雄彝族自治州	Chuxiong Yi A.P	107.5	149.9	12	116.8	317.5	209.1
红河哈尼族彝族自治州	Honghe Hani & Yi A.P	217.6	18.1	53060	170.7	537.6	331.1
文山壮族苗族自治州	Wenshan Zhuang & Miao A.P	127.6	12.3	27974	101.3	62.6	40.6
西双版纳傣族自治州	Xishuangbanna Dai A.P	88.0	4.5	6968	45.7	111.0	77.0
大理白族自治州	Dali Bai A.P	16.8	15.3	46450	141.8	369.5	261.4
德宏傣族景颇族自治州	Dehong Dai & Jingpo A.P	90.6	5.3	4569	59.9	205.8	104.7
怒江傈僳族自治州	Nujiang Lisu A.P	1.4	0.5	3772		87.4	72.2
迪庆藏族自治州	Diqing Zang A.P	2.6	0.7	7124	18.3	56.5	46.6
西藏自治区	**Tibet A.R.**	**349.6**	**4.6**	**6145**	**163.3**	**235.3**	**170.6**
拉萨市	Lhasa City	75.5	0.8	1190	30.9	38.4	26.6
昌都地区	Qamdu Prefecture	38.9	0.5	1784	19.5	52.2	44.0
山南地区	Lhokha Prefecture	21.6	0.4	1042	26.4	30.7	21.9
日喀则地区	Xigaze Prefecture	89.6	1.7	1186	73.3	84.9	55.0
那曲地区	Narqu Prefecture	65.3	0.1	269	0.2	4.9	3.8
阿里地区	Ngri Prefecture	10.5	0.4	69	1.5	2.4	1.5
林芝地区	Nyingchi Prefecture	48.2	0.7	605	11.5	21.1	17.3
其他	Others						
陕西省	**Shaanxi**	**1705.5**	**165.9**		**1265.2**	**4274.5**	**3234.7**
西安市	Xi'an City	271.3	22.6		183.0	504.0	420.2
铜川市	Tongchuan City	34.8	4.7		9.5	77.3	58.9
宝鸡市	Baoji City	163.1	18.3		166.5	441.8	357.5
咸阳市	Xianyang City	225.1	31.2		201.0	543.1	426.0
渭南市	Weinan City	366.1	35.9		345.8	704.8	532.8
延安市	Yan'an City	144.6	8.8		27.9	244.3	203.9
汉中市	Hanzhong City	107.4	14.1		119.6	493.0	277.2
榆林市	Yulin City	226.1	12.1		120.3	563.7	469.6
安康市	Ankang City	90.8	8.0		47.1	421.3	273.0
商洛市	Shangluo City	64.9	5.8		34.5	271.0	209.9
其他	Others	9.0	0.3		3.8	7.1	6.4
甘肃省	**Gansu**	**1686.3**	**81.4**	**385599**	**1069.2**	**3868.6**	**2683.0**
兰州市	Lanzhou City	139.8	3.9	38204	78.5	206.4	125.8
嘉峪关市	Jiayuguan City	9.6	0.2	1010	2.8	4.0	1.0
金昌市	Jinchang City	86.2	1.9	16020	59.1	68.9	51.0

3-13 续表 9 continued

地 区	Region	农用机械总动力(万千瓦) Total Power of Agricultural Machinery (10 000 kw)	化 肥使用量(折纯量)(万吨) Consumption of Chemical Fertilizer (10 000 tons)	农 村用电量(万千瓦小时) Electricity Consumed in Rural Area (10 000 kwh)	有效灌溉面 积(千公顷) Irrigated Area (1 000 hectares)	农作物总播种面积(千公顷) Total Sown Area (1 000 hectares)	#粮食作物 Grain Crops Sown Areas
白银市	Baiyin City	165.5	4.5	36792	91.3	282.4	218.1
天水市	Tianshui City	99.3	6.5	26358	33.2	431.4	312.9
武威市	Wuwei City	284.2	13.9	59329	188.8	246.8	147.4
张掖市	Zhangye City	188.1	8.1	28329	154.6	223.6	152.7
平凉市	Pingliang City	75.7	7.4	23429	45.9	446.4	324.6
酒泉市	Jiuquan City	160.4	7.0	26616	148.5	158.7	44.4
庆阳市	Qingyang City	109.2	8.8	31080	44.3	606.4	412.8
定西市	Dingxi City	165.6	7.1	18575	61.1	518.1	393.7
陇南市	Longnan City	96.0	6.8	26516	58.6	402.5	311.0
临夏回族自治州	Linxia Hui A.P	63.8	2.2	35415	55.8	157.6	122.0
甘南藏族自治州	Gannan Zang A.P	22.7	0.3	4568	6.7	68.4	37.6
青海省	**Qinghai**	**362.4**	**8.3**	**36939**	**177.2**	**513.6**	**272.0**
西宁市	Xining City	130.8	2.5	11137	35.4	121.2	62.5
海东地区	Haidong Prefecture	121.7	3.2	14215	44.6	206.8	117.7
海北藏族自治州	Haibei Zang A.P	22.9	0.7	1681	17.2	52.6	12.0
黄南藏族自治州	Huangnan Zang AP	9.7	0.1	1033	6.0	17.3	7.9
海南藏族自治州	Hainan Zang A.P	33.9	1.0	6634	36.6	79.6	31.5
果洛藏族自治州	Golog Zang A.P	3.1	0.2	139		0.6	0.5
玉树藏族自治州	Yushu Zang A.P	6.5	0.0	361	2.9	12.1	9.9
海西蒙古族藏族自治州	Haixi Mongolian & Zang A.P	33.9	0.6	1739	34.6	28.4	14.4
宁夏回族自治区	**Ningxia**	**657.8**	**95.9**	**109471**	**434.0**	**1209.6**	**826.0**
银川市	Yinchuan City	153.9	24.2	24542	130.1	164.1	128.0
石嘴山市	Shizuishan City	95.9	14.2	7357	78.5	9.4	6.7
吴忠市	Wuzhong City	162.7	21.0	25446	119.5	258.3	183.7
固原市	Guyuan City	129.0	16.5	11211	35.2	393.2	279.9
中卫市	Zhongwei City	116.4	19.9	40915	70.5	300.4	167.5
新疆维吾尔自治区	**Xinjiang**	**1374.3**	**148.9**	**538762**	**3741.1**	**4536.9**	**1650.0**
乌鲁木齐市	Urumqi City	24.8	0.9	16878	42.9	50.9	23.0
克拉玛依市	Karamay City	3.0	0.9	470	9.5	9.9	0.2
吐鲁番地区	Turpan Prefecture	45.2	1.3	33219	33.6	53.9	1.3
哈密地区	Hami Prefecture	26.1	1.0	20473	42.6	54.7	22.9
昌吉回族自治州	Changji Hui A.P	152.2	10.9	64615	355.2	405.9	194.1
博尔塔拉蒙古自治州	Bortala Mongolian A.P	41.5	3.3	7898	89.4	92.4	24.9
巴音郭楞蒙古自治州	Bayingolin Mongolian A.P	98.5	10.5	38299	218.4	259.4	42.0
阿克苏地区	Aksu Prefecture	150.5	18.4	34447	441.8	498.5	161.5
克孜勒苏柯尔克孜自治州	Kizilsu Kirgiz A.P	20.0	1.4	1875	32.4	46.0	32.3
喀什地区	Kashi Prefecture	155.5	24.0	24216	541.4	766.0	333.7
和田地区	Hotan Prefecture	44.9	5.3	21246	165.3	223.4	149.8
伊犁哈萨克自治州	Ili Kazak A.P	103.0	8.0	14885	248.4	402.7	250.3
塔城地区	Tacheng Prefecture	145.1	11.6	25005	359.8	397.3	144.3
阿勒泰地区	Altay Prefecture	45.9	1.8	9940	124.9	132.3	43.8
石河子市	Shihezi City						
阿拉尔市	Alar City						
图木舒克市	Tumxuk City						
五家渠市	Wujiaqu City						
生产建设兵团	Corps	318.3	49.6	225296	1035.6	1068.9	225.9

3-14 主要农产品产量(2008年)

Yield of Main Farm Products(2008)

地区	Region	粮食(万吨) Grain Yield (10 000 tons)	棉花(吨) Cotton (ton)	油料(万吨) Oil-bearing (10 000 tons)	水果(万吨) Fruits (10 000 tons)	肉类(万吨) Meat (10 000 tons)	#猪牛羊肉 Pork, Beef and Mutton	奶类(万吨) Milk (10 000 tons)	#牛奶 Cow Milk	水产品(吨) Aquatic Products (ton)
北京市	**Beijing**	**125.5**	**1357**	**2.17**	**118.80**	**45.11**	**25.89**	**66.56**	**66.40**	**60761**
东城区	Dongcheng District									
西城区	Xicheng District									
崇文区	Chongwen District									
宣武区	Xuanwu District									
朝阳区	Chaoyang District	0.5		0.00	0.16	0.01	0.01	2.27	2.27	633
丰台区	Fengtai District	0.3			0.19	0.12	0.10	0.52	0.52	474
石景山区	Shijingshan District									
海淀区	Haidian District	0.7	1	0.00	0.76	0.23	0.16	1.55	1.55	496
门头沟区	Mentougou District	0.4		0.00	0.37	0.65	0.06	0.31	0.31	
房山区	Fangshan District	15.6	400	0.17	8.09	5.36	2.96	4.06	4.06	2600
通州区	Tongzhou District	22.9	290	0.02	7.79	4.59	3.20	8.68	8.68	9600
顺义区	Shunyi District	22.4	375	0.22	15.87	9.42	7.02	4.68	4.67	10485
昌平区	Changping District	4.3	7	0.01	5.21	1.31	1.02	4.73	4.73	2101
大兴区	Daxing District	23.7	102	1.09	31.83	7.17	4.81	15.62	15.62	2425
怀柔区	Huairou District	6.2		0.20	2.91	2.88	0.78	4.59	4.59	3764
平谷区	Pinggu District	8.1	182	0.04	35.53	3.74	2.75	0.50	0.35	14383
密云县	Miyun County	8.4		0.41	6.76	6.83	2.05	7.55	7.55	3880
延庆县	Yanqing County	16.0		0.00	3.34	2.82	0.98	11.49	11.49	2770
北京经济技术开发区	Beijing Economic-technological Development Zones									
远洋捕捞	Deep-sea Fishing									7150
其他	Others									
天津市	**Tianjin**	**148.9**	**82928**	**0.48**	**62.30**	**37.13**	**28.60**	**70.12**	**69.75**	**336670**
和平区	Heping District									
河东区	Hedong District									
河西区	Hexi District									
南开区	Nankai District									
河北区	Hebei District									
红桥区	Hongqiao District									
塘沽区	Tanggu District	0.1	1056		0.14	0.36	0.34	0.09	0.09	16206
汉沽区	Hangu District	0.5	803		6.43	0.57	0.43	0.15	0.15	27728
大港区	Dagang District	3.8	760	0.01	0.66	0.82	0.58	0.71	0.71	7371
东丽区	Dongli District	0.9	4008		1.70	0.84	0.46	0.65	0.65	13513
西青区	Xiqing District	3.5	4316	0.05	2.58	2.26	1.29	1.23	1.23	49554
津南区	Jinnan District	1.6	2961		0.05	1.33	0.78	0.36	0.36	20908
北辰区	Beichen District	4.5	4013	0.07	3.04	2.39	1.56	12.79	12.79	12317
武清区	Wuqing District	62.5	10224	0.28	14.31	6.71	4.16	25.92	25.92	53343
宝坻区	Baodi District	57.7	12390	0.06	4.36	6.86	5.16	2.31	1.98	37295
宁河县	Ninghe County	10.6	18357	0.00	9.94	6.16	4.77	6.14	6.14	22012
静海县	Jinghai County	23.1	26366	0.18	6.62	5.44	2.29	10.18	10.18	20497
蓟县	Ji County	45.0	616	0.47	14.12	7.47	6.37	1.70	1.70	25606
天津经济技术开发区	Tianjin Economic-technological Development Area									
天津港保税区	Tianjin Port Free Trade Zone									
天津滨海高新区	Tianjin Hi-Tech Industrial Park									
其他	Others	1.2	2044	0.01	0.06	0.03	0.03	5.50	5.50	30320

3-14 续表 1 continued

地 区	Region	粮食（万吨） Grain Yield (10 000 tons)	棉花（吨） Cotton (ton)	油料（万吨） Oil-bearing (10 000 tons)	水果（万吨） Fruits (10 000 tons)	肉类（万吨） Meat (10 000 tons)	#猪牛羊肉 Pork, Beef and Mutton	奶类（万吨） Milk (10 000 tons)	#牛奶 Cow Milk	水产品（吨） Aquatic Products (ton)
河北省	**Hebei**	**2905.8**	**737334**	**152.59**	**1054.10**	**420.58**	**329.09**	**515.33**	**504.51**	**966400**
石家庄市	Shijiazhuang City	506.7	18313	22.11	206.78	68.52	49.44	104.44	103.99	33193
唐山市	Tangshan City	287.9	37451	28.40	143.99	54.40	43.47	160.67	152.21	460461
秦皇岛市	Qinhuangdao City	85.7	2450	8.98	66.22	25.54	20.04	9.86	8.90	192566
邯郸市	Handan City	447.0	138444	18.59	64.29	56.95	41.51	20.90	20.45	45553
邢台市	Xingtai City	398.8	215369	10.69	82.35	27.13	19.73	23.86	23.83	4436
保定市	Baoding City	539.2	30848	28.26	112.97	51.83	44.49	62.62	62.59	45011
张家口市	Zhangjiakou City	131.1		5.25	43.13	24.95	21.08	100.05	100.02	9416
承德市	Chengde City	130.6		1.01	65.61	27.75	21.56	12.08	12.07	19278
沧州市	Cangzhou City	430.9	157732	10.27	131.71	35.27	25.59	11.96	11.96	116239
廊坊市	Langfang City	177.8	58267	4.50	53.64	32.53	26.92	20.20	19.81	33801
衡水市	Hengshui City	335.1	162899	11.46	83.46	30.46	24.70	4.54	4.53	6446
其他	Others									
山西省	**Shanxi**	**1028.0**	**106735**	**19.12**	**339.85**	**79.10**	**54.70**	**93.77**	**68.18**	**30700**
太原市	Taiyuan City	30.6	145	0.28	6.22	4.38	4.00	9.64	9.64	2413
大同市	Datong City	65.1		1.50	1.12	10.20	9.70	9.10	9.00	834
阳泉市	Yangquan City	22.0		0.05	1.40	1.00	1.00	0.80	0.80	622
长治市	Changzhi City	142.5	76	0.49	3.64	7.81	7.00	1.62	1.62	4621
晋城市	Jincheng City	86.5	406	0.71	5.54	8.40	7.98	0.52	0.52	1190
朔州市	Shuozhou City	76.5		3.06	0.27	4.73	4.40	43.08	43.08	679
晋中市	Jinzhong City	133.4	236	0.96	24.52	8.10	6.37	12.50	12.10	1800
运城市	Yuncheng City	208.9	99054	2.11	241.72	11.30		3.90	3.90	11106
忻州市	Xinzhou City	117.0	125	4.30	6.12	7.30	6.70	6.90	6.90	1868
临汾市	Linfen City	170.7	6563	2.39	25.96	8.63	7.90	3.70	2.60	4356
吕梁市	Luliang City	81.9	130	3.27	23.36	7.20	5.89	3.02	1.99	1211
其他	Others									
内蒙古自治区	**Inner Mongolia**	**2131.3**	**2820**	**117.50**	**238.20**	**219.37**	**193.99**	**943.91**	**934.93**	**98212**
呼和浩特市	Hohhot City	119.4		6.20	2.50	8.08	7.58	305.15	305.02	9018
包头市	Baotou City	100.1		3.50	2.40	12.72	12.18	146.01	145.92	7556
呼伦贝尔市	Hulunbuir City	417.1		23.70	11.40	21.60	19.64	133.15	133.01	25307
兴安盟	Xingan League	250.0		5.89	3.89	14.92	13.52	47.39	47.39	6092
通辽市	Tongliao City	503.0		10.50	3.50	46.86	41.31	51.08	45.94	5500
赤峰市	Chifeng City	350.1		14.61	4.81	42.17	29.97	43.88	43.66	11319
锡林郭勒盟	Xilingol League	27.6		0.63	0.01	19.36	18.72	46.84	46.78	2480
乌兰察布市	Ulanqab City	125.1		4.78	4.81	21.48	20.14	95.39	95.39	10200
鄂尔多斯市	Erdos City	131.1	3	7.70	22.60	13.90	13.63	31.69	28.58	7820
巴彦淖尔市	Bayannur City	183.6		47.00	19.97	15.66	14.98	41.33	41.33	12620
乌海市	Wuhai City	3.2		0.36	1.03	1.07	1.00	1.20	1.20	300
阿拉善盟	Alxa League	15.5	2817	1.66	0.14	1.55	1.33	0.80	0.71	
其他	Others									
辽宁省	**Liaoning**	**1860.3**	**2401**	**83.50**	**591.65**	**376.00**	**252.50**	**120.10**	**114.10**	**4948592**
沈阳市	Shenyang City	358.7	958	11.63	77.76	71.50	46.90	33.30	32.30	187043
大连市	Dalian City	161.4	47	2.03	142.40	52.70	30.60	15.10	13.30	2328213
鞍山市	Anshan City	144.0	2	1.91	29.92	31.00	16.50	2.20	2.20	46789
抚顺市	Fushun City	60.7		0.17	8.80	9.50	6.50	3.30	3.20	15802
本溪市	Benxi City	27.3		0.11	6.38	9.80	6.70	2.10	2.10	16627
丹东市	Dandong City	91.5		1.08	42.70	17.10	9.60	2.50	2.50	532875
锦州市	Jinzhou City	210.6	34	11.25	52.67	48.70	35.70	11.60	11.10	423014
营口市	Yingkou City	73.8	10	0.08	68.72	13.60	6.00	1.10	1.10	470334

3-14 续表 2 continued

地　区	Region	粮食（万吨） Grain Yield (10 000 tons)	棉花（吨） Cotton (ton)	油料（万吨） Oil-bearing (10 000 tons)	水果（万吨） Fruits (10 000 tons)	肉类（万吨） Meat (10 000 tons)	#猪牛羊肉 Pork, Beef and Mutton	奶类（万吨） Milk (10 000 tons)	#牛奶 Cow Milk	水产品（吨） Aquatic Products (ton)
阜新市	Fuxin City	202.7	4	25.36	10.21	28.20	22.70	14.50	14.30	6503
辽阳市	Liaoyang City	90.6	2	0.76	5.42	13.40	8.00	3.20	3.10	85722
盘锦市	Panjin City	113.6		0.08	3.81	10.00	6.00	2.30	0.30	299900
铁岭市	Tieling City	361.5		19.21	31.62	47.40	33.70	15.20	15.20	17573
朝阳市	Chaoyang City	153.4	1085	2.03	37.40	38.20	22.40	10.70	10.70	4304
葫芦岛市	Huludao City	117.4	259	7.82	73.85	25.70	17.30	3.40	3.40	458356
其他	Others									55537
吉林省	**Jilin**	**2840.0**		**51.84**	**273.87**	**384.48**	**269.48**	**76.24**	**75.50**	**163000**
长春市	Changchun City	925.8		1.93	51.42	191.71	115.38	11.57	11.45	23818
吉林市	Jilin City	457.7		1.32	57.42	87.31	55.40	10.38	10.31	35665
四平市	Siping City	694.1		8.71	41.70	107.28	82.30	21.20	20.85	4959
辽源市	Liaoyuan City	137.8			3.71	21.03	14.80	1.45	1.36	2376
通化市	Tonghua City	195.8		0.21	16.60	33.79	21.04	1.25	1.19	21615
白山市	Baishan City	23.0		0.21	4.45	8.41	7.56	0.20	0.20	8553
松原市	Songyuan City	725.3		23.74	64.65	46.97	30.71	7.57	7.57	33850
白城市	Baicheng City	312.4		14.20	21.25	23.68	16.46	21.67	21.67	24270
延边朝鲜族自治州	Yanbian Korean A.P	105.2		1.52	12.67	9.78	8.69	0.95	0.90	6758
其他	Others									1136
黑龙江省	**Heilongjiang**	**4225.0**		**28.50**	**308.20**	**303.30**	**242.20**	**585.10**	**580.60**	**355800**
哈尔滨市	Harbin City	1217.9		1.29	42.35	64.39	47.74	137.58	135.64	71340
齐齐哈尔市	Qiqihar City	790.3		18.49	44.56	43.16	36.86	95.39	94.80	43807
鸡西市	Jixi City	201.9		2.19	5.70	7.00	5.65	7.68	7.59	29038
鹤岗市	Hegang City	61.7		0.04	1.57	3.35	2.97	4.07	4.07	5620
双鸭山市	Shuangyashan City	174.2		3.30	15.35	16.29	14.05	4.41	4.31	4520
大庆市	Daqing City	336.7		6.31	4.22	21.76	15.27	113.55	113.55	49460
伊春市	Yichun City	64.1		0.26	1.18	7.68	3.96	6.91	6.27	2730
佳木斯市	Jiamusi City	452.2		3.40	36.59	21.27	18.58	9.02	9.02	38017
七台河市	Qitaihe City	59.9		0.38	4.01	4.45	2.58	0.66	0.66	3273
牡丹江市	Mudanjiang City	190.1		5.58	20.23	11.06	9.35	2.09	2.02	15129
黑河市	Heihe City	202.3		0.07	4.55	4.73	4.22	11.99	11.78	5052
绥化市	Suihua City	1082.7		2.20	49.52	73.60	63.08	89.26	88.44	87014
大兴安岭地区	Daxing'anling Prefecture	29.5		0.03	1.14	0.98	0.73	0.62	0.61	800
农垦总局	Agriculture Reclamation Bureau	1420.6		10.38	39.27	46.80	40.32	101.83	101.83	
其他	Others									
上海市	**Shanghai**	**115.7**	**3183**	**3.60**	**108.42**	**26.05**	**17.49**	**23.29**	**23.29**	**323400**
黄浦区	Huangpu District									
卢湾区	Luwan District									
徐汇区	Xuhui District									
长宁区	Changning District									
静安区	Jingan District									
普陀区	Putuo District									
闸北区	Zhabei District									
虹口区	Hongkou District									
杨浦区	Yangpu District									
闵行区	Minhang District	1.2	5	0.01	0.74	0.30	0.27	0.11	0.11	785
宝山区	Baoshan District	1.4			1.00	0.32	0.32	1.47	1.47	872
嘉定区	Jiading District	5.5	5	0.02	5.04	1.75	1.62	0.19	0.19	4364

3-14 续表 3 continued

地 区	Region	粮食（万吨） Grain Yield (10 000 tons)	棉花（吨） Cotton (ton)	油料（万吨） Oil-bearing (10 000 tons)	水果（万吨） Fruits (10 000 tons)	肉类（万吨） Meat (10 000 tons)	#猪牛羊肉 Pork, Beef and Mutton	奶类（万吨） Milk (10 000 tons)	#牛奶 Cow Milk	水产品（吨） Aquatic Products (ton)
浦东新区	Pudong New District	1.2		0.00	1.96	0.49	0.46	0.90	0.90	2156
金山区	Jinshan District	23.1	1092	1.07	12.84	3.09	2.10	1.69	1.69	21211
松江区	Songjiang District	11.2		0.07	4.29	1.38	1.17	0.31	0.31	9003
青浦区	Qingpu District	11.7		0.28	7.60	0.76	0.71	0.48	0.48	26027
南汇区	Nanhui District	10.3	535	0.32	30.51	6.43	3.02	3.64	3.64	21564
奉贤区	Fengxian District	10.9	140	0.42	15.70	6.03	3.20	1.75	1.75	32657
崇明县	Chongming County	31.1	1405	1.41	26.91	2.99	2.14	1.60	1.60	74765
其他	Others							11.15	11.15	173866
江苏省	**Jiangsu**	**3175.5**	**325950**	**150.29**	**682.86**	**327.55**	**204.90**		**61.05**	**4250003**
南京市	Nanjing City	114.4	4327	13.34	39.99	13.21	8.23		9.98	201412
无锡市	Wuxi City	79.9		1.70	20.56	11.60	6.75		9.20	123610
徐州市	Xuzhou City	389.3	41732	10.70	176.04	58.85	31.90		24.18	161886
常州市	Changzhou City	113.4	484	5.26	15.97	12.06	6.54		1.27	150452
苏州市	Suzhou City	113.2	2525	4.26	29.25	15.38	8.03		9.20	288814
南通市	Nantong City	319.1	67562	38.07	48.96	44.00	25.18		2.93	742420
连云港市	Lianyungang City	320.1	7253	10.78	66.17	20.49	15.82		0.85	560206
淮安市	Huaian City	424.7	672	10.49	36.55	26.23	17.21		4.32	240696
盐城市	Yancheng City	603.0	183559	33.60	173.49	63.23	40.38		1.14	865820
扬州市	Yangzhou City	269.4	6024	7.95	10.15	16.44	9.71		0.83	361221
镇江市	Zhenjiang City	112.4	1725	6.69	10.57	6.55	4.53		1.74	82256
泰州市	Taizhou City	300.6	21184	11.94	9.40	21.18	16.71		2.91	240721
宿迁市	Suqian City	352.5	1918	6.37	45.75	24.01	17.35		0.54	230489
浙江省	**Zhejiang**	**775.6**	**28171**	**41.27**	**747.92**	**170.08**	**129.70**		**22.51**	**5041300**
杭州市	Hangzhou City	110.2	957	8.75	76.79	29.52	22.52		4.38	182100
宁波市	Ningbo City	88.4	7492	3.55	149.35	18.60	12.90		1.81	938700
温州市	Wenzhou City	89.4	98	1.28	38.51	12.63	9.20		2.65	617900
嘉兴市	Jiaxing City	133.1	3593	9.13	55.47	37.44	31.39		1.39	165600
湖州市	Huzhou City	92.7	200	7.26	27.75	16.28	9.19		1.17	227600
绍兴市	Shaoxing City	113.9	2915	5.05	59.01	15.23	11.85		0.59	90600
金华市	Jinhua City	87.7	9742	4.05	60.26	21.20	17.14		8.53	57600
衢州市	Quzhou City	72.9	2434	5.09	108.32	22.08	20.08		0.30	41800
舟山市	Zhoushan City	5.4	75	0.48	9.06	1.92	1.61		0.06	1255200
台州市	Taizhou City	93.5	634	1.54	120.58	10.58	8.42		1.18	1387300
丽水市	Lishui City	62.3	31	1.51	42.84	8.76	6.34		0.06	20800
安徽省	**Anhui**	**3023.3**	**368839**	**228.03**	**691.86**	**343.92**	**247.92**	**18.13**	**18.13**	**1783817**
合肥市	Hefei City	186.6	18662	31.39	39.99	33.91	17.75	4.31	4.31	109717
芜湖市	Wuhu City	83.0	7705	7.91	11.31	7.73	3.83	0.24	0.24	87841
蚌埠市	Bengbu City	253.4	31601	28.80	80.65	24.71	17.88	1.19	1.19	90700
淮南市	Huainan City	134.1	1795	1.54	17.02	7.50	4.65	3.91	3.91	59887
马鞍山市	Maanshan City	44.6	4372	4.83	4.06	2.98	1.99	2.63	2.63	67625
淮北市	Huaibei City	115.7	6054	1.21	18.60	7.25	5.25	1.19	1.19	23749
铜陵市	Tongling City	14.6	6047	1.85	2.99	1.43	0.75			19842
安庆市	Anqing City	260.4	86867	22.80	12.41	26.64	19.14	0.00	0.00	313554
黄山市	Huangshan City	34.1	551	3.52	8.63	8.06	7.48	0.24	0.24	16606
滁州市	Chuzhou City	412.3	10393	23.75	50.00	31.01	23.97	1.01	1.01	252386
阜阳市	Fuyang City	502.9	18992	9.96	62.19	50.94	44.31	0.13	0.13	78873
宿州市	Suzhou City	365.4	38979	22.67	224.59	41.27	35.55	0.59	0.59	32972

3-14 续表 4 continued

地区	Region	粮食（万吨）Grain Yield (10 000 tons)	棉花（吨）Cotton (ton)	油料（万吨）Oil-bearing (10 000 tons)	水果（万吨）Fruits (10 000 tons)	肉类（万吨）Meat (10 000 tons)	#猪牛羊肉 Pork, Beef and Mutton	奶类（万吨）Milk (10 000 tons)	#牛奶 Cow Milk	水产品（吨）Aquatic Products (ton)
巢湖市	Chaohu City	231.7	70049	25.43	34.84	16.06	6.87	0.34	0.34	160469
六安市	Liuan City	437.4	10591	21.50	17.13	44.70	30.09	1.37	1.37	238865
亳州市	Bozhou City	414.9	34629	8.26	81.90	24.73	21.56	0.88	0.88	37876
池州市	Chizhou City	65.9	28099	6.61	5.10	7.29	5.17	0.02	0.02	101144
宣城市	Xuancheng City	129.4	13453	10.98	20.45	18.59	7.93	0.08	0.08	91711
其他	Others									
福建省	**Fujian**	**652.2**		**25.40**	**553.37**	**169.42**	**140.39**	**15.23**	**14.85**	**5541970**
福州市	Fuzhou City	63.8		4.48	32.05	22.99	19.57	2.48	2.48	1648255
厦门市	Xiamen City	4.3		0.97	2.69	6.28	5.84	0.09	0.07	39478
莆田市	Putian City	30.3		4.12	16.86	11.59	8.75	1.78	1.60	685374
三明市	Sanming City	113.0		2.21	84.71	14.50	11.43	0.37	0.36	64023
泉州市	Quanzhou City	81.2		5.55	45.59	22.24	18.46	0.97	0.85	980126
漳州市	Zhangzhou City	64.3		3.48	240.23	24.21	21.18	0.98	0.95	1381529
南平市	Nanping City	138.0		2.57	68.46	23.45	14.82	8.07	8.07	79665
龙岩市	Longyan City	93.2		1.59	35.34	40.92	36.38	0.24	0.24	51345
宁德市	Ningde City	64.0		0.43	27.45	7.38	6.56	0.25	0.25	612175
江西省	**Jiangxi**	**1958.1**	**111915**	**91.19**	**444.53**	**261.63**	**211.87**	**9.06**	**9.06**	**2046002**
南昌市	Nanchang City	225.0	991	9.32	10.21	29.59	24.57	4.08	4.08	323729
景德镇市	Jingdezhen City	54.5	770	2.33	6.48	4.94	4.40	0.03	0.03	26548
萍乡市	Pingxiang City	53.5	43	1.30	6.28	11.54	10.17	0.48	0.48	32578
九江市	Jiujiang City	145.0	82058	13.54	24.78	14.55	13.24	0.13	0.13	347059
新余市	Xinyu City	57.4	5202	1.46	8.80	7.11	6.45	0.03	0.03	39520
鹰潭市	Yingtan City	60.4	117	1.89	7.82	9.46	7.92	0.05	0.05	46951
赣州市	Ganzhou City	269.0	16	9.08	155.34	59.61	40.93	3.40	3.40	245318
吉安市	Jian City	359.8	207	14.19	34.76	37.92	30.11	0.21	0.21	280327
宜春市	Yichun City	365.0	9887	15.20	34.20	46.11	41.47	0.05	0.05	394272
抚州市	Fuzhou City	264.7	3694	6.42	139.13	26.17	18.99	0.58	0.58	169103
上饶市	Shangrao City	286.6	8930	16.48	16.73	24.54	21.02	0.01	0.01	140597
山东省	**Shandong**	**4260.5**	**1040616**	**340.63**	**1395.91**	**660.31**	**425.23**	**254.92**	**230.51**	**7303048**
济南市	Jinan City	281.5	35390	5.95	45.32	36.20	28.21	28.24	28.24	39886
青岛市	Qingdao City	333.7	4173	47.15	80.68	51.54	23.65	35.22	29.95	1057438
淄博市	Zibo City	157.7	17685	1.76	78.08	12.93	8.58	11.59	11.51	26060
枣庄市	Zaozhuang City	180.0	3658	11.68	22.00	21.03	11.41	3.04	2.90	41683
东营市	Dongying City	72.9	136298	0.47	9.96	20.97	12.80	14.18	14.18	407175
烟台市	Yantai City	240.7	105	48.97	435.23	40.23	22.33	27.81	23.93	1840382
潍坊市	Weifang City	491.2	51596	29.97	101.50	103.70	46.83	21.59	21.15	385107
济宁市	Jining City	416.9	165607	28.44	28.02	65.29	42.06	15.32	15.01	303611
泰安市	Taian City	290.7	12360	19.89	54.94	32.74	22.55	41.03	41.03	67590
威海市	Weihai City	100.1		26.43	75.10	10.80	8.46	26.35	22.57	2024849
日照市	Rizhao City	106.3	1338	23.78	18.50	14.31	10.27	0.66	0.66	458882
莱芜市	Laiwu City	27.4	1158	1.77	9.87	5.60	3.85	0.30	0.30	3353
临沂市	Linyi City	433.0	12508	79.46	178.84	57.34	39.30	10.95	10.41	113304
德州市	Dezhou City	572.5	250569	2.21	43.56	52.02	42.12	13.69	13.68	72805
聊城市	Liaocheng City	459.9	97384	16.52	51.03	43.28	23.61	5.91	5.90	46569
滨州市	Binzhou City	277.0	161058	1.10	103.72	34.73	19.57	10.60	10.60	324103
菏泽市	Heze City	505.0	288729	32.42	59.55	52.45	45.00	5.94	5.94	90251

3-14 续表 5 continued

地　区	Region	粮食（万吨） Grain Yield (10 000 tons)	棉花（吨） Cotton (ton)	油料（万吨） Oil-bearing (10 000 tons)	水果（万吨） Fruits (10 000 tons)	肉类（万吨） Meat (10 000 tons)	#猪牛羊肉 Pork, Beef and Mutton	奶类（万吨） Milk (10 000 tons)	#牛奶 Cow Milk	水产品（吨） Aquatic Products (ton)
河南省	**Henan**	**5365.5**	**650800**	**505.34**	**714.09**	**584.50**	**477.70**	**298.62**	**279.10**	**856762**
郑州市	Zhengzhou City	165.2	4962	17.80	29.06	21.89	17.02	42.13	35.78	129573
开封市	Kaifeng City	248.5	76535	39.77	40.79	33.55	30.57	21.29	20.12	34815
洛阳市	Luoyang City	230.8	3800	11.74	60.33	22.07	19.72	38.96	33.96	34665
平顶山市	Pingdingshan City	194.2	3863	13.76	7.55	33.28	27.57	16.00	15.93	31103
安阳市	Anyang City	328.2	29055	24.30	51.17	18.76	14.24	6.51	6.50	9089
鹤壁市	Hebi City	109.6	878	6.98	4.15	21.55	7.84	8.01	8.01	8092
新乡市	Xinxiang City	374.9	22140	30.01	13.58	31.54	25.85	23.48	22.88	37441
焦作市	Jiaozuo City	196.4	5128	9.18	30.04	17.41	13.46	17.96	17.89	12209
濮阳市	Puyang City	244.8	12334	15.78	24.35	18.23	12.96	5.69	5.69	10114
许昌市	Xuchang City	270.7	13922	8.19	7.30	34.22	29.72	5.54	5.40	8000
漯河市	Luohe City	166.0	19372	4.25	10.89	24.77	21.88	13.47	13.47	11278
三门峡市	Sanmenxia City	61.5	2621	3.43	147.91	7.18	6.63	2.91	2.86	6556
南阳市	Nanyang City	569.7	109150	101.98	56.65	63.95	56.63	26.58	20.59	90500
商丘市	Shangqiu City	585.7	127651	36.89	168.84	48.20	42.28	21.43	21.41	71062
信阳市	Xinyang City	561.2	9936	65.13	9.99	51.75	32.92	0.50	0.50	207621
周口市	Zhoukou City	706.4	187332	32.99	35.64	60.79	54.08	9.12	9.12	53957
驻马店市	Zhumadian City	639.1	24702	78.13	11.77	72.10	63.15	5.57	5.52	90187
其他	Others	21.4	330	0.34	4.08	3.77	3.45	2.52	2.52	10500
湖北省	**Hubei**	**2227.2**	**513400**	**285.73**	**377.66**	**340.84**	**319.03**	**18.00**	**17.67**	**3133900**
武汉市	Wuhan City	129.7	35300	18.45	56.98	28.56	20.66	11.76	11.76	407867
黄石市	Huangshi City	58.1	3867	7.12	6.73	9.44	7.32			135780
十堰市	Shiyan City	108.0	76	8.40	26.42	14.90	13.09	0.07	0.07	50006
宜昌市	Yichang City	151.7	26779	21.20	167.94	45.96	41.50	2.01	2.01	136185
襄樊市	Xiangfan City	413.1	42589	31.10	107.76	56.55	41.93	0.36	0.36	146900
鄂州市	Ezhou City	32.8	5199	5.34	2.53	7.23	5.72			273000
荆门市	Jingmen City	240.5	42800	34.75	34.29	32.45	27.18			320491
孝感市	Xiaogan City	218.0	28603	20.00	12.00	33.90	21.90	0.09	0.09	289713
荆州市	Jingzhou City	344.5	149998	48.43	80.48	34.41	27.42	0.01	0.01	844300
黄冈市	Huanggang City	304.2	71764	43.40	7.50	35.50	29.38	2.44	2.44	353000
咸宁市	Xianning City	102.8	2787	7.93	26.31	17.21	13.87	0.82	0.82	176504
随州市	Suizhou City	146.3	14508	5.96	9.94	15.86	13.05			60844
恩施土家族苗族自治州	Enshi Tujia & Miao A.P	153.1	43	6.81	18.27	32.71	31.36	0.07	0.07	5355
仙桃市	Xiantao City	67.3	27738	11.80	10.09	9.18	8.50			232954
天门市	Tianmen City	56.9	43075	9.44		7.90	7.90			98605
潜江市	Qianjiang City	36.5	47429	9.36	7.73	8.66	7.01			77328
神农架林区	Shennongjia Forest District	2.0		0.04	0.05	0.57	0.54			120
湖南省	**Hunan**	**2805.0**	**241840**	**142.85**	**668.31**	**621.51**	**544.49**	**7.47**	**7.46**	**1785901**
长沙市	Changsha City	248.0	941	6.14	27.43	68.16	59.91	0.64	0.64	96395
株洲市	Zhuzhou City	179.1	1215	2.06	18.20	31.78	28.83	0.06	0.06	65955
湘潭市	Xiangtan City	144.5	141	0.45	4.92	38.31	37.15	0.19	0.19	64124
衡阳市	Hengyang City	317.8	13031	18.47	61.83	82.10	69.54	0.10	0.10	226735
邵阳市	Shaoyang City	300.3	224	8.10	58.99	66.77	60.87	4.85	4.85	80404
岳阳市	Yueyang City	293.1	45232	13.38	58.37	53.40	49.46	0.17	0.17	345202
常德市	Changde City	350.5	132863	44.06	76.75	58.56	43.35	0.83	0.83	304957
张家界市	Zhangjiajie City	57.1	1380	6.18	22.92	8.76	8.13	0.02	0.02	8320
益阳市	Yiyang City	217.5	42786	12.71	31.57	35.32	31.94	0.01	0.01	242617
郴州市	Chenzhou City	174.3	224	5.47	54.29	43.37	38.37	0.10	0.10	83097

3-14 续表 6 continued

地　区	Region	粮食（万吨） Grain Yield (10 000 tons)	棉花（吨） Cotton (ton)	油料（万吨） Oil-bearing (10 000 tons)	水果（万吨） Fruits (10 000 tons)	肉类（万吨） Meat (10 000 tons)	#猪牛羊肉 Pork, Beef and Mutton	奶类（万吨） Milk (10 000 tons)	#牛奶 Cow Milk	水产品（吨） Aquatic Products (ton)
永州市	Yongzhou City	309.2	2562	6.85	82.59	65.55	55.17	0.10	0.10	138391
怀化市	Huaihua City	165.9	580	8.45	87.32	26.79	21.59	0.11	0.11	49176
娄底市	Loudi City	157.1	511	2.68	15.08	33.31	31.71	0.21	0.21	62449
湘西土家族苗族自治州	West Hunan Tujia & Miao A.P	85.1	150	7.86	68.06	9.33	8.45	0.08	0.08	18079
广东省	**Guangdong**	**1243.4**		**81.58**	**983.49**	**411.96**	**260.52**	**13.28**	**11.91**	**6804190**
广州市	Guangzhou City	41.6		1.53	41.40	30.44	16.12	5.29	5.29	420300
韶关市	Shaoguan City	84.5		10.82	22.80	13.50	10.72			62531
深圳市	Shenzhen City				0.50	2.75	2.16	1.62	1.60	38500
珠海市	Zhuhai City	3.4		0.07	14.50	3.74	2.71	1.00	1.00	182434
汕头市	Shantou City	43.5		0.35	13.86	11.16	5.93	0.41	0.41	377200
佛山市	Foshan City	9.5		0.49	6.16	26.94	13.53	0.83	0.80	537572
江门市	Jiangmen City	77.8		2.75	22.02	26.53	17.47			637400
湛江市	Zhanjiang City	127.6		12.01	173.10	35.71	24.11	0.80	0.30	988997
茂名市	Maoming City	131.0		10.89	217.60	60.27	40.20	0.06	0.06	746701
肇庆市	Zhaoqing City	108.0		6.72	81.72	39.83	28.10	0.60	0.60	310761
惠州市	Huizhou City	55.7		4.86	50.00	18.63	13.93	0.42		136295
梅州市	Meizhou City	116.3		3.08	83.33	26.05	18.12	0.28	0.16	83595
汕尾市	Shanwei City	42.4		2.23	17.15	9.68	6.00			538080
河源市	Heyuan City	86.1		5.97	20.40	10.97	6.95			34517
阳江市	Yangjiang City	62.7		4.68	47.40	16.87	13.44			841100
清远市	Qingyuan City	75.5		8.21	36.33	20.25	12.46	1.63	1.63	84086
东莞市	Dongguan City	1.2			10.15	2.41	1.80			72400
中山市	ZhongShan City	6.8			18.70	4.98	3.75			321746
潮州市	Chaozhou City	24.7		0.45	9.77	6.71	3.15			168600
揭阳市	Jieyang City	81.0		2.13	45.60	16.87	10.61	0.36		137343
云浮市	Yunfu City	64.1		4.28	51.04	27.68	9.27			84032
广西壮族自治区	**Guangxi**	**1394.7**		**37.55**	**855.77**	**350.68**	**233.73**	**7.50**	**7.50**	**2499838**
南宁市	Nanning City	201.8	58	8.98	73.11	54.82	34.27	4.04	4.04	165581
柳州市	Liuzhou City	76.6	291	1.41	34.10	18.20	13.20	0.77	0.70	49884
桂林市	Guilin City	185.2	402	3.96	217.70	44.80	29.50	0.20	0.20	81169
梧州市	Wuzhou City	79.3	57	2.80	27.10	17.40	10.60	0.10	0.06	58886
北海市	Beihai City	35.9		3.05	6.70	11.07	6.88	0.13	0.13	865811
防城港市	Fangchenggang City	17.4		0.37	5.44	3.66	2.34	0.48	0.48	370452
钦州市	Qinzhou City	102.6	89	1.44	110.34	26.11	11.07	0.35	0.35	396059
贵港市	Guigang City	135.9	170	6.00	13.90	31.20	24.81	0.10	0.10	143500
玉林市	Yulin City	174.8	46	2.56	39.03	64.59	37.61	0.41	0.41	96586
百色市	Baise City	105.6		0.86	36.53	21.50	17.49	0.10	0.10	78275
贺州市	Hezhou City	67.3	66	2.14	32.99	13.72	10.45	0.03	0.03	52239
河池市	Hechi City	102.8		0.50	20.90	19.20	16.20			51246
来宾市	Laibin City	71.8	31	2.28	26.67	12.53	10.40	0.31	0.30	43677
崇左市	Chongzuo City	43.7	35	1.00	44.70	10.80	8.80			46546
海南省	**Hainan**	**183.5**		**8.69**	**325.20**	**61.15**	**40.12**	**0.24**	**0.24**	**1394000**
海口市	Haikou City	15.0		0.52	24.85	8.41	6.51	0.23	0.23	49230
三亚市	Sanya City	6.1		0.20	26.04	2.21	1.74			73814
其他	Others	162.4		7.97	274.31	50.52	31.87	0.01	0.01	1270956

3-14 续表 7 continued

地　区	Region	粮食（万吨） Grain Yield (10 000 tons)	棉花（吨） Cotton (ton)	油料（万吨） Oil-bearing (10 000 tons)	水果（万吨） Fruits (10 000 tons)	肉类（万吨） Meat (10 000 tons)	#猪牛羊肉 Pork, Beef and Mutton	奶类（万吨） Milk (10 000 tons)	#牛奶 Cow Milk	水产品（吨） Aquatic Products (ton)
重庆市	**Chongqing**	**1153.2**	**98**	**35.76**	**193.28**	**177.59**	**151.84**	**7.80**	**7.80**	**190600**
万州区	Wanzhou District	51.5		1.33	17.11	6.82	6.23	0.60	0.60	15010
涪陵区	Fuling District	43.5		0.56	8.98	6.24	5.27			11897
渝中区	Yuzhong District									
大渡口区	Dadukou District	0.2			0.06	0.25	0.25	0.10	0.10	1118
江北区	Jiangbei District	1.4		0.01	0.46	0.33	0.25	1.10	1.10	851
沙坪坝区	Shapingba District	2.8		0.00	0.47	0.43	0.25	0.80	0.80	2800
九龙坡区	Jiulongpo District	3.6		0.05	1.49	0.82	0.60	0.10	0.10	3318
南岸区	Nanan District	1.4			0.41	0.31	0.29	0.60	0.60	3109
北碚区	Beibei District	9.6		0.10	1.35	1.16	0.95	0.50	0.50	3819
万盛区	Wansheng District	5.3		0.13	0.37	0.70	0.60	0.10	0.10	347
双桥区	Shuangqiao District	0.6		0.02	0.07	0.07	0.07			1437
渝北区	Yubei District	23.2		0.45	5.13	3.40	2.62	1.50	1.50	5912
巴南区	Banan District	37.8		0.01	4.03	5.55	4.65	0.50	0.50	11507
黔江区	Qianjiang District	24.4		1.09	3.36	5.01	4.90			1050
长寿区	Changshou District	37.1		0.71	9.54	5.82	4.71	0.30	0.30	15960
江津区	Jiangjin District	66.1		0.78	13.65	7.88	6.50			13614
合川区	Hechuan District	71.1		1.15	3.22	8.58	7.56	0.10	0.10	17029
永川区	Yongchuan District	49.4		1.11	10.23	11.56	6.94	0.20	0.20	15701
南川区	Nanchuan District	34.5		1.48	4.19	5.33	4.54	0.10	0.10	5047
四川省	**Sichuan**		**15527**	**249.94**	**517.02**			**66.00**	**65.47**	**952000**
成都市	Chengdu City			23.61	100.82			11.88	11.88	94100
自贡市	Zigong City			4.65	16.75			1.31	1.31	42900
攀枝花市	Panzhihua City			0.21	10.32			0.26	0.26	11000
泸州市	Luzhou City			3.26	8.90			1.03	1.03	51700
德阳市	Deyang City		197	17.04	13.06			0.86	0.86	39600
绵阳市	Mianyang City		995	28.62	17.89			2.47	2.47	69000
广元市	Guangyuan City			16.56	27.67			0.21	0.18	38300
遂宁市	Suining City		9329	12.86	4.92			0.32	0.32	31400
内江市	Neijiang City			8.43	22.58			0.69	0.69	60200
乐山市	Leshan City			5.46	13.99			0.38	0.38	46100
南充市	Nanchong City		2200	33.80	38.56			3.30	3.30	77500
眉山市	Meishan City		950	10.35	54.88			11.16	11.16	61500
宜宾市	Yibin City			7.27	29.04			0.62	0.62	67300
广安市	Guangan City			11.77	15.19			0.25	0.25	8000
达州市	Dazhou City			28.47	24.36			1.39	1.39	400
雅安市	Yaan City			2.95	20.08			3.16	2.71	500
巴中市	Bazhong City			11.42	4.13			0.11	0.11	19700
资阳市	Ziyang City		1781	20.02	33.25			1.11	1.11	53800
阿坝藏族羌族自治州	Aba Zang & Qiang A.P			0.37	6.13			10.38	10.37	40900
甘孜藏族自治州	Ganzi Zang A.P			0.23	1.07			11.53	11.49	63500
凉山彝族自治州	Liangshan Yi A.P			2.59	53.43			3.58	3.58	74600
贵州省	**Guizhou**	**1158.0**	**897**	**68.39**	**114.28**	**161.46**	**147.80**	**4.16**	**4.15**	**78000**
贵阳市	Guiyang City	63.2		5.07	8.79	12.21	10.10	2.86	2.86	7786
六盘水市	Liupanshui City	84.2		0.78	2.22	9.58	9.38	0.02		740
遵义市	Zunyi City	342.0	31	22.05	12.02	38.49	35.86	0.65	0.65	23358
安顺市	Anshun City	80.4		6.01	10.20	11.51	9.82	0.06	0.06	4675
铜仁地区	Tongren Prefecture	154.8	11	8.49	4.57	19.54	18.39	0.02		17054
黔西南布依族苗族自治州	Southwest Guizhou Buyi & Miao A.P	110.3	4	3.62	6.37	13.10	11.75	0.06	0.06	20493

3-14 续表 8 continued

地 区	Region	粮食（万吨）Grain Yield (10 000 tons)	棉花（吨）Cotton (ton)	油料（万吨）Oil-bearing (10 000 tons)	水果（万吨）Fruits (10 000 tons)	肉类（万吨）Meat (10 000 tons)	#猪牛羊肉 Pork, Beef and Mutton	奶类（万吨）Milk (10 000 tons)	#牛奶 Cow Milk	水产品（吨）Aquatic Products (ton)
毕节地区	Bijie Prefecture	262.6		9.25	5.26	28.41	26.53	0.04	0.04	5294
黔东南苗族侗族自治州	Southeast Guizhou Miao & Dong A.P	144.5	714	6.05	11.80	14.92	13.23	0.09	0.09	18080
黔南布依族苗族自治州	South Guizhou Buyi & Miao A.P	144.8	137	7.07	8.52	16.40	14.99	0.36	0.36	11269
云南省	**Yunnan**	**1518.6**		**40.38**	**266.18**		**257.18**	**46.72**	**44.67**	**393736**
昆明市	Kunming City	115.2		1.44	13.67	40.66	33.17	11.58	10.62	45624
曲靖市	Qujing City	230.5		8.50	12.50	103.90	99.90	1.70	0.60	63281
玉溪市	Yuxi City	50.2		3.20	18.40	22.80	18.24	0.60	0.40	14680
保山市	Baoshan City	104.4		4.40	6.30	24.00	22.30	0.40	0.40	21739
昭通市	Zhaotong City	150.4		2.07	21.96	30.87	29.33	0.01	0.01	8124
丽江市	Lijiang City	42.8		0.84	8.39	8.66	7.76	0.43	0.42	10508
普洱市	Puer City	84.8	14	1.32	5.35	11.86	10.70	0.05	0.05	27869
临沧市	Lincang City	74.9		1.80	23.15	13.32	12.29	0.11	0.11	15136
楚雄彝族自治州	Chuxiong Yi A.P	100.2		4.04	14.19	28.40	25.60	0.20	0.20	16004
红河哈尼族彝族自治州	Honghe Hani & Yi A.P	133.7		3.06	89.53	42.54	39.44	2.25	1.96	48108
文山壮族苗族自治州	Wenshan Zhuang & Miao A.P	116.3	4	3.53	16.94	30.85	28.82	0.02	0.02	26775
西双版纳傣族自治州	Xishuangbanna Dai A.P	33.4	16	0.20	22.71	2.81	2.54			24717
大理白族自治州	Dali Bai A.P	135.1		3.80	25.08	39.56	36.31	34.08	33.92	48261
德宏傣族景颇族自治州	Dehong Dai & Jingpo A.P	46.0		1.60	10.20	6.30	5.60	0.27	0.27	21080
怒江傈僳族自治州	Nujiang Lisu A.P	17.1		0.10	0.02	2.90	2.60			440
迪庆藏族自治州	Diqing Zang A.P	14.0		0.36	0.74	2.09	1.92	1.36	1.36	1390
西藏自治区	**Tibet A.R.**	**95**		**6.00**	**0.85**		**24.50**	**29.50**	**23.30**	
拉萨市	Lhasa City	18		1.30	0.04		3.10	2.70	2.50	
昌都地区	Qamdu Prefecture	18		0.40	0.23		6.30	7.70	6.70	
山南地区	Lhokha Prefecture	15		1.20	0.10		2.00	4.20	3.90	
日喀则地区	Xigaze Prefecture	35		2.70	0.05		3.20	7.60	5.00	
那曲地区	Narqu Prefecture	1					7.20	4.30	3.00	
阿里地区	Ngri Prefecture	1		0.02			1.60	0.80	0.10	
林芝地区	Nyingchi Prefecture	8		0.40	0.41		1.00	2.20	2.20	
其他	Others									
陕西省	**Shaanxi**	**1150.9**	**100691**	**49.46**	**1067.67**	**111.52**	**100.18**	**197.65**	**164.37**	**52200**
西安市	Xi'an City	214.4	6173	1.15	71.69	11.54	9.78	58.97	47.57	12487
铜川市	Tongchuan City	23.0		1.05	37.39	0.88	0.78	1.78	1.49	242
宝鸡市	Baoji City	160.9	109	2.22	68.43	11.47	9.84	50.68	45.84	2007
咸阳市	Xianyang City	204.9	682	4.42	388.40	13.90	12.17	53.18	45.68	2360
渭南市	Weinan City	228.6	91711	6.72	179.92	10.53	9.36	22.18	13.76	7508
延安市	Yan'an City	70.9	411	1.70	172.50	3.61	3.11	0.65	0.46	1810
汉中市	Hanzhong City	102.1	29	15.13	26.68	21.27	19.62	1.08	0.95	20202
榆林市	Yulin City	132.2	86	5.82	49.62	12.15	11.39	6.64	6.25	2197
安康市	Ankang City	82.1	23	9.49	13.86	16.56	15.13	0.06	0.06	2002
商洛市	Shangluo City	59.5	20	1.61	6.19	9.31	8.72	0.13	0.09	1385
其他	Others	4.5		0.01	2.44	0.29	0.25	2.30	2.22	
甘肃省	**Gansu**	**888.5**	**123200**	**53.54**	**248.14**	**79.21**	**73.13**	**37.10**	**36.55**	**11650**
兰州市	Lanzhou City	38.7		2.11	12.34	2.81	2.54	5.29	5.28	1726
嘉峪关市	Jiayuguan City	0.7		0.05	0.37	0.20	0.19	0.29	0.28	102
金昌市	Jinchang City	33.3	16	1.19	0.72	0.91	0.81	2.28	2.28	862

3-14 续表 9 continued

地区	Region	粮食(万吨) Grain Yield (10 000 tons)	棉花(吨) Cotton (ton)	油料(万吨) Oil-bearing (10 000 tons)	水果(万吨) Fruits (10 000 tons)	肉类(万吨) Meat (10 000 tons)	#猪牛羊肉 Pork, Beef and Mutton	奶类(万吨) Milk (10 000 tons)	#牛奶 Cow Milk	水产品(吨) Aquatic Products (ton)
白银市	Baiyin City	55.9	280	1.70	12.84	6.91	6.18	1.39	1.38	1847
天水市	Tianshui City	103.4	18	6.15	62.52	5.94	5.49	0.36	0.22	1565
武威市	Wuwei City	90.8	22712	4.92	8.30	10.10	9.69	0.74	0.71	197
张掖市	Zhangye City	99.8	9147	6.10	17.96	8.69	7.91	3.80	3.79	2365
平凉市	Pingliang City	88.8		6.37	65.44	6.46	6.12	1.51	1.44	1551
酒泉市	Jiuquan City	36.6	82671	1.20	10.60	5.29	4.68	4.95	4.92	1908
庆阳市	Qingyang City	107.0		10.02	36.74	5.10	4.52	0.71	0.58	690
定西市	Dingxi City	98.1		3.20	3.87	7.49	7.05	0.30	0.24	1364
陇南市	Longnan City	92.6	16	3.30	9.30	7.03	6.76	0.04	0.03	1625
临夏回族自治州	Linxia Hui A.P	52.5		4.42	4.06	4.12	3.90	1.70	1.66	1863
甘南藏族自治州	Gannan Zang A.P	9.0		1.94	0.81	4.65	4.62	7.81	7.81	33
青海省	**Qinghai**	**101.8**		**35.22**	**1.32**	**25.54**	**24.69**	**27.23**	**25.28**	**2129**
西宁市	Xining City	26.5		11.01	0.13	6.36	6.04	9.54	9.54	36
海东地区	Haidong Prefecture	45.8		13.31	0.78	8.40	8.01	3.65	3.65	182
海北藏族自治州	Haibei Zang A.P	4.1		4.66		3.81	3.81	3.42	3.42	
黄南藏族自治州	Huangnan Zang AP	2.9		0.58	0.10	3.36	3.36	3.71	3.66	
海南藏族自治州	Hainan Zang A.P	10.4		5.12	0.31	5.33	5.27	4.55	4.53	1611
果洛藏族自治州	Golog Zang A.P	0.1		0.01		2.19	2.19	3.63	3.63	
玉树藏族自治州	Yushu Zang A.P	1.8		0.03		2.90	2.90	7.37	5.92	
海西蒙古族藏族自治州	Haixi Mongolian & Zang A.P	7.9		1.83		2.12	2.05	1.43	0.98	300
宁夏回族自治区	**Ningxia**	**329.2**		**13.56**	**49.58**	**23.58**	**21.16**	**89.38**	**89.38**	**75137**
银川市	Yinchuan City	88.6		0.64	16.53	4.30	3.53	33.54	33.54	44163
石嘴山市	Shizuishan City	41.8		2.90	1.50	2.10	1.60	3.70	3.70	18217
吴忠市	Wuzhong City	84.8		2.40	12.70	6.29	5.90	48.20	48.20	5116
固原市	Guyuan City	61.0		4.90	8.40	6.00	5.50	0.60	0.60	80
中卫市	Zhongwei City	53.1		2.71	102.41	4.92	4.68	3.36	3.36	7561
新疆维吾尔自治区	**Xinjiang**	**1022.9**	**3015499**	**60.44**	**855.04**	**175.49**	**145.21**	**215.86**	**137.40**	**92587**
乌鲁木齐市	Urumqi City	13.6	2144	0.94	2.60	4.75	4.06	5.89	5.80	6444
克拉玛依市	Karamay City	0.2	13229	0.02	0.46	0.78	0.71	0.60	0.60	660
吐鲁番地区	Turpan Prefecture	0.7	31089	0.26	99.65	4.55	4.43	2.12	2.12	362
哈密地区	Hami Prefecture	10.4	28315	0.14	23.52	3.75	3.49	4.66	4.44	1141
昌吉回族自治州	Changji Hui A.P	109.3	183272	4.78	32.17	33.18	23.76	46.81	45.78	14142
博尔塔拉蒙古自治州	Bortala Mongolian A.P	27.8	95828	3.54	0.95	2.06	1.83	2.70	2.66	1200
巴音郭楞蒙古自治州	Bayingolin Mongolian A.P	25.6	286808	1.00	51.09	7.55	6.43	6.95	6.91	9777
阿克苏地区	Aksu Prefecture	117.0	434306	1.08	99.57	13.30	11.46	6.62	6.61	7500
克孜勒苏柯尔克孜自治州	Kizilsu Kirgiz A.P	18.7	9547	0.10	12.26	3.14	2.88	2.62	1.82	183
喀什地区	Kashi Prefecture	219.8	364106	1.24	365.80	30.06	22.59	15.97	15.56	7702
和田地区	Hotan Prefecture	100.2	54212	0.50	39.89	6.28	5.98	2.60	2.60	1753
伊犁哈萨克自治州	Ili Kazak A.P	134.4	21937	13.55	15.51	19.94	17.14	47.54	45.53	11726
塔城地区	Tacheng Prefecture	83.6	177330	8.73	5.06	15.67	13.56	18.60	17.78	2554
阿勒泰地区	Altay Prefecture	19.4	41628	7.63	3.43	8.53	7.39	19.18	18.03	5047
石河子市	Shihezi City									
阿拉尔市	Alar City									
图木舒克市	Tumxuk City									
五家渠市	Wujiaqu City									
生产建设兵团	Corps	142.3	1313376	16.91	103.07	21.95	19.51	32.98	32.82	22396

3-15 规模以上工业企业单位数和总产值(2008年)

Gross Output Value and Number of Industrial Enterprises of Above Designated Size(2008)

地区	Region	工业企业单位数(个) Number of Enterprises (unit)	大型企业 Large Enterprises	中型企业 Medium-sized Enterprises	小型企业 Small Enterprises	工业总产值(亿元) Gross Output Value of Industry (100 million yuan)	#国有及国有控股 State-owned and State-holding	工业总产值(亿元) Gross Output Value of Industry (100 million yuan) 内资企业 Domestic Funded Enterprises	港澳台商投资企业 Enterprises with Funds from Hong Kong, Macao and Taiwan	外商投资企业 Foreign Funded
北京市	**Beijing**	**7206**	**56**	**595**	**6555**	**10413.09**	**4967.91**	**6059.18**	**937.10**	**3416.82**
东城区	Dongcheng District	49		6	43	37.98	18.88	16.45	10.37	11.16
西城区	Xicheng District	82	3	10	69	488.73	378.44	392.31	4.62	91.80
崇文区	Chongwen District	33	1	2	30	28.80	14.62	18.97	4.63	5.20
宣武区	Xuanwu District	50	2	7	41	43.06	34.68	40.82	1.60	0.63
朝阳区	Chaoyang District	830	5	65	760	667.42	345.28	407.02	95.14	165.26
丰台区	Fengtai District	553	4	38	511	387.43	209.85	298.94	13.73	74.76
石景山区	Shijingshan District	143	6	13	124	691.92	641.12	622.88	21.73	47.32
海淀区	Haidian District	1129	6	92	1031	1127.94	330.98	744.81	219.38	163.75
门头沟区	Mentougou District	108	1	7	100	68.90	42.75	62.75	1.89	4.27
房山区	Fangshan District	319	4	18	297	821.33	722.63	792.93	4.67	23.73
通州区	Tongzhou District	828		66	762	418.06	94.22	262.82	23.55	131.69
顺义区	Shunyi District	586	6	64	516	1215.73	420.26	300.22	57.43	858.08
昌平区	Changping District	599	1	40	558	704.82	485.41	604.70	20.74	79.38
大兴区	Daxing District	881		39	842	348.56	47.41	234.35	48.49	65.72
怀柔区	Huairou District	252	1	19	232	302.31	157.66	211.71	14.49	76.11
平谷区	Pinggu District	188		24	164	129.82	5.24	52.22	11.46	66.15
密云县	Miyun County	243		22	221	126.08	36.42	78.03	15.86	32.19
延庆县	Yanqing County	76		7	69	36.06	4.90	26.65	5.50	3.91
北京经济技术开发区	Beijing Economic-technological Development Zones	257	16	56	185	2028.67	237.72	151.13	361.82	1515.72
远洋捕捞	Deep-sea Fishing									
其他	Others									
天津市	**Tianjin**	**6001**	**51**	**540**	**5410**	**12128.65**	**4983.10**	**6628.30**	**804.97**	**4695.38**
和平区	Heping District	43	2	2	39	309.52	306.13	307.33	0.29	1.90
河东区	Hedong District	106	3	12	91	165.47	140.29	149.76	2.24	13.48
河西区	Hexi District	185	1	18	166	373.37	314.80	231.45	5.42	136.49
南开区	Nankai District	287	1	20	266	177.51	54.94	83.24	7.82	86.45
河北区	Hebei District	122	1	13	108	335.23	317.76	324.90	5.97	4.36
红桥区	Hongqiao District	63		3	60	41.28	28.65	36.46	1.97	2.85
塘沽区	Tanggu District	672	14	91	567	3705.36	1784.66	1355.61	392.05	1957.70
汉沽区	Hangu District	127	2	5	120	127.19	61.43	85.78	5.41	36.00
大港区	Dagang District	271	4	17	250	873.08	703.85	822.44	5.65	44.98
东丽区	Dongli District	547	3	49	495	1145.43	650.30	777.22	66.16	302.04
西青区	Xiqing District	1018	11	112	895	2180.14	322.33	696.15	103.35	1380.65
津南区	Jinnan District	599	1	38	560	508.67	9.38	315.72	53.95	139.00
北辰区	Beichen District	639	3	53	583	904.47	170.31	459.55	66.42	378.50
武清区	Wuqing District	408	1	38	369	323.52	10.12	113.02	66.57	143.93
宝坻区	Baodi District	324	1	20	303	124.63	6.85	102.77	1.92	19.94
宁河县	Ninghe County	155	2	12	141	163.41	28.76	145.88	9.21	8.32
静海县	Jinghai County	303	1	28	274	590.63	19.11	545.72	9.70	35.21
蓟县	Ji County	132		9	123	79.75	53.43	75.30	0.87	3.58
天津经济技术开发区	Tianjin Economic-technological Development Area									
天津港保税区	Tianjin Port Free Trade Zone									
天津滨海高新区	Tianjin Hi-Tech Industrial Park									
其他	Others									

3-15 续表 1 continued

地　区	Region	工业企业单位数(个) Number of Enterprises (unit)	大型企业 Large Enterprises	中型企业 Medium-sized Enterprises	小型企业 Small Enterprises	工业总产值(亿元) Gross Output Value of Industry (100 million yuan)	#国有及国有控股 State-owned and State-holding	工业总产值(亿元) Gross Output Value of Industry (100 million yuan) 内资企业 Domestic Funded Enterprises	港澳台商投资企业 Enterprises with Funds from Hong Kong, Macao and Taiwan	外商投资企业 Foreign Funded
河北省	**Hebei**	**12447**	**156**	**1301**	**10990**	**23030.73**	**6659.72**	**18956.41**	**1674.10**	**2400.22**
石家庄市	Shijiazhuang City	2314	27	198	2089	4100.63	749.19	3754.04	178.43	168.17
唐山市	Tangshan City	1633	42	211	1380	5794.03	1840.36	4748.28	565.66	480.09
秦皇岛市	Qinhuangdao City	604	8	61	535	1004.31	210.23	490.27	28.00	486.04
邯郸市	Handan City	975	23	122	830	3077.03	1243.10	2310.36	517.07	249.59
邢台市	Xingtai City	945	15	116	814	1414.48	241.29	1040.66	35.06	338.76
保定市	Baoding City	1489	16	175	1298	1706.33	493.39	1397.22	72.81	236.31
张家口市	Zhangjiakou City	442	8	60	374	687.91	463.59	586.47	6.37	95.08
承德市	Chengde City	566	7	70	489	1076.13	326.61	1059.36	8.11	8.66
沧州市	Cangzhou City	1571	2	112	1457	2013.24	848.88	1810.26	98.77	104.21
廊坊市	Langfang City	1045	6	117	922	1513.51	131.29	1180.42	134.61	198.49
衡水市	Hengshui City	863	2	59	802	643.12	111.79	579.07	29.22	34.83
其他	Others									
山西省	**Shanxi**	**4415**	**129**	**934**	**3352**	**10023.87**	**5199.80**	**9397.45**	**203.11**	**423.30**
太原市	Taiyuan City	515	25	78	412	1920.52	1337.84	1775.62	79.32	65.57
大同市	Datong City	327	8	51	268	603.43	428.72	555.07	3.03	45.33
阳泉市	Yangquan City	204	9	41	154	400.24	285.47	388.97	2.38	8.90
长治市	Changzhi City	422	16	114	292	1122.93	566.64	1067.30	2.10	53.54
晋城市	Jincheng City	255	12	105	138	603.15	368.01	526.25	6.25	70.64
朔州市	Shuozhou City	260	4	37	219	578.62	354.30	564.34		14.29
晋中市	Jinzhong City	661	9	123	529	823.91	242.47	726.57	56.45	40.89
运城市	Yuncheng City	453	15	115	323	952.44	315.79	918.48	5.56	28.40
忻州市	Xinzhou City	332	4	43	285	314.15	136.09	310.84	0.99	2.31
临汾市	Linfen City	507	9	118	380	1270.86	516.01	1223.86	25.24	21.76
吕梁市	Luliang City	477	16	109	352	1027.21	242.05	933.75	21.78	71.68
其他	Others	2	2			406.40	406.40	406.40		
内蒙古自治区	**Inner Mongolia**	**3993**	**53**	**468**	**3472**	**8576.81**	**3377.10**	**7693.60**	**229.76**	**653.44**
呼和浩特市	Hohhot City	317	4	50	263	927.64	399.01	635.44	121.98	170.22
包头市	Baotou City	573	13	78	482	1932.55	1337.09	1852.94	12.25	67.36
呼伦贝尔市	Hulunbuir City	346	3	27	316	389.99	137.69	354.17	10.29	25.53
兴安盟	Xingan League	112	1	9	102	93.03	18.61	83.24	0.70	9.09
通辽市	Tongliao City	433	4	54	375	936.96	214.28	816.56	11.25	109.15
赤峰市	Chifeng City	506	9	65	432	791.67	273.63	759.91	12.21	19.55
锡林郭勒盟	Xilingol League	344	1	17	326	371.38	147.68	360.14	4.72	6.52
乌兰察布市	Ulanqab City	372		31	341	464.79	123.86	461.39	0.12	3.28
鄂尔多斯市	Erdos City	469	12	51	406	1613.58	463.40	1393.76	23.14	196.68
巴彦淖尔市	Bayannur City	231	2	35	194	495.02	65.33	433.55	27.73	33.74
乌海市	Wuhai City	176	2	25	149	300.84	141.26	291.80	5.37	3.67
阿拉善盟	Alxa League	112	2	25	85	259.36	55.26	250.70		8.66
其他	Others	2		1	1					
辽宁省	**Liaoning**	**17269**	**127**	**1008**	**16134**	**22720.54**	**9262.58**	**17961.28**	**863.65**	**3895.62**
沈阳市	Shenyang City	4659	33	192	4434	6214.67	1548.80	4736.53	318.40	1159.74
大连市	Dalian City	3541	37	255	3249	5081.81	2411.35	2988.27	148.68	1944.86
鞍山市	Anshan City	1252	7	80	1165	1664.63	858.33	1589.69	25.43	49.51
抚顺市	Fushun City	847	8	50	789	1142.18	698.36	1058.16	42.50	41.53
本溪市	Benxi City	498	3	43	452	850.69	632.37	831.23	8.21	11.24
丹东市	Dandong City	920	2	44	874	480.80	50.08	388.50	21.53	70.77
锦州市	Jinzhou City	746	5	44	697	1014.09	382.00	847.63	49.37	117.09
营口市	Yingkou City	1266	4	78	1184	1264.38	171.38	870.05	78.29	316.04

3-15 续表 2 continued

地 区	Region	工业企业单位数(个) Number of Enterprises (unit)	大型企业 Large Enterprises	中型企业 Medium-sized Enterprises	小型企业 Small Enterprises	工业总产值(亿元) Gross Output Value of Industry (100 million yuan)	#国有及国有控股 State-owned and State-holding	工业总产值(亿元) Gross Output Value of Industry (100 million yuan): 内资企业 Domestic Funded Enterprises	港澳台商投资企业 Enterprises with Funds from Hong Kong, Macao and Taiwan	外商投资企业 Foreign Funded
阜新市	Fuxin City	303	3	36	264	242.88	103.11	218.85	8.42	15.62
辽阳市	Liaoyang City	640	6	46	588	1091.41	372.81	890.55	123.23	77.63
盘锦市	Panjin City	411	3	17	391	1125.79	785.06	1093.61	0.55	31.63
铁岭市	Tieling City	1242	3	31	1208	819.57	117.09	765.82	25.31	28.44
朝阳市	Chaoyang City	617	3	55	559	497.13	71.31	474.37	12.20	10.57
葫芦岛市	Huludao City	326	9	37	280	695.56	525.58	673.07	1.54	20.95
其他	Others	1	1			534.95	534.95	534.95		
吉林省	**Jilin**	**4393**	**43**	**407**	**3943**	**8369.01**	**4209.18**	**6177.62**	**169.20**	**2022.19**
长春市	Changchun City	1035	17	130	888	3510.65	2261.21	1657.08	73.21	1780.36
吉林市	Jilin City	825	9	60	756	1542.78	761.68	1453.04	26.34	63.40
四平市	Siping City	371	3	44	324	528.30	78.73	483.90	24.00	20.40
辽源市	Liaoyuan City	296	1	26	269	311.44	38.80	291.59	6.33	13.52
通化市	Tonghua City	527	2	40	485	597.39	242.53	576.67	12.07	8.63
白山市	Baishan City	329	2	35	292	350.78	78.17	319.53	8.21	23.04
松原市	Songyuan City	412	4	17	391	814.68	403.54	768.18	1.24	45.26
白城市	Baicheng City	217		12	205	141.15	10.07	120.88	1.72	18.55
延边朝鲜族自治州	Yanbian Korean A.P	378	2	43	333	329.99	106.30	264.89	16.07	49.03
其他	Others	3	3			241.85	228.15	241.85		
黑龙江省	**Heilongjiang**	**4392**	**69**	**492**	**3831**	**7624.50**	**5143.90**	**6933.10**	**111.60**	**579.80**
哈尔滨市	Harbin City	1633	26	158	1449	1824.77	1136.09	1430.17	23.32	371.28
齐齐哈尔市	Qiqihar City	364	11	59	294	603.70	312.10	544.51	11.29	47.49
鸡西市	Jixi City	153	3	18	132	178.75	63.80	146.17	29.71	2.88
鹤岗市	Hegang City	100	1	8	91	159.40	85.40	152.21		
双鸭山市	Shuangyashan City	182	4	13	165	213.10	67.60	209.00		4.00
大庆市	Daqing City	560	9	48	503	3208.20	2945.10	3150.80	13.90	29.00
伊春市	Yichun City	157	1	19	137	111.80	9.30	103.10	2.20	6.50
佳木斯市	Jiamusi City	234	1	29	204	170.61	35.80	140.40	3.91	26.31
七台河市	Qitaihe City	95	2	21	72	233.86	100.60	233.74		
牡丹江市	Mudanjiang City	440	4	48	388	251.30	64.60	172.63	19.18	48.33
黑河市	Heihe City	99		13	86	45.20	9.50	41.23		
绥化市	Suihua City	184	2	32	150	180.70	39.20	155.70	1.80	23.20
大兴安岭地区	Daxing'anling Prefecture	25		3	22	13.40	6.51	12.77	0.18	0.45
农垦总局	Agriculture Reclamation Bureau	165	4	23	138	226.30	173.00			
其他	Others									
上海市	**Shanghai**	**18792**	**111**	**1572**	**17109**	**25121.19**	**8109.56**	**10129.00**	**4236.51**	**10755.68**
黄浦区	Huangpu District	2714	28	247	2439	5118.17	2059.38	2079.89	484.34	2553.94
卢湾区	Luwan District	50	2	8	40	90.34	60.19	75.90	1.35	13.10
徐汇区	Xuhui District	37		9	28	60.56	49.13	39.69		20.87
长宁区	Changning District	396	6	42	348	543.86	154.27	203.10	68.05	272.71
静安区	Jingan District	119		13	106	91.14	17.42	65.93	13.30	11.90
普陀区	Putuo District	35		2	33	31.19	2.84	27.04	2.44	1.71
闸北区	Zhabei District	363	1	29	333	229.89	72.10	121.87	24.88	83.14
虹口区	Hongkou District	162	1	21	140	137.71	59.03	88.63	2.28	46.81
杨浦区	Yangpu District	103		10	93	67.00	15.55	46.27	2.56	18.17
闵行区	Minhang District	245	3	21	221	617.54	484.76	529.61	18.29	69.64
宝山区	Baoshan District	2283	20	222	2041	3473.90	740.60	900.09	295.33	2278.47
嘉定区	Jiading District	1202	4	79	1119	2342.08	1624.45	1841.15	90.84	410.08

3-15 续表 3 continued

地 区	Region	工业企业单位数(个) Number of Enterprises (unit)	大型企业 Large Enterprises	中型企业 Medium-sized Enterprises	小型企业 Small Enterprises	工业总产值(亿元) Gross Output Value of Industry (100 million yuan)	#国有及国有控股 State-owned and State-holding	工业总产值(亿元) Gross Output Value of Industry (100 million yuan) 内资企业 Domestic Funded Enterprises	港澳台商投资企业 Enterprises with Funds from Hong Kong, Macao and Taiwan	外商投资企业 Foreign Funded
浦东新区	Pudong New District	2389	8	225	2156	2366.84	591.03	653.04	254.53	1459.27
金山区	Jinshan District	1053	3	66	984	1180.75	571.18	393.30	601.36	186.08
松江区	Songjiang District	1448	5	98	1345	1182.33	162.78	431.93	161.94	588.47
青浦区	Qingpu District	1779	1	92	1686	1055.03	40.02	520.68	97.59	436.76
南汇区	Nanhui District	2375	17	224	2134	3671.29	30.31	494.43	1867.01	1309.85
奉贤区	Fengxian District	1677	8	137	1532	1115.58	21.81	382.13	181.31	552.14
崇明县	Chongming County	321	1	18	302	267.15	133.27	218.88	37.93	10.34
其他	Others	41	3	9	29	1478.84	1219.43	1015.45	31.17	432.22
江苏省	**Jiangsu**	**45818**	**359**	**3628**	**41831**	**64497.10**	**7590.55**	**37532.41**	**7993.61**	**18971.08**
南京市	Nanjing City	2194	40	236	1918	6472.23	2377.26	3966.93	674.99	1830.31
无锡市	Wuxi City	5560	60	618	4882	10214.75	557.26	6196.60	1412.64	2605.51
徐州市	Xuzhou City	2289	13	98	2178	2846.68	800.97	2460.96	202.40	183.31
常州市	Changzhou City	4959	19	378	4562	5177.16	238.09	3425.13	764.11	987.93
苏州市	Suzhou City	9959	153	1393	8413	18685.13	395.42	6188.59	2824.95	9671.59
南通市	Nantong City	5844	12	250	5582	5162.42	274.29	3216.09	601.76	1344.57
连云港市	Lianyungang City	1262	3	55	1204	973.98	131.48	619.49	84.03	270.46
淮安市	Huaian City	1116	5	84	1027	1254.88	206.63	1057.18	85.46	112.25
盐城市	Yancheng City	2910	13	121	2776	2515.92	53.76	2014.01	131.28	370.63
扬州市	Yangzhou City	3023	12	145	2866	3517.56	723.67	2596.79	576.54	344.23
镇江市	Zhenjiang City	2504	14	176	2314	2780.32	212.97	1784.75	402.69	592.88
泰州市	Taizhou City	2849	16	122	2711	2949.82	198.39	2131.18	312.49	506.15
宿迁市	Suqian City	1347	3	35	1309	581.82	55.93	540.78	11.49	29.55
浙江省	**Zhejiang**	**58816**	**194**	**4319**	**54303**	**40832.10**	**5308.87**	**29756.81**	**4829.03**	**6246.25**
杭州市	Hangzhou City	9907	36	715	9156	9379.58	1239.14	6355.44	1156.24	1867.89
宁波市	Ningbo City	12120	31	959	11130	8537.91	1938.69	4863.34	1770.64	1903.92
温州市	Wenzhou City	7451	13	567	6871	3508.43	302.69	3187.66	87.91	232.86
嘉兴市	Jiaxing City	6735	24	458	6253	3839.43	453.35	2459.41	443.89	936.13
湖州市	Huzhou City	3264	6	175	3083	2138.50	160.70	1761.50	177.67	199.33
绍兴市	Shaoxing City	5213	38	508	4667	5390.20	333.23	4086.55	812.04	491.61
金华市	Jinhua City	5253	18	332	4903	2482.54	263.70	2225.96	100.05	156.53
衢州市	Quzhou City	1114	3	60	1051	743.30	134.09	674.60	31.66	37.04
舟山市	Zhoushan City	590	6	44	540	671.87	33.60	494.00	62.38	115.49
台州市	Taizhou City	5973	17	393	5563	3060.86	225.56	2679.77	142.91	238.18
丽水市	Lishui City	1315	3	88	1224	791.62	51.01	758.82	6.21	26.59
安徽省	**Anhui**	**11392**	**73**	**798**	**10521**	**11162.16**	**4834.94**	**9686.32**	**438.26**	**1037.58**
合肥市	Hefei City	1518	15	151	1352	2515.88	1213.50	1957.82	124.75	433.31
芜湖市	Wuhu City	1264	7	80	1177	1284.78	564.38	963.33	88.71	232.74
蚌埠市	Bengbu City	441	6	40	395	369.97	117.48	303.54	39.47	26.96
淮南市	Huainan City	247	5	33	209	556.82	418.63	505.73	47.69	3.40
马鞍山市	Maanshan City	588	5	32	551	1162.15	842.06	1041.31	18.89	101.95
淮北市	Huaibei City	478	5	29	444	479.31	318.91	449.89	12.41	17.01
铜陵市	Tongling City	257	5	22	230	663.87	470.34	651.04	6.10	6.73
安庆市	Anqing City	1190	5	60	1125	778.76	298.74	747.32	14.08	17.36
黄山市	Huangshan City	446	1	13	432	206.89	5.36	198.76	5.20	2.93
滁州市	Chuzhou City	924	4	72	848	584.06	122.28	496.20	8.07	79.79
阜阳市	Fuyang City	501	3	38	460	394.49	129.93	361.42	3.21	29.86
宿州市	Suzhou City	578	1	43	534	356.00	91.77	345.25	3.08	7.67

3-15 续表 4 continued

地 区	Region	工业企业单位数(个) Number of Enterprises (unit)	大型企业 Large Enterprises	中型企业 Medium-sized Enterprises	小型企业 Small Enterprises	工业总产值(亿元) Gross Output Value of Industry (100 million yuan)	#国有及国有控股 State-owned and State-holding	工业总产值(亿元) Gross Output Value of Industry (100 million yuan) 内资企业 Domestic Funded Enterprises	港澳台商投资企业 Enterprises with Funds from Hong Kong, Macao and Taiwan	外商投资企业 Foreign Funded
巢湖市	Chaohu City	595	4	43	548	508.00	77.57	485.59	2.04	20.37
六安市	Liuan City	771	2	60	709	432.91	36.57	367.41	51.68	13.82
亳州市	Bozhou City	298	4	25	269	190.61	72.99	188.25	0.35	2.01
池州市	Chizhou City	351		14	337	147.97	56.12	137.56	3.48	6.93
宣城市	Xuancheng City	945	1	43	901	594.56	63.16	550.78	9.05	34.73
其他	Others									
福建省	**Fujian**	**17212**	**95**	**1729**	**15388**	**15212.81**	**2101.07**	**7277.49**	**4140.59**	**3794.73**
福州市	Fuzhou City	2899	18	315	2566	3276.52	456.05	1501.91	1027.36	747.26
厦门市	Xiamen City	2076	28	309	1739	2978.07	437.92	718.66	773.42	1485.98
莆田市	Putian City	997	4	105	888	800.42	21.17	405.84	203.55	191.03
三明市	Sanming City	1383	5	59	1319	877.88	314.09	802.16	53.97	21.75
泉州市	Quanzhou City	4892	29	643	4220	4271.40	411.29	1849.81	1520.48	901.11
漳州市	Zhangzhou City	1861	3	139	1719	1244.26	77.43	528.13	423.16	292.98
南平市	Nanping City	1132	4	51	1077	526.67	108.73	446.62	26.24	53.81
龙岩市	Longyan City	1141	3	59	1079	716.12	213.40	558.25	84.32	73.55
宁德市	Ningde City	830		49	781	521.46	60.99	466.10	28.09	27.27
江西省	**Jiangxi**	**6226**	**36**	**498**	**5692**	**8208.73**	**2588.17**	**6944.29**	**536.70**	**727.74**
南昌市	Nanchang City	941	14	71	856	1806.75	816.36	1367.82	128.47	310.47
景德镇市	Jingdezhen City	335	5	28	302	380.91	175.60	357.35	10.53	13.04
萍乡市	Pingxiang City	659	3	12	644	566.33	48.54	558.41	6.41	1.51
九江市	Jiujiang City	641	4	68	569	855.33	323.54	751.57	35.79	67.97
新余市	Xinyu City	331	2	31	298	724.39	308.31	568.81	6.12	149.46
鹰潭市	Yingtan City	139	1	18	120	906.52	564.24	902.72	2.14	1.66
赣州市	Ganzhou City	675	2	70	603	748.41	101.07	525.00	131.38	92.04
吉安市	Jian City	605		46	559	538.00	45.19	447.34	42.04	48.62
宜春市	Yichun City	672	4	76	592	670.14	92.46	587.61	62.23	20.30
抚州市	Fuzhou City	584		36	548	408.14	21.63	357.59	39.63	10.92
上饶市	Shangrao City	644	1	42	601	603.80	91.24	520.07	71.97	11.76
山东省	**Shandong**	**42629**	**357**	**3319**	**38953**	**62958.53**	**16994.81**	**46435.98**	**2063.28**	**9472.19**
济南市	Jinan City	2016	17	182	1817	3862.64	2235.72	3503.64	95.20	263.81
青岛市	Qingdao City	5628	48	519	5061	8122.43	2456.53	5430.49	405.53	2286.41
淄博市	Zibo City	3352	26	283	3043	5434.42	1687.78	4761.73	112.18	560.51
枣庄市	Zaozhuang City	1500	10	79	1411	2204.16	561.84	2049.12	50.73	104.30
东营市	Dongying City	870	23	81	766	4280.25	2074.77	3936.29	55.11	288.85
烟台市	Yantai City	3805	38	334	3433	7988.23	1440.02	4920.87	609.75	2457.62
潍坊市	Weifang City	4835	40	334	4461	5318.13	1022.84	4357.67	295.37	665.08
济宁市	Jining City	3416	25	189	3202	3199.44	1342.46	2776.71	29.23	393.51
泰安市	Taian City	1501	17	162	1321	2730.39	850.92	2588.15	13.23	129.01
威海市	Weihai City	2072	31	291	1750	4195.55	217.23	2759.68	105.93	1329.94
日照市	Rizhao City	946	4	92	850	1525.80	164.36	1249.34	41.06	232.61
莱芜市	Laiwu City	414	9	35	370	1133.12	615.68	1067.28	6.31	59.53
临沂市	Linyi City	3702	25	206	3471	3244.05	305.04	2624.91	117.94	501.20
德州市	Dezhou City	3138	13	223	2902	2808.95	465.55	2620.88	34.48	153.60
聊城市	Liaocheng City	2116	17	124	1976	2682.75	689.91	2562.75	29.22	85.69
滨州市	Binzhou City	1472	15	105	1352	2815.45	490.37	2600.97	113.93	100.55
菏泽市	Heze City	1858	4	88	1766	1451.04	311.10	1327.58	34.66	88.79

3-15 续表 5 continued

地 区	Region	工业企业单位数(个) Number of Enterprises (unit)	大型企业 Large Enterprises	中型企业 Medium-sized Enterprises	小型企业 Small Enterprises	工业总产值(亿元) Gross Output Value of Industry (100 million yuan)	#国有及国有控股 State-owned and State-holding	工业总产值(亿元) Gross Output Value of Industry (100 million yuan)		
								内资企业 Domestic Funded Enterprises	港澳台商投资企业 Enterprises with Funds from Hong Kong, Macao and Taiwan	外商投资企业 Foreign Funded
河南省	**Henan**	**15795**	**166**	**1679**	**13950**	**26028.41**	**6987.91**	**24198.85**	**703.40**	**1126.16**
郑州市	Zhengzhou City	2247	25	273	1949	4326.55	879.36	3900.06	151.29	275.20
开封市	Kaifeng City	968	8	109	851	891.18	62.19	863.33	9.57	18.28
洛阳市	Luoyang City	1424	20	144	1260	2711.52	1379.49	2608.75	20.84	81.93
平顶山市	Pingdingshan City	739	7	76	656	1567.68	832.38	1417.54	53.80	96.34
安阳市	Anyang City	727	9	104	614	1933.89	533.14	1911.40	10.25	12.24
鹤壁市	Hebi City	409	3	41	365	610.67	120.20	585.80	13.99	10.88
新乡市	Xinxiang City	904	13	156	735	1460.82	196.86	1282.80	28.56	149.46
焦作市	Jiaozuo City	981	12	132	837	1948.58	410.35	1817.98	62.76	67.84
濮阳市	Puyang City	580	4	52	524	1123.01	401.79	1093.21	23.00	6.80
许昌市	Xuchang City	1091	7	75	1009	1632.70	267.04	1553.48	22.75	56.47
漯河市	Luohe City	586	8	78	500	1043.41	91.20	808.11	199.19	36.11
三门峡市	Sanmenxia City	567	6	52	509	1399.15	505.13	1241.69	39.28	118.18
南阳市	Nanyang City	1260	14	94	1152	1564.37	416.15	1502.78	32.55	29.04
商丘市	Shangqiu City	530	4	48	478	878.85	377.30	867.26	8.43	3.16
信阳市	Xinyang City	804	5	76	723	699.15	83.45	674.18	7.45	17.52
周口市	Zhoukou City	752	9	54	689	836.89	101.05	775.14	3.21	58.54
驻马店市	Zhumadian City	1011	6	95	910	759.22	139.78	695.67	15.07	48.48
其他	Others	213	4	20	189	640.78	191.04	599.68	1.42	39.68
湖北省	**Hubei**	**12067**	**91**	**960**	**11016**	**9200.65**	**4700.00**	**6726.04**	**367.00**	**2107.61**
武汉市	Wuhan City	2153	54	260	1839	4338.28	2647.02	2201.00	201.00	650.00
黄石市	Huangshi City	490	8	54	428	865.57	312.19	637.28	15.40	212.89
十堰市	Shiyan City	622	6	49	567	633.90	367.71	366.84	2.54	264.00
宜昌市	Yichang City	948	8	111	829	1187.73	541.20	1058.73	89.59	39.41
襄樊市	Xiangfan City	1066	20	80	966	1110.15	616.98	836.53	21.33	252.29
鄂州市	Ezhou City	405	1	11	393	387.27	187.85	349.28	17.79	20.20
荆门市	Jingmen City	784	9	56	719	717.63	281.70	669.76	24.93	22.94
孝感市	Xiaogan City	856	18	75	763	620.00	145.00	567.00	21.00	32.00
荆州市	Jingzhou City	903	3	69	831	579.60	129.03	523.59	25.68	30.33
黄冈市	Huanggang City	1164	1	22	1141	468.92	32.65	389.50	52.18	27.24
咸宁市	Xianning City	627	1	43	583	359.70	40.00	305.10	40.30	14.30
随州市	Suizhou City	509		27	482	288.05	89.24	236.25	29.87	21.89
恩施土家族苗族自治州	Enshi Tujia & Miao A.P	286		18	268	88.70	53.20	87.60	0.60	0.50
仙桃市	Xiantao City	314	1	16	297	271.13	12.93	209.62	30.89	30.62
天门市	Tianmen City	225		14	211	170.22	0.66	151.25	10.84	8.11
潜江市	Qianjiang City	237	2	24	211	354.50	168.73	327.14	2.03	25.33
神农架林区	Shennongjia Forest District	16		1	15	255.90	221.25	235.60	1.20	19.10
湖南省	**Hunan**	**10982**	**56**	**627**	**10299**	**11250.53**	**4032.50**	**10424.66**	**443.12**	**382.74**
长沙市	Changsha City	2089	11	133	1945	2375.31	724.02	2120.38	80.36	174.58
株洲市	Zhuzhou City	1144	9	68	1067	988.76	466.95	867.60	46.22	74.94
湘潭市	Xiangtan City	720	9	32	679	930.35	496.74	902.92	9.95	17.48
衡阳市	Hengyang City	892	3	62	827	1048.20	290.33	996.57	42.54	9.09
邵阳市	Shaoyang City	694	1	38	655	401.72	53.24	388.03	8.70	4.98
岳阳市	Yueyang City	1065	5	41	1019	1689.73	674.92	1598.73	44.43	46.57
常德市	Changde City	785	3	65	717	776.10	387.77	673.94	82.38	19.77
张家界市	Zhangjiajie City	103		5	98	62.09	11.63	58.42	3.26	0.41
益阳市	Yiyang City	627	2	29	596	433.40	79.03	405.02	20.47	7.90
郴州市	Chenzhou City	941	6	44	891	743.63	131.42	673.43	65.79	4.41

3-15 续表 6 continued

地区	Region	工业企业单位数(个) Number of Enterprises (unit)	大型企业 Large Enterprises	中型企业 Medium-sized Enterprises	小型企业 Small Enterprises	工业总产值(亿元) Gross Output Value of Industry (100 million yuan)	#国有及国有控股 State-owned and State-holding	工业总产值(亿元) Gross Output Value of Industry (100 million yuan) 内资企业 Domestic Funded Enterprises	港澳台商投资企业 Enterprises with Funds from Hong Kong, Macao and Taiwan	外商投资企业 Foreign Funded
永州市	Yongzhou City	570		22	548	332.14	84.69	291.78	29.35	11.01
怀化市	Huaihua City	515	2	29	484	387.75	119.96	380.89	2.83	4.03
娄底市	Loudi City	508	4	33	471	837.75	445.72	825.67	5.78	6.30
湘西土家族苗族自治州	West Hunan Tujia & Miao A.P	330	1	28	301	215.70	40.24	213.59	0.86	1.26
广东省	**Guangdong**	**52603**	**423**	**6140**	**46040**	**65424.61**	**11144.50**	**27628.89**	**18690.88**	**19104.84**
广州市	Guangzhou City	7442	58	735	6649	10514.91	3356.22	3739.32	2265.09	4510.50
韶关市	Shaoguan City	507	6	60	441	670.43	405.24	540.23	119.95	10.25
深圳市	Shenzhen City	8930	116	1356	7458	15854.28	2834.23	5091.98	4730.55	6031.75
珠海市	Zhuhai City	1395	21	191	1183	2496.68	532.99	686.13	587.82	1222.73
汕头市	Shantou City	2339	4	127	2208	1330.51	159.48	964.95	182.64	182.92
佛山市	Foshan City	7997	43	727	7227	10658.47	588.14	6703.00	2421.11	1534.36
江门市	Jiangmen City	3164	17	295	2852	2709.55	232.57	1254.48	1030.34	424.73
湛江市	Zhanjiang City	798	5	74	719	1139.85	383.71	528.83	543.68	67.34
茂名市	Maoming City	737	4	32	701	1199.78	834.20	1141.12	38.99	19.67
肇庆市	Zhaoqing City	1035	6	101	928	964.05	113.75	525.35	313.02	125.68
惠州市	Huizhou City	1875	21	288	1566	2600.26	451.12	388.46	955.03	1256.77
梅州市	Meizhou City	454	1	48	405	333.56	98.05	239.48	67.57	26.51
汕尾市	Shanwei City	277	1	34	242	257.81	46.19	118.95	121.44	17.42
河源市	Heyuan City	419	5	57	357	519.56	56.35	293.15	167.31	59.10
阳江市	Yangjiang City	623	1	41	581	448.05	32.11	300.87	83.94	63.24
清远市	Qingyuan City	774	3	117	654	1646.06	104.24	861.05	621.73	163.28
东莞市	Dongguan City	5954	80	1201	4673	6632.82	545.04	1469.48	2968.47	2194.87
中山市	ZhongShan City	5078	27	500	4551	3766.54	138.40	1646.01	1129.08	991.45
潮州市	Chaozhou City	1008	2	48	958	521.38	83.43	351.28	88.46	81.64
揭阳市	Jieyang City	1416		73	1343	885.66	95.71	634.45	187.98	63.23
云浮市	Yunfu City	381	2	35	344	274.42	53.32	150.37	66.66	57.38
广西壮族自治区	**Guangxi**	**5157**	**28**	**485**	**4644**	**5945.17**	**2283.07**	**4648.85**	**393.39**	**902.93**
南宁市	Nanning City	1035	4	82	949	864.96	424.27	743.73	50.07	71.16
柳州市	Liuzhou City	727	10	70	647	1455.17	1006.18	1116.95	16.30	321.91
桂林市	Guilin City	765	2	75	688	631.83	154.37	532.15	9.89	89.79
梧州市	Wuzhou City	390		37	353	389.28	59.00	282.86	79.43	26.99
北海市	Beihai City	178		27	151	253.05	92.95	196.71	23.58	32.76
防城港市	Fangchenggang City	129		11	118	278.66	38.32	119.92	18.16	140.57
钦州市	Qinzhou City	289		22	267	256.16	43.11	171.83	45.37	38.96
贵港市	Guigang City	322	1	29	292	264.97	41.47	218.38	24.24	22.35
玉林市	Yulin City	542	2	40	500	369.85	55.53	230.41	19.39	120.05
百色市	Baise City	212	3	46	163	358.15	245.33			
贺州市	Hezhou City	145		12	133	123.99	32.12	105.61	9.25	3.14
河池市	Hechi City	256	2	35	219	247.88	102.77	235.06	1.70	11.08
来宾市	Laibin City	166	2	23	141	212.66	92.34	168.30	3.76	40.60
崇左市	Chongzuo City	160	3	27	130	208.48	35.71	135.41	47.17	25.90
海南省	**Hainan**	**548**	**5**	**94**	**449**	**1103.07**	**274.86**	**521.47**	**26.47**	**555.13**
海口市	Haikou City	213	1	35	177	310.31	113.41	225.63	17.74	66.95
三亚市	Sanya City	31		7	24	26.28	10.50	22.17	3.24	4.11
其他	Others	304	4	52	248	766.48	150.95	273.67	5.49	484.07

3-15 续表 7 continued

地　区	Region	工业企业单位数(个) Number of Enterprises (unit)	大型企业 Large Enterprises	中型企业 Medium-sized Enterprises	小型企业 Small Enterprises	工业总产值(亿元) Gross Output Value of Industry (100 million yuan)	#国有及国有控股 State-owned and State-holding	工业总产值(亿元) Gross Output Value of Industry (100 million yuan) 内资企业 Domestic Funded Enterprises	港澳台商投资企业 Enterprises with Funds from Hong Kong, Macao and Taiwan	外商投资企业 Foreign Funded
重庆市	**Chongqing**	**4741**	**59**	**492**	**4190**	**5599.26**	**2513.42**	**4526.37**	**162.74**	**910.14**
万州区	Wanzhou District	155	1	26	128	173.83	70.32	148.44	5.57	19.82
涪陵区	Fuling District	205	5	17	183	308.58	156.70	273.53	0.54	34.51
渝中区	Yuzhong District	15	2	1	12	22.42	20.30	22.42		
大渡口区	Dadukou District	133	5	22	106	312.57	229.35	129.63	4.52	178.41
江北区	Jiangbei District	168	6	27	135	299.62	176.56	257.45	8.79	33.38
沙坪坝区	Shapingba District	330	3	42	285	462.46	140.03	430.96	7.96	23.53
九龙坡区	Jiulongpo District	364	8	43	313	666.60	415.48	604.18	7.12	55.30
南岸区	Nanan District	295	4	34	257	389.91	124.58	289.09	32.58	68.23
北碚区	Beibei District	203	3	26	174	265.16	53.13	248.29	0.63	16.22
万盛区	Wansheng District	42	1	2	39	32.96	23.68	31.23	1.73	
双桥区	Shuangqiao District	32	1	2	29	82.47	65.93	77.81		4.65
渝北区	Yubei District	269	2	51	216	605.14	327.46	287.29	22.97	294.88
巴南区	Banan District	232	4	28	200	351.25	149.96	240.25	39.38	71.62
黔江区	Qianjiang District	24		4	20	43.85	31.30	43.85		
长寿区	Changshou District	129	2	10	117	155.35	73.50	116.86	7.35	31.13
江津区	Jiangjin District	179	3	20	156	235.46	115.14	170.51	12.06	52.88
合川区	Hechuan District	179		10	169	88.12	20.95	82.51	0.37	5.23
永川区	Yongchuan District	192		13	179	136.72	41.54	128.53	6.53	1.66
南川区	Nanchuan District	104	2	5	97	88.66	5.38	87.75		0.91
四川省	**Sichuan**	**13725**		**1423**	**12302**	**14761.00**	**4712.85**	**13506.64**	**1254.36**	
成都市	Chengdu City	4308		428	3880	4233.30	1084.96	3454.75	778.55	
自贡市	Zigong City	602		59	543	662.17	228.68	623.93	38.24	
攀枝花市	Panzhihua City	389		55	334	743.74	435.49	738.08	5.66	
泸州市	Luzhou City	616		49	567	512.95	187.01	498.43	14.52	
德阳市	Deyang City	1106		89	1017	950.05	352.93	843.52	106.53	
绵阳市	Mianyang City	926		80	846	797.15	421.83	702.21	94.94	
广元市	Guangyuan City	246		20	226	158.35	31.24	146.24	12.11	
遂宁市	Suining City	350		45	305	383.39	50.52	377.92	5.47	
内江市	Neijiang City	622		63	559	716.33	46.52	690.78	25.55	
乐山市	Leshan City	784		104	680	798.69	114.49	747.33	51.36	
南充市	Nanchong City	498		48	450	668.95	96.75	649.84	19.11	
眉山市	Meishan City	609		53	556	463.46	70.29	435.45	28.01	
宜宾市	Yibin City	481		83	398	739.85	416.06	724.23	15.62	
广安市	Guangan City	261		32	229	287.39	40.72	274.62	12.77	
达州市	Dazhou City	459		45	414	574.09	50.70	567.62	6.47	
雅安市	Yaan City	410		31	379	177.98	45.36	166.80	11.18	
巴中市	Bazhong City	97		12	85	79.82	37.84	79.06	0.76	
资阳市	Ziyang City	456		59	397	629.86	51.42	622.31	7.55	
阿坝藏族羌族自治州	Aba Zang & Qiang A.P	78		8	70	31.91	16.27	31.56	0.35	
甘孜藏族自治州	Ganzi Zang A.P	54		4	50	32.05	20.78	32.01	0.04	
凉山彝族自治州	Liangshan Yi A.P	368		51	317	318.80	111.43	299.22	19.58	
贵州省	**Guizhou**	**2676**	**31**	**325**	**2320**	**3111.13**	**1878.69**	**2995.35**	**39.38**	**76.39**
贵阳市	Guiyang City	520	11	94	415	937.70	565.34	818.69	16.94	31.09
六盘水市	Liupanshui City	125	5	18	102	497.19	360.34		0.12	3.40
遵义市	Zunyi City	413	5	52	356	672.52	236.75	464.32	2.97	7.67
安顺市	Anshun City	168		23	145	126.32	44.15	99.39	5.57	2.17
铜仁地区	Tongren Prefecture	229		12	217	141.15	61.74	117.89		
黔西南布依族苗族自治州	Southwest Guizhou Buyi & Miao A.P	229		30	199	215.19	72.77	177.77	1.58	9.49

3-15 续表 8 continued

地　区	Region	工业企业单位数(个) Number of Enterprises (unit)	大型企业 Large Enterprises	中型企业 Medium-sized Enterprises	小型企业 Small Enterprises	工业总产值(亿元) Gross Output Value of Industry (100 million yuan)	#国有及国有控股 State-owned and State-holding	工业总产值(亿元) Gross Output Value of Industry (100 million yuan) 内资企业 Domestic Funded Enterprises	港澳台商投资企业 Enterprises with Funds from Hong Kong, Macao and Taiwan	外商投资企业 Foreign Funded
毕节地区	Bijie Prefecture	371		30	341	253.60	87.63	220.72	0.54	0.87
黔东南苗族侗族自治州	Southeast Guizhou Miao & Dong A.P	248		10	238	188.16	65.83	145.63	3.41	3.34
黔南布依族苗族自治州	South Guizhou Buyi & Miao A.P	318	1	20	297	252.22	105.85	214.66	5.51	6.26
云南省	**Yunnan**	**3320**	**40**	**511**	**2769**	**5144.58**				
昆明市	Kunming City	939	11	126	802	1964.90	1643.84			
曲靖市	Qujing City	414	4	54	356	337.09	330.15	342.67	34.42	
玉溪市	Yuxi City	325	3	64	258	781.45	469.03	758.96	7.57	14.92
保山市	Baoshan City	102	1	8	93	69.00	1.73	61.02	3.62	4.03
昭通市	Zhaotong City	262	2	18	242	155.55	53.88	150.99	4.56	
丽江市	Lijiang City	70				43.38				
普洱市	Puer City	100		20	80	69.94	40.83	60.20	0.13	8.30
临沧市	Lincang City	78		22	56	62.68	12.20	58.50	4.16	
楚雄彝族自治州	Chuxiong Yi A.P	36	3	20	13	227.10	103.76	115.00	5.46	2.87
红河哈尼族彝族自治州	Honghe Hani & Yi A.P	169	5	37	127	592.37	356.08	578.00	7.00	4.65
文山壮族苗族自治州	Wenshan Zhuang & Miao A.P	127		5	122	139.17	16.17	134.64	0.50	
西双版纳傣族自治州	Xishuangbanna Dai A.P	64		6	58	33.58	8.55	22.84	2.19	
大理白族自治州	Dali Bai A.P	173	3	34	136	214.17	68.85	197.90	5.37	10.90
德宏傣族景颇族自治州	Dehong Dai & Jingpo A.P	66	1	11	54	40.56	7.29	29.23	8.73	1.15
怒江傈僳族自治州	Nujiang Lisu A.P	12		2	10	30.07				
迪庆藏族自治州	Diqing Zang A.P	25				19.50				
西藏自治区	**Tibet A.R.**	**88**	**1**	**9**	**78**	**48.18**	**21.38**	**44.12**		**4.06**
拉萨市	Lhasa City	54	1	6	47	32.47	12.45	29.25		3.23
昌都地区	Qamdu Prefecture	4			4	2.24	1.41	1.41		0.83
山南地区	Lhokha Prefecture	6		1	5	5.47	3.17	5.47		
日喀则地区	Xigaze Prefecture	12		1	11	2.92	2.01	2.91		
那曲地区	Narqu Prefecture	3			3	0.22	0.18	0.22		
阿里地区	Ngri Prefecture	2			2	0.47	0.47	0.47		
林芝地区	Nyingchi Prefecture	7		1	6	4.39	1.69	4.39		
其他	Others									
陕西省	**Shaanxi**	**3526**	**82**	**433**	**3011**	**7322.92**	**4900.65**	**6725.03**	**96.03**	**501.86**
西安市	Xi'an City	934	31	131	772	1936.52	1182.78	1566.49	23.65	346.38
铜川市	Tongchuan City	122	4	14	104	165.50	31.10	164.45		1.05
宝鸡市	Baoji City	432	16	75	341	852.49	571.72	791.72	1.69	56.11
咸阳市	Xianyang City	441	9	54	378	804.68	102.34	685.64	84.85	34.19
渭南市	Weinan City	283	8	56	219	597.57	349.20	576.02	2.88	18.67
延安市	Yan'an City	87	3	5	79	1085.34	1055.53	1082.41		2.93
汉中市	Hanzhong City	266	4	44	218	263.06	134.95	261.57	1.31	0.18
榆林市	Yulin City	639	1	33	605	1229.34	806.30	1218.60	2.86	7.80
安康市	Ankang City	187		9	178	97.88	30.57	96.39		1.49
商洛市	Shangluo City	100		14	86	79.66	15.48	79.66		
其他	Others	42		3	39	31.55	3.69			
甘肃省	**Gansu**	**1943**	**32**	**251**	**1660**	**3670.46**	**2892.41**	**3576.40**	**27.55**	**66.51**
兰州市	Lanzhou City	544	17	95	432	1489.86	1234.39	1437.33	24.99	27.54
嘉峪关市	Jiayuguan City	42	1	6	35	390.35	343.67	390.27		0.08
金昌市	Jinchang City	54	3	5	46	445.05	407.67	445.05		

3-15 续表 9 continued

地区	Region	工业企业单位数(个) Number of Enterprises (unit)	大型企业 Large Enterprises	中型企业 Medium-sized Enterprises	小型企业 Small Enterprises	工业总产值(亿元) Gross Output Value of Industry (100 million yuan)	#国有及国有控股 State-owned and State-holding	工业总产值(亿元) Gross Output Value of Industry (100 million yuan): 内资企业 Domestic Funded Enterprises	港澳台商投资企业 Enterprises with Funds from Hong Kong, Macao and Taiwan	外商投资企业 Foreign Funded
白银市	Baiyin City	176	4	20	152	290.94	233.90	265.66	0.85	24.43
天水市	Tianshui City	149	1	23	125	100.69	53.56	98.10	0.33	2.26
武威市	Wuwei City	178		22	156	89.32	17.06	88.71	0.61	
张掖市	Zhangye City	159		12	147	99.56	26.95	97.94		1.61
平凉市	Pingliang City	83	1	19	63	99.92	72.28	99.68		0.24
酒泉市	Jiuquan City	189	2	12	175	276.09	209.27	273.57	0.78	1.74
庆阳市	Qingyang City	67	2	4	61	243.46	224.48	241.87		1.59
定西市	Dingxi City	81	1	5	75	36.74	17.87	35.89		0.84
陇南市	Longnan City	109		17	92	53.78	21.12	47.60		6.18
临夏回族自治州	Linxia Hui A.P	68		9	59	37.40	22.37	37.40		
甘南藏族自治州	Gannan Zang A.P	44		2	42	17.32	7.83	17.32		
青海省	**Qinghai**	**553**	**9**	**68**	**476**	**1103.10**	**748.27**	**948.48**	**6.04**	**148.58**
西宁市	Xining City	245	7	36	202	623.53	443.55		3.98	139.83
海东地区	Haidong Prefecture	99		10	89	58.91	2.48			0.63
海北藏族自治州	Haibei Zang A.P	61		4	57	24.38	8.20			
黄南藏族自治州	Huangnan Zang AP	8			8	5.60				1.22
海南藏族自治州	Hainan Zang A.P	21		2	19	6.92	1.26			
果洛藏族自治州	Golog Zang A.P	13		1	12	5.89	5.89			
玉树藏族自治州	Yushu Zang A.P	8			8	0.38	0.38			
海西蒙古族藏族自治州	Haixi Mongolian & Zang A.P	99	2	15	82	377.48	286.50		2.06	6.89
宁夏回族自治区	**Ningxia**	**902**	**16**	**115**	**771**	**1369.04**	**667.66**	**1269.88**	**5.26**	**93.90**
银川市	Yinchuan City	335	7	45	284	599.95	125.89	540.31	3.53	56.11
石嘴山市	Shizuishan City	296	8	24	266	405.13	179.74	392.45	1.73	10.95
吴忠市	Wuzhong City	156	2	25	129	239.90	95.96	216.05		23.85
固原市	Guyuan City	25		1	24	6.22	2.45	6.22		
中卫市	Zhongwei City	89	1	19	69	105.43	36.23	102.22		3.21
新疆维吾尔自治区	**Xinjiang**	**1859**	**29**	**244**	**1586**	**4276.05**	**3353.09**	**4187.91**	**26.67**	**61.47**
乌鲁木齐市	Urumqi City	437	10	52	375	1389.43	1157.72	1357.74	12.85	18.84
克拉玛依市	Karamay City	97	5	13	79	1179.09	1117.58	1177.75	0.77	0.57
吐鲁番地区	Turpan Prefecture	61	1	12	48	186.45	126.37	183.42	2.70	0.33
哈密地区	Hami Prefecture	101	1	9	91	74.42	52.17	70.84	0.40	3.18
昌吉回族自治州	Changji Hui A.P	284		28	256	238.35	55.85	219.85	2.97	15.53
博尔塔拉蒙古自治州	Bortala Mongolian A.P	47		9	38	22.06	10.20	20.49	1.57	
巴音郭楞蒙古自治州	Bayingolin Mongolian A.P	139	4	15	120	496.24	429.67	494.91		1.33
阿克苏地区	Aksu Prefecture	133	1	17	115	166.27	109.31	159.84	2.43	4.00
克孜勒苏柯尔克孜自治州	Kizilsu Kirgiz A.P	24		2	22	8.39	0.27	8.39		
喀什地区	Kashi Prefecture	69	1	6	62	48.11	14.45	46.35	1.11	0.65
和田地区	Hotan Prefecture	21		4	17	8.70	6.16	8.70		
伊犁哈萨克自治州	Ili Kazak A.P	186	2	24	160	148.48	76.30	145.48	0.10	2.90
塔城地区	Tacheng Prefecture	91		20	71	102.43	48.46	100.43	0.46	1.54
阿勒泰地区	Altay Prefecture	56		9	47	61.38	38.86	61.38		
石河子市	Shihezi City	69	4	21	44	119.82	92.70	107.08	0.13	12.61
阿拉尔市	Alar City	12		2	10	10.56	6.20	9.38	1.18	
图木舒克市	Tumxuk City	9			9	4.12	3.06	4.12		
五家渠市	Wujiaqu City	23		1	22	11.77	7.76	11.77		
生产建设兵团	Corps									

3-16 规模以上工业企业主要经济指标(2008年)

Main Indicators of Industrial Enterprises above Designated Size(2008)

地区	Region	工业企业增加值(亿元) Value-added of Industry (100 million yuan)	工业企业增加值指数(上年=100) Index of Value-added of Industry (preceding year=100)	资产总计(亿元) Total Assets (100 million yuan)	负债合计(亿元) Total Liabilities (100 million yuan)	主营业务收入(亿元) Revenue from Principal Business (100 million yuan)	利润总额(亿元) Total Profits (100 million yuan)
北京市	**Beijing**	**2037.60**		**16802.42**	**8085.01**	**11275.82**	**557.00**
东城区	Dongcheng District	9.10		65.44	28.73	45.71	3.40
西城区	Xicheng District	139.40		5738.89	2246.58	867.61	188.38
崇文区	Chongwen District	13.90		43.02	12.92	29.93	3.54
宣武区	Xuanwu District	11.60		1030.24	372.48	781.49	5.56
朝阳区	Chaoyang District	173.40		1418.04	670.22	710.51	25.11
丰台区	Fengtai District	90.90		500.65	303.96	426.65	23.44
石景山区	Shijingshan District	134.90		1731.44	925.01	675.38	4.76
海淀区	Haidian District	265.90		1558.11	892.01	1418.05	62.04
门头沟区	Mentougou District	36.20		136.87	54.63	73.52	15.74
房山区	Fangshan District	10.00		429.95	243.54	832.67	-33.54
通州区	Tongzhou District	74.20		424.48	253.30	447.21	10.21
顺义区	Shunyi District	197.20		891.34	483.92	1211.49	48.73
昌平区	Changping District	138.50		541.85	285.16	727.24	42.62
大兴区	Daxing District	70.40		375.22	230.08	351.37	10.48
怀柔区	Huairou District	46.40		213.00	128.05	320.29	13.24
平谷区	Pinggu District	22.10		150.86	96.29	142.10	4.29
密云县	Miyun County	41.50		127.88	72.16	133.21	17.12
延庆县	Yanqing County	6.90		36.79	22.72	35.09	1.41
北京经济技术开发区	Beijing Economic-technological Development Zones	324.00		1388.35	763.25	2046.30	110.47
远洋捕捞	Deep-sea Fishing						
其他	Others	231.10					
天津市	**Tianjin**	**3520.68**	**121.0**	**9733.54**	**5932.30**	**11939.72**	**725.95**
和平区	Heping District	14.54	135.6	545.94	404.63	434.40	5.37
河东区	Hedong District	25.01	124.1	292.77	152.69	191.85	6.94
河西区	Hexi District	113.79	143.7	472.66	358.79	481.86	-2.48
南开区	Nankai District	44.24	115.7	198.87	105.82	176.89	13.52
河北区	Hebei District	73.91	152.8	410.44	314.48	284.75	5.33
红桥区	Hongqiao District	8.10	116.6	33.20	18.23	28.47	1.83
塘沽区	Tanggu District	1552.70	114.5	2514.09	1309.87	3466.97	449.39
汉沽区	Hangu District	47.19	122.3	124.40	78.42	126.69	-0.41
大港区	Dagang District	358.41	120.6	880.02	597.89	871.62	2.23
东丽区	Dongli District	253.34	136.3	1117.94	759.62	1124.84	53.37
西青区	Xiqing District	432.61	116.2	1229.37	629.18	2068.15	84.87
津南区	Jinnan District	97.92	128.4	328.79	194.30	503.90	16.15
北辰区	Beichen District	191.72	117.2	732.88	464.53	907.54	39.40
武清区	Wuqing District	77.81	110.9	291.54	164.67	319.28	18.58
宝坻区	Baodi District	30.76	133.3	78.39	44.95	122.89	3.34
宁河县	Ninghe County	39.89	145.5	91.85	62.02	165.18	4.61
静海县	Jinghai County	124.60	122.4	290.29	209.01	587.32	18.37
蓟县	Ji County	34.15	130.6	100.11	63.19	77.17	5.54
天津经济技术开发区	Tianjin Economic-technological Development Area						
天津港保税区	Tianjin Port Free Trade Zone						
天津滨海高新区	Tianjin Hi-Tech Industrial Park						
其他	Others						

3-16 续表 1 continued

地　区	Region	工业企业增加值(亿元) Value-added of Industry (100 million yuan)	工业企业增加值指数(上年=100) Index of Value-added of Industry (preceding year=100)	资产总计(亿元) Total Assets (100 million yuan)	负债合计(亿元) Total Liabilities (100 million yuan)	主营业务收入(亿元) Revenue from Principal Business (100 million yuan)	利润总额(亿元) Total Profits (100 million yuan)
河北省	**Hebei**	**6110.60**	**113.5**	**16599.88**	**10525.99**	**22346.49**	**1291.22**
石家庄市	Shijiazhuang City	1095.81	113.2	2060.29	1281.57	4015.73	241.58
唐山市	Tangshan City	1592.94	114.6	4562.20	3077.34	5601.06	352.04
秦皇岛市	Qinhuangdao City	235.04	114.2	918.17	611.27	1008.19	37.34
邯郸市	Handan City	785.90	113.9	2262.66	1366.83	3094.93	127.55
邢台市	Xingtai City	352.10	111.9	1078.20	605.24	1371.48	104.21
保定市	Baoding City	403.92	116.9	1414.73	889.05	1597.82	75.76
张家口市	Zhangjiakou City	231.71	108.6	861.81	598.48	647.45	18.52
承德市	Chengde City	342.23	115.9	872.44	589.82	928.10	99.76
沧州市	Cangzhou City	594.79	113.5	1222.73	616.11	2083.97	143.25
廊坊市	Langfang City	335.89	115.9	914.17	635.76	1393.36	58.02
衡水市	Hengshui City	158.86	113.5	432.48	254.52	604.42	33.19
其他	Others						
山西省	**Shanxi**	**3509.63**	**106.5**	**13452.67**	**9023.63**	**10130.61**	**634.25**
太原市	Taiyuan City	582.12	103.0	2523.29	1679.54	1887.17	70.31
大同市	Datong City	250.80	100.7	1094.43	710.50	630.61	35.52
阳泉市	Yangquan City	153.44	112.1	793.77	543.47	413.96	31.58
长治市	Changzhi City	401.38	114.6	1627.62	1142.22	1115.69	83.11
晋城市	Jincheng City	295.16	116.1	1080.45	662.28	689.64	119.90
朔州市	Shuozhou City	232.50	117.6	733.99	444.48	535.86	47.58
晋中市	Jinzhong City	273.84	114.2	946.75	682.30	854.58	31.96
运城市	Yuncheng City	267.61	105.8	1220.18	761.17	951.57	18.13
忻州市	Xinzhou City	126.84	112.1	556.11	373.02	293.24	43.41
临汾市	Linfen City	443.97	103.8	1127.14	764.53	1292.75	43.30
吕梁市	Luliang City	396.28	116.1	1328.04	948.81	1056.43	100.64
其他	Others	94.76	103.1	420.91	311.32	409.11	8.80
内蒙古自治区	**Inner Mongolia**	**3450.25**	**124.5**	**10089.30**	**5907.63**	**8470.30**	**771.44**
呼和浩特市	Hohhot City	330.13	111.2	825.22	547.94	876.74	25.15
包头市	Baotou City	768.30	125.0	2076.31	1322.03	1798.86	74.53
呼伦贝尔市	Hulunbuir City	165.50	122.0	549.48	342.20	361.77	39.49
兴安盟	Xingan League	34.06	122.5	75.52	55.20	82.20	2.05
通辽市	Tongliao City	329.76	132.4	607.83	381.02	901.20	74.46
赤峰市	Chifeng City	280.59	128.1	706.62	400.75	776.66	72.00
锡林郭勒盟	Xilingol League	194.79	129.3	437.59	264.52	309.35	20.46
乌兰察布市	Ulanqab City	159.24	118.8	499.63	374.06	418.12	8.72
鄂尔多斯市	Erdos City	748.28	129.3	2330.47	1162.83	1621.71	402.10
巴彦淖尔市	Bayannur City	180.01	130.1	421.77	279.19	413.60	38.80
乌海市	Wuhai City	137.69	110.3	365.03	254.21	260.96	14.38
阿拉善盟	Alxa League	121.62	132.0	312.71	215.66	218.41	22.63
其他	Others			881.12	308.02	430.72	-23.33
辽宁省	**Liaoning**	**6603.07**	**117.5**	**20060.91**	**11746.72**	**22355.49**	**658.19**
沈阳市	Shenyang City	1714.24	123.5	4385.38	2496.56	6023.33	256.37
大连市	Dalian City	1398.43	123.8	5155.32	3308.04	4862.91	-54.08
鞍山市	Anshan City	657.38	116.4	1952.21	1058.75	1749.58	150.07
抚顺市	Fushun City	259.25	116.6	917.18	464.38	1119.78	-78.46
本溪市	Benxi City	328.42	116.1	930.78	552.47	1049.12	40.55
丹东市	Dandong City	155.14	121.0	321.83	164.08	461.18	17.13
锦州市	Jinzhou City	216.25	116.0	506.61	247.35	978.96	33.02
营口市	Yingkou City	418.81	126.9	1047.23	554.42	1196.61	26.22

3-16 续表 2 continued

地　区	Region	工业企业增加值(亿元) Value-added of Industry (100 million yuan)	工业企业增加值指数(上年=100) Index of Value-added of Industry (preceding year=100)	资产总计(亿元) Total Assets (100 million yuan)	负债合计(亿元) Total Liabilities (100 million yuan)	主营业务收　入(亿元) Revenue from Principal Business (100 million yuan)	利润总额(亿元) Total Profits (100 million yuan)
阜新市	Fuxin City	59.23	118.1	335.22	234.22	233.93	5.63
辽阳市	Liaoyang City	310.47	116.8	867.18	432.07	1083.22	137.82
盘锦市	Panjin City	440.30	111.1	1384.19	774.38	1080.72	112.71
铁岭市	Tieling City	255.40	128.4	525.04	273.46	807.35	26.77
朝阳市	Chaoyang City	173.70	125.8	344.44	182.85	484.86	31.42
葫芦岛市	Huludao City	138.98	113.3	857.91	643.13	689.96	-45.93
其他	Others	77.00		530.38	360.58	533.97	-1.04
吉林省	**Jilin**	**2491.28**	**119.0**	**7114.01**	**3883.66**	**7703.81**	**353.80**
长春市	Changchun City	882.22	116.0	2691.90	1531.59	3082.50	187.86
吉林市	Jilin City	429.46	118.0	1256.58	609.52	1582.55	-41.79
四平市	Siping City	172.62	126.0	395.13	256.06	491.96	15.02
辽源市	Liaoyuan City	101.22	121.0	243.86	149.24	262.65	9.40
通化市	Tonghua City	192.20	123.0	568.45	317.89	548.84	11.66
白山市	Baishan City	124.83	119.0	258.05	171.37	321.20	15.54
松原市	Songyuan City	391.95	120.0	966.37	442.50	787.75	128.23
白城市	Baicheng City	38.25	122.0	89.82	55.30	132.29	6.31
延边朝鲜族自治州	Yanbian Korean A.P	128.74	121.0	344.47	209.79	308.57	20.51
其他	Others	29.79		299.38	140.40	185.50	1.06
黑龙江省	**Heilongjiang**	**3444.80**	**113.1**	**7826.92**	**4363.89**	**8212.36**	**1581.69**
哈尔滨市	Harbin City	513.50	114.7	2255.24	1514.71	1809.30	66.50
齐齐哈尔市	Qiqihar City	188.53	120.3	652.42	432.93	603.15	37.82
鸡西市	Jixi City	58.74	117.8	263.97	206.09	208.36	4.18
鹤岗市	Hegang City	62.90	120.6	213.55	172.39	167.10	12.66
双鸭山市	Shuangyashan City	71.00	170.7	327.36	235.93	212.88	18.12
大庆市	Daqing City	1729.00	111.5	2376.05	648.64	3720.97	1353.96
伊春市	Yichun City	30.00	112.0	125.68	82.89	109.46	9.86
佳木斯市	Jiamusi City	38.37	117.0	190.94	120.17	169.08	6.50
七台河市	Qitaihe City	93.40	148.0	306.47	208.74	262.81	20.72
牡丹江市	Mudanjiang City	65.82	124.7	302.96	198.93	247.19	11.51
黑河市	Heihe City	12.06	142.9	77.65	58.50	45.00	1.80
绥化市	Suihua City	58.60	119.3	207.44	126.16	175.76	30.41
大兴安岭地区	Daxing'anling Prefecture	5.07	132.5	20.79	15.16	12.76	0.65
农垦总局	Agriculture Reclamation Bureau			229.23	155.85	224.32	10.47
其他	Others						
上海市	**Shanghai**	**5649.60**	**108.3**	**22751.05**	**12079.20**	**26058.23**	**967.20**
黄浦区	Huangpu District			5071.51	2824.88	5680.71	221.38
卢湾区	Luwan District			153.30	83.82	134.30	2.75
徐汇区	Xuhui District			74.72	35.29	66.00	4.23
长宁区	Changning District			471.94	238.89	609.90	28.65
静安区	Jingan District			131.91	54.85	100.75	6.90
普陀区	Putuo District			55.37	17.61	33.65	9.20
闸北区	Zhabei District			249.12	130.08	244.89	18.63
虹口区	Hongkou District			185.14	118.80	145.29	2.30
杨浦区	Yangpu District			102.19	53.24	83.30	2.30
闵行区	Minhang District			954.24	246.37	618.99	133.24
宝山区	Baoshan District			2661.85	1581.50	3491.25	134.50
嘉定区	Jiading District			2579.75	1280.35	2613.48	101.83

3-16 续表 3 continued

地 区	Region	工业企业增加值（亿元）Value-added of Industry (100 million yuan)	工业企业增加值指数（上年=100）Index of Value-added of Industry (preceding year=100)	资产总计（亿元）Total Assets (100 million yuan)	负债合计（亿元）Total Liabilities (100 million yuan)	主营业务收入（亿元）Revenue from Principal Business (100 million yuan)	利润总额（亿元）Total Profits (100 million yuan)
浦东新区	Pudong New District			1773.31	909.37	2432.89	104.00
金山区	Jinshan District			773.31	408.44	1162.09	-57.67
松江区	Songjiang District			921.48	541.08	1184.18	65.12
青浦区	Qingpu District			930.15	548.05	1033.10	46.67
南汇区	Nanhui District			2091.97	1308.47	3614.87	82.02
奉贤区	Fengxian District			966.68	504.34	1082.42	36.14
崇明县	Chongming County			362.89	273.13	252.95	11.38
其他	Others			2240.24	920.64	1473.20	13.64
江苏省	**Jiangsu**	**14758.95**	**114.2**	**44327.97**	**26268.17**	**62941.77**	**2953.02**
南京市	Nanjing City	1322.03	110.0	4875.98	2840.16	6466.85	125.51
无锡市	Wuxi City	2246.21	110.3	7680.59	4588.20	9922.35	520.33
徐州市	Xuzhou City	812.61	118.6	1870.25	1030.71	2776.46	215.66
常州市	Changzhou City	1159.76	114.0	3373.81	2100.53	5067.74	220.91
苏州市	Suzhou City	4036.82	112.6	13620.22	7887.98	18379.42	895.64
南通市	Nantong City	1312.80	117.0	2831.55	1664.70	5089.20	303.61
连云港市	Lianyungang City	271.04	118.1	1001.59	622.36	954.12	81.13
淮安市	Huaian City	324.15	118.3	770.78	472.66	1233.18	57.27
盐城市	Yancheng City	572.89	118.1	1161.62	679.13	2384.82	87.50
扬州市	Yangzhou City	906.58	117.0	1847.48	1058.14	3333.71	142.00
镇江市	Zhenjiang City	682.92	116.8	2006.72	1270.30	2590.34	121.29
泰州市	Taizhou City	787.22	116.7	1705.50	1057.64	2794.88	152.01
宿迁市	Suqian City	149.72	123.2	290.07	156.71	569.37	29.71
浙江省	**Zhejiang**	**8082.96**	**110.1**	**35550.76**	**21774.91**	**39630.60**	**1634.20**
杭州市	Hangzhou City	1743.21	109.3	7506.26	4534.94	8976.46	453.92
宁波市	Ningbo City	1650.17	109.2	7392.89	1464.37	8262.23	219.73
温州市	Wenzhou City	872.30	105.5	3108.16	1842.69	3356.62	158.72
嘉兴市	Jiaxing City	802.65	111.0	3717.61	2241.59	3550.34	146.38
湖州市	Huzhou City	415.72	112.5	1421.52	818.90	2025.98	81.34
绍兴市	Shaoxing City	943.83	109.5	4918.68	3017.84	5296.82	264.22
金华市	Jinhua City	515.67	110.5	2393.00	1466.30	2423.81	89.74
衢州市	Quzhou City	203.21	120.5	690.12	419.57	759.21	43.01
舟山市	Zhoushan City	147.24	126.1	913.39	701.94	591.71	25.64
台州市	Taizhou City	593.14	109.5	2360.40	1505.70	2610.54	99.34
丽水市	Lishui City	198.81	123.3	122.58	84.62	734.62	27.22
安徽省	**Anhui**	**3259.71**	**122.0**	**10122.18**	**6213.60**	**10980.44**	**606.73**
合肥市	Hefei City	606.29	126.3	1980.33	1163.07	2338.44	155.52
芜湖市	Wuhu City	371.33	121.3	1060.86	662.69	1198.95	55.37
蚌埠市	Bengbu City	138.44	115.5	319.99	193.32	353.24	12.69
淮南市	Huainan City	241.67	126.6	1061.26	822.33	555.53	28.90
马鞍山市	Maanshan City	374.07	121.5	1270.31	675.01	1319.87	65.85
淮北市	Huaibei City	184.33	120.0	741.02	474.59	505.00	38.00
铜陵市	Tongling City	187.09	115.8	644.56	432.19	791.27	22.72
安庆市	Anqing City	194.21	121.1	497.40	278.97	775.15	33.47
黄山市	Huangshan City	60.15	129.8	127.20	65.45	188.12	9.28
滁州市	Chuzhou City	166.18	119.5	446.74	250.54	540.15	30.81
阜阳市	Fuyang City	126.31	123.5	299.96	194.21	371.52	35.90
宿州市	Suzhou City	116.01	135.7	239.29	138.74	351.04	1.94

3-16 续表 4 continued

地　区	Region	工业企业增加值（亿元）Value-added of Industry (100 million yuan)	工业企业增加值指数（上年=100）Index of Value-added of Industry (preceding year=100)	资产总计（亿元）Total Assets (100 million yuan)	负债合计（亿元）Total Liabilities (100 million yuan)	主营业务收入（亿元）Revenue from Principal Business (100 million yuan)	利润总额（亿元）Total Profits (100 million yuan)
巢湖市	Chaohu City	141.09	129.0	459.35	245.75	462.78	32.50
六安市	Liuan City	143.50	127.4	321.81	184.56	425.56	37.62
亳州市	Bozhou City	66.73	125.1	173.76	107.24	181.51	25.93
池州市	Chizhou City	46.63	139.8	150.97	97.31	139.84	12.11
宣城市	Xuancheng City	123.53	126.4	373.64	237.09	546.62	15.43
其他	Others						
福建省	**Fujian**	**4432.23**	**116.7**	**11694.91**	**6282.32**	**14816.17**	**896.11**
福州市	Fuzhou City	881.63	117.0	2220.61	1223.98	2988.97	159.73
厦门市	Xiamen City	707.58	112.0	2332.22	1319.03	2938.94	119.69
莆田市	Putian City	283.24	122.2	514.52	278.46	771.50	24.97
三明市	Sanming City	274.36	124.8	664.50	395.11	845.12	24.59
泉州市	Quanzhou City	1352.21	119.1	2922.58	1365.81	4095.54	389.44
漳州市	Zhangzhou City	313.00	120.4	910.91	491.84	1155.69	55.67
南平市	Nanping City	165.46	120.3	440.38	226.79	484.34	23.58
龙岩市	Longyan City	311.58	118.6	755.90	324.69	685.22	83.34
宁德市	Ningde City	143.16	125.8	442.39	297.97	479.39	16.25
江西省	**Jiangxi**	**2323.52**	**121.9**	**5293.61**	**3067.17**	**8281.94**	**315.58**
南昌市	Nanchang City	543.40	121.3	1407.41	846.17	1815.32	53.98
景德镇市	Jingdezhen City	131.25	122.2	350.72	211.64	360.02	8.67
萍乡市	Pingxiang City	172.96	126.6	229.87	124.68	585.92	37.56
九江市	Jiujiang City	228.05	120.3	575.00	410.34	832.90	1.51
新余市	Xinyu City	212.60	130.4	629.91	381.22	761.86	52.43
鹰潭市	Yingtan City	143.48	122.1	538.88	252.75	978.10	36.50
赣州市	Ganzhou City	233.15	122.3	377.69	206.92	740.61	32.03
吉安市	Jian City	165.08	126.9	266.93	120.77	545.01	27.88
宜春市	Yichun City	212.85	122.1	407.62	216.82	653.39	39.46
抚州市	Fuzhou City	114.60	122.1	157.13	81.08	399.74	12.89
上饶市	Shangrao City	178.99	126.6	352.44	214.79	609.06	12.66
山东省	**Shandong**	**16718.75**	**113.8**	**39224.51**	**21576.63**	**62034.19**	**3923.56**
济南市	Jinan City	1094.96	112.0	2830.54	1749.96	3706.39	215.47
青岛市	Qingdao City	2018.96	114.0	4729.21	2868.17	7781.83	247.41
淄博市	Zibo City	1433.10	112.9	3249.68	1842.61	5327.20	251.44
枣庄市	Zaozhuang City	594.65	116.3	1089.80	623.34	2145.66	153.44
东营市	Dongying City	1676.48	114.5	2598.41	953.48	4203.79	742.20
烟台市	Yantai City	2005.73	117.5	3809.31	1951.50	7744.99	530.88
潍坊市	Weifang City	1343.46	114.4	3279.49	1896.61	5153.45	276.95
济宁市	Jining City	1047.70	117.6	2658.09	1489.50	3178.73	286.22
泰安市	Taian City	800.57	116.8	1777.25	1053.10	2560.03	197.19
威海市	Weihai City	1003.26	110.8	2271.81	1081.42	4113.53	189.85
日照市	Rizhao City	369.57	128.2	1035.24	639.65	1497.97	117.93
莱芜市	Laiwu City	304.19	112.0	1052.79	707.53	1263.07	37.49
临沂市	Linyi City	884.17	116.5	1694.31	948.94	3182.44	182.98
德州市	Dezhou City	695.08	116.1	1752.79	763.09	2783.02	179.14
聊城市	Liaocheng City	674.37	116.9	1865.46	990.94	2638.52	163.74
滨州市	Binzhou City	660.55	113.0	1828.19	1092.92	2773.90	134.12
菏泽市	Heze City	352.39	125.7	768.30	391.94	1385.79	73.79

3-16 续表 5 continued

地　区	Region	工业企业增加值(亿元) Value-added of Industry (100 million yuan)	工业企业增加值指数(上年=100) Index of Value-added of Industry (preceding year=100)	资产总计(亿元) Total Assets (100 million yuan)	负债合计(亿元) Total Liabilities (100 million yuan)	主营业务收入(亿元) Revenue from Principal Business (100 million yuan)	利润总额(亿元) Total Profits (100 million yuan)
河南省	**Henan**	**7305.39**	**119.8**	**16421.08**	**9497.17**	**25292.02**	**2179.10**
郑州市	Zhengzhou City	1223.67	118.1	2588.74	1502.26	4260.08	442.34
开封市	Kaifeng City	191.38	120.9	429.12	182.54	813.54	84.80
洛阳市	Luoyang City	783.25	120.7	2178.05	1337.85	2699.27	124.04
平顶山市	Pingdingshan City	501.80	119.8	1597.24	1019.54	1673.45	117.08
安阳市	Anyang City	501.31	118.0	921.93	570.78	1850.79	134.73
鹤壁市	Hebi City	189.52	121.8	312.19	194.51	506.86	29.06
新乡市	Xinxiang City	377.87	121.6	910.14	528.68	1239.16	88.74
焦作市	Jiaozuo City	539.55	118.5	958.00	548.93	1867.95	198.35
濮阳市	Puyang City	346.03	117.8	879.83	486.80	1155.77	111.92
许昌市	Xuchang City	487.20	119.6	927.99	431.10	1611.19	193.94
漯河市	Luohe City	297.16	119.9	455.02	224.65	1132.44	144.33
三门峡市	Sanmenxia City	352.00	119.7	900.15	570.27	1356.02	126.03
南阳市	Nanyang City	468.19	120.1	967.90	554.00	1463.41	106.16
商丘市	Shangqiu City	258.80	120.0	661.20	434.79	943.81	74.61
信阳市	Xinyang City	192.12	123.7	284.33	157.97	632.09	31.00
周口市	Zhoukou City	232.67	121.5	477.33	204.14	753.75	98.33
驻马店市	Zhumadian City	190.99	120.8	434.92	244.25	695.92	47.39
其他	Others	171.87	120.2	537.00	304.11	636.52	26.24
湖北省	**Hubei**	**3842.33**	**121.6**	**15431.43**	**8059.50**	**13081.90**	**985.37**
武汉市	Wuhan City	1388.00	120.3	5266.30	2046.32	3056.87	167.52
黄石市	Huangshi City	258.20	102.8	703.81	420.81	779.73	32.11
十堰市	Shiyan City	202.38	108.1	1161.40	442.57	633.20	45.90
宜昌市	Yichang City	452.22	122.8	3522.51	1454.49	1125.93	199.17
襄樊市	Xiangfan City	318.32	128.1	882.97	555.47	1103.30	106.58
鄂州市	Ezhou City	126.54	126.1	237.86	135.03	352.47	1.14
荆门市	Jingmen City	172.12	125.0	454.16	255.98	704.49	25.44
孝感市	Xiaogan City	185.00	126.0	480.00	278.56	658.69	18.99
荆州市	Jingzhou City	173.85	124.5	415.90	236.70	470.90	17.02
黄冈市	Huanggang City	105.93	166.2	338.25	193.96	344.06	27.58
咸宁市	Xianning City	113.41	130.5	228.70	117.20	283.58	17.57
随州市	Suizhou City	87.91	121.7	150.19	48.26	283.60	37.70
恩施土家族苗族自治州	Enshi Tujia & Miao A.P	32.56	123.0	167.56	120.36	78.62	2.00
仙桃市	Xiantao City	78.06	126.3	139.97	81.43	261.73	15.45
天门市	Tianmen City	51.34	130.2	73.87	37.69	172.80	14.33
潜江市	Qianjiang City	102.00	127.6	282.75	142.83	358.50	24.37
神农架林区	Shennongjia Forest District	1.79	125.4	19.50	13.50	5.75	1.06
湖南省	**Hunan**	**3570.85**	**118.4**	**7911.67**	**4605.58**	**10714.66**	**394.93**
长沙市	Changsha City	736.81	122.3	1905.29	1045.29	2238.88	149.21
株洲市	Zhuzhou City	344.77	118.2	749.20	328.73	864.86	30.31
湘潭市	Xiangtan City	289.31	119.9	724.88	444.70	901.20	27.51
衡阳市	Hengyang City	304.78	119.2	462.32	295.00	912.03	31.21
邵阳市	Shaoyang City	119.54	120.2	178.10	90.56	384.39	11.26
岳阳市	Yueyang City	492.87	120.0	642.13	396.06	1603.02	-12.89
常德市	Changde City	339.95	122.3	543.69	239.28	672.92	65.20
张家界市	Zhangjiajie City	25.32	115.8	40.36	25.39	53.05	0.76
益阳市	Yiyang City	127.92	124.9	264.43	175.55	413.41	8.34
郴州市	Chenzhou City	257.12	104.9	458.29	234.55	735.60	62.21

3-16 续表 6 continued

地区	Region	工业企业增加值（亿元）Value-added of Industry (100 million yuan)	工业企业增加值指数（上年=100）Index of Value-added of Industry (preceding year=100)	资产总计（亿元）Total Assets (100 million yuan)	负债合计（亿元）Total Liabilities (100 million yuan)	主营业务收入（亿元）Revenue from Principal Business (100 million yuan)	利润总额（亿元）Total Profits (100 million yuan)
永州市	Yongzhou City	107.23	121.0	204.31	102.55	309.24	12.24
怀化市	Huaihua City	151.75	122.0	208.20	126.09	313.64	8.87
娄底市	Loudi City	232.86	116.0	556.63	369.99	728.64	11.29
湘西土家族苗族自治州	West Hunan Tujia & Miao A.P	74.83	108.4	138.51	74.73	192.59	4.85
广东省	**Guangdong**	**17612.94**	**112.8**	**45750.14**	**26278.18**	**63371.65**	**3272.58**
广州市	Guangzhou City	2987.65	112.3	9164.87	4969.43	10424.49	693.03
韶关市	Shaoguan City	181.47	110.5	694.74	428.81	633.20	4.47
深圳市	Shenzhen City	4207.20	112.5	11189.43	6668.69	15302.42	985.35
珠海市	Zhuhai City	516.56	108.8	2326.85	1528.25	2509.57	102.55
汕头市	Shantou City	350.05	118.0	952.33	383.94	1273.58	100.14
佛山市	Foshan City	3027.33	191.3	5391.08	3169.20	10300.74	476.20
江门市	Jiangmen City	712.54	116.3	1727.49	986.66	2558.72	123.64
湛江市	Zhanjiang City	438.53	111.2	800.86	450.33	1021.11	83.97
茂名市	Maoming City	299.59	108.0	485.70	222.99	1231.08	11.31
肇庆市	Zhaoqing City	244.76	130.4	648.21	357.01	913.12	42.93
惠州市	Huizhou City	614.67	112.2	1907.85	1159.32	2538.58	37.68
梅州市	Meizhou City	125.30	109.5	395.53	201.08	317.80	26.46
汕尾市	Shanwei City	73.78	128.1	225.64	106.48	247.07	8.83
河源市	Heyuan City	181.33	116.5	390.16	172.97	499.84	43.90
阳江市	Yangjiang City	123.05	119.6	214.32	116.46	434.31	53.17
清远市	Qingyuan City	408.17	130.8	706.56	414.96	1572.81	71.34
东莞市	Dongguan City	1688.98	106.2	5114.42	2939.23	6536.08	143.06
中山市	ZhongShan City	953.96	110.1	2269.99	1369.00	3425.64	171.26
潮州市	Chaozhou City	143.00	114.5	393.91	228.33	513.40	26.18
揭阳市	Jieyang City	236.92	136.7	510.06	256.70	856.78	57.96
云浮市	Yunfu City	77.22	111.9	240.14	148.34	261.31	9.15
广西壮族自治区	**Guangxi**	**1976.42**			**3685.82**	**5416.68**	**179.86**
南宁市	Nanning City	280.28	118.9	519.17	317.16	575.80	31.71
柳州市	Liuzhou City	428.33	120.5	1254.63	783.99	1421.56	40.50
桂林市	Guilin City	210.90	123.3	501.36	298.59	555.97	25.70
梧州市	Wuzhou City	128.95	135.9	254.70	159.85	363.72	16.68
北海市	Beihai City	76.84	135.1	212.06	141.80	206.80	4.72
防城港市	Fangchenggang City	76.41	127.3	196.20	126.90	275.46	1.41
钦州市	Qinzhou City	74.05	124.6	190.85	136.87	256.11	1.60
贵港市	Guigang City	88.90	123.1	300.91	202.43	256.11	6.13
玉林市	Yulin City	114.51	117.4	289.37	173.19	341.57	19.92
百色市	Baise City	141.99	128.0	596.35	387.92	333.78	10.50
贺州市	Hezhou City	42.20	101.1	107.80	58.62	111.58	3.53
河池市	Hechi City	116.91	123.2	572.13	435.36	226.21	16.76
来宾市	Laibin City	73.50	114.1	341.10	264.20	194.00	3.04
崇左市	Chongzuo City	75.37	121.3	207.93	129.73	186.12	16.24
海南省	**Hainan**	**297.61**	**106.0**	**1207.77**	**694.33**	**1077.81**	**80.74**
海口市	Haikou City	75.43	99.1	326.15	143.90	314.36	17.10
三亚市	Sanya City	27.36	118.4	34.81	22.04	26.30	1.91
其他	Others	194.82		846.81	528.39	737.15	61.73

3-16 续表 7 continued

地区	Region	工业企业增加值(亿元) Value-added of Industry (100 million yuan)	工业企业增加值指数(上年=100) Index of Value-added of Industry (preceding year=100)	资产总计(亿元) Total Assets (100 million yuan)	负债合计(亿元) Total Liabilities (100 million yuan)	主营业务收入(亿元) Revenue from Principal Business (100 million yuan)	利润总额(亿元) Total Profits (100 million yuan)
重庆市	**Chongqing**	**1829.63**	**121.6**	**5244.71**	**3143.73**	**5373.78**	**259.36**
万州区	Wanzhou District	65.17	185.3	163.15	101.73	141.71	9.70
涪陵区	Fuling District	123.76	129.2	330.51	214.14	284.29	12.13
渝中区	Yuzhong District	8.61	103.7	35.39	22.57	22.18	0.39
大渡口区	Dadukou District	99.88	113.6	296.22	169.77	310.45	16.04
江北区	Jiangbei District	88.38	119.1	415.94	245.87	288.59	8.27
沙坪坝区	Shapingba District	132.80	112.4	324.58	205.67	447.12	16.87
九龙坡区	Jiulongpo District	177.89	108.9	611.88	345.37	648.09	23.47
南岸区	Nanan District	132.20	118.4	318.72	191.08	364.26	18.22
北碚区	Beibei District	83.46	126.0	218.75	124.81	266.64	13.89
万盛区	Wansheng District	16.37	120.8	68.78	50.25	35.25	-0.72
双桥区	Shuangqiao District	22.16	108.6	40.57	28.68	70.75	0.56
渝北区	Yubei District	169.46	100.8	470.64	283.29	596.55	27.56
巴南区	Banan District	98.67	120.2	217.79	124.81	338.18	13.33
黔江区	Qianjiang District	23.95	118.8	63.84	27.88	43.68	5.24
长寿区	Changshou District	56.45	107.5	194.29	112.35	148.30	11.73
江津区	Jiangjin District	79.55	122.8	301.42	199.37	229.01	7.82
合川区	Hechuan District	33.32	127.9	100.23	58.74	86.81	7.04
永川区	Yongchuan District	54.07	131.6	123.20	62.44	132.53	13.09
南川区	Nanchuan District	34.65	117.9	76.63	39.02	72.45	6.64
四川省	**Sichuan**			**15589.47**	**9241.79**	**14286.43**	**844.56**
成都市	Chengdu City			4448.57	2438.59	3919.97	304.28
自贡市	Zigong City			527.99	360.64	629.85	17.81
攀枝花市	Panzhihua City			1315.19	916.08	767.12	30.26
泸州市	Luzhou City			463.87	257.35	515.04	47.38
德阳市	Deyang City			1246.66	875.31	895.41	42.12
绵阳市	Mianyang City			955.25	613.53	825.78	34.75
广元市	Guangyuan City			171.06	114.20	149.97	3.53
遂宁市	Suining City			283.39	128.94	387.68	23.01
内江市	Neijiang City			360.71	200.48	713.18	30.72
乐山市	Leshan City			793.00	461.15	733.08	108.63
南充市	Nanchong City			511.11	206.78	662.93	35.67
眉山市	Meishan City			401.31	234.23	457.55	31.86
宜宾市	Yibin City			760.62	376.08	741.67	70.87
广安市	Guangan City			220.62	142.62	284.20	7.71
达州市	Dazhou City			256.96	171.88	551.65	15.29
雅安市	Yaan City			360.87	250.48	162.95	12.11
巴中市	Bazhong City			49.23	30.43	75.19	1.88
资阳市	Ziyang City			283.14	162.46	612.76	37.88
阿坝藏族羌族自治州	Aba Zang & Qiang A.P			200.46	142.12	32.92	-9.52
甘孜藏族自治州	Ganzi Zang A.P			123.13	84.70	31.15	9.33
凉山彝族自治州	Liangshan Yi A.P			389.55	212.84	299.06	36.47
贵州省	**Guizhou**	**1051.26**	**110.1**	**4566.10**	**3001.74**	**2922.35**	**181.83**
贵阳市	Guiyang City	279.13	108.3	1095.63	717.71	849.32	38.79
六盘水市	Liupanshui City	172.39	124.5	716.89	468.43	306.49	29.65
遵义市	Zunyi City	244.48	111.5	642.23	345.58	411.14	81.15
安顺市	Anshun City	33.56	112.2	156.74	102.27	102.21	4.96
铜仁地区	Tongren Prefecture	34.19	103.5	86.85	61.87	88.74	1.25
黔西南布依族苗族自治州	Southwest Guizhou Buyi & Miao A.P	69.62	117.7	237.23	169.41	136.97	14.62

3-16 续表 8 continued

地 区	Region	工业企业增加值(亿元) Value-added of Industry (100 million yuan)	工业企业增加值指数(上年=100) Index of Value-added of Industry (preceding year=100)	资产总计(亿元) Total Assets (100 million yuan)	负债合计(亿元) Total Liabilities (100 million yuan)	主营业务收 入(亿元) Revenue from Principal Business (100 million yuan)	利润总额(亿元) Total Profits (100 million yuan)
毕节地区	Bijie Prefecture	83.34	104.5	560.40	346.48	192.10	8.89
黔东南苗族侗族自治州	Southeast Guizhou Miao & Dong A.P	42.98	111.4	241.95	205.80	122.55	-5.22
黔南布依族苗族自治州	South Guizhou Buyi & Miao A.P	79.93	103.7	245.56	144.03	206.76	8.11
云南省	**Yunnan**	**1803.62**	**112.6**	**7185.11**	**4168.36**	**4961.12**	**310.14**
昆明市	Kunming City	495.40	113.0	2712.32	1586.13	193.52	80.90
曲靖市	Qujing City	384.55	112.4	892.23	595.20	682.29	56.91
玉溪市	Yuxi City	327.79	116.6	870.07	337.39	757.11	56.63
保山市	Baoshan City	26.78	112.7	168.09	104.53	65.82	4.54
昭通市	Zhaotong City	85.43	104.7	270.78	160.17	150.74	17.89
丽江市	Lijiang City	20.19	118.2	70.24	44.80	40.15	4.00
普洱市	Puer City	32.16	129.2	252.65	190.03	61.28	2.89
临沧市	Lincang City	36.89		103.73	69.32	46.71	1.21
楚雄彝族自治州	Chuxiong Yi A.P	84.32	114.1	277.36	128.59	212.17	16.24
红河哈尼族彝族自治州	Honghe Hani & Yi A.P	206.29	109.3	768.19	478.41	522.35	22.85
文山壮族苗族自治州	Wenshan Zhuang & Miao A.P	53.71	116.1	238.64	139.78	126.76	20.35
西双版纳傣族自治州	Xishuangbanna Dai A.P	24.26	111.1	60.00	31.62	27.97	4.55
大理白族自治州	Dali Bai A.P	85.26	113.6	257.65	265.13	143.94	195.03
德宏傣族景颇族自治州	Dehong Dai & Jingpo A.P	13.96	103.7	125.48	87.90	41.47	2.33
怒江傈僳族自治州	Nujiang Lisu A.P	15.28	101.3	64.19	38.61	29.20	3.01
迪庆藏族自治州	Diqing Zang A.P			46.00	31.94	18.55	1.88
西藏自治区	**Tibet A.R.**	**26.34**	**108.9**	**223.87**	**52.83**	**45.20**	**4.50**
拉萨市	Lhasa City	14.27	113.3	160.54	38.40	31.82	1.12
昌都地区	Qamdu Prefecture	1.17	108.4	26.28	7.62	2.06	-0.49
山南地区	Lhokha Prefecture	5.61	114.2	7.79	2.61	4.63	2.21
日喀则地区	Xigaze Prefecture	1.73	106.9	5.46	1.91	2.11	0.24
那曲地区	Narqu Prefecture	0.72	66.9	0.61	0.19	0.26	0.06
阿里地区	Ngri Prefecture	0.21	63.1	6.19	0.39	0.40	-0.04
林芝地区	Nyingchi Prefecture	2.63	103.0	17.00	1.71	3.92	1.40
其他	Others						
陕西省	**Shaanxi**	**2988.07**	**121.0**	**9163.02**	**5108.31**	**6944.88**	**872.63**
西安市	Xi'an City	602.09	119.5	2296.69	1467.85	1907.09	102.55
铜川市	Tongchuan City	63.48	122.5	213.00	145.30	148.26	3.37
宝鸡市	Baoji City	289.70	122.8	718.81	460.80	659.34	25.35
咸阳市	Xianyang City	263.37	125.1	601.28	337.19	658.98	-8.61
渭南市	Weinan City	194.49	117.5	908.72	506.85	567.38	21.02
延安市	Yan'an City	556.35	117.4	1153.63	480.16	916.73	95.19
汉中市	Hanzhong City	80.73	116.3	313.12	217.13	223.58	6.50
榆林市	Yulin City	762.74	126.3	961.74	439.03	686.07	217.17
安康市	Ankang City	40.75	123.8	77.35	47.80	63.59	3.36
商洛市	Shangluo City	24.71	124.7	85.13	48.60	55.46	3.99
其他	Others	10.92	115.3	52.62	31.11	26.09	0.29
甘肃省	**Gansu**	**1135.17**	**109.5**	**4501.60**	**2501.59**	**3755.11**	**114.76**
兰州市	Lanzhou City	296.59	113.5	1592.87	872.07	1524.32	-52.68
嘉峪关市	Jiayuguan City	114.81	105.4	599.76	391.02	414.01	20.45
金昌市	Jinchang City	144.82	105.4	462.38	226.02	595.91	43.71

3-16 续表 9 continued

地　区	Region	工业企业增加值(亿元) Value-added of Industry (100 million yuan)	工业企业增加值指数(上年=100) Index of Value-added of Industry (preceding year=100)	资产总计(亿元) Total Assets (100 million yuan)	负债合计(亿元) Total Liabilities (100 million yuan)	主营业务收入(亿元) Revenue from Principal Business (100 million yuan)	利润总额(亿元) Total Profits (100 million yuan)
白银市	Baiyin City	107.71	117.5	402.19	221.72	272.16	14.00
天水市	Tianshui City	41.01	113.1	153.83	93.35	104.65	4.80
武威市	Wuwei City	34.61	120.6	112.99	56.52	73.58	7.62
张掖市	Zhangye City	40.90	122.6	163.07	113.65	80.18	4.85
平凉市	Pingliang City	55.51	121.0	197.20	132.23	99.06	6.63
酒泉市	Jiuquan City	83.04	116.0	332.90	184.48	231.58	-21.79
庆阳市	Qingyang City	132.80	116.5	194.09	36.00	223.64	74.75
定西市	Dingxi City	10.84	106.6	62.64	37.93	33.47	0.20
陇南市	Longnan City	20.33	86.2	105.91	60.00	53.44	6.39
临夏回族自治州	Linxia Hui A.P	13.14	105.6	65.67	39.79	33.54	2.47
甘南藏族自治州	Gannan Zang A.P	6.75	105.0	56.11	36.81	15.57	3.35
青海省	**Qinghai**	**438.83**	**121.5**	**2092.67**	**1289.08**	**1044.94**	**177.17**
西宁市	Xining City	222.91		1217.03	539.29	621.86	20.26
海东地区	Haidong Prefecture	18.89		48.56	17.66	56.96	1.96
海北藏族自治州	Haibei Zang A.P	8.78		38.28	11.40	26.10	4.98
黄南藏族自治州	Huangnan Zang AP	1.67		17.25	14.89	5.68	0.47
海南藏族自治州	Hainan Zang A.P	1.68		18.15	13.23	3.36	0.23
果洛藏族自治州	Golog Zang A.P	2.07		9.49	3.09	5.70	3.05
玉树藏族自治州	Yushu Zang A.P	0.20		5.37	3.28	1.26	0.01
海西蒙古族藏族自治州	Haixi Mongolian & Zang A.P	228.69		738.53	276.01	321.02	146.22
宁夏回族自治区	**Ningxia**	**494.65**	**115.1**	**2062.06**	**1337.40**	**1336.65**	**39.02**
银川市	Yinchuan City	206.03	117.1	919.22	574.42	576.68	9.65
石嘴山市	Shizuishan City	154.60	116.3	647.45	431.65	413.02	16.88
吴忠市	Wuzhong City	81.95	112.7	293.81	202.82	235.17	5.14
固原市	Guyuan City	3.58	124.4	14.25	6.31	6.95	1.25
中卫市	Zhongwei City	34.79	128.5	185.67	120.83	102.90	6.09
新疆维吾尔自治区	**Xinjiang**			**5652.57**	**2847.51**	**4439.14**	**779.52**
乌鲁木齐市	Urumqi City			1641.27	760.77	1393.18	91.82
克拉玛依市	Karamay City			1438.29	599.98	1300.85	280.02
吐鲁番地区	Turpan Prefecture			231.77	127.53	194.43	58.91
哈密地区	Hami Prefecture			125.95	66.53	76.87	8.25
昌吉回族自治州	Changji Hui A.P			360.88	241.58	247.78	11.25
博尔塔拉蒙古自治州	Bortala Mongolian A.P			31.39	19.77	23.31	0.18
巴音郭楞蒙古自治州	Bayingolin Mongolian A.P			687.78	363.54	501.39	255.85
阿克苏地区	Aksu Prefecture			201.68	104.99	168.50	11.29
克孜勒苏柯尔克孜自治州	Kizilsu Kirgiz A.P			13.58	6.37	7.73	0.83
喀什地区	Kashi Prefecture			65.35	52.70	43.40	-0.14
和田地区	Hotan Prefecture			32.58	18.97	8.74	-0.23
伊犁哈萨克自治州	Ili Kazak A.P			276.52	163.88	147.68	17.85
塔城地区	Tacheng Prefecture			89.21	59.39	93.45	5.27
阿勒泰地区	Altay Prefecture			91.18	42.73	65.68	26.37
石河子市	Shihezi City			312.61	186.92	142.40	11.14
阿拉尔市	Alar City			21.01	16.26	8.27	-0.46
图木舒克市	Tumxuk City			7.68	5.69	3.55	0.24
五家渠市	Wujiaqu City			23.84	9.91	11.93	1.08
生产建设兵团	Corps						

3-17 建筑业情况(2008年)

Construction(2008)

地　区	Region	建筑业企业单位数(个) Number of Construction Enterprises (unit)	建筑业企业从业人员(万人) Employment of Construction Enterprises (10 000 persons)	建筑业企业总产值(亿元) Gross Output Value of Construction (100 million yuan)	房屋建筑施工面积(万平方米) Floor Space of Buildings Under Construction (10 000 sq.m)	房屋建筑竣工面积(万平方米) Floor Space of Buildings Completed in Construction (10 000 sq.m)
北京市	**Beijing**	**3527**	**47.00**	**3066.20**	**19764.4**	**4880.7**
东城区	Dongcheng District	143	1.50	143.60	407.8	123.3
西城区	Xicheng District	213	2.60	147.40	800.7	328.0
崇文区	Chongwen District	59	1.00	88.90	874.9	189.8
宣武区	Xuanwu District	129	1.60	89.80	565.3	141.9
朝阳区	Chaoyang District	686	7.00	476.00	2772.1	800.4
丰台区	Fengtai District	269	5.80	366.80	2600.0	523.0
石景山区	Shijingshan District	76	1.30	160.70	1031.4	285.0
海淀区	Haidian District	581	9.90	714.50	5198.2	1293.6
门头沟区	Mentougou District	66	0.40	23.80	106.4	22.3
房山区	Fangshan District	115	1.90	168.20	1573.8	327.7
通州区	Tongzhou District	230	3.50	157.50	1117.9	185.2
顺义区	Shunyi District	172	2.30	97.60	662.4	200.2
昌平区	Changping District	162	1.30	122.20	468.8	97.2
大兴区	Daxing District	343	2.40	105.50	423.3	107.3
怀柔区	Huairou District	67	1.70	55.00	184.1	60.3
平谷区	Pinggu District	107	0.90	41.20	329.6	33.1
密云县	Miyun County	50	0.70	34.20	166.0	35.9
延庆县	Yanqing County	44	0.40	20.10	203.7	66.1
北京经济技术开发区	Beijing Economic-technological Development Zones	15	0.60	53.20	278.0	60.4
远洋捕捞	Deep-sea Fishing					
其他	Others					
天津市	**Tianjin**	**1362**	**48.90**	**1418.33**	**5755.9**	**1623.1**
和平区	Heping District	105	2.10	53.52	584.3	145.2
河东区	Hedong District	103	5.30	129.53	395.1	90.6
河西区	Hexi District	163	3.70	126.11	242.4	88.4
南开区	Nankai District	121	2.70	70.57	294.1	19.1
河北区	Hebei District	75	1.70	42.64	209.5	48.7
红桥区	Hongqiao District	24	0.20	4.78	7.4	5.4
塘沽区	Tanggu District	170	8.60	423.97	1666.5	249.3
汉沽区	Hangu District	20	2.30	35.13	194.8	30.4
大港区	Dagang District	55	2.00	50.36	132.9	47.6
东丽区	Dongli District	69	4.90	121.54	562.2	201.4
西青区	Xiqing District	121	2.60	59.92	439.6	111.7
津南区	Jinnan District	84	6.60	169.45	430.3	197.9
北辰区	Beichen District	64	0.40	9.62		
武清区	Wuqing District	72	1.70	36.68	146.2	92.0
宝坻区	Baodi District	27	1.40	31.67	205.1	121.7
宁河县	Ninghe County	23	0.60	13.71	63.1	50.4
静海县	Jinghai County	31	1.00	18.03	93.8	61.2
蓟县	Ji County	35	1.10	21.10	88.6	62.0
天津经济技术开发区	Tianjin Economic-technological Development Area					
天津港保税区	Tianjin Port Free Trade Zone					
天津滨海高新区	Tianjin Hi-Tech Industrial Park					
其他	Others					

3-17 续表 1 continued

地 区	Region	建筑业企业单位数(个) Number of Construction Enterprises (unit)	建筑业企业从业人员(万人) Employment of Construction Enterprises (10 000 persons)	建筑业企业总产值(亿元) Gross Output Value of Construction (100 million yuan)	房屋建筑施工面积(万平方米) Floor Space of Buildings Under Construction (10 000 sq.m)	房屋建筑竣工面积(万平方米) Floor Space of Buildings Completed in Construction (10 000 sq.m)
河北省	**Hebei**	**2361**	**115.82**	**2044.82**	**15909.8**	**7009.1**
石家庄市	Shijiazhuang City	290	16.03	364.39	2738.1	1052.7
唐山市	Tangshan City	308	17.88	443.25	2719.1	1236.2
秦皇岛市	Qinhuangdao City	230	4.69	113.43	856.3	309.8
邯郸市	Handan City	269	15.57	258.84	1816.1	718.9
邢台市	Xingtai City	156	6.13	53.13	730.9	333.1
保定市	Baoding City	238	20.16	289.84	2759.1	1248.9
张家口市	Zhangjiakou City	118	6.12	91.07	935.9	465.6
承德市	Chengde City	187	6.94	108.08	673.9	274.7
沧州市	Cangzhou City	207	9.59	117.38	1072.3	644.0
廊坊市	Langfang City	227	8.28	171.34	1205.7	517.4
衡水市	Hengshui City	131	4.43	34.07	402.3	207.9
其他	Others					
山西省	**Shanxi**	**1568**	**58.75**	**1282.59**	**6254.2**	**1926.9**
太原市	Taiyuan City	569	27.39	743.42	3037.5	452.0
大同市	Datong City	185	3.92	70.28	533.9	333.7
阳泉市	Yangquan City	53	3.29	66.62	256.9	45.8
长治市	Changzhi City	124	2.65	39.07	386.3	167.9
晋城市	Jincheng City	61	1.64	20.24	162.2	80.5
朔州市	Shuozhou City	79	1.97	37.82	143.3	116.8
晋中市	Jinzhong City	113	3.47	79.80	353.3	103.8
运城市	Yuncheng City	104	5.31	72.58	442.7	197.4
忻州市	Xinzhou City	92	3.35	33.95	264.8	145.2
临汾市	Linfen City	104	3.66	96.19	412.5	123.7
吕梁市	Luliang City	84	2.09	22.60	260.7	160.2
其他	Others					
内蒙古自治区	**Inner Mongolia**	**790**	**42.80**	**780.05**	**5277.4**	**3238.7**
呼和浩特市	Hohhot City	176	13.46	168.69	871.6	375.7
包头市	Baotou City	99	5.36	134.62	1096.6	467.3
呼伦贝尔市	Hulunbuir City	73	4.24	50.37	288.7	225.5
兴安盟	Xingan League	20	0.62	11.80	147.8	73.1
通辽市	Tongliao City	45	1.99	48.39	249.8	193.0
赤峰市	Chifeng City	115	7.97	102.08	896.7	649.8
锡林郭勒盟	Xilingol League	27	0.63	17.96	135.3	94.3
乌兰察布市	Ulanqab City	36	0.79	17.41	210.6	107.6
鄂尔多斯市	Erdos City	97	4.21	153.41	540.2	403.8
巴彦淖尔市	Bayannur City	53	2.09	45.34	515.9	429.6
乌海市	Wuhai City	30	0.95	25.78	285.8	190.6
阿拉善盟	Alxa League	19	0.49	4.20	38.6	28.4
其他	Others					
辽宁省	**Liaoning**	**4265**	**109.31**	**2505.17**	**14616.8**	**6707.5**
沈阳市	Shenyang City	1258	18.04	526.51	3351.1	1245.2
大连市	Dalian City	1176	35.30	704.59	5390.7	2217.4
鞍山市	Anshan City	268	8.71	217.52	1125.2	552.5
抚顺市	Fushun City	172	4.75	109.35	433.7	241.0
本溪市	Benxi City	164	4.09	92.73	506.4	213.1
丹东市	Dandong City	170	4.76	106.07	451.1	203.5
锦州市	Jinzhou City	181	4.87	116.56	507.8	341.6
营口市	Yingkou City	137	3.25	74.80	492.9	336.8

地 区	Region	建筑业企业单位数(个) Number of Construction Enterprises (unit)	建筑业企业从业人员(万人) Employment of Construction Enterprises (10 000 persons)	建筑业企业总产值(亿元) Gross Output Value of Construction (100 million yuan)	房屋建筑施工面积(万平方米) Floor Space of Buildings Under Construction (10 000 sq.m)	房屋建筑竣工面积(万平方米) Floor Space of Buildings Completed in Construction (10 000 sq.m)
阜新市	Fuxin City	144	2.45	41.41	386.3	210.2
辽阳市	Liaoyang City	167	6.11	196.71	459.2	198.4
盘锦市	Panjin City	115	5.77	127.41	137.5	95.0
铁岭市	Tieling City	79	3.53	80.28	384.4	253.0
朝阳市	Chaoyang City	128	4.53	62.69	593.3	333.7
葫芦岛市	Huludao City	106	3.18	48.56	397.2	266.0
其他	Others					
吉林省	**Jilin**	**1266**	**38.70**	**994.65**	**5435.7**	**3378.1**
长春市	Changchun City	421	18.23	537.12	2801.9	1563.1
吉林市	Jilin City	166	4.56	118.39	398.3	326.0
四平市	Siping City	149	5.28	44.21	273.4	273.4
辽源市	Liaoyuan City	74	1.89	29.32	212.7	126.2
通化市	Tonghua City	98	2.25	96.60	737.9	427.8
白山市	Baishan City	75	1.09	30.38	187.3	58.2
松原市	Songyuan City	84	2.45	78.25	263.3	233.0
白城市	Baicheng City	44	0.93	14.03	107.0	78.4
延边朝鲜族自治州	Yanbian Korean A.P	155	2.02	46.35	454.0	292.0
其他	Others					
黑龙江省	**Heilongjiang**	**1971**	**47.91**	**1036.75**	**5480.6**	**2414.5**
哈尔滨市	Harbin City	941	25.23	625.16	3457.1	935.1
齐齐哈尔市	Qiqihar City	133	3.19	405.54	263.0	214.3
鸡西市	Jixi City	77	1.68	19.32	93.2	62.7
鹤岗市	Hegang City	63	1.08	13.85	182.3	68.2
双鸭山市	Shuangyashan City	55	1.25	12.20	98.9	61.1
大庆市	Daqing City	218	6.32	162.00	206.0	166.0
伊春市	Yichun City	62	0.77	13.39	75.4	63.3
佳木斯市	Jiamusi City	80	2.78	32.47	286.6	193.2
七台河市	Qitaihe City	34	0.52	12.70	97.2	80.4
牡丹江市	Mudanjiang City	142	2.08	47.85	351.3	243.0
黑河市	Heihe City	51	0.81	9.27	73.7	66.6
绥化市	Suihua City	91	1.50	34.85	190.7	178.9
大兴安岭地区	Daxing'anling Prefecture	24	0.69	6.91	43.6	27.6
农垦总局	Agriculture Reclamation Bureau					
其他	Others					
上海市	**Shanghai**	**2784**	**64.69**	**3071.76**	**16838.0**	**5121.2**
黄浦区	Huangpu District	129	2.67	159.88	382.4	128.1
卢湾区	Luwan District	77	0.73	23.31	109.9	10.9
徐汇区	Xuhui District	182	3.96	253.53	469.7	131.8
长宁区	Changning District	139	2.98	146.15	1386.0	383.1
静安区	Jingan District	103	1.14	80.12	562.2	174.3
普陀区	Putuo District	175	3.50	168.33	1273.0	374.8
闸北区	Zhabei District	89	3.18	211.58	420.7	96.1
虹口区	Hongkou District	174	6.17	252.28	1742.4	572.2
杨浦区	Yangpu District	189	3.10	148.64	447.5	109.8
闵行区	Minhang District	147	4.19	110.05	806.9	372.3
宝山区	Baoshan District	177	6.95	436.58	1695.1	512.0
嘉定区	Jiading District	121	1.84	65.46	635.9	220.4

3-17 续表 3 continued

地 区	Region	建筑业企业单位数(个) Number of Construction Enterprises (unit)	建筑业企业从业人员(万人) Employment of Construction Enterprises (10 000 persons)	建筑业企业总产值(亿元) Gross Output Value of Construction (100 million yuan)	房屋建筑施工面积(万平方米) Floor Space of Buildings Under Construction (10 000 sq.m)	房屋建筑竣工面积(万平方米) Floor Space of Buildings Completed in Construction (10 000 sq.m)
浦东新区	Pudong New District	389	9.55	576.13	3805.5	802.3
金山区	Jinshan District	114	2.26	61.43	225.0	91.5
松江区	Songjiang District	144	3.56	85.63	1014.7	413.4
青浦区	Qingpu District	82	1.79	56.62	334.5	126.8
南汇区	Nanhui District	134	3.33	113.71	633.3	325.3
奉贤区	Fengxian District	184	2.40	77.54	512.9	191.3
崇明县	Chongming County	35	1.40	44.79	380.6	84.6
其他	Others					
江苏省	**Jiangsu**	**7545**	**494.42**	**8308.46**	**92882.9**	**37329.0**
南京市	Nanjing City	1316	48.78	1150.66	7390.0	3196.7
无锡市	Wuxi City	560	19.91	344.66	3558.6	1731.5
徐州市	Xuzhou City	380	24.60	354.21	2657.7	1832.1
常州市	Changzhou City	544	31.63	507.72	4933.4	2264.2
苏州市	Suzhou City	1065	48.14	790.43	7492.9	3574.2
南通市	Nantong City	861	89.27	1864.22	26367.0	8682.0
连云港市	Lianyungang City	186	15.29	196.48	2091.0	1252.0
淮安市	Huaian City	313	26.07	386.49	4782.2	2676.9
盐城市	Yancheng City	503	34.58	436.51	5285.0	2635.0
扬州市	Yangzhou City	706	51.01	969.00	9951.0	4733.0
镇江市	Zhenjiang City	349	11.80	195.32	1206.0	588.0
泰州市	Taizhou City	524	57.10	937.90	11654.0	5412.0
宿迁市	Suqian City	238	12.35	174.86	1729.9	881.3
浙江省	**Zhejiang**	**4728**	**428.62**	**8158.80**	**92587.9**	**37381.2**
杭州市	Hangzhou City	1174	80.12	1800.50	16059.2	5800.0
宁波市	Ningbo City	687	51.38	921.50	10604.0	3975.6
温州市	Wenzhou City	561	29.11	458.70	5767.1	1870.6
嘉兴市	Jiaxing City	248	18.86	315.50	3857.6	1899.6
湖州市	Huzhou City	148	10.94	215.50	2071.0	1031.4
绍兴市	Shaoxing City	530	117.86	2413.30	28889.5	12404.1
金华市	Jinhua City	543	56.39	995.30	13892.5	5491.1
衢州市	Quzhou City	154	8.51	133.80	1477.9	861.1
舟山市	Zhoushan City	112	4.76	94.10	776.4	236.7
台州市	Taizhou City	398	45.27	716.80	8316.5	3448.5
丽水市	Lishui City	173	5.42	93.80	876.2	362.5
安徽省	**Anhui**	**2357**	**138.07**	**1857.89**	**16852.5**	**7918.1**
合肥市	Hefei City	689	49.15	831.78	6591.0	2476.9
芜湖市	Wuhu City	140	9.66	158.66	1419.3	644.1
蚌埠市	Bengbu City	123	4.80	77.71	621.3	257.3
淮南市	Huainan City	73	5.09	102.77	1019.9	242.6
马鞍山市	Maanshan City	127	5.80	90.12	635.8	426.0
淮北市	Huaibei City	57	3.39	35.34	194.6	110.8
铜陵市	Tongling City	85	3.78	37.15	381.6	161.3
安庆市	Anqing City	245	11.21	82.05	1323.4	749.5
黄山市	Huangshan City	76	3.51	26.68	438.1	190.5
滁州市	Chuzhou City	117	5.68	58.28	768.2	534.3
阜阳市	Fuyang City	107	4.56	48.04	606.5	289.7
宿州市	Suzhou City	76	8.67	90.89	423.3	219.0

3-17 续表 4 continued

地 区	Region	建筑业企业单位数(个) Number of Construction Enterprises (unit)	建筑业企业从业人员(万人) Employment of Construction Enterprises (10 000 persons)	建筑业企业总产值(亿元) Gross Output Value of Construction (100 million yuan)	房屋建筑施工面积(万平方米) Floor Space of Buildings Under Construction (10 000 sq.m)	房屋建筑竣工面积(万平方米) Floor Space of Buildings Completed in Construction (10 000 sq.m)
巢湖市	Chaohu City	109	5.47	49.17	534.8	280.8
六安市	Liuan City	129	9.57	83.28	885.2	663.7
亳州市	Bozhou City	34	1.33	11.02	125.0	108.7
池州市	Chizhou City	76	2.57	38.48	360.6	255.0
宣城市	Xuancheng City	94	3.83	36.48	524.0	307.8
其他	Others					
福建省	**Fujian**	**2398**	**153.90**	**1921.26**	**20028.3**	**7637.8**
福州市	Fuzhou City	688	52.74	700.40	7423.3	2490.0
厦门市	Xiamen City	448	40.42	372.65	2845.5	966.1
莆田市	Putian City	128	4.88	65.34	1007.7	303.4
三明市	Sanming City	120	4.27	68.41	842.7	236.5
泉州市	Quanzhou City	425	23.27	317.66	3621.2	1870.7
漳州市	Zhangzhou City	167	10.97	164.22	2154.3	842.0
南平市	Nanping City	137	3.12	43.58	386.0	139.2
龙岩市	Longyan City	172	9.80	133.52	1079.6	527.1
宁德市	Ningde City	113	4.44	55.47	668.3	262.9
江西省	**Jiangxi**	**1505**	**66.14**	**1034.47**	**10669.4**	**5239.1**
南昌市	Nanchang City	471	25.58	464.29	4560.7	1677.9
景德镇市	Jingdezhen City	60	2.16	23.69	475.3	186.6
萍乡市	Pingxiang City	90	2.24	31.43	180.2	72.6
九江市	Jiujiang City	139	6.95	123.09	922.2	628.5
新余市	Xinyu City	65	1.84	53.09	367.7	219.5
鹰潭市	Yingtan City	40	1.84	34.37	315.5	88.5
赣州市	Ganzhou City	148	5.01	72.36	674.8	337.6
吉安市	Jian City	121	4.70	52.25	708.7	433.0
宜春市	Yichun City	140	4.27	44.65	748.0	476.1
抚州市	Fuzhou City	94	4.94	51.94	822.5	462.9
上饶市	Shangrao City	137	6.62	83.31	893.9	655.8
山东省	**Shandong**	**6515**	**266.95**	**3842.52**	**34599.1**	**15617.2**
济南市	Jinan City	715	35.50	655.30	4010.6	1601.0
青岛市	Qingdao City	629	26.54	554.79	5614.2	1882.5
淄博市	Zibo City	475	27.93	343.36	3227.5	1368.1
枣庄市	Zaozhuang City	249	11.58	112.91	1255.4	738.8
东营市	Dongying City	214	8.79	176.52	715.8	424.3
烟台市	Yantai City	914	22.40	356.28	3068.7	1312.2
潍坊市	Weifang City	598	23.87	323.97	3660.6	1596.9
济宁市	Jining City	371	16.53	169.05	1663.3	940.4
泰安市	Taian City	345	25.77	338.83	2683.0	1601.2
威海市	Weihai City	370	10.18	124.45	1792.1	777.1
日照市	Rizhao City	242	7.17	109.46	680.5	351.4
莱芜市	Laiwu City	151	4.40	40.40	425.6	283.0
临沂市	Linyi City	416	18.56	199.12	2245.4	958.9
德州市	Dezhou City	209	6.55	84.60	887.7	429.0
聊城市	Liaocheng City	211	4.39	55.38	754.2	329.6
滨州市	Binzhou City	213	6.20	105.20	820.6	371.1
菏泽市	Heze City	193	10.60	92.90	1093.8	651.6

3-17 续表 5 continued

地 区	Region	建筑业企业单位数（个）Number of Construction Enterprises (unit)	建筑业企业从业人员（万人）Employment of Construction Enterprises (10 000 persons)	建筑业企业总产值（亿元）Gross Output Value of Construction (100 million yuan)	房屋建筑施工面积（万平方米）Floor Space of Buildings Under Construction (10 000 sq.m)	房屋建筑竣工面积（万平方米）Floor Space of Buildings Completed in Construction (10 000 sq.m)
河南省	**Henan**	**3905**	**198.15**	**2828.25**	**21978.3**	**10403.5**
郑州市	Zhengzhou City	1156	45.86	801.48	6334.8	2065.1
开封市	Kaifeng City	152	8.08	79.19	806.8	400.2
洛阳市	Luoyang City	334	25.97	512.33	2749.0	955.2
平顶山市	Pingdingshan City	173	5.57	83.89	870.9	293.3
安阳市	Anyang City	189	18.97	212.78	2093.5	1317.3
鹤壁市	Hebi City	44	2.68	21.53	270.7	158.0
新乡市	Xinxiang City	290	16.18	205.30	1514.9	975.5
焦作市	Jiaozuo City	132	4.62	60.75	505.1	257.1
濮阳市	Puyang City	159	8.13	102.55	547.8	405.3
许昌市	Xuchang City	106	4.55	48.00	546.9	275.6
漯河市	Luohe City	67	2.97	18.47	255.0	152.5
三门峡市	Sanmenxia City	105	4.20	60.93	298.4	113.5
南阳市	Nanyang City	286	14.33	145.47	1141.4	531.0
商丘市	Shangqiu City	120	9.02	109.78	893.4	672.6
信阳市	Xinyang City	199	11.14	141.53	1398.9	859.1
周口市	Zhoukou City	146	7.29	117.32	843.5	552.3
驻马店市	Zhumadian City	190	7.49	93.90	751.3	355.7
其他	Others	57	1.11	13.05	156.0	64.2
湖北省	**Hubei**	**2975**	**137.61**	**2710.80**	**18376.5**	**9256.1**
武汉市	Wuhan City	1353	60.29	1623.84	9874.5	4082.2
黄石市	Huangshi City	96	6.86	81.64	658.1	314.3
十堰市	Shiyan City	159	3.72	90.58	459.1	236.6
宜昌市	Yichang City	250	11.20	180.56	750.3	325.6
襄樊市	Xiangfan City	202	8.11	106.71	578.1	330.2
鄂州市	Ezhou City	63	4.44	41.23	462.3	326.1
荆门市	Jingmen City	97	2.80	43.52	280.5	187.2
孝感市	Xiaogan City	111	8.00	84.10	995.0	628.0
荆州市	Jingzhou City	189	6.90	73.80	738.0	477.0
黄冈市	Huanggang City	227	14.46	192.40	1723.4	1025.1
咸宁市	Xianning City	71	3.29	33.75	396.8	298.6
随州市	Suizhou City	77	2.66	30.00	382.3	239.3
恩施土家族苗族自治州	Enshi Tujia & Miao A.P	68	3.22	22.30	242.3	178.2
仙桃市	Xiantao City	32	1.24	17.88	164.2	108.1
天门市	Tianmen City	23	1.63	9.95	113.9	46.4
潜江市	Qianjiang City	41	2.03	33.86	217.5	74.6
神农架林区	Shennongjia Forest District	12	0.29	1.97	15.4	11.7
湖南省	**Hunan**	**1940**	**137.90**	**2115.44**	**21202.7**	**8309.2**
长沙市	Changsha City	484	59.55	1109.20	10942.0	3426.7
株洲市	Zhuzhou City	174	9.34	176.45	1278.4	561.5
湘潭市	Xiangtan City	123	7.79	101.50	1156.1	324.1
衡阳市	Hengyang City	173	11.98	156.34	1549.3	658.7
邵阳市	Shaoyang City	113	7.86	93.32	1190.2	587.4
岳阳市	Yueyang City	187	9.45	107.11	867.6	607.5
常德市	Changde City	114	8.32	92.94	1090.3	502.7
张家界市	Zhangjiajie City	31	1.16	15.16	164.2	87.0
益阳市	Yiyang City	111	4.46	52.09	545.7	281.5
郴州市	Chenzhou City	88	3.10	41.45	596.3	277.7

3-17 续表 6 continued

地 区	Region	建筑业企业单位数（个）Number of Construction Enterprises (unit)	建筑业企业从业人员（万人）Employment of Construction Enterprises (10 000 persons)	建筑业企业总产值（亿元）Gross Output Value of Construction (100 million yuan)	房屋建筑施工面积（万平方米）Floor Space of Buildings Under Construction (10 000 sq.m)	房屋建筑竣工面积（万平方米）Floor Space of Buildings Completed in Construction (10 000 sq.m)
永州市	Yongzhou City	86	4.75	51.72	674.3	443.6
怀化市	Huaihua City	89	2.91	39.02	414.1	202.2
娄底市	Loudi City	113	5.91	63.21	513.8	264.1
湘西土家族苗族自治州	West Hunan Tujia & Miao A.P	54	1.31	15.95	220.5	84.6
广东省	**Guangdong**	**4470**	**173.77**	**3375.03**	**32701.4**	**10227.6**
广州市	Guangzhou City	807	33.90	876.26	6316.2	1711.3
韶关市	Shaoguan City	81	4.58	57.09	723.0	291.8
深圳市	Shenzhen City	785	33.30	972.75	6722.0	1695.5
珠海市	Zhuhai City	169	4.23	77.75	754.9	134.0
汕头市	Shantou City	205	12.67	176.79	2366.1	709.0
佛山市	Foshan City	467	11.83	246.72	3293.1	889.9
江门市	Jiangmen City	163	7.65	68.19	1300.8	576.8
湛江市	Zhanjiang City	114	8.58	125.52	1679.6	589.6
茂名市	Maoming City	106	11.88	157.32	2552.1	686.5
肇庆市	Zhaoqing City	146	4.01	64.27	696.8	247.7
惠州市	Huizhou City	123	3.25	52.44	980.0	347.0
梅州市	Meizhou City	132	7.75	93.73	1026.8	502.2
汕尾市	Shanwei City	45	1.23	9.28	141.5	83.9
河源市	Heyuan City	87	1.68	17.77	245.4	125.2
阳江市	Yangjiang City	91	4.80	45.91	672.8	210.3
清远市	Qingyuan City	74	3.12	35.64	559.6	224.6
东莞市	Dongguan City	366	6.36	116.92	956.9	536.5
中山市	ZhongShan City	270	4.43	91.71	699.2	248.9
潮州市	Chaozhou City	96	1.75	23.61	312.7	69.3
揭阳市	Jieyang City	101	4.78	51.45	517.8	240.3
云浮市	Yunfu City	42	1.93	13.91	184.1	107.3
广西壮族自治区	**Guangxi**	**1123**	**43.30**	**746.75**	**8302.9**	**2888.5**
南宁市	Nanning City	418	15.51	276.54	2441.2	663.9
柳州市	Liuzhou City	78	7.00	141.78	1882.5	495.4
桂林市	Guilin City	164	5.35	114.61	1181.5	370.1
梧州市	Wuzhou City	47	5.40	20.69	570.3	324.9
北海市	Beihai City	48	1.22	18.94	249.3	98.7
防城港市	Fangchenggang City	41	1.21	18.61	152.5	116.6
钦州市	Qinzhou City	51	2.77	30.50	334.7	163.7
贵港市	Guigang City	51	1.60	16.76	204.6	134.2
玉林市	Yulin City	65	4.50	58.78	1111.9	571.3
百色市	Baise City				211.9	90.8
贺州市	Hezhou City	29	0.40	6.13	51.4	29.3
河池市	Hechi City	47	1.50	16.35	260.8	148.7
来宾市	Laibin City	39	0.73	7.00	93.8	42.3
崇左市	Chongzuo City	37	0.54	5.86	60.3	36.5
海南省	**Hainan**	**151**	**8.17**	**111.18**	**962.8**	**340.7**
海口市	Haikou City	93	6.05	76.61	710.7	206.3
三亚市	Sanya City	20	0.59	11.70	60.5	38.1
其他	Others	38	1.53	22.87	191.6	96.3

3-17 续表 7 continued

地 区	Region	建筑业企业单位数（个）Number of Construction Enterprises (unit)	建筑业企业从业人员（万人）Employment of Construction Enterprises (10 000 persons)	建筑业企业总产值（亿元）Gross Output Value of Construction (100 million yuan)	房屋建筑施工面积（万平方米）Floor Space of Buildings Under Construction (10 000 sq.m)	房屋建筑竣工面积（万平方米）Floor Space of Buildings Completed in Construction (10 000 sq.m)
重庆市	**Chongqing**	**2483**	**105.36**	**1493.69**	**15601.0**	**6485.0**
万州区	Wanzhou District	135	7.70	96.61	1189.0	539.0
涪陵区	Fuling District	115	5.93	91.27	866.0	321.0
渝中区	Yuzhong District	243	7.23	115.04	1230.0	169.0
大渡口区	Dadukou District	79	1.74	27.47	211.0	135.0
江北区	Jiangbei District	126	3.82	63.49	549.0	120.0
沙坪坝区	Shapingba District	133	4.76	90.13	813.0	337.0
九龙坡区	Jiulongpo District	201	8.74	148.89	1635.0	852.0
南岸区	Nanan District	102	3.14	68.05	484.0	105.0
北碚区	Beibei District	59	2.85	34.85	378.0	191.0
万盛区	Wansheng District	22	0.26	3.16	29.0	12.0
双桥区	Shuangqiao District	3	0.04	0.53	13.0	7.0
渝北区	Yubei District	247	9.24	158.55	1038.0	415.0
巴南区	Banan District	106	5.86	78.97	829.0	416.0
黔江区	Qianjiang District	30	0.83	11.84	94.0	33.0
长寿区	Changshou District	51	5.50	50.74	789.0	374.0
江津区	Jiangjin District	93	4.90	51.26	844.0	303.0
合川区	Hechuan District	84	2.07	29.37	455.0	129.0
永川区	Yongchuan District	76	4.98	66.02	607.0	323.0
南川区	Nanchuan District	36	1.29	15.33	61.0	24.0
四川省	**Sichuan**	**4592**	**236.63**	**2635.53**	**23873.3**	**9863.0**
成都市	Chengdu City	1657	93.98	1279.38	10495.5	3323.3
自贡市	Zigong City	178	7.76	65.83	639.1	276.7
攀枝花市	Panzhihua City	86	4.41	84.55	219.8	84.4
泸州市	Luzhou City	189	15.74	128.14	1739.4	1106.6
德阳市	Deyang City	251	9.62	114.60	810.6	261.2
绵阳市	Mianyang City	297	9.83	98.56	1133.4	400.5
广元市	Guangyuan City	201	4.14	31.88	308.6	105.4
遂宁市	Suining City	207	9.08	86.00	740.2	470.4
内江市	Neijiang City	147	8.36	73.29	754.0	367.9
乐山市	Leshan City	198	5.85	50.19	569.8	335.6
南充市	Nanchong City	252	16.95	153.78	1414.8	868.1
眉山市	Meishan City	127	6.34	73.52	739.7	329.9
宜宾市	Yibin City	222	6.54	63.44	757.4	413.5
广安市	Guangan City	98	10.38	96.61	683.9	340.1
达州市	Dazhou City	100	11.90	109.82	1260.6	528.4
雅安市	Yaan City	53	1.05	7.61	116.8	51.1
巴中市	Bazhong City	113	5.32	57.51	894.0	312.5
资阳市	Ziyang City	132	7.88	45.15	431.6	202.2
阿坝藏族羌族自治州	Aba Zang & Qiang A.P	28	0.29	2.03	11.0	5.6
甘孜藏族自治州	Ganzi Zang A.P	21	0.32	2.76	25.5	12.0
凉山彝族自治州	Liangshan Yi A.P	35	0.89	10.88	127.5	67.7
贵州省	**Guizhou**	**609**	**28.54**	**393.88**	**4229.6**	**1215.7**
贵阳市	Guiyang City	278	18.10	292.73	2435.0	554.0
六盘水市	Liupanshui City	32	0.99	8.77	87.8	38.9
遵义市	Zunyi City	93	3.66	37.11	707.8	206.4
安顺市	Anshun City	25	0.66	3.40	72.4	34.1
铜仁地区	Tongren Prefecture	39	1.16	7.19	146.0	70.0
黔西南布依族苗族自治州	Southwest Guizhou Buyi & Miao A.P	29	1.02	10.50	124.3	65.3

3-17 续表 8 continued

地　区	Region	建筑业企业单位数（个）Number of Construction Enterprises (unit)	建筑业企业从业人员（万人）Employment of Construction Enterprises (10 000 persons)	建筑业企业总产值（亿元）Gross Output Value of Construction (100 million yuan)	房屋建筑施工面积（万平方米）Floor Space of Buildings Under Construction (10 000 sq.m)	房屋建筑竣工面积（万平方米）Floor Space of Buildings Completed in Construction (10 000 sq.m)
毕节地区	Bijie Prefecture	55	0.82	5.51	97.7	56.1
黔东南苗族侗族自治州	Southeast Guizhou Miao & Dong A.P	46	1.38	10.78	236.7	73.8
黔南布依族苗族自治州	South Guizhou Buyi & Miao A.P	44	1.10	11.27	266.0	65.6
云南省	**Yunnan**	**2150**	**65.81**	**907.58**	**6672.0**	**3336.7**
昆明市	Kunming City	1062	35.48	600.57	1977.2	433.2
曲靖市	Qujing City	183	6.60	69.10	721.6	452.0
玉溪市	Yuxi City	153	3.08	32.69	593.4	155.0
保山市	Baoshan City	45	3.00	19.57	142.1	111.3
昭通市	Zhaotong City	75	2.96	20.01	136.1	91.7
丽江市	Lijiang City	51	1.00	14.85	109.8	64.9
普洱市	Puer City	187	4.10	65.87	272.5	130.5
临沧市	Lincang City	150	2.86	35.64	186.0	99.7
楚雄彝族自治州	Chuxiong Yi A.P	141	3.61	43.41	279.6	153.7
红河哈尼族彝族自治州	Honghe Hani & Yi A.P	134	4.34	63.09	552.8	289.1
文山壮族苗族自治州	Wenshan Zhuang & Miao A.P	38	1.22	151.50	270.5	152.7
西双版纳傣族自治州	Xishuangbanna Dai A.P	41	0.51	4.53	101.8	67.4
大理白族自治州	Dali Bai A.P	14	3.53	33.16	58.4	27.6
德宏傣族景颇族自治州	Dehong Dai & Jingpo A.P	116	1.46	23.50	117.9	72.0
怒江傈僳族自治州	Nujiang Lisu A.P	5	0.15	1.60	21.8	14.1
迪庆藏族自治州	Diqing Zang A.P					
西藏自治区	**Tibet A.R.**	**175**	**6.40**	**73.74**	**256.6**	**128.9**
拉萨市	Lhasa City	62	3.60	52.94	146.9	68.5
昌都地区	Qamdu Prefecture	11	0.30	5.69	5.6	5.6
山南地区	Lhokha Prefecture	32	0.60	5.32	17.2	15.1
日喀则地区	Xigaze Prefecture	34	1.50	6.67	72.0	26.9
那曲地区	Narqu Prefecture	2	0.03	0.36		0.6
阿里地区	Ngri Prefecture	7	0.10	0.91	2.0	1.9
林芝地区	Nyingchi Prefecture	27	0.30	1.85	13.1	10.2
其他	Others					
陕西省	**Shaanxi**	**1000**	**71.58**	**1655.29**	**7843.7**	**3049.8**
西安市	Xi'an City	329	34.89	919.23	3236.5	1076.1
铜川市	Tongchuan City	25	1.06	19.63	147.7	61.3
宝鸡市	Baoji City	70	10.05	175.85	1169.4	361.3
咸阳市	Xianyang City	63	9.31	252.59	1153.3	421.4
渭南市	Weinan City	93	4.73	98.23	381.8	225.9
延安市	Yan'an City	63	1.96	41.10	378.2	219.3
汉中市	Hanzhong City	97	3.07	25.39	417.9	159.9
榆林市	Yulin City	149	2.04	67.09	451.9	247.6
安康市	Ankang City	52	1.34	15.70	234.8	127.5
商洛市	Shangluo City	52	2.43	28.67	240.6	136.7
其他	Others	7	0.71	11.82	31.5	12.8
甘肃省	**Gansu**	**926**	**42.03**	**481.27**	**3791.5**	**1842.8**
兰州市	Lanzhou City	346	10.59	197.04	1403.9	528.8
嘉峪关市	Jiayuguan City	20	0.93	11.42	85.8	69.0
金昌市	Jinchang City	32	3.13	34.64	205.3	102.2

3-17 续表 9 continued

地 区	Region	建筑业企业单位数（个）Number of Construction Enterprises (unit)	建筑业企业从业人员（万人）Employment of Construction Enterprises (10 000 persons)	建筑业企业总产值（亿元）Gross Output Value of Construction (100 million yuan)	房屋建筑施工面积（万平方米）Floor Space of Buildings Under Construction (10 000 sq.m)	房屋建筑竣工面积（万平方米）Floor Space of Buildings Completed in Construction (10 000 sq.m)
白银市	Baiyin City	57	2.73	24.28	164.4	98.5
天水市	Tianshui City	71	2.43	24.62	251.0	91.5
武威市	Wuwei City	42	2.88	22.34	118.7	85.7
张掖市	Zhangye City	60	1.37	14.34	123.3	91.1
平凉市	Pingliang City	38	3.03	19.62	264.8	144.8
酒泉市	Jiuquan City	48	1.98	57.56	394.8	281.9
庆阳市	Qingyang City	61	4.04	32.46	279.5	105.0
定西市	Dingxi City	43	3.16	16.84	237.9	92.2
陇南市	Longnan City	48	1.55	7.08	66.4	31.9
临夏回族自治州	Linxia Hui A.P	42	3.87	16.97	168.3	104.8
甘南藏族自治州	Gannan Zang A.P	18	0.34	2.07	27.4	15.5
青海省	**Qinghai**	**459**	**7.89**	**143.00**	**404.5**	**189.2**
西宁市	Xining City	345	5.80	118.23	289.7	127.9
海东地区	Haidong Prefecture	39	1.11	8.05	55.9	24.4
海北藏族自治州	Haibei Zang A.P	11	0.08	1.04	10.3	7.6
黄南藏族自治州	Huangnan Zang AP	10	0.08	0.97	10.3	5.1
海南藏族自治州	Hainan Zang A.P	9	0.08	1.07	9.7	6.4
果洛藏族自治州	Golog Zang A.P	4	0.04	0.22	1.6	1.6
玉树藏族自治州	Yushu Zang A.P	5	0.02	0.05	0.0	0.0
海西蒙古族藏族自治州	Haixi Mongolian & Zang A.P	36	0.68	13.37	27.1	16.2
宁夏回族自治区	**Ningxia**	**500**	**6.62**	**191.54**	**1677.3**	**741.2**
银川市	Yinchuan City	294	3.86	121.34	1092.3	477.9
石嘴山市	Shizuishan City	49	0.90	30.55	264.0	88.2
吴忠市	Wuzhong City	73	0.78	21.30	151.1	111.9
固原市	Guyuan City	44	0.41	7.09	72.0	25.6
中卫市	Zhongwei City	40	0.67	11.45	97.9	37.7
新疆维吾尔自治区	**Xinjiang**	**998**	**19.75**	**629.26**	**4234.7**	**2156.0**
乌鲁木齐市	Urumqi City	485	7.92	272.93	1355.1	582.4
克拉玛依市	Karamay City	51	1.63	67.06	158.0	56.6
吐鲁番地区	Turpan Prefecture	13	0.24	11.92	31.0	10.3
哈密地区	Hami Prefecture	33	0.45	10.26	66.0	42.7
昌吉回族自治州	Changji Hui A.P	75	0.59	32.47	335.0	191.1
博尔塔拉蒙古自治州	Bortala Mongolian A.P	22	0.19	6.27	49.3	28.2
巴音郭楞蒙古自治州	Bayingolin Mongolian A.P	45	1.26	62.93	613.3	337.5
阿克苏地区	Aksu Prefecture	58	1.36	28.18	264.8	152.3
克孜勒苏柯尔克孜自治州	Kizilsu Kirgiz A.P	10	0.10	3.15	29.4	26.1
喀什地区	Kashi Prefecture	39	1.02	19.67	325.6	133.9
和田地区	Hotan Prefecture	20	0.76	8.28	90.0	62.6
伊犁哈萨克自治州	Ili Kazak A.P	64	0.88	33.31	288.4	161.6
塔城地区	Tacheng Prefecture	23	0.67	14.41	132.3	88.2
阿勒泰地区	Altay Prefecture	19	0.17	8.21	94.2	55.8
石河子市	Shihezi City	29	2.09	34.40	307.1	164.2
阿拉尔市	Alar City	6	0.23	10.95	68.1	45.6
图木舒克市	Tumxuk City	1	0.13	1.57		
五家渠市	Wujiaqu City	5	0.06	3.29	27.1	16.8
生产建设兵团	Corps					

3-18 交通运输邮电业情况(2008年)

Transport, Postal and Telecommunication Services (2008)

地 区	Region	公路里程(公里) Mileage Highways (km)	#等级公路 Express-way and Class I to IV Highway	民用汽车拥有量(辆) Number of Civil Vehicles Owned (unit)	#私人汽车 Private Cars	邮电业务总量(亿元) Postal and Telecom-munication Services (100 million yuan)	#电信业务总量 Tele-communi-cation	本地电话用户(万户) Local Telephone Subscribers (10 000 subscribers)	移动电话用户(万户) Mobile Telephone Subscribers (10 000 subscribers)
北京市	**Beijing**	**20340**	**20135**	**3180798**	**2483489**	**800.81**	**753.78**	**884.9**	**1616.2**
东城区	Dongcheng District			187789	118003				
西城区	Xicheng District	2	2	200902	151797				
崇文区	Chongwen District			75263	62760				
宣武区	Xuanwu District			123507	95581				
朝阳区	Chaoyang District	169	169	587755	473645				
丰台区	Fengtai District	87	87	363654	307717				
石景山区	Shijingshan District	32	32	90831	71099				
海淀区	Haidian District	60	60	535606	437819				
门头沟区	Mentougou District	926	914	45968	30352				
房山区	Fangshan District	2634	2441	138833	111447				
通州区	Tongzhou District	2434	2434	146885	112369				
顺义区	Shunyi District	2631	2631	132297	103805				
昌平区	Changping District	1861	1861	159959	128879				
大兴区	Daxing District	2698	2698	194513	137159				
怀柔区	Huairou District	1573	1572	56073	36635				
平谷区	Pinggu District	1546	1546	51407	35258				
密云县	Miyun County	1951	1951	53770	41726				
延庆县	Yanqing County	1736	1736	35786	27438				
北京经济技术开发区	Beijing Economic-technological Development Zones								
远洋捕捞	Deep-sea Fishing								
其他	Others								
天津市	**Tianjin**	**12059**	**11225**	**1092264**	**806054**	**351.77**	**334.64**	**396.2**	**817.5**
和平区	Heping District								
河东区	Hedong District								
河西区	Hexi District								
南开区	Nankai District								
河北区	Hebei District								
红桥区	Hongqiao District								
塘沽区	Tanggu District								
汉沽区	Hangu District								
大港区	Dagang District								
东丽区	Dongli District								
西青区	Xiqing District								
津南区	Jinnan District								
北辰区	Beichen District								
武清区	Wuqing District								
宝坻区	Baodi District								
宁河县	Ninghe County								
静海县	Jinghai County								
蓟县	Ji County								
天津经济技术开发区	Tianjin Economic-technological Development Area								
天津港保税区	Tianjin Port Free Trade Zone								
天津滨海高新区	Tianjin Hi-Tech Industrial Park								
其他	Others								

3-18 续表 1 continued

地　区	Region	公路里程（公里）Mileage Highways (km)	#等级公路 Express-way and Class I to IV Highway	民用汽车拥有量（辆）Number of Civil Vehicles Owned (unit)	#私人汽车 Private Cars	邮电业务总量（亿元）Postal and Telecom-munication Services (100 million yuan)	#电信业务总量 Tele-communi-cation	本地电话用户（万户）Local Telephone Subscribers (10 000 subscribers)	移动电话用户（万户）Mobile Telephone Subscribers (10 000 subscribers)
河北省	**Hebei**	**149503**	**137459**	**3886180**	**2999503**	**1069.60**	**1028.20**	**1457.5**	**3214.1**
石家庄市	Shijiazhuang City	14830	13260	600591	440186	193.86	183.98	234.0	550.0
唐山市	Tangshan City	13214	13214	507593	402438	150.91	146.31	195.7	447.5
秦皇岛市	Qinhuangdao City	8397	8395	197901	146059	53.24	51.12	83.4	151.9
邯郸市	Handan City	13138	12431	439692	324383	110.95	107.80	139.8	371.4
邢台市	Xingtai City	13229	11410	287991	223401	73.96	71.95	116.2	229.7
保定市	Baoding City	17293	16907	549442	432939	159.54	152.60	184.4	491.5
张家口市	Zhangjiakou City	19106	15292	197702	159443	58.87	57.21	84.3	166.7
承德市	Chengde City	18331	16244	145120	112980	48.66	46.99	59.4	120.8
沧州市	Cangzhou City	12713	12059	402880	317375	92.55	88.65	141.4	283.0
廊坊市	Langfang City	8788	8788	371907	297098	81.98	78.24	117.1	260.9
衡水市	Hengshui City	10464	9460	185361	143201	43.77	42.12	102.3	140.6
其他	Others					1.31	1.24		
山西省	**Shanxi**	**124773**	**114215**	**2037356**	**1470596**	**559.45**	**528.07**	**803.0**	**1698.5**
太原市	Taiyuan City	6013	5815	426005	294682	100.90	94.69	167.7	339.2
大同市	Datong City	11460	11259	187986	140558	40.14	37.19	64.9	170.8
阳泉市	Yangquan City	5250	5250	85159	51123	19.60	18.00	36.9	77.9
长治市	Changzhi City	10490	9451	191180	139721	33.06	31.19	63.0	151.0
晋城市	Jincheng City	7637	7070	142683	105976	25.14	23.23	48.6	101.4
朔州市	Shuozhou City	8788	8457	50969	35861	17.73	16.47	25.9	72.0
晋中市	Jinzhong City	14104	13929	193047	154138	38.27	36.08	71.9	116.7
运城市	Yuncheng City	14315	14276	213587	162999	48.86	45.47	59.0	140.7
忻州市	Xinzhou City	15876	13609	132335	98950	32.70	29.96	95.0	149.7
临汾市	Linfen City	16081	14302	218482	163483	52.14	48.57	83.9	184.0
吕梁市	Luliang City	14759	10797	162894	123895	44.76	41.83	86.4	195.2
其他	Others			33029		106.15	105.38		
内蒙古自治区	**Inner Mongolia**	**147288**	**109645**	**1699901**	**1352113**	**457.60**	**445.72**	**462.5**	**1344.4**
呼和浩特市	Hohhot City	6236	5310	217569	141887	75.35	73.38	78.9	161.5
包头市	Baotou City	6746	5021	177315	127440	68.79	67.27	73.8	176.1
呼伦贝尔市	Hulunbuir City	18714	17068	101586	63539	32.85	31.36	57.3	179.0
兴安盟	Xingan League	9001	7397	55623	37177	35.74	35.16	23.2	86.1
通辽市	Tongliao City	16491	8926	148941	117559	28.50	27.72	34.0	96.0
赤峰市	Chifeng City	20951	16522	110974	89081	42.64	41.05	53.5	156.5
锡林郭勒盟	Xilingol League	15586	12271	35023	23196	25.68	25.20	27.2	56.0
乌兰察布市	Ulanqab City	11923	8548	91180	71241	28.65	27.77	29.8	48.9
鄂尔多斯市	Erdos City	14585	11164	373840	336722	38.96	38.37	35.0	187.8
巴彦淖尔市	Bayannur City	19300	10008	262415	245727	39.72	38.95	23.9	129.5
乌海市	Wuhai City	766	766	106649	84291	28.48	27.90	18.0	48.2
阿拉善盟	Alxa League	6989	6644	18786	14253	11.84	11.62	7.4	18.7
其他	Others								
辽宁省	**Liaoning**	**100544**	**79821**	**2697045**	**1684194**	**819.70**	**786.50**	**1604.3**	**2421.5**
沈阳市	Shenyang City	11497	9854	602319	374245	200.80	194.70	350.0	553.7
大连市	Dalian City	11472	7121	505426	325625	172.80	165.50	312.5	472.7
鞍山市	Anshan City	7008	6910	197298	121160	56.90	54.10	155.6	222.3
抚顺市	Fushun City	5650	4407	126395	88980	32.80	31.30	86.0	124.7
本溪市	Benxi City	3825	2941	84252	50556	28.00	26.80	47.8	87.7
丹东市	Dandong City	7241	5052	93079	59138	40.00	38.20	81.5	108.3
锦州市	Jinzhou City	7006	6972	166257	116521	45.10	43.50	104.8	151.5
营口市	Yingkou City	3871	2817	123968	76870	38.60	37.20	68.5	111.1

3-18 续表 2 continued

地 区	Region	公路里程(公里) Mileage Highways (km)	#等级公路 Express-way and Class I to IV Highway	民用汽车拥有量(辆) Number of Civil Vehicles Owned (unit)	#私人汽车 Private Cars	邮电业务总量(亿元) Postal and Telecom-munication Services (100 million yuan)	#电信业务总量 Tele-communi-cation	本地电话用户(万户) Local Telephone Subscribers (10 000 subscribers)	移动电话用户(万户) Mobile Telephone Subscribers (10 000 subscribers)
阜新市	Fuxin City	5974	5974	100394	76945	33.40	32.70	56.5	89.6
辽阳市	Liaoyang City	3222	3222	97582	55708	31.20	29.40	56.3	82.3
盘锦市	Panjin City	3281	3180	111707	75721	26.90	25.40	42.4	91.9
铁岭市	Tieling City	10290	8369	129827	99613	31.30	29.90	78.5	108.1
朝阳市	Chaoyang City	13705	7029	223519	102023	33.20	31.30	86.4	122.0
葫芦岛市	Huludao City	6501	5972	102737	61089	36.10	34.40	77.7	95.7
其他	Others			32285		12.60	12.10		
吉林省	**Jilin**	**87099**	**74531**	**1229381**	**884680**	**455.89**	**438.20**	**622.0**	**1441.2**
长春市	Changchun City	19087	15645	451312	315518	150.91	146.10	191.5	448.4
吉林市	Jilin City	14775	13862	194126	143303	69.91	67.10	98.3	222.3
四平市	Siping City	8185	7111	89205	68692	43.19	41.70	55.2	137.4
辽源市	Liaoyuan City	3987	3987	44121	32521	17.64	17.00	24.1	76.7
通化市	Tonghua City	6118	6074	81548	58730	32.43	30.90	54.9	110.1
白山市	Baishan City	6389	6321	50199	33436	21.77	20.50	38.4	64.1
松原市	Songyuan City	11286	6524	135981	113912	41.10	40.10	38.2	110.1
白城市	Baicheng City	8568	7249	65901	49763	28.69	27.90	40.4	89.1
延边朝鲜族自治州	Yanbian Korean A.P	8704	7759	98901	68805	44.53	41.20	80.5	104.6
其他	Others			18087		5.72	5.70	0.5	78.4
黑龙江省	**Heilongjiang**	**150845**	**104102**	**1414890**	**925094**	**601.10**	**568.70**	**1026.1**	**1640.8**
哈尔滨市	Harbin City	18926	13841	435842	353634	202.51	195.11	329.9	576.8
齐齐哈尔市	Qiqihar City	18874	13304	156281	189897	62.03	59.25	113.4	173.4
鸡西市	Jixi City	5085	3400	60246	30156	30.32	27.58	40.5	106.7
鹤岗市	Hegang City	2463	1927	28151	12273	18.45	17.46	16.9	51.8
双鸭山市	Shuangyashan City	3729	2961	49388	24181	23.25	21.76	23.6	70.0
大庆市	Daqing City	7690	5416	204836	136187	61.19	57.65	91.8	228.9
伊春市	Yichun City	2267	2048	28506	11508	17.53	16.36	35.2	55.3
佳木斯市	Jiamusi City	9210	5628	74730	105292	44.89	42.33	67.1	167.0
七台河市	Qitaihe City	1626	1444	26802	50588	15.33	14.79	13.0	56.2
牡丹江市	Mudanjiang City	7135	6218	129479	103629	49.48	46.19	38.6	158.7
黑河市	Heihe City	8795	6365	36103	42871	22.51	21.30	36.8	57.3
绥化市	Suihua City	17546	10539	126535	3859	39.11	36.48	70.1	80.0
大兴安岭地区	Daxing'anling Prefecture	6559	6420	19307	27099	10.42	9.50	15.6	27.8
农垦总局	Agriculture Reclamation Bureau	24552	9105	71197					
其他	Others	16388	15485	14465					
上海市	**Shanghai**	**15844**	**11497**	**2615000**	**1960300**	**833.80**	**776.10**	**1015.4**	**1880.9**
黄浦区	Huangpu District								
卢湾区	Luwan District								
徐汇区	Xuhui District								
长宁区	Changning District								
静安区	Jingan District								
普陀区	Putuo District								
闸北区	Zhabei District								
虹口区	Hongkou District								
杨浦区	Yangpu District								
闵行区	Minhang District								
宝山区	Baoshan District								
嘉定区	Jiading District								

3-18 续表 3 continued

地区	Region	公路里程（公里）Mileage Highways (km)	#等级公路 Expressway and Class I to IV Highway	民用汽车拥有量（辆）Number of Civil Vehicles Owned (unit)	#私人汽车 Private Cars	邮电业务总量（亿元）Postal and Telecommunication Services (100 million yuan)	#电信业务总量 Telecommunication	本地电话用户（万户）Local Telephone Subscribers (10 000 subscribers)	移动电话用户（万户）Mobile Telephone Subscribers (10 000 subscribers)
浦东新区	Pudong New District								
金山区	Jinshan District								
松江区	Songjiang District								
青浦区	Qingpu District								
南汇区	Nanhui District								
奉贤区	Fengxian District								
崇明县	Chongming County								
其他	Others								
江苏省	**Jiangsu**	**140930**	**129327**	**3730898**	**2632743**	**1584.13**	**1456.10**	**2968.3**	**3957.0**
南京市	Nanjing City	10164	8834	542435	385047	104.60	95.43	319.0	655.1
无锡市	Wuxi City	7446	7379	494587	324600	81.67	73.64	270.3	592.1
徐州市	Xuzhou City	15402	13602	297154	234265	51.62	46.08	238.9	368.8
常州市	Changzhou City	7185	6936	290591	193637	50.52	44.78	198.2	348.3
苏州市	Suzhou City	11803	11796	840431	620341	150.02	135.80	501.1	1031.2
南通市	Nantong City	14989	14149	263352	186906	55.49	45.15	295.0	381.5
连云港市	Lianyungang City	10920	10603	129739	90509	25.16	22.61	137.2	181.6
淮安市	Huaian City	11064	9798	114710	76560	19.23	16.64	133.2	133.8
盐城市	Yancheng City	17571	15119	169524	121111	20.46	13.15	248.8	304.8
扬州市	Yangzhou City	9907	8463	149371	103736	33.21	27.04	191.4	237.2
镇江市	Zhenjiang City	6475	6475	128576	84756	28.77	25.43	143.1	186.3
泰州市	Taizhou City	7954	7833	138346	89108	55.63	50.20	176.9	230.3
宿迁市	Suqian City	10050	8340	145136	122167	16.15	14.09	116.5	138.6
浙江省	**Zhejiang**	**103652**	**97349**	**9296166**	**8296866**	**1546.22**	**1497.45**	**2297.6**	**3977.0**
杭州市	Hangzhou City	14700	13627	822677	565182	316.07	305.06	416.4	866.8
宁波市	Ningbo City	9572	8940	578539	348636	255.79	247.49	338.2	821.6
温州市	Wenzhou City	13479	7336	509514	416342	280.08	273.97	334.6	771.5
嘉兴市	Jiaxing City	7412	6712	227729	146003	104.59	101.10	184.5	356.5
湖州市	Huzhou City	7386	6099	130772	98732	61.95	60.20	118.0	202.2
绍兴市	Shaoxing City	8891	8237	287837	203875	102.36	98.06	240.8	334.0
金华市	Jinhua City	11291	11226	373940	310795	135.64	130.19	244.1	425.1
衢州市	Quzhou City	7018	7018	71101	53836	36.22	35.03	72.5	141.4
舟山市	Zhoushan City	1615	1416	37245	13868	34.14	32.89	58.7	95.9
台州市	Taizhou City	10593	10175	368029	299056	162.33	158.08	211.9	554.1
丽水市	Lishui City	11697	11601	92957	72302	51.93	50.35	62.7	201.7
安徽省	**Anhui**	**148827**	**134669**	**1348878**	**734598**	**550.75**	**519.70**	**1379.9**	**1715.1**
合肥市	Hefei City	8548	8443	225130	118838	75.40	71.81	164.8	254.9
芜湖市	Wuhu City	4807	4274	72466	40424	26.59	25.04	74.0	97.3
蚌埠市	Bengbu City	6493	5574	63487	30005	25.22	23.73	75.2	103.8
淮南市	Huainan City	4178	3635	58869	22721	22.98	21.62	53.3	83.7
马鞍山市	Maanshan City	2233	2024	44048	21789	14.86	13.98	49.1	60.9
淮北市	Huaibei City	3601	3601	35793	24126	17.59	16.04	43.0	66.2
铜陵市	Tongling City	1529	1493	24797	11637	9.55	8.77	25.6	36.0
安庆市	Anqing City	14836	13213	82929	60535	34.64	30.91	140.2	138.5
黄山市	Huangshan City	5434	4969	38221	15401	12.17	10.97	45.0	45.1
滁州市	Chuzhou City	14529	14529	87584	50909	29.06	27.79	93.7	110.2
阜阳市	Fuyang City	11314	10284	148859	66903	41.79	38.40	134.4	148.7
宿州市	Suzhou City	12520	11776	74540	39514	30.59	28.51	101.2	122.0

3-18 续表 4 continued

地区	Region	公路里程（公里）Mileage Highways (km)	#等级公路 Expressway and Class I to IV Highway	民用汽车拥有量（辆）Number of Civil Vehicles Owned (unit)	#私人汽车 Private Cars	邮电业务总量（亿元）Postal and Telecommunication Services (100 million yuan)	#电信业务总量 Telecommunication	本地电话用户（万户）Local Telephone Subscribers (10 000 subscribers)	移动电话用户（万户）Mobile Telephone Subscribers (10 000 subscribers)
巢湖市	Chaohu City	13241	10675	53075	34279	23.02	20.80	88.3	87.9
六安市	Liuan City	16017	13751	138356	88965	29.46	27.47	107.6	131.0
亳州市	Bozhou City	10792	9545	81238	49857	25.27	23.32	83.2	97.4
池州市	Chizhou City	6828	5555	26036	16858	11.27	10.34	35.9	46.6
宣城市	Xuancheng City	11927	11329	68679	41607	22.22	21.14	65.3	84.8
其他	Others			24771	230	99.07	99.07		
福建省	**Fujian**	**88607**	**66461**	**1339836**	**945302**	**883.43**	**850.78**	**1431.0**	**2368.1**
福州市	Fuzhou City	9761		319271	200859	167.34	297.97	296.3	527.0
厦门市	Xiamen City	1837		262525	176141	107.15	101.57	237.0	283.2
莆田市	Putian City	5186		51898	36714	41.61	38.99	77.3	127.8
三明市	Sanming City	13315		61775	40708	46.79	44.37	81.2	147.7
泉州市	Quanzhou City	13920		332607	274086	182.14	176.75	365.8	592.7
漳州市	Zhangzhou City	10024		105791	74175	69.07	66.31	138.3	254.9
南平市	Nanping City	13441		56341	34039	39.58	36.78	75.7	138.6
龙岩市	Longyan City	11834		102747	77131	43.86	41.98	73.8	148.1
宁德市	Ningde City	9289		46881	31449	47.93	46.04	85.5	148.1
江西省	**Jiangxi**	**133847**	**77375**	**937836**	**489648**	**495.17**	**468.30**	**846.9**	**1277.0**
南昌市	Nanchang City	9308	6888	238139	101713	44.27	39.65	182.1	329.4
景德镇市	Jingdezhen City	3957	2617	47615	32465	14.30	13.45	36.1	36.9
萍乡市	Pingxiang City	5410	3508	45467	19250	23.54	22.55	32.2	101.1
九江市	Jiujiang City	16862	7806	87511	48879	27.20	24.86	149.0	177.4
新余市	Xinyu City	3878	2449	36584	17213	16.18	15.21	24.2	67.9
鹰潭市	Yingtan City	3515	2177	20566	12539	4.78	3.82	18.3	51.7
赣州市	Ganzhou City	25056	12468	107003	73965	82.39	77.98	131.5	277.9
吉安市	Jian City	19234	12358	75323	22688	14.85	11.36	76.9	154.6
宜春市	Yichun City	15391	9305	99541	55982	17.98	14.88	83.6	170.7
抚州市	Fuzhou City	12110	7733	65499	28255			48.1	120.0
上饶市	Shangrao City	17035	7975	93352	56894	31.74	29.07	100.4	220.0
山东省	**Shandong**	**220687**	**217100**	**5972647**	**4832712**	**1485.52**	**1426.10**	**2421.1**	**4709.4**
济南市	Jinan City	11011	10810	532549	422572	150.07	144.92	234.0	492.5
青岛市	Qingdao City	14632	14574	684763	467375	206.34	198.78	320.2	564.2
淄博市	Zibo City	10194	9696	308478	245324	76.92	73.31	135.5	278.9
枣庄市	Zaozhuang City	6540	6380	179574	147589	46.47	45.09	80.8	143.9
东营市	Dongying City	8013	8013	237164	188459	49.25	47.53	67.3	175.6
烟台市	Yantai City	14039	14039	531420	430476	128.64	122.23	212.5	412.5
潍坊市	Weifang City	21996	21849	703106	604109	138.74	133.30	232.2	434.6
济宁市	Jining City	15005	14672	350041	294632	93.65	90.29	155.8	331.6
泰安市	Taian City	13364	13026	192889	157001	58.60	56.07	119.2	205.3
威海市	Weihai City	6621	6616	220543	169626	60.23	56.51	118.3	168.6
日照市	Rizhao City	6314	5905	143656	112525	37.22	35.57	64.8	130.7
莱芜市	Laiwu City	3458	3437	86455	72318	15.74	14.76	33.9	67.4
临沂市	Linyi City	21512	20827	487323	418102	114.43	112.57	183.5	402.1
德州市	Dezhou City	20640	20640	277257	237089	62.98	59.44	126.6	204.3
聊城市	Liaocheng City	14059	13889	397378	357318	65.38	61.64	102.2	243.8
滨州市	Binzhou City	14373	13808	263788	232833	52.78	49.00	102.1	158.6
菏泽市	Heze City	18917	18917	308843	270085	81.15	78.23	132.4	294.7

3-18 续表 5 continued

地　区	Region	公路里程(公里) Mileage Highways (km)	#等级公路 Expressway and Class I to IV Highway	民用汽车拥有量(辆) Number of Civil Vehicles Owned (unit)	#私人汽车 Private Cars	邮电业务总量(亿元) Postal and Telecommunication Services (100 million yuan)	#电信业务总量 Telecommunication	本地电话用户(万户) Local Telephone Subscribers (10 000 subscribers)	移动电话用户(万户) Mobile Telephone Subscribers (10 000 subscribers)
河南省	**Henan**	**240645**	**170223**	**3384377**	**2487712**	**1124.13**	**1077.09**	**1562.4**	**3498.9**
郑州市	Zhengzhou City	12134	9793	624421	471200	230.69	224.16	268.7	647.1
开封市	Kaifeng City	8574	6363	138599	109527	45.58	43.77	67.4	159.8
洛阳市	Luoyang City	17636	12110	268951	179121	89.51	86.45	155.2	272.7
平顶山市	Pingdingshan City	13089	11889	164750	112868	61.10	58.86	67.1	191.3
安阳市	Anyang City	11436	8640	222192	176216	59.59	56.50	112.5	181.8
鹤壁市	Hebi City	4283	3989	52112	38368	16.63	16.14	31.4	60.0
新乡市	Xinxiang City	12599	9740	200863	149167	71.58	67.90	135.0	203.4
焦作市	Jiaozuo City	7172	5658	157347	101653	51.57	49.75	67.4	149.7
濮阳市	Puyang City	5999	5327	167604	132969	39.65	38.13	43.8	130.6
许昌市	Xuchang City	8925	5696	148856	97569	51.57	49.78	59.1	163.7
漯河市	Luohe City	5037	3708	76748	53741	27.80	26.74	33.0	104.2
三门峡市	Sanmenxia City	9244	6345	114178	87959	32.31	31.05	41.1	117.3
南阳市	Nanyang City	36632	25757	208952	136164	83.94	80.04	136.9	254.3
商丘市	Shangqiu City	22390	13050	236158	193458	70.77	67.51	83.6	204.0
信阳市	Xinyang City	24036	16266	172453	137078	53.54	50.67	88.6	189.1
周口市	Zhoukou City	20786	12767	276231	204645	68.09	64.77	80.4	230.9
驻马店市	Zhumadian City	18532	11414	114919	78127	61.26	57.37	73.3	203.0
其他	Others	2142	1710	39043	27882	8.00	7.50	17.7	36.0
湖北省	**Hubei**	**188366**	**153665**	**1564200**	**1023500**	**713.70**	**678.10**	**1178.7**	**2528.7**
武汉市	Wuhan City	9962	9732	555696	337661	211.05	203.18	380.0	815.0
黄石市	Huangshi City	4520	4509	53265	33415	12.23	10.78	69.1	109.3
十堰市	Shiyan City	17297	14021	102393	68179	12.25	10.22	61.0	122.0
宜昌市	Yichang City	24682	16843	134349	91673	18.32	16.74	83.7	216.2
襄樊市	Xiangfan City	24599	22472	465728	423595	20.11	16.64	87.5	218.3
鄂州市	Ezhou City	2770	1686	16702	10355	4.80	4.03	18.4	45.5
荆门市	Jingmen City	9437	8615	70420	14741	10.80	9.53	39.9	119.3
孝感市	Xiaogan City	13108	10982	60121	8692	10.62	8.80	53.4	163.3
荆州市	Jingzhou City	17151	14969	92057	59347	22.14	19.31	85.6	244.5
黄冈市	Huanggang City	18409	14534	72988	48869	17.40	14.49	101.7	187.6
咸宁市	Xianning City	12256	9082	303038	286919	10.51	9.22	47.0	110.6
随州市	Suizhou City	6189	5041	35207	26211	7.28	5.71	39.7	82.2
恩施土家族苗族自治州	Enshi Tujia & Miao A.P	17803	10970	74077	57415	11.92	10.21	45.3	167.9
仙桃市	Xiantao City	3929	2141	14775	6334	4.90	4.21	19.4	65.7
天门市	Tianmen City	2892	2418	16616	12839	3.17	2.27	17.7	35.3
潜江市	Qianjiang City	2193	2182	20330	12098	3.17	2.56	12.2	42.0
神农架林区	Shennongjia Forest District	480	393	3619	2360	0.06	0.03	1.5	4.0
湖南省	**Hunan**	**184568**	**118717**	**4589248**	**1018942**	**761.36**	**727.26**	**1257.29**	**2260.68**
长沙市	Changsha City	11905	7115	609562	290783	176.20	172.43	233.10	545.58
株洲市	Zhuzhou City	10412	6968	387904	71485	53.98	52.28	88.07	156.15
湘潭市	Xiangtan City	6874	3727	327191	47126	41.84	40.15	66.28	113.63
衡阳市	Hengyang City	17384	10660	375844	56421	60.92	58.24	118.04	199.55
邵阳市	Shaoyang City	19123	8464	313143	65653	49.89	46.51	106.85	145.90
岳阳市	Yueyang City	15315	15268	310395	47258	55.68	53.77	104.24	177.66
常德市	Changde City	17161	9290	506465	57222	61.41	58.91	109.32	153.34
张家界市	Zhangjiajie City	6556	2162	82916	16096	18.98	18.51	32.82	48.57
益阳市	Yiyang City	11792	7363	313279	53165	40.40	38.68	70.21	130.79
郴州市	Chenzhou City	11506	9066	332997	88663	52.43	49.75	78.29	164.20

3-18 续表 6 continued

地 区	Region	公路里程(公里) Mileage Highways (km)	#等级公路 Express-way and Class I to IV Highway	民用汽车拥有量(辆) Number of Civil Vehicles Owned (unit)	#私人汽车 Private Cars	邮电业务总量(亿元) Postal and Telecommunication Services (100 million yuan)	#电信业务总量 Telecommunication	本地电话用户(万户) Local Telephone Subscribers (10 000 subscribers)	移动电话用户(万户) Mobile Telephone Subscribers (10 000 subscribers)
永州市	Yongzhou City	18580	15055	431956	75396	38.62	36.43	59.49	115.30
怀化市	Huaihua City	16569	11353	234629	45328	41.76	40.02	89.56	123.17
娄底市	Loudi City	11037	8730	229794	67412	38.19	36.72	66.01	114.69
湘西土家族苗族自治州	West Hunan Tujia & Miao A.P	10354	3496	98186	35461	25.71	24.86	35.01	72.14
广东省	**Guangdong**	**183154**	**154878**	**5750124**	**4362208**	**3564.85**	**3476.88**	**3573.3**	**8395.2**
广州市	Guangzhou City	8781	7305	1171731	876921	674.92	655.00	634.9	1492.2
韶关市	Shaoguan City	13050	10461	72213	52096	56.88	54.68	73.6	127.7
深圳市	Shenzhen City	1990	1990	1252747	932336	721.93	704.79	487.7	1779.9
珠海市	Zhuhai City	1393	1336	159745	109446	97.51	94.58	91.8	206.7
汕头市	Shantou City	3735	3719	190404	149594	138.76	136.41	154.5	359.1
佛山市	Foshan City	5089	5046	657786	551845	269.95	264.10	302.6	671.9
江门市	Jiangmen City	9929	7899	205207	153993	103.52	99.93	148.8	247.4
湛江市	Zhanjiang City	21311	11759	106434	74280	108.77	105.22	112.3	262.5
茂名市	Maoming City	15320	14180	120391	91942	78.08	75.22	112.8	182.5
肇庆市	Zhaoqing City	10218	9936	99273	75762	73.35	71.34	96.4	180.0
惠州市	Huizhou City	10468	9348	179147	134223	132.99	130.60	159.3	292.2
梅州市	Meizhou City	15298	12613	72850	55881	67.02	64.65	88.2	147.4
汕尾市	Shanwei City	4819	4493	25005	16254	40.94	40.13	56.2	94.9
河源市	Heyuan City	13889	11542	49734	36291	41.77	40.59	67.9	85.3
阳江市	Yangjiang City	7079	5773	54036	42801	43.71	42.06	68.1	101.4
清远市	Qingyuan City	17488	17251	88116	66411	69.99	68.46	67.7	170.4
东莞市	Dongguan City	3883	3766	701600	541534	525.79	517.71	442.2	1245.4
中山市	ZhongShan City	1667	1577	277979	223244	154.83	151.83	166.2	347.7
潮州市	Chaozhou City	4537	3993	79462	65914	53.46	52.22	79.6	133.9
揭阳市	Jieyang City	6274	5591	95150	78825	75.87	73.99	111.2	191.7
云浮市	Yunfu City	6936	5300	43809	32600	34.84	33.58	51.5	75.2
广西壮族自治区	**Guangxi**	**99273**	**73051**	**984002**	**616861**	**601.18**	**582.85**	**848.4**	**1627.9**
南宁市	Nanning City	10399	8313	272954	162262	118.42	114.90	165.0	323.0
柳州市	Liuzhou City	7489	4893	129063	86975	67.17	65.92	77.3	173.2
桂林市	Guilin City	10692	7357	111309	71306	71.70	69.92	99.2	208.7
梧州市	Wuzhou City	5921	5109	35548	22061	33.13	32.14	49.9	75.8
北海市	Beihai City	2476	2183	44972	31578	27.81	27.20	37.3	55.4
防城港市	Fangchenggang City	2521	1475	23201	15491	17.40	17.01	16.1	39.8
钦州市	Qinzhou City	4766	4381	29988	17846	25.93	24.99	47.2	79.8
贵港市	Guigang City	5835	5233	42595	30300	35.12	33.50	73.1	95.2
玉林市	Yulin City	8617	5991	104776	68273	54.95	52.98	88.9	149.7
百色市	Baise City	12644	9613	48642	30200	36.42	35.50	57.3	136.0
贺州市	Hezhou City	3232	2608	35420	23463	18.42	17.85	25.5	61.0
河池市	Hechi City	7317	6094	43946	33210	38.04	36.96	51.4	101.9
来宾市	Laibin City	5660	3681	30785	21785	23.29	22.70	26.2	76.3
崇左市	Chongzuo City	6487	4973	39996	22287	25.84	24.87	23.7	72.8
海南省	**Hainan**	**18563**	**11264**	**275370**	**178902**	**158.92**	**152.63**	**622.5**	**397.8**
海口市	Haikou City	1936	1576	152788	104800	78.57	76.80	271.1	159.1
三亚市	Sanya City	976	450	29381	18148	7.83	7.31	51.7	24.1
其他	Others	15651	9238	93201	55954	72.52	68.52	299.7	214.6

3-18 续表 7 continued

地 区	Region	公路里程（公里）Mileage Highways (km)	#等级公路 Express-way and Class I to IV Highway	民用汽车拥有量（辆）Number of Civil Vehicles Owned (unit)	#私人汽车 Private Cars	邮电业务总量（亿元）Postal and Telecom-munication Services (100 million yuan)	#电信业务总量 Tele-communi-cation	本地电话用户（万户）Local Telephone Subscribers (10 000 subscribers)	移动电话用户（万户）Mobile Telephone Subscribers (10 000 subscribers)
重庆市	**Chongqing**	**108632**	**58978**	**1628164**	**1281478**	**424.75**	**406.53**	**688.1**	**1281.7**
万州区	Wanzhou District	5114	1896	69162	21902	6.32	5.48	36.1	78.2
涪陵区	Fuling District	3667	1583	51642	10743	9.92	9.37	23.6	48.0
渝中区	Yuzhong District			74728	37862	57.79	56.34	19.3	50.1
大渡口区	Dadukou District	195	185	15465	6426	2.17	2.01	4.9	24.0
江北区	Jiangbei District	440	440	44108	22179	3.89	3.39	26.6	36.7
沙坪坝区	Shapingba District	994	434	61906	29093	3.94	2.77	21.5	
九龙坡区	Jiulongpo District	812	724	71395	32286	19.05	18.23	21.3	59.4
南岸区	Nanan District	563	414	46885	22067				
北碚区	Beibei District	1133	703	32455	9417	2.45	2.03	20.2	44.2
万盛区	Wansheng District	962	555	41391	1769	0.97	0.83	6.3	14.2
双桥区	Shuangqiao District	92	80	5744	1150	0.58	0.56	1.1	2.5
渝北区	Yubei District	2443	1697	60851	23188	6.26	5.48	21.6	55.1
巴南区	Banan District	2491	1515	26292	10405	4.78	3.96	26.8	37.1
黔江区	Qianjiang District	2256	1769	31892	7180	1.81	1.62	7.3	20.2
长寿区	Changshou District	2736	2407	76534	9153	7.02	6.16	18.5	35.0
江津区	Jiangjin District	4075	2680	81143	8820	5.64	4.61	25.0	59.8
合川区	Hechuan District	3042	2394	45461	9141	4.09	3.29	21.0	47.8
永川区	Yongchuan District	2809	1554	74125	12044	2.61	1.88	31.5	50.0
南川区	Nanchuan District	2989	1801	27253	4702	2.78	2.53	10.7	18.2
四川省	**Sichuan**	**224482**	**140764**	**2241100**	**1615991**	**930.80**	**890.31**	**1690.0**	**2837.0**
成都市	Chengdu City	19447	16475	1055014	877674	621.80	615.53	545.3	272.5
自贡市	Zigong City	5131	2410	49088	29792	25.08	23.25	55.8	111.8
攀枝花市	Panzhihua City	3718	1827	59922	39666	11.57	10.64	33.7	76.7
泸州市	Luzhou City	10773	4902	60408	27633	16.52	14.31	71.5	157.8
德阳市	Deyang City	7400	5741	107250	82791	42.93	41.15	65.8	179.3
绵阳市	Mianyang City	14155	7100	124481	99810	23.19	20.76	109.1	264.2
广元市	Guangyuan City	11465	5637	43187	29736	8.06	6.85	45.6	112.0
遂宁市	Suining City	7860	5958	41976	30593	9.06	7.59	41.7	106.8
内江市	Neijiang City	9624	3869	48459	29806	11.28	9.76	68.0	127.5
乐山市	Leshan City	7996	5728	67825	46188	17.64	16.22	74.2	162.3
南充市	Nanchong City	16186	9278	88618	46402	21.30	15.61	120.0	181.7
眉山市	Meishan City	6461	4764	53884	20493	11.07	9.77	52.7	125.3
宜宾市	Yibin City	11161	6631	66152	50476	46.29	44.36	77.8	182.7
广安市	Guangan City	9061	5599	40149	23066	5.74	3.57	46.8	107.1
达州市	Dazhou City	14796	10296	70977	31430	18.17	15.25	72.3	180.6
雅安市	Yaan City	5080	4136	45865	31217	4.31	3.89	32.2	73.2
巴中市	Bazhong City	10853	7818	29110	18755	4.51	3.13	46.4	103.4
资阳市	Ziyang City	9673	5533	39765	28870	10.73	8.75	60.3	114.0
阿坝藏族羌族自治州	Aba Zang & Qiang A.P	8485	6447	55322	42703	4.13	3.88	13.3	39.6
甘孜藏族自治州	Ganzi Zang A.P	18191	13402	29001	14635	4.50	4.22	10.8	34.6
凉山彝族自治州	Liangshan Yi A.P	16965	7213	64647	14255	12.93	11.83	46.6	123.8
贵州省	**Guizhou**	**125365**	**64044**	**771500**	**542700**	**371.52**	**361.11**	**499.6**	**1185.8**
贵阳市	Guiyang City	8482	7238	393995	317238	34.31	31.84	103.7	309.8
六盘水市	Liupanshui City	11048	7311	72459	59588	10.15	9.56	42.1	108.8
遵义市	Zunyi City	19837	8459	98044	57354	22.83	21.03	73.7	215.2
安顺市	Anshun City	6424	2076	35466	1244	7.25	6.85	28.1	86.3
铜仁地区	Tongren Prefecture	16699	5229	135986	122862	7.99	7.16	3.6	80.5
黔西南布依族苗族自治州	Southwest Guizhou Buyi & Miao A.P	11428	8162	55086		8.24	7.68	37.4	99.8

3-18 续表 8 continued

地　区	Region	公路里程（公里）Mileage Highways (km)	#等级公路 Express-way and Class I to IV Highway	民用汽车拥有量（辆）Number of Civil Vehicles Owned (unit)	#私人汽车 Private Cars	邮电业务总量（亿元）Postal and Telecom-munication Services (100 million yuan)	#电信业务总量 Tele-communi-cation	本地电话用户（万户）Local Telephone Subscribers (10 000 subscribers)	移动电话用户（万户）Mobile Telephone Subscribers (10 000 subscribers)
毕节地区	Bijie Prefecture	18570	9078	135427		12.67	11.94	49.8	135.6
黔东南苗族侗族自治州	Southeast Guizhou Miao & Dong A.P	6938	6774	56136	33682	10.74	9.76	68.3	91.4
黔南布依族苗族自治州	South Guizhou Buyi & Miao A.P	12753	7632	12029		3.29	2.28	55.2	92.3
云南省	**Yunnan**	**203753**	**121381**	**5307594**	**4855133**	**606.99**	**594.28**	**616.3**	**1635.9**
昆明市	Kunming City	16035	4434	968070	839725	63.27	60.27	179.4	462.1
曲靖市	Qujing City	20293	4561	565752	520488	13.73	10.91	42.5	168.0
玉溪市	Yuxi City	16364	3115	446865	415694	16.09	15.43	31.8	114.4
保山市	Baoshan City	11519	7204	314305	306707	6.74	6.24	23.6	88.4
昭通市	Zhaotong City	14356	465	245330	231720	9.97	9.28	22.2	122.1
丽江市	Lijiang City	5968		101057	90467	1.43	1.05	16.6	57.8
普洱市	Puer City	19047		363960	345463	8.59	8.00	34.6	102.5
临沧市	Lincang City	13700	13700	218128	208656	4.38		24.3	67.7
楚雄彝族自治州	Chuxiong Yi A.P	16649	7201	264285	246226	6.93	6.40	33.5	79.4
红河哈尼族彝族自治州	Honghe Hani & Yi A.P	18907	13585	479110	424661	15.95	14.81	51.3	176.3
文山壮族苗族自治州	Wenshan Zhuang & Miao A.P	12873	8502	321639	301740	3.72	2.89	34.3	97.8
西双版纳傣族自治州	Xishuangbanna Dai A.P	6274	4058	268681	256532	6.43	5.92	27.3	67.6
大理白族自治州	Dali Bai A.P	16572	8688	377200	349462	38.47	37.66	54.2	138.6
德宏傣族景颇族自治州	Dehong Dai & Jingpo A.P	6834	3905	270529	259026	19.05	18.67	20.0	60.2
怒江傈僳族自治州	Nujiang Lisu A.P	3818		27317	22615	0.41	0.31		16.0
迪庆藏族自治州	Diqing Zang A.P	4873	3284	43065	35743	1.62	0.39	4.1	16.9
西藏自治区	**Tibet A.R.**	**51314**	**22728**	**193000**	**128218**	**41.73**	**40.25**	**52.2**	**83.5**
拉萨市	Lhasa City	3406	1583	94710	65843	36.20	35.42	18.0	41.8
昌都地区	Qamdu Prefecture	8249	4807	18976	11219	1.30	1.20	7.3	8.4
山南地区	Lhokha Prefecture	5858	3565	12950	9094	1.20	1.07	7.6	5.8
日喀则地区	Xigaze Prefecture	14136	3897	19572	13046	0.99	0.85	8.2	10.2
那曲地区	Narqu Prefecture	9016	3825	18429	14816	0.61	0.53	1.9	7.8
阿里地区	Ngri Prefecture	6460	3324	6707	3700	0.51	0.43	2.6	2.4
林芝地区	Nyingchi Prefecture	4189	1727	12945	8739	0.92	0.75	6.4	7.2
其他	Others			8711	1761				
陕西省	**Shaanxi**	**131038**	**107618**	**1394470**	**1002476**	**628.73**	**603.17**	**881.2**	**1912.2**
西安市	Xi'an City	11895	10891	595735	452347	264.86	256.45	332.5	693.5
铜川市	Tongchuan City	3185	2765	33850	23797	10.83	10.23	28.1	33.8
宝鸡市	Baoji City	12398	11240	80770	45963	44.37	41.43	84.1	151.0
咸阳市	Xianyang City	14294	12058	140191	101525	55.76	53.16	71.6	195.2
渭南市	Weinan City	17072	13204	116766	69307	56.64	54.18	98.5	190.8
延安市	Yan'an City	13311	11969	137479	101208	44.49	43.23	46.9	173.6
汉中市	Hanzhong City	12398	8930	78171	57610	37.17	34.18	65.9	120.0
榆林市	Yulin City	19331	16192	132243	92900	69.09	67.76	63.5	204.6
安康市	Ankang City	17211	11734	42728	29510	27.56	26.12	49.9	89.8
商洛市	Shangluo City	9943	8634	36537	28309	17.96	16.43	40.2	59.9
其他	Others								
甘肃省	**Gansu**	**105638**	**58381**	**624400**	**359367**	**279.81**	**271.85**	**519.2**	**896.5**
兰州市	Lanzhou City	6702	3631	167348	55092	87.32	85.40	146.4	218.2
嘉峪关市	Jiayuguan City	610	575	13282	9187	6.59	6.37	9.1	22.1
金昌市	Jinchang City	1887	1878	18736	12931	7.91	7.63	12.5	28.1

3-18 续表 9 continued

地区	Region	公路里程(公里) Mileage Highways (km)	#等级公路 Express-way and Class I to IV Highway	民用汽车拥有量(辆) Number of Civil Vehicles Owned (unit)	#私人汽车 Private Cars	邮电业务总量(亿元) Postal and Telecom-munication Services (100 million yuan)	#电信业务总量 Tele-communi-cation	本地电话用户(万户) Local Telephone Subscribers (10 000 subscribers)	移动电话用户(万户) Mobile Telephone Subscribers (10 000 subscribers)
白银市	Baiyin City	9284	3658	54965	30049	16.99	16.48	28.8	59.3
天水市	Tianshui City	8851	4963	39345	24974	23.16	22.30	53.3	81.8
武威市	Wuwei City	8644	4177	35532	26330	14.91	14.40	36.9	54.5
张掖市	Zhangye City	9591	6817	30752	20561	13.16	12.70	36.0	45.5
平凉市	Pingliang City	9174	4972	40538	22746	16.16	15.77	29.9	59.1
酒泉市	Jiuquan City	9235	7779	41552	29871	19.45	18.86	26.5	56.6
庆阳市	Qingyang City	10564	3841	48393	32741	20.88	20.31	41.4	76.9
定西市	Dingxi City	9016	5518	43922	27700	16.32	15.81	32.9	67.5
陇南市	Longnan City	12088	5092	33478	25146	17.73	17.21	31.1	62.7
临夏回族自治州	Linxia Hui A.P	4341	2607	38464	28856	12.00	11.76	22.5	44.0
甘南藏族自治州	Gannan Zang A.P	5649	2873	18093	13183	6.98	6.85	12.0	20.2
青海省	**Qinghai**	**56642**	**32649**	**225645**	**130647**	**69.95**	**67.70**	**119.4**	**247.2**
西宁市	Xining City						70.10	115.7	
海东地区	Haidong Prefecture						17.40	50.6	
海北藏族自治州	Haibei Zang A.P						3.60	13.1	
黄南藏族自治州	Huangnan Zang AP						2.40	9.1	
海南藏族自治州	Hainan Zang A.P						5.50	17.9	
果洛藏族自治州	Golog Zang A.P						2.10	5.8	
玉树藏族自治州	Yushu Zang A.P						4.90	7.3	
海西蒙古族藏族自治州	Haixi Mongolian & Zang A.P						14.00	27.6	
宁夏回族自治区	**Ningxia**	**21008**	**19403**	**832213**	**718831**	**96.17**	**92.93**	**121.5**	**323.3**
银川市	Yinchuan City	3010	2952	254481	210668	32.64	31.12	48.2	145.0
石嘴山市	Shizuishan City	2026	1801	161948	148486	5.22	4.61	21.4	46.2
吴忠市	Wuzhong City	5443	5174	176553	149421	13.57	12.82	19.3	58.8
固原市	Guyuan City	4576	4246	125599	108878	3.52	3.22	17.0	34.2
中卫市	Zhongwei City	5953	5230	110467	101378	2.82	2.45	15.6	39.0
新疆维吾尔自治区	**Xinjiang**	**146652**	**81319**	**933974**	**517757**	**378.75**	**367.37**	**634.9**	**1051.3**
乌鲁木齐市	Urumqi City	2531	1980			41.71	38.04	187.4	220.5
克拉玛依市	Karamay City	605	589			4.06	3.60	14.9	26.9
吐鲁番地区	Turpan Prefecture	3846	3437			4.01	3.70	16.2	32.5
哈密地区	Hami Prefecture	6323	3967			3.55	3.22	21.1	35.7
昌吉回族自治州	Changji Hui A.P	9797	7651			9.60	8.74	51.3	88.1
博尔塔拉蒙古自治州	Bortala Mongolian A.P	2903	2153			3.21	2.90	15.0	29.2
巴音郭楞蒙古自治州	Bayingolin Mongolian A.P	11248	8487			10.45	9.50	40.3	80.1
阿克苏地区	Aksu Prefecture	11256	8353			11.16	10.20	36.3	86.3
克孜勒苏柯尔克孜自治州	Kizilsu Kirgiz A.P	4450	2381			1.84	1.70	7.5	17.7
喀什地区	Kashi Prefecture	20700	9793			10.16	9.50	46.6	87.8
和田地区	Hotan Prefecture	14844	4974			6.04	5.70	18.9	63.0
伊犁哈萨克自治州	Ili Kazak A.P	10039	5322			13.49	12.25	66.1	137.6
塔城地区	Tacheng Prefecture	8111	4860			4.80	4.31	26.7	27.8
阿勒泰地区	Altay Prefecture	7898	4433			3.81	3.60	22.7	29.0
石河子市	Shihezi City	391	359			4.96	4.52	30.9	48.0
阿拉尔市	Alar City	67	67						
图木舒克市	Tumxuk City								
五家渠市	Wujiaqu City								
生产建设兵团	Corps	31643	12513						

3-19 社会消费品零售总额和批发零售业情况(2008年)

Total Retail Sale of Consumer Goods and Condition of Wholesale and Retail Trade (2008)

地 区	Region	社会消费品零售总额(亿元) Total Retail Sales (100 million yuan)	批发和零售业 Wholesale and Retail Trades	住宿和餐饮业 Hotels and Catering Services	其他行业 Others	批发零售住宿餐饮企业数(个) Corporation of Wholesale and Retail Trades, Hotels and Catering Services(unit)	批发零售住宿餐饮从业人数(人) Persons Employed in Wholesale and Retail Trades, Hotels and Catering Services(person)	批发零售业销售总额(亿元) Total Sales Value of Wholesale and Retail Trades(100 million yuan)
北京市	**Beijing**	**4588.98**	**4044.40**	**504.88**	**39.71**	**9758**	**805771**	**21272.00**
东城区	Dongcheng District	324.83	234.74	89.83	0.26	639	116213	2148.00
西城区	Xicheng District	292.95	244.14	45.10	3.71	737	78077	2132.00
崇文区	Chongwen District	139.58	123.41	14.69	1.48	229	24844	312.00
宣武区	Xuanwu District	130.57	106.52	22.49	1.57	447	33037	1050.00
朝阳区	Chaoyang District	1272.66	1147.65	123.83	1.18	2357	217295	5543.00
丰台区	Fengtai District	544.11	513.53	24.45	6.13	660	52746	723.00
石景山区	Shijingshan District	151.58	146.16	5.14	0.28	185	17561	400.00
海淀区	Haidian District	885.03	776.47	89.85	18.71	2740	143037	6596.00
门头沟区	Mentougou District	18.60	15.06	2.93	0.61	107	4868	37.00
房山区	Fangshan District	90.06	80.14	9.05	0.88	337	10767	392.00
通州区	Tongzhou District	146.36	139.62	6.64	0.10	194	16640	254.00
顺义区	Shunyi District	132.96	118.96	13.78	0.22	178	18987	281.00
昌平区	Changping District	114.79	98.71	14.17	1.91	260	24473	115.00
大兴区	Daxing District	100.15	87.46	12.03	0.67	259	18121	306.00
怀柔区	Huairou District	43.05	36.23	6.39	0.42	145	7499	70.00
平谷区	Pinggu District	27.68	23.62	3.99	0.08	65	3464	65.00
密云县	Miyun County	50.44	40.49	9.01	0.95	94	6728	88.00
延庆县	Yanqing County	36.15	26.90	8.70	0.55	61	4881	13.00
北京经济技术开发区	Beijing Economic-technological Development Zones	87.43	84.61	2.80		64	6533	747.00
远洋捕捞	Deep-sea Fishing							
其他	Others							
天津市	**Tianjin**	**2000.34**	**1690.36**	**305.49**	**4.49**	**3999**	**245203**	**10216.70**
和平区	Heping District	225.20	203.85	21.35		351	36827	1009.65
河东区	Hedong District	122.13	95.49	26.65		236	10243	494.48
河西区	Hexi District	271.45	224.92	46.53		460	33559	1294.72
南开区	Nankai District	274.27	233.05	41.22		294	33610	2715.55
河北区	Hebei District	91.41	75.22	16.19		147	10136	282.29
红桥区	Hongqiao District	87.50	67.41	20.09		76	5832	57.85
塘沽区	Tanggu District	234.00	187.65	46.35		739	24628	1238.29
汉沽区	Hangu District	24.49	18.36	6.13		49	1663	40.85
大港区	Dagang District	50.29	39.48	10.81		133	5350	317.08
东丽区	Dongli District	134.36	121.70	12.65		267	17576	718.74
西青区	Xiqing District	82.17	71.94	10.24		253	8913	449.13
津南区	Jinnan District	74.04	67.05	6.99		178	7606	345.43
北辰区	Beichen District	66.71	61.13	5.57		488	12204	831.50
武清区	Wuqing District	69.27	59.03	10.24		79	26422	168.12
宝坻区	Baodi District	63.87	60.09	3.78		38	2794	20.53
宁河县	Ninghe County	39.18	33.11	6.08		23	1922	14.65
静海县	Jinghai County	37.08	31.78	5.30		130	3125	193.45
蓟县	Ji County	48.42	39.10	9.32		58	2793	24.37
天津经济技术开发区	Tianjin Economic-technological Development Area							
天津港保税区	Tianjin Port Free Trade Zone							
天津滨海高新区	Tianjin Hi-Tech Industrial Park							
其他	Others							

3-19 续表 1 continued

地 区	Region	社会消费品零售总额(亿元) Total Retail Sales (100 million yuan)	批发和零售业 Wholesale and Retail Trades	住宿和餐饮业 Hotels and Catering Services	其他行业 Others	批发零售住宿餐饮企业数(个) Corporation of Wholesale and Retail Trades, Hotels and Catering Services(unit)	批发零售住宿餐饮从业人数(人) Persons Employed in Wholesale and Retail Trades, Hotels and Catering Services(person)	批发零售业销售总额(亿元) Total Sales Value of Wholesale and Retail Trades(100 million yuan)
河北省	**Hebei**	**4880.42**	**4175.43**	**628.20**	**76.80**	**2663**	**319769**	**3976.50**
石家庄市	Shijiazhuang City	1005.20	892.60	99.09	13.51	425	63036	996.72
唐山市	Tangshan City	809.76	678.61	118.27	12.88	581	58381	1086.29
秦皇岛市	Qinhuangdao City	240.15	207.04	32.66	0.44	242	19227	468.61
邯郸市	Handan City	513.86	429.67	80.71	3.48	241	30250	212.61
邢台市	Xingtai City	330.35	289.68	38.95	1.71	127	16728	158.41
保定市	Baoding City	619.67	536.81	62.53	20.33	263	40309	304.73
张家口市	Zhangjiakou City	232.62	181.63	38.86	12.13	204	19895	199.05
承德市	Chengde City	184.97	151.98	28.57	4.43	121	12470	87.23
沧州市	Cangzhou City	415.94	358.04	53.84	4.06	140	27443	150.78
廊坊市	Langfang City	300.20	247.94	50.19	2.07	196	20072	199.13
衡水市	Hengshui City	227.71	201.43	24.53	1.75	123	11958	112.95
其他	Others							
山西省	**Shanxi**	**2356.50**	**1989.77**	**300.15**	**66.58**	**2116**	**272451**	**3753.90**
太原市	Taiyuan City	619.95	560.63	57.01	2.31	542	72309	1481.65
大同市	Datong City	232.63	201.33	27.79	3.51	226	36023	285.87
阳泉市	Yangquan City	123.11	94.07	19.28	9.76	103	13374	177.00
长治市	Changzhi City	201.08	172.45	22.72	5.91	307	21151	401.90
晋城市	Jincheng City	150.14	115.44	23.84	10.86	126	24541	288.48
朔州市	Shuozhou City	104.43	83.25	16.01	5.17	125	17168	230.99
晋中市	Jinzhong City	204.63	177.14	20.77	6.72	178	24780	319.99
运城市	Yuncheng City	269.00	215.30	34.90	18.80	137	15567	476.67
忻州市	Xinzhou City	112.93	96.45	15.10	1.38	86	11250	172.03
临汾市	Linfen City	224.06	189.19	29.35	5.52	152	16691	191.46
吕梁市	Luliang City	160.93	129.96	28.11	2.86	94	13788	198.57
其他	Others							
内蒙古自治区	**Inner Mongolia**	**2363.33**	**1849.14**	**462.16**	**52.04**	**1862**	**180963**	**2127.91**
呼和浩特市	Hohhot City	533.16	397.64	131.06	4.46	450	56738	473.92
包头市	Baotou City	515.74	396.85	113.03	5.86	359	36831	585.76
呼伦贝尔市	Hulunbuir City	189.59	145.85	39.11	4.63	128	13156	172.47
兴安盟	Xingan League	81.01	65.95	11.08	3.98	39	3465	29.77
通辽市	Tongliao City	166.20	139.17	23.28	3.74	138	9046	119.88
赤峰市	Chifeng City	239.87	200.23	30.00	9.63	137	13636	84.06
锡林郭勒盟	Xilingol League	85.94	68.23	14.96	2.75	90	5560	54.25
乌兰察布市	Ulanqab City	114.37	88.22	21.58	4.57	38	7282	31.33
鄂尔多斯市	Erdos City	269.78	211.54	50.03	8.21	321	22058	458.85
巴彦淖尔市	Bayannur City	90.73	72.44	14.44	3.85	63	8413	58.48
乌海市	Wuhai City	50.78	41.81	8.80	0.16	73	3164	38.34
阿拉善盟	Alxa League	26.17	21.18	4.79	0.20	26	1614	20.80
其他	Others							
辽宁省	**Liaoning**	**4917.54**	**4033.66**	**818.98**	**64.89**	**6130**	**388121**	**8927.83**
沈阳市	Shenyang City	1505.54	1222.04	250.51	32.98	1899	117749	4691.41
大连市	Dalian City	1182.64	987.37	185.27	10.01	1656	112634	2172.17
鞍山市	Anshan City	368.29	298.64	69.65		1150	30539	843.61
抚顺市	Fushun City	286.28	217.17	55.21	13.89	142	14302	140.41
本溪市	Benxi City	141.57	116.53	25.04		80	8134	63.47
丹东市	Dandong City	198.07	166.70	31.37		127	9332	93.47
锦州市	Jinzhou City	228.09	183.61	43.10	1.38	209	18439	179.43
营口市	Yingkou City	178.40	145.51	32.69	0.19	122	11921	107.32

3-19 续表 2 continued

地区	Region	社会消费品零售总额(亿元) Total Retail Sales (100 million yuan)	批发和零售业 Wholesale and Retail Trades	住宿和餐饮业 Hotels and Catering Services	其他行业 Others	批发零售住宿餐饮企业数(个) Corporation of Wholesale and Retail Trades, Hotels and Catering Services(unit)	批发零售住宿餐饮从业人数(人) Persons Employed in Wholesale and Retail Trades, Hotels and Catering Services(person)	批发零售业销售总额(亿元) Total Sales Value of Wholesale and Retail Trades(100 million yuan)
阜新市	Fuxin City	107.07	94.10	12.80	0.17	111	6579	97.55
辽阳市	Liaoyang City	149.65	120.45	29.04	0.17	68	5497	55.53
盘锦市	Panjin City	132.56	108.79	21.78	1.99	159	16643	210.39
铁岭市	Tieling City	163.12	140.75	19.06	3.32	98	8894	78.14
朝阳市	Chaoyang City	108.48	85.13	22.54	0.81	157	16193	102.01
葫芦岛市	Huludao City	167.77	146.86	20.91		152	11265	92.91
其他	Others							
吉林省	**Jilin**	**2484.26**	**2127.91**	**354.67**	**1.68**	**594**	**68401**	**1417.92**
长春市	Changchun City	945.71	849.11	96.51	0.09	212	28221	720.33
吉林市	Jilin City	481.06	412.79	67.71	0.56	120	12247	387.14
四平市	Siping City	198.62	175.20	23.17	0.25	68	5762	82.25
辽源市	Liaoyuan City	75.39	66.70	8.69		19	1246	17.18
通化市	Tonghua City	170.66	126.50	43.46	0.70	52	3971	49.22
白山市	Baishan City	96.37	77.63	18.74		12	2588	25.20
松原市	Songyuan City	222.19	168.97	53.22		22	4298	36.18
白城市	Baicheng City	114.13	103.55	10.58		24	3363	36.72
延边朝鲜族自治州	Yanbian Korean A.P	180.12	147.45	32.58	0.09	65	6705	63.70
其他	Others							
黑龙江省	**Heilongjiang**	**2838.60**	**2445.70**	**351.40**	**41.50**	**1718**	**176359**	**2276.38**
哈尔滨市	Harbin City	1263.99	1109.30	147.60	7.09	896	77659	1051.44
齐齐哈尔市	Qiqihar City	257.30	236.20	19.30	1.86	68	8786	70.02
鸡西市	Jixi City	86.19	68.37	15.99	1.83	55	7227	50.07
鹤岗市	Hegang City	51.00	41.95	8.86	0.18	53	6854	28.80
双鸭山市	Shuangyashan City	47.70	39.30	6.80	1.60	26	3111	23.06
大庆市	Daqing City	371.50	330.50	39.20	1.80	199	23113	411.90
伊春市	Yichun City	40.40	29.90	10.50		18	1685	11.72
佳木斯市	Jiamusi City	147.54	124.42	21.28	1.84	63	16800	64.52
七台河市	Qitaihe City	36.00	30.90	4.90	0.20	12	1437	17.70
牡丹江市	Mudanjiang City	197.40	153.36	30.61	13.44	221	13525	425.01
黑河市	Heihe City	39.50	31.30	8.10	0.20	29	1543	22.85
绥化市	Suihua City	186.00	156.60	22.10	7.30	44	10041	46.52
大兴安岭地区	Daxing'anling Prefecture	25.65	17.92	4.72	3.01	17	1397	13.31
农垦总局	Agriculture Reclamation Bureau	88.50	75.70	11.50	1.30	15	3181	39.45
其他	Others							
上海市	**Shanghai**	**4537.14**	**3867.60**	**669.54**		**6817**	**742483**	**20671.92**
黄浦区	Huangpu District	356.53	310.08	46.45		482	77253	2200.47
卢湾区	Luwan District	157.66	132.65	25.01		332	37819	886.26
徐汇区	Xuhui District	293.61	257.58	36.03		995	105215	1880.68
长宁区	Changning District	165.76	131.36	34.40		402	44525	3491.76
静安区	Jingan District	173.98	145.14	28.84		275	40237	686.12
普陀区	Putuo District	250.94	230.78	20.16		238	113189	1326.81
闸北区	Zhabei District	137.28	123.64	13.64		311	22171	788.15
虹口区	Hongkou District	166.30	151.84	14.46		397	33683	786.37
杨浦区	Yangpu District	185.56	173.56	12.00		554	43738	1102.37
闵行区	Minhang District	323.34	297.40	25.94		334	32842	480.15
宝山区	Baoshan District	236.13	222.45	13.68		389	24759	1166.53
嘉定区	Jiading District	191.58	180.49	11.09		194	14397	711.84

3-19 续表 3 continued

地 区	Region	社会消费品零售总额(亿元) Total Retail Sales (100 million yuan)	批发和零售业 Wholesale and Retail Trades	住宿和餐饮业 Hotels and Catering Services	其他行业 Others	批发零售住宿餐饮企业数(个) Corporation of Wholesale and Retail Trades, Hotels and Catering Services(unit)	批发零售住宿餐饮从业人数(人) Persons Employed in Wholesale and Retail Trades, Hotels and Catering Services(person)	批发零售业销售总额(亿元) Total Sales Value of Wholesale and Retail Trades(100 million yuan)
浦东新区	Pudong New District	526.89	457.73	69.16		1186	107063	4421.62
金山区	Jinshan District	171.68	146.16	25.52		124	7486	101.72
松江区	Songjiang District	218.13	192.00	26.13		206	12538	258.27
青浦区	Qingpu District	176.21	159.29	16.92		67	5420	52.10
南汇区	Nanhui District	225.07	207.42	17.65		139	8224	130.96
奉贤区	Fengxian District	184.29	150.38	33.91		153	7975	166.15
崇明县	Chongming County	34.11	32.44	1.67		39	3949	33.59
其他	Others							
江苏省	**Jiangsu**	**9661.40**	**8360.18**	**1212.28**	**88.94**			
南京市	Nanjing City	1651.82	1434.79	195.08	21.96			
无锡市	Wuxi City	1391.48	1219.37	138.51	33.60			
徐州市	Xuzhou City	680.23	570.08	104.71	5.45			
常州市	Changzhou City	758.16	659.06	90.65	8.45			
苏州市	Suzhou City	1551.45	1332.62	218.21	0.61			
南通市	Nantong City	915.10	815.69	96.93	2.48			
连云港市	Lianyungang City	310.44	272.66	37.79	0.00			
淮安市	Huaian City	335.90	286.08	45.66	4.17			
盐城市	Yancheng City	542.78	470.54	71.15	1.10			
扬州市	Yangzhou City	521.30	441.02	74.58	5.70			
镇江市	Zhenjiang City	410.21	357.44	50.10	2.67			
泰州市	Taizhou City	395.73	328.03	65.25	2.45			
宿迁市	Suqian City	196.80	164.57	32.12	0.11			
浙江省	**Zhejiang**	**7441.75**	**6521.50**	**869.40**	**50.85**	**11424**	**687586**	**18270.02**
杭州市	Hangzhou City	1558.38	1377.77	176.42	4.19	3996	238897	8401.46
宁波市	Ningbo City	1238.02	1099.13	138.63	0.26	2308	132926	4057.86
温州市	Wenzhou City	1082.95	946.83	136.03	0.09	1119	68419	1362.07
嘉兴市	Jiaxing City	599.61	507.88	72.09	19.65	779	42403	866.18
湖州市	Huzhou City	382.11	332.95	43.76	5.40	368	20460	403.01
绍兴市	Shaoxing City	618.89	560.05	58.84		785	54592	866.97
金华市	Jinhua City	675.66	598.08	69.64	7.95	653	46002	654.78
衢州市	Quzhou City	215.61	182.86	28.57	4.19	210	11549	267.52
舟山市	Zhoushan City	157.83	134.90	22.65	0.27	253	14365	263.30
台州市	Taizhou City	709.71	612.09	95.59	2.03	702	44767	897.03
丽水市	Lishui City	202.98	168.96	27.18	6.83	251	13206	229.84
安徽省	**Anhui**	**2965.55**	**2497.64**	**433.31**	**34.59**	**2596**	**296145**	**3755.40**
合肥市	Hefei City	588.36	512.51	74.99	0.86	847	105212	2057.94
芜湖市	Wuhu City	203.20	179.60	22.81	0.79	180	16329	182.90
蚌埠市	Bengbu City	191.55	154.35	37.20		93	11099	116.59
淮南市	Huainan City	133.87	111.51	20.98	1.39	88	10760	73.80
马鞍山市	Maanshan City	105.97	90.28	14.39	1.30	114	12538	288.61
淮北市	Huaibei City	89.22	76.57	12.26	0.40	40	6618	54.93
铜陵市	Tongling City	70.63	55.85	14.48	0.30	68	5583	64.86
安庆市	Anqing City	241.76	191.88	46.99	2.88	184	20901	101.91
黄山市	Huangshan City	90.42	69.74	19.45	1.23	122	11054	45.87
滁州市	Chuzhou City	154.39	126.94	24.37	3.08	146	14212	90.36
阜阳市	Fuyang City	237.62	199.08	32.89	5.65	159	20883	294.97
宿州市	Suzhou City	141.35	123.92	13.53	3.90	67	12256	68.83

3-19 续表 4 continued

地　区	Region	社会消费品零售总额(亿元) Total Retail Sales (100 million yuan)	批发和零售业 Wholesale and Retail Trades	住宿和餐饮业 Hotels and Catering Services	其他行业 Others	批发零售住宿餐饮企业数(个) Corporation of Wholesale and Retail Trades, Hotels and Catering Services(unit)	批发零售住宿餐饮从业人数(人) Persons Employed in Wholesale and Retail Trades, Hotels and Catering Services(person)	批发零售业销售总额(亿元) Total Sales Value of Wholesale and Retail Trades(100 million yuan)
巢湖市	Chaohu City	151.18	126.05	20.77	4.36	87	11173	74.02
六安市	Liuan City	198.17	176.11	22.06		129	13207	78.75
亳州市	Bozhou City	160.60	131.57	25.63	3.40	60	7528	36.16
池州市	Chizhou City	66.50	54.43	10.07	2.00	94	6012	42.70
宣城市	Xuancheng City	140.74	117.25	20.42	3.06	118	10780	82.19
其他	Others							
福建省	**Fujian**	**3828.04**	**3275.95**	**487.24**	**64.85**	**4480**	**331236**	**5743.39**
福州市	Fuzhou City	1134.37	976.31	151.63	6.43	962	90765	1318.92
厦门市	Xiamen City	418.92	344.74	58.98	15.20	1574	103253	2825.35
莆田市	Putian City	206.14	177.78	23.57	4.79	96	9167	115.86
三明市	Sanming City	182.92	150.49	26.97	5.46	357	15327	244.36
泉州市	Quanzhou City	906.11	775.09	116.51	14.51	680	52022	604.36
漳州市	Zhangzhou City	363.78	318.92	39.50	5.36	242	17363	270.77
南平市	Nanping City	208.88	178.36	27.02	3.50	200	15276	114.50
龙岩市	Longyan City	208.36	182.05	22.23	4.08	223	17139	166.22
宁德市	Ningde City	198.56	172.21	20.84	5.51	146	10924	83.05
江西省	**Jiangxi**	**2082.79**	**1835.92**	**227.12**	**19.75**	**1416**	**173229**	**1340.33**
南昌市	Nanchang City	528.89	483.65	44.36	0.88	589	73302	623.51
景德镇市	Jingdezhen City	99.28	86.75	11.46	1.06	80	7174	30.65
萍乡市	Pingxiang City	111.92	94.82	16.63	0.47	40	6244	27.52
九江市	Jiujiang City	201.94	176.25	25.05	0.65	116	13527	90.72
新余市	Xinyu City	79.29	60.25	16.84	2.21	109	9401	92.01
鹰潭市	Yingtan City	61.27	53.50	7.61	0.16	45	2308	64.16
赣州市	Ganzhou City	266.95	238.18	25.61	3.17	127	15174	81.56
吉安市	Jian City	143.70	126.15	14.25	3.30	82	8914	56.17
宜春市	Yichun City	190.43	169.85	19.51	1.07	115	18866	141.98
抚州市	Fuzhou City	167.61	142.25	21.64	3.72	30	5268	20.79
上饶市	Shangrao City	231.51	203.69	24.75	3.07	91	11260	231.51
山东省	**Shandong**	**10381.20**	**8730.62**	**1370.58**	**280.00**	**9715**	**928000**	**8332.10**
济南市	Jinan City	1356.68	1068.42	223.87	64.40	726	94655	1046.40
青岛市	Qingdao City	1464.77	1191.99	230.67	42.11	1065	108865	1703.91
淄博市	Zibo City	729.62	597.73	116.90	15.00	868	129947	775.70
枣庄市	Zaozhuang City	297.60	233.05	54.02	10.53	262	20374	98.99
东营市	Dongying City	254.61	208.60	40.32	5.69	217	31464	178.33
烟台市	Yantai City	1023.44	868.24	125.63	29.57	940	73680	784.84
潍坊市	Weifang City	830.30	710.22	81.35	38.73	621	79515	752.35
济宁市	Jining City	728.34	616.75	77.64	33.95	913	69753	538.08
泰安市	Taian City	466.84	402.55	55.63	8.66	531	47797	285.24
威海市	Weihai City	483.62	411.07	60.51	12.03	360	40356	310.82
日照市	Rizhao City	212.36	182.66	21.81	7.89	184	21519	200.36
莱芜市	Laiwu City	135.60	116.51	13.83	5.26	130	10823	150.60
临沂市	Linyi City	816.94	750.80	62.42	3.73	855	64407	621.29
德州市	Dezhou City	476.29	417.03	48.28	10.98	611	42627	199.50
聊城市	Liaocheng City	396.73	310.41	70.85	15.47	442	29728	156.18
滨州市	Binzhou City	302.62	258.75	40.57	3.29	372	30755	294.18
菏泽市	Heze City	404.85	344.10	51.23	9.52	618	31735	235.32

3-19 续表 5 continued

地 区	Region	社会消费品零售总额(亿元) Total Retail Sales (100 million yuan)	批发和零售业 Wholesale and Retail Trades	住宿和餐饮业 Hotels and Catering Services	其他行业 Others	批发零售住宿餐饮企业数(个) Corporation of Wholesale and Retail Trades, Hotels and Catering Services(unit)	批发零售住宿餐饮从业人数(人) Persons Employed in Wholesale and Retail Trades, Hotels and Catering Services(person)	批发零售业销售总额(亿元) Total Sales Value of Wholesale and Retail Trades(100 million yuan)
河南省	**Henan**	**5662.55**	**4601.18**	**966.20**	**95.17**	**9178**	**593406**	**5589.92**
郑州市	Zhengzhou City	1206.25	977.65	207.54	21.05	1595	121677	2028.41
开封市	Kaifeng City	258.55	204.38	49.83	4.34	705	33283	173.61
洛阳市	Luoyang City	577.08	483.56	87.81	5.71	731	45931	439.74
平顶山市	Pingdingshan City	245.80	196.36	46.96	2.48	586	35564	370.76
安阳市	Anyang City	245.78	194.99	48.88	1.91	451	27663	408.30
鹤壁市	Hebi City	67.47	54.26	12.02	1.18	121	5979	37.85
新乡市	Xinxiang City	277.79	236.10	36.37	5.33	458	30165	269.13
焦作市	Jiaozuo City	221.78	184.17	35.97	1.64	310	24686	172.37
濮阳市	Puyang City	166.16	130.09	34.19	1.87	261	15959	125.09
许昌市	Xuchang City	248.57	191.29	53.02	4.27	439	22313	170.55
漯河市	Luohe City	157.12	126.10	28.13	2.90	221	16941	143.57
三门峡市	Sanmenxia City	144.09	122.52	19.08	2.49	244	15767	150.04
南阳市	Nanyang City	568.61	470.05	87.66	10.89	956	57952	403.06
商丘市	Shangqiu City	287.85	232.97	50.18	4.70	274	20786	155.25
信阳市	Xinyang City	312.42	238.54	66.12	7.76	469	33657	164.72
周口市	Zhoukou City	344.09	276.25	61.55	6.29	557	40063	161.51
驻马店市	Zhumadian City	269.11	222.42	43.67	3.02	740	40504	165.77
其他	Others	50.20	37.83	11.43	0.94	60	4516	50.19
湖北省	**Hubei**	**4965.82**	**4075.28**	**661.90**	**228.64**	**2923**	**390627**	**6183.64**
武汉市	Wuhan City	1850.05	1547.02	247.03	56.00	891	159966	3440.44
黄石市	Huangshi City	215.56	177.45	32.78	5.34	104	10560	215.46
十堰市	Shiyan City	210.18	176.91	32.23	1.04	207	18620	145.60
宜昌市	Yichang City	388.19	322.72	59.54	5.93	231	22916	169.27
襄樊市	Xiangfan City	410.29	309.42	44.53	56.34	277	25975	132.90
鄂州市	Ezhou City	104.89	86.96	12.93	4.99	52	5931	138.40
荆门市	Jingmen City	188.87	160.40	22.38	6.09	136	12189	289.90
孝感市	Xiaogan City	270.40	224.30	44.40	1.70	98	125568	87.22
荆州市	Jingzhou City	370.60	285.89	53.69	31.02	94	10368	89.76
黄冈市	Huanggang City	282.27	244.14	31.25	6.89	155	18990	134.88
咸宁市	Xianning City	136.81	116.30	15.34	5.17	97	8453	40.84
随州市	Suizhou City	152.14	131.60	16.30	4.24	66	9850	26.41
恩施土家族苗族自治州	Enshi Tujia & Miao A.P	93.79	78.01	12.28	3.50	143	9279	70.96
仙桃市	Xiantao City	105.85	86.49	11.45	7.91	29	11936	19.36
天门市	Tianmen City	112.21	78.55	17.95	15.71	15	1258	7.83
潜江市	Qianjiang City	72.33	47.54	9.22	15.57	12	2117	14.18
神农架林区	Shennongjia Forest District	3.16	2.51	0.57	0.08	5	552	5.62
湖南省	**Hunan**	**4119.66**	**3473.74**	**593.96**	**51.96**	**3620**	**337695**	**2627.94**
长沙市	Changsha City	1273.80	1073.63	190.12	10.05	1360	136991	1415.11
株洲市	Zhuzhou City	304.67	262.28	37.86	4.53	237	19821	176.85
湘潭市	Xiangtan City	186.58	146.99	32.87	6.72	190	17074	103.31
衡阳市	Hengyang City	335.64	271.82	62.34	1.48	219	22252	123.01
邵阳市	Shaoyang City	196.95	173.00	23.38	0.57	163	15484	77.95
岳阳市	Yueyang City	360.72	320.78	35.23	4.71	290	23994	145.11
常德市	Changde City	341.85	291.17	42.94	7.74	149	16350	85.35
张家界市	Zhangjiajie City	58.90	49.45	9.28	0.17	97	8062	24.22
益阳市	Yiyang City	187.93	164.55	20.59	2.79	89	10066	57.36
郴州市	Chenzhou City	293.41	229.24	58.68	5.49	261	19809	120.92

3-19 续表 6 continued

地 区	Region	社会消费品零售总额(亿元) Total Retail Sales (100 million yuan)	批发和零售业 Wholesale and Retail Trades	住宿和餐饮业 Hotels and Catering Services	其他行业 Others	批发零售住宿餐饮企业数(个) Corporation of Wholesale and Retail Trades, Hotels and Catering Services(unit)	批发零售住宿餐饮从业人数(人) Persons Employed in Wholesale and Retail Trades, Hotels and Catering Services(person)	批发零售业销售总额(亿元) Total Sales Value of Wholesale and Retail Trades(100 million yuan)
永州市	Yongzhou City	170.44	145.24	24.57	0.63	222	17085	84.98
怀化市	Huaihua City	166.05	135.99	26.26	3.80	123	11967	64.31
娄底市	Loudi City	156.37	139.72	16.11	0.54	126	11207	85.58
湘西土家族苗族自治州	West Hunan Tujia & Miao A.P	86.27	69.88	13.73	2.66	94	7533	63.90
广东省	**Guangdong**	**12772.21**	**10816.47**	**1882.45**	**73.29**	**10257**	**862107**	**32752.51**
广州市	Guangzhou City	3140.13	2624.51	515.61	0.01	3330	316533	13427.63
韶关市	Shaoguan City	241.33	207.37	33.96		78	14166	369.76
深圳市	Shenzhen City	2251.82	1972.13	279.69		1555	284409	5480.88
珠海市	Zhuhai City	359.74	305.65	54.09		415		848.65
汕头市	Shantou City	569.16	515.63	53.53		172	17639	886.86
佛山市	Foshan City	1177.84	928.77	249.07		1216		3361.97
江门市	Jiangmen City	489.34	393.66	93.87	1.81	443	37391	796.82
湛江市	Zhanjiang City	467.71	391.15	76.06	0.50	209	24933	754.34
茂名市	Maoming City	499.59	431.70	67.67	0.22	441	23666	808.87
肇庆市	Zhaoqing City	233.81	195.32	38.39	0.10	114	9198	436.69
惠州市	Huizhou City	423.36	367.62	55.74		262		551.58
梅州市	Meizhou City	228.03	203.05	24.98		125	11446	339.31
汕尾市	Shanwei City	232.21	195.46	36.21	0.54	46	5607	256.64
河源市	Heyuan City	123.96	110.44	13.26	0.26	79	8350	165.38
阳江市	Yangjiang City	265.65	229.56	33.63	2.46	58	11060	376.04
清远市	Qingyuan City	250.62	212.53	37.83	0.26	140	17111	321.32
东莞市	Dongguan City	838.23	725.32	112.85	0.06	726		1435.52
中山市	ZhongShan City	476.95	412.18	64.00	0.77	534	54532	1109.08
潮州市	Chaozhou City	170.63	146.91	23.72		100	6923	336.63
揭阳市	Jieyang City	265.29	240.20	23.05	2.04	141	1823	528.46
云浮市	Yunfu City	100.56	84.00	16.56		73	17320	160.08
广西壮族自治区	**Guangxi**	**2338.45**	**2021.85**	**279.94**	**36.66**			
南宁市	Nanning City	631.68	557.83	71.73	2.12	559	38488	854.72
柳州市	Liuzhou City	336.08	296.19	39.35	0.54			665.81
桂林市	Guilin City	277.89	229.94	45.84	2.11	205	24847	118.53
梧州市	Wuzhou City	143.36	121.01	14.37	7.97	1089	18655	94.70
北海市	Beihai City	80.11	65.55	9.60	4.96	78	6711	125.16
防城港市	Fangchenggang City	38.15	32.10	4.43	1.62	57		29.35
钦州市	Qinzhou City	121.07	109.24	11.82		83	5941	43.48
贵港市	Guigang City	152.12	135.64	11.71	4.77	69	6510	61.52
玉林市	Yulin City	219.51	189.06	26.63	3.82	77		89.45
百色市	Baise City	81.50	69.94	11.02	0.53	79	8962	575.93
贺州市	Hezhou City	58.36	50.58	4.78	3.00	63	1964	75.73
河池市	Hechi City	97.55	82.17	12.46	2.93	63	6670	129.45
来宾市	Laibin City	56.19	47.07	9.04	0.08	31	2312	34.54
崇左市	Chongzuo City	44.88	36.32	6.37	2.19	50		20.88
海南省	**Hainan**	**448.44**	**353.81**	**80.77**	**13.86**			
海口市	Haikou City	234.75	199.66	27.47	7.62			
三亚市	Sanya City	38.77	20.99	16.89	0.89			
其他	Others	174.92	133.16	36.41	5.35			

3-19 续表 7 continued

地　区	Region	社会消费品零售总额(亿元) Total Retail Sales (100 million yuan)				批发零售住宿餐饮企业数(个) Corporation of Wholesale and Retail Trades, Hotels and Catering Services(unit)	批发零售住宿餐饮从业人数(人) Persons Employed in Wholesale and Retail Trades, Hotels and Catering Services(person)	批发零售业销售总额(亿元) Total Sales Value of Wholesale and Retail Trades(100 million yuan)
			批发和零售业 Wholesale and Retail Trades	住宿和餐饮业 Hotels and Catering Services	其他行业 Others			
重庆市	**Chongqing**	**2064.09**	**1724.17**	**295.12**	**44.80**	**2860**	**259036**	**2897.04**
万州区	Wanzhou District	86.84	71.02	13.67	2.14	138	9407	111.69
涪陵区	Fuling District	71.07	61.23	9.68	1.59	93	11617	65.49
渝中区	Yuzhong District	247.35	219.31	24.66	3.38	230	60859	608.82
大渡口区	Dadukou District	19.30	16.26	2.96	0.08	10	724	8.88
江北区	Jiangbei District	140.05	115.96	18.49	5.61	191	34076	654.92
沙坪坝区	Shapingba District	154.75	132.88	18.04	3.84	236	12849	169.35
九龙坡区	Jiulongpo District	176.33	157.65	16.66	2.02	293	27716	409.93
南岸区	Nanan District	123.50	104.23	19.27		179	13515	169.68
北碚区	Beibei District	55.26	47.63	7.16	0.47	86	7407	32.44
万盛区	Wansheng District	13.41	11.17	2.09	0.15	15	676	10.83
双桥区	Shuangqiao District	2.78	2.20	0.54	0.04	11	499	5.81
渝北区	Yubei District	115.21	100.82	14.15	0.24	135	15438	169.49
巴南区	Banan District	60.40	52.70	7.66	0.04	103	6351	67.78
黔江区	Qianjiang District	24.87	22.27	2.60		40	3630	20.56
长寿区	Changshou District	38.24	30.48	7.20	0.56	64	3551	29.30
江津区	Jiangjin District	74.75	62.21	11.26	1.28	111	6758	30.49
合川区	Hechuan District	68.77	58.44	10.28	0.05	139	7028	42.99
永川区	Yongchuan District	75.39	63.75	11.24	0.41	135	6892	37.94
南川区	Nanchuan District	33.18	29.32	3.79	0.06	43	2776	11.89
四川省	**Sichuan**	**4800.76**	**3731.47**	**925.10**	**144.19**	**3429**	**363517**	**4105.73**
成都市	Chengdu City	1621.85	1312.68	303.32	5.86	1861	193870	2885.60
自贡市	Zigong City	172.26	134.42	30.63	7.21	112	10325	58.13
攀枝花市	Panzhihua City	100.71	77.68	17.24	5.79	141	9689	163.17
泸州市	Luzhou City	180.09	137.40	38.48	4.21	87	11531	66.85
德阳市	Deyang City	200.48	153.50	43.06	3.92	130	13319	126.10
绵阳市	Mianyang City	271.40	207.40	59.69	4.30	160	20659	150.92
广元市	Guangyuan City	98.07	72.58	17.93	7.55	33	3437	32.16
遂宁市	Suining City	142.38	108.20	20.95	13.23	63	8863	42.60
内江市	Neijiang City	139.73	105.71	31.22	2.80	108	9509	52.86
乐山市	Leshan City	196.72	122.25	42.20	32.27	95	9052	61.14
南充市	Nanchong City	233.69	171.71	50.93	11.06	82	9188	50.19
眉山市	Meishan City	121.43	92.59	22.16	6.68	64	6908	39.84
宜宾市	Yibin City	214.09	173.07	41.01		96	10744	79.75
广安市	Guangan City	148.00	101.30	23.47	23.24	26	3641	23.61
达州市	Dazhou City	212.30	182.61	29.69		81	9565	60.98
雅安市	Yaan City	69.99	55.98	12.21	1.80	34	3168	21.72
巴中市	Bazhong City	79.96	68.06	9.67	2.23	24	3081	24.15
资阳市	Ziyang City	143.29	114.90	27.36	1.04	81	11507	34.64
阿坝藏族羌族自治州	Aba Zang & Qiang A.P	18.14	13.21	4.77	0.16	19	3714	4.23
甘孜藏族自治州	Ganzi Zang A.P	27.17	22.70	3.97	0.49	16	1646	13.80
凉山彝族自治州	Liangshan Yi A.P	167.83	126.30	35.11	6.43	116	10101	113.30
贵州省	**Guizhou**	**1014.85**	**838.15**	**160.40**	**16.30**	**942**	**97526**	**1076.00**
贵阳市	Guiyang City	343.53	264.80	72.62	6.11	504	43126	549.25
六盘水市	Liupanshui City	93.81	82.84	10.96		53	4591	25.56
遵义市	Zunyi City	203.52	163.99	39.11	0.42	126	17403	210.56
安顺市	Anshun City	48.12	41.04	6.98	0.09	43	5025	42.90
铜仁地区	Tongren Prefecture	53.06	45.41	6.29	1.35	27	3452	32.10
黔西南布依族苗族自治州	Southwest Guizhou Buyi & Miao A.P	61.11	54.92	6.13	0.06	45	5453	54.82

3-19 续表 8 continued

地 区	Region	社会消费品零售总额（亿元）Total Retail Sales (100 million yuan)	批发和零售业 Wholesale and Retail Trades	住宿和餐饮业 Hotels and Catering Services	其他行业 Others	批发零售住宿餐饮企业数（个）Corporation of Wholesale and Retail Trades, Hotels and Catering Services(unit)	批发零售住宿餐饮从业人数（人）Persons Employed in Wholesale and Retail Trades, Hotels and Catering Services(person)	批发零售业销售总额（亿元）Total Sales Value of Wholesale and Retail Trades(100 million yuan)
毕节地区	Bijie Prefecture	69.64	57.33	9.91	2.40	34	8041	47.50
黔东南苗族侗族自治州	Southeast Guizhou Miao & Dong A.P	85.17	72.58	11.36	1.23	70	5364	37.51
黔南布依族苗族自治州	South Guizhou Buyi & Miao A.P	67.51	56.58	9.19	1.74	40	5071	36.98
云南省	**Yunnan**	**1718.53**	**1314.12**	**298.22**	**106.20**	**2004**	**201244**	**3345.99**
昆明市	Kunming City	700.74	556.18	122.01	22.55	958	90970	1862.95
曲靖市	Qujing City	155.25	120.82	24.97	9.46	99	12872	186.43
玉溪市	Yuxi City	94.91	73.63	18.30	2.98	155	18296	73.63
保山市	Baoshan City	58.35	46.49	9.26	2.60	55	8288	40.60
昭通市	Zhaotong City	71.87	57.75	7.67	6.45	68	7087	107.72
丽江市	Lijiang City	29.09	20.86	7.69	0.52	61	7026	43.52
普洱市	Puer City	51.98	41.39	9.68	0.91	45	4486	37.69
临沧市	Lincang City	46.99	27.30	9.50	10.10	21	2039	24.01
楚雄彝族自治州	Chuxiong Yi A.P	90.42	71.47	11.29	7.66	66	6155	8640.00
红河哈尼族彝族自治州	Honghe Hani & Yi A.P	104.88	76.89	19.87	8.12	122	11437	132.07
文山壮族苗族自治州	Wenshan Zhuang & Miao A.P	95.86	73.64	18.95	3.27	53	7137	48.01
西双版纳傣族自治州	Xishuangbanna Dai A.P	34.89	25.34	5.28	4.27	82	6233	36.15
大理白族自治州	Dali Bai A.P	103.53	83.92	15.86	3.75	70	12044	149.06
德宏傣族景颇族自治州	Dehong Dai & Jingpo A.P	103.50	83.40	16.40	3.70	98	3300	66.26
怒江傈僳族自治州	Nujiang Lisu A.P	10.78	7.85	1.11	1.82	7	742	5.54
迪庆藏族自治州	Diqing Zang A.P	14.20	8.29	1.99	3.92	18	3132	20.15
西藏自治区	**Tibet A.R.**	**129.08**	**104.60**	**19.51**	**4.98**	**117**	**11145**	**37.49**
拉萨市	Lhasa City	63.01	52.59	9.29	1.12	80	7700	25.20
昌都地区	Qamdu Prefecture	10.02	7.71	2.01	0.29	5	307	1.39
山南地区	Lhokha Prefecture	12.10	10.14	1.74	0.22	8	876	2.97
日喀则地区	Xigaze Prefecture	24.29	18.21	3.01	3.08	12	1112	3.49
那曲地区	Narqu Prefecture	8.28	7.62	0.53	0.13	3	655	2.46
阿里地区	Ngri Prefecture	3.27	2.17	1.06	0.05	2	53	0.00
林芝地区	Nyingchi Prefecture	8.11	6.15	1.87	0.08	7	442	1.96
其他	Others							
陕西省	**Shaanxi**	**2256.09**	**1960.62**	**256.02**	**39.45**			
西安市	Xi'an City	1154.30	1021.34	112.27	20.68			
铜川市	Tongchuan City	37.21	27.38	9.13	0.70			
宝鸡市	Baoji City	234.35	198.56	33.51	2.29			
咸阳市	Xianyang City	226.17	188.79	35.20	2.19			
渭南市	Weinan City	156.67	137.37	14.28	5.07			
延安市	Yan'an City	74.97	63.01	11.05	0.91			
汉中市	Hanzhong City	108.53	96.95	11.48	0.10			
榆林市	Yulin City	118.98	98.95	13.26	6.77			
安康市	Ankang City	78.16	67.54	10.15	0.47			
商洛市	Shangluo City	60.83	56.15	4.68				
其他	Others	5.93	4.59	1.07	0.28			
甘肃省	**Gansu**	**990.14**	**804.62**	**163.79**	**21.72**	**769**	**81168**	**1528.00**
兰州市	Lanzhou City	395.04	320.85	65.27	8.93	370	41704	1063.78
嘉峪关市	Jiayuguan City	18.00	14.73	3.27		32	2558	94.22
金昌市	Jinchang City	27.95	23.29	4.66		30	2437	18.12

3-19 续表 9 continued

地 区	Region	社会消费品零售总额(亿元) Total Retail Sales (100 million yuan)	批发和零售业 Wholesale and Retail Trades	住宿和餐饮业 Hotels and Catering Services	其他行业 Others	批发零售住宿餐饮企业数(个) Corporation of Wholesale and Retail Trades, Hotels and Catering Services(unit)	批发零售住宿餐饮从业人数(人) Persons Employed in Wholesale and Retail Trades, Hotels and Catering Services(person)	批发零售业销售总额(亿元) Total Sales Value of Wholesale and Retail Trades(100 million yuan)
白银市	Baiyin City	62.94	52.06	8.89	1.99	29	3496	25.93
天水市	Tianshui City	89.42	65.46	20.45	3.51	67	5783	48.88
武威市	Wuwei City	54.97	41.93	12.34	0.70	37	2962	22.28
张掖市	Zhangye City	47.52	39.57	7.95		34	2632	21.21
平凉市	Pingliang City	62.26	54.35	7.12	0.79	23	4110	20.15
酒泉市	Jiuquan City	62.53	52.45	7.95	2.13	55	5290	121.81
庆阳市	Qingyang City	62.29	52.56	9.07	0.66	21	2495	21.97
定西市	Dingxi City	38.15	31.69	4.65	1.80	20	2277	27.92
陇南市	Longnan City	30.10	25.83	4.27		23	2265	23.51
临夏回族自治州	Linxia Hui A.P	24.72	18.78	4.92	1.02	19	2398	11.58
甘南藏族自治州	Gannan Zang A.P	14.26	11.09	2.98	0.19	9	761	6.29
青海省	**Qinghai**	**252.84**	**207.57**	**41.01**	**4.26**	**386**		**368.79**
西宁市	Xining City	169.99	144.81	23.18	2.01			
海东地区	Haidong Prefecture	27.00	20.16	6.04	0.80			
海北藏族自治州	Haibei Zang A.P	6.34	5.27	1.06	0.01			
黄南藏族自治州	Huangnan Zang AP	3.18	2.33	0.74	0.11			
海南藏族自治州	Hainan Zang A.P	10.04	7.98	1.86	0.20			
果洛藏族自治州	Golog Zang A.P	2.11	1.51	0.44	0.15			
玉树藏族自治州	Yushu Zang A.P	3.51	2.49	0.65	0.38			
海西蒙古族藏族自治州	Haixi Mongolian & Zang A.P	31.09	23.68	7.06	0.35			
宁夏回族自治区	**Ningxia**	**285.15**	**234.00**	**48.39**	**2.75**	**489**	**45711**	**577.04**
银川市	Yinchuan City	155.77	132.03	23.18	0.56	248	14958	388.81
石嘴山市	Shizuishan City	43.81	34.68	9.13		110	7838	73.27
吴忠市	Wuzhong City	37.60	29.22	7.54	0.85	31	3427	32.00
固原市	Guyuan City	24.72	20.08	4.47	0.17	18	811	30.00
中卫市	Zhongwei City	23.25	18.11	3.96	1.18	36	3753	24.52
新疆维吾尔自治区	**Xinjiang**	**1025.72**	**828.90**	**154.12**	**42.70**	**1645**	**120595**	**2925.04**
乌鲁木齐市	Urumqi City	395.83	326.68	63.81	5.34	769	56810	1827.31
克拉玛依市	Karamay City	27.05	21.65	5.19	0.21	52	6258	51.93
吐鲁番地区	Turpan Prefecture	21.06	16.92	4.06	0.08	29	2123	22.66
哈密地区	Hami Prefecture	29.55	22.54	4.91	2.10	60	3301	39.66
昌吉回族自治州	Changji Hui A.P	82.53	63.53	15.07	3.93	51	4334	53.04
博尔塔拉蒙古自治州	Bortala Mongolian A.P	14.76	11.76	1.97	1.03	34	1404	119.33
巴音郭楞蒙古自治州	Bayingolin Mongolian A.P	41.39	32.79	5.46	3.14	97	7653	70.62
阿克苏地区	Aksu Prefecture	52.85	36.67	7.00	9.18	105	6570	108.47
克孜勒苏柯尔克孜自治州	Kizilsu Kirgiz A.P	6.08	5.35	0.63	0.10	12	698	4.98
喀什地区	Kashi Prefecture	57.80	43.15	7.28	7.37	48	6028	66.48
和田地区	Hotan Prefecture	16.46	13.33	2.88	0.25	25	1801	18.12
伊犁哈萨克自治州	Ili Kazak A.P	73.40	58.10	12.13	3.16	104	7031	121.75
塔城地区	Tacheng Prefecture	31.75	24.34	6.12	1.29	39	2110	49.50
阿勒泰地区	Altay Prefecture	25.90	20.31	5.21	0.38	25	1904	16.00
石河子市	Shihezi City					64	4336	89.22
阿拉尔市	Alar City							
图木舒克市	Tumxuk City							
五家渠市	Wujiaqu City							
生产建设兵团	Corps							

3-20 货物进出口总额和利用外资(2008年)

Total Value of Imports & Exports and Foreign Capital(2008)

地 区	Region	货物进出口总额(万美元) Total Imports & Exports (USD 10 000)	进口额 Imports	出口额 Exports	实际外商直接投资额(万美元) Total Amount of Foreign Direct Investment Actually Utilized (USD 10 000)
北京市	**Beijing**	**27171187**	**21425763**	**5745424**	**608172**
东城区	Dongcheng District	1513295	1191865	321430	35011
西城区	Xicheng District	6555603	5398861	1156742	73404
崇文区	Chongwen District	76883	46210	30673	11007
宣武区	Xuanwu District	359742	265618	94125	2537
朝阳区	Chaoyang District	12470809	10597414	1873395	215696
丰台区	Fengtai District	560664	434404	126260	11625
石景山区	Shijingshan District	82650	26522	56127	2361
海淀区	Haidian District	3021991	1779967	1242023	117408
门头沟区	Mentougou District	24121	15149	8973	1008
房山区	Fangshan District	45882	30486	15395	572
通州区	Tongzhou District	192345	88090	104255	13754
顺义区	Shunyi District	521348	406426	114922	38213
昌平区	Changping District	152680	69912	82768	7140
大兴区	Daxing District	1415384	975362	440022	5837
怀柔区	Huairou District	61706	35752	25954	7136
平谷区	Pinggu District	51423	30114	21309	6628
密云县	Miyun County	43107	24800	18307	3527
延庆县	Yanqing County	13190	2505	10685	1274
北京经济技术开发区	Beijing Economic-technological Development Zones				
远洋捕捞	Deep-sea Fishing				
其他	Others	8365	6305	2059	54034
天津市	**Tianjin**	**8053889**	**3830971**	**4222918**	**741978**
和平区	Heping District	266525	106805	159720	18097
河东区	Hedong District	33928	10046	23882	7040
河西区	Hexi District	191443	51260	140183	8004
南开区	Nankai District	98178	24835	73343	17878
河北区	Hebei District	27623	7111	20512	8710
红桥区	Hongqiao District	7855	3664	4191	8383
塘沽区	Tanggu District	510008	178790	331218	17197
汉沽区	Hangu District	17342	8014	9328	2671
大港区	Dagang District	90536	24859	65677	17383
东丽区	Dongli District	565384	203732	361652	37501
西青区	Xiqing District	365433	176043	189390	40691
津南区	Jinnan District	244602	132476	112126	22060
北辰区	Beichen District	444713	143012	301701	37501
武清区	Wuqing District	220409	73242	147167	28071
宝坻区	Baodi District	42832	3718	39114	8236
宁河县	Ninghe County	30835	20201	10634	10087
静海县	Jinghai County	138301	73358	64943	12031
蓟县	Ji County	4549	292	4257	5574
天津经济技术开发区	Tianjin Economic-technological Development Area	4753393	2589513	2163880	251154
天津港保税区	Tianjin Port Free Trade Zone				151780
天津滨海高新区	Tianjin Hi-Tech Industrial Park				31929
其他	Others				

3-20 续表 1 continued

地　　区	Region	货物进出口总额(万美元) Total Imports & Exports (USD 10 000)	进口额 Imports	出口额 Exports	实际外商直接投资额(万美元) Total Amount of Foreign Direct Investment Actually Utilized (USD 10 000)
河北省	**Hebei**	**3841850**	**1438870**	**2402981**	**341868**
石家庄市	Shijiazhuang City	698964	139324	559640	44028
唐山市	Tangshan City	919948	425642	494307	83619
秦皇岛市	Qinhuangdao City	500230	187234	312996	40130
邯郸市	Handan City	298835	195934	102901	25367
邢台市	Xingtai City	171333	68890	102443	19520
保定市	Baoding City	458435	117969	340466	53420
张家口市	Zhangjiakou City	81751	44369	37382	6363
承德市	Chengde City	43052	7898	35154	5574
沧州市	Cangzhou City	190720	32715	158006	16067
廊坊市	Langfang City	356037	203870	152167	42236
衡水市	Hengshui City	122547	15027	107520	5544
其他	Others				
山西省	**Shanxi**	**1439004**	**514530**	**924474**	**102283**
太原市	Taiyuan City	938580	344354	594226	31087
大同市	Datong City	23681	4089	19592	2411
阳泉市	Yangquan City	15456	3448	12008	34
长治市	Changzhi City	31786	26850	4936	2694
晋城市	Jincheng City	20731	7859	12872	3678
朔州市	Shuozhou City	6082	5271	811	141
晋中市	Jinzhong City	72567	1391	71176	7110
运城市	Yuncheng City	135366	80782	54584	25297
忻州市	Xinzhou City	15817	213	15604	17
临汾市	Linfen City	55876	23820	32056	13033
吕梁市	Luliang City	123062	16453	106609	16781
其他	Others				
内蒙古自治区	**Inner Mongolia**	**893314**	**535365**	**357949**	**265074**
呼和浩特市	Hohhot City	89657	40645	49012	70745
包头市	Baotou City	233926	82625	151301	77574
呼伦贝尔市	Hulunbuir City	279559	257469	22090	5757
兴安盟	Xingan League	203	48	155	264
通辽市	Tongliao City	17675	3588	14087	5150
赤峰市	Chifeng City	45478	36014	9464	3225
锡林郭勒盟	Xilingol League	92467	72928	19539	5535
乌兰察布市	Ulanqab City	10082	935	9147	6544
鄂尔多斯市	Erdos City	86352	16774	69578	84464
巴彦淖尔市	Bayannur City	28680	19668	9012	4678
乌海市	Wuhai City	2045		2045	650
阿拉善盟	Alxa League	7190	4671	2519	488
其他	Others				
辽宁省	**Liaoning**	**7243737**	**3038290**	**4205447**	**1201925**
沈阳市	Shenyang City	712863	300527	412336	528842
大连市	Dalian City	4698672	2168111	2530561	441180
鞍山市	Anshan City	467608	150181	317427	58161
抚顺市	Fushun City	122228	34001	88227	12866
本溪市	Benxi City	368650	126198	242452	11305
丹东市	Dandong City	188379	49888	138491	30606
锦州市	Jinzhou City	121053	46990	74063	31090
营口市	Yingkou City	238529	69951	168578	32035

3-20 续表 2 continued

地 区	Region	货物进出口总额（万美元） Total Imports & Exports (USD 10 000)	进口额 Imports	出口额 Exports	实际外商直接投资额（万美元） Total Amount of Foreign Direct Investment Actually Utilized (USD 10 000)
阜新市	Fuxin City	11162	628	10534	5166
辽阳市	Liaoyang City	125538	46423	79115	20038
盘锦市	Panjin City	36579	10671	25908	8390
铁岭市	Tieling City	16686	1485	15201	12021
朝阳市	Chaoyang City	38599	3573	35026	5020
葫芦岛市	Huludao City	97191	29663	67528	5205
其他	Others				
吉林省	**Jilin**	**1334065**	**856906**	**477159**	**135517**
长春市	Changchun City	879640	714584	165056	27650
吉林市	Jilin City	140567	58769	81798	10582
四平市	Siping City	13913	4814	9099	1893
辽源市	Liaoyuan City	6934	3203	3731	1800
通化市	Tonghua City	68252	37990	30262	2476
白山市	Baishan City	21551	2620	18931	5954
松原市	Songyuan City	9901	507	9394	2643
白城市	Baicheng City	11516	1083	10433	15492
延边朝鲜族自治州	Yanbian Korean A.P	181791	33336	148455	15209
其他	Others				51818
黑龙江省	**Heilongjiang**	**2289860**	**632471**	**1657389**	**254742**
哈尔滨市	Harbin City	358679	170599	188080	58307
齐齐哈尔市	Qiqihar City	58173	7208	50965	6583
鸡西市	Jixi City	47917	2527	45390	2275
鹤岗市	Hegang City	4486	1376	3110	1015
双鸭山市	Shuangyashan City	89996	2698	87298	
大庆市	Daqing City	81920	29692	52228	11698
伊春市	Yichun City	22075	10831	11244	1405
佳木斯市	Jiamusi City	218257	25921	192337	4658
七台河市	Qitaihe City	3657	371	3286	197
牡丹江市	Mudanjiang City	1000234	342633	657601	10951
黑河市	Heihe City	290178	17996	272182	4106
绥化市	Suihua City	7861	1492	6369	3618
大兴安岭地区	Daxing'anling Prefecture	1743	31	1712	700
农垦总局	Agriculture Reclamation Bureau				
其他	Others	104683	19097	85587	149228
上海市	**Shanghai**	**32213800**	**15278800**	**16935000**	**1008400**
黄浦区	Huangpu District				
卢湾区	Luwan District				
徐汇区	Xuhui District				
长宁区	Changning District				
静安区	Jingan District				
普陀区	Putuo District				
闸北区	Zhabei District				
虹口区	Hongkou District				
杨浦区	Yangpu District				
闵行区	Minhang District				
宝山区	Baoshan District				
嘉定区	Jiading District				

3-20 续表 3 continued

地　区	Region	货物进出口总　额（万美元）Total Imports & Exports (USD 10 000)	进口额 Imports	出口额 Exports	实际外商直接投资额（万美元）Total Amount of Foreign Direct Investment Actually Utilized (USD 10 000)
浦东新区	Pudong New District				
金山区	Jinshan District				
松江区	Songjiang District				
青浦区	Qingpu District				
南汇区	Nanhui District				
奉贤区	Fengxian District				
崇明县	Chongming County				
其他	Others				
江苏省	**Jiangsu**	**39226849**	**15423221**	**23803627**	**2512001**
南京市	Nanjing City	4059157	1699453	2359704	226098
无锡市	Wuxi City	5593049	2016232	3576817	316651
徐州市	Xuzhou City	345340	121188	224152	58251
常州市	Changzhou City	1761738	438298	1323440	204002
苏州市	Suzhou City	22852482	9680271	13172211	813262
南通市	Nantong City	1668201	493428	1174773	293710
连云港市	Lianyungang City	444767	215734	229033	93529
淮安市	Huaian City	177111	57730	119381	36041
盐城市	Yancheng City	279206	68790	210416	94394
扬州市	Yangzhou City	617992	161277	456715	150960
镇江市	Zhenjiang City	746077	320869	425209	120176
泰州市	Taizhou City	634166	145453	488712	104988
宿迁市	Suqian City	47562	4499	43064	9458
浙江省	**Zhejiang**	**21113384**	**5683755**	**15429630**	**1007294**
杭州市	Hangzhou City	4804582	1444763	3359819	331154
宁波市	Ningbo City	6783347	2150696	4632651	251713
温州市	Wenzhou City	1399344	209156	1190188	26175
嘉兴市	Jiaxing City	1983750	572684	1411066	135975
湖州市	Huzhou City	559408	68731	490677	80206
绍兴市	Shaoxing City	2381621	632155	1749466	77235
金华市	Jinhua City	955528	57823	897705	51151
衢州市	Quzhou City	132630	42593	90038	5828
舟山市	Zhoushan City	605351	276735	328616	15855
台州市	Taizhou City	1381001	204736	1176266	23890
丽水市	Lishui City	126820	23683	103137	8102
安徽省	**Anhui**	**2043529**	**908258**	**1135271**	**348988**
合肥市	Hefei City	769769	226776	542993	99378
芜湖市	Wuhu City	203634	55647	147987	50685
蚌埠市	Bengbu City	39429	3665	35764	21021
淮南市	Huainan City	13554	10491	3063	6346
马鞍山市	Maanshan City	334576	224318	110258	41669
淮北市	Huaibei City	10942	672	10270	8938
铜陵市	Tongling City	347219	327992	19227	16170
安庆市	Anqing City	53269	18507	34762	15486
黄山市	Huangshan City	17864	4225	13639	11768
滁州市	Chuzhou City	70273	12103	58170	9113
阜阳市	Fuyang City	18329	4288	14041	4295
宿州市	Suzhou City	8627	1536	7091	7207

3-20 续表 4 continued

地区	Region	货物进出口总额（万美元）Total Imports & Exports (USD 10 000)	进口额 Imports	出口额 Exports	实际外商直接投资额（万美元）Total Amount of Foreign Direct Investment Actually Utilized (USD 10 000)
巢湖市	Chaohu City	44793	4912	39881	19894
六安市	Liuan City	33261	898	32363	8791
亳州市	Bozhou City	11070	2055	9015	5993
池州市	Chizhou City	10846	3896	6950	10608
宣城市	Xuancheng City	56074	6277	49797	11626
其他	Others				
福建省	**Fujian**	**8482094**	**2782910**	**5699184**	**567171**
福州市	Fuzhou City	2032079	673417	1358662	100150
厦门市	Xiamen City	4537749	1597889	2939860	204244
莆田市	Putian City	232096	60491	171604	13038
三明市	Sanming City	79506	9314	70192	6600
泉州市	Quanzhou City	850291	270826	579465	169991
漳州市	Zhangzhou City	531874	144252	387622	50051
南平市	Nanping City	76196	12809	63386	5857
龙岩市	Longyan City	53941	8028	45913	13426
宁德市	Ningde City	88362	5883	82479	3814
江西省	**Jiangxi**	**1361793**	**589127**	**772666**	**360368**
南昌市	Nanchang City	339898	89562	250336	111768
景德镇市	Jingdezhen City	29057	6863	22194	8765
萍乡市	Pingxiang City	25173	266	24908	10637
九江市	Jiujiang City	47924	21576	26349	43649
新余市	Xinyu City	418115	224247	193868	37193
鹰潭市	Yingtan City	219377	195250	24127	10184
赣州市	Ganzhou City	127845	30543	97302	69972
吉安市	Jian City	31695	4701	26994	29543
宜春市	Yichun City	36143	7633	28510	29361
抚州市	Fuzhou City	30389	442	29947	12227
上饶市	Shangrao City	56177	8045	48132	30069
山东省	**Shandong**	**15814480**	**6496994**	**9317486**	**820246**
济南市	Jinan City	802699	342979	459720	86448
青岛市	Qingdao City	5365184	2102054	3263130	260595
淄博市	Zibo City	569253	205905	363348	31247
枣庄市	Zaozhuang City	66881	15052	51829	17652
东营市	Dongying City	411931	214698	197233	17961
烟台市	Yantai City	3503099	1438396	2064703	105786
潍坊市	Weifang City	837854	183779	654075	48495
济宁市	Jining City	326803	140346	186457	38778
泰安市	Taian City	150763	58676	92087	15788
威海市	Weihai City	1180487	435009	745478	52615
日照市	Rizhao City	926758	674233	252525	51288
莱芜市	Laiwu City	276283	139664	136619	7591
临沂市	Linyi City	398882	135924	262958	30314
德州市	Dezhou City	154776	32854	121922	16415
聊城市	Liaocheng City	290621	139075	151546	11864
滨州市	Binzhou City	452838	222730	230108	16603
菏泽市	Heze City	99369	15620	83749	10806

3-20 续表 5 continued

地 区	Region	货物进出口总额(万美元) Total Imports & Exports (USD 10 000)	进口额 Imports	出口额 Exports	实际外商直接投资额(万美元) Total Amount of Foreign Direct Investment Actually Utilized (USD 10 000)
河南省	**Henan**	**1747934**	**676044**	**1071890**	**403266**
郑州市	Zhengzhou City	428993	132837	296156	140078
开封市	Kaifeng City	18261	4323	13938	6511
洛阳市	Luoyang City	189087	53745	135342	89976
平顶山市	Pingdingshan City	70039	16990	53049	12507
安阳市	Anyang City	250086	127996	122090	10177
鹤壁市	Hebi City	16327	1133	15194	10578
新乡市	Xinxiang City	125830	45923	79907	22537
焦作市	Jiaozuo City	147654	59019	88635	5609
濮阳市	Puyang City	51383	17178	34206	1172
许昌市	Xuchang City	89110	20435	68675	11700
漯河市	Luohe City	19792	12175	7617	20438
三门峡市	Sanmenxia City	14034	2067	11967	23411
南阳市	Nanyang City	87701	18395	69307	11635
商丘市	Shangqiu City	10700	2701	7999	6026
信阳市	Xinyang City	26813	21191	5622	7841
周口市	Zhoukou City	40843	28557	12286	10577
驻马店市	Zhumadian City	14518	2700	11818	7238
其他	Others	146764	108680	38084	5255
湖北省	**Hubei**	**2056673**	**897464**	**1159209**	**324481**
武汉市	Wuhan City	1397710	707268	690442	257338
黄石市	Huangshi City	140819	69936	70883	30800
十堰市	Shiyan City	14715	2378	12337	5045
宜昌市	Yichang City	137128	46626	90502	16013
襄樊市	Xiangfan City	52461	14932	37529	16928
鄂州市	Ezhou City	17509	8148	9361	9336
荆门市	Jingmen City	32651	11720	20931	11909
孝感市	Xiaogan City	32171	8773	23398	13881
荆州市	Jingzhou City	76332	14825	61507	11686
黄冈市	Huanggang City	55317	5863	49454	13366
咸宁市	Xianning City	13216	2286	10930	9641
随州市	Suizhou City	35047	1392	33655	3906
恩施土家族苗族自治州	Enshi Tujia & Miao A.P	5650	8	5642	1154
仙桃市	Xiantao City	21910	3019	18891	5145
天门市	Tianmen City	5857	172	5685	3066
潜江市	Qianjiang City	19883	119	19764	2299
神农架林区	Shennongjia Forest District	1285		1285	
湖南省	**Hunan**	**1256584**	**840950**	**415634**	**400515**
长沙市	Changsha City	516781	347939	168841	180092
株洲市	Zhuzhou City	114763	70091	44672	30003
湘潭市	Xiangtan City	186169	112431	73738	28610
衡阳市	Hengyang City	107386	88900	18487	32561
邵阳市	Shaoyang City	21967	20029	1939	6323
岳阳市	Yueyang City	30040	13803	16237	10251
常德市	Changde City	27274	13685	13589	21204
张家界市	Zhangjiajie City	885	885		2307
益阳市	Yiyang City	24784	20067	4716	8000
郴州市	Chenzhou City	56525	52950	3575	39008

3-20 续表 6 continued

地 区	Region	货物进出口总额(万美元) Total Imports & Exports (USD 10 000)	进口额 Imports	出口额 Exports	实际外商直接投资额(万美元) Total Amount of Foreign Direct Investment Actually Utilized (USD 10 000)
永州市	Yongzhou City	16369	13009	3361	29113
怀化市	Huaihua City	2728	2435	293	4085
娄底市	Loudi City	111949	46119	65830	8028
湘西土家族苗族自治州	West Hunan Tujia & Miao A.P	38965	38608	357	930
广东省	**Guangdong**	**68349335**	**27930484**	**40418851**	**1916703**
广州市	Guangzhou City	8196758	3900345	4296413	362272
韶关市	Shaoguan City	140284	82472	57812	18219
深圳市	Shenzhen City	30006600	12035400	17971200	403015
珠海市	Zhuhai City	4683200	2566300	2116900	114225
汕头市	Shantou City	629815	197507	432308	19398
佛山市	Foshan City	4221247	1325241	2896006	180651
江门市	Jiangmen City	1314200	348900	965300	91683
湛江市	Zhanjiang City	332923	169728	163195	17378
茂名市	Maoming City	74020	24489	49531	5565
肇庆市	Zhaoqing City	367200	125500	241700	85837
惠州市	Huizhou City	2974475	1175594	1798881	135246
梅州市	Meizhou City	76278	18449	57829	12860
汕尾市	Shanwei City	195634	89234	106400	22132
河源市	Heyuan City	197082	72425	124657	32166
阳江市	Yangjiang City	124727	12115	112612	14519
清远市	Qingyuan City	296770	159112	137658	51484
东莞市	Dongguan City	11342400	4778200	6564200	244668
中山市	ZhongShan City	2590879	720678	1870201	74494
潮州市	Chaozhou City	223112	47612	175500	9112
揭阳市	Jieyang City	246251	36483	209768	12686
云浮市	Yunfu City	115480	44700	70780	6893
广西壮族自治区	**Guangxi**	**1328160**	**593050**	**735110**	**97119**
南宁市	Nanning City	187063	28458	158605	25153
柳州市	Liuzhou City	40594	23873	16721	10058
桂林市	Guilin City	101160	69541	31619	17040
梧州市	Wuzhou City	50843	14729	36224	14951
北海市	Beihai City	71077	27211	43867	8894
防城港市	Fangchenggang City	220734	190141	30593	5095
钦州市	Qinzhou City	127197	75701	51497	18056
贵港市	Guigang City	16388	9525	6863	13321
玉林市	Yulin City	44244	12580	31664	2263
百色市	Baise City	48915	14924	33991	4425
贺州市	Hezhou City	10609	9502	1107	471
河池市	Hechi City	35244	12506	22748	107
来宾市	Laibin City	52269	32068	20200	2650
崇左市	Chongzuo City	159887	25876	134011	8668
海南省	**Hainan**	**1052418**	**866089**	**186329**	**128337**
海口市	Haikou City	361353	230521	130832	56000
三亚市	Sanya City	34339	3245	31094	15412
其他	Others	656726	632323	24403	56925

3-20 续表 7 continued

地　区	Region	货物进出口总额（万美元） Total Imports & Exports (USD 10 000)	进口额 Imports	出口额 Exports	实际外商直接投资额（万美元） Total Amount of Foreign Direct Investment Actually Utilized (USD 10 000)
重庆市	**Chongqing**	**952121**	**379939**	**572182**	**272913**
万州区	Wanzhou District	9966	5102	4864	9722
涪陵区	Fuling District	67633	56310	11323	1038
渝中区	Yuzhong District	61937	27202	34735	96024
大渡口区	Dadukou District	69040	40318	28722	5661
江北区	Jiangbei District	117293	30226	87067	42478
沙坪坝区	Shapingba District	93878	14152	79726	13882
九龙坡区	Jiulongpo District	113211	16777	96434	23732
南岸区	Nanan District	41462	15483	25979	7948
北碚区	Beibei District	19844	4456	15388	1763
万盛区	Wansheng District	93	66	27	
双桥区	Shuangqiao District	10	1	9	1425
渝北区	Yubei District	179163	110427	68736	12390
巴南区	Banan District	69753	17543	52210	11489
黔江区	Qianjiang District	2019		2019	501
长寿区	Changshou District	17343	11460	5883	5733
江津区	Jiangjin District	25080	19687	5393	8620
合川区	Hechuan District	3191	16	3175	3035
永川区	Yongchuan District	11071	8826	2245	12583
南川区	Nanchuan District	9804	407	9397	72
四川省	**Sichuan**	**2203829**	**893039**	**1310790**	**312169**
成都市	Chengdu City	1202545	534120	668425	224521
自贡市	Zigong City	49489	23419	26070	1511
攀枝花市	Panzhihua City	39050	13228	25822	16516
泸州市	Luzhou City	13261	1528	11733	1184
德阳市	Deyang City	186351	93587	92764	12575
绵阳市	Mianyang City	116853	60359	56494	12018
广元市	Guangyuan City	13179	4420	8759	343
遂宁市	Suining City	15320	4022	11298	1440
内江市	Neijiang City	16835	1433	15402	3500
乐山市	Leshan City	79780	28514	51266	7290
南充市	Nanchong City	21839	1160	20679	647
眉山市	Meishan City	8610	2066	6544	15529
宜宾市	Yibin City	55153	17548	37605	1769
广安市	Guangan City	10483	681	9802	272
达州市	Dazhou City	8312	3754	4558	1550
雅安市	Yaan City	2804	296	2508	3134
巴中市	Bazhong City	4737	1106	3631	51
资阳市	Ziyang City	15999	1791	14208	815
阿坝藏族羌族自治州	Aba Zang & Qiang A.P	835	215	620	727
甘孜藏族自治州	Ganzi Zang A.P	736		736	1800
凉山彝族自治州	Liangshan Yi A.P	3119		3119	1650
贵州省	**Guizhou**	**337037**	**146953**	**190084**	**17379**
贵阳市	Guiyang City	225165	84115	141050	9350
六盘水市	Liupanshui City	42470	42383	87	1410
遵义市	Zunyi City	18990	3490	15500	4842
安顺市	Anshun City	11827	1463	10364	520
铜仁地区	Tongren Prefecture	18		18	1
黔西南布依族苗族自治州	Southwest Guizhou Buyi & Miao A.P	829	470	359	4138

3-20 续表 8 continued

地 区	Region	货物进出口总额(万美元) Total Imports & Exports (USD 10 000)	进口额 Imports	出口额 Exports	实际外商直接投资额(万美元) Total Amount of Foreign Direct Investment Actually Utilized (USD 10 000)
毕节地区	Bijie Prefecture				880
黔东南苗族侗族自治州	Southeast Guizhou Miao & Dong A.P	1137		1137	2888
黔南布依族苗族自治州	South Guizhou Buyi & Miao A.P	14855	6298	8557	1262
云南省	**Yunnan**	**959936**	**461240**	**498696**	**77688**
昆明市	Kunming City	730801	378130	352672	43874
曲靖市	Qujing City	17362	5972	11390	3504
玉溪市	Yuxi City	21354	1173	20181	1598
保山市	Baoshan City	12219	2378	9841	314
昭通市	Zhaotong City	707	7	700	
丽江市	Lijiang City	4598	43	4554	
普洱市	Puer City	7719	5099	2621	1656
临沧市	Lincang City	5855	3786	2069	614
楚雄彝族自治州	Chuxiong Yi A.P	2868	543	2325	
红河哈尼族彝族自治州	Honghe Hani & Yi A.P	43652	14690	28962	947
文山壮族苗族自治州	Wenshan Zhuang & Miao A.P	9321	5088	4232	
西双版纳傣族自治州	Xishuangbanna Dai A.P	16986	9821	7165	380
大理白族自治州	Dali Bai A.P	9109	3635	5474	2455
德宏傣族景颇族自治州	Dehong Dai & Jingpo A.P	76117	30184	45933	2456
怒江傈僳族自治州	Nujiang Lisu A.P	746	692	54	34
迪庆藏族自治州	Diqing Zang A.P	522		522	390
西藏自治区	**Tibet A.R.**	**76543**	**5822**	**70721**	**2320**
拉萨市	Lhasa City	74562	5236	69326	
昌都地区	Qamdu Prefecture				
山南地区	Lhokha Prefecture	2		2	
日喀则地区	Xigaze Prefecture	1356	548	808	
那曲地区	Narqu Prefecture	35	22	13	
阿里地区	Ngri Prefecture	162		162	
林芝地区	Nyingchi Prefecture	426	16	410	
其他	Others				
陕西省	**Shaanxi**	**832867**	**294801**	**538066**	**136954**
西安市	Xi'an City	701366	256858	444508	114738
铜川市	Tongchuan City	2364	1687	677	536
宝鸡市	Baoji City	46279	20257	26022	3379
咸阳市	Xianyang City	37269	7811	29458	3777
渭南市	Weinan City	11994	2681	9314	5499
延安市	Yan'an City	2532	1	2531	272
汉中市	Hanzhong City	3720	609	3111	826
榆林市	Yulin City	4977	427	4550	
安康市	Ankang City	1043	11	1032	3025
商洛市	Shangluo City	2674	1597	1077	2633
其他	Others	18650	2863	15787	2242
甘肃省	**Gansu**	**609355**	**449138**	**160217**	**12842**
兰州市	Lanzhou City	71580	12899	58681	3933
嘉峪关市	Jiayuguan City	119889	82748	37142	
金昌市	Jinchang City	330981	313312	17669	115

3-20 续表 9 continued

地 区	Region	货物进出口总额（万美元）Total Imports & Exports (USD 10 000)	进口额 Imports	出口额 Exports	实际外商直接投资额（万美元）Total Amount of Foreign Direct Investment Actually Utilized (USD 10 000)
白银市	Baiyin City	48342	36103	12240	104
天水市	Tianshui City	11790	3061	8729	185
武威市	Wuwei City	340	33	307	400
张掖市	Zhangye City	2209	353	1856	537
平凉市	Pingliang City	1143		1143	19
酒泉市	Jiuquan City	5206	303	4903	5344
庆阳市	Qingyang City	9595	275	9320	80
定西市	Dingxi City	819	11	808	80
陇南市	Longnan City	1250	37	1213	2043
临夏回族自治州	Linxia Hui A.P	2009		2010	2
甘南藏族自治州	Gannan Zang A.P	4202	4	4198	
青海省	**Qinghai**	**68847**	**26972**	**41875**	**22000**
西宁市	Xining City	62853	24502	38352	
海东地区	Haidong Prefecture	3443		3443	
海北藏族自治州	Haibei Zang A.P	30		30	
黄南藏族自治州	Huangnan Zang AP				
海南藏族自治州	Hainan Zang A.P				
果洛藏族自治州	Golog Zang A.P				
玉树藏族自治州	Yushu Zang A.P				
海西蒙古族藏族自治州	Haixi Mongolian & Zang A.P	2521	2471	51	
宁夏回族自治区	**Ningxia**	**188195**	**62327**	**125868**	**6238**
银川市	Yinchuan City	122351	39970	82381	3888
石嘴山市	Shizuishan City	49634	9577	40057	2234
吴忠市	Wuzhong City	13969	12730	1239	
固原市	Guyuan City	116		116	
中卫市	Zhongwei City	2125	50	2075	
新疆维吾尔自治区	**Xinjiang**	**2221680**	**291755**	**1929925**	**18984**
乌鲁木齐市	Urumqi City	522893	42445	480448	2052
克拉玛依市	Karamay City	12301	5121	7180	
吐鲁番地区	Turpan Prefecture	759	152	607	150
哈密地区	Hami Prefecture	6318	1320	4998	2203
昌吉回族自治州	Changji Hui A.P	362525	15708	346817	5691
博尔塔拉蒙古自治州	Bortala Mongolian A.P	220018	142942	77076	1094
巴音郭楞蒙古自治州	Bayingolin Mongolian A.P	45641	945	44696	
阿克苏地区	Aksu Prefecture	8395	368	8027	226
克孜勒苏柯尔克孜自治州	Kizilsu Kirgiz A.P	35008	7010	27998	3523
喀什地区	Kashi Prefecture	198795	1630	197165	
和田地区	Hotan Prefecture	5239	1	5238	
伊犁哈萨克自治州	Ili Kazak A.P	635468	67038	568430	515
塔城地区	Tacheng Prefecture	100729	1143	99586	27
阿勒泰地区	Altay Prefecture	27948	1134	26814	2100
石河子市	Shihezi City	39643	4798	34845	1403
阿拉尔市	Alar City				
图木舒克市	Tumxuk City				
五家渠市	Wujiaqu City				
生产建设兵团	Corps				

3-21 旅游业情况(2008年)

Tourism(2008)

地区	Region	接待入境旅游者人数(万人次) Number of Overseas Visitor Arrivals (10 000 person-times)	#外国人 Foreigners	国际旅游外汇收入(万美元) Foreign Exchange Earnings from International Tourism (USD 10 000)	国内旅游人数(万人次) Number of Domestic Visitors (10 000 person-times)	国内旅游收入(亿元) Earnings from Domestic Tourism (100 million yuan)	星级饭店数(个) Number of Star-rated Hotels (unit)
北京市	**Beijing**	**379.00**	**335.70**	**446000.0**	**14181.0**	**1907.00**	**694**
东城区	Dongcheng District	96.60	84.70				58
西城区	Xicheng District	29.60	25.50				52
崇文区	Chongwen District	7.60	6.90				26
宣武区	Xuanwu District	20.10	18.40				43
朝阳区	Chaoyang District	147.10	132.80				122
丰台区	Fengtai District	7.40	6.90				42
石景山区	Shijingshan District	1.10	0.90				9
海淀区	Haidian District	39.70	33.40				105
门头沟区	Mentougou District	0.10	0.10				18
房山区	Fangshan District	0.10	0.10				31
通州区	Tongzhou District	3.10	3.00				12
顺义区	Shunyi District	14.30	13.10				19
昌平区	Changping District	6.60	4.90				45
大兴区	Daxing District	3.10	2.70				14
怀柔区	Huairou District	0.30	0.30				42
平谷区	Pinggu District	0.20	0.20				17
密云县	Miyun County	1.00	0.90				20
延庆县	Yanqing County	1.00	0.90				19
北京经济技术开发区	Beijing Economic-technological Development Zones						
远洋捕捞	Deep-sea Fishing						
其他	Others						
天津市	**Tianjin**	**122.04**	**43.89**	**100139.0**	**7004.0**	**810.71**	**118**
和平区	Heping District						14
河东区	Hedong District						9
河西区	Hexi District						23
南开区	Nankai District						9
河北区	Hebei District						5
红桥区	Hongqiao District						1
塘沽区	Tanggu District						13
汉沽区	Hangu District						2
大港区	Dagang District						5
东丽区	Dongli District						5
西青区	Xiqing District						1
津南区	Jinnan District						1
北辰区	Beichen District						2
武清区	Wuqing District						2
宝坻区	Baodi District						2
宁河县	Ninghe County						1
静海县	Jinghai County						4
蓟县	Ji County						7
天津经济技术开发区	Tianjin Economic-technological Development Area						10
天津港保税区	Tianjin Port Free Trade Zone						1
天津滨海高新区	Tianjin Hi-Tech Industrial Park						1
其他	Others						

3-21 续表 1 continued

地　区	Region	接待入境旅游者人数（万人次）Number of Overseas Visitor Arrivals (10 000 person-times)	#外国人 Foreigners	国际旅游外汇收入（万美元）Foreign Exchange Earnings from International Tourism (USD 10 000)	国内旅游人数（万人次）Number of Domestic Visitors (10 000 person-times)	国内旅游收入（亿元）Earnings from Domestic Tourism (100 million yuan)	星级饭店数（个）Number of Star-rated Hotels (unit)
河北省	**Hebei**	**75.02**	**67.02**	**27395.0**	**9747.0**	**535.45**	**440**
石家庄市	Shijiazhuang City	9.81	8.56	3703.3	1716.3	88.69	64
唐山市	Tangshan City	4.29	3.95	1655.0	956.7	46.85	58
秦皇岛市	Qinhuangdao City	18.73	17.77	10169.4	1226.8	88.64	67
邯郸市	Handan City	1.01	0.93	408.0	1018.0	49.83	23
邢台市	Xingtai City	1.31	1.09	425.0	548.2	27.09	18
保定市	Baoding City	7.37	6.10	2212.0	1899.0	92.00	51
张家口市	Zhangjiakou City	3.00	2.87	532.0	537.0	29.43	32
承德市	Chengde City	20.10	17.30	5365.0	727.8	46.98	39
沧州市	Cangzhou City	0.71	0.39	211.0	369.0	16.60	27
廊坊市	Langfang City	8.02	7.46	2538.0	563.4	41.56	47
衡水市	Hengshui City	0.66	0.60	176.0	185.0	7.79	14
其他	Others						
山西省	**Shanxi**	**93.93**	**57.94**	**30064.6**	**9383.8**	**721.26**	**335**
太原市	Taiyuan City	18.97	13.40	9886.0	1692.5	162.23	82
大同市	Datong City	16.00	12.20	5520.2	1013.8	75.04	30
阳泉市	Yangquan City	1.00	1.00	422.2	586.7	44.93	5
长治市	Changzhi City	6.26	3.42	1077.1	690.2	61.33	11
晋城市	Jincheng City	3.79	2.30	899.6	776.9	56.15	21
朔州市	Shuozhou City	3.64	2.97	899.8	299.1	18.83	7
晋中市	Jinzhong City	15.15	9.60	3719.3	984.4	63.48	40
运城市	Yuncheng City	9.04	1.62	1875.5	1149.3	71.71	46
忻州市	Xinzhou City	10.74	6.60	3504.4	830.8	69.34	36
临汾市	Linfen City	7.22	2.90	1535.0	921.3	67.49	43
吕梁市	Luliang City	2.12	2.00	725.7	438.8	30.73	13
其他	Others						
内蒙古自治区	**Inner Mongolia**	**154.93**	**153.23**	**57700.0**	**3198.0**	**429.50**	**233**
呼和浩特市	Hohhot City	8.07	7.76	5259.0	636.4	103.28	33
包头市	Baotou City	1.76	1.69	941.0	438.4	62.30	36
呼伦贝尔市	Hulunbuir City	63.70	63.61	24295.0	547.0	76.50	33
兴安盟	Xingan League	0.15	0.12	134.0	81.3	9.37	5
通辽市	Tongliao City	1.22	1.06	827.0	370.7	39.60	17
赤峰市	Chifeng City	2.73	2.54	1836.0	469.4	49.12	29
锡林郭勒盟	Xilingol League	70.52	70.50	21181.0	372.3	36.58	22
乌兰察布市	Ulanqab City	0.93	0.37	191.0	330.0	14.80	12
鄂尔多斯市	Erdos City	1.32	1.24	895.0	498.0	50.80	24
巴彦淖尔市	Bayannur City	2.74	2.67	938.0	111.7	12.95	10
乌海市	Wuhai City	0.01	0.01	6.0	42.5	0.76	6
阿拉善盟	Alxa League	1.80	1.66	1211.0	50.6	3.44	6
其他	Others						
辽宁省	**Liaoning**	**241.90**	**207.30**	**152618.0**	**19836.0**	**1635.46**	**540**
沈阳市	Shenyang City	47.60	40.00	33009.0	5161.0	387.40	115
大连市	Dalian City	95.00	85.60	65835.0	3000.0	355.00	176
鞍山市	Anshan City	15.50	13.30	12052.0	1530.0	104.00	22
抚顺市	Fushun City	7.70	5.00	3439.0	1220.0	95.30	26
本溪市	Benxi City	21.80	19.10	10985.0	1390.0	105.50	26
丹东市	Dandong City	19.10	18.90	9040.0	1420.0	108.50	47
锦州市	Jinzhou City	11.50	7.70	6512.0	870.0	65.00	21
营口市	Yingkou City	5.00	4.90	2159.0	585.0	60.00	19

3-21 续表 2 continued

地 区	Region	接待入境旅游者人数（万人次）Number of Overseas Visitor Arrivals (10 000 person-times)	#外国人 Foreigners	国际旅游外汇收入（万美元）Foreign Exchange Earnings from International Tourism (USD 10 000)	国内旅游人数（万人次）Number of Domestic Visitors (10 000 person-times)	国内旅游收入（亿元）Earnings from Domestic Tourism (100 million yuan)	星级饭店数（个）Number of Star-rated Hotels (unit)
阜新市	Fuxin City	1.10	0.80	488.0	341.0	18.48	15
辽阳市	Liaoyang City	1.80	1.80	1007.0	1030.0	84.00	9
盘锦市	Panjin City	8.20	4.80	3828.0	980.0	76.00	15
铁岭市	Tieling City	3.30	2.30	1776.0	720.0	44.78	10
朝阳市	Chaoyang City	0.80	0.70	464.0	709.0	63.00	16
葫芦岛市	Huludao City	3.50	2.40	2024.0	880.0	68.50	23
其他	Others						
吉林省	**Jilin**	**61.73**	**52.46**	**21144.1**	**4496.9**	**436.10**	**236**
长春市	Changchun City	21.70	18.77	10680.5	1896.6	221.10	59
吉林市	Jilin City	4.93	1.28	1396.4	1215.9	92.80	38
四平市	Siping City	0.16	0.12	43.0	87.2	7.50	3
辽源市	Liaoyuan City	0.01		6.0	69.5	6.30	4
通化市	Tonghua City	4.46	3.46	759.5	265.3	21.10	25
白山市	Baishan City	2.05	1.72	659.0	236.1	17.30	29
松原市	Songyuan City	1.00	0.70	384.6	160.8	15.30	11
白城市	Baicheng City	0.04	0.03	6.9	102.9	9.20	14
延边朝鲜族自治州	Yanbian Korean A.P	27.38	26.38	7208.2	462.7	45.50	39
其他	Others						14
黑龙江省	**Heilongjiang**	**200.61**	**193.34**	**86995.0**	**8353.0**	**502.00**	**291**
哈尔滨市	Harbin City	29.71	23.12	18034.1	2990.1	233.20	93
齐齐哈尔市	Qiqihar City	1.56	1.20	629.0	1179.0	40.00	16
鸡西市	Jixi City	14.87	14.87	5200.0	403.0	11.28	12
鹤岗市	Hegang City	1.35	1.35	268.3	58.2	1.97	7
双鸭山市	Shuangyashan City	5.94	5.94	1845.0	155.0	1.65	7
大庆市	Daqing City	0.16	0.16	181.0	639.1	13.95	23
伊春市	Yichun City	0.06	0.05	29.0	336.7	15.07	19
佳木斯市	Jiamusi City	11.80	11.77	2124.0	199.0	8.20	11
七台河市	Qitaihe City	0.20	0.20		43.6	14.90	3
牡丹江市	Mudanjiang City	92.49	92.48	34502.2	526.8	15.80	38
黑河市	Heihe City	42.10	42.10		122.2	13.60	4
绥化市	Suihua City	0.02	0.02	4.0	215.0	4.81	8
大兴安岭地区	Daxing'anling Prefecture	0.41	0.13	119.7	67.1	4.86	8
农垦总局	Agriculture Reclamation Bureau						
其他	Others						
上海市	**Shanghai**	**640.37**	**507.40**	**502700.0**	**11006.0**	**1612.41**	**310**
黄浦区	Huangpu District						27
卢湾区	Luwan District						7
徐汇区	Xuhui District						27
长宁区	Changning District						26
静安区	Jingan District						19
普陀区	Putuo District						11
闸北区	Zhabei District						16
虹口区	Hongkou District						24
杨浦区	Yangpu District						11
闵行区	Minhang District						8
宝山区	Baoshan District						10
嘉定区	Jiading District						16

3-21 续表 3 continued

地　区	Region	接待入境旅游者人数(万人次) Number of Overseas Visitor Arrivals (10 000 person-times)	#外国人 Foreigners	国际旅游外汇收入(万美元) Foreign Exchange Earnings from International Tourism (USD 10 000)	国内旅游人数(万人次) Number of Domestic Visitors (10 000 person-times)	国内旅游收入(亿元) Earnings from Domestic Tourism (100 million yuan)	星级饭店数(个) Number of Star-rated Hotels (unit)
浦东新区	Pudong New District						42
金山区	Jinshan District						12
松江区	Songjiang District						10
青浦区	Qingpu District						16
南汇区	Nanhui District						10
奉贤区	Fengxian District						6
崇明县	Chongming County						12
其他	Others						
江苏省	**Jiangsu**	**544.30**	**396.11**	**388020.3**	**26121.6**	**2933.21**	**895**
南京市	Nanjing City	119.18	77.85	87174.0	4970.2	620.58	131
无锡市	Wuxi City	61.13	45.48	33517.6	3682.4	496.84	63
徐州市	Xuzhou City	13.21	10.27	12296.2	1538.3	151.99	49
常州市	Changzhou City	29.42	25.99	27599.4	2037.1	214.91	57
苏州市	Suzhou City	168.23	158.58	99547.4	5286.9	665.38	151
南通市	Nantong City	28.00	24.80	28367.5	1275.3	130.62	61
连云港市	Lianyungang City	9.09	7.55	7958.5	1065.1	111.07	66
淮安市	Huaian City	2.64	1.49	2076.3	854.7	77.52	46
盐城市	Yancheng City	5.07	2.55	3490.2	805.8	67.49	58
扬州市	Yangzhou City	46.36	34.24	35942.4	1844.2	176.26	55
镇江市	Zhenjiang City	53.55	41.20	42069.8	1904.2	185.07	35
泰州市	Taizhou City	6.01	3.76	6101.9	786.1	75.55	25
宿迁市	Suqian City	2.41	1.75	1879.1	370.9	23.50	30
浙江省	**Zhejiang**	**539.67**	**366.10**	**302408.3**	**20900.0**	**2040.00**	**1080**
杭州市	Hangzhou City	221.33	154.37	129610.2	4551.7	617.20	248
宁波市	Ningbo City	75.68	47.72	46873.8	3465.0	417.40	200
温州市	Wenzhou City	31.82	25.45	16108.8	2546.5	222.00	100
嘉兴市	Jiaxing City	52.96	35.76	18916.7	2140.0	180.00	58
湖州市	Huzhou City	21.67	8.53	7756.9	1948.6	125.70	58
绍兴市	Shaoxing City	39.88	26.60	13644.0	2435.1	204.10	88
金华市	Jinhua City	48.95	36.72	29057.2	2027.2	171.10	96
衢州市	Quzhou City	7.32	4.06	3663.7	1059.0	57.00	45
舟山市	Zhoushan City	21.20	12.07	11211.5	1495.3	94.20	67
台州市	Taizhou City	10.38	7.08	7046.3	2594.9	203.70	67
丽水市	Lishui City	8.48	7.76	18519.1	1195.0	55.60	53
安徽省	**Anhui**	**132.09**	**90.82**	**45445.4**	**9938.2**	**700.24**	**433**
合肥市	Hefei City	12.71	10.36	8229.2	1340.8	126.84	41
芜湖市	Wuhu City	5.13	3.93	1820.0	541.6	48.81	23
蚌埠市	Bengbu City	1.30	0.22	508.0	646.3	23.31	18
淮南市	Huainan City	1.14	0.45	636.6	433.4	16.05	21
马鞍山市	Maanshan City	2.48	2.00	2633.0	430.0	22.07	24
淮北市	Huaibei City	0.63	0.24	235.0	250.6	12.47	6
铜陵市	Tongling City	1.04	0.84	415.0	300.1	16.63	17
安庆市	Anqing City	2.51	1.32	1180.0	1199.5	77.13	46
黄山市	Huangshan City	81.04	55.93	22067.6	1206.4	126.29	76
滁州市	Chuzhou City	2.66	2.04	876.0	414.1	28.16	17
阜阳市	Fuyang City	0.46	0.05	240.0	397.1	24.74	17
宿州市	Suzhou City	0.69	0.04	266.0	399.1	18.10	8

3-21 续表 4 continued

地区	Region	接待入境旅游者人数(万人次) Number of Overseas Visitor Arrivals (10 000 person-times)	#外国人 Foreigners	国际旅游外汇收入(万美元) Foreign Exchange Earnings from International Tourism (USD 10 000)	国内旅游人数(万人次) Number of Domestic Visitors (10 000 person-times)	国内旅游收入(亿元) Earnings from Domestic Tourism (100 million yuan)	星级饭店数(个) Number of Star-rated Hotels (unit)
巢湖市	Chaohu City	1.24	0.72	314.0	431.1	24.91	20
六安市	Liuan City	0.79	0.44	361.0	476.0	24.56	20
亳州市	Bozhou City	0.58	0.42	184.0	233.7	11.17	11
池州市	Chizhou City	16.00	10.86	5000.0	797.6	70.41	29
宣城市	Xuancheng City	1.72	0.98	480.0	440.8	28.57	39
其他	Others						
福建省	**Fujian**	**293.19**	**98.64**	**239353.0**	**8562.2**	**851.62**	**433**
福州市	Fuzhou City	63.94		65750.0			75
厦门市	Xiamen City	104.53		81865.0			71
莆田市	Putian City	14.26		5153.0			12
三明市	Sanming City	2.66		2267.0			40
泉州市	Quanzhou City	63.08		65980.0			90
漳州市	Zhangzhou City	19.27		11653.0			26
南平市	Nanping City	23.75		6268.0			60
龙岩市	Longyan City	1.28		289.0			25
宁德市	Ningde City	0.43		128.0			34
江西省	**Jiangxi**	**80.21**	**30.83**	**25170.0**	**8023.0**	**541.89**	**369**
南昌市	Nanchang City	9.72	6.78	2989.0	1052.2	74.03	52
景德镇市	Jingdezhen City	10.76	4.40	3733.0	897.0	41.41	25
萍乡市	Pingxiang City	3.26	1.34	1030.0	501.5	32.26	11
九江市	Jiujiang City	18.30	10.68	6159.0	1295.0	91.58	56
新余市	Xinyu City	1.03	0.44	267.0	360.0	20.78	9
鹰潭市	Yingtan City	5.80	0.52	1072.0	790.0	25.69	22
赣州市	Ganzhou City	9.42	0.38	2771.0	979.6	63.70	44
吉安市	Jian City	8.85	0.81	2951.0	1055.6	60.00	41
宜春市	Yichun City	3.16	1.89	850.0	519.7	36.20	26
抚州市	Fuzhou City	3.72	2.78	1376.0	479.0	22.00	11
上饶市	Shangrao City	6.18	0.82	1972.0	1001.0	60.83	30
山东省	**Shandong**	**253.76**	**206.50**	**139148.0**	**24046.6**	**1908.50**	**865**
济南市	Jinan City	17.03	10.75	8339.6	2300.3	204.80	102
青岛市	Qingdao City	80.13	69.81	50045.4	3389.5	385.50	169
淄博市	Zibo City	9.39	7.20	4471.6	1650.6	124.00	37
枣庄市	Zaozhuang City	1.02	0.57	321.2	609.6	35.90	13
东营市	Dongying City	1.88	1.45	1508.4	427.6	27.60	27
烟台市	Yantai City	35.21	29.51	26707.7	2346.0	209.90	110
潍坊市	Weifang City	13.18	10.59	7081.2	1869.3	143.60	39
济宁市	Jining City	19.08	10.92	6105.4	2059.2	146.50	42
泰安市	Taian City	19.02	12.58	9518.1	1848.7	136.90	59
威海市	Weihai City	28.83	27.55	13733.7	1586.0	149.20	93
日照市	Rizhao City	15.16	15.09	4432.3	1450.8	78.60	35
莱芜市	Laiwu City	0.18	0.17	170.8	362.1	13.00	12
临沂市	Linyi City	6.54	5.08	4270.6	2032.6	144.50	58
德州市	Dezhou City	2.88	1.39	897.8	654.6	28.60	19
聊城市	Liaocheng City	1.94	1.68	859.8	643.5	33.90	21
滨州市	Binzhou City	1.73	1.66	527.4	420.7	26.20	16
菏泽市	Heze City	0.58	0.47	157.0	395.6	19.90	13

3-21 续表 5 continued

地 区	Region	接待入境旅游者人数(万人次) Number of Overseas Visitor Arrivals (10 000 person-times)	#外国人 Foreigners	国际旅游外汇收入(万美元) Foreign Exchange Earnings from International Tourism (USD 10 000)	国内旅游人数(万人次) Number of Domestic Visitors (10 000 person-times)	国内旅游收入(亿元) Earnings from Domestic Tourism (100 million yuan)	星级饭店数(个) Number of Star-rated Hotels (unit)
河南省	**Henan**	**104.31**	**67.83**	**37443.0**	**19957.0**	**1377.17**	**488**
郑州市	Zhengzhou City	29.15	16.48	12650.0	5179.3	410.00	118
开封市	Kaifeng City	14.50	7.11	3481.0	1531.6	114.98	25
洛阳市	Luoyang City	30.74	26.33	11285.0	2838.1	245.64	60
平顶山市	Pingdingshan City	0.80	0.66	276.0	673.2	41.00	32
安阳市	Anyang City	3.46	1.51	911.0	1048.0	70.44	24
鹤壁市	Hebi City	0.51	0.06	156.0	282.9	16.79	9
新乡市	Xinxiang City	0.88	0.42	254.0	823.4	46.24	21
焦作市	Jiaozuo City	13.85	10.09	5152.0	1460.2	93.54	24
濮阳市	Puyang City	1.60	1.46	621.0	579.2	35.81	15
许昌市	Xuchang City	0.68	0.55	171.0	449.3	22.99	16
漯河市	Luohe City	0.47	0.24	213.0	314.2	16.57	9
三门峡市	Sanmenxia City	3.07	0.85	652.0	1056.2	58.33	23
南阳市	Nanyang City	0.99	0.23	512.0	960.2	57.65	36
商丘市	Shangqiu City	0.72	0.12	165.0	536.2	31.45	12
信阳市	Xinyang City	0.51	0.31	225.0	932.9	41.67	19
周口市	Zhoukou City	1.15	0.64	322.0	514.7	30.20	14
驻马店市	Zhumadian City	0.53	0.28	221.0	620.9	33.20	23
其他	Others	0.71	0.49	176.0	156.7	10.69	8
湖北省	**Hubei**	**118.80**	**92.70**	**44255.3**	**11678.0**	**713.40**	**1008**
武汉市	Wuhan City	53.40	42.78	25429.0	4612.8	356.10	112
黄石市	Huangshi City	4.28	0.71	283.9	426.8	18.52	22
十堰市	Shiyan City	7.79	3.52	2362.0	913.2	41.80	63
宜昌市	Yichang City	22.25	18.11	5885.3	970.0	61.00	63
襄樊市	Xiangfan City	3.08	1.72	1473.3	820.1	46.80	34
鄂州市	Ezhou City	1.63	0.52	136.2	162.0	10.46	11
荆门市	Jingmen City	1.20	0.84	535.0	543.3	21.49	39
孝感市	Xiaogan City	1.15	0.77	587.5	155.0	8.79	24
荆州市	Jingzhou City	2.89	2.24	1083.1	564.0	31.00	36
黄冈市	Huanggang City	0.94	0.32	269.7	515.1	28.01	33
咸宁市	Xianning City	0.66	0.52	253.1	560.1	20.29	39
随州市	Suizhou City	0.49	0.13	141.5	398.6	18.35	15
恩施土家族苗族自治州	Enshi Tujia & Miao A.P	21.96	12.35	325.0	444.5	2.59	47
仙桃市	Xiantao City	0.32	0.16	169.6	49.2	3.37	14
天门市	Tianmen City	0.11	0.11	45.3	29.3	1.22	5
潜江市	Qianjiang City	0.08	0.05	36.3	29.3	1.49	3
神农架林区	Shennongjia Forest District	11.75	5.00	256.3	112.5	6.76	17
湖南省	**Hunan**	**111.02**	**71.10**	**61741.8**	**12719.0**	**808.84**	**569**
长沙市	Changsha City	36.90	27.29	36304.5	2774.3	224.19	121
株洲市	Zhuzhou City	3.74	1.43	1148.5	699.8	41.08	38
湘潭市	Xiangtan City	2.72	0.98	773.6	964.0	44.31	25
衡阳市	Hengyang City	4.91	1.53	2139.6	1095.0	62.02	34
邵阳市	Shaoyang City	0.02	0.01	5.7	423.0	23.13	19
岳阳市	Yueyang City	14.16	9.02	3350.6	1182.0	57.88	53
常德市	Changde City	7.82	4.18	2208.5	923.0	45.13	50
张家界市	Zhangjiajie City	26.59	22.83	12148.6	778.0	74.38	81
益阳市	Yiyang City	4.76	1.78	1337.5	859.0	47.26	16
郴州市	Chenzhou City	4.78	0.85	1131.8	934.0	57.61	35

3-21 续表 6 continued

地 区	Region	接待入境旅游者人数（万人次）Number of Overseas Visitor Arrivals (10 000 person-times)	#外国人 Foreigners	国际旅游外汇收入（万美元）Foreign Exchange Earnings from International Tourism (USD 10 000)	国内旅游人数（万人次）Number of Domestic Visitors (10 000 person-times)	国内旅游收入（亿元）Earnings from Domestic Tourism (100 million yuan)	星级饭店数（个）Number of Star-rated Hotels (unit)
永州市	Yongzhou City	0.34	0.01	109.6	736.0	33.31	19
怀化市	Huaihua City	0.02	0.00	3.3	457.0	26.22	28
娄底市	Loudi City	0.60	0.43	162.4	450.0	31.63	20
湘西土家族苗族自治州	West Hunan Tujia & Miao A.P	3.67	0.76	917.8	444.0	40.69	30
广东省	**Guangdong**	**2595.63**	**731.30**	**917760.0**	**13585.8**	**2029.93**	**1165**
广州市	Guangzhou City	612.50	214.50	313035.0	2916.2	620.15	218
韶关市	Shaoguan City	6.07	6.07	2159.0	639.5	51.10	54
深圳市	Shenzhen City	869.57	151.42	270800.0	1789.7	329.62	143
珠海市	Zhuhai City	286.22	49.31	94823.0	829.2	89.18	88
汕头市	Shantou City	13.93	7.49	6491.0	604.1	63.38	42
佛山市	Foshan City	98.10	17.00	58176.0	704.3	145.69	96
江门市	Jiangmen City	111.40	15.13	39129.0	728.0	63.38	32
湛江市	Zhanjiang City	3.30	2.68	1891.0	165.1	45.72	43
茂名市	Maoming City	0.80	0.20	1099.0	171.4	55.82	18
肇庆市	Zhaoqing City	101.02	7.55	6685.0	609.7	61.54	33
惠州市	Huizhou City	132.79	132.79	33091.0	674.9	73.55	63
梅州市	Meizhou City	8.75	2.32	3028.0	344.8	34.45	31
汕尾市	Shanwei City	2.49	0.03	511.0	218.6	22.48	15
河源市	Heyuan City	3.98	0.14	931.0	326.1	30.38	30
阳江市	Yangjiang City	5.47	0.29	1537.0	239.7	28.95	34
清远市	Qingyuan City	21.47	1.17	4446.0	469.4	53.17	43
东莞市	Dongguan City	216.62	102.89	45614.0	994.3	96.99	99
中山市	ZhongShan City	65.18	11.90	22702.0	463.0	81.45	40
潮州市	Chaozhou City	26.29	2.33	8774.0	218.9	29.03	12
揭阳市	Jieyang City	4.08	0.41	862.0	156.9	20.83	10
云浮市	Yunfu City	5.64	5.64	1975.0	322.0	33.08	21
广西壮族自治区	**Guangxi**	**201.02**	**120.01**	**60200.0**			**393**
南宁市	Nanning City	13.85	10.38	4127.1	2558.1	141.21	83
柳州市	Liuzhou City	6.14	4.49	2218.1	907.4	51.10	24
桂林市	Guilin City	125.00	80.75	38747.0	1501.9	73.78	71
梧州市	Wuzhou City	6.60	0.80	1590.7	480.0	26.51	20
北海市	Beihai City	5.57	3.16	1558.9	695.0	37.94	45
防城港市	Fangchenggang City	4.34	4.02	927.7	150.2	8.96	8
钦州市	Qinzhou City	1.80	0.22	645.4	346.1	15.66	15
贵港市	Guigang City	3.20	0.90	873.3	447.0	16.21	18
玉林市	Yulin City	3.06	0.58	1311.5	529.5	27.17	23
百色市	Baise City	2.14	1.12	603.0	645.3	29.14	18
贺州市	Hezhou City	9.24	3.53	1177.3	215.4	6.55	17
河池市	Hechi City	1.40	0.60	525.2	438.0	24.16	31
来宾市	Laibin City	0.46	0.20	137.5	152.6	5.54	7
崇左市	Chongzuo City	14.53	8.70	3331.6	406.3	14.89	19
海南省	**Hainan**	**97.93**	**73.13**	**39031.9**	**1962.1**	**165.01**	**260**
海口市	Haikou City	15.87	9.95	4316.6	622.0	56.98	105
三亚市	Sanya City	51.10	37.10	26206.8	553.0	73.04	84
其他	Others	30.96	26.08	8508.5	787.0	34.99	71

3-21 续表 7 continued

地 区	Region	接待入境旅游者人数(万人次) Number of Overseas Visitor Arrivals (10 000 person-times)	#外国人 Foreigners	国际旅游外汇收入(万美元) Foreign Exchange Earnings from International Tourism (USD 10 000)	国内旅游人数(万人次) Number of Domestic Visitors (10 000 person-times)	国内旅游收入(亿元) Earnings from Domestic Tourism (100 million yuan)	星级饭店数(个) Number of Star-rated Hotels (unit)
重庆市	**Chongqing**	**87.19**	**74.28**	**44977.0**	**10001.2**	**530.03**	**239**
万州区	Wanzhou District	1.03	0.98	55.8	599.0	14.01	15
涪陵区	Fuling District	0.17	0.10	19.7	110.5	3.03	7
渝中区	Yuzhong District	49.76	34.80	21000.0	1592.3	82.90	34
大渡口区	Dadukou District				16.0	0.06	2
江北区	Jiangbei District	4.71	2.83	1263.0	293.8	10.50	10
沙坪坝区	Shapingba District	2.75			993.8	8.48	8
九龙坡区	Jiulongpo District	13.31	13.31	1636.0	780.0	8.19	14
南岸区	Nanan District	8.10		633.0	980.0	19.50	13
北碚区	Beibei District	0.45	0.45	236.3	686.5	17.20	7
万盛区	Wansheng District	0.17	0.11		133.1	3.58	4
双桥区	Shuangqiao District				20.2	0.27	
渝北区	Yubei District	8.50	6.13	2840.0	413.5	8.16	14
巴南区	Banan District	0.40	0.33	36.0	391.0	15.01	2
黔江区	Qianjiang District	12.00			86.5	2.36	4
长寿区	Changshou District				145.0	2.43	6
江津区	Jiangjin District	0.70	0.48	41.0	215.5	6.03	6
合川区	Hechuan District				100.2	1.22	4
永川区	Yongchuan District	0.14	0.04		287.0	12.10	7
南川区	Nanchuan District	0.04	0.04	13.0	12.0	1.80	7
四川省	**Sichuan**	**69.95**	**48.54**	**21498.4**	**17456.0**	**1077.33**	**502**
成都市	Chengdu City	47.20	34.06	15388.4	4105.4	363.58	143
自贡市	Zigong City	0.10	0.08	34.2	758.4	50.36	11
攀枝花市	Panzhihua City	0.02	0.02	5.5	650.1	28.11	11
泸州市	Luzhou City	0.20	0.17	37.4	916.7	44.71	21
德阳市	Deyang City	0.58	0.37	383.0	411.7	24.17	11
绵阳市	Mianyang City	1.52	0.65	545.0	740.4	39.82	38
广元市	Guangyuan City	0.05	0.05	16.2	386.5	16.11	9
遂宁市	Suining City	2.88	2.88	777.0	727.0	41.52	16
内江市	Neijiang City	0.02	0.01	3.1	559.4	30.82	12
乐山市	Leshan City	6.46	3.55	1406.3	1227.5	90.44	38
南充市	Nanchong City	0.18	0.14	50.1	812.3	49.10	24
眉山市	Meishan City	0.10	0.09	19.9	551.2	31.19	10
宜宾市	Yibin City	0.28	0.09	81.9	862.6	55.58	28
广安市	Guangan City	0.19	0.04	62.4	661.2	37.96	16
达州市	Dazhou City	0.05	0.05	11.5	834.3	30.50	14
雅安市	Yaan City	0.17		37.2	703.4	32.69	23
巴中市	Bazhong City	0.01	0.01	0.5	315.0	12.14	10
资阳市	Ziyang City	2.62	2.21	805.7	672.7	37.44	10
阿坝藏族羌族自治州	Aba Zang & Qiang A.P	5.66	2.40	1379.2	194.2	15.91	30
甘孜藏族自治州	Ganzi Zang A.P	1.61	1.61	442.0	115.0	7.48	6
凉山彝族自治州	Liangshan Yi A.P	0.05	0.05	11.9	1251.1	37.70	21
贵州省	**Guizhou**	**39.54**	**18.22**	**11697.4**	**8150.7**	**643.82**	**279**
贵阳市	Guiyang City	13.58	4.83	6268.0	2612.3	120.81	60
六盘水市	Liupanshui City	0.09	0.08	16.9	195.3	11.74	10
遵义市	Zunyi City	0.60	0.16	231.0	1086.0	81.56	22
安顺市	Anshun City	7.98	2.79	1244.3	1115.3	82.97	27
铜仁地区	Tongren Prefecture	0.58	0.58	261.2	406.0	24.91	17
黔西南布依族苗族自治州	Southwest Guizhou Buyi & Miao A.P	5.35	2.19	1269.0	390.6	21.84	15

3-21 续表 8 continued

地 区	Region	接待入境旅游者人数（万人次）Number of Overseas Visitor Arrivals (10 000 person-times)	#外国人 Foreigners	国际旅游外汇收入（万美元）Foreign Exchange Earnings from International Tourism (USD 10 000)	国 内 旅游人数（万人次）Number of Domestic Visitors (10 000 person-times)	国 内 旅游收入（亿元）Earnings from Domestic Tourism (100 million yuan)	星 级 饭店数（个）Number of Star-rated Hotels (unit)
毕节地区	Bijie Prefecture	0.62	0.20	102.1	834.8	50.90	28
黔东南苗族侗族自治州	Southeast Guizhou Miao & Dong A.P	9.78	6.59	2060.6	1378.6	81.94	46
黔南布依族苗族自治州	South Guizhou Buyi & Miao A.P	1.65	0.65	575.0	1578.4	81.83	64
云南省	**Yunnan**	**250.22**	**169.18**	**86486.4**	**10250.1**	**594.77**	**904**
昆明市	Kunming City	70.07	49.82	20416.4	2663.6	183.23	105
曲靖市	Qujing City	1.26	0.53	235.0	571.9	27.61	35
玉溪市	Yuxi City	0.10	0.08	24.5	796.9	24.10	49
保山市	Baoshan City	6.94	6.51	8.2	498.0	19.47	41
昭通市	Zhaotong City	2.14	0.02	1287.9	373.6		8
丽江市	Lijiang City	4.66	3.21	14830.6	578.9	59.45	187
普洱市	Puer City	2.14	2.14	470.3	234.4	10.69	37
临沧市	Lincang City	4.33	4.32	1595.2	226.5	10.24	19
楚雄彝族自治州	Chuxiong Yi A.P	0.31	0.12	63.5	618.6	16.37	41
红河哈尼族彝族自治州	Honghe Hani & Yi A.P	10.00	8.84	4763.1	950.1	37.34	62
文山壮族苗族自治州	Wenshan Zhuang & Miao A.P	11.45	0.92	233.1	376.7	23.80	13
西双版纳傣族自治州	Xishuangbanna Dai A.P	11.31	10.38	3514.3	590.1	37.93	42
大理白族自治州	Dali Bai A.P	31.67	19.17	8719.6	921.6		111
德宏傣族景颇族自治州	Dehong Dai & Jingpo A.P	7.03	6.86	1860.9	354.9	29.02	41
怒江傈僳族自治州	Nujiang Lisu A.P	1.30	1.23	810.7	119.6	6.67	7
迪庆藏族自治州	Diqing Zang A.P	51.99	22.12	26916.5	374.5	15.97	36
西藏自治区	**Tibet A.R.**	**6.80**	**6.10**	**3112.0**	**217.8**	**20.42**	**136**
拉萨市	Lhasa City	4.60	4.29	2122.0	117.1	11.50	68
昌都地区	Qamdu Prefecture	0.08	0.06	35.0	7.6	0.77	10
山南地区	Lhokha Prefecture	0.45	0.40	220.0	21.2	2.12	7
日喀则地区	Xigaze Prefecture	1.07	1.00	537.0	30.7	2.81	27
那曲地区	Narqu Prefecture	0.07	0.06	34.0	5.0	0.42	2
阿里地区	Ngri Prefecture	0.40	0.20	114.0	2.9	0.09	1
林芝地区	Nyingchi Prefecture	0.10	0.09	50.0	33.4	2.72	21
其他	Others						
陕西省	**Shaanxi**	**125.73**	**93.67**	**66011.0**	**9056.0**	**561.00**	**311**
西安市	Xi'an City	90.77		35900.0	3169.0	214.80	93
铜川市	Tongchuan City	1.60		460.0	366.0	5.20	12
宝鸡市	Baoji City	9.11			1085.0	65.50	35
咸阳市	Xianyang City	8.11		3220.0	1103.5	50.44	27
渭南市	Weinan City	6.41		1006.2	899.5	36.43	24
延安市	Yan'an City	3.66		279.4	746.0	43.03	26
汉中市	Hanzhong City	1.25	0.93	330.0	820.0	23.00	28
榆林市	Yulin City	0.14		23.0	349.7	15.43	29
安康市	Ankang City	1.12		199.6	312.0	11.20	21
商洛市	Shangluo City	0.53		22.8	453.2	10.46	10
其他	Others	3.02		71.9	182.6	2.62	6
甘肃省	**Gansu**	**8.32**	**5.98**	**1603.4**	**2482.3**	**136.40**	**280**
兰州市	Lanzhou City	1.33	0.98	359.5	522.0	29.89	50
嘉峪关市	Jiayuguan City	1.29	1.10	211.8	79.9	3.65	18
金昌市	Jinchang City	0.02	0.02	7.0	24.8	2.07	4

3-21 续表 9 continued

地 区	Region	接待入境旅游者人数(万人次) Number of Overseas Visitor Arrivals (10 000 person-times)	#外国人 Foreigners	国际旅游外汇收入(万美元) Foreign Exchange Earnings from International Tourism (USD 10 000)	国内旅游人数(万人次) Number of Domestic Visitors (10 000 person-times)	国内旅游收入(亿元) Earnings from Domestic Tourism (100 million yuan)	星级饭店数(个) Number of Star-rated Hotels (unit)
白银市	Baiyin City	0.01	0.01	2.8	104.9	5.06	9
天水市	Tianshui City	0.07	0.06	11.7	389.2	23.19	24
武威市	Wuwei City	0.31	0.15	56.8	123.9	6.18	9
张掖市	Zhangye City	0.12	0.02	18.4	101.8	4.98	8
平凉市	Pingliang City	0.03	0.01	4.3	176.7	7.79	18
酒泉市	Jiuquan City	4.52	3.04	834.0	299.8	27.89	56
庆阳市	Qingyang City	0.00	0.00	0.7	67.4	2.83	12
定西市	Dingxi City	0.08	0.05	11.8	157.2	5.29	17
陇南市	Longnan City	0.00	0.00	0.0	207.2	9.73	13
临夏回族自治州	Linxia Hui A.P	0.06	0.06	9.7	142.9	4.93	10
甘南藏族自治州	Gannan Zang A.P	0.47	0.47	75.0	84.5	2.92	32
青海省	**Qinghai**	**3.00**	**2.00**	**1015.0**	**902.0**	**47.00**	**117**
西宁市	Xining City						
海东地区	Haidong Prefecture						
海北藏族自治州	Haibei Zang A.P						
黄南藏族自治州	Huangnan Zang AP						
海南藏族自治州	Hainan Zang A.P						
果洛藏族自治州	Golog Zang A.P						
玉树藏族自治州	Yushu Zang A.P						
海西蒙古族藏族自治州	Haixi Mongolian & Zang A.P						
宁夏回族自治区	**Ningxia**	**1.16**	**0.93**	**300.8**	**776.2**	**40.32**	**50**
银川市	Yinchuan City	0.79		224.3	277.3	21.53	32
石嘴山市	Shizuishan City	0.10	0.10	19.3	126.8	4.56	5
吴忠市	Wuzhong City	0.05	0.04	7.0	136.0	4.60	6
固原市	Guyuan City	0.04		8.7	110.4	2.78	6
中卫市	Zhongwei City	0.17	0.13	41.4	134.0	6.65	7
新疆维吾尔自治区	**Xinjiang**	**36.32**	**32.77**	**13578.0**	**2195.0**	**197.95**	**447**
乌鲁木齐市	Urumqi City	20.21	18.60	8921.0	777.2	93.41	118
克拉玛依市	Karamay City	0.07	0.04	24.0	48.1	5.29	19
吐鲁番地区	Turpan Prefecture	2.77	2.25	1016.0	170.9	10.69	23
哈密地区	Hami Prefecture	1.42	1.00	440.0	80.5	8.00	17
昌吉回族自治州	Changji Hui A.P	0.01	0.01	2.0	131.2	6.48	34
博尔塔拉蒙古自治州	Bortala Mongolian A.P	0.11	0.10	37.0	43.9	2.61	12
巴音郭楞蒙古自治州	Bayingolin Mongolian A.P	0.34	0.31	166.0	150.9	7.97	36
阿克苏地区	Aksu Prefecture	0.14	0.13	45.0	116.7	6.14	26
克孜勒苏柯尔克孜自治州	Kizilsu Kirgiz A.P	0.96	0.85	337.0	22.9	1.34	2
喀什地区	Kashi Prefecture	2.15	1.99	1190.0	119.4	11.45	28
和田地区	Hotan Prefecture	0.89	0.81	312.0	38.4	4.15	18
伊犁哈萨克自治州	Ili Kazak A.P	4.16	4.10	812.0	205.3	13.36	57
塔城地区	Tacheng Prefecture	0.30	0.28	113.0	51.6	4.44	13
阿勒泰地区	Altay Prefecture	2.75	2.73	151.0	160.7	15.80	40
石河子市	Shihezi City	0.04	0.03	12.0	77.4	6.82	4
阿拉尔市	Alar City						
图木舒克市	Tumxuk City						
五家渠市	Wujiaqu City						
生产建设兵团	Corps						

3-22 金融机构人民币存款和贷款(2008年)

Deposits and Loans of Financial Institutions(2008)

地区	Region	金融机构人民币存款(亿元) Total Deposits (100 million yuan)	#企业存款 Enterprises Deposits	#城乡居民储蓄存款 Urban & Rural Household Savings Deposits	#定期 Time Deposits	金融机构人民币贷款(亿元) Total Loans (100 million yuan)	#工业贷款 Loans to Industrial	#商业贷款 Loans to Commercial	#农业贷款 Loans to Agricultural
北京市	**Beijing**	**40512.67**	**22783.75**	**11869.91**	**7997.07**	**19281.10**	**1741.74**	**1056.22**	**466.63**
东城区	Dongcheng District	4787.70	3357.94	953.42	595.36	2186.58	239.20	175.35	1.77
西城区	Xicheng District	10606.34	7140.26	1412.19	843.07	7283.12	495.98	318.29	12.54
崇文区	Chongwen District	1248.78	694.65	475.56	329.49	663.61	40.96	41.63	0.10
宣武区	Xuanwu District	1941.62	801.96	509.03	353.91	926.32	123.96	33.17	5.04
朝阳区	Chaoyang District	6439.21	3392.32	2377.38	1588.59	2856.03	274.79	159.11	31.05
丰台区	Fengtai District	2130.72	653.45	1172.11	805.15	874.27	39.22	18.92	13.68
石景山区	Shijingshan District	732.01	360.01	294.92	211.78	239.98	99.50	4.80	3.07
海淀区	Haidian District	8701.74	5185.19	2514.05	1735.33	2725.57	328.55	214.66	43.69
门头沟区	Mentougou District	142.01	39.30	78.02	58.64	32.75	4.69	1.64	10.86
房山区	Fangshan District	416.45	94.97	263.57	193.98	126.86	4.61	5.25	35.51
通州区	Tongzhou District	597.07	158.54	350.24	254.00	186.93	7.38	8.53	49.75
顺义区	Shunyi District	642.51	281.75	298.37	227.41	373.78	32.29	20.52	58.99
昌平区	Changping District	640.16	159.93	371.75	265.03	223.06	3.88	6.72	65.23
大兴区	Daxing District	736.14	237.88	387.61	248.19	272.22	18.06	16.93	32.66
怀柔区	Huairou District	203.63	68.76	106.42	70.89	70.14	6.23	6.77	24.28
平谷区	Pinggu District	164.64	43.83	94.35	67.03	80.43	6.02	2.95	29.30
密云县	Miyun County	188.56	48.99	115.40	81.46	76.83	4.38	13.84	22.87
延庆县	Yanqing County	114.46	30.32	68.88	48.83	49.80	2.16	7.02	18.89
北京经济技术开发区	Beijing Economic-technological Development Zones	78.91	33.69	26.64	18.91	32.82	9.88	0.13	7.37
远洋捕捞	Deep-sea Fishing								
其他	Others								
天津市	**Tianjin**	**9490.11**	**3617.14**	**3956.86**	**2773.06**	**7277.46**	**638.40**	**347.93**	**145.54**
和平区	Heping District	1099.36	557.95	292.19	196.29	828.22	66.65	61.55	0.15
河东区	Hedong District	488.86	142.26	300.04	235.61	287.76	14.75	14.62	0.02
河西区	Hexi District	1653.07	656.75	480.74	353.68	1063.95	161.20	73.90	1.59
南开区	Nankai District	787.00	314.60	414.66	317.03	365.27	31.19	22.65	0.02
河北区	Hebei District	421.58	94.68	278.82	218.33	226.02	20.01	9.94	0.00
红桥区	Hongqiao District	218.19	46.53	165.82	128.39	173.80	5.62	10.17	0.00
塘沽区	Tanggu District	1602.39	912.82	464.60	300.61	1582.99	144.32	59.00	15.68
汉沽区	Hangu District	74.60	34.69	38.98	26.79	46.92	10.81	0.47	0.03
大港区	Dagang District	208.00	51.79	145.43	104.19	74.87	24.94	9.10	0.06
东丽区	Dongli District	345.36	111.39	183.63	117.90	194.88	32.27	4.19	17.32
西青区	Xiqing District	334.26	82.10	200.32	145.96	233.32	17.55	9.72	7.98
津南区	Jinnan District	128.72	37.93	81.64	51.60	31.24	5.75	2.21	0.48
北辰区	Beichen District	297.37	68.63	155.26	103.54	123.64	20.17	5.37	12.01
武清区	Wuqing District	226.39	60.60	159.31	108.93	108.50	7.40	5.63	13.37
宝坻区	Baodi District	142.08	18.90	107.91	75.95	71.37	0.55	0.65	19.39
宁河县	Ninghe County	92.72	13.07	72.51	47.59	38.50	4.75	8.31	10.47
静海县	Jinghai County	195.34	33.22	140.35	75.13	76.09	15.73	3.52	12.38
蓟县	Ji County	169.40	20.44	137.24	100.44	98.95	3.36	8.76	29.25
天津经济技术开发区	Tianjin Economic-technological Development Area								
天津港保税区	Tianjin Port Free Trade Zone								
天津滨海高新区	Tianjin Hi-Tech Industrial Park								
其他	Others	1005.43	348.81	137.25	65.41	1650.96	52.14	40.67	5.36

3-22 续表 1 continued

地 区	Region	金融机构人民币存款(亿元) Total Deposits (100 million yuan)	#企业存款 Enter-prises Deposits	#城乡居民储蓄存款 Urban & Rural Household Savings Deposits	#定期 Time Deposits	金融机构人民币贷款(亿元) Total Loans (100 million yuan)	#工业贷款 Loans to Indus-trial	#商业贷款 Loans to Com-mercial	#农业贷款 Loans to Agricul-tural
河北省	**Hebei**	**17709.02**	**4049.73**	**11435.60**	**7974.18**	**9453.30**	**1133.34**	**495.44**	**1591.73**
石家庄市	Shijiazhuang City	4111.56	1117.55	2180.17	1601.06	2079.93	318.04	71.73	244.16
唐山市	Tangshan City	2896.86	783.78	1819.78	1240.81	1554.09	270.03	58.00	223.58
秦皇岛市	Qinhuangdao City	1013.83	293.30	615.55	458.97	546.78	58.17	25.24	48.53
邯郸市	Handan City	1474.75	274.45	1022.03	718.75	852.10	136.52	89.27	207.86
邢台市	Xingtai City	1111.33	206.02	807.23	570.07	472.46	68.21	47.26	99.16
保定市	Baoding City	1965.23	304.83	1501.43	1021.72	709.80	37.98	41.98	185.36
张家口市	Zhangjiakou City	863.12	172.57	609.04	417.41	546.23	33.20	21.35	109.01
承德市	Chengde City	686.60	132.77	463.31	308.33	430.73	50.34	31.40	90.19
沧州市	Cangzhou City	1393.39	249.59	1013.97	684.49	505.92	41.39	34.44	117.26
廊坊市	Langfang City	1267.73	309.77	803.45	493.60	732.98	51.27	26.00	166.46
衡水市	Hengshui City	784.42	119.26	591.41	452.34	309.63	57.42	48.46	100.15
其他	Others								
山西省	**Shanxi**	**12733.72**	**3274.48**	**7048.61**	**2106.67**	**5960.33**	**929.91**	**353.36**	**879.81**
太原市	Taiyuan City	4480.77	1621.86	1728.92	1181.81	2926.77	454.11	128.37	74.39
大同市	Datong City	1292.58	347.86	783.51	553.32	366.96	68.89	19.03	28.41
阳泉市	Yangquan City	553.41	124.30	345.76	81.91	225.57	41.30	10.08	50.76
长治市	Changzhi City	930.30	199.82	550.90	413.21	398.32	79.59	31.47	73.53
晋城市	Jincheng City	958.00	318.81	481.28	365.04	376.78	98.31	17.06	68.75
朔州市	Shuozhou City	524.72	109.69	343.49	118.04	143.73	15.65	16.69	56.30
晋中市	Jinzhong City	883.73	144.34	606.01	460.23	283.31	43.76	25.37	96.28
运城市	Yuncheng City	716.40	79.50	517.40	366.40	467.20	69.50	47.60	121.60
忻州市	Xinzhou City	684.10	87.66	485.80	147.97	238.52	11.97	28.81	75.77
临汾市	Linfen City	920.80	118.68	674.05	440.08	363.30	26.27	27.81	152.12
吕梁市	Luliang City	781.93	117.43	534.25	333.92	197.66	28.36	6.16	83.28
其他	Others								
内蒙古自治区	**Inner Mongolia**	**6341.03**	**1752.62**	**3211.66**	**1598.59**	**4527.86**	**544.71**	**419.65**	**313.81**
呼和浩特市	Hohhot City	1649.83	583.34	640.56	362.16	1458.61	110.78	54.04	36.82
包头市	Baotou City	1201.98	372.77	593.97	316.09	631.25	141.24	61.40	33.61
呼伦贝尔市	Hulunbuir City	515.17	99.24	319.30	124.92	226.07	15.08	46.74	33.67
兴安盟	Xingan League	157.72	27.81	87.45	44.87	103.12	1.84	48.02	6.67
通辽市	Tongliao City	289.25	52.97	174.67	80.99	323.84	53.49	75.51	27.03
赤峰市	Chifeng City	584.11	102.00	370.70	219.28	312.69	27.84	43.95	49.87
锡林郭勒盟	Xilingol League	209.28	49.68	119.74	46.66	187.42	5.27	6.91	16.13
乌兰察布市	Ulanqab City	274.62	35.85	190.85	107.68	171.98	8.52	9.15	18.48
鄂尔多斯市	Erdos City	784.25	231.30	323.49	54.16	640.08	96.34	35.39	41.25
巴彦淖尔市	Bayannur City	315.10	53.95	195.80	77.98	221.58	34.54	27.81	42.85
乌海市	Wuhai City	248.53	74.81	143.64	68.81	144.10	11.26	4.70	0.08
阿拉善盟	Alxa League	103.64	29.25	49.11	23.97	107.19	29.93	3.69	7.32
其他	Others								
辽宁省	**Liaoning**	**18333.33**	**5415.57**	**10154.70**	**7399.52**	**11891.10**	**1434.87**	**902.60**	**762.87**
沈阳市	Shenyang City	5306.92	1853.28	2472.82	1718.47	3068.73	274.64	217.16	112.54
大连市	Dalian City	5303.67	1916.39	2388.97	1729.98	3710.82	478.68	182.48	178.14
鞍山市	Anshan City	1397.59	378.62	906.20	686.63	699.48	183.64	54.03	56.94
抚顺市	Fushun City	657.23	118.60	474.23	349.59	231.72	40.07	15.14	26.55
本溪市	Benxi City	527.01	84.45	361.40	267.24	341.82	78.65	12.49	32.31
丹东市	Dandong City	615.94	79.01	466.30	356.36	285.86	15.44	35.10	57.50
锦州市	Jinzhou City	737.58	105.49	524.36	408.28	418.29	37.86	50.96	48.17
营口市	Yingkou City	625.92	138.67	444.55	316.39	473.43	48.98	53.32	29.39

3-22 续表 2 continued

地　区	Region	金融机构人民币存款(亿元) Total Deposits (100 million yuan)	#企业存款 Enter-prises Deposits	#城乡居民储蓄存款 Urban & Rural Household Savings Deposits	#定期 Time Deposits	金融机构人民币贷款(亿元) Total Loans (100 million yuan)	#工业贷款 Loans to Indus-trial	#商业贷款 Loans to Com-mercial	#农业贷款 Loans to Agricul-tural
阜新市	Fuxin City	344.87	76.84	234.43	173.86	235.48	18.46	34.51	26.98
辽阳市	Liaoyang City	541.25	85.49	397.20	293.21	321.26	73.18	48.36	42.39
盘锦市	Panjin City	594.55	139.37	390.23	294.51	242.37	46.50	46.49	13.94
铁岭市	Tieling City	448.56	80.87	328.94	245.63	339.93	17.81	87.42	51.42
朝阳市	Chaoyang City	494.41	76.27	370.69	265.32	295.18	28.38	33.06	42.06
葫芦岛市	Huludao City	576.93	126.39	395.67	293.93	349.61	77.68	32.07	44.55
其他	Others								
吉林省	**Jilin**	**6362.50**	**1528.20**	**3923.10**	**2607.90**	**4835.90**	**398.90**	**821.30**	**377.40**
长春市	Changchun City	3024.50	958.10	1507.40	994.30	2811.80	201.90	310.40	69.00
吉林市	Jilin City	991.00	170.00	724.00	508.00	481.00	84.00	102.00	60.00
四平市	Siping City	404.90	47.20	311.40	213.00	310.70	17.10	110.90	50.00
辽源市	Liaoyuan City	173.10	30.60	127.40	87.40	142.30	19.60	32.90	19.40
通化市	Tonghua City	387.60	62.20	286.20	183.50	244.90	32.30	32.60	42.80
白山市	Baishan City	269.20	43.30	191.80	127.10	182.50	14.20	14.60	23.10
松原市	Songyuan City	345.70	63.20	225.50	138.60	206.80	2.50	98.00	37.90
白城市	Baicheng City	208.30	35.70	140.80	87.90	179.40	5.10	79.20	31.20
延边朝鲜族自治州	Yanbian Korean A.P	558.60	118.30	408.80	268.30	276.40	22.50	40.40	44.10
其他	Others								
黑龙江省	**Heilongjiang**	**8993.80**	**2092.60**	**5545.10**	**3678.70**	**4532.70**	**338.50**	**889.50**	**354.90**
哈尔滨市	Harbin City	3974.75	1300.61	1916.76	1252.74	2636.77	190.46	273.74	145.67
齐齐哈尔市	Qiqihar City	635.30	104.21	462.67	305.45	340.16	54.15	85.64	39.11
鸡西市	Jixi City	405.31	49.43	314.90	208.59	152.72	1.37	78.74	11.23
鹤岗市	Hegang City	219.87	34.95	162.70	92.40	142.24	18.46	37.77	6.20
双鸭山市	Shuangyashan City	253.59	37.37	194.63	114.01	142.12	18.83	39.73	24.97
大庆市	Daqing City	1202.10	284.90	733.10	553.00	249.20	21.30	53.50	17.30
伊春市	Yichun City	237.09	21.27	181.90	130.90	77.35	2.03	14.58	15.64
佳木斯市	Jiamusi City	452.29	52.52	340.56	205.56	215.69	1.59	98.57	29.32
七台河市	Qitaihe City	182.10	26.35	137.54	87.41	87.57	15.33	7.08	8.82
牡丹江市	Mudanjiang City	608.13	78.29	396.37	257.29	179.90	7.72	30.54	21.07
黑河市	Heihe City	275.50	42.30	201.80	128.10	95.40	4.90	39.00	16.90
绥化市	Suihua City	402.60	37.40	319.00	205.30	206.80	5.10	127.60	27.70
大兴安岭地区	Daxing'anling Prefecture	127.46	22.82	82.20	54.92	26.22	0.06	3.30	0.93
农垦总局	Agriculture Reclamation Bureau								
其他	Others								
上海市	**Shanghai**	**33643.85**	**16803.61**	**11484.88**	**8126.33**	**21236.21**	**1895.29**	**820.30**	**10.33**
黄浦区	Huangpu District								
卢湾区	Luwan District								
徐汇区	Xuhui District								
长宁区	Changning District								
静安区	Jingan District								
普陀区	Putuo District								
闸北区	Zhabei District								
虹口区	Hongkou District								
杨浦区	Yangpu District								
闵行区	Minhang District								
宝山区	Baoshan District								
嘉定区	Jiading District								

3-22 续表 3 continued

地 区	Region	金融机构人民币存款(亿元) Total Deposits (100 million yuan)	#企业存款 Enterprises Deposits	#城乡居民储蓄存款 Urban & Rural Household Savings Deposits	#定期 Time Deposits	金融机构人民币贷款(亿元) Total Loans (100 million yuan)	#工业贷款 Loans to Industrial	#商业贷款 Loans to Commercial	#农业贷款 Loans to Agricultural
浦东新区	Pudong New District								
金山区	Jinshan District								
松江区	Songjiang District								
青浦区	Qingpu District								
南汇区	Nanhui District								
奉贤区	Fengxian District								
崇明县	Chongming County								
其他	Others								
江苏省	**Jiangsu**	**37017.48**	**12895.27**	**16721.18**	**12049.38**	**26160.72**	**4143.98**	**1164.17**	**1009.73**
南京市	Nanjing City	8392.88	3936.65	2505.33	1787.43	7171.70	527.43	367.38	66.61
无锡市	Wuxi City	5321.81	1821.38	2255.89	1688.89	3725.07	840.26	141.41	51.07
徐州市	Xuzhou City	1719.14	468.55	974.51	646.26	796.58	115.02	65.65	112.57
常州市	Changzhou City	2819.42	777.21	1431.20	1090.34	1851.69	419.22	56.23	32.17
苏州市	Suzhou City	8340.79	3279.02	3337.32	2186.04	6301.81	1075.82	140.59	57.17
南通市	Nantong City	2966.13	687.80	1875.19	1581.54	1728.22	327.39	83.87	148.05
连云港市	Lianyungang City	796.84	212.86	395.56	246.62	490.49	64.27	46.82	67.49
淮安市	Huaian City	694.53	171.78	400.71	250.57	451.74	58.03	48.90	62.81
盐城市	Yancheng City	1302.10	267.08	863.63	636.49	717.06	95.25	59.65	111.57
扬州市	Yangzhou City	1551.91	450.14	899.10	669.62	889.40	164.33	50.78	85.68
镇江市	Zhenjiang City	1262.71	362.21	686.71	519.93	920.98	230.69	37.45	42.75
泰州市	Taizhou City	1402.12	366.92	824.87	614.15	792.89	190.15	27.74	89.61
宿迁市	Suqian City	447.47	93.69	271.16	131.51	323.09	36.13	37.69	82.18
浙江省	**Zhejiang**	**34806.43**	**11152.34**	**14501.49**	**9057.00**	**28967.81**	**6334.10**	**1340.97**	**1512.64**
杭州市	Hangzhou City	11146.24	4571.68	3420.65	2304.04	9784.31	1456.87	546.90	254.30
宁波市	Ningbo City	6274.92	2119.56	2375.40	1584.42	5710.17	1216.16	308.63	152.75
温州市	Wenzhou City	4121.76	971.36	2085.02	1078.76	3306.15	1007.64	145.10	284.56
嘉兴市	Jiaxing City	2186.26	628.04	1155.38	815.12	1603.85	366.24	47.83	71.67
湖州市	Huzhou City	1001.80	265.72	539.05	329.81	775.83	152.13	27.88	94.76
绍兴市	Shaoxing City	3232.19	799.32	1406.04	1006.58	2419.89	784.53	106.29	130.42
金华市	Jinhua City	2552.12	636.93	1353.22	681.80	1894.90	634.50	45.84	157.16
衢州市	Quzhou City	574.52	164.24	308.12	211.76	473.69	96.46	20.44	66.17
舟山市	Zhoushan City	730.83	259.87	295.92	205.52	635.43	84.93	46.21	38.26
台州市	Taizhou City	2353.37	595.06	1204.44	636.24	1893.08	451.67	37.77	208.24
丽水市	Lishui City	632.33	140.54	358.23	202.70	470.53	82.97	8.08	54.35
安徽省	**Anhui**	**10303.30**	**3019.66**	**5647.51**	**3843.69**	**6948.70**	**686.84**	**704.62**	**560.36**
合肥市	Hefei City	2725.68	1323.41	852.83	538.84	2640.61	195.68	137.74	27.18
芜湖市	Wuhu City	710.42	254.39	343.69	233.16	553.59	92.19	33.97	9.23
蚌埠市	Bengbu City	482.40	136.02	290.79	191.85	296.91	41.53	54.09	25.82
淮南市	Huainan City	559.15	170.48	325.85	237.74	380.43	40.89	13.53	16.22
马鞍山市	Maanshan City	536.07	167.53	257.53	182.69	327.93	46.33	12.70	4.29
淮北市	Huaibei City	375.39	115.61	213.96	149.17	175.66	26.58	14.38	13.19
铜陵市	Tongling City	261.87	82.44	145.81	105.69	249.39	54.41	7.73	4.60
安庆市	Anqing City	752.81	136.70	506.43	371.24	337.65	37.50	45.67	73.11
黄山市	Huangshan City	299.94	64.98	182.89	126.71	154.75	10.86	9.74	19.89
滁州市	Chuzhou City	470.18	88.17	303.55	193.07	274.78	31.21	71.32	51.32
阜阳市	Fuyang City	726.99	93.05	558.39	397.11	309.18	17.26	66.58	72.76
宿州市	Suzhou City	475.20	71.56	345.72	215.05	199.27	8.16	49.04	33.73

3-22 续表 4 continued

地 区	Region	金融机构人民币存款(亿元) Total Deposits (100 million yuan)	#企业存款 Enterprises Deposits	#城乡居民储蓄存款 Urban & Rural Household Savings Deposits	#定期 Time Deposits	金融机构人民币贷款(亿元) Total Loans (100 million yuan)	#工业贷款 Loans to Industrial	#商业贷款 Loans to Commercial	#农业贷款 Loans to Agricultural
巢湖市	Chaohu City	469.54	67.37	347.59	253.66	235.39	24.62	52.94	28.13
六安市	Liuan City	539.70	95.84	347.14	244.42	273.58	15.89	59.33	67.99
亳州市	Bozhou City	345.91	39.26	265.77	171.08	146.83	9.68	43.08	48.27
池州市	Chizhou City	226.40	47.99	141.39	99.26	122.90	8.71	11.97	22.06
宣城市	Xuancheng City	344.34	64.37	218.17	132.96	202.78	25.33	19.79	42.59
其他	Others								
福建省	**Fujian**	**11804.40**	**3494.62**	**5861.17**	**3271.46**	**9585.92**	**1340.80**	**379.75**	**559.55**
福州市	Fuzhou City	3900.56	1307.08	1710.89	1032.26	3115.79	274.20	111.47	95.84
厦门市	Xiamen City	2549.32	1090.02	936.65	531.64	2220.06	234.60	112.80	52.00
莆田市	Putian City	474.17	72.78	339.04	210.75	346.28	72.29	22.08	32.58
三明市	Sanming City	513.12	109.63	293.78	144.03	407.02	65.02	13.68	57.15
泉州市	Quanzhou City	2175.04	431.73	1369.22	764.90	1589.77	430.06	49.79	108.62
漳州市	Zhangzhou City	707.94	152.55	435.73	239.73	481.91	108.40	17.20	61.50
南平市	Nanping City	498.11	109.91	302.74	165.68	389.35	65.84	15.31	44.71
龙岩市	Longyan City	520.70	142.05	282.81	124.30	393.73	43.11	15.40	63.23
宁德市	Ningde City	364.61	78.85	189.14	58.16	397.91	47.06	22.02	43.92
江西省	**Jiangxi**	**7206.56**	**1845.61**	**4166.19**	**2431.11**	**4544.84**	**510.93**	**366.67**	**489.40**
南昌市	Nanchang City	2471.16	936.81	955.40	369.61	2112.02	228.50	109.87	70.59
景德镇市	Jingdezhen City	249.66	55.69	167.98	61.04	137.20	26.19	9.20	13.65
萍乡市	Pingxiang City	235.30	42.03	158.49	72.46	134.91	23.53	9.92	22.79
九江市	Jiujiang City	630.47	154.88	384.21	160.96	338.79	32.05	29.28	50.32
新余市	Xinyu City	295.28	80.03	166.89	72.36	189.89	52.31	12.36	25.55
鹰潭市	Yingtan City	226.04	78.55	122.45	44.85	126.56	24.37	15.98	13.28
赣州市	Ganzhou City	882.19	165.78	609.41	294.78	425.35	33.92	32.03	68.48
吉安市	Jian City	551.30	75.53	397.30	169.22	217.46	16.17	32.86	43.78
宜春市	Yichun City	623.15	110.40	448.45	198.76	296.22	37.22	42.89	61.30
抚州市	Fuzhou City	432.09	59.02	316.31	129.86	191.93	5.12	33.07	46.38
上饶市	Shangrao City	610.77	87.00	439.32	161.86	365.15	31.54	39.22	73.28
山东省	**Shandong**	**26930.18**	**6828.96**	**14382.18**	**10127.70**	**20053.89**	**3550.94**	**943.99**	**2463.43**
济南市	Jinan City	5036.83	1936.18	1588.53	1081.43	4116.88	685.20	130.88	120.17
青岛市	Qingdao City	4735.37	1464.20	2123.36	1466.56	3748.33	662.87	136.18	150.31
淄博市	Zibo City	1677.91	377.74	1007.36	703.57	1076.86	236.33	49.93	199.34
枣庄市	Zaozhuang City	617.93	139.78	373.83	225.25	411.57	43.47	21.93	89.33
东营市	Dongying City	1032.78	243.60	554.07	365.82	695.89	217.40	25.22	102.77
烟台市	Yantai City	2570.05	648.99	1566.76	1250.34	1575.58	263.88	64.56	218.58
潍坊市	Weifang City	2040.44	389.97	1326.48	918.28	1495.56	259.63	63.25	251.82
济宁市	Jining City	1460.27	307.98	888.17	627.96	864.62	205.77	60.28	128.85
泰安市	Taian City	974.12	181.32	624.83	462.07	605.11	104.98	27.04	138.02
威海市	Weihai City	1126.39	243.01	700.51	563.84	778.44	112.18	26.97	116.25
日照市	Rizhao City	612.13	129.11	321.02	224.54	533.05	67.07	41.38	82.71
莱芜市	Laiwu City	444.79	125.14	216.41	156.82	350.14	49.11	36.76	45.44
临沂市	Linyi City	1407.83	184.77	997.16	640.76	1041.49	177.21	57.50	297.26
德州市	Dezhou City	884.44	128.55	610.24	434.23	617.15	135.70	57.22	131.85
聊城市	Liaocheng City	828.45	107.29	570.43	429.69	601.33	141.60	39.48	124.69
滨州市	Binzhou City	691.43	119.84	382.29	226.52	646.61	149.51	26.24	135.89
菏泽市	Heze City	696.42	86.63	530.00	350.03	478.93	39.03	79.19	130.14

3-22 续表 5 continued

地 区	Region	金融机构人民币存款(亿元) Total Deposits (100 million yuan)	#企业存款 Enterprises Deposits	#城乡居民储蓄存款 Urban & Rural Household Savings Deposits	#定期 Time Deposits	金融机构人民币贷款(亿元) Total Loans (100 million yuan)	#工业贷款 Loans to Industrial	#商业贷款 Loans to Commercial	#农业贷款 Loans to Agricultural
河南省	**Henan**	**15255.42**	**3432.57**	**9515.82**	**6302.33**	**10368.05**	**1226.84**	**1182.48**	**1346.57**
郑州市	Zhengzhou City	4916.39	1774.06	2067.22	1284.80	3612.29	547.70	216.71	110.54
开封市	Kaifeng City	442.69	57.20	345.08	228.88	244.57	5.77	54.95	28.55
洛阳市	Luoyang City	1395.25	314.38	840.25	554.52	663.27	153.32	26.65	76.90
平顶山市	Pingdingshan City	812.76	157.22	540.29	324.70	442.75	49.86	30.33	80.36
安阳市	Anyang City	748.07	131.44	526.51	368.52	385.32	55.48	48.49	94.69
鹤壁市	Hebi City	206.12	37.56	146.46	95.21	162.45	23.79	22.04	39.71
新乡市	Xinxiang City	759.57	117.50	543.99	370.20	506.15	61.05	71.67	89.99
焦作市	Jiaozuo City	554.69	94.34	399.93	286.88	342.06	39.79	39.02	85.89
濮阳市	Puyang City	443.42	71.44	337.32	235.34	154.94	14.91	24.08	33.04
许昌市	Xuchang City	523.08	78.68	388.35	257.36	378.65	70.43	53.78	74.39
漯河市	Luohe City	288.31	56.07	195.29	133.10	206.37	17.24	62.37	30.19
三门峡市	Sanmenxia City	421.86	72.02	294.49	191.36	214.42	41.78	8.56	41.55
南阳市	Nanyang City	921.18	118.34	687.44	467.95	550.91	40.91	94.70	176.37
商丘市	Shangqiu City	602.73	61.58	472.86	288.42	409.97	41.24	108.99	82.96
信阳市	Xinyang City	728.17	91.36	571.31	415.61	353.63	12.04	80.89	101.75
周口市	Zhoukou City	663.65	57.53	564.87	382.62	395.20	14.02	134.87	95.19
驻马店市	Zhumadian City	657.34	68.23	513.56	372.81	335.05	20.51	101.73	89.19
其他	Others	113.95	17.19	80.60	44.04	80.04	16.99	2.66	15.34
湖北省	**Hubei**	**13439.52**	**4307.28**	**6745.44**	**4259.09**	**8465.64**	**794.79**	**750.51**	**388.94**
武汉市	Wuhan City	6570.09	2928.06	2385.47	1460.13	5366.09	499.50	265.49	66.75
黄石市	Huangshi City	476.46	156.62	261.21	139.82	230.21	44.16	15.86	8.91
十堰市	Shiyan City	578.29	136.11	339.80	217.32	235.14	22.40	19.21	37.10
宜昌市	Yichang City	1002.40	309.22	504.78	331.42	698.41	111.15	34.95	45.40
襄樊市	Xiangfan City	831.67	154.44	574.79	417.23	373.35	34.42	74.72	32.28
鄂州市	Ezhou City	157.98	34.51	97.69	60.53	78.38	11.43	6.48	10.77
荆门市	Jingmen City	425.48	71.22	307.07	203.42	206.41	15.27	51.85	23.24
孝感市	Xiaogan City	503.00	90.00	354.00	222.00	244.00	32.00	53.00	25.00
荆州市	Jingzhou City	729.98	120.48	531.17	320.47	305.24	25.34	81.97	33.40
黄冈市	Huanggang City	637.50	87.44	465.16	320.40	252.50	10.60	56.96	42.80
咸宁市	Xianning City	278.93	53.27	185.84	103.10	122.03	13.13	13.96	14.81
随州市	Suizhou City	280.11	37.52	213.02	154.53	80.79	5.66	22.98	19.02
恩施土家族苗族自治州	Enshi Tujia & Miao A.P	289.42	62.02	171.07	90.22	157.16	2.18	5.51	22.75
仙桃市	Xiantao City	143.51	20.02	115.49	58.53	41.89	3.21	14.90	7.77
天门市	Tianmen City	123.96	16.77	100.56	58.65	37.04	1.84	14.89	6.69
潜江市	Qianjiang City	176.86	30.55	124.50	82.05	35.78	6.95	12.41	4.15
神农架林区	Shennongjia Forest District	13.11	3.63	5.13	2.15	2.33		1.12	1.21
湖南省	**Hunan**	**10895.49**	**2717.01**	**6549.45**	**2591.83**	**6989.42**	**604.09**	**512.10**	**649.58**
长沙市	Changsha City	3819.63	1570.60	1472.67	629.55	3420.85	272.50	107.19	130.55
株洲市	Zhuzhou City	750.02	176.50	493.72	191.12	341.90	63.84	23.35	30.88
湘潭市	Xiangtan City	562.34	125.55	378.15	104.21	309.95	58.66	25.23	49.04
衡阳市	Hengyang City	928.81	133.81	707.94	234.10	362.90	30.89	42.69	55.87
邵阳市	Shaoyang City	666.65	71.79	518.14	183.70	230.91	13.65	23.24	53.81
岳阳市	Yueyang City	553.53	93.37	389.92	155.84	284.60	39.49	80.01	35.46
常德市	Changde City	612.60	77.14	468.92	177.72	320.86	13.03	86.95	45.24
张家界市	Zhangjiajie City	148.74	26.61	99.06	47.80	112.08	2.92	6.34	15.44
益阳市	Yiyang City	425.02	67.38	311.98	112.11	207.52	19.22	44.98	31.23
郴州市	Chenzhou City	676.99	111.23	487.48	223.15	224.72	24.54	15.59	52.09

3-22 续表 6 continued

地区	Region	金融机构人民币存款(亿元) Total Deposits (100 million yuan)	#企业存款 Enterprises Deposits	#城乡居民储蓄存款 Urban & Rural Household Savings Deposits	#定期 Time Deposits	金融机构人民币贷款(亿元) Total Loans (100 million yuan)	#工业贷款 Loans to Industrial	#商业贷款 Loans to Commercial	#农业贷款 Loans to Agricultural
永州市	Yongzhou City	525.65	63.85	396.01	159.32	243.39	11.08	21.17	57.28
怀化市	Huaihua City	459.25	68.63	335.65	159.64	220.40	7.65	15.13	31.79
娄底市	Loudi City	486.14	86.52	337.11	117.74	241.16	37.31	12.32	34.44
湘西土家族苗族自治州	West Hunan Tujia & Miao A.P	236.36	34.69	151.80	95.30	106.92	8.29	7.90	26.46
广东省	**Guangdong**	**54309.56**	**17862.96**	**27481.56**	**14612.83**	**31094.23**	**2424.75**	**1036.16**	**460.57**
广州市	Guangzhou City	16421.05	6410.13	6867.29	3910.10	10304.73	731.04	256.38	11.02
韶关市	Shaoguan City	670.57	128.40	430.87	257.50	219.92	15.81	4.48	20.86
深圳市	Shenzhen City	13011.24	5959.17	4905.93	2719.39	9058.46	590.63	349.14	2.33
珠海市	Zhuhai City	1472.35	532.04	705.06	397.08	648.04	31.51	15.71	3.53
汕头市	Shantou City	1344.62	183.50	1009.82	689.56	410.90	65.68	9.24	33.63
佛山市	Foshan City	5606.06	1212.80	3436.10	1928.97	2944.44	342.53	128.44	10.56
江门市	Jiangmen City	1611.31	263.68	1158.16	769.15	606.42	55.87	7.98	17.49
湛江市	Zhanjiang City	1066.31	173.00	707.45	378.99	469.69	63.45	25.99	41.67
茂名市	Maoming City	734.01	88.96	567.27	309.40	220.94	4.15	11.80	38.76
肇庆市	Zhaoqing City	718.50	136.98	482.80	254.86	370.93	34.68	5.23	21.12
惠州市	Huizhou City	1304.59	327.87	771.65	349.85	659.89	46.81	6.11	19.20
梅州市	Meizhou City	596.72	76.98	435.56	284.62	206.45	13.30	3.98	31.80
汕尾市	Shanwei City	231.37	24.98	166.91	87.34	65.30	4.20	3.50	11.58
河源市	Heyuan City	332.29	49.98	223.38	101.67	199.76	6.82	3.01	29.19
阳江市	Yangjiang City	391.91	58.78	229.45	97.40	158.38	9.75	4.03	25.07
清远市	Qingyuan City	645.08	103.15	436.68	210.51	273.92	8.27	4.30	49.46
东莞市	Dongguan City	4354.53	1183.90	2638.05	1103.90	2380.36	222.58	175.38	0.91
中山市	ZhongShan City	1769.84	417.94	1058.85	542.48	825.60	127.36	9.30	4.06
潮州市	Chaozhou City	473.67	59.42	352.30	224.54	156.43	21.94	4.32	19.35
揭阳市	Jieyang City	723.66	71.54	576.52	342.57	233.14	19.49	4.90	47.33
云浮市	Yunfu City	332.80	50.82	245.27	133.71	137.36	8.88	2.92	21.64
广西壮族自治区	**Guangxi**	**7024.10**	**1829.42**	**3851.95**	**1832.25**	**5066.68**	**534.79**	**175.42**	**407.22**
南宁市	Nanning City	2320.48	937.52	888.65	416.16	2316.63	169.42	4.10	54.57
柳州市	Liuzhou City	852.26	274.54	453.50	241.58	564.04	123.99	32.82	28.95
桂林市	Guilin City	822.22	149.08	525.96	279.67	444.41	32.22	20.54	68.65
梧州市	Wuzhou City	299.58	41.92	200.80	104.42	177.79	67.89	10.88	14.76
北海市	Beihai City	269.58	46.34	183.23	93.67	139.94	22.05	4.59	21.91
防城港市	Fangchenggang City	170.75	32.98	99.57	41.80	83.42	0.95	0.87	13.19
钦州市	Qinzhou City	256.88	39.91	169.39	78.56	154.27	9.13	9.17	19.58
贵港市	Guigang City	337.03	40.15	243.32	104.99	165.64	11.71	6.56	39.81
玉林市	Yulin City	492.52	53.95	384.14	197.06	210.07	19.05	5.92	56.39
百色市	Baise City	304.67	55.04	175.78	66.60	237.31	36.17	4.39	14.85
贺州市	Hezhou City	153.71	17.99	100.97	45.71	72.62	7.78	4.14	14.02
河池市	Hechi City	310.59	64.23	190.46	79.23	171.18	31.78	6.07	22.49
来宾市	Laibin City	173.63	26.81	99.26	35.54	108.61	24.92	2.95	14.12
崇左市	Chongzuo City	197.99	22.83	126.00	44.91	87.45	14.76	1.17	18.27
海南省	**Hainan**	**2305.46**	**888.69**	**1061.12**	**528.70**	**1219.75**	**72.23**	**31.73**	**39.73**
海口市	Haikou City	1322.54	599.80	517.95	282.93	940.93	38.16	11.74	17.98
三亚市	Sanya City	276.20	117.67	121.86	50.91	94.97	2.20	8.18	3.48
其他	Others	706.72	171.22	421.31	194.85	183.85	31.86	11.81	18.27

3-22 续表 7 continued

地　区	Region	金融机构人民币存款(亿元) Total Deposits (100 million yuan)	#企业存款 Enterprises Deposits	#城乡居民储蓄存款 Urban & Rural Household Savings Deposits	#定期 Time Deposits	金融机构人民币贷款(亿元) Total Loans (100 million yuan)	#工业贷款 Loans to Industrial	#商业贷款 Loans to Commercial	#农业贷款 Loans to Agricultural
重庆市	**Chongqing**	**8021.95**	**2377.48**	**3988.96**	**2640.70**	**6320.81**	**467.24**	**439.27**	**184.90**
万州区	Wanzhou District	295.67	61.75	208.46	153.15	114.79	11.64	5.66	6.67
涪陵区	Fuling District	228.39	64.50	127.05	87.10	166.31	36.93	4.10	7.64
渝中区	Yuzhong District	1861.36	729.37	362.72	232.68	2452.59	104.51	309.20	
大渡口区	Dadukou District	119.45	49.77	64.88	43.37	112.45	53.86	4.43	7.77
江北区	Jiangbei District	443.54	203.04	202.38	119.71	328.76	23.88	6.38	1.03
沙坪坝区	Shapingba District	460.47	198.06	257.47	161.68	275.90	29.22	6.77	4.62
九龙坡区	Jiulongpo District	631.70	320.28	301.42	178.85	497.63	71.85	31.67	0.28
南岸区	Nanan District	353.90	166.08	176.94	104.40	303.79	33.69	21.48	2.02
北碚区	Beibei District	196.51	65.20	130.13	85.84	124.83	19.75	2.44	8.95
万盛区	Wansheng District	34.18		24.64	19.32	25.43			
双桥区	Shuangqiao District	13.88	4.16	8.92	4.15	4.64	2.45	0.22	0.01
渝北区	Yubei District	456.34	158.95	213.68	91.82	518.80	13.15	5.84	11.76
巴南区	Banan District	184.19	40.61	124.34	88.06	112.51	7.53	3.19	4.49
黔江区	Qianjiang District	47.94	11.41	29.82	16.60	41.52	2.49	0.99	3.27
长寿区	Changshou District	160.03	33.50	109.31	78.32	81.14	3.54	1.68	6.66
江津区	Jiangjin District	184.83	25.62	147.96	35.63	93.04	4.41	1.81	9.53
合川区	Hechuan District	190.38	14.51	156.16	122.41	87.47	3.07	2.20	5.22
永川区	Yongchuan District	162.02	25.54	125.30	41.63	75.43	3.00	1.44	6.19
南川区	Nanchuan District	69.62	9.30	50.28	16.85	44.89	4.47	1.54	3.38
四川省	**Sichuan**	**18661.04**	**5220.21**	**9646.80**	**6570.06**	**11163.39**	**1053.08**	**635.64**	**731.82**
成都市	Chengdu City	8317.08	3042.03	3264.79	2109.11	5409.72	487.48	248.97	65.80
自贡市	Zigong City	420.05	78.64	294.49	222.83	158.72	35.82	14.38	16.72
攀枝花市	Panzhihua City	392.30	129.87	217.85	142.50	266.45	90.88	9.69	22.98
泸州市	Luzhou City	521.25	90.96	367.32	257.28	224.00	26.10	25.67	39.35
德阳市	Deyang City	960.91	268.05	488.42	340.55	327.42	88.27	28.60	48.35
绵阳市	Mianyang City	1154.83	273.48	588.62	404.48	456.03	75.26	36.67	66.18
广元市	Guangyuan City	452.77	70.13	231.12	150.95	132.72	0.83	17.50	37.18
遂宁市	Suining City	370.09	45.51	270.99	204.73	162.02	29.39	21.32	32.94
内江市	Neijiang City	406.85	36.92	319.19	238.58	177.78	27.89	17.61	23.13
乐山市	Leshan City	518.35	92.32	365.74	257.69	330.88	49.64	12.29	31.62
南充市	Nanchong City	763.73	116.04	571.08	424.97	281.90	9.26	40.79	68.70
眉山市	Meishan City	412.53	44.69	304.30	228.73	170.08	15.58	18.30	38.01
宜宾市	Yibin City	584.25	168.71	329.70	214.68	240.95	35.27	20.37	33.87
广安市	Guangan City	428.31	26.63	362.17	288.79	157.98	12.27	16.42	24.96
达州市	Dazhou City	634.35	76.32	492.46	358.41	219.83	10.70	23.16	45.08
雅安市	Yaan City	307.54	68.49	157.97	107.56	149.75	19.72	5.31	23.09
巴中市	Bazhong City	237.77	22.23	170.50	110.79	83.39	1.46	18.47	28.24
资阳市	Ziyang City	437.39	44.60	340.95	266.31	161.14	26.58	17.67	56.06
阿坝藏族羌族自治州	Aba Zang & Qiang A.P	216.47	51.03	60.95	25.87	93.40	3.84	1.81	10.14
甘孜藏族自治州	Ganzi Zang A.P	134.84	36.71	46.48	19.02	62.56	2.35	1.37	5.40
凉山彝族自治州	Liangshan Yi A.P	471.90	118.45	240.18	140.68	178.33	22.14	8.93	21.98
贵州省	**Guizhou**	**4736.93**	**1259.15**	**2237.05**	**1113.60**	**3569.27**	**263.36**	**106.53**	**236.67**
贵阳市	Guiyang City	1994.78	641.71	767.05	442.89	1623.77	155.07	36.32	17.54
六盘水市	Liupanshui City	341.89	86.23	160.28	67.78	223.47	22.45	4.34	12.18
遵义市	Zunyi City	742.85	204.00	405.93	214.37	371.64	34.77	19.60	4.04
安顺市	Anshun City	211.89	40.15	116.64	61.39	158.62	33.28	4.12	13.47
铜仁地区	Tongren Prefecture	219.44	35.32	134.31	58.98	135.06	1.93	28.84	8.92
黔西南布依族苗族自治州	Southwest Guizhou Buyi & Miao A.P	249.42	54.72	128.03	47.25	132.96	5.34	6.57	20.08

3-22 续表 8 continued

地 区	Region	金融机构人民币存款(亿元) Total Deposits (100 million yuan)	#企业存款 Enterprises Deposits	#城乡居民储蓄存款 Urban & Rural Household Savings Deposits	#定期 Time Deposits	金融机构人民币贷款(亿元) Total Loans (100 million yuan)	#工业贷款 Loans to Industrial	#商业贷款 Loans to Commercial	#农业贷款 Loans to Agricultural
毕节地区	Bijie Prefecture	313.43	47.07	169.99	71.26	168.23	1.12	10.33	36.39
黔东南苗族侗族自治州	Southeast Guizhou Miao & Dong A.P	306.40	39.43	186.99	76.11	184.62	0.24	6.74	43.16
黔南布依族苗族自治州	South Guizhou Buyi & Miao A.P	295.71	49.35	168.00	73.63	131.99	6.21	5.82	24.54
云南省	**Yunnan**	**8418.94**	**2882.69**	**3783.78**	**2000.00**	**6594.33**	**711.77**	**249.73**	**747.18**
昆明市	Kunming City	4267.47	1789.37	1525.36	871.97	4012.41	433.76	162.27	215.96
曲靖市	Qujing City	686.26	226.51	352.45	190.70	424.79	81.58	13.83	90.03
玉溪市	Yuxi City	564.49	219.79	266.16	162.33	281.10	34.27	10.24	67.04
保山市	Baoshan City	204.59	38.40	127.08	56.60	141.14			
昭通市	Zhaotong City	298.59	66.31	150.01	72.44	163.37	22.51	4.10	33.74
丽江市	Lijiang City	170.52	46.26	94.05	39.70	116.69	19.47	4.97	18.33
普洱市	Puer City	213.61	38.97	119.24	58.08	155.23	7.84	4.62	32.34
临沧市	Lincang City	134.85	22.12	74.33		111.95	17.30	5.40	15.60
楚雄彝族自治州	Chuxiong Yi A.P	296.75	89.08	157.49	83.45	157.62	8.24	7.86	45.86
红河哈尼族彝族自治州	Honghe Hani & Yi A.P	532.08	125.85	317.01	176.46	319.99	68.48	7.34	67.36
文山壮族苗族自治州	Wenshan Zhuang & Miao A.P	239.15	55.57	137.71	60.11	186.79	6.52	6.11	27.14
西双版纳傣族自治州	Xishuangbanna Dai A.P	157.68	37.83	95.46	46.74	97.67	8.70	2.67	17.74
大理白族自治州	Dali Bai A.P	380.34	84.27	216.16	98.77	248.69	16.10	9.56	70.03
德宏傣族景颇族自治州	Dehong Dai & Jingpo A.P	161.83	25.53	106.17	48.56	102.22	3.91	5.36	10.23
怒江傈僳族自治州	Nujiang Lisu A.P	53.08	12.60	23.63	7.58	36.59	6.80	1.31	2.60
迪庆藏族自治州	Diqing Zang A.P	59.80	18.80	23.69	7.41	52.43	2.53	1.19	4.26
西藏自治区	**Tibet A.R.**	**827.85**	**386.06**	**184.89**	**72.12**	**218.98**	**9.44**	**3.99**	**2.81**
拉萨市	Lhasa City	548.46	267.71	104.00	42.99	145.15	8.77	2.86	0.14
昌都地区	Qamdu Prefecture	54.06	20.41	13.63	3.68	17.36	0.53	0.15	0.57
山南地区	Lhokha Prefecture	49.38	21.08	16.20	6.59	13.11	0.12	0.56	0.18
日喀则地区	Xigaze Prefecture	67.82	30.38	20.39	9.12	18.24		0.15	1.68
那曲地区	Narqu Prefecture	38.50	15.44	8.41	2.08	14.16	0.02	0.13	0.01
阿里地区	Ngri Prefecture	19.28	9.68	5.08	1.54	2.40		0.10	0.03
林芝地区	Nyingchi Prefecture	50.35	21.36	17.18	6.11	8.55		0.05	0.19
其他	Others								
陕西省	**Shaanxi**	**10790.87**	**3389.79**	**5485.24**	**3380.08**	**6056.82**	**554.93**	**362.90**	**428.66**
西安市	Xi'an City	5711.27	2184.93	2504.41	1655.22	3235.84	349.68	88.36	57.09
铜川市	Tongchuan City	165.86	39.53	99.27	37.77	70.27	8.58	17.11	6.48
宝鸡市	Baoji City	737.11	165.18	476.87	355.53	272.61	42.18	31.51	39.28
咸阳市	Xianyang City	733.65	151.46	486.75	324.38	270.34	23.48	46.48	34.80
渭南市	Weinan City	651.75	143.86	438.17	283.22	319.85	19.34	66.06	49.10
延安市	Yan'an City	545.75	144.97	256.38	110.31	245.23	39.43	26.74	27.58
汉中市	Hanzhong City	534.07	94.94	346.33	231.64	178.28	21.70	25.60	32.98
榆林市	Yulin City	886.93	22.99	241.20	56.28	467.93	44.13	41.52	108.32
安康市	Ankang City	300.16	44.54	192.53	121.44	138.81	3.47	11.31	38.38
商洛市	Shangluo City	256.32	41.18	173.85	127.88	97.41	1.99	8.97	33.90
其他	Others	46.69	14.79	27.52	19.88	14.91	1.98		1.56
甘肃省	**Gansu**	**4728.82**	**1366.17**	**2461.90**	**1528.71**	**2731.89**	**363.70**	**218.42**	**272.53**
兰州市	Lanzhou City	2156.29	837.11	907.10	620.39	1520.26	169.41	85.89	26.30
嘉峪关市	Jiayuguan City	127.62	53.77	53.49	35.26	143.99	54.29	6.29	2.94
金昌市	Jinchang City	139.00	41.64	70.90	46.34	110.72	58.28	8.25	5.30

3-22 续表 9 continued

地 区	Region	金融机构人民币存款(亿元) Total Deposits (100 million yuan)	#企业存款 Enterprises Deposits	#城乡居民储蓄存款 Urban & Rural Household Savings Deposits	#定期 Time Deposits	金融机构人民币贷款(亿元) Total Loans (100 million yuan)	#工业贷款 Loans to Industrial	#商业贷款 Loans to Commercial	#农业贷款 Loans to Agricultural
白银市	Baiyin City	269.37	108.99	131.26	80.08	95.62	20.01	11.99	12.14
天水市	Tianshui City	283.30	45.80	199.67	118.79	106.26	6.74	6.55	31.26
武威市	Wuwei City	200.08	26.96	140.53	87.50	88.28	1.06	20.54	14.55
张掖市	Zhangye City	160.52	26.59	109.46	62.96	88.31	5.44	14.67	17.14
平凉市	Pingliang City	206.27	45.83	133.76	80.37	126.73	23.61	15.22	20.28
酒泉市	Jiuquan City	325.10	64.98	199.53	129.34	106.09	12.73	22.18	23.35
庆阳市	Qingyang City	220.46	26.79	160.49	96.60	71.94	2.04	9.01	31.14
定西市	Dingxi City	156.24	14.14	110.64	61.42	84.95	2.26	7.36	25.57
陇南市	Longnan City	289.75	46.17	128.37	55.96	99.99	6.66	5.93	40.36
临夏回族自治州	Linxia Hui A.P	114.35	14.56	80.44	38.66	54.12	0.97	3.83	16.03
甘南藏族自治州	Gannan Zang A.P	80.47	12.85	36.24	15.04	34.64	0.20	0.71	6.17
青海省	**Qinghai**	**1383.68**	**430.51**	**580.47**	**298.81**	**1025.63**	**83.80**	**33.51**	**35.14**
西宁市	Xining City	998.82	330.45	395.62	227.29	857.34	56.35	19.25	11.99
海东地区	Haidong Prefecture	98.77	16.73	60.80	26.05	30.91	0.39	4.95	8.30
海北藏族自治州	Haibei Zang A.P	28.04	4.18	12.86	3.96	6.89		0.46	2.00
黄南藏族自治州	Huangnan Zang AP	19.31	2.80	9.42	2.56	5.93		0.22	4.50
海南藏族自治州	Hainan Zang A.P	34.42	3.47	18.58	5.76	6.99		0.83	1.98
果洛藏族自治州	Golog Zang A.P	15.84	2.39	5.20	1.21	2.89		0.14	0.92
玉树藏族自治州	Yushu Zang A.P	18.79	2.51	7.36	1.27	2.78		0.21	1.20
海西蒙古族藏族自治州	Haixi Mongolian & Zang A.P	169.69	68.00	70.63	30.71	111.90	27.05	7.45	4.25
宁夏回族自治区	**Ningxia**	**1590.58**	**433.29**	**794.06**	**457.96**	**1402.56**	**206.38**	**49.55**	**135.19**
银川市	Yinchuan City	993.91	317.74	423.15	249.19	965.08	117.22	29.26	33.10
石嘴山市	Shizuishan City	221.62	41.92	147.43	87.94	157.60	43.61	5.64	27.79
吴忠市	Wuzhong City	173.85	39.70	104.20	58.20	159.10	34.86	4.40	34.70
固原市	Guyuan City	83.29	13.18	45.95	20.39	35.09	0.15	2.30	15.57
中卫市	Zhongwei City	113.56	20.38	70.95	41.18	82.33	11.03	5.75	24.03
新疆维吾尔自治区	**Xinjiang**	**5399.34**	**1473.24**	**2550.95**	**1503.37**	**2826.53**	**269.80**	**411.54**	**220.77**
乌鲁木齐市	Urumqi City	2371.96	784.90	872.22	523.41	1217.32	168.73	84.23	7.07
克拉玛依市	Karamay City	320.48	92.63	155.99	107.96	49.80	18.89	3.74	
吐鲁番地区	Turpan Prefecture	82.20	15.15	52.72	27.11	28.75	1.14	5.30	7.20
哈密地区	Hami Prefecture	163.28	41.84	94.59	64.01	50.36	7.33	10.84	1.94
昌吉回族自治州	Changji Hui A.P	322.47	53.60	203.30	115.94	169.21	14.91	31.68	35.65
博尔塔拉蒙古自治州	Bortala Mongolian A.P	99.03	28.08	49.58	29.13	38.04	0.45	20.84	9.37
巴音郭楞蒙古自治州	Bayingolin Mongolian A.P	349.51	76.63	200.99	108.33	136.54	8.42	35.71	31.78
阿克苏地区	Aksu Prefecture	353.89	68.22	203.58	106.49	152.62	9.07	54.61	35.72
克孜勒苏柯尔克孜自治州	Kizilsu Kirgiz A.P	43.06	8.60	18.92	8.73	12.67	0.52	7.81	1.00
喀什地区	Kashi Prefecture	321.59	55.68	169.65	86.61	87.03	0.88	38.05	2.62
和田地区	Hotan Prefecture	109.21	22.20	47.45	26.72	24.48	0.25	8.65	5.80
伊犁哈萨克自治州	Ili Kazak A.P	366.85	78.79	214.05	120.42	145.31	10.26	45.05	21.88
塔城地区	Tacheng Prefecture	147.96	20.39	91.20	52.04	59.77	2.67	25.35	7.26
阿勒泰地区	Altay Prefecture	118.13	28.20	57.57	32.77	39.01	0.34	7.51	6.70
石河子市	Shihezi City	185.86	45.70	123.46	92.18	138.67	25.94	32.17	36.96
阿拉尔市	Alar City								
图木舒克市	Tumxuk City								
五家渠市	Wujiaqu City								
生产建设兵团	Corps								

3-23 幼儿园和小学情况(2008年)

Kindergartens and Primary Schools(2008)

地　区	Region	幼儿园数 (所) Kinder-gartens (unit)	在园儿童数 (万人) Pre-primary Education (10 000 persons)	普通小学学校数 (所) Primary Schools (unit)	普通小学专任教师数 (人) Fulltime Teachers of Primary School (person)	普通小学招生数 (万人) Students Enrollment by Primary School (10 000 persons)	普通小学在校学生数 (万人) Students Enrollment by Primary School (10 000 persons)	普通小学毕业生数 (万人) Graduates from Primary School (10 000 persons)
北京市	**Beijing**	**1266**	**22.67**	**1202**	**48696**	**11.04**	**65.95**	**11.23**
东城区	Dongcheng District	35	0.56	42	2265	0.53	3.15	0.54
西城区	Xicheng District	36	0.75	44	2417	0.53	3.14	0.57
崇文区	Chongwen District	16	0.43	23	1271	0.23	1.48	0.27
宣武区	Xuanwu District	25	0.53	28	1630	0.27	1.75	0.31
朝阳区	Chaoyang District	157	3.77	144	6176	1.44	8.22	1.23
丰台区	Fengtai District	111	2.53	94	3859	1.16	6.42	0.97
石景山区	Shijingshan District	33	0.82	32	1549	0.35	2.06	0.36
海淀区	Haidian District	152	3.99	107	6620	2.07	11.99	1.85
门头沟区	Mentougou District	14	0.48	50	1439	0.21	1.33	0.25
房山区	Fangshan District	147	1.70	121	3124	0.64	3.96	0.77
通州区	Tongzhou District	79	1.17	89	3149	0.81	4.46	0.75
顺义区	Shunyi District	58	0.92	48	2442	0.50	3.21	0.60
昌平区	Changping District	96	1.41	86	2958	0.60	3.44	0.54
大兴区	Daxing District	56	1.26	100	3081	0.66	4.12	0.70
怀柔区	Huairou District	49	0.49	32	1703	0.26	1.62	0.33
平谷区	Pinggu District	57	0.50	67	1908	0.25	1.85	0.42
密云县	Miyun County	105	0.82	44	1744	0.32	2.22	0.48
延庆县	Yanqing County	40	0.52	51	1361	0.21	1.52	0.30
北京经济技术开发区	Beijing Economic-technological Development Zones							
远洋捕捞	Deep-sea Fishing							
其他	Others							
天津市	**Tianjin**	**1614**	**19.29**	**993**	**38474**	**8.90**	**52.10**	**8.82**
和平区	Heping District	23	0.47	28	1966	0.35	2.52	0.44
河东区	Hedong District	44	0.73	22	1857	0.34	2.13	0.39
河西区	Hexi District	38	1.00	45	1978	0.50	2.94	0.51
南开区	Nankai District	48	0.90	35	2156	0.45	2.63	0.42
河北区	Hebei District	38	0.65	27	1600	0.34	2.17	0.41
红桥区	Hongqiao District	15	0.44	30	1791	0.22	1.39	0.27
塘沽区	Tanggu District	35	1.07	43	2313	0.57	3.42	0.52
汉沽区	Hangu District	28	0.32	21	1010	0.15	0.88	0.18
大港区	Dagang District	61	0.81	29	1860	0.53	2.65	0.51
东丽区	Dongli District	68	0.77	41	1857	0.43	2.47	0.40
西青区	Xiqing District	63	0.84	37	1907	0.44	2.45	0.40
津南区	Jinnan District	116	1.19	43	1586	0.32	2.14	0.48
北辰区	Beichen District	136	1.30	40	1523	0.49	2.78	0.42
武清区	Wuqing District	229	2.31	129	3612	1.08	5.96	1.01
宝坻区	Baodi District	144	1.05	131	2905	0.56	3.10	0.87
宁河县	Ninghe County	71	0.85	59	1791	0.38	2.46	0.45
静海县	Jinghai County	256	2.18	97	2869	0.90	5.00	
蓟县	Ji County	189	2.18	131	3517	0.78	4.62	1.12
天津经济技术开发区	Tianjin Economic-technological Development Area	6	0.15	1	194	0.05	0.24	0.04
天津港保税区	Tianjin Port Free Trade Zone							
天津滨海高新区	Tianjin Hi-Tech Industrial Park							
其他	Others	6	0.08	4	182	0.03	0.16	

3-23 续表 1 continued

地 区	Region	幼儿园数（所） Kinder-gartens (unit)	在园儿童数（万人） Pre-primary Education (10 000 persons)	普通小学学校数（所） Primary Schools (unit)	普通小学专任教师数（人） Fulltime Teachers of Primary School (person)	普通小学招生数（万人） Students Enrollment by Primary School (10 000 persons)	普通小学在校学生数（万人） Students Enrollment by Primary School (10 000 persons)	普通小学毕业生数（万人） Graduates from Primary School (10 000 persons)
河北省	**Hebei**	**6383**	**139.12**	**16205**	**316702**	**91.44**	**475.66**	**80.20**
石家庄市	Shijiazhuang City	673	15.60	1976	40308	12.02	64.22	11.72
唐山市	Tangshan City	377	16.01	1358	29899	7.76	43.57	7.49
秦皇岛市	Qinhuangdao City	190	5.00	615	13205	2.91	16.97	3.39
邯郸市	Handan City	1058	20.79	2353	41956	15.83	73.86	10.35
邢台市	Xingtai City	617	13.45	1802	31041	10.16	51.93	8.07
保定市	Baoding City	1515	24.62	2622	45484	14.83	74.32	11.51
张家口市	Zhangjiakou City	325	6.64	813	19944	5.23	29.39	5.80
承德市	Chengde City	491	7.48	1171	16588	3.92	22.78	4.35
沧州市	Cangzhou City	316	15.04	1578	36561	8.60	44.30	7.48
廊坊市	Langfang City	267	7.72	873	21863	4.87	26.44	5.00
衡水市	Hengshui City	554	6.78	1044	19853	5.31	27.87	5.05
其他	Others							
山西省	**Shanxi**	**4486**	**60.21**	**17167**	**193378**	**47.48**	**321.34**	**55.21**
太原市	Taiyuan City	843	8.60	663	17607	4.36	29.78	5.80
大同市	Datong City	110	2.87	1403	20386	4.53	30.34	5.70
阳泉市	Yangquan City	305	2.80	422	6577	1.37	10.33	2.30
长治市	Changzhi City	588	6.19	1802	18015	4.01	27.38	4.52
晋城市	Jincheng City	526	4.95	1131	11910	2.65	20.42	4.12
朔州市	Shuozhou City	16	1.08	801	11115	3.30	19.61	3.36
晋中市	Jinzhong City	560	6.90	1141	15665	3.78	25.71	4.58
运城市	Yuncheng City	504	10.00	1887	28297	6.31	44.25	7.66
忻州市	Xinzhou City	180	4.30	3326	18093	5.21	33.10	4.50
临汾市	Linfen City	385	4.73	2263	23420	5.83	39.69	6.47
吕梁市	Luliang City	469	7.70	2328	22293	6.12	40.72	6.20
其他	Others							
内蒙古自治区	**Inner Mongolia**	**1664**	**30.69**	**3605**	**115170**	**25.02**	**155.27**	**27.21**
呼和浩特市	Hohhot City	131	3.03	539	10199	3.14	18.32	3.50
包头市	Baotou City	104	2.32	219	8950	2.46	15.73	3.22
呼伦贝尔市	Hulunbuir City	321	3.41	346	13785	2.00	13.37	2.36
兴安盟	Xingan League	222	2.08	260	8365	1.56	9.12	1.57
通辽市	Tongliao City	21	2.86	685	18297	3.75	21.93	3.66
赤峰市	Chifeng City	460	7.12	839	24473	4.85	30.11	5.37
锡林郭勒盟	Xilingol League	43	1.30	89	4389	1.13	6.78	1.15
乌兰察布市	Ulanqab City	64	1.51	253	10201	2.12	13.13	2.58
鄂尔多斯市	Erdos City	90	3.30	139	5729	1.77	10.74	0.83
巴彦淖尔市	Bayannur City	134	2.43	178	7386	1.49	11.12	2.23
乌海市	Wuhai City	65	0.99	37	2389	0.54	3.51	0.68
阿拉善盟	Alxa League	9	0.35	21	1007	0.19	1.41	0.07
其他	Others							
辽宁省	**Liaoning**	**7492**	**74.08**	**6987**	**151039**	**39.32**	**236.74**	**45.94**
沈阳市	Shenyang City	817	12.60	545	23336	6.02	35.63	6.57
大连市	Dalian City	1437	11.13	839	17806	5.11	32.40	6.26
鞍山市	Anshan City	705	6.59	723	12417	3.45	20.07	3.49
抚顺市	Fushun City	310	2.20	248	7643	1.52	9.46	1.98
本溪市	Benxi City	230	2.63	82	5938	1.08	7.13	1.55
丹东市	Dandong City	399	4.24	494	8710	2.15	13.75	2.73
锦州市	Jinzhou City	666	7.01	523	10696	2.76	16.95	3.40
营口市	Yingkou City	348	3.71	319	7812	2.49	14.05	2.59

3-23 续表 2 continued

地　区	Region	幼儿园数（所） Kindergartens (unit)	在园儿童数（万人） Pre-primary Education (10 000 persons)	普通小学学校数（所） Primary Schools (unit)	普通小学专任教师数（人） Fulltime Teachers of Primary School (person)	普通小学招生数（万人） Students Enrollment by Primary School (10 000 persons)	普通小学在校学生数（万人） Students Enrollment by Primary School (10 000 persons)	普通小学毕业生数（万人） Graduates from Primary School (10 000 persons)
阜新市	Fuxin City	268	2.51	506	8028	1.95	11.04	2.31
辽阳市	Liaoyang City	383	5.10	327	5593	1.88	10.97	2.00
盘锦市	Panjin City	396	2.90	185	5606	1.40	7.92	1.58
铁岭市	Tieling City	805	4.62	613	11201	2.79	17.03	3.58
朝阳市	Chaoyang City	419	5.02	836	15280	3.65	22.47	4.53
葫芦岛市	Huludao City	309	3.82	747	10973	3.07	17.86	3.37
其他	Others							
吉林省	**Jilin**	**2749**	**31.91**	**6450**	**129118**	**25.94**	**150.07**	**29.26**
长春市	Changchun City	710	10.44	1583	35719	7.95	44.48	8.87
吉林市	Jilin City	797	6.45	850	18579	3.95	23.31	4.39
四平市	Siping City	206	2.11	1032	16016	3.26	18.25	3.59
辽源市	Liaoyuan City	157	1.51	448	6074	1.02	6.01	1.28
通化市	Tonghua City	298	2.93	495	11373	2.30	12.97	2.36
白山市	Baishan City	72	0.91	267	6734	1.07	6.47	1.33
松原市	Songyuan City	59	2.22	763	13467	3.07	17.21	3.10
白城市	Baicheng City	139	2.00	760	11677	1.96	11.69	2.30
延边朝鲜族自治州	Yanbian Korean A.P	311	3.34	252	9479	1.36	9.68	2.04
其他	Others							
黑龙江省	**Heilongjiang**	**4466**	**43.73**	**8142**	**157436**	**33.69**	**198.28**	**39.06**
哈尔滨市	Harbin City	1171	12.10	2106	39787	8.34	48.11	9.16
齐齐哈尔市	Qiqihar City	970	5.78	1562	20404	4.11	26.68	5.66
鸡西市	Jixi City	150	1.92	125	7027	1.68	8.83	2.05
鹤岗市	Hegang City	146	1.56	117	4575	0.87	5.58	1.15
双鸭山市	Shuangyashan City	122	2.02	175	6250	1.48	8.77	1.74
大庆市	Daqing City	212	3.60	723	12671	2.77	14.63	3.30
伊春市	Yichun City	109	0.86	144	5377	0.84	5.69	1.21
佳木斯市	Jiamusi City	193	3.56	449	12713	3.25	19.70	3.12
七台河市	Qitaihe City	107	0.87	104	3071	0.81	4.36	0.87
牡丹江市	Mudanjiang City	545	5.00	433	10778	2.40	14.13	2.55
黑河市	Heihe City	199	2.26	257	7459	1.65	10.82	2.18
绥化市	Suihua City	493	3.74	1860	24662	5.13	28.52	5.49
大兴安岭地区	Daxing'anling Prefecture	49	0.46	87	2662	0.36	2.46	0.57
农垦总局	Agriculture Reclamation Bureau							
其他	Others							
上海市	**Shanghai**	**1058**	**32.88**	**672**	**40964**	**12.39**	**59.06**	**10.44**
黄浦区	Huangpu District	28	0.67	21	1080	0.22	1.18	0.25
卢湾区	Luwan District	16	0.30	14	660	0.13	0.65	0.12
徐汇区	Xuhui District	82	1.89	42	2167	0.59	3.13	0.68
长宁区	Changning District	39	1.10	26	1529	0.36	1.86	0.38
静安区	Jingan District	16	0.42	12	702	0.17	0.90	0.18
普陀区	Putuo District	66	1.94	28	1638	0.53	2.73	0.58
闸北区	Zhabei District	53	1.16	36	1613	0.41	2.11	0.44
虹口区	Hongkou District	51	1.15	35	1688	0.42	2.07	0.41
杨浦区	Yangpu District	73	1.68	46	2312	0.54	2.88	0.61
闵行区	Minhang District	111	3.87	47	3408	1.17	5.13	0.75
宝山区	Baoshan District	105	2.94	61	3276	0.97	4.68	0.76
嘉定区	Jiading District	40	1.69	30	1833	0.65	2.90	0.44

3-23 续表 3 continued

地 区	Region	幼儿园数 (所) Kinder-gartens (unit)	在园儿童数 (万人) Pre-primary Education (10 000 persons)	普通小学学校数 (所) Primary Schools (unit)	普通小学专任教师数 (人) Fulltime Teachers of Primary School (person)	普通小学招生数 (万人) Students Enrollment by Primary School (10 000 persons)	普通小学在校学生数 (万人) Students Enrollment by Primary School (10 000 persons)	普通小学毕业生数 (万人) Graduates from Primary School (10 000 persons)
浦东新区	Pudong New District	162	5.39	111	6981	2.38	10.85	1.82
金山区	Jinshan District	22	1.25	26	1535	0.49	2.22	0.41
松江区	Songjiang District	52	1.97	18	2218	0.85	3.84	0.51
青浦区	Qingpu District	37	1.42	30	1843	0.63	2.80	0.46
南汇区	Nanhui District	35	1.51	27	2543	0.72	3.48	0.64
奉贤区	Fengxian District	31	1.55	25	2157	0.79	3.70	0.58
崇明县	Chongming County	34	0.94	35	1658	0.34	1.79	0.38
其他	Others	5	0.04	2	123	0.03	0.16	0.04
江苏省	**Jiangsu**	**4241**	**177.64**	**5233**	**254717**	**64.23**	**408.07**	**85.91**
南京市	Nanjing City	443	12.94	355	19027	4.67	28.56	5.29
无锡市	Wuxi City	208	12.84	229	17938	5.03	30.88	5.45
徐州市	Xuzhou City	525	23.33	899	36999	8.28	53.72	13.00
常州市	Changzhou City	192	8.31	221	11812	3.51	22.42	4.27
苏州市	Suzhou City	389	17.49	337	21969	6.30	36.38	6.09
南通市	Nantong City	387	13.91	424	19809	4.97	34.36	7.65
连云港市	Lianyungang City	420	16.10	494	21059	5.42	33.46	7.50
淮安市	Huaian City	266	13.25	469	20179	4.96	32.30	7.34
盐城市	Yancheng City	337	19.41	616	25992	5.72	36.77	7.38
扬州市	Yangzhou City	267	11.32	279	13508	3.67	23.42	4.59
镇江市	Zhenjiang City	179	5.73	145	8279	2.07	13.46	2.80
泰州市	Taizhou City	188	10.40	216	15840	3.72	23.52	5.10
宿迁市	Suqian City	440	12.60	549	22306	5.90	38.82	9.45
浙江省	**Zhejiang**	**10212**	**159.34**	**4417**	**167847**	**55.78**	**332.28**	**62.48**
杭州市	Hangzhou City	1037	23.59	418	24743	7.26	45.21	8.26
宁波市	Ningbo City	1293	21.26	564	20864	7.94	46.80	8.72
温州市	Wenzhou City	1567	27.37	861	30600	10.19	57.53	10.35
嘉兴市	Jiaxing City	295	8.68	233	12115	3.60	23.63	5.22
湖州市	Huzhou City	173	6.49	167	8860	2.68	17.20	3.62
绍兴市	Shaoxing City	769	13.61	498	14548	4.99	30.98	6.36
金华市	Jinhua City	1641	18.61	504	15746	6.04	34.06	6.23
衢州市	Quzhou City	1058	7.43	221	7671	2.45	14.89	2.72
舟山市	Zhoushan City	119	2.23	64	3035	0.77	4.82	0.89
台州市	Taizhou City	1278	22.59	600	19928	7.26	41.18	7.00
丽水市	Lishui City	982	7.47	287	9737	2.61	15.98	3.11
安徽省	**Anhui**	**3232**	**87.53**	**16116**	**251020**	**84.98**	**520.35**	**103.93**
合肥市	Hefei City	249	6.13	816	16656	5.43	34.90	7.32
芜湖市	Wuhu City	310	3.82	246	7113	2.31	12.49	2.84
蚌埠市	Bengbu City	119	3.99	923	12881	4.44	28.37	4.92
淮南市	Huainan City	66	2.19	503	10563	3.08	18.02	4.02
马鞍山市	Maanshan City	147	2.41	171	4676	1.11	7.62	1.98
淮北市	Huaibei City	73	3.65	420	9582	2.97	20.12	3.67
铜陵市	Tongling City	44	1.04	112	2979	0.65	4.43	0.91
安庆市	Anqing City	120	5.42	1823	23219	7.04	43.11	10.20
黄山市	Huangshan City	67	2.96	539	5941	1.10	7.12	1.76
滁州市	Chuzhou City	279	6.41	913	15955	5.05	34.04	5.41
阜阳市	Fuyang City	293	13.55	2564	37892	17.34	96.82	18.44
宿州市	Suzhou City	194	5.88	1434	25180	7.78	50.96	10.36

3-23 续表 4 continued

地 区	Region	幼儿园数 (所) Kinder-gartens (unit)	在园儿童数 (万人) Pre-primary Education (10 000 persons)	普通小学学校数 (所) Primary Schools (unit)	普通小学专任教师数 (人) Fulltime Teachers of Primary School (person)	普通小学招生数 (万人) Students Enrollment by Primary School (10 000 persons)	普通小学在校学生数 (万人) Students Enrollment by Primary School (10 000 persons)	普通小学毕业生数 (万人) Graduates from Primary School (10 000 persons)
巢湖市	Chaohu City	171	6.23	1167	14986	5.06	32.71	7.50
六安市	Liuan City	456	8.88	2042	23470	8.32	47.24	9.57
亳州市	Bozhou City	138	6.81	1656	24196	9.25	56.54	9.33
池州市	Chizhou City	110	2.46	442	6007	1.85	10.83	2.38
宣城市	Xuancheng City	396	5.70	345	9724	2.20	15.04	3.32
其他	Others							
福建省	**Fujian**	**7508**	**99.27**	**8566**	**160347**	**39.91**	**247.15**	**50.50**
福州市	Fuzhou City	1719	20.05	1497	26524	7.64	46.26	9.21
厦门市	Xiamen City	516	7.02	302	9246	3.03	17.62	2.69
莆田市	Putian City	653	7.53	795	16198	3.26	22.87	5.10
三明市	Sanming City	619	6.77	572	14099	2.54	16.46	3.41
泉州市	Quanzhou City	969	21.10	1564	30393	9.53	53.19	11.38
漳州市	Zhangzhou City	1462	12.53	1443	20005	5.44	34.84	6.04
南平市	Nanping City	602	8.14	690	16140	2.93	19.56	3.86
龙岩市	Longyan City	568	8.72	603	12439	2.71	16.60	3.50
宁德市	Ningde City	400	7.42	1100	15303	2.85	19.75	5.31
江西省	**Jiangxi**	**6620**	**92.45**	**12890**	**198005**	**74.68**	**423.93**	**65.48**
南昌市	Nanchang City	477	8.29	1101	20888	8.14	45.28	7.20
景德镇市	Jingdezhen City	172	2.10	507	7146	2.60	14.02	2.30
萍乡市	Pingxiang City	387	4.89	442	8111	2.37	14.02	2.56
九江市	Jiujiang City	618	8.77	1306	20719	7.40	42.31	6.75
新余市	Xinyu City	157	2.90	179	5216	1.62	8.75	1.30
鹰潭市	Yingtan City	110	2.39	359	4964	1.77	10.50	1.28
赣州市	Ganzhou City	1439	20.40	2786	37343	15.86	93.36	12.45
吉安市	Jian City	1096	11.35	1274	19383	6.42	37.28	6.52
宜春市	Yichun City	754	12.24	1556	23215	8.46	47.91	8.16
抚州市	Fuzhou City	283	5.02	1132	19576	6.90	39.92	5.63
上饶市	Shangrao City	1127	14.08	2248	31444	13.14	70.58	11.31
山东省	**Shandong**	**15839**	**91.67**	**13503**	**387957**	**104.61**	**632.97**	**107.48**
济南市	Jinan City	1513	4.90	699	24746	6.22	39.51	6.44
青岛市	Qingdao City	2249	5.38	961	32403	7.89	47.72	9.01
淄博市	Zibo City	795	3.73	379	15878	4.54	24.34	5.36
枣庄市	Zaozhuang City	599	4.29	668	18117	4.29	27.73	5.11
东营市	Dongying City	516	1.93	185	8249	2.33	14.10	2.36
烟台市	Yantai City	1338	4.05	703	21619	5.16	28.21	6.75
潍坊市	Weifang City	2163	8.56	1347	37228	8.53	58.24	10.90
济宁市	Jining City	1204	9.79	1319	33225	8.60	55.17	9.30
泰安市	Taian City	1114	8.88	691	22449	6.70	36.82	4.25
威海市	Weihai City	333	1.39	139	7584	2.03	11.09	2.68
日照市	Rizhao City	845	3.19	473	10997	2.96	19.27	3.24
莱芜市	Laiwu City	469	1.21	193	5810	1.30	7.77	1.65
临沂市	Linyi City	1291	11.23	1739	39987	11.90	73.22	12.37
德州市	Dezhou City	462	5.76	975	27154	7.28	40.36	5.22
聊城市	Liaocheng City	392	5.35	811	22365	7.01	38.83	5.72
滨州市	Binzhou City	405	3.30	481	15926	4.12	26.63	4.11
菏泽市	Heze City	151	8.72	1740	44220	13.75	83.96	12.99

3-23 续表 5 continued

地　区	Region	幼儿园数 (所) Kinder-gartens (unit)	在园儿童数 (万人) Pre-primary Education (10 000 persons)	普通小学学校数 (所) Primary Schools (unit)	普通小学专任教师数 (人) Fulltime Teachers of Primary School (person)	普通小学招生数 (万人) Students Enrollment by Primary School (10 000 persons)	普通小学在校学生数 (万人) Students Enrollment by Primary School (10 000 persons)	普通小学毕业生数 (万人) Graduates from Primary School (10 000 persons)
河南省	**Henan**	**5617**	**164.52**	**30214**	**485288**	**186.92**	**1036.60**	**168.90**
郑州市	Zhengzhou City	618	16.35	1045	31020	10.52	56.87	9.34
开封市	Kaifeng City	274	8.60	1546	23136	9.77	48.87	7.45
洛阳市	Luoyang City	295	10.41	2286	29404	11.12	63.04	11.03
平顶山市	Pingdingshan City	281	6.14	1500	24514	7.96	41.30	7.02
安阳市	Anyang City	365	7.33	1579	24484	8.67	47.68	7.17
鹤壁市	Hebi City	144	2.72	463	7195	3.35	17.85	2.54
新乡市	Xinxiang City	525	9.78	1698	24314	10.60	54.91	8.93
焦作市	Jiaozuo City	479	7.65	668	15800	5.21	32.10	6.03
濮阳市	Puyang City	134	5.10	1308	18542	8.81	44.46	6.56
许昌市	Xuchang City	404	6.79	1163	23197	7.16	39.27	6.48
漯河市	Luohe City	173	4.33	525	11779	3.63	21.38	3.54
三门峡市	Sanmenxia City	195	4.29	775	10488	3.15	18.60	3.34
南阳市	Nanyang City	405	18.05	3786	49284	19.97	99.03	13.75
商丘市	Shangqiu City	280	12.60	2758	51978	19.43	111.96	18.74
信阳市	Xinyang City	281	13.30	2482	41354	15.36	86.34	15.19
周口市	Zhoukou City	381	15.89	4027	55649	24.42	147.68	24.65
驻马店市	Zhumadian City	319	13.84	2485	40502	16.88	100.12	16.29
其他	Others	64	1.33	120	2648	0.89	5.15	0.85
湖北省	**Hubei**	**2880**	**74.25**	**9302**	**201356**	**62.60**	**360.77**	**71.50**
武汉市	Wuhan City	638	12.54	752	28112	6.88	41.89	8.63
黄石市	Huangshi City	95	2.71	647	10017	4.44	23.71	5.00
十堰市	Shiyan City	139	4.49	839	15080	4.25	22.44	3.90
宜昌市	Yichang City	325	6.21	424	11170	2.63	17.75	3.33
襄樊市	Xiangfan City	170	6.76	949	23019	5.66	33.05	6.51
鄂州市	Ezhou City	30	0.77	273	4878	1.31	7.26	1.54
荆门市	Jingmen City	174	4.63	344	9368	2.10	13.60	2.85
孝感市	Xiaogan City	167	6.10	807	19220	5.00	31.30	7.90
荆州市	Jingzhou City	253	5.57	687	17173	6.13	36.03	6.38
黄冈市	Huanggang City	294	7.64	1496	22789	9.52	53.80	10.00
咸宁市	Xianning City	149	4.45	585	9471	3.86	20.08	4.03
随州市	Suizhou City	88	2.66	208	6900	2.53	13.80	2.64
恩施土家族苗族自治州	Enshi Tujia & Miao A.P	158	5.64	813	14507	3.94	25.65	5.27
仙桃市	Xiantao City	44	0.90	176	3882	1.20	7.20	1.30
天门市	Tianmen City	22	1.24	148	2737	1.42	7.41	1.37
潜江市	Qianjiang City	49	1.53	128	3780	0.91	5.51	1.19
神农架林区	Shennongjia Forest District	1	0.08	28	365	0.05	0.34	0.08
湖南省	**Hunan**	**5516**	**105.95**	**13929**	**250229**	**84.75**	**458.44**	**70.28**
长沙市	Changsha City	701	13.84	1126	20922	6.73	39.51	5.50
株洲市	Zhuzhou City	513	6.84	550	12475	3.68	21.17	3.26
湘潭市	Xiangtan City	240	3.31	533	9733	2.61	15.70	2.91
衡阳市	Hengyang City	482	10.17	1959	27821	11.11	58.51	8.24
邵阳市	Shaoyang City	505	11.40	1829	26069	11.47	57.12	8.24
岳阳市	Yueyang City	482	7.78	1055	19149	6.26	34.29	5.56
常德市	Changde City	734	8.92	840	18835	4.58	28.54	5.74
张家界市	Zhangjiajie City	126	3.23	246	5644	1.77	10.13	1.64
益阳市	Yiyang City	155	5.57	639	16575	4.40	24.18	3.72
郴州市	Chenzhou City	412	9.17	1562	19711	8.32	39.08	4.68

3-23 续表 6 continued

地 区	Region	幼儿园数 (所) Kinder-gartens (unit)	在园儿童数 (万人) Pre-primary Education (10 000 persons)	普通小学学校数 (所) Primary Schools (unit)	普通小学专任教师数 (人) Fulltime Teachers of Primary School (person)	普通小学招生数 (万人) Students Enrollment by Primary School (10 000 persons)	普通小学在校学生数 (万人) Students Enrollment by Primary School (10 000 persons)	普通小学毕业生数 (万人) Graduates from Primary School (10 000 persons)
永州市	Yongzhou City	458	7.49	507	24121	8.48	43.52	6.54
怀化市	Huaihua City	267	7.68	879	20347	5.57	31.14	4.80
娄底市	Loudi City	178	5.35	987	15936	5.73	30.97	4.97
湘西土家族苗族自治州	West Hunan Tujia & Miao A.P	263	5.22	1217	12891	4.05	24.57	4.48
广东省	**Guangdong**	**10533**	**232.34**	**19271**	**416608**	**131.59**	**956.47**	**186.76**
广州市	Guangzhou City	1498	29.72	1035	42200	13.23	86.29	15.30
韶关市	Shaoguan City	345	7.23	904	14200	3.29	23.51	4.98
深圳市	Shenzhen City	865	19.12	342	28540	9.85	58.59	8.88
珠海市	Zhuhai City	218	3.95	132	5671	1.96	13.15	2.32
汕头市	Shantou City	798	13.90	826	21390	8.44	66.96	13.00
佛山市	Foshan City	751	17.28	447	19474	6.81	44.68	7.40
江门市	Jiangmen City	459	10.93	573	15494	4.72	33.99	6.71
湛江市	Zhanjiang City	691	15.50	2155	36038	11.21	92.70	18.40
茂名市	Maoming City	449	14.04	1988	31495	10.65	80.11	17.70
肇庆市	Zhaoqing City	404	11.63	1197	17987	5.52	43.11	8.52
惠州市	Huizhou City	300	8.70	945	20240	6.20	42.60	8.10
梅州市	Meizhou City	408	8.60	1560	20952	5.00	38.95	9.20
汕尾市	Shanwei City	119	5.05	802	15928	5.38	43.58	8.57
河源市	Heyuan City	239	6.60	1289	15885	4.20	28.80	6.40
阳江市	Yangjiang City	181	3.90	762	12593	2.60	20.30	5.10
清远市	Qingyuan City	426	7.96	899	17232	4.11	32.85	7.63
东莞市	Dongguan City	617	15.64	352	21203	9.46	52.86	7.80
中山市	ZhongShan City	418	8.26	213	10022	3.75	24.39	3.82
潮州市	Chaozhou City	588	2.40	710	10446	2.97	24.02	5.10
揭阳市	Jieyang City	594	16.40	1365	27741	9.32	80.50	15.98
云浮市	Yunfu City	165	5.50	775	11877	2.91	24.48	5.90
广西壮族自治区	**Guangxi**	**4585**	**107.15**	**14590**	**218042**	**76.56**	**444.81**	**76.72**
南宁市	Nanning City	810	10.57	1571	28804	8.80	53.65	9.48
柳州市	Liuzhou City	320	7.95	1083	15378	1.54	25.04	4.34
桂林市	Guilin City	464	9.90	1304	19474	4.89	27.90	4.80
梧州市	Wuzhou City	225	0.15	897	13598	5.16	33.29	5.90
北海市	Beihai City	223	4.56	423	6951	2.63	15.14	2.78
防城港市	Fangchenggang City	104	1.26	635	4893	1.58	8.58	1.48
钦州市	Qinzhou City	87	7.75	1093	15005	7.07	40.48	6.38
贵港市	Guigang City	183	9.60	1156	20297	8.30	54.10	9.00
玉林市	Yulin City	735	12.85	1463	31031	11.24	67.45	11.64
百色市	Baise City	616	10.32	1530	16627	6.18	31.99	4.93
贺州市	Hezhou City	143	3.40	839	10622	2.80	20.28	4.13
河池市	Hechi City	179	6.40	1518	19728	6.60	34.40	5.40
来宾市	Laibin City	281	4.54	743	10685	3.39	18.12	3.38
崇左市	Chongzuo City	269	5.07	790	10348	2.87	14.64	2.54
海南省	**Hainan**	**832**	**13.60**	**2741**	**52578**	**10.98**	**90.64**	**17.11**
海口市	Haikou City	313	4.12	360	9538	3.10	18.20	3.38
三亚市	Sanya City	46	0.80	147	3541	0.80	7.20	1.30
其他	Others	473	8.68	2234	39499	7.09	65.24	12.43

3-23 续表 7 continued

地 区	Region	幼儿园数（所）Kinder-gartens (unit)	在园儿童数（万人）Pre-primary Education (10 000 persons)	普通小学学校数（所）Primary Schools (unit)	普通小学专任教师数（人）Fulltime Teachers of Primary School (person)	普通小学招生数（万人）Students Enrollment by Primary School (10 000 persons)	普通小学在校学生数（万人）Students Enrollment by Primary School (10 000 persons)	普通小学毕业生数（万人）Graduates from Primary School (10 000 persons)
重庆市	**Chongqing**	**3582**	**57.42**	**7575**	**119161**	**34.76**	**224.39**	**46.74**
万州区	Wanzhou District	187	2.75	246	5420	1.57	11.10	2.10
涪陵区	Fuling District	120	1.78	139	4276	0.97	6.49	1.64
渝中区	Yuzhong District	66	1.02	38	2214	0.54	3.40	0.57
大渡口区	Dadukou District	45	0.56	21	836	0.27	1.69	0.29
江北区	Jiangbei District	106	1.34	59	1841	0.42	2.92	0.50
沙坪坝区	Shapingba District	141	1.58	62	2516	0.70	4.53	0.77
九龙坡区	Jiulongpo District	140	1.59	53	2776	0.82	5.07	0.86
南岸区	Nanan District	84	1.24	47	1690	0.54	3.39	0.56
北碚区	Beibei District	43	0.55	64	2085	0.42	2.87	0.60
万盛区	Wansheng District	44	0.44	67	1173	0.19	1.62	0.35
双桥区	Shuangqiao District	11	0.15	8	215	0.06	0.39	0.08
渝北区	Yubei District	144	1.98	157	3649	0.97	5.80	1.07
巴南区	Banan District	84	1.53	60	2781	0.63	4.22	0.94
黔江区	Qianjiang District	20	1.11	178	2636	0.77	5.10	1.07
长寿区	Changshou District	68	1.26	103	2985	0.75	5.23	1.21
江津区	Jiangjin District	213	2.44	495	4235	1.47	9.22	1.66
合川区	Hechuan District	239	2.06	134	4203	1.06	7.71	1.85
永川区	Yongchuan District	321	2.55	266	3615	1.05	6.35	1.21
南川区	Nanchuan District	79	1.33	87	2692	0.59	4.33	0.94
四川省	**Sichuan**	**8425**	**159.79**	**13993**	**307687**	**100.44**	**648.82**	**125.34**
成都市	Chengdu City	1660	26.79	497	38156	10.03	71.71	14.15
自贡市	Zigong City	292	5.27	499	8603	2.96	18.64	3.83
攀枝花市	Panzhihua City	158	2.67	335	5155	1.64	10.30	1.60
泸州市	Luzhou City	467	12.34	280	14888	6.58	39.89	6.88
德阳市	Deyang City	219	6.34	319	12078	2.67	20.18	4.54
绵阳市	Mianyang City	559	8.35	647	17482	4.54	31.47	6.88
广元市	Guangyuan City	169	4.17	236	13654	2.67	20.81	4.80
遂宁市	Suining City	114	5.74	506	12349	3.26	23.75	5.35
内江市	Neijiang City	455	8.46	488	14021	3.97	25.05	5.37
乐山市	Leshan City	330	5.18	708	12777	2.86	19.99	4.26
南充市	Nanchong City	250	9.90	269	24903	9.04	56.86	11.19
眉山市	Meishan City	372	5.40	212	11249	2.63	20.17	4.62
宜宾市	Yibin City	813	10.66	1722	18250	6.53	41.33	8.44
广安市	Guangan City	415	7.20	449	13817	5.76	37.37	7.50
达州市	Dazhou City	507	14.36	1848	22407	9.72	58.08	10.66
雅安市	Yaan City	169	3.00	367	6304	1.63	10.70	2.34
巴中市	Bazhong City	185	6.95	253	13853	5.95	37.97	7.11
资阳市	Ziyang City	1007	9.36	1260	13449	4.47	27.97	5.64
阿坝藏族羌族自治州	Aba Zang & Qiang A.P	35	0.78	475	5993	1.48	9.36	1.54
甘孜藏族自治州	Ganzi Zang A.P	29	0.64	744	5320	1.91	10.36	1.37
凉山彝族自治州	Liangshan Yi A.P	220	6.22	1879	22979	10.15	56.84	7.27
贵州省	**Guizhou**	**1960**	**73.80**	**13108**	**200024**	**72.21**	**469.79**	**76.31**
贵阳市	Guiyang City	335	8.24	838	17075	5.48	36.84	6.44
六盘水市	Liupanshui City	135	4.19	945	15218	5.66	39.99	6.53
遵义市	Zunyi City	441	14.39	2165	33553	11.11	74.86	13.63
安顺市	Anshun City	152	4.03	994	13502	4.85	31.13	5.39
铜仁地区	Tongren Prefecture	247	10.20	1536	20780	7.74	48.19	7.83
黔西南布依族苗族自治州	Southwest Guizhou Buyi & Miao A.P	97	5.31	1119	16972	6.51	40.47	6.45

3-23 续表 8 continued

地区	Region	幼儿园数（所）Kindergartens (unit)	在园儿童数（万人）Pre-primary Education (10 000 persons)	普通小学学校数（所）Primary Schools (unit)	普通小学专任教师数（人）Fulltime Teachers of Primary School (person)	普通小学招生数（万人）Students Enrollment by Primary School (10 000 persons)	普通小学在校学生数（万人）Students Enrollment by Primary School (10 000 persons)	普通小学毕业生数（万人）Graduates from Primary School (10 000 persons)
毕节地区	Bijie Prefecture	114	10.77	2471	42750	18.10	114.37	15.18
黔东南苗族侗族自治州	Southeast Guizhou Miao & Dong A.P	231	7.17	1617	20922	7.00	44.36	7.38
黔南布依族苗族自治州	South Guizhou Buyi & Miao A.P	208	5.56	1423	19252	5.75	39.58	7.54
云南省	**Yunnan**	**3085**	**89.57**	**16573**	**226800**	**72.91**	**451.04**	**73.23**
昆明市	Kunming City	670	16.23	1401	25245	9.21	53.55	8.28
曲靖市	Qujing City	577	14.18	1773	31142	11.53	67.04	11.10
玉溪市	Yuxi City	182	5.84	617	10947	3.18	19.94	3.34
保山市	Baoshan City	123	5.56	1201	12210	3.64	23.46	4.15
昭通市	Zhaotong City	60	6.12	2185	28077	10.34	76.50	11.89
丽江市	Lijiang City	120	2.06	574	7100	1.83	11.43	1.90
普洱市	Puer City	96	3.31	869	12469	3.15	19.16	3.27
临沧市	Lincang City	58	3.51	1227	12834	3.34	21.34	3.38
楚雄彝族自治州	Chuxiong Yi A.P	156	4.33	1041	12587	3.57	21.34	3.66
红河哈尼族彝族自治州	Honghe Hani & Yi A.P	303	10.15	1610	21476	6.95	41.91	6.86
文山壮族苗族自治州	Wenshan Zhuang & Miao A.P	111	4.94	1735	20489	6.28	37.16	5.99
西双版纳傣族自治州	Xishuangbanna Dai A.P	38	2.06	327	5313	1.47	9.15	1.57
大理白族自治州	Dali Bai A.P	471	7.69	1083	14080	5.21	29.73	4.65
德宏傣族景颇族自治州	Dehong Dai & Jingpo A.P	95	2.59	434	6757	1.83	11.00	1.87
怒江傈僳族自治州	Nujiang Lisu A.P	17	0.70	215	3649	0.88	5.00	0.70
迪庆藏族自治州	Diqing Zang A.P	8	0.30	281	2420	0.52	3.35	0.62
西藏自治区	**Tibet A.R.**	**83**	**1.50**	**885**	**18087**	**5.10**	**31.20**	**5.30**
拉萨市	Lhasa City			103	3378	0.83	4.88	0.90
昌都地区	Qamdu Prefecture			199	3623	1.14	7.13	1.20
山南地区	Lhokha Prefecture			105	2126	0.49	3.18	0.63
日喀则地区	Xigaze Prefecture			225	4496	1.09	7.06	1.36
那曲地区	Narqu Prefecture			150	2553	0.93	5.58	0.70
阿里地区	Ngri Prefecture			39	530	0.27	1.12	0.14
林芝地区	Nyingchi Prefecture			62	1322	0.32	2.12	0.33
其他	Others							
陕西省	**Shaanxi**	**2813**	**55.09**	**14185**	**180898**	**43.18**	**286.48**	**61.79**
西安市	Xi'an City	905	15.46	1781	30382	8.33	54.66	10.58
铜川市	Tongchuan City	28	0.60	375	4638	0.82	5.49	1.20
宝鸡市	Baoji City	167	5.27	1224	16510	3.71	26.96	5.83
咸阳市	Xianyang City	280	5.59	1787	26988	6.31	42.12	9.52
渭南市	Weinan City	499	6.45	1854	25391	5.81	38.23	8.64
延安市	Yan'an City	269	4.74	1302	14018	3.31	20.02	4.37
汉中市	Hanzhong City	171	4.59	1570	16265	3.79	26.32	5.19
榆林市	Yulin City	247	5.94	1163	19702	4.61	28.23	6.71
安康市	Ankang City	137	3.76	1175	15307	3.20	23.36	4.84
商洛市	Shangluo City	106	2.50	1928	11068	3.13	20.02	4.70
其他	Others	4	0.20	26	629	0.16	1.07	0.20
甘肃省	**Gansu**	**2503**	**35.50**	**13424**	**141371**	**41.10**	**268.96**	**48.59**
兰州市	Lanzhou City	247	4.84	786	14121	3.93	23.46	4.45
嘉峪关市	Jiayuguan City	148	2.25	21	825	0.27	1.67	0.28
金昌市	Jinchang City	64	1.05	145	2298	0.61	3.86	0.65

地 区	Region	幼儿园数 (所) Kinder-gartens (unit)	在园儿童数 (万人) Pre-primary Education (10 000 persons)	普通小学学校数 (所) Primary Schools (unit)	普通小学专任教师数 (人) Fulltime Teachers of Primary School (person)	普通小学招生数 (万人) Students Enrollment by Primary School (10 000 persons)	普通小学在校学生数 (万人) Students Enrollment by Primary School (10 000 persons)	普通小学毕业生数 (万人) Graduates from Primary School (10 000 persons)
白银市	Baiyin City	118	2.07	870	11847	2.52	18.36	4.25
天水市	Tianshui City	100	2.94	2046	18502	6.41	41.40	5.41
武威市	Wuwei City	333	3.27	1008	11186	2.60	17.91	3.92
张掖市	Zhangye City	501	2.64	580	6227	1.51	10.38	2.13
平凉市	Pingliang City	167	3.25	1499	12979	3.67	23.65	4.57
酒泉市	Jiuquan City	280	2.71	339	4876	1.39	9.19	1.72
庆阳市	Qingyang City	310	3.74	1547	15271	3.66	24.99	5.38
定西市	Dingxi City	105	2.86	1701	14979	3.90	30.40	5.57
陇南市	Longnan City	48	2.26	1361	13820	5.07	30.85	5.45
临夏回族自治州	Linxia Hui A.P	63	1.23	888	9384	4.05	23.81	3.52
甘南藏族自治州	Gannan Zang A.P	19	0.40	633	5056	1.52	9.03	1.28
青海省	**Qinghai**	**374**	**9.43**	**2556**	**27318**	**9.30**	**53.80**	**6.90**
西宁市	Xining City	265	5.01	588	8215	2.80	16.60	2.20
海东地区	Haidong Prefecture	33	2.21	1044	7968	2.40	14.00	2.00
海北藏族自治州	Haibei Zang A.P	10	0.54	154	1557	0.60	3.30	0.50
黄南藏族自治州	Huangnan Zang AP	11	0.25	184	1932	0.60	3.40	0.50
海南藏族自治州	Hainan Zang A.P	18	0.42	275	2954	0.90	5.10	0.60
果洛藏族自治州	Golog Zang A.P	5	0.08	53	962	0.30	2.00	0.20
玉树藏族自治州	Yushu Zang A.P	4	0.09	181	1512	0.80	4.80	0.30
海西蒙古族藏族自治州	Haixi Mongolian & Zang A.P	28	0.83	77	2218	0.80	4.50	0.60
宁夏回族自治区	**Ningxia**	**286**	**11.33**	**2202**	**32829**	**11.02**	**68.87**	**11.38**
银川市	Yinchuan City	127	3.13	235	6937	2.36	15.00	2.19
石嘴山市	Shizuishan City	57	1.50	100	3596	1.00	6.00	1.10
吴忠市	Wuzhong City	47	2.70	421	7473	2.50	14.70	2.50
固原市	Guyuan City	24	1.70	993	8889	3.10	19.60	3.00
中卫市	Zhongwei City	31	2.38	453	5934	2.15	13.47	2.36
新疆维吾尔自治区	**Xinjiang**	**1915**	**39.53**	**4159**	**132797**	**32.86**	**201.20**	**34.93**
乌鲁木齐市	Urumqi City	256	4.40	139	8681	3.00	18.12	2.98
克拉玛依市	Karamay City	26	0.67	32	1771	0.41	2.66	0.44
吐鲁番地区	Turpan Prefecture	16	0.32	104	4753	0.95	5.25	0.88
哈密地区	Hami Prefecture	51	1.15	43	2952	0.52	3.41	0.62
昌吉回族自治州	Changji Hui A.P	153	2.47	105	7554	1.30	8.78	1.56
博尔塔拉蒙古自治州	Bortala Mongolian A.P	30	0.83	66	2985	0.46	2.96	0.50
巴音郭楞蒙古自治州	Bayingolin Mongolian A.P	70	2.36	175	8194	1.53	9.30	1.51
阿克苏地区	Aksu Prefecture	61	3.06	674	13141	3.60	22.22	3.68
克孜勒苏柯尔克孜自治州	Kizilsu Kirgiz A.P	14	1.69	174	4015	0.94	5.13	0.82
喀什地区	Kashi Prefecture	581	6.17	1122	23895	7.18	42.66	7.72
和田地区	Hotan Prefecture	20	2.75	690	10691	3.27	21.29	3.52
伊犁哈萨克自治州	Ili Kazak A.P	270	5.87	374	15800	3.90	22.27	3.74
塔城地区	Tacheng Prefecture	87	1.69	133	6417	1.19	7.61	1.39
阿勒泰地区	Altay Prefecture	60	0.88	72	4798	0.81	4.42	0.76
石河子市	Shihezi City	48	0.77	11	527	0.18	1.23	0.22
阿拉尔市	Alar City							
图木舒克市	Tumxuk City							
五家渠市	Wujiaqu City							
生产建设兵团	Corps	172	4.45	245	16623	3.62	23.89	4.59

3-24 普通中学和高等教育情况(2008年)

Secondary Education and Institutions of Higher Education(2008)

地区	Region	普通中学学校数 (所) Number of Secondary Schools (unit)	普通中学专任教师数 (人) Fulltime Teachers of Secondary School (person)	普通中学招生数 (万人) New Students Enrollment by Secondary School (10 000 persons)	普通中学在校学生数 (万人) Students Enrollment by Secondary School (10 000 persons)	普通中学毕业生数 (万人) Graduates from Secondary School (10 000 persons)	普通高等学校数 (所) Regular Institutions of Higher Education (unit)	普通高等学校专任教师数 (人) Full-time Teachers of Secondary School (person)
北京市	**Beijing**	**674**	**49880**	**17.59**	**54.43**	**18.32**	**82**	**55005**
东城区	Dongcheng District	30	3063	1.04	3.31	1.24		
西城区	Xicheng District	36	3925	1.28	3.91	1.45		
崇文区	Chongwen District	16	1433	0.54	1.68	0.66		
宣武区	Xuanwu District	19	1810	0.59	1.90	0.74		
朝阳区	Chaoyang District	78	4444	1.73	5.26	1.69		
丰台区	Fengtai District	47	3065	1.10	3.26	0.99		
石景山区	Shijingshan District	24	1441	0.50	1.48	0.46		
海淀区	Haidian District	79	7190	3.36	9.91	3.16		
门头沟区	Mentougou District	19	1019	0.30	0.94	0.28		
房山区	Fangshan District	52	3330	1.07	3.44	1.14		
通州区	Tongzhou District	48	3181	1.11	3.50	1.16		
顺义区	Shunyi District	44	3064	1.01	3.34	1.21		
昌平区	Changping District	47	2399	0.75	2.24	0.59		
大兴区	Daxing District	38	3386	1.00	3.05	1.01		
怀柔区	Huairou District	25	1537	0.49	1.52	0.47		
平谷区	Pinggu District	26	2190	0.60	2.09	0.84		
密云县	Miyun County	23	1965	0.69	2.20	0.68		
延庆县	Yanqing County	23	1438	0.44	1.41	0.56		
北京经济技术开发区	Beijing Economic-technological Development Zones							
远洋捕捞	Deep-sea Fishing							
其他	Others							
天津市	**Tianjin**	**586**	**41621**	**14.32**	**49.85**	**17.37**	**45**	**26169**
和平区	Heping District	29	2329	0.84	2.73	1.10	1	880
河东区	Hedong District	21	1938	0.73	2.34	0.89	3	1745
河西区	Hexi District	37	2454	0.94	2.93	1.21	7	3953
南开区	Nankai District	34	2748	0.84	2.77	1.11	7	5956
河北区	Hebei District	32	1956	0.76	2.47	1.01	4	1173
红桥区	Hongqiao District	27	1492	0.51	1.72	0.83	2	591
塘沽区	Tanggu District	32	2017	0.73	2.25	0.77	4	1083
汉沽区	Hangu District	15	874	0.28	0.90	0.33		
大港区	Dagang District	38	2519	0.79	2.89	0.74	2	1477
东丽区	Dongli District	22	1296	0.51	1.56	0.55	1	960
西青区	Xiqing District	13	1287	0.45	1.45	0.50	6	4392
津南区	Jinnan District	18	1284	0.60	1.88	0.63	2	1163
北辰区	Beichen District	19	1310	0.53	1.59	0.53	4	1788
武清区	Wuqing District	48	3870	1.52	4.60	1.49	1	226
宝坻区	Baodi District	49	4203	1.36	5.28	1.59		393
宁河县	Ninghe County	30	2288	0.73	2.45	0.86		
静海县	Jinghai County	51	2579	0.36	3.66	1.12	1	389
蓟县	Ji County	65	4760	1.73	5.95	2.00		
天津经济技术开发区	Tianjin Economic-technological Development Area	4	268	0.09	0.27	0.07		
天津港保税区	Tianjin Port Free Trade Zone							
天津滨海高新区	Tianjin Hi-Tech Industrial Park							
其他	Others	2	149	0.01	0.16	0.05		

3-24 续表 1 continued

地区	Region	普通中学学校数 (所) Number of Secondary Schools (unit)	普通中学专任教师数 (人) Fulltime Teachers of Secondary School (person)	普通中学招生数 (万人) New Students Enrollment by Secondary School (10 000 persons)	普通中学在校学生数 (万人) Students Enrollment by Secondary School (10 000 persons)	普通中学毕业生数 (万人) Graduates from Secondary School (10 000 persons)	普通高等学校数 (所) Regular Institutions of Higher Education (unit)	普通高等学校专任教师数 (人) Full-time Teachers of Secondary School (person)
河北省	**Hebei**	**3885**	**274300**	**124.92**	**409.30**	**153.50**	**87**	**55141**
石家庄市	Shijiazhuang City	539	38033	18.91	61.20	23.03	32	18743
唐山市	Tangshan City	408	30748	11.99	37.21	13.73	8	6021
秦皇岛市	Qinhuangdao City	196	12299	4.98	14.52	4.75	5	4448
邯郸市	Handan City	491	36099	15.78	56.33	22.10	4	3275
邢台市	Xingtai City	419	28836	12.67	45.38	18.02	4	2385
保定市	Baoding City	556	38338	18.44	59.24	22.87	11	8241
张家口市	Zhangjiakou City	227	15899	7.96	24.39	7.63	3	2123
承德市	Chengde City	198	12797	6.41	19.15	6.47	4	1835
沧州市	Cangzhou City	408	25601	11.25	36.51	14.40	4	1454
廊坊市	Langfang City	200	17123	8.10	26.53	9.60	9	3809
衡水市	Hengshui City	243	18527	8.35	28.84	10.90	2	841
其他	Others							
山西省	**Shanxi**	**2986**	**168935**	**81.47**	**255.57**	**86.92**	**61**	**34885**
太原市	Taiyuan City	237	16631	8.44	23.48	7.26	35	21919
大同市	Datong City	266	15109	7.80	22.67	7.33	1	2120
阳泉市	Yangquan City	91	5829	3.14	8.77	2.80	1	429
长治市	Changzhi City	250	14422	7.27	23.96	8.65	4	1551
晋城市	Jincheng City	173	9688	5.81	16.28	5.01	2	429
朔州市	Shuozhou City	119	8427	4.81	14.81	4.87		
晋中市	Jinzhong City	262	14764	6.47	20.32	7.23	7	3348
运城市	Yuncheng City	451	28977	12.65	40.85	15.03	3	946
忻州市	Xinzhou City	388	14673	6.56	22.37	6.86	2	798
临汾市	Linfen City	383	21548	9.38	31.07	11.20	4	2505
吕梁市	Luliang City	366	18867	9.14	30.99	10.67	2	612
其他	Others							
内蒙古自治区	**Inner Mongolia**	**1291**	**94811**	**45.00**	**140.34**	**49.19**	**39**	**20946**
呼和浩特市	Hohhot City	126	8573	5.29	15.40	4.79	21	11177
包头市	Baotou City	104	8733	4.97	14.22	4.72	5	3688
呼伦贝尔市	Hulunbuir City	211	12569	4.24	13.84	5.11	1	828
兴安盟	Xingan League	108	6667	2.47	7.70	2.86	1	414
通辽市	Tongliao City	190	12765	6.11	18.59	6.78	3	1553
赤峰市	Chifeng City	226	18719	9.29	29.16	10.60	3	1350
锡林郭勒盟	Xilingol League	46	4099	1.72	5.15	1.94	1	423
乌兰察布市	Ulanqab City	83	6917	4.17	12.73	4.28	2	800
鄂尔多斯市	Erdos City	75	6312	2.00	9.39	2.77		
巴彦淖尔市	Bayannur City	77	6229	3.48	9.89	3.87	1	514
乌海市	Wuhai City	28	2153	1.07	3.09	1.07	1	199
阿拉善盟	Alxa League	17	1075	0.20	1.19	0.39		
其他	Others							
辽宁省	**Liaoning**	**2142**	**143922**	**70.28**	**216.17**	**72.10**	**83**	**53495**
沈阳市	Shenyang City	334	24052	10.73	33.42	11.52	30	21685
大连市	Dalian City	278	20575	9.89	30.49	10.16	23	15809
鞍山市	Anshan City	169	11758	5.24	17.55	5.54	2	1927
抚顺市	Fushun City	134	7575	3.12	10.11	3.47	3	1785
本溪市	Benxi City	73	5589	2.42	7.59	2.71	1	557
丹东市	Dandong City	128	7777	4.18	12.49	4.28	3	1460
锦州市	Jinzhou City	161	9494	5.16	15.48	5.38	7	4403
营口市	Yingkou City	99	7595	3.98	11.99	3.87	2	679

3-24 续表 2 continued

地　区	Region	普通中学学校数 (所) Number of Secondary Schools (unit)	普通中学专任教师数 (人) Fulltime Teachers of Secondary School (person)	普通中学招生数 (万人) New Students Enrollment by Secondary School (10 000 persons)	普通中学在校学生数 (万人) Students Enrollment by Secondary School (10 000 persons)	普通中学毕业生数 (万人) Graduates from Secondary School (10 000 persons)	普通高等学校数 (所) Regular Institutions of Higher Education (unit)	普通高等学校专任教师数 (人) Full-time Teachers of Secondary School (person)
阜新市	Fuxin City	116	6529	3.41	10.48	3.38	2	1936
辽阳市	Liaoyang City	83	5674	2.93	8.72	2.72	3	1056
盘锦市	Panjin City	76	5015	2.48	7.73	2.40	2	482
铁岭市	Tieling City	153	9181	4.99	14.63	4.68	2	569
朝阳市	Chaoyang City	192	13615	6.88	20.81	7.08	1	469
葫芦岛市	Huludao City	146	9493	4.86	14.67	4.91	2	678
其他	Others							
吉林省	**Jilin**	**1510**	**94202**	**45.08**	**139.46**	**48.44**	**45**	**32539**
长春市	Changchun City	350	25000	13.48	40.71	13.86	26	22311
吉林市	Jilin City	196	13875	6.97	22.22	7.81	8	4606
四平市	Siping City	195	11438	5.39	16.09	5.45	3	1553
辽源市	Liaoyuan City	67	4021	1.95	6.01	2.04	1	202
通化市	Tonghua City	149	9014	3.82	12.56	4.13	1	878
白山市	Baishan City	115	5490	2.21	6.97	2.33	1	236
松原市	Songyuan City	138	8742	4.75	14.97	5.35	1	342
白城市	Baicheng City	132	7108	3.17	9.42	3.39	3	915
延边朝鲜族自治州	Yanbian Korean A.P	168	9514	3.34	10.51	4.08	1	1496
其他	Others							
黑龙江省	**Heilongjiang**	**2355**	**143017**	**59.88**	**200.46**	**65.09**	**70**	**41727**
哈尔滨市	Harbin City	603	37466	14.00	46.65	15.42	40	28575
齐齐哈尔市	Qiqihar City	319	16918	8.15	24.62	8.42	5	2830
鸡西市	Jixi City	133	7872	3.22	11.89	3.44	1	560
鹤岗市	Hegang City	80	5143	2.12	7.38	2.44	1	222
双鸭山市	Shuangyashan City	121	6364	2.73	8.85	2.93	1	153
大庆市	Daqing City	160	12746	5.25	18.94	5.40	5	3106
伊春市	Yichun City	71	5239	1.92	6.06	2.05	1	200
佳木斯市	Jiamusi City	165	9829	4.63	14.22	4.54	4	2147
七台河市	Qitaihe City	58	3593	1.41	5.12	1.60	1	109
牡丹江市	Mudanjiang City	154	9504	4.38	13.33	4.72	7	2627
黑河市	Heihe City	132	6669	3.03	9.21	2.97	1	412
绥化市	Suihua City	320	19389	8.16	31.58	10.28	2	525
大兴安岭地区	Daxing'anling Prefecture	39	2285	0.88	2.61	0.87	1	261
农垦总局	Agriculture Reclamation Bureau							
其他	Others							
上海市	**Shanghai**	**774**	**50321**	**16.63**	**61.77**	**20.09**	**61**	**36854**
黄浦区	Huangpu District	24	1734	0.54	2.14	0.81		
卢湾区	Luwan District	15	848	0.21	0.84	0.34		
徐汇区	Xuhui District	42	3148	1.08	3.86	1.32		
长宁区	Changning District	28	1861	0.59	2.26	0.82		
静安区	Jingan District	15	1142	0.37	1.40	0.51		
普陀区	Putuo District	50	2655	0.84	3.14	1.25		
闸北区	Zhabei District	42	2441	0.74	2.93	1.03		
虹口区	Hongkou District	42	2257	0.79	2.94	1.06		
杨浦区	Yangpu District	57	3280	1.04	3.92	1.42		
闵行区	Minhang District	59	3857	1.20	4.17	1.21		
宝山区	Baoshan District	53	3098	1.08	3.88	1.08		
嘉定区	Jiading District	31	2105	0.65	2.42	0.69		

3-24 续表 3 continued

地区	Region	普通中学学校数 (所) Number of Secondary Schools (unit)	普通中学专任教师数 (人) Fulltime Teachers of Secondary School (person)	普通中学招生数 (万人) New Students Enrollment by Secondary School (10 000 persons)	普通中学在校学生数 (万人) Students Enrollment by Secondary School (10 000 persons)	普通中学毕业生数 (万人) Graduates from Secondary School (10 000 persons)	普通高等学校数 (所) Regular Institutions of Higher Education (unit)	普通高等学校专任教师数 (人) Full-time Teachers of Secondary School (person)
浦东新区	Pudong New District	109	7569	2.82	10.02	3.22		
金山区	Jinshan District	30	2096	0.69	2.64	0.82		
松江区	Songjiang District	32	2338	0.78	3.09	0.86		
青浦区	Qingpu District	27	1908	0.68	2.44	0.64		
南汇区	Nanhui District	42	3282	1.00	3.84	1.22		
奉贤区	Fengxian District	37	2172	0.79	2.88	0.75		
崇明县	Chongming County	36	2459	0.70	2.84	1.02		
其他	Others	3	71	0.04	0.12	0.02		
江苏省	**Jiangsu**	**2946**	**286564**	**134.88**	**428.15**	**152.34**	**120**	**96267**
南京市	Nanjing City	221	22167	8.66	27.27	9.71	41	46040
无锡市	Wuxi City	184	20061	8.16	24.86	8.73	11	5736
徐州市	Xuzhou City	357	39514	19.96	67.05	25.55	7	6165
常州市	Changzhou City	168	13908	6.80	20.60	6.96	9	5287
苏州市	Suzhou City	261	24868	9.66	30.09	10.71	18	9345
南通市	Nantong City	288	26263	12.32	39.67	13.65	6	4366
连云港市	Lianyungang City	200	20758	11.26	35.65	12.27	3	1771
淮安市	Huaian City	211	20063	11.12	34.11	11.72	6	3371
盐城市	Yancheng City	312	29782	12.39	39.09	14.66	5	2641
扬州市	Yangzhou City	182	17390	7.59	24.69	8.49	5	4118
镇江市	Zhenjiang City	116	10199	4.43	14.23	5.17	5	4757
泰州市	Taizhou City	227	20650	8.66	28.47	9.84	3	2077
宿迁市	Suqian City	219	20941	13.86	42.37	14.88	1	593
浙江省	**Zhejiang**	**2377**	**177593**	**90.40**	**269.80**	**83.40**	**76**	**47795**
杭州市	Hangzhou City	336	25611	12.21	36.48	11.54	36	24017
宁波市	Ningbo City	310	22345	11.62	34.34	10.11	13	6892
温州市	Wenzhou City	483	32311	15.21	48.17	14.56	6	4236
嘉兴市	Jiaxing City	160	13476	7.65	21.97	6.66	4	1801
湖州市	Huzhou City	133	9591	5.34	15.25	4.83	3	1144
绍兴市	Shaoxing City	189	17201	9.52	27.95	8.78	5	2494
金华市	Jinhua City	245	17685	9.01	26.75	8.76	8	3525
衢州市	Quzhou City	103	8031	4.27	13.25	4.10	1	504
舟山市	Zhoushan City	54	3337	1.34	4.11	1.50	3	956
台州市	Taizhou City	261	19732	9.85	29.31	8.88	4	1447
丽水市	Lishui City	103	8273	4.38	12.21	3.69	3	1185
安徽省	**Anhui**	**3963**	**219687**	**148.57**	**443.57**	**152.11**	**93**	**43624**
合肥市	Hefei City	261	17366	11.19	30.80	9.70	42	19051
芜湖市	Wuhu City	125	7294	4.58	14.00	4.81	8	5571
蚌埠市	Bengbu City	188	11856	7.59	24.97	9.22	5	2317
淮南市	Huainan City	138	8992	5.50	16.30	5.22	5	3007
马鞍山市	Maanshan City	67	4722	2.99	7.97	2.74	4	1983
淮北市	Huaibei City	138	7761	5.55	16.37	5.59	2	1597
铜陵市	Tongling City	49	3046	1.38	4.37	1.53	3	1105
安庆市	Anqing City	412	23663	15.91	49.57	16.01	3	1140
黄山市	Huangshan City	127	5083	2.69	8.55	2.94	1	609
滁州市	Chuzhou City	287	15649	8.75	28.64	10.79	3	1642
阜阳市	Fuyang City	548	23933	22.04	62.05	21.86	4	1229
宿州市	Suzhou City	342	20979	14.74	43.57	17.28	2	811

3-24 续表 4 continued

地 区	Region	普通中学学校数 (所) Number of Secondary Schools (unit)	普通中学专任教师数 (人) Fulltime Teachers of Secondary School (person)	普通中学招生数 (万人) New Students Enrollment by Secondary School (10 000 persons)	普通中学在校学生数 (万人) Students Enrollment by Secondary School (10 000 persons)	普通中学毕业生数 (万人) Graduates from Secondary School (10 000 persons)	普通高等学校数 (所) Regular Institutions of Higher Education (unit)	普通高等学校专任教师数 (人) Full-time Teachers of Secondary School (person)
巢湖市	Chaohu City	249	15107	10.57	28.67	10.49	2	796
六安市	Liuan City	429	21539	14.11	44.21	12.85	4	1239
亳州市	Bozhou City	335	17316	12.46	38.12	12.60	2	454
池州市	Chizhou City	112	5798	3.68	11.18	3.49	2	713
宣城市	Xuancheng City	156	9583	4.82	14.24	4.99	1	360
其他	Others							
福建省	**Fujian**	**1963**	**151271**	**73.84**	**226.18**	**73.75**	**74**	**33637**
福州市	Fuzhou City	373	26574	13.42	39.67	13.01	28	14786
厦门市	Xiamen City	92	8850	4.00	12.07	3.95	13	7301
莆田市	Putian City	159	13992	7.22	21.59	6.74	2	887
三明市	Sanming City	180	12200	5.23	16.12	5.38	3	771
泉州市	Quanzhou City	370	31267	16.54	52.07	15.91	14	5328
漳州市	Zhangzhou City	231	18865	8.84	27.25	9.29	6	2480
南平市	Nanping City	177	11784	5.51	16.54	5.73	4	802
龙岩市	Longyan City	185	14429	5.92	18.92	7.13	2	883
宁德市	Ningde City	196	13310	7.15	21.95	6.62	2	399
江西省	**Jiangxi**	**2622**	**162278**	**94.67**	**256.69**	**88.75**	**69**	**47510**
南昌市	Nanchang City	268	16644	10.14	28.77	7.84	44	27161
景德镇市	Jingdezhen City	106	6535	3.33	8.41	3.43	3	1464
萍乡市	Pingxiang City	113	7605	3.42	10.34	2.67	1	465
九江市	Jiujiang City	323	17827	10.63	28.85	10.88	7	4526
新余市	Xinyu City	48	4562	2.01	5.33	2.16	1	423
鹰潭市	Yingtan City	71	4289	2.06	6.25	2.61	1	232
赣州市	Ganzhou City	454	28960	18.07	44.90	17.94	9	4486
吉安市	Jian City	307	17910	9.78	28.51	9.31	1	970
宜春市	Yichun City	253	17790	11.47	28.38	10.25	2	1602
抚州市	Fuzhou City	217	14280	8.23	23.80	7.77	4	
上饶市	Shangrao City	462	25876	15.54	43.15	13.88	3	967
山东省	**Shandong**	**3893**	**367658**	**160.54**	**502.13**	**172.88**	**114**	**87432**
济南市	Jinan City	221	21522	9.93	28.56	9.27	33	25121
青岛市	Qingdao City	307	29908	12.40	37.39	10.82	25	16805
淄博市	Zibo City	211	19780	8.03	28.36	6.91	9	5115
枣庄市	Zaozhuang City	159	14472	7.87	24.46	8.87	3	1343
东营市	Dongying City	98	10254	3.75	11.25	3.57	5	2918
烟台市	Yantai City	336	31790	10.20	39.23	10.70	9	7388
潍坊市	Weifang City	411	38555	16.37	46.92	15.84	10	5720
济宁市	Jining City	322	29785	13.69	43.45	15.78	5	3702
泰安市	Taian City	189	19754	6.73	20.22	8.27	7	4821
威海市	Weihai City	112	12906	4.05	15.76	4.32	7	2602
日照市	Rizhao City	126	11466	4.78	14.40	5.10	6	2486
莱芜市	Laiwu City	60	6090	2.29	7.73	2.13	2	622
临沂市	Linyi City	367	36717	18.20	52.24	19.19	3	3131
德州市	Dezhou City	219	19835	8.17	26.47	10.87	4	2630
聊城市	Liaocheng City	213	20013	9.41	30.28	13.20	2	1637
滨州市	Binzhou City	161	14057	6.27	18.55	7.06	3	2486
菏泽市	Heze City	381	30754	18.42	56.89	20.96	2	1195

3-24 续表 5 continued

地 区	Region	普通中学学校数 (所) Number of Secondary Schools (unit)	普通中学专 任教师数 (人) Fulltime Teachers of Secondary School (person)	普通中学招生数 (万人) New Students Enrollment by Secondary School (10 000 persons)	普通中学在 校学生数 (万人) Students Enrollment by Secondary School (10 000 persons)	普通中学毕业生数 (万人) Graduates from Secondary School (10 000 persons)	普通高等学校数 (所) Regular Institutions of Higher Education (unit)	普通高等学校专任教师数 (人) Full-time Teachers of Secondary School (person)
河南省	**Henan**	**5718**	**378891**	**233.55**	**691.46**	**258.05**	**84**	**64889**
郑州市	Zhengzhou City	390	31688	15.64	47.70	18.08	40	27399
开封市	Kaifeng City	299	17507	10.63	31.41	11.20	3	3869
洛阳市	Luoyang City	448	25991	15.11	44.47	15.51	3	3991
平顶山市	Pingdingshan City	283	17844	9.12	26.85	11.39	4	2761
安阳市	Anyang City	356	19444	10.07	30.66	11.62	2	2145
鹤壁市	Hebi City	102	6127	3.63	10.62	3.81	1	438
新乡市	Xinxiang City	424	22552	12.46	34.65	14.57	5	5159
焦作市	Jiaozuo City	262	14404	8.06	23.46	8.18	3	3181
濮阳市	Puyang City	218	16302	10.22	31.35	11.59	1	550
许昌市	Xuchang City	263	18057	9.64	31.33	11.07	2	1604
漯河市	Luohe City	121	9323	5.31	16.17	6.41	2	1356
三门峡市	Sanmenxia City	144	9949	5.12	15.95	6.63	1	568
南阳市	Nanyang City	536	36365	19.04	57.25	22.20	4	2966
商丘市	Shangqiu City	474	33506	23.87	72.92	27.82	5	3770
信阳市	Xinyang City	395	32541	21.06	61.38	22.22	3	2315
周口市	Zhoukou City	613	36897	31.39	90.31	32.91	3	1324
驻马店市	Zhumadian City	349	27449	21.75	60.58	21.10	1	981
其他	Others	41	2945	1.42	4.41	1.75	1	512
湖北省	**Hubei**	**3011**	**233878**	**121.48**	**393.44**	**141.06**	**87**	**70617**
武汉市	Wuhan City	426	32928	13.80	45.34	16.55	55	48658
黄石市	Huangshi City	148	10510	7.01	21.26	6.79	2	1719
十堰市	Shiyan City	206	14726	7.02	23.37	8.56	4	1671
宜昌市	Yichang City	198	13724	6.22	19.60	7.42	5	2774
襄樊市	Xiangfan City	264	21896	10.64	33.77	12.09	4	1743
鄂州市	Ezhou City	67	4589	2.34	7.61	2.53	1	535
荆门市	Jingmen City	145	11642	5.10	16.70	6.40	1	887
孝感市	Xiaogan City	241	20668	12.40	37.60	12.60	2	1421
荆州市	Jingzhou City	295	24198	12.68	41.63	15.01	9	4834
黄冈市	Huanggang City	374	29400	18.18	58.37	20.25	4	1896
咸宁市	Xianning City	183	11348	6.39	21.46	8.01	3	1537
随州市	Suizhou City	110	9900	4.83	17.22	6.95	1	393
恩施土家族苗族自治州	Enshi Tujia & Miao A.P	174	11037	7.16	21.33	6.55	2	1177
仙桃市	Xiantao City	74	7098	3.20	11.30	4.30	1	398
天门市	Tianmen City	53	5195	2.97	9.66	3.87		
潜江市	Qianjiang City	49	4558	1.90	6.57	2.50	2	311
神农架林区	Shennongjia Forest District	8	314	0.13	0.40	0.14		
湖南省	**Hunan**	**4129**	**246257**	**111.15**	**333.92**	**120.42**	**100**	**57651**
长沙市	Changsha City	298	20939	9.87	29.00	9.73	49	28902
株洲市	Zhuzhou City	196	12975	4.98	15.42	6.08	8	3510
湘潭市	Xiangtan City	203	10105	4.66	14.04	5.29	8	6043
衡阳市	Hengyang City	434	25512	12.67	37.24	12.44	7	4967
邵阳市	Shaoyang City	498	25954	13.25	39.51	14.07	3	1360
岳阳市	Yueyang City	347	21779	9.29	28.23	10.54	4	1992
常德市	Changde City	304	22003	9.80	29.53	10.60	3	2148
张家界市	Zhangjiajie City	104	5166	2.52	7.42	2.64	1	591
益阳市	Yiyang City	260	18260	6.67	20.84	7.96	4	1520
郴州市	Chenzhou City	303	16363	6.93	20.94	8.20	2	1050

3-24 续表 6 continued

地　区	Region	普通中学学校数（所）Number of Secondary Schools (unit)	普通中学专任教师数（人）Fulltime Teachers of Secondary School (person)	普通中学招生数（万人）New Students Enrollment by Secondary School (10 000 persons)	普通中学在校学生数（万人）Students Enrollment by Secondary School (10 000 persons)	普通中学毕业生数（万人）Graduates from Secondary School (10 000 persons)	普通高等学校数（所）Regular Institutions of Higher Education (unit)	普通高等学校专任教师数（人）Full-time Teachers of Secondary School (person)
永州市	Yongzhou City	338	23239	9.88	30.33	10.64	3	1615
怀化市	Huaihua City	375	17518	6.98	20.87	8.12	3	1279
娄底市	Loudi City	280	16295	7.84	23.99	8.48	3	1386
湘西土家族苗族自治州	West Hunan Tujia & Miao A.P	189	10149	5.82	16.59	5.63	2	1288
广东省	**Guangdong**	**4352**	**358048**	**247.17**	**679.65**	**196.49**	**108**	**69223**
广州市	Guangzhou City	465	36221	19.86	58.21	17.71	63	43565
韶关市	Shaoguan City	176	13158	7.19	20.97	6.77	2	1516
深圳市	Shenzhen City	277	20091	11.10	29.89	8.06	4	2921
珠海市	Zhuhai City	58	5269	3.19	9.09	2.74	4	3226
汕头市	Shantou City	250	19815	16.40	44.16	11.80	2	1041
佛山市	Foshan City	179	19602	11.00	32.30	10.30	5	1923
江门市	Jiangmen City	245	16713	9.53	27.57	8.53	2	953
湛江市	Zhanjiang City	343	27651	23.80	62.50	17.60	4	3879
茂名市	Maoming City	293	31242	23.80	64.60	18.60	2	1031
肇庆市	Zhaoqing City	180	15153	11.40	30.60	8.70	4	1770
惠州市	Huizhou City	209	15232	10.90	29.50	7.98	2	755
梅州市	Meizhou City	262	22243	13.39	38.23	12.10	1	936
汕尾市	Shanwei City	162	11138	10.11	26.25	6.94	1	228
河源市	Heyuan City	189	14071	8.75	23.90	6.90	1	362
阳江市	Yangjiang City	99	9962	7.20	19.30	5.70	1	249
清远市	Qingyuan City	181	16016	10.51	27.81	8.09	1	413
东莞市	Dongguan City	180	12995	8.98	24.85	6.66	3	1691
中山市	ZhongShan City	99	8462	5.15	14.42	4.18	2	1122
潮州市	Chaozhou City	125	10070	7.11	20.31	6.24	1	769
揭阳市	Jieyang City	267	21977	20.23	54.50	14.29	2	590
云浮市	Yunfu City	113	10967	7.57	20.58	6.55	1	283
广西壮族自治区	**Guangxi**	**2568**	**158281**	**102.57**	**287.64**	**93.00**	**58**	**27545**
南宁市	Nanning City	364	22150	13.57	39.31	13.00	28	12710
柳州市	Liuzhou City	212	11941	6.40	18.93	6.60	7	3016
桂林市	Guilin City	271	16421	7.69	24.60	8.89	8	5215
梧州市	Wuzhou City	141	9901	5.87	16.10	6.30	1	477
北海市	Beihai City	90	5765	3.82	11.17	3.45	4	781
防城港市	Fangchenggang City	48	2649	1.73	4.65	1.32		
钦州市	Qinzhou City	124	9247	8.06	20.07	5.67	2	771
贵港市	Guigang City	240	16512	12.20	32.60	10.10		
玉林市	Yulin City	300	21184	14.66	39.21	11.94	1	660
百色市	Baise City	209	10489	6.66	19.28	6.15	4	1106
贺州市	Hezhou City	118	6806	3.93	13.36	4.55	1	448
河池市	Hechi City	219	11085	7.20	20.00	6.50	1	168
来宾市	Laibin City	112	7889	5.10	15.04	4.81	1	340
崇左市	Chongzuo City	117	6135	3.29	9.15	3.12	4	1124
海南省	**Hainan**	**570**	**32946**	**21.28**	**61.86**	**20.13**	**15**	**6653**
海口市	Haikou City	99	6796	4.22	12.00	3.45	11	4918
三亚市	Sanya City	46	2427	1.50	4.40	1.50	4	1005
其他	Others	425	23723	15.56	45.45	15.18		730

3-24 续表 7 continued

地　区	Region	普通中学学校数 (所) Number of Secondary Schools (unit)	普通中学专任教师数 (人) Fulltime Teachers of Secondary School (person)	普通中学招生数 (万人) New Students Enrollment by Secondary School (10 000 persons)	普通中学在校学生数 (万人) Students Enrollment by Secondary School (10 000 persons)	普通中学毕业生数 (万人) Graduates from Secondary School (10 000 persons)	普通高等学校数 (所) Regular Institutions of Higher Education (unit)	普通高等学校专任教师数 (人) Full-time Teachers of Secondary School (person)
重庆市	**Chongqing**	**1325**	**103111**	**68.88**	**190.79**	**54.59**	**47**	**28398**
万州区	Wanzhou District	63	5247	3.74	10.64	3.25	4	2053
涪陵区	Fuling District	59	4218	2.59	7.10	2.12	2	1007
渝中区	Yuzhong District	16	2351	0.96	2.97	1.10	3	1231
大渡口区	Dadukou District	6	904	0.53	1.50	0.40		
江北区	Jiangbei District	19	1875	1.08	2.83	0.60	1	318
沙坪坝区	Shapingba District	35	3437	1.57	4.66	1.61	10	8413
九龙坡区	Jiulongpo District	36	3574	1.77	5.05	1.33	6	1552
南岸区	Nanan District	24	2042	1.21	3.18	0.85	3	3768
北碚区	Beibei District	23	2227	1.22	3.46	1.03	2	2722
万盛区	Wansheng District	14	1039	0.55	1.55	0.40		
双桥区	Shuangqiao District	3	266	0.17	0.47	0.12		
渝北区	Yubei District	52	3624	1.85	5.25	1.48	2	1109
巴南区	Banan District	49	2722	1.53	4.53	1.45	3	1642
黔江区	Qianjiang District	25	1909	1.56	4.10	0.95		
长寿区	Changshou District	27	2934	1.81	4.84	1.43		
江津区	Jiangjin District	55	4067	2.53	7.14	2.18		
合川区	Hechuan District	37	3788	2.87	7.85	2.35	5	2222
永川区	Yongchuan District	46	3400	1.84	5.20	1.60	6	2361
南川区	Nanchuan District	38	1923	1.37	3.62	1.06		
四川省	**Sichuan**	**4937**	**273559**	**175.47**	**502.63**	**157.50**	**78**	**59174**
成都市	Chengdu City	513	40560	21.83	64.07	19.65	42	35823
自贡市	Zigong City	134	8277	5.34	15.26	4.81	1	1395
攀枝花市	Panzhihua City	68	4402	2.23	6.45	1.81	2	1026
泸州市	Luzhou City	218	13854	9.96	27.64	8.40	4	1941
德阳市	Deyang City	187	11152	6.29	18.25	6.01	5	2354
绵阳市	Mianyang City	278	17519	11.01	31.89	10.25	4	4210
广元市	Guangyuan City	197	10716	6.89	20.16	6.31	1	227
遂宁市	Suining City	169	12654	7.68	22.65	8.18	1	508
内江市	Neijiang City	238	12279	7.42	20.87	6.54	2	1041
乐山市	Leshan City	242	10535	6.13	17.68	5.64	2	1840
南充市	Nanchong City	528	25414	16.57	48.05	15.16	3	2624
眉山市	Meishan City	250	10472	6.99	20.19	6.46	1	716
宜宾市	Yibin City	322	16790	11.27	30.94	8.72	2	1175
广安市	Guangan City	283	14335	10.16	29.31	9.03	1	215
达州市	Dazhou City	389	18460	14.03	40.58	12.97	2	962
雅安市	Yaan City	83	4750	2.91	8.39	2.67	2	1717
巴中市	Bazhong City	198	10521	9.49	26.46	7.94		
资阳市	Ziyang City	322	13696	7.46	21.79	7.81		
阿坝藏族羌族自治州	Aba Zang & Qiang A.P	65	3250	1.93	5.54	1.58	1	330
甘孜藏族自治州	Ganzi Zang A.P	46	2363	1.40	3.98	1.09	1	707
凉山彝族自治州	Liangshan Yi A.P	207	11560	8.48	22.48	6.47	1	363
贵州省	**Guizhou**	**2626**	**135360**	**96.07**	**261.78**	**78.58**	**37**	**18037**
贵阳市	Guiyang City	284	13430	8.54	23.32	6.93	16	10643
六盘水市	Liupanshui City	218	10393	8.08	21.15	6.13	2	
遵义市	Zunyi City	534	26874	17.79	50.08	15.12	5	1803
安顺市	Anshun City	147	8396	6.16	16.66	5.28	2	684
铜仁地区	Tongren Prefecture	242	14687	10.20	28.03	8.57	2	696
黔西南布依族苗族自治州	Southwest Guizhou Buyi & Miao A.P	215	10998	7.73	21.03	6.80	2	647

3-24 续表 8 continued

地区	Region	普通中学学校数（所）Number of Secondary Schools (unit)	普通中学专任教师数（人）Fulltime Teachers of Secondary School (person)	普通中学招生数（万人）New Students Enrollment by Secondary School (10 000 persons)	普通中学在校学生数（万人）Students Enrollment by Secondary School (10 000 persons)	普通中学毕业生数（万人）Graduates from Secondary School (10 000 persons)	普通高等学校数（所）Regular Institutions of Higher Education (unit)	普通高等学校专任教师数（人）Full-time Teachers of Secondary School (person)
毕节地区	Bijie Prefecture	445	22329	18.73	48.67	14.02	1	394
黔东南苗族侗族自治州	Southeast Guizhou Miao & Dong A.P	287	15336	9.64	27.42	8.72	3	1085
黔南布依族苗族自治州	South Guizhou Buyi & Miao A.P	254	12917	9.19	25.42	7.76	3	1054
云南省	**Yunnan**	**2272**	**148602**	**91.51**	**259.48**	**77.91**	**59**	**23276**
昆明市	Kunming City	293	18846	10.79	30.08	8.85	39	17081
曲靖市	Qujing City	252	22369	15.49	44.52	13.46	2	680
玉溪市	Yuxi City	121	8415	4.50	12.56	3.78	2	647
保山市	Baoshan City	130	8911	5.40	15.19	4.59	2	439
昭通市	Zhaotong City	208	15652	12.29	34.18	9.35	1	312
丽江市	Lijiang City	92	4628	2.53	7.28	2.24	2	686
普洱市	Puer City	135	7423	4.04	11.79	3.62	2	405
临沧市	Lincang City	126	6544	3.97	11.41	3.52	1	262
楚雄彝族自治州	Chuxiong Yi A.P	158	9570	4.90	14.17	4.18	2	608
红河哈尼族彝族自治州	Honghe Hani & Yi A.P	203	13089	8.39	23.99	7.42	2	647
文山壮族苗族自治州	Wenshan Zhuang & Miao A.P	160	11979	7.20	19.78	5.86	1	285
西双版纳傣族自治州	Xishuangbanna Dai A.P	60	2839	1.76	4.98	1.57	1	148
大理白族自治州	Dali Bai A.P	215	11637	6.45	18.59	6.00	1	861
德宏傣族景颇族自治州	Dehong Dai & Jingpo A.P	66	3601	2.15	6.11	1.94	1	215
怒江傈僳族自治州	Nujiang Lisu A.P	31	1935	0.92	2.73	0.85		
迪庆藏族自治州	Diqing Zang A.P	22	1164	0.74	2.11	0.68		
西藏自治区	**Tibet A.R.**	**119**	**10752**	**6.50**	**18.50**	**5.60**	**6**	**1877**
拉萨市	Lhasa City	25	2282	1.19	3.42	1.14	5	1358
昌都地区	Qamdu Prefecture	17	1841	1.26	3.67	1.12		
山南地区	Lhokha Prefecture	17	1437	0.81	2.36	0.79		
日喀则地区	Xigaze Prefecture	25	2938	1.58	4.73	1.52		
那曲地区	Narqu Prefecture	15	1059	0.90	2.16	0.35		
阿里地区	Ngri Prefecture	7	184	0.17	0.39	0.08		
林芝地区	Nyingchi Prefecture	10	692	0.43	1.17	0.37		
其他	Others						1	519
陕西省	**Shaanxi**	**2583**	**169126**	**93.73**	**288.87**	**101.84**	**76**	**53740**
西安市	Xi'an City	442	31425	17.16	52.83	17.99	48	
铜川市	Tongchuan City	73	4056	2.03	6.51	2.24	1	
宝鸡市	Baoji City	257	17600	8.80	28.30	10.47	2	
咸阳市	Xianyang City	334	24344	14.53	44.60	15.43	10	
渭南市	Weinan City	408	27163	14.51	45.69	16.56	3	
延安市	Yan'an City	160	11546	6.47	19.52	7.32	2	
汉中市	Hanzhong City	241	13373	7.38	21.63	6.98	3	
榆林市	Yulin City	252	17001	10.02	30.63	11.04	1	
安康市	Ankang City	222	11147	6.49	19.79	6.71	2	
商洛市	Shangluo City	187	10771	5.99	18.15	6.68	2	
其他	Others	7	700	0.35	1.23	0.43	2	
甘肃省	**Gansu**	**2103**	**114963**	**69.69**	**203.84**	**64.55**	**34**	**18581**
兰州市	Lanzhou City	224	13425	6.96	20.80	6.99	20	14006
嘉峪关市	Jiayuguan City	11	903	0.51	1.57	0.45	1	181
金昌市	Jinchang City	29	2164	1.22	3.71	1.10		

3-24 续表 9 continued

地 区	Region	普通中学学校数 (所) Number of Secondary Schools (unit)	普通中学专任教师数 (人) Fulltime Teachers of Second-ary School (person)	普通中学招生数 (万人) New Students Enrollment by Second-ary School (10 000 persons)	普通中学在校学生数 (万人) Students Enrollment by Second-ary School (10 000 persons)	普通中学毕业生数 (万人) Graduates from Secondary School (10 000 persons)	普通高等学校数 (所) Regular Institutions of Higher Education (unit)	普通高等学校专任教师数 (人) Full-time Teachers of Second-ary School (person)
白银市	Baiyin City	176	10868	6.56	19.63	6.36		
天水市	Tianshui City	272	14999	8.01	27.06	9.12	3	1376
武威市	Wuwei City	155	8823	5.80	16.60	5.23	2	407
张掖市	Zhangye City	100	5630	3.10	9.12	2.90	2	705
平凉市	Pingliang City	168	10195	6.51	18.31	5.66	1	285
酒泉市	Jiuquan City	86	4479	2.46	7.03	1.96	1	303
庆阳市	Qingyang City	197	11142	7.26	20.66	6.36	1	500
定西市	Dingxi City	291	13534	7.93	24.38	8.15	1	222
陇南市	Longnan City	228	10237	7.12	18.88	5.75	1	238
临夏回族自治州	Linxia Hui A.P	112	6127	4.61	11.54	3.24		
甘南藏族自治州	Gannan Zang A.P	54	2437	1.64	4.57	1.29	1	358
青海省	**Qinghai**	**491**	**21194**	**10.65**	**31.54**	**10.66**	**8**	**3368**
西宁市	Xining City	145	8842	3.91	11.60	4.10	8	3368
海东地区	Haidong Prefecture	165	6629	3.19	9.93	3.60		
海北藏族自治州	Haibei Zang A.P	23	916	0.60	1.55	0.54		
黄南藏族自治州	Huangnan Zang AP	26	758	0.49	1.46	0.38		
海南藏族自治州	Hainan Zang A.P	36	1375	0.85	2.30	0.81		
果洛藏族自治州	Golog Zang A.P	16	381	0.23	0.82	0.16		
玉树藏族自治州	Yushu Zang A.P	21	524	0.43	1.23	0.30		
海西蒙古族藏族自治州	Haixi Mongolian & Zang A.P	59	1769	0.96	2.65	0.77		
宁夏回族自治区	**Ningxia**	**377**	**24733**	**15.65**	**42.92**	**13.61**	**13**	**4980**
银川市	Yinchuan City	78	6941	4.23	11.52	3.51	10	3520
石嘴山市	Shizuishan City	51	3360	1.70	5.00	1.70	1	336
吴忠市	Wuzhong City	82	4458	3.20	8.70	2.51	1	164
固原市	Guyuan City	98	5694	3.80	10.20	3.40	1	396
中卫市	Zhongwei City	68	4280	2.82	7.81	2.56		
新疆维吾尔自治区	**Xinjiang**	**1759**	**108729**	**49.76**	**148.36**	**50.71**	**32**	**15755**
乌鲁木齐市	Urumqi City	137	9642	5.08	14.68	4.57	17	9105
克拉玛依市	Karamay City	21	2063	0.87	2.47	0.73	1	278
吐鲁番地区	Turpan Prefecture	84	3905	1.21	3.52	1.26		
哈密地区	Hami Prefecture	71	2794	1.07	3.15	1.07		
昌吉回族自治州	Changji Hui A.P	76	6540	2.69	8.12	2.58	3	1105
博尔塔拉蒙古自治州	Bortala Mongolian A.P	35	2237	0.83	2.49	0.83		
巴音郭楞蒙古自治州	Bayingolin Mongolian A.P	107	6261	2.51	7.40	2.49	1	339
阿克苏地区	Aksu Prefecture	160	9566	4.97	14.55	5.66	1	347
克孜勒苏柯尔克孜自治州	Kizilsu Kirgiz A.P	36	2924	1.20	3.64	1.27		
喀什地区	Kashi Prefecture	233	19089	9.27	28.43	10.24	1	715
和田地区	Hotan Prefecture	146	8539	3.80	12.31	4.60	2	351
伊犁哈萨克自治州	Ili Kazak A.P	207	11608	5.38	15.46	4.98	2	1018
塔城地区	Tacheng Prefecture	92	4795	2.24	6.54	2.18		
阿勒泰地区	Altay Prefecture	84	3432	1.16	3.47	1.33		
石河子市	Shihezi City	11	1046	0.66	1.87	0.52	1	160
阿拉尔市	Alar City	1						
图木舒克市	Tumxuk City							
五家渠市	Wujiaqu City							
生产建设兵团	Corps	258	14288	6.82	20.26	6.40	3	2337

3-25 普通高校学生数和文化事业情况(2008年)

Students of Regular Institutions of Higher Education and Culture(2008)

地区	Region	普通高等学校招生数(万人) New Students Enroll-ment by Institutions (10 000 persons)	普通高等学校在校学生数(万人) Students Enroll-ment by Institutions (10 000 persons)	普通高等学校毕业生数(万人) Graduates from Institutions (10 000 persons)	公共图书馆(个) Public Libraries (unit)	公共图书馆藏书量(万册、件) Total Collection of Public Libraries (10 000 volumes)	广播覆盖率(%) Radio Coverage of Popu-lation (%)	电视覆盖率(%) TV Coverage of Popu-lation (%)	有线电视入户率(%) CATV Coverage of House-hold (%)
北京市	**Beijing**	**15.72**	**57.56**	**14.95**	**25**	**4100.0**	**100.0**	**100.0**	**81.0**
东城区	Dongcheng District				1	44.0	100.0	100.0	73.3
西城区	Xicheng District				2	75.0	100.0	100.0	72.5
崇文区	Chongwen District				1	44.0	100.0	100.0	74.3
宣武区	Xuanwu District				1	33.0	100.0	100.0	66.6
朝阳区	Chaoyang District				3	623.0	100.0	100.0	100.0
丰台区	Fengtai District				2	48.0	100.0	100.0	100.0
石景山区	Shijingshan District				2	78.0	100.0	100.0	100.0
海淀区	Haidian District				2	2735.0	100.0	100.0	95.3
门头沟区	Mentougou District				1	37.0	100.0	100.0	71.3
房山区	Fangshan District				2	61.0	100.0	100.0	31.9
通州区	Tongzhou District				1	30.0	100.0	100.0	79.7
顺义区	Shunyi District				1	31.0	100.0	100.0	52.5
昌平区	Changping District				1	48.0	100.0	100.0	100.0
大兴区	Daxing District				1	61.0	100.0	100.0	100.0
怀柔区	Huairou District				1	35.0	99.5	99.6	57.5
平谷区	Pinggu District				1	65.0	100.0	100.0	63.7
密云县	Miyun County				1	31.0	99.9	100.0	24.9
延庆县	Yanqing County				1	21.0	100.0	100.0	48.4
北京经济技术开发区	Beijing Economic-technological Development Zones								
远洋捕捞	Deep-sea Fishing								
其他	Others								
天津市	**Tianjin**	**11.85**	**38.64**	**10.17**	**32**	**1106.7**	**100.0**	**99.8**	**66.7**
和平区	Heping District	0.11	0.54	0.20	3	128.5	100.0	100.0	
河东区	Hedong District	0.72	2.53	0.74	2	40.1	100.0	100.0	
河西区	Hexi District	1.80	6.05	1.80	2	38.3	100.0	100.0	
南开区	Nankai District	1.66	6.07	1.62	3	530.4	100.0	100.0	
河北区	Hebei District	0.52	1.51	0.37	2	36.2	100.0	100.0	
红桥区	Hongqiao District	0.44	1.12	0.41	2	21.1	100.0	100.0	
塘沽区	Tanggu District	0.68	1.81	0.49	3	143.9	100.0	100.0	
汉沽区	Hangu District				2	27.9	100.0	100.0	
大港区	Dagang District	0.83	2.81	0.70	1	12.2	100.0	100.0	
东丽区	Dongli District	0.47	1.49	0.37	1	17.1	100.0	100.0	
西青区	Xiqing District	2.18	7.30	1.85	2	16.8	100.0	100.0	
津南区	Jinnan District	0.59	2.18	0.52	1	16.1	100.0	100.0	
北辰区	Beichen District	1.05	2.99	0.83	2	16.7	100.0	100.0	
武清区	Wuqing District	0.12	0.34	0.10	1	11.0	100.0	100.0	
宝坻区	Baodi District	0.29	0.95		1	18.0	100.0	100.0	
宁河县	Ninghe County				1	1.9	100.0	100.0	
静海县	Jinghai County	0.38	0.95	0.19	2	18.5	100.0	100.0	
蓟县	Ji County				1	12.2	100.0	98.0	
天津经济技术开发区	Tianjin Economic-technological Development Area								
天津港保税区	Tianjin Port Free Trade Zone								
天津滨海高新区	Tianjin Hi-Tech Industrial Park								
其他	Others								

3-25 续表 1 continued

地　区	Region	普通高等学校招生数(万人) New Students Enroll-ment by Institutions (10 000 persons)	普通高等学校在校学生数(万人) Students Enroll-ment by Institutions (10 000 persons)	普通高等学校毕业生数(万人) Graduates from Institutions (10 000 persons)	公共图书馆(个) Public Libraries (unit)	公共图书馆藏书量(万册、件) Total Collection of Public Libraries (10 000 volumes)	广播覆盖率(%) Radio Coverage of Popu-lation (%)	电视覆盖率(%) TV Coverage of Popu-lation (%)	有线电视入户率(%) CATV Coverage of House-hold (%)
河北省	**Hebei**	**33.61**	**99.57**	**26.62**	**163**	**1450.2**	**98.9**	**98.8**	**30.0**
石家庄市	Shijiazhuang City	10.93	31.65	8.48	24	275.8	99.3	99.4	35.4
唐山市	Tangshan City	2.88	9.10	2.39	13	164.0	100.0	100.0	40.3
秦皇岛市	Qinhuangdao City	2.38	7.83	2.05	6	84.4	100.0	100.0	63.5
邯郸市	Handan City	1.84	5.61	1.83	19	122.0	100.0	98.9	19.3
邢台市	Xingtai City	1.58	4.37	1.05	18	82.0	99.1	99.1	16.5
保定市	Baoding City	5.01	14.82	4.19	23	164.8	99.0	98.0	19.4
张家口市	Zhangjiakou City	1.49	3.64	1.02	14	108.0	98.4	97.4	25.0
承德市	Chengde City	1.17	3.34	0.91	10	72.4	88.8	91.6	52.3
沧州市	Cangzhou City	1.60	2.91	1.09	14	79.9	100.0	100.0	34.8
廊坊市	Langfang City	2.77	6.27	1.92	10	92.5	100.0	100.0	32.1
衡水市	Hengshui City	0.61	1.64	0.47	11	35.3	100.0	100.0	18.3
其他	Others								
山西省	**Shanxi**	**18.40**	**52.68**	**14.12**	**122**	**870.7**	**92.4**	**96.6**	**33.0**
太原市	Taiyuan City	10.70	31.60	8.80	10	270.3	99.1	99.4	80.1
大同市	Datong City	1.20	3.40	0.90	13	40.5	93.2	96.9	34.4
阳泉市	Yangquan City	0.30	0.90	0.30	5	33.4	100.0	100.0	67.4
长治市	Changzhi City	0.81	2.53	0.79	13	88.5	94.0	96.6	30.1
晋城市	Jincheng City	0.33	0.76	0.16	6	25.1	96.4	98.0	59.3
朔州市	Shuozhou City				6	23.8	94.1	98.6	10.2
晋中市	Jinzhong City	1.66	5.18	1.30	11	85.9	91.9	97.6	35.2
运城市	Yuncheng City	0.50	1.50	0.40	13	97.2	94.1	95.1	
忻州市	Xinzhou City	0.60	1.62	0.40	14	54.5	90.0	92.5	30.0
临汾市	Linfen City	1.60	3.40	1.10	17	98.3	95.8	97.9	33.0
吕梁市	Luliang City	0.50	1.40	0.40	14	53.3	78.0	95.0	25.0
其他	Others								
内蒙古自治区	**Inner Mongolia**	**10.71**	**31.67**	**7.33**	**113**	**1006.3**	**94.1**	**92.7**	**37.7**
呼和浩特市	Hohhot City	6.20	18.45	4.27	9	243.4	96.6	93.5	42.7
包头市	Baotou City	1.93	5.74	1.26	10	303.6	100.0	98.5	49.7
呼伦贝尔市	Hulunbuir City	0.33	1.12	0.34	14	60.0	90.0	88.6	44.0
兴安盟	Xingan League	0.11	0.25	0.04	7	25.0	90.9	92.1	25.5
通辽市	Tongliao City	0.70	2.17	0.59	9	79.7	97.3	95.8	41.0
赤峰市	Chifeng City	0.49	1.42	0.27	14	88.5	94.1	92.4	31.2
锡林郭勒盟	Xilingol League	0.19	0.42	0.08	12	34.0	90.6	91.0	39.1
乌兰察布市	Ulanqab City	0.42	1.17	0.29	12	38.0	93.8	90.5	62.1
鄂尔多斯市	Erdos City				9	55.9	95.3	91.0	28.6
巴彦淖尔市	Bayannur City	0.23	0.65	0.14	8	43.0	91.7	93.1	16.0
乌海市	Wuhai City	0.12	0.28	0.05	4	19.1	97.4	97.9	89.1
阿拉善盟	Alxa League				4	16.2	89.8	90.8	60.3
其他	Others				1				
辽宁省	**Liaoning**	**25.24**	**82.04**	**20.23**	**128**	**2584.4**	**98.4**	**98.5**	**45.8**
沈阳市	Shenyang City	9.85	32.71	8.32	21	945.2	100.0	99.9	63.7
大连市	Dalian City	6.65	23.05	5.35	13	569.1	98.8	99.8	64.7
鞍山市	Anshan City	0.96	3.36	0.78	9	197.0	97.1	96.3	37.5
抚顺市	Fushun City	1.11	3.46	0.80	7	101.2	98.9	98.9	58.3
本溪市	Benxi City	0.33	1.01	0.40	7	97.0	99.4	98.5	49.3
丹东市	Dandong City	0.86	2.25	0.64	8	122.0	98.4	98.4	38.3
锦州市	Jinzhou City	2.23	7.36	1.70	9	120.1	99.1	99.0	21.4
营口市	Yingkou City	0.41	1.03	0.34	8	95.2	99.2	99.2	37.0

3-25 续表 2 continued

地 区	Region	普通高等学校招生数(万人) New Students Enroll-ment by Institutions (10 000 persons)	普通高等学校在校学生数(万人) Students Enroll-ment by Institutions (10 000 persons)	普通高等学校毕业生数(万人) Graduates from Institutions (10 000 persons)	公共图书馆(个) Public Libraries (unit)	公共图书馆藏书量(万册、件) Total Collection of Public Libraries (10 000 volumes)	广播覆盖率(%) Radio Coverage of Popu-lation (%)	电视覆盖率(%) TV Coverage of Popu-lation (%)	有线电视入户率(%) CATV Coverage of House-hold (%)
阜新市	Fuxin City	0.93	2.98	0.79	8	40.2	95.3	98.3	50.3
辽阳市	Liaoyang City	0.70	1.82	0.45	9	81.0	99.4	98.6	21.6
盘锦市	Panjin City	0.23	0.52	0.12	5	40.1	100.0	100.0	45.5
铁岭市	Tieling City	0.36	0.77	0.19	9	63.0	96.2	97.0	32.4
朝阳市	Chaoyang City	0.16	0.40	0.17	8	66.1	96.6	96.6	31.2
葫芦岛市	Huludao City	0.45	1.32	0.18	7	47.2	97.7	96.5	33.7
其他	Others								
吉林省	**Jilin**	**15.49**	**50.40**	**11.79**	**64**	**1345.4**	**98.2**	**98.4**	**31.0**
长春市	Changchun City	10.50	35.62	8.19	12	293.3	100.0	100.0	28.4
吉林市	Jilin City	2.57	7.67	1.81	10	194.9	98.0	96.6	30.8
四平市	Siping City	0.71	2.17	0.59	5	64.3	100.0	99.3	23.5
辽源市	Liaoyuan City	0.18	0.31	0.03	3	107.4	96.5	97.0	24.6
通化市	Tonghua City	0.34	1.02	0.29	8	65.7	98.5	98.7	39.2
白山市	Baishan City	0.07	0.07		6	46.6	86.2	93.9	40.4
松原市	Songyuan City	0.14	0.25	0.06	4	39.6	96.5	97.5	23.2
白城市	Baicheng City	0.47	1.42	0.35	6	40.4	98.0	99.9	24.2
延边朝鲜族自治州	Yanbian Korean A.P	0.51	1.87	0.47	9	161.9	99.7	97.3	54.6
其他	Others				1	331.3			
黑龙江省	**Heilongjiang**	**21.32**	**66.98**	**17.00**	**101**	**1506.0**	**98.6**	**98.8**	**35.6**
哈尔滨市	Harbin City	14.16	45.00	10.83	19	635.5	99.6	99.1	31.8
齐齐哈尔市	Qiqihar City	1.52	4.72	1.12	12	174.0	99.2	100.0	47.6
鸡西市	Jixi City	0.37	0.95	0.43	1	312.0	99.4	99.3	25.4
鹤岗市	Hegang City	0.08	0.23	0.13	3	25.0	99.1	99.3	16.3
双鸭山市	Shuangyashan City	0.05	0.13	0.05	5	28.8	99.2	97.9	39.7
大庆市	Daqing City	1.63	5.60	1.59	6	24.6	99.0	99.3	28.1
伊春市	Yichun City	0.09	0.22	0.06	9	61.0	97.2	99.8	36.7
佳木斯市	Jiamusi City	1.01	3.04	0.85	7	70.9	99.3	99.9	35.4
七台河市	Qitaihe City	0.08	0.17	0.03	2	18.6	100.0	100.0	35.0
牡丹江市	Mudanjiang City	1.64	4.82	1.36	8	73.0	99.1	99.8	45.5
黑河市	Heihe City	0.23	0.77	0.21	6	25.0	94.3	96.8	34.7
绥化市	Suihua City	0.35	1.09	0.30	11	87.0	99.8	98.8	33.4
大兴安岭地区	Daxing'anling Prefecture	0.11	0.23	0.04	4	26.0	80.7	99.9	31.4
农垦总局	Agriculture Reclamation Bureau								
其他	Others								
上海市	**Shanghai**	**14.58**	**50.29**	**12.21**	**29**	**6394.1**	**100.0**	**100.0**	**104.8**
黄浦区	Huangpu District				1	90.8			
卢湾区	Luwan District				1	44.1			
徐汇区	Xuhui District				2	5228.7			
长宁区	Changning District				2	81.4			
静安区	Jingan District				2	128.3			
普陀区	Putuo District				2	70.8			
闸北区	Zhabei District				2	50.9			
虹口区	Hongkou District				2	61.1			
杨浦区	Yangpu District				3	71.6			
闵行区	Minhang District				1	42.6			
宝山区	Baoshan District				1	62.3			
嘉定区	Jiading District				1	51.5			

3-25 续表 3 continued

地 区	Region	普通高等学校招生数(万人) New Students Enroll-ment by Institutions (10 000 persons)	普通高等学校在校学生数(万人) Students Enroll-ment by Institutions (10 000 persons)	普通高等学校毕业生数(万人) Graduates from Institutions (10 000 persons)	公共图书馆(个) Public Libraries (unit)	公共图书馆藏书量(万册、件) Total Collection of Public Libraries (10 000 volumes)	广播覆盖率(%) Radio Coverage of Popu-lation (%)	电视覆盖率(%) TV Coverage of Popu-lation (%)	有线电视入户率(%) CATV Coverage of House-hold (%)
浦东新区	Pudong New District				3	156.9			
金山区	Jinshan District				1	29.1			
松江区	Songjiang District				1	47.4			
青浦区	Qingpu District				1	46.3			
南汇区	Nanhui District				1	37.1			
奉贤区	Fengxian District				1	47.0			
崇明县	Chongming County				1	46.3			
其他	Others								
江苏省	**Jiangsu**	**41.11**	**157.26**	**38.09**	**107**	**3775.8**	**99.9**	**99.9**	**65.8**
南京市	Nanjing City	15.37	65.20	15.98	18	1252.6	100.0	100.0	87.6
无锡市	Wuxi City	3.11	10.57	2.59	9	277.1	100.0	100.0	95.0
徐州市	Xuzhou City	2.98	10.91	2.42	7	162.6	100.0	100.0	53.2
常州市	Changzhou City	2.99	10.44	3.00	4	194.7	100.0	100.0	79.2
苏州市	Suzhou City	4.61	15.83	3.75	10	610.9	100.0	100.0	99.8
南通市	Nantong City	2.17	8.23	1.95	10	261.1	100.0	100.0	68.9
连云港市	Lianyungang City	0.82	2.76	0.83	7	145.7	100.0	100.0	60.0
淮安市	Huaian City	1.93	6.97	1.62	7	108.6	100.0	100.0	43.0
盐城市	Yancheng City	1.54	5.60	1.13	9	167.2	100.0	98.9	58.4
扬州市	Yangzhou City	2.03	7.48	1.88	7	207.3	100.0	100.0	88.6
镇江市	Zhenjiang City	1.98	7.73	1.71	7	170.7	100.0	100.0	66.5
泰州市	Taizhou City	1.17	3.98	0.89	6	127.6	100.0	100.0	66.1
宿迁市	Suqian City	0.41	1.58	0.34	6	72.4	98.0	100.0	27.5
浙江省	**Zhejiang**	**26.57**	**83.22**	**20.32**	**94**	**3180.0**	**98.9**	**99.1**	**66.9**
杭州市	Hangzhou City	11.47	37.99	9.78	14	990.6	99.8	99.8	90.0
宁波市	Ningbo City	4.28	12.85	3.59	12	609.9	100.0	100.0	77.3
温州市	Wenzhou City	2.25	7.12	1.43	12	283.7	97.7	97.7	60.8
嘉兴市	Jiaxing City	1.21	3.49	0.68	7	303.1	100.0	100.0	41.7
湖州市	Huzhou City	0.77	2.35	0.53	4	195.1	99.6	99.6	77.1
绍兴市	Shaoxing City	2.21	5.03	1.09	6	219.6	100.0	100.0	79.1
金华市	Jinhua City	2.50	6.98	1.91	10	278.3	99.2	99.5	49.2
衢州市	Quzhou City	0.35	1.02	0.27	7	94.6	96.2	96.9	61.3
舟山市	Zhoushan City	0.73	2.27	0.46	4	60.7	98.5	98.5	62.9
台州市	Taizhou City	0.95	2.73	0.64	10	149.3	99.6	99.5	66.9
丽水市	Lishui City	1.26	3.57	0.98	9	110.6	94.0	97.3	46.2
安徽省	**Anhui**	**27.35**	**80.83**	**19.11**	**85**	**1052.7**	**96.8**	**96.9**	**25.5**
合肥市	Hefei City	11.11	32.05	8.06	6	356.6	100.0	100.0	80.0
芜湖市	Wuhu City	3.35	10.47	2.45	4	58.9	100.0	99.3	31.0
蚌埠市	Bengbu City	1.66	4.88	1.25	4	38.4	100.0	100.0	21.0
淮南市	Huainan City	1.85	5.88	1.46	4	31.6	100.0	100.0	45.0
马鞍山市	Maanshan City	1.26	3.43	0.71	2	55.6	100.0	100.0	49.3
淮北市	Huaibei City	0.87	2.88	0.65	3	24.9	98.0	95.8	29.6
铜陵市	Tongling City	0.74	2.44	0.60	2	44.6	94.8	100.0	41.3
安庆市	Anqing City	0.99	2.85	0.48	9	79.0	94.9	96.2	25.4
黄山市	Huangshan City	0.41	1.35	0.37	7	42.9	93.2	94.9	43.0
滁州市	Chuzhou City	1.13	3.40	0.75	7	50.7	97.2	97.1	18.4
阜阳市	Fuyang City	0.89	2.59	0.50	6	28.7	100.0	100.0	6.8
宿州市	Suzhou City	0.68	1.79	0.38	5	19.7	91.3	92.3	12.5

3-25 续表 4 continued

地区	Region	普通高等学校招生数(万人) New Students Enroll-ment by Institutions (10 000 persons)	普通高等学校在校学生数(万人) Students Enroll-ment by Institutions (10 000 persons)	普通高等学校毕业生数(万人) Graduates from Institutions (10 000 persons)	公共图书馆(个) Public Libraries (unit)	公共图书馆藏书量(万册、件) Total Collection of Public Libraries (10 000 volumes)	广播覆盖率(%) Radio Coverage of Popu-lation (%)	电视覆盖率(%) TV Coverage of Popu-lation (%)	有线电视入户率(%) CATV Coverage of House-hold (%)
巢湖市	Chaohu City	0.47	1.82	0.40	5	64.8	99.4	100.0	15.3
六安市	Liuan City	0.96	2.71	0.57	6	45.2	96.5	93.6	31.6
亳州市	Bozhou City	0.30	0.72	0.19	4	32.1	100.0	100.0	7.0
池州市	Chizhou City	0.53	1.22	0.24	4	22.9	95.1	97.4	26.4
宣城市	Xuancheng City	0.14	0.34	0.06	7	56.1	96.5	96.7	33.2
其他	Others								
福建省	**Fujian**	**18.91**	**56.26**	**13.04**	**85**	**1457.8**	**97.4**	**98.3**	**53.2**
福州市	Fuzhou City	8.30	25.03	6.30	15	460.4	98.1	98.6	66.9
厦门市	Xiamen City	3.16	9.70	1.74	8	294.4	98.7	100.0	120.1
莆田市	Putian City	0.47	1.64	0.38	3	17.9	98.0	98.2	43.3
三明市	Sanming City	0.48	1.32	0.30	12	122.9	97.7	99.1	45.7
泉州市	Quanzhou City	3.30	9.89	2.27	10	205.6	97.9	98.2	49.7
漳州市	Zhangzhou City	1.79	5.18	1.08	10	96.6	98.1	98.2	37.1
南平市	Nanping City	0.74	1.50	0.46	10	124.9	96.7	97.9	54.4
龙岩市	Longyan City	0.40	1.35	0.36	7	73.8	96.3	98.9	39.9
宁德市	Ningde City	0.27	0.65	0.15	10	61.3	94.0	97.0	41.7
江西省	**Jiangxi**	**25.20**	**76.42**	**26.45**	**105**	**1398.4**	**95.8**	**97.2**	**30.2**
南昌市	Nanchang City	14.55	44.79	15.05	10	147.2	97.4	98.8	43.6
景德镇市	Jingdezhen City	0.96	2.89	0.84	3	62.4	98.7	98.9	43.0
萍乡市	Pingxiang City	0.33	0.26	0.26	6	63.1	98.2	99.3	40.0
九江市	Jiujiang City	2.70	7.74	3.08	12	153.5	92.3	94.7	38.8
新余市	Xinyu City	0.43	1.30	0.29	3	47.4	98.8	98.8	
鹰潭市	Yingtan City	0.12	0.44	0.10	4	33.2	93.2	94.5	49.5
赣州市	Ganzhou City	2.43	7.42	2.28	18	171.3	95.2	97.1	25.9
吉安市	Jian City	0.66	1.92	0.60	13	166.2	94.3	96.5	24.0
宜春市	Yichun City	0.94	2.67	0.78	10	112.8	98.0	98.0	21.2
抚州市	Fuzhou City				12	83.0	95.5	97.5	23.6
上饶市	Shangrao City	0.69	1.94	0.51	13	99.8	96.4	97.8	29.9
山东省	**Shandong**	**51.42**	**153.40**	**41.11**	**147**	**3151.4**	**97.6**	**97.6**	**48.4**
济南市	Jinan City	14.63	45.91	12.17	11	263.6	100.0	99.9	65.9
青岛市	Qingdao City	8.70	26.90	7.50	13	408.0	98.2	98.0	90.5
淄博市	Zibo City	3.36	9.33	2.39	9	210.8	100.0	98.0	90.0
枣庄市	Zaozhuang City	0.72	1.79	0.31	7	93.8	96.6	91.8	27.2
东营市	Dongying City	1.65	5.02	1.26	5	60.0	100.0	100.0	79.0
烟台市	Yantai City	4.07	12.15	3.40	13	461.4	100.0	100.0	100.0
潍坊市	Weifang City	4.00	11.22	2.96	12	196.0	95.4	98.3	61.5
济宁市	Jining City	2.47	7.30	1.85	11	149.7	92.7	94.5	28.1
泰安市	Taian City	2.70	9.10	2.20	7	57.3	99.7	97.2	26.4
威海市	Weihai City	1.90	5.96	1.44	4	97.3	100.0	100.0	68.2
日照市	Rizhao City	1.90	5.50	1.45	4	30.9	96.3	97.3	58.2
莱芜市	Laiwu City	0.50	1.16	0.24	2	26.0	98.0	96.3	20.6
临沂市	Linyi City	1.73	4.71	1.41	11	174.9	96.0	98.5	
德州市	Dezhou City	1.65	4.52	1.35	12	68.2	100.0	100.0	70.8
聊城市	Liaocheng City	0.69	4.19	0.94	8	61.2	100.0	100.0	27.4
滨州市	Binzhou City	1.49	4.59	1.12	8	116.6	100.0	100.0	55.5
菏泽市	Heze City	0.95	2.73	0.64	9	63.4	97.0	93.0	10.7

3-25 续表 5 continued

地　区	Region	普通高等学校招生数(万人) New Students Enrollment by Institutions (10 000 persons)	普通高等学校在校学生数(万人) Students Enrollment by Institutions (10 000 persons)	普通高等学校毕业生数(万人) Graduates from Institutions (10 000 persons)	公共图书馆(个) Public Libraries (unit)	公共图书馆藏书量(万册、件) Total Collection of Public Libraries (10 000 volumes)	广播覆盖率(%) Radio Coverage of Population (%)	电视覆盖率(%) TV Coverage of Population (%)	有线电视入户率(%) CATV Coverage of Household (%)
河南省	**Henan**	**44.51**	**125.02**	**30.25**	**142**	**1632.6**	**97.1**	**97.1**	**20.5**
郑州市	Zhengzhou City	20.42	57.04	13.99	12	214.3	99.0	99.6	58.7
开封市	Kaifeng City	2.30	6.98	1.74	6	77.0	99.9	99.4	4.7
洛阳市	Luoyang City	2.54	7.68	2.25	11	126.8	95.6	96.2	36.6
平顶山市	Pingdingshan City	1.99	5.27	1.34	8	63.9	98.0	96.4	7.8
安阳市	Anyang City	1.23	3.62	1.00	7	83.9	100.0	99.6	7.4
鹤壁市	Hebi City	0.34	0.83	0.21	3	37.3	100.0	100.0	10.9
新乡市	Xinxiang City	2.92	9.87	2.06	11	99.3	99.9	99.8	12.0
焦作市	Jiaozuo City	1.95	5.47	1.49	7	66.4	99.4	98.8	13.5
濮阳市	Puyang City	0.42	1.08	0.24	6	42.4	95.7	95.7	8.3
许昌市	Xuchang City	1.08	2.81	0.74	6	60.6	100.0	100.0	16.1
漯河市	Luohe City	0.93	2.25	0.44	4	37.6	100.0	100.0	7.3
三门峡市	Sanmenxia City	0.47	1.14	0.18	6	66.0	95.6	96.6	21.1
南阳市	Nanyang City	1.88	5.24	1.28	13	135.7	95.3	95.3	14.3
商丘市	Shangqiu City	2.56	6.34	1.14	9	55.1	100.0	100.0	10.2
信阳市	Xinyang City	1.45	4.34	0.89	11	54.3	85.2	88.9	9.4
周口市	Zhoukou City	1.10	2.54	0.57	10	42.9	98.4	98.5	4.2
驻马店市	Zhumadian City	0.56	1.59	0.47	10	57.6	96.4	94.1	8.1
其他	Others	0.38	0.92	0.22	1	14.2	97.5	98.8	28.7
湖北省	**Hubei**	**37.55**	**118.49**	**35.18**	**104**	**2106.0**	**96.8**	**97.3**	**30.5**
武汉市	Wuhan City	25.12	80.97	23.49	17	948.0	99.1	100.0	76.3
黄石市	Huangshi City	0.90	2.97	0.98	3	104.1	97.0	97.2	41.7
十堰市	Shiyan City	1.10	2.98	0.80	8	140.0	90.0	94.2	44.3
宜昌市	Yichang City	1.46	4.61	1.24	11	148.5	96.2	96.6	29.4
襄樊市	Xiangfan City	0.90	2.50	0.96	9	123.2	96.3	99.5	20.4
鄂州市	Ezhou City	0.41	1.19	0.24	1	33.0	98.3	98.3	32.8
荆门市	Jingmen City	0.50	1.96	0.58	5	57.8	97.3	98.4	30.2
孝感市	Xiaogan City	1.00	3.00	1.00	8	70.3	98.1	97.4	29.0
荆州市	Jingzhou City	3.77	12.20	4.32	8	112.4	98.8	97.5	53.0
黄冈市	Huanggang City	1.17	3.42	1.08	12	143.0	96.7	96.4	19.4
咸宁市	Xianning City	1.06	3.07	0.76	7	63.8	91.9	95.0	43.4
随州市	Suizhou City	0.22	0.67	0.20	2	21.0	98.3	96.8	23.7
恩施土家族苗族自治州	Enshi Tujia & Miao A.P	0.61	2.30	0.70	9	131.2	94.7	94.9	19.5
仙桃市	Xiantao City	0.81	0.34	0.27	1	8.2	100.0	100.0	80.0
天门市	Tianmen City				1	8.0	93.3	96.2	19.2
潜江市	Qianjiang City	0.15	0.37	0.08	3	70.6	100.0	100.0	99.0
神农架林区	Shennongjia Forest District				1	3.9	44.6	94.0	51.7
湖南省	**Hunan**	**32.36**	**99.91**	**25.57**	**120**	**1767.0**	**91.1**	**95.7**	**26.1**
长沙市	Changsha City	16.73	52.34	13.86	12	550.0	99.1	98.5	48.2
株洲市	Zhuzhou City	2.04	6.11	1.74	6	113.0	96.9	97.4	37.4
湘潭市	Xiangtan City	3.13	10.40	2.30	5	100.0	100.0	98.8	30.8
衡阳市	Hengyang City	2.76	8.34	2.16	11	152.0	93.1	97.5	23.4
邵阳市	Shaoyang City	0.71	2.19	0.58	11	135.0	78.0	92.1	22.4
岳阳市	Yueyang City	1.10	3.32	0.77	7	91.0	95.8	96.1	19.1
常德市	Changde City	1.11	3.03	0.63	9	126.0	99.5	95.2	22.5
张家界市	Zhangjiajie City	0.38	1.07	0.26	3	15.0	55.8	95.0	29.4
益阳市	Yiyang City	0.78	2.37	0.47	7	83.0	94.1	95.8	19.9
郴州市	Chenzhou City	0.59	1.85	0.55	11	66.0	96.0	96.2	27.8

3-25 续表 6 continued

地区	Region	普通高等学校招生数(万人) New Students Enroll-ment by Institutions (10 000 persons)	普通高等学校在校学生数(万人) Students Enroll-ment by Institutions (10 000 persons)	普通高等学校毕业生数(万人) Graduates from Institutions (10 000 persons)	公共图书馆(个) Public Libraries (unit)	公共图书馆藏书量(万册、件) Total Collection of Public Libraries (10 000 volumes)	广播覆盖率(%) Radio Coverage of Popu-lation (%)	电视覆盖率(%) TV Coverage of Popu-lation (%)	有线电视入户率(%) CATV Coverage of House-hold (%)
永州市	Yongzhou City	0.80	2.32	0.61	11	84.0	82.8	91.0	16.6
怀化市	Huaihua City	0.77	2.52	0.64	13	98.0	91.5	96.0	29.8
娄底市	Loudi City	0.80	2.22	0.51	5	76.0	98.1	98.2	11.1
湘西土家族苗族自治州	West Hunan Tujia & Miao A.P	0.64	1.84	0.50	9	79.0	72.1	93.0	38.8
广东省	**Guangdong**	**39.07**	**121.64**	**28.24**	**132**	**5630.6**	**97.1**	**97.4**	**66.8**
广州市	Guangzhou City	22.85	73.62	17.25	14	1366.0	100.0	99.8	
韶关市	Shaoguan City	0.88	2.59	0.65	9	78.3	96.9	97.4	44.8
深圳市	Shenzhen City	1.76	5.59	1.14	8	1395.4	100.0	100.0	
珠海市	Zhuhai City	2.36	7.06	1.24	3	55.0	96.8	97.0	
汕头市	Shantou City	0.49	1.59	0.43	8	100.4	98.0	98.7	
佛山市	Foshan City	1.24	3.60	0.86	6	257.8	100.0	100.0	100.0
江门市	Jiangmen City	0.62	1.89	0.44	7	154.0	100.0	100.0	
湛江市	Zhanjiang City	2.10	6.82	1.59	7	112.0	96.0	95.7	22.6
茂名市	Maoming City	0.71	1.97	0.50	5	55.8	98.9	96.8	32.1
肇庆市	Zhaoqing City	1.16	3.09	0.66	8	96.0	99.3	99.0	50.0
惠州市	Huizhou City	0.53	1.46	0.29	5	67.5	99.7	98.5	45.8
梅州市	Meizhou City	0.57	1.54	0.44	10	108.0	100.0	98.7	34.3
汕尾市	Shanwei City	0.15	0.39	0.12	4	15.0	97.1	96.9	63.0
河源市	Heyuan City	0.39	0.84	0.23	7	51.8	98.6	98.2	
阳江市	Yangjiang City	0.23	0.68	0.24	4	60.8	98.9	98.8	
清远市	Qingyuan City	0.34	0.85	0.26	9	80.5	99.0	97.0	41.0
东莞市	Dongguan City	1.02	2.86	0.65	1	835.0	100.0	100.0	100.0
中山市	ZhongShan City	0.76	2.35	0.44	1	89.0	100.0	100.0	74.0
潮州市	Chaozhou City	0.40	1.32	0.39	4	40.4	98.6	98.5	65.5
揭阳市	Jieyang City	0.35	1.05	0.29	6	62.7	97.6	97.5	
云浮市	Yunfu City	0.18	0.49	0.15	5	49.2	99.8	99.5	33.0
广西壮族自治区	**Guangxi**	**16.37**	**48.42**	**11.07**	**100**	**1695.2**	**91.5**	**94.5**	
南宁市	Nanning City	7.32	22.10	5.26	16	432.5	94.4	97.3	54.3
柳州市	Liuzhou City	1.99	5.40	1.20	7	127.4	91.0	95.6	47.6
桂林市	Guilin City	2.50	8.60	2.10	14	360.4	93.1	96.0	19.5
梧州市	Wuzhou City		1.00		5	9.2	95.3	92.3	92.0
北海市	Beihai City	0.50	1.31	0.05	3	43.5	97.0	98.1	16.2
防城港市	Fangchenggang City				4	22.9	93.8	91.6	31.0
钦州市	Qinzhou City	1.13	2.28	0.52	3	47.2	94.7	95.5	23.9
贵港市	Guigang City				3	60.0	96.0	95.0	85.0
玉林市	Yulin City	0.36	1.19	0.30	6	120.7	94.1	95.2	40.0
百色市	Baise City	0.67	1.70		12	108.0	83.5	89.3	41.7
贺州市	Hezhou City	0.31	0.80	0.20	16	35.3	89.2	90.5	38.6
河池市	Hechi City	0.20	0.50	0.10	11	74.4	71.2	84.1	43.0
来宾市	Laibin City	0.20	0.58	0.17	6	46.1	90.2	95.1	34.8
崇左市	Chongzuo City	0.70	2.10	0.40	7	64.3	89.7	90.7	21.7
海南省	**Hainan**	**4.17**	**12.64**	**2.32**	**20**	**257.2**	**95.9**	**95.4**	
海口市	Haikou City	2.83	9.20	1.92	2	42.5	100.0	100.0	
三亚市	Sanya City	1.10	2.20	0.10	1	17.0	96.0	95.0	
其他	Others	0.23	1.24	0.31	17	197.7			

3-25 续表 7 continued

地区	Region	普通高等学校招生数(万人) New Students Enrollment by Institutions (10 000 persons)	普通高等学校在校学生数(万人) Students Enrollment by Institutions (10 000 persons)	普通高等学校毕业生数(万人) Graduates from Institutions (10 000 persons)	公共图书馆(个) Public Libraries (unit)	公共图书馆藏书量(万册、件) Total Collection of Public Libraries (10 000 volumes)	广播覆盖率(%) Radio Coverage of Population (%)	电视覆盖率(%) TV Coverage of Population (%)	有线电视入户率(%) CATV Coverage of Household (%)
重庆市	**Chongqing**	**14.15**	**45.00**	**9.97**	**43**	**932.3**	**92.9**	**96.4**	**42.2**
万州区	Wanzhou District	0.86	2.48	0.56	1	19.4	95.5	96.5	44.6
涪陵区	Fuling District	0.47	1.33	0.35	2	68.8	98.6	96.6	18.2
渝中区	Yuzhong District	0.60	1.88	0.55	2	92.3	100.0	100.0	88.3
大渡口区	Dadukou District				1	7.1	100.0	100.0	52.5
江北区	Jiangbei District	0.24	0.63	0.22	1	6.7	100.0	100.0	88.5
沙坪坝区	Shapingba District	4.16	14.02	2.84	2	312.4	100.0	100.0	93.7
九龙坡区	Jiulongpo District	0.84	2.59	0.62	1	9.5	100.0	100.0	64.3
南岸区	Nanan District	1.76	6.08	1.33	1	17.0	100.0	100.0	98.8
北碚区	Beibei District	1.36	4.45	1.23	1	88.2	99.7	98.9	52.8
万盛区	Wansheng District				1	4.0	97.0	97.0	61.5
双桥区	Shuangqiao District				1	1.9	100.0	100.0	13.8
渝北区	Yubei District	0.43	1.41	0.37	1	34.0	99.0	97.0	71.7
巴南区	Banan District	1.00	3.13	0.67	1	14.4	95.5	98.1	44.8
黔江区	Qianjiang District				1	9.3	96.7	96.9	18.2
长寿区	Changshou District				1	58.0	99.8	97.0	52.2
江津区	Jiangjin District				1	24.5	99.0	99.2	20.0
合川区	Hechuan District	1.19	3.84	0.74	1	20.0	96.0	96.5	46.0
永川区	Yongchuan District	1.24	3.20	0.51	1	8.9	96.5	96.6	35.8
南川区	Nanchuan District				1	6.8	96.5	95.5	64.6
四川省	**Sichuan**	**32.83**	**99.11**	**24.77**	**154**	**2304.9**	**96.0**	**97.1**	**43.0**
成都市	Chengdu City	18.15	56.86	14.62	21	1064.8	100.0	99.8	69.1
自贡市	Zigong City	0.83	2.85	0.73	3	36.2	98.9	97.0	40.9
攀枝花市	Panzhihua City	0.62	1.86	0.42	5	43.6	94.7	95.5	67.5
泸州市	Luzhou City	1.33	3.50	0.94	6	78.1	96.4	99.0	32.3
德阳市	Deyang City	1.63	4.25	1.02	6	56.3	100.0	98.4	35.6
绵阳市	Mianyang City	2.11	6.83	1.33	8	103.3	95.1	96.2	56.5
广元市	Guangyuan City	0.14	0.35	0.09	7	52.0	95.1	96.7	41.3
遂宁市	Suining City	0.36	0.95	0.31	5	37.8	99.8	99.8	52.1
内江市	Neijiang City	0.71	1.95	0.41	4	47.5	95.2	96.7	37.9
乐山市	Leshan City	1.14	3.29	0.76	10	44.6	97.8	97.9	41.9
南充市	Nanchong City	1.83	5.42	1.38	8	94.5	97.9	98.5	40.7
眉山市	Meishan City	0.46	1.18	0.10	7	18.8	100.0	100.0	35.8
宜宾市	Yibin City	0.72	2.04	0.47	10	106.6	94.9	95.6	27.5
广安市	Guangan City	0.16	0.38	0.07	6	145.1	97.6	96.2	20.6
达州市	Dazhou City	0.67	1.67	0.44	7	86.3	94.3	94.4	44.6
雅安市	Yaan City	1.07	3.35	0.75	8	51.3	98.3	98.2	56.5
巴中市	Bazhong City				5	41.6	93.9	99.1	32.5
资阳市	Ziyang City				5	60.5	97.1	98.7	43.9
阿坝藏族羌族自治州	Aba Zang & Qiang A.P	0.24	0.56	0.21	9	29.8	72.0	86.2	22.0
甘孜藏族自治州	Ganzi Zang A.P	0.38	1.16	0.47	3	42.0	83.7	84.2	18.6
凉山彝族自治州	Liangshan Yi A.P	0.26	0.66	0.26	11	64.2	80.8	89.8	20.2
贵州省	**Guizhou**	**9.45**	**26.75**	**6.61**	**92**	**757.0**	**86.1**	**91.3**	**31.1**
贵阳市	Guiyang City	5.20	16.37	4.15	9	257.1	100.0	99.1	10.5
六盘水市	Liupanshui City	0.27	0.70	0.16	5	24.4	85.1	91.1	22.3
遵义市	Zunyi City	1.35	3.73	0.87	13	118.7	81.4	88.0	23.8
安顺市	Anshun City	0.41	0.85	0.25	6	38.0	88.0	91.6	7.4
铜仁地区	Tongren Prefecture	0.42	0.96	0.24	11	73.4	87.4	95.4	
黔西南布依族苗族自治州	Southwest Guizhou Buyi & Miao A.P	0.37	0.83	0.05	9	41.8	95.4	94.3	19.9

3-25 续表 8 continued

地　区	Region	普通高等学校招生数(万人) New Students Enrollment by Institutions (10 000 persons)	普通高等学校在校学生数(万人) Students Enrollment by Institutions (10 000 persons)	普通高等学校毕业生数(万人) Graduates from Institutions (10 000 persons)	公共图书馆(个) Public Libraries (unit)	公共图书馆藏书量(万册、件) Total Collection of Public Libraries (10 000 volumes)	广播覆盖率(%) Radio Coverage of Population (%)	电视覆盖率(%) TV Coverage of Population (%)	有线电视入户率(%) CATV Coverage of Household (%)
毕节地区	Bijie Prefecture	0.24	0.62	0.11	9	72.4	82.9	85.0	38.3
黔东南苗族侗族自治州	Southeast Guizhou Miao & Dong A.P	1.05	2.53	0.67	16	65.0	78.6	94.4	78.6
黔南布依族苗族自治州	South Guizhou Buyi & Miao A.P	0.62	1.65	0.41	13	66.0	83.9	88.5	32.4
云南省	**Yunnan**	**11.71**	**34.35**	**7.28**	**150**	**14527.0**	**93.1**	**94.3**	**33.9**
昆明市	Kunming City	8.03	24.08	5.21	18	4487.0	98.0	98.0	64.9
曲靖市	Qujing City	0.49	1.34	0.22	11	1001.0	95.8	95.7	33.1
玉溪市	Yuxi City	0.33	1.05	0.26	10	1122.0	98.5	97.7	58.4
保山市	Baoshan City	0.25	0.60	0.15	7	504.0	94.7	93.8	17.0
昭通市	Zhaotong City	0.20	0.50	0.12	12	726.0	88.6	88.3	9.2
丽江市	Lijiang City	0.49	1.35	0.25	6	423.0	80.0	88.2	26.6
普洱市	Puer City	0.27	0.67	0.12	10	644.0	93.9	95.2	21.4
临沧市	Lincang City	0.19	0.46	0.14	9	576.0	92.9	94.6	25.2
楚雄彝族自治州	Chuxiong Yi A.P	0.32	0.96	0.15	11	1056.0	96.5	38.7	35.7
红河哈尼族彝族自治州	Honghe Hani & Yi A.P	0.34	0.98	0.16	15	1416.0	96.0	95.0	29.9
文山壮族苗族自治州	Wenshan Zhuang & Miao A.P	0.17	0.44	0.13	9	547.0	89.0	89.5	21.1
西双版纳傣族自治州	Xishuangbanna Dai A.P	0.10	0.22	0.07	4	241.0	88.6	95.3	88.0
大理白族自治州	Dali Bai A.P	0.37	1.35	0.24	13	946.0	93.2	97.1	47.2
德宏傣族景颇族自治州	Dehong Dai & Jingpo A.P	0.15	0.35	0.07	7	355.0	93.2	93.4	24.6
怒江傈僳族自治州	Nujiang Lisu A.P				5	337.0	87.7	93.0	18.2
迪庆藏族自治州	Diqing Zang A.P				3	146.0	81.6	89.6	11.4
西藏自治区	**Tibet A.R.**	**0.85**	**2.94**	**0.58**	**4**	**48.6**	**88.8**	**89.9**	
拉萨市	Lhasa City	0.60	1.94	0.40	1	36.4			
昌都地区	Qamdu Prefecture				1	5.0			
山南地区	Lhokha Prefecture								
日喀则地区	Xigaze Prefecture								
那曲地区	Narqu Prefecture								
阿里地区	Ngri Prefecture				1				
林芝地区	Nyingchi Prefecture				1	7.2			
其他	Others	0.25	1.00	0.19					
陕西省	**Shaanxi**	**27.64**	**83.97**	**21.73**	**111**	**1002.2**	**94.9**	**96.2**	**37.7**
西安市	Xi'an City				14	90.0	99.4	98.4	65.7
铜川市	Tongchuan City				5	38.3	94.3	98.9	45.1
宝鸡市	Baoji City				12	105.0	99.1	99.1	43.4
咸阳市	Xianyang City				12	103.3	99.0	99.1	27.9
渭南市	Weinan City				11	70.1	90.0	93.7	35.9
延安市	Yan'an City				13	59.1	96.9	98.4	39.8
汉中市	Hanzhong City				11	55.0	96.4	96.7	30.1
榆林市	Yulin City				12	70.0	89.7	90.3	19.6
安康市	Ankang City				11	49.0	86.4	90.9	16.4
商洛市	Shangluo City				8	48.1	90.4	96.3	31.8
其他	Others				1	0.3	100.0	100.0	
甘肃省	**Gansu**	**11.09**	**33.19**	**7.51**	**92**	**617.5**	**92.0**	**91.9**	**26.2**
兰州市	Lanzhou City	7.54	23.59	5.28	9	70.1	98.3	98.4	72.2
嘉峪关市	Jiayuguan City	0.10	0.22	0.01	1	11.1	96.3	94.9	93.8
金昌市	Jinchang City				2	18.1	85.7	91.4	36.0

3-25 续表 9 continued

地　区	Region	普通高等学校招生数(万人) New Students Enroll-ment by Institutions (10 000 persons)	普通高等学校在校学生数(万人) Students Enroll-ment by Institutions (10 000 persons)	普通高等学校毕业生数(万人) Graduates from Institutions (10 000 persons)	公共图书馆(个) Public Libraries (unit)	公共图书馆藏书量(万册、件) Total Collection of Public Libraries (10 000 volumes)	广播覆盖率(%) Radio Coverage of Popu-lation (%)	电视覆盖率(%) TV Coverage of Popu-lation (%)	有线电视入户率(%) CATV Coverage of House-hold (%)
白银市	Baiyin City				6	62.5	86.2	91.1	13.5
天水市	Tianshui City	0.99	2.81	0.65	7	71.3	95.2	86.9	14.6
武威市	Wuwei City	0.32	0.73	0.15	4	24.2	90.0	93.5	19.4
张掖市	Zhangye City	0.53	1.55	0.32	6	46.8	97.5	97.1	60.5
平凉市	Pingliang City	0.24	0.57	0.11	7	25.9	97.7	93.0	11.8
酒泉市	Jiuquan City	0.23	0.53	0.04	7	45.5	98.5	98.6	74.0
庆阳市	Qingyang City	0.35	1.06	0.25	9	55.4	86.9	88.7	9.8
定西市	Dingxi City	0.22	0.45	0.10	7	59.8	90.1	90.2	6.2
陇南市	Longnan City	0.19	0.44	0.13	9	61.6	89.7	91.1	9.8
临夏回族自治州	Linxia Hui A.P				9	34.3	86.8	91.2	10.4
甘南藏族自治州	Gannan Zang A.P	0.29	0.71	0.13	9	30.9	80.2	85.3	18.0
青海省	**Qinghai**	**2.05**	**5.58**	**1.40**	**43**	**348.0**	**88.5**	**94.0**	**24.8**
西宁市	Xining City	2.05	5.58	1.40					55.2
海东地区	Haidong Prefecture								
海北藏族自治州	Haibei Zang A.P								7.2
黄南藏族自治州	Huangnan Zang AP								6.6
海南藏族自治州	Hainan Zang A.P								1.6
果洛藏族自治州	Golog Zang A.P								7.3
玉树藏族自治州	Yushu Zang A.P								2.8
海西蒙古族藏族自治州	Haixi Mongolian & Zang A.P								16.6
宁夏回族自治区	**Ningxia**	**2.17**	**7.05**	**1.52**	**21**	**523.4**	**92.9**	**96.8**	**31.7**
银川市	Yinchuan City	1.67	6.05	1.23	6	223.1	100.0	100.0	96.3
石嘴山市	Shizuishan City	0.20	0.50		3	41.2	97.6	100.0	48.0
吴忠市	Wuzhong City		0.16	0.04	4	65.0	97.1	98.0	
固原市	Guyuan City	0.20	0.60	0.20	5	148.3	96.0	96.0	22.0
中卫市	Zhongwei City				3	36.5	88.1	95.4	11.4
新疆维吾尔自治区	**Xinjiang**	**7.12**	**23.10**	**5.43**	**93**	**894.3**	**93.5**	**93.5**	**26.1**
乌鲁木齐市	Urumqi City	4.12	13.54	3.08	3	185.1	100.0	100.0	99.9
克拉玛依市	Karamay City	0.14	0.47	0.19	1	27.3	98.8	98.8	69.5
吐鲁番地区	Turpan Prefecture				3	29.4	97.1	96.9	22.6
哈密地区	Hami Prefecture				3	22.3	96.0	95.0	22.8
昌吉回族自治州	Changji Hui A.P	0.64	1.79	0.54	8	92.1	99.2	96.4	28.2
博尔塔拉蒙古自治州	Bortala Mongolian A.P				4	6.7	98.0	96.8	26.7
巴音郭楞蒙古自治州	Bayingolin Mongolian A.P	0.08	0.18	0.04	10	46.2	98.6	98.5	30.6
阿克苏地区	Aksu Prefecture	0.18	0.32	0.07	10	112.9	98.6	97.6	14.7
克孜勒苏柯尔克孜自治州	Kizilsu Kirgiz A.P				4	18.9	91.9	90.4	17.2
喀什地区	Kashi Prefecture	0.30	1.14	0.27	13	71.0	95.9	94.8	9.0
和田地区	Hotan Prefecture	0.17	0.44	0.12	6	43.7	97.7	97.3	6.7
伊犁哈萨克自治州	Ili Kazak A.P	0.35	1.25	0.28	11	69.6	90.0	92.2	14.7
塔城地区	Tacheng Prefecture				8	109.7	92.3	87.3	24.4
阿勒泰地区	Altay Prefecture				8	42.4	96.5	93.6	26.7
石河子市	Shihezi City	0.13	0.29	0.04	1	17.0	92.0	95.0	26.4
阿拉尔市	Alar City								
图木舒克市	Tumxuk City								
五家渠市	Wujiaqu City								
生产建设兵团	Corps	1.01	3.68	0.80					

3-26 卫生机构、床位数和人员数(2008年)

Number of Units and Beds and Employed Persons in Health Institutions(2008)

地 区	Region	卫生机构数(个) Number of Health Care Institutions (unit)	#医院、卫生院 Hospitals, Health Center	卫生机构床位数(张) Number of Beds in Health Care Institutions (bed)	#医院、卫生院 Hospitals, Health Center	卫生机构人员数(人) Employed Persons in Health Institutions (person)	#卫生技术人员 Medical and Technical Personnel	#执业(助理)医师 Licensed (Assistant) Doctors	#注册护师护士 Registration Nurses
北京市	**Beijing**	**6523**	**660**	**86196**	**81937**	**193799**	**149916**	**58773**	**55349**
东城区	Dongcheng District	318	34	8027	8027	21914	16390	6208	6515
西城区	Xicheng District	368	27	8608	8576	21655	17201	6096	6959
崇文区	Chongwen District	142	18	1972	1842	6104	4819	2112	1674
宣武区	Xuanwu District	225	18	4257	4229	11771	8712	3200	3092
朝阳区	Chaoyang District	1247	123	13821	13433	37271	28381	11048	10877
丰台区	Fengtai District	452	54	6518	6273	14324	11141	4375	4184
石景山区	Shijingshan District	158	20	3196	2789	6014	4643	1805	1893
海淀区	Haidian District	861	91	9486	8656	25221	19567	7676	7445
门头沟区	Mentougou District	122	20	2513	2477	3111	2353	917	888
房山区	Fangshan District	494	42	5365	5245	7255	5417	2231	1881
通州区	Tongzhou District	239	30	2538	2250	5794	4763	1989	1647
顺义区	Shunyi District	229	33	3120	2671	5460	4333	1883	1391
昌平区	Changping District	569	50	7209	6734	8669	6692	2669	2289
大兴区	Daxing District	509	48	4189	4041	7550	5918	2433	1886
怀柔区	Huairou District	192	19	1441	1336	2874	2420	1070	635
平谷区	Pinggu District	104	22	1863	1782	3299	2580	1170	781
密云县	Miyun County	195	6	1055	734	3470	2870	1136	786
延庆县	Yanqing County	99	5	1018	842	2043	1716	755	526
北京经济技术开发区	Beijing Economic-technological Development Zones								
远洋捕捞	Deep-sea Fishing								
其他	Others								
天津市	**Tianjin**	**2784**	**428**	**46124**	**41212**	**85826**	**65115**	**25865**	**21967**
和平区	Heping District	188	23	5542	5155	12301	8307	3144	3199
河东区	Hedong District	226	35	2969	2189	5228	3808	1538	1275
河西区	Hexi District	226	27	6401	6076	11752	8606	2946	3429
南开区	Nankai District	273	28	5994	5204	11224	7820	2900	2983
河北区	Hebei District	189	22	4138	3751	6720	5095	1811	1995
红桥区	Hongqiao District	129	18	2717	2122	4846	3870	1538	1426
塘沽区	Tanggu District	220	28	2976	2511	6743	5417	2046	1993
汉沽区	Hangu District	119	9	940	840	1605	1315	517	456
大港区	Dagang District	160	20	2048	1773	3793	3045	1310	1033
东丽区	Dongli District	103	13	1210	1184	1977	1549	660	407
西青区	Xiqing District	77	22	1661	1661	1663	1348	576	342
津南区	Jinnan District	75	18	1191	1163	2403	1921	764	585
北辰区	Beichen District	86	14	1505	1505	2368	1866	848	499
武清区	Wuqing District	121	39	1898	1779	2911	2393	1285	514
宝坻区	Baodi District	163	37	1565	1326	2453	2114	1014	540
宁河县	Ninghe County	44	22	676	676	1720	1311	580	296
静海县	Jinghai County	93	22	1261	990	2041	1744	1000	407
蓟县	Ji County	292	31	1432	1307	4078	3586	1388	588
天津经济技术开发区	Tianjin Economic-technological Development Area								
天津港保税区	Tianjin Port Free Trade Zone								
天津滨海高新区	Tianjin Hi-Tech Industrial Park								
其他	Others								

3-26 续表 1 continued

地 区	Region	卫生机构数（个） Number of Health Care Institutions (unit)	#医院、卫生院 Hospitals, Health Center	卫生机构床位数（张） Number of Beds in Health Care Institutions (bed)	#医院、卫生院 Hospitals, Health Center	卫生机构人员数（人） Employed Persons in Health Institutions (person)	#卫生技术人员 Medical and Technical Personnel	#执业（助理）医师 Licensed (Assistant) Doctors	#注册护师护士 Registration Nurses
河北省	**Hebei**	**15050**	**3060**	**213987**	**197087**	**301437**	**245683**	**109071**	**68464**
石家庄市	Shijiazhuang City	2226	378	32854	30371	49829	41009	19200	12185
唐山市	Tangshan City	1761	295	28575	26913	39239	31831	13439	10879
秦皇岛市	Qinhuangdao City	504	167	10786	9503	14892	12123	5540	3937
邯郸市	Handan City	1453	354	25942	24175	32566	25931	11157	7333
邢台市	Xingtai City	967	299	18676	18146	23617	19371	9105	4687
保定市	Baoding City	2487	428	28727	25050	42007	34293	14280	9086
张家口市	Zhangjiakou City	2080	278	14065	12887	19327	15050	6306	3956
承德市	Chengde City	1197	248	11781	11111	17867	15065	6949	3575
沧州市	Cangzhou City	995	253	18739	17634	27187	22579	10078	6272
廊坊市	Langfang City	907	168	12306	10872	19057	15352	6749	4010
衡水市	Hengshui City	473	192	11536	10425	15849	13079	6268	2544
其他	Others								
山西省	**Shanxi**	**9533**	**2609**	**129458**	**119474**	**193532**	**161531**	**73107**	**49256**
太原市	Taiyuan City	2265	268	27505	24405	41639	34278	14499	12871
大同市	Datong City	642	249	12289	11557	19831	16204	7423	5215
阳泉市	Yangquan City	368	82	5959	5873	10127	8360	3633	3085
长治市	Changzhi City	878	243	12099	10551	15062	12805	5574	3990
晋城市	Jincheng City	798	164	7428	6876	13286	11016	5109	3100
朔州市	Shuozhou City	318	144	4721	4531	6510	5495	2939	1318
晋中市	Jinzhong City	1015	233	11371	10361	17177	14818	6671	4558
运城市	Yuncheng City	999	322	16316	15409	21173	17127	7764	4304
忻州市	Xinzhou City	668	295	7858	7148	13873	11820	5462	3108
临汾市	Linfen City	1055	378	15263	14540	21319	18066	8351	4593
吕梁市	Luliang City	527	231	8649	8223	13535	11542	5682	3114
其他	Others								
内蒙古自治区	**Inner Mongolia**	**7423**	**1799**	**81407**	**73205**	**131879**	**110042**	**49806**	**31652**
呼和浩特市	Hohhot City	789	144	11472	10128	17230	13963	6101	4637
包头市	Baotou City	1143	117	11243	10227	18636	15518	6567	5673
呼伦贝尔市	Hulunbuir City	1065	239	10395	9722	18592	15115	6899	4715
兴安盟	Xingan League	349	112	4624	3989	8160	6699	2834	1753
通辽市	Tongliao City	521	191	7141	6548	12643	10775	5379	2682
赤峰市	Chifeng City	805	304	14235	13590	20352	17354	7644	4012
锡林郭勒盟	Xilingol League	408	145	2719	2527	5290	4456	2152	997
乌兰察布市	Ulanqab City	757	210	4626	3799	8647	6872	3469	1578
鄂尔多斯市	Erdos City	482	123	5170	4806	7263	6342	2932	1710
巴彦淖尔市	Bayannur City	655	139	6612	5243	9682	8351	3744	2484
乌海市	Wuhai City	277	20	2338	1863	3544	2970	1257	1017
阿拉善盟	Alxa League	172	55	832	763	1840	1627	828	394
其他	Others								
辽宁省	**Liaoning**	**14627**	**1916**	**183043**	**166501**	**274890**	**217904**	**90714**	**80470**
沈阳市	Shenyang City	1767	306	35053	33940	60462	48736	19643	18573
大连市	Dalian City	2373	215	27481	26192	44065	35447	14409	14119
鞍山市	Anshan City	1892	147	17868	14972	26295	20042	8376	7477
抚顺市	Fushun City	669	103	9980	9234	14316	11447	4640	4628
本溪市	Benxi City	253	79	9989	8980	13263	10173	3699	4307
丹东市	Dandong City	509	115	11135	10341	13781	10663	4471	3964
锦州市	Jinzhou City	709	111	9734	9505	14806	11295	4891	3677
营口市	Yingkou City	1366	118	8901	8425	13990	11222	4776	3842

3-26 续表 2 continued

地　区	Region	卫生机构数（个）Number of Health Care Institutions (unit)	#医院、卫生院 Hospitals, Health Center	卫生机构床位数（张）Number of Beds in Health Care Institutions (bed)	#医院、卫生院 Hospitals, Health Center	卫生机构人员数（人）Employed Persons in Health Institutions (person)	#卫生技术人员 Medical and Technical Personnel	#执业(助理)医师 Licensed (Assistant) Doctors	#注册护师护士 Registration Nurses
阜新市	Fuxin City	477	104	7022	6439	11429	8817	3582	3319
辽阳市	Liaoyang City	648	89	9868	8177	11331	9171	3930	3536
盘锦市	Panjin City	659	67	6043	5685	9326	7667	3466	2706
铁岭市	Tieling City	1109	119	7804	7305	14468	11653	5255	3641
朝阳市	Chaoyang City	1191	183	9419	9156	13322	11078	4999	3071
葫芦岛市	Huludao City	1005	160	12746	8150	14036	10493	4577	3610
其他	Others								
吉林省	**Jilin**	**9659**	**1370**	**99329**	**79105**	**162303**	**127905**	**57523**	**41066**
长春市	Changchun City	1923	313	29401	26229	45860	35933	16167	12255
吉林市	Jilin City	3861	246	18848	14895	30323	24436	10596	8134
四平市	Siping City	641	142	10446	7597	18838	14128	6368	4210
辽源市	Liaoyuan City	189	66	4583	3339	7523	5773	2405	1874
通化市	Tonghua City	517	128	8777	6501	12245	9884	4878	2932
白山市	Baishan City	462	101	7012	5391	9028	7339	3445	2314
松原市	Songyuan City	464	117	5192	3888	12352	9206	4013	2537
白城市	Baicheng City	448	124	6467	4353	11298	8922	4248	2451
延边朝鲜族自治州	Yanbian Korean A.P	1154	133	8603	6912	14836	12284	5403	4359
其他	Others								
黑龙江省	**Heilongjiang**	**7928**	**1848**	**136315**	**125943**	**203502**	**161927**	**66769**	**51369**
哈尔滨市	Harbin City	1501	461	43308	41758	59686	46351	17842	15568
齐齐哈尔市	Qiqihar City	686	277	15677	14517	20893	16978	7178	5055
鸡西市	Jixi City	882	117	7587	6637	11876	9942	4012	3372
鹤岗市	Hegang City	810	69	5882	5757	8897	7005	2825	2451
双鸭山市	Shuangyashan City	782	83	6977	5815	9615	7821	3411	2554
大庆市	Daqing City	651	137	10670	10012	18652	14385	6456	4739
伊春市	Yichun City	80	46	4854	4738	7060	5618	2600	1797
佳木斯市	Jiamusi City	640	151	8263	7025	14819	11591	4798	3625
七台河市	Qitaihe City	168	40	3052	2912	4151	3263	1252	1076
牡丹江市	Mudanjiang City	721	116	11489	8964	17132	14439	5495	4724
黑河市	Heihe City	349	121	5810	5214	8630	6904	3094	3810
绥化市	Suihua City	345	213	9608	9608	18225	14898	7815	2825
大兴安岭地区	Daxing'anling Prefecture	396	60	3076	2205	5099	3932	1920	1273
农垦总局	Agriculture Reclamation Bureau								
其他	Others								
上海市	**Shanghai**	**2809**	**567**	**97780**	**95921**	**162508**	**127687**	**51165**	**48823**
黄浦区	Huangpu District	91	17	5080	5000	11085	8877	3513	3352
卢湾区	Luwan District	79	17	4189	4145	8820	6865	2460	2916
徐汇区	Xuhui District	212	36	12254	12254	20134	15540	5487	6311
长宁区	Changning District	155	35	4099	3843	9849	7243	2758	2750
静安区	Jingan District	95	21	5246	4766	10850	8330	3074	3478
普陀区	Putuo District	136	20	4917	4777	7624	6353	2686	2394
闸北区	Zhabei District	66	25	4754	4754	6343	4906	1954	1879
虹口区	Hongkou District	117	31	6264	6164	10164	7976	3102	3065
杨浦区	Yangpu District	177	32	6261	6107	9468	7698	3054	3208
闵行区	Minhang District	278	35	6607	6505	10367	8082	3857	2797
宝山区	Baoshan District	105	30	4611	4611	7123	5683	2362	2193
嘉定区	Jiading District	183	35	2647	2503	5156	4165	1780	1486

3-26 续表 3 continued

地区	Region	卫生机构数（个）Number of Health Care Institutions (unit)	#医院、卫生院 Hospitals, Health Center	卫生机构床位数（张）Number of Beds in Health Care Institutions (bed)	#医院、卫生院 Hospitals, Health Center	卫生机构人员数（人）Employed Persons in Health Institutions (person)	#卫生技术人员 Medical and Technical Personnel	#执业(助理)医师 Licensed (Assistant) Doctors	#注册护师护士 Registration Nurses
浦东新区	Pudong New District	473	61	8295	8091	17115	13468	5834	5122
金山区	Jinshan District	103	23	3422	3422	5258	4414	1676	1676
松江区	Songjiang District	173	25	3775	3620	5592	4111	1688	1438
青浦区	Qingpu District	85	26	1885	1885	3521	2860	1220	1036
南汇区	Nanhui District	104	23	5423	5423	5500	4365	1823	1437
奉贤区	Fengxian District	68	32	4573	4573	4433	3570	1484	1211
崇明县	Chongming County	109	43	3478	3478	4106	3181	1353	1074
其他	Others								
江苏省	**Jiangsu**	**13451**	**2541**	**235082**	**220882**	**361322**	**291557**	**119695**	**100861**
南京市	Nanjing City	1770	209	27768	24089	53780	42337	16060	16254
无锡市	Wuxi City	1813	153	23882	20497	31724	26274	11317	9416
徐州市	Xuzhou City	1116	251	24430	23248	38746	30396	11557	9985
常州市	Changzhou City	549	98	15113	13942	21530	17926	7091	6472
苏州市	Suzhou City	1447	233	33631	32554	50810	40336	16070	14181
南通市	Nantong City	1784	331	24223	23584	34784	28010	12516	8851
连云港市	Lianyungang City	800	164	11345	10453	16643	13369	5465	4818
淮安市	Huaian City	600	184	11289	11025	17672	14251	5607	4997
盐城市	Yancheng City	735	257	17013	16649	24686	20142	9008	6347
扬州市	Yangzhou City	1018	195	14017	13318	21449	17704	7355	6097
镇江市	Zhenjiang City	535	99	8644	8199	15008	12130	5044	4307
泰州市	Taizhou City	616	173	13100	12746	20324	17018	7829	5237
宿迁市	Suqian City	668	194	10627	10578	14166	11664	4776	3899
浙江省	**Zhejiang**	**15291**	**2481**	**161203**	**149625**	**288344**	**242912**	**101897**	**78284**
杭州市	Hangzhou City	2544	310	38114	33072	64176	52379	21223	18702
宁波市	Ningbo City	2276	234	22155	20731	43314	36918	15127	12173
温州市	Wenzhou City	1767	430	19304	19304	37322	30837	12861	9377
嘉兴市	Jiaxing City	1365	135	12929	12146	22510	19640	6957	6396
湖州市	Huzhou City	1262	128	9294	8800	16040	13949	5204	4052
绍兴市	Shaoxing City	1400	245	14007	13952	22264	19295	8901	6188
金华市	Jinhua City	1538	242	13870	13077	25530	21407	9779	6467
衢州市	Quzhou City	623	154	6640	6640	9801	8307	4013	2319
舟山市	Zhoushan City	397	75	3663	3663	6669	5583	2296	1887
台州市	Taizhou City	1379	240	14927	14465	28794	24488	10959	7675
丽水市	Lishui City	740	288	6300	6210	11924	10109	4577	3048
安徽省	**Anhui**	**7854**	**2564**	**159802**	**150568**	**227470**	**187785**	**73845**	**60860**
合肥市	Hefei City	715	226	22820	21958	32236	26696	9649	9826
芜湖市	Wuhu City	501	133	9142	8503	13135	10866	4341	3846
蚌埠市	Bengbu City	386	135	10578	10071	14762	11319	4489	4035
淮南市	Huainan City	437	106	9624	8568	12274	9964	3970	4105
马鞍山市	Maanshan City	308	51	3568	3349	7331	6138	2392	2452
淮北市	Huaibei City	368	101	9065	8290	13079	10273	4052	4081
铜陵市	Tongling City	170	37	3237	2898	5182	4223	1729	1686
安庆市	Anqing City	764	288	12789	12206	18074	15031	6017	4732
黄山市	Huangshan City	626	138	4930	4565	6764	5708	2391	1861
滁州市	Chuzhou City	431	267	10068	9763	12822	10837	4516	3197
阜阳市	Fuyang City	395	222	14855	14253	19814	16157	6307	4232
宿州市	Suzhou City	382	127	8437	8003	14292	11856	4784	3405

3-26 续表 4 continued

地 区	Region	卫生机构数(个) Number of Health Care Institutions (unit)	#医院、卫生院 Hospitals, Health Center	卫生机构床位数(张) Number of Beds in Health Care Institutions (bed)	#医院、卫生院 Hospitals, Health Center	卫生机构人员数(人) Employed Persons in Health Institutions (person)	#卫生技术人员 Medical and Technical Personnel	#执业(助理)医师 Licensed (Assistant) Doctors	#注册护师护士 Registration Nurses
巢湖市	Chaohu City	592	184	10574	9329	14647	12327	4805	3531
六安市	Liuan City	453	196	11020	10547	16735	14211	5967	3719
亳州市	Bozhou City	144	121	7531	7435	9984	8002	2865	2081
池州市	Chizhou City	830	101	3865	3638	6175	5423	2088	1610
宣城市	Xuancheng City	352	131	7699	7192	10164	8754	3483	2461
其他	Others								
福建省	**Fujian**	**7773**	**1302**	**98482**	**90833**	**141719**	**119250**	**50659**	**42465**
福州市	Fuzhou City	1988	207	22168	20335	35203	29783	12619	11056
厦门市	Xiamen City	1127	50	9999	8915	19500	15809	6689	5870
莆田市	Putian City	419	72	5395	4760	9384	7756	3433	2584
三明市	Sanming City	846	156	8631	8207	10723	9306	4123	3065
泉州市	Quanzhou City	906	232	17571	16241	21549	18233	7760	6137
漳州市	Zhangzhou City	748	135	8626	8024	11700	9969	4253	3502
南平市	Nanping City	520	157	8501	8016	11613	9695	3892	3569
龙岩市	Longyan City	577	160	9889	9421	11406	9763	4076	3714
宁德市	Ningde City	642	133	7702	6914	10641	8936	3814	2968
江西省	**Jiangxi**	**8229**	**2036**	**105156**	**93890**	**168472**	**139764**	**55187**	**48241**
南昌市	Nanchang City	821	173	17581	15262	31530	24930	9504	9818
景德镇市	Jingdezhen City	375	70	4418	4034	7093	5780	2149	2300
萍乡市	Pingxiang City	257	70	5703	5498	9363	7700	2951	2747
九江市	Jiujiang City	348	239	11032	9293	18034	14851	6260	4882
新余市	Xinyu City	201	45	3585	3111	4778	4140	1614	1603
鹰潭市	Yingtan City	357	61	2755	2018	4760	4350	1697	1157
赣州市	Ganzhou City	1649	368	15977	14604	24951	20794	7701	6493
吉安市	Jian City	690	266	10413	9374	15084	12862	5358	4064
宜春市	Yichun City	764	220	13087	11321	19765	16788	6572	5810
抚州市	Fuzhou City	459	210	7196	6869	11482	9760	4052	3255
上饶市	Shangrao City	1863	286	12624	11630	21632	17809	7329	6112
山东省	**Shandong**	**14973**	**3008**	**319917**	**297000**	**376000**	**375817**	**159809**	**122866**
济南市	Jinan City	1450	286	28881	27555	44416	36143	15579	12809
青岛市	Qingdao City	2026	249	32345	29874	43670	36574	16327	13375
淄博市	Zibo City	1272	197	18655	16946	26936	22886	10232	7640
枣庄市	Zaozhuang City	611	62	11448	8617	16578	14490	6745	5271
东营市	Dongying City	604	109	10003	9458	13489	11410	4858	3975
烟台市	Yantai City	1408	268	26215	23127	34632	29727	12900	8849
潍坊市	Weifang City	1535	244	32189	26623	41779	37438	18047	15496
济宁市	Jining City	1177	257	25371	23862	35263	29380	11766	10069
泰安市	Taian City	760	158	16997	15470	25173	21478	8829	7199
威海市	Weihai City	675	90	15513	15041	17134	15305	7405	4810
日照市	Rizhao City	327	73	7342	6258	10634	9156	3626	2375
莱芜市	Laiwu City	314	41	4474	4106	5907	4718	2727	1915
临沂市	Linyi City	1159	276	32782	30283	35364	30675	11784	8629
德州市	Dezhou City	537	190	13398	13253	27220	25210	7431	4297
聊城市	Liaocheng City	300	190	14806	14295	19710	16897	6393	4891
滨州市	Binzhou City	344	106	9517	9390	13056	11264	4875	3777
菏泽市	Heze City	474	249	19981	19459	32154	27652	10285	7489

3-26 续表 5 continued

地　区	Region	卫生机构数(个) Number of Health Care Institutions (unit)	#医院、卫生院 Hospitals, Health Center	卫生机构床位数(张) Number of Beds in Health Care Institutions (bed)	#医院、卫生院 Hospitals, Health Center	卫生机构人员数(人) Employed Persons in Health Institutions (person)	#卫生技术人员 Medical and Technical Personnel	#执业(助理)医师 Licensed (Assistant) Doctors	#注册护师护士 Registration Nurses
河南省	**Henan**	**11683**	**3263**	**268245**	**252197**	**396078**	**309923**	**119316**	**96571**
郑州市	Zhengzhou City	1410	271	38557	36445	52279	42231	16389	16432
开封市	Kaifeng City	458	156	13892	13169	20671	16126	6017	5752
洛阳市	Luoyang City	714	252	23166	21091	30902	24103	9373	8205
平顶山市	Pingdingshan City	667	172	17261	15736	21768	16856	6039	5463
安阳市	Anyang City	1593	159	15605	14683	20965	16743	7364	4891
鹤壁市	Hebi City	240	52	5087	4883	7783	6125	2403	1929
新乡市	Xinxiang City	652	238	18190	17186	27183	21263	7972	6740
焦作市	Jiaozuo City	623	154	12448	11774	18178	14024	5581	4224
濮阳市	Puyang City	600	127	9687	8909	15349	11994	4345	3887
许昌市	Xuchang City	504	163	10903	10322	17728	13830	5279	3809
漯河市	Luohe City	431	86	7459	6841	11758	9082	3436	2859
三门峡市	Sanmenxia City	445	122	7590	7335	10499	8417	3449	2756
南阳市	Nanyang City	613	305	21934	20757	35528	27563	10106	8031
商丘市	Shangqiu City	508	228	17442	16326	28952	21755	7450	5733
信阳市	Xinyang City	604	264	12187	11447	19626	15204	6169	4016
周口市	Zhoukou City	1143	262	18430	17629	30222	23426	9632	5597
驻马店市	Zhumadian City	412	231	16226	15572	23605	18856	7246	5452
其他	Others	66	21	2181	2092	3082	2325	1066	795
湖北省	**Hubei**	**10832**	**2235**	**167300**	**113200**	**286300**	**235200**	**92700**	**81200**
武汉市	Wuhan City	2643	232	43435	35690	71880	57731	22728	22428
黄石市	Huangshi City	1403	77	8619	8004	14655	12322	5084	5978
十堰市	Shiyan City	894	150	12192	11271	19205	15806	6175	5309
宜昌市	Yichang City	1537	152	12436	12086	21971	18316	7539	6368
襄樊市	Xiangfan City	3224	190	15813	14627	30739	26328	9201	7633
鄂州市	Ezhou City	451	43	3113	2905	5623	4726	2340	2004
荆门市	Jingmen City	620	100	8202	7462	13188	11235	4410	4061
孝感市	Xiaogan City	570	150	8907	7920	18512	14650	5486	4351
荆州市	Jingzhou City	278	163	14323	13425	23785	19311	7220	6273
黄冈市	Huanggang City	930	205	13039	11995	26160	21831	9037	6137
咸宁市	Xianning City	1582	90	5368	5024	15879	12657	5267	3251
随州市	Suizhou City	1221	271	3988	3796	8565	6421	2550	2016
恩施土家族苗族自治州	Enshi Tujia & Miao A.P	3106	109	9887	9642	16137	11247	4754	3987
仙桃市	Xiantao City	28	20	1959	1959	3557	2609	985	843
天门市	Tianmen City	281	31	2462	2244	4029	3352	1528	1030
潜江市	Qianjiang City	699	31	2855	2730	6395	5341	2065	1476
神农架林区	Shennongjia Forest District	12	9	195	120	378	331	149	81
湖南省	**Hunan**	**14455**	**3111**	**187934**	**174749**	**281421**	**232084**	**96305**	**72551**
长沙市	Changsha City	2432	253	33718	31563	50746	40368	15896	14866
株洲市	Zhuzhou City	1367	181	13733	12873	20680	17336	7132	5971
湘潭市	Xiangtan City	1014	109	9506	8611	14145	11676	5006	3610
衡阳市	Hengyang City	637	263	17303	15721	29177	23357	9623	6786
邵阳市	Shaoyang City	831	284	15082	14407	22100	17979	7288	5351
岳阳市	Yueyang City	1165	208	11097	9963	17952	14914	6212	4052
常德市	Changde City	1404	276	14773	13348	21808	18146	8014	5606
张家界市	Zhangjiajie City	373	112	4989	4395	6653	5733	2476	1668
益阳市	Yiyang City	705	119	9337	8063	15602	12956	5593	3614
郴州市	Chenzhou City	1122	324	14030	13452	20144	17070	7263	5763

3-26 续表 6 continued

地区	Region	卫生机构数(个) Number of Health Care Institutions (unit)	#医院、卫生院 Hospitals, Health Center	卫生机构床位数(张) Number of Beds in Health Care Institutions (bed)	#医院、卫生院 Hospitals, Health Center	卫生机构人员数(人) Employed Persons in Health Institutions (person)	#卫生技术人员 Medical and Technical Personnel	#执业(助理)医师 Licensed (Assistant) Doctors	#注册护师护士 Registration Nurses
永州市	Yongzhou City	895	256	12924	12211	17592	14787	6139	4493
怀化市	Huaihua City	1260	370	15409	14933	20102	16832	6599	4863
娄底市	Loudi City	601	119	8031	7475	13903	11871	5566	3087
湘西土家族苗族自治州	West Hunan Tujia & Miao A.P	649	237	8002	7734	10817	9059	3498	2821
广东省	**Guangdong**	**15821**	**2428**	**250497**	**232707**	**479462**	**383876**	**144335**	**140204**
广州市	Guangzhou City	2388	251	54973	48531	99883	80687	29953	30847
韶关市	Shaoguan City	704	176	10520	9900	15537	12417	4624	4689
深圳市	Shenzhen City	2421	105	19914	18435	63358	50498	20099	19339
珠海市	Zhuhai City	470	46	5851	5381	12220	10282	3907	3604
汕头市	Shantou City	290	77	9212	8601	16792	13171	5114	4371
佛山市	Foshan City	960	97	20623	19239	36202	29400	10662	11121
江门市	Jiangmen City	866	125	10721	10655	19501	15946	6074	5713
湛江市	Zhanjiang City	906	140	15690	14532	25013	19514	6981	6827
茂名市	Maoming City	348	148	12686	11662	17701	14079	5021	7764
肇庆市	Zhaoqing City	520	144	8705	8020	17009	13138	4397	4614
惠州市	Huizhou City	638	119	10207	9477	18885	14765	5431	4962
梅州市	Meizhou City	1212	178	8810	8234	17746	14534	5978	3749
汕尾市	Shanwei City	188	80	4957	4694	8699	6551	2653	1490
河源市	Heyuan City	295	123	5282	4632	10823	8923	3296	2843
阳江市	Yangjiang City	384	79	5349	4998	8878	7020	2562	2152
清远市	Qingyuan City	623	159	7969	7512	12651	10584	3735	3832
东莞市	Dongguan City	870	77	16778	16383	36453	29117	10334	12001
中山市	ZhongShan City	368	44	8258	8142	15091	12076	4541	4432
潮州市	Chaozhou City	812	67	2889	2889	8309	6575	3127	1434
揭阳市	Jieyang City	256	105	6517	6517	11153	8526	3712	2249
云浮市	Yunfu City	302	88	4586	4273	7558	6073	2134	2171
广西壮族自治区	**Guangxi**	**10442**	**1708**	**118372**	**109730**	**190188**	**155656**	**60842**	**56011**
南宁市	Nanning City	2240	201	22696	21101	38230	31210	12413	11377
柳州市	Liuzhou City	2157	174	13504	13504	21702	16860	6565	6667
桂林市	Guilin City	1562	192	14051	12388	23256	19222	7776	7334
梧州市	Wuzhou City	523	90	7271	2187	11562	9351	3731	3501
北海市	Beihai City	397	47	3716	3707	8296	5891	2406	2169
防城港市	Fangchenggang City	253	38	1814	1814	3765	2319	801	848
钦州市	Qinzhou City	432	78	6263	5709	8926	7227	1922	2696
贵港市	Guigang City	501	97	6548	6207	10637	8809	3493	2914
玉林市	Yulin City	2434	145	11381	10693	21550	18366	5375	4875
百色市	Baise City	672	210	9300	8702	12863	10378	4058	3812
贺州市	Hezhou City	1088	89	4523	4240	8420	6705	2363	2120
河池市	Hechi City	514	178	8501	8018	12085	9965	3970	3411
来宾市	Laibin City	552	92	5000	4737	7623	6333	2576	2160
崇左市	Chongzuo City	446	111	4329	3997	7343	5878	2436	2115
海南省	**Hainan**	**2220**	**498**	**21889**	**20672**	**42682**	**29403**	**12850**	**13212**
海口市	Haikou City	419	73	7732	6910	15273	12178	4538	4961
三亚市	Sanya City	296	30	1727	1637	4084	3219	1217	1243
其他	Others	1505	395	12430	12125	23325	14006	7095	7008

3-26 续表 7 continued

地 区	Region	卫生机构数(个) Number of Health Care Institutions (unit)	#医院、卫生院 Hospitals, Health Center	卫生机构床位数(张) Number of Beds in Health Care Institutions (bed)	#医院、卫生院 Hospitals, Health Center	卫生机构人员数(人) Employed Persons in Health Institutions (person)	#卫生技术人员 Medical and Technical Personnel	#执业(助理)医师 Licensed (Assistant) Doctors	#注册护士 Registration Nurses
重庆市	**Chongqing**	**6266**	**1396**	**81950**	**77918**	**109016**	**88746**	**39417**	**26799**
万州区	Wanzhou District	671	69	4612	4419	6914	5714	2707	1901
涪陵区	Fuling District	224	63	3439	3319	4313	3424	1578	912
渝中区	Yuzhong District	366	25	7632	7570	13126	10415	4024	4235
大渡口区	Dadukou District	159	14	1057	956	1497	1287	595	457
江北区	Jiangbei District	376	29	3265	3243	4762	3841	1495	1465
沙坪坝区	Shapingba District	188	29	3149	3124	4138	3211	1373	1108
九龙坡区	Jiulongpo District	262	34	3998	3531	5130	4095	1820	1445
南岸区	Nanan District	191	21	2161	1810	3674	2858	1258	901
北碚区	Beibei District	180	24	2865	1810	4097	3284	1412	1007
万盛区	Wansheng District	51	14	1116	1103	1609	1235	424	449
双桥区	Shuangqiao District	17	4	198	198	197	159	61	49
渝北区	Yubei District	113	28	1490	1329	2710	2104	977	528
巴南区	Banan District	247	32	2598	2591	3663	3061	1263	1099
黔江区	Qianjiang District	63	30	1220	1109	1634	1346	538	505
长寿区	Changshou District	150	34	2474	2365	2862	2359	997	738
江津区	Jiangjin District	211	39	3675	3617	3742	3125	1358	678
合川区	Hechuan District	185	34	2764	2677	3582	2752	1279	859
永川区	Yongchuan District	172	43	3499	3347	3735	3135	1282	957
南川区	Nanchuan District	77	43	1686	1626	1870	1417	684	421
四川省	**Sichuan**	**20722**	**5960**	**244119**	**229986**	**324577**	**267651**	**121837**	**77893**
成都市	Chengdu City	3960	558	54690	50107	91031	73257	30447	24422
自贡市	Zigong City	649	145	8787	8287	12735	9877	4343	3424
攀枝花市	Panzhihua City	556	69	6469	6015	9197	7391	3223	2652
泸州市	Luzhou City	892	187	10333	9481	12181	10099	4570	2600
德阳市	Deyang City	1113	211	11694	11041	14739	12448	6029	3490
绵阳市	Mianyang City	1099	367	16346	15602	20066	16953	7362	5212
广元市	Guangyuan City	910	301	10362	9983	11660	9707	4395	2830
遂宁市	Suining City	876	136	7845	7505	10494	8992	3968	2667
内江市	Neijiang City	911	150	9660	9414	12684	10469	5172	3002
乐山市	Leshan City	937	286	11420	10670	13863	11549	5257	3419
南充市	Nanchong City	1762	550	15966	15132	18416	14863	7436	3646
眉山市	Meishan City	541	169	7309	6814	10269	8427	4162	2201
宜宾市	Yibin City	945	275	13190	12874	14174	11930	5837	3270
广安市	Guangan City	532	199	6309	6043	8770	7108	3274	1617
达州市	Dazhou City	1024	357	14173	13090	16435	13648	6285	3373
雅安市	Yaan City	579	187	6461	6150	6932	5881	2767	1667
巴中市	Bazhong City	694	295	7957	7708	8416	7183	3926	1458
资阳市	Ziyang City	728	210	9332	8919	11593	9621	4705	2322
阿坝藏族羌族自治州	Aba Zang & Qiang A.P	393	248	2615	2503	3960	3518	1624	801
甘孜藏族自治州	Ganzi Zang A.P	573	365	2603	2461	4299	3780	1794	701
凉山彝族自治州	Liangshan Yi A.P	1048	695	10598	10187	12663	10950	5261	3119
贵州省	**Guizhou**	**5848**	**2212**	**83132**	**78129**	**106038**	**89313**	**38830**	**28642**
贵阳市	Guiyang City	398	228	17687	15968	23872	19187	6133	7298
六盘水市	Liupanshui City	409	134	8272	7087	9212	7410	2960	2603
遵义市	Zunyi City	333	286	13996	13072	17856	13045	6393	4555
安顺市	Anshun City	156	121	5247	4940	5944	4891	1529	1598
铜仁地区	Tongren Prefecture	234	190	6106	5898	7555	6544	2945	1689
黔西南布依族苗族自治州	Southwest Guizhou Buyi & Miao A.P	185	159	5472	5472	5460	4635	1789	1323

3-26 续表 8 continued

地区	Region	卫生机构数（个） Number of Health Care Institutions (unit)	#医院、卫生院 Hospitals, Health Center	卫生机构床位数（张） Number of Beds in Health Care Institutions (bed)	#医院、卫生院 Hospitals, Health Center	卫生机构人员数（人） Employed Persons in Health Institutions (person)	#卫生技术人员 Medical and Technical Personnel	#执业（助理）医师 Licensed (Assistant) Doctors	#注册护师护士 Registration Nurses
毕节地区	Bijie Prefecture	697	291	9978	9524	9845	8393	3995	2264
黔东南苗族侗族自治州	Southeast Guizhou Miao & Dong A.P	319	250	8839	8397	10066	8740	2870	2560
黔南布依族苗族自治州	South Guizhou Buyi & Miao A.P	502	274	7469	7141	9360	6645	2991	1985
云南省	**Yunnan**	**9249**	**2088**	**127784**	**119011**	**151859**	**126237**	**57276**	**42011**
昆明市	Kunming City	2708	305	30735	27051	42538	34511	15726	12473
曲靖市	Qujing City	601	171	14640	14064	13928	11754	5293	3935
玉溪市	Yuxi City	770	135	8741	8372	10501	8732	3959	2874
保山市	Baoshan City	390	106	5071	4844	6063	5098	2429	1543
昭通市	Zhaotong City	389	194	8229	7869	7922	6572	3073	1832
丽江市	Lijiang City	280	81	3168	3049	4089	3447	1418	1152
普洱市	Puer City	401	131	4847	4637	6767	5736	2766	1614
临沧市	Lincang City	354	106	4172	3833	5210	4253	2047	1263
楚雄彝族自治州	Chuxiong Yi A.P	553	164	7928	7563	9302	7815	3612	2571
红河哈尼族彝族自治州	Honghe Hani & Yi A.P	893	203	13636	12910	13762	11520	5230	3931
文山壮族苗族自治州	Wenshan Zhuang & Miao A.P	368	131	6248	5798	7838	6670	2694	2232
西双版纳傣族自治州	Xishuangbanna Dai A.P	313	53	4271	4005	4788	4045	1800	1463
大理白族自治州	Dali Bai A.P	717	162	10042	9242	10494	8870	4057	2852
德宏傣族景颇族自治州	Dehong Dai & Jingpo A.P	341	76	3943	3781	5056	4142	1821	1353
怒江傈僳族自治州	Nujiang Lisu A.P	83	36	1415	1325	2146	1841	706	638
迪庆藏族自治州	Diqing Zang A.P	88	34	698	668	1455	1231	645	285
西藏自治区	**Tibet A.R.**	**1326**	**764**	**8765**	**8344**	**11680**	**9435**	**4376**	**1920**
拉萨市	Lhasa City	234	62	2274	2204	3834	2974	1355	916
昌都地区	Qamdu Prefecture	226	152	1184	1115	1468	1219	562	192
山南地区	Lhokha Prefecture	155	90	831	785	1323	1115	613	185
日喀则地区	Xigaze Prefecture	249	216	1791	1742	2119	1730	626	269
那曲地区	Narqu Prefecture	165	143	1176	1085	1395	1052	418	148
阿里地区	Ngri Prefecture	75	42	672	625	558	490	204	70
林芝地区	Nyingchi Prefecture	158	59	837	788	869	742	503	125
其他	Others								
陕西省	**Shaanxi**	**8812**	**2629**	**125190**	**123110**	**183325**	**148158**	**58080**	**46904**
西安市	Xi'an City	2325	448	34618	34085	59934	47431	18066	17186
铜川市	Tongchuan City	271	71	4109	4069	4694	3776	1463	1370
宝鸡市	Baoji City	990	272	14267	13842	18015	15043	5455	4692
咸阳市	Xianyang City	847	317	17045	16630	23253	18624	7125	6099
渭南市	Weinan City	667	279	12845	12670	18183	14177	5808	3947
延安市	Yan'an City	341	221	7121	7109	11322	9192	3638	2552
汉中市	Hanzhong City	1154	286	11447	11372	16607	13930	5408	4015
榆林市	Yulin City	784	304	10756	10719	13441	10964	4539	2944
安康市	Ankang City	790	241	6791	6754	8922	7540	3528	1998
商洛市	Shangluo City	601	183	5786	5455	8267	6905	2840	1841
其他	Others	42	7	405	405	687	576	210	260
甘肃省	**Gansu**	**10534**	**1710**	**76663**	**72315**	**104179**	**87633**	**36176**	**24950**
兰州市	Lanzhou City	1393	160	15312	14159	25233	20541	8882	7354
嘉峪关市	Jiayuguan City	38	8	1353	1252	1780	1493	603	567
金昌市	Jinchang City	373	21	1807	1701	3063	2669	1079	842

3-26 续表 9 continued

地 区	Region	卫生机构数（个）Number of Health Care Institutions (unit)	#医院、卫生院 Hospitals, Health Center	卫生机构床位数（张）Number of Beds in Health Care Institutions (bed)	#医院、卫生院 Hospitals, Health Center	卫生机构人员数（人）Employed Persons in Health Institutions (person)	#卫生技术人员 Medical and Technical Personnel	#执业（助理）医师 Licensed (Assistant) Doctors	#注册护师护士 Registration Nurses
白银市	Baiyin City	555	92	5741	5379	6763	5659	2440	1793
天水市	Tianshui City	770	169	8661	7673	9249	7766	3210	1964
武威市	Wuwei City	371	131	5801	5634	6550	5594	2477	1626
张掖市	Zhangye City	398	112	4782	4545	5354	4437	1849	1245
平凉市	Pingliang City	1129	126	6033	5821	8188	6918	2754	1815
酒泉市	Jiuquan City	334	92	4480	4367	5905	5015	2033	1790
庆阳市	Qingyang City	1324	148	5680	5412	7378	6203	2502	1472
定西市	Dingxi City	622	155	6126	5986	7085	6032	2866	1497
陇南市	Longnan City	2270	238	4552	4359	8951	7964	2413	1314
临夏回族自治州	Linxia Hui A.P	708	141	4714	4526	5526	4545	1741	1068
甘南藏族自治州	Gannan Zang A.P	249	117	1621	1501	3154	2797	1327	603
青海省	**Qinghai**	**1592**	**534**	**17457**	**17060**	**26295**	**21973**	**9558**	**7346**
西宁市	Xining City	670	104	9803	9539	15434	12398	5079	4596
海东地区	Haidong Prefecture	283	120	2285	2210	2861	2613	1197	688
海北藏族自治州	Haibei Zang A.P	96	45	923	922	1187	1041	487	275
黄南藏族自治州	Huangnan Zang AP	65	44	574	574	970	858	400	240
海南藏族自治州	Hainan Zang A.P	132	53	1390	1390	1439	1289	673	384
果洛藏族自治州	Golog Zang A.P	92	56	514	514	819	722	332	255
玉树藏族自治州	Yushu Zang A.P	112	59	667	620	1039	884	447	218
海西蒙古族藏族自治州	Haixi Mongolian & Zang A.P	142	53	1301	1291	2546	2168	943	690
宁夏回族自治区	**Ningxia**	**1633**	**389**	**20967**	**19820**	**31850**	**26627**	**11482**	**9041**
银川市	Yinchuan City	595	101	8333	7624	14057	11530	4827	4258
石嘴山市	Shizuishan City	338	52	3595	3509	5124	4379	1724	1541
吴忠市	Wuzhong City	295	82	3464	3331	5086	4245	1751	1383
固原市	Guyuan City	251	100	3059	2915	4338	3646	1881	1038
中卫市	Zhongwei City	154	54	2516	2441	3245	2827	1299	821
新疆维吾尔自治区	**Xinjiang**	**6739**	**1629**	**96852**	**93253**	**130174**	**106853**	**43456**	**36084**
乌鲁木齐市	Urumqi City	1455	169	21427	20378	31532	25555	10360	9634
克拉玛依市	Karamay City	85	10	1878	1877	3583	2820	1151	1129
吐鲁番地区	Turpan Prefecture	204	43	2042	1985	3581	3031	1246	1011
哈密地区	Hami Prefecture	207	62	2868	2860	4393	3816	1635	1348
昌吉回族自治州	Changji Hui A.P	754	139	7970	7739	10875	9098	3758	3060
博尔塔拉蒙古自治州	Bortala Mongolian A.P	264	46	2152	2059	3744	3080	1354	968
巴音郭楞蒙古自治州	Bayingolin Mongolian A.P	533	141	6763	6380	9167	7789	3068	2527
阿克苏地区	Aksu Prefecture	373	143	8782	8684	9372	7481	2755	2497
克孜勒苏柯尔克孜自治州	Kizilsu Kirgiz A.P	95	47	2264	2230	2806	2363	855	732
喀什地区	Kashi Prefecture	856	257	11975	11644	13225	10955	4289	3337
和田地区	Hotan Prefecture	262	128	6655	6624	6186	4642	1949	1253
伊犁哈萨克自治州	Ili Kazak A.P	886	206	10864	10078	14668	11897	4828	3891
塔城地区	Tacheng Prefecture	327	113	3967	3801	6219	5229	2344	1593
阿勒泰地区	Altay Prefecture	259	78	2490	2415	4522	3878	1821	1154
石河子市	Shihezi City	79	32	3834	3578	5125	4231	1696	1536
阿拉尔市	Alar City	50	10	656	656	716	584	187	258
图木舒克市	Tumxuk City	3	2	75	75	107	91	19	31
五家渠市	Wujiaqu City	47	3	190	190	353	313	141	125
生产建设兵团	Corps								

Chapter 4
第四章
县级统计资料
Statistics of County

4-1 县级单位主要统计指标（2008年）

地区名称	Region	行政区域土地面积(平方公里) Land Area (sq.m)	年底总人口(万人) Total Population (year-end) (10000 persons)	地区生产总值(万元) Gross Regional Product (10000 yuan)	第一产业 Primary Industry	第二产业 Secondary Industry	第三产业 Tertiary Industry	人均地区生产总值(元/人) Per Capita Gross Regional Product (yuan/person)	城镇单位在岗职工人数(人) Urban Employed Persons (person)
河北省	**Hebei Province**								
井陉县	Jingxing County	1381	32.62	895816	75273	513599	306944	27274	19304
正定县	Zhengding County	468	45.21	1270047	218981	594074	456992	28223	23867
栾城县	Luancheng County	345	33.65	1259019	224027	687898	347094	37740	16537
行唐县	Xingtang County	1025	43.30	736702	140108	451688	144906	17162	13731
灵寿县	Lingshou County	1066	32.28	546543	94590	332618	119335	17060	14070
高邑县	Gaoyi County	222	18.08	359995	64717	195737	99541	20080	8902
深泽县	Shenze County	296	25.26	450599	82375	267504	100720	18869	7248
赞皇县	Zanhuang County	1210	24.33	412049	98100	230244	83705	17059	15116
无极县	Wuji County	524	49.50	991471	172878	551425	267168	20103	16315
平山县	Pingshan County	2648	47.18	1373521	147372	960568	265581	29332	17679
元氏县	Yuanshi County	668	40.95	956772	142431	523991	290350	23582	15181
赵县	Zhao County	675	57.46	1041658	214919	574014	252725	18231	16423
辛集市	Xinji City	951	61.43	1918125	321432	1118955	477738	31313	26088
藁城市	Gaocheng City	836	76.41	2421659	384449	1313580	723630	31856	29455
晋州市	Jinzhou City	619	52.83	1290801	175549	725160	390092	24526	18752
新乐市	Xinle City	525	47.72	1097885	195763	623094	279028	23207	16277
鹿泉市	Luquan City	603	37.57	1858631	147327	1232376	478928	49736	22037
滦县	Luan County	1026	55.00	1983719	265729	1087236	630754	36150	27667
滦南县	Luannan County	1270	58.20	2252899	458956	1111315	682628	38715	27785
乐亭县	Laoting County	1417	49.71	2025646	488379	822190	715077	40860	21012
迁西县	Qianxi County	1439	37.56	2698019	140522	1797895	759602	71947	23275
玉田县	Yutian County	1165	66.73	1975070	400028	935245	639797	29658	31738
唐海县	Tanghai County	732	14.16	555000	121530	215350	218120	39418	40743
遵化市	Zunhua City	1513	71.55	3796983	254048	2176837	1366098	53322	24655
迁安市	Qian'an City	1208	70.98	4955788	218678	3102890	1634220	70351	51101
青龙满族自治县	Qinglong Man A.C.	3510	51.28	583810	146986	285318	151506	10859	15852
昌黎县	Changli County	1212	55.43	1040313	346356	402864	291093	18795	20532
抚宁县	Funing County	1618	52.35	1196111	276423	625853	293835	22905	29515
卢龙县	Lulong County	961	42.14	609342	146453	174319	288570	14494	16197
邯郸县	Handan County	463	35.32	1604565	95050	1065031	444484	40830	13399
临漳县	Linzhang County	744	64.99	586458	198944	192924	194590	9665	13402
成安县	Cheng'an County	482	40.16	591522	168365	241875	181282	16008	16017
大名县	Daming County	1053	80.82	738193	196812	282794	258587	9285	17446
涉县	She County	1509	40.16	1830562	62800	1473715	294047	45866	22803
磁县	Ci County	1015	65.83	1441184	121114	873174	446896	22868	27028
肥乡县	Feixiang County	502	34.85	416028	125747	140208	150073	12468	8886
永年县	Yongnian County	898	94.33	1500420	355000	665192	480228	17353	25632
邱县	Qiu County	448	22.86	368916	112414	143626	112876	17397	10604
鸡泽县	Jize County	336	27.25	381469	103257	173159	105053	14095	7732
广平县	Guangping County	320	27.52	413953	70490	214950	128513	15501	10031
馆陶县	Guantao County	456	32.92	430464	124229	171065	135170	13317	10034
魏县	Wei County	862	84.69	794263	155604	313636	325023	9256	16127
曲周县	Quzhou County	677	43.32	550450	157148	219015	174287	12858	11982

Main Indicators of Regions at County Level (2008)

乡村从业人员(人) Rural Laborer (person)	#农林牧渔业 Agriculture	全社会固定资产投资(万元) Investment in Fixed Assets (10000 yuan)	地方一般预算财政收入(万元) Revenue of local Governments (10000 yuan)	地方一般预算财政支出(万元) Expenditures of Local Governments (10000 yuan)	农村居民人均纯收入(元) Per Capita Disposable Income of Rural Households (yuan)	城镇单位在岗职工平均工资(元) Average Wages in Urban Areas (yuan)	常用耕地面积(公顷) Area of Cultivated Land (hectare)	农林牧渔业总产值(万元) Gross Output Value of Agriculture (10000 yuan)	社会消费品零售总额(万元) Total Retail Sales (10000 yuan)
142596	60987	820668	34955	60556	5051	19086	22881	129881	161476
223230	70204	694877	32165	68184	6726	19530	29911	459959	429321
172305	52587	592204	24532	52874	6541	18245	26284	409025	281507
187535	96635	533417	12372	59785	3468	16386	35850	291985	221814
133035	84361	700542	10489	48204	2956	16734	22116	174758	146937
91151	45976	202538	6899	29860	4970	14388	16095	118393	122354
125957	51065	215427	11420	33181	4920	16064	19310	152377	156262
115383	48791	449608	8884	36180	2886	13579	17935	157171	149408
247728	117687	421306	14804	52896	5806	17010	36004	332195	425854
213124	145996	585943	54456	111982	2945	20580	30131	245096	197226
228653	152290	669532	15984	50723	5226	17015	35056	270922	193569
278592	126045	475415	15374	61007	5553	18411	50487	369953	411138
297397	99332	804367	36877	84051	6291	20029	51685	612567	960497
389786	84406	938381	53821	102550	6990	20682	54229	707021	643399
258984	103646	682029	24207	66447	6794	17377	40747	324787	412687
183175	54100	735714	21583	55426	6642	17347	27525	343451	381066
161753	75224	826589	50786	101569	7106	20600	25642	249860	451494
274689	134692	816596	34596	115029	6192	27099	51872	442964	532637
288028	193267	481685	38467	120764	5850	25588	67593	803586	622604
259240	131111	811816	35390	114762	7263	26402	63278	750123	520692
170023	77424	560333	53226	127268	6626	28348	14899	207766	375993
325545	87595	549628	28477	94522	6140	20585	69332	683784	497283
69221	37676	414749	30206	71866	6850	20606	23993	227919	129492
316554	105939	814731	96115	178538	6690	26150	50938	433624	737543
286729	67302	1403557	200988	315605	8462	29085	45076	347020	885576
266783	149060	255435	26971	109482	3008	23046	20174	248679	123136
281228	182002	330168	31340	105926	5730	21704	59164	586612	230692
243511	172108	348888	40009	114547	5476	22657	35417	491301	234721
224641	157089	210518	10772	63826	5061	22771	40888	289524	142213
189988	85106	535435	48137	78963	5838	18887	27277	166820	213385
252560	171050	361486	6506	59608	4934	16489	49868	407625	162862
192562	79781	381278	6661	41878	4905	16850	37090	308360	166507
324419	268848	414822	5953	78789	3513	17109	76104	387170	271047
183336	72609	802260	59992	106519	4502	19897	16535	125859	279734
278311	103662	574211	57065	103512	5537	20554	49184	231558	354981
164704	92814	232550	5330	35985	4420	18221	38721	287040	115681
410077	141782	670904	49333	90148	5577	18748	64125	700116	508481
101707	57788	123793	3624	31600	4421	15214	33336	212996	77746
114975	34991	294049	3123	37192	4110	14934	26251	178336	106033
108918	64382	369206	6045	35916	4212	17070	23365	127931	118024
145777	80964	281588	5260	39982	3806	15294	29948	344773	121117
338318	257223	407284	8660	72916	3480	17662	61451	297581	299333
234110	93294	333383	4964	50945	4916	16743	51250	307122	223403

4-1 续表 1

地区名称	Region	行政区域土地面积(平方公里) Land Area (sq.m)	年底总人口(万人) Total Population (year-end) (10000 persons)	地区生产总值(万元) Gross Regional Product (10000 yuan)	第一产业 Primary Industry	第二产业 Secondary Industry	第三产业 Tertiary Industry	人均地区生产总值(元/人) Per Capita Gross Regional Product (yuan/person)	城镇单位在岗职工人数(人) Urban Employed Persons (person)
武安市	Wu'an City	1806	75.56	3963362	101201	2706035	1156126	52451	32213
邢台县	Xingtai County	1928	47.40	996576	80592	702963	213021	25218	14545
临城县	Lincheng County	797	20.28	260991	14572	172500	73919	12954	6207
内丘县	Neiqiu County	788	26.61	602420	55391	396365	150664	22804	9245
柏乡县	Baixiang County	268	18.75	176991	43000	93636	40355	9512	6967
隆尧县	Longyao County	749	50.81	738833	142382	372379	224072	14796	13018
任县	Ren County	431	33.41	197766	61960	71269	64537	6175	7472
南和县	Nanhe County	418	33.97	223603	79040	76744	67819	6852	6304
宁晋县	Ningjin County	1029	76.75	1277632	185169	839800	252663	18074	22055
巨鹿县	Julu County	630	38.11	320222	60484	162557	97181	8704	8711
新河县	Xinhe County	366	17.18	151491	38000	72591	40900	8897	4906
广宗县	Guangzong County	503	28.78	217837	80750	88970	48117	7804	6178
平乡县	Pingxiang County	412	30.53	208801	43680	92886	72235	7225	9502
威县	Wei County	994	56.45	300070	128216	81874	89980	5486	10852
清河县	Qinghe County	502	37.67	1008012	48788	713923	245301	27141	12420
临西县	Linxi County	542	35.64	337344	67366	135945	134033	10048	9087
南宫市	Nangong City	854	46.81	553830	97486	303064	153280	11968	11824
沙河市	Shahe City	999	48.75	1150531	52000	788019	310512	23883	21489
满城县	Mancheng County	650	40.06	579094	119500	307447	152147	14555	16381
清苑县	Qingyuan County	867	63.90	622732	158831	306384	157517	9838	21377
涞水县	Laishui County	1658	34.96	233525	68172	73672	91681	6724	15326
阜平县	Fuping County	2495	22.76	176864	40098	51433	85333	8001	8480
徐水县	Xushui County	723	57.69	726127	168866	308290	248971	12677	18736
定兴县	Dingxing County	714	57.89	501199	168211	197144	135844	8700	21933
唐县	Tang County	1417	58.44	317854	98363	135957	83534	5508	19071
高阳县	Gaoyang County	496	32.76	569921	55542	401802	112577	17527	12965
容城县	Rongcheng County	314	26.14	354703	66740	212596	75367	13693	8805
涞源县	Laiyuan County	2448	27.60	311820	25314	196655	89851	11377	11295
望都县	Wangdu County	320	26.53	250710	77786	109659	63265	9509	15538
安新县	Anxin County	724	42.91	421539	64293	247128	110118	9902	11345
易县	Yi County	2534	56.67	494557	136545	197260	160752	8789	17769
曲阳县	Quyang County	1084	59.71	410210	67355	178070	164785	7001	15518
蠡县	Li County	652	51.58	536317	94854	273722	167741	10515	13818
顺平县	Shunping County	708	31.19	270076	85646	111562	72868	8707	13667
博野县	Boye County	340	26.38	232158	78356	91973	61829	8903	6594
雄县	Xiong County	524	36.53	436690	57072	278862	100756	12147	10556
涿州市	Zhuozhou City	742	62.80	1273833	136382	463705	673746	20431	45492
定州市	Dingzhou City	1274	119.29	1352201	419895	637569	294737	11409	41963
安国市	Anguo City	486	40.66	527489	127610	242544	157335	13050	13913
高碑店市	Gaobeidian City	672	59.76	646331	96229	344361	205741	11855	28212
宣化县	Xuanhua County	2108	30.29	392702	111580	131028	150094	14362	13208
张北县	Zhangbei County	3863	37.81	370687	143489	116957	110241	13041	10215
康保县	Kangbao County	3365	28.19	192818	82463	44897	65458	8535	9582
沽源县	Guyuan County	3654	22.97	150743	75075	22775	52893	8800	7256
尚义县	Shangyi County	2633	19.44	148213	62988	35759	49466	9432	7658

continued

乡村从业人员（人）Rural Laborer (person)	#农林牧渔业 Agriculture	全社会固定资产投资（万元）Investment in Fixed Assets (10000 yuan)	地方一般预算财政收入（万元）Revenue of local Governments (10000 yuan)	地方一般预算财政支出（万元）Expenditures of Local Governments (10000 yuan)	农村居民人均纯收入（元）Per Capita Disposable Income of Rural Households (yuan)	城镇单位在岗职工平均工资（元）Average Wages in Urban Areas (yuan)	常用耕地面积（公顷）Area of Cultivated Land (hectare)	农林牧渔业总产值（万元）Gross Output Value of Agriculture (10000 yuan)	社会消费品零售总额（万元）Total Retail Sales (10000 yuan)
340180	132228	993718	130439	183306	5737	25882	50433	216679	566075
197802	60062	407762	24349	75063	5009	21060	33702	146827	239267
85317	63449	283159	5644	36358	3319	18740	18749	92331	88100
112165	69834	354081	15661	45717	4030	18167	24163	106091	133247
85133	46815	90680	2771	25303	4764	21317	19490	128616	70813
222683	86424	398202	12113	51719	4527	19572	53917	276589	198512
144961	59015	152032	3430	32739	4350	16715	31917	111833	126856
149069	76152	157554	3825	34990	4145	18328	29942	154782	112760
325351	174929	701175	29344	83080	4832	17725	65842	345469	323391
190210	120276	338845	4308	40164	3172	20169	41477	139353	151815
69665	42140	143646	1648	27448	3406	19440	22624	89671	71278
136878	75509	180200	1894	34566	2900	19617	35071	162814	68675
132253	64185	158613	4084	32441	3252	16849	27701	78004	105039
251530	162382	219563	3984	52123	3318	18675	68830	304027	137146
145863	34800	402093	12630	47069	5589	20574	33754	112532	277446
142577	74143	195864	4252	35490	4360	18490	39338	145556	130165
196603	120102	278603	6137	49451	4210	19666	59752	201763	188838
189679	87742	621738	31398	84260	5200	18953	27527	125811	292620
196704	122221	260009	12574	47474	4843	19940	25078	211114	194499
334148	195986	288607	13268	63041	5055	19267	60426	280971	235827
173059	122423	152520	9452	48397	3253	16514	22074	123469	107013
96116	62148	168270	8237	38616	2399	20358	8524	71003	64605
290803	166102	259366	18412	68536	5418	22787	44771	303552	283906
279740	166728	245587	9562	57084	4960	15276	47541	264894	169010
265527	173051	160254	6368	55508	2711	16968	27111	163664	112267
167570	71536	236541	13592	43193	5668	19014	33535	92597	189320
127342	47289	139571	8951	31741	5415	19988	20722	122247	144128
122677	86914	93375	27342	65280	1924	22012	16750	47180	60200
126603	89748	72389	7460	34201	3618	15399	22412	137781	72563
235025	137841	193346	10458	44647	4929	18293	32608	109594	165892
253164	164905	261562	10979	68258	3233	21869	36620	248259	155406
254494	161982	137524	8746	62820	2364	19971	29340	132582	141511
251242	137479	158678	9276	52408	5520	18047	46022	162609	232904
149991	107962	160178	6728	39786	2729	17255	20449	130147	99884
142809	68142	124237	4440	28943	4217	20638	21627	136875	80599
186138	101000	234022	11863	39772	4868	20450	31736	95463	173524
241088	154801	707350	65582	111902	5970	32799	45396	229297	495492
619244	357770	627090	37404	121682	4612	19151	77051	692657	521468
162506	83819	390080	14568	50533	5497	18799	32882	212110	258239
233568	133567	130451	16015	53780	5030	19435	42280	180618	500618
142426	91526	158017	10596	49355	3650	19602	46378	188809	111487
187748	130123	239504	13124	64522	2785	21133	101040	237612	101520
138320	108360	150880	3105	36552	2420	21232	96710	160989	75186
117654	94495	145277	3622	38201	2560	21194	81291	140819	60291
100892	75218	208869	3794	31468	2651	19262	51234	123783	44906

4-1 续表 2

地区名称	Region	行政区域土地面积(平方公里) Land Area (sq.m)	年底总人口(万人) Total Population (year-end) (10000 persons)	地区生产总值(万元) Gross Regional Product (10000 yuan)	第一产业 Primary Industry	第二产业 Secondary Industry	第三产业 Tertiary Industry	人均地区生产总值(元/人) Per Capita Gross Regional Product (yuan/person)	城镇单位在岗职工人数(人) Urban Employed Persons (person)
蔚县	Yu County	3220	47.19	546922	85000	215386	246536	12489	23798
阳原县	Yangyuan County	1849	27.67	332809	55965	90650	186194	12700	13592
怀安县	Huaian County	1706	24.63	325536	62034	88754	174748	14517	12859
万全县	Wanquan County	1162	22.29	244370	61696	93663	89011	11762	12374
怀来县	Huailai County	1801	34.59	629351	91952	208604	328795	19245	15360
涿鹿县	Zhuolu County	2802	34.02	383306	116144	126630	140532	12022	19892
赤城县	Chicheng County	5287	29.03	331466	100251	147158	84057	13687	11656
崇礼县	Chongli County	2324	12.45	162676	32949	83416	46311	15077	8262
承德县	Chengde County	3848	45.26	665509	147000	361421	157088	15609	25052
兴隆县	Xinglong County	3123	32.11	637630	110034	377734	149862	20530	16955
平泉县	Pingquan County	3296	47.20	680065	171810	326731	181524	15208	22693
滦平县	Luanping County	3106	32.96	845901	110600	546270	189031	28183	11784
隆化县	Longhua County	5475	42.99	553026	137288	274225	141513	14623	15603
丰宁满族自治县	Fengning Man A.C.	8765	39.31	538668	137174	257241	144253	15552	16040
宽城满族自治县	Kuancheng Man A.C.	1932	24.32	1249100	69614	1009190	170296	53688	17354
围场满族蒙古族自治县	Weichang Man & Mongolia A.C.	9220	52.95	377527	147654	99601	130272	8446	19475
沧县	Cang County	1520	68.00	1375659	192962	705577	477120	20353	19087
青县	Qing County	968	40.16	919609	198000	459337	262272	22990	20716
东光县	Dongguang County	711	35.95	632360	145101	278069	209190	17813	14824
海兴县	Haixing County	920	22.57	182203	39994	71216	70993	8138	11572
盐山县	Yanshan County	795	43.25	570910	89525	353003	128382	13358	15688
肃宁县	Suning County	515	33.71	726121	122320	325780	278021	21656	10708
南皮县	Nanpi County	790	36.64	413874	104654	161447	147773	11386	12094
吴桥县	Wuqiao County	583	28.40	375629	126900	98522	150207	13295	14486
献县	Xian County	1173	57.96	851997	171986	426353	253658	14697	13559
孟村回族自治县	Mengcun Hui A.C.	387	19.74	340596	34528	209759	96309	17400	8820
泊头市	Botou City	1007	57.53	1184575	139740	615390	429445	20769	25601
任丘市	Renqiu City	1012	81.92	4155294	126100	3229296	799898	51014	85654
黄骅市	Huanghua City	1545	43.26	1245211	130021	561649	553541	29193	29126
河间市	Hejian City	1333	79.83	1325000	141000	705000	479000	16699	25572
固安县	Gu'an County	697	41.67	468323	205059	153535	109729	11370	14514
永清县	Yongqing County	774	37.74	487282	202062	190039	95181	13012	13451
香河县	Xianghe County	458	30.84	1022668	138173	595486	289009	33281	23062
大城县	Dacheng County	910	47.31	677461	95757	388937	192767	14445	16049
文安县	Wen'an County	1038	48.01	975940	80101	632419	263420	20523	17997
大厂回族自治县	Dachang Hui A.C.	176	11.68	338965	59745	207371	71849	29269	10495
霸州市	Bazhou City	784	58.95	2039629	117908	1425144	496577	34781	20742
三河市	Sanhe City	643	52.03	2400602	221230	1396236	783136	46652	34449
枣强县	Zaoqiang County	903	39.16	447320	108960	184070	154290	11519	10642
武邑县	Wuyi County	833	32.11	337426	123183	125595	88648	10583	9060
武强县	Wuqiang County	444	21.66	274480	64473	141383	68624	12743	8296
饶阳县	Raoyang County	574	29.04	278699	88205	115800	74694	9610	7959
安平县	Anping County	495	49.75	655817	71075	373830	210912	20179	12776
故城县	Gucheng County	941	32.51	546408	159322	203223	183863	10983	13160
景县	Jing County	1189	52.37	733630	147533	384838	201259	14009	16338

continued

乡村从业人员(人) Rural Laborer (person)	#农林牧渔业 Agriculture	全社会固定资产投资(万元) Investment in Fixed Assets (10000 yuan)	地方一般预算财政收入(万元) Revenue of local Governments (10000 yuan)	地方一般预算财政支出(万元) Expenditures of Local Governments (10000 yuan)	农村居民人均纯收入(元) Per Capita Disposable Income of Rural Households (yuan)	城镇单位在岗职工平均工资(元) Average Wages in Urban Areas (yuan)	常用耕地面积(公顷) Area of Cultivated Land (hectare)	农林牧渔业总产值(万元) Gross Output Value of Agriculture (10000 yuan)	社会消费品零售总额(万元) Total Retail Sales (10000 yuan)
197966	139034	192130	20203	67644	2598	24411	77019	150642	154684
114860	76870	110901	11224	47040	2580	17499	41011	96011	121751
113210	75092	240910	11656	45752	3208	17899	34197	97801	84028
105125	69568	164946	10171	42741	3282	18549	27710	110204	94812
152233	105639	228717	31456	70006	5413	20706	25244	172914	194057
150215	110503	170640	8181	51822	3711	17279	28506	218273	142271
122045	89869	182063	18092	63124	2496	19956	28644	153536	82332
58435	41414	152348	7710	28290	2918	22450	16393	53826	38596
223338	140432	363452	24946	88091	3485	19034	30175	244946	185668
148271	97824	371561	15997	63045	4437	23734	7151	196419	186802
227541	110555	423864	18847	89904	3711	22222	39595	271537	188714
156604	74357	341232	31122	100971	3142	24172	15250	200395	144241
224586	145294	305768	18214	90675	3201	23644	39405	236389	141561
178673	96496	350289	24089	91511	3060	23478	65256	244495	139710
106057	61378	394079	29870	105204	4477	25827	8065	118000	136173
237067	180185	269292	6836	82155	2516	19971	52000	249459	149799
366867	95181	581661	26312	78810	4818	22615	63663	329309	366117
190990	87232	414095	15208	61383	5031	24752	56368	358702	228111
159537	68013	404153	10242	47975	4314	20246	48055	281949	122771
103747	61292	110288	5874	33608	2908	16564	29080	78810	50860
205744	102935	446624	10947	58038	3693	19606	39369	175005	166110
187924	71513	425698	19575	52059	4742	25941	37355	215329	145828
154130	104975	285000	7444	46411	3482	22681	45040	182963	107704
148995	95703	237900	5923	40012	4320	19141	37330	212913	92285
265061	143519	408986	10855	65946	3860	22814	63039	416357	155277
85835	45877	234060	7212	37753	3888	21237	20909	65473	93617
240218	74076	447133	16274	71473	4600	18127	55194	255252	346133
282602	62600	880477	123166	146057	5882	38563	55758	239754	730934
169884	41720	549621	43994	79347	5880	20608	49013	267522	350342
403459	101411	458724	19978	84921	5100	20186	85187	276293	635218
177587	140130	578808	15972	61770	5443	18456	43957	393791	173205
179447	121618	780412	10201	51821	5660	18763	41987	417824	161389
132909	64248	1469969	28205	59546	7535	22604	28245	241708	408217
198985	100158	526552	13962	56898	5328	20699	55906	201613	243109
209524	74214	930338	20379	66035	5974	18485	59281	159445	306949
43923	18115	245656	13257	34138	6190	26909	10218	118399	71734
244191	71278	1336552	71856	132419	6355	28146	41310	209067	453571
161730	59806	1860687	157139	201863	7246	29749	35133	410930	542473
165009	92087	189105	6461	47592	3713	17565	59012	185033	130757
143146	73447	114619	6465	44938	2599	16136	53370	213788	140799
99629	58910	51824	3507	33806	2622	14942	28899	113111	94562
149770	60344	123043	3671	39893	2516	18386	38666	182256	124515
146307	48080	145082	9674	50107	4642	17318	34801	164811	187751
203631	122210	234646	6013	56386	3704	16894	57845	280299	192938
222810	102012	416630	10269	63046	4410	17803	79251	286778	248723

4-1 续表 3

地区名称	Region	行政区域土地面积(平方公里) Land Area (sq.m)	年底总人口(万人) Total Population (year-end) (10000 persons)	地区生产总值(万元) Gross Regional Product (10000 yuan)	第一产业 Primary Industry	第二产业 Secondary Industry	第三产业 Tertiary Industry	人均地区生产总值(元/人) Per Capita Gross Regional Product (yuan/person)	城镇单位在岗职工人数(人) Urban Employed Persons (person)
阜城县	Fucheng County	697	34.10	326608	67419	181362	77827	9494	11199
冀州市	Jizhou City	922	36.73	601095	85534	308537	207024	16412	15969
深州市	Shenzhou City	1253	56.13	707507	149124	323171	235212	12410	19261
山西省	**Shanxi Province**								
清徐县	Qingxu County	609	34.37	1078950	116035	701776	261139	31482	11710
阳曲县	Yangqu County	2059	14.80	176294	25663	95748	54883	11944	6695
娄烦县	Loufan County	1276	11.66	116908	4872	81470	30566	10052	5252
古交市	Gujiao City	1584	21.66	503094	9580	385234	108280	23294	12383
阳高县	Yanggao County	1668	27.74	109727	38276	18440	53011	3970	10743
天镇县	Tianzhen County	1635	19.98	93393	33083	19000	41310	4674	8433
广灵县	Guangling County	1283	17.28	103413	34586	37912	30915	5560	7605
灵丘县	Lingqiu County	2730	22.35	212038	14537	130748	66753	9516	10147
浑源县	Hunyuan County	1966	34.55	186325	47789	76177	62359	5409	11755
左云县	Zuoyun County	1314	17.26	311547	12861	183443	115243	18115	14573
大同县	Datong County	1498	17.33	139598	35571	44467	59560	8083	8672
平定县	Pingding County	1361	33.42	411642	18387	225310	167945	12344	16793
盂县	Yu County	2523	30.42	590335	19386	368464	202485	19431	27197
长治县	Changzhi County	483	33.69	729105	36484	452464	240157	21682	18665
襄垣县	Xiangyuan County	1160	26.05	1264520	36735	1099741	128044	48643	60550
屯留县	Tunliu County	1142	26.10	486106	39943	370848	75315	18667	15824
平顺县	Pingshun County	1550	16.67	106098	16575	51658	37865	6377	8183
黎城县	Licheng County	1101	16.20	188951	17919	100536	70496	11685	7902
壶关县	Huguan County	1013	29.61	258251	18367	158833	81051	8740	16470
长子县	Zhangzi County	1029	35.35	302675	66293	140566	95816	8583	15429
武乡县	Wuxiang County	1610	20.42	294502	13823	202216	78463	14451	13411
沁县	Qin County	1297	17.70	82233	19435	16117	46681	4653	7511
沁源县	Qinyuan County	2557	16.13	516079	13410	365086	137583	32070	17473
潞城市	Lucheng City	613	22.38	620632	21785	485671	113176	27791	22990
沁水县	Qinshui County	2659	21.78	737599	25989	576023	135587	33928	16657
阳城县	Yangcheng County	1917	41.55	1018079	41283	734997	241799	24529	34558
陵川县	Lingchuan County	1701	25.90	196262	20571	101098	74593	7601	12575
泽州县	Zezhou County	2023	53.31	1158516	46763	796163	315590	21771	29418
高平市	Gaoping City	979	48.92	1203372	60331	856592	286449	24615	37792
山阴县	Shanyin City	1651	22.98	730720	83047	391228	256445	31895	16849
应县	Ying County	1708	29.54	182366	47475	70179	64712	6192	10189
右玉县	Youyu County	1967	11.10	181276	19414	73887	87975	16331	6551
怀仁县	Huairen County	1288	30.26	882899	50000	527881	305018	29364	33494
榆社县	Yushe County	1650	13.16	101970	11073	39392	51505	7772	10114
左权县	Zuoquan County	2028	16.00	197814	14028	112649	71137	12387	14352
和顺县	Heshun County	2250	13.76	190259	15591	106080	68588	13851	12612
昔阳县	Xiyang County	1944	22.56	232742	25175	118282	89285	10326	19364
寿阳县	Shouyang County	2110	21.45	510310	48011	339498	122801	23844	26105
太谷县	Taigu County	1034	29.83	352284	59220	131281	161783	11814	22673
祁县	Qi County	854	26.44	348202	59627	146139	142436	13170	15696

continued

乡村从业人员（人）Rural Laborer (person)	#农林牧渔业 Agriculture	全社会固定资产投资（万元）Investment in Fixed Assets (10000 yuan)	地方一般预算财政收入（万元）Revenue of local Governments (10000 yuan)	地方一般预算财政支出（万元）Expenditures of Local Governments (10000 yuan)	农村居民人均纯收入（元）Per Capita Disposable Income of Rural Households (yuan)	城镇单位在岗职工平均工资（元）Average Wages in Urban Areas (yuan)	常用耕地面积（公顷）Area of Cultivated Land (hectare)	农林牧渔业总产值（万元）Gross Output Value of Agriculture (10000 yuan)	社会消费品零售总额（万元）Total Retail Sales (10000 yuan)
156860	74882	92970	3899	40119	2539	15854	45606	141915	98291
157685	75246	249348	10759	49393	4311	19509	57648	160855	171019
267761	104934	283236	8140	61488	4060	17205	66643	305394	250145
115920	68655	273702	65352	98798	7295	20825		154609	190733
51185	30789	86345	16365	44386	3103	21262		48549	41706
48963	31931	108657	25256	43730	2680	18804		8730	17105
36865	16745	309642	68307	89719	6558	22724		16912	193743
86330	60408	69504	4674	52727	2716	20148		83330	40149
67526	50371	77057	2896	43866	2469	21499		59120	34143
54229	40131	34179	2789	40189	2667	20088		47242	38991
87484	58102	97987	14052	51871	2810	20898		38579	104486
130144	80188	64951	7574	57687	2505	18475		107011	114718
42793	26485	155146	30913	50896	4359	21443		23876	87209
50337	33474	27055	10158	39988	3330	22309		66731	65225
126148	54073	300180	26743	63194	5128	26837		36773	142503
114353	74438	265692	46696	77590	5549	24353		35250	187589
149904	71227	221298	60922	80351	6335	25811		64438	121022
84587	52055	430195	70132	89547	5730	49327		70678	112591
102650	69073	298030	36774	60586	5505	19874		81070	72008
65442	44586	40002	5905	36211	2591	18603		33367	31346
66230	41857	68540	10882	33963	3978	17540		33913	57122
121543	67554	73909	13012	54952	2297	15897		35244	74610
149337	106855	276258	23241	60846	5133	26249		127477	72389
81172	56253	143385	33193	62512	2728	22772		31127	55941
53359	36964	81120	5345	37651	2648	16343		40158	41372
53467	30108	135549	58916	76629	4841	23924		25482	81836
74030	44032	154956	47575	61897	5155	19806		43354	70540
88086	51617	353800	41000	62749	3991	21804		45495	88420
162417	84223	437478	49795	84535	4859	26554		75688	166050
108125	62869	104700	8270	48728	3378	17241		35940	72985
215502	125383	634944	63557	89114	5517	24648		86625	150671
213106	114447	463444	58624	100688	5184	27449		125780	224903
60490	43880	323027	55414	91471	5996	26908		135292	148900
100979	76093	183085	6649	54399	3805	18361		111050	110019
39829	25852	133274	8508	37134	2516	19692		36896	60125
79598	43887	402051	53562	88527	6510	21436		101239	285460
47268	30133	46934	12705	33219	2203	22098		21480	45916
64476	42045	182302	13631	41752	2275	19880		24920	54514
48337	34573	148674	15170	44468	2407	21985		26974	51355
102334	66994	244382	20337	57059	3390	22231		42364	97656
78202	61805	233030	35617	65868	4652	21132		79028	100577
100957	62795	136242	17803	54156	6392	16975		101676	157763
98669	55977	143852	13249	46734	5696	18359		98269	142263

4-1 续表 4

地区名称	Region	行政区域土地面积(平方公里) Land Area (sq.m)	年底总人口(万人) Total Population (year-end) (10000 persons)	地区生产总值(万元) Gross Regional Product (10000 yuan)	第一产业 Primary Industry	第二产业 Secondary Industry	第三产业 Tertiary Industry	人均地区生产总值(元/人) Per Capita Gross Regional Product (yuan/person)	城镇单位在岗职工人数(人) Urban Employed Persons (person)
平遥县	Pingyao County	1260	49.58	577440	72560	266672	238208	11680	23174
灵石县	Lingshi County	1206	25.37	910853	18036	631192	261625	36002	22419
介休市	Jiexiu City	757	38.87	1333891	20685	1069973	243233	34405	64085
临猗县	Linyi County	1364	56.63	578271	201600	170874	205797	10240	21141
万荣县	Wanrong County	1048	44.87	268965	63623	100287	105055	6009	15371
闻喜县	Wenxi County	1171	39.84	725239	36036	537836	151367	18259	20992
稷山县	Jishan County	686	34.20	352961	46762	203028	103171	10318	12810
新绛县	Xinjiang County	593	32.96	332693	57275	163951	111467	9102	11255
绛县	Jiang County	996	27.88	302234	34750	182172	85312	10872	21945
垣曲县	Yuanqu County	1612	23.00	186580	22661	109680	54239	8137	19549
夏县	Xia County	1349	36.29	151630	45586	51109	54935	4193	13061
平陆县	Pinglu County	1181	25.60	152768	21467	79626	51675	5986	14627
芮城县	Ruicheng County	1180	39.30	371198	73140	157504	140554	9469	17566
永济市	Yongji City	1218	44.53	592535	79150	348045	165340	13339	26308
河津市	Hejin City	580	38.94	1935881	34641	1323009	578231	49855	35800
定襄县	Dingxiang County	865	22.12	236413	24269	140745	71399	10717	8134
五台县	Wutai County	2865	32.83	185273	22741	52604	109928	5679	13556
代县	Dai County	1696	21.49	251739	18891	159090	73758	11714	9150
繁峙县	Fanshi County	2367	25.57	219000	17640	137038	64322	8588	12749
宁武县	Ningwu County	309	16.11	176497	6000	91187	79310	10956	14824
静乐县	Jingle County	2058	16.48	104870	14524	49828	40518	6414	10156
神池县	Shenchi County	1472	10.91	56000	26139	7032	22829	5149	6266
五寨县	Wuzhai County	5239	11.42	65960	18133	13430	34397	5791	6187
岢岚县	Kelan County	1985	8.54	68079	18727	14149	35203	7995	4790
河曲县	Hequ County	1328	14.61	347469	15599	225951	105919	21323	11638
保德县	Baode County	998	15.58	338174	13924	242133	82117	20978	10898
偏关县	Pianguan County	1685	11.86	135000	18075	64080	52845	11383	5971
原平市	Yuanping City	2556	49.28	504864	57180	267364	180320	10278	37340
曲沃县	Quwo County	437	23.33	476088	46373	309187	120528	20468	11415
翼城县	Yicheng County	1149	32.12	536786	33134	326457	177195	16759	16196
襄汾县	Xiangfen County	1028	49.38	838125	55681	586372	196072	17025	14597
洪洞县	Hongdong County	1494	74.51	1105167	63625	795828	245714	14880	41924
古县	Gu County	1191	8.91	465160	10977	404921	49262	52383	7993
安泽县	Anze County	1959	8.06	241055	18849	191390	30816	29982	6842
浮山县	Fushan County	938	12.94	180401	20442	120043	39916	13985	6808
吉县	Ji County	1780	10.53	77861	11809	42639	23413	7422	5968
乡宁县	Xiangning County	2025	23.03	448884	10324	354461	84099	19559	16116
大宁县	Daning County	963	6.26	25617	3071	8398	14148	4105	6451
隰县	Xi County	1413	10.24	62148	8524	20212	33412	6087	7731
永和县	Yonghe County	1213	6.48	25325	5942	1943	17440	3921	3889
蒲县	Pu County	1509	10.33	224427	4941	173858	45628	21789	10551
汾西县	Fenxi County	875	14.22	141661	10723	80288	50650	9991	7417
侯马市	Houma City	221	23.85	538094	20991	260352	256751	22647	30349
霍州市	Huozhou City	764	29.08	495650	17099	367116	111435	17115	39542
文水县	Wenshui County	1064	42.63	336542	60198	204636	71708	7917	15428

continued

乡村从业人员(人) Rural Laborer (person)		全社会固定资产投资(万元) Investment in Fixed Assets (10000 yuan)	地方一般预算财政收入(万元) Revenue of local Governments (10000 yuan)	地方一般预算财政支出(万元) Expenditures of Local Governments (10000 yuan)	农村居民人均纯收入(元) Per Capita Disposable Income of Rural Households (yuan)	城镇单位在岗职工平均工资(元) Average Wages in Urban Areas (yuan)	常用耕地面积(公顷) Area of Cultivated Land (hectare)	农林牧渔业总产值(万元) Gross Output Value of Agriculture (10000 yuan)	社会消费品零售总额(万元) Total Retail Sales (10000 yuan)
	#农林牧渔业 Agriculture								
194967	99153	253637	27160	82402	4515	18887		123907	256344
82480	38850	562528	74422	88893	6193	20487		28674	275830
129703	49958	560078	65843	97100	5449	31693		43221	313216
233239	170307	167949	9487	62716	4758	17067		374981	184666
174220	121035	99758	7352	57342	3100	14272		128995	110738
168378	80650	520026	25309	67296	3548	17895		75476	152190
156526	82980	163852	14332	55085	3886	16912		101717	91802
150254	102338	188380	8966	48545	4041	15590		125057	145089
134538	77114	129269	4807	51057	3520	16038		69550	77498
78704	45709	71532	9604	44898	2631	19755		39326	84805
195431	146627	97647	4444	49572	2714	16162		113188	89427
112679	83399	119917	5591	47284	2777	15102		38663	74125
193546	134008	119297	6564	55761	3963	15867		142007	100811
190166	116933	135569	18895	64380	4468	20378		150486	215244
134514	67241	713349	110866	114699	7840	27975		71310	445069
84494	43372	88548	11392	44986	4877	18481		48026	75558
86140	48934	141626	11409	64496	2408	19775		35312	78770
72338	50420	46689	19313	51044	2536	19085		27696	50894
73923	54207	58784	13077	53013	2527	20564		31425	58547
46759	29243	37183	14822	46747	371	18942		9314	36145
55872	35277	67073	6286	41945	2156	16607		22111	33888
28559	22125	18946	5714	33459	2406	16966		52278	37078
37488	28806	33400	5718	35107	2260	19685		31264	35434
27942	21120	34907	3142	31039	2713	22640		31040	32598
43503	28525	102272	24815	53107	2406	25544		31175	52383
58283	27985	68458	28306	52901	2403	22103		23600	64265
35166	23817	22363	7798	35906	2409	20389		33073	41582
141636	79415	302378	38907	96101	3615	19853		102465	214000
105698	63532	134059	15534	50654	5290	21144		79030	87724
107111	55616	111514	31768	66213	4463	19448		60824	145694
220222	133945	180623	46742	92826	5296	22298		105007	153110
307008	159029	320598	53275	105985	4953	24607		118128	230602
23130	15022	98301	24612	40636	4051	22803		18998	35769
23440	16198	110608	12704	33806	3636	19152		33966	37166
39395	21716	76529	13584	32695	4020	21060		36277	31114
32736	23591	55283	2498	27883	1805	20093		22737	27154
74219	54230	109301	44992	62703	3763	22807		24360	75620
19869	15392	15004	1133	24444	1189	18208		7376	11963
33223	25320	33829	2316	30856	2288	16859		18608	39357
17212	13959	11586	776	21477	1350	18644		13953	16317
31920	20380	47520	26978	48344	3460	17143		12223	35560
55793	42405	56668	6798	35219	1668	17650		17603	43171
54484	32560	207328	28100	55980	6452	18706		35649	312002
87176	51735	416892	34500	49608	5345	27178		29933	128493
182720	104687	205264	15118	62984	3791	17881		129251	79486

4-1 续表 5

地区名称	Region	行政区域土地面积(平方公里) Land Area (sq.m)	年底总人口(万人) Total Population (year-end) (10000 persons)	地区生产总值(万元) Gross Regional Product (10000 yuan)	第一产业 Primary Industry	第二产业 Secondary Industry	第三产业 Tertiary Industry	人均地区生产总值(元/人) Per Capita Gross Regional Product (yuan/person)	城镇单位在岗职工人数(人) Urban Employed Persons (person)
交城县	Jiaocheng County	1822	22.05	503261	13731	405258	84272	22886	11996
兴县	Xing County	3165	27.69	128869	21270	77851	29748	4667	14264
临县	Lin County	2979	59.00	180423	29500	73732	77191	3068	19715
柳林县	Liulin County	1287	30.11	1137852	9961	995226	132665	37916	21737
石楼县	Shilou County	1743	10.85	32096	8420	8514	15162	2966	5185
岚县	Lan County	1509	17.39	118104	14740	67864	35500	6788	7429
方山县	Fangshan County	1434	14.45	120350	8058	86928	25364	8352	12835
中阳县	Zhongyang County	1441	14.10	392624	8508	323959	60157	27925	19666
交口县	Jiaokou County	1258	11.49	360115	9741	303021	47353	31451	6616
孝义市	Xiaoyi City	946	43.91	2001083	43511	1450473	507099	45718	54123
汾阳市	Fenyang City	1179	41.08	745236	40961	401947	302328	18176	29997
内蒙古自治区	**Inner Mongolia A.R.**								
土默特左旗	Tumotezuo Banner	2712	36.08	1140094	224022	436077	479995	31765	16344
托克托县	Tuoketuo County	1313	20.08	1265458	110827	961960	192671	63159	15511
和林格尔县	Helinggeer County	3401	19.46	979900	136266	604932	238702	50833	18523
清水河县	Qingshuihe County	2859	14.39	266913	52230	108833	105850	18678	7775
武川县	Wuchuan County	4885	17.57	387404	57045	232882	97477	22128	8422
土默特右旗	Tumoteyou Banner	2368	30.69	1019201	208850	370451	439900	33011	13425
固阳县	Guyang County	5025	17.32	522479	74300	351161	97018	30062	9355
达尔罕茂明安联合旗	Daerhanmaoming'anlianhe Banner	17410	12.04	858800	82400	585758	190642	70858	6342
阿鲁科尔沁旗	Alukeerqin Banner	14555	30.01	376241	95262	138371	142608	12555	20862
巴林左旗	Balinzuo Banner	6645	35.74	467748	114600	218844	134304	13066	20281
巴林右旗	Balinyou Banner	9837	18.25	274929	58700	132431	83798	15114	18085
林西县	Linxi County	3933	24.02	271901	61993	100838	109070	11362	19321
克什克腾旗	Keshiketeng Banner	20673	25.62	579240	93800	380624	104816	22841	12831
翁牛特旗	Wengniute Banner	11882	47.83	594866	214382	235192	145292	12479	23498
喀喇沁旗	Kelaqin Banner	3050	34.59	519045	67990	355042	96013	15095	19432
宁城县	Ningcheng County	4305	60.29	668457	169060	292194	207203	11132	29783
敖汉旗	Aohan Banner	8294	59.84	681040	219800	280473	180767	11418	21337
科尔沁左翼中旗	Keerqinzuoyizhong Banner	9569	53.54	698803	221000	243261	234542	13025	25854
科尔沁左翼后旗	Keerqinzuoyihou Banner	11481	40.25	704145	176000	233356	294789	17511	20772
开鲁县	Kailu County	4488	40.10	798685	277000	291480	230205	20052	21357
库伦旗	Kulun Banner	4714	17.66	308662	97900	110691	100071	17438	10342
奈曼旗	Naiman Banner	8120	43.73	637994	162000	260546	215448	14520	18725
扎鲁特旗	Zhalute Banner	17193	31.18	747316	175000	337323	234993	23971	22830
霍林郭勒市	Huolinguole City	585	7.89	1310107	16100	934786	359221	166063	15208
达拉特旗	Dalate Banner	8192	35.43	2206595	204050	1314371	688174	73861	19439
准格尔旗	Zhungeer Banner	7535	29.13	3955000	60800	2535700	1358500	127993	21437
鄂托克前旗	Etuokeqian Banner	12180	7.51	295700	58800	114300	122600	43801	4417
鄂托克旗	Etuoke Banner	20064	9.60	1550000	38900	1249300	261800	124498	16873
杭锦旗	Hangjin Banner	18903	14.14	314200	80700	112600	120900	30533	10282
乌审旗	Wushen Banner	11645	10.46	1060000	63851	838477	157672	108163	6384
伊金霍洛旗	Yijinhuoluo Banner	5565	15.59	2922400	48500	1678300	1195600	181798	24350
阿荣旗	Arong Banner	12063	33.08	620366	267638	206977	145751	18651	18078

continued

乡村从业人员(人) Rural Laborer (person)	#农林牧渔业 Agriculture	全社会固定资产投资(万元) Investment in Fixed Assets (10000 yuan)	地方一般预算财政收入(万元) Revenue of local Governments (10000 yuan)	地方一般预算财政支出(万元) Expenditures of Local Governments (10000 yuan)	农村居民人均纯收入(元) Per Capita Disposable Income of Rural Households (yuan)	城镇单位在岗职工平均工资(元) Average Wages in Urban Areas (yuan)	常用耕地面积(公顷) Area of Cultivated Land (hectare)	农林牧渔业总产值(万元) Gross Output Value of Agriculture (10000 yuan)	社会消费品零售总额(万元) Total Retail Sales (10000 yuan)
83865	39175	180643	38831	68104	3475	22032		26905	80503
103206	77617	143612	10743	56025	1582	24187		38204	32100
208003	133547	123682	11695	86099	1495	21768		62510	143000
94289	40906	415848	76881	102047	3226	27204		17368	130746
33451	26495	47560	2049	31813	1024	20158		15044	9098
65103	44008	97599	5818	37383	1551	19049		23085	40628
43341	28404	126198	10511	37851	1486	18732		12893	27636
34496	12748	240734	27039	46257	3022	26508		15370	55841
35652	21597	155812	18855	34441	3106	23157		15462	27015
130336	58392	926423	130313	157088	6750	27285		82525	450996
151193	82084	189472	51180	81862	4890	21812		73320	270893
164097	121923	565000	73523	122694	7736	18880	114479	400789	226829
87909	57528	406131	59715	94830	7479	27388	42982	197455	182331
82918	64336	593267	48522	94155	6701	20594	105890	244624	107621
53739	36458	109749	11352	42596	5008	19081	65377	88212	25975
76096	62438	291360	11627	67125	4228	20533	145595	92243	56017
133086	91220	845000	47843	112341	7102	21785	102977	370886	169809
50390	35021	600000	33622	80269	5402	24712	190337	122850	84017
38894	19409	813000	57105	96984	6242	29634	73689	126769	90496
146358	108263	260718	9608	100006	3724	18878	92665	159478	106512
176871	109000	364700	18882	101999	4363	21946	102099	186340	137918
47670	43016	398127	17005	91068	4256	18496	47193	98369	90572
92868	62873	210000	10648	83665	3935	16800	79602	106476	114365
110602	84570	502760	39352	110886	4406	24085	70813	157156	118449
224571	145898	391813	17117	130718	4280	18275	130585	359750	158805
162290	95047	405192	17353	102288	4194	17054	43700	114092	94152
242978	152586	468000	21905	139535	4424	17728	114472	283842	221422
323351	220961	451022	20180	125436	4072	20896	160558	339197	138809
215368	164218	302407	11393	121560	4338	16136	204890	457340	133668
120371	109418	240205	12814	98979	4451	17135	204637	286750	138697
193927	124499	438088	16063	102060	5598	18100	103715	400442	163082
75746	69265	131420	7502	63380	4326	18223	96610	157335	63154
207355	148446	285893	18942	122800	3896	16445	131423	226147	135122
112765	88552	301875	22317	108875	4757	18765	148968	266683	137035
7823	4695	614063	74275	100388	9005	40860	12717	30064	140722
100668	75503	1280193	80653	144323	7129	31123	120651	333373	260125
79326	43749	2144700	285492	279554	7155	38702	83765	102842	400006
26256	23638	405115	13656	65691	7289	34476	27677	101214	65196
25564	22652	1330730	79505	121268	7058	28108	16933	70419	200049
50816	46273	300418	17417	107042	6954	30460	64812	131906	125207
38724	29926	1043240	54861	104688	7241	35328	39444	116231	130174
46668	34459	1720839	208082	201380	7262	42657	35264	81647	196966
113634	85257	320323	10591	87392	5355	21826	290497	437556	119909

地区名称	Region	行政区域土地面积（平方公里） Land Area (sq.m)	年底总人口（万人） Total Population (year-end) (10000 persons)	地区生产总值（万元） Gross Regional Product (10000 yuan)	第一产业 Primary Industry	第二产业 Secondary Industry	第三产业 Tertiary Industry	人均地区生产总值（元/人） Per Capita Gross Regional Product (yuan/person)	城镇单位在岗职工人数（人） Urban Employed Persons (person)
莫力达瓦达斡尔族自治旗	Molidawa Daur A.B.	10500	34.09	472959	256482	107353	109124	13923	22017
鄂伦春自治旗	Elunchun Banner	59800	28.22	244407	106359	26551	111497	8690	17140
鄂温克族自治旗	Ewenkezu Banner	1911	14.44	434843	50454	261369	123020	30177	30560
陈巴尔虎旗	Chenbaerhu Banner	18600	5.97	311234	60814	151750	98670	52060	15472
新巴尔虎左旗	Xinbaerhuzuo Banner	22000	4.19	150653	38230	55882	56541	36376	4722
新巴尔虎右旗	Xinbaerhuyou Banner	25102	3.43	334598	29902	269596	35100	97674	6717
满洲里市	Manzhouli City	732	16.54	1001493	23548	315437	662508	43422	31739
牙克石市	Yakeshi City	27590	37.87	697243	184171	214053	299019	18334	27489
扎兰屯市	Zhalantun City	16800	43.24	665129	227635	242227	195267	15386	25586
额尔古纳市	Eerguna City	28000	8.53	191083	83118	37522	70443	22438	22754
根河市	Genhe City	19659	16.31	204286	60981	46050	97255	12455	33937
五原县	Wuyuan County	2493	30.10	465900	148400	180500	137000	16798	10239
磴口县	Dengkou County	4167	12.25	310300	52900	192100	65300	25592	11473
乌拉特前旗	Wulateqian Banner	7476	33.94	746100	193900	364000	188200	22709	27781
乌拉特中旗	Wulatezhong Banner	23096	14.18	382400	100400	225100	56900	27872	8948
乌拉特后旗	Wulatehou Banner	24925	6.43	500200	19600	426300	54300	101051	10710
杭锦后旗	Hangjinhou Banner	1767	32.30	704700	199400	310100	195200	24171	13572
卓资县	Zhuozi County	3119	22.66	320133	57873	157228	105032	14128	6222
化德县	Huade County	2527	17.77	190862	45020	112402	33440	10742	6119
商都县	Shangdu County	4304	34.91	275208	85410	100538	89260	7884	8739
兴和县	Xinghe County	3518	32.15	276210	80733	95324	100153	8591	9602
凉城县	Liangcheng County	3451	24.87	550258	106125	299513	144620	22125	8262
察哈尔右翼前旗	Chahaeryouyiqian Banner	2430	25.02	444091	86691	245671	111729	17747	7168
察哈尔右翼中旗	Chahaeryouyizhong Banner	4200	22.09	222216	80404	67836	73976	10061	5783
察哈尔右翼后旗	Chahaeryouyihou Banner	3803	21.99	351143	72714	201435	76994	15968	8916
四子王旗	Siziwang Banner	24016	21.37	265002	80236	97886	86880	12400	6139
丰镇市	Fengzhen City	2704	34.07	700744	104292	405421	191031	20568	13850
乌兰浩特市	Wulanhaote City	2728	31.55	566898	56385	247544	262969	18626	35985
阿尔山市	Aershan City	7409	4.79	62645	15236	11237	36172	13069	6056
科尔沁右翼前旗	Keerqinyouyiqian Banner	17428	34.14	334781	176292	71725	86764	9562	18348
科尔沁右翼中旗	Keerqinyouyizhong Banner	15613	26.22	210104	101064	39496	69544	8086	15812
扎赉特旗	Zhalaite Banner	11837	39.79	336877	178000	51275	107602	8491	20425
突泉县	Tuquan County	4800	31.58	270982	126140	82331	62511	8611	12280
二连浩特市	Erlianhaote City	4015	2.56	329233	2058	108562	218613	48251	5673
锡林浩特市	Xilinhaote City	14592	16.65	1030959	52304	692805	285850	58912	44353
阿巴嘎旗	Abaga Banner	27494	4.45	169873	34969	90044	44860	38162	3137
苏尼特左旗	Sunitezuo Banner	34251	3.38	212367	22418	154163	35786	55840	2900
苏尼特右旗	Suniteyou Banner	22461	6.93	223749	16341	148694	58714	28686	7565
东乌珠穆沁旗	Dongwuzhumuqin Banner	47259	7.47	452992	84927	295041	73024	58545	9375
西乌珠穆沁旗	Xiwuzhumuqin Banner	22435	7.48	402133	54206	287184	60743	53775	5738
太仆寺旗	Taibusi Banner	3479	20.95	205776	67538	67453	70785	15472	6435
镶黄旗	Xianghuang Banner	5144	3.07	183493	18495	126285	38713	60134	2676
正镶白旗	Zhengxiangbai Banner	6215	7.27	151442	29151	75686	46605	20831	4219
正蓝旗	Zhenglan Banner	10278	8.15	386042	38406	301218	46418	47554	7880
多伦县	Duolun County	3871	10.38	293880	50087	183367	60426	28534	4901

continued

乡村从业人员 (人) Rural Laborer (person)	#农林牧渔业 Agriculture	全社会固定资产投资 (万元) Investment in Fixed Assets (10000 yuan)	地方一般预算财政收入 (万元) Revenue of local Governments (10000 yuan)	地方一般预算财政支出 (万元) Expenditures of Local Governments (10000 yuan)	农村居民人均纯收入 (元) Per Capita Disposable Income of Rural Households (yuan)	城镇单位在岗职工平均工资 (元) Average Wages in Urban Areas (yuan)	常用耕地面积 (公顷) Area of Cultivated Land (hectare)	农林牧渔业总产值 (万元) Gross Output Value of Agriculture (10000 yuan)	社会消费品零售总额 (万元) Total Retail Sales (10000 yuan)
117919	99507	170432	6019	102262	5267	19780	448002	419318	120148
36189	33383	46224	4657	90973	3715	21863	188333	173884	107563
16931	14275	430000	25858	71769	7050	25816		82486	57543
5911	5775	345694	12490	40311	7212	23493	84162	98650	18770
13429	10635	261838	6617	37672	7085	23225	2000	62501	24896
13127	9595	462491	18822	39097	6980	26149	320	48886	21497
		633622	113282	189090		28171	1839	38498	447134
3544	3102	252246	17967	109752	4900	23666	141358	301098	189769
120693	109930	271386	10027	112088	4880	20714	226524	372157	210158
2148	1621	55121	7187	49317	8600	17194	158100	135889	49902
		45590	4381	62834		18519	2168	99698	77732
131835	102931	327589	11722	73362	6576	19548	134427	276217	113994
39527	30175	231848	7129	42746	6913	16220	40079	80241	60149
132349	90120	400676	42599	101568	6680	21152	149950	297108	128536
59595	42526	458490	22108	73842	5170	20043	65552	140048	71891
18145	15499	426170	55382	77764	4056	27873	6716	25807	34379
119033	97507	466308	14519	81136	6995	21389	85030	293119	115439
64918	46520	130620	7651	59336	3952	22522	43510	99727	69087
50565	45269	80301	3878	51604	2965	22933	44496	76761	52771
98440	81676	120079	3890	63717	2960	24487	154329	146023	140530
110875	73085	181903	5498	58444	3443	17300	64340	136608	99060
100503	74818	220244	17456	67690	4940	28811	60600	181071	86168
89973	77773	176067	9571	67502	4189	26162	65467	150776	57600
91381	74671	161994	4471	62735	2968	24156	87918	137467	48131
57893	44286	138461	9355	59486	3620	23757	50595	120552	102061
96378	84410	121408	5675	79929	3592	29090	109700	136282	84679
72604	38676	140552	26781	77682	4738	36301	50133	180081	137249
36979	28896	285571	15220	87042	4671	23819	25841	97889	341967
2545	2013	113674	3535	21131		14510	16011	26537	45218
114859	102645	251213	8844	103580	2675	15479	167333	293820	102240
86101	78520	242477	6492	90701	2751	16637	129572	176445	95135
162289	145973	213799	6915	116290	2756	17604	315494	290173	127351
133259	114441	159566	2385	88110	2609	16715	144972	209830	98233
1280	1106	200790	17840	53912	5725	33106	360	3525	114853
6571	5653	1044807	64136	87084	7301	23986	23180	86453	213613
12665	11954	312805	11298	35468	7053	26169	670	69246	42894
10875	9286	191286	9221	36304	4612	25568	2200	37364	27246
17845	15124	204790	13567	44791	3814	24682	2280	29522	63509
21904	20170	498799	36798	69255	9622	26797	30840	148246	111980
22648	22137	673412	43022	65562	7180	26857	1890	100036	72773
67018	55826	147207	6259	65494	4101	25689	58200	106143	73021
10884	8590	135412	11787	30730	4070	26967	1940	29186	20269
26953	26408	105684	8178	35772	3852	22374	14150	50261	31123
28901	21929	119530	22237	47202	5222	28056	18450	71069	46080
42826	33322	681521	17985	56735	4280	26359	50670	84349	55736

地区名称	Region	行政区域土地面积(平方公里) Land Area (sq.m)	年底总人口(万人) Total Population (year-end) (10000 persons)	地区生产总值(万元) Gross Regional Product (10000 yuan)	第一产业 Primary Industry	第二产业 Secondary Industry	第三产业 Tertiary Industry	人均地区生产总值(元/人) Per Capita Gross Regional Product (yuan/person)	城镇单位在岗职工人数(人) Urban Employed Persons (person)
阿拉善左旗	Alashanzuo Banner	80412	14.30	1402522	41600	1100843	260079	98407	31936
阿拉善右旗	Alashanyou Banner	75226	2.46	175116	13382	120747	40987	67097	4643
额济纳旗	Ejina Banner	114606	1.71	204162	9416	114490	80256	119149	4787
辽宁省	**Liaoning Province**								
辽中县	Liaozhong County	1470	47.30	1441196	394100	745319	301777		16680
康平县	Kangping County	2175	35.60	791007	188000	396915	206092		14548
法库县	Faku County	2290	44.90	1040863	232119	570273	238471		13850
新民市	Xinmin City	3315	69.90	1474152	406179	778214	289759		23143
长海县	Changhai County	119	7.40	345500	256052	48215	41233		8504
瓦房店市	Wafangdian City	3794	102.50	4124581	611822	2421995	1090764		143885
普兰店市	Pulandian City	2913	82.80	3189435	537422	1755105	896908		41834
庄河市	Zhuanghe City	4086	92.30	3013385	639177	1580985	793223		38392
台安县	Tai'an County	1388	38.00	995000	210536	440000	344464		15581
岫岩满族自治县	Xiuyan Man A.C	4502	52.00	944001	139318	433255	371428		19928
海城市	Haicheng City	2732	114.00	4104000	325457	1814543	1964000		36576
抚顺县	Fushun County	2350	19.10	574906	104634	285726	184546		7925
新宾满族自治县	Xinbin Man A.C	4287	30.50	450000	120491	171009	158500		12387
清原满族自治县	Qingyuan Man A.C	3921	34.00	510700	119205	189195	202300		18801
本溪满族自治县	Benxi Man A.C	3343	29.80	769293	120597	391053	257643		19381
桓仁满族自治县	Huanren Man A.C	3551	30.20	708022	129006	310500	268516		16275
宽甸满族自治县	Kuandian Man A.C	6115	43.80	1108097	142680	611602	353815		13847
东港市	Donggang City	2414	61.20	2570207	369538	1300601	900068		24600
凤城市	Fengcheng City	5513	58.70	1584288	168677	945219	470392		21320
黑山县	Heishan County	2487	63.00	859986	313415	242387	304184		17121
义县	Yi County	2476	43.90	449670	136984	170556	142130		12485
凌海市	Linghai City	2586	53.50	1301978	313224	636510	352244		20247
北镇市	Beizhen City	1694	52.90	653889	281963	155323	216603		14520
盖州市	Gaizhou City	2925	73.20	983918	204918	426000	353000		15726
大石桥市	Dashiqiao City	1598	71.80	3010000	249720	1783280	977000		22109
阜新蒙古族自治县	Fuxin Mengolian A.C	6246	73.10	570069	300069	150000	120000		23630
彰武县	Zhangwu County	3641	41.50	284048	190458	40087	53503		15750
辽阳县	Liaoyang County	2835	60.00	1265132	159145	820312	285675		23457
灯塔市	Dengta City	1331	51.00	1029153	146144	562750	320259		14432
大洼县	Dawa County	1683	39.50	1313514	377796	665519	270199		183765
盘山县	Panshan County	2065	29.50	906252	282252	439000	185000		70859
铁岭县	Tieling County	2249	39.10	1013075	194431	662079	156565		13855
西丰县	Xifeng County	2685	35.00	389788	137386	118015	134387		13609
昌图县	Changtu County	4317	103.90	1174579	412762	336833	424984		41361
调兵山市	Tiaobingshan City	262	24.20	380160	40080	154348	185732		17830
开原市	Kaiyuan City	2828	59.20	1615833	293140	933246	389447		24663
朝阳县	Zhaoyang County	3762	56.70	641265	179000	284609	177656		20345
建平县	Jianping County	4865	58.40	896332	172800	495700	227832		19700
喀喇沁左翼蒙古族自治县	Kezuo Mengolian A.C	2236	42.60	579887	162800	292740	124347		21009
北票市	Beipiao City	4469	59.70	985272	216300	552377	216595		26485

continued

乡村从业人员(人) Rural Laborer (person)	#农林牧渔业 Agriculture	全社会固定资产投资(万元) Investment in Fixed Assets (10000 yuan)	地方一般预算财政收入(万元) Revenue of local Governments (10000 yuan)	地方一般预算财政支出(万元) Expenditures of Local Governments (10000 yuan)	农村居民人均纯收入(元) Per Capita Disposable Income of Rural Households (yuan)	城镇单位在岗职工平均工资(元) Average Wages in Urban Areas (yuan)	常用耕地面积(公顷) Area of Cultivated Land (hectare)	农林牧渔业总产值(万元) Gross Output Value of Agriculture (10000 yuan)	社会消费品零售总额(万元) Total Retail Sales (10000 yuan)
33392	29933	977805	45390	123278	5364	31021	26297		187308
5033	3683	71096	5003	36159	6631	29562	3140	21871	26082
3214	3177	110305	9495	38447	7094	26671	5937	17437	48324
207194	119987	1060833	47197	99669	7327	26651	106020	810808	360293
113568	71820	962756	36105	98657	6201	22047	102913	369200	186306
216977	145606	965715	40107	107153	6608	27904	136886	463454	225128
242331	175589	1065269	60519	142462	7285	21177	138777	754125	453645
29127	20766	232290	17770	37136	17256	34154	1275	412091	53964
374069	186168	3235040	183700	246038	8340	25377	82877	1065787	751018
309118	189765	1814369	125670	176530	8302	24233	94419	992285	603051
385444	167250	1908431	112399	169824	8309	24207	119844	1121420	680902
177797	117240	404416	21008	64186	6798	15660	74738	380825	275122
212249	128839	468280	31888	92723	5766	18467	47131	261432	390192
424162	194179	1374524	174338	238495	7685	21887	88856	590345	958934
117440	74755	415135	32650	70404	5850	21706	31495	219475	67521
136062	95592	421237	22000	78960	4809	23231	39901	233369	150900
147703	97756	404548	30689	100666	5007	22218	37001	225546	136815
95463	45847	246417	37201	95818	5661	16720	27746	214693	210247
110744	64291	260889	28427	82848	5505	22403	27551	239157	178900
180075	118380	601230	40107	106739	6002	20147	31483	230142	270201
262060	154337	801302	68578	132630	7221	20356	75451	600039	500938
224449	135364	601152	73766	151697	6427	18453	54239	295279	335269
258567	170575	338763	20030	99095	6009	12656	144125	615648	286588
171559	113251	262236	15169	76158	4510	14424	66743	308690	137543
227109	142464	492446	60121	124654	6816	13870	86175	572183	267793
219471	179705	257163	18057	80550	6614	12917	68608	545257	241242
316879	184392	381704	31308	113282	5635	16447	37051	359952	276064
282347	112101	1020804	113295	151598	7857	23624	62016	388865	489575
369619	211595	381444	20759	110740	5065	15241	196036	615976	144513
200780	146619	229037	13358	73121	4693	15133	106060	399047	54220
244806	133494	455786	49111	97145	6171	19716	69787	324403	258000
202116	126524	499227	54043	90932	6626	20196	70010	292893	414564
167271	110437	1033450	45168	115678	7677	11705	66239	642871	240057
163984	110727	402019	26126	83727	7685	11900	55971	477761	83041
156080	99222	1012783	45200	74391	6670	17629	71517	430960	133009
110884	75110	376557	14033	52913	4844	13434	61180	262084	164859
314671	202759	556632	17501	118418	5669	10477	280941	1000332	300096
33521	18065	586055	34118	59627	6810	30239	12691	87441	198299
205837	133406	1104471	76585	134728	6760	15226	89372	623079	283597
297921	183816	481182	40340	120697	4805	14060	79694	366632	96439
251723	149712	709127	52463	132414	4778	19939	140133	345600	170658
200228	110117	520118	22734	85999	4870	17590	36307	305600	90571
202438	117786	714144	45050	120132	5080	23215	73333	437143	165988

4-1 续表 8

地区名称	Region	行政区域土地面积(平方公里) Land Area (sq.m)	年底总人口(万人) Total Population (year-end) (10000 persons)	地区生产总值(万元) Gross Regional Product (10000 yuan)	第一产业 Primary Industry	第二产业 Secondary Industry	第三产业 Tertiary Industry	人均地区生产总值(元/人) Per Capita Gross Regional Product (yuan/person)	城镇单位在岗职工人数(人) Urban Employed Persons (person)
凌源市	Lingyuan City	3278	64.50	901971	192000	442765	267206		31500
绥中县	Suizhong County	2765	64.10	894037	241233	244077	408727		15957
建昌县	Jianchang County	3195	62.50	463018	113468	117350	232200		15631
兴城市	Xingcheng City	2118	55.40	388269	114138	74003	200128		16555
吉林省	**Jilin Province**								
农安县	Nong'an County	5400	109.13	1773794	585572	490182	698040	15411	36784
九台市	Jiutai City	3375	70.90	1571655	253632	650725	667298	18755	41579
榆树市	Yushu City	4722	128.92	1805562	543061	392641	869860	14084	33998
德惠市	Dehui City	3459	82.70	1821343	504707	637791	678845	19584	40798
永吉县	Yongji County	4616	39.23	599454	138272	209182	252000	15273	13644
蛟河市	Jiaohe City	6364	45.38	888578	246518	340615	301445	19555	24643
桦甸市	Huadian City	6542	45.64	1222418	297833	589566	335019	26796	26286
舒兰市	Shulan City	4557	66.15	880418	332359	220431	327628	13330	35936
磐石市	Panshi City	3867	54.17	2330771	328027	1261643	741101	46282	31549
梨树县	Lishu County	4209	78.94	1275269	620105	283579	371585	16245	33256
伊通满族自治县	Yitong Man A.C.	2532	48.28	665491	282640	145917	236934	13784	18197
公主岭市	Gongzhuling City	4058	107.85	1743088	687623	476196	579269	16233	39786
双辽市	Shuangliao City	3121	41.59	810450	241026	340542	228882	20749	22745
东丰县	Dongfeng County	2522	40.28	580442	161029	258000	161413	14410	16928
东辽县	Dongliao County	2396	35.32	489656	160358	227635	101663	13863	13341
通化县	Tonghua County	3725	24.60	527720	59690	273765	194265	21504	21147
辉南县	Huinan County	2274	35.77	543362	102442	224504	216416	15110	22534
柳河县	Liuhe County	3348	37.07	430947	152300	171429	107218	11663	18570
梅河口市	Meihekou City	2174	61.89	1384206	181189	611532	591485	22373	38809
集安市	Ji'an City	3217	22.57	501526	59514	260019	181993	22241	19180
抚松县	Fusong County	6530	30.18	614600	129477	259162	225961	20364	27823
靖宇县	Jingyu County	3094	14.48	234966	38769	120096	76101	16783	9170
长白朝鲜族自治县	Changbai Korean A.C.	2498	8.33	149863	33618	48637	67608	17926	8375
临江市	Linjiang City	3008	17.37	380396	49242	178140	153014	21887	14206
前郭尔罗斯蒙古族自治县	Qianguoerluosi Mengolian A.C.	6979	58.43	2374942	442997	1379733	552212	40912	46812
长岭县	Changling County	5728	63.19	936320	381572	284633	270115	14900	25081
乾安县	Qian'an County	3617	30.64	804340	95943	518379	190018	26372	16513
扶余县	Fuyu County	4933	78.62	1213928	410982	382718	420228	15553	21198
镇赉县	Zhenlai County	5371	29.54	474953	142317	230742	101894	16122	21680
通榆县	Tongyu County	8496	36.74	382439	123546	114036	144857	9653	21182
洮南市	Taonan City	5103	43.68	494654	150593	179042	165019	11242	21984
大安市	Da'an City	4879	42.08	520302	105165	235775	179362	12365	22173
延吉市	Yanji City	1350	44.31	1455331	33382	614649	807300	31929	74767
图们市	Tumen City	1142	13.09	186590	10542	94736	81312	14189	10581
敦化市	Dunhua City	11545	48.39	750154	171101	302479	276574	15512	45858
珲春市	Hunchun City	5145	22.13	530615	38353	340717	151545	24097	26866
龙井市	Longjing City	2591	23.84	165916	30910	54141	80865	8858	9005
和龙市	Helong City	5069	20.41	240909	41431	106654	92824	11757	19020
汪清县	Wangqing County	8994	24.89	253733	64437	94130	95166	10231	23317
安图县	Antu County	7438	21.64	288280	47552	109616	131112	13346	21810

continued

乡村从业人员(人) Rural Laborer (person)	#农林牧渔业 Agriculture	全社会固定资产投资(万元) Investment in Fixed Assets (10000 yuan)	地方一般预算财政收入(万元) Revenue of local Governments (10000 yuan)	地方一般预算财政支出(万元) Expenditures of Local Governments (10000 yuan)	农村居民人均纯收入(元) Per Capita Disposable Income of Rural Households (yuan)	城镇单位在岗职工平均工资(元) Average Wages in Urban Areas (yuan)	常用耕地面积(公顷) Area of Cultivated Land (hectare)	农林牧渔业总产值(万元) Gross Output Value of Agriculture (10000 yuan)	社会消费品零售总额(万元) Total Retail Sales (10000 yuan)
271473	153286	435350	38047	112064	4880	17672	49409	365469	201913
269019	192805	309467	28765	100088	5329	12801	58771	465039	255240
271986	142117	221580	28188	104999	4821	15305	59568	216838	88691
188623	121190	190205	23959	77613	5033	14801	52856	225715	53323
478148	319592	643370	38340	161719	5062	15217	352340	1086325	496331
316614	204544	863203	47350	167082	5096	16000	160451	473376	484075
441908	269379	642375	30484	177700	5325	17082	337060	1013328	497516
356003	211196	814693	31550	143253	5417	16756	213109	937586	501344
147385	110695	372790	25382	88836	4999	20332	69227	210175	198033
143390	79635	402126	30548	129444	5234	19314	94035	351809	314221
119021	90106	639014	43365	118299	5301	22308	80747	413087	355009
200991	147452	875168	22395	130828	5137	17030	125796	486365	305397
169394	108013	816597	52763	133296	5398	20621	87421	471880	355099
284732	210643	222151	19761	131262	5050	14689	200319	992569	256565
169430	110088	164560	14016	89415	4767	16499	97144	460488	195037
315825	227785	665849	40955	150159	5174	17101	230065	1068539	635876
131532	95752	361331	25433	95970	5000	17322	146329	427442	256036
161732	98449	351101	17327	90007	5016	18246	80127	305718	165953
123213	78936	456743	13938	81888	5003	16584	65976	261086	89316
90174	58369	576836	26724	77017	4998	16076	26639	245384	133090
122371	88308	448930	21136	84247	5400	14901	60102	296508	191166
130950	95917	195641	15912	87688	4456	15588	72556	92737	180716
165423	112026	893425	47398	145679	5436	20774	73046	94100	494444
79965	64822	470916	18668	72518	5042	16067	11358	190170	150075
49471	38916	507773	30192	110473	5585	18787	10590	196815	191261
34585	26376	159031	11275	68788	2845	20236	11655	68976	82069
16046	12305	196669	9092	52539	4541	19884	4428	49982	41160
41859	29831	240637	17801	74296	5268	17872	6894	83111	135049
189824	143167	560742	73667	168506	5305	23095	249019	792796	702319
213826	180105	567013	12676	107843	4469	16817	204166	669242	355333
117141	104725	225506	50088	126180	4629	19194	143766	177669	165298
294631	225995	402427	18322	109400	4960	13485	248112	626896	418234
95349	77949	154699	23625	101857	2953	17488	116410	269919	101054
120271	96874	232101	11744	96295	2881	14154	190812	192964	127002
124638	105650	359660	10224	99141	4332	16690	149905	260519	141091
130135	98282	227885	28271	116959	2912	17390	87758	228750	142450
36216	20781	1148408	99560	171888	6635	23098	15681	54821	905695
17891	10803	163440	11924	60859	4546	19281	8187	19084	67518
114244	87532	560678	50106	145728	5576	17305	112218	292740	409618
47494	31956	424724	38587	109288	5001	21812	27981	52917	57053
36482	25655	109391	10800	77776	2893	19738	26712	69979	188049
38561	26716	308811	16502	81451	3189	16166	25049	86163	65712
66943	51719	393931	13350	75094	2955	13932	42785	118101	81708
45882	32154	412027	12836	69500	3302	15881	27089	95096	70752

4-1 续表 9

地区名称	Region	行政区域土地面积(平方公里) Land Area (sq.m)	年底总人口(万人) Total Population (year-end) (10000 persons)	地区生产总值(万元) Gross Regional Product (10000 yuan)	第一产业 Primary Industry	第二产业 Secondary Industry	第三产业 Tertiary Industry	人均地区生产总值(元/人) Per Capita Gross Regional Product (yuan/person)	城镇单位在岗职工人数(人) Urban Employed Persons (person)
黑龙江省	**Heilongjiang Province**								
宾县	Bin County	3845	62.39	1111831	260875	495424	355532	17875	25496
依兰县	Yilan County	4616	40.43	520999	164056	158084	198859	12939	25354
方正县	Fangzheng County	2969	22.10	237909	83919	59479	94511	10775	17490
双城市	Shuangcheng City	3112	81.82	2004010	584648	655772	763590	24564	23682
尚志市	Shangzhi City	8825	61.58	1369778	217734	554103	597941	22275	33044
五常市	Wuchang City	7512	98.20	1384107	510940	326457	546710	14113	40378
巴彦县	Bayan County	3138	70.21	639809	367001	90722	182086	9146	26214
木兰县	Mulan County	3600	27.46	290487	102302	61586	126599	10622	13558
通河县	Tonghe County	5675	23.68	264253	94385	58018	111850	11225	16938
延寿县	Yanshou County	3150	26.85	246109	80738	63338	102032	9192	10973
龙江县	Longjiang County	6200	61.64	379072	191644	99584	87844	6157	16276
依安县	Yi'an County	3678	49.92	359715	183315	89902	86498	7212	12233
泰来县	Tailai County	3922	32.70	187771	80554	42179	65038	5744	11486
甘南县	Gannan County	4792	39.38	309573	149355	63480	96738	7881	10101
富裕县	Fuyu County	4060	29.83	247213	90479	93181	63553	8315	12801
克山县	Keshan County	3320	49.78	312046	109670	113216	89160	6257	14632
克东县	Kedong County	2083	29.74	189458	67530	80033	41895	6398	8976
拜泉县	Baiquan County	3599	60.12	393150	150185	100422	142543	6568	12705
讷河市	Nehe City	6648	73.62	856129	324783	150306	381040	11661	20126
鸡东县	Jidong County	3243	29.64	542485	138590	201525	202370	18344	18421
虎林市	Hulin City	9334	29.39	703571	389774	116378	197419	23944	22181
密山市	Mishan City	7843	43.35	642599	247795	160181	234623	14846	15924
萝北县	Luobei County	2167	8.47	151534	41921	31826	77787	14228	14228
绥滨县	Suibin County	3335	6.77	92837	40738	10182	41917	6918	8261
集贤县	Jixian County	2258	31.71	465718	173301	179015	113402	14621	18507
友谊县	Youyi County	1647	12.37	201567	82531	72217	46819	16311	4222
宝清县	Baoqing County	10001	42.00	672729	386941	130369	155419	16022	17210
饶河县	Raohe County	6765	14.28	222689	156498	17205	48986	15642	6369
肇州县	Zhaozhou County	2445	46.17	370702	138103	147058	85541	8107	25466
肇源县	Zhaoyuan County	4120	47.27	426007	180401	134520	111086	9057	16835
林甸县	Lindian County	3493	27.24	215007	105383	55612	54012	7911	10317
杜尔伯特蒙古族自治县	Duerbote Mengolian A.C.	6054	25.49	295789	130189	91240	74360	11651	7702
嘉荫县	Jiayin County	6739	7.61	153282	77238	36246	39798	20096	6842
铁力市	Tieli City	6730	38.93	394100	156143	118930	119027	10154	27361
桦南县	Huanan County	4415	46.14	398821	183607	83563	131651	2861	24774
桦川县	Huachuan County	2268	21.91	146017	77310	27656	41051	1881	8871
汤原县	Tangyuan County	3416	26.68	296283	154367	54738	87178	3270	14842
抚远县	Fuyuan County	6263	10.74	222132	160076	9540	52516	4894	6597
同江市	Tongjiang City	6300	17.37	389071	263150	34377	91544	5303	6676
富锦市	Fujin City	8227	46.41	700399	414909	86308	199182	4317	18041
勃利县	Boli County	4455	36.76	462497	129678	203319	129500	12582	17833
穆棱市	Muling City	6673	32.61	637736	120217	285590	231929	19544	23812

continued

乡村从业人员(人) Rural Laborer (person)	#农林牧渔业 Agriculture	全社会固定资产投资(万元) Investment in Fixed Assets (10000 yuan)	地方一般预算财政收入(万元) Revenue of local Governments (10000 yuan)	地方一般预算财政支出(万元) Expenditures of Local Governments (10000 yuan)	农村居民人均纯收入(元) Per Capita Disposable Income of Rural Households (yuan)	城镇单位在岗职工平均工资(元) Average Wages in Urban Areas (yuan)	常用耕地面积(公顷) Area of Cultivated Land (hectare)	农林牧渔业总产值(万元) Gross Output Value of Agriculture (10000 yuan)	社会消费品零售总额(万元) Total Retail Sales (10000 yuan)
262012	166418	444123	26350	104179	5500	18534	167355	447850	284602
140524	97853	286590	23347	87970	6434	18535	176455	290363	150475
70913	57901	120375	9218	48924	5786	14489	60891	156946	115827
284833	135130	573019	42650	131032	6007	21726	217895	1034366	414046
156813	100961	448010	23512	93415	7502	14844	132369	497569	409211
346166	273210	359193	23449	123129	6098	14476	258630	805432	404005
271553	168262	307502	13194	97979	5379	15775	227004	590062	306537
106809	66933	119203	6763	56943	4809	15904	97063	168633	84400
58377	41718	133371	6123	60484	6202	18559	95321	171590	100351
75621	54990	106900	9566	62785	5260	20141	78797	124037	102358
232110	180318	83446	8476	82642	4126	17310	320011	384135	110141
212779	166586	127774	7303	73453	5368	18938	244910	364241	100868
118857	87311	118350	7108	66409	1293	18736	152651	180339	46190
161725	133970	101232	6385	66714	1290	17180	225498	215824	47670
109314	85356	61888	6924	59369	4035	18491	128649	165663	53501
196847	112331	129365	6926	72483	5620	19176	208541	280068	100726
121535	98780	101655	5615	63027	4230	20007	106883	123268	44710
201573	168990	86366	5975	79828	1300	18422	243218	285601	81948
322750	240291	216120	8888	95218	5548	17410	361894	662551	189962
115688	85873	116010	15488	45050	5358	21092	82667	211976	73396
50676	44920	85089	9588	67473	5520	14846	140300	225363	99562
97022	80843	79862	12587	85147	5224	21352	157528	244313	133739
29456	23721	61814	8719	44365	5492	15505	43818	102309	40306
56259	47315	40063	3134	44768	5390	17157	82242	80166	34000
103691	75631	302453	15018	67027	5454	18085	125828	272559	78184
		115106	4374	26208		23581	214	2931	12978
118654	74976	240359	17083	81755	5540	18569	158925	363637	80725
28029	24242	61260	3905	42526	1150	21586	90000	112399	18211
174743	120480	61714	42575	94241	5205	14993	130491	310769	78695
190734	128112	225000	37447	72060	5960	19777	136898	336896	95556
119007	91437	82613	13824	35504	5532	17706	124694	232431	71072
99802	79935	95021	23351	53743	5720	21001	110648	264092	71160
25475	21190	65520	5117	48402	6019	18734	70217	105256	25551
48499	32204	175967	6109	57787	5381	10057	89540	249479	87548
163935	125218	195920	7396	77915	4229	13266	212900	338586	203479
74634	61705	80126	4406	62959	1260	18675	130106	143261	49700
85870	63350	95333	5068	60710	1273	14594	114391	228446	77369
48742	46243	94815	6190	54751	6461	19387	134667	129399	33851
37864	34459	126191	7007	63433	5860	22177	140004	143490	63804
151307	130529	175955	12049	103144	5980	16009	322989	471226	165677
101375	81918	89220	22036	89081	4729	16635	115152	183329	77934
99867	76728	213458	16872	76471	6391	16504	80719	223070	202158

4-1 续表 10

地区名称	Region	行政区域土地面积(平方公里) Land Area (sq.m)	年底总人口(万人) Total Population (year-end) (10000 persons)	地区生产总值(万元) Gross Regional Product (10000 yuan)	第一产业 Primary Industry	第二产业 Secondary Industry	第三产业 Tertiary Industry	人均地区生产总值(元/人) Per Capita Gross Regional Product (yuan/person)	城镇单位在岗职工人数(人) Urban Employed Persons (person)
东宁县	Dongning County	7139	21.30	550108	153622	110627	285859	25555	20905
林口县	Linkou County	7185	43.45	430022	157592	109302	163128	9824	17698
绥芬河市	Suifenhe City	422	6.33	610104	4307	59976	545821	58242	11062
海林市	Hailin City	8814	42.87	716944	146667	364910	205367	16572	36422
宁安市	Ning'an City	7924	43.93	665837	210962	208254	246621	15333	29894
北安市	Beian City	7194	46.93	424735	170923	84393	169419	9032	22605
五大连池市	Wudalianchi City	9846	34.56	316899	182588	37136	97175	10577	24195
嫩江县	Nenjiang County	15109	50.29	783155	415032	163166	204957	15557	20714
逊克县	Xunke County	17344	10.25	103971	47166	18996	37809	10175	5742
孙吴县	Sunwu County	4319	10.42	50699	18392	6436	25871	4846	6817
安达市	Anda City	3586	51.83	1216503	254837	421843	539823	23471	18506
肇东市	Zhaodong City	3905	93.37	2212646	475324	809759	927563	23741	35912
海伦市	Hailun City	4667	84.24	473644	233925	92628	147091	5625	23413
望奎县	Wangkui County	2314	47.82	261957	135009	52846	74102	5478	15182
兰西县	Lanxi County	2499	52.94	184940	102042	30069	52829	3795	15894
青冈县	Qinggang County	2685	46.00	176664	78123	51292	47249	3853	15031
庆安县	Qing'an County	5469	41.14	269808	112868	72803	84137	6745	16625
明水县	Mingshui County	2308	36.78	161516	67200	52339	41977	4411	15957
绥棱县	Suiling County	4238	33.34	189335	110111	25310	53914	5712	19761
呼玛县	Huma County	14335	5.24	64206	34782	8086	21338	12573	7088
塔河县	Tahe County	14059	9.79	113328	47826	16107	49395	11549	13803
漠河县	Mohe County	18432	8.47	161564	61499	45704	54361	19108	17537
江苏省	**Jiangsu Province**								
溧水县	Lishui County	1067	41.05	1596300	134300	999000	463000	38977	32332
高淳县	Gaochun County	792	42.17	1682100	150900	975000	556200	39813	20843
江阴市	Jiangyin City	988	120.00	15300000	216000	9426500	5657500	99170	121385
宜兴市	Yixing City	2177	106.78	6000200	215200	3504900	2280100	48102	58939
丰县	Feng County	1446	114.03	1000200	252800	419200	328200	9985	36723
沛县	Pei County	1349	123.80	2080100	375500	989400	715200	18437	40659
铜山县	Tongshan County	1877	122.11	2505000	283000	1418000	804000	22933	56345
睢宁县	Suining County	1767	132.51	1081200	275600	440400	365200	9391	38426
新沂市	Xinyi City	1571	100.31	1284100	250100	585200	448800	14016	49743
邳州市	Pizhou City	2088	169.70	2188500	441200	996700	750600	14922	58541
溧阳市	Liyang City	1536	77.83	3200000	198000	1867000	1135100	43186	51491
金坛市	Jintan City	976	55.04	2630000	167000	1450000	1013000	48257	50163
常熟市	Changshu City	1094	106.50	11500300	190300	6604200	4705800	79263	109245
张家港市	Zhangjiagang City	772	89.84	12503100	146600	7830600	4525900	105156	124537
昆山市	Kunshan City	865	69.04	15002600	123700	9788100	5090800	120881	173395
吴江市	Wujiang City	1093	79.53	7501000	183400	4692100	2625500	68434	90349
太仓市	Taicang City	620	46.63	5280200	182300	3149900	1948000	79449	116041
海安县	Haian County	1108	93.81	2646039	291040	1451211	903788	30903	67582
如东县	Rudong County	1733	105.67	2634042	340940	1413059	880043	26670	62339
启东市	Qidong City	1208	111.41	3270011	416212	1749151	1104648	34114	58534
如皋市	Rugao City	1492	140.92	2799994	310091	1571895	918009	22206	62285

continued

乡村从业人员（人） Rural Laborer (person)	#农林牧渔业 Agriculture	全社会固定资产投资（万元） Investment in Fixed Assets (10000 yuan)	地方一般预算财政收入（万元） Revenue of local Governments (10000 yuan)	地方一般预算财政支出（万元） Expenditures of Local Governments (10000 yuan)	农村居民人均纯收入（元） Per Capita Disposable Income of Rural Households (yuan)	城镇单位在岗职工平均工资（元） Average Wages in Urban Areas (yuan)	常用耕地面积（公顷） Area of Cultivated Land (hectare)	农林牧渔业总产值（万元） Gross Output Value of Agriculture (10000 yuan)	社会消费品零售总额（万元） Total Retail Sales (10000 yuan)
61205	47755	162306	25067	68921	7754	21740	49176	229916	129820
170681	122995	121750	11411	70858	6388	18664	135992	260733	141928
5699	1320	356944	48789	94001	7736	31748	2270	8056	95009
82991	57374	376982	19818	79891	6504	12710	66306	220174	185178
156762	116959	408078	16179	86872	6510	16583	125534	343401	196177
77073	54835	61122	11208	83771	4801	16488	154928	173607	128982
68920	56933	63462	3548	55828	5300	15456	112789	173471	59729
94630	82058	214380	17909	89572	5407	19129	314054	424915	104459
34879	32201	42091	8661	50686	4364	21604	130454	66581	24800
29129	22668	22794	1990	25538	2326	20834	68267	36265	33620
152549	110280	247220	38756	78608	5199	17173	115769	416076	360880
310428	234862	259625	49445	101936	5199	15385	233952	807860	518071
345837	261445	103982	7297	68306	4201	18755	277617	362929	202086
162196	124372	143542	4991	50182	2408	11298	148258	265632	82411
185767	132173	77741	3935	45104	1464	12903	151613	216784	85350
170344	130102	78766	3458	43603	2274	15929	144070	189153	68503
161191	131709	86826	5306	45525	5199	15399	148549	249427	140675
173524	127550	50534	4000	40466	2107	13465	129712	137919	66359
90286	68565	33500	3195	36419	3018	13056	110300	154044	38680
12256	10142	30435	2876	27667	4757	17719	43378	59933	17882
5154	3942	33207	3156	14313	4383	15161	5293	67566	30337
3015	2161	52289	7400	23642	6003	13715	2982	87914	42370
174800	44800	1189879	100168	139103	8661	28359	43454	279507	492433
223500	62100	1081085	90168	126147	8982	30659	36466	326692	566915
459500	69200	4003308	1021866	898168	11975	38766	35562	419121	2933375
433200	123800	2295028	381208	349998	10191	33149	66116	440682	2101197
515300	342300	516480	52680	157929	5724	17330	75722	530887	363073
472600	182800	1138254	108094	203316	6593	18760	75475	673930	686054
514600	239100	1819519	133000	224738	7167	21883	106519	599778	553335
643800	287900	617000	52158	167227	5452	16781	100008	519253	446405
403600	187800	1184300	70104	157278	5698	18533	78761	503328	440631
697100	265000	1816780	130729	237026	6526	18830	110675	882368	598034
306300	93000	1882297	196188	218523	9151	27613	64209	357249	1064406
209200	60700	1570539	127820	137418	9484	28169	39226	330520	820628
438700	52100	3178027	701528	643676	11804	33420	56897	358300	2636766
331000	52900	3160398	1039800	942317	11785	33538	34830	269833	1671471
226000	26400	3700316	1156868	968965	11934	33735	18865	255081	2018678
324000	38000	2932522	601600	530858	11732	35440	37551	345685	1250494
166100	44600	2480493	501800	471448	11795	34716	34126	328019	819450
405300	92800	1718671	125656	185640	7510	28564	54990	601909	963768
498700	103700	1700455	121156	224928	7210	27402	109364	744178	1075141
586700	186800	2012746	162166	198628	8376	26680	68956	777214	1228932
628300	179000	1808468	164288	271202	6695	26895	81588	546824	1237310

地区名称	Region	行政区域土地面积(平方公里) Land Area (sq.m)	年底总人口(万人) Total Population (year-end) (10000 persons)	地区生产总值(万元) Gross Regional Product (10000 yuan)	第一产业 Primary Industry	第二产业 Secondary Industry	第三产业 Tertiary Industry	人均地区生产总值(元/人) Per Capita Gross Regional Product (yuan/person)	城镇单位在岗职工人数(人) Urban Employed Persons (person)
通州市	Tongzhou City	1166	124.27	3910041	303508	2310021	1296512	35286	69060
海门市	Haimen City	939	100.12	3760981	278681	2274300	1208000	41708	62327
赣榆县	Ganyu County	1427	109.95	1407100	271700	667900	467500	14278	34624
东海县	Donghai County	2037	111.79	1247500	283000	542800	421700	12583	36981
灌云县	Guanyun County	1853	110.35	967200	294900	423700	248600	10174	43548
灌南县	Guannan County	1027	75.28	792500	167500	401300	223700	12523	31808
涟水县	Lianshui County	1670	107.93	1104900	323400	469500	312000	12604	46778
洪泽县	Hongze County	1394	38.81	725100	136700	337900	250500	21023	32374
盱眙县	Xuyi County	2493	75.84	1104300	219100	559100	326100	17142	40905
金湖县	Jinhu County	1344	36.40	677400	128000	310600	238800	20263	27989
响水县	Xiangshui County	1461	60.76	800900	172500	411500	216900	15463	30072
滨海县	Binhai County	1915	115.72	1308500	289000	595400	424100	13416	32234
阜宁县	Funing County	1439	109.13	1390900	278700	685600	426800	14504	48393
射阳县	Sheyang County	2855	96.64	1732300	420100	732500	579700	18728	61084
建湖县	Jianhu County	1160	80.55	1686400	260000	839800	586600	22114	50119
东台市	Dongtai City	3221	114.60	2671100	496900	1273700	900500	24195	59640
大丰市	Dafeng City	3059	72.45	2073600	413300	957300	703000	29627	51994
宝应县	Baoying County	1461	91.97	1678300	308900	855400	514000	20547	59034
仪征市	Yizheng City	857	56.80	2006400	105200	1299700	601500	35410	54121
高邮市	Gaoyou City	1962	82.40	1824500	333000	933700	557800	24268	45985
江都市	Jiangdu City	1330	106.84	3361000	265600	2057400	1038000	33376	54645
丹阳市	Danyang City	1047	80.65	4254481	198800	2531194	1524487	45664	76151
扬中市	Yangzhong City	331	27.49	1728000	53300	1034800	639900	52966	37642
句容市	Jurong City	1387	57.82	1801989	140000	1066300	595689	29447	47883
兴化市	Xinghua City	2394	154.43	2686100	445500	1321800	918800	20414	49138
靖江市	Jingjiang City	665	66.55	2911100	107600	1759700	1043800	45032	59242
泰兴市	Taixing City	1172	119.70	2901700	258200	1666000	977500	25986	58415
姜堰市	Jiangyan City	927	79.56	2181500	181200	1234200	766100	29574	47048
沭阳县	Shuyang County	2298	176.82	1815100	453200	800100	561800	11343	60371
泗阳县	Siyang County	1418	98.64	1247300	292100	566700	388500	14498	30701
泗洪县	Sihong County	2731	101.12	1182000	325000	458000	399000	13061	42597
浙江省	**Zhejiang Province**								
桐庐县	Tonglu County	1780	39.91	1644477	132685	1051220	460572	41249	41287
淳安县	Chun'an County	4452	45.13	934252	178850	394410	360992	20655	23780
建德市	Jiande City	2364	51.32	1622667	190692	969436	462539	31706	33403
富阳市	Fuyang City	1808	64.34	3429446	235092	2186138	1008216	53440	80730
临安市	Lin'an City	3124	52.65	2291656	228033	1378190	685433	43531	60870
余姚市	Yuyao City	1501	83.11	4847113	271752	2928941	1646420	58389	62883
慈溪市	Cixi City	1361	103.12	6014360	281446	3737307	1995607	58437	83686
奉化市	Fenghua City	1268	48.16	1879386	166336	954560	758490	39075	59792
象山县	Xiangshan County	1382	53.51	2206171	333010	1097339	775823	41359	197947
宁海县	Ninghai County	1843	60.07	2179280	228635	1241036	709609	36447	25961
瑞安市	Ruian City	1271	117.52	3681587	120633	1952175	1608779	31525	113700
乐清市	Leqing City	1174	120.91	4042164	144530	2518744	1378890	33615	238100

continued

乡村从业人员(人) Rural Laborer (person)	#农林牧渔业 Agriculture	全社会固定资产投资(万元) Investment in Fixed Assets (10000 yuan)	地方一般预算财政收入(万元) Revenue of local Governments (10000 yuan)	地方一般预算财政支出(万元) Expenditures of Local Governments (10000 yuan)	农村居民人均纯收入(元) Per Capita Disposable Income of Rural Households (yuan)	城镇单位在岗职工平均工资(元) Average Wages in Urban Areas (yuan)	常用耕地面积(公顷) Area of Cultivated Land (hectare)	农林牧渔业总产值(万元) Gross Output Value of Agriculture (10000 yuan)	社会消费品零售总额(万元) Total Retail Sales (10000 yuan)
592400	143700	2095364	165822	221065	8363	29013	79541	481434	1294188
503100	139500	2007422	165087	195966	9008	30797	60160	475658	1268145
410100	191800	1385318	80186	187856	5894	21730	67559	647889	595029
454800	235500	1117484	75022	172444	5652	21592	129232	532747	549666
396800	218500	1235656	70087	140634	5031	20497	100853	544860	439840
309100	183900	1181950	74777	154631	4804	20603	59183	313660	268603
493800	234800	942525	50727	133363	5193	18979	103015	646384	318069
180800	70400	677979	43079	91058	6197	22574	37792	305453	301240
327200	120000	1267719	59110	124569	5774	21190	113048	457964	321377
140700	60900	540143	40018	81286	6109	21439	49524	247410	281951
206600	81300	801455	47955	92516	5690	18224	61145	420980	206411
404200	177100	1106428	63960	147408	6044	18945	96095	617928	375175
366500	162700	852956	66850	162653	6122	18920	87766	642165	471047
342100	144400	1057600	76660	153652	6869	19183	137116	1087330	578436
294600	105100	987077	89366	156648	6835	19993	64855	556219	555298
469600	219100	1613257	130828	207198	7916	22958	125868	1227997	864800
311600	123100	1196202	100220	177052	7901	22408	104618	1079596	573056
401900	127000	1017588	79840	153218	6881	20286	76798	601596	570359
201400	48300	1506869	125168	134979	7177	26195	49102	206525	592227
321900	96200	1205828	84268	150970	6941	24504	76510	631522	573889
382400	93400	2101384	158671	194225	7937	25005	67955	506241	968932
349900	97500	1438257	200002	209008	9070	27602	54096	353079	1107857
118300	27700	626420	95440	105071	10100	27097	10635	90052	493372
243300	88700	899875	95018	139211	8003	25500	66581	257234	512377
599300	233900	1278030	125000	236816	6995	22894	129824	858045	592329
257900	61600	1450416	208373	188497	8072	26438	29309	199125	687077
545100	128900	1898635	158904	226199	7355	23956	73681	464086	839533
348100	70300	1562196	132408	175202	7171	23101	63584	331768	681855
843200	335700	1500000	125222	249812	5449	18237	141869	830750	569436
388800	168300	1200000	61244	165439	5417	16081	70133	511011	330992
389800	258300	960000	67109	177431	5295	17881	133179	588481	314856
206500	71800	779471	82241	109065	9450	29992		204799	445911
229500	123100	533204	49179	122068	5968	33906		260741	241157
240500	108100	586926	96900	123580	8026	36436		284658	346649
324400	110400	1480284	235770	239203	10756	32852		343690	635453
287100	91600	790729	116599	148159	9679	30381		332376	537242
460600	99700	1550825	333331	340435	10997	36851		422442	1596508
787000	116200	1961238	434376	438026	12263	34594		411746	2150913
243100	79700	626405	129255	183460	10851	32807		273918	600680
281000	118900	760089	148420	240921	9990	29722		588348	789055
340400	100100	780467	156576	213241	10332	47308		321714	660554
622700	162400	864319	239671	252182	10332	29372		196245	1301281
663400	172100	913565	250666	267848	11489	24227		214693	1145343

4-1 续表 12

地区名称	Region	行政区域土地面积(平方公里) Land Area (sq.m)	年底总人口(万人) Total Population (year-end) (10000 persons)	地区生产总值(万元) Gross Regional Product (10000 yuan)	第一产业 Primary Industry	第二产业 Secondary Industry	第三产业 Tertiary Industry	人均地区生产总值(元/人) Per Capita Gross Regional Product (yuan/person)	城镇单位在岗职工人数(人) Urban Employed Persons (person)
洞头县	Dongtou County	100	12.63	304136	33430	102872	167834	24119	8700
永嘉县	Yongjia County	2674	92.24	1763409	61417	1095846	606147	19212	101200
平阳县	Pingyang County	1051	85.65	1620327	87944	796013	736370	18946	70900
苍南县	Cangnan County	1272	126.53	2055564	162487	929209	963868	16338	78300
文成县	Wencheng County	1293	37.20	310537	29648	107309	173580	8379	15900
泰顺县	Taishun County	1762	35.49	315872	37468	116564	161840	8932	35700
平湖市	Pinghu City	537	48.44	2763102	140366	1822306	800430	42541	127292
海宁市	Haining City	668	65.09	3489468	171520	2179153	1138796	46675	123861
桐乡市	Tongxiang City	727	66.86	3162332	203377	1783208	1175746	39878	116074
嘉善县	Jiashan County	507	38.20	2129447	167446	1279940	682061	40426	100512
海盐县	Haiyan County	508	36.92	2021829	147334	1335817	538677	48545	66400
德清县	Deqing County	936	42.68	1901108	150405	1188677	562026	44623	67439
长兴县	Changxing County	1430	61.79	2237858	201568	1277767	758523	36271	61890
安吉县	Anji County	1886	45.51	1424020	136510	720235	567275	31379	41639
诸暨市	Zhuji City	2311	106.42	4959055	302082	3042864	1614109	46689	211940
上虞市	Shangyu City	1403	77.31	3483299	243456	2123624	1116219	45067	117856
嵊州市	Shengzhou City	1790	73.42	2170229	216232	1212020	741977	29569	58960
绍兴县	Shaoxing County	1177	71.46	6082566	216369	3886210	1979987	85368	177574
新昌县	Xinchang County	1213	43.56	1714272	121196	981980	611096	39361	49737
兰溪市	Lanxi City	1313	65.70	1426010	140213	898045	387752	21685	41441
义乌市	Yiwu City	1105	72.39	4933281	152785	2234566	2545930	68508	57059
东阳市	Dongyang City	1739	81.26	2370942	112466	1290350	968126	29267	89629
永康市	Yongkang City	1049	56.46	2448336	67613	1618858	761865	43530	35510
武义县	Wuyi County	1577	33.47	982417	90191	577411	314815	29414	16808
浦江县	Pujiang County	915	38.81	1054987	61771	651199	342017	27285	23869
磐安县	Pan'an County	1199	20.93	379266	56737	210845	111684	18160	22308
江山市	Jiangshan City	2019	58.94	1306695	145847	753331	407517	22220	26800
常山县	Changshan County	1096	32.77	596651	63076	330045	203530	18260	12100
开化县	Kaihua County	2227	34.99	547761	84432	282007	181322	15685	11600
龙游县	Longyou County	1143	40.31	907211	92263	529130	285818	22545	20800
岱山县	Daishan County	326	19.20	841900	143600	395500	302800	43803	10700
嵊泗县	Shengsi County	86	7.99	558600	86200	280900	191500	69860	8900
温岭市	Wenling City	836	117.58	4785480	379564	2525616	1880300	40878	84200
临海市	Linhai City	2171	114.66	2596864	218710	1376667	1001487	22732	82700
玉环县	Yuhuan County	378	41.10	2528123	173239	1638959	715925	61840	44700
三门县	Sanmen County	1072	42.27	818864	138209	353207	327448	19466	25900
天台县	Tiantai County	1426	56.89	979946	79769	446347	453830	17285	37100
仙居县	Xianju County	1992	48.80	792153	86839	358714	346600	16292	32200
青田县	Qingtian County	2484	49.15	882179	47523	535555	299101	22551	17298
缙云县	Jinyun County	1482	44.77	834071	63004	498211	272856	21419	16516
遂昌县	Suichang County	2539	23.04	448203	60898	210611	176694	20881	17308
松阳县	Songyang County	1406	23.57	356529	80609	133868	142053	17711	8971
云和县	Yunhe County	978	11.20	266760	29070	138856	98834	23503	9778
庆元县	Qingyuan County	1898	20.12	241413	44719	101194	95500	14222	9156
景宁畲族自治县	Jingning She A.C.	1950	16.85	214290	37790	79344	97156	15768	9178
龙泉市	Longquan City	3059	28.45	473932	82058	199158	192716	18106	15749

continued

乡村从业人员（人） Rural Laborer (person)	#农林牧渔业 Agriculture	全社会固定资产投资（万元） Investment in Fixed Assets (10000 yuan)	地方一般预算财政收入（万元） Revenue of local Governments (10000 yuan)	地方一般预算财政支出（万元） Expenditures of Local Governments (10000 yuan)	农村居民人均纯收入（元） Per Capita Disposable Income of Rural Households (yuan)	城镇单位在岗职工平均工资（元） Average Wages in Urban Areas (yuan)	常用耕地面积（公顷） Area of Cultivated Land (hectare)	农林牧渔业总产值（万元） Gross Output Value of Agriculture (10000 yuan)	社会消费品零售总额（万元） Total Retail Sales (10000 yuan)
51500	16300	177541	21135	60535	6846	36201		65452	82235
432000	122400	520798	107966	168706	6962	26222		102075	546462
410600	129700	437209	88044	152078	7655	25150		154098	723000
658700	179500	568091	117226	194202	7288	29189		254509	982361
151700	64900	134249	23231	86909	4761	33858		45381	133709
171200	79400	152638	22800	87040	4661	27950		57037	121409
212400	38500	1675028	186712	197596	11403	27268		209297	675620
315000	66000	1553944	213920	226669	11577	28090		261112	1325235
311100	64900	1398068	204037	209722	11671	27918		300060	1186143
202300	52800	1238376	140045	147160	11487	26864		350060	651920
200100	47000	1139367	96890	114076	11650	36173		217944	457696
210300	51400	910399	134732	146277	11002	29767		272219	563233
312700	83400	1276087	163039	202152	10745	32277		360224	785594
230500	71400	571166	82750	124119	10343	31427		264715	512910
590200	116500	2048263	265235	278350	11612	29356		453684	1241618
381200	125200	1453185	202334	212191	10859	31539		402879	996681
380900	107200	798102	100045	123887	9187	31529		320392	871432
448000	62500	2423840	385212	340021	13372	33562		333964	910414
217800	80000	589696	93530	102216	9112	30132		166110	562331
334400	150500	426775	81249	118058	6277	25017		240194	524141
701900	91100	1701726	377929	319820	11885	41516		205098	2117538
453700	164700	645483	135710	154532	9037	24565		163397	934626
289300	76600	739213	157981	158752	8939	36888		95188	680991
175300	50400	396120	69288	108846	6128	37393		138267	343163
230300	77600	374583	67386	91700	7652	30702		85522	412361
113600	71500	189822	25286	67129	5090	24467		89247	114415
295000	106100	737321	62121	116600	7737	32084		248607	414684
172300	71600	495478	35539	86943	6635	38008		84783	216389
189200	92800	305466	30028	86302	6115	33011		126290	237550
205500	103400	626983	46992	92391	7193	34078		165793	461961
84500	29900	532754	42535	124887	11508	42298		308045	244975
28000	12800	912400	33530	81670	11045	39109		147581	117511
660600	162300	1692379	233759	284684	10354	36335		606551	1702212
589700	180200	1156847	161023	203883	8739	35791		342590	813841
335600	42600	618714	158308	183462	11258	34750		282396	609539
220400	76600	783153	61111	101223	7179	33315		240392	281720
285300	114300	398428	60533	106024	6907	35935		115836	398180
254700	80000	324294	48023	87225	6307	34136		130707	297495
168400	76100	439905	68987	134957	5146	39828		71231	317420
217900	113500	265875	42700	94722	5228	39689		100077	277284
114300	69500	176356	30906	75502	5138	32026		100385	171236
134400	87700	188000	20045	68406	4512	33021		120645	140521
57500	27400	179176	18402	57191	4963	38779		46060	96601
78400	51200	138926	12525	57523	4670	33274		66851	116966
76100	38700	134347	16241	74305	4810	30276		58238	97336
134100	81200	282314	24785	76619	5112	31893		127084	193266

4-1　续表 13

地区名称	Region	行政区域土地面积(平方公里) Land Area (sq.m)	年底总人口(万人) Total Population (year-end) (10000 persons)	地区生产总值(万元) Gross Regional Product (10000 yuan)	第一产业 Primary Industry	第二产业 Secondary Industry	第三产业 Tertiary Industry	人均地区生产总值(元/人) Per Capita Gross Regional Product (yuan/person)	城镇单位在岗职工人数(人) Urban Employed Persons (person)
安徽省	**Anhui Province**								
长丰县	Changfeng County	1922	79.89	981030	308724	465424	206882	12279	24703
肥东县	Feidong County	2216	110.89	1508781	331380	760807	416594	13607	25863
肥西县	Feixi County	2071	89.27	1535773	276475	855000	404298	17204	40032
芜湖县	Wuhu County	730	38.40	629179	114438	353613	161128	16385	8887
繁昌县	Fanchang County	604	31.64	712361	59522	451580	201259	22512	14202
南陵县	Nanling County	1264	55.16	688143	134158	370892	183093	12475	14729
怀远县	Huaiyuan County	2396	131.97	1064915	372888	343668	348359	8069	27379
五河县	Wuhe County	1595	72.38	729167	295798	198329	235040	10074	16284
固镇县	Guzhen County	1360	61.45	657193	253744	181986	221463	10695	17941
凤台县	Fengtai County	894	61.10	1306618	174427	874061	258130	21385	35430
当涂县	Dangtu County	1346	65.02	1250101	215596	735204	299301	19226	14285
濉溪县	Suixi County	1987	107.41	768478	233726	292661	242091	7155	24978
铜陵县	Tongling County	823	29.81	532543	61187	338966	132390	17865	14982
怀宁县	Huaining County	1276	68.94	724770	154996	339645	230129	10513	16038
枞阳县	Zongyang County	1808	96.72	814697	214686	357997	242014	8423	20172
潜山县	Qianshan County	1686	58.00	501410	118272	217814	165324	8645	14114
太湖县	Taihu County	2031	56.34	435222	136456	143921	154845	7725	13370
宿松县	Susong County	2394	82.11	645559	240865	193575	211119	7862	21046
望江县	Wangjiang County	1357	62.18	430855	135578	150515	144762	6929	15092
岳西县	Yuexi County	2398	40.24	327262	86898	162669	77695	8132	10950
桐城市	Tongcheng City	1546	75.10	960298	163323	509777	287198	12786	20179
歙县	She County	2236	49.04	675457	102846	320410	252200	13774	12398
休宁县	Xiuning County	2125	27.43	326245	75053	120791	130402	11894	9316
黟县	Yi County	847	9.62	125760	26333	50292	49135	13078	4309
祁门县	Qimen County	2257	18.79	272406	37749	105944	128712	14495	7575
来安县	Laian County	1499	49.81	561249	125015	265735	170499	11267	14073
全椒县	Quanjiao County	1568	46.61	478388	135755	191182	151451	10263	19231
定远县	Dingyuan County	2998	95.70	613010	285926	135423	191661	6406	24039
凤阳县	Fengyang County	1944	74.34	633348	191914	239597	201837	8520	19411
天长市	Tianchang City	1751	62.88	1044476	179850	610902	253724	16612	25635
明光市	Mingguang City	2358	65.19	528397	191461	136260	200676	8106	20407
临泉县	Linquan County	1818	213.45	787883	370340	172160	245382	3691	28660
太和县	Taihe County	1820	167.54	814713	267797	263474	283442	4863	29485
阜南县	Funan County	1768	162.58	629774	268250	133206	228318	3874	23977
颍上县	Yingshang County	1859	165.95	916597	253636	421424	241537	5523	35978
界首市	Jieshou City	666	77.19	508057	144630	196557	166870	6582	21860
砀山县	Dangshan County	1193	96.64	571954	205790	190918	175246	5918	27480
萧县	Xiao County	1885	139.12	906664	303255	303135	300274	6517	32993
灵璧县	Lingbi County	2054	119.65	704843	320145	151847	232851	5891	24476
泗县	Si County	1787	90.01	677997	289590	203423	184985	7532	21135
庐江县	Lujiang County	2347	117.13	753494	239943	253656	259894	6433	37158
无为县	Wuwei County	2433	141.97	1572530	318058	786126	468346	11076	38630

continued

乡村从业人员（人）Rural Laborer (person)	#农林牧渔业 Agriculture	全社会固定资产投资（万元）Investment in Fixed Assets (10000 yuan)	地方一般预算财政收入（万元）Revenue of local Governments (10000 yuan)	地方一般预算财政支出（万元）Expenditures of Local Governments (10000 yuan)	农村居民人均纯收入（元）Per Capita Disposable Income of Rural Households (yuan)	城镇单位在岗职工平均工资（元）Average Wages in Urban Areas (yuan)	常用耕地面积（公顷）Area of Cultivated Land (hectare)	农林牧渔业总产值（万元）Gross Output Value of Agriculture (10000 yuan)	社会消费品零售总额（万元）Total Retail Sales (10000 yuan)
406121	184402	1006157	48621	122221	4600	24251	66882	531963	151600
597094	256999	1202910	81185	172238	5379	28143	79178	600728	284400
467223	212140	1385575	84246	158504	5412	26730	59812	521537	245100
195429	96729	845148	48406	92597	6405	32488	20764	195318	181600
144764	51879	695158	56644	91935	6218	30686	19213	119281	147600
308656	148901	659454	42573	96537	6252	28688	32917	256576	236900
691243	398940	475467	27302	125553	4319	18080	125699	606045	338700
387929	212821	291200	17461	82040	4310	20197	71304	476576	203500
324418	240878	303555	13622	77150	4348	19150	70300	426461	170900
314169	148227	465285	75131	135146	4658	29756	45981	252377	236400
310564	142193	1204195	77254	131821	7109	28388	44781	329354	244300
458132	311262	428340	36480	129386	4006	21799	111014	386653	246700
165063	66962	774855	39257	74666	5469	27084	17341	97551	100400
358610	147675	436467	49406	126180	5151	23645	38236	267731	235800
488560	243225	608366	39722	124398	3245	19783	37769	348443	210500
276747	143088	258056	20225	94688	3047	21890	21850	183139	180300
281218	156265	223125	14158	87409	2934	21693	25513	237955	124500
429857	181532	375056	19376	100546	3398	23232	48102	401932	179300
329938	162024	252579	14680	82321	3324	20069	46847	271538	149900
186759	108290	320800	12905	74797	2655	18929	15550	142246	84000
370037	168763	665973	49004	125409	5698	24489	33603	276108	258100
275139	168281	492391	22432	87418	4978	23413	9799	168324	221700
152049	94051	324542	17405	61733	5126	24272	12125	134690	105700
56095	34419	120639	8000	34348	5050	21822	4970	46202	33200
94620	68915	197025	14634	53364	4961	23616	6954	61202	73300
236850	158667	472921	22933	80598	5327	20787	46084	208509	180800
188493	125356	510451	27760	84268	4805	19655	40052	240331	176900
460626	298703	382177	22747	117765	4131	19868	101268	516163	182700
376835	219252	455845	31041	100073	4448	20165	66367	332656	188300
300229	134341	652254	46609	114724	5742	22216	58535	304459	242000
299510	207855	210892	20659	87070	4186	16848	55076	330593	205200
1041521	500913	113283	17167	154625	2620	18668	113634	716470	282300
903286	479177	196284	20510	137292	3951	18243	114846	520499	544700
823832	435382	230203	14229	121322	2478	21142	97858	531769	233100
767851	409914	361088	39058	154895	3190	27781	103273	485706	268600
374176	163183	93652	16783	83301	3967	16502	39184	272990	178400
485521	259711	245397	12969	101359	2904	18615	36013	351231	175100
652413	408326	336571	20617	131480	3969	19425	89716	524081	286500
595821	373438	181893	13314	110369	3650	18528	119994	583972	161200
481413	312934	280624	14642	89126	3780	17711	88132	508646	139100
527298	267553	514196	37916	139396	4403	22061	72637	425205	308200
675829	314238	1131114	62717	175688	4778	26555	85930	623929	466800

地区名称	Region	行政区域土地面积(平方公里) Land Area (sq.m)	年底总人口(万人) Total Population (year-end) (10000 persons)	地区生产总值(万元) Gross Regional Product (10000 yuan)	第一产业 Primary Industry	第二产业 Secondary Industry	第三产业 Tertiary Industry	人均地区生产总值(元/人) Per Capita Gross Regional Product (yuan/person)	城镇单位在岗职工人数(人) Urban Employed Persons (person)
含山县	Hanshan County	1045	44.25	482930	113466	201697	167767	10915	14017
和县	He County	1538	65.69	640821	160265	270066	210490	9755	24674
寿县	Shou County	2968	135.50	835556	348054	246046	241456	6166	27161
霍邱县	Huoqiu County	3493	162.50	1016858	267650	423416	325792	6258	28101
舒城县	Shucheng County	2100	100.03	727248	171302	282913	273033	7270	30951
金寨县	Jinzhai County	3814	66.53	463894	119735	167705	176454	6973	17274
霍山县	Huoshan County	2043	37.15	558273	64553	333212	160508	15027	20695
涡阳县	Guoyang County	2107	148.12	971147	282275	323878	364994	6556	35461
蒙城县	Mengcheng County	2091	131.15	884799	308732	244440	331627	6747	36277
利辛县	Lixin County	1950	153.97	758680	281874	141854	334951	4927	29426
东至县	Dongzhi County	3256	54.04	468277	150044	155945	162288	8665	15807
石台县	Shitai County	1403	10.90	84764	20356	35656	28751	7775	4583
青阳县	Qingyang County	1181	26.87	274047	55870	133652	84526	10199	11167
郎溪县	Langxi County	1105	33.72	443130	85790	241433	115907	13141	13730
广德县	Guangde County	2165	51.14	747340	118797	338508	290035	14612	10539
泾县	Jing County	2054	35.52	357799	89985	121666	146148	10073	12805
绩溪县	Jixi County	1116	17.79	244072	60680	97804	85588	13717	6426
旌德县	Jingde County	905	15.05	149270	37870	56000	55400	9919	7591
宁国市	Ningguo City	2487	38.38	979471	126618	517156	335697	25521	23059
福建省	**Fujian Province**								
闽侯县	Minhou County		64.75	1385800	190000	831100	364700	21402	63256
连江县	Lianjiang County		62.37	1359200	510500	414900	433800	24712	37573
罗源县	Luoyuan County		25.37	706500	147500	422600	136400	25650	14027
闽清县	Minqing County		30.51	696700	112500	417200	167000	29030	19706
永泰县	Yongtai County		35.93	441600	173700	114600	153300	16356	12200
平潭县	Pingtan County		38.48	604900	202800	97900	304200	17284	15793
福清市	Fuqing City		124.83	4015100	505600	2281600	1228000	38212	185715
长乐市	Changle City		67.03	2389500	217900	1617000	554700	35401	39369
仙游县	Xianyou County		105.72	1104700	182200	499500	423000	12476	43806
明溪县	Mingxi County		11.62	233100	77000	75100	81000	21485	6561
清流县	Qingliu County		14.51	236000	79700	68600	87700	17811	9255
宁化县	Ninghua County		35.27	371700	145900	102200	123700	12350	11205
大田县	Datian County		36.72	487400	150400	212900	124100	15021	19432
尤溪县	Youxi County		41.98	708100	255500	228300	224200	18983	15804
沙县	Sha County		24.89	727900	151700	373500	202700	30077	20001
将乐县	Jiangle County		17.08	361900	92600	147600	121800	23500	10609
泰宁县	Taining County		12.98	344900	86400	145900	112600	30257	8376
建宁县	Jianning County		14.67	257700	91200	85100	81500	20701	7775
永安市	Yongan City		32.07	1280500	165200	647700	467700	35520	32336
惠安县	Huian County		94.60	3152100	222700	1844300	1085100	33712	178178
安溪县	Anxi County		107.21	2391500	204100	1397700	789600	22424	69305
永春县	Yongchun County		55.79	1437100	137600	728600	570900	26662	41639
德化县	Dehua County		31.36	843000	73100	490500	279300	27504	25977
金门县	Jinmen County								

continued

乡村从业人员（人）Rural Laborer (person)	#农林牧渔业 Agriculture	全社会固定资产投资（万元）Investment in Fixed Assets (10000 yuan)	地方一般预算财政收入（万元）Revenue of local Governments (10000 yuan)	地方一般预算财政支出（万元）Expenditures of Local Governments (10000 yuan)	农村居民人均纯收入（元）Per Capita Disposable Income of Rural Households (yuan)	城镇单位在岗职工平均工资（元）Average Wages in Urban Areas (yuan)	常用耕地面积（公顷）Area of Cultivated Land (hectare)	农林牧渔业总产值（万元）Gross Output Value of Agriculture (10000 yuan)	社会消费品零售总额（万元）Total Retail Sales (10000 yuan)
212168	108753	387731	26487	75232	5373	26025	34844	204411	130900
310543	141865	534676	32961	96884	5331	24154	49261	309365	222300
715315	426249	285163	18738	137336	3668	18718	118160	588683	321100
774061	451675	350108	34353	175694	3689	20990	123755	559010	370000
505125	176847	266654	26510	120898	3739	19811	41316	296423	259400
281226	155039	282012	17092	95786	3432	20803	23516	218549	212200
168806	98514	411020	36696	95297	3911	21416	16954	107300	127200
702480	346107	402019	29164	134528	3934	20090	131146	502471	390900
631242	400161	332000	26407	128000	3995	20092	122287	544270	366800
756331	396798	336000	18242	137418	2613	18409	116010	507293	254900
289330	170958	346783	23046	89363	4450	21659	31326	257486	142600
57203	33081	57237	5243	37005	2536	21224	3005	31351	43300
132467	68417	227163	24636	61389	4570	22111	14821	86234	107000
168633	107676	491229	18570	62498	4086	22470	24367	144711	106400
277164	121543	906403	46079	108110	6086	25202	24116	201350	207800
186342	97512	340076	21508	67670	4103	25668	18910	150728	124000
82046	49227	356025	15624	47987	4531	26614	6839	102680	91700
72430	40484	145541	8582	36508	4300	21723	9308	66203	67000
194006	96542	1011250	68927	125627	6706	31308	13255	206741	259300
274052	110452		130223	125135	6568	24355		325181	406226
292376	148379		63195	116981	6481	23130		963961	303882
93168	44250		30337	51798	5901	24475		274591	171572
121948	62007		27992	49948	5951	24806		206052	164015
176121	83433		13348	53039	5197	22666		302368	165082
183682	130063		24151	64943	5464	21845		395652	227116
532187	246338		166651	203201	8631	22668		917010	1133407
259919	79490		100117	122991	8310	26437		436982	506640
487387	222134		37109	96067	5423	21108		307392	344768
53369	26952		6380	21962	5776	22869		121039	60306
57088	33972		8008	29238	5639	21366		128200	69180
129678	73479		14682	46739	5238	23782		238467	113276
132441	91004		26310	49464	5675	20026		247683	151152
182776	108318		26139	53677	5928	21566		403804	166001
83989	35936		33417	43286	6680	21684		250588	178558
86102	43308		16189	29910	5751	22100		154838	81380
54132	31458		9326	31541	5689	20746		129297	74678
56885	37929		6656	29917	5246	21968		142514	66553
107490	60755		63615	71632	6236	23251		258759	369132
461340	118152		143553	178562	8104	21858		382572	877109
476881	230433		86916	134211	7118	20260		326804	671251
224301	114962		50246	84494	6742	21789		223581	359756
151063	56667		40903	66615	6397	19968		138555	269880

4-1 续表 15

地区名称	Region	行政区域土地面积(平方公里) Land Area (sq.m)	年底总人口(万人) Total Population (year-end) (10000 persons)	地区生产总值(万元) Gross Regional Product (10000 yuan)	第一产业 Primary Industry	第二产业 Secondary Industry	第三产业 Tertiary Industry	人均地区生产总值(元/人) Per Capita Gross Regional Product (yuan/person)	城镇单位在岗职工人数(人) Urban Employed Persons (person)
石狮市	Shishi City		31.35	2878000	132600	1544600	1200800	52662	74284
晋江市	Jinjiang City		105.04	6977200	133800	4494700	2348600	43813	478773
南安市	Nan'an City		149.67	3641300	173800	2265200	1202300	24729	85985
云霄县	Yunxiao County		42.76	494600	177200	116900	200500	11747	21555
漳浦县	Zhangpu County		83.65	1116700	362700	281200	472700	13458	52331
诏安县	Zhaoan County		58.84	687400	249200	225900	212400	11737	23569
长泰县	Changtai County		19.30	470100	98600	260500	111000	23622	25321
东山县	Dongshan County		20.63	510900	169200	193600	148100	23946	16769
南靖县	Nanjing County		34.80	749300	256100	309400	183900	20990	26674
平和县	Pinghe County		57.43	658300	291100	135200	231900	12025	21253
华安县	Huaan County		16.08	311200	104200	130300	76800	18940	11388
龙海市	Longhai City		80.39	2444200	335800	1521700	586800	28902	76040
顺昌县	Shunchang County		24.00	403700	97000	140200	166500	16479	18617
浦城县	Pucheng County		41.68	491500	153900	159500	178000	14456	16704
光泽县	Guangze County		15.67	265900	97500	91400	77000	18856	14561
松溪县	Songxi County		16.13	181600	65400	50200	66000	12658	6598
政和县	Zhenghe County		21.98	182500	64700	49800	68000	9173	7256
邵武市	Shaowu City		30.19	806700	159900	331700	315000	27252	34935
武夷山市	Wuyishan City		22.67	493900	104000	143500	246400	22973	20562
建瓯市	Jian'ou City		52.74	768900	230300	250800	287800	15920	24467
建阳市	Jianyang City		33.92	583500	154600	241000	188000	17629	18854
长汀县	Changting County		50.12	529600	170200	197200	162300	12894	38993
永定县	Yongding County		47.25	938400	169000	504100	265200	22369	22507
上杭县	Shanghang County		49.04	844500	190600	431800	222200	19063	28229
武平县	Wuping County		36.87	481900	153400	155300	173300	14300	17733
连城县	Liancheng County		32.95	532700	143400	222300	167000	17480	16634
漳平市	Zhangping City		27.45	651400	125100	234400	291800	23950	22173
霞浦县	Xiapu County		52.06	739500	192800	210300	336400	15960	17414
古田县	Gutian County		42.52	636300	179700	214500	242200	15868	15400
屏南县	Pingnan County		18.26	258900	62600	89100	107200	15366	8389
寿宁县	Shouning County		26.43	270700	76800	93900	100000	11796	8756
周宁县	Zhouning County		20.05	214100	38200	98900	77000	13300	7015
柘荣县	Zherong County		10.22	195500	36700	96700	62200	21475	6251
福安市	Fuan City		64.36	1306300	188700	717200	400400	22905	28582
福鼎市	Fuding City		57.34	905100	146500	423900	334700	16952	20508
江西省	**Jiangxi Province**								
南昌县	Nanchang County	1811	95.60	2250770	301873	1461553	487344	24178	64553
新建县	Xinjian County	2160	71.60	1348828	267729	640156	440943	19797	35982
安义县	Anyi County	660	27.40	408576	59779	201470	147327	15077	16405
进贤县	Jinxian County	1946	79.80	1341876	273350	687041	381485	16924	21701
浮梁县	Fuliang County	2859	28.10	427199	85705	250116	91378	12697	18669
乐平市	Leping City	1980	84.60	1064999	131882	602001	331116	15272	49955
莲花县	Lianhua County	1072	25.80	239640	48710	114870	76060	9350	13782
上栗县	Shangli County	727	46.80	739723	84005	479949	175769	15809	10849

continued

乡村从业人员(人) Rural Laborer (person)	#农林牧渔业 Agriculture	全社会固定资产投资(万元) Investment in Fixed Assets (10000 yuan)	地方一般预算财政收入(万元) Revenue of local Governments (10000 yuan)	地方一般预算财政支出(万元) Expenditures of Local Governments (10000 yuan)	农村居民人均纯收入(元) Per Capita Disposable Income of Rural Households (yuan)	城镇单位在岗职工平均工资(元) Average Wages in Urban Areas (yuan)	常用耕地面积(公顷) Area of Cultivated Land (hectare)	农林牧渔业总产值(万元) Gross Output Value of Agriculture (10000 yuan)	社会消费品零售总额(万元) Total Retail Sales (10000 yuan)
113229	21891		140126	168036	10799	20893		259004	1432053
645877	143650		327557	350586	9202	22562		251201	1811647
774284	127119		138448	179562	8061	21610		285900	1273071
163392	101062		18416	51268	5983	18193		304837	234454
425616	259646		41557	90842	6631	17237		676147	456682
302071	199444		21612	53501	6020	18519		416231	323371
85660	37594		24029	45793	6430	19892		163529	107102
78484	40217		21685	61252	7001	19323		302218	180090
153805	91986		31839	59903	6190	21117		443241	205259
262415	148318		17424	50776	6228	18698		507662	269960
74835	47919		12437	31133	6797	21973		175714	64260
380269	159943		142998	184305	6546	25210		571052	641193
102887	75677		15440	37627	5763	19359		151389	135291
174192	96538		20021	54274	5663	22998		242908	192392
65871	52432		9540	30006	4956	20765		166777	81402
75673	50317		6724	25335	4193	21982		112343	76291
92389	73686		6282	26995	4380	23313		103028	80866
108721	56355		39023	68032	6520	21507		260996	339903
102345	67574		30277	60366	6507	21183		171383	190740
211872	139213		30450	66076	6639	20539		380962	262955
132647	85253		27125	52537	5819	22039		262452	194788
205552	84132		20236	55798	4910	16429		287321	191633
246497	110379		51808	88598	6326	23015		276871	248968
243550	118438		60725	103813	5194	25141		328711	226422
167119	74579		17209	55918	5309	20482		270804	161822
147224	71711		18166	51773	5288	18192		235525	177263
122460	80908		30169	54903	5786	24672		199898	208133
214382	114766		20503	68136	5880	20543		354336	307944
191862	134570		21794	55482	6277	22035		304455	233698
77042	56666		9245	30564	4819	20923		106061	76696
103790	64993		7225	34528	4845	18752		126169	98573
77015	46003		8055	29501	5070	19013		64495	69260
35986	26705		5011	21932	4918	23854		61512	48641
207190	106671		51312	84894	5775	21953		312601	434956
265040	128106		45428	89210	5587	23372		251278	359738
365110	213006	1696252	104720	207590	6008	19828	70848	548473	407699
284448	204585	738319	55001	132996	5487	19297	54354	469299	277755
79587	32424	191886	16633	50901	4951	15741	16908	101282	74090
347675	159627	268715	30028	103853	5527	16791	55612	440887	239078
113131	60841	232741	20398	62620	5029	15845	18067	120517	70116
358716	136020	754131	52328	124091	5262	16536	33463	296429	261820
105064	63040	267898	11593	52101	2417	16851	11818	78360	50947
234389	97794	575593	34378	77385	5466	16680	17100	139834	230632

4-1 续表 16

地区名称	Region	行政区域土地面积(平方公里) Land Area (sq.m)	年底总人口(万人) Total Population (year-end) (10000 persons)	地区生产总值(万元) Gross Regional Product (10000 yuan)	第一产业 Primary Industry	第二产业 Secondary Industry	第三产业 Tertiary Industry	人均地区生产总值(元/人) Per Capita Gross Regional Product (yuan/person)	城镇单位在岗职工人数(人) Urban Employed Persons (person)
芦溪县	Luxi County	961	28.60	552085	68364	358124	125597	19399	8641
九江县	Jiujiang County	917	34.80	301219	60266	172181	68772	8813	18042
武宁县	Wuning County	3504	37.10	366256	87017	190616	88623	9972	12904
修水县	Xiushui County	4502	79.40	439434	106385	181257	151792	5580	21351
永修县	Yongxiu County	2047	37.40	452806	78844	280106	93856	12156	26171
德安县	Dean County	932	23.00	238739	29117	148208	61414	14755	13292
星子县	Xingzi County	723	25.40	183286	37240	80618	65428	7227	10919
都昌县	Duchang County	2227	78.30	300364	88560	109987	101817	3836	38316
湖口县	Hukou County	674	28.60	327450	52410	219353	55687	11480	17504
彭泽县	Pengze County	1534	36.50	265421	66281	130045	69095	7320	15224
瑞昌市	Ruichang City	1419	43.90	463152	74211	288724	100217	9832	25619
分宜县	Fenyi County	1380	32.10	663746	95562	401566	166618	21179	16354
余江县	Yujiang County	931	37.10	269735	104577	112792	52366	7341	19344
贵溪市	Guixi City	2493	58.50	1721872	123046	1287075	311751	30097	34787
赣县	Gan County	2990	60.50	541098	111512	288106	141480	9618	20254
信丰县	Xinfeng County	2866	71.30	607820	148921	243209	215690	9023	37299
大余县	Dayu County	1343	29.80	467309	73009	255717	138583	16554	16076
上犹县	Shangyou County	1542	29.80	229798	62976	92660	74162	8207	12879
崇义县	Chongyi County	2208	20.30	308031	53927	185318	68786	16043	15064
安远县	Anyuan County	2350	36.40	237375	81264	63005	93106	6982	14258
龙南县	Longnan County	1646	30.70	438155	71530	219515	147110	14990	27380
定南县	Dingnan County	1321	20.40	232630	43628	110601	78401	12180	13208
全南县	Quannan County	1534	19.10	223660	52364	103584	67712	12572	14829
宁都县	Ningdu County	4049	76.10	599275	165256	225567	208452	8375	20728
于都县	Yudu County	2892	99.80	643932	135398	300977	207557	6937	34846
兴国县	Xingguo County	3215	77.00	538322	165469	224202	148651	7448	20822
会昌县	Huichang County	2712	47.70	318661	97786	112075	108800	7192	13031
寻乌县	Xunwu County	2352	30.70	242698	79069	71713	91916	8346	11342
石城县	Shicheng County	1567	31.00	177894	66767	55153	55974	6107	10106
瑞金市	Ruijin City	2441	64.40	483359	89398	159279	234682	8049	20409
南康市	Nankang City	1849	80.00	634596	125886	284540	224170	8441	19754
吉安县	Ji'an County	2122	46.10	500236	126232	237235	136769	10944	15814
吉水县	Jishui County	2506	50.60	422356	120937	185213	116206	8427	19583
峡江县	Xiajiang County	1298	17.60	203081	63507	83623	55951	11939	9633
新干县	Xin'gan County	1245	31.80	373840	97300	180812	95728	11849	13064
永丰县	Yongfeng County	2710	43.40	454873	107010	235377	112486	10564	15195
泰和县	Taihe County	2660	53.40	550496	180293	230341	139862	10385	21215
遂川县	Suichuan County	3102	54.90	393085	90881	167416	134788	7207	16813
万安县	Wan'an County	2038	30.30	215367	64819	80108	70440	7110	12783
安福县	Anfu County	2793	39.00	465714	119451	227044	119219	11963	15858
永新县	Yongxin County	2181	49.00	329200	94400	128798	106002	6757	13154
井冈山市	Jinggangshan City	1288	15.70	219206	29704	86540	102962	13891	18170
奉新县	Fengxin County	1648	30.80	469045	85009	291966	92070	15266	11620
万载县	Wanzai County	1716	50.10	453001	100113	231030	121858	9161	13916
上高县	Shanggao County	1348	34.20	545740	96348	287702	161690	15593	24980

continued

乡村从业人员(人) Rural Laborer (person)	#农林牧渔业 Agriculture	全社会固定资产投资(万元) Investment in Fixed Assets (10000 yuan)	地方一般预算财政收入(万元) Revenue of local Governments (10000 yuan)	地方一般预算财政支出(万元) Expenditures of Local Governments (10000 yuan)	农村居民人均纯收入(元) Per Capita Disposable Income of Rural Households (yuan)	城镇单位在岗职工平均工资(元) Average Wages in Urban Areas (yuan)	常用耕地面积(公顷) Area of Cultivated Land (hectare)	农林牧渔业总产值(万元) Gross Output Value of Agriculture (10000 yuan)	社会消费品零售总额(万元) Total Retail Sales (10000 yuan)
119916	62670	552314	21919	61480	5047	16568	11337	106723	100690
155502	82730	209000	20447	59626	4658	16439	16735	108714	87988
151259	86302	250466	20753	79211	4439	16710	18115	140775	126589
337372	190456	242124	31290	109061	2324	11966	37746	142132	148280
139253	92165	447639	27051	82782	4852	14094	22478	134002	112056
56228	31458	203380	15375	46682	4560	15330	7770	50994	62688
102106	46136	230186	13197	45573	4088	14302	9329	71731	61498
333126	157046	145187	18205	95851	3154	16913	43803	184601	150302
112863	58401	560726	20330	60862	4666	16701	15480	88350	72255
161141	82499	273423	13564	57715	4416	15638	20229	137710	92227
155787	64862	421412	26403	73068	4545	16308	16741	104532	137536
122160	67181	460290	58631	103598	5708	22818	27337	167442	161631
145243	78097	106000	15705	64671	4579	12184	23026	204217	107585
217926	124579	867800	93380	130319	5366	19419	31428	201237	220596
266329	136796	274220	34587	94309	2540	17765	22285	183906	122380
301352	136806	309320	29013	92958	3960	16698	30003	248676	193564
108570	63983	238317	26246	60956	4096	18616	10011	115922	112506
140190	65622	93276	13264	53188	2503	17307	9180	93299	66033
81297	45188	56919	21514	53118	3406	16412	7592	78384	61987
152537	75416	69237	12049	61754	2507	14155	11101	139514	73296
140795	53010	276092	33683	63518	4110	16770	9418	115370	123880
86457	54087	116349	18525	49626	3122	18643	7047	96070	60182
68887	31562	64307	14234	44599	2913	14868	7416	80012	58102
353499	240588	118652	24117	101298	2496	16209	44835	275426	171759
364408	186348	297884	30242	121820	2500	17502	28907	211046	202525
331376	180671	183466	22252	93517	2417	17569	28392	256462	152424
226511	131175	78100	19158	74500	2451	15280	17418	152790	115090
134932	102572	65278	13514	55071	2409	21020	11680	171867	82320
120387	82687	49821	10083	49969	2553	12340	13457	106112	45448
250265	129666	110252	24702	90151	3370	16406	21644	173454	158820
387227	185292	270004	40769	105987	3727	21155	27402	228074	194370
186134	112987	436000	35902	99840	2552	15609	36718	206830	136635
199441	84692	347000	20507	75657	5052	16726	39300	225542	139224
60848	38281	150588	13309	48238	4935	14148	19343	94812	57606
125657	80453	446868	20273	70373	5109	15610	27918	162183	108729
167962	105877	308200	21561	75367	4723	17142	30752	172718	104380
209146	128995	361655	34354	94142	5443	22036	44534	325096	132100
260648	138344	405338	23001	77068	2502	22358	29349	141163	107527
121139	73353	235500	15158	57006	2307	19398	22497	106829	53365
144503	94909	248200	28213	81121	4810	20231	29489	186603	139200
206433	118637	331132	14123	74674	2336	21253	24563	170022	100451
56373	33275	367969	17058	59420	2406	9496	8165	56328	78010
115531	62224	325972	24826	66942	4886	19728	25230	140311	127972
203450	107399	254000	26127	85322	4098	12812	24110	185260	126941
119647	61472	412934	29193	79361	5288	15344	24902	266960	104473

地区名称	Region	行政区域土地面积(平方公里) Land Area (sq.m)	年底总人口(万人) Total Population (year-end) (10000 persons)	地区生产总值(万元) Gross Regional Product (10000 yuan)	第一产业 Primary Industry	第二产业 Secondary Industry	第三产业 Tertiary Industry	人均地区生产总值(元/人) Per Capita Gross Regional Product (yuan/person)	城镇单位在岗职工人数(人) Urban Employed Persons (person)
宜丰县	Yifeng County	1934	28.20	368000	98100	173000	96900	13090	16035
靖安县	Jing'an County	1377	14.40	182624	34101	94323	54200	12758	6813
铜鼓县	Tonggu County	1552	13.70	164479	34049	66670	63760	12110	7961
丰城市	Fengcheng City	2836	134.50	1690000	330500	847500	512000	12676	60192
樟树市	Zhangshu City	1289	54.00	985000	170421	553262	261317	18290	28797
高安市	Gao'an City	2429	80.90	868806	202106	408050	258650	10748	25257
南城县	Nancheng County	1713	31.00	377480	78258	167192	132030	11893	13851
黎川县	Lichuan County	1709	24.00	215013	59013	101000	55000	9011	12723
南丰县	Nanfeng County	1913	28.60	382027	118879	124752	138396	13384	12107
崇仁县	Chongren County	1520	34.80	381973	75028	214968	91977	11718	13476
乐安县	Le'an County	2410	35.70	208200	55562	76100	76538	5791	15473
宜黄县	Yihuang County	1937	22.00	183556	45629	91612	46315	8154	9147
金溪县	Jinxi County	1353	28.80	260140	58158	113857	88125	9047	10586
资溪县	Zixi County	1248	11.00	119284	21987	54686	42611	10476	9947
东乡县	Dongxiang County	1268	43.30	521728	99960	269290	152478	12345	31401
广昌县	Guangchang County	1603	24.00	133100	32117	52918	48065	5861	30542
上饶县	Shangrao County	2232	76.30	571269	84327	334035	152907	8296	44174
广丰县	Guangfeng County	1377	85.90	1122367	133974	603460	384933	15289	29132
玉山县	Yushan County	1732	58.50	410267	82900	193163	134204	7357	19510
铅山县	Yanshan County	2178	43.80	374569	93135	140957	140477	9036	14564
横峰县	Hengfeng County	654	21.10	308695	34012	221502	53181	17138	15756
弋阳县	Yiyang County	1573	38.20	304896	75706	139012	90178	8555	20968
余干县	Yugan County	2352	95.70	481295	187546	176685	117064	5522	31987
鄱阳县	Poyang County	4126	152.20	595182	209518	186255	199409	4610	80161
万年县	Wannian County	1148	38.90	363500	74600	181400	107500	10365	17986
婺源县	Wuyuan County	2968	35.20	364612	62894	146500	155218	10426	18367
德兴市	Dexing City	2080	31.50	709787	62473	438210	209104	20644	28789
山东省	**Shandong Province**								
平阴县	Pingyin County	715	37.10	1354081	173559	839372	341150	36612	38606
济阳县	Jiyang County	1163	54.40	1410387	279321	764811	366256	26041	32329
商河县	Shanghe County	1097	61.40	714217	263433	255582	195203	11672	20912
章丘市	Zhangqiu City	1722	100.80	4025698	450918	2244096	1330684	40017	118424
胶州市	Jiaozhou City	1317	79.60	4740546	318763	2725600	1696183	59697	124490
即墨市	Jimo City	1903	112.10	4989639	387480	2751000	1851159	44692	129481
平度市	Pingdu City	3177	137.00	4188234	621666	2125300	1441268	30624	73764
胶南市	Jiaonan City	1803	83.40	4396319	354032	2583100	1459187	52936	82956
莱西市	Laixi City	1570	73.20	3300288	355195	1666000	1279093	45200	91039
桓台县	Huantai County	521	49.70	2654008	120420	1846820	686768	53417	48864
高青县	Gaoqing County	832	36.60	830234	137965	435637	256632	22721	20436
沂源县	Yiyuan County	1636	56.20	1345361	157692	713462	474207	23986	60834
滕州市	Tengzhou City	1495	100.80	4771322	457200	2786544	1527578	28870	97243
垦利县	Kenli County	2205	21.80	1601087	111208	1169329	320550	73613	23608
利津县	Lijin County	1288	29.70	1000476	164458	589755	246263	33731	16012
广饶县	Guangrao County	1138	49.30	3223317	248011	2380030	595276	65581	60471

continued

乡村从业人员（人） Rural Laborer (person)	#农林牧渔业 Agriculture	全社会固定资产投资（万元） Investment in Fixed Assets (10000 yuan)	地方一般预算财政收入（万元） Revenue of local Governments (10000 yuan)	地方一般预算财政支出（万元） Expenditures of Local Governments (10000 yuan)	农村居民人均纯收入（元） Per Capita Disposable Income of Rural Households (yuan)	城镇单位在岗职工平均工资（元） Average Wages in Urban Areas (yuan)	常用耕地面积（公顷） Area of Cultivated Land (hectare)	农林牧渔业总产值（万元） Gross Output Value of Agriculture (10000 yuan)	社会消费品零售总额（万元） Total Retail Sales (10000 yuan)
92042	59054	152446	17335	69839	4878	17025	27013	175294	68350
41732	22610	80200	9446	40243	4536	18465	9297	70311	29256
47632	31639	52000	10497	37896	3437	16079	6890	60842	36657
483513	216696	842600	93240	196880	5214	21884	82823	510254	343246
201529	112149	545105	47748	116600	5144	20366	41763	338536	226091
302101	183662	400500	42458	124872	5082	19180	65200	408570	273927
113251	69184	307000	21553	63615	5174	15719	18589	145475	136629
96638	58275	231100	15088	52176	4746	15962	15295	117923	84320
119606	85269	200048	19539	56350	6807	15892	17613	220105	154643
135320	101727	339262	17758	59458	5673	13700	21200	168130	97717
136381	86060	95000	12050	63655	2300	13205	21985	113212	106800
87344	58213	170851	12875	51443	4686	13919	17289	85588	68607
124672	72391	232406	14947	55259	4926	15949	24229	118023	88167
38917	11678	106800	11857	37600	4725	15968	4827	40723	42078
151554	94246	418308	29615	82745	5566	15554	25550	201900	219784
96623	63882	84253	16319	51347	2318	16041	12655	47267	44424
315219	137820	385933	27532	98445	2431	18000	20846	125879	158983
372055	103307	548310	51641	120962	5411	21940	17515	199460	205400
195123	81986	446000	24997	80908	4815	18609	19233	121987	194208
175497	82303	286611	20721	68705	4254	19906	19312	142344	179655
81831	45265	161689	15829	47140	2365	15999	9063	73800	98504
156138	78432	263667	18588	68481	4585	15685	27505	125854	148072
450694	177921	284210	19841	116557	2489	13915	50664	285470	145700
645885	297479	386000	23908	170593	2453	12992	84826	469123	205526
158927	64273	300000	17262	70996	3969	20213	20729	161535	131513
144650	90093	227000	18531	61330	4330	18622	17655	91809	142150
112463	63539	340000	47498	90823	5137	21797	13119	117310	163100
152374	70871	445939	35479	73686	6205	17812	32143	325172	435644
266355	101788	524275	42029	85895	6219	18230	74881	521947	459008
278485	147647	119862	18452	73327	5336	18361	69824	540937	311685
473412	130239	1681114	200302	250590	8495	30198	78897	754192	1443294
340195	101789	1358244	185068	291294	8436	23649	66242	565348	1256361
553647	166569	2523712	200717	362891	8393	24776	103784	661666	1525959
694838	366910	1245426	145281	237241	8136	22782	177228	1153211	1380016
351286	132523	1301467	234956	259120	8382	23736	63976	630260	1102192
361422	175971	118260	125500	145760	8150	21280	85784	669110	1021742
227737	90586	1157127	110453	141760	8048	24741	29628	218945	734228
192091	93938	194683	43367	72730	5815	20857	50459	265899	185080
314063	192864	315434	65007	103355	5786	22102	28399	304594	544109
744680	381254	1352350	259922	358186	6231	21929	87329	847181	1389100
77621	43911	844328	59518	84008	6485	24605	41607	217282	130358
138654	73068	255601	33616	73882	6257	23887	53292	328761	188671
254257	107856	1375140	109000	162114	6985	27773	61447	486768	332654

4-1 续表 18

地区名称	Region	行政区域土地面积（平方公里）Land Area (sq.m)	年底总人口（万人）Total Population (year-end) (10000 persons)	地区生产总值（万元）Gross Regional Product (10000 yuan)	第一产业 Primary Industry	第二产业 Secondary Industry	第三产业 Tertiary Industry	人均地区生产总值（元/人）Per Capita Gross Regional Product (yuan/person)	城镇单位在岗职工人数（人）Urban Employed Persons (person)
长岛县	Changdao County	56	4.30	349575	196209	38668	114698	81296	5113
龙口市	Longkou City	894	63.00	5700409	279800	3610780	1809829	90168	69947
莱阳市	Laiyang City	1732	87.50	2803085	300656	1655777	846652	32088	68267
莱州市	Laizhou City	1879	85.90	4102649	412273	2443681	1246695	47727	64811
蓬莱市	Penglai City	1208	44.80	2905842	200000	1826212	879630	65044	39139
招远市	Zhaoyuan City	1434	56.90	3694689	201184	2402922	1090584	65133	60318
栖霞市	Qixia City	2017	62.80	1360757	306063	583238	471456	21677	36426
海阳市	Haiyang City	1888	66.70	1820255	376296	865778	578181	27300	29605
临朐县	Linqu County	1835	86.00	1135327	202440	593132	339755	13252	46348
昌乐县	Changle County	1101	60.20	1284970	201547	718009	365414	21420	33836
青州市	Qingzhou City	1561	90.30	2634731	256431	1558518	819782	29213	55337
诸城市	Zhucheng City	2173	106.80	3626292	397457	2293308	935527	34034	72346
寿光市	Shouguang City	2281	102.50	4006320	515498	2168362	1322460	37931	62890
安丘市	Anqiu City	2014	93.00	1426647	258956	719950	447741	14385	57521
高密市	Gaomi City	1604	84.90	2395743	300697	1610412	484635	27807	61152
昌邑市	Changyi City	1813	57.90	1925010	242026	1221379	461605	30565	28774
微山县	Weishan County	1759	71.00	1950597	225884	988463	736249	27543	44647
鱼台县	Yutai County	660	46.20	877023	188725	407932	280366	19072	14711
金乡县	Jinxiang County	887	62.50	1042206	289900	423786	328520	16723	20412
嘉祥县	Jiaxiang County	974	81.90	1259737	177443	731229	351065	15446	22329
汶上县	Wenshang County	887	75.80	1127058	222095	589500	315463	14870	23999
泗水县	Sishui County	1120	61.00	893302	212121	429325	251855	14697	20764
梁山县	Liangshan County	960	74.30	1183408	248395	638570	296443	15952	22983
曲阜市	Qufu City	815	63.70	2005313	183677	900219	921417	31387	63229
兖州市	Yanzhou City	651	62.20	2893034	277449	1747200	868385	46832	37134
邹城市	Zoucheng City	1616	114.00	4469597	304347	2815167	1350083	39278	148258
宁阳县	Ningyang County	1125	81.40	1533400	294400	770400	468600	18895	49758
东平县	Dongping County	1341	78.40	1295100	229200	705800	360100	16561	41137
新泰市	Xintai City	1934	137.80	4333300	381800	2643100	1308400	31571	161977
肥城市	Feicheng City	1278	97.10	3688400	313400	2269300	1105700	38078	90648
文登市	Wendeng City	1781	64.20	4768437	360876	2885731	1521830	74350	66545
荣成市	Rongcheng City	1496	66.70	5500166	526921	3249248	1723997	82604	75041
乳山市	Rushan City	1655	57.40	2884375	242236	1734138	908001	50281	42080
五莲县	Wulian County	1496	51.00	1200700	134800	706100	359800	23543	29600
莒县	Ju County	1951	111.10	1593900	304300	831900	457700	14394	33600
沂南县	Yi'nan County	1785	91.90	1152524	244800	504300	403424	12577	34640
郯城县	Tancheng County	1313	100.00	1694000	208100	852300	633600	17005	28314
沂水县	Yishui County	2414	111.90	1942000	241000	994100	706900	17410	42823
苍山县	Cangshan County	1801	120.70	1683000	355700	637300	690000	14020	29858
费县	Fei County	1905	94.60	1682000	241100	885800	555100	17839	33477
平邑县	Pingyi County	1825	99.70	1486000	231900	704300	549800	14914	45365
莒南县	Ju'nan County	1756	99.80	1524700	272400	637800	614500	15301	35560
蒙阴县	Mengyin County	1603	53.50	1052000	209400	418600	424000	19699	29068
临沭县	Linshu County	1058	64.50	1171600	142300	635600	393700	18222	26310
陵县	Ling County	1213	57.90	1188900	188554	632954	367392	20605	27589

continued

乡村从业人员（人） Rural Laborer (person)	#农林牧渔业 Agriculture	全社会固定资产投资（万元） Investment in Fixed Assets (10000 yuan)	地方一般预算财政收入（万元） Revenue of local Governments (10000 yuan)	地方一般预算财政支出（万元） Expenditures of Local Governments (10000 yuan)	农村居民人均纯收入（元） Per Capita Disposable Income of Rural Households (yuan)	城镇单位在岗职工平均工资（元） Average Wages in Urban Areas (yuan)	常用耕地面积（公顷） Area of Cultivated Land (hectare)	农林牧渔业总产值（万元） Gross Output Value of Agriculture (10000 yuan)	社会消费品零售总额（万元） Total Retail Sales (10000 yuan)
12548	6744	20805	8002	27288	10019	23996	229	344226	91273
258287	123140	2518307	250060	271325	9012	28038	16442	475788	1219600
412575	247367	798359	68676	96857	7075	21916	81192	539202	1026277
374550	210330	1417520	165117	205975	8450	24719	80109	731586	1209627
204961	110125	1101811	110017	130990	8547	27632	40054	424036	634369
219699	116406	1143829	155550	180619	8488	25708	42460	360939	712884
282479	228601	202284	28162	71602	6421	18842	52326	565339	601160
344268	182438	1315840	84136	120201	7328	22397	70746	658310	648025
404922	190974	671451	28025	86262	6073	17736	58179	429765	523450
266562	135677	535027	68338	90002	6543	22324	61256	423937	497333
361055	199637	1327838	117807	144015	7023	23029	76477	588719	894388
434565	185118	1088882	204086	247810	7701	27164	120126	835823	914146
402953	307269	1267442	210007	229869	7654	27470	100960	1074232	924571
420514	268991	641215	43318	101525	6026	19179	112447	535702	634022
395931	181259	846373	117609	151990	6889	19680	95622	635099	743262
263533	119862	522915	79619	106462	7059	21809	85201	484380	667418
358682	171475	479879	97656	129035	5828	37762	31893	445045	431000
232650	138857	314477	28895	62287	5780	24657	39723	377939	313043
343041	255908	352893	20586	66567	5994	18280	59779	625398	367716
432285	190536	289000	43768	91981	5554	18889	67177	405401	392461
395332	130404	496618	35986	83335	5474	21338	62317	428338	362322
310254	153825	150000	18000	63740	5401	18205	53755	410820	295000
356052	185976	242000	21459	78393	5307	16528	64965	518689	344022
295139	148336	420173	81960	119873	6115	19545	46596	359301	682721
255185	115236	974734	156421	183037	7156	25318	39646	471406	724267
457565	233440	741137	221985	266913	6543	36075	78733	598131	1080361
361920	159639	790350	53961	94000	5193	17300	69042	499522	555333
387435	203481	650954	44871	102475	4610	16937	68013	400200	403000
643446	133002	1419940	195886	246356	7316	24631	69133	683956	1051356
381634	126579	1449728	153997	208452	6923	21128	62240	547671	1000212
304253	127602	1467383	195521	241025	8431	26419	61679	764890	1274829
188762	79668	2014358	254319	344430	9116	25584	55020	945240	1270001
279207	110981	1221867	120681	151185	7533	19600	56854	528721	710274
245353	152730	416408	25052	64059	5622	15473	51372	232004	274000
572320	382763	548620	30018	94329	5646	18590	102372	515988	529440
497300	277872	332578	29500	95843	5292	19333	92950	510124	416122
544272	309325	370361	43302	99206	5330	22221	78636	398905	618000
573231	367006	401100	53608	111366	5308	22363	109109	427611	644700
652263	327877	391569	30700	113720	5307	21679	111471	600366	654333
535076	255152	294858	38177	105459	5307	20489	81394	482919	496000
534384	333431	479000	35560	103450	5314	20706	69507	409073	598168
423050	198833	445627	33600	104476	5294	20563	94611	512759	610997
269142	158766	282400	20300	72800	5315	19366	50711	363020	373936
350537	176786	471710	31907	81534	5308	21075	65701	272721	327227
237949	152740	630581	19356	65512	5618	16829	74390	420979	352983

4-1 续表 19

地区名称	Region	行政区域土地面积（平方公里）Land Area (sq.m)	年底总人口（万人）Total Population (year-end) (10000 persons)	地区生产总值（万元）Gross Regional Product (10000 yuan)	第一产业 Primary Industry	第二产业 Secondary Industry	第三产业 Tertiary Industry	人均地区生产总值（元/人）Per Capita Gross Regional Product (yuan/person)	城镇单位在岗职工人数（人）Urban Employed Persons (person)
宁津县	Ningjin County	833	46.50	1085256	157113	569941	358201	23384	16668
庆云县	Qingyun County	502	30.30	753021	73659	334140	345222	24844	13549
临邑县	Linyi County	1017	53.50	1286903	170400	676943	439560	24117	24440
齐河县	Qihe County	1412	61.90	1313816	216124	682830	414862	21273	36311
平原县	Pingyuan County	1047	45.50	1074308	179350	558161	336797	23655	27335
夏津县	Xiajin County	882	50.90	1061140	165510	547170	348460	20957	17248
武城县	Wucheng County	751	38.10	976542	115717	563553	297272	25749	28573
乐陵市	Yueling City	1173	68.30	1178400	196558	592970	388872	17270	27660
禹城市	Yucheng City	991	51.80	1203291	189115	606768	407408	23256	32731
阳谷县	Yanggu County	1066	78.70	1309003	240600	767725	300678	16708	28169
莘县	Shen County	1417	100.10	1404226	330800	691193	382233	14088	27344
在平县	Chiping County	1120	59.20	1780808	228800	1289153	262855	30209	50049
东阿县	Dong'e County	800	43.30	941092	116500	623450	201141	21901	24468
冠县	Guan County	1162	77.00	1199808	255700	647900	296208	15705	31810
高唐县	Gaotang County	949	48.50	1744398	155800	1287947	300651	36052	53060
临清市	Linqing City	951	73.80	1758618	159700	1135357	463562	23867	41309
惠民县	Huimin County	1365	63.50	1058277	189383	544567	324327	16693	23226
阳信县	Yangxin County	798	44.70	687251	130757	386906	169588	15420	16307
无棣县	Wudi County	1980	44.70	1456610	233003	932718	290889	32703	17940
沾化县	Zhanhua County	1702	38.80	971918	202800	475984	293134	25082	14600
博兴县	Boxing County	900	48.40	1558396	131625	932878	493893	32245	22954
邹平县	Zouping County	1250	72.50	4297638	208435	3288589	800614	59356	162195
曹县	Cao County	1967	151.70	1005016	269936	507478	227602	6646	32640
单县	Shan County	1652	120.30	980050	281373	477468	221209	8191	31189
成武县	Chengwu County	989	66.00	650138	172377	356702	121059	9910	28696
巨野县	Juye County	1304	97.20	809818	204754	424125	180939	8374	29065
郓城县	Yuncheng County	1631	117.50	1025268	271502	555189	198577	8809	34031
鄄城县	Juancheng County	1038	82.60	585064	180908	249843	154313	7126	23704
定陶县	Dingtao County	846	64.80	520314	170970	236201	113144	8081	23123
东明县	Dongming County	1337	77.70	840143	170890	531062	138191	10925	31541
河南省	**Henan Province**								
中牟县	Zhongmou County	1393	67.64	1939652	319985	1091901	527766	28742	48069
巩义市	Gongyi City	1041	80.90	3496637	55245	2658869	782523	43326	58700
荥阳市	Xingyang City	955	60.00	3063028	168671	2106992	787365	51096	60805
新密市	Xinmi City	978	76.70	3210270	69580	2241053	899637	41958	40321
新郑市	Xinzheng City	873	62.31	3165616	153836	2200168	811612	50952	58103
登封市	Dengfeng City	1219	65.16	2401598	68734	1758025	574839	36937	51226
杞县	Qi County	1244	105.69	1110691	420185	417586	272920	11097	23592
通许县	Tongxu County	767	60.39	857224	245079	355875	256270	14836	23611
尉氏县	Weishi County	1256	87.22	1458598	314567	834837	309194	19350	39473
开封县	Kaifeng County	1449	68.79	925600	275719	355010	294871	13666	24162
兰考县	Lankao County	1367	76.63	899467	184456	411028	303983	11999	20886
孟津县	Mengjin County	759	45.96	868497	161841	449096	257560	21426	23804
新安县	Xin'an County	1160	50.22	2013818	165999	1547230	300589	41413	32659

continued

乡村从业人员（人）Rural Laborer (person)	#农林牧渔业 Agriculture	全社会固定资产投资（万元）Investment in Fixed Assets (10000 yuan)	地方一般预算财政收入（万元）Revenue of local Governments (10000 yuan)	地方一般预算财政支出（万元）Expenditures of Local Governments (10000 yuan)	农村居民人均纯收入（元）Per Capita Disposable Income of Rural Households (yuan)	城镇单位在岗职工平均工资（元）Average Wages in Urban Areas (yuan)	常用耕地面积（公顷）Area of Cultivated Land (hectare)	农林牧渔业总产值（万元）Gross Output Value of Agriculture (10000 yuan)	社会消费品零售总额（万元）Total Retail Sales (10000 yuan)
193321	122207	508430	15200	52418	5778	16399	54934	345537	354104
119953	83858	227105	10750	31235	5498	15400	29077	153174	285658
239229	165637	740457	53451	94123	5718	19206	64318	433379	414858
281930	205220	785810	56470	103267	5774	18258	80945	481257	411551
200639	162677	526164	18398	61739	5618	15947	60948	352927	327575
239154	156174	582382	15018	58155	5552	16052	58887	307030	359192
183595	106880	492584	12689	49742	5566	17631	47944	247864	302996
277933	195757	627191	14410	66893	5577	16077	72415	437770	399141
231811	104354	686112	34426	88670	5707	17926	50561	456494	397968
390912	161287	316995	22722	70644	5018	16687	71760	434665	462895
554953	391830	142360	21362	99763	5111	15128	91381	753879	566449
285524	153309	487912	90156	139371	5323	18846	70871	492033	380049
224816	127804	492802	24922	63067	5018	16881	47652	187543	266797
413496	254232	264790	20080	80044	5067	17162	79043	489986	409633
218813	146687	411511	63800	103029	5323	16251	59078	378665	408176
329526	214185	654449	52118	93900	5017	16510	66556	260915	593801
333486	191697	330865	25634	73781	5107	18560	86336	393900	363268
189479	103877	513732	15560	54132	4821	17527	47525	260603	202451
250001	119277	518496	66180	102433	5302	17714	71501	455386	302504
189194	138522	783029	36020	76614	5601	17095	59429	388316	272418
218917	120648	649849	90439	120187	5896	23652	53840	251332	378959
365121	127356	410458	241088	268649	6865	20406	71644	397105	656994
676789	376302	154725	52896	143903	4508	14984	135263	490115	559595
541737	259872	295164	49012	120771	4556	15471	112481	516033	500385
272806	152506	120211	29609	79768	4679	14386	70700	313232	270904
424610	234134	324453	43060	112495	4640	14766	97684	364219	395120
518802	278763	161616	63357	130668	4630	14950	114079	470614	469754
392611	220382	155361	25102	82537	4458	14367	67324	309438	333451
303881	176663	171872	24780	72164	4627	14879	62225	317483	264120
257768	136189	251749	54632	110306	4581	17015	76573	326086	307778
385900	257000	1979614	76286	137613	6830	22572	61900	542403	540500
321300	79000	1710157	139985	182666	7960	23064	34010	95251	906700
307800	153800	2185810	90579	141590	7455	22015	41670	290813	786100
312400	98500	1713048	106979	165842	7388	21103	46060	122477	825300
315400	164800	2110677	103036	158377	7796	21403	42550	267371	811500
340100	142800	1379203	132060	171855	6546	19656	37020	124572	670800
599700	437700	415672	23036	103289	4379	15482	88497	761295	311600
331900	288400	311349	14013	62026	4601	18350	53176	450031	242300
476100	277600	632723	32676	100699	4760	15427	84504	599374	339200
425500	299200	434625	21298	81326	4195	15242	75786	503824	226100
439100	242700	278339	18516	85731	3481	16343	68035	337050	239000
221200	100300	677961	40825	78749	4074	20760	37155	275221	225900
284300	173300	989187	95077	137226	4701	18835	32230	277477	341100

4-1 续表 20

地区名称	Region	行政区域土地面积(平方公里) Land Area (sq.m)	年底总人口(万人) Total Population (year-end) (10000 persons)	地区生产总值(万元) Gross Regional Product (10000 yuan)	第一产业 Primary Industry	第二产业 Secondary Industry	第三产业 Tertiary Industry	人均地区生产总值(元/人) Per Capita Gross Regional Product (yuan/person)	城镇单位在岗职工人数(人) Urban Employed Persons (person)
栾川县	Luanchuan County	2185	32.90	1341353	100711	1101406	139236	40045	24689
嵩县	Song County	2981	55.19	825200	185120	409592	230488	16218	18142
汝阳县	Ruyang County	1325	43.05	620039	92077	362364	165598	16094	14269
宜阳县	Yiyang County	1651	66.37	959054	210457	436904	311693	15554	25051
洛宁县	Luoning County	2306	45.19	666057	172100	300329	193628	16331	16965
伊川县	Yichuan County	1243	75.16	2046277	231183	1391087	424007	28486	25551
偃师市	Yanshi City	943	85.23	3224459	245178	2117334	861947	39908	33905
宝丰县	Baofeng County	706	49.76	1192818	107258	698108	387452	24922	23800
叶县	Ye County	1387	87.88	1082640	267356	564581	250703	12738	27862
鲁山县	Lushan County	2407	85.94	646348	130245	277890	238213	7778	33158
郏县	Jia County	727	56.03	771098	149411	438292	183395	14225	18601
舞钢市	Wugang City	629	32.69	1138850	69615	833537	235698	36163	39958
汝州市	Ruzhou City	1573	95.20	2101817	234463	1261092	606262	22630	44025
安阳县	Anyang County	1499	93.81	2121462	216802	1441801	462859	22993	36887
汤阴县	Tangyin County	646	46.03	899923	151148	544820	203955	20114	32217
滑县	Hua County	1814	126.42	1170711	501242	424388	245081	10321	47166
内黄县	Neihuang County	1161	72.15	846719	329230	333125	184364	12562	22454
林州市	Linzhou City	2046	100.05	2307463	155942	1615588	535933	27890	73282
浚县	Xun County	1117	67.77	752385	220519	419394	112472	11439	23188
淇县	Qi County	591	25.71	929813	133904	686793	109116	37887	20610
新乡县	Xinxiang County	524	32.18	1227263	81155	967717	178391	38691	35312
获嘉县	Huojia County	473	40.40	473338	99265	256334	117739	12159	24474
原阳县	Yuanyang County	1339	66.10	641264	171984	293265	176015	9881	28542
延津县	Yanjin County	947	43.93	563225	144361	275882	142982	13060	25140
封丘县	Fengqiu County	1221	74.71	583369	218465	204243	160661	7949	24811
长垣县	Changyuan County	1050	80.23	1092786	181568	526149	385069	13823	30341
卫辉市	Weihui City	882	49.57	663980	140497	277915	245568	13662	36498
辉县市	Huixian City	2007	79.76	1515745	226415	975843	313487	19329	36627
修武县	Xiuwu County	722	28.00	768011	97637	513096	157278	28201	18236
博爱县	Bo'ai County	488	43.15	1430378	133712	987711	308955	35216	27722
武陟县	Wuzhi County	860	65.54	1558551	205376	996833	356342	24820	38634
温县	Wen County	462	42.34	1240347	150289	827177	262881	31309	21891
沁阳市	Qinyang City	624	47.15	1926513	114816	1301378	510319	42359	25293
孟州市	Mengzhou City	542	37.04	1370264	103117	996090	271057	38187	28675
清丰县	Qingfeng County	869	66.65	792593	236656	422310	133627	12548	20210
南乐县	Nanle County	623	49.70	688507	180706	375786	132015	14401	15005
范县	Fan County	610	49.96	585022	95653	378829	110540	12173	22055
台前县	Taiqian County	454	35.21	399489	55137	258162	86190	12656	11459
濮阳县	Puyang County	1455	107.86	1443169	228978	990245	223946	13850	33744
许昌县	Xuchang County	1002	80.30	1483443	262363	871518	349562	20497	40864
鄢陵县	Yanling County	872	63.39	1356320	389433	657891	308996	23717	25975
襄城县	Xiangcheng County	920	81.63	1639846	276608	1021380	341858	24346	23129
禹州市	Yuzhou City	1461	121.36	2652939	221046	1842642	589251	22502	59037
长葛市	Changge City	650	70.61	2222593	173516	1588890	460187	33159	45511
舞阳县	Wuyang County	777	56.95	754117	158970	474451	120696	14213	27074

continued

乡村从业人员(人) Rural Laborer (person)	#农林牧渔业 Agriculture	全社会固定资产投资(万元) Investment in Fixed Assets (10000 yuan)	地方一般预算财政收入(万元) Revenue of local Governments (10000 yuan)	地方一般预算财政支出(万元) Expenditures of Local Governments (10000 yuan)	农村居民人均纯收入(元) Per Capita Disposable Income of Rural Households (yuan)	城镇单位在岗职工平均工资(元) Average Wages in Urban Areas (yuan)	常用耕地面积(公顷) Area of Cultivated Land (hectare)	农林牧渔业总产值(万元) Gross Output Value of Agriculture (10000 yuan)	社会消费品零售总额(万元) Total Retail Sales (10000 yuan)
180400	97000	504039	177369	146856	3755	32275	9117	158578	224300
309800	209500	911269	29663	85131	3591	19156	31320	303400	269600
247800	160500	925571	30456	75758	3841	17640	24293	147495	223900
376200	225700	869014	31168	92166	3928	20492	59159	351071	292100
272900	165100	700277	25005	78268	3592	17958	41741	283281	217800
420400	243800	1084589	90158	138558	4482	17941	57979	406461	587500
445100	132100	1045337	110305	161833	6811	20133	50268	408625	759200
261500	169600	536977	41914	88609	5233	20798	41500	191021	176000
513100	326200	554088	28100	99430	4252	17435	80130	469657	252900
472500	301400	548048	36300	103699	2912	15612	47400	230367	188300
353600	258300	386027	30303	80006	4125	18969	45880	268821	177700
164700	90400	379534	90586	119047	4690	27962	21440	123747	166300
486200	277300	680740	61969	129414	5102	19283	60790	417194	422100
545100	252300	1465398	75076	126906	5300	18525	69090	373156	352000
249800	141700	234377	17240	61736	4797	16905	44700	263493	129000
812900	521700	484751	22156	124465	4627	15508	127440	868703	282000
437600	272700	342292	13236	77952	4560	15114	68550	554930	213000
518400	212400	1544845	70084	131103	6358	18722	55300	273578	378000
349900	176000	315265	14596	74377	5542	13431	61994	378090	157800
143700	81800	433374	18857	53419	5691	13602	20361	244807	144200
170000	38300	1016786	47601	77047	6097	18913	23375	137686	145700
208300	116900	329476	13046	52645	5363	14828	30910	168166	145400
335300	185400	772194	17100	82082	4085	14086	70221	300639	173500
205900	144900	483235	19216	65398	5281	15420	47465	257939	155600
369300	219500	612292	15199	85576	3977	13647	66349	364796	143400
394600	222800	1134243	40007	96024	5820	14455	63446	311646	258000
207700	156000	502191	25191	75016	4985	14624	39431	268404	242800
348800	181900	1274122	70168	122458	5090	15736	54762	358883	388900
128000	80900	516353	36323	63781	5636	19141	24162	171803	161100
199300	115500	901481	45699	77469	6258	20765	21929	234636	228100
337100	230900	977331	42416	90008	6149	19300	40580	360978	265500
228700	131400	787191	27119	68260	6146	19228	26217	268453	248100
239600	120500	1031812	58026	98964	6392	19881	30052	196921	338500
195300	98800	948522	51158	82510	6266	21339	25562	185683	265700
375900	230000	552375	12487	74973	4626	16125	56690	420482	235000
266600	133500	361344	8060	62327	4244	15172	37510	327771	180000
261200	187800	359855	10544	61739	3273	13700	35110	179287	209000
204100	113600	135023	5385	53556	3124	14455	17370	101116	96000
595100	406500	801838	34389	129756	4216	14412	88530	411991	497000
474100	230500	850452	30056	79867	5981	17154	75490	470695	278400
305400	141000	632222	20735	81176	6112	16833	63070	653832	216300
509700	318900	645834	38008	93862	5446	17630	58310	480019	216000
603900	303500	1250514	126016	193886	6324	18791	80850	391739	645800
353700	154700	1001743	57053	111251	6144	17057	43770	293417	494600
318100	223300	453748	20252	74140	3260	14428	45000	269238	285000

4-1 续表 21

地区名称	Region	行政区域土地面积(平方公里) Land Area (sq.m)	年底总人口(万人) Total Population (year-end) (10000 persons)	地区生产总值(万元) Gross Regional Product (10000 yuan)	第一产业 Primary Industry	第二产业 Secondary Industry	第三产业 Tertiary Industry	人均地区生产总值(元/人) Per Capita Gross Regional Product (yuan/person)	城镇单位在岗职工人数(人) Urban Employed Persons (person)
临颍县	Linying County	821	70.74	1518245	249691	1094702	173852	22551	40698
渑池县	Mianchi County	1421	33.62	1323759	120050	985649	218060	39366	22602
陕县	Shan County	1763	34.94	885103	95263	505628	284212	25484	19881
卢氏县	Lushi County	4004	36.58	311692	85527	94306	131859	8858	14622
义马市	Yima City	112	14.19	896027	6093	790652	99282	64662	53218
灵宝市	Lingbao City	3011	73.68	2330556	224835	1532177	573544	32236	45531
南召县	Nanzhao County	2946	63.12	708399	125000	423979	159420	11961	23469
方城县	Fangcheng County	2539	102.84	902540	262903	401617	238020	9764	31376
西峡县	Xixia County	3453	44.25	1099410	173596	712094	213720	26234	31031
镇平县	Zhenping County	1500	97.17	1612137	216021	947337	448779	17630	41722
内乡县	Neixiang County	2465	65.05	893848	241265	430107	222476	14710	32899
淅川县	Xichuan County	2798	74.70	1034470	247516	571202	215752	15703	39078
社旗县	Sheqi County	1203	65.41	716123	235324	291745	189054	11767	24092
唐河县	Tanghe County	2512	132.50	1575629	496775	759400	319454	13991	36009
新野县	Xinye County	1062	75.28	1424495	323381	787150	313964	21056	44179
桐柏县	Tongbai County	1941	44.08	875738	144171	594009	137558	21346	21569
邓州市	Dengzhou City	2294	156.00	2077309	598610	898309	580390	15740	59480
民权县	Minquan County	1222	85.63	860915	285649	307335	267931	10978	33305
睢县	Sui County	924	80.91	779752	292445	318159	169148	10367	26726
宁陵县	Ningling County	786	59.49	477668	155441	179340	142887	8615	29379
柘城县	Zhecheng County	1042	95.33	748232	303016	209100	236116	8729	26245
虞城县	Yucheng County	1558	109.37	1054750	370095	373583	311072	10390	31136
夏邑县	Xiayi County	1481	114.34	949081	341283	333913	273885	8947	27622
永城市	Yongcheng City	1944	135.29	2408560	406223	1535343	466994	19370	69747
罗山县	Luoshan County	2077	71.49	730156	190758	286477	252921	12553	34053
光山县	Guangshan County	1835	81.30	747148	212073	312131	222944	10960	31478
新县	Xin County	1546	33.87	473459	115530	197732	160197	16499	19239
商城县	Shangcheng County	2117	72.70	669838	195693	265596	208549	11328	31133
固始县	Gushi County	2946	159.58	1403669	500662	486744	416263	10888	55686
潢川县	Huangchuan County	1635	80.40	989002	281780	388830	318392	14894	41327
淮滨县	Huaibin County	1192	67.84	632858	179062	246309	207487	11157	37014
息县	Xi County	1895	94.46	762698	240202	311556	210940	9922	33690
扶沟县	Fugou County	1170	72.58	631063	236235	242063	152765	9776	29613
西华县	Xihua County	1210	89.86	849528	345158	333250	171120	10462	39749
商水县	Shangshui County	1313	115.22	840746	374941	239279	226526	8045	29830
沈丘县	Shenqiu County	1070	123.92	968787	276999	385670	306118	8675	37950
郸城县	Dancheng County	1504	131.36	1013933	299974	509615	204344	8468	45729
淮阳县	Huaiyang County	1469	134.04	949973	416589	340407	192977	7848	31522
太康县	Taikang County	1761	138.28	933803	375514	324807	233482	7415	34720
鹿邑县	Luyi County	1238	117.33	1247793	322592	562007	363194	11676	32634
项城市	Xiangcheng City	1083	118.34	1516268	282236	900790	333242	14069	51062
西平县	Xiping County	1092	86.30	867599	263085	347786	256728	10933	28864
上蔡县	Shangcai County	1529	139.89	966466	238565	396976	330925	7554	37276
平舆县	Pingyu County	1281	96.51	738504	209993	310688	217823	8497	28191

continued

乡村从业人员(人) Rural Laborer (person)	#农林牧渔业 Agriculture	全社会固定资产投资(万元) Investment in Fixed Assets (10000 yuan)	地方一般预算财政收入(万元) Revenue of local Governments (10000 yuan)	地方一般预算财政支出(万元) Expenditures of Local Governments (10000 yuan)	农村居民人均纯收入(元) Per Capita Disposable Income of Rural Households (yuan)	城镇单位在岗职工平均工资(元) Average Wages in Urban Areas (yuan)	常用耕地面积(公顷) Area of Cultivated Land (hectare)	农林牧渔业总产值(万元) Gross Output Value of Agriculture (10000 yuan)	社会消费品零售总额(万元) Total Retail Sales (10000 yuan)
388700	225400	553695	21523	84509	5531	13666	51650	474157	323000
165400	86700	860390	76518	116545	5200	20977	41583	216043	172400
167900	114900	738500	50018	88826	4192	20240	28241	163311	149000
178100	140700	280064	18600	64928	3116	21440	35412	146915	128100
23100	9000	618343	41018	56497	5874	30385	3247	10859	132600
362400	274100	1047231	70018	138990	5452	20421	50912	367177	533400
318500	220800	430083	19130	80178	3604	15355	27333	212752	299400
583000	402800	649127	23702	111096	4296	16029	105320	447467	385200
251700	176100	722678	48808	102581	5002	19378	16056	295465	257400
468600	267200	642748	26126	98369	5039	18001	75180	367673	517200
302600	172800	546293	22000	85285	4542	16826	55370	410638	304200
383500	243800	762378	27666	110152	3916	18583	57563	421277	325800
364100	261500	361181	12736	76322	3416	15466	79776	400527	224500
612800	406400	694249	32106	131697	4998	15489	141130	845522	492600
428700	264500	634192	23100	83825	5210	13698	65973	550401	408000
209500	125900	642914	23518	71266	3158	15112	39427	245383	283600
883700	410300	800647	37566	158989	5089	18136	161582	1018848	504200
450900	285400	565821	10299	101369	3491	17208	74502	499387	285000
461000	307500	542454	10396	95168	3781	15669	63201	512774	210000
335000	203000	300029	8161	77316	3487	18561	48691	277558	168000
455200	292600	440922	10296	107796	3491	15810	70801	535225	229000
624600	401200	588732	15011	118328	3563	18515	93588	660235	242000
585400	268600	481821	10936	121306	3480	17614	93795	592730	279000
801800	464700	922096	100365	194645	4330	28197	118960	705520	517000
345300	212700	710460	12700	98928	4179	20048	59745	340876	235900
414200	225700	681059	18397	100197	4245	18895	55416	360874	266300
176000	72200	459865	10500	65113	4550	19223	12594	204064	162200
347500	159000	528407	12959	98386	4087	18270	38089	331946	225200
849900	411300	867723	34127	166409	4402	19107	111798	866081	539900
451900	260000	644780	20220	104868	4609	19032	62217	478286	300000
372600	188300	425572	10020	87690	3536	17197	57112	306819	205100
497800	287300	658494	14295	108073	3713	19567	98796	409066	287400
363500	259400	522888	16584	90905	3702	15434	78382	423396	219800
499300	341200	465572	14665	101937	3773	14887	77227	616778	353600
638900	327400	483603	15823	114306	3274	16721	91896	620624	254900
685100	420900	571979	22008	125268	3357	17636	73680	485471	311600
791800	461100	514064	20096	133466	3607	16385	106871	517312	260900
669700	427300	522350	16969	132118	3207	15355	104294	718192	374000
751900	570300	454823	14623	132559	3528	16183	125514	676438	373300
669300	414600	606683	25216	128616	4011	18265	87273	564860	399100
603500	203900	488819	28890	120943	4088	15999	75328	478452	428900
520200	142400	414831	16196	95498	4370	17732	77962	440572	463300
794800	541100	346264	15216	127335	3860	17233	106130	417792	277700
588700	375800	405925	17802	97268	3813	17643	78944	357257	189700

地区名称	Region	行政区域土地面积(平方公里) Land Area (sq.m)	年底总人口(万人) Total Population (year-end) (10000 persons)	地区生产总值(万元) Gross Regional Product (10000 yuan)	第一产业 Primary Industry	第二产业 Secondary Industry	第三产业 Tertiary Industry	人均地区生产总值(元/人) Per Capita Gross Regional Product (yuan/person)	城镇单位在岗职工人数(人) Urban Employed Persons (person)
正阳县	Zhengyang County	1889	76.95	628745	295919	184235	148591	8801	26359
确山县	Queshan County	2013	51.28	603822	173255	279059	151508	12890	18958
泌阳县	Miyang County	2774	97.60	825770	294662	315009	216099	9540	31460
汝南县	Runan County	1628	79.85	678060	243363	247738	186959	9656	26842
遂平县	Suiping County	1221	55.50	719219	180277	333211	205731	15990	30631
新蔡县	Xincai County	1453	105.19	714079	264756	267187	182136	7715	22248
湖北省	**Hubei Province**								
阳新县	Yangxin County	2783	100.19	964700	199300	423400	342000	12002	182000
大冶市	Daye City	1566	93.39	1697300	190000	921500	585800	21071	215300
郧县	Yun County	3863	64.85	310400	98800	104100	107500	5325	42300
郧西县	Yunxi County	3509	50.77	238918	82016	57476	99426	5050	31400
竹山县	Zhushan County	3586	46.70	262700	96600	80600	85500	6156	35000
竹溪县	Zhuxi County	3299	37.31	225600	91400	82500	51700	6962	49900
房县	Fang County	5110	48.84	244900	90900	69900	84100	5682	55600
丹江口市	Danjiangkou City	3121	49.73	676300	98000	321200	257100	14047	65800
远安县	Yuanan County	1752	19.42	407000	76600	235800	94600	21884	40000
兴山县	Xingshan County	2327	18.10	314800	56800	161700	96300	17987	33500
秭归县	Zigui County	2427	38.54	369700	83400	97900	188400	9832	88000
长阳土家族自治县	Changyang Tujia A.C.	3430	41.24	486700	129600	164300	192800	12016	28900
五峰土家族自治县	Wufeng Tujia A.C.	2072	20.90	207600	70300	56400	80900	10617	21000
宜都市	Yidu City	1357	39.46	1094300	143000	561500	389800	28278	49500
当阳市	Dangyang City	2159	48.69	1060600	281500	425300	353800	22188	115000
枝江市	Zhijiang City	1310	50.07	1093400	254300	444700	394400	21955	135000
南漳县	Nanzhang County	3859	58.72	501800	183100	142600	176100	9432	103800
谷城县	Gucheng County	2553	57.43	604100	152000	279800	172300	11964	102233
保康县	Baokang County	3225	28.70	239400	80600	69900	88900	9172	45000
老河口市	Laohekou City	1032	52.90	630303	195085	240656	194562	13077	123550
枣阳市	Zaoyang City	1320	110.64	1228100	424400	334700	469000	12040	291000
宜城市	Yicheng City	2115	56.45	644300	198300	255400	190600	12535	149500
京山县	Jingshan County	3520	64.91	1145978	292666	490532	362780	20063	263100
沙洋县	Shayang County	2044	64.05	882900	339700	262900	280300	14918	30900
钟祥市	Zhongxiang City	4488	104.03	1421200	359500	591300	470400	14108	167000
孝昌县	Xiaochang County	1217	66.09	417400	144300	106900	166200	7134	71000
大悟县	Dawu County	1979	63.31	519300	143300	160700	215300	9158	90100
云梦县	Yunmeng County	604	60.73	761881	153800	312381	295700	14676	232500
应城市	Yingcheng City	1103	67.87	898000	221300	375000	301700	15652	40500
安陆市	Anlu City	1355	62.92	652867	177962	191896	283009	11675	132900
汉川市	Hanchuan City	1663	110.58	1439000	309300	705800	423900	14581	204800
公安县	Gongan County	2257	101.11	835000	298300	259400	277300	9125	113600
监利县	Jianli County	3118	142.07	954300	439000	221000	294300	7420	154700
江陵县	Jiangling County	1032	40.35	270204	131497	50681	88026	7399	55200
石首市	Shishou City	1427	63.16	650600	173300	264200	213100	11797	100100
洪湖市	Honghu City	2519	92.10	814300	333100	187900	293300	10171	135400

continued

乡村从业人员(人) Rural Laborer (person)		全社会固定资产投资(万元) Investment in Fixed Assets (10000 yuan)	地方一般预算财政收入(万元) Revenue of local Governments (10000 yuan)	地方一般预算财政支出(万元) Expenditures of Local Governments (10000 yuan)	农村居民人均纯收入(元) Per Capita Disposable Income of Rural Households (yuan)	城镇单位在岗职工平均工资(元) Average Wages in Urban Areas (yuan)	常用耕地面积(公顷) Area of Cultivated Land (hectare)	农林牧渔业总产值(万元) Gross Output Value of Agriculture (10000 yuan)	社会消费品零售总额(万元) Total Retail Sales (10000 yuan)
	#农林牧渔业 Agriculture								
413500	261200	285511	11111	91088	3818	16107	122385	508975	214100
279800	163600	380338	15619	73188	3908	17725	68750	311643	157700
577500	439900	447729	20369	109300	3790	18736	93278	505975	232200
463000	342200	362366	14200	85481	3922	17964	79920	412499	225200
312800	214800	444844	15699	74949	4255	16690	62574	318979	207200
650300	371300	422095	12000	100559	3606	14162	99100	487690	198700
351800	147200	467109	28435	129450	3660	16391	49910	322600	390812
310200	113800	631782	62285	153675	4997	15046	35410	303400	585200
269900	145100	113009	12048	61330	2741	13572	34670	152100	197551
202800	81600	125017	8078	49300	2705	13658	26230	149900	143167
184000	99800	180349	10276	83558	2740	13848	33020	146700	139020
156800	73600	169144	10051	45540	2801	13176	24710	160200	107546
208900	87500	154632	10717	86800	2671	15642	27390	154000	151511
178700	88900	304138	30444	104785	3374	19040	19530	169200	241033
78000	40800	184980	18226	52834	5220	15620	11360	119900	136245
82500	52200	124765	13111	47936	3483	13262	13260	98600	103617
117000	116500	201108	14236	66108	2875	10745	19590	138600	139851
212100	110100	140696	16841	73549	2969	11236	31550	210400	159768
101400	61000	66222	6002	47064	2664	20333	17690	122200	73190
166300	52100	636449	49803	107279	5846	14565	15800	240500	341989
205900	82000	388155	34128	103587	5815	13262	44030	475000	396871
142000	130300	618448	37458	92525	5931	14523	44830	411200	436766
200700	105100	219949	10072	78498	4499	10756	41330	312200	191920
632000	82000	210487	15880	78246	4573	13262	28410	264500	196256
130500	66000	158976	10622	33475	3063	10253	22300	140800	116786
188799	96400	230008	22730	87553	5446	10569	40390	326200	373293
235000	150900	380250	29087	129075	5200	13558	101830	795300	570764
189800	110600	253676	21689	88145	5452	14090	56960	393300	339583
111500	111500	492337	27381	71798	5362	18236	57180	507900	486561
265700	171000	253092	11809	82820	5192	16738	78630	595100	300618
278000	140000	634452	32586	119098	5400	17257	81700	793300	513780
315000	139200	276064	13110	55518	3366	15723	31070	246800	182704
275000	131800	282297	17074	60105	3452	14679	36680	242200	238545
132300	121000	322090	24138	56480	5417	15501	24890	312000	347865
269800	99700	458851	34243	69115	5495	16619	37530	425700	422914
228100	92300	380135	18878	58712	4560	15165	33370	325800	353200
475700	208800	441007	42168	100416	5058	15129	65640	483000	698800
386700	228900	331546	21240	118387	4917	18459	80520	532300	481684
510500	283400	353889	12455	139659	4867	16012	137180	795200	496889
158000	85592	100535	4817	52076	4378	1410	38210	229700	158400
250200	133400	292005	20060	80966	4932	14528	34910	305700	371045
243600	120300	290471	14990	111498	4975	15857	64190	602200	412018

地区名称	Region	行政区域土地面积(平方公里) Land Area (sq.m)	年底总人口(万人) Total Population (year-end) (10000 persons)	地区生产总值(万元) Gross Regional Product (10000 yuan)	第一产业 Primary Industry	第二产业 Secondary Industry	第三产业 Tertiary Industry	人均地区生产总值(元/人) Per Capita Gross Regional Product (yuan/person)	城镇单位在岗职工人数(人) Urban Employed Persons (person)
松滋市	Songzi City	2235	84.50	691500	208700	229100	253700	9042	98700
团风县	Tuanfeng County	833	36.81	295800	64800	144500	86500	8840	54000
红安县	Hongan County	1789	65.91	485900	141600	202800	141500	8086	134600
罗田县	Luotian County	2129	62.39	399708	115575	158129	126004	7279	82300
英山县	Yingshan County	1449	39.62	355600	100000	136100	119500	10175	96200
浠水县	Xishui County	1949	103.08	780600	289800	239100	251700	8257	75000
蕲春县	Qichun County	2398	98.27	747700	192300	256300	299100	8389	87700
黄梅县	Huangmei County	1701	96.16	677000	253000	229000	195000	7576	157100
麻城市	Macheng City	3747	116.85	836300	328300	215600	292400	7791	49200
武穴市	Wuxue City	1246	75.62	877900	257600	372100	248200	15267	153400
嘉鱼县	Jiayu County	1017	36.90	599200	151900	237500	209800	18352	120000
通城县	Tongcheng County	1129	48.41	439700	131300	149000	159400	10795	47800
崇阳县	Chongyang County	1968	46.43	420000	111300	141100	167600	10332	62800
通山县	Tongshan County	2680	45.69	332600	64900	91300	176400	8710	45000
赤壁市	Chibi City	1723	51.26	1021600	140900	525700	355000	22537	165500
广水市	Guangshui City	2647	93.53	1050000	259600	474400	316000	13376	88595
恩施市	Enshi City	3972	79.70	588000	163700	181100	243200	8418	156900
利川市	Lichuan City	4607	88.47	389900	193000	68100	128800	5345	45000
建始县	Jianshi County	2666	51.15	284900	113800	67200	103900	6304	50500
巴东县	Badong County	3354	49.10	356800	109400	124900	122500	8180	25600
宣恩县	Xuanen County	2730	35.33	215000	87400	46600	81000	6919	26700
咸丰县	Xianfeng County	2550	37.35	236300	99400	51500	85400	7204	65100
来凤县	Laifeng County	1344	32.10	195300	71200	50100	74000	6956	39400
鹤峰县	Hefeng County	2872	22.14	181700	56400	64900	60400	8229	37900
湖南省	**Hunan Province**								
长沙县	Changsha County	1997	77.99	3696030	378032	2508051	809947	46371	104648
望城县	Wangcheng County	1346	53.96	1940876	282193	1225712	432971	28581	52098
宁乡县	Ningxiang County	2908	136.10	2824099	503131	1618317	702651	22659	56412
浏阳市	Liuyang City	5008	138.77	3371794	418883	2206223	746688	25545	55881
株洲县	Zhuzhou County	1381	42.53	569359	169716	228400	171243	14209	15109
攸县	You County	2664	70.41	1268689	305619	529998	433072	18462	28009
茶陵县	Chaling County	2507	53.75	615018	198907	195582	220529	12069	20452
炎陵县	Yanling County	2031	18.07	203876	48640	80578	74658	11434	9790
醴陵市	Liling City	2157	98.60	1881731	282137	1094002	505592	19447	49196
湘潭县	Xiangtan County	2513	108.14	1351549	444680	487213	419656	13364	55747
湘乡市	Xiangxiang City	2011	88.72	1200816	358206	445487	397123	14424	57350
韶山市	Shaoshan City	210	10.05	235571	35876	115628	84067	25249	5809
衡阳县	Hengyang County	2557	111.52	1166482	415696	389832	360953	11057	48019
衡南县	Hengnan County	2613	102.35	1171784	402299	420183	349302	12351	47849
衡山县	Hengshan County	935	41.25	473303	152184	156077	165042	12627	17165
衡东县	Hengdong County	1926	67.29	861896	239210	312142	310544	13874	22874
祁东县	Qidong County	1871	93.42	1161300	353827	456275	351198	13469	39088
耒阳市	Leiyang City	2656	125.97	1614407	373585	681322	559500	14731	61968

continued

乡村从业人员(人) Rural Laborer (person)	#农林牧渔业 Agriculture	全社会固定资产投资(万元) Investment in Fixed Assets (10000 yuan)	地方一般预算财政收入(万元) Revenue of local Governments (10000 yuan)	地方一般预算财政支出(万元) Expenditures of Local Governments (10000 yuan)	农村居民人均纯收入(元) Per Capita Disposable Income of Rural Households (yuan)	城镇单位在岗职工平均工资(元) Average Wages in Urban Areas (yuan)	常用耕地面积(公顷) Area of Cultivated Land (hectare)	农林牧渔业总产值(万元) Gross Output Value of Agriculture (10000 yuan)	社会消费品零售总额(万元) Total Retail Sales (10000 yuan)
356500	182900	355996	20929	105261	4883	16390	59630	389600	420588
113500	69800	206842	11387	57193	2994	14065	17870	114600	93925
222800	109400	255800	20931	95470	3096	12871	38050	204100	189441
271600	111000	450045	14657	89025	3524	14200	25090	190780	182463
169000	82100	252975	10874	52777	3356	12516	17200	246900	111794
419500	173900	289356	24245	125109	4083	15088	43580	473800	409818
381500	164500	491079	29271	81024	3578	14950	38890	369500	325600
317900	147500	324379	31425	114170	4088	15746	46350	368700	353600
540300	234800	510058	34117	140458	3460	11512	52930	509600	411610
276000	131100	421687	36021	109554	4621	17953	34850	393100	387473
106000	61300	323087	17420	52842	5280	16237	27530	318400	159568
178400	61600	225137	12938	67458	4454	14833	21050	215700	230560
176700	96600	175328	10738	73223	3913	14438	22900	185800	176093
167000	57600	193737	10118	71088	2852	16673	14670	106400	120309
62300	61700	460512	36147	98386	5528	14135	32090	284600	332372
426220	191600	557727	26348	105062	4665	12663	38450	429600	534660
251600	167100	401070	36329	127013	2520	23913	47480	258300	326570
405900	195800	185372	25088	115593	2555	19028	58060	309700	134086
242300	132700	157762	15808	82062	2490	16965	33340	177200	87428
239300	149600	151539	18117	85554	2482	16546	35890	176000	100098
167300	90200	95086	6820	58376	2486	19414	24860	132700	72137
181500	93100	105282	9119	64199	2522	17773	23000	151185	80806
151600	75300	99141	7580	57340	2543	20918	17260	112100	70151
88700	59500	105600	8129	51572	2555	18790	15430	89900	66678
472600	244100	1205489	171980	255339	8442	35104	57539	587669	789976
284700	146900	1242599	82339	159571	7757	30711	47297	325332	347482
780600	377300	1765142	66494	192202	6919	24629	94583	829235	845823
730200	348200	1553015	107028	227667	7887	27920	73823	685848	878719
244100	141400	181475	24352	68635	5736	22853	31694	266567	184371
385400	226700	478248	46709	108216	6861	23012	53486	478928	379598
288900	156200	197430	27519	87141	2991	19738	37718	310980	186886
89900	53000	123005	13762	43726	2808	26612	14082	73644	58398
494600	213600	449480	69687	142938	6773	18925	52088	444818	564405
643400	386400	459737	44671	134831	5941	21318	76244	791093	325871
494900	331300	352981	35967	113857	5334	20783	51357	598478	341774
51800	29300	127140	10881	31774	8308	21092	5839	70463	60766
548700	343900	289698	23123	122944	5542	16909	66345	698603	361620
465000	329600	251797	30186	120563	5446	18653	59930	662746	301274
235900	145600	136758	17502	62704	5788	19545	23566	240027	105541
310500	220400	189090	21158	83295	5708	19859	43233	437725	222507
458500	271000	201341	22957	103889	5579	22912	54798	541944	298157
542000	397200	517251	65551	165081	5778	21916	61411	620151	443189

4-1 续表 24

地区名称	Region	行政区域土地面积(平方公里) Land Area (sq.m)	年底总人口(万人) Total Population (year-end) (10000 persons)	地区生产总值(万元) Gross Regional Product (10000 yuan)	第一产业 Primary Industry	第二产业 Secondary Industry	第三产业 Tertiary Industry	人均地区生产总值(元/人) Per Capita Gross Regional Product (yuan/person)	城镇单位在岗职工人数(人) Urban Employed Persons (person)
常宁市	Changning City	2064	86.29	1032328	283067	425949	323313	12898	50485
邵东县	Shaodong County	1776	120.64	1074962	231967	451110	391885	11413	37416
新邵县	Xinshao County	1763	75.81	481928	144416	161232	176280	7055	23140
邵阳县	Shaoyang County	1997	98.59	492233	158740	124284	209209	5759	30159
隆回县	Longhui County	2871	113.10	571381	181719	132460	257202	5336	26232
洞口县	Dongkou County	2184	81.99	597701	239639	150563	207499	8018	28166
绥宁县	Suining County	2927	35.53	337541	90210	142603	104728	10834	14882
新宁县	Xinning County	2751	60.42	330797	106997	88756	135044	6295	18784
城步苗族自治县	Chengbu Miao A.C.	2647	26.18	182505	58979	54090	69436	7744	15086
武冈市	Wugang City	1532	75.28	525262	215338	104647	205277	7751	25482
岳阳县	Yueyang County	2714	69.30	962528	296846	377297	288385	14860	26040
华容县	Huarong County	1613	72.88	1143484	349616	493398	300470	16722	27332
湘阴县	Xiangyin County	1582	71.32	1073384	284487	493395	295502	16070	44250
平江县	Pingjiang County	4125	104.56	891192	255459	306508	329225	9748	31892
汨罗市	Miluo City	1562	73.03	1028192	226756	583212	218224	16968	63066
临湘市	Linxiang City	1744	49.33	708123	167968	362198	177957	15351	19852
安乡县	Anxiang County	1087	59.83	699606	227084	173788	298734	14128	26400
汉寿县	Hanshou County	2089	84.09	834017	274515	234901	324601	11478	28100
澧县	Li County	2075	91.65	1008902	321568	353176	334158	12723	34800
临澧县	Linli County	1204	44.27	554907	160018	197019	197870	14564	18900
桃源县	Taoyuan County	4458	97.26	1093673	392644	377077	323952	13197	36100
石门县	Shimen County	3970	68.53	766746	201577	282193	282976	12902	25700
津市市	Jinshi City	558	26.48	424904	102197	176327	146380	16969	21400
慈利县	Cili County	3480	69.35	555806	103540	171972	280294	8817	25252
桑植县	Sangzhi County	3474	45.11	286784	44054	76231	166499	7157	15166
南县	Nan County	1406	79.05	620338	270919	115893	233526	10120	45834
桃江县	Taojiang County	2062	84.10	751288	224566	253981	272741	9985	29995
安化县	Anhua County	4944	98.25	633287	221328	172923	239036	7230	32177
沅江市	Yuanjiang County	1797	74.61	959635	308608	284047	366980	14482	34495
桂阳县	Guiyang County	2954	80.85	1071430	230037	471704	369689	14943	30395
宜章县	Yizhang County	2143	56.68	648416	144645	295022	208749	13391	27368
永兴县	Yongxing County	1979	64.13	974702	164182	513695	296825	16973	26968
嘉禾县	Jiahe County	899	35.78	485843	104010	203467	178366	15285	12985
临武县	Linwu County	1375	32.02	402487	72146	185581	144760	13441	14826
汝城县	Rucheng County	2425	37.24	224454	63758	57745	102951	6366	11209
桂东县	Guidong County	1453	20.20	108698	27749	36368	44581	5932	7596
安仁县	Anren County	1462	40.96	319851	103361	108983	107507	8804	15525
资兴市	Zixing City	2747	36.82	1051324	138275	651909	261140	29006	38076
祁阳县	Qiyang County	2538	102.15	1011715	244349	368899	398467	11495	52780
东安县	Dongan County	2211	60.27	626682	179767	185802	261113	11989	20539
双牌县	Shuangpai County	1739	17.24	207607	72036	71793	63778	13854	11074
道县	Dao County	2441	69.07	600968	205866	135281	259821	10012	20029
江永县	Jiangyong County	1633	25.53	229625	106104	40175	83346	10172	11785
宁远县	Ningyuan County	2489	79.98	489390	157217	107337	224836	7051	20097

continued

乡村从业人员（人）Rural Laborer (person)	#农林牧渔业 Agriculture	全社会固定资产投资（万元）Investment in Fixed Assets (10000 yuan)	地方一般预算财政收入（万元）Revenue of local Governments (10000 yuan)	地方一般预算财政支出（万元）Expenditures of Local Governments (10000 yuan)	农村居民人均纯收入（元）Per Capita Disposable Income of Rural Households (yuan)	城镇单位在岗职工平均工资（元）Average Wages in Urban Areas (yuan)	常用耕地面积（公顷）Area of Cultivated Land (hectare)	农林牧渔业总产值（万元）Gross Output Value of Agriculture (10000 yuan)	社会消费品零售总额（万元）Total Retail Sales (10000 yuan)
396400	262600	212672	33280	113599	5515	19704	47145	481281	284258
548800	315500	485797	30725	117651	5318	21424	54053	360840	478012
446000	255900	334189	16517	88636	2569	20287	35745	217621	148907
525900	387900	308343	15099	97607	2201	17512	61210	272307	177967
569300	415300	364682	19009	114412	2066	20887	61366	283773	145306
431300	233000	427016	16497	90049	3598	18319	49939	413874	167028
196200	147500	167232	9967	54271	3892	18800	21908	143067	96968
332100	253700	356713	16112	75607	1973	20266	36780	160968	72600
121700	93400	147808	7003	45847	2180	17794	15106	90119	60150
397300	292700	367181	20774	88752	3017	20513	43719	335356	190629
259000	176000	637822	18011	93226	5829	18341	47323	459944	300117
326800	233800	400715	21514	94043	5826	18074	67699	549055	321273
333500	200000	452206	22550	92134	5166	17122	38121	449202	212084
487000	273500	370820	26167	122539	2380	17203	53743	398075	167086
300500	170000	590930	49079	112820	5135	18032	42347	463062	250268
185600	95600	319301	18987	75432	5665	19687	34063	269919	220140
218000	172400	135791	13522	79828	4090	18861	46461	354375	210316
394300	245900	201998	21379	106117	4575	20732	58697	445861	238996
374400	243200	327758	30989	112446	4498	20266	71022	556879	355574
219600	132800	161549	17910	59506	4576	19191	40883	268177	200370
474300	296800	287552	29894	112095	4406	20400	92673	710242	509389
320700	194400	234710	29695	100251	3831	22145	44038	398134	333904
81200	61600	95072	17281	55078	4467	17675	18470	166717	191135
334500	264500	186334	20282	105594	3193	22027	47255	205813	162590
228000	143900	144459	10152	71956	2163	21310	22909	85855	94665
351200	216400	181238	13763	89284	4548	20314	58524	495536	246925
417500	194800	273736	17310	97095	4914	20591	43128	345515	297923
432600	325600	282002	18293	111157	2431	20140	40678	446059	339628
332100	206800	268268	21377	104698	5723	19931	62919	105283	289337
418300	240300	362421	40806	100478	5269	24589	59785	217555	314886
294300	136400	346606	28564	81337	2416	22178	30698	233358	255427
293700	142100	250768	37901	92058	5355	18764	33092	251033	247307
191500	83600	127795	14320	51249	4554	25775	18728	170254	70232
176100	85000	165295	13916	53798	4382	20922	17252	113908	102788
207700	141500	189130	10438	58129	1684	20333	24518	103651	45953
120900	65500	88463	4044	36822	1776	18373	10255	43192	26443
232100	94700	147978	7552	57220	1997	20255	27541	149205	131256
156700	49500	409172	41397	88463	5364	20249	20315	198845	243711
462200	266500	640191	23161	121856	4828	22588	49071	425433	178746
253700	167300	356068	14403	78486	4874	25608	40033	327812	150219
67800	46100	161661	9594	38335	2982	22727	7606	122528	23498
333400	179700	305972	15310	85811	4814	23036	42287	376066	130998
126300	95000	142480	7654	44831	2308	21067	21547	195803	54842
440300	203300	366867	16981	93294	2492	21822	37998	293285	142124

4-1 续表 25

地区名称	Region	行政区域土地面积(平方公里) Land Area (sq.m)	年底总人口(万人) Total Population (year-end) (10000 persons)	地区生产总值(万元) Gross Regional Product (10000 yuan)	第一产业 Primary Industry	第二产业 Secondary Industry	第三产业 Tertiary Industry	人均地区生产总值(元/人) Per Capita Gross Regional Product (yuan/person)	城镇单位在岗职工人数(人) Urban Employed Persons (person)
蓝山县	Lanshan County	1807	35.85	363218	82769	129318	151131	11564	16188
新田县	Xintian County	1004	37.32	271098	94252	57148	119698	8312	12742
江华瑶族自治县	Jianghua Yao A.C.	3216	46.86	351604	121923	85833	143848	8578	19152
中方县	Zhongfang County	1467	26.05	324279	80521	132658	111100	14660	11900
沅陵县	yuanling County	5826	65.61	705137	100491	440038	164608	12259	28493
辰溪县	Chenxi County	1977	53.06	374963	81306	142387	151270	7868	27898
溆浦县	Xupu County	3440	87.77	559430	208648	161564	189218	7354	31469
会同县	Huitong County	2248	35.56	260289	82492	47327	130470	8168	13436
麻阳苗族自治县	Mayang Miao A.C.	1568	37.56	234570	74577	68540	91453	7130	12934
新晃侗族自治县	Xinhuang Dong A.C.	1511	26.20	191498	44674	77779	69045	8479	10074
芷江侗族自治县	Zhijiang Dong A.C.	2099	36.55	357028	108863	126019	122146	10145	16210
靖州苗族侗族自治县	Jingzhou Miao & Dong A.C.	2211	26.66	277013	77649	72067	127297	11398	12913
通道侗族自治县	Tongdao Dong A.C.	2239	22.91	135767	44718	39983	51066	6655	8221
洪江市	Hongjiang City	2174	44.82	388578	115830	100541	172207	9739	17700
双峰县	Shuangfeng County	1715	92.04	825155	337915	256217	231023	9517	28233
新化县	Xinhua County	3642	132.33	682925	274008	186323	222594	5622	38462
冷水江市	Lengshuijiang City	439	37.42	1179819	51246	832123	296450	33518	55804
涟源市	Lianyuan City	1895	112.40	1056428	236991	468734	350703	10396	40786
吉首市	Jishou City	1057	29.05	543826	32862	204733	306231	19997	38098
泸溪县	Luxi County	1566	29.43	217850	41224	126052	50574	8003	9989
凤凰县	Fenghuang County	1759	38.38	228738	52783	40748	135207	6491	14561
花垣县	Huayuan County	1109	28.07	454570	38621	330100	85849	17460	13603
保靖县	Baojing County	1758	29.40	241732	43233	130780	67719	8754	11180
古丈县	Guzhang County	1298	14.02	81999	18660	19582	43757	6354	7220
永顺县	Yongshun County	3810	49.99	237696	88399	41939	107358	5361	16992
龙山县	Longshan County	3131	55.59	284280	99960	53650	130670	5796	17832
广东省	**Guangdong Province**								
增城市	Zengcheng City	1616	82.66	5102689	360956	3202578	1539155	64217	89677
从化市	Conghua City	1975	55.68	1448720	163864	691038	593818	28246	67150
始兴县	Shixing County	2152	24.67	281205	88917	111229	81059	12459	21141
仁化县	Renhua County	2223	22.99	492165	93473	308995	89697	22443	16704
翁源县	Wengyuan County	2183	39.40	321797	108568	89094	124135	9004	18584
乳源瑶族自治县	Ruyuan Yao A.C.	2299	21.03	276072	36308	167730	72034	14341	19500
新丰县	Xinfeng County	2015	24.64	236005	61820	98622	75563	11412	15246
乐昌市	Lechang City	2419	52.47	495926	115107	175554	205265	10467	28716
南雄市	Nanxiong City	2361	46.41	391419	141754	94086	155579	10287	17569
南澳县	Nan'ao County	112	7.27	71152	24246	26388	20518	10107	5110
台山市	Taishan City	3286	98.44	1826341	260553	1036033	529755	18438	45883
开平市	Kaiping City	1659	68.51	1703915	177280	874907	651728	25360	71413
鹤山市	Heshan City	1081	36.34	1339292	122986	729953	486353	29118	35975
恩平市	Enping City	1697	50.07	793699	112704	292513	388482	17230	32865
遂溪县	Suixi County	2005	102.60	989256	492624	233499	263133	10667	39001
徐闻县	Xuwen County	1954	71.43	629665	323680	72667	233318	9065	36175

continued

乡村从业人员(人) Rural Laborer (person)	#农林牧渔业 Agriculture	全社会固定资产投资(万元) Investment in Fixed Assets (10000 yuan)	地方一般预算财政收入(万元) Revenue of local Governments (10000 yuan)	地方一般预算财政支出(万元) Expenditures of Local Governments (10000 yuan)	农村居民人均纯收入(元) Per Capita Disposable Income of Rural Households (yuan)	城镇单位在岗职工平均工资(元) Average Wages in Urban Areas (yuan)	常用耕地面积(公顷) Area of Cultivated Land (hectare)	农林牧渔业总产值(万元) Gross Output Value of Agriculture (10000 yuan)	社会消费品零售总额(万元) Total Retail Sales (10000 yuan)
186200	126500	146744	12360	53594	4619	20261	18689	155002	100675
207900	120500	103291	10595	56360	1856	24343	18476	174537	61924
247000	189600	181205	10142	70827	2060	20749	25498	222944	110555
149600	89700	334238	11563	44110	2996	22085	19580	86440	57410
328500	211900	86215	25100	97656	1940	26632	39238	143084	179103
224100	175300	161064	18398	71524	2334	17523	26183	118675	137271
446900	304500	174895	20329	105102	3547	18911	45502	255926	199348
205400	140600	63231	10478	57649	2276	20320	22186	84328	56420
182300	146500	84292	6994	58356	2007	19478	19125	102089	89978
125700	103000	47396	5502	42771	1754	21769	18432	61948	46816
188900	119900	160120	10310	58137	2363	20789	30015	142525	126186
111100	94700	49524	8862	46688	3118	19619	22590	96114	84040
101200	80700	36398	5243	39576	1757	23577	17897	56440	40743
225600	130600	174520	14583	93207	3685	21777	26508	145200	140368
462300	293000	221370	18858	109578	3986	19655	51531	545034	216307
650700	451900	156714	24038	131350	1951	18791	50061	451434	275978
99200	61000	338911	46456	86431	5173	23056	5390	85744	277044
534500	326600	362314	35668	137995	2769	19061	52596	400294	334869
98900	70200	461336	24168	66448	2984	25379	11026	53619	297088
153500	82400	82788	10566	58109	2551	22636	16647	68139	52476
193800	152100	115386	11499	60440	2774	24509	30832	88324	128934
142500	94100	87390	31553	76348	2705	22685	23397	66894	57609
143300	117100	52528	8646	56442	2539	20786	17933	72122	45753
72400	55900	38184	3124	37152	2148	21584	8641	31765	29694
248200	187300	111893	8042	83296	2417	23272	33937	143935	125282
262100	168000	109037	11887	88898	2510	23649	31123	164595	125871
518386	174042	1108043	267458	299088	7920	31150	26940	639238	1145235
239709	147885	619170	117507	183536	6485	25241	20466	272523	471445
93757	59629	176533	10501	38449	4370	17297	10650	144058	69146
98030	71903	189305	23527	47715	4750	26553	20885	152680	109219
145685	85839	130025	11020	47982	4420	17274	30920	171104	126445
95217	54712	117929	20437	50772	3756	19831	10068	60718	76510
97410	59817	105468	10190	40321	3964	16698	17120	92967	80726
175632	127514	265890	20741	66153	3698	21381	22311	193205	233553
133691	132859	242808	18386	58703	4271	22987	29073	237303	171014
25205	14269	42666	3963	25589	3765	16389	414	95592	83624
496824	272577	808425	105053	149067	6277	14359	47137	539927	864935
262437	178140	480878	81925	93898	6000	17416	36727	331942	785215
194923	77782	543386	83204	97040	6791	18580	11647	227925	752575
166567	98381	190820	31447	70207	3840	16590	39592	211883	400030
422669	330180	294283	22378	102249	5662	15348	98558	794146	399837
305197	259631	160509	18112	82592	5712	14822	57273	480842	334870

4-1 续表 26

地区名称	Region	行政区域土地面积(平方公里) Land Area (sq.m)	年底总人口(万人) Total Population (year-end) (10000 persons)	地区生产总值(万元) Gross Regional Product (10000 yuan)	第一产业 Primary Industry	第二产业 Secondary Industry	第三产业 Tertiary Industry	人均地区生产总值(元/人) Per Capita Gross Regional Product (yuan/person)	城镇单位在岗职工人数(人) Urban Employed Persons (person)
廉江市	Lianjiang City	2840	161.85	1341023	542829	441540	356654	9763	54983
雷州市	Leizhou City	3662	161.54	904315	459064	146678	298573	6193	56478
吴川市	Wuchuan City	849	106.94	759136	167421	309838	281877	8052	34012
电白县	Dianbai County	1873	138.29	1699086	486000	594087	618999	13674	49530
高州市	Gaozhou City	3276	167.68	2348117	590060	717518	1040539	16344	58166
化州市	Huazhou City	2354	155.79	1943160	479731	470968	992461	16601	58205
信宜市	Xinyi City	3081	135.01	1672256	473124	520659	678473	15938	36194
广宁县	Guangning County	2459	55.37	516467	149000	115772	251695	11089	17007
怀集县	Huaiji County	3573	100.64	821897	315693	132159	374045	10263	23472
封开县	Fengkai County	2723	48.67	501154	205113	106274	189767	12096	16372
德庆县	Deqing County	2257	37.21	459490	119447	138101	201942	13578	22515
高要市	Gaoyao City	2071	74.54	1528287	443043	646732	438512	21859	21232
四会市	Sihui City	1188	43.71	1435204	291419	833295	310490	27241	32099
博罗县	Boluo County	2795	80.35	2290048	274590	1124318	891140	24194	114534
惠东县	Huidong County	3396	79.41	2010896	249058	1126071	635767	23800	58709
龙门县	Longmen County	2295	33.13	495582	116160	191038	188384	15125	21135
梅县	Mei County	2775	61.31	1011242	248603	451604	311035	18103	29290
大埔县	Dapu County	2468	53.57	350670	98301	123788	128581	9217	17146
丰顺县	Fengshun County	2710	68.44	473334	125967	213541	133826	9837	23770
五华县	Wuhua County	3226	127.58	560095	175590	120822	263683	5472	30425
平远县	Pingyuan County	1381	25.67	280808	72737	109938	98133	11853	13559
蕉岭县	Jiaoling County	957	22.86	339665	68138	163430	108097	16067	17060
兴宁市	Xingning City	2075	114.56	775628	216696	257620	301312	8465	41325
海丰县	Haifeng County	1771	82.13	1288103	193184	546640	548279	16819	28865
陆河县	Luhe County	1005	32.74	256098	57543	86743	111812	9602	12655
陆丰市	Lufeng City	1681	171.20	1030390	262204	441649	326537	7549	47019
紫金县	Zijin County	3621	81.56	534304	141262	206251	186791	7821	25657
龙川县	Longchuan County	3080	92.37	827803	137868	403117	286818	12065	37221
连平县	Lianping County	2288	37.78	579591	57820	412061	109710	17163	20797
和平县	Heping County	2286	49.84	376425	80941	162810	132674	9487	17157
东源县	Dongyuan County	4005	55.35	512531	89494	300038	122999	12174	29587
阳西县	Yangxi County	1271	50.04	682410	279974	200511	202125	16885	22242
阳东县	Yangdong County	1830	47.07	970018	227944	477806	264268	22552	28454
阳春市	Yangchun City	4055	109.98	1407375	400599	571132	435644	16019	49963
佛冈县	Fogang County	1293	32.42	793272	49998	575515	167759	26697	25136
阳山县	Yangshan County	3418	53.92	461753	150522	115829	195402	10473	17402
连山壮族瑶族自治县	Lianshan Zhuang & Yao A.C.	1165	11.66	115196	41001	27559	46636	10366	5284
连南瑶族自治县	Liannan Yao A.C.	1289	16.13	131535	32123	47457	51955	9102	9365
清新县	Qingxin County	2725	74.38	1307542	190000	785024	332518	19078	64784
英德市	Yingde City	5671	109.45	1387084	228357	577124	581603	14433	39523
连州市	Lianzhou City	2664	52.21	721469	147292	339391	234786	16380	19257
潮安县	Chaoan County	1262	121.26	2469623	120680	1611686	737257	19953	33847
饶平县	Raoping County	1683	100.02	1025990	198833	418018	409139	11016	29440
揭东县	Jiedong County	850	125.93	1658902	240310	974690	443902	14744	31002

continued

乡村从业人员(人) Rural Laborer (person)	#农林牧渔业 Agriculture	全社会固定资产投资(万元) Investment in Fixed Assets (10000 yuan)	地方一般预算财政收入(万元) Revenue of local Governments (10000 yuan)	地方一般预算财政支出(万元) Expenditures of Local Governments (10000 yuan)	农村居民人均纯收入(元) Per Capita Disposable Income of Rural Households (yuan)	城镇单位在岗职工平均工资(元) Average Wages in Urban Areas (yuan)	常用耕地面积(公顷) Area of Cultivated Land (hectare)	农林牧渔业总产值(万元) Gross Output Value of Agriculture (10000 yuan)	社会消费品零售总额(万元) Total Retail Sales (10000 yuan)
702945	411604	442359	30006	140903	5455	16346	52289	859836	590819
641823	443213	168395	25172	136900	4685	13309	147983	715896	513469
513214	293386	272485	23314	86972	5430	15021	36740	269814	402756
630711	419660	246029	35887	130138	5476	16421	59147	804998	701346
717381	449376	231036	43163	148500	5459	18656	56227	940948	796686
537430	329765	242953	32710	127800	5416	16188	69055	771790	744529
518915	380568	226376	32137	125452	5397	18045	40117	755209	797743
257537	132319	183038	22811	64745	5050	21383	16240	224458	188453
499292	264774	300320	33604	100685	4761	21029	31749	472420	270404
220660	134143	201369	21836	59044	4943	18414	23955	321877	123715
160891	107315	250191	24706	60992	6417	15870	17489	200366	157686
459309	226634	620227	81888	122249	7191	27073	5459	672775	367902
136416	67467	923734	63689	94336	6207	23724	4246	494410	397826
489160	199710	700654	100183	153344	6721	20614	33894	470680	624470
357950	203207	548724	61188	147219	6332	19858	31739	390597	827985
146576	105307	138365	23713	66299	5118	19518	15029	179787	170646
291451	165533	283467	46409	110035	5743	23650	21546	396920	476938
202938	89673	131501	20176	70272	4613	18784	15758	161697	210143
271330	153455	126822	17522	79739	4347	17644	24141	216608	178456
485808	255702	169252	13010	115083	4331	16944	40586	294521	385880
100537	67767	63889	12720	47686	4747	19910	14370	116950	104589
84987	53159	56366	18622	49544	5199	18800	7343	113672	144229
463015	252324	223038	23212	121968	5730	18320	35040	358802	380367
383885	174253	682281	44169	97606	4948	21645	24912	325747	949702
119648	66703	153552	9693	45528	4578	15105	6069	98141	143457
571669	327752	859304	43895	136431	4728	13903	42151	445167	774592
329985	185495	179394	18431	94540	4403	20293	26735	228163	161038
347649	187931	418690	22543	122190	4556	19566	29098	222541	322794
165970	90719	152974	23017	72931	4686	19847	13967	94855	96657
237485	136675	121618	10960	77133	4273	19435	16751	130381	110528
244322	117524	306081	22789	101608	5209	21606	18997	147876	116443
247194	159522	268666	11249	70896	5138	16461	21658	444893	286168
249705	132893	561746	36271	87060	5519	19051	24024	381225	277022
492131	344505	395540	31806	113410	4917	19168	44749	687934	893155
129024	92496	869681	36938	64226	5209	23876	15323	75220	209064
259037	119549	269268	25418	78466	4765	24051	41689	228617	161280
47983	35665	96240	5232	28047	3721	24150	8719	57246	26915
71916	44290	74850	9646	37587	3508	23974	9635	46695	38103
339954	192788	1020025	44471	106270	5259	22300	49539	332625	267097
470039	309770	1291323	62160	151307	5026	26735	98750	375986	600259
190255	126773	342775	29159	80719	4866	26473	35707	226405	295398
520067	161266	427380	44448	116283	5771	19025	14091	204962	825816
394302	232340	341592	20625	103645	4137	12155	16484	365992	399298
592525	291361	455706	34702	92127	5032	19034	31433	382522	467006

4-1 续表 27

地区名称	Region	行政区域土地面积(平方公里) Land Area (sq.m)	年底总人口(万人) Total Population (year-end) (10000 persons)	地区生产总值(万元) Gross Regional Product (10000 yuan)	第一产业 Primary Industry	第二产业 Secondary Industry	第三产业 Tertiary Industry	人均地区生产总值(元/人) Per Capita Gross Regional Product (yuan/person)	城镇单位在岗职工人数(人) Urban Employed Persons (person)
揭西县	Jiexi County	1365	94.96	895076	181876	472333	240867	11152	28517
惠来县	Huilai County	1253	127.52	920788	271555	426340	222893	8759	38232
普宁市	Puning City	1636	223.91	2148851	216487	1223940	708424	10559	57600
新兴县	Xinxing County	1521	46.20	952376	316582	339684	296110	22104	39391
郁南县	Yu'nan County	1966	49.40	523775	150742	180864	192169	12401	21268
云安县	Yun'an County	1203	31.78	346483	105523	165204	75756	12496	11032
罗定市	Luoding City	2328	116.07	768151	231004	275004	262143	7939	53360
广西壮族自治区	**Guangxi Zhuang A.R.**								
武鸣县	Wuming County	3378	67.89	1100141	406487	437654	256000	17900	27078
隆安县	Longan County	2277	38.95	326701	136589	100096	90016	9974	12397
马山县	Mashan County	2345	52.96	259773	90440	79536	89797	6001	12195
上林县	Shanglin County	1869	47.71	249606	110519	67781	71306	6210	13671
宾阳县	Binyang County	2308	103.71	831998	228131	311987	291880	9124	35205
横县	Heng County	3465	116.56	977706	337257	318655	321794	10052	40395
柳江县	Liujiang County	2539	53.59	853196	206126	440445	206625	15878	26957
柳城县	Liucheng County	2110	40.65	484722	177848	154468	152406	13722	16951
鹿寨县	Luzhai County	3341	48.56	808293	166962	409309	232022	18756	22317
融安县	Rongan County	2900	32.80	282274	77521	104006	100747	10015	10686
融水苗族自治县	Rongshui Miao A.C.	4624	49.49	304509	97902	98757	107850	7124	15083
三江侗族自治县	Sanjiang Dong A.C.	2430	36.98	161520	56457	39620	65443	5278	8250
阳朔县	Yangshuo County	1428	31.24	385227	106224	119164	159838	13692	11027
临桂县	Lingui County	2202	47.79	863900	214776	478041	171083	19202	21088
灵川县	Lingchuan County	2257	36.59	615459	163283	279876	172301	18083	16918
全州县	Quanzhou County	3979	78.44	875458	248105	433011	194342	12657	18947
兴安县	Xing'an County	2348	37.14	705620	161461	345923	198236	20653	14109
永福县	Yongfu County	2777	27.58	493618	110720	287486	95412	20070	10433
灌阳县	Guanyang County	1837	28.58	296069	94641	116559	84869	12169	7264
龙胜各族自治县	Longsheng A.C.	2538	17.28	248430	56237	131097	61095	15421	8419
资源县	Ziyuan County	1954	17.01	180213	48820	69528	61865	11431	5981
平乐县	Pingle County	1919	44.10	513118	179617	204970	128531	12665	12038
荔浦县	Lipu County	1759	37.64	576838	141714	255819	179305	16138	11581
恭城瑶族自治县	Gongcheng Yao A.C.	2149	29.00	361474	125030	127685	108759	13038	8669
苍梧县	Cangwu County	3506	58.69	583443	119451	330102	133890	10649	16432
藤县	Teng County	3946	97.22	855421	231479	428963	194979	10323	17494
蒙山县	Mengshan County	1279	21.38	247606	63254	111534	72818	12994	17917
岑溪市	Cenxi City	2783	86.20	949693	195348	563006	191339	12494	18210
合浦县	Hepu County	2380	98.42	1149905	364229	459651	326025	12453	37664
上思县	Shangsi County	2810	22.04	278456	99101	120194	59161	13070	14791
东兴市	Dongxing City	549	11.98	324722	66796	78024	179902	24600	7079
灵山县	Lingshan County	2533	147.25	1063878	328204	453438	282236	9108	87000
浦北县	Pubei County	2197	85.67	671172	219058	248471	203643	8820	76000
平南县	Pingnan County	2989	138.61	894337	281055	297344	315938	7919	41104
桂平市	Guiping City	4047	179.00	1128114	315691	469961	342462	7561	40075

continued

乡村从业人员(人) Rural Laborer (person)	#农林牧渔业 Agriculture	全社会固定资产投资(万元) Investment in Fixed Assets (10000 yuan)	地方一般预算财政收入(万元) Revenue of local Governments (10000 yuan)	地方一般预算财政支出(万元) Expenditures of Local Governments (10000 yuan)	农村居民人均纯收入(元) Per Capita Disposable Income of Rural Households (yuan)	城镇单位在岗职工平均工资(元) Average Wages in Urban Areas (yuan)	常用耕地面积(公顷) Area of Cultivated Land (hectare)	农林牧渔业总产值(万元) Gross Output Value of Agriculture (10000 yuan)	社会消费品零售总额(万元) Total Retail Sales (10000 yuan)
404186	230136	263000	13827	90841	4573	16073	25745	277874	247763
370991	228382	422880	16735	105040	3536	12625	25909	394000	242251
809758	302756	843285	63115	154019	4381	15514	30885	352478	915412
223223	128055	247773	37303	82550	5803	18258	18552	557198	230310
215063	129057	152241	17638	63688	5286	17811	22120	231173	186875
170552	108995	246464	16794	47423	4853	18159	13769	156569	59050
488162	226100	341025	30535	104391	5411	14929	48441	345886	300677
342400	270700	500666	22209	81839	4889	20374	98157	675699	268044
224300	159900	197415	12144	56675	3237	20747	51418	223044	73961
283200	162100	140653	8431	58647	3104	19661	36906	152425	78032
185900	156300	115566	10362	48090	3184	18318	38105	186959	72347
506600	351100	301995	27752	97080	4107	19149	84767	372567	345052
595400	389400	416220	32641	108669	4067	18626	106226	552351	308271
255600	178900	439104	30922	76058	4883	24594	85168	340037	153250
202200	162700	154153	13319	59422	4396	23425	68995	299235	120139
226300	164900	633812	22160	68577	4534	24237	68165	273961	157979
160600	116200	145578	9353	54236	3695	26552	32275	129457	86775
256200	182800	143806	11527	74953	2699	25990	44667	163829	87292
190100	129400	110541	6377	55703	2819	22128	19231	90386	69664
153000	98500	647309	22202	62483	4936	21733	26749	167927	90012
226400	129000	850331	44810	82817	5143	21001	44960	364972	129222
165800	131500	413855	27298	60508	4509	20902	29682	260457	139568
343900	274800	304538	14561	94765	4566	20900	76274	397308	116317
167700	135700	475627	25302	74844	5234	20137	28373	256936	144761
123500	103100	183591	15954	54547	4362	24169	29644	179441	95041
133600	101800	168999	8891	54268	3377	22463	23260	154057	59681
74900	65000	141164	7471	44569	2890	28047	17467	87269	35050
79600	47800	123157	6112	42547	3571	25466	15913	75712	39952
215600	125700	150476	10101	60219	4351	24081	32489	273430	83724
201400	136000	206123	17596	65736	4599	23601	26464	230879	186792
130400	113700	171286	10200	49187	4188	21884	21476	191689	96251
294900	192800	352443	18326	74941	3576	14069	42114	197293	126890
477500	288000	402713	27663	105138	3784	17425	64904	372465	296465
110800	72600	139219	8285	39401	3101	15563	14249	106622	57261
415300	224600	567148	24989	93575	4057	18083	42269	335347	263476
332300	189600	428955	16911	106161	4327	12718	86838	648182	312898
105100	87400	151715	14024	45417	3737	17933	38550	158691	63900
52200	32700	287730	26771	47623	5337	25496	5962	106419	78961
820100	482900	382575	37676	129970	4339	24828	23348	530128	408717
397900	238400	269420	27736	97133	4547	18769	79792	357590	166685
608500	318000	353135	26665	115231	3913	18281	75420	482090	260375
805800	461600	464981	40487	139641	3776	21157	137262	535815	436134

4-1 续表 28

地区名称	Region	行政区域土地面积(平方公里) Land Area (sq.m)	年底总人口(万人) Total Population (year-end) (10000 persons)	地区生产总值(万元) Gross Regional Product (10000 yuan)	第一产业 Primary Industry	第二产业 Secondary Industry	第三产业 Tertiary Industry	人均地区生产总值(元/人) Per Capita Gross Regional Product (yuan/person)	城镇单位在岗职工人数(人) Urban Employed Persons (person)
容县	Rong County	2257	77.76	598014	185721	225890	186403	8859	22542
陆川县	Luchuan County	1551	98.24	831220	190772	331370	309078	10525	25468
博白县	Bobai County	3835	167.20	1022894	427886	333220	261788	7491	36354
兴业县	Xingye County	1487	71.69	553102	230611	166380	156111	9800	15097
北流市	Beiliu City	2457	130.96	1072289	244646	475516	352127	9229	44905
田阳县	Tianyang County	2387	34.05	432763	125425	165672	141666	14071	12287
田东县	Tiandong County	2806	41.39	395408	133037	163719	98652	10055	17191
平果县	Pingguo County	2473	48.93	733411	84999	492634	155778	17086	20542
德保县	Debao County	2575	36.18	296975	54689	169909	72377	10232	12827
靖西县	Jingxi County	3322	61.56	411816	86912	216560	108344	8028	13928
那坡县	Napo County	2231	20.91	86992	36181	16674	34137	4957	6103
凌云县	Lingyun County	2039	20.80	105010	35963	36629	32418	5400	5961
乐业县	Leye County	2620	16.27	85205	30115	17603	37487	5458	6415
田林县	Tianlin County	5532	24.86	161245	66136	46428	48681	6772	8084
西林县	Xilin County	2963	14.57	96722	43410	26182	27130	6862	5322
隆林各族自治县	Longlin A.C.	3551	38.57	424068	57255	295907	70906	11387	9227
昭平县	Zhaoping County	3273	41.92	349315	100070	153683	95562	9057	16243
钟山县	Zhongshan County	1483	49.70	485461	90409	287356	107696	12441	10992
富川瑶族自治县	Fuchuan Yao A.C.	1572	31.66	306165	93500	144780	67885	10679	9975
南丹县	Nandan County	3916	29.81	510905	60654	332054	118196	15904	14266
天峨县	Tiane County	3196	16.44	420652	40443	321959	58250	27748	6867
凤山县	Fengshan County	1738	20.14	105297	29643	37744	37910	5922	8377
东兰县	Donglan County	2414	28.89	126817	36877	33708	56232	4920	7906
罗城仫佬族自治县	Luocheng Mulam A.C.	2658	37.44	248524	83048	80094	85381	7491	14560
环江毛南族自治县	Huanjiang Maonan A.C.	4553	37.73	259071	92276	69969	96827	7174	13746
巴马瑶族自治县	Bama Yao A.C.	1971	26.28	169025	53412	66879	48733	7141	8443
都安瑶族自治县	Du'an Yao A.C.	4095	66.91	239241	82580	48268	108392	4192	14810
大化瑶族自治县	Dahua Yao A.C.	2716	43.92	308507	52956	183748	71803	8097	11020
宜州市	Yizhou City	3869	64.32	591282	207249	168921	215111	9820	24259
忻城县	Xincheng County	2541	41.05	315739	102087	125562	88090	8660	11488
象州县	Xiangzhou County	1898	35.81	418014	141414	166021	110579	13623	10523
武宣县	Wuxuan County	1739	42.88	340912	127689	104413	108810	9280	15584
金秀瑶族自治县	Jinxiu Yao A.C.	2486	15.42	121947	41488	33112	47347	8582	6300
合山市	Heshan City	360	13.90	157568	22162	66724	68683	12102	12772
扶绥县	Fusui County	2836	44.20	595770	216964	193214	185592	14852	23163
宁明县	Ningming County	3695	42.05	353000	134367	126757	91876	9537	15709
龙州县	Longzhou County	2318	27.83	311053	104312	91211	115530	11796	17317
大新县	Daxin County	2742	37.08	435978	114627	203657	117694	13028	19774
天等县	Tiandeng County	2159	42.94	276501	82144	106420	87937	8462	10832
凭祥市	Pingxiang City	650	10.89	215038	25345	48482	141211	18419	9868
海南省	**Hainan Province**								
五指山市	Wuzhishan City	1129	11.38	97165	27256	13787	56121	8563	8094
文昌市	Wenchang City	2485	57.08	837697	400127	170651	266919	14811	23959

continued

乡村从业人员（人）Rural Laborer (person)	#农林牧渔业 Agriculture	全社会固定资产投资（万元）Investment in Fixed Assets (10000 yuan)	地方一般预算财政收入（万元）Revenue of local Governments (10000 yuan)	地方一般预算财政支出（万元）Expenditures of Local Governments (10000 yuan)	农村居民人均纯收入（元）Per Capita Disposable Income of Rural Households (yuan)	城镇单位在岗职工平均工资（元）Average Wages in Urban Areas (yuan)	常用耕地面积（公顷）Area of Cultivated Land (hectare)	农林牧渔业总产值（万元）Gross Output Value of Agriculture (10000 yuan)	社会消费品零售总额（万元）Total Retail Sales (10000 yuan)
385100	226400	330625	24179	76055	4066	20737	29037	322609	229501
456200	274700	276290	23340	96146	4086	18497	42714	325841	195553
797900	480400	275118	28176	139225	3814	17027	76493	713553	350163
347600	199300	291219	18832	63593	3806	16323	42915	410890	109248
605300	331600	450752	34464	116624	4500	18795	53094	409028	324870
177400	130700	173757	17818	58387	3279	22353	28897	198212	100067
198400	145200	371527	37039	74260	3364	27078	56499	210774	79035
229300	150600	464970	88984	118166	3216	31839	30780	142726	116411
176100	142700	364692	18977	64089	2687	24399	45359	90851	37903
300100	191400	647585	26792	95455	2532	23941	48438	145035	100134
113000	101000	66431	4170	42342	2185	23108	29636	59986	28753
94000	59700	79856	3843	47896	2177	24194	16347	59937	21271
72700	64400	130516	4175	43362	2397	24607	21663	49997	23432
131300	116000	193530	11827	58849	2664	22889	17330	108539	35652
71300	66000	56745	4803	40530	2572	21970	23155	69400	21308
189800	162700	192716	22531	84438	2454	30819	46205	94871	50087
194000	149400	241118	7642	57682	3212	18699	21096	157543	91437
202300	132600	283679	9201	61897	3366	24722	44814	148765	133473
151800	115100	198976	10865	56901	3138	21546	37932	147973	55557
151100	113000	179384	30701	68405	3928	25758	18177	95416	103777
71000	55600	545345	17275	45788	3127	20452	14358	65079	47044
89000	56600	81218	3741	44513	2440	23081	12491	50635	32987
138400	90400	140132	4654	55441	2380	22466	12929	60817	51031
176700	121300	143057	7375	67133	2074	20172	40227	138645	68985
163600	125400	120980	11114	75846	2893	20851	46699	152447	78034
114500	83300	87546	6061	51327	2466	19179	17528	85092	50736
336900	228800	102790	12686	90950	2643	21443	38793	140396	79047
214100	132400	132303	13393	68458	2727	23767	19641	90538	61607
322000	220700	263210	23512	79890	4032	23319	95035	342495	185809
230000	143900	117735	9302	54175	3378	22561	56791	165556	83950
190300	141700	156404	14611	52809	4053	27863	43750	226841	84585
222500	170400	122217	15068	55766	3616	22582	57862	205053	75516
73400	54300	65405	4179	37559	2704	24731	12761	64960	30461
47500	31300	144307	11476	28413	3489	21283	10404	35600	31921
204900	170800	243827	29943	74658	4335	19606	100578	344840	82411
215500	153100	148925	20944	72409	3594	20924	54693	220993	52614
143000	107100	128673	16177	57482	3402	18237	49980	166058	62162
215000	127400	228960	19284	67879	3867	19331	60481	188666	47380
253700	131900	148628	9551	64737	3348	20287	47274	137082	37506
46100	34000	115412	22746	36366	3430	22805	7550	40269	79108
33535	28774	63629	7430	45535	2848	21031	2748	37703	25422
219671	157344	365454	32252	128528	5220	21933	35863	590505	180648

地区名称	Region	行政区域土地面积(平方公里) Land Area (sq.m)	年底总人口(万人) Total Population (year-end) (10000 persons)	地区生产总值(万元) Gross Regional Product (10000 yuan)	第一产业 Primary Industry	第二产业 Secondary Industry	第三产业 Tertiary Industry	人均地区生产总值(元/人) Per Capita Gross Regional Product (yuan/person)	城镇单位在岗职工人数(人) Urban Employed Persons (person)
琼海市	Qionghai City	1693	48.25	757729	398781	97930	261019	15804	18467
万宁市	Wanning City	1884	59.10	684175	264536	156195	263444	11659	21105
定安县	Ding'an County	1187	32.77	281678	134490	48192	98996	8648	11983
屯昌县	Tunchang County	1232	28.95	248736	144670	25636	78430	8651	10029
澄迈县	Chengmai County	2045	52.88	714449	236492	345424	132533	13663	22526
临高县	Lingao County	1317	47.34	567086	426275	36599	104212	12315	12961
儋州市	Danzhou City	3265	103.07	1035770	578156	168236	289379	10617	27635
东方市	Dongfang City	2256	42.72	692544	178821	387798	125925	16361	18895
乐东黎族自治县	Ledong Li A.C.	2763	51.61	404247	270946	29168	104134	7943	16201
琼中黎族苗族自治县	Qiongzhong Li & Miao A.C.	2706	21.68	170541	112202	17844	40495	7885	8798
保亭黎族苗族自治县	Baoting Li & Miao A.C.	1161	16.69	140167	78222	12097	49848	8437	6542
陵水黎族自治县	Lingshui Li A.C.	1128	35.77	322414	179567	52643	90203	9090	9681
白沙黎族自治县	Baisha Li A.C.	2117	19.56	180944	123627	18656	38662	9360	7753
昌江黎族自治县	Changjiang Li A.C.	1610	25.47	437048	120212	239291	77545	17422	17098
重庆市	**Chongqing City**								
綦江县	Qijiang County	2182	95.00	1252081	217425	569028	465628	14979	47198
潼南县	Tongnan County	1585	93.26	863084	219067	295004	349013	12103	20900
铜梁县	Tongliang County	1342	82.42	1109987	176828	643332	289827	17801	23279
大足县	Dazu County	1390	95.02	1018873	196834	490565	331474	13342	36231
荣昌县	Rongchang County	1079	83.07	1100317	213917	563258	323142	16854	32864
璧山县	Bishan County	912	62.14	1134928	99776	723200	311952	21786	33881
梁平县	Liangping County	1890	91.07	754187	166414	362489	225284	10588	31249
城口县	Chengkou County	3286	24.15	195382	34404	105541	55437	10354	9566
丰都县	Fengdu County	2901	82.44	574684	140677	216166	217841	8982	23441
垫江县	Dianjiang County	1518	93.94	815592	170260	433176	212156	11316	36513
武隆县	Wulong County	2901	41.01	498120	86933	240610	170577	14489	18416
忠县	Zhong County	2184	99.22	778005	179091	328802	270112	10505	19329
开县	Kai County	3959	159.72	1106848	253324	490295	363229	9610	47080
云阳县	Yunyang County	3634	133.58	664771	187587	233511	243673	6579	31409
奉节县	Fengjie County	4087	104.76	753320	174794	296563	281963	8849	24875
巫山县	Wushan County	2958	62.35	337123	95064	86714	155345	6802	17080
巫溪县	Wuxi County	4030	53.52	235560	75249	57970	102341	5374	17315
石柱土家族自治县	Shizhu Tujia A.C.	3013	53.34	439487	108429	169920	161138	10246	22675
秀山土家族苗族自治县	Xiushan Tujia & Miao A.C.	2450	64.35	500364	93107	251005	156252	10099	16979
酉阳土家族苗族自治县	Youyang Tujia & Miao A.C.	5173	80.81	329180	114264	97902	117014	5769	21486
彭水苗族土家族自治县	Pengshui Miao & Tujia A.C.	3903	67.38	500474	111463	222295	166716	9331	19657
四川省	**Sichuan Province**								
金堂县	Jintang County	1156	87.60	1000092	313769	358599	327724	13385	30508
双流县	Shuangliu County	1067	94.90	3376163	278446	1790676	1307041	35371	90130
郫县	Pi County	438	50.20	1538224	161014	898142	479068	30203	46566
大邑县	Dayi County	1327	51.70	775764	191940	297996	285828	15172	36581
蒲江县	Pujiang County	583	26.20	428319	125554	180638	122127	17153	12375

continued

乡村从业人员(人) Rural Laborer (person)	#农林牧渔业 Agriculture	全社会固定资产投资(万元) Investment in Fixed Assets (10000 yuan)	地方一般预算财政收入(万元) Revenue of local Governments (10000 yuan)	地方一般预算财政支出(万元) Expenditures of Local Governments (10000 yuan)	农村居民人均纯收入(元) Per Capita Disposable Income of Rural Households (yuan)	城镇单位在岗职工平均工资(元) Average Wages in Urban Areas (yuan)	常用耕地面积(公顷) Area of Cultivated Land (hectare)	农林牧渔业总产值(万元) Gross Output Value of Agriculture (10000 yuan)	社会消费品零售总额(万元) Total Retail Sales (10000 yuan)
181159	128371	265321	42285	106581	4891	21393	22525	579591	189261
178597	125947	380223	28213	119679	4869	22317	17953	322579	175617
116050	82548	95210	12496	66402	3846	20071	20646	195299	61448
78969	63469	43876	7873	61739	3702	20974	12519	169052	56104
188375	120811	311502	36656	104440	4793	19621	25059	294422	87643
184690	137307	72966	7398	80821	3898	17889	24902	511466	73688
302599	234340	194064	26790	142578	4584	19039	46413	705914	179963
172450	139853	309591	27430	94085	4250	25120	26497	255137	85610
224880	150153	66888	10477	91576	3802	19013	49830	350646	72390
49865	36024	47423	4733	59762	2376	21302	10140	77126	15103
48448	39434	41943	5647	41105	2517	17195	5410	65113	21878
135433	104534	333901	23206	69036	3428	22872	15040	263755	30564
64247	59875	32253	4959	59442	2742	18981	8938	101193	17937
80007	71822	137414	45311	95163	3638	27219	16231	164817	36901
417985	188997	616759	55215	152432	4761	24312	68610	323621	395148
472206	299022	477439	24203	116997	4509	22131	53460	319398	290296
402714	159118	803884	74576	134484	5338	22451	41364	264593	362826
415790	265230	631779	49277	135207	5035	22005	42488	295700	332009
411681	185700	637809	61160	123205	5156	23228	30552	310758	318820
324779	124040	727132	62612	127873	5449	23306	35318	154992	349576
468518	231749	405339	36550	130547	4211	22511	41984	254423	262494
112659	54536	214438	13668	62506	2806	19939	18536	54796	46791
395270	231567	570100	28927	116976	3591	21375	37710	216427	219094
480498	246116	369945	35529	114481	4333	23600	37770	262597	292961
221087	119217	580028	25553	99627	3475	23929	29511	142470	158809
445192	184645	589167	31476	134165	4057	22143	53889	276032	269766
750116	319200	768686	43486	203288	3833	22927	66213	387486	486495
551789	251736	602511	20302	164971	3349	22683	47935	288596	295863
419320	216215	619704	30206	150806	3178	21974	51917	276275	215232
272813	137981	351285	18528	103146	2996	20006	34208	150716	132016
247074	105127	245208	8673	89024	2803	20287	29848	117966	95336
281950	201603	524388	20548	105865	3579	22151	29689	167188	173553
354918	204789	341530	36041	130920	3102	23239		145239	189225
441742	299235	377141	16426	130490	2778	21001	47480	183379	178371
349737	184191	646791	29765	117969	3174	23568	47390	179654	198864
419897	210529	628803	42791	131023	5410	21742	37721	486852	255495
485299	157258	2548553	237086	307547	7129	36384	38780	501757	786071
231953	101038	2408809	152018	141221	7320	28674	20043	272331	356987
260542	95913	584441	25164	178664	6095	16851	21815	337202	186410
125887	62315	306002	13364	52022	5856	19152	14604	234055	105398

4-1 续表 30

地区名称	Region	行政区域土地面积(平方公里) Land Area (sq.m)	年底总人口(万人) Total Population (year-end) (10000 persons)	地区生产总值(万元) Gross Regional Product (10000 yuan)	第一产业 Primary Industry	第二产业 Secondary Industry	第三产业 Tertiary Industry	人均地区生产总值(元/人) Per Capita Gross Regional Product (yuan/person)	城镇单位在岗职工人数(人) Urban Employed Persons (person)
新津县	Xinjin County	330	30.50	875812	105533	492940	277339	28876	34623
都江堰市	Dujiangyan City	1208	61.20	766471	154079	296530	315862	12301	57043
彭州市	Pengzhou City	1420	80.00	1008940	270356	485868	252716	12998	46848
邛崃市	Qionglai City	1384	65.60	914719	217927	367412	329380	15003	29041
崇州市	Chongzhou City	1090	67.00	941420	225206	395306	320908	14472	21344
荣县	Rong County	1599	69.30	742826	233936	283317	225573	12763	19198
富顺县	Fushun County	1336	106.60	955127	280472	381545	293110	11560	33739
米易县	Miyi County	2153	21.50	403175	79412	215341	108422	18622	10660
盐边县	Yanbian County	3269	20.50	566038	52776	433259	80003	28189	7100
泸县	Lu County	1532	107.00	970672	293116	418171	259385	11279	31864
合江县	Hejiang County	2422	88.30	668156	204214	240660	223282	9154	34372
叙永县	Xuyong County	2977	70.20	381581	135449	120546	125586	6247	18411
古蔺县	Guli County	3184	83.30	454962	127059	220384	107519	6314	18705
中江县	Zhongjiang County	2063	142.70	1262752	429784	464612	368356	10703	21875
罗江县	Luojiang County	448	24.60	368953	114756	181914	72283	15627	9046
广汉市	Guanghan City	551	59.70	1365706	210321	729773	425612	23270	20820
什邡市	Shifang City	863	43.30	926148	120557	537780	267811	21498	37193
绵竹市	Mianzhu City	1245	51.40	1043541	153329	692497	197715	21292	31748
三台县	Santai County	2661	147.40	1045778	417481	300867	327430	9232	50217
盐亭县	Yanting County	1645	60.90	462011	230654	118241	113116	8385	16602
安县	An County	1404	51.50	491681	183322	175022	133337	10086	13891
梓潼县	Zitong County	1442	38.20	342389	149084	96715	96590	9618	12346
北川羌族自治县	Beichuan Qiang A.C.	2869	15.40	101694	31958	37548	32188	6735	6983
平武县	Pingwu County	5974	18.60	131282	38151	54319	38812	7741	7844
江油市	Jiangyou City	2720	88.30	1357902	223849	618711	515342	15981	48376
旺苍县	Wangcang County	2976	46.00	347331	112336	132790	102205	8771	18269
青川县	Qingchuan County	3269	24.60	114518	40923	30850	42745	5324	10324
剑阁县	Jian'ge County	3204	68.40	374396	159802	91166	123428	6539	16314
苍溪县	Cangxi County	2330	78.80	459036	198469	116190	144377	6859	18413
蓬溪县	Pengxi County	1251	76.50	511410	211498	155487	144425	7262	36734
射洪县	Shehong County	1496	102.10	1378991	270832	762949	345210	15157	48856
大英县	Daying County	703	56.70	490689	147010	244262	99417	9618	27975
威远县	Weiyuan County	1289	74.70	1230654	191791	799465	239398	17553	34030
资中县	Zizhong County	1734	131.40	978268	315836	401733	260699	8164	43908
隆昌县	Longchang County	794	77.70	847409	155981	473246	218182	12258	44314
犍为县	Jianwei County	1375	56.90	561294	145742	301170	114382	11471	34942
井研县	Jingyan County	841	41.50	346855	131899	144152	70804	9743	17845
夹江县	Jiajiang County	749	35.20	570027	124960	303823	141244	15896	30764
沐川县	Muchuan County	1401	25.90	248838	76116	122215	50507	10680	11028
峨边彝族自治县	Ebian Yi A.C.	2395	14.80	207403	32687	130584	44132	15161	14291
马边彝族自治县	Mabian Yi A.C.	2383	20.30	145378	51388	58516	35474	8126	6846
峨眉山市	Emeishan City	1168	43.60	912311	114229	515149	282933	20968	29090
南部县	Nanbu County	2229	129.00	1068644	342159	471468	255017	11464	30319
营山县	Yingshan County	1633	93.90	569405	207997	198564	162844	8042	21557

continued

乡村从业人员（人） Rural Laborer (person)	#农林牧渔业 Agriculture	全社会固定资产投资（万元） Investment in Fixed Assets (10000 yuan)	地方一般预算财政收入（万元） Revenue of local Governments (10000 yuan)	地方一般预算财政支出（万元） Expenditures of Local Governments (10000 yuan)	农村居民人均纯收入（元） Per Capita Disposable Income of Rural Households (yuan)	城镇单位在岗职工平均工资（元） Average Wages in Urban Areas (yuan)	常用耕地面积（公顷） Area of Cultivated Land (hectare)	农林牧渔业总产值（万元） Gross Output Value of Agriculture (10000 yuan)	社会消费品零售总额（万元） Total Retail Sales (10000 yuan)
154561	58924	786503	51688	89944	6417	18127	12329	210548	226312
266688	114574	833743	48111	287383	5400	21162	18800	247625	301682
412478	244428	495689	48638	317805	5228	24113	32194	442496	210770
323382	144181	550035	29085	139857	5689	21182	33125	422866	246577
357252	186998	541835	58716	188324	5970	23432	31321	402536	253406
340980	184681	255480	11502	86064	4575	21949	33219	394890	246325
509592	265846	301962	20516	115411	4563	20432	39748	444867	343197
105491	84523	353772	26793	71061	5179	22285	10063	114354	105651
99808	66047	193203	31712	71778	4566	28541	10239	105769	51265
619542	263412	397412	25738	103501	4826	21340	40287	478947	309260
458585	299699	332481	17225	93957	4509	16403	33607	335596	251401
329011	216440	113620	15769	86705	3180	18635	20340	217076	171977
433508	257890	228442	24135	108403	3051	21436	32007	207646	136800
811062	378271	284898	15384	345305	4538	20206	61492	766765	516484
134124	71673	221699	6254	131791	4683	19929	14924	197759	75189
302761	160897	370290	44962	188467	5570	25816	28413	358465	467280
220176	112174	272526	45307	363388	5822	23354	19931	201639	213000
249033	133230	286135	39258	535594	5738	31480	27061	256484	208514
788075	378268	322922	17213	472994	4727	19190	72406	715928	523867
274593	159800	222314	4619	248209	4399	20233	32329	400687	191745
270340	127785	256235	8320	424694	4969	18395	25911	302950	209302
158883	81280	161427	5815	207757	4590	17412	20309	258973	218805
78881	45006	187132	6177	223001	3193	16464	2905	52853	20566
94011	64026	111490	5645	179726	3269	17225	13133	67042	36216
387603	170626	544976	31957	588385	4869	21970	34856	393108	455706
199022	94972	186173	6889	197925	3126	24377	13108	209359	124706
106520	87466	139191	1806	274992	3056	19411	8820	76192	43152
317688	222855	228208	4116	271036	3079	18892	46870	298773	132138
353694	237124	344535	7892	230655	3149	21224	22959	348693	153832
302307	152030	350358	6174	108752	3623	17791	30739	377067	223341
430084	163856	506480	28036	234382	4724	18321	34932	464031	430169
239820	124250	473028	8726	84890	4420	16696	18433	258557	190580
310064	139944	340230	37787	105778	4531	20284	27812	326494	247200
566138	276257	335814	22873	148205	4263	19580	52098	533705	279565
376720	230492	261457	17128	84688	4409	17268	25480	269777	267687
238717	137510	190122	15302	83561	4537	18216	21517	239424	272666
232785	115556	90450	6086	65578	4496	15815	28039	220750	141796
186549	111445	225929	18630	80480	5113	16614	13036	185322	164910
141509	68033	121030	6741	48227	3563	17182	12384	112906	91074
69595	47451	105891	13152	49978	3719	16682	3141	51976	63929
87392	51054	127193	5805	39173	2653	19937	6270	72906	31267
180602	113286	368987	48177	99332	5528	23471	12860	173891	320832
735000	381692	461825	20449	203627	3996	18321	48426	449545	306490
392152	243023	190173	11377	116782	3942	15340	31243	324972	252130

4-1 续表 31

地区名称	Region	行政区域土地面积(平方公里) Land Area (sq.m)	年底总人口(万人) Total Population (year-end) (10000 persons)	地区生产总值(万元) Gross Regional Product (10000 yuan)	第一产业 Primary Industry	第二产业 Secondary Industry	第三产业 Tertiary Industry	人均地区生产总值(元/人) Per Capita Gross Regional Product (yuan/person)	城镇单位在岗职工人数(人) Urban Employed Persons (person)
蓬安县	Peng'an County	1334	71.10	537307	165652	233395	138260	9808	20009
仪陇县	Yilong County	1771	110.10	583204	252869	170666	159669	6514	37878
西充县	Xichong County	1108	65.20	387999	151147	113490	123362	7904	17321
阆中市	Langzhong City	1877	87.70	712214	217244	285854	209116	10124	19734
仁寿县	Renshou County	2606	157.80	1388566	423344	590317	374905	10431	40248
彭山县	Pengshan County	465	33.30	528788	95260	305645	127883	18399	10896
洪雅县	Hongya County	1948	34.40	403817	104224	211674	87919	13358	12745
丹棱县	Danling County	449	16.40	194522	63986	87784	42752	13233	5529
青神县	Qingshen County	387	19.70	264503	54948	141347	68208	14952	4077
宜宾县	Yibin County	2948	100.70	860533	252177	376108	232248	10730	37696
南溪县	Nanxi County	704	41.80	402858	115458	176547	110853	11814	20955
江安县	Jiang'an County	910	54.40	409764	127077	170151	112536	10427	20181
长宁县	Changning County	975	44.20	450370	129246	198805	122319	13285	23727
高县	Gao County	1323	51.90	446719	121994	232907	91818	10949	17540
珙县	Gong County	1150	41.90	401299	85515	220098	95686	10505	29474
筠连县	Junlian County	1254	40.90	403296	94593	231809	76894	12763	15998
兴文县	Xingwen County	1373	45.20	320090	100381	127787	91922	8435	18510
屏山县	Pingshan County	1523	30.20	148135	74799	32999	40337	5272	7550
岳池县	Yuechi County	1457	118.70	772312	240902	261044	270366	9278	24670
武胜县	Wusheng County	966	84.40	769847	226675	313000	230172	11160	13579
邻水县	Linshui County	1919	102.00	763425	231165	273504	258756	9084	16897
华蓥市	Huaying City	466	35.70	562187	71430	330092	160665	18354	15012
达县	Da County	2688	133.20	1155371	379019	483986	292366	10231	48021
宣汉县	Xuanhan County	4266	126.40	927093	340787	303051	283255	8884	35270
开江县	Kaijiang County	1033	58.70	478509	185961	144127	148421	10251	19297
大竹县	Dazhu County	2075	110.70	1182828	341045	515777	326006	12667	26068
渠县	Qu County	2013	145.70	940471	327158	359234	254079	7700	34473
万源市	Wanyuan City	4065	60.00	514680	181828	197514	135338	11073	14659
名山县	Mingshan County	614	27.20	248620	86572	95587	66461	9417	6122
荥经县	Yingjing County	1781	15.00	258843	42504	140676	75663	17395	9994
汉源县	Hanyuan County	2388	32.10	249969	83165	89788	77016	7834	8444
石棉县	Shimian County	2678	12.10	273172	36507	193798	42867	21819	6588
天全县	Tianquan County	2469	15.20	221891	44139	125323	52429	15188	8802
芦山县	Lushan County	1342	11.90	131998	33104	70566	28328	12267	5052
宝兴县	Baoxing County	3114	5.80	114250	21537	72546	20167	19939	4566
通江县	Tongjiang County	4125	75.30	420293	194125	79364	146804	6430	21702
南江县	Nanjiang County	3383	67.10	411715	175088	119283	117344	6847	27354
平昌县	Pingchang County	2227	103.20	486675	201244	140796	144635	6272	27446
安岳县	Anyue County	2690	158.00	1094905	439168	356061	299676	8250	30325
乐至县	Lezhi County	1424	86.30	668226	235750	239725	192751	9350	19449
简阳市	Jianyang City	2215	145.10	1456062	370629	718648	366785	11684	44012
汶川县	Wenchuan County	4083	10.40	136884	11257	81267	44360	12757	15736
理县	Li County	4318	4.60	38632	7099	17096	14437	8290	3406
茂县	Mao County	4075	10.90	66008	15066	27684	23258	6239	5179

continued

乡村从业人员（人）Rural Laborer (person)	#农林牧渔业 Agriculture	全社会固定资产投资（万元）Investment in Fixed Assets (10000 yuan)	地方一般预算财政收入（万元）Revenue of local Governments (10000 yuan)	地方一般预算财政支出（万元）Expenditures of Local Governments (10000 yuan)	农村居民人均纯收入（元）Per Capita Disposable Income of Rural Households (yuan)	城镇单位在岗职工平均工资（元）Average Wages in Urban Areas (yuan)	常用耕地面积（公顷）Area of Cultivated Land (hectare)	农林牧渔业总产值（万元）Gross Output Value of Agriculture (10000 yuan)	社会消费品零售总额（万元）Total Retail Sales (10000 yuan)
297623	195110	309514	14103	105320	4193	15615	27176	324331	156890
528318	330080	487124	10456	163445	3608	16364	41553	449197	181369
325347	173751	141380	7791	108420	3498	16893	27761	233176	175143
363616	185270	409531	18401	211296	4020	17810	24001	356981	264872
684267	446548	589507	23002	339441	4481	18156	62943	689954	451408
159817	81729	415205	18312	67803	5095	18166	14634	157046	143037
178883	115991	246026	17680	73032	4720	20066	12396	167549	113580
78473	38756	136690	5104	42800	4798	19186	9129	103563	62800
105030	69657	145826	6554	45635	4695	20402	8699	88343	76450
488632	286218	661984	25159	110967	4640	22786	43953	431730	257536
209679	144970	199967	8101	57288	4605	19305	17460	184004	179054
301540	168479	312323	10007	62791	4425	16902	24046	187199	190653
241459	137891	239173	8030	57211	4873	19270	21321	185325	206336
296897	166496	251335	12210	57246	4599	19359	18725	190738	134961
192397	100524	249773	12805	60569	4470	24494	13546	139902	148632
192204	123261	111106	11068	56151	4397	20802	13807	147602	93458
253507	167541	133607	8098	61652	4068	18994	20163	146845	121667
169019	113407	80508	5067	41320	3176	21143	12196	102139	49279
571203	382532	320549	21200	121317	4314	21883	45585	381109	359765
380115	198340	300894	19822	97626	4429	24508	28081	379251	243851
420484	213588	401556	19116	109092	4198	20928	33553	407726	297697
141747	73281	303511	11551	56455	4899	26740	5831	116123	158130
607256	310563	716589	28839	163268	4538	17267	49777	637046	345921
506348	285068	1049568	23702	153889	2849	17095	47598	555760	324196
257995	125076	282005	12743	83658	4239	15775	22667	309781	173040
436541	218012	602296	29466	143489	4692	20464	48367	559655	317187
536885	250695	589336	19961	174486	4265	21382	52673	549166	363927
247955	126991	389853	10566	96827	2950	18193	24601	298131	155874
140800	88807	128385	3663	76762	4243	22384	8888	215594	82597
67333	37912	103940	6369	37457	4497	19234	5552	69299	70021
175604	123959	638357	8082	144636	3715	19433	12623	138521	94827
50573	32188	400143	18184	76985	3894	17368	3557	52612	57655
72717	38035	126830	5779	46105	4157	16556	5466	70500	66991
55386	35429	73939	1538	41721	3914	18574	4221	55427	37521
26984	15145	97997	2605	33252	4400	18115	850	36729	25774
338072	224958	250187	5636	122345	2784	15192	34736	329114	158454
290802	182527	252056	8144	175771	3093	17421	24087	311319	141347
432927	278003	264614	8518	141549	2972	16939	37151	337952	173846
793512	476237	374336	27104	184223	4343	20095	60883	782701	396067
352658	166369	251022	16818	112569	4140	18246	41302	445216	255525
654263	264470	681396	47190	223610	4621	20459	76769	677713	408201
39118	27914	91245	5818	159864	2745	24910	2994	17174	24816
21112	17720	94496	1358	69733	2265	24616	2472	10084	5722
50973	43171	128417	3250	144408	2417	24754	5215	29422	15344

4-1 续表 32

地区名称	Region	行政区域土地面积(平方公里) Land Area (sq.m)	年底总人口(万人) Total Population (year-end) (10000 persons)	地区生产总值(万元) Gross Regional Product (10000 yuan)	第一产业 Primary Industry	第二产业 Secondary Industry	第三产业 Tertiary Industry	人均地区生产总值(元/人) Per Capita Gross Regional Product (yuan/person)	城镇单位在岗职工人数(人) Urban Employed Persons (person)
松潘县	Songpan County	8486	7.30	54396	16618	7405	30373	7661	4451
九寨沟县	Jiuzhaigou County	5286	6.50	87159	8682	29137	49340	11160	7061
金川县	Jinchuan County	5524	7.20	38050	13898	8871	15281	5337	3532
小金县	Xiaojin County	5571	8.00	43318	10912	12644	19762	5490	4363
黑水县	Heishui County	4154	6.00	43918	9383	22772	11763	7381	3260
马尔康县	Maerkang County	6639	5.50	86726	12816	14476	59434	15135	9876
壤塘县	Rangtang County	6836	3.60	27603	11680	3986	11937	7583	2311
阿坝县	Aba County	10435	6.70	37099	19247	2582	15270	5570	2848
若尔盖县	Ruoergai County	10437	7.30	59674	36584	5476	17614	8053	3752
红原县	Hongyuan County	8398	4.20	39271	18846	6550	13875	9463	2802
康定县	Kangding County	11468	10.90	257585	23898	120931	112756	22072	3786
泸定县	Luding County	2165	8.30	63719	16146	21879	25694	7659	3383
丹巴县	Danba County	4656	5.90	48216	14604	15678	17934	8474	3378
九龙县	Jiulong County	6766	6.10	122723	12030	97777	12916	20626	3733
雅江县	Yajiang County	7558	4.50	32441	12826	7688	11927	6787	2252
道孚县	Daofu County	7053	5.40	31681	10125	4661	16895	6188	3003
炉霍县	Luhuo County	4601	4.30	23720	10427	2415	10878	5503	2681
甘孜县	Ganzi County	7303	6.00	35906	18064	2311	15531	6096	2173
新龙县	Xinlong County	8570	4.50	30797	13584	2705	14508	7015	2669
德格县	Dege County	11025	7.80	28739	12911	3358	12470	4123	2233
白玉县	Baiyu County	10386	4.70	47132	13988	24140	9004	10202	1907
石渠县	Shiqu County	24944	6.80	33300	18571	1901	12828	4833	1596
色达县	Seda County	9332	4.60	23643	11802	2032	9809	6016	2111
理塘县	Litang County	14352	5.90	38742	17422	4895	16425	7282	2490
巴塘县	Batang County	7852	4.90	40079	9586	20201	10292	7968	2925
乡城县	Xiangcheng County	5016	2.90	28761	9053	7607	12101	9749	2149
稻城县	Daocheng County	7323	3.10	22468	9095	3755	9618	7295	1846
得荣县	Derong County	2916	2.50	21485	7557	5440	8488	8169	1783
西昌市	Xichang City	2655	60.80	1474255	245712	651891	576652	22402	51194
木里藏族自治县	Muli Zang A.C.	13252	13.20	94875	29501	35799	29575	7298	5473
盐源县	Yanyuan County	8388	35.60	360231	101151	194300	64780	10821	9078
德昌县	Dechang County	2284	20.00	285177	94204	105482	85491	14374	7201
会理县	Huili County	4527	45.80	875570	237296	449517	188757	19796	15987
会东县	Huidong County	3227	39.20	710529	226801	347415	136313	19797	14785
宁南县	Ningnan County	1667	18.30	190719	81122	39983	69614	11082	5585
普格县	Puge County	1905	15.80	121223	46408	39379	35436	8360	6695
布拖县	Butuo County	1685	16.10	110047	41115	45549	23383	7197	3824
金阳县	Jinyang County	1587	15.80	112707	44212	44870	23625	7843	4500
昭觉县	Zhaojue County	2699	26.90	110246	56892	17571	35783	4791	5985
喜德县	Xide County	2206	19.80	109930	39389	39420	31121	6971	4984
冕宁县	Mianning County	4423	36.00	408518	113826	177884	116808	11935	10957
越西县	Yuexi County	2257	30.90	185824	69314	63460	53050	7284	6342
甘洛县	Ganluo County	2156	20.30	166275	36807	94256	35212	8360	7041
美姑县	Meigu County	2573	22.00	94439	48519	21796	24124	4687	4575
雷波县	Leibo County	2932	24.50	200138	64002	92582	43554	8660	7811

continued

乡村从业人员(人) Rural Laborer (person)	#农林牧渔业 Agriculture	全社会固定资产投资(万元) Investment in Fixed Assets (10000 yuan)	地方一般预算财政收入(万元) Revenue of local Governments (10000 yuan)	地方一般预算财政支出(万元) Expenditures of Local Governments (10000 yuan)	农村居民人均纯收入(元) Per Capita Disposable Income of Rural Households (yuan)	城镇单位在岗职工平均工资(元) Average Wages in Urban Areas (yuan)	常用耕地面积(公顷) Area of Cultivated Land (hectare)	农林牧渔业总产值(万元) Gross Output Value of Agriculture (10000 yuan)	社会消费品零售总额(万元) Total Retail Sales (10000 yuan)
34825	28170	47258	1230	56946	2635	29208	6468	24596	10732
28671	21694	54526	3640	69298	2492	24622	3803	15932	34844
34332	25492	46791	678	73778	2420	30157	2671	21414	9425
39660	28403	55069	924	65672	2301	22075	5442	17998	11269
29166	19770	159820	1343	64218	1998	27947	6543	15340	6353
17628	10084	51497	2349	38182	3171	33988	3357	18807	26848
19956	17724	22423	468	31536	2081	32354	1881	19753	6141
27259	25277	12315	752	35325	2707	33111	6740	26239	12050
38021	33698	28349	638	38949	2581	28985	3715	51567	8957
17967	16682	28212	454	28469	3144	32028	184	26124	8912
39108	31587	365736	23880	60931	2377	31314	9416	31178	46821
30739	27153	131799	7378	34836	1954	30684	5028	20816	13713
34085	28119	86718	5063	33117	2231	26836	2632	17853	11472
32705	29488	216281	17304	37628	2688	30810	3791	13911	6020
22527	22074	100401	4113	33319	1770	27288	3038	14836	6398
25424	23544	21001	2088	28600	1773	26339	8055	12393	6197
20830	19152	9006	511	26632	1788	27035	4564	13620	7260
34233	32572	10418	713	32469	1761	36486	13816	22732	16576
16149	13657	14170	300	25257	1767	25097	4343	17575	3369
40843	38820	12424	546	32314	1742	30149	4999	15992	5505
26425	26053	20713	3509	29616	1803	29061	5586	16028	6300
34379	33718	11336	406	37396	1729	41487	5806	22567	7536
23668	22706	8707	333	29386	1684	30715	1191	15595	4929
29426	26455	18775	1135	40530	1752	35883	4287	19674	15348
27858	25452	19935	2156	28642	1784	23704	4927	12430	12234
13609	12859	75088	2523	27376	1825	27154	2330	12358	5085
14484	13778	32838	1029	25262	1968	29471	3438	10570	5481
12837	11980	22022	1179	21010	1752	32641	3769	9880	3023
247269	197049	756114	80499	144132	4899	32676	31216	373949	727927
72724	67173	177252	8085	48104	2335	30375	12277	50116	25227
194305	183768	408034	24799	72438	3247	24932	33179	169108	57630
96023	71503	129672	16516	43735	5057	25156	13120	148831	85598
256555	144558	316430	51882	133033	5117	30339	28504	385506	160802
210280	167140	144534	42416	79898	4847	26429	30080	353269	146370
99161	84505	66484	11508	39083	4460	25585	12722	126262	60283
75769	68170	61235	5477	34961	3043	25741	12801	77067	33097
86572	80761	72289	3664	37701	2369	31100	14224	63594	16986
81515	73031	65221	4895	40442	2500	27203	11540	72471	25744
127594	120413	54173	3750	50695	2389	27216	20912	89059	23599
86810	77301	26803	5151	35927	2525	24180	10801	67993	24838
205844	172560	408946	15992	61123	4216	25901	20518	183343	136904
151384	120360	49898	8084	50819	2617	26524	12464	113231	60608
94643	81940	130060	13063	46987	2202	28920	11941	58832	35237
103918	95673	42726	3000	42411	2286	26466	13611	79407	20843
129071	105897	301000	9081	45678	2615	25914	7577	96861	36647

4-1 续表 33

地区名称	Region	行政区域土地面积(平方公里) Land Area (sq.m)	年底总人口(万人) Total Population (year-end) (10000 persons)	地区生产总值(万元) Gross Regional Product (10000 yuan)	第一产业 Primary Industry	第二产业 Secondary Industry	第三产业 Tertiary Industry	人均地区生产总值(元/人) Per Capita Gross Regional Product (yuan/person)	城镇单位在岗职工人数(人) Urban Employed Persons (person)
贵州省	**Guizhou Province**								
开阳县	Kaiyang County	2026	42.88	559585	94737	344669	120179	13625	23500
息烽县	Xifeng County	1037	25.02	413671	50330	275742	87599	17663	13900
修文县	Xiuwen County	1076	29.27	348649	65482	163278	119889	12582	13906
清镇市	Qingzhen City	1492	50.11	764651	77223	421575	265853	15401	37600
水城县	Shuicheng County	3589	77.25	457055	68000	261374	127681	6282	14036
盘县	Pan County	4057	117.08	1535394	105765	1096376	333253	13498	56900
遵义县	Zunyi County	4092	118.32	1060802	236348	461954	362500	9044	41000
桐梓县	Tongzi County	3189	67.86	370003	96122	125144	148737	5489	12400
绥阳县	Suiyang County	2566	52.62	240512	108646	41529	90337	4571	10124
正安县	Zheng'an County	2595	61.79	181738	79883	26115	75740	3465	10584
道真仡佬族苗族自治县	Daozhen Gelao & Miao A.C.	2156	33.45	128279	46330	21651	60298	4294	9774
务川仡佬族苗族自治县	Wuchuan Gelao & Miao A.C.	2773	43.56	150128	59841	23513	66774	3715	8581
凤冈县	Fenggang County	1883	42.52	174356	69337	27849	77170	4119	8700
湄潭县	Meitan County	1845	48.17	210865	71221	45235	94409	4298	12900
余庆县	Yuqing County	1630	29.14	218845	72912	54863	91070	7302	8600
习水县	Xishui County	3128	68.50	370250	92049	141693	136508	6004	19227
赤水市	Chishui City	1801	30.04	269227	50523	134162	84542	8461	19200
仁怀市	Renhuai City	1788	63.82	1157394	95467	863281	198646	21315	25700
平坝县	Pingba County	999	34.54	322962	43907	201610	77445	9388	11830
普定县	Puding County	1092	44.78	227132	51432	114887	60813	5716	10400
镇宁布依族苗族自治县	Zhenning Bouyei & Miao A.C.	1720	36.66	185247	38539	60716	85992	5340	11876
关岭布依族苗族自治县	Guanling Bouyei & Miao A.C.	1468	34.60	160812	46488	50116	64208	4971	7900
紫云苗族布依族自治县	Ziyun Miao & Bouyei A.C.	2284	35.39	118163	59756	17820	40587	3669	7000
铜仁市	Tongren City	1514	37.40	400423	71507	145641	183275	12173	28000
江口县	Jiangkou County	1869	22.80	111697	45505	23256	42936	5240	6100
玉屏侗族自治县	Yuping Dong A.C.	516	14.80	203690	34876	113749	55065	15167	5800
石阡县	Shiqian County	2172	39.60	152734	71129	22799	58806	4370	9900
思南县	Sinan County	2231	66.00	291332	121780	93900	75652	4630	15500
印江土家族苗族自治县	Yinjiang Tujia & Miao A.C.	1962	42.60	191580	99077	30751	61752	4842	9300
德江县	Dejiang County	2072	50.10	233174	115699	40553	76922	5283	12900
沿河土家族自治县	Yanhe Tujia A.C.	2469	60.50	232204	101946	47113	83145	4320	12800
松桃苗族自治县	Songtao Miao A.C.	2861	68.80	316513	128536	97322	90655	5069	14400
兴义市	Xingyi City	2911	78.40	1023462	135006	497168	391288	13309	54034
兴仁县	Xingren County	1785	50.08	261775	61988	118274	81513	5411	12301
普安县	Puan County	1429	31.73	151000	37850	65730	47420	4990	8392
晴隆县	Qinglong County	1327	30.60	123733	32240	47881	43612	4081	7665
贞丰县	Zhenfeng County	1512	37.47	228799	54497	128864	45438	6303	9022
望谟县	Wangmo County	3006	30.46	73809	33389	8380	32040	2440	6347
册亨县	Ceheng County	2597	23.00	69664	33200	13800	22664	3038	5935
安龙县	Anlong County	2238	44.40	280018	68900	119040	92078	6533	12215
毕节市	Bijie City	3412	138.74	840404	174702	306373	359329	6703	48217

continued

乡村从业人员(人) Rural Laborer (person)	#农林牧渔业 Agriculture	全社会固定资产投资(万元) Investment in Fixed Assets (10000 yuan)	地方一般预算财政收入(万元) Revenue of local Governments (10000 yuan)	地方一般预算财政支出(万元) Expenditures of Local Governments (10000 yuan)	农村居民人均纯收入(元) Per Capita Disposable Income of Rural Households (yuan)	城镇单位在岗职工平均工资(元) Average Wages in Urban Areas (yuan)	常用耕地面积(公顷) Area of Cultivated Land (hectare)	农林牧渔业总产值(万元) Gross Output Value of Agriculture (10000 yuan)	社会消费品零售总额(万元) Total Retail Sales (10000 yuan)
207235	114203	540940	36534	86800	4350	25551	23191	153274	123571
124031	74088	287184	22221	65498	3803	24647	15206	77084	65549
164065	104895	229044	19091	54643	4178	23979	17467	101423	72137
256653	180858	456312	38749	82988	4381	23875	17128	123586	122542
411900	249700	573932	33903	106906	2539	24776	33100	127180	56708
553200	392400	615752	120753	210995	2740	26656	45330	169885	247988
676400	396100	585743	50395	162825	4259	28228	65620	374617	242558
332400	167700	275242	17623	85613	3342	24935	36460	158583	82227
307200	179000	93729	10674	73596	3729	25678	27490	167745	55184
360200	175800	82052	8766	81667	2414	24978	31150	140822	46154
178100	88400	56740	5664	57034	2231	25970	23510	78213	30302
247700	156500	86000	7630	67028	2222	25864	28840	99370	43993
244500	137000	67845	7289	63047	2856	23269	26510	116918	53307
273600	162200	82715	11288	76384	3638	26092	31020	120876	71821
178300	100700	370321	13019	53462	4100	26115	19160	123486	84180
334900	182200	223925	16906	91443	2446	24524	40610	150204	129705
135500	73700	221199	12038	58936	3600	21502	13560	84239	67530
332900	185900	271561	68835	114254	3688	34589	27760	155529	203798
185700	133100	65760	20608	74954	2930	21038	16550	71825	56104
232100	141100	66928	18131	64338	2491	23687	16420	82165	41404
193869	134396	55661	11007	54377	2478	22957	14040	58538	44173
184400	125600	44154	9356	47504	2430	22352	14968	79269	48768
210400	141600	40467	6045	53270	2437	26856	15890	94184	39657
165800	80700	281349	21405	65210	3348	31337	12440	12118	149804
150300	77900	74031	5452	47249	2341	18207	10980	71547	26091
83200	42100	88819	8613	38850	3283	21446	5710	52544	30692
262900	135900	84697	6758	69921	2460	18792	21050	129172	31750
412700	204800	276650	9800	99456	2230	20947	28820	201422	69833
266700	114500	98216	7282	68530	2410	19164	18510	145286	37609
275000	166100	98216	9486	78759	2195	20892	21610	173531	52752
332000	193100	180841	12619	92441	2251	19646	26310	170663	53225
440800	227800	141509	11869	95500	2279	20555	26440	193659	68357
381316	252015	422500	74622	186843	3590	24540	28708	220997	402975
259106	180680	115834	23087	75541	2632	21533	21003	96594	64033
158178	109777	116060	17959	53387	2323	26151	16308	55780	26358
160345	113460	120288	8888	52161	2093	22564	14066	52464	22384
207185	136911	162130	16132	55508	2518	21991	20417	81374	30688
168447	122892	25100	5189	51908	1945	23625	25172	56566	16387
133189	97010	34283	4303	45718	2020	23573	13345	50603	8758
256637	178415	121020	14127	72797	2523	19166	20457	106833	39524
687800	335899	362100	92684	264063	2723	23149	59020	284957	153513

4-1 续表 34

地区名称	Region	行政区域土地面积(平方公里) Land Area (sq.m)	年底总人口(万人) Total Population (year-end) (10000 persons)	地区生产总值(万元) Gross Regional Product (10000 yuan)	第一产业 Primary Industry	第二产业 Secondary Industry	第三产业 Tertiary Industry	人均地区生产总值(元/人) Per Capita Gross Regional Product (yuan/person)	城镇单位在岗职工人数(人) Urban Employed Persons (person)
大方县	Dafang County	3502	103.23	536685	126505	230266	179914	4736	22099
黔西县	Qianxi County	2554	88.37	536685	126505	230266	179914	6603	22499
金沙县	Jinsha County	2528	63.14	536727	93888	319821	123018	9266	21300
织金县	Zhijin County	2867	101.69	401140	158006	115055	128079	4446	17100
纳雍县	Nayong County	2448	86.86	527836	114108	287178	126549	6997	16400
威宁彝族回族苗族自治县	Weining Yi, Hui & Miao A.C.	6296	126.39	439216	177346	119385	142485	3934	23300
赫章县	Hezhang County	3245	71.94	255525	107985	54165	93375	4089	14800
凯里市	Kaili City	1306	48.15	589044	54035	244717	290292	14062	44200
黄平县	Huangping County	1668	36.64	113630	48877	16511	48242	3153	7510
施秉县	Shibing County	1544	15.96	95482	26037	39453	29992	5956	5474
三穗县	Sansui County	1036	21.64	92633	25599	26081	40953	4307	7200
镇远县	Zhenyuan County	1878	26.07	175979	50956	67975	57048	7422	9900
岑巩县	Cengong County	1487	22.34	103779	31052	38707	34020	5090	6800
天柱县	Tianzhu County	2201	39.56	191113	56091	65611	69411	5079	8900
锦屏县	Jinping County	1597	22.14	103941	21901	40515	41525	4709	7001
剑河县	Jianhe County	2163	24.78	92473	35117	18890	38466	3706	6934
台江县	Taijiang County	1108	14.77	64975	22852	19083	23040	4863	5300
黎平县	Liping County	4441	50.83	170753	58198	45694	66861	3672	11290
榕江县	Rongjiang County	3316	34.08	127579	60593	23764	43222	4202	9508
从江县	Congjiang County	3245	32.79	129280	53947	34731	40602	3909	6500
雷山县	Leishan County	1219	14.93	55671	18498	11264	25909	3902	6200
麻江县	Majiang County	1222	20.88	94013	32109	32847	29057	4152	7170
丹寨县	Danzhai County	938	16.19	66677	24025	19718	22934	4118	4612
都匀市	Duyun City	2274	48.25	576368	64510	233490	278368	12301	35258
福泉市	Fuquan City	1688	31.67	397243	64430	212969	119844	13308	15812
荔波县	Libo County	2441	17.14	113378	31230	39265	42883	6872	5813
贵定县	Guiding County	1631	28.61	268302	39007	150503	78792	9724	8537
瓮安县	Weng'an County	1966	45.06	269568	80594	99951	89023	5998	11437
独山县	Dushan County	2445	34.68	157098	65659	30757	60682	4651	9800
平塘县	Pingtang County	2825	30.97	125386	48091	29918	47377	4400	7032
罗甸县	Luodian County	3013	33.51	170493	58431	56793	55269	5291	9596
长顺县	Changshun County	1543	25.78	118758	41110	27038	50610	5231	5883
龙里县	Longli County	1521	21.60	229768	31988	153273	44507	11819	8058
惠水县	Huishui County	2470	43.95	220697	80722	72210	67765	5361	12130
三都水族自治县	Sandu Shui A.C.	2380	33.78	118119	49443	16869	51807	3925	8018
云南省	**Yunnan Province**								
呈贡县	Chenggong County	510	22.50	533147	81752	256231	195164	23507	12019
晋宁县	Jinning County	1336	28.04	417973	92350	206724	118899	14832	22018
富民县	Fumin County	994	15.07	208961	44847	101411	62703	13894	11613
宜良县	Yiliang County	1914	42.58	705304	214069	194030	297205	16709	28600
石林彝族自治县	Shilin Yi A.C.	1680	24.26	272889	82371	78132	112386	11300	13897
嵩明县	Songming County	1350	34.94	339831	88929	157533	93369	9757	22097
禄劝彝族苗族自治县	Luquan Yi & Miao A.C.	4234	44.52	245682	90927	55698	99057	5541	12041

continued

乡村从业人员(人) Rural Laborer (person)	#农林牧渔业 Agriculture	全社会固定资产投资(万元) Investment in Fixed Assets (10000 yuan)	地方一般预算财政收入(万元) Revenue of local Governments (10000 yuan)	地方一般预算财政支出(万元) Expenditures of Local Governments (10000 yuan)	农村居民人均纯收入(元) Per Capita Disposable Income of Rural Households (yuan)	城镇单位在岗职工平均工资(元) Average Wages in Urban Areas (yuan)	常用耕地面积(公顷) Area of Cultivated Land (hectare)	农林牧渔业总产值(万元) Gross Output Value of Agriculture (10000 yuan)	社会消费品零售总额(万元) Total Retail Sales (10000 yuan)
601218	370317	197800	37785	128070	2600	22093	50280	209218	86699
456155	238583	269200	44914	134590	2780	26524	40700	203084	87727
319755	170168	245100	57824	113082	3325	26757	34210	157710	78993
514082	294132	183600	44333	129208	2437	22281	40520	176819	78276
440111	224667	219600	33039	102209	2588	23863	30580	155047	74929
653074	463390	122400	25612	136642	2271	23183	71650	287175	80982
353016	223216	107000	14965	96011	2512	23147	37720	154926	55269
190500	79000	334534	37139	84664	3175	25196	13200	92819	319888
238400	125218	35351	5510	57291	2344	24551	15239	75350	34641
89700	63500	36425	7789	37474	2622	30450	8300	40273	26669
132400	56900	31170	4001	38576	2428	23517	7690	44786	43204
141700	72900	214533	11411	49057	2596	22019	12250	71792	39627
125900	74600	23201	3524	45622	2435	27242	11710	46862	35207
227000	130000	112161	8455	62258	2546	25514	15930	88483	64209
140300	57400	34880	5440	51548	2268	24183	8420	41325	34984
154500	86900	58386	4534	46208	2378	25672	9031	56399	28163
105000	39700	45434	3295	34690	2365	26628	6300	32079	19513
313400	174099	150708	6837	80819	2347	23853	18587	96566	64640
199100	130700	52547	4675	55143	2350	23776	13190	86003	41097
197000	141100	50092	4713	56339	2425	27449	13550	81038	37486
99900	54300	31743	2802	42548	2257	22185	6820	28122	20105
132446	78282	38266	4503	39439	2377	22139	10900	51644	24934
104600	49319	63362	2921	37580	2441	27061	7290	36733	19146
190383	105263	196166	31851	93730	3570	25655	13440	107303	211151
134792	85748	170470	19777	57353	2922	32937	15467	114681	76414
93572	59877	69048	8292	40361	2618	21299	8033	53627	32317
142888	90599	64542	9383	49688	2848	22149	11928	61737	41748
262673	138855	59661	15869	70097	3015	23684	24534	128599	51180
189768	117435	49955	8427	60971	2676	20017	15057	105221	51379
190316	132956	61227	6228	56762	2602	24532	14343	70097	25604
167940	100259	75601	6975	54650	2636	22316	15942	90178	34463
133969	88535	53409	5659	44242	2652	26429	13777	69593	31863
111137	83790	64713	10229	39192	3005	20495	10860	62987	32058
256050	150320	89689	8277	64196	2890	21471	17845	140683	47521
184682	117749	33370	4059	56796	2641	21321	13475	76116	39420
94100	76500	700531	54042	73157	6224	30350	5201	134756	104094
143843	109862	218566	33108	70105	4334	21576	13530	153334	85034
79272	56594	72015	10451	37919	4369	18665	7024	77463	48451
229800	167500	144255	33097	70737	4600	19510	18573	326219	130090
123974	102872	157634	20090	55725	4216	20350	16456	148513	117575
183063	119812	175382	22907	72330	4163	19175	19996	156121	116372
245319	221698	227182	16078	72505	2346	22132	24413	168367	53559

地区名称	Region	行政区域土地面积(平方公里) Land Area (sq.m)	年底总人口(万人) Total Population (year-end) (10000 persons)	地区生产总值(万元) Gross Regional Product (10000 yuan)	第一产业 Primary Industry	第二产业 Secondary Industry	第三产业 Tertiary Industry	人均地区生产总值(元/人) Per Capita Gross Regional Product (yuan/person)	城镇单位在岗职工人数(人) Urban Employed Persons (person)
寻甸回族彝族自治县	Xundian Hui & Yi A.C.	3589	50.89	299698	98311	84611	116776	5912	16710
安宁市	Anning City	1302	32.01	1140053	68565	699768	371720	35761	60535
马龙县	Malong County	1600	19.16	168936	45000	71000	52936	8819	10413
陆良县	Luliang County	2010	61.82	720508	270091	261853	188564	11655	33836
师宗县	Shizong County	2783	38.06	386788	144321	140548	115141	10163	22156
罗平县	Luoping County	3018	54.50	606026	160166	240611	205249	11126	20953
富源县	Fuyuan County	3236	70.41	839430	171000	462090	206340	11925	26517
会泽县	Huize County	5884	90.93	762365	152175	464003	146187	8384	37640
沾益县	Zhanyi County	2801	40.56	673266	176550	389285	107431	16673	26638
宣威市	Xuanwei City	6053	133.28	1145194	260742	539386	345066	8624	1207
江川县	Jiangchuan County	850	27.89	368100	96786	146375	124939	13229	11084
澄江县	Chengjiang County	773	16.40	242002	50020	106452	85530	14926	9658
通海县	Tonghai County	721	30.36	392099	79000	170830	142269	12951	17669
华宁县	Huaning County	1313	21.35	264415	79928	87249	97238	12420	10020
易门县	Yimen County	1571	17.96	301209	56870	160933	83406	16799	191
峨山彝族自治县	Eshan Yi A.C.	1972	16.15	267408	49115	127035	91258	16594	17124
新平彝族傣族自治县	Xinping Yi & Dai A.C.	4223	28.42	417635	68154	259086	90395	14731	567
元江哈尼族彝族傣族自治县	Yuanjiang Hani, Yi & Dai A.C.	2858	21.68	226852	81674	63683	81495	10488	12574
施甸县	Shidian County	2009	32.50	171697	66000	30656	75041	5307	10778
腾冲县	Tengchong County	5845	63.30	503456	142725	142122	218609	7979	29115
龙陵县	Longling County	2884	27.50	206100	66000	83800	56300	7522	11691
昌宁县	Changning County	3888	34.40	252357	103000	64652	84705	7347	13399
鲁甸县	Ludian County	1519	37.97	169096	55838	69682	43576	4477	15337
巧家县	Qiaojia County	3245	53.37	201555	91371	53109	57075	3742	11749
盐津县	Yanjin County	2092	37.51	166001	50875	62793	52333	4449	11341
大关县	Daguan County	1802	25.85	96155	39140	25168	31847	3744	7283
永善县	Yongshan County	2833	39.80	214116	65280	77564	71272	5440	10070
绥江县	Suijiang County	769	15.83	84489	20450	27047	36992	5359	6577
镇雄县	Zhenxiong County	3785	136.95	319764	118915	78191	122658	2348	21644
彝良县	Yiliang County	2884	54.57	209758	72078	81815	55865	3860	14083
威信县	Weixin County	1416	37.99	151000	40227	53077	57696	3706	83890
水富县	Shuifu County	436	9.60	234731	12589	170950	51534	24538	9778
玉龙纳西族自治县	Yulong Naxi A.C.	6200	23.06	149882	49055	43558	57269	6511	9739
永胜县	Yongsheng County	4924	39.88	209757	73042	68135	68580	5271	11949
华坪县	Huaping County	2142	16.45	189234	31948	100789	56497	11528	14200
宁蒗彝族自治县	Ninglang Yi A.C.	6025	25.56	111460	34248	30859	46353	4370	8891
普洱哈尼族彝族自治县	Puer Hani & Yi A.C.	3670	19.49	165701	57828	39261	68612	8506	9880
墨江哈尼族自治县	Mojiang Hani A.C.	5459	37.96	182904	55946	63028	63930	4882	10319
景东彝族自治县	Jingdong Yi A.C.	4532	37.93	223164	102313	47216	73635	5886	10321
景谷傣族彝族自治县	Jinggu Dai & Yi A.C.	7777	31.03	276896	109302	101693	65901	8932	12992
镇沅彝族哈尼族拉祜族自治县	Zhenyuan Yi, Hani & Lahu A.C.	4223	21.46	116866	53393	24168	39305	5448	7489
江城哈尼族彝族自治县	Jiangcheng Hani & Yi A.C.	3476	12.03	97037	34879	33536	28622	8120	5765
孟连傣族拉祜族佤族自治县	Menglian Dai, Lahu & Va A.C.	1957	13.38	80267	31746	17880	30641	5999	7678
澜沧拉祜族自治县	Lancang Lahu A.C.	8807	49.89	206078	72414	67963	65701	4129	12777

continued

乡村从业人员(人) Rural Laborer (person)	#农林牧渔业 Agriculture	全社会固定资产投资(万元) Investment in Fixed Assets (10000 yuan)	地方一般预算财政收入(万元) Revenue of local Governments (10000 yuan)	地方一般预算财政支出(万元) Expenditures of Local Governments (10000 yuan)	农村居民人均纯收入(元) Per Capita Disposable Income of Rural Households (yuan)	城镇单位在岗职工平均工资(元) Average Wages in Urban Areas (yuan)	常用耕地面积(公顷) Area of Cultivated Land (hectare)	农林牧渔业总产值(万元) Gross Output Value of Agriculture (10000 yuan)	社会消费品零售总额(万元) Total Retail Sales (10000 yuan)
289615	240374	209871	21177	87258	2795	23915	33074	171240	86522
81352	48842	375426	108526	139330	5563	30425	7759	109153	214289
106981	89343	102800	16807	46449	2750	23000	13958	82754	38326
310062	22019	321300	30006	98766	4043	21698	26794	500015	144116
190504	154539	261500	22128	73552	2857	21680	19042	221554	72411
292848	237745	234836	26329	84768	3513	27497	23550	300006	138657
374366	264250	630209	64164	131264	3287	25576	31322	248217	132962
541224	375695	373400	50037	148618	2113	27927	44056	281807	109919
210451	163154	538600	44521	77932	3917	26692	24293	283493	107989
730806	509146	697785	72716	197941	3118	23470	62329	459680	399249
158578	118850	101710	20130	52414	4670	22844	8831	139680	70800
91866	76766	102080	18341	40218	5009	22626	6681	75273	56324
151506	109933	134019	21695	47994	5401	22018	11230	129356	88917
112525	92434	140287	17279	43220	4453	23168	11499	114537	54617
87000	61500	145506	19781	42496	4267	19679	10776	91656	55969
79570	60469	120743	21220	47334	4248	22330	11063	74099	46543
152562	121943	197092	38224	82462	4005	15133	29336	123646	63965
104221	84426	73079	13863	46717	4006	24086	18555	121565	71781
188458	153654	70046	7482	53123	2388	20274	19973	123384	51865
332478	254921	433918	39327	129502	3002	18272	39289	216621	127776
150673	132091	208105	12111	56253	2504	20787	26619	105333	47859
191040	161426	141784	10496	57008	2714	19499	27078	180592	61330
195802	164980	130522	9418	66271	1990	18857	30009	72550	30956
292574	241550	89439	6917	75035	2143	22358	45141	135431	45788
174960	113928	108868	6998	57518	2060	22432	18519	70207	28920
122903	101897	69031	4024	49908	1962	22292	18757	49844	22610
209548	162633	232272	8528	71751	2016	22477	24014	83278	41411
65463	48559	85279	4748	31010	2224	24394	10061	31069	19126
625472	471759	175860	15188	152299	1852	23595	62680	202093	103318
294668	246231	155556	10028	75501	2001	16155	33557	101332	55436
182906	122393	155000	7589	63828	2123	22667	19304	61091	35078
38330	24006	309020	12106	38300	2656	29753	6711	17707	36776
117107	96465	253518	11549	54105	2507	25721	23566	88919	32492
221712	176796	198281	10222	73588	2315	23463	26959	126888	47081
69708	53864	112449	21209	63331	2841	25493	9794	64358	44912
131901	112943	138163	5271	70520	1614	22366	26228	49534	28600
90036	71565	130438	10828	44218	2539	22047	6436	79698	39742
172208	155301	182528	10008	61036	1888	23321	33104	85801	41254
193057	160728	54022	15800	59005	2556	23190	29562	148938	48822
172270	146559	130768	15868	52755	2862	21602	23748	165170	66211
106164	92635	50298	5530	42088	2262	23667	24950	83428	35096
63159	52894	107361	4216	26983	1818	21674	5462	53335	22156
63367	60295	30100	3598	31811	1980	22585	15886	53245	31172
240521	223660	209802	10556	91152	1421	22972	41017	107508	61407

4-1 续表 36

地区名称	Region	行政区域土地面积（平方公里）Land Area (sq.m)	年底总人口（万人）Total Population (year-end) (10000 persons)	地区生产总值（万元）Gross Regional Product (10000 yuan)	第一产业 Primary Industry	第二产业 Secondary Industry	第三产业 Tertiary Industry	人均地区生产总值（元/人）Per Capita Gross Regional Product (yuan/person)	城镇单位在岗职工人数（人）Urban Employed Persons (person)
西盟佤族自治县	Ximeng Va A.C.	1391	9.25	34153	10043	6895	17215	3698	3725
凤庆县	Fengqing County	3451	45.46	223076	101400	54176	67500	4921	7589
云县	Yun County	3760	44.59	378768	125894	166808	86066	8517	9359
永德县	Yongde County	3296	36.67	159700	68413	44115	47172	4366	9127
镇康县	Zhenkang County	2642	17.17	118078	35997	49534	32547	6901	4248
双江拉祜族佤族布朗族傣族自治县	Shuangjiang Lahu, Va & Blang A.C.	2292	17.98	99171	38481	29185	31505	5534	5400
耿马傣族佤族自治县	Gengma Dai & Va A.C.	3837	28.38	230133	104525	54140	71468	8135	10416
沧源佤族自治县	Cangyuan Va A.C.	2539	17.42	100147	33393	26858	39896	5769	6803
楚雄市	Chuxiong City	4512	54.93	1229870	125140	699425	405305	22414	51824
双柏县	Shuangbai County	4045	15.93	96343	44740	18471	33132	6052	7070
牟定县	Mouding County	1464	20.50	155046	58420	45728	50898	7565	8864
南华县	Nanhua County	2343	23.95	158671	62972	44638	51061	6628	10010
姚安县	Yaoan County	1803	20.84	159273	58898	45315	55060	7644	7415
大姚县	Dayao County	4146	28.97	234930	70724	92348	71858	8118	15727
永仁县	Yongren County	2189	10.87	90301	35814	20943	33544	8315	5141
元谋县	Yuanmou County	1803	21.29	152822	66084	29391	57347	7181	9416
武定县	Wuding County	3322	27.78	178914	63874	55667	59373	6461	9368
禄丰县	Lufeng County	3631	43.94	663378	131000	268673	263705	15121	26696
个旧市	Gejiu City	1587	45.50	1048387	60760	733999	253628	23011	59200
开远市	Kaiyuan City	1950	31.30	663207	96599	339884	226724	21212	30900
蒙自县	Mengzi County	2228	40.10	503843	100174	240898	162771	12591	34200
屏边苗族自治县	Pingbian Miao A.C.	1906	14.87	91715	28620	29324	33771	6162	5700
建水县	Jianshui County	3759	52.61	490844	122550	180303	187991	9353	22900
石屏县	Shiping County	3037	29.58	215148	95735	53669	65744	7298	17200
弥勒县	Mile County	4004	53.10	1122585	98826	882759	141000	21279	29400
泸西县	Luxi County	1674	39.18	252919	72250	84728	95941	6458	23600
元阳县	Yuanyang County	2190	39.06	151022	57094	34175	59753	3901	7600
红河县	Honghe County	2011	28.84	105665	52670	15990	37005	3679	6900
金平苗族瑶族傣族自治县	Jinping Miao, Yao & Dai A.C.	3677	34.61	155111	37837	83218	34056	4529	9600
绿春县	Luchun County	3097	22.10	78177	26912	25166	26099	3598	5900
河口瑶族自治县	Hekou Yao A.C.	1332	10.36	137723	28672	32415	76636	13326	10100
文山县	Wenshan County	2959	45.10	743162	89140	338538	315484	16574	40828
砚山县	Yanshan County	3822	45.59	378180	84529	167863	125788	8317	18210
西畴县	Xichou County	1506	25.21	108756	39918	11905	56933	4317	7354
麻栗坡县	Malipo County	2334	27.58	190635	54423	77235	58977	6918	12253
马关县	Maguan County	2676	36.41	284785	72340	128512	83933	7868	12753
丘北县	Qiubei County	4997	46.21	193188	85123	33402	74663	4184	12619
广南县	Guangnan County	7810	77.08	319403	143633	64319	111451	4157	15844
富宁县	Funing County	5352	39.83	270438	74840	91252	104346	6816	10603
景洪市	Jinghong City	6868	47.94	628024	167490	169422	291112	13136	56046
勐海县	Menghai County	5511	33.25	310063	71090	120357	118616	9348	15730
勐腊县	Mengla County	7081	25.81	309750	130400	64809	114541	12031	26469
大理市	Dali City	1815	63.12	1455033	124811	695727	634495	23160	111463
漾濞彝族自治县	Yangbi Yi A.C.	1957	10.30	76800	23749	37912	15139	7328	4341

continued

乡村从业人员（人）Rural Laborer (person)	#农林牧渔业 Agriculture	全社会固定资产投资（万元）Investment in Fixed Assets (10000 yuan)	地方一般预算财政收入（万元）Revenue of local Governments (10000 yuan)	地方一般预算财政支出（万元）Expenditures of Local Governments (10000 yuan)	农村居民人均纯收入（元）Per Capita Disposable Income of Rural Households (yuan)	城镇单位在岗职工平均工资（元）Average Wages in Urban Areas (yuan)	常用耕地面积（公顷）Area of Cultivated Land (hectare)	农林牧渔业总产值（万元）Gross Output Value of Agriculture (10000 yuan)	社会消费品零售总额（万元）Total Retail Sales (10000 yuan)
40355	37041	23256	1629	28813	1326	24745	7203	17747	9628
220743	158476	130200	10845	67777	2501	21496	28809	152000	72224
225098	185284	144735	18158	59124	2758	18851	36425	198576	76351
186549	167686	115077	5900	54618	2282	19273	36198	112153	52082
82484	75146	96300	5626	44269	1993	22161	24316	68741	24154
75888	64456	57269	3347	44079	2009	15423	17199	68103	25820
129313	115633	113836	7309	53479	2586	18745	43930	166273	57243
74838	40878	57683	4680	45998	1998	18537	30069	71456	33827
223279	172725	475501	73584	123664	3528	24360	23057	208533	412489
88419	78829	74004	6485	38337	2479	23364	11945	80261	20028
114928	88897	89513	6479	38240	2687	20284	13267	82857	39445
130623	110829	68369	8448	42553	2956	22614	14215	109134	62145
119765	88559	68632	5583	39057	2959	21354	11756	107157	42323
158582	126857	95922	11156	54184	2908	25336	16259	127718	56730
56786	49639	63190	5201	35858	2575	24021	8802	58324	15701
119031	104142	106016	8548	53987	4019	20070	13150	112197	38507
155536	131553	72881	12008	54158	2493	21664	17422	132879	40717
206855	161912	366690	32520	81675	3597	23004	24787	214830	176067
111939	81184	360472	75500	129773	4676	23339	12307	104042	213832
104271	84108	331097	45018	83438	4241	27617	15175	128986	129802
182155	158324	420500	48857	89311	3163	22511	24757	161553	135040
72055	65142	50844	4188	33417	1667	18915	18518	47007	31414
272520	218300	320411	33186	85871	3196	19237	27570	206280	113287
172682	133059	133379	14373	55632	3009	18158	17417	176010	70696
284956	232198	374146	46192	103203	3160	23709	34669	193052	116200
209904	175800	216834	20138	69503	2621	18680	21834	124355	94821
215945	193039	95469	6166	51924	1925	21851	24339	81210	39584
148922	121915	50212	2808	42065	1748	19472	14490	82658	27490
173413	154228	90125	11366	61988	1502	21541	25644	73091	31575
113956	100807	123327	6060	47499	1618	13633	13586	58490	27766
25886	24808	87074	7736	36524	2698	18966	5178	58459	17280
203511	169830	435219	44008	90201	2476	24574	27273	135046	303169
237661	203017	263418	20593	77334	2149	20823	33005	127612	126522
137986	106008	36034	3508	49301	1750	21980	13070	64557	34808
152612	109108	179129	12190	60278	1879	20774	18953	80910	62555
199091	168053	156026	17966	70069	2102	23895	29102	106036	101095
235078	197868	96178	9816	73330	1896	19452	38732	143118	61116
435548	326959	271442	12000	93164	1921	22110	40244	200629	135174
229052	166030	220105	13386	74722	2023	23875	25335	114869	134133
142847	134703	459185	32243	84007	3611	19778	22374	263912	205482
161281	146181	74601	8776	60102	2977	19897	47214	119628	65556
78309	76944	133820	12798	50792	2914	15875	26030	205140	77895
231036	122566	642510	103995	143945	4416	22859	12330	199503	414062
51448	43562	58406	5722	29901	2383	24775	5545	36070	20250

地区名称	Region	行政区域土地面积(平方公里) Land Area (sq.m)	年底总人口(万人) Total Population (year-end) (10000 persons)	地区生产总值(万元) Gross Regional Product (10000 yuan)	第一产业 Primary Industry	第二产业 Secondary Industry	第三产业 Tertiary Industry	人均地区生产总值(元/人) Per Capita Gross Regional Product (yuan/person)	城镇单位在岗职工人数(人) Urban Employed Persons (person)
祥云县	Xiangyun County	2498	45.55	450029	136132	206421	107476	9970	24077
宾川县	Binchuan County	2627	34.20	356643	174645	76082	105916	10433	12025
弥渡县	Midu County	1571	31.79	176176	60359	50650	65167	5552	8353
南涧彝族自治县	Nanjian Yi A.C.	1802	22.29	133250	55050	18230	59970	5987	6495
巍山彝族回族自治县	Weishan Yi & Hui A.C.	2266	31.08	178292	70750	42207	65335	5734	13021
永平县	Yongping County	2884	18.24	132890	55750	29540	47600	7254	6419
云龙县	Yunlong County	4712	20.77	144210	49970	50974	43266	6948	6393
洱源县	Eryuan County	2614	27.71	195868	75652	56189	64027	7081	9686
剑川县	Jianchuan County	2318	17.59	113733	26473	57763	29497	6464	7370
鹤庆县	Heqing County	2395	26.66	176058	51889	77118	47051	6616	11193
瑞丽市	Ruili City	1020	16.80	224817	46927	53315	124575	13410	17395
潞西市	Luxi City	2987	37.83	320041	96140	80830	143071	8501	34101
梁河县	Lianghe County	1159	16.10	73941	19740	20435	33766	4604	7181
盈江县	Yingjiang County	4429	29.80	247213	78351	91363	77499	8317	15184
陇川县	Longchuan County	1931	18.00	130054	53300	32168	44586	7262	12251
泸水县	Lushui County	2938	18.68	136470	18935	44219	73316	8309	13144
福贡县	Fugong County	2756	9.53	43497	9226	17411	16860	4393	3548
贡山独龙族怒族自治县	Gongshan Drung & Nu A.C.	4506	3.73	27048	6778	9271	10999	7310	2415
兰坪白族普米族自治县	Lanping Bai & Pumi A.C.	4386	21.36	216423	20117	142786	53520	10510	7261
香格里拉县	Shangri-La County	11417	16.02	362356	30590	171400	160366	22775	15168
德钦县	Deqin County	7273	6.32	78819	9315	39969	29535	12481	3962
维西傈僳族自治县	Weixi Lisu A.C.	4477	15.36	130372	29478	44300	56594	8493	4422
西藏自治区	**Tibet A.R.**								
林周县	Lhünzhub County	4100	5.91						
当雄县	Damxung County	10234	4.54	45200	16500	13300	15400		
尼木县	Nyêmo County	3266	3.08	22503	4945	6418	11140		
曲水县	Qüxü County	1624	3.38	32361	6662	19275	6424		
堆龙德庆县	Doilungdêqên County	2672	4.68	81753	10165	46472	25116		
达孜县	Dagzê County	1361	2.90	38200	8250	17792	12158		
墨竹工卡县	Maizhokunggar County	5492	4.59	77033	15236	51437	10360		
昌都县	Qamdo County	10794	8.95	84775	18795	19771	46209		
江达县	Jomda County	13164	7.72	51200	26511	5861	18828		
贡觉县	Konjo County	6323	4.09	30923	15917	2614	12392		
类乌齐县	Riwoqê County	6355	4.21	40510	15592	6449	18469		
丁青县	Dêngqên County	12408	6.39	47050	27715	6020	13315		
察雅县	Chagyab County	8251	5.28	30860	14166	5544	11150		
八宿县	Baxoi County	12336	4.16	26920	8776	6184	11960		
左贡县	Zogang County	1837	4.18	36500	12775	6953	16772		
芒康县	Markam County	11576	8.43	64400	22540	20479	21381		
洛隆县	Lhorong County	8048	4.17	36357	17403	9111	9843		
边坝县	Banbar County	8774	3.35	23811	12990	4300	6521		
乃东县	Nêdong County	2185	5.85	177172	7147	53980	116045		
扎囊县	Chanang County	2142	3.89	21719	4820	6636	10263		

continued

乡村从业人员(人) Rural Laborer (person)	#农林牧渔业 Agriculture	全社会固定资产投资(万元) Investment in Fixed Assets (10000 yuan)	地方一般预算财政收入(万元) Revenue of local Governments (10000 yuan)	地方一般预算财政支出(万元) Expenditures of Local Governments (10000 yuan)	农村居民人均纯收入(元) Per Capita Disposable Income of Rural Households (yuan)	城镇单位在岗职工平均工资(元) Average Wages in Urban Areas (yuan)	常用耕地面积(公顷) Area of Cultivated Land (hectare)	农林牧渔业总产值(万元) Gross Output Value of Agriculture (10000 yuan)	社会消费品零售总额(万元) Total Retail Sales (10000 yuan)
250580	186452	108190	24693	67986	2909	21558	20029	208609	113100
189607	153967	143490	14594	62478	3038	22797	23728	302827	71008
183826	133258	46609	8796	48120	2398	25066	13430	127422	66223
126733	102584	38528	11129	36916	2046	24236	14086	95966	44068
173379	139021	55141	7680	46087	1960	22136	19021	119831	54976
76882	64534	48660	8002	35432	2065	24103	12436	79960	32020
103146	84802	159079	8247	42232	1767	23710	16023	89400	36501
147398	115422	78040	10408	46519	2684	24120	17566	154188	51447
85100	58959	36217	7611	37548	1795	21586	12548	55404	30095
142199	108413	238166	13875	56542	2350	24266	16420	104499	41522
52211	40149	167955	22103	55866	3372	18138	14691	67393	89097
167627	143727	212441	21704	71256	2734	21151	39737	141443	142368
86006	71509	52787	4985	37077	1586	22144	13593	42203	26434
137998	121913	255572	18739	87785	2669	21087	34582	122276	93861
84070	77902	78776	6136	47398	1853	16728	25175	82581	30199
80975	74215	119796	8927	46680	1745	23811	12815	31760	47999
48336	48336	64350	2023	32619	1063	15972	6199	12430	14350
16257	14209	48392	1582	25571	1064	26614	3168	11227	9182
110604	104823	72750	29002	63542	1709	25010	23521	32065	38339
63596	53415	439729	13248	63819	2696	30963	11720	42864	99956
29810	25519	116011	2788	44575	2616	37764	3838	12701	19340
81027	67790	130760	3612	50821	2468	28757	15105	43406	22702
29362	28332		1221	18816			11321	20847	
19669	9426		1485	14224				19548	
15710	7331		487	9420			2438	7728	
17936	10366		1204	11752			4220	12298	
22973	14671		5349	20535			5545	14739	
13551	10906		947	10507			4568	13108	
15665	11759		4672	18905			5252	22549	
24783	17520		3003	20707			5442	26351	
42020	29627		1100	14910			4883	24659	
17539	15088		748	11396			3881	13537	
13943	12234		1006	11924			2980	16518	
25520	23352		1811	15253			9035	22946	
23498	18575		769	13851			3077	15801	
16553	14939		1008	12240			2701	12365	
20207	19044		1000	11447			2675	18671	
46504	41059		1601	18606			5328	24870	
14537	13639		730	11621			5853	16467	
9753	8770		663	9639			3533	14777	
20324	9703		3244	14695			3848	13004	
15454	12647		508	10364			4432	5995	

4-1 续表 38

地区名称	Region	行政区域土地面积(平方公里) Land Area (sq.m)	年底总人口(万人) Total Population (year-end) (10000 persons)	地区生产总值(万元) Gross Regional Product (10000 yuan)	第一产业 Primary Industry	第二产业 Secondary Industry	第三产业 Tertiary Industry	人均地区生产总值(元/人) Per Capita Gross Regional Product (yuan/person)	城镇单位在岗职工人数(人) Urban Employed Persons (person)
贡嘎县	Konggar County	2386	4.79	37193	4035	12663	20495		
桑日县	Sangri County	2634	1.66	27318	2663	18289	6366		
琼结县	Qonggyai County	1030	1.99	12440	1714	3568	7158		
曲松县	Qusum County	2070	1.71	24546	1814	16061	6671		
措美县	Comai County	4178	1.44	10342	1660	3458	5224		
洛扎县	Lhozhag County	5031	1.88	12675	2827	2794	7054		
加查县	Gyaca County	4385	1.94	27824	4005	15702	8117		
隆子县	Lhünzê County	9894	3.52	19514	3418	9489	6607		
错那县	Cona County	34979	1.48	13247	1488	3381	8378		
浪卡子县	Nagarzê County	7982	3.57	18917	3119	6150	9648		
日喀则市	Xigazê Shi County	3654	10.52	223750	30500	87985	105265		
南木林县	Namling County	8113	8.14	38317	20647	5100	12570		
江孜县	Gyangzê County	3859	6.35	74878	19577	9769	45532		
定日县	Tingri County	13859	4.98	28265	11620	5590	11055		
萨迦县	Sa'gya County	7510	4.68	25073	10375	3277	11421		
拉孜县	Lhazê County	4505	5.00	32130	13318	3180	15632		
昂仁县	Ngamring County	20105	4.76	26766	10217	5192	11357		
谢通门县	Xaitongmoin County	13960	4.49	30208	11662	6826	11720		
白朗县	Bainang County	2806	4.49	35592	14498	4056	17038		
仁布县	Rinbung County	2123	3.16	14711	4775	3508	6428		
康马县	Kangmar County	6165	2.11	16693	4649	2460	9584		
定结县	Dinggyê County	5816	1.86	14788	4158	2630	8000		
仲巴县	Zhongba County	43594	2.06	25530	11353	3448	10729		
亚东县	Yadong County	4306	1.24	19786	3747	5344	10695		
吉隆县	Gyirong County	9009	1.36	14872	3579	2195	9098		
聂拉木县	Nyalam County	7903	1.53	28791	5193	10388	13210		
萨嘎县	Saga County	12411	1.32	13723	3246	2241	8236		
岗巴县	Kamba County	3936	1.03	9659	1995	1411	6253		
那曲县	Nagqu County	16195	9.29	54640	16108	11843	26689		
嘉黎县	Lhari County	13056	2.92	25309	5342	8401	11566		
比如县	Biru County	1680	5.40	38900	13145	9364	16390		
聂荣县	Nyainrong County	9017	3.30	24065	5258	7120	11687		
安多县	Amdo County	43411	3.63	34874	6872	9095	18907		
申扎县	Xainza County	25546	1.85	21254	3816	4510	12928		
索县	Sog County	5744	4.00	26229	6956	6309	12964		
班戈县	BangoinCounty	28383	3.70	28267	9439	7227	11600		
巴青县	Baqên County	10326	4.61	35341	9339	7373	18629		
尼玛县	NyimaCounty	72499	3.86	27791	6781	4042	16968		
普兰县	Burang County	13179	0.93	11228	2646	1426	7156		
札达县	Zanda County	24602	0.70	7571	1652	1321	4598		
噶尔县	Gar County	18083	1.39	9821	3066	3039	3716		
日土县	Rutog County	77096	0.87	12314	4471	1505	6338		
革吉县	Gê'gyai County	46117	1.34	12723	4880	2515	5328		
改则县	Gêrzê County	135025	2.01	21436	11798	2257	7381		

continued

乡村从业人员（人） Rural Laborer (person)	#农林牧渔业 Agriculture	全社会固定资产投资（万元） Investment in Fixed Assets (10000 yuan)	地方一般预算财政收入（万元） Revenue of local Governments (10000 yuan)	地方一般预算财政支出（万元） Expenditures of Local Governments (10000 yuan)	农村居民人均纯收入（元） Per Capita Disposable Income of Rural Households (yuan)	城镇单位在岗职工平均工资（元） Average Wages in Urban Areas (yuan)	常用耕地面积（公顷） Area of Cultivated Land (hectare)	农林牧渔业总产值（万元） Gross Output Value of Agriculture (10000 yuan)	社会消费品零售总额（万元） Total Retail Sales (10000 yuan)
22997	17699		3006	14917				4831	7015
7014	4159		1520	10396				1531	4473
9042	8250		511	8077				1823	2637
6877	5372		1515	8609				1666	3667
6864	5633		429	6742				994	3012
9254	5482		510	7793				1897	4142
7104	6090		1188	822				1590	7843
15919	11489		550	10168				3233	6544
6995	6469		402	8351				1480	2458
18923	11586		479	10271				2577	5095
38302	25357		4438	26598				12407	36632
39020	36536		631	14873				7891	28091
29245	23111		1105	18053				10799	26818
27666	17477		1367	14559				7058	15572
21979	16717		441	10594				7552	14737
27371	11406		586	13300				7927	19444
25069	22364		457	12368				4972	14595
25304	21372		2000	15058				4014	15281
21563	1357		484	10181				8184	16906
18939	10507		296	7936				3420	7023
9335	7695		425	8592				3140	6967
10491	9027		218	7958				2525	5244
10074	7762		631	9737				65	11586
6294	4991		531	8095				883	6245
6896	6384		240	7043				1201	5449
8413	6939		696	9008				1460	6926
5907	5868		242	7097				475	5410
5550	4932		234	6663				1514	3439
32675	25167		2172	17389					22800
11907	10591		1207	11604				331	13522
21523	20207		377	11225				1724	23938
13914	11781		330	9178					6745
15517	11379		1004	10672					4064
8147	5384		378	7412					2884
15227	13779		617	10062				2706	10771
18239	16969		446	9947					6055
20213	428		349	9865				254	17954
12887	12319		613	8604				110	9103
4120	3076		331	6650				637	3013
2913	2770		281	6191				691	2063
4520	3918		1232	7748				1054	3388
4578	3295		513	6673				585	4891
8664	6074		816	7455					7331
8052	7840		925	7926					14800

4-1 续表 39

地区名称	Region	行政区域土地面积(平方公里) Land Area (sq.m)	年底总人口(万人) Total Population (year-end) (10000 persons)	地区生产总值(万元) Gross Regional Product (10000 yuan)	第一产业 Primary Industry	第二产业 Secondary Industry	第三产业 Tertiary Industry	人均地区生产总值(元/人) Per Capita Gross Regional Product (yuan/person)	城镇单位在岗职工人数(人) Urban Employed Persons (person)
措勤县	Coqên County	22980	1.29	10669	4380	1031	5258		
林芝县	Nyingchi County	8536	4.07	195030	8190	64240	122600		
工布江达县	Gongbo' gyamda County	12961	2.62	49550	11030	24920	13600		
米林县	Mainling County	9507	1.91	39700	7186	13577	18937		
墨脱县	Mêdog County	31395	1.10	8322	1356	2255	4710		
波密县	Bomê County	16768	2.83	53940	13730	9910	30300		
察隅县	Zayü County	31305	2.60	21146	6111	4018	11017		
朗县	Nang County	4114	1.55	20788	5259	5322	10207		
陕西省	**Shaanxi Province**								
蓝田县	Lantian County	2008	63.81	491900	121700	175400	194800	9460	16463
周至县	Zhouzhi County	2949	66.22	377100	106500	101800	168800	6895	20946
户县	Hu County	1281	59.51	826500	119000	499900	207600	14833	30962
高陵县	Gaoling County	287	28.04	849800	88700	667800	93300	30552	18953
宜君县	Yijun County	1507	9.54	78080	25570	32130	20380	8432	5614
凤翔县	Fengxiang County	1231	51.24	732999	104762	430474	197763	14409	18786
岐山县	Qishan County	855	46.28	719294	113260	423900	182134	15450	21890
扶风县	Fufeng County	747	47.30	429300	98200	191900	139200	9159	19905
眉县	Mei County	856	30.98	401390	72529	233078	95783	13024	12895
陇县	Long County	2275	25.72	222315	90850	59020	72445	8751	10110
千阳县	Qianyang County	994	13.09	108727	43286	31476	33965	8387	5959
麟游县	Linyou County	1704	8.83	83100	32400	23700	27000	9432	4330
凤县	Feng County	3156	10.19	335139	13437	256006	65696	32728	10639
太白县	Taibai County	2698	5.18	61145	23768	24388	12989	11801	7620
三原县	Sanyuan County	577	41.23	662980	167000	317750	178230	16568	20729
泾阳县	Jingyang County	778	50.31	648650	266000	199300	183350	12911	19300
乾县	Qian County	1002	58.22	520340	124000	207460	188880	9232	19126
礼泉县	Liquan County	1011	49.07	476680	160000	139380	177300	10254	19439
永寿县	Yongshou County	886	20.36	149250	62000	35640	51610	7611	10345
彬县	Bin County	1185	33.70	440760	66000	287530	87230	13524	18752
长武县	Changwu County	568	18.04	160490	33000	81230	46260	9416	9348
旬邑县	Xunyi County	1787	27.82	286060	88000	142900	55160	10546	15656
淳化县	Chunhua County	976	20.54	207920	127000	40300	40620	10438	8996
武功县	Wugong County	391	43.67	400660	117000	158810	124850	9484	26065
兴平市	Xingping City	508	58.44	771810	128000	414690	229120	13672	42833
华县	Hua County	1131	34.80	511040	42910	390760	77370	14504	23924
潼关县	Tongguan County	427	16.36	130600	14300	54600	61700	8522	12051
大荔县	Dali County	1673	71.39	430560	137910	76760	215890	5978	23899
合阳县	Heyang County	1337	45.16	237660	68250	50920	118490	5356	16368
澄城县	Chengcheng County	1119	39.76	293250	82830	119430	90990	7618	23302
蒲城县	Pucheng County	1584	76.58	575100	121250	233620	220230	7580	34312
白水县	Baishui County	980	29.28	228200	81200	58400	88600	8268	13126
富平县	Fuping County	1243	77.43	424460	132750	126830	164880	5544	27640
韩城市	Hancheng City	1607	39.28	944020	75600	644120	224300	23975	46170

continued

乡村从业人员(人) Rural Laborer (person)	#农林牧渔业 Agriculture	全社会固定资产投资(万元) Investment in Fixed Assets (10000 yuan)	地方一般预算财政收入(万元) Revenue of local Governments (10000 yuan)	地方一般预算财政支出(万元) Expenditures of Local Governments (10000 yuan)	农村居民人均纯收入(元) Per Capita Disposable Income of Rural Households (yuan)	城镇单位在岗职工平均工资(元) Average Wages in Urban Areas (yuan)	常用耕地面积(公顷) Area of Cultivated Land (hectare)	农林牧渔业总产值(万元) Gross Output Value of Agriculture (10000 yuan)	社会消费品零售总额(万元) Total Retail Sales (10000 yuan)
5681	4412		382	6932				5588	
8815	5415		3108	14227			2360	13589	
9885	9357		2908	13339			3235	14183	
7089	6806		2107	12243			2891	9355	
3907	3498		240	7850			1629	1484	
12264	9897		2460	13258			4098	15284	
10793	9681		1130	11169			2614	7937	
7672	7021		472	8290			1218	8661	
321464	203577		7964	76145	3611	17761	41059	213481	229515
346913	229649		4938	69157	3537	16417	33536	175186	143602
282933	173044		21370	72067	4408	16955	38609	196606	244114
119739	62120		30874	54690	4708	19182	15876	148577	80891
46654	38458		4018	38475	2941	25682	15477	47636	21984
249987	159324		14163	58626	4311	18246	46958	214560	153984
181820	90484		11311	52251	4202	20171	35222	190770	216713
206118	113958		4559	49688	3447	17567	36716	174520	108622
147598	84194		5466	40610	3619	19549	26601	137604	95464
133543	91321		5772	33698	3079	20821	35807	146171	88196
50062	24728		3008	24066	3167	21062	17997	75744	26163
35520	27954		2208	19084	2525	22843	31542	54031	26183
42152	31322		12613	32972	3700	20710	12735	19122	32000
22332	15409		1572	20893	2405	18432	6562	37502	19974
196275	147259		9643	57196	3832	19363	33194	303094	165900
237270	143639		8538	56989	3840	18997	44431	437295	172159
278384	178217		7391	60863	3788	18273	50469	206689	216801
240600	204150		6083	55886	3886	18097	30521	253977	170657
78588	42371		3468	36559	2900	17846	19346	99766	56755
147630	113851		26031	71289	3078	24669	29055	110059	101670
73875	50090		6227	31552	2895	19663	10654	54563	50001
135618	90459		6741	45000	2890	19376	27444	145078	68060
102230	69317		2408	38041	2946	19505	23578	215764	59103
185412	99662		4030	48254	3798	18615	26525	186759	145010
235557	167285		12858	65297	3908	23132	34770	214246	221640
158162	126492		40099	67593	2947	25244	24061	70344	52444
71643	52177		5338	31133	2910	15924	10214	26499	41948
357968	286742		4100	74874	3250	19104	72057	265320	202472
205839	144754		4412	58368	2360	17233	58815	131251	107464
159770	119000		9218	56898	2673	20053	45653	150426	98131
377165	281308		12201	81324	2958	20541	101020	225119	195153
134560	89210		5500	45613	2466	20114	28255	137484	74336
367645	250256		7003	90489	2945	21173	71122	205764	195067
144377	81671		43008	80155	3972	23163	26047	119615	142013

4-1 续表 40

地区名称	Region	行政区域土地面积(平方公里) Land Area (sq.m)	年底总人口(万人) Total Population (year-end) (10000 persons)	地区生产总值(万元) Gross Regional Product (10000 yuan)	第一产业 Primary Industry	第二产业 Secondary Industry	第三产业 Tertiary Industry	人均地区生产总值(元/人) Per Capita Gross Regional Product (yuan/person)	城镇单位在岗职工人数(人) Urban Employed Persons (person)
华阴市	Huayin City	678	26.06	273810	25690	131960	116160	10566	21071
延长县	Yanchang County	2368	15.03	223930	32420	149880	41630	15497	8409
延川县	Yanchuan County	1985	19.89	504700	27360	417070	60270	27200	33693
子长县	Zichang County	2395	26.21	430960	46360	306450	78150	17105	12553
安塞县	Ansai County	2950	17.10	799420	34850	716650	47920	47984	10925
志丹县	Zhidan County	3762	14.54	1461670	30060	1372120	59490	107674	13287
吴起县	Wuqi County	3791	13.21	808470	33480	720990	54000	65331	14200
甘泉县	Ganquan County	2285	8.26	181060	20640	131570	28850	22633	9350
富县	Fu County	4180	14.84	109510	43460	25110	40940	7352	9854
洛川县	Luochuan County	1799	20.59	923559	108059	751450	64050	45597	15357
宜川县	Yichuan County	2931	11.77	68598	35004	6893	26701	5886	6656
黄龙县	Huanglong County	2752	5.09	40050	21900	2900	15250	8199	5337
黄陵县	Huangling County	2290	12.58	419550	29350	322560	67640	33848	19922
南郑县	Nanzheng County	2824	54.96	508080	101710	270110	136260	10307	24215
城固县	Chenggu County	2216	52.67	528600	198570	150730	179300	11279	28336
洋县	Yang County	3198	44.19	337270	104970	130670	101630	8512	16890
西乡县	Xixiang County	3221	41.03	242160	84030	59150	98980	6867	12560
勉县	Mian County	2382	42.38	419090	92520	212410	114160	10208	26426
宁强县	Ningqiang County	3247	33.98	221820	83510	60320	77990	6944	11806
略阳县	Lueyang County	2829	20.31	273100	40890	127790	104420	13460	18077
镇巴县	Zhenba County	3414	28.41	167030	71560	23990	71480	6939	9030
留坝县	Liuba County	1957	4.46	40410	13640	8700	18070	9184	3105
佛坪县	Foping County	1267	3.33	19990	5330	6330	8330	6048	2485
神木县	Shenmu County	7528	39.92	2905760	63670	2536270	305820	70349	26333
府谷县	Fugu County	3204	22.43	1164130	20700	978040	165390	47710	12367
横山县	Hengshan County	4288	34.50	528960	70090	408440	50430	18476	15545
靖边县	Jingbian County	4979	31.04	2540330	85830	2297010	157490	82950	22447
定边县	Dingbian County	6826	32.44	1125610	73330	962240	90040	37950	17982
绥德县	Suide County	1855	35.48	156650	45960	14800	95890	5215	15921
米脂县	Mizhi County	1174	21.40	154910	29970	64070	60870	7157	9806
佳县	Jia County	2030	25.79	104160	55210	10950	38000	4267	8978
吴堡县	Wubao County	420	8.25	56400	12100	13200	31100	7485	5528
清涧县	Qingjian County	1851	21.61	110940	52260	18280	40400	6495	8872
子洲县	Zizhou County	2024	30.43	138380	41910	35810	60660	5341	9650
汉阴县	Hanyin County	1364	30.07	192680	77570	52060	63050	7738	8629
石泉县	Shiquan County	1516	18.25	168100	43630	75930	48540	9597	6584
宁陕县	Ningshan County	3667	7.45	82490	24510	34930	23050	11702	3517
紫阳县	Ziyang County	2243	34.12	200110	84970	35560	79580	6939	8145
岚皋县	Langao County	1956	17.63	108120	41410	28710	38000	6993	7443
平利县	Pingli County	2647	23.37	157890	63890	46050	47950	8254	8193
镇坪县	Zhenping County	1497	5.93	46280	17520	11890	16870	9429	3291
旬阳县	Xunyang County	3540	45.32	404810	87910	174750	142150	9459	15142
白河县	Baihe County	1455	20.85	134920	48130	37580	49210	8204	6107
洛南县	Luonan County	2830	45.16	303360	98950	116080	88330	6664	18347

continued

乡村从业人员（人）Rural Laborer (person)	#农林牧渔业 Agriculture	全社会固定资产投资（万元）Investment in Fixed Assets (10000 yuan)	地方一般预算财政收入（万元）Revenue of local Governments (10000 yuan)	地方一般预算财政支出（万元）Expenditures of Local Governments (10000 yuan)	农村居民人均纯收入（元）Per Capita Disposable Income of Rural Households (yuan)	城镇单位在岗职工平均工资（元）Average Wages in Urban Areas (yuan)	常用耕地面积（公顷）Area of Cultivated Land (hectare)	农林牧渔业总产值（万元）Gross Output Value of Agriculture (10000 yuan)	社会消费品零售总额（万元）Total Retail Sales (10000 yuan)
104001	80551		8608	38238	2968	19747	13052	46053	83685
45872	39908		21800	48530	2904	28945	16237	57719	27060
56573	36676		16236	56671	2718	34924	24714	47564	34641
76019	58801		39040	91363	3368	29033	28968	78410	49710
64724	45063		70886	80669	3904	26819	25800	62305	38792
52035	35320		124498	146824	3447	36282	20426	45799	39417
45183	34621		148480	146618	3619	33881	20262	56990	26247
25915	21164		32602	41676	3671	25946	9485	35578	18314
58171	49949		5373	47960	3859	21728	9847	82405	35072
88902	77293		8617	63281	4500	33043	11384	194974	65909
40804	34654		2806	42082	3406	27966	11941	60197	20692
11382	9791		904	25018	3200	23082	10699	36553	8875
40748	29592		24348	55198	4285	31527	9113	53786	52986
280960	148547		18634	81756	3360	21615	30202	181303	106873
197423	87173		5707	66003	3275	18587	24278	336215	122901
175404	104457		5633	55451	2313	22757	27913	176483	59270
165657	90558		4903	54560	2360	21910	21684	144632	74509
172837	87319		12814	95590	2989	20383	24303	168082	105657
151783	83398		4554	70680	2552	20921	20758	138390	65298
71517	39107		9109	59285	2550	23443	10091	71629	61531
94631	46802		2218	39081	2358	20095	22879	117931	55560
19923	15508		600	15101	2451	21373	2955	23211	12788
8929	5941		571	13962	2012	24336	1706	10089	8198
150729	76627		164475	236415	6028	43858	45080	109770	180386
89427	48952		66432	109260	4703	29757	42599	36000	130290
149845	118526		10530	66322	3380	26665	58498	117004	60858
131071	84056		62448	103602	4850	29736	75579	149003	157718
151426	124669		55207	86102	3411	31898	129620	127532	82077
134060	60908		3364	68438	2941	24178	41066	72384	180360
91874	49263		2785	52200	3368	24885	26909	47195	53849
96400	48200		1473	47943	2731	24184	31333	86852	23977
24696	16162		1156	30171	2706	25979	8060	19006	21769
81281	54511		1502	49855	2767	29451	26212	81643	31031
142416	71654		2786	50143	2946	32428	29689	66005	51782
152879	76790		4015	51506	2772	21288	21800	128917	55130
82837	45196		3600	41795	2722	26597	12924	74730	41193
32602	21487		1524	23821	2431	23198	3294	42451	18783
152000	79332		6009	57107	2667	26406	24397	140074	71654
79993	39212		2346	37949	2648	17070	15485	71710	36533
98104	56198		3303	43269	2914	23164	18241	113174	43999
27450	16061		1700	18480	2646	25178	4920	32777	12013
204689	129568		12102	72518	2819	23785	35451	151126	112314
108463	47358		3828	38088	2739	24863	13801	80387	43154
169864	131606		11827	80427	2402	16009	31286	175263	112157

4-1 续表 41

地区名称	Region	行政区域土地面积(平方公里) Land Area (sq.m)	年底总人口(万人) Total Population (year-end) (10000 persons)	地区生产总值(万元) Gross Regional Product (10000 yuan)	第一产业 Primary Industry	第二产业 Secondary Industry	第三产业 Tertiary Industry	人均地区生产总值(元/人) Per Capita Gross Regional Product (yuan/person)	城镇单位在岗职工人数(人) Urban Employed Persons (person)
丹凤县	Danfeng County	2407	30.27	216060	61440	77720	76900	7155	8988
商南县	Shangnan County	2315	23.83	169600	57900	50700	61000	7707	9304
山阳县	Shanyang County	3536	43.61	236500	61100	87700	87700	5496	16852
镇安县	Zhen'an County	3487	29.57	254510	61250	90400	102860	9203	11860
柞水县	Zhashui County	2367	15.46	185050	31830	81340	71880	11896	11313
甘肃省	**Gansu Province**								
永登县	Yongdeng County	5724	51.61	618394	75454	322716	220224	12811	26013
皋兰县	Gaolan County	2487	17.73	184994	32625	100788	51581	10480	7993
榆中县	Yuzhong County	3301	42.95	298561	69135	155351	74075	6966	14045
永昌县	Yongchang County	4550	24.93	329606	75730	161855	92021	12773	72268
靖远县	Jingyuan County	5703	47.01	320222	112512	85943	121767	6925	14885
会宁县	Huining County	5648	58.12	246338	82661	68168	95509	4236	18751
景泰县	Jingtai County	5527	23.54	258104	58608	105377	94119	11178	14460
清水县	Qingshui County	2006	31.26	146116	52799	28832	64485	4783	8672
秦安县	Qin'an County	1599	61.57	227264	75253	49238	102773	3826	12833
甘谷县	Gangu County	1584	61.31	248183	73746	73981	100456	4270	16285
武山县	Wushan County	1989	44.82	196593	75781	46878	73934	4569	14628
张家川回族自治县	Zhangjiachuan Hui A.C.	1293	33.48	103100	27716	25759	49625	3140	10019
民勤县	Minqing County	15871	28.16	287960	111891	77412	98657	9567	9573
古浪县	Gulang County	4975	39.37	214176	55491	67920	90765	5435	11690
天祝藏族自治县	Tianzhu Tibetan A.C.	6797	21.35	168922	25602	65811	77509	7878	9655
肃南裕固族自治县	Su'nan Yugur A.C.	20696	3.65	94441	19548	58029	16864	26017	3886
民乐县	Minle County	2916	24.02	191461	70524	62376	58561	8065	11149
临泽县	Linze County	2727	14.70	218330	71476	93646	53208	14757	9739
高台县	Gaotai County	4460	15.80	209272	87011	76477	45784	13121	7308
山丹县	Shandan County	4948	19.77	222258	49978	93014	79266	11345	16155
泾川县	Jingchuan County	1467	35.21	258794	82280	81208	95306	7720	11227
灵台县	Lingtai County	1982	22.87	139273	57735	21098	60440	6163	7189
崇信县	Chongxin County	853	9.67	114576	29673	65352	19551	11935	6924
华亭县	Huating County	1182	18.00	387312	34459	305701	47152	22246	26996
庄浪县	Zhuanglang County	1591	43.39	141063	56555	30096	54412	3387	13296
静宁县	Jingning County	2194	48.07	160400	61202	46739	52459	3449	12907
金塔县	Jinta County	18877	14.86	231009	92675	54046	84288	15910	7259
瓜州县	Guazhou County	24084	11.55	244577	51736	110433	82408	20432	7520
肃北蒙古族自治县	Subei Mengolian A.C.	69274	1.14	115820	3135	96732	15953	101569	2239
阿克塞哈萨克族自治县	Akesai Kazak A.C.	34103	0.83	42398	2380	27665	12353	51705	1788
玉门市	Yumen City	13307	16.92	860861	55207	670443	135211	47300	23979
敦煌市	Dunhuang City	30984	14.04	343910	86401	79989	177520	24583	11280
庆城县	Qingcheng City	2692	29.70	688295	39800	596187	52308	21597	10017
环县	Huan County	9249	34.22	167295	35623	91396	40276	5048	8448
华池县	Huachi County	3871	13.11	452942	22603	390898	39441	35003	6169
合水县	Heshui County	2942	16.92	96743	35541	31618	29584	5863	7012
正宁县	Zhengning County	1314	23.45	102000	40742	10900	50358	4438	8245

continued

乡村从业人员（人） Rural Laborer (person)	#农林牧渔业 Agriculture	全社会固定资产投资（万元） Investment in Fixed Assets (10000 yuan)	地方一般预算财政收入（万元） Revenue of local Governments (10000 yuan)	地方一般预算财政支出（万元） Expenditures of Local Governments (10000 yuan)	农村居民人均纯收入（元） Per Capita Disposable Income of Rural Households (yuan)	城镇单位在岗职工平均工资（元） Average Wages in Urban Areas (yuan)	常用耕地面积（公顷） Area of Cultivated Land (hectare)	农林牧渔业总产值（万元） Gross Output Value of Agriculture (10000 yuan)	社会消费品零售总额（万元） Total Retail Sales (10000 yuan)
122490	80094		6545	49345	2617	18892	12319	106659	77493
98893	43498		6369	44679	2408	17976	13442	96715	54809
164551	94319		6320	61114	2391	19299	23605	101214	93512
138765	51507		6452	56596	2384	18309	20232	106031	77807
62583	43192		5829	39902	2380	17292	7901	52026	40806
243700	145300	254617	21881	83552	2693	23282	91853	118292	77895
81200	50300	81468	6757	40090	2790	23174	28260	58076	30197
203900	126900	192722	15995	84415	2393	20108	70487	115716	85002
106900	74400	280690	10515	52563	4865	35460	50600	135207	86144
226900	169300	138289	4981	81450	2883	23741	76807	184546	77601
292800	221000	136538	2880	93789	2107	20218	150707	137968	96710
103200	66300	271192	6258	52590	3088	22822	45727	99212	54576
148700	107000	112996	2650	65555	2042	17959	62513	88169	26941
295900	204700	105695	5285	90208	2159	18476	70053	129466	91899
302900	161600	234360	6570	89738	2159	20701	58620	124966	95601
223700	133500	168514	3718	73265	2115	18662	42167	128525	71186
185700	136300	120423	2971	66738	1894	20641	37627	48102	21541
113600	88600	168462	3749	88828	4161	20664	59213	193305	65022
199300	142500	146984	3289	72552	2129	15049	76533	97777	80589
103000	73800	158067	5531	74858	2139	22250	21200	44575	324571
13100	10000	162275	8059	34700	5522	27165	4760	30956	17798
127700	102800	81031	4511	47565	4028	16030	61873	119586	50932
71800	45500	86950	5016	39062	4628	20165	18907	134576	37498
79400	58800	81190	4951	39998	4545	20491	22033	142276	41171
85000	40500	88648	4860	43180	4361	16957	39893	72391	44322
162600	99900	123100	4108	60015	2505	19622	45020	115255	74603
108400	68200	64800	3060	54479	2422	23261	52307	85285	42330
50300	25500	162003	6851	35987	2470	23369	23913	46503	24350
67700	36100	250074	23425	55106	2810	41075	27827	54754	69300
225000	125300	101743	3366	82471	2027	26809	61100	92571	59190
228200	166500	173619	3934	95125	2080	23243	98253	119751	83511
59500	48900	96502	3919	41840	5745	24804	28127	177544	44580
54800	45200	309446	4605	37202	5731	23302	32873	98448	70920
3900	3300	88125	17712	31796	6764	30490	693	6620	7565
1600	1200	37867	2533	13305	7158	29800	427	3695	6845
51300	32300	406800	9661	43641	5691	36078	33567	83419	96113
53000	34700	217719	12271	46844	6045	24680	16960	163274	135414
125700	101600	199366	17110	67205	2430	26669	54140	75890	95104
169100	129300	216620	6188	80866	1962	17079	90113	64680	46527
60300	52100	133165	8500	46550	2300	26453	31667	38900	34498
79000	49500	161510	4136	61825	2281	18677	23520	62442	33561
113800	70500	192819	14039	61825	2576	19947	29173	72924	45971

4-1 续表 42

地区名称	Region	行政区域土地面积(平方公里) Land Area (sq.m)	年底总人口(万人) Total Population (year-end) (10000 persons)	地区生产总值(万元) Gross Regional Product (10000 yuan)	第一产业 Primary Industry	第二产业 Secondary Industry	第三产业 Tertiary Industry	人均地区生产总值(元/人) Per Capita Gross Regional Product (yuan/person)	城镇单位在岗职工人数(人) Urban Employed Persons (person)
宁县	Ning County	2654	54.35	203100	74196	53009	75895	4009	11190
镇原县	Zhenyuan County	3501	51.45	189768	72047	51945	65776	3827	12010
通渭县	Tongwei County	2913	44.49	116088	50189	11767	54132	2540	14645
陇西县	Longxi County	2411	50.44	243944	66146	85662	92136	5030	18188
渭源县	Weiyuan County	2064	35.18	103547	52454	8509	42584	2982	8144
临洮县	LingTao County	2853	53.86	213800	74724	68589	70487	3954	16983
漳县	Zhang County	2166	20.39	57126	27794	3349	25983	2792	5139
岷县	Min County	3599	46.88	117621	50421	25900	41300	2655	10020
宕昌县	Tanchang County	3323	30.53	72680	24705	19817	28158	2410	9086
成县	Cheng County	1677	26.09	221381	52482	92138	76761	8695	14885
康县	Kang County	2960	20.27	71707	25233	17410	29064	3685	7570
文县	Wen County	4998	24.91	99588	26753	38638	34197	3998	11502
西和县	Xihe County	1852	41.63	130348	37243	33221	59884	3421	14639
礼县	Li County	4263	52.10	122531	48489	26762	47280	2462	14391
两当县	Liangdang County	1406	5.05	29977	11129	5938	12910	5936	4215
徽县	Hui County	2717	21.62	181924	63537	67699	50688	8349	8869
临夏市	Linxia City	92	22.35	206125	18912	41557	145656	9642	28379
临夏县	Linxia County	1217	38.33	119721	35589	28349	55783	3171	9830
康乐县	Kangle County	993	25.28	69089	26364	11296	31429	2764	7078
永靖县	Yongjing County	1893	20.19	182589	29848	112664	40077	9089	13217
广河县	Guanghe County	538	22.96	67672	15656	18118	33898	3167	6674
和政县	Hezheng County	964	19.81	57166	21320	10466	25380	2887	5233
东乡族自治县	Dongxiang A.C.	1511	29.80	63095	22842	16788	23465	2274	7940
积石山保安族东乡族撒拉族自治县	Jishishan Bonan, Dongxiang & Salar A.C.	909	24.35	52264	16228	8726	27310	2204	7884
合作市	Hezuo County	2290	9.07	99318	9591	25320	64407	11781	12594
临潭县	Lintan County	1441	15.69	53179	15286	8680	29213	3593	6824
卓尼县	Zhuoni County	5318	10.48	42322	18364	5599	18359	4109	6801
舟曲县	Zhouqu County	3005	14.13	46324	17122	8200	21002	3467	7036
迭部县	Diebu County	4736	5.69	33809	11001	8684	14124	4957	6828
玛曲县	Maqu County	10392	4.63	68714	23501	29613	15600	14527	4287
碌曲县	Luqu County	4790	3.28	32831	12451	12170	8210	10164	2769
夏河县	Xiahe County	6339	8.31	52018	21124	9098	21796	6462	3888
青海省	**Qinghai Province**								
大通回族土族自治县	Datong Hui & Tu A.C.	3090	44.67	674882	66606	524758	83518	15098	38765
湟中县	Huangzhong County	2700	45.69	611403	74911	452233	84259	13379	19930
湟源县	Huangyuan County	1509	13.74	148068	24582	86076	37410	10808	8300
平安县	Ping'an County	738	11.89	192704	18462	83216	91026	16194	5151
民和回族土族自治县	Minhe Hui & Tu A.C.	1891	39.58	216557	44665	83398	88494	5469	11822
乐都县	Ledu County	2600	28.80	242283	51219	68140	122924	8413	9923
互助土族自治县	Huzhu Tu A.C.	3424	38.12	302110	80736	89642	131732	7929	18134
化隆回族自治县	Hualong Hui A.C.	2743	26.04	180794	28941	113254	38599	7349	5975
循化撒拉族自治县	Xunhua Salar A.C.	2100	13.09	83727	20074	26266	37387	6593	5981
门源回族自治县	Menyuan Hui A.C.	6902	15.32	123388	37140	41098	45150	8065	7728

continued

乡村从业人员（人）Rural Laborer (person)	#农林牧渔业 Agriculture	全社会固定资产投资（万元）Investment in Fixed Assets (10000 yuan)	地方一般预算财政收入（万元）Revenue of local Governments (10000 yuan)	地方一般预算财政支出（万元）Expenditures of Local Governments (10000 yuan)	农村居民人均纯收入（元）Per Capita Disposable Income of Rural Households (yuan)	城镇单位在岗职工平均工资（元）Average Wages in Urban Areas (yuan)	常用耕地面积（公顷）Area of Cultivated Land (hectare)	农林牧渔业总产值（万元）Gross Output Value of Agriculture (10000 yuan)	社会消费品零售总额（万元）Total Retail Sales (10000 yuan)
248900	138800	237478	7311	82339	2418	19658	63487	138824	89425
261000	164000	210713	8177	86914	2179	23879	112647	133598	79425
225500	143100	58633	2069	68134	2016	18562	122020	83749	25900
205900	123700	126046	6848	73595	2233	22494	78607	112302	92046
166500	123300	74836	1449	55266	2096	20546	53380	72023	24042
254700	172200	155447	8442	76930	2316	20330	71780	132868	64120
99000	48800	50468	1485	39236	2084	21247	31180	46721	12834
221900	162100	86368	3196	60777	1988	18621	41460	75381	36204
166300	119700	83587	2523	93266	1296	19525	28740	45093	25263
114200	71000	128489	13444	97786	2910	21539	27460	76371	36406
93300	44900	66673	2810	113380	1926	24889	20913	38565	23353
121100	78400	328894	5744	174530	1740	16423	20860	42253	24994
192100	142900	109742	7212	114388	1882	16802	40120	64718	24013
245800	155000	115333	7487	141603	1860	19059	68893	81057	28290
21100	14400	30806	901	37874	2105	17552	7973	16032	7655
99700	53500	85322	10062	79524	3116	22685	26420	93960	24006
52200	26100	66900	8733	53465	3719	22258	2327	23855	125855
193900	118300	50200	2057	53836	1839	22824	25053	54353	22051
123900	101000	44000	1959	41868	1833	24402	21740	38057	18161
84600	57200	122000	10489	60205	1842	30329	23287	49028	21951
104700	75100	80300	2246	49334	1941	20635	12860	25253	24675
90600	59100	78900	1767	45596	1727	24870	15693	29965	10988
132800	89600	33600	1224	65556	1420	20287	24527	41403	7857
122200	77100	50800	1682	55601	1575	23652	17920	30801	15613
20100	18100	45835	3506	30326	2104	24073	9640	12517	47960
73600	45600	45200	1535	56703	1796	18426	17680	24602	14568
45500	37600	61602	1153	52198	1819	17130	11007	25346	14095
69100	43700	91346	2383	72320	1969	18329	9533	22907	11547
22300	19300	88205	2470	37061	2075	15263	5160	15555	11012
19300	18000	26350	7042	32574	3085	24079		29211	12970
14900	13600	38152	3158	23297	2695	22381	2773	15404	9230
36700	28700	29910	1507	43396	2118	21690	11227	26843	21200
203555	88215	258098	25320	95694	3863	24873	56826	127194	69021
251309	121933	103959	5023	95007	3317	23317	64804	141623	46963
57770	46848	73210	4988	34803	3195	21535	19133	39413	24102
43624	23388	111098	4337	41721	3386	31030	20908	29526	43503
171615	86143	101763	8007	77929	3121	29149	42680	74511	72280
131438	60601	99455	4655	78399	3248	33578	30548	84461	56608
181747	112860	112781	7226	92948	3374	37309	73591	127930	49204
114734	73207	64978	5067	56587	2998	34839	36190	46349	24293
52400	397	56162	4241	44078	3251	34945	11909	29207	24110
69115	48859	77865	3402	37866	3582	26573	39956	56572	21847

地区名称	Region	行政区域土地面积(平方公里) Land Area (sq.m)	年底总人口(万人) Total Population (year-end) (10000 persons)	地区生产总值(万元) Gross Regional Product (10000 yuan)	第一产业 Primary Industry	第二产业 Secondary Industry	第三产业 Tertiary Industry	人均地区生产总值(元/人) Per Capita Gross Regional Product (yuan/person)	城镇单位在岗职工人数(人) Urban Employed Persons (person)
祁连县	Qilian County	14781	4.82	66853	22701	22756	21396	13928	3516
海晏县	Haiyan County	4853	3.45	142199	8686	96611	36902	41823	9837
刚察县	Gangcha County	7031	4.26	49449	20401	7394	21654	11500	3793
同仁县	Tongren County	3275	8.35	91918	23190	10218	58510	11074	7673
尖扎县	Jianzha County	1417	5.61	144052	12700	115235	16117	25724	5232
泽库县	Zeku County	6658	6.55	50899	34448	3939	12512	7712	1783
河南蒙古族自治县	Henan Mengolian A.C.	6997	3.52	52639	35276	6617	10746	15040	2005
共和县	Gonghe County	16000	13.05	189398	35680	86580	67138	14458	11497
同德县	Tongde County	6520	5.50	56679	33378	10660	12641	10305	3085
贵德县	Guide County	3600	10.25	114151	15548	71668	26935	11083	3703
兴海县	Xinghai County	13100	6.57	90622	32514	38586	19522	13731	3251
贵南县	Guinan County	6565	7.30	65160	35521	9186	20453	8926	5680
玛沁县	Maqin County	13378	4.30	69144	12433	23223	33488	16080	6197
班玛县	Banma County	6383	2.55	13044	6227	2321	4496	5218	1132
甘德县	Gande County	7118	2.64	10778	5030	2178	3570	3992	1122
达日县	Dari County	14845	2.95	11214	4588	3194	3432	3867	1133
久治县	Jiuzhi County	8708	2.25	13330	6001	2315	5014	6059	1161
玛多县	Maduo County	23601	1.32	9120	3537	1761	3822	7016	1127
玉树县	Yushu County	15277	9.27	43815	30149	6600	7066	4711	7024
杂多县	Zaduo County	39610	5.06	54607	48537	2334	3736	10707	1455
称多县	Chengduo County	16951	5.51	26720	15414	5824	5482	4858	1840
治多县	Zhiduo County	80220	2.87	28181	24645	1436	2100	9718	1475
囊谦县	Nangqian County	12367	7.78	34441	26288	3175	4978	4416	1546
曲麻莱县	Qumalai County	38600	2.70	30475	19267	4312	6896	11287	1306
格尔木市	Geermu City	119263	11.98	1369971	9133	1085946	274892	64621	22934
德令哈市	Delingha City	27358	7.01	218203	11834	108020	98349	31172	10342
乌兰县	Wulan County	12256	10.09	79903	11097	60595	8211	21595	3842
都兰县	Dulan County	45270	7.07	72040	21413	29400	21227	10146	4116
天峻县	Tianjun County	25989	1.96	172065	15609	139333	17123	86033	2130
茫崖	Mang'ai Executive Council	32073	1.10	679592	400	663867	15325	617811	2732
大柴旦	Dachaidan Executive Council	20904	2.20	135491	857	120572	14062	61587	18713
冷湖	Lenghu Executive Council	17796	3.20	58703		53959	4744	18345	2451
宁夏回族自治区	**Ningxia Hui A.R.**								
永宁县	Yongning County	1020	21.00	419448	71818	249664	97966	10048	19977
贺兰县	Helan County	1599	19.02	341002	73300	189195	78507	18078	14124
灵武市	Lingwu City	4533	23.41	845657	52731	688829	104097	37202	15545
平罗县	Pingluo County	2649	28.89	607848	92871	390819	124158	21147	15068
盐池县	Yanchi County	8558	16.73	183563	34170	77386	72007	11595	7168
同心县	Tongxin County	4302	38.15	180931	51640	65046	64245	4977	10423
青铜峡市	Qingtongxia City	2525	26.76	743940	78770	514545	150625	27968	29965
西吉县	Xiji County	3130	48.79	185286	61237	36675	87374	3833	12703
隆德县	Longde County	985	18.08	80307	22086	16997	41224	4670	7346
泾源县	Jingyuan County	1131	12.39	55689	16674	15781	23234	4491	4320

continued

乡村从业人员(人) Rural Laborer (person)	#农林牧渔业 Agriculture	全社会固定资产投资(万元) Investment in Fixed Assets (10000 yuan)	地方一般预算财政收入(万元) Revenue of local Governments (10000 yuan)	地方一般预算财政支出(万元) Expenditures of Local Governments (10000 yuan)	农村居民人均纯收入(元) Per Capita Disposable Income of Rural Households (yuan)	城镇单位在岗职工平均工资(元) Average Wages in Urban Areas (yuan)	常用耕地面积(公顷) Area of Cultivated Land (hectare)	农林牧渔业总产值(万元) Gross Output Value of Agriculture (10000 yuan)	社会消费品零售总额(万元) Total Retail Sales (10000 yuan)
20107	15396	40389	2036	21944	3906	30133	2524	29913	11034
12791	9227	115028	5014	54676	3661	29832	2699	12083	9169
12578	11524	22748	1548	22197	4187	28499	2898	27722	9930
33940	27053	35513	1817	31053	2726	32278	7503	28286	10210
21368	14663	35150	4611	6347	2125	23465	4087	18443	5653
26961	24854	21999	272	26962	1811	41582	2602	39456	5060
15609	14950	30070	658	20189	3113	32579		39692	4402
44300	34945	67488	4243	40384	3485	32548	20839	51427	47023
24602	21649	34062	684	25929	3397	29263	12323	42140	9140
45289	20645	43619	4754	34085	2942	31362	13969	28514	20000
24900	23846	72148	3054	30414	3446	28800	8739	45704	10217
24661	21956	32082	1052	28344	2825	19741	21448	47211	14005
12469	11935	20874	3081	47044	3652	33604	11	13588	3862
9231	8818	11088	310	15987	2117	32871	981	6997	2306
12365	11898	9615	215	13874	1795	27384		6264	1944
9920	9668	14025	167	17372	1624	32233		5511	2300
7885	7508	10743	192	13224	2047	30019		7933	3390
5801	5801	8691	176	12896	2235	30488		4346	2548
36741	35418	41268	2117	29217	2448	33850	3663	35924	17421
22766	22284	16890	667	17487	2356	30167		51943	2802
23983	23170	27735	380	22938	1889	29191	2084	17382	3022
12712	12689	10988	270	16195	2520	27215		26980	3315
31488	31198	19861	410	25070	1696	44488	7973	29505	3215
11674	9952	17964	299	11813	2743	34467		20969	4157
9088	6691	400573	68439	103335	5219	39583	3498	15319	216580
17369	13515	164791	8780	52291	3720	34652	10024	19082	36675
14404	10357	49780	3924	29424	3202	37377	2920	15769	10022
29424	26958	32482	3609	33601	3337	29361	17538	30841	17237
7860	7610	38823	12205	28573	4617	30629		19737	11717
129	129	22737	5435	216103		27474		558	9983
385	283	63450	14409	19940		32596	949	1245	5595
		24630	2382	5594		65935			3135
94672	58336	300971	20078	63390	4747	21457	32501	129931	50332
84061	59312	235603	23145	64768	4911	21455	38018	140227	122769
79303	40417	1706835	44065	92219	5184	24231	24077	98906	60311
115511	71224	419537	36666	105054	5005	22291	54945	172291	103778
66694	38868	180391	12409	65720	3002	30506	88879	67861	43285
163848	98670	112911	4944	85146	2603	25267	104236	112368	43002
188338	102591	469423	38085	88815	5445	31539	32800	161049	75948
214414	214414	102877	2790	90612	2590	27460	116259	123269	60087
76362	48368	77760	1968	61257	2603	23038	31120	47537	22733
60297	31459	69686	1961	35432	2424	25041	17324	34633	19326

地区名称	Region	行政区域土地面积(平方公里) Land Area (sq.m)	年 底 总人口(万人) Total Population (year-end) (10000 persons)	地 区 生产总值(万元) Gross Regional Product (10000 yuan)	第一产业 Primary Industry	第二产业 Secondary Industry	第三产业 Tertiary Industry	人均地区生产总值(元/人) Per Capita Gross Regional Product (yuan/person)	城镇单位在岗职工人数(人) Urban Employed Persons (person)
彭阳县	Pengyang County	2529	25.62	121194	46733	31449	43012	4756	8721
中宁县	Zhongning County	4192	31.38	443288	92200	208243	142845	14126	15087
海原县	Haiyuan County	4989	43.76	149662	57045	19124	73493	3857	9066
新疆维吾尔自治区	**Xinjiang Uygur A.R.**								
乌鲁木齐县	Wulumuqi County	9801	9.11	122407	43343	25518	53546	13435	2613
吐鲁番市	Tulufan City	13589	27.17	419047	78038	124792	216217	15671	27512
鄯善县	Shanshan County	38281	22.03	1361029	68266	1135166	157597	63928	33878
托克逊县	Tuokexun County	15692	11.48	215588	43062	107407	65119	18911	7527
哈密市	Hami City	85587	43.99	959523	110903	403639	444981	22220	58289
巴里坤哈萨克自治县	Balikun Hasak A.C.	36989	10.14	142261	44331	56204	41726	14036	11883
伊吾县	Yiwu County	19519	2.14	157624	21467	116799	19358	74311	3748
昌吉市	Changji City	7505	36.06	1310761	191692	551499	567570	29288	49668
阜康市	Fukang City	8535	16.94	606067	86134	408033	111900	37296	20944
呼图壁县	Hutubi County	9421	21.51	570222	231508	193438	145276	26121	27506
玛纳斯县	Manasi County	9597	17.37	737937	323142	270076	144719	28165	46796
奇台县	Qitai County	16636	23.36	369969	195747	70718	103504	17856	16472
吉木萨尔县	Jimusaer County	8145	13.67	205266	86546	55617	63103	15999	6675
木垒哈萨克自治县	Mulei Hasak A.C.	13301	8.80	109223	47027	12876	49320	12483	5101
博乐市	Bole City	7877	26.26	627760	147164	100657	379939	24145	50014
精河县	Jinghe County	11175	14.04	176955	75567	25630	75758	12640	22781
温泉县	Wenquan County	5882	7.41	77221	36989	10190	30042	10449	12336
库尔勒市	Kuerle City	7216	48.51	4464949	175360	3717496	572093	88502	90468
轮台县	Luntai County	14157	11.05	246183	76950	102657	66576	22179	6439
尉犁县	Weili County	59234	11.73	223066	130163	44836	48067	18224	15103
若羌县	Ruoqiang County	198794	3.26	83231	19929	43732	19570	25531	6547
且末县	Qiemo County	137831	6.22	84915	35583	13286	36046	14059	5149
焉耆回族自治县	Yanqi Hui A.C.	2441	13.10	235029	72091	76055	86883	18177	10019
和静县	Hejing County	34887	18.53	316094	100206	125668	90220	16967	26599
和硕县	Heshuo County	12816	7.10	120707	67270	24164	29273	17025	10131
博湖县	Bohu County	3579	5.93	91820	45347	18225	28248	15484	6751
阿克苏市	Akesu City	13988	46.50	586128	101622	135669	348837	13555	61603
温宿县	Wensu County	14202	23.73	177728	88082	31451	58195	8520	26399
库车县	Kuche County	14603	45.84	471179	101203	201833	168143	10279	19768
沙雅县	Shaya County	31955	23.09	197239	78570	34928	83741	8542	11479
新和县	Xinhe County	5818	15.99	122378	64173	14162	44043	7649	7905
拜城县	Baicheng County	15554	22.43	224298	52974	102667	68657	10000	13700
乌什县	Wushi County	9082	20.31	97391	41511	9240	46640	4982	8304
阿瓦提县	Awati County	13234	22.93	180352	80609	20652	79091	8404	14293
柯坪县	Keping County	8710	4.59	30545	8300	4384	17861	6655	3297
阿图什市	Atushi City	16151	23.39	134473	32479	20858	81136	5715	18436
阿克陶县	Aketao County	24540	18.50	69880	22128	18342	29410	3763	7625
阿合奇县	Aheqi County	12737	4.05	23812	5256	2741	15815	5865	2981
乌恰县	Wuqia County	19040	5.53	39557	6137	15468	17952	7102	5914

continued

乡村从业人员(人) Rural Laborer (person)	#农林牧渔业 Agriculture	全社会固定资产投资(万元) Investment in Fixed Assets (10000 yuan)	地方一般预算财政收入(万元) Revenue of local Governments (10000 yuan)	地方一般预算财政支出(万元) Expenditures of Local Governments (10000 yuan)	农村居民人均纯收入(元) Per Capita Disposable Income of Rural Households (yuan)	城镇单位在岗职工平均工资(元) Average Wages in Urban Areas (yuan)	常用耕地面积(公顷) Area of Cultivated Land (hectare)	农林牧渔业总产值(万元) Gross Output Value of Agriculture (10000 yuan)	社会消费品零售总额(万元) Total Retail Sales (10000 yuan)
130261	82273	99830	3666	66789	2663	29263	66878	102223	25679
150119	102157	235972	19043	82022	4387	24205	47000	174525	69520
195772	83336	106024	2747	96323	2350	28829	152876	99367	21671
40185	31991	72654	9475	34844	5918	33599	41926	69682	54501
94232	76499	133649	29146	58849	4982	22127	17365	121172	105343
92301	82269	559978	70104	82902	4978	40846	13708	112690	78302
47263	39100	104189	16222	45097	4265	24875	17109	71863	26924
62238	49996	342464	61976	87593	5002	27795	48101	108429	269811
35383	23219	49967	5993	46821	3859	18074	33794	67176	18496
4367	3752	134934	7870	29199	4287	26006	5193	33620	7148
61556	50916	235380	62379	97733	7143	26454	81217	254285	347893
38448	30186	216041	39572	49388	6776	24353	45009	121361	112281
44481	39127	95744	16696	46900	7562	20677	108241	272998	97279
52767	44600	217539	23000	50133	8902	23060	142651	303925	104979
78425	66834	103627	13366	67635	5902	24579	141464	306610	90855
52586	44908	66688	19565	51912	5668	27322	59197	129053	43080
38225	35758	6080	4246	47684	4174	32368	51477	89007	28918
38320	26861	162771	18321	53935	5791	20077	65574	124811	103050
29261	21361	61264	5891	46360	5760	14864	36148	117120	30121
19117	15544	20431	2219	33436	4119	14080	33501	54140	14466
32475	27329	1427458	96509	117229	6662	27841	63400	228892	302281
30198	27230	112428	61316	73258	5602	24937	32947	133686	21015
18448	17283	99533	13161	39766	5917	19962	68264	138739	10098
8872	7686	191043	6485	25584	7102	27672	7132	35723	4753
12353	11097	31856	24498	39707	5155	28020	15089	61772	5719
28581	22124	69576	11522	42788	5929	23034	36129	112067	29666
39260	33563	138465	14156	54072	5294	17313	45541	109452	16250
12617	10872	37051	5752	30778	5741	16493	36168	106605	9176
16457	14749	18118	3342	25140	5292	20811	17887	75119	14918
57334	37110	241535	48589	88003	5164	21878	168848	199857	245253
44275	40953	79612	16479	63503	4710	14614	78712	190232	28317
143219	120616	261332	134327	157832	4558	24751	65204	200826	92624
68316	60429	70559	56384	79593	4739	18875	56653	150168	47687
56100	53110	29064	26305	58820	4363	21854	37933	120799	23808
67912	63730	95513	43086	79635	3853	28073	72602	98050	48062
57000	49985	15662	2143	46038	2404	20535	46465	75733	9729
73266	65425	26414	4455	48148	5195	17542	79372	159223	28898
17139	15365	14579	611	23791	2405	23113	9154	18554	4125
61586	41228	36149	6019	60809	1959	27276	15715	58238	39047
59044	53451	54639	3970	56227	1512	26155	29251	49668	10934
6891	6266	8481	1148	31411	1327	27967	6164	10110	4911
11386	9967	17464	4955	39783	1503	24244	1729	10195	5897

4-1 续表 45

地区名称	Region	行政区域土地面积(平方公里) Land Area (sq.m)	年底总人口(万人) Total Population (year-end) (10000 persons)	地区生产总值(万元) Gross Regional Product (10000 yuan)	第一产业 Primary Industry	第二产业 Secondary Industry	第三产业 Tertiary Industry	人均地区生产总值(元/人) Per Capita Gross Regional Product (yuan/person)	城镇单位在岗职工人数(人) Urban Employed Persons (person)
喀什市	Kashgar [Kaxgar] City	199	45.06	608100	37919	218700	351481	13753	51879
疏附县	Shufu County	3323	31.70	166670	87916	29205	49549	5271	9563
疏勒县	Shule County	2485	32.13	250956	107623	88335	55000	7813	10635
英吉沙县	Yengisar County	3224	24.73	134972	67620	32283	35069	5489	7618
泽普县	Zepu [Poskam] County	827	19.27	174811	60258	47561	66992	9072	6521
莎车县	Shache [Yarkant] County	9067	72.32	351344	186593	70673	94078	4927	20349
叶城县	Yecheng [Kagilik] County	29359	41.27	255776	127696	66110	61970	6263	12787
麦盖提县	Makit County	10277	23.69	155868	84232	36308	35328	7644	14985
岳普湖县	Yopurga County	2700	15.22	94151	39378	25255	29518	6440	6903
伽师县	Jiashi [Payzawat] County	6669	37.68	222622	138913	31309	52400	6101	11580
巴楚县	Bachu [Maralbexi] County	18904	30.92	316393	137490	76725	102178	10233	15278
塔什库尔干塔吉克自治县	Taxkorgan Tajik Autonomous County	50544	3.53	44618	6073	26668	11877	12748	2420
和田市	Hotan City	496	28.54	176932	26642	54788	95502	6199	26061
和田县	Hotan County	40877	25.00	103789	49569	27933	26287	4152	4395
墨玉县	Moyu [Karakax] County	25624	48.47	135540	65110	21100	49330	2798	16458
皮山县	Pishan [Guma] County	39820	24.20	73055	36187	10920	25948	3001	12742
洛浦县	Lop County	14287	22.56	79736	30220	15559	33957	3533	7549
策勒县	Qira County	31343	14.72	57136	24700	8833	23603	3913	6467
于田县	Yutian [Keriya] County	39126	23.91	87516	39092	10165	38259	3690	8221
民丰县	Minfeng [Niya] County	57574	3.62	31527	10184	8514	12829	8720	2822
伊宁市	Yining [Gulja]City	525	45.20	690058	32602	203616	453840	15496	71243
奎屯市	Kuytun City	1110	30.95	508072	26015	279690	202367	33826	27348
伊宁县	Yining [Gulja]County	4682	40.18	326287	117112	128752	80423	8208	28405
察布查尔锡伯自治县	Qapqal Xibe Autonomous County	4472	18.88	145570	73773	27752	44045	7810	14947
霍城县	Huocheng [korgas]County	5430	38.52	368266	125561	79622	163083	9568	40572
巩留县	Gongliu [Tokkuzlara]County	4327	18.26	130589	53097	38758	38734	7239	8567
新源县	Xinyuan [kunes]County	6814	31.29	418247	113568	192481	112198	13418	27902
昭苏县	Zhaosu [mongolkure]County	11128	17.25	145714	60652	32171	52891	8557	17966
特克斯县	Tekes County	7764	16.61	92704	37359	15707	39638	5632	9661
尼勒克县	Nilka County	10130	17.63	143938	39495	69453	34990	8272	10201
塔城市	Tacheng [Qoqek] City	3991	16.54	302696	64159	74567	163970	18301	26832
乌苏市	Usu City	14300	21.93	699555	257857	290126	151572	21231	56653
额敏县	Emin [Dorbiljin] County	9448	21.11	339886	120146	97990	121750	14455	37014
沙湾县	Shawan County	12677	20.90	891047	353090	299962	237995	21394	63469
托里县	Toli County	19977	5.63	147412	19917	91584	35911	15796	8109
裕民县	Yumin [Qagantokay] County	6112	5.19	64775	27449	14573	22753	11505	7539
和布克赛尔蒙古自治县	Hoboksar Mongol Autonomous County	28193	9.57	138919	35343	64822	38754	22227	15451
阿勒泰市	Altay City	10829	23.10	270353	51545	57291	161517	14822	39905
布尔津县	Burqin County	10357	6.97	91799	21315	28578	41906	14145	9648
富蕴县	Fuyun [Koktokay] County	32186	9.24	356754	47968	262538	46248	42357	19908
福海县	Fuhai [Burultokay] County	33251	7.35	152061	64064	46946	41051	20521	14562
哈巴河县	Habahe [Kaba] County	8167	8.45	209671	35408	142895	31368	26812	10049
青河县	Qinghe [Qinggil] County	15757	6.14	63280	19388	20046	23846	11044	5641
吉木乃县	Jeminay County	7152	3.91	30888	11659	6674	12555	8580	6366

continued

乡村从业人员(人) Rural Laborer (person)	#农林牧渔业 Agriculture	全社会固定资产投资(万元) Investment in Fixed Assets (10000 yuan)	地方一般预算财政收入(万元) Revenue of local Governments (10000 yuan)	地方一般预算财政支出(万元) Expenditures of Local Governments (10000 yuan)	农村居民人均纯收入(元) Per Capita Disposable Income of Rural Households (yuan)	城镇单位在岗职工平均工资(元) Average Wages in Urban Areas (yuan)	常用耕地面积(公顷) Area of Cultivated Land (hectare)	农林牧渔业总产值(万元) Gross Output Value of Agriculture (10000 yuan)	社会消费品零售总额(万元) Total Retail Sales (10000 yuan)
71093	27798	252858	40958	134615	3651	19740	7166	94424	260310
82000	65050	36960	3035	69760	2621	22614	51748	172174	8339
55900	52000	168083	5133	70694	2880	23113	49364	194661	32550
95280	90623	34457	2211	57357	2355	23811	5718	118929	17987
30262	28528	47185	7450	46657	3345	22744	37625	115801	22685
189332	164863	102165	10484	129035	2902	21217	98935	367945	58468
91718	75694	112848	11018	87363	2821	27356	53929	251616	49410
46191	42877	78982	5787	52149	3436	19703	50533	156649	32532
46071	39866	52738	2080	45036	2668	22729	22225	75019	15000
90300	80629	62752	3837	68844	2645	22357	52288	250226	21000
66480	58745	157310	8324	71975	2925	21277	96950	277100	52576
8830	7499	64877	2223	33455	1982	33810	3975	11700	7100
51750	33603	147821	15351	59786	2710	23562	5996	58142	101004
87020	69767	102725	3509	56513	2617	24635	30131	102702	8982
132565	104830	89577	4408	87489	1899	21834	34013	127733	14285
64149	59207	53433	2844	58600	2166	20244	27500	68707	7382
88337	75946	47793	3485	53942	2231	21643	26977	69518	9421
44763	39504	29789	1920	47942	1945	28477	16489	52486	9800
78867	72638	30026	3000	66944	2163	26940	27446	87147	10950
6835	4993	18032	1753	23378	3492	28556	4062	22216	2747
66405	39808	128511	51180	98250	5161	22328	13144	56707	250436
673	644	207027	44242	60376		22849	13831	6681	99999
155649	119774	83332	12726	77690	4575	16545	91060	193267	62475
60175	51535	73074	5813	52831	4061	17337	78011	91578	10939
114582	94782	120883	14540	64394	4711	15199	90104	119318	90916
38840	33790	15220	5203	45683	4317	19843	42301	89698	27818
91175	70641	105468	21322	64154	4780	20305	69968	166812	95934
38128	28726	17884	3166	46166	4050	17275	89647	63036	25534
53987	41272	68242	3385	55645	4077	23308	29857	64917	38478
48090	37142	61140	10601	51362	3755	19222	47802	63571	31446
36859	30549	46949	10694	51483	5667	20273	116363	122151	71281
56500	49711	149912	23654	66859	6655	14545	90090	248599	67818
47893	41587	92978	8234	51089	5434	12878	147339	148119	61833
80274	69253	167595	10484	60162	7689	19523	189499	315431	73438
32283	24541	53632	6685	39182	3349	23085	24924	38567	11407
16882	15051	12273	1787	29121	4247	16624	44247	46997	13395
9542	8292	80973	74331	90036	4600	18225	11176	42795	18324
24297	20274	68860	11040	64374	4632	19715	40931	72194	85808
21188	16872	99418	6350	32085	4682	19462	20584	38104	65927
15688	10475	145106	33556	60961	4982	17044	14892	75818	34401
18688	14399	53122	8990	36498	4880	16407	48402	73583	28488
17208	14017	64414	21219	44908	4778	20904	31714	55933	23177
16450	12810	56301	2502	32579	3542	21085	9825	28883	15094
5725	5187	24281	1502	27569	2816	17069	14907	18394	6095